Finanzausgleich 2017

ÖFFENTLICHES MANAGEMENT UND FINANZWIRTSCHAFT 19

herausgegeben vom
KDZ – Zentrum für Verwaltungsforschung

Finanzausgleich 2017

Ein Handbuch
– mit Kommentar zum FAG 2017 –

mit Beiträgen von

H. Bauer, H. Berger, P. Biwald, R. Brait, J. Bröthaler,
H. Brückner, M. Getzner, B. Grossmann,
K. Gschwandtner, A. Haindl, A. Heiter, M. Klien,
W. Köhler-Töglhofer, M. Kremser, W. Leiss,
C. Maschek, K. Mitterer, E. Mohr, C. Mungenast,
R. Neck, H. Pitlik, O. Puchner, W. Renzsch, C. Schmid,
M. Schratzenstaller, T. Schweitzer,
C. Sturmlechner, E. Thöni, T. Weninger, T. Wolfsberger

herausgegeben von

H. Bauer, P. Biwald, K. Mitterer, E. Thöni

redaktionell bearbeitet von

M. Bareis, B. Frank

Wien · Graz 2017

Bibliografische Information der Deutschen Nationalbibliothek

Die Deutsche Nationalbibliothek verzeichnet diese Publikation in der Deutschen Nationalbibliografie; detaillierte bibliografische Daten sind im Internet über http://dnb.d-nb.de abrufbar.

Alle Rechte vorbehalten.

ISBN 978-3-7083-1162-3
NWV Verlag GmbH
Faradaygasse 6, 1030 Wien, Österreich
Tel.: +43 1 796 35 62-24
Fax: +43 1 796 35 62-25
E-Mail: office@nwv.at

Geidorfgürtel 24, 8010 Graz, Österreich
E-Mail: office@nwv.at

Internet: www.nwv.at

© NWV Neuer Wissenschaftlicher Verlag, Wien · Graz 2017

Druck: Theiss GmbH, 9431 St. Stefan im Lavanttal

Vorwort

In einer globalisierten Welt, in der die Vernetzung immer intensiver und komplexer wird, steigt gleichermaßen auch die Bedeutung des unmittelbaren Lebensumfeldes.

Diese scheinbar paradoxe Entwicklung lässt sich an vielen Beispielen beobachten: Mit der Verfügbarkeit von Lebensmitteln aus aller Welt wächst auch das Bewusstsein für regionale Produkte, je komplexer digitale Nachrichten sind, desto intensiver werden Neuigkeiten aus dem unmittelbaren Umfeld aufgenommen.

Gerade in Zeiten starker Veränderung schätzen Bürgerinnen und Bürger auch ihre unmittelbare Lebensumgebung: fragt man nach dem Vertrauen, das Bürgerinnen und Bürger in die verschiedenen Ebenen des Staates setzen, so werden Städte und Gemeinden immer Bestnoten erreichen. Sie stehen im Vertrauen ganz oben, aber auch mit den Erwartungen, Hoffnungen und Sorgen, die die Menschen bewegen.

Städte und Gemeinden müssen – gerade in Zeiten, die starken Veränderungen unterworfen sind – Tag für Tag beweisen, dass sie neben ihren Kernaufgaben wie Wohnen, Wasserversorgung, Wasserentsorgung oder Müllabfuhr noch mehr bieten: öffentliche Räume, die für alle verfügbar sind, Parks oder Plätze, wo Jugendliche Sport betreiben, wo sich Frauen und Kinder sicher fühlen, Freizeitmöglichkeiten, Veranstaltungsräume, Bibliotheken oder Weiterbildung gehören genauso dazu.

All diese Aufgaben tragen dazu bei, unsere Städte zu Lebensräumen zu machen, in denen sich Menschen sicher und zu Hause fühlen.

Mehr denn je müssen Städte daher mit finanziellen Mitteln ausgestattet sein, diese hohen Erwartungen auch zu erfüllen. Der beschlossene Pakt zum Finanzausgleich hat vorerst eine gute Grundlage geschaffen. Mit der Einsetzung einer Arbeitsgruppe zur Grundsteuer neu wurde ein erster wichtiger Schritt gesetzt. Für die Zukunft müssen jedoch Transferverflechtungen abgebaut und klare Aufgabenverteilungen geschaffen werden.

Der Österreichische Städtebund ist mit seiner Expertise und seinen Kontakten für diese wichtigen Reformschritte ein wichtiger Partner.

Bürgermeister Michael Häupl
Präsident des Österreichischen Städtebundes

Vorwort

Nun liegen die Ergebnisse des Finanzausgleichs 2017 vor. Die Kernforderung nach aufgabenorientierter Finanzierung wird im Bereich der Kinderbetreuung – vorerst für die Kinderbetreuung der unter 6-Jährigen ab 2018 – schrittweise realisiert. So ist gewährleistet, dass Kindergärten, die intensive Betreuung und lange Öffnungszeiten anbieten, auch besser finanziert sind. Dies kommt der Vereinbarkeit von Beruf und Familie entgegen und bringt optimale Bildungsvoraussetzung für die Kleinsten.

Auch das Übereinkommen zu einheitlichen Haftungsobergrenzen begrüßen wir sehr. Schon bisher waren die Städte Vorreiter bei der Transparenz kommunaler Haushaltsdaten. Das zeigen innovative Projekte, die für die Öffentlichkeit zugänglich sind, wie der „Subventions-Checker" oder das Haushalts-Tool „Offenerhaushalt.at", die gemeinsam mit dem KDZ – Zentrum für Verwaltungsforschung entwickelt wurden und bereits seit Jahren erfolgreiche Anwendung finden.

Österreichs Städte fordern schon lange eine Reform der gemeindeeigenen Steuern. Insbesondere die Neuordnung der Grundsteuer, die neben der Kommunalsteuer die einzige verbliebene Gemeindesteuer ist. Die Einsetzung einer Arbeitsgruppe mit einer klaren Zielvorgabe werten wir als wichtigen Schritt, damit wir in absehbarer Zeit zu einer wirklich neuen, zeitgemäßen und verfassungskonformen Lösung kommen, auch im Sinne einer Abgabenautonomie.

Es ist begrüßenswert, dass der Pflegefonds, der auch eine Unterstützung der Städte und Gemeinden bringt, nun fortgeführt wird. Die stark wachsenden Kosten im Sozialbereich belasten nicht nur Länder, sondern besonders ausgeprägt auch die Städte. So tragen bei der Sozialhilfe bzw. der Bedarfsorientierten Mindestsicherung Städte und Gemeinden zwischen 35 und 60 Prozent der Kosten mit. Neben der weiteren Dotierung des Pflegegeldes ist die ab 2018 jährliche Valorisierung um 4,5 Prozent p.a. zu begrüßen.

Weiters wurde mit den Ländern vereinbart, dass der mit dem Bund vereinbarte Kostendämpfungspfad im Gesundheits- und Pflegebereich auch die Gemeinden miteinschließt.

Im vorliegenden Band finden Sie Ergebnisse und Empfehlungen zum Finanzausgleich 2017. Möge auch dieses Buch, das in bewährter Zusammenarbeit zwischen dem Österreichischen Städtebund und dem KDZ entstanden ist, zu einem wertvollen Begleiter bei diesem sehr komplexen Thema werden.

Mag. Dr. Thomas Weninger, MLS
Präsident des Österreichischen Städtebundes

Vorwort der Herausgeberin und der Herausgeber

Mit dem Finanzausgleichsgesetz 2017 wurde nach fast einem Jahrzehnt eine neue Grundlage für die Verteilung der Finanzmittel im Bundesstaat beschlossen. Damit ist die bisher längste Finanzausgleichsperiode (2008 bis 2016) zu Ende gegangen, ohne die bereits im Paktum zum FAG 2008 vereinbarte Evaluierung zur Halbzeit (Ende 2010) und ohne die intendierte grundsätzliche Reform des FAG 2008. Die finanzpolitische und wissenschaftliche Diskussion ist immerhin durch mehrere grundsätzliche Beiträge und durch Studien im Auftrag des BMF bereichert worden. Die Wirtschafts- und Finanzpolitik ist am Finanzausgleich vorbei durch Vereinbarungen zwischen Bund und Ländern zu Kinderbetreuung und Pflege, durch eine große Gesundheitsreform u. a. tätig geworden. Die Verantwortlichen begannen erst im Jahr 2015 über erste Reformschritte des Finanzausgleichs nachzudenken.

Im KDZ-WIFO-TU-Symposium „FAG 2017 – Nach der Reform ist vor der Reform?" am 24. Jänner 2017 wurde mit Unterstützung mehrerer Sponsoren des öffentlichen Sektors und der Kommunalkredit Austria eine erste Bilanz gezogen, die hier erweitert wird. Das Ergebnis des Nachdenkprozesses wird in diesem Handbuch erläutert, analysiert und bewertet.

Mit diesem vierten vom KDZ herausgegebenen Handbuch zum Finanzausgleich (nach 2001, 2005 und 2008) wird jedoch noch ein anderes Ziel verfolgt. Die Bedeutung des Finanzausgleichssystems und dessen Reformbedarf für die föderale Ordnung im Bundesstaat und für die Wirtschafts- und Finanzpolitik werden sichtbar gemacht und kritisch analysiert. Das umfasst Reformthemen, wie Ziele und Wirkungen des Finanzausgleichs, die Aufgabenorientierung, die verstärkte Abgabenautonomie für die subnationalen Gebietskörperschaften, Transferentflechtungen sowie institutionelle und mentale Voraussetzungen.

Aufbau und Inhalte des vorliegenden Handbuches orientieren sich an den Zielen und an der Praxis im föderalen Bundesstaat: Einleitend finden sich grundsätzliche Einführungen zu den Themen Föderalismus und Bundesstaat sowie zum Finanzausgleich im Überblick. Im zweiten Teil folgen Analysen zur Funktionsweise und zu den empirischen Ergebnissen des gegebenen Systems des Finanzausgleichs. Im dritten Teil werden der Weg zum Paktum des Finanzausgleichs 2017 sowie das Finanzausgleichsgesetz 2017 dargestellt und kommentiert. Der vierte Teil ist Stellungnahmen und Einschätzungen der Verhandlungspartner zum FAG 2017 und von Interessenvertretungen gewidmet. Im fünften Teil werden bestehende Reformerfordernisse und -ansätze näher dargestellt, wie auch einige Erfolgsfaktoren für die Umsetzung analysiert.

Die Ergebnisse der Finanzausgleichsverhandlungen 2017 wurden als ‚Einstieg zum Umstieg' bezeichnet. Mit den Beiträgen in diesem Handbuch sollen Markierungen für den weiteren Weg geboten werden, der für eine grundlegende Reform der bisher vernachlässigten Bereiche des Finanzausgleichssystems zu bewältigen sein wird.

Wir danken den Autorinnen und Autoren für ihre Beiträge und die damit verbundenen Mühen, dem Österreichischen Städtebund für die substanzielle Mitfinanzierung des Handbuchs, wie auch den Sponsoren des FAG-Symposiums für ihre Unterstützung. Wir wünschen allen mit der Finanzausgleichsreform befassten Akteurinnen und Akteuren in Politik und Verwaltung viel Erfolg – Österreich braucht und verdient ihn.

Die Herausgeberin und die Herausgeber

Inhaltsverzeichnis

Vorwort von Dr. Michael HÄUPL 5

Vorwort von Mag. Dr. Thomas WENINGER, MLS 7

Vorwort der Herausgeberin und der Herausgeber 9

Abkürzungsverzeichnis 15

**Teil 1:
Grundsätze der Verteilung von Aufgaben und
Ressourcen im föderalen Bundesstaat 21**

Erich THÖNI, Helfried BAUER

Föderalismus und Bundesstaat – Theorie, Empirie und Reform 23

Helfried BAUER, Erich THÖNI

**Finanzausgleich im Überblick – Grundsätzliches und das
System in Österreich 49**

**Teil 2:
Funktionsweisen und Evaluierungen des
Finanzausgleichssystems seit 2008 .... 77**

Johann BRÖTHALER, Anita HAINDL, Karoline MITTERER

**Funktionsweisen und finanzielle Entwicklungen im
Finanzausgleichssystem 79**

Helfried BAUER, Peter BIWALD, Karoline MITTERER

**Kritische Analysen und Reformvorschläge zum bestehenden
Finanzausgleich 116**

Helmut BRÜCKNER, Anita HAINDL, Karoline MITTERER

**Aufgabenfinanzierung und Transferbeziehungen im tertiären
Finanzausgleich 141**

Egon MOHR

Finanzierungsverflechtungen bei Gesundheit und Pflege 175

Teil 3:
Kommentar zum FAG 2017 197

Michael KREMSER, Christian STURMLECHNER,
Thomas WOLFSBERGER

Zum Paktum des Finanzausgleichs 2017 199

Michael KREMSER, Christoph MASCHEK

Das Finanzausgleichsgesetz 2017 – Gesetzestext mit Kommentar 221

Teil 4:
Stellungnahmen zum FAG 2017 331

Helga BERGER

Eckpunkte des FAG 2017: Von der Theorie auf den harten Boden der Praxis 333

Clemens MUNGENAST

Einschätzung zum Finanzausgleich 2017 aus der Sicht eines Vertreters der Bundesländer 338

Thomas WENINGER, Oliver PUCHNER

Finanzausgleich 2017 – Das Glas ist eher halbvoll als halbleer 342

Walter LEISS, Konrad GSCHWANDTNER

Finanzausgleich 2017 bis 2021 – Insgesamt zufriedenstellendes Ergebnis 348

Romana BRAIT, Tobias SCHWEITZER

Was bringt der neue Finanzausgleich aus Sicht der Arbeitnehmerinnen und Arbeitnehmer 357

Christoph SCHMID

Stellungnahme zum Finanzausgleich 2017 aus Sicht der gewerblichen Wirtschaft 362

Alfred HEITER

Stellungnahme der Industriellenvereinigung zum FAG 2017 368

Walpurga KÖHLER-TÖGLHOFER

FAG 2017. Nach der Reform ist vor der Reform? 374

Bernhard GROSSMANN

Paktum Finanzausgleich 2017-2021 im Spiegel aktueller Empfehlungen des Fiskalrates 378

Teil 5:
Herausforderungen zur Reform des Finanzausgleichssystems 381

Johann BRÖTHALER, Michael GETZNER

Evaluierungsrahmen zum Finanzausgleich und Einschätzungen zum FAG 2017 383

Helfried BAUER, Peter BIWALD

Vom Regieren zum Steuern – Wirkungsziele im Finanzausgleich 411

Wolfgang RENZSCH

Finanzausgleichsreformen in kooperativen Bundesstaaten 431

Reinhard NECK

Kooperativer Fiskalföderalismus und Finanzausgleichsreform in Österreich aus finanzwissenschaftlicher Sicht 445

Karoline MITTERER

Stärkung der Aufgabenorientierung 459

Michael KLIEN, Hans PITLIK, Margit SCHRATZENSTALLER
Einstieg in eine substantielle Stärkung der Abgabenautonomie? 482

Peter BIWALD, Anita HAINDL, Karoline MITTERER
Transferreformen auf Länder- und Gemeinde-Ebene 502

Helfried BAUER, Peter BIWALD, Karoline MITTERER, Erich THÖNI
Zusammenfassung unter dem Aspekt der Reform der föderalen Politiken 518

Teil 6: Anhänge 531

Anhang 1
Paktum über den Finanzausgleich ab dem Jahr 2017 533

Anhang 2
Materialien zur Evaluierung des Finanzausgleichs 2008 547

Autorenverzeichnis 581
Literatur- und Quellenverzeichnis 587
Stichwortverzeichnis 613

Abkürzungsverzeichnis

AB	Ausschussbericht
Abg.	Abgabe(n)
AbgAlkG	Abgabe von alkoholischen Getränken
ABGB	Allgemeines Bürgerliches Gesetzbuch
aBS	abgestufter Bevölkerungsschlüssel
Abs.	Absatz
abz.	abzüglich
AC	autonomous communities
admin.	administrativ
AEUV	Vertrag über die Arbeitsweise der Europäischen Union
AKH	Allgemeines Krankenhaus
AMS	Arbeitsmarktservice
Anm.	Anmerkung
AO	Anordnung
APA	Austria Presse Agentur
Art.	Artikel
ÄrzteG	Ärztegesetz
ASFINAG	Autobahnen- und Schnellstraßen-Finanzierungs-Aktiengesellschaft
ASVG	Allgemeines Sozialversicherungsgesetz
ATS	Österreichischer Schilling
Aufk.	Aufkommen
AUS	Australien
Ausl.	Ausländische
AUT	Österreich
B	Bund, Beiträge, Burgenland
BAO	Bundesabgabenordnung
B-VG	Bundes-Verfassungsgesetz
BA	Bundesabgaben
BEL	Belgien
BG	Bundesgesetz(e)
BGBl	Bundesgesetzblatt
Bgld	Burgenland
BH	Bezirkshauptmannschaft
BHG	Bundeshaushaltsgesetz
BIG	Bundesimmobiliengesellschaft
BIP	Bruttoinlandsprodukt
BKA	Bundeskanzleramt
BlgNR	Beilagen zu den stenographischen Protokollen des Nationalrates
BMASK	Bundesministerium für Arbeit, Soziales und Konsumentenschutz
BMF	Bundesministerium für Finanzen
BMFJ	Bundesministerium für Wirtschaft, Familie und Jugend
BMG	Bundesministeriengesetz
BMGF	Bundesministerium für Gesundheit und Frauen
BMLFUW	Bundesministerium für Land- und Forstwirtschaft, Umwelt und Wasserwirtschaft
BMJ	Bundesministerium für Justiz
BMS	Bedarfsorientierte Mindestsicherung

Abkürzungsverzeichnis

BMVIT	Bundesministerium für Verkehr, Innovation und Technologie
BMWFJ	Bundesministerium für Wirtschaft, Familie und Jugend
BNE	Bruttonationaleinkommen
BSP	Bruttosozialprodukt
BSVG	Bauern-Sozialversicherungsgesetz
BVA	Bundesvoranschlag
BWA	Bodenwertabgabe
BZ	Bedarfszuweisung
bzw.	beziehungsweise
CAN	Kanada
CHE	Schweiz
CHL	Chile
COL	Kolumbien
CZE	Tschechische Republik
DNK	Dänemark
EA	Ertragsanteile
Ebd.	Ebenda
EisbKrV	Eisenbahnkreuzungsverordnung
eig.	eigene
EK	Europäischen Kommission
ELGA	Elektronische Gesundheitsakte
emp.	empirisch
Ertr., Ertragsant.	Ertragsanteile
ErtrSt	Ertragsteuern
ESP	Spanien
EST	Estland
ESt	(veranlagte) Einkommensteuer
EStG	Einkommensteuergesetz
ESVG	Europäisches System Volkswirtschaftlicher Gesamtrechnungen
et al.	und andere
EU	Europäische Union
EuGH	Europäischer Gerichtshof
EUR	Euro
EUV	Vertrag über die Europäische Union
EVTZ	Europäischer Verbund für territoriale Zusammenarbeit
EW	Einwohnerinnen und Einwohner
F-VG	Finanz-Verfassungsgesetz
FA	Finanzausgleich
FAG	Finanzausgleichsgesetz
FIN	Finnland
FISK	Fiskalrat
FK	Finanzkraft
FKQ	Finanzkraft-Quintil
FLAF	Familienlastenausgleichsfonds
FN	Fußnote
FOCJ	Functional overlapping competing jurisdiction
FRA	Frankreich
FSVG	Freiberuflich Selbstständigen-Sozialversicherungsgesetz
FZ	Finanzzuweisung
G	Gemeinden

GAF	Gemeindeausgleichsfonds
GBA	Gemeinschaftliche Bundesabgaben
GBR	Vereinigtes Königreich Großbritannien
gem.	gemäß
Gem.	Gemeinden
GDP	Gross Domestic Product
ges	gesamt
GetrSt	Getränkesteuer
GG	Grundgesetz
GÖG	Gesundheit Österreich GmbH
GQG	Gesundheitsqualitätsgesetz
GrSt	Grundsteuer
GrunderwSt.	Grunderwerbsteuer
GSBG	Gesundheits- und Sozialbereich-Beihilfengesetz
GSpG-Novelle	Glücksspielgesetz-Novelle
GSVG	Gewerblichen Sozialversicherungsgesetz
GSPVG	Gewerblich-Selbstständigen-Pensionsversicherungsgesetz
GuKG	Gesundheits- und Krankenpflegegesetz
GWR	Gebäude- und Wohnungsregister
GRC	Griechenland
HACCP	Hazard Analysis Critical Control Point
HeimAufG	Heimaufenthaltsgesetz
HOG	Haftungsobergrenze
Hrsg.	Herausgeber
HUN	Ungarn
HV	Hauptverband
HverG	Heimvertragsgesetz
idF	in der Fassung
idgF	in der geltenden Fassung
i.e.S.	im engeren Sinn
IgT	intragovernmentale Transfers
IHS	Institut für Höhere Studien
IKZ	Interkommunale Zusammenarbeit
inkl.	inklusive
innerh.	innerhalb
Invest.	Investitionen
IRL	Irland
ISL	Island
ISR	Israel
ITA	Italien
IV	Industriellenvereinigung
IWF	Internationaler Währungsfonds
i.w.S.	im weiteren Sinn
JPN	Japan
K, Ktn	Kärnten
KA	Krankenanstalten
KA-AZG	Krankenanstalten-Arbeitszeitgesetz
KAG	Krankenanstaltengesetz
KAKuG	Bundesgesetz über Krankenanstalten und Kuranstalten
KatF	Katastrophenfonds
KESt	Kapitalertragsteuer
KfzSt	Kraftfahrzeugsteuer

Abkürzungsverzeichnis

KMA	Klinischer Mehraufwand
KommSt	Kommunalsteuer
Kopfqu.	Kopfquote
KOR	Korea
KöSt	Körperschaftsteuer
Krankena.	Krankenanstalten
KRAZAF	Krankenanstalten-Zusammenarbeitsfonds
KSchG	Konsumentenschutzgesetz
KSG	Klimaschutzgesetz
KStG	Körperschaftsteuergesetz
KV	Krankenversicherung
L, Lnd.	Länder
Landw.	Landwirtschaft
lfd.	laufend
LG	Landesgesetz(e)
LGBl	Landesgesetzblatt
LH	Landeshauptstadt
lit.	littera
LKF	Leistungsorientierte Krankenanstaltenfinanzierung
LKH	Landeskrankenhaus
LKW	Lastkraftwagen
LRH	Landesrechnungshof
LSt	Lohnsteuer
lt.	laut
LU	Landesumlage
LUX	Luxemburg
LVA	Lettland
LVerG	Landesverwaltungsgericht
MEX	Mexiko
Mio.	Millionen
motorbez. VersSt	motorbezogene Versicherungssteuer
Mrd.	Milliarden
MwSt.	Mehrwertsteuer
MwStSyst-RL	Mehrwertsteuersystem-Richtlinie
NDL	Niederlande
NÖ	Niederösterreich
NOR	Norwegen
NZL	Neuseeland
Ö	Österreich
öff.	öffentlicher
ÖROK	Österreichische Raumordnungskonferenz
ÖStP	Österreichischer Stabilitätspakt
OECD	Organisation for Economic Co-operation and Development
OÖ	Oberösterreich
OPCAT	Fakultativprotokoll zum Übereinkommen gegen Folter und andere grausame, unmenschliche oder erniedrigende Behandlung oder Strafe
ÖPNV	Öffentlicher Personennahverkehr
ÖPNRV-G	Öffentlicher Personennah- und Regionalverkehrsgesetz
ÖVP	Österreichische Volkspartei
o.W.	ohne Wien
p.a.	per annum (jährlich)

Pers.verk	Personennahverkehr
PFG	Pflegefondsgesetz
Pkt.	Punkte
POL	Polen
PRT	Portugal
RA	Rechnungsabschluss
RH	Rechnungshof
RUS	Russische Föderation
RZLP	Ressourcen-Ziel-Leistungspläne
Sbg	Salzburg
sek.	sekundär
SH	Sozialhilfe
SHV	Sozialhilfeverband
SimFag	Simulationsmodell zum FAG
Stmk	Steiermark
Strkt	strukturelle Kriterien
SV	Sozialversicherung
SVA	Sozialversicherungsanstalt
SVK	Slowakische Republik
SVN	Slowenien
SWE	Schweden
SWW	Siedlungswasserwirtschaft
Syst.	Systemische Kriterien
T	Tirol
TabakSt.	Tabaksteuer
TDB	Transparenzdatenbank
Techn.	technisch-administrative Kriterien
Tir	Tirol
Trf.	Transfers
TRVB	Technische Richtlinien vorbeugender Brandschutz
Tsd.	Tausend
TUR	Türkei
tw.	teilweise
u. a.	und andere
u. ä.	und ähnliche
UAB	Unterabschnitt
UAG	Unterarbeitsgruppe
UFG	Umweltförderungsgesetz
UG	Untergliederung
Umw.	umweltschonende und energiesparende Maßnahmen
UN	United Nations
Untern.	Unternehmen
USA	United States of America
USt	Umsatzsteuer
UWWF	Umwelt- und Wasserwirtschaftsfonds
VA	Voranschlag
VBÄ	Vollbeschäftigungsäquivalent
Vbg	Vorarlberg
VfGH	Verfassungsgerichtshof
VfSlg	Erkenntnisse und Beschlüsse des Verfassungsgerichtshofes
VIF	Vereinbarkeitsindikator für Familie und Beruf

VLT	Video-Lotterie-Terminals
VRE	Versammlung der Regionen Europas
VRV	Voranschlags- und Rechnungsabschlussverordnung
VwGH	Verwaltungsgerichtshof
W	Wien
WBFG	Wasserbautenförderungsgesetz
WFB/Wbfb	Wohnbauförderungsbeitrag
WIFO	Österreichisches Institut für Wirtschaftsforschung
WTO	World Trade Organization
Z	Zahl, Ziffer
z. B.	zum Beispiel
ZfV	Zeitschrift für Verwaltung
ZHR	Zentrales Haushaltsregister
ZfV	„Zeitschrift für Verwaltung"
ZMR	Zentrales Melderegister
ZPR	Zentrales Personenstandsregister
ZSR	Zentrales Staatsbürgerschaftsregister
zw.	zwischen
ZZ	Zweckzuschuss
zzgl.	zuzüglich

Teil 1:
Grundsätze der Verteilung von Aufgaben und Ressourcen im föderalen Bundesstaat

Föderalismus und Bundesstaat – Theorie, Empirie und Reform

Erich THÖNI, Helfried BAUER

Finanzausgleich im Überblick – Grundsätzliches und das System in Österreich

Helfried BAUER, Erich THÖNI

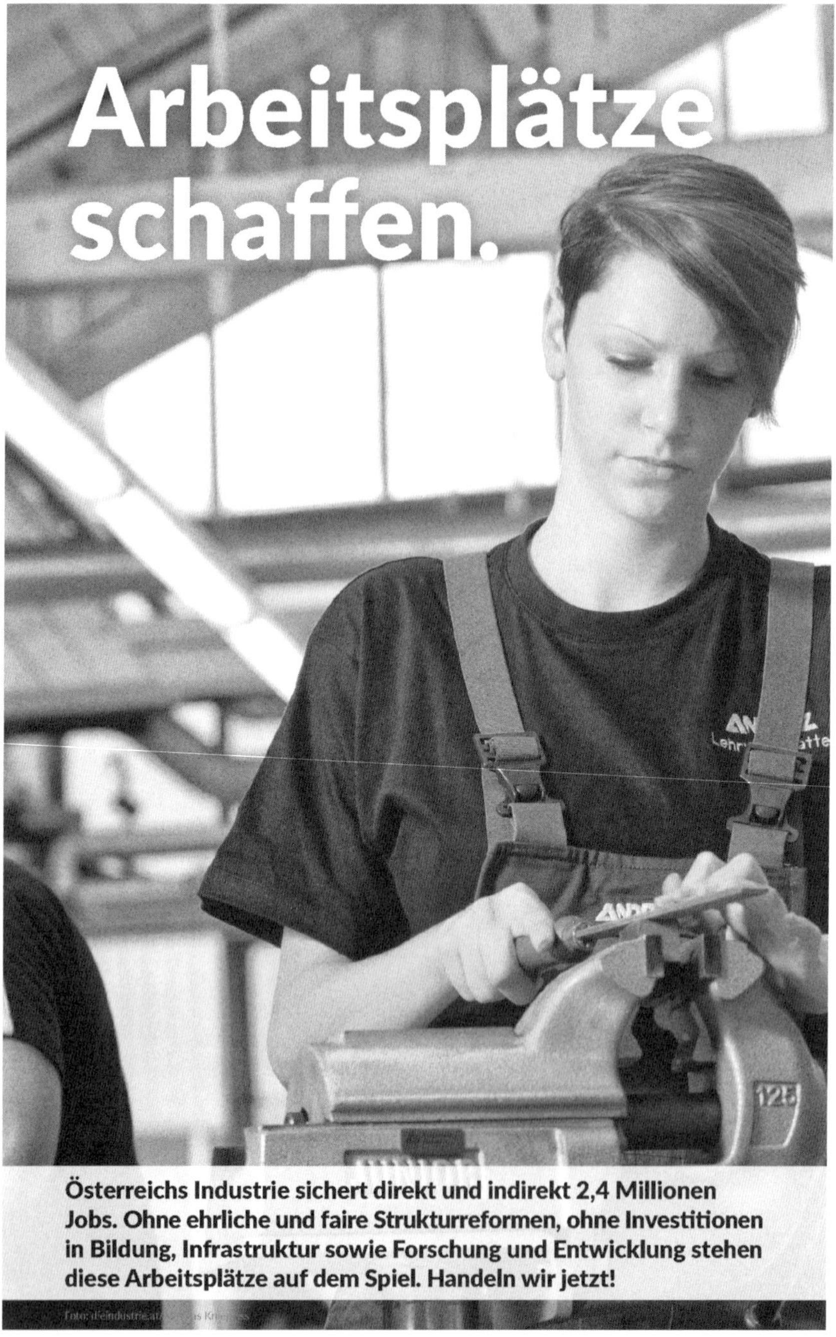
Arbeitsplätze schaffen.
Österreichs Industrie sichert direkt und indirekt 2,4 Millionen Jobs. Ohne ehrliche und faire Strukturreformen, ohne Investitionen in Bildung, Infrastruktur sowie Forschung und Entwicklung stehen diese Arbeitsplätze auf dem Spiel. Handeln wir jetzt!

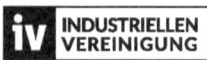

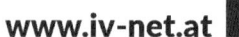

Erich THÖNI, Helfried BAUER

Föderalismus und Bundesstaat – Theorie, Empirie, Reform

1. Föderalismus – einige österreichbezogene Eingangsbemerkungen

In Abwandlung eines deutschen Bonmots zum Föderalismus kann auch für Österreich formuliert werden, dass „Finanzverfassung und Finanzausgleich den harten Kern des österreichischen Föderalismus" bilden.[1] Dennoch sei vorab auf die Grundlagen, den Föderalismus und den daraus folgenden Bundesstaat eingegangen und Brennpunkte der Diskussion dieser Organisationsformen angesprochen.

Dabei sollte für Österreich klar sein, dass sowohl der Föderalismus an sich als auch die Finanzverfassung und der Finanzausgleich umstrittene Tatbestände darstellen. Landeshauptmann Haslauer, Salzburg, formulierte dies im Jahr 2016 folgendermaßen: „... (wir) brauchen uns nicht der Illusion hingeben, dass der Föderalismus und die Bundesländer als solche von medialem oder öffentlichem Rückenwind getragen wären."[2] Dennoch, dem auf die Größe Österreichs abstellenden Argument, zumeist im Größen-Vergleich (Anm. der Autoren: Aussagefähigkeit?) mit dem deutschen Bundesland Bayern geäußert, „Österreich sei doch viel zu klein, um sich diesen föderalistischen Staatsaufbau leisten zu können"[3], kann insofern begegnet werden, als dabei übersehen wird, dass Bayern im ‚Freistaat' eine Mehrzahl von Ebenen und Institutionen (Freistaat, Bezirke, Kreise, Gemeinden) kennt, die die österreichischen gebietskörperschaftlichen Strukturen übertreffen. Würde man hingegen im Größenvergleich mit deutschen Bundesländern das Saarland aufgreifen, so ist dieses flächenmäßig kleiner als Vorarlberg, hat aber die gleichen Strukturen. „Schließlich geht es in der Verfasstheit eines Staates nicht nur um organisatorisches, infrastrukturelles sowie rechtliches Funktionieren, sondern auch um ein hohes Maß an Emotionalität, die letztlich das Genom der Identität eines Staatsvolkes ausmacht. Es ist nun einmal aufgrund der historischen Entwicklung eine Tatsache, dass ein Tiroler, ein Steirer oder ein Salzburger sich zunächst eben als Tiroler, Steirer oder Salzburger fühlt, dann erst als Österreicher und schließlich als Europäer."[4]

---

1 Junkernheinrich et al.: Vorwort, 2016, S. 9.
2 Haslauer: Föderalismus statt Entfremdung, 2016, S. 72.
3 Dazu Printmedien wie ‚Die Presse', ‚Der Standard' oder ‚Profil', besonders in den Jahren 1999 und 2000 (siehe dazu auch FN 6) oder aber später Hirschmann (Die Presse 2009): „Länder sind teuerste Folklore"; Urschitz (Die Presse 2015): „... Irrsinn und Ineffizienz des alpenländischen Gamsbartföderalismus...", „Am unsinnigsten: die Landesgesetzgebung...Sie ergibt in einem Kleinstaat in dieser Form keinen Sinn...".
4 Haslauer: Föderalismus statt Entfremdung, 2016, S. 73.

Dieses Österreich zeigt sich zudem vielfältig in Bezug auf die Topographie und Natur, Wirtschaftsstruktur, Verkehr u.a. Charakteristika. Österreich weist darüber hinaus aus historischen Gründen eine besondere ‚urbane' (städtische, stadtregionale) und ‚rurale' (ländliche) Struktur (mit einer starken Wanderungsbewegung in jüngeren Jahren) auf. Das ist einerseits der ‚urbane' Teil mit Wien und den davon einwohnermäßig stark abfallenden anderen österreichischen Städten und ihren engeren Einzugsbereichen und andererseits der ‚rurale' Teil, in dem etwa 40 Prozent der Bevölkerung in kleinstrukturierten Gemeinden unter 5.000 Einwohnerinnen und Einwohnern angesiedelt sind.[5]

Aus unterschiedlichsten Motiven wollen nun ‚durchaus einflussreiche' Persönlichkeiten des öffentlichen Lebens, der Medien, der Politik u.a.[6] diese Differenziertheit nicht anerkennen bzw. bauen sehr oft ihre Argumente auf einer einzigen Dimension von Kosten (Entscheidungs- oder Administrationskosten) auf. Sie übersehen dabei aber weitere Kostenpotentiale (wie Informationsbeschaffungs- oder Kontrollkosten) sowie eine notwendige Gegenüberstellung der Nutzen (Opportunitätskosten), auch auf Seiten der Bürgerinnen und Bürger[7], und sprechen daher aus einem nicht unproblematischen Föderalismus- bzw. Autonomieverständnis (zentralistischer Fokus, fehlende Analyse, Vier-Ebenen-Struktur etc.) dem ‚realen österreichischen Bundesstaat bzw. Föderalismus' die Existenzberechtigung ab. Sicherlich verlieren durch die Globalisierung, die europäische Integration, durch die immer stärker werdenden Verflechtungen und damit Grenzen der hierarchischen Steuerung sowie auch durch eine festzustellende stärkere Homogenisierung, die traditionellen Begründungen des Föderalismus an Gewicht. Sie sind aber durchaus und immer noch zusammen mit funktionalen Argumenten (staatsrechtlichen, ökonomischen,...) von Bedeutung.[8]

Es ist auch durchaus einsichtig, dass nicht allen unterschiedlichen Regelungen auf Länderebene, wie z. B. dem Jugendschutz oder den ‚Bauordnungen', von allen zugestimmt und nach einer ‚Gleichbehandlung' auf zentraler (Bundes-)Ebene ‚gerufen' wird, nur dieselbe könnte nicht nur

---

5 Statistik Austria: Gemeindegrößenklassen mit Einwohnerzahl 2016 (EW). Mit 1.1.2016 zählen die 1.848 Gemeinden bis 5.000 EW (von gesamt 2.100, d.s. 88 Prozent) eine Bevölkerung von 3.445.064 EW (d.s. an der Gesamtbevölkerung von 8.700.471 ca. 40 Prozent).
6 Raidl (Kurier 2014): „... Egozentrik der Oberföderalisten ..."; Schnauder (Der Standard 2014): „... überholten Föderalismus ..."; Rohrer (Die Presse 2016): „Da wäre einmal der unselige Föderalismus. Er ist die größte Geldvernichtungsmaschine, die sich Österreich leistet..."; Menzel; Schernthanner (Salzburger Nachrichten 2016): „In einige Bereiche der Verwaltung muss der Blitz einschlagen."; Hösele (Salzburger Nachrichten 2016): „Wider den „Rank Xerox'-Föderalismus."; ÖGB (Die Presse 2014): „Alle Macht dem Bund".
7 Siehe dazu Smekal; Thöni: Österreichs Föderalismus, 2000, S. 1-3.
8 Keinesfalls ist aus der Vier-Ebenen-Struktur ‚ad hoc' zu folgern, dass ‚eine Ebene zu viel sei' und dass diese ‚überflüssige Ebene die Länder' seien – hier bedarf es eingehenderer Analysen. Vgl. dazu auch Münch: Föderalismus in Österreich, 2016.

durch Zentralisierung[9], wie zumeist gefordert, sondern ebenso durch Selbstkoordination bzw. Vereinbarung zwischen den Ländern erreicht werden.[10] Letzteres wird in Österreich oft ‚übersehen' oder aus zentralistisch-ideologischen Motiven ‚nicht gewünscht'. Darüber hinaus wird oft die Flexibilität des bundesstaatlichen Konzepts nicht beachtet.

Auch der ständige Vorwurf von retardierenden oder blockierenden Ländervertreterinnen und -vertretern durch zentralistisch orientierte Medienvertreterinnen und -vertreter, unter Berufung auf ‚zentralisierende Bundesvertreterinnen und -vertreter' rund um das bzw. des Finanzministeriums, die meinen, ‚der Bund', oder wie auch ausgedrückt ‚Wien'[11] würde alles ‚besser verstehen bzw. besser machen' als die dezentralen Strukturen, war und ist inadäquat – letztlich muss es um eine sinnvolle Aufgabenerfüllung und Finanzierung eines österreichischen Bundesstaates gehen. Föderalismus ist keine Ideologie, sondern vielmehr ein formales Prinzip der Regelung der Beziehungen im pluralistischen Staat."[12]

Obwohl all jenen, die sich grundlegend mit Föderalismus und Fiskalföderalismus auseinandersetzen, zumindest seit dem Österreich-Konvent klar ist, dass die Lösung, insbesondere grundsätzlicher Reformfragen in der Aufgaben- und Einnahmenverteilung sowie der dahinter liegenden Entscheidungsprozesse für jede Finanzausgleichsreform eine notwendige Voraussetzung darstellt, fehlt für ein umfassendes ‚Aufgreifen' im derzeitigen Österreich der Mut – zu viel Systemisches müsste in Frage gestellt werden. Diese Feststellung kann auch nach der im Pakt zum Finanzausgleich 2017 niedergeschriebenen Selbstverpflichtung „bis zum Ende des Jahres 2018 eine Bundesstaatsreform unter Berücksichtigung der Arbeiten des Österreich-Konvents vor(zu)bereiten: A) Reform der Kompetenzverteilung in der Gesetzgebung; Entflechtung der Kompetenzfelder, B) Reform der Kompetenzverteilung in der Vollziehung..."[13] aufrecht bleiben. Dies erscheint jedoch durch die zeitliche Terminierung und die inhaltliche Festsetzung für eine eingehende, fundierte Analyse und daraus folgender Entscheidungen äußerst problematisch (Anm. der Autoren: Kürze? Komplexe Inhalte? Verfassungsmäßige Umsetzung?).[14]

---

9   Interessantes Ergebnis der Finanzausgleichsverhandlungen 2017: Zur Eindämmung der Kosten im sozialen Wohnbau soll bis 2018 ein Paket „...bundesweit einheitliche(r) Regelung der technischen Vorschriften der Bauordnungen und sonstiger technischer Vorschriften (Bauordnungen), ..." erreicht werden, siehe Paktum über den FA ab dem Jahr 2017, S. 8.

10 Eine Vorgangsweise, die in Österreich auf Länder- und Gemeindeebene viel stärker umgesetzt werden könnte, anstatt dem Ruf nach ‚Zentralisierung' von vornherein nachzugeben.

11 Hier ist nicht die Stadt oder das Land Wien gemeint, sondern vielmehr der Zentralstaat.

12 Bußjäger et al.: Föderalismus, 2012, S. 2.

13 Paktum zum FAG 2017, S. 17.

14 Alleine z. B. die Rolle der ‚Key Player' in den Verhandlungen, insbesondere jene der Landeshauptleutekonferenz detailliert zu berücksichtigen – hier angesprochen, weil immer wieder als zu hinterfragender, wenig analysierter Problembereich aufgeworfen –, stellt bereits ein komplexes Unterfangen dar; vgl. Karlhofer: Finanzausgleich und Bundesstaatsreform, 2011, S. 104 bzw. 112.

Insgesamt ist aber eine schleichende Erosion des Föderalismus, eine Schwächung der Länder und, aber auf anderer Ebene, der Gemeinden durch Bund und EU zu konstatieren.[15]

Summa summarum wird der österreichische Föderalismus als in einem „unitarischen, zentralistischen Bundesstaat", in einer „federation without federalism" umgesetzt gesehen, insbesondere wegen der begrenzten Aufgabenregelungsmöglichkeiten (Gesetzgebungs-/Gestaltungskompetenzen) und der noch begrenzteren Möglichkeiten der Finanzierungsregelungen (Steuerfindungs-, Steuersatzrecht etc.). Er kennt eine vertikal-asymmetrische Verteilung der Aufgaben-, Ausgaben- und Einnahmenhoheiten wie auch der Gesetzgebungs- (Regelungs-/Entscheidungs-), Ertrags- (Aufkommens-/Verschuldungs-), Verfügungs- und Verwaltungshoheit über die gebietskörperschaftlichen Ebenen hinweg und wird von einem komplexen Finanzausgleich i.e.S. getragen. Ihn charakterisiert zudem ein übergroßes Ausmaß des Steuerverbundes sowie eine Priorisierung der Umverteilungszielsetzung (,Einheitlichkeit der Lebensverhältnisse') gegenüber der Allokationszielsetzung (,optimale/effiziente Aufgabenerfüllung').[16]

Die Bundesregierung bekennt sich in ihrem Arbeitsprogramm 2013 - 2018 zu einer ,**Föderalismusreform**', spricht von einer „in manchen Bereichen" nicht mehr zeitgemäßen bzw. zersplitterten bundesstaatlichen Kompetenzverteilung und stellt die Mitwirkung des Bundesrates an der Bundesgesetzgebung in der derzeitigen Form als „nicht effektiv" dar. Darüber hinaus sollen föderalismusbezogen Vereinbarungen nach Art. 15a B-VG modernisiert, die Zustimmungsrechte zwischen Bund und Ländern reduziert und die Koordination im Katastrophenfall verbessert werden. Auch sollen Staatsaufgaben überdacht, dabei durch eine „Aufgabenreform- und Deregulierungskommission" gescreent und auf ihre staatliche Bereitstellungs- bzw. Regulierungsnotwendigkeit geprüft werden.[17]

Verschiedene Ländervertreterinnen und -vertreter sprechen sich in der Diskussion einer ,Föderalismus- und Finanzausgleichsreform' sehr betont für die Aufrechterhaltung des Föderalismus in Österreich aus und fordern z. B. eine Aufgabenorientierung im Allgemeinen, eine Entflechtung der

---

15 Vgl. für das „pro-Bund-Argument' schon sehr früh, Ruppe: Finanzverfassung im Bundesstaat, 1977, im Besonderen S. 11-17 und 28-29; weiters Fallend: Bund-Länder-Beziehungen in Österreich, 2010, S. 13; vgl. auch die Beratungen über den Bericht des Ausschusses 5 des Österreich-Konvent.
Auf Seiten der Gemeinden (ohne Wien) ist die Relevanz der Gemeindeabgaben in den letzten Jahrzehnten gesunken, während die Transferausgaben an die Länder (u.a. für Gesundheit und Soziales) gestiegen sind. Damit verbunden ist ein geringerer finanzieller Spielraum der Gemeinden. So hat sich nach Berechnungen des KDZ der Überschuss der laufenden Gebarung seit 1999 von 23,6 Prozent auf 12,5 Prozent im Jahre 2015 nahezu halbiert. Siehe auch Mitterer et al.: Gemeindefinanzen 2017, S. 16 f.

16 Für eine ,Einordnung' des österreichischen Föderalismus sowie der Finanzverfassung und des Finanzausgleichs in eine ,Umgebung' von 15 föderalistischen bzw. quasi-föderalistischen Staaten siehe Blöchliger; Kantorowicz: Fiscal constitutions, 2015.

17 Republik Österreich - Bundeskanzleramt: Arbeitsprogramm der österreichischen Bundesregierung 2013 – 2018. Abschnitt 7, S. 88-93.

Kompetenzen und Aufgaben, eine aufgabenadäquate Finanzierung und eine Ausweitung der Steuerautonomie (wenngleich nicht von allen Ländern goutiert), um eine echte Selbstverwaltung zu fördern, wobei dieselbe auf keinen Fall zu einem Wettbewerbsföderalismus führen dürfe, „der die Länder untereinander aufreibt".[18]

Städte und Gemeinden wiederum erwarten, nach einer Aussage des Präsidenten des Österreichischen Städtebundes bereits im Jahre 2014, „dass Reformschritte wie die verstärkte Aufgabenorientierung und die Entflechtung der Transfers umgesetzt werden"... sowie Städten mehr finanzielle Entscheidungsfreiheit gegeben und strukturelle Autonomie ermöglicht wird.[19] Der Gemeindebund, in der Person des Gemeindebund-Präsidenten, fordert ergänzend bzw. darüber hinaus eine ‚Abschaffung, zumindest eine Abflachung des abgestuften Bevölkerungsschlüssels' und einen ‚Sondertopf für Infrastrukturmaßnahmen in benachteiligten Regionen'.[20] Der Gemeindetag 2014 wiederum formulierte in seiner Resolution, dass eine ‚substanzielle Aufgabenreform (Kompetenzbereinigung, Finanzierungsregelung, Entlastung der Gemeinden) einer Finanzausgleichsreform voranzustellen sei, die eigenen kommunalen Einnahmequellen zu stärken sowie die Breitband-Fördermilliarde rasch bereitzustellen seien.'[21]

1.1 Föderalismus in allgemeiner Sicht

Entgegen den vielfältigen Äußerungen, auch im wissenschaftlichen Bereich, dass ‚der (moderne) Nationalstaat ein Auslaufmodell sei und bald absterben werde', verweisen Entwicklungen in vielen Staaten (beispielhaft die Nationalstaaten der EU) darauf, dass auch in einer sich globalisierenden bzw. integrierenden Gesellschaft die „Entmachtung der Politik und des Staates" und damit die „Auflösung der Nationalstaaten" nicht stattfindet bzw. wenn überhaupt, ‚erst in ferner Zukunft' anzudenken ist.[22] Nur wenige, dafür aber außerordentlich bedeutende außerökonomische und ökonomische, notwendigerweise staatliche Aufgabenerfüllungen erreichen „europäische bzw. globale Dimensionen", wie sie z. B. mit den Anpassungen aufgrund des Klimawandels, der demographischen Entwicklung, der Ressourcenentwicklung, der wirtschaftlichen Integration, der Digitalisierung und Vernetzung und daraus folgender Bildungsnotwendigkeiten zu verbinden sind. Dagegen wird für mehrere bisherige EU-Aufgabenerfüllungen die „Rückverlagerung" auf niederere, nationale Ebenen gefordert, so z. B. in der ‚Regionalpolitik i.e.S.'.

---

18 Diverse ‚Aktuelle Presseaussendungen zu Landeshauptleutekonferenz von Parlamentsdirektion und anderen'. In: www.ots.at/t/landeshauptleutekonferenz (Download 27.12.2016).
19 Häupl: Städte brauchen mehr Autonomie, 2014, S. 3; siehe dazu auch Österreichischer Städtebund: Resolution an den Österreichischen Städtetag.
20 Waldhauser: Asyl und Finanzen dominierten Gemeindetag 2015, 2015, S. 11.
21 Siehe dazu Österreichischer Gemeindebund: Resolution des 61. Gemeindetages 2014.
22 Siehe auch Benz: Der moderne Staat, 2001, S. 285; auch Liessmann: Der Staat, 2011, S. 8-9.

Der (moderne) Nationalstaat, der sich auf ein „Staatsvolk" bzw. eine „politische Nation (Staatsbürgernation)" begründet[23], wird gerade in einer sozial-marktwirtschaftlichen Gesellschafts- und Wirtschaftsordnung – wohl in gewandelter Form – deshalb auch als Ordnungs- und Leistungsstaat (und damit auch als Sozialstaat) notwendigerweise weiterhin existent bleiben.[24] Stichwörter der Ökonomie wie „Marktversagen", aber auch „Staatsversagen" seien dafür Hinweise genug.

Dieser Nationalstaat ist eo ipso nicht mit dem Territorialstaat identisch. Vielmehr handelt es sich bei der Nation um eine zum Staat komplementäre politische Ordnungsvorstellung.[25]

Dennoch, diese globalen, regionalen und lokalen Entwicklungen erfordern immer wieder ein Überdenken der gegebenen Ordnungen. Ein wichtiges Element ist dabei das Streben nach der ‚angepassten', politisch-administrativ und ökonomisch effizienten Organisation der staatlichen Aufgabenerfüllung und ihrer Finanzierung, auch in ihrer räumlichen Dimension.[26]

Das staatliche System beruht in entwickelten, auch föderalistischen Staaten auf einem demokratischen Grundverständnis, auf einer institutionellen Verteilung von politischer Macht und Verantwortung für die Erfüllung öffentlicher Aufgaben (Gewaltenteilung) sowie auf zentralen und dezentralen Entscheidungsprozessen. Es umfasst generell Regelungen
- zur Aufgabenerfüllung (z. B. Festlegungen von Kompetenzen, von inhaltlichen Zielen, von Qualitätsstandards und/oder von Vorgangsweisen zur Aufgabenerfüllung),
- zur Gestion der erforderlichen Ausgaben sowie
- zur Aufbringung und Verteilung der benötigten öffentlichen Mittel.

Letztlich geht es dabei um die Zusammenfassung bzw. Trennung und ebenenspezifische Zuordnung von, wie sie auch genannt sind, „Regelung, Ausführung, Finanzierung", oder „Regelung, Ertrag, Verfügung", oder „Gesetzgebung, Vollzug, Finanzierung" oder „Veranlassung, Ausführung, Finanzierung", worin sich dann auch der „Autonomiegrad" der jeweiligen Ebene bzw. Einheit oder die Allokationszielsetzung im trade-off mit der Umverteilungszielsetzung widerspiegelt.[27]

Fiskalische Autonomie einer gebietskörperschaftlichen Ebene oder Einheit im weiteren Sinn definiert sich als „das Recht, über Einnahmen sowie Höhe und Struktur der Ausgaben eigenverantwortlich zu entschei-

---

23 Siehe dazu Benz: Der moderne Staat, 2001, S. 32.
24 Siehe dazu auch die Diskussion um den ‚notwendigen', den ‚erweiterten', den ‚gefräßigen', den ‚launigen' und den ‚freundlichen Staat' bei Bude: Die Metamorphose des Staatsglaubens nach 1945, 2011, S. 172-179.
25 Zur Diskussion Nationalstaat – Territorialstaat siehe Münkler: Die Territorialisierung des Politischen, 2011, S. 51.
26 Thöni: Der Stellenwert des Finanzausgleichs, 2002, S. 9-10.
27 In der österreichischen Situation erhält man oft den Eindruck, dass erstens eine Priorisierung der (Um-)Verteilungszielsetzung erfolgt und zweitens das Prinzip der ‚Einheitlichkeit (der Lebensverhältnisse)' Richtung ‚Gleichartigkeit' (nicht Gleichwertigkeit!) interpretiert und damit Effizienz und Wachstum in den Hintergrund gedrängt wird.

den."[28] Diese Beschreibung lässt erkennen, dass es sich bei fiskalischer Autonomie um ein mehrdimensionales Konzept handelt, welches einerseits verschiedene Typen[29], wie eben Regelungs-, Ertrags- und Verfügungsautonomie, andererseits aber auch verschiedene Grade innerhalb dieser Ausprägungen der fiskalischen Autonomie aufweisen kann.

Unter fiskalischer Verantwortung wiederum wird ein weiteres leitendes Prinzip für das Handeln aller gebietskörperschaftlichen Ebenen verstanden. Die an den Bedürfnissen der Bürgerinnen und Bürger ausgerichteten staatlichen Aufgaben sollen unter Beachtung der Prinzipien der Good Governance[30] erfüllt werden. Gekoppelt an die verschiedenen Abstufungen der fiskalischen Autonomie werden auch in Bezug auf die Verantwortung der einzelnen gebietskörperschaftlichen Ebenen mehrere Kategorien zu unterscheiden sein.

Hierin verbindet sich aber auch „fiskalische Autonomie" mit „fiskalischer Verantwortung", erstere als conditio sine qua non für letztere. Nur eine gebietskörperschaftliche Ebene bzw. Einheit, die über ausreichend Autonomie verfügt, sei es in Bezug auf die Ausgaben, sei es in Bezug auf die Einnahmen, kann auch Verantwortung für die Aufgabenerfüllung tragen. Gleiches gilt für funktionale und auch parafiskalische Einheiten.[31]

1.2 Föderalismus, Unitarismus, Regionalismus und Bundesstaat

In einem ersten Schritt der Begründung benötigt der Staat eine Ordnung der Zuständigkeiten der gebietskörperschaftlichen Ebenen und weiterer öffentlicher Einrichtungen. Hierfür sind die angesprochenen Gesetzgebungs-, Durchführungs-, Verwaltungs-, Kontroll- und Finanzierungsrechte festzulegen. Dabei sind wiederum verschiedene Modelle denkbar. Abgesehen von der zentralen Vereinigung aller Entscheidungen auf einer – i.S. der Hierarchie – ‚höchsten' Ebene sind dezentrale Ausformungen mit mehr oder weniger Entscheidungs-, insbesondere gesetzgebenden Rechten auf ‚gleichgeordneten' bzw. ‚unteren' Ebenen denkbar. Letztere Formen treten in föderalen bzw. regionalen Umsetzungen auf. Daneben ist auf ‚vertikale Verflechtungsmöglichkeiten' hinzuweisen. Aktuelle Ziele aller Organisationsformen sind einerseits die Sicherung der Macht (...), andererseits doch auch der Versuch, die Lebensqualität der Menschen zu festigen bzw. zu verbessern.[32]

---

28 Bröthaler: Einnahmenautonomie, 2007, S. 32-61.
29 Siehe hierzu: Schneider: Finanzautonomie, 2006.
30 Siehe dazu beispielsweise: Commission of the European Communities: European Governance, 2001.
31 Siehe dazu Thöni; Bonn: Fiskalische Autonomie, 2011, S. 71-73.
32 Siehe dazu Bauer; Dearing: Bürgernaher Aktiver Staat, 2013, S. 180-181.

In dieser Ordnung der Zuständigkeiten werden nun verschiedene Organisationskonzepte relevant: Dabei versteht man unter
- **Föderalismus** eine auf Dauer angelegte Verbindung von eigenständigen Körperschaften zu einer größeren Gesamtheit, zur Verfolgung gemeinsamer Aufgaben, wobei eine gewisse gesetzgeberische Selbstständigkeit auch nach der Verbindung aufrecht bleibt.[33]
- Im Gegensatz dazu versteht man unter **Unitarismus** die Zusammenfassung der Zuständigkeiten auf einer Ebene, bei Dekonzentration und Delegation.
- **Regionalismus** i.e.s. wiederum bedeutet abgeleitete regionale Autonomie (dezentralisierter Einheitsstaat) bzw. ein Streben danach. Im weiteren Sinne umfasst Regionalismus auch den Föderalismus als eine Sonderform regionaler Gliederung eines politischen Systems.[34]
- Der **Bundesstaat** ist letztlich die aus dem Föderalismus resultierende konkrete staatsrechtliche Organisationsform.[35]

Föderalistische Organisationen und Regionen (insbesondere EVTZs[36]; ‚neuer nationaler Regionalismus'), die als Gegenbewegung/Korrektiv zur/ der Konzentration aller Aufgabenentscheidungen errichtet werden, sollen der besseren, überschaubareren, intraregionalen Planungsmöglichkeit, Willensbildung und Steuerung, der Selbstbestimmung, aber auch der Gleichstellung aller Regionen mit der Metropol-(Hauptstadt-)Region, die im zentralistischen System üblicherweise bevorzugt wird, dienen.[37]

Föderalismus und Bundesstaat sind eng miteinander verwobene Begriffe, jedoch keine Synonyme.[38] Während „Föderalismus" gleichsam multidisziplinäre Komponenten in sich birgt und unter juristischen[39], politologischen[40],

---

33 Zu den Vor- und Nachteilen siehe Kirsch: Föderalismus, 1977; auch Benz: Der moderne Staat, 2001, S. 218; aus föderalismusökonomischer Sicht Stahl: Aufgabenverteilung, 2000, S. 265-269.

34 Siehe dazu und zu weiteren staatspolitischen Prinzipien, wie Zentralisation-Dezentralisation, Konzentration-Dekonzentration, Subsidiarität; Esterbauer; Thöni: Föderalismus und Regionalismus, 1981, S. 7-17.

35 Zur inneren Differenzierung des Föderalismuskonzepts aus politökonomischer Sicht siehe Thöni: Verhältnis von Wettbewerb und Kooperation in föderativen Staaten, 2005, S. 10-41.

36 EVTZ steht für „Europäischen Verbund für territoriale Zusammenarbeit", einer Rechtsinstitution, die mit Verordnung (EG) Nr. 1082/2006 des Europäischen Parlaments und des Rates v. 05.07.2006 und der Änderung durch Verordnung (EG) Nr. 1302/2013 des Europäischen Parlaments und des Rates v. 17.12.2013 auf EU-Ebene eingeführt wurde. Hinsichtlich der Umsetzung sei auf die als erste EVTZ in Österreich und zweite EVTZ in Italien 2011 begründete ‚Europaregion Tirol-Südtirol-Trentino' verwiesen. (http://www.europaregion.info/de/evtz-europaregion.asp (Download 27.12.2016)).

37 Esterbauer; Thöni: Föderalismus und Regionalismus, 1981, S. 14.

38 Siehe dazu Pernthaler: 25 Grundsätze, 2000, S. 3-5; Gamper: Staat und Verfassung, 2010, S. 82-85.

39 Die juristische Betrachtungsweise ist eine normative. Sie untersucht die rechtlichen Strukturen und systematisiert sie.

40 Ein Beispiel für eine politologische Betrachtungsweise ist die Untersuchung des Parteiwettstreites auf den verschiedenen Ebenen des Staates und des Verhältnisses der zentralen Parteiorganisationen zu ihren territorialen Organisationen.

historischen[41], soziologischen[42] und ökonomischen[43] Aspekten analysiert bzw. verstanden werden kann, ist der Bundesstaat, wie oben erwähnt, seine staatsrechtliche, damit juristische Ausprägung.[44] Schultze[45] unterscheidet vier Verständnisse von Föderalismus: ein verfassungsrechtliches (Stichwörter: Bundesstaat, Gewaltenteilung), ein institutionell-funktionales (Stichwort: Autonomie), ein soziologisch-behavioristisches (Stichwörter: ethnische, religiöse, ökonomische etc. Gesellschaftsgliederungen unabhängig von der politischen Organisation) und ein sozialphilosophisches (freiwillige Verbindung weitgehend autonomer dezentraler Einheiten – auf Basis der Subsidiarität bzw. des Genossenschaftswesens).

„Föderalismus im allgemeinsten Sinn, wie ihn etwa die katholische Soziallehre versteht, meint ein politisches Gestaltungsprinzip zur Sicherung von Eigenständigkeit und Selbstverantwortung gesellschaftlicher Teilbereiche. So verstanden geht Föderalismus weit über den Bundesstaat hinaus. Andererseits gilt gerade der Bundesstaat als das Modell föderalistischer Gestaltung schlechthin", so Ruppe zum Verhältnis „Föderalismus und Bundesstaat".[46]

Die Staatstheorie unterscheidet trotz zunehmend schwierigeren Abgrenzungsproblemen und komplexeren Systemen jenseits des Nationalstaates den (föderalen) Bundesstaat noch immer vom (nicht-föderalen) dezentralisierten Einheitsstaat (hier als unitarischer Staat bezeichnet).[47] Mit dieser etwas groben Unterscheidung geht der Blick auf Differenzierungen verloren. Es gibt heute neben den klassischen Bundesstaaten zahlreiche weitere politische Systeme, die mehr oder weniger starke föderale Elemente aufweisen.

---

41 Die historische Betrachtungsweise untersucht das Phänomen Föderalismus in seinen verschiedenen historischen Ausprägungen, die zum Teil bis in die Antike zurückreichen.
42 Föderalismus wird in der soziologischen Perspektive als Funktion gesellschaftlicher Verhältnisse betrachtet. Es existieren ethnische, religiöse, sprachliche, sozioökonomische Unterschiede, die politisch mobilisiert werden, mit der Folge, dass die Gesellschaft als fragmentiert erscheint, wobei die jeweiligen sozialen Gruppen territorial konzentriert sind. Heterogene Gesellschaften führen demnach in der Tendenz zu Föderalismus, homogene Gesellschaften zu Unitarismus.
43 Die ökonomische Betrachtungsweise untersucht Kosten und Nutzen der Aufgaben- (Ausgaben-) und Einnahmenverteilung innerhalb einer staatlichen Struktur und vergleicht die Vor- und Nachteile verschiedener Staatsformen (und dahinter liegender Prinzipien) aus ökonomischer Sicht; siehe dazu auch Thöni: Politökonomische Theorie des Föderalismus, 1986.
44 Pernthaler: 25 Grundsätze, 2000, S. 7; Gamper: Staat und Verfassung, 2010, S. 84. Zur Vielschichtigkeit des Föderalismusbegriffs siehe auch Gamper: Die Regionen mit Gesetzgebungshoheit in Europa, 2004, S. 15-17.
45 Schultze: Föderalismus, 2002, S. 252. In Anlehnung an: Reissert: Föderalismus, 1992, S. 238-244.
46 Ruppe: Finanzverfassung im Bundesstaat, 1977, S. 8.
47 Vgl. Pernthaler: 25 Grundsätze, 2000, S. 10-11; Gamper: Staat und Verfassung, 2010, S. 84.

1.3 Föderalismustypen

Föderalismus ist demnach unterschiedlich ausgeprägt, z. B. umschreibt er als statisches Konzept konkrete Organisationsausformungen, wie räumliche „Bundesstaaten" oder funktionelle „Selbstverwaltungs-Netzwerke", als dynamisches Konzept intragovernmentale Prozesse, wie „Wettbewerbsföderalismus" oder „kooperativen Föderalismus".

Es gibt also nicht den einen Föderalismus, sondern eine Vielzahl unterschiedlicher Konzeptionen und Ausformungen föderaler Ordnungen. Diese bewegen sich im Kontinuum zwischen einem die ‚Eigenständigkeit der Glieder' betonenden und praktizierenden dualen oder Wettbewerbsföderalismus und einem die ‚Einheitlichkeit' in den Mittelpunkt stellenden unitarischen Föderalismus.[48]

In der theoretischen Diskussion folgen dann ‚**Trennmodelle**' (auch diskutiert als ‚zentrifugaler Föderalismus' bzw. ‚intrastaatlicher Föderalismus') versus ‚**Verbundmodelle**' (auch diskutiert als ‚zentripedaler Föderalismus' bzw. ‚intrastaatlicher Föderalismus'), die sich in der Praxis unterschiedlich vermischen.[49]

Zimmermann; Henke; Broer wiederum heben „föderative Systeme" von „föderativ aufgebauten Staaten" ab. Erstere werden z. B. in der ökonomischen Theorie des Föderalismus auf jeden Staatsaufbau angewendet, „der auch untergeordnete Entscheidungsebenen mit Aufgaben- und Einnahmenautonomie umfasst". Letztere beschränken sich auf einen Staatsaufbau, „bei dem zwischen zentralstaatlicher und kommunaler Ebene eine selbstständige Gebietskörperschaftsebene besteht", z. B. die Länder in Österreich analog den Ländern in Deutschland oder den ‚states' in den USA.[50] Es sei aber auch darauf verwiesen, dass durch die Konzentration auf gebietskörperschaftliche Beziehungen die vielen Formen des so bezeichneten „**funktionalen Föderalismus**" bzw. des „**parafiskalischen Föderalismus**" in der Sozialversicherung, in Kammern etc. ausgeblendet bleiben. In einem Finanzausgleich im weiteren Sinne sind auch deren Finanzbeziehungen zu untersuchen.[51]

Besonderes Kennzeichen des Föderalismus ist, dass jede Gesellschaft und jeder Staat die geeigneten Formen und Spielarten des Föderalismus entwickeln muss.[52]

Den Kern jedes föderalen Systems bildet seine Autonomie in der inhaltlichen Gestaltung bestimmter Aufgaben (Kompetenzen und Finanzen). Insoweit unterscheidet sich ein föderales System prinzipiell von einem solchen, das lediglich administrative Aufgaben dekonzentriert bzw. delegiert. Im letzteren Fall erhalten die Untergliederungen ein „right to act", im ersteren Fall verfügen sie über ein „right to decide". Auch und gerade im

---

48 Vgl. dazu auch die nachfolgenden Anmerkungen zu ‚collaborative federalism' (FN 57).
49 Bauer: Finanzausgleichsreform, 2014, S. 143-147.
50 Zimmermann et al.: Finanzwissenschaft, 2012, S. 205.
51 Ebd., S. 207.
52 Bußjäger et al.: Föderalismus, 2012, S. 1.

modernen Staat ist das „right to decide" untrennbar mit der Existenz von Gesetzgebungshoheit und mit der eigenständigen Finanzhoheit verbunden. Dadurch wird auch der Unterschied zur bloßen (abgeleiteten) Verordnungsautonomie etwa einer Selbstverwaltungseinheit herausgestrichen.

Wesentliches Strukturmerkmal des Föderalismus ist daher auch und gerade die Unterschiedlichkeit der Rechtsordnungen der Gliedstaaten und dahinter liegendem politischen Handeln zwischen den Gliedstaaten und zwischen den Gliedstaaten und dem Bund, die zu Innovationen und ‚wechselseitigem Lernen' sowie einem ‚positiven Wettbewerb' führen können. Diese Zweigliedrigkeit ist, insbesondere nunmehr in Österreich, um die Gemeindeebene zu erweitern.

War über Jahrzehnte das österreichische Föderalismusverständnis, gemäß der österreichischen staatstheoretischen Lehre, auf die Beziehungen zwischen Bund und den Bundesländern beschränkt, so ist im Sinne des – nunmehr seit Ende des vergangenen Jahrhunderts bestehenden – kooperativen Bundesstaatsverständnisses allgemein (auch staats- und damit rechtswissenschaftlich) anerkannt, dass die Gemeinden als Selbstverwaltungskörperschaft (nicht gesetzgebende Körperschaft) Partner im Föderalismus, Bundesstaat und Finanzausgleich sind.[53]

In der Praxis muss also der trade-off zwischen „Autonomie" und „Koordination" aufgelöst werden. Es ergibt sich eine gleichzeitige Notwendigkeit von zentralen Aufgabenerfüllungen (bis hinauf zur EU und ‚darüber' UN/ globale Probleme) und dezentralen (in Gemeinden und Regionen/kleinstrukturierte Probleme), bei unterschiedlichen Gewichtungen der beiden. Verschiedenste Umsetzungen und damit verschiedenste Konzepte der föderalistischen „Vielfalt in der Einheit" bzw. des Bundesstaates sind das Ergebnis.

Derart hat sich in Österreich, insbesondere aus Gründen der Aufgabenerfüllung in Formen des Privatrechts (Art. 17 B-VG für Privatwirtschaftsverwaltung von Bund bzw. Ländern und Art. 118 Abs. 2 in Verbindung Art. 116 Abs. 2 B-VG von Gemeinden[54]) das Konzept des **„kooperativen**

---

53 Siehe Neisser, der dazu ausführt: „Der österreichische Föderalismus wurde traditionell immer als Zwei-Ebenen-Struktur verstanden: Bund gegen Länder – und umgekehrt, das war die politische Ausgangslage. Seither hat sich jedoch das Zwei-Ebenen-Modell zu einem Drei-Ebenen-System weiterentwickelt, in dem die lokalen Einheiten (Städte und Gemeinden) eine nicht unerhebliche mitgestaltende Rolle spielen. Mit anderen Worten: Bundesstaatsreformdiskussionen ohne Einbeziehung dieser dritten Ebene, d.h. der territorialen Ebene, entsprechen nicht den modernen Erfordernissen einer Staatsgestaltung." Neisser: Bundesstaatsreform, 2011, S. 29. Bereits 2004 argumentierte Pernthaler die notwendige Erweiterung zu einem dreigliedrigen kooperativen Föderalismus, der auch die Gemeinden umfasst. „Dies sollte nicht nur die Rechte der Gemeinden stärken, sondern auch die Mitwirkung der Länder und Gemeinden an zentralstaatlicher Planung verbessern, ebenso auch das „Verwischen der selbständigen Kostenverantwortung" zurückdrängen, …", so Pernthaler: Bundesstaatsrecht, 2004, S. 456, zitiert nach Bauer: Finanzausgleichsreform, 2014, S. 157.

54 Siehe dazu Thöni: Finanzielle Autonomie und Transferzahlungen, 1974, S. 31-47; Thöni: Privatwirtschaftsverwaltung und Finanzausgleich, 1978;

Föderalismus", auch als **„Verbundföderalismus"** bezeichnet,[55] umgesetzt. Dieser ist dadurch gekennzeichnet, dass Aufgaben, Ausgaben und Abgaben nicht mehr einer Ebene zugeordnet werden, vielmehr, dass zwei und oft alle drei Ebenen Aufgaben ganz oder teilweise gemeinschaftlich erfüllen und/oder ganz oder teilweise finanzieren (‚Gemeinschaftsaufgaben', ‚Gemeinschaftsfinanzierungen'). Dieses Konzept umschließt in seinem Verständnis, was in Kanada bzw. Australien unter **„cooperative federalism"**[56] bzw. **„collaborative federalism"**[57] diskutiert und umzusetzen versucht wird. Werden in einem ‚tieferen Verständnis' beiden Konzepten verschiedene Inhalte zugeordnet (siehe unten, jeweilige Fußnoten), so zeigen sich im alltäglichen Gebrauch dann doch ‚austauschbare Verständnisse' und deshalb substitutive Verwendungen. Auch zeigt der ‚collaborative federalism' sehr ‚unterschiedliche Verständnisse von Zusammenarbeit' zur Erreichung z. B. pan-kanadischer Ziele, von einem einerseits ‚mehr oder weniger Diktat' oder andererseits einer ‚sehr beschränkten Rolle' von/auf Seiten der kanadischen Bundesregierung bis hin zu ‚echter Zusammenarbeit' zwischen kanadischer Bundesregierung und Provinzen, „but this capacity depends on the (Anm. der Autoren: federal) government's inclination to use its spending power."[58]

Der „kooperative Föderalismus" führte und führt zu einer „Verflechtung" der Ebenen, die die ‚Zuständigkeiten' bzw. ‚Verantwortlichkeiten' verwischt und damit auch für den Finanzausgleich zum Problem wurde (‚Finanzausgleichsdilemma der Privatwirtschaftsverwaltung'). Konsequent wird immer wieder, zumindest für die ‚großen, d.h. monetär bedeutenden Aufgabenerfüllungen', nach einer ‚Entflechtung' gesucht (auch das ‚zentrale Anliegen' einer zukünftigen österreichischen Bundesstaatsreform).

Diesem „kooperativen Föderalismus" steht der **„Wettbewerbsföderalismus"**, auch oft in ‚unpräziser Abhebung' als **„Trennföderalismus"** bezeichnet, gegenüber. In ihm verfügen Länder (auch Gemeinden) über einen relativ bedeutenden Grad an Gestaltungs- und Finanzierungsautonomie, um letztlich durch bürgernähere und kostengünstigere Aufgabenerfüllungen Vorteile zu erlangen. Zum Unterschied von Ausformungen, in denen die „Einheitlichkeit der Lebensverhältnisse" bzw. die Umverteilungszielsetzung im Vordergrund der Aufgabenerfüllung steht, soll dieser Wettbewerb (gewollt) zu optimalen Allokationen führen, woraus sich regionale Unterschiede ergeben. Wird mit diesen Unterschieden immer wieder

---

aktueller: Thöni: Intergovernmental fiscal relations, 2010, S. 113-117.

55 Der österreichische Bundesstaat ist gleich dem deutschen kooperativ angelegt, im Unterschied beispielsweise zum dualistischen Föderalismus der USA, der nur geringe Zusammenarbeit vorsieht (Trennföderalismus).
56 ‚Cooperative federalism' wird nach Painter (1998) als spezieller Stil intergovernmentaler Beziehungen verstanden, ‚evolved out of a perception of common agenda of problems (and, in some instances, solutions)' – ein eher ‚genossenschaftliches Zusammenwirken'; zitiert nach Curtin University (AUS).
57 'Collaborative federalism' wird von Cameron and Simeon (2002) als 'process by which national goals are achieved … by some or all of the 11 (Canadian) governments and the territories acting collectively' beschrieben; zitiert nach Curtin University (AUS).
58 Wilford: Deferential Federalism, 2015, S. 22-29.

ein ‚gefährliches **race to the bottom**' verbunden, so verweisen praktische Umsetzungen (z. B. Schweiz, USA) darauf, dass dieser Wettbewerb nicht automatisch zu diesem ‚race', und schon gar nicht zum ‚bottom' führen muss.[59]

So mündet diese Diskussion in einem trade-off zwischen einerseits Wettbewerb/Konkurrenz und damit mehr Effizienz und Wachstum, andererseits Umverteilung aufgrund von Koordination gemäß einer Distributions- und Ausgleichsorientierung. In neuester Zeit wird diese Koordination und gleichzeitige Konkurrenz auch als „Kooperenz" bezeichnet, in Bezug auf den Föderalismus wird das ‚Schlagwort' auf „Kooperenzföderalismus" abgewandelt, worin ein (eher statischer) ‚Koordinationsföderalismus' gleichzeitig einem (eher dynamischen) ‚Wettbewerbsföderalismus' gegenübersteht. Eine ähnliche Konzeption enthält der **„solidarische Wettbewerbsföderalismus"**, bei dem auf Basis gleicher Entwicklungschancen unterschiedliche Entwicklungen aufgrund des Wettbewerbs „bis zu einem gewissen Grad" akzeptiert werden.[60]

Von diesen Konzeptionen des Föderalismus abzuheben ist der **„Vollzugsföderalismus"**. In ihm haben sub-nationale Ebenen keine eigene, sondern nur eine ‚stellvertretende' Regelungsbefugnis (vgl. z. B. die mittelbare Bundesverwaltung in Österreich).[61]

Worum es bei erwähnter Koordination – bei sachlicher Betrachtung – geht, soll nach einem Blick auf die folgende Abbildung 1 erläutert werden. Darin sind über die elf Dimensionen von Wohlstand und Lebensqualität, welche die OECD als entscheidend hält, bisher wenig bekannten Daten zu den/zu dem jeweils besten und dem jeweils ungünstigsten österreichischen Bundesland ausgewiesen (dazwischen liegen die anderen Länder). Sie können mit dem Durchschnitt von 395 (Groß)Regionen des obersten und des untersten Quintils aller Mitgliedsstaaten der OECD verglichen werden, wodurch ein Eindruck zur regionalisierten Performance des öffentlichen Sektors ermöglicht wird. Es zeigt sich beispielsweise, dass im Jahr 2013 die jeweils zwei besten Ergebnisse
- bei der Dimension Beschäftigung in den Ländern Salzburg und Vorarlberg,
- bei der Dimension Gesundheit in Vorarlberg und Tirol und
- bei der Dimension Sicherheit in den Ländern Steiermark und Oberösterreich erreicht worden sind.

---

59 Zimmermann et al.: Finanzwissenschaft, 2012, S. 214-215. Siehe zur Diskussion von ‚effizienzminderndem' und ‚effizienzsteigerndem Wettbewerb' Stahl: Aufgabenverteilung, 2000, S. 118-119.
60 Thöni greift diese Konzeption auf und spricht sich für (einen) ‚mehr oder stärker dosierten Wettbewerbsföderalismus mit entsprechender Abgabenhoheit' für Österreich aus; siehe Bauer; Thöni: Finanzausgleich – eine Einleitung, 2008, S. 38; zur Diskussion der ‚Verhinderung von wettbewerbsschädigendem Verhalten' siehe Stahl: Aufgabenverteilung, 2000, S. 133-136.
61 Siehe zu den Föderalismuskonzeptionen auch Bröthaler et al.: Reform des Finanzausgleichs, 2011, S. 41-45.

- Dagegen wird der niedrigste Wert für die Dimension Wohnqualität[62] im Land Wien und für die Dimension Umweltqualität im Land Kärnten ausgewiesen.

Abbildung 1: Relative Performance von Wohlstand und Lebensqualität in den österreichischen Bundesländern (nach 11 OECD Dimensionen, 2014)

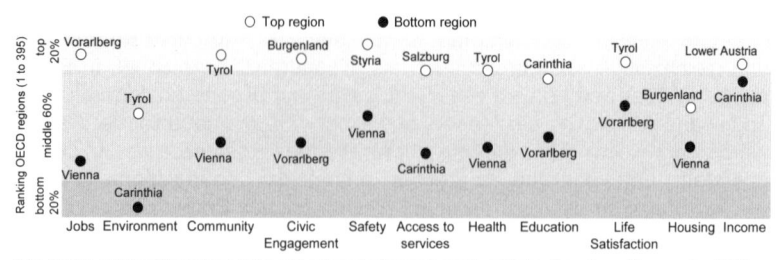

Note: Relative ranking of the regions with the best and worst outcomes in the 11 well-being dimensions, with respect to all 395 OECD regions. The eleven dimensions are ordered by decreasing regional disparities in the country. Each well-being dimension is measured by the indicators given in the table below.

Quelle: OECD Regional Well-Being Database: www.oecdregionalwellbeing.org.

Es liegt auf der Hand, dass solche Regionenvergleiche nicht nur Anlass zu Überlegungen und Diskussionen über die jeweils geeigneten Indikatoren im internationalen Vergleich sowie über die Gründe für gutes oder weniger gutes Abschneiden bieten. Die Analyse solcher Daten ergibt ebenso eine Basis für strategische Entscheidungen über künftige politische Ziele, über Investitionsprioritäten sowie über Verbesserungsmaßnahmen oder etwa bezüglich des Lernens voneinander (also zwischen Jurisdiktionen). In Bezug auf die Interaktion zwischen dem Finanzausgleich und den Strukturschwächen ländlich-peripherer Gemeinden deuten Studien auf einen niedrigen Aufgabenorientierungsgrad hin und verweisen auf eine ‚Ausgleichs- bzw. Änderungsnotwendigkeit' in Richtung ‚Förderung strukturschwacher Gemeinden'.[63]

Weitere Koordinationsüberlegungen, wenngleich mit erheblichen Abgrenzungsproblemen hinsichtlich der Definition von ‚Funktionen'/Aufgaben ‚kämpfend', finden sich in sogenannten ‚Kostenverlaufsstudien' einzelner Sektoren- bzw. Aufgabenentwicklungen von Ländern, Gemeinden und funktionellen Einheiten. Sie stellen die problematische Basis für ‚Verteilungsindikatoren' bzw. ‚Verteilungskriterien' in den Finanzbeziehungen bzw. im Finanzausgleich dar.[64]

---

62 Dabei ist darauf zu verweisen, dass diese ‚Wohnqualität' mit einem Indikator, nämlich Wohnfläche je Einwohnerin bzw. Einwohner, dargestellt wird. Notwendig wäre eine mehrdimensionale Betrachtung, weil diese Qualität von einer Vielzahl von Faktoren (Miethöhe, Wohnungsgröße, Wohnungsstandard, Erreichbarkeit (Arbeit, Freizeit usw.) bestimmt ist; vgl. dazu die KDZ-Studien Biwald et al.: Public Value der Gemeinnützigen Wohnungswirtschaft, 2011 wie auch Biwald et al.: Public Value des Wiener Gemeindebaus, 2014.
63 EcoAustria: Förderung strukturschwacher Gemeinden, 2014.
64 Sie dazu z. B. Lehner: Aufgabenorientierter Finanzausgleich, 2003; auch Thöni: Gemeindezusammenarbeit, 2012, S. 57-77.

Auch die Überlegungen zu ‚Versorgungsfunktionen' (von Gemeinden) und ‚Versorgungsstufen', die sich in den einzelnen Bundesländern deutlich unterscheiden (z. B. Zentrale-Orte-Funktionen), sind für die Finanzwirtschaft und damit auch für den Finanzausgleich und der Abgeltung dieser besonderen Aufgabenlasten von Bedeutung.[65]

Generell zeigt die empirische Analyse einer Studie für die Versammlung der Regionen Europas (VRE) in ihrer Zusammenfassung jedenfalls, „dass Dezentralisierung einen signifikant positiven Einfluss von Ländern und Regionen hat".[66]

Der **Finanzausgleich** wiederum ist zentrales Element jedes Bundesstaates. Das heutige finanzwissenschaftliche Verständnis ist umfassend angelegt (Aufgaben-, Ausgaben- und Einnahmenverteilung; siehe Beitrag Bauer; Thöni „Finanzausgleich im Überblick" im vorliegenden Band) und wird als ‚Finanzausgleich i.w.S.' bezeichnet. Zimmermann, Henke und Broer formulieren folgendermaßen: Mit Finanzausgleich wird ein System „der Zuordnung der öffentlichen Aufgaben, Ausgaben und Einnahmen auf die verschiedenen Gebietskörperschaften im Staatsaufbau" verstanden.[67] Davon hebt das übliche österreichische, ‚politische' Finanzausgleichsverständnis und damit die übliche Finanzausgleichsdiskussion ab, „die von Anbeginn auf den ‚Finanzausgleich i.e.S.' (nur Einnahmenverteilung und insbesondere Ausgleich) abstellte und abstellt."[68]

Im Grundverständnis ist dann zusätzlich zu betonen, dass, wie in Österreich oft missinterpretiert, im ‚Finanzausgleich' keine finanziellen „Geschenke des Bundes an die Länder und Gemeinden" verteilt werden, vielmehr dadurch Mittel zur Erfüllung der vielfältigen Aufgaben zugunsten der Bürgerinnen und Bürger ‚genuin', bereits durch die Verfassung zugeordnet, für alle Ebenen verfügbar gemacht werden.[69]

1.4 Aufgabenverteilung und Koordination i.w.S.

Bevor die Aufgabenverteilung (von ‚reinen' öffentlichen sowie politisch gewollten – ‚meritorischen' – Gütern) erfolgen kann, sind vorab und grundlegend folgende Fragen abzuklären:

- Handelt es sich um **national einheitliche oder regional zu differenzierende Güter** (national einheitliche Aufgaben sind z. B. öffentliche Sicherheit, Außenpolitik, Klima- und Katastrophenschutz; regional/lokal zu differenzierende öffentliche Leistungen aufgrund von unterschiedlichen Gegebenheiten wie z. B. wirtschaftliche Struktur, Standort- und Umweltbedingungen)?
- Liegen **regional oder lokal unterschiedliche Präferenzen** vor (z. B. bezüglich Kinderbetreuung, Freizeitbedürfnisse)?

---

65 Dazu Mitterer et al.: Regionale Versorgungsfunktion, 2016; vgl. auch ARL: Daseinsvorsorge, 2016.
66 BAK Basel Economics Subsidiarität, 2015, S. 12.
67 Ebenda; siehe auch Nowotny; Zagler: Der öffentliche Sektor, 2009, S. 137 f.
68 Dazu Thöni: Zukunft des Bundesstaates, 2011, S. 123.
69 Auch Haslauer: Föderalismus statt Entfremdung, 2016, S. 77.

- Wie stellen sich die jeweiligen Kosten-Nutzen-Relationen bei Produktion und Konsum öffentlicher Leistungen dar?
- Welches **Ausmaß bzw. welche Art von interregionalen externen Effekten** (spillovers) liegt vor?[70]

Für das Verteilen von Aufgaben und von öffentlichen Abgaben bestehen dann zunächst zwei, bereits angesprochene, **grundsätzliche Möglichkeiten** (etwa bezüglich der Regelungsbefugnis oder bezüglich der Trägerschaft) – der Trenn- bzw. der Verbundansatz[71]:

- Mit dem **Trennansatz** setzt man auf die Zuweisung getrennter Kompetenzen zur Regelung von Aufgaben und/oder zur Einnahmenbeschaffung bzw. Ausgabenbefugnis zwischen den einzelnen Ebenen. Damit kann unterschiedlichen Präferenzen und politischen Zielen Rechnung getragen werden. Bei komplexen Problemen, z. B. bei großflächigen Umweltbeeinträchtigungen, bei demografischen Verschiebungen oder bei ethnischen Spannungen, ist das Trennprinzip jedoch insofern problematisch, als Auswirkungen unterschiedlicher Art und auf allen staatlichen Ebenen folgen können und möglicherweise ein schwieriges Abstimmen von Zielen und Maßnahmen der einzelnen Entscheidungsträger erfordern.
- Der **Verbundansatz** gilt einer Politik- und Verantwortungsverflechtung zwischen den staatlichen Ebenen im Interesse ‚einheitlicher Lebensverhältnisse' sowie zur Erreichung anspruchsvoller Wirkungsziele. Kennzeichnend dafür sind teils institutionelle, teils informelle organisatorische Regelungen einer gemeinschaftlichen Aufgabenerfüllung („geteilte Entscheidungskompetenzen"[72]) sowie von Ko-Finanzierungen in strategisch bedeutsamen Bereichen wie Bildung, Gesundheitssicherung, Klimaschutz. Potenzielle Vorteile liegen grundsätzlich in einer abgestimmten Arbeitsteilung und Koordinierung (Effektivitätsgewinne); nachgeordnete Gebietskörperschaften können auf Solidarität und Beistand durch übergeordnete rechnen.[73] Nachteile sind Einbußen an Transparenz und an eindeutiger Ergebnisverantwortung und damit Effizienzverluste.

Weitere Leitprinzipien bzw. Kriterien sind die folgenden:

In der traditionellen wohlfahrtstheoretisch fundierten Lehre des 'fiscal federalism'[74] gelten das „**Dezentralisationstheorem**" (bessere Präferenzentsprechung durch dezentrale Bereitstellung) sowie das „**Prinzip der fiskalischen Äquivalenz i.w.S.**" (Entsprechung von Begünstigtem/Nutzer und Betroffenem/Zahler, erweitert um Beteiligten/Entscheider) als Leitprin-

---

70 Siehe dazu Nowotny; Zagler: Der öffentliche Sektor, 2009, S. 139 ff.
71 Siehe ausführlicher Bauer: Finanzausgleichsreform, 2014, S. 144.
72 Benz: Föderalismus und Demokratie, 2003, S. 14.
73 Dies impliziert jedoch auch Gefahren eines „moral hazard", also eines Verlassens der Entscheidungsträger der subnationalen Ebenen auf Hilfe seitens übergeordneter Gebietskörperschaften und damit das Verletzen des Prinzips der Verantwortlichkeit.
74 Olson: Fiscal Equivalence, 1969, S. 479-487; Oates: Fiscal Federalism, 1972; siehe auch Thöni: Politökonomische Theorie, 1986.

zipien, ergänzt um „**externe Effekte**"- und „**Skaleneffekte**"-Überlegungen.[75]

In der konstitutionellen Lehre wiederum hat die föderative Aufgabenverteilung über den **föderativen Wettbewerb** sicherzustellen, dass das Verhalten der politischen Akteure so kanalisiert wird, damit die Interessen der Bürgerinnen und Bürger gewahrt werden.[76]

Aus ökonomischer Sicht werden des Weiteren räumlich fixierte Bundesstaaten bzw. Gemeinden begründet, um „**Transaktionskosten**", einerseits in Form der Vielzahl von Bürgerkosten (Zeit-, Wege-, Entscheidungs-, Frustrationskosten u. a.), andererseits von staatlichen Organisationskosten (Informations-, Entscheidungs-, Verwaltungs-, Kontrollkosten u.a.) zu minimieren.[77] „Wenn man solche allokative Kriterien heranzieht, erscheint ein mehrstufiger Aufbau des Staates aus ökonomischer Sicht sinnvoll".[78] Zusätzliche Begründungen leisten nicht-ökonomische Zielsetzungen, wie z. B. das klassische Prinzip der staatstheoretischen **horizontalen und vertikalen Gewaltenteilung**, das Prinzip der **optimalen Kompetenzdifferenzierung**, das Prinzip der **gerechten Lastverteilung**[79] oder die politologische **Gegenmacht** (Länder als Gegengewicht zur zentralen Bundesmacht). „Föderalismus adäquat praktiziert, führt zudem zu einem höheren Grad an **demokratischer Kontrolle**, indem er zusätzliche regionale „checks and balances" einführt."[80]

Letztlich bleibt darauf zu verweisen, dass die Vorstellung von vielen Körperschaften, in denen dieselben genau auf den Nutzerkreis nur einer öffentlichen Aufgabe zugeschnitten sind (single-function governments, FOCJ), sich in der Realität von Föderalismus bzw. Bundesstaat nicht umsetzen lässt (überlappende/ausufernde Verwaltung und deren Kosten? economies of scale/Unteilbarkeiten).

Neben den genannten Trenn- und Verbundmodellen gilt das Streben nach Übereinstimmung von Aufgaben-, Ausgaben- und Einnahmenverantwortung als zentrales (ökonomisches) Konstruktionsprinzip für den Föderalismus bzw. Finanzausgleich. Dieses wird als **Äquivalenzprinzip** bezeichnet und setzt sich methodisch aus folgenden drei Teilprinzipien[81] zusammen:

Fiskalische Äquivalenz – die Produktion von Leistungen und Wirkungen soll nicht nur den jeweiligen Präferenzen von Bevölkerung und Wirtschaft entsprechen, sondern auch von diesen finanziert werden. Dies kann über Steuern, Beiträge und/oder Gebühren erfolgen. Rational agierende Steuerpflichtige würden sich in jenen Gebietskörperschaften ansiedeln, die den Präferenzen und der Zahlungsbereitschaft am besten entsprechen. Zur Finanzierung von bereitgestellten Leistungen im regionalen

---

75 Thöni: Stellenwert, 2002, S. 11; bzw. nachfolgende Abb. 2.
76 Brennan; Buchanan: The Power to Tax, 1980.
77 Thöni: Politökonomische Theorie, 1986, S. 35-48.
78 Zimmermann et al.: Finanzwissenschaft, 2012, S. 211.
79 Smekal; Thöni: Österreichs Föderalismus, 2000, S. 7-11.
80 Bußjäger et al.: Föderalismus, 2012, S. 3.
81 Siehe ausführlicher Bröthaler et al.: Optionen und Strategien, 2012, S. 906.

oder lokalen Bereich sollen die Bürgerinnen und Bürger anderer Gemeinwesen nicht beitragen müssen.

Konnexitätsprinzip – nach diesem Prinzip treffen die politischen Entscheidungsträger eines Staates oder einer subnationalen Organisationseinheit nicht nur die Entscheidungen bezüglich Qualität und Quantität der zu erbringenden Aufgaben und der zu leistenden Ausgaben. Vielmehr müssen sie auch die erforderlichen Einnahmen beschaffen, hauptsächlich durch bundesweite oder regionale Abgaben, die von der Bevölkerung und der Wirtschaft zu erheben und politisch zu rechtfertigen sind. Damit bestünde für die Politik ein Anreiz, auf Effizienz und Wirksamkeit des Mitteleinsatzes zu achten.

Kongruenzprinzip – bedeutet, dass eine direkte politische Verantwortlichkeit der Entscheidungsträger gegenüber den Nutzerinnen und Nutzern – somit institutionelle und räumliche Übereinstimmung (Kongruenz) zwischen der Wählerschaft, den Leistungsempfängerinnen und Leistungsempfängern sowie den Financiers – besteht. Dies könnte auch der Beurteilung der praktizierten Politik (Mitspracherechte, Versorgungsgrad mit Gemeinschaftsgütern) dienlich sein, setzt allerdings Transparenz über die einzelnen Faktoren voraus, der in der Praxis oft nicht ausreichend entsprochen werden kann (oder soll).

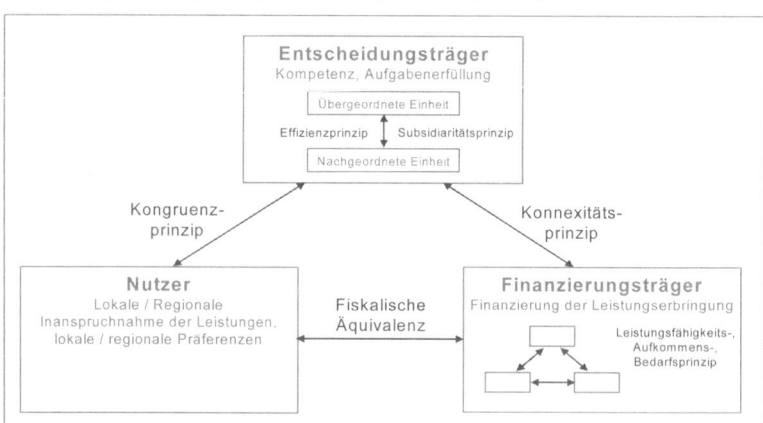

Abbildung 2: Teilprinzipien des Äquivalenzprinzips

Quelle: Nach Bröthaler et al.: Optionen und Strategien, 2012, S. 14; im Konzept ähnlich Thöni: Stellenwert, 2002, S. 17.

Es liegt auf der Hand, dass diese im Modell getrennt dargestellten Beziehungen in der Praxis nur der Tendenz nach umgesetzt werden können. Denn es muss auch anderen Gegebenheiten – so etwa technischen oder topografischen – durch unterschiedliche Einzugs- und/oder Versorgungsbereiche Raum gegeben, und damit verschiedenen Entscheidungs- und/oder Finanzierungsträgern Rechnung getragen werden.[82] Wirkungs- und

---

82 Siehe Nowotny; Zagler: Der öffentliche Sektor, 2009, S. 147-148.

verwaltungsökonomische Überlegungen wiederum gebieten in der Regel einen höheren Zentralisierungsgrad beim Vollzug der Einnahmenhoheit (z. B. Steuer-, Abgabengerechtigkeit) als bei der Gestion der öffentlichen Ausgaben.

Weitere Prinzipien, die für die Zuweisung von Aufgaben zu den einzelnen staatlichen Ebenen gegeben sind, sind Subsidiarität, Einheitlichkeit der Lebensverhältnisse sowie Effizienz und Leistungsfähigkeit. Andere wichtige Beurteilungskriterien sind das klassische Prinzip der horizontalen und vertikalen Gewaltenteilung, das Prinzip der optimalen Kompetenzdifferenzierung und das Prinzip der gerechten Lastverteilung.[83]

Nach dem **Subsidiaritätsprinzip**[84] soll die Verantwortlichkeit für die Aufgabenerfüllung auf der jeweils bürgernächsten Ebene liegen, um den Präferenzen am besten zu entsprechen und um möglichst geringe spillovers[85] zu erzeugen. Dabei ist zu bedenken, dass lokale, nationale und auch supranationale Präferenzen nicht übereinstimmen müssen, sodass auch politische Kompromisse erforderlich sein können. Das Prinzip der **Einheitlichkeit der Lebensverhältnisse** wird aus dem Gleichheitsgrundsatz der Bürgerinnen und Bürger abgeleitet. Thöni bezeichnet es als „das vielleicht bedeutendste im politischen Handeln." Bei zu ‚wortgetreuer Interpretation' würde es jedoch den regionalen und lokalen Wettbewerb zwischen subnationalen Gebietskörperschaften beeinträchtigen, vielleicht sogar verhindern, und fordert deshalb eine „zeitgemäße Definition von Gleichwertigkeit unter stärkerer Berücksichtigung wachstumspolitischer Anforderungen und ...notwendiger regionaler Differenzierung."[86] Dem **Effizienzkriterium** zufolge soll eine Gebietskörperschaft nur jene Aufgaben erfüllen, die im Vergleich zu anderen öffentlichen Einrichtungen aus betriebswirtschaftlicher Sicht zu den niedrigsten Kosten (Kosteneffizienz) bereitgestellt werden können (auch economies of scale einschließlich[87]). Und/oder, sie soll auch jene Aufgaben bereitstellen, die aus regional- oder volkswirtschaftlicher Sicht funktionell zur präferenzgerechten Aufgabenerfüllung (z. B. bezüglich des Setzens von Rahmenbedingungen, Berücksichtigen von Interdependenzen) geeignet sind (Struktureffizienz). Effiziente

---

83 Smekal; Thöni: Österreichs Föderalismus, 2000, S. 7-11.
84 Das Subsidiaritätsprinzip wird meistens aus der katholischen Soziallehre abgeleitet, die im 19. Jahrhundert entstand. Tatsächlich kann der Begriff auf viel frühere politische Theorien zurückgeführt werden. Insbesondere findet er sich in der calvinistischen Theologie, in deren Kontext die politische Theorie von Althusius entstand (vgl. Waschkuhn 1995), zitiert nach Benz: Föderalismus, 2003, S. 7.
85 Diese sind Nutzen für Bewohnerinnen und Bewohner und Unternehmungen angrenzender Gemeinden/Regionen, die jedoch der Gebietskörperschaft, welche die Leistungen erbringt, nicht abgegolten werden (können). Analog dazu, sollen auch Lasten, die eine Gebietskörperschaft bewirkt (z. B. Umweltschäden, Verkehrsaufkommen), andere Gebiete nicht beeinträchtigen.
86 Thöni: Steuerautonomie, 2006, S. 99-111.
87 Bei größeren Produktions- bzw. Leistungsmengen kann mit „economies of scale" (Stückkostendegression) gerechnet werden, bei jahreszeitlich schwankender Nachfrage kann etwa durch Leistungszukäufe oder über Kooperationen mit benachbarten öffentlichen oder privaten Produzenten ein Ausgleich gefunden werden.

Bereitstellung setzt also eigene Leistungsfähigkeit, jedoch auch Bedarfs- bzw. Nachfrageentsprechung voraus, die lokal/regional unterschiedlich sein können.

Die **horizontale** und **vertikale Gewaltenteilung** werden als Grundprinzipien jeder Demokratie im Sinne der Beschränkung der staatlichen Macht bzw. des staatlichen Machtmonopols ('Leviathan'-Monopol) verstanden.

Im Zusammenhang der **optimalen Kompetenzdifferenzierung** werden 'Voll-, von 'Teilkompetenzen' bzw. 'Teilaufgabenerfüllungen' unterschieden. Im Falle der Teilkompetenz kann es nun sein, dass aufgrund der Zuweisung 'anderer Teile' an 'andere Einheiten' die Einheit nicht mehr autonom in der Aufgabenerfüllung handelt, vielmehr die Zusammenarbeit mit den 'anderen' zu suchen ist. Andererseits sollte nicht übersehen werden, dass Teilaufgaben in 'Vollkompetenzen' ausgeformt werden können und somit eine 'sinnvolle Zerlegung der Aufgabenerfüllung' stattfinden kann. Letztlich zeigt die Realität, dass in vielen Fällen nicht die 'gesamte Aufgabe' einer Ebene zugeordnet wird, vielmehr lassen sich und werden auch einzelne Elemente von Aufgaben zur Erfüllung unterschiedlich verteilt und damit oft auch nur partiell dezentralisiert, z. B. durch Rahmengesetzgebung, Entscheidungs-Mitwirkung, mittelbaren Vollzug, eigengestaltete Zu- und Abschläge in der Finanzierung.[88]

Hinsichtlich der **gerechten Lastverteilung** ist zu beachten, dass Regionen mit hoher Finanzkraft von solchen mit niederer zu unterscheiden sind und die vollständige Überlassung der Finanzkraft nach einem 'örtlichen Aufkommensprinzip' reiche Regionen immer reicher macht und ein Überangebot an öffentlicher Güter- und Leistungsbereitstellung entstehen lässt. Ein horizontaler Ausgleich 'tut not'.[89]

Es ist offensichtlich, dass Subsidiaritäts-, Effizienz- und Einheitlichkeitsgebote zueinander in Widerspruch stehen können. Beispielsweise produzieren kleine Gebietskörperschaften meist zu höheren (Stück-)Kosten (diseconomies of scale) und bewirken eher spillovers als größere, während die kleineren Gebietskörperschaften eventuell vorhandene unterschiedliche Präferenzen der Bürgerschaft besser berücksichtigen können als große. Ebenso ist es klar, dass sowohl angebots- als auch nachfrageseitig im Zeitablauf oder durch geänderte Trends Veränderungen früher getroffener politischer Entscheidungen bezüglich der Aufgabenverteilung erforderlich sein können.[90]

---

88 Prinzipiell bleibt aber zu beachten, dass ein 'aggressiver Steuerwettbewerb' zwischen den österreichischen Bundesländern bzw. den Gemeinden abzulehnen, „vielmehr ein 'solidarischer, interregionaler Wettbewerbsföderalismus mit gemeinsam beschlossenem und getragenem „Ordnungsrahmen"" anzustreben ist; dazu Thöni; Bonn: Fiskalische Autonomie, 2011, S. 80.
89 Siehe dazu auch Biehl: EG-Finanzverfassung, 1991, S. 372-373.
90 Beispiele dafür finden sich etwa im Gesundheitsbereich: Prävention spielt heute eine deutlich größere Rolle als nach dem Verständnis früherer Jahrzehnte, ebenso bestehen Verschiebungen zwischen stationärer und ambulanter Behandlung; ein anderes Beispiel betrifft die Erreichbarkeit öffentlicher Verwaltungen durch die elektronische Kommunikation.

Dies führt zu einem weiteren Konstruktionsprinzip für Finanzausgleichssysteme, nämlich jenem der **Flexibilität**, um dem Strukturwandel in Wirtschaft und Gesellschaft entsprechen zu können. Denn für das Fördern und Steuern von Entwicklungen, müssen in ärmeren Regionen Programme und Maßnahmen anders angelegt sein als in reichen, in Gebieten mit Zuwanderung anders als bei Bevölkerungsverlusten. Flexibilität ist auch erforderlich, um wechselnden allokativen oder stabilitätspolitischen Zielen gerecht zu werden.

Die **Praxis** zeigt im Weiteren verschiedene Mischformen der Aufgabenverteilung auf Basis der beiden grundlegenden Alternativen und nachfolgender Zuteilungskriterien.

Wenngleich es künftig eine der bedeutenden Zielsetzungen des Föderalismus und Finanzausgleichs sein soll oder muss, Aufgabenbereitstellung und Finanzierung stärker als bisher in Übereinstimmung zu bringen, wird sich eine ‚Mitfinanzierung' bestimmter Aufgaben durch andere Gebietskörperschaften nicht vollständig ausschließen lassen. Gegenwärtig besteht allerdings ein zu breites Spektrum solcher Mitfinanzierungen (Transfers). Das gilt vor allem im Bildungsbereich, aber auch im Sozialbereich und bei den Krankenanstalten. Neben diesen großen Schwerpunkten gibt es noch eine Reihe anderer (kleinerer) Aufgaben, in denen dieselben ebenso stattfinden.[91] Jedenfalls eine ‚Länderfinanzierung' über Gemeindeumlagen und -beiträge z. B., wie sie sich derzeit mehr und mehr aufbaut, stellt keine Alternative dar. Die Finanzierung über eine ‚eigene, ausgebaute Steuerhoheit' der Länder ist allein deshalb zu verstärken, auch wenn die Länder noch erhebliche Einwände hegen.[92] (Siehe dazu den Beitrag von Bauer; Thöni „Finanzausgleich im Überblick" im vorliegenden Band.)

2. Regelungskompetenz versus Ausgabenverantwortung versus Einnahmenverantwortung

In diesem Zusammenhang ist darauf zu verweisen, dass Aufgabenerfüllung im Sinne von Aufgabenregelungsentscheidung abzuheben ist von Durchführungs- und Verwaltungsentscheidung. Aufgabenregelungsentscheidung bedeutet die Bestimmung des Tatbestandes, also des ‚Inhaltes' und des (Aus-)Maßes der Bereitstellung des Gutes oder der Leistung. Dies ist besonders bedeutend im Zusammenhang mit den oben angeführten ‚Teilkompetenzen' bzw. ‚Teilfinanzierungen', oder anders, der ‚gemeinschaftlichen Aufgabenerfüllung' bzw. ‚gemeinschaftlichen Aufgabenfinanzierung'. Wer regelt/entscheidet das ‚was'? Hinzu gesellt sich die Bestimmung des Finanzausmaßes.

Mit dieser Entscheidung verbinden sich im Weiteren also Ausgaben, die mit der Regelungsentscheidung einhergehen können (Verbindung von Aufgaben- und Ausgabenverantwortung; **wer anschafft/bestellt, zahlt**), die aber auch an andere, die durchführende bzw. verwaltende Ebene delegiert werden können (Friktion zwischen Aufgaben- und Ausgabenver-

---
91　Lehner: Aufgabenorientierter Finanzausgleich, 2003, S. 90-93.
92　Siehe dazu auch Neisser: Föderalismus, 2010, S. 90.

antwortung). Hieraus folgt ein unterschiedlicher Fokus in Fragen der Orientierung in Bezug auf die Aufgaben wie auch der Ausgaben (nicht aber im Sinne des ‚Vollzugsföderalismus').

In einer umfassenden Betrachtungsweise ist dann noch auf die Einnahmenerzielung abzustellen. Die dahinter stehende Autonomie stellt auf den ‚Ertrag' (Gesamt, Teile einer Abgabe, eines Abgabepakets etc.), auf die ‚Verfügungsmöglichkeit' (umfassend/beschränkt) und auf die ‚Verschuldungsmöglichkeit' (umfassend/begrenzt) ab. Auch hier zeigt sich, dass die Einnahmenerzielungsentscheidung mit der Aufgabenregelungsentscheidung einhergehen kann, dass sie aber auch über eine Abtretung an die durchführende bzw. verwaltende Ebene weitergegeben werden können.

Insgesamt entsteht aus den Mehrfachbeziehungen von Aufgaben, Ausgaben und Einnahmen ein komplexes Geflecht, das oft im Zusammenhang des Finanzausgleichs nicht konsequent mitgedacht wird.

3. Aufgabenreform, Bundesstaatsreform und Verwaltungsreform

Anzumerken bleibt, dass ‚Aufgabenreform', auch im Sinne von ‚Bundesstaatsreform', oft mit ‚Verwaltungsreform' verwechselt wird. Dies gilt im Besonderen für Österreich. Aufgabenreform, die als Aufgabenentscheidungs- bzw. Aufgabenumsetzungsreform zu verstehen ist, ist nicht mit ‚verwalten' zu verbinden. Auch die momentane österreichische ‚Bundesstaatsreformdebatte' verwechselt allzu oft ‚Aufgabenregelungsentscheidung' und ‚Verwaltungsentscheidung'.

In der ‚Verwaltungsreformdiskussion im engeren Sinne' wird zudem vielfach ‚nur' auf eine ‚Kostenevaluation' (oft auch nur gewisse Teil-Potentiale) abgestellt und man vergisst dabei zumeist auf eine gleichzeitig notwendige ‚Nutzenevaluation'. Im Ergebnis muss dann z. B. festgehalten werden, dass, so sehr auch die Bundesregierung die begonnenen Reformprojekte der ‚Verwaltungsreform' als ‚historische Meilensteine' titulierte, es diesen partiellen, teilweise unstrukturierten Vorschlägen bzw. ersten Reformschritten die Zusammenschau bzw. Umfassendheit (Bürger – Staat, innerhalb des Staats) fehlte.

4. Bisherige Reformansätze (realisierte und gescheiterte)

Bereits in den 1970er-Jahren forderte das ‚Matzner-Gutachten'[93] für das Bundesministerium für Finanzen eine grundlegende Reform der Aufgabenverteilung und damit Kompetenzordnung im österreichischen Bundesstaat zur Neuorientierung des Finanzausgleichs. Doch es dauerte bis zum Österreich-Konvent (2003 - 2005) bis ein Neuanlauf erfolgte. Dieser Öster-

---

93 Veröffentlicht als Matzner (Hrsg.): Öffentliche Aufgaben und Finanzausgleich, 1977. Mitglieder der Expertengruppe: Helfried Bauer, Werner Clement, Alfred Franz, Manfried Gantner, Franz Höss, Jörn Kaniak, Egon Matzner, Ewald Nowotny, Hans Georg Ruppe, Gerhard Rüsch, Richard Sauerschnig, Wilfried Schönbäck, Christian Smekal, Erich Thöni, Karl Wenger.

reich-Konvent[94] [95], dessen Hauptziel der Vorschlag einer ‚besseren Aufgabenverteilung zwischen den Gebietskörperschaften' sein sollte, zeigte u.a. auch auf, dass selbst ‚erhebliche Zeit der Diskussion' nicht ausreichte, um zu einem umfassenden(deren) Ergebnis zu kommen.

Die Verhandlungen zum Finanzausgleich 2017 sollten ‚aufgabenorientiert' fokussiert werden. Sie setzten aber nur bruchstückhaft an einer neuen Aufgabenorientierung[96] an. Dies konnte im für die Verhandlungen vorgesehenen Zeitraum, aber auch aufgrund der Häufigkeit der Verhandlungsrunden nicht anders erwartet werden.

Die Kompetenzverteilung ist also im Jahr 2016 immer noch in der ‚**Krise**'. Ob der nun neuerlich beabsichtigte Anlauf zur Reform und der dafür vorgesehene Zeitraum (bis 2018, siehe unten) ausreichen wird, sei hier nicht weiter diskutiert. Jedenfalls, die Materie ist eine komplexe. [97]

Der Diskussion vorangehen müsste jedenfalls eine grundsätzliche Auseinandersetzung um die ‚strategische Ausrichtung' der Aufgabenverteilung und Kompetenzordnung, i.S. von mehr Wettbewerb oder alternativ zur Zentralisierung auf Bundesebene auch gemeinsamer Lösungen auf Länder- und/oder Gemeindeebene, Entflechtung der ‚Gemeinschaftsaufgabenerfüllungen' bzw. ‚Gemeinschaftsfinanzierungen' oder nicht etc. Auch müsste das immer wieder eingeforderte Prinzip der Verbindung von ‚Aufgabenregelungsentscheidung und Finanzierung' (Zusammenführung von Aufgaben-/Ausgaben- und Einnahmenverantwortung gemäß dem Äquivalenzprinzip umfassend außer Streit gestellt werden. Konsequenterweise müsste daraus aber auch eine verstärkte ‚Abgabenautonomie' der Länder und Gemeinden folgen.

Gerade letztere bereitete bzw. bereitet auf Länderebene immer wieder ‚Probleme'. Es begann mit Vorstößen zum Ausbau der eigenen Steuerhoheit einiger westlicher Bundesländer in den 1980er Jahren, die von den anderen Ländern und dem Bund abgelehnt wurden. Dem folgte die bestenfalls in Ansätzen gegebene Umsetzung des „Perchtoldsdorfer-Paktes 1992".[98]

---

94 Siehe dazu Bericht des Österreich-Konvents, 2005.
95 Parlamentskorrespondenz Nr. 234 (08.04.2005): Nach insgesamt 19 Monaten Arbeit, 44 Sitzungen des Konvent-Präsidiums, 17 Plenarsitzungen und 172 Ausschusssitzungen - Ergebnis der Beratungen. Zusammenfassung des 1.200 Seiten starken Berichts durch Konvents-Präsident Franz Fiedler. Dem Präsidenten zufolge „(blieben V)iele wichtige Punkte, etwa die Kompetenzverteilung zwischen Bund und Ländern, die Zusammenführung von Einnahmen- und Ausgabenverantwortung, der Abbau teurer Doppelgleisigkeiten in der Verwaltung, die Lockerung des Legalitätsprinzips oder die genaue Ausformulierung der Staatsziele und der Grundrechte, jedoch strittig..."
96 Siehe den Beitrag Kremser; Sturmlechner; Wolfsberger: „Zum Paktum" im vorliegenden Band. Für eine umfassende Diskussion einer Aufgabenorientierung eines ‚modernen Finanzausgleichs' auf Länder- und Gemeindeebene siehe Mitterer et al.: Aufgabenorientierter Finanzausgleich, 2015; Bauer et al.: Aufgabenorientierung, 2010; aber auch Lehner: Aufgabenorientierter Finanzausgleich, 2003.
97 Siehe dazu Waldhauser: Finanzen, 2016, S.19-20.
98 Der „Perchtoldsdorfer-Pakt", der im Vorfeld des Beitritts Österreichs zur EU zustande kam, scheiterte an den Interessengegensätzen der Gebietskörperschaften. Diesem Pakt folgte im Oktober 2001 das „Badener Abkommen",

Im Jahr 2013 kam es zu erneuten Signalen von Niederösterreich, Tirol und Vorarlberg[99] und vom Bundesministerium für Finanzen. In den Verhandlungen zum Finanzausgleich 2017 haben sich die Finanzausgleichspartner vorerst auf den Wohnbauförderungsbeitrag als ausschließliche Landesabgabe geeinigt.

Letztlich bedarf die Reformvorbereitung für eine nächste Periode des Finanzausgleichs nach 2021 auch der Evaluation des Steiermärkischen ‚Landesansatzes' der Fusion von Gemeinden mit ihren Gebiets-, Personenzahl- oder Strukturveränderungen. Ziel, so wurde von steirischen Regierungskreisen vorgegeben, sei ‚die Stärkung der Leistungsfähigkeit der Gemeinden, die effizientere Nutzung der kommunalen Infrastruktur, bessere Nutzung von Flächen für Siedlungs- und Wirtschaftszwecke, bessere Reaktionen auf die demographische Entwicklung', nicht aber die ‚Vergrößerung der Bevölkerungszahlen', die über ‚Bevölkerungsschlüssel im Finanzausgleich' zu größeren Zuteilungen führen. Jedoch haben diese Fusionen erheblichen Ausmaßes Konsequenzen auf den Föderalismus und insbesondere den Finanzausgleich, sie haben aber auch Konsequenzen auf Gemeindebürgerinnen und -bürger und andere Institutionen und sind deshalb aus verschiedensten Perspektiven zu evaluieren.[100]

5. Schlussbemerkungen

Die bisherigen Finanzausgleichsreformen waren weitgehend ausschließlich Einnahmenreformen, erst die Verhandlungen zum Finanzausgleich 2017 zeigten Ansätze zur Diskussion einer Aufgabenreform, die die anschließende Ausgaben- und Einnahmenreform sehr partiell leitete. Diese ersten Ansätze einer Veränderung müssten in einem umfassenden Konzept münden und im Weiteren auch umgesetzt werden. Jedenfalls, die bisher aus der Finanzenge erfolgte Anpassung der Ausgabentätigkeit der Länder und Gemeinden an ihren Einnahmen war und ist der falsche Ansatz.

Im Lichte der obigen, geänderten inter- und supranationalen, aber auch der nationalen Rahmenbedingungen (gesellschaftliche, demografische, wirtschaftliche, politische Veränderungen, Komplexität und Inflexibilität der Aufgabenerfüllungen, Probleme der Finanzierung, Intransparenz der Entscheidungen u.a.) erhöht sich auch in Österreich immer mehr die seit langem angemerkte, bisher jedoch nur begrenzt aufgegriffene Veränderungsnotwendigkeit der Organisation des Bundesstaates wie auch des Finanzausgleichs. Es geht dabei nicht um Verwaltungsreform, sondern um Bundesstaats- und Finanzausgleichsreform. So verursachen z. B. die längerfristigen demografischen Strukturveränderungen Verschiebungen der Gewichte bestimmter öffentlicher Aufgaben, (etwa Ausbau der Gesundheits- und Pflegeaufgaben und der entsprechenden Betreuungseinrichtungen)

---

      das lediglich Ansätze zu einer Bundesstaatsreform enthält. Es lässt die grundsätzlichen strategischen Entscheidungen für eine Reform der staatlichen Strukturen und des Finanzausgleichs ungelöst. Dazu Bauer; Thöni: Finanzausgleich – eine Einleitung, 2005, S. 20.
99   Bauer: Finanzausgleichsreform, 2014, S. 140.
100   Dazu auch Thöni: Gemeindezusammenarbeit, 2012, S. 57-77.

aufgrund der Zunahme der Personen im Pensionsalter[101] oder im Bereich der bedarfsorientierten Mindestsicherung (BMS) der Herausfall aus der AMS-Betreuung in die BMS zur Verschiebung von der Bundes- zur Länder- und Gemeindezuständigkeit. Ebenso entstehen auch besondere Belastungen einzelner Akteure in Bereichen wie der Bildung, der Pflege und der sozialen Sicherung.

Kamen auch die Finanzausgleichspartner in den Verhandlungen 2016/2017 überein, dass „(E)ine gemeinsame Arbeitsgruppe „Abgabenautonomie"[102] der Finanzausgleichspartner (...) unter Beiziehung internationaler Expertinnen und Experten die Zweckmäßigkeit einer verstärkten Abgabenautonomie und Optionen dafür prüfen (wird)"[103] und „...bis zum Ende des Jahres 2018 eine Bundesstaatsreform"[104] vorzubereiten ist[105], so ist doch für alle weiteren Verhandlungen zunächst folgende, bisher unbeantwortete Frage zu klären: Was ist das eigentliche Ziel österreichischer Reformprozesse?

Aus ökonomisch-finanzwissenschaftlicher Sicht wäre im Weiteren insgesamt eine möglichst hohe Übereinstimmung von Entscheidungs-, Ausgaben- und Einnahmenverantwortung (fiskalische Äquivalenz im weiteren Sinne) und damit gemäß ökonomischen Gesichtspunkten eine optimale Aufgabenerfüllung zu verwirklichen.

Der bereits oben angesprochene Zusammenhang zwischen „fiskalischer Autonomie" und „fiskalischer Verantwortung" ergibt sich daraus, dass erstere als conditio sine qua non für letztere angesehen werden kann. Nur eine gebietskörperschaftliche Ebene, die über „ausreichend Autonomie" (‚right to decide') verfügt, sei es in Bezug auf die Einnahmen oder die Ausgaben, kann auch Verantwortung für die öffentliche Leistungserfüllung im staatlichen Gefüge tragen.[106]

Letztlich bleibt anzumerken, dass im Gegensatz zu einer globalen Entwicklung in Richtung ‚Dezentralisierung' bzw. ‚Regionalisierung', teilweise auch echter ‚Föderalisierung', die österreichische Realität auf mehr ‚Zentralisierung' sowohl in der Gesetzgebung, Vollziehung als auch Finanzierung verweist (z. B. Durchgriffsrecht in der Bereitstellung von Asylquartieren auf Länderebene oder steigende Gesundheits- und Sozialtransfers der

---

101 Der Anteil der Personen im Pensionsalter dürfte von 18 Prozent der Bevölkerung im Jahr 2014 auf mehr als 25 Prozent nach 2034 steigen. Dies geht aus einer Prognose der Statistik Austria hervor. Zit. nach Versicherungen.at: Prognose, 2016.
102 Anm. der Autoren: im Original Fettdruck.
103 Siehe Paktum zum FAG 2017, S. 2.
104 Siehe Paktum zum FAG 2017, S. 17.
105 In Deutschland vereinbarten die CDU/CSU und SPD im Koalitionsvertrag 2013 spätestens mit Ende 2019 die Bund-Länder-Finanzbeziehungen neu geordnet zu haben (thematisch u.a. Einnahmen- und Aufgabenverteilung und Eigenverantwortung der föderalen Ebenen, siehe dazu Bösinger: Finanzbeziehungen, 2016, S. 12.
106 Siehe hierzu: Thöni; Bauer: Abgabenhoheit der Länder, 2005; Thöni; Bonn: Fiskalische Autonomie, 2011, S. 70-85; Pitlik et al.: Abgabenautonomie, 2012; Eco Austria: Abgabenhoheit 2015.

Gemeinden an die Länder). Im österreichischen Falle wird dazu permanent eingebracht, dass dieses Österreich, wie bereits eingangs erwähnt, „für eine Dezentralisierung zu klein und dieselbe schon jetzt zu teuer sei" (FN 3 und FN 6). Nun, der österreichische Bundesstaat ist nicht zu klein und/oder zu teuer, vielmehr sollten, nach unserer Meinung, föderalistische Prinzipien noch konsequenter eingeführt bzw. umgesetzt und so nach mehr Autonomie, Flexibilität/Experiment, Effizienz und Solidarität über alle Ebenen hinweg gestrebt werden[107], woraus sich ein hohes Maß an wohlfahrtsmehrenden (Netto-)Vorteilen für die Bürgerinnen und Bürger ergäbe.

Alles in allem gilt es einen ‚neuen Föderalismuskompromiss' zu finden[108] Dieser muss aber auf fundierten Analysen fußen. Bereits 2002 machten Anmerkungen zum Finanzausgleich[109] klar, dass „die räumlichen (regionalen und lokalen) Konsequenzen der Verteilungsregelungen, aber auch des gesamten Finanzausgleichs noch tiefer erforscht werden (müssten). Zu viele Reformhinweise erfolgen auf Grund von Vermutungen oder von Einzelinteressen, aufgrund von „Ausschnitts- oder Teilanalysen", oft zur Rechtfertigung bestimmter Anliegen. Problematisch erscheint dann z. B. die „Sofort"-Ablehnung einer „verstärkten, eigenen Steuerhoheit" oder einer in Grenzen stärkeren Verankerung der Verteilung nach einem „zerlegten örtlichen Aufkommen". In diesen „Sofort"-Ablehnungen kommt jedenfalls (auch) ‚Misstrauen' gegenüber den anderen föderalistischen Partnern zum Ausdruck und ist der Findung des ‚neuen Föderalismuskompromisses' nicht förderlich.

Damit seien abschließend die Anmerkungen aus 2011 wiederholt: Einerseits bedarf es zur Bewältigung der finanz-, wirtschafts- und sozialpolitischen Probleme der Zukunft **gemeinsamer**, über alle Ebenen hinweg zu denkender Zielvorgaben und Instrumenteneinsätze, welche durch gemeinsame ‚Einrichtungen' in Form von Koordinationsgesprächen bzw. -institutionen auf Basis gemeinsamer Lückenanalysen (z. B. bezüglich capacity gaps, Zieledivergenzen) sowie Aufgabenkritiken (‚spending reviews') festgestellt werden. Anderseits, worauf seit vielen Jahren verwiesen wird, ist das ‚unmittelbare Blockieren' des föderalistischen ‚Gegners', wohl eher ‚Partners', das noch immer die ‚Vertrauensbasis' zerstört, zu überdenken und hin zu einem ‚sich gemeinsam verantwortlich fühlen', getragen von einem wechselseitigen Vertrauen zwischen den Gebietskörperschaftsvertretern, weiter zu entwickeln.[110]

Dann lassen sich auch ‚Föderalismus- und Finanzausgleichsreformen' in ‚neuem Geiste', d.h. bei wechselseitigem Vertrauen, zeitadäquat, effizient und effektiv, gemeinsam entwerfen und umsetzen.

---

107 Dazu Thöni: Zukunft des Bundesstaates, 2011, S. 133; dazu die interessante Auseinandersetzung um diese Begriffe: Knoll: Minimalstaat, 2008.
108 Bauer: Finanzausgleichsreform, 2014, S. 163.
109 Thöni: Stellenwert, 2002, S. 16.
110 Thöni; Bauer: Österreichische Stabilitätspolitik, 2011, S. 68-72; zur mangelnden Vertrauensbasis siehe auch Neisser: Bundesstaatsreform, 2011, S. 35.

Helfried BAUER, Erich THÖNI

Finanzausgleich im Überblick – Grundsätzliches und das System in Österreich

1. System und Ziele aus finanzwissenschaftlicher Sicht

Der Begriff „Finanzausgleich" ist missverständlich, da das Wort Ausgleich zu verschiedenen Sichtweisen einlädt – unterschiedliche Einnahmen pro Kopf von Gebietskörperschaften mit ähnlichen Aufgaben sollten tendenziell ausgeglichen werden oder ein durch eigene Einnahmen nicht gedeckter Finanzbedarf könnte gemeint sein. Frühere Finanzwissenschafterinnen und -wissenschafter bezeichneten damit Regelungen, „die öffentlichen Einnahmen dorthin zu lenken, wo sie gebraucht werden". Das **heutige finanzwissenschaftliche Verständnis** ist umfassend angelegt: Mit Finanzausgleich wird nun ein System „der Zuordnung der öffentlichen Aufgaben, Ausgaben und Einnahmen auf die verschiedenen Gebietskörperschaften im Staatsaufbau" verstanden.[1] Diese Definition stellt auf den **Finanzausgleich im weiten Sinn** ab.[2]

Das **System** besteht in Bundesstaaten, in denen verschiedene (teil)autonome subnationale Regierungsebenen und sonstige Organisationen öffentliche Aufgaben wahrzunehmen haben, aus verschiedenen Grundsätzen, Zielen, Gesetzen, Richtlinien und administrativen Verfahren. Sie sorgen für das Aufbringen der Finanzmittel und verteilen diese unter Bezug zu den Aufgaben und Ausgaben auf die einzelnen Gebietskörperschaften. Auch Steuerungsregelungen sind Teil des Systems, die für das Vermitteln von Wissen, empirischen Evidenzen und Evaluationen, von Innovation, Transparenz, Koordination und sozialer Kohäsion unerlässlich sind. In ähnlicher Weise ist ein solches System auch in Staatenbünden bzw. ‚Sondergebilden' erforderlich – so z. B. in der Europäischen Union[3] –, um die Verteilung von supranationalen und nationalen Aufgaben sowie deren Finanzierung und Durchsetzung zu gewährleisten.[4]

Die **finanzwirtschaftliche Praxis** – worauf noch näher eingegangen wird – beschränkt sich dagegen meist auf eine Definition **im engeren**

---

1 Zimmermann et al.: Finanzwissenschaft, 2012, S. 207; siehe auch Nowotny; Zagler: Der öffentliche Sektor, 2009, S. 137 f.
2 Werden alle sonstigen öffentlichen Rechtsträger, wie z. B. rechtlich selbstständige öffentliche Unternehmen, die Träger der öffentlichen Sozialversicherung und andere Parafisci (z. B. Arbeiterkammer, Wirtschaftskammer) einbezogen, spricht man vom Finanzausgleich im weitesten Sinn.
3 Siehe Zimmermann et al.: Finanzwissenschaft, 2012, S. 259 ff. sowie etwa die nach dem Scheitern des Vertrags von Nizza im Jahr 2001 entwickelten Grundsätze im EU-Weißbuch „Europäisches Regieren": Offenheit, Partizipation, Verantwortlichkeit, Effektivität und Kohärenz.
4 Siehe Beitrag Thöni; Bauer: „Föderalismus" im vorliegenden Band; dazu auch Kramer: Ökonomische Aspekte der Bundesstaatsreform, Wien 2004, S. 56-63.

Sinn: man befasst sich in erster Linie mit der Verteilung der Steuerquellen (eigene Abgaben für jede Ebene, zentraler Steuerverbund) sowie mit Maßnahmen des Ressourcenausgleichs durch Zuschüsse an finanzschwächere Länder und Gemeinden sowie durch andere Instrumente, während die Verteilung von Kompetenzen und Aufgaben im Wesentlichen als gegeben angesehen wird.[5] Schematisch betrachtet erfolgt dies in zwei Stufen, nämlich zunächst im Weg eines **vertikalen Finanzausgleichs** (im engeren Sinn) durch Verteilung der Finanzmittel auf die einzelnen staatlichen Ebenen (z. B. auf Bund, Länder, Gemeinden), dem ein **horizontaler Finanzausgleich** in verschiedenen Schritten (teils auch durch landesgesetzliche Regelungen) folgt, welcher die Verteilung der Mittel zwischen den Gebietskörperschaften **einer einzelnen (subnationalen) Ebene** regelt. In Österreich besteht durch das jeweilige Finanzausgleichsgesetz des Bundes ein „vertikaler Finanzausgleich mit horizontalen Effekten", da auch die horizontale Verteilung der länderweisen Gemeindeertragsanteile im FAG geregelt wird.

In der finanzwissenschaftlichen, teils auch in der finanzpolitischen Diskussion wird hinsichtlich des Gestaltungsansatzes differenziert zwischen **passivem und aktivem Finanzausgleich**.[6] Mit passivem Finanzausgleich meint man die vertikale Zuordnung der Aufgaben und die erforderlichen Ausgaben auf die verschiedenen staatlichen Ebenen, dagegen betrifft der aktive Finanzausgleich die vertikale Ausstattung mit Finanzmitteln und den horizontalen Einnahmen- bzw. Ressourcenausgleich. Der **„stille" (oder „graue") Finanzausgleich** bezeichnet den Umstand, dass eine Gebietskörperschaft Regelungen erlässt, die bei einer anderen Gebietskörperschaft zusätzliche oder wegfallende Aufgaben und Ausgaben bewirken. Beispiele dafür wären etwa bundesgesetzliche Festlegungen von Deregulierungsmaßnahmen für behördliche Verfahren, die Länderbehörden wie Bezirkshauptmannschaften vollziehen oder das Verfassungsgebot für Gender Budgeting, das auch von Ländern oder Gemeinden zu berücksichtigen ist.

Während das System des Finanzausgleichs im weiteren Sinn generell Regelungen
- zur Aufgabenerfüllung (z. B. Festlegungen von Kompetenzen, von inhaltlichen Zielen, von Qualitätsstandards und/oder von Vorgangsweisen zur Aufgabenerfüllung),
- zur Aufbringung und Verteilung der benötigten öffentlichen Mittel (Ziele, Abläufe, Kontrollen) sowie
- zur Gestion der erforderlichen Ausgaben (Transparenz, Dokumentation etc.)

umfasst oder wenigstens umfassen könnte, beschäftigt sich die finanzpolitische und finanzwirtschaftliche Praxis häufig nur mit Ausschnitten dieses Systems. Zudem gilt es zu berücksichtigen, dass veränderliche politische Prioritäten des öffentlichen Handelns, wechselnde ökonomische, demografische und soziale Rahmenbedingungen sowie die Gebote von Effizienz, Effektivität und Nachhaltigkeit ein – in Grenzen – flexibel zu gestaltendes System des Finanzausgleichs verlangen.

---

5   Siehe auch www.bmf.gv.at/Glossar.
6   Nowotny; Zagler: Der öffentliche Sektor, 2009, S. 137.

> Mit anderen Worten bildet der Finanzausgleich prinzipiell ein **dynamisches, zentral auf Aufgaben bezogenes Steuerungssystem der Finanzwirtschaft in territorial gegliederten (dezentralisierten) und in föderal organisierten Staaten.**

Die jeweils aktuellen **Ziele** dieses Steuerungssystems sind die **Essenz guten Regierens** und sind inhaltlicher und formaler Natur. Inhaltliche Zielorientierung des Finanzausgleichs bedeutet eine am Ergebnis (an der ‚performance'), also an den erwarteten Wirkungen ausgerichtete Aufgabenerledigung und Mittelzuweisung. Daraus folgt, dass Strategien und Instrumente des Finanzausgleichs explizit an sozial-, wirtschafts- und umweltpolitischen Zielen anknüpfen müssen, die klarerweise in die gewünschte politische Balance zu bringen sind. Dies zeigt sich in der Praxis der Mehr-Ebenen-Steuerung[7] in den OECD-Staaten sowie der EU 2020 Ziele. Sie betreffen vor allem

- das Sichern von Lebensqualität der Menschen und der Standortqualität in der dynamischen globalen Konkurrenz,
- das rechtzeitige Übergehen auf neue Aktionsfelder und Programme des öffentlichen Sektors bei gleichzeitiger Aufgabenkritik[8] an bestehenden öffentlichen Leistungen sowie Einigung auf strategische Prioritäten der Investitions- und Förderpolitiken, die zwischen den beteiligten Gebietskörperschaften koordiniert werden müssen. Beispiele hierfür sind der Ausbau der Gesundheitsprävention, Wohnraumversorgung bei wachsender Bevölkerung, Übernahme internationaler Klimaschutzverpflichtungen wie der De-Karbonisierung von Produktion und Konsum;[9]
- das Herbeiführen einer als fair empfundenen Zuweisung von Mitteln auf die einzelnen staatlichen Ebenen unter Berücksichtigung der Lasten der Aufgabenerledigung, von einnahmeseitigen Autonomieerfordernissen sowie einer (horizontalen) Verteilungsgerechtigkeit im Weg von Ressourcen- und Sonderlastenausgleichen);
- das Setzen von Anreizen für Effektivitäts- und Effizienzerhöhung des Mitteleinsatzes der Gebietskörperschaften.

Weitere **(formale) Ziele** gelten der Transparenz der Regelungen, der einfachen Administrierbarkeit, der Bezugnahme zu empirischen Daten betreffend etwa die Versorgungslage mit öffentlichen Diensten und Infra-

---

7 Siehe dazu u.a. Bauer; Dearing: Public Governance, 2013, S. 180 ff.
8 Aufgabenkritik ist ein vielfältiger Rationalisierungsansatz im öffentlichen Sektor; zwei hauptsächliche Dimensionen sind zu unterscheiden: a) Zweckkritik (erfüllt die Verwaltung die „richtigen" Aufgaben? Es geht um Konzentration auf die Kernaufgaben öffentlicher Verwaltungen, Überprüfen des Fortbestehens von tradierten Aufgaben); b) Prozess/Verfahrenskritik (kann die Aufgabe einfacher/wirtschaftlicher/zweckmäßiger erfüllt werden).
9 Siehe die Aussage von Zenghelis, früher Chefberater des britischen Schatzministers und nunmehriger Strategieforscher an der London School of Economics: „The challenge of shifting the fossil-fuel-based infrastructure of present production and consumption towards clean forms will require strong government policy with a clear goal of decarbonization." Decarbonisation, 2016, S. 186.

struktur sowie einer konsequenten Koordination der einzelnen Teilbereiche des Finanzausgleichssystems.

Zwischen diesen Zielen bestehen vielfältige Spannungen, woraus klar wird, dass – wie bereits erwähnt – jeweils gesellschafts-, wirtschafts- und finanzpolitische Abstimmungen erforderlich sind. Auf dieser Basis zwischen den Akteuren der drei staatlichen Ebenen entwickelte Strategien und Programme würden auch für die Finanzausgleichspolitik von großem Nutzen sein, da sie sich auf einzelne Aufgabenfelder und diesbezügliche Mittelbedarfe, auf Schwerpunkte des Infrastrukturausbaus, teils auch auf die laufenden Budgets sowie auf notwendige oder wünschenswerte Transferzahlungen beziehen.

2. Konstruktionsprinzipien und Instrumente des Finanzausgleichs

Auf die im Beitrag Thöni; Bauer „Föderalismus" im vorliegenden Band dargestellten Prinzipien und Kriterien der Aufgaben- und Finanzierungsverteilung sei hier nur in zusammenfassenden Ausführungen zurückgekommen[10]:

Für das **Verteilen von Aufgaben** (etwa bezüglich der Regelungsbefugnis oder bezüglich der Trägerschaft) und von öffentlichen Abgaben bestehen zunächst zwei grundsätzliche Möglichkeiten – der Trenn- und der Verbundansatz[11]:

- Mit dem **Trennansatz** werden jeder staatlichen Ebene entsprechende Kompetenzen zur Regelung von Aufgaben und/oder zur Einnahmenbeschaffung zugesprochen.
- Der **Verbundansatz** bedeutet Politik- und Verantwortungsverflechtung zwischen den staatlichen Ebenen, wobei zentralstaatliche Ziele mit jenen der dezentralen Ebenen angemessen verknüpft werden („geteilte Entscheidungskompetenzen" nach Benz[12]).

Die Praxis zeigt meist **verschiedene Mischformen der Aufgabenverteilung** der beiden Alternativen. Bezogen auf die öffentlichen Aufgaben wird teils bereits in der Verfassung, teils in fachspezifischen Gesetzen festgelegt, welche Aufgaben durch den Zentralstaat (durch den Bund) und welche dezentral (etwa durch Länder oder Gemeinden) erledigt werden sollen. Bei Aufgaben, die arbeitsteilig zwischen Bund und Land bzw. Gemeinden, zwischen Land und Gemeinden, zwischen Stadt und den Umlandgemeinden zu erfüllen sind, gilt die formale Regelung durch Art. 17 B-VG, durch spezifische Bundes- und Landesgesetze sowie durch Art. 15a Vereinbarungen, aber auch im Weg privatrechtlicher Vereinbarungen. Seit dem Beitritt Österreichs zur Europäischen Union im Jahr 1995 ist zu berücksichtigen, dass Aufgaben mit „europäischem Nutzerkreis in die Zu-

---

10 Siehe dazu die Ausführungen zu ‚Koordinierung' im Beitrag Thöni; Bauer: „Föderalismus" im vorliegenden Band.
11 Siehe ausführlicher Bauer: Finanzausgleichsreform im föderalen Kontext, 2014, S. 144 ff.
12 Benz: Föderalismus und Demokratie, 2003, S. 14.

ständigkeit der EU fallen"[13], es sind dies u.a. die europäische Außen- und Sicherheitspolitik, die supranationale Energie- und Regionalpolitik, die Politik für nachhaltiges Wachstum sowie die Agrarpolitik. Formal gesehen werden seither auch nur die **hoheitlichen Aufgaben** des öffentlichen Sektors zum „Staat" im Sinn des ESVG 1995 bzw. 2010 gerechnet, während die unternehmerische Betätigung der Gebietskörperschaften zum Unternehmensbereich zählt. Wenn auch die Aufgabenerledigung über öffentliche Unternehmungen (Beteiligungen als Privatwirtschaftsverwaltung) keiner Kompetenzregelung bedarf (siehe dazu Beitrag Thöni; Bauer „Föderalismus" im vorliegenden Band), gelten jedoch auch dort die Gebote für Effektivität und Effizienz. Die Finanzierung der öffentlichen Aufgaben über die öffentlichen Abgaben (einschließlich der Gebühren und Beiträge), Zuschüsse und dergleichen wird jedenfalls zum Hoheitsbereich gerechnet.

Hinsichtlich der **Aufbringung und Verteilung der finanziellen Mittel** bedeutet der Trenn-Ansatz, dass sich die einzelnen Gebietskörperschaften überwiegend über eigene Steuern und Gebühren (d.h. über ganz oder teilweise selbst festgelegte Steuerobjekte und Steuerpflichtige oder über zugewiesene Steuerquellen), die für die Erfüllung ihrer Aufgaben erforderlichen Mittel beschaffen. Dies könnte nicht nur eine problematische Konkurrenz um die Steuerquellen, sondern auch unerwünscht hohe Unterschiede in der Finanzausstattung der Gebietskörperschaften bedeuten. Deshalb werden in der Praxis den subnationalen Ebenen entweder Steuerquellen auf möglichst immobile Steuerobjekte zugeordnet oder Bandbreiten für die Höhe der Steuersätze festgelegt. Manchmal wird den Gemeinden auf zentralstaatlich geregelte Abgaben (wie in Österreich bei der Grundsteuer) nur ein ‚Hebesatzrecht' eingeräumt oder auch nur die Ertragshoheit zugesprochen.[14]

Beim Verbundansatz besteht neben den eigenen Abgaben auch ein meist bedeutender Steuerverbund, wonach der Zentralstaat (fallweise auch ein Gliedstaat) die Verbundsteuern regelt und einhebt und den Steuerertrag auf die partizipierenden staatlichen Ebenen jeweils auf Basis von festen Beteiligungsquoten oder nach Anwendung von Bedarfsmaßstäben aufteilt. Vorteilhaft ist dies v.a. für eine zentral gelenkte Steuerpolitik und einen effizienten Vollzug der Abgabengesetze. Die Problematik eines Steuerverbundes liegt u.a. darin, geeignete Kriterien und Maßstäbe zu einer möglichst lasten- und/oder bedarfsgerechten Verteilung der Mittel auf die Gebietskörperschaften zu finden und anzuwenden. Es ist leicht einzusehen, dass bei bundesweit einheitlichen Kriterien regional oder sachlich differenzierten Mittelbedarfen nur bedingt entsprochen werden kann. Die Zahl der jeweiligen Einwohnerinnen und Einwohner einer Juris-

---

13   Zimmermann et al.: Finanzwissenschaft 2012, S. 261.
14   Einnahmenseitig sind verschiedene Grade der fiskalischen Autonomie zu unterscheiden. Die Steuergesetzgebungshoheit einer subnationalen Gebietskörperschaft bedeutet etwa einen höheren Autonomiegrad als das Recht, lediglich Hebesätze auf eine bundes- oder landesgesetzlich geregelte Steuer autonom festsetzen zu dürfen. Das Recht auf Festsetzung von Hebesätzen wiederum stellt einen höheren Autonomiegrad dar als das Recht, über einen zugewiesenen Anteil aus einem Steuerverbund zu verfügen. Siehe auch Zimmermann et al.: Finanzwissenschaft, 2012, S. 206 f.

diktion wird zwar – weil leicht messbar – oft als Verteilungskriterium auf den subnationalen Ebenen verwendet. Bei anhaltenden Bevölkerungszuwächsen oder Abwanderungen und den dabei entstehenden Verschiebungen der altersbedingten Bedarfsstrukturen und von Kostenverläufen eignet sich dieses Kriterium jedoch nur wenig.

Neben dem Trenn- und Verbundprinzip und daraus folgenden Mischformen gelten weitere **Prinzipien bzw. Kriterien der Aufgaben- und Finanzierungsverteilung**:[15]

- das Äquivalenzprinzip und seine Teilprinzipien (fiskalische Äquivalenz, Konnexitätsprinzip, Kongruenzprinzip);
- das Subsidiaritätsprinzip;
- die Orientierung am Prinzip der ‚Einheitlichkeit der Lebensverhältnisse', welches aus dem Gleichheitsgebot der Verfassung resultiert;
- sowie die Gebote der Effizienz und Flexibilität.

Zu den hauptsächlichen **Instrumenten des Finanzausgleichssystems** zählen Regelungen und Vereinbarungen bezüglich der

- **Verteilung der Kompetenzen in der Bundesverfassung** (mehrere Haupttypen) **sowie der Trägerschaft einzelner Aufgaben in Bundes- und Landesgesetzen**. Hierbei werden in erster Linie die Funktionalität (v.a. allokationspolitische und verteilungspolitische Aufgaben des Staates), ebenso die (Wirkungs-)Ziele, die Leistungsdefinitionen (quantitative und qualitative) Vorgaben sowie Kostenverläufe und externe Effekte sowie länger zurückreichende Traditionen zu berücksichtigen sein. Die verteilungs- und die stabilitätspolitischen Funktionen des öffentlichen Sektors werden überwiegend dem Zentralstaat zugeordnet (so z. B. die Verantwortung für die Konjunkturpolitik). Die öffentlichen Investitionen in die Infrastruktur erfordern im Fall bedeutender externer Effekte (z. B. bei überregionalen Verkehrssystemen) eine Zuordnung zum Zentralstaat, während etwa bevölkerungsnahe Dienstleistungen (wie z. B. Bildungsaufgaben und Gesundheitsdienste) sowohl dezentral als auch zentral produziert werden können, je nach Präferenzlage (einheitlich oder heterogen) sowie unter Berücksichtigung der economies of scale oder der jeweils gegebenen Leistungsfähigkeit;
- Grundlagen der **Aufteilung der Finanzgewalt in der Finanzverfassung** sowie die begrifflichen Festlegungen des ESVG 1995 bzw. 2010;
- **Finanzierung der zugewiesenen Aufgaben** – im Weg von Steuern (aus eigenen Steuerquellen und über Verbundsteuern), von Gebühren/Leistungsentgelten sowie – etwa im Fall von Investitionen – auch über zweckgebundene oder zweckfreie Zuschüsse respektive über Umlagen.

---

15 Siehe hierzu und für weitere Ausführungen den Beitrag Thöni; Bauer: „Föderalismus" im vorliegenden Band.

3. Koordinationsverfahren

Mehrfach wurde auf den Bedarf nach Abstimmung und Interessenausgleich bei Zielen und Maßnahmen hingewiesen. Daraus wird deutlich, dass auch den bisher teilweise vernachlässigten Koordinierungsverfahren (z. B. Vertrauensaufbau, Regelungen konkreter Prozesse)[16] eine entscheidende Rolle zukommt. Dabei geht es zum einen um die politische Koordinierung im Rahmen der föderalen Politik, um die legistische Umsetzung durch Paktierung zwischen Politik und Verwaltung sowie – nicht zuletzt – um die parlamentarische Legitimierung der beabsichtigten Regelungen. Wie bei allen Verfahren von Planung (Zielsetzung, Abstimmung der Maßnahmen und ihrer Finanzierung) und Umsetzung kommt auch der Evaluierung der tatsächlichen Zielerreichung und der möglichst effizienten administrativen Umsetzung eine erhebliche Bedeutung zu. Im föderalen System teilautonomer Gebietskörperschaften ist dies durch Anwenden adäquater Steuerungsinstrumente und grundsätzlicher Haltungen sicherzustellen. Es geht hier vor allem um Transparenz, Partizipation und um Kontingenz (im psychologischen Sinn), also – nach Wikipedia – um „fein abgestimmte emotionale Kommunikation zwischen zwei Menschen". Thöni und Bonn verweisen darauf, dass ein Paradigmenwechsel im Finanzausgleich „weg von einem Gefühl des ‚zur Verantwortung gezogen werden können' hin zu einem ‚sich verantwortlich fühlen', getragen von wechselseitigem Vertrauen zwischen den einzelnen Gebietskörperschaftsvertretern, erfolgen sollte.[17]

4. Finanzausgleich in Österreich – System und Teilbereiche, Kritik und Reformbedarf

4.1 System und Teilbereiche

Das grundsätzliche Verständnis von Finanzpolitik und finanzausgleichsbezogener Gesetzgebung in Österreich beruht wie bereits angemerkt auf einem **eingeschränkten und überwiegend statisch interpretierten Begriff des Finanzausgleichs**. Das Regelungssystem des Finanzausgleichs geht dabei – generalisierend gesagt – von einer gegebenen Kompetenz- und Aufgabenverteilung aus (es wird deshalb im Folgenden auch als Finanzausgleich im engeren Sinn bezeichnet) und regelt lediglich die **Verteilung der öffentlichen Abgabenerträge** auf Bund, Länder und Gemeinden sowie **Maßnahmen zu einem gewissen Ausgleich der Finanzausstattung** subnationaler Jurisdiktionen. Die dem jeweiligen Finanzausgleichsgesetz des Bundes vorausgehenden Pakte zwischen den Finanzausgleichspartnern umfassen fallweise auch einzelne spezifische aufgaben-

---

16 Siehe hierzu Lopatka: Kooperation und Koordination, 2013, S. 239 ff.
17 Thöni; Bonn: Fiskalische Autonomie und fiskalische Verantwortung, 2011, S. 82, ebenso Beitrag Thöni; Bauer: „Föderalismus" im vorliegenden Band. Auch van Staa (Landtagspräsident von Tirol) betont dies und sieht „gegenseitiges Vertrauen zwischen den Gebietskörperschaften (als) ... wichtigsten Teil der Kooperation", 2011.

und/oder ressourcenbezogene Maßnahmen – so aktuell etwa zusätzliche Beiträge des Bundes zur Finanzierung der öffentlichen Krankenanstalten, zum Ausbau von Kinderbetreuungseinrichtungen sowie Absichtserklärungen über Verwaltungs- und/oder Finanzierungsreformen.

Die **formale Struktur des österreichischen FA-Systems** wird durch Verfassungsgrundsätze, Ziele und Strategien sowie zahlreiche bundes- und landesgesetzliche Regelungen gebildet:

1. Das Finanzverfassungsgesetz 1948 (F-VG 1948) enthält im § 2 den Konnexitätsgrundsatz (Tragung der Ausgaben zur Erfüllung der eigenen Aufgaben[18], sofern die zuständige Gesetzgebung nichts anderes bestimmt), im § 4 das Sachlichkeitsgebot (die Regelung des Finanzausgleichs hat in Übereinstimmung mit der Verteilung der Lasten der öffentlichen Verwaltung zu erfolgen und darauf Bedacht zu nehmen, dass die Grenzen der Leistungsfähigkeit der beteiligten Gebietskörperschaften nicht überschritten werden), im § 6 die taxativ aufgezählten Abgabentypen, in §§ 12 und 13 formale Bestimmungen für Finanzzuweisungen, Zweckzuschüsse und Bedarfszuweisungen.
2. Weitere strategische Grundsätze sind im B-VG, nämlich in Art. 13 (Bund, Länder und Gemeinden haben bei ihrer Haushaltsführung das gesamtwirtschaftliche Gleichgewicht sicherzustellen, nachhaltig geordnete Haushalte sowie bei der Haushaltsführung die tatsächliche Gleichstellung von Frauen und Männern anzustreben) und im Stabilitätspakt 2012 festgelegt. Dieser enthält Fiskalregeln und bis 2016 Defizitgrenzen für die drei staatlichen Ebenen sowie ab 2017 die Verpflichtung, jährlich ausgeglichene Haushalte anzustreben.
3. Das jeweils auf einige Jahre befristete Finanzausgleichsgesetz des Bundes (FAG) regelt die konkrete Verteilung der Besteuerungsrechte (eigene Abgaben des Bundes, der Länder und der Gemeinden; gemeinschaftliche Bundesabgaben) und die Verteilung der Erträge der gemeinschaftlichen Bundesabgaben. Zusätzlich sieht es Finanzzuweisungen und (Zweck-) Zuschüsse an Länder und Gemeinden vor, weiters besondere Bestimmungen zur Kostentragung – abweichend von § 2 F-VG 1948 (z. B. Ersatz von Besoldungskosten für die Landes- und Religionslehrerinnen und -lehrer durch den Bund) sowie Sonder- und Schlussbestimmungen. Das Finanzausgleichsgesetz 2008 des Bundes war mit zwischenzeitlich erfolgten Änderungen (zuletzt durch BGBl. I Nr. 40/2014) von 2008 bis Ende 2016 gültig. Ab Anfang 2017 gilt für fünf Jahre das FAG 2017, BGBl. I Nr. 116/2016.[19]

---

18 Nach der Rechtsprechung des VfGH ist die „Erfüllung der eigenen Aufgaben" nicht funktionell, sondern organisatorisch zu interpretieren. D.h. die Behörde, die eine Aufgabe *vollzieht*, hat die Ausgaben für Personal und die sachlichen Verwaltungsausgaben, nicht jedoch den „Zweckaufwand" zu tragen (VfSlg 9507/1982). Siehe auch Hüttner; Griebler: Kommentar zum FAG 2005, S. 32 f.

19 Finanzausgleichsgesetz 2017 sowie Änderung des Finanzausgleichsgesetzes 1997, des Finanzausgleichsgesetzes 2001, des Finanzausgleichsgesetzes 2005, des Finanzausgleichsgesetzes 2008, des Umweltförderungsgesetzes, des Sozialbereich-Beihilfengesetzes und des Bundespflegegeldgesetzes und Aufhebung des Bedarfszuweisungsgesetzes, BGBl. I Nr. 116/2016.

4. Weitere gesetzliche Regelungen sind die Steuergesetze des Bundes und der Länder, verschiedene bundes- und landesgesetzliche Regelungen zur (Ko-)Finanzierung einzelner Aufgaben, wie z. b. zur Aufbringung der Mittel des Pflegefonds durch das Pflegefondsgesetz des Bundes 2013[20] und die oft zwischen einzelnen Ländern differierenden landesgesetzlichen Regelungen der Trägerschaft von bestimmten Einrichtungen der Gemeinden (z. B. Musikschulen, Pflegeheime). Gravierend sind auch die den Gemeinden landesgesetzlich vorgeschriebenen Umlagen zur Ko-Finanzierung von Landesaufgaben, z. B. im Bereich der sozialen Absicherung, nämlich v.a. Mindestsicherung, Behindertenhilfe und Jugendwohlfahrt[21], sowie der Krankenanstalten.
5. Zusätzlich bestehen in einzelnen öffentlichen Aufgabenbereichen Art. 15a-Vereinbarungen zwischen Bund und Ländern. Mit diesen Vereinbarungen verfolgt der Bund allokative Ziele, wie z. B. den Ausbau des institutionellen Kinderbetreuungsangebots, die halbtägig kostenlose und verpflichtende frühe Förderung sowie die frühe sprachliche Förderung in institutionellen Kinderbetreuungseinrichtungen ebenso den Ausbau ganztägiger Schulformen und entsprechender Betreuungsangebote für Schülerinnen und Schüler in ganztägigen Schulformen.[22] Hierfür stellt der Bund zusätzliche Finanzmittel bereit.

Drei inhaltliche Teilbereiche des österreichischen Systems des Finanzausgleichs sind zu unterscheiden – der primäre, der sekundäre und der tertiäre Finanzausgleich (siehe Abbildung 1):

- Der **primäre Finanzausgleich** umfasst die Verteilung der Abgabenhoheit auf die staatlichen Ebenen sowie den Steuerverbund. Hierzu werden jeder staatlichen Ebene die eigenen Abgaben zugewiesen, wobei verschiedene Grade der subnationalen Autonomie gewährt werden. Wird die Steuerhoheit, das ist das Recht auf Ausschreiben einer Steuer, auf Festsetzen der Steuer- bzw. der Hebesätze, festgelegt, bedeutet dies ein höheres Ausmaß an Autonomie als wenn lediglich die Ertragshoheit, das ist das Recht autonom über die Verwendung des Steuerertrages zu verfügen, eingeräumt wird. Bund und Länder verfügen bei ihren eigenen Abgaben über die Steuer- und Ertragshoheit, der Bund übernimmt weiters die Einhebung seiner eigenen Steuern sowie einiger ausschließlicher Landes- und Gemeindeabgaben, die Länder heben einen Teil ihrer wenig bedeutenden Landesabgaben ebenfalls

---

20 Die im Finanzausgleichspakt ausgehandelte Änderung des Pflegefondsgesetzes 2013 (BGBl. I Nr. 57/2011 idF BGBl. I Nr. 173/2013) sieht neben einer Verlängerung der Dotierung (2/3 Bund, 1/3 Länder und Gemeinden) des Pflegefonds von 2017 bis 2021 noch weitere wesentliche Änderungen im Pflegebereich vor; so soll u.a. die Dotierung ausgehend von 350 Mio. Euro im Jahr 2017 jährlich um 4,5 Prozent erhöht werden.
21 Diese von den meisten Bundesländern in den zuletzt vergangenen Jahren deutlich ausgeweitete Form der Ko-Finanzierung mit ihren beträchtlichen Veränderungen der Finanzlage einzelner Kategorien von Gemeinden steht u.a. im Widerspruch zu § 2 des F-VG 1948 und zur gemeinsam festgelegten (paktierten) Finanzausstattung der Gemeinden durch das jeweilige FAG.
22 Siehe hierzu das neue Bildungsinvestitionsgesetz des Bundes, BGBl. I, Nr. 8/2017.

selber ein. Bei den ausschließlichen Gemeindeabgaben obliegt jedoch die Steuerhoheit überwiegend dem Bund (z. B. bei der Kommunalsteuer), teils auch den Ländern, den Gemeinden kommt nur eine eingeschränkte Steuerhoheit zu – so etwa im Fall der Grundsteuer bezüglich der Höhe des Hebesatzes (bei einer bundesgesetzlich festgelegten Obergrenze). Bei den gemeinschaftlichen Bundesabgaben verfügen die Länder und die Gemeinden über keine Steuerhoheit, sondern lediglich über die Ertragshoheit.

Abbildung 1: Schematischer Überblick über die Finanzströme in den Teilbereichen des Finanzausgleichs-Systems in Österreich

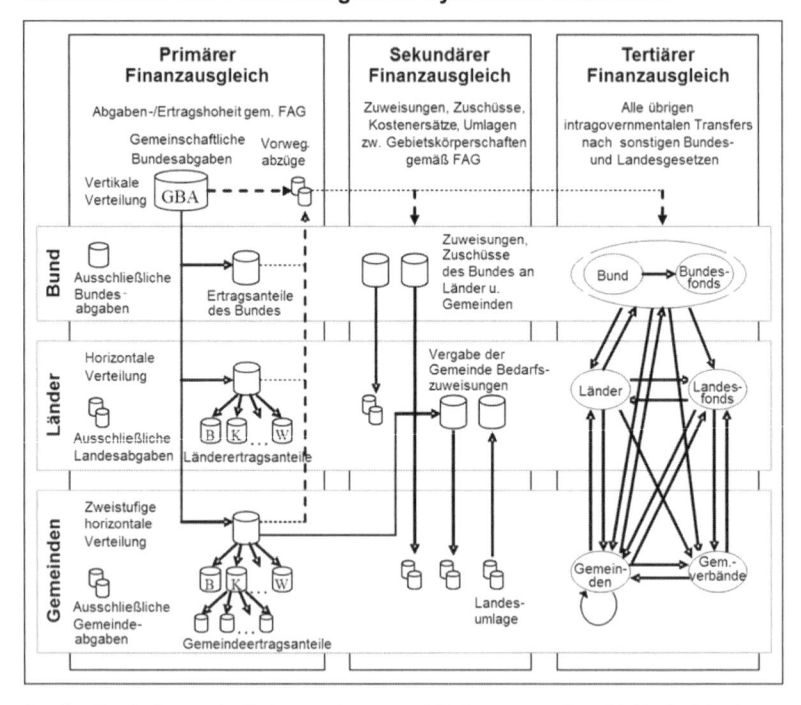

Quelle: Bröthaler et al.: Reformoptionen und Reformstrategien, 2010, S. 21; eigene Bearbeitung.

- Der **sekundäre Finanzausgleich** betrifft die im jeweiligen FAG geregelten Transferzahlungen zwischen den Finanzausgleichspartnern. Grundsätzlich sollen Transfers zur Feinsteuerung der Mittelverteilung in den Finanzausgleichssystemen dienen. Deshalb dominieren meist Transfers mit distributiven Wirkungen. Mit der anachronistischen Landesumlage wird im FAG eine allgemeine Finanzierung der Bundesländer im Weg einer Landesumlage, welche die Gemeinden zu entrichten haben, ermöglicht.[23] Mit Hilfe von Zuschüssen und Zweckzuweisungen

---

23 Allerdings erheben nicht alle Bundesländer diese Umlage. Siehe die näheren Ausführungen im Beitrag Brückner; Haindl; Mitterer: „Tertiärer Finanzausgleich" im vorliegenden Band.

des Bundes, teils auch der Länder können unerwünschte Unterschiede in der Mittelausstattung von Gebietskörperschaften reduziert werden. In der österreichischen Praxis wird mit bedeutenden Transfers v.a. die „fiskalische Lücke"[24] bei einzelnen Kategorien von Gemeinden (z. B. finanzschwache kleinere Gemeinden) oft weitgehend geschlossen. Zusätzlich gewähren Bund oder das jeweilige Land – überwiegend zweckgebundene – Zuschüsse, um aufgabenbezogene Ziele (Ausbau von Gemeinschaftseinrichtungen), in Einzelfällen auch stabilitätspolitische Ziele (Haushaltsausgleich) zu erreichen.

- Der **tertiäre Finanzausgleich** umfasst alle übrigen intragovernmentalen Transfers nach sonstigen Bundes- und Landesgesetzen. Zahlungen zwischen Ländern und Gemeinden bilden hierbei den Hauptteil. Sie erfolgen überwiegend in Form von Bedarfszuweisungen von den Ländern an kleinere und/oder finanzschwächere Gemeinden (also von „oben nach unten") oder in Form von Umlagen und Beiträgen von Gemeinden an das jeweilige Land (von „unten nach oben") zur Ko-Finanzierung von Landesaufgaben, wie z. B. Führen von Krankenanstalten, Ausbau von Bildungseinrichtungen und der Sozialhilfe im weiteren Sinn (Mindestsicherung, Behindertenhilfe u.a.). Damit wird deutlich, dass der tertiäre Finanzausgleich auch Bezüge zu einzelnen öffentlichen Aufgaben umfasst.[25]

4.2 Kritik und Reformbedarf

Kritik am bestehenden System des Finanzausgleichs in Österreich kommt sowohl von politisch-administrativer Seite als auch aus dem wissenschaftlichen Bereich. **Finanzpolitische Kritikpunkte** betreffen die einseitige Beschränkung der FAGs des Bundes auf wenige – vordergründige – **Ziele und Strategien**. Dazu gehören das machtpolitische Besitzstandsdenken, also das Wahren des „erreichten Anteils am gesamten Steuerkuchen" im Verhältnis zu den anderen Gebietskörperschaften[26] und etwa das Herstellen einer überzogenen horizontalen Mittelumverteilung zugunsten finanzschwacher Gemeinden[27]

---

24 Diese besteht in einer strukturell zu geringen Mittelausstattung der kleinen Gemeinden aus den eigenen Abgaben sowie den Ertragsanteilen aus dem Steuerverbund von Gemeinden in wirtschaftlich schwachen Regionen.
25 Siehe hierzu auch Bröthaler et al.: Österreichs Gemeinden im Netz, 2006, S. 102.
26 Siehe die folgende APA Nachricht: „Landeshauptmann Markus Wallner (ÖVP) hat am Mittwoch die Parteien des Vorarlberger Landtags dazu angehalten, den Finanzausgleich praktisch zu betrachten und mit dem Theoretisieren aufzuhören. Unter dem Strich zähle, wie viel Geld nach Vorarlberg fließt und wie frei das Land darüber entscheiden kann. Er unterstrich, dass dem Land pro Jahr nun rund zehn Mio. Euro mehr zur Verfügung stehen werden." (APA0201/16.11, Mi, 16.Nov 2016).
27 Schneider (2002) untersuchte die Anreizwirkungen dieser Umverteilung. Er findet teilweise deutlich negative Anreize für Gemeinden zusätzliche Einnahmen zu generieren. So würden einer Gemeinde von zusätzlichen Grundsteuereinnahmen durchschnittlich nur 23 Prozent verbleiben, 77 Prozent gehen durch geringere Umverteilung sowie höhere Ausgaben für Umlagen wieder verloren. Auch Expertinnen und Experten der Universität Innsbruck, der TU Wien, des KDZ haben vielfach auf die Problematik des „Transferchaos" (wie es Thöni bezeichnete) hingewiesen.

und Länder.[28] Weiters besteht öfters Kritik am stillen Finanzausgleich, am geringen Umfang der Gemeindeabgaben und der veralteten Regelung der Grundsteuer, zu den Transferverflechtungen zwischen Land und Gemeinden, ebenso bezüglich des zu engen Verständnisses von Finanzausgleich in der Praxis und damit zu den fehlenden Verknüpfungen mit Aufgaben und/oder mit erforderlichen neuen allokations- und/oder stabilitätspolitischen Zielen. Es geht hiebei nicht nur um die fehlende Aufgabenorientierung generell, sondern auch um das weitgehende Ausbleiben von Abstimmungen der Ziele bei gemeinsamer Aufgabenverantwortung, um die klare Information und Mitbestimmung bei Ko-Finanzierungen, um das Fehlen systematischer Aufgabenkritik und/oder von Evaluierungen. Auch die vielfach unzureichende Beachtung des Äquivalenzprinzips bildet einen – meist nur von der Opposition geäußerten – Kritikpunkt.

Der Rechnungshof schließt sich seit Neuestem einzelnen der hier angeführten Kritiken an: Er rügt beispielsweise die ungenügende Kooperation in jenen großen Politikbereichen, „in denen Aufgaben von mehreren Gebietskörperschaften wahrgenommen werden, wie Förderungen, Infrastruktur, Raumplanung, Natur- und Umweltschutz)".[29] Er bemängelt auch das zersplitterte System des Finanzausgleichs durch Trennung der „Ausgaben- und Aufgabenzuständigkeit von der Finanzierungszuständigkeit ... (durch) zeitlich und inhaltlich von den Finanzausgleichsverhandlungen getrennten Verhandlungen zu den 15a-Vereinbarungen, (....) was zur Schwächung einer konsistenten Steuerung öffentlicher Finanzen und und einer transparenten, effizienten Abwicklung staatlicher Aufgaben" führt.[30]

> Seitens der OECD wird seit Jahren grundsätzliche Kritik am System des Finanzausgleichs in Österreich und bezüglich der unzulänglichen Steuerung der Aufgabenerfüllung im föderalen Organisationsgeflecht geübt:
> → „Curbing public expenditures is hard given Austria's intergovernmental framework. The existing multilayer organisation of the government makes decision making difficult in many areas, including key service sectors... Reforms to streamline service responsibilities at different levels have long been on the cards but limited progress was achieved so far...
> → In particular, the present framework suffers from a misalignment between spending and tax attributions... Intergovernmental grants and taxsharing are the main revenue sources of sub-central governments while their share of own taxes is among the lowest in the OECD...
> → The resulting vertical imbalances soften the budget constraints of local and state governments...
> → The large number of small municipalities reduces spending efficiency further by limiting the scope for economies of scale in the provision of public services..."[31]

---

28 Rossmann: Paradigmenwechsel, 2008, S. 308.
29 Positionen des Rechnungshofes, 2016, S. 62 f.
30 Positionen des Rechnungshofes, 2016, S. 65.
31 OECD: Economic Surveys, 2015, S. 21.

Die Kritik von finanzwissenschaftlicher Seite ist in diversen Studien, die teils vom Bundesministerium für Finanzen in Auftrag gegeben wurden, sowie in verschiedenen Beiträgen umfassend angelegt. Sie beruht überwiegend auf fiskaltheoretischen Kriterien für einen umfassenden, effizienten und verteilungsgerechten Finanzausgleich sowie auf ausführlichen empirischen Befunden. Daraus resultieren vielfache Reformerfordernisse:[32]

- Reform der Kompetenz- und Aufgabenverteilung auf die Gebietskörperschaftsebenen unter expliziter Einbeziehung der Gemeindeebene;
- Adaptierung der Finanzverfassung unter Berücksichtigung der EU-Richtlinien, Grundsätze, Ziele sowie der Prinzipien föderaler Kooperation und Koordination;
- verstärkte Konnexität der Aufgaben-, Ausgaben und Einnahmenverantwortung auf jeder Ebene des Staatsaufbaus;
- Ausbau von Abgabenautonomie und aufgabenorientierter Finanzierung der subnationalen Gebietskörperschaften in Abstimmung mit Aufgaben- und Finanzierungsverantwortung, gleichzeitig bedeutet dies eine Verminderung des Steuerverbundes;
- Zielorientierung und Flexibilisierung des Finanzausgleichs im Hinblick auf eine operationale, zeitlich limitierte Festlegung politisch-strategischer Ziele (z. B. Klimaschutz, nachhaltige Raumentwicklung);
- Reduzieren des „Transferchaos" um Transparenz und Verantwortlichkeit zu steigern;
- Herstellen eines angemessenen Wettbewerbs zwischen Regionen und Gemeinden durch verstärkte dezentrale Aufgaben- und Finanzierungsverantwortung und erhöhte Transparenz der Standortvor- und -nachteile;
- Forcieren von Gemeindestrukturreformen und -kooperation zur verstärkten Nutzung von Skalen- und Verbundvorteilen durch angemessene Förderung von Kooperation und Fusion.

Diese Kritikpunkte und die von verschiedenen Seiten erhobenen Forderungen und Vorschläge für Reformen haben bereits die Verhandlungen zum FAG 2008 beeinflusst. Allerdings konnten damals keine grundlegenden Reformen zustande gebracht werden; es wurde jedoch im Paktum zum FAG 2008 vereinbart, eine Arbeitsgruppe zur ‚**grundsätzlichen Reform des Finanzausgleichs**' einzusetzen, welche bis Ende 2010 Ergebnisse auf den Tisch legen sollte.[33] Diese Arbeitsgruppe hat offensichtlich keine Ergebnisse zustandegebracht, da kein diesbezügliches Dokument publiziert worden ist.

---

32 Siehe ausführlicher Thöni: Stellenwert des Finanzausgleichs, 2002 sowie Bröthaler et al.: Optionen und Strategien, 2012, S. 909 sowie Beitrag Bauer; Biwald; Mitterer: „Kritische Analysen" im vorliegenden Band.
33 Siehe Paktum zum Finanzausgleich 2008, 2008, S. 460.

5. Strukturen der öffentlichen Finanzwirtschaft und des Finanzausgleichs in Österreich

Mit dem jeweiligen Finanzausgleichsgesetz werden – wie bereits ausgeführt – Aufbringung und Verteilung eines sehr großen Teils der Abgabenerträge (primärer Finanzausgleich) sowie ein Teil der Transferzahlungen zwischen den Gebietskörperschaften (sekundärer Finanzausgleich) geregelt. Daneben bestehen noch andere Regelungen, mit denen weitere Abgaben – so vor allem die Beiträge zur Sozialversicherung –, Vorweganteile vom Steuerverbund für einzelne Fonds, aber auch Ausgabenverpflichtungen festgelegt werden.

Das System des österreichischen Finanzausgleichs ist v.a. einnahmenseitig zentralistisch angelegt. Der Bund verfügt nicht nur über die Kompetenz-Kompetenz[34], sondern dominiert zusätzlich die Steuer- und Sozialabgabenpolitik und damit auch die eigenen Abgaben der drei staatlichen Ebenen sowie den Steuerverbund. Dies wird aus den nachfolgend angeführten Daten mehrfach erkennbar.

In den Abbildungen 2 und 3 wird die Struktur der österreichischen Finanzwirtschaft im Vergleich mit verschiedenen, hoch entwickelten OECD-Staaten, wie z. B. Dänemark, Schweden, Großbritannien und Italien ersichtlich. Es zeigt sich, dass in Österreich überdurchschnittlich hohe Anteile an Sozialabgaben sowie Einnahmen aus Zuschüssen, Umlagen und Gebühren (v.a. der subzentralen Gebietskörperschaften) bestehen, was auf eine institutionell fraktionierte und dementsprechend mit hohen Transaktionskosten belastete Finanzwirtschaft hinweist. Dies bedeutet gleichzeitig, dass das österreichische Abgabensystem insgesamt einen höheren Anteil von verteilungspolitisch regressiv wirkenden Komponenten (z. B. die Gebühren für die Benützung von Gemeindeeinrichtungen und -anlagen sowie die SV-Beiträge) aufweist als andere Staaten. Weiters erkennt man im Vergleich zwischen 2007 und 2013 eine zwar relativ hohe Stabilität des Systems, immerhin jedoch eine merkbare Tendenz der Erhöhung der Steuerquote in Österreich, während in der großen Mehrzahl der anderen Länder ein leichtes Absinken der Steuerquote zu verzeichnen war.

---

34 Darunter versteht man die Zuständigkeit des Bundes, gesetzgebende Kompetenzen zu regeln und auf die Gebietskörperschaften zu verteilen.

Teil 1: Finanzausgleich im Überblick – Grundsätzliches und das System in Österreich

Abbildung 2: Strukturen der öffentlichen Finanzwirtschaft im OECD-Bereich, 2007 und 2013

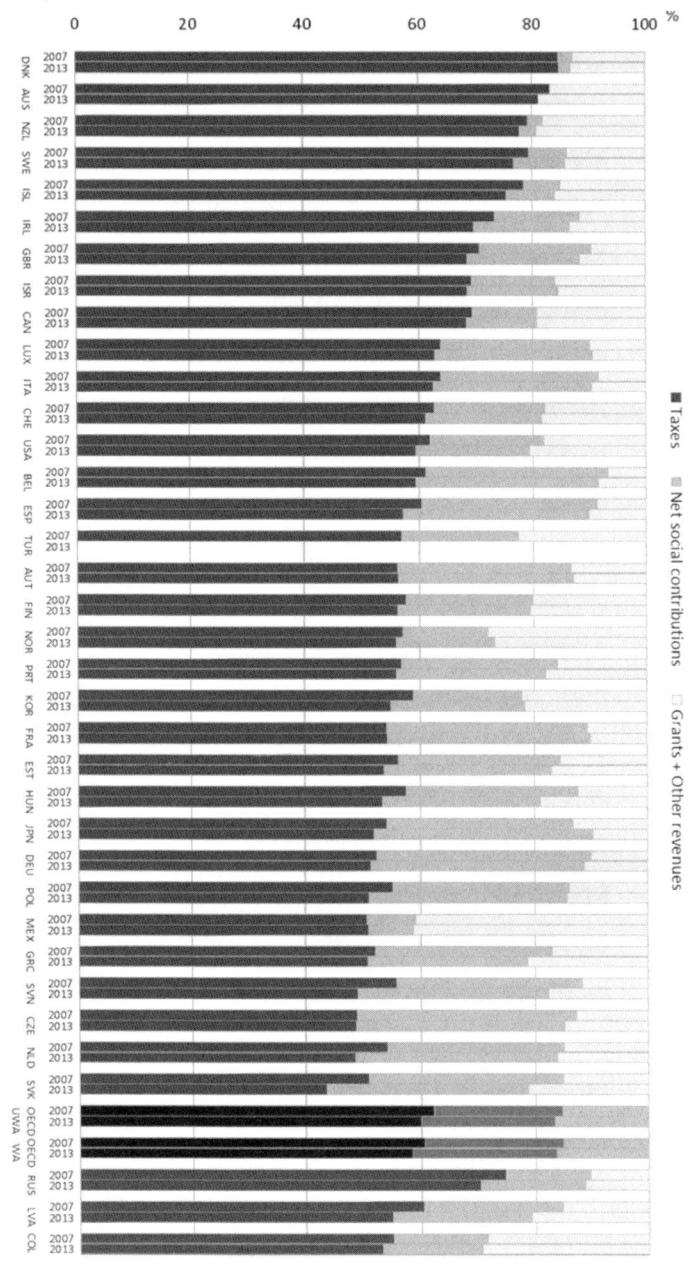

Quelle: OECD National Accounts Statistics (database); [Download: 6.3.2017].

Abbildung 3: Strukturen der öffentlichen Finanzwirtschaft im OECD-Bereich, 2014

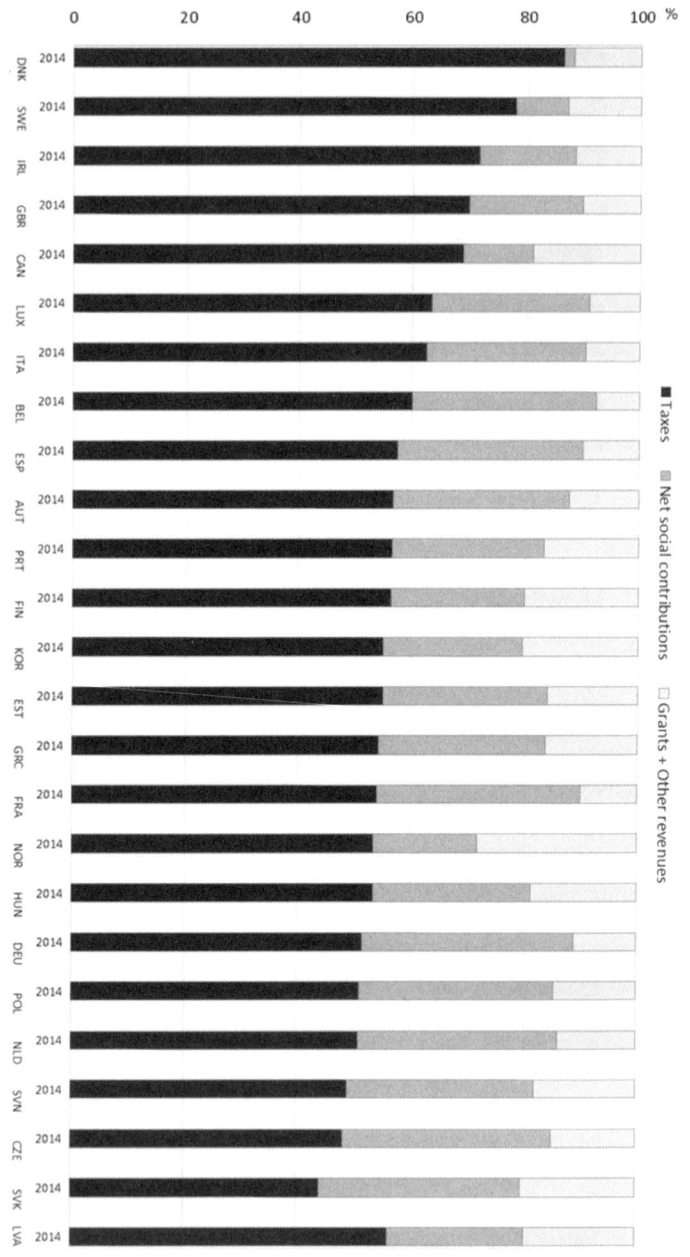

Quelle: OECD National Accounts Statistics (database); [Download: 6.3.2017].

Teil 1: Finanzausgleich im Überblick – Grundsätzliches und das System in Österreich

In Tabelle 1 wird die zentralisierte Finanzwirtschaft in Österreich durch Ausweisen der eigenen Abgaben der drei staatlichen Ebenen und durch den hohen Anteil, den der Steuerverbund, das sind v. a. die gemeinschaftlichen Bundesabgaben, einnimmt, weiter konkretisiert.

Tabelle 1: Struktur und Entwicklung der Einnahmen aus Abgaben des österreichischen Staates, 2010-2015, in Mio. Euro

Abgabenart	2010	2011	2012	2013	2014	2015	Veränderung 2010-2015 in %
Ausschließliche Bundesabgaben	6.629	6.871	7.211	7.461	7.550	7.950	19,9
Gemeinschaftliche Bundesabgaben (inkl. Vorweganteile)	64.354	68.755	71.957	75.092	77.355	81.165	26,1
Landesabgaben ohne Wien	312	324	350	350	373	368	11,8
Gemeindeabgaben ohne Wien	2.783	2.909	3.019	3.117	3.198	3.275	17,6
Abgaben Wien (Land und Gemeinde)	1.136	1.175	1.262	1.303	1.340	1.315	15,8
Gesamtes Abgabenaufkommen	**75.214**	**80.034**	**83.798**	**87.323**	**89.815**	**94.073**	**25,1**
Anteil der gemeinschaftlichen Bundesabgaben am gesamten Abgabenaufkommen	85,6%	85,9%	85,9%	86,0%	86,1%	86,3%	
Anteil der Landes- und Gemeindeabgaben (Inkl. Wien) am gesamten Abgabenaufkommen	5,6%	5,5%	5,5%	5,5%	5,5%	5,3%	

Quelle: Statistik Austria: Gebarungsübersichten 2013 und Gebarungsübersichten 2015, S. 156, eigene Berechnungen.

Die gemeinschaftlichen Bundesabgaben erbringen in den Jahren 2010 bis 2015 jeweils von Jahr zu Jahr leicht von 85,6 Prozent (Jahr 2010) auf 86,3 Prozent (2015) steigende Anteile an den gesamten Steuereinnahmen der Gebietskörperschaften. Die eigenen Steuerfindungs- und Steuergestaltungsmöglichkeiten der subnationalen Ebenen sind dagegen gering, denn zusammen tragen sie im Jahr 2015 nur mit 5,3 Prozent (5,6 Prozent 2010) zum gesamten Abgabenaufkommen der Gebietskörperschaften bei.

Dazu ist ergänzend festzuhalten, dass die Gemeinden kein Recht auf Steuerfindung haben, ebenso sind ihre Möglichkeiten der Steuergestaltung stark beschränkt; sie bestehen praktisch nur bei den Gebühren für die Benützung von Gemeindeeinrichtungen und -anlagen sowie bei der Grundsteuer lediglich in einem Hebesatzrecht.

Abbildung 4: Einnahmen aus eigenen Steuern der subnationalen Ebenen der OECD-Länder, 2014, in Prozent der gesamten Abgabenerträge und in Prozent des BIP

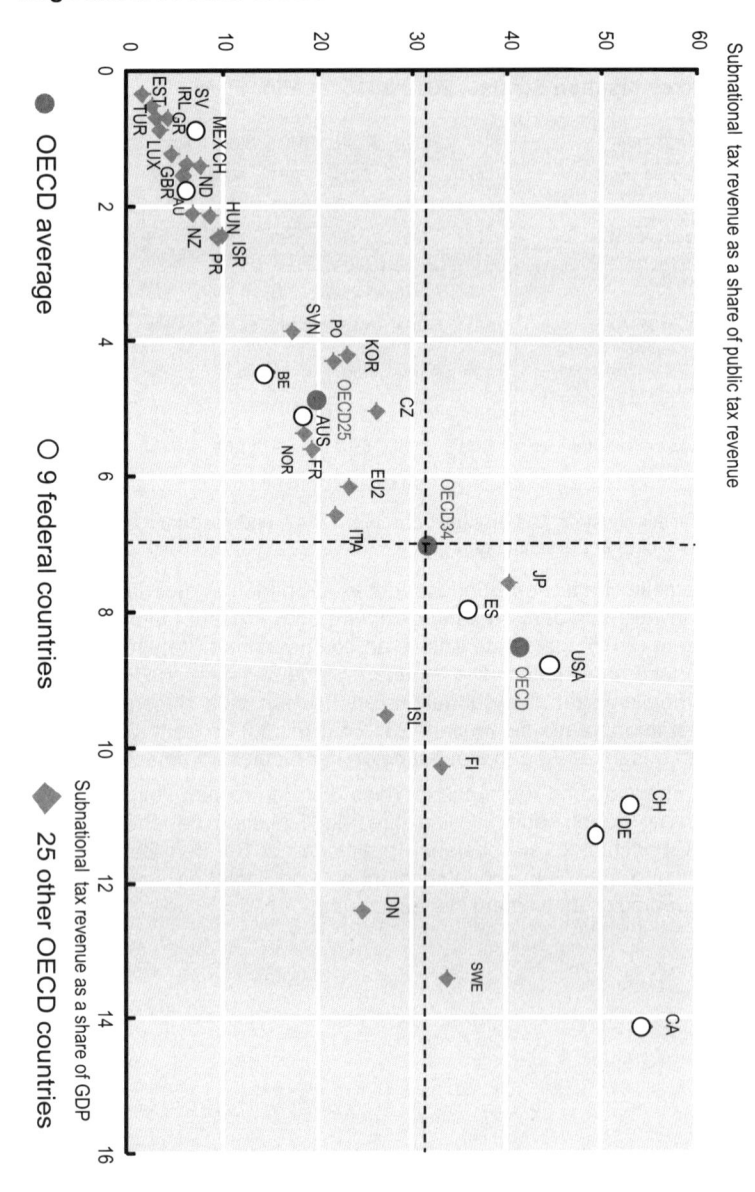

Quelle: OECD, Regions at a Glance, 2016, S. 110.

Im internationalen Vergleich wird der außergewöhnlich niedrige Anteil der eigenen Abgaben von Ländern und Gemeinden in Österreich – siehe Abbildung 4 – ersichtlich. Nach der OECD-Statistik beträgt der Anteil der eigenen Abgaben von Ländern und Gemeinden am gesamten Abgabenaufkommen in der Republik Österreich für das Jahr 2014 6,28 Prozent und deren Anteil am BIP mit 1,77 Prozent. Im **Durchschnitt der meisten (25) OECD-Länder** liegt der subnationale Anteil am gesamten Steueraufkommen bei 23,23 Prozent, jener am BIP bei 4,69 Prozent. Betrachtet man nur die **neun föderalen OECD-Länder**[35] beträgt der Anteil der eigenen Abgaben der subnationalen Ebenen am gesamten Abgabenaufkommen 41,32 Prozent und am BIP 8,55 Prozent.

Tabelle 2: Entwicklung der Einnahmen aus gemeinschaftlichen Bundesabgaben und deren Verteilung auf die staatlichen Ebenen, 2006-2015, in Mio. Euro

Gebietskörperschaften	Entwicklung der Ertragsanteile							Index 2015	
	2006	2009	2011	2012	2013	2014	2015	2006 =100	2011 =100
	in Mio. Euro								
Bund	39.517	38.838	42.637	44.304	46.717	48.171	50.290	127	118
Länder (ohne Wien)	6.019	9.592	10.640	10.857	11.449	11.820	12.390	206	116
Wien als Land	1.533	2.552	2.834	2.871	3.036	3.158	3.328	217	117
Wien als Gemeinde	1.741	1.876	2.099	2.235	2.302	2.395	2.552	147	122
Gemeinden (ohne Wien)	5.008	5.418	6.122	6.319	6.543	6.777	7.141	143	117
Gesamt	**53.818**	**58.276**	**64.332**	**66.585**	**70.047**	**72.321**	**75.700**	**141**	**118**
	Anteil in % an der Summe der Ertragsanteile								
Bund	73,4%	66,6%	66,3%	66,5%	66,7%	66,6%	66,4%		
Länder (ohne Wien)	11,2%	16,5%	16,5%	16,3%	16,3%	16,3%	16,4%		
Wien als Land	2,8%	4,4%	4,4%	4,3%	4,3%	4,4%	4,4%		
Wien als Gemeinde	3,2%	3,2%	3,3%	3,4%	3,3%	3,3%	3,4%		
Gemeinden (ohne Wien)	9,3%	9,3%	9,5%	9,5%	9,3%	9,4%	9,4%		
Gesamt	**100,0%**	**100,0%**	**100,0%**	**100,0%**	**100,0%**	**100,0%**	**100,0%**		

Quelle: Mitterer et al.: Gemeindefinanzen 2017, 2017, S. 24.

In Tabelle 2 wird der in Österreich besonders bedeutende **Steuerverbund** näher gezeigt. Er wird aus den Erträgen des Großteils der gemeinschaftlichen Bundesabgaben gebildet, die zuerst vertikal zwischen den drei staatlichen Ebenen und dann horizontal auf den subzentralen Ebenen mit teils fixen, teils mit veränderlichen Schlüsseln (Bevölkerungszahl) verteilt werden. Diese Verteilung der Ertragsanteile an gemeinschaftlichen Bundesabgaben (ohne Vorweganteile) ist mit dem FAG 2008 ab dem Jahr 2008 gegenüber dem FAG 2005 verändert worden. Die in der Tabelle 2 erkennbare differenzierte Entwicklung der Einnahmen des Bundes auf der einen sowie der Länder und der Gemeinden auf der anderen Seite zwischen dem Jahr 2006 und dem Jahr 2015 ergaben sich hauptsächlich aus dem Wegfall des Konsolidierungsbeitrages (in zwei Etappen 2008 bis 2010 sowie 2011 bis 2013) der Länder und der Gemeinden an den Bund sowie aus zusätzlichen Bundesmitteln an die Länder (für die Bereiche Gesundheit, Kinderbetreuung, Pflege und bedarfsorientierte Mindestsicherung). Auf der Ebene der Gemeinden sind durch Anwendung der ab dem

---

35   Diese sind Australien, Belgien, Deutschland, Kanada, Mexiko, Österreich, Spanien, Schweiz und die USA.

Jahr 2009 geltenden Neuregelung der bevölkerungsabhängigen Verteilung der Ertragsanteile sowie wegen einer weiteren Reduzierung des Vervielfachers beim abgestuften Bevölkerungsschlüssel Veränderungen eingetreten.[36]

Eine Übersicht über das Ausmaß der Transferzahlungen im Rahmen des Finanzausgleichs und sonstiger Finanzierungsregelungen bieten Tabelle 3 und Tabelle 4, wobei Transfers zwischen den drei Gebietskörperschaften und dem Sektor der Sozialversicherungen sowie die Transfers innerhalb der einzelnen Sektoren, also zwischen dem jeweiligen Hoheits- und dem Unternehmensbereich ausgewiesen werden.[37]

Tabelle 3: Intragovernmentale Transferzahlungen, 2015

Sektoren	Umverteilung zwischen den Sektoren des Staates, in Mio. Euro				
	Bundes-sektor	Landes-ebene	Gemeinde-ebene	SV-Träger	Ausgaben insgesamt
	Einnahmen				
Bundessektor		19.175,80	14.811,70	15.985,30	49.972,80
Landesebene	436,50		2.899,40	53,70	3.389,60
Gemeindeebene	47,60	2.698,40		161,60	2.907,60
SV-Träger	351,10	3.817,50	1.311,10		5.479,60
Einnahmen insgesamt	835,10	25.691,70	19.022,20	16.200,60	61.749,70

Quelle: Statistik Austria: Volkswirtschaftliche Gesamtrechnungen 2015.

Tabelle 4: Transfers innerhalb der einzelnen Sektoren, 2015

Sektoren	Umverteilung innerhalb der Sektoren des Staates, in Mio. Euro				
	Bundes-sektor	Landes-ebene	Gemeinde-ebene	SV-Träger	Ausgaben insgesamt
	Einnahmen				
Bundessektor	11.795,00				11.795,00
Landesebene		8.770,30			8.770,30
Gemeindeebene			6.210,40		6.210,40
SV-Träger				4.285,00	4.285,00
Einnahmen insgesamt	11.795,00	8.770,30	6.210,40	4.285,00	31.060,80

Quelle: Statistik Austria: Volkswirtschaftliche Gesamtrechnungen 2015.

In der traditionellen Sicht der Mittelverteilung des Finanzausgleichs werden die Ertragsanteile an gemeinschaftlichen Bundesabgaben der

---

36 Für nähere Ausführungen zum Verfahren und zu den Ergebnissen der Ertragsanteileverteilung siehe den Beitrag Bröthaler et al.: „Funktionsweisen" im vorliegenden Band.

37 In den finanzwirtschaftlich ausgerichteten Texten dieses Bandes (Beiträge Bröthaler; Haindl; Mitterer „Funktionsweisen" und Brückner, Haindl, Mitterer „Tertiärer Finanzausgleich") werden mit dem Begriff der Transfers Zahlungen verstanden, die sich auf finanzwirtschaftliche Kategorien beziehen, wie Zweckzuschüsse, Finanz- und Bedarfszuweisungen, laufende- sowie Kapital- oder Investitionszuschüsse, Umlagen, Kostenbeiträge, Dotierungen. Einige dieser Begriffe werden im F-VG 1948 definiert. Die Ertragsbeteiligung der Gemeinden und der Länder an den Mitteln des Steuerverbundes werden als Ertragsanteile an gemeinschaftlichen Bundesabgaben bezeichnet. Da sie hinsichtlich ihrer Verwendung keinen Einschränkungen unterliegen, werden sie in finanzwirtschaftlicher Sicht als Teil der Ausstattung der subnationalen Gebietskörperschaften mit Steuermitteln verstanden.

Länder und Gemeinden als Steuermittel bezeichnet. Durch eine Neuregelung der Volkswirtschaftlichen Gesamtrechnung in der EU (ESVG 2010)[38] werden in der Finanzstatistik des öffentlichen Sektors die Überweisungen von Mitteln des Steuerverbundes (des Bundes) an Länder und Gemeinden sowie an Fonds dieser Gebietskörperschaften nun als Transfers (Zuschüsse ohne Gegenleistung) ausgewiesen. Die in Tabelle 3 ausgewiesenen Transferausgaben des Bundes an Länder (in Höhe von rund 19,2 Mrd. Euro) und an Gemeinden (14,8 Mrd. Euro) stellen zum weitaus überwiegenden Teil die Ertragsanteile der Länder und Gemeinden dar. Die Transferausgaben der Länder an die Gemeinden in Höhe von fast 2,9 Mrd. Euro sind dagegen Zuschüsse und Zweck- bzw. Bedarfszuweisungen, die Transferausgaben der Gemeinden an die Länder (rund 2,7 Mrd. Euro) sind in erster Linie Umlagen und Beiträge an die Länder zur Ko-Finanzierung von Landesaufgaben) sowie an Landesfonds. Die in Tabelle 4 dargestellten Transferausgaben des Bundes von rund 11,8 Mrd. Euro sind aus Steuereinnahmen des Bundes geleistete Dotierungen von Bundesfonds (z. B. Familienlastenausgleichsfonds, Katastrophenfonds), die Transferausgaben der Länder betreffen v.a. Dotierungen der Landesfonds (z. B. Umweltfonds, Schulbaufonds, Katastrophenfonds) sowie Mittelflüsse an die Landesspitäler bzw. die Landesgesundheitsfonds. Die Transferausgaben der Gemeinden sind Mittelflüsse an Gemeindeverbände, an eigene Unternehmen der Gemeinden u.a.m.

Der hohe Anteil der Transferausgaben des Bundes ergibt sich aus der Zentralisierung der Abgabenerträge. Die relativ bedeutenden Einnahmen und Ausgaben aus Transfers der Länder und der Gemeinden sind insofern bemerkenswert, als den Transfers im Rahmen des Finanzausgleichs grundsätzlich nur ergänzender Charakter zukommen sollte und sie häufig vergleichsweise hohen Verwaltungsaufwand bedingen. Sie dienen wie bereits ausgeführt überwiegend zur Aufstockung der Einnahmen wirtschaftsschwacher Gebietskörperschaften als Ressourcenausgleich und als Anreize, etwa für vermehrte interkommunale Kooperationen[39] und/oder die Bereitstellung bestimmter politisch gewünschter öffentlicher Güter.

6. Wirtschaftliche Bedeutung des Finanzausgleichs

Die wirtschaftliche Bedeutung des Systems des Finanzausgleichs kann gar nicht hoch genug eingeschätzt werden, da es die gesamte Finanzierung des Hoheitsbereiches und großer Teile des Unternehmensbereiches der Gebietskörperschaften regelt. Es werden nicht nur die laufenden Ausgaben und Einnahmen der öffentlichen Verwaltung (Personal- und Sach-

---

38 Ab September 2014 ist für die Volkswirtschaftlichen Gesamtrechnungen in der Europäischen Union (EU) das Europäische System Volkswirtschaftlicher Gesamtrechnungen (ESVG) 2010 maßgeblich. Siehe Verordnung (EU) Nr. 549/2013 des Europäischen Parlaments und des Rates vom 21. Mai 2013 zum Europäischen System Volkswirtschaftlicher Gesamtrechnungen auf nationaler und regionaler Ebene in der Europäischen Union (Amtsblatt der EU Nr. L 174, Seite 1 ff.).
39 Siehe Bischoff et al.: Kooperationsfähigkeit, 2015, S. 88.

ausgaben, laufende Transfers) erfasst, sondern auch die Ausgaben und Einnahmen der Vermögensgebarung (Investitionsausgaben, Schuldentilgungen, Kapitaltransfers) der öffentlichen Haushalte.

Der Finanzausgleich adressiert jedoch nicht nur die finanzwirtschaftlichen Determinanten, sondern vielfach auch Quantität und Qualität der zu erbringenden Leistungen und seit neuestem auch die Wirkungen, also die für Gesellschaft und Wirtschaft erzeugten Nutzen sowie die Umsetzungsprozesse. Alle produzierten öffentlichen Leistungen kommen letztlich den privaten Haushalten und Unternehmen zugute. „Der überwiegende Teil des Produktionswertes des öffentlichen Sektors besteht – zum Unterschied vom Privatsektor – in Form unentgeltlich abgegebener Güter und Leistungen"[40] Deren Bewertung erfolgt nicht zu Marktpreisen, sondern auf Basis der Kosten der Vorleistungen und der Kosten der eigenen Leistungserstellung (d.s. Personalleistungen, Sachkosten). Steigende Ausgaben müssen nicht unmittelbar zu steigenden Leistungen führen, da auch komplizierte Verwaltungsprozesse und/oder Gehaltssteigerungen der öffentlichen Bediensteten aus den Steuereinnahmen finanziert werden müssen. Im zwischenstaatlichen oder z. B. im interkommunalen Vergleich erkennbare Unterschiede der öffentlichen Ausgaben müssen nicht auf unterschiedlichen Leistungsniveaus beruhen, sondern können auch mit unterschiedlichen Inputs zur Leistungserstellung begründet werden, die z. B. aus verschiedenen gesetzlichen Vorgaben resultieren.

Grundsätzlich sind aus finanzwissenschaftlichem Verständnis drei Funktionen des öffentlichen Sektors und der öffentlichen Finanzwirtschaft zu unterscheiden, nämlich die Allokations-, die Distributions- und die Stabilisierungsfunktion. Diese Funktionen müssen durch die Entscheidungsprozesse im demokratischen System konkretisiert werden. Das Problem, das es zu lösen gilt, besteht darin, dass die vorhandenen Ressourcen begrenzt sind, während es hinsichtlich der wünschenswerten und/oder denkbaren Leistungen zwar keine Schranken, jedoch verschieden weit gesteckte und sachlich unterschiedliche politische Ziele gibt. Unter **Allokationsfunktion** versteht man die Verteilung der vorhandenen Ressourcen auf die diversen Interventionsbereiche (z. B. Beschäftigung, Konsum, Investition) und Verwendungszwecke (Bildung, Gesundheit, Förderungen, Administration usw.) des staatlichen Handelns gemäß den jeweiligen politischen Zielen. Von dynamischer Allokation spricht man, wenn man ganzheitlich auf Strukturen und Entwicklungsdynamik von Wirtschaft und Gesellschaft Einfluss nehmen will. Es geht dabei um

- Wachstum von Produktion, Konsum und Investitionen im gesamtstaatlichen, aber auch im regionalen Kontext;
- Vermehren von Wissen, Wohlstand, Konkurrenzfähigkeit;
- um Deckung von Nachholbedarf, Beseitigen von Entwicklungshemmnissen und/oder um Anreize für wachstumsfördernde Umstände, wie vermehrte Innovationskraft oder Beseitigen negativer Auswirkungen von marktmäßiger Produktion und Konsum.

---

40   Nowotny; Zagler: Der öffentliche Sektor, 2009, S. 38.

Distributionsfunktion bedeutet, dass der öffentliche Sektor in die im Marktprozess bewirkte Einkommens- und Vermögensverteilung eingreift und sie nach gesellschaftspolitischen Vorstellungen zu beeinflussen sucht. Nach den vorliegenden Informationen wird in Österreich z. B. über die öffentlichen Abgaben nur ein vergleichsweise geringer Einfluss auf die Vermögensverteilung ausgeübt, während über die Allokationsfunktion der öffentlichen Budgets[41] – also der gebotenen Güter und Leistungen – eine vergleichsweise spürbare Veränderung der Einkommens- und Versorgungslage der Menschen erreicht werden kann.

Die **Stabilitätsfunktion** besteht darin, dass eine „gleichgewichtige wirtschaftliche Entwicklung"[42] im Sinn einer möglichst vollen Auslastung der Produktionskapazitäten (Beschäftigung, Kapitalstock) und damit einer Reduzierung der Konjunkturzyklen bei stabilen Preisniveaus gesichert werden kann. Dies ist deshalb erforderlich, weil die Marktwirtschaft per se eine diesbezügliche Regulierung nicht leistet. Hierfür sind angebots- und nachfrageseitige Maßnahmen des öffentlichen Sektors notwendig, wofür auch die erforderlichen Interventionsmöglichkeiten zu wahren sind. Im Rahmen der EU-Währungsunion kommt dieser Funktion bekanntlich besondere Beachtung zu.

7. Zur Finanzausgleichspolitik in Österreich seit den 1970er-Jahren

Die seit dem Österreich-Konvent wieder in die finanzpolitische Diskussion gerückte Frage einer Aufgabenreform zwischen den Gebietskörperschaften, was Teil einer grundsätzlichen Reform wäre, ist von Seiten der Finanzwissenschaft bereits in den 1970er-Jahren diskutiert worden. Eine Forschergruppe um Egon Matzner[43] forderte damals eine grundlegende Reform der Kompetenzverteilung des Bundesstaats, eine Stärkung der eigenen Abgaben von Ländern und Gemeinden sowie Beschränkungen der intragovernmentalen Transferzahlungen.

Die faktischen Regelungen der Finanzausgleichsgesetze und anderer diesbezüglicher Normen der 1970er- und 1980er-Jahre sind jedoch nur durch eng begrenzte, meist punktuelle Veränderungen an den vorangegangenen gekennzeichnet. So wurden z. B. mit dem FAG 1973 die Obergrenze für die Landesumlage von 14,5 auf 12,5 Prozent gesenkt; der Verbrauch von Bier wurde in die Getränkesteuer einbezogen, dagegen sind die Umsatzsteuer, die Abgabe von alkoholischen Getränken und das Bedienungsgeld nicht mehr in die Bemessungsgrundlage für die Getränkesteuer aufgenommen worden.

Auch die in den 1990er-Jahren geführte Debatte über den Beitritt zur EU löste keinen Modernisierungsschub der Kompetenzverteilung im Bundesstaat und des dazugehörigen Finanzausgleichs aus. In seiner grundlegenden Studie beschäftigte sich der Beirat für Wirtschafts- und Sozialfragen

---

41 Siehe diesbezüglich etwa die Studie von Ederer: Österreich 2025, 2017, S. 67-81.
42 Nach Nowotny; Zagler: Der öffentliche Sektor, 2009, S. 7.
43 Matzner: Öffentliche Aufgaben und Finanzausgleich, 1977.

der Sozialpartner mit der Frage der Einnahmenautonomie der Gebietskörperschaften.[44] Darin befürwortete der Beirat eine bessere Übereinstimmung der Verantwortung für die jeweiligen Einnahmen und Ausgaben der Länder und Gemeinden. Er empfahl den Ausbau des Trennsystems und sprach sich für örtlich und länderweise gut radizierbare Steuern, wie z. B. die Grunderwerbsteuer, die Bodenwertabgabe und die Kraftfahrzeugsteuer (heute motorbezogene Versicherungssteuer), nicht aber für eigene Lohn- und Ertragsteuern der einzelnen staatlichen Ebenen aus. Zusätzlich könne die Steuerverantwortung von Ländern und Gemeinden durch Umwandlung von gemeinschaftlichen Bundesabgaben in Stamm- und Zuschlagsabgaben (für Länder und/oder Gemeinden) verstärkt werden.

Diese Forderungen nach einer Ausweitung der Steuerautonomie haben jedoch im ‚Perchtoldsdorfer-Pakt' (1991) keinen entsprechenden Niederschlag gefunden, obwohl sich Ruppe im Bericht der Strukturreformkommission deutlich für eine verstärkte Autonomie der drei staatlichen Ebenen ausgesprochen hatte.[45] Auch die Arbeitsgruppe für Fragen der Neuordnung der bundesstaatlichen Kompetenzverteilung[46] hat in ihrem Schlussbericht die Überantwortung von zusätzlichen Besteuerungsobjekten und/oder Zuschlagsrechten an die Länder bei gleichzeitiger Beseitigung der Landesumlage angesprochen. Konkret erwähnt wird ein von den Ländern festzulegender Zuschlag zur ansonsten zentralstaatlich gestalteten und erhobenen Einkommensteuer bei vorheriger Senkung der bisherigen Ertragsanteile der Länder.

Im Jahre 2003 erfolgte mit dem Österreich-Konvent ein neuer Anlauf zu einer Reform der Aufgabenverteilung im Bundesstaat. Der Österreich-Konvent hat im Jänner 2005 seine Arbeit abgeschlossen; das Präsidium des Konvents fasst in seinem „Bericht des Konvents" die Konsense und Dissense der Arbeiten in den zehn Ausschüssen zusammen. Wenngleich rückblickend gesehen der Österreich-Konvent gescheitert ist, mehren sich in Österreich die Stimmen, welche die Notwendigkeit von Reformen im Bereich der Aufgabenverteilung sehen und im Finanzausgleich im engeren Sinn auf eine Stärkung des Trennprinzips sowie auf einen Abbau der Transferverflechtungen drängen.

Allerdings haben in den Vereinbarungen zu den Finanzausgleichsgesetzen 1997, 2001, 2005, 2008 und 2017 grundsätzliche Neuregelungen keinen Platz gefunden. Lediglich steuer- und umverteilungspolitische Maßnahmen sowie punktuelle Vereinfachungen bilden die hauptsächlichen Reformen des Finanzausgleichs im engeren Sinn der zuletzt vergangenen vier Finanzausgleichsperioden (siehe Tabelle 5).

---

44 Beirat für Wirtschafts- und Sozialfragen: Finanzverfassung, 1992, S. 14 f.
45 Ruppe: Neuordnung, 1991, S. 384 f.
46 Bundeskanzleramt: Kompetenzverteilung, 1991, S. 536.

Teil 1: Finanzausgleich im Überblick – Grundsätzliches und das System in Österreich

Tabelle 5: Überblick bezüglich Veränderungen des Finanzausgleichs im engeren Sinn durch die Finanzausgleichsgesetze 1997 bis 2017

Grundstruktur des Finanzausgleichs	Änderungen
Primärer Finanzausgleich Abgabenhoheit und Ertragshoheit	Ausweitung des Steuerverbundes durch ertragsneutrale Umwandlung ausschließlicher v.a. Bundesabgaben in gemeinschaftliche Bundesabgaben:
	1998 Körperschaftsteuer
	2001 Ausgleich für Abschaffung der Getränkesteuer bzw. der Anzeigen- und Ankündigungsabgabe
	2005 Umwandlung von Kapitalverkehrssteuern, Tabaksteuer, Energieabgaben, Versicherungssteuer, Normverbrauchsabgabe, Konzessionsabgabe in gemeinschaftliche Abgaben
	2009 Umwandlung des Wohnbauförderungsbeitrags in gemeinschaftliche Abgaben
	2005 Möglichkeit der Kommunalsteuerteilung zwischen Gemeinden
	2018 Umwandlung Wohnbauförderungsbeitrag von Ertragsanteilen zu eigenen Länderabgaben
Vorwegabzüge vor und nach vertikaler Aufteilung der Ertragsanteile	1997 Anpassung an Steuerreformen sowie an EU-Beitragsfinanzierung
	2008 und 2011 stufenweise Abschaffung des Konsolidierungsbeitrages der Länder und Gemeinden an den Bund
	2017 Reduzierung bzw. Entfall diverser Vorwegabzüge (z.B. EU-Beitrag der Gemeinden)
Vertikale Aufteilung der Ertragsanteile der Gebietskörperschaften	2005 und 2008 weitgehende Vereinheitlichung der Fixschlüssel für die vertikale Aufteilung der einzelnen gemeinschaftlichen Bundesabgaben
	2017 Beibehaltung der Verteilungsverhältnisse
Horizontale Aufteilung der Ertragsanteile	Keine Änderung der grundsätzlichen Aufteilung (Ober-, Unterverteilung), jedoch
	1997 Ersatz verschiedener Aufteilungsschlüssel durch Fixschlüssel 2001 Vereinheitlichung der länderweisen Aufteilungsschlüssel
	2009 Anwendung der jährlichen Bevölkerungsstatistik
Horizontale Aufteilung der Länderertragsanteile	2008 ertragsneutrale Einrechnung sekundärer Transfers in die horizontale Aufteilung der Länderertragsanteile (und teilweise jährliche Valorisierung)
Horizontale länderweise Aufteilung der Gemeindeertragsanteile	2005 und 2008 Abflachung des abgestuften Bevölkerungsschlüssels (teilweise Kompensation über sekundäre Transfers)
	2008 Einrechnung sekundärer Transfers
	2017 Vereinfachung der Verteilung durch Entfall einzelner Verteilungsschlüssel (Getränkesteuerausgleich, Werbesteuerausgleich, Selbstträgerschaft, Landespflegegeld)
Horizontale gemeindeweise Aufteilung der Gemeindeertragsanteile	2005 und 2008 Abflachung des abgestuften Bevölkerungsschlüssels
	2008 Zusätzliche Ausgleichsvorausanteile (Transferumwandlung, Kompensation für Abflachung des abgestuften Bevölkerungsschlüssels, Abschaffung der Selbstträgerschaft)
	2017 Vereinfachung der Verteilung durch Konzentration auf drei Verteilungsschlüssel
Sekundäre Transfers Finanzzuweisungen, Bedarfszuweisungen, Zuschüsse und Landesumlage gemäß FAG	1997 bis 2008 Ausweitung der Transfers (zum Teil zur Kompensation von Verlusten, zum Teil Anpassung an Änderungen im primären Finanzausgleich)
	2008 Umwandlung der Mehrzahl der Transfers des Bundes an Länder und einzelner Transfers des Bundes an Gemeinden in Ertragsanteile
	2008 temporäre Förderung von Gemeindefusionen und -kooperationen
	2017 Ausweitung der Transfers des Bundes an Länder und Gemeinden (für Sicherstellung nachhaltiger Haushaltsführung, Integration), veränderte Vergabe der Finanzzuweisungen des Bundes an Gemeinden für Finanzkraftausgleich und den ÖPNRV
Kostentragungen	2005 und 2008 Verknüpfung der Kostensätze für Landeslehrer mit aufgabenbezogenen Anforderungen, weitere Ersätze wurden obsolet durch Ausgliederungen
Tertiäre Transfers nach sonstigen Bundes- und Landesgesetzen	kein Abbau der tertiären intragovernmentalen Transfers
	meist überdurchschnittliche Steigerungen der Umlagen der Gemeinden zur Ko-Finanzierung von Landesaufgaben

Quelle: nach Bröthaler: Finanzausgleich, 2008 sowie Bröthaler et al.: Optionen und Strategien, 2011, S. 23; eigene Ergänzungen.

8. Neue Regelungen des FAG 2017

Im Regierungsprogramm 2013 wurden von der Bundesregierung doch weitreichende Reformen des Finanzausgleichs angekündigt und im Strategiebericht des Bundes vom April 2016 wie folgt bekräftigt: „Neben der Verteilung der Steuereinnahmen (geht es beim Finanzausgleich) vor allem um grundlegende Reformen, um die zur Verfügung stehenden Mittel so effizient und bürgernah wie möglich einzusetzen. Die Themenstellungen sind neben einer möglichen Steuerautonomie für die Bundesländer insbesondere Aufgabenkritik, Aufgabenorientierung, Vereinfachung und Transparenz. Im Einklang mit dem Regierungsprogramm strebt das BMF als Ziele der Reform eine stärkere Zusammenführung von Aufgaben-, Ausgaben- und Einnahmenverantwortung an."[47]

Die Verhandlungen über das neue FAG 2017 sind am 7. November 2016 abgeschlossen worden. Der Finanzminister konnte auf der Pressekonferenz zum Abschluss der Verhandlungen anführen, dass eine ‚Reformbereitschaft' über die Ebenen gegeben wäre und daraus resultierend „in den nächsten Monaten Aufgabenanalysen auf allen Ebenen erfolgen würden, ein System des Benchmarking etabliert werden soll, die Aufgabenorientierung sowie eine aufgabenorientierte Steuerung nach Kriterien in der Kinderbetreuung bzw. Schulfinanzierung eingeführt wird und die Wohnbauförderung ‚verländert' würde … all dies als ‚Einstieg' in den Umstieg".[48]

Tatsächlich ist das neue FAG 2017 durch mehrere Vereinfachungen und einige neue Ansätze gekennzeichnet. An der grundsätzlichen Ausrichtung hat sich konkret aber nur wenig geändert.[49] Für die **Länder** sind v.a. ein eng beschränkter Ausbau der Steuerhoheit (Wohnbauförderungsbeitrag als ausschließliche Landesabgabe), eine stärkere Stellung im Verhältnis zu den Gemeinden (Möglichkeit für umfangreichere länderinterne Finanzausgleichsregelungen und höhere zu vergebende Fördermittel) und zusätzliche Mittel für die Krankenanstalten, den Pflege- und den Integrationsbereich zu nennen. Für die **Gemeinden** sind eine einfachere Ertragsanteilsberechnung sowie zusätzliche Mittel für **strukturschwache Gemeinden** und für Integrationsmaßnahmen erreicht worden. Die angepeilte Aufgabenorientierung ist lediglich als erster Ansatz erkennbar: Im Bereich Kinderbetreuung sollen ab dem Jahr 2018 und für die Pflichtschulen ab dem Jahr 2019 bisher nach der Einwohnerzahl verteilte Mittel der Gemeinden auf Basis neuer – leistungsbezogener – Kriterien aus dem Steuerverbund fließen. Die konkreten quantitativen und/oder qualitativen Kriterien und das Ausmaß der danach zu verteilenden Mittel sind jetzt nicht geregelt worden, sondern sind erst in neuen Verhandlungen zu klären. Es ist aber klar, dass im Fall wenig geeigneter Indikatoren (z. B. Gruppengröße statt Zahl der betreuten Kinder, ungenügende Berücksichtigung der Kosten unterschiedlicher Betreuungsqualität) die Mittelverteilung nur eingeschränkt leistungsorientiert erfolgen wird. Auch die Reform der von Ver-

---

47 BMF: Strategiebericht 2016, S. 25.
48 BMF: Pressekonferenz 07.11.2016. In: https://www.bmf.gv.at [Download 10.11.2016].
49 Budgetdienst: Finanzausgleich 2017-2021, 2016, S. 32.

fassungswidrigkeit bedrohten Grundsteuer der Gemeinden soll erst in der nächsten Zeit diskutiert werden, obwohl ein zwischen den Gemeindebünden weitgehend akkordiertes Reformmodell vorliegt. Es gibt keinen Abbau der unüberschaubaren Transferverflechtungen. Vielmehr werden längst nicht mehr prioritäre Zuschüsse für die Siedlungswasserwirtschaft prolongiert und neue Transfers des Bundes an Länder und Gemeinden geschaffen.

Der Pakt über den Finanzausgleich für die Jahre 2017 bis 2021 sieht weitere Vereinbarungen vor, die dem Grunde nach zu begrüßen sind. Es handelt sich um die Fortführung einer „Kostendämpfung" der Gesundheitsausgaben für die Länder, die jedoch nur wenig wirksam werden dürfte, weil die Deckelung (leicht sinkende jährliche Zuwächse) an einen zu hohen Ausgangswert gebunden ist.

Schließlich wurden ein verpflichtendes Benchmarking, die Erarbeitung von Spending Reviews („Aufgabenkritik" und eventuell geänderte Aufgabenverteilung), die eine verbesserte Ausgabenplanung bei Bund und Ländern zum Ziel haben sowie die Vorbereitung einer Bundesstaatsreform bis Ende 2018 vereinbart. Wenngleich sinnvoll, sind diese Vereinbarungen vorerst ohne realen Hintergrund – weder im Sinn einer Änderung der föderalen Kooperationskultur noch bezüglich institutioneller Vorkehrungen. Auch eine verstärkte Abgabenautonomie von Ländern und Gemeinden soll unter Beziehung internationaler Expertinnen und Experten auf Zweckmäßigkeit und weitere Optionen geprüft werden. Rezente Studien inländischer Expertinnen und Experten sowie der OECD und des Internationalen Währungsfonds liegen jedoch längst vor. Ein wichtiger konzeptioneller Reformansatz ist überhaupt nicht aufgegriffen worden, nämlich die Wirkungsziele des Finanzausgleichs-Systems ähnlich wie in der generellen Wirtschaftspolitik zukunftsorientiert und ausgewogen zwischen Wachstums- und Verteilungsorientierung zu gestalten. Auch bestimmte strategisch gebotene Differenzierungen erscheinen – neben Zuschüssen – überlegenswert: Es gibt Gebiete bzw. Aufgabenbereiche mit dringendem Handlungsbedarf aller staatlicher Ebenen, etwa die Bildungsreformen, aber auch Stützung von Regionen mit nachhaltiger Abwanderung und einiger Ballungsräume mit starker Zuwanderung. Es liegt auf der Hand, dass hierfür unterschiedliche Ziele und Programme erforderlich wären.[50]

---

50 Siehe hierzu Alter; Bauer: Regionale Entwicklungspolitik, 2015, S. 69.

Teil 2:
Funktionsweisen und Evaluierungen des Finanzausgleichssystems seit 2008

Funktionsweisen und finanzielle Entwicklungen im Finanzausgleichssystem
Johann BRÖTHALER, Anita HAINDL, Karoline MITTERER

Kritische Analysen und Reformvorschläge zum bestehenden Finanzausgleich
Helfried BAUER, Peter BIWALD, Karoline MITTERER

Aufgabenfinanzierung und Transferbeziehungen im tertiären Finanzausgleich
Helmut BRÜCKNER, Anita HAINDL, Karoline MITTERER

Finanzierungsverflechtungen bei Gesundheit und Pflege
Egon MOHR

blog.arbeit-wirtschaft.at

Geld kann vieles kaufen.

GUTE ARGUMENTE GEHÖREN ALLEN.

blog.arbeit-wirtschaft.at   twitter.com/AundW   facebook.com/arbeit.wirtschaft

Arbeit&Wirtschaft
Herausgegeben von AK und ÖGB   www.arbeit-wirtschaft.at

*Johann BRÖTHALER, Anita HAINDL,
Karoline MITTERER*

Funktionsweisen und finanzielle Entwicklungen im Finanzausgleichssystem

Die Architektur des österreichischen Finanzausgleichs weist bereits seit vielen Jahrzehnten eine **beständige Grundstruktur** und nur geringfügige Änderungen bei den grundlegenden Verfahren und Kriterien der Mittelverteilung auf. Die zuletzt in Abständen von drei bis acht Jahren abgeschlossenen Finanzausgleichsgesetze (FAG) haben zu komplizierten, historisch gewachsenen Detailregelungen und teils erheblichen Schlüsseländerungen, vielfach ohne substanzielle finanzielle Auswirkungen, geführt. Hinzu kommt, dass ein zunehmender Teil der Finanzmittelflüsse zwischen den Gebietskörperschaften außerhalb der Finanzausgleichsgesetze läuft. Dies führt insgesamt zu einem komplexen und nur teilweise transparenten Gesamtsystem der finanziellen Beziehungen zwischen den Gebietskörperschaften und sonstigen öffentlichen Rechtsträgern.

Ziel des vorliegenden Beitrages ist, einen Überblick über die **Struktur der Mittelverteilung** im Finanzausgleichssystem und die **empirische Entwicklung** der Mittelflüsse und Aufteilungsregelungen im Finanzausgleich der letzten zwanzig Jahre zu geben. In den Übersichtsgrafiken werden die Struktur gemäß FAG 2008 in der für das Jahr 2015 geltenden Fassung sowie die wesentlichen Änderungen gemäß FAG 2017 vermittelt.[1] Die empirische Entwicklung wird für den Zeitraum 1997 bis 2017 dargestellt. In den Überblickstabellen werden die Daten für ausgewählte Jahre des Betrachtungszeitraums ausgewiesen: die Jahre der Stammfassungen der Finanzausgleichsgesetze FAG 1997, FAG 2001, FAG 2005, FAG 2008 sowie die Jahre 2011 (zweite Periode gemäß FAG 2008), 2015 (aktueller Letztstand der finanzstatistischen Daten) und 2017 (erstes Jahr der Geltungsperiode des FAG 2017 mit Abschätzungen oder vorläufigen Daten).

Der vorliegende Beitrag geht von dem im Beitrag Bauer; Thöni „Finanzausgleich im Überblick" im vorliegenden Band skizzierten finanzwissenschaftlichen Verständnis der Abgrenzung des Finanzausgleichs im weiteren Sinn (Aufgaben- und Kompetenzverteilung und gesamte Aufgabenfinanzierung) und des Finanzausgleichs im engeren Sinn (Teilung der Abgaben und Transfers zwischen den Gebietskörperschaften) aus. Die nachfolgenden Ausführungen beschränken sich auf den Finanzausgleich im engeren Sinn. Im Zentrum steht demnach die Aufteilung der Abgaben- und Ertragshoheit gemäß FAG sowie das System der Transferverflechtungen zwischen den Gebietskörperschaften gemäß FAG und teils ergänzend nach sonstigen gesetzlichen Bestimmungen.

---

1 Die Beträge bzw. Größenverhältnisse werden aufgrund der Datenverfügbarkeit hierbei für das Finanzjahr 2015 dargestellt.

In einem ersten Teil des Beitrags erfolgt ein Gesamtüberblick über die Elemente des Finanzausgleichs und deren Zusammenwirken. In den folgenden Kapiteln werden die Struktur und die längerfristige empirische Entwicklung für die einzelnen Finanzausgleichselemente (Abgabenhoheit und -aufkommen, Abgabenteilung und Ertragsanteile sowie Transfers zwischen den Gebietskörperschaften) im Detail dargestellt. Schließlich erfolgt ein Resümee und Ausblick.

1. Finanzausgleichselemente im Überblick

Der vorliegende Beitrag setzt den Fokus auf eine überblicksmäßige Darstellung der Struktur und der finanzwirtschaftlichen Entwicklung des Finanzausgleichs.[2] Hinsichtlich grundlegender Begriffsdefinitionen sowie der detaillierten rechtlichen Bestimmungen zum Finanzausgleich sei auf die Beiträge im Teil 1 und auf den Kommentar zum FAG in diesem Handbuch verwiesen.

Die zentralen **Instrumente des Finanzausgleichs** auf der Grundlage des F-VG 1948 sind die im Finanzausgleichsgesetz geregelten Bestimmungen zu
- Abweichungen vom Grundsatz der eigenen Kostentragung,
- Verteilung von Besteuerungsrechten (Abgabenhoheit),
- Verteilung von Abgabenerträgen (Ertragshoheit) sowie
- Finanzzuweisungen und Zweckzuschüsse.

Der Beitrag zum Finanzausgleich im engeren Sinn orientiert sich an der davon abgeleiteten Untergliederung in den primären, sekundären und tertiären Finanzausgleich.[3] Der **primäre Finanzausgleich** umfasst die im FAG geregelte Verteilung der Abgabenhoheit und der Ertragshoheit. Er bestimmt damit die Festlegung der ausschließlichen und gemeinschaftlichen Abgaben und die Verteilung der Ertragsanteile an den gemeinschaftlichen Abgaben auf alle Ebenen und Einheiten der Gebietskörperschaften sowie bestimmte Abzüge vor und nach Abgabenteilung.

Der **sekundäre Finanzausgleich** umfasst das System der Transferzahlungen zwischen den Gebietskörperschaften, soweit diese im jeweiligen Finanzausgleichsgesetz, etwa betreffend Dotierung, Höhe, Zuteilung oder sonstigen (inhaltlichen) Vorgaben, geregelt sind. Der sekundäre Finanzausgleich stellt damit eine meist zweckgebundene Ergänzung zur pauschalen Mittelaufteilung im primären Finanzausgleich dar.

---

2   Der Beitrag stellt die aktuelle Struktur des Finanzausgleichs gemäß FAG 2008 und FAG 2017 sowie die empirische Entwicklung des Finanzausgleichs der letzten 20 Jahre dar (siehe hierzu auch die jährlich erstellten Finanzausgleichs-Fact-Sheets des KDZ, 2017 sowie den Beitrag von Bröthaler: Entwicklungen des Finanzausgleichs 1948-2008, 2008).

3   Der Finanzausgleich im engeren Sinn beschränkt sich grundsätzlich auf Abgaben und Transfers. Die weitere Aufgabenfinanzierung, etwa Einnahmen aus privatrechtlichen Leistungsentgelten oder sonstigen Einkünften aus Besitz und Unternehmertätigkeit, wird nicht berücksichtigt.

Der **tertiäre Finanzausgleich** umfasst alle übrigen intragovernmentalen Transfers nach sonstigen Bundes- und Landesgesetzen. Neben den außerhalb des FAG geregelten Transfers zwischen den Gebietskörperschaften (z. B. Zuweisungen, Zuschüsse oder Umlagen im Bereich Soziales und Gesundheit) umfasst der tertiäre Finanzausgleich damit definitorisch auch alle weiteren Transfers zu und zwischen allen sonstigen Einheiten des öffentlichen Sektors auf Bundes-, Landes-, Gemeindeebene und der Sozialversicherungsträger (auf Transfers der sonstige öffentlichen Rechtsträger wird in diesem Beitrag nicht näher eingegangen). Bei dieser Unterteilung ist darauf zu verweisen, dass sich diese Definitionen ausschließlich auf den Finanzausgleich im engeren Sinn beziehen. Bei einer weiten Betrachtung wäre vor allem auch auf den Aufgabenbezug zu verweisen. Insbesondere im tertiären Finanzausgleich ist dieser direkt gegeben (z. B. Kostendämpfungspfade, Qualitätsvorgaben in Vereinbarungen gemäß Art. 15a B-VG).[4]

Die Untergliederung in den primären, sekundären und tertiären Finanzausgleich hat ordnende Funktion für die finanzstatistische Darstellung, jedoch vor allem auch finanzpolitische Relevanz. Der primäre Finanzausgleich bestimmt maßgeblich das Ausmaß des Verbundsystems und der fiskalischen Autonomie und damit die Eigenverantwortlichkeit der subnationalen Gebietskörperschaften. Der primäre und sekundäre Finanzausgleich basieren auf Verhandlungen zwischen den Gebietskörperschaften und sind vor allem durch bundeseinheitliche Regelungen und auch länderübergreifende Aufteilungsverfahren gekennzeichnet. Der tertiäre Finanzausgleich ist demgegenüber vielfach länderweise unterschiedlich geregelt und diskretionären Entscheidungen einzelner Einheiten in Bezug auf die Regelungen und Mittelzuteilungen unterworfen. Gerade die Grenzen zum tertiären Finanzausgleich, die finanzstatistisch teils unklar, jedoch rechtlich und (föderalismus)politisch klar wahrgenommen werden, sind im Hinblick auf eine umfassende Reform des Finanzausgleichs in gemeinsamer Verantwortung aller drei Gebietskörperschaftsebenen von großer Bedeutung.

Abbildung 1 zeigt einen Gesamtüberblick über die zentralen Mittelströme im Finanzausgleich. Die im Endergebnis der vielfältigen Regelungen relevante Mittelausstattung der einzelnen Gebietskörperschaften ist dabei durch das **Zusammenwirken** der verschiedenen Instrumente des Finanzausgleichs (eigene Abgaben, Ertragsanteile, Transfers) bestimmt.

Das Fundament der Mittelausstattung der Gebietskörperschaften im Rahmen des Finanzausgleichs bilden die eigenen Abgaben (im Jahr 2015 in Summe 12,91 Mrd. Euro, inkl. Benützungsgebühren 15,27 Mrd. Euro). Das Verhältnis zum Aufkommen an gemeinschaftlichen Bundesabgaben (81,16 Mrd. Euro) zeigt die zentrale Bedeutung des in Österreich bestehenden Verbundsystems.

In weiterer Folge werden die gemeinschaftlichen Bundesabgaben – nach verschiedenen Abzügen – nach den Bestimmungen des Finanzausgleichsgesetzes in mehreren Schritten auf die Gebietskörperschaften

---

4 Nähere Ausführungen zum tertiären Finanzausgleich finden sich im Beitrag von Brückner; Haindl; Mitterer „Tertiärer Finanzausgleich" im vorliegenden Band.

verteilt. Zuerst findet im Rahmen der Oberverteilung eine vertikale Verteilung der gemeinschaftlichen Bundesabgaben auf die drei Gebietskörperschaftsebenen Bund, Länder und Gemeinden statt. Daran anschließend erfolgt eine horizontale Verteilung auf die einzelnen Gebietskörperschaften im Rahmen der Unterverteilung. Insgesamt ergab sich im Jahr 2015 bei den Ertragsanteilen an den gemeinschaftlichen Bundesabgaben – nach verschiedenen Abzügen – ein Verteilungsverhältnis zwischen den Gebietskörperschaften von 12,3 Prozent für die Gemeinden, 20,1 Prozent für die Länder und 63,7 Prozent für den Bund.

Das Ergebnis der Abgabenteilung wird durch ergänzende Transfers zwischen den Gebietskörperschaften im sekundären und tertiären Finanzausgleich noch maßgeblich verändert. Dies umfasst primär Transfers des Bundes an die Länder- und Gemeindeebene sowie weitere Transfers zwischen der Landes- und Gemeindeebene. Die in Abbildung 1 dargestellten Transfers des Bundes belaufen sich auf 8,72 Mrd. Euro und betreffen in erster Linie die Kostentragung des Bundes für die Landeslehrerinnen und -lehrer.

Die dargestellten Transfers zwischen Ländern und Gemeinden umfassen sowohl die Transferströme des sekundären als auch tertiären Finanzausgleichs, die in Summe zu Mittelverschiebungen zugunsten der Länder, aber auch zu einer Umverteilung zwischen Gemeindegruppen führen.

Im Ergebnis zeigt sich bei Berücksichtigung dieser Transfers ein Verteilungsverhältnis von 15,1 Prozent für die Gemeinden, von 30,6 Prozent für die Länder und von 53,6 Prozent für den Bund. Die Aufteilungsverhältnisse bei den eigenen Abgaben und Ertragsanteilen der Gebietskörperschaften werden also durch Transfers maßgeblich verändert, wobei die Transfers insbesondere für die Mittelausstattung der Länder von Bedeutung sind.

An dieser Stelle soll darauf hingewiesen werden, dass eine alleinige Betrachtung der finanziellen Umschichtungen im Finanzausgleich noch keine Aussagen über die notwendige Mittelausstattung ermöglicht. Für eine Gesamtbeurteilung sind insbesondere auch die sich unterschiedlich dynamisch entwickelnden Aufgabenbereiche bzw. Kompetenz- oder Aufgabenverschiebungen zwischen den Gebietskörperschaften zu berücksichtigen, die jedoch im Kontext des Finanzausgleichs im weiteren Sinn zu diskutieren sind.

Mit dem FAG 2017 kommt es zu zahlreichen punktuellen Veränderungen bei den verschiedenen Elementen des Finanzausgleichs auf Basis der bestehenden Struktur. Hierauf wird in den folgenden Kapiteln näher eingegangen.

Teil 2: Funktionsweisen und finanzielle Entwicklungen im Finanzausgleichssystem

Abbildung 1: Elemente des Finanzausgleichs im engeren Sinn im Jahr 2015

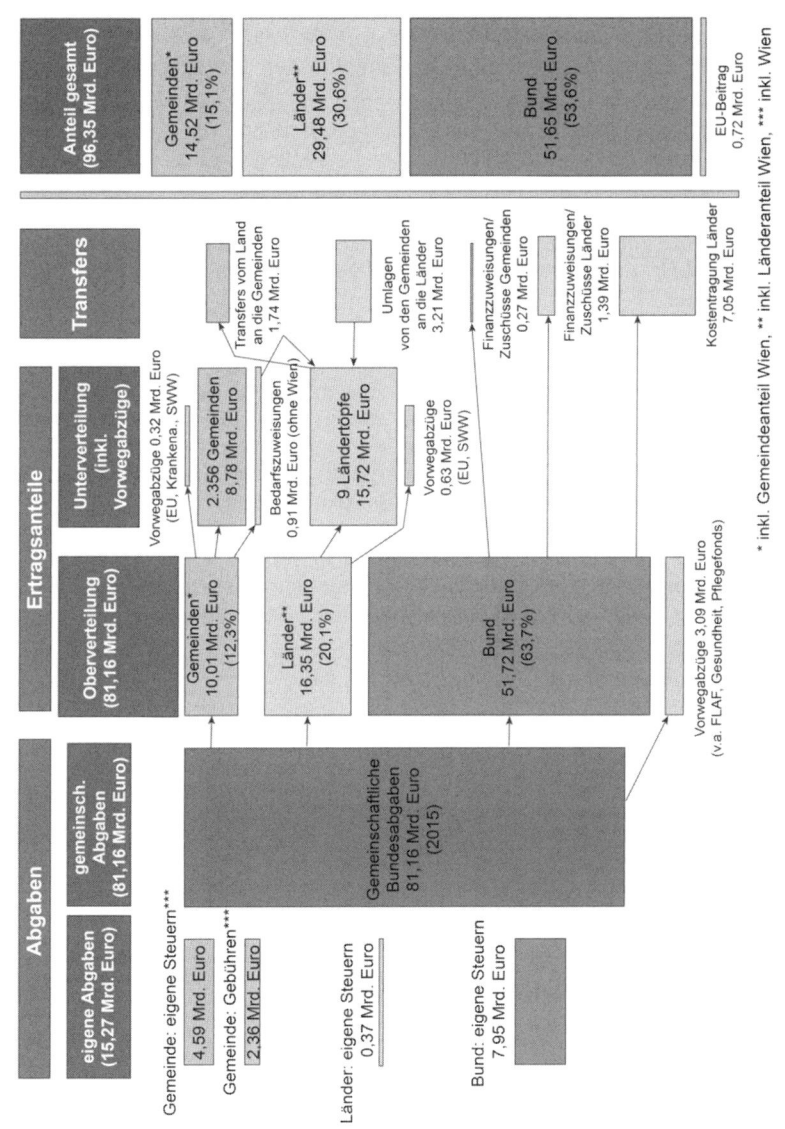

Quelle: KDZ: eigene Berechnungen und Darstellung 2017 auf Basis BMF: Unterlagen zum Finanzausgleich 2015; Statistik Austria: Gemeindefinanzdaten 2015.

2. Abgaben

Der primäre Finanzausgleich regelt die Abgabenhoheit (Besteuerungsrechte) und bestimmt die **ausschließlichen Abgaben** des Bundes, der

Länder und der Gemeinden sowie die **gemeinschaftlichen Abgaben** (zwischen den Gebietskörperschaften geteilte Abgaben). Die ausschließlichen Abgabenerträge fließen der jeweils einhebenden Gebietskörperschaft zu. Die gemeinschaftlichen Bundesabgaben werden in weiteren Schritten auf Bund, Länder und Gemeinden verteilt (Ertragshoheit).

Das Aufkommen an gemeinschaftlichen und ausschließlichen Abgaben der Gebietskörperschaften wird maßgeblich durch die wirtschaftlichen Rahmenbedingungen und die rechtlichen Festlegungen zu den Bemessungsgrundlagen und Tarifen sowie die Aufkommenselastizitäten der einzelnen Steuern in Bezug auf budget- und steuerpolitische Maßnahmen und wirtschaftliche Entwicklungen bestimmt. In Tabelle 1 werden Eckdaten zur Entwicklung des Aufkommens an gemeinschaftlichen Bundesabgaben dargestellt.

Das Netto-Aufkommen der gemeinschaftlichen Bundesabgaben (die der Teilung unterliegende Abgabensumme) betrug im Jahr 2015 rund 78 Mrd. Euro. Die wichtigsten Abgaben sind davon die Lohnsteuer, die Umsatzsteuer und die Körperschaftsteuer, die 2015 zusammen rund 72 Prozent der gemeinschaftlichen Bundesabgaben ausmachten. Eine überdurchschnittliche Dynamik (im Vergleich zum BIP mit einem mittlerem Wachstum um 3,4 Prozent pro Jahr) weist im Zeitraum 1997-2015 vor allem die Lohnsteuer (4,4 Prozent p.a.) und die Körperschaftsteuer (3,5 Prozent p.a.) auf (von den sonstigen, hier nicht separat ausgewiesenen Abgaben weisen vor allem die KESt I, die Grunderwerbsteuer und die motorbezogene Versicherungssteuer ein stärkeres Wachstum auf).

Tabelle 1: Aufkommen an gemeinschaftlichen Bundesabgaben, 1997-2015, in Mio. Euro, Wachstum in Prozent pro Jahr, Anteil in Prozent

Netto-Aufkommen (in Mio. €)	1997	2001	2005	2008	2011	2015	% p.a.
Lohnsteuer	12.364	15.154	16.414	20.791	21.266	26.755	4,4
Umsatzsteuer	14.311	16.148	17.954	20.082	21.508	23.938	2,9
Körperschaftsteuer (ab 1998)	3.397	6.235	4.418	5.934	5.277	6.320	3,5
Veranlagte Einkommensteuer	2.559	3.814	2.365	2.569	2.506	3.445	1,7
Mineralölsteuer	2.517	2.880	3.565	3.894	4.213	4.201	2,9
Sonstige durchgehende bestehende GBA	3.616	4.398	4.516	6.486	5.596	7.513	4,1
Sonstige ab 2001 umgewandelte GBA	0	88	3.938	4.039	5.788	6.200	
Netto-Aufkommen gesamt	38.764	48.717	53.170	63.795	66.154	78.372	4,0
Brutto-Aufkommen gesamt	40.745	50.629	55.364	66.277	68.755	81.494	3,9
Anm. BIP	176.183	203.418	230.999	266.478	286.188	322.539	3,4

Anteil an Netto-Aufkommen in %	1997	2001	2005	2008	2011	2015	% Pkt
Lohnsteuer	31,9	31,1	30,9	32,6	32,1	34,1	2,2
Umsatzsteuer	36,9	33,1	33,8	31,5	32,5	30,5	-6,4
Körperschaftsteuer (ab 1998)	8,8	12,8	8,3	9,3	8,0	8,1	-0,7
Veranlagte Einkommensteuer	6,6	7,8	4,4	4,0	3,8	4,4	-2,2
Mineralölsteuer	6,5	5,9	6,7	6,1	6,4	5,4	-1,1
Sonstige durchgehend bestehende GBA	9,3	9,0	8,5	10,2	8,5	9,6	0,3
Sonstige ab 2001 umgewandelte GBA	0,0	0,2	7,4	6,3	8,7	7,9	7,9
Gesamt	100,0	100,0	100,0	100,0	100,0	100,0	0,0

1) Netto-Aufkommen an gemeinschaftlichen Bundesabgaben (die der Teilung unterliegenden Beiträge nach Vorwegabzügen vom Brutto-Aufkommen; 1997 hier inkl. Körperschaftsteuer, die erst 1998 in eine gemeinschaftliche Abgabe umgewandelt wurde).

Quelle: Ifip: eigene Berechnungen 2017 auf Basis Statistik Austria: Gebarungsübersichten 1997-2015; BMF 2017.

Bei den eigenen Abgaben[5] der Gebietskörperschaften (2015 in Summe 12,9 Mrd. Euro) ist im Zeitraum 1997-2015 eine geringere Dynamik festzustellen (Tabelle 2). Der niedrigere Anstieg bei den gesamten eigenen Abgaben des Bundes ist auf die Umwandlung ausschließlicher Abgaben in gemeinschaftliche Bundesabgaben zurückzuführen (siehe nachfolgend).

Bei den Gemeinden ist durch Wegfall ausschließlicher Gemeindeabgaben eine zunehmende Konzentration auf die Kommunalsteuer festzustellen: Der Anteil der Kommunalsteuer an den gesamten eigenen Abgaben der Gemeinden betrug im Jahr 1997 rund 49 Prozent, im Jahr 2015 rund 63 Prozent. Insgesamt sind die eigenen Abgaben der Gemeinden nur um durchschnittlich 2 Prozent pro Jahr gestiegen. Aufgrund des mangelnden Gestaltungsspielraums konnten die Gemeinden diesen Entwicklungen bei den eigenen Abgaben nur durch teils beträchtliche Gebührenerhöhungen entgegenwirken. Im Schnitt stiegen die Gebühren für die Benützung von Gemeindeeinrichtungen und -anlagen um 2,9 Prozent pro Jahr.

Tabelle 2: Aufkommen an eigenen Abgaben, 1997-2015, in Mio. Euro bzw. Wachstum in Prozent pro Jahr

Bund	1997	2001	2005	2008	2011	2015	% p.a.
Dienstgeberbeitrag zum FLAF	2.853	3.262	3.539	4.399	4.977	5.623	3,8
Sonstige eigene Abgaben	1.565	1.993	1.715	2.000	1.911	2.327	2,2
Ab 2005 umgewandelte Steuern	3.357	4.112	682	785	0	0	-
Bund gesamt	7.775	9.367	5.936	7.184	6.888	7.950	0,1
Länder (ohne Wien)	**1997**	**2001**	**2005**	**2008**	**2011**	**2015**	**% p.a.**
Fremdenverkehrsabgaben	53	53	68	72	84	118	4,5
Lustbarkeitsabgaben	51	56	74	86	98	107	4,2
Sonstige eigene Abgaben	114	98	112	120	141	141	1,2
Länder gesamt (ohne Wien)	218	207	254	278	323	366	2,9
Gemeinden (inkl. Wien)	**1997**	**2001**	**2005**	**2008**	**2011**	**2015**	**% p.a.**
Kommunalsteuer	1.575	1.797	2.012	2.357	2.533	2.911	3,5
Grundsteuern (A+B)	420	479	539	579	621	675	2,7
Sonstige durchgängig bestehende Steuern	716	749	781	891	933	1.004	1,9
Sonstige (auslaufende) Steuern	529	23	0	-1	-1	0	
Gemeinden gesamt (inkl. Wien)	3.240	3.048	3.332	3.826	4.086	4.590	2,0
Anm. Benützungsgebühren	*1.406*	*1.665*	*1.827*	*2.073*	*2.059*	*2.356*	*2,9*
Gesamt	**1997**	**2001**	**2005**	**2008**	**2011**	**2015**	**% p.a.**
Eigene Abgaben gesamt	11.233	12.622	9.522	11.288	11.297	12.906	0,8
Gemeinschaftl. Abgaben brutto gesamt	40.745	50.629	55.364	66.277	68.755	81.164	3,9
Gesamter Abgabenertrag	51.978	63.251	64.886	77.565	80.052	94.070	3,4

Quelle: Ifip: eigene Berechnungen und Darstellung 2017 auf Basis Statistik Austria: Gebarungsübersichten und Gemeindegebarungsstatistik 1997-2015.

Der Anteil der gemeinschaftlichen Bundesabgaben am gesamten Abgabenaufkommen der Gebietskörperschaften betrug im Jahr 1997 rund 66 Prozent (Abbildung 2). In der Folge wurde der Anteil der Verbundsteuern in mehreren Stufen bis zum Jahr 2009 auf rund 80 Prozent ausgeweitet,

---

5 Als eigene Abgaben werden hier die ausschließlichen Abgaben ohne die (finanzausgleichsrechtlich zu den ausschließlichen Gemeindeabgaben gehörenden) Gebühren für die Benützung von Gemeindeeinrichtungen und -anlagen bezeichnet.

insbesondere durch Umwandlung ausschließlicher in gemeinschaftliche Bundesabgaben:

1998 Körperschaftsteuer,
2001 Werbeabgabe (und Getränkesteuerausgleich),
2005 Kapitalverkehrssteuern, Tabaksteuer, Energieabgaben, Versicherungssteuer, Normverbrauchsabgabe, Konzessionsabgabe und
2009 Wohnbauförderungsbeitrag.

Mit der Umwandlung des Wohnbauförderungsbeitrags in eine ausschließliche Landesabgabe gemäß FAG 2017 ab dem Jahr 2018 (mit voller Autonomie der Länder hinsichtlich des Tarifs) wird sich der Anteil der gemeinschaftlichen Bundesabgaben um 1 Prozentpunkt auf rund 79 Prozent des gesamten Abgabenertrages verringern.

Der korrespondierende Rückgang des Anteils der ausschließlichen Abgaben am gesamten Abgabenertrag der Gebietskörperschaften von 34 Prozent im Jahr 1997 auf rund 20 Prozent ab 2009 ist überwiegend durch den sinkenden Anteil der ausschließlichen Bundesabgaben begründet. Zu einem geringen Teil können diese Verschiebungen auch auf eine geringere Dynamik ausschließlicher Abgaben sowie bei den Gemeinden auf den Wegfall der Getränkesteuer und der Anzeigen- und Ankündigungsabgabe zurückgeführt werden (der Anteil der eigenen Abgaben der Gemeinden inkl. Wien am gesamten Abgabenertrag ist im Betrachtungszeitraum von rund 6 Prozent auf 5 Prozent gesunken).

Abbildung 2: Anteil der gemeinschaftlichen und eigenen Abgaben an den Gesamtabgaben der Gebietskörperschaften, 1997-2018, in Prozent

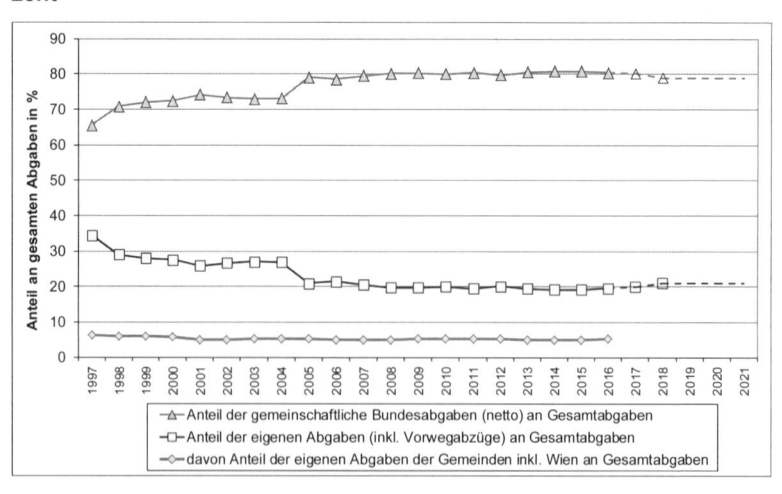

Quelle: Ifip: eigene Berechnung und Darstellung 2017 auf Basis Statistik Austria, Gebarungsübersichten 1997-2015, BMF 2017; SimFag 2017.

3. Ertragsanteile an gemeinschaftlichen Bundesabgaben

Die im FAG geregelte Aufteilung der gemeinschaftlichen Abgaben bildet den Kern des Finanzausgleichs im engeren Sinn. Die Ertragsanteile an den gemeinschaftlichen Bundesabgaben werden in mehreren Stufen auf die Gebietskörperschaften verteilt:

- **Oberverteilung:** vertikale Verteilung der gemeinschaftlichen Bundesabgaben auf die drei Gebietskörperschaftsebenen (Bund, Länder, Gemeinden);
- **länderweise Unterverteilung der Ländermittel:** horizontale Verteilung der Länderertragsanteile auf die einzelnen Länder;
- **länderweise Unterverteilung der Gemeindemittel:** horizontale länderweise Verteilung der Gemeindeertragsanteile (Bildung der Ländertöpfe);
- **gemeindeweise Unterverteilung der Gemeindemittel:** horizontale Verteilung der Ertragsanteile auf die einzelnen Gemeinden innerhalb der Länder.

Vor und nach der Oberverteilung bestehen noch zusätzlich Vorwegabzüge, welche die zu verteilende Abgabensumme reduzieren.

3.1 Vorwegabzüge

Vor Aufteilung der gemeinschaftlichen Bundesabgaben auf die Gebietskörperschaftsebenen werden seit dem FAG 1973 Anteile von gemeinschaftlichen Bundesabgaben zur Dotierung von Fonds und für sonstige Zwecke abgezogen. Ab dem FAG 1997 erfolgen Teile dieser Abzüge nach der vertikalen Verteilung. Abzüge von gemeinschaftlichen und ausschließlichen Abgaben sind teils auch außerhalb des FAG geregelt (siehe Tabelle 3). Als Gründe für Vorwegabzüge sind insbesondere eine gemeinschaftliche Aufgabenfinanzierung, die Vermeidung indirekter Mitfinanzierung oder die Anpassung an Änderungen des Steuersystems oder Kompetenzverschiebungen zwischen Gebietskörperschaftsebenen anzuführen.

Mit den Vorwegabzügen wird ein nicht unbeträchtlicher Teil der „klassischen" Finanzausgleichsmasse entzogen und nicht mehr direkt an die einzelnen Gebietskörperschaften verteilt (2015 rund 5,6 Mrd. Euro, das sind knapp 6 Prozent des gesamten Abgabenaufkommens bzw. 7 Prozent der gemeinschaftlichen Bundesabgaben). Es ist bei der Verteilung dieser Mittel keine Paktierung zwischen den Finanzausgleichspartnern vorgesehen. Die gemeinschaftliche Aufgabenfinanzierung durch Zweckwidmung von Steuern (für Siedlungswasserwirtschaft, Familienlastenausgleich, Katastrophenfonds, Gesundheit) könnte als aufgabenorientierter Ansatz der Finanzmittelverteilung verstanden werden, bei dem die Mittelzuteilungen jedoch im Detail außerhalb des FAG vereinbart werden. Allerdings ist in vielen Fällen der Finanzierungsbeitrag der Gebietskörperschaftsebenen aufgrund teils fehlender öffentlich bereitgestellter Daten kaum mehr systematisch nachvollziehbar. Ebenso ist die Zurechenbarkeit der Mittel zu Gebietskörperschaften und sonstigen öffentlichen Rechtsträgern umstritten (z. B. bei Bundesfonds mit/ohne eigene Rechtspersönlichkeit). Zum

Teil gehen die Vorwegabzüge auch auf frühere ertragsneutrale Umstellungen oder die Abschöpfung von Mehrerträgen durch den Bund bei geänderten Abgabenregelungen zurück.[6]

Tabelle 3: Vorwegabzüge von gemeinschaftlichen Bundesabgaben, 1997-2017, in Mio. Euro

Abzüge vor Teilung von	1997	2001	2005	2008	2011	2015	2017
vESt und LSt Abgeltungsbeitrag FLAF 1)	690	690	690	690	690	690	690
USt für Bund GSBG-Beihilfen 2)	745	1.199	1.480	1.763	1.876	2.068	2.150
USt für Gesundheitsförderung 2)	7	7	7	7	7	7	7
USt für Pflegefonds ab 2011 3)	-	-	-	-	100	295	350
Ust für SWW ab 2017 4)	-	-	-	-	-	-	313
Kfz-Steuer für Bund 5)	15	15	15	15	15	15	-
Tabaksteuer f. Ausgleichsfonds d. KV 5)	-	-	2	12	12	12	-
Abzüge vor Teilung gesamt	*1.457*	*1.911*	*2.194*	*2.488*	*2.700*	*3.087*	*3.510*
Abzüge nach vertikaler Teilung von	**1997**	**2001**	**2005**	**2008**	**2011**	**2015**	**2017**
Ertragsanteilen des Bundes an							
ESt und KöSt für Familienlastenausgl. 6)	361	449	420	377	333	492	510
ESt und KöSt für Katastrophenfonds 6)	266	333	264	350	345	441	420
ErtSt ohne KESt II / USt / WFB für SWW 4)	0	0	62	149	227	210	-
LSt für Österreich-Fonds 7)	-	-	-	-	-	-	33
Ertragsanteile der Länder und Gemeinden							
Konsolidierungsbeitrag für Bund 8)	273	418	418	209	-	-	-
für teilweise EU-Beitragsfinanzierung 9)	482	502	566	565	685	719	660
an ErtSt ohne KESt II / USt für SWW 4)	0	0	26	61	93	86	-
an USt für Krankenanstaltenfinanzierung 10)	92	104	115	129	138	154	165
an Ust für Pflegeld (Kompetenzänderung)	-	-	-	-	-	372	372
an USt für Spielbankländer/-gemeinden	-	-	43	-	-	-	-
Abzüge nach vertikaler Teilung gesamt	*1.473*	*1.806*	*1.913*	*1.840*	*1.822*	*2.474*	*2.160*
Gesamte Vorwegabzüge	**2.931**	**3.717**	**4.108**	**4.328**	**4.522**	**5.560**	**5.670**
in % des gesamten Abgabenaufkommens	*5,6*	*5,9*	*6,3*	*5,6*	*5,7*	*5,9*	*5,9*

1) Abgeltungsbeitrag: Das durch Wegfall des Kinderabsetzbetrages ab 1977 entstehende Mehraufkommen an LSt und vESt wird über einen Vorwegabzug abgeschöpft und dem Familienlastenausgleichsfonds zugeführt. Mit dem Familienbesteuerungsgesetz 1992 wurde wieder ein steuerlicher Kinderabsetz- bzw. Unterhaltsabsetzbetrag geschaffen, der Abgeltungsbeitrag jedoch beibehalten.
2) Abzug von der Umsatzsteuer für Beihilfen des Bundes zur Egalisierung von Einnahmenausfällen durch Wegfall des Vorsteuerabzugs (unechte Steuerbefreiung) des Gesundheits- und Sozialbereiches gemäß GSBG, BGBl. Nr. 746/1996, sowie von 7,25 Mio. Euro für Zwecke der Gesundheitsförderung, -aufklärung und -information in Folge USt-Mehreinnahmen bei Einfuhr von Tabakwaren.
3) Ab 2011 Dotierung des Pflegefonds gemäß Pflegefondsgesetz, BGBl. I Nr. 57/2011 idgF.
4) 1997-2016 Abzug für Zwecke der Siedlungswasserwirtschaft nach vertikaler Verteilung von Ertragsanteilen Bund (inkl. Wohnbauförderungsbeitrag), Länder (USt-Anteil als Kostenbeitrag) und Gemeinden (Beiträge 1997, 2001, 2002 zur Gänze sistiert), ab 2017 wieder als Vorweg-Abzug bei USt.

---

6 Kritik an den Vorwegabzügen gab es auch durch den Rechnungshof. Er beanstandete, dass für vergleichsweise niedrige Beträge ein äußerst kompliziertes Regelwerk geschaffen wurde, das wesentlich zur Komplexität und Intransparenz des bisherigen Finanzausgleichs beitrug (Rechnungshof, 2016, S. 171/181; siehe auch den Beitrag von Bauer; Biwald; Mitterer: „Kritische Analysen und Reformvorschläge" im vorliegenden Band).

5) Abschöpfung eines (erwarteten) Mehrertrages der Anhebung der Kfz-Steuer durch Bund; bei Tabaksteuer ab 2005 Abzug für Ausgleichsfonds der Krankenversicherungsträger gem. § 447a (10) ASVG, ab 2017 Einrechnung in die Ertragsanteile des Bundes.
6) Abzüge von Ertragsanteilen des Bundes an Einkommensteuer (vESt, LSt, KESt I, ab 2017 inkl. KESt II) sowie Körperschaftsteuer (KöSt) für Familienlastenausgleich (betragsneutrale Anpassungen, ab 2005 1,75 Prozent, ab 2017 1,7 Prozent, Kürzung 2017 um 184,4, ab 2018 um 126,6 Mio. Euro aufgrund Senkung des Dienstgeberbeitrages) und für Katastrophenfonds (ab 2005 1,1 Prozent, ab 2017 1,06 Prozent, ab 2008 10 Mio. Euro von KöSt-Anteil, davon 5 Mio. Euro von Ländern).
7) Ab 2016 Abzug von Ertragsanteilen des Bundes an Lohnsteuer für Österreich-Fonds.
8) Ab 1997 Konsolidierungsbeitrag der Länder und Gemeinden für Bund aufgrund von Mehreinnahmen durch das Strukturanpassungsgesetz, 2008 Halbierung des Konsolidierungsbeitrages und Einrechnung in vertikale Verteilung der Ertragsanteile, 2011 Abschaffung des Konsolidierungsbeitrages.
9) Abzug von Ertragsanteilen der Länder (ab 2017 vom USt-Anteil) zur teilweisen Finanzierung der Beitragsleistungen Österreichs an die EU 16,835 Prozent der Mehrwertsteuer- und Bruttonationaleinkommen-Eigenmittel (bis 2016 zusätzlicher valorisierter Fixbetrag). Bei Gemeinden 1997-2005 unterschiedlich geregelt, ab 2005 0,166 Prozent von den Ertragsanteilen an gemeinschaftlichen Abgaben mit einheitlichem Schlüssel, ab 2017 Einrechnung in die Ertragsanteile der Gemeinden.
10) USt-Anteil der Gemeinden (ab 1993 0,642 Prozent); Beitrag der Länder (0,949 Prozent) und weitere Mittel der Bundesgesundheitsagentur und Landesgesundheitsfonds nach der Vereinbarung gem. Art 15a B-VG über die Organisation und Finanzierung des Gesundheitswesens.

Quelle: Ifip: eigene Zusammenstellung 2017 auf Basis FAG 1997-2017; Bröthaler 2008; BMF 2017.

Die Vorwegabzüge gemäß FAG 2008 bzw. FAG 2017 werden an drei Stufen der Mittelverteilung vorgenommen:

- vor der vertikalen Verteilung der gemeinschaftlichen Bundesabgaben,
- vor der länderweisen Verteilung der Länder-/Gemeindeertragsanteile,
- vor der gemeindeweisen Verteilung der Gemeindeertragsanteile.

Bei den **Vorwegabzügen vor der Oberverteilung** handelt es sich um zweckgewidmete Abzüge bei einzelnen gemeinschaftlichen Bundesabgaben (Tabelle 3). Diese Abzüge treffen daher alle drei Gebietskörperschaftsebenen im Verhältnis ihrer Ertragsanteile an den gemeinschaftlichen Bundesabgaben. Es bestehen folgende Vorwegabzüge vor der Oberverteilung:

- **Familienlastenausgleichsfonds** (seit 1977): Abschöpfung eines Mehraufkommens an Lohn- und veranlagter Einkommensteuer aufgrund des Wegfalls des Kinderabsetzbetrages und dessen Übertragung in den Familienlastenausgleichsfonds.
- **Gesundheits- und Sozialbereich** (seit 1997): Durch den Wegfall des Vorsteuerabzugs im Gesundheits- und Sozialbereich sind Beihilfen bei diesen Einrichtungen notwendig geworden. Diese werden mit einem Vorwegabzug in der Höhe des erhöhten Umsatzsteueraufkommens finanziert. Seit 2014 besteht (gemäß 1. Stabilitätsgesetz 2012) eine Beihilfenkürzung von vier Prozent, wodurch eine Kostenverschiebung von der Bundes- auf die Landes- und die Gemeindeebene existiert.
- **Gesundheitsförderung, -aufklärung und -information** (seit 1997): Durch die beschränkte umsatzsteuerfreie Einfuhr von Tabakwaren auf 25 Stück, entstanden Mehreinnahmen im Bereich der Umsatzsteuer, welche hier abgeschöpft werden.
- **Kraftfahrzeugsteuer** (1996 bis 2016): Aufgrund der EU-bedingten Herabsetzung der Straßenbenützungsabgabe wurde die Kraftfahr-

zeugsteuer für Lkw ab 12 Tonnen angehoben. Diese Mehreinnahmen wurden vom Bund abgeschöpft.
- **Ausgleichsfonds Krankenversicherung** (2008 bis 2016): Im Jahr 2005 erfolgte eine Anhebung der Tabaksteuer. Die Mehreinnahmen daraus wurden ab dem FAG 2008 als Vorwegabzug vom Bund an den Ausgleichsfonds der Krankenversicherungsträger zur Verfügung gestellt (ab 2017 in die Ertragsanteile des Bundes eingerechnet).
- **Pflegefonds** (ab 2011): Dieser Vorwegabzug dient der Finanzierung des Pflegefonds.
- **Siedlungswasserwirtschaft:** Der Vorwegabzug zur gemeinschaftlichen Finanzierung der Siedlungswasserwirtschaft wurde bis 2016 bei mehreren Abgaben nach der vertikalen Verteilung vorgenommen und nunmehr als ein Vorwegabzug von der USt vor vertikaler Verteilung gebündelt.

Die **Vorwegabzüge nach der vertikalen Verteilung** (Oberverteilung) vermindern die Ertragsanteile des Bundes bzw. jene der Länder und Gemeinden im Verhältnis ihrer länderweisen Anteile an den Ertragsanteilen:

- **Familienlastenausgleich:** Dotierung des Familienlastenausgleichsfonds durch den Bund.
- **Katastrophenfonds:** Dotierung durch den Bund. Vergabe im Rahmen der Finanzzuweisungen vorwiegend an Länder und Gemeinden.
- **Österreich-Fonds** (ab 2016): Dotierung durch den Bund zugunsten des Österreich-Fonds (zur Förderung von Forschung, Technologie und Entwicklung).
- **Konsolidierungsbeitrag** (1996 bis 2011): Vorwegabzug bei Ländern und Gemeinden zugunsten des Bundes. Durch einnahmenseitige Konsolidierungsmaßnahmen des Bundes im Jahr 1996 profitierten auch Länder und Gemeinden. Ein Teil dieser zusätzlichen Mittel wurde durch den Bund als sogenannter Konsolidierungsbeitrag abgeschöpft. Er wurde stufenweise zurückgefahren und entfiel 2011 zur Gänze.
- **EU-Beitrag:** Anteil der Länder und Gemeinden an der Beitragsleistung Österreichs zur Europäischen Union (der Beitrag der Gemeinden wird ab 2017 in deren Ertragsanteile eingerechnet).
- **Krankenanstalten:** Dieser Vorwegabzug bei den Gemeinden wird vom Bund in Form eines Zweckzuschusses an die Länder zur Krankenanstaltenfinanzierung weitergegeben.
- **Landespflegegeld** (ab 2011): Durch die Übernahme des Landespflegegeldes durch den Bund werden die vereinbarten Kostenbeiträge ab 2011 in Form einer Kürzung der Ertragsanteile der Länder und Gemeinden geregelt.

Weiters bestehen **Vorwegabzüge nach der länderweisen Oberverteilung der Gemeindeertragsanteile** (vor der gemeindeweisen Verteilung) für Gemeinde-Bedarfszuweisungen und Eisenbahnkreuzungen, auf die in Unterkapitel 3.4 dieses Beitrages eingegangen wird.

3.2 Oberverteilung

Im Rahmen der Oberverteilung werden die gemeinschaftlichen Bundesabgaben nach Vorwegabzügen vertikal auf die drei Gebietskörperschaftsebenen aufgeteilt (Abbildung 3). Das Mittelaufkommen belief sich im Jahr 2015 auf 81,16 Mrd. Euro. Von dieser Summe erfolgten Vorwegabzüge in der Höhe von 3,09 Mrd. Euro. Das resultierende Netto-Aufkommen wird danach auf die drei Gebietskörperschaftsebenen verteilt. Der aktuelle Verteilungsschlüssel der Abgaben mit einheitlichem Schlüssel liegt bei 67,417 Prozent Bund, 20,700 Prozent Länder und 11,883 Prozent Gemeinden.

Mit dem FAG 2017 kommt es im Zusammenhang mit der Oberverteilung zu mehreren ertragsneutralen Änderungen im Bereich der Vorwegabzüge. Die bisherigen Vorwegabzüge im Bereich der Tabak- und Kraftfahrzeugsteuer werden in die Ertragsanteile des Bundes eingerechnet. Die bisherigen Vorwegabzüge nach der vertikalen Verteilung für die Siedlungswasserwirtschaft und weitere Vorwegabzüge werden in einem Vorwegabzug von der USt vor der Oberverteilung gebündelt. Mit der Umwandlung des Wohnbauförderungsbeitrages in eine ausschließliche Landesabgabe ab dem Jahr 2018 wird auch eine Anpassung des vertikalen Verteilungsschlüssels notwendig (ertragsneutrale Anpassung des Anteils des Bundes bzw. der Länder an den Abgaben mit einheitlichem Schlüssel).

Die der Teilung unterliegenden Beträge der einzelnen gemeinschaftlichen Bundesabgaben werden je Abgabe nach **fixen Prozentsätzen** zwischen den Gebietskörperschaftsebenen Bund, Ländern und Gemeinden geteilt. In der Vergangenheit gab es erhebliche Änderungen des vertikalen Aufteilungsschlüssels, die bis 2008 vor allem durch Umwandlung ausschließlicher Bundesabgaben in gemeinschaftliche Bundesabgaben sowie Vereinheitlichung der vertikalen Aufteilungsschlüssel begründet ist. Die Schlüsselanpassungen erfolgten in der Regel ertragsneutral.

Der sinkende Anteil des Bundes ab 2008 ergibt sich durch die (in Summe ertragsneutrale) Umwandlung sekundärer Transfers in Ertragsanteile. Kennzeichnend ist, dass Veränderungen der Aufgabenzuordnung[7] nicht zu einer Änderung der vertikalen Steueraufteilung geführt haben, sondern zu zusätzlichen Verflechtungen über Transfers. Demgemäß ist klar, dass eine Beurteilung der Aufteilungsverhältnisse zwischen den Gebietskörperschaften anhand der Ertragsanteile und auch anhand des gesamten Abgabenertrages unvollständig ist.

Mit dem FAG 2017 ergeben sich vorerst keine Änderungen bei der vertikalen Verteilung der Abgabenerträge durch die durchwegs ertragsneutralen Schlüsselanpassungen auf Basis des Erfolgs 2016.

---

7   Ab 1990 beispielsweise Verländerung der Wohnbauförderung (1989), Krankenanstaltenfinanzierung (1997) und Bundesstraßen B (2002).

Abbildung 3: Oberverteilung, 2015 sowie Neuerungen gemäß FAG 2017

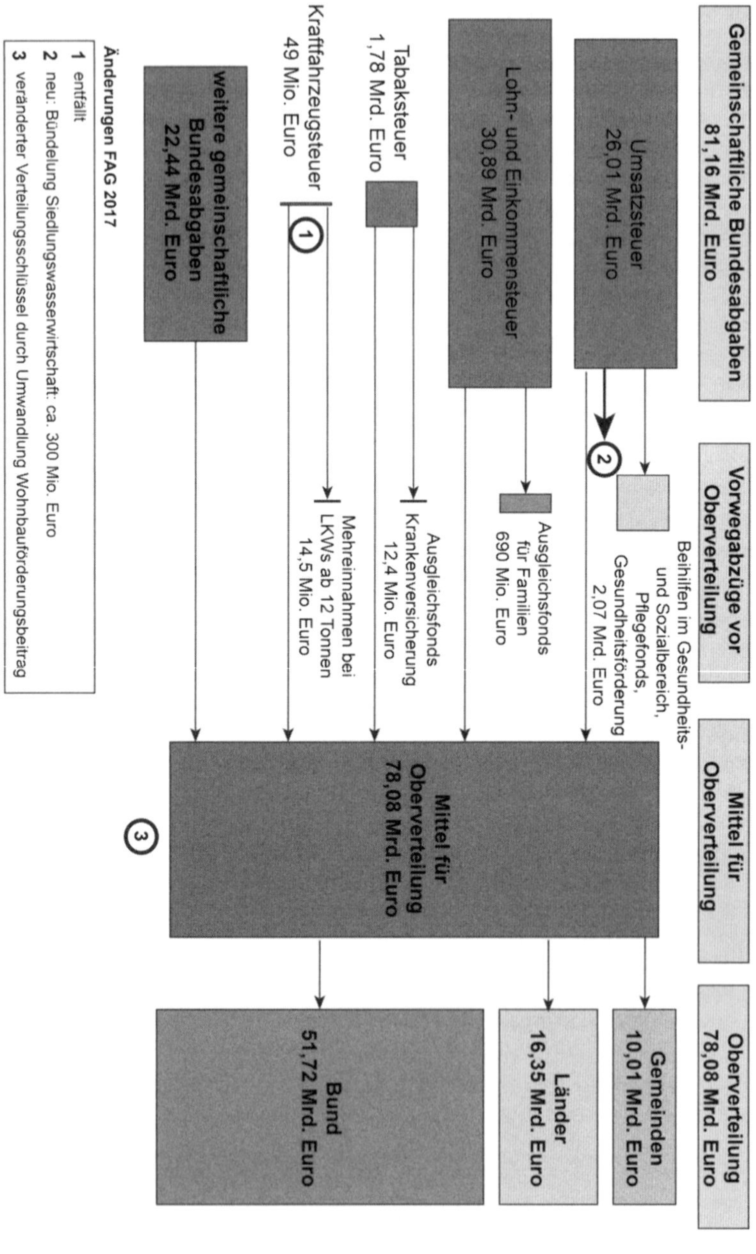

Gemeinschaftliche Bundesabgaben: 81,16 Mrd. Euro
- Lohn- und Einkommensteuer: 30,89 Mrd. Euro
- Umsatzsteuer: 26,01 Mrd. Euro
- weitere gemeinschaftliche Bundesabgaben: 22,44 Mrd. Euro
- Tabaksteuer: 1,78 Mrd. Euro
- Kraftfahrzeugsteuer: 49 Mio. Euro

Vorwegabzüge vor Oberverteilung
- Beihilfen im Gesundheits- und Sozialbereich, Pflegefonds, Gesundheitsförderung: 2,07 Mrd. Euro
- Ausgleichsfonds für Familien: 690 Mio. Euro
- Ausgleichsfonds Krankenversicherung: 12,4 Mio. Euro
- Mehreinnahmen bei LkWs ab 12 Tonnen: 14,5 Mio. Euro

Mittel für Oberverteilung: 78,08 Mrd. Euro

Oberverteilung: 78,08 Mrd. Euro
- Bund: 51,72 Mrd. Euro
- Länder: 16,35 Mrd. Euro
- Gemeinden: 10,01 Mrd. Euro

Änderungen FAG 2017
1. entfällt
2. neu: Bündelung Siedlungswasserwirtschaft: ca. 300 Mio. Euro
3. veränderter Verteilungsschlüssel durch Umwandlung Wohnbauförderungsbeitrag

Quelle: KDZ: eigene Darstellung 2017 auf Basis BMF: Unterlagen zum Finanzausgleich 2015.

Tabelle 4: Anteil der Gebietskörperschaften an Netto-Ertragsanteilen bzw. am gesamten Abgabenertrag, 1997-2017, in Prozent

Vertikale Verteilung	Anteil in %	1997	2001	2005	2008	2011	2015	2017
Aufteilung der	Bund	66	71	74	71	66	66	66
Netto-Ertragsanteile	Länder o.W.	15	12	11	13	17	16	16
(inkl. Spielbankabgabe)	Wien L+G	8	7	6	6	8	8	8
	Gem. o.W.	11	10	9	9	10	10	10
Netto-Ertragsanteile %	Ges. in %	100	100	100	100	100	100	100
	Ges. in Mrd. €	38,8	48,7	53,2	63,8	66,2	78,4	79,3
Aufteilung des gesamten	Bund	71	73	74	72	67	68	68
Abgabenertrages	Länder o.W.	10	9	9	11	14	14	13
(inkl. Vorwegabzüge)	Wien L+G	7	6	6	6	8	8	8
	Gem. o.W.	12	11	11	11	11	11	11
Gesamter Abgabenertrag	Ges. in %	100	100	100	100	100	100	100
	Ges. in Mrd. €	52,0	63,3	64,9	77,6	80,1	94,1	95,8

Quelle: Ifip: eigene Zusammenstellung 2017 auf Basis FAG 1997-2017; BMF: 2017; Bröthaler: 2008.

3.3 Länderweise Unterverteilung der Ländermittel

Im horizontalen Finanzausgleich werden die auf die Länder entfallenden Ertragsanteile an den gemeinschaftlichen Bundesabgaben nach spezifisch je Abgabe festgelegten Regelungen auf die Bundesländer verteilt. Dabei kamen im **FAG 2008** die folgenden Kriterien zum Einsatz:

- **Volkszahl:** Die Abgaben mit einheitlichem Schlüssel (mit Ausnahme der Erbschafts- und Schenkungssteuer) sowie der Wohnbauförderungsbeitrag werden nach der Volkszahl (länderweiser Anteil) verteilt.
- **Örtliches Aufkommen:** Die Erbschafts- und Schenkungssteuer und die Spielbankabgabe werden nach länderweisem örtlichem Aufkommen verteilt.
- **Fixschlüssel:** Die ursprüngliche Verteilung nach dem örtlichen Aufkommen findet sich in „eingefrorener" Form in verschiedenen Fixschlüsseln.[8] Hinzu kommen Fixschlüssel für die Krankenanstaltenfinanzierung und den Ausgleich für die Abschaffung der Selbstträgerschaft. Zusätzlich werden aufgrund der Übernahme des Landespflegegeldes durch den Bund die Ertragsanteile der Länder nach einem Fixschlüssel im Ausmaß des ursprünglichen Landespflegegeldes gekürzt.

Mit dem **FAG 2017** wurden zur Vereinfachung kleinere Änderungen bei den Vorwegabzügen und der länderweisen Verteilung der Länderertragsanteile umgesetzt:

---

[8] Die Fixschlüssel werden durchaus kritisch gesehen. So beurteilte beispielsweise der Rechnungshof eine Bevorzugung einzelner Gebietskörperschaften durch Fixschlüssel, die auf historischen Aufkommenswerten beruhten, langfristig als sachlich nicht gerechtfertigt. Er wies auch kritisch auf die möglichen Rechtsunsicherheiten hin (siehe Rechnungshof: Zahlungsströme zwischen den Gebietskörperschaften, 2016/4, S. 175).

- Erstens wird der Beitrag der Länder zum **EU-Beitrag** nun als Abzug bei der USt zusammengefasst und die Bemessungsgrundlage vereinfacht ermittelt.

Abbildung 4: Länderweise Unterverteilung der Ländermittel, 2015 sowie Neuerungen gemäß FAG 2017

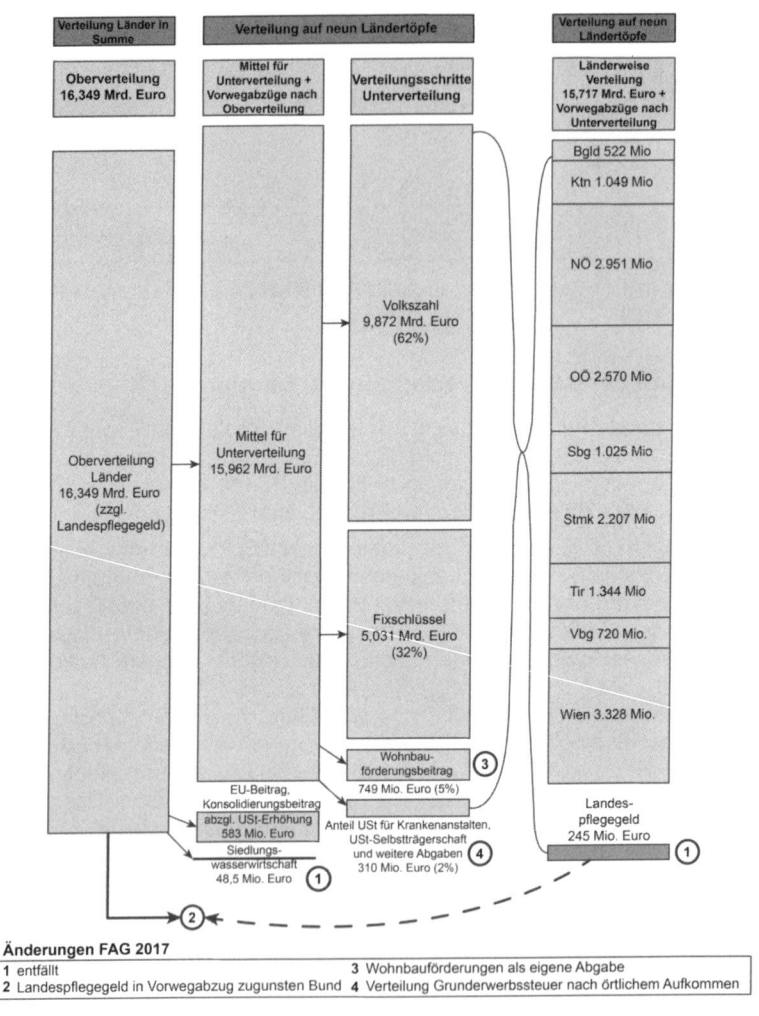

Verteilung Länder in Summe	Verteilung auf neun Ländertöpfe		Verteilung auf neun Ländertöpfe
Oberverteilung 16,349 Mrd. Euro	Mittel für Unterverteilung + Vorwegabzüge nach Oberverteilung	Verteilungsschritte Unterverteilung	Länderweise Verteilung 15,717 Mrd. Euro + Vorwegabzüge nach Unterverteilung
			Bgld 522 Mio
			Ktn 1.049 Mio
			NÖ 2.951 Mio
Oberverteilung Länder 16,349 Mrd. Euro (zzgl. Landespflegegeld)	Mittel für Unterverteilung 15,962 Mrd. Euro	Volkszahl 9,872 Mrd. Euro (62%)	OÖ 2.570 Mio
			Sbg 1.025 Mio
			Stmk 2.207 Mio
			Tir 1.344 Mio
		Fixschlüssel 5,031 Mrd. Euro (32%)	Vbg 720 Mio.
			Wien 3.328 Mio.
		Wohnbauförderungsbeitrag 749 Mio. Euro (5%) ③	
	EU-Beitrag, Konsolidierungsbeitrag abzgl. USt-Erhöhung 583 Mio. Euro	Anteil USt für Krankenanstalten, USt-Selbstträgerschaft und weitere Abgaben 310 Mio. Euro (2%) ④	Landespflegegeld 245 Mio. Euro ①
	Siedlungswasserwirtschaft 48,5 Mio. Euro ①		

Änderungen FAG 2017
1 entfällt
2 Landespflegegeld in Vorwegabzug zugunsten Bund
3 Wohnbauförderungen als eigene Abgabe
4 Verteilung Grunderwerbsteuer nach örtlichem Aufkommen

Quelle: KDZ: eigene Berechnungen und Darstellung 2017 auf Basis BMF: Unterlagen zum Finanzausgleich 2015.

- Zweitens wird der bisher bei mehreren Abgaben (ESt, KöSt, USt, Wohnbauförderungsbeitrag) und mit unterschiedlichen Anteilen verstreute Abzug von den Ertragsanteilen aller drei Ebenen für die Finanzierung der **Siedlungswasserwirtschaft** als ein Vorwegabzug bei der

Umsatzsteuer (vor vertikaler Verteilung) gebündelt. Damit entfällt der bisherige Vorwegabzug im Bereich der länderweisen Unterverteilung.
- Drittens wird der nunmehrige Anteil der Länder an der **Grunderwerbsteuer** nach dem örtlichen Aufkommen verteilt.
- Viertens erfolgt der Vorwegabzug für das **Landespflegegeld** nun nicht mehr bei den einzelnen Ländertöpfen, sondern beim Gesamttopf der Länder.
- Fünftens wird der **Wohnbauförderungsbeitrag** ab dem Jahr 2018 in eine ausschließliche Landesabgabe umgewandelt. Die Auswirkungen auf der horizontalen Ebene werden durch Anpassung des Fixschlüssels für die länderweise Verteilung der Länderertragsanteile auf Basis der bisherigen Verteilung nach der Volkszahl ausgeglichen. Erst in weiterer Folge wird es zu Verschiebungen im Aufkommen zwischen den Ländern durch die Anknüpfung der Erhebung nach dem Ort der Betriebsstätte sowie zu länderweise unterschiedlichen wirtschaftlichen Entwicklungen und autonomen Tarifgestaltungen kommen.[9]

Bis zum Jahr 2001 wurde ein wesentlicher Teil der Länderertragsanteile nach dem örtlichen Aufkommen verteilt (1997 rund 18 Prozent). Dieses wurde ab den Novellen zum FAG 1997 weitgehend durch Fixschlüssel ersetzt. Ab 2005 kommen bei dieser länderweisen Zuteilung nur noch die Volkszahl, das örtliche Steueraufkommen sowie Fixschlüssel zur Anwendung (Tabelle 5).

Bei den Ländern werden die Ertragsanteile 2008 zu rund 71 Prozent nach der Volkszahl und zu 29 Prozent nach Fixschlüsseln verteilt. Die Erhöhung des Fixschlüsselanteils der Ertragsanteile um 7 Prozentpunkte gegenüber der vorigen FAG-Periode ergab sich durch die Einrechnung von Transfers, deren Aufteilung zum Teil nach der Volkszahl und zum Teil nach weiteren, nunmehr fixierten Schüsseln verteilt wurden. Durch die Umwandlung des Wohnbauförderungsbeitrags in eine gemeinschaftliche Bundesabgabe erhöhte sich ab 2009 der nach der Volkszahl verteilte Anteil zwar wieder, gleichzeitig wurden jedoch mit der Einrechnung von Transfers (Bedarfszuweisungen für Haushaltsausgleich und Wohnbauförderungszweckzuschuss) weitere Fixschlüssel in die Ermittlung der Ertragsanteile übernommen, sodass sich insgesamt der Fixschlüsselanteil erhöhte. Ab 2009 werden nunmehr rund zwei Drittel der Länderertragsanteile nach der Volkszahl und ein Drittel nach Fixschlüsseln verteilt. Mit der Abschaffung der Erbschafts- und Schenkungssteuer spielt das örtliche Aufkommen bei den Ländern keine Rolle mehr. Ab 2017 wird der Anteil der Länder an der Grunderwerbsteuer nach dem örtlichen Aufkommen verteilt (0,04 Prozent der Ertragsanteile).

---

9   Siehe auch Erläuterungen der Regierungsvorlage zum FAG 2017 S. 2 und Budgetdienst: Finanzausgleich 2017 bis 2021, 2016, S. 15 f.

Tabelle 5: Horizontale länderweise Verteilung der Ertragsanteile der Länder – Gewicht der Aufteilungskriterien, 1997-2017, in Prozent

Kriterien der länderweisen Aufteilung (Anteil in %)	Ländererstragsanteile						
	1997	2001	2005	2008	2011	2015	2017
Volkszahl	79,7	79,8	77,7	70,5	64,3	67,5	66,8
Örtliches Aufkommen	18,1	2,1	0,3	0,2	0,0	0,0	0,0
Fixschlüssel (sonst. Kriterien)	2,2	18,1	22,0	29,3	35,6	32,5	33,2
Gesamt in %	100	100	100	100	100	100	100
Gesamt in Mrd. Euro	6,33	7,24	7,18	9,96	13,45	15,72	15,6

Quelle: Ifip: eigene Berechnungen 2017 auf Basis FAG 1997-2017; Bröthaler: 2008; SimFag: 2017.

Abbildung 5 zeigt, dass die Aufteilungsverhältnisse zwischen den Bundesländern bei den Ländererstragsanteilen weitgehend konstant waren und sich Verschiebungen nur durch die Änderungen bei der Einwohnerzahl ergeben haben: 2002 mit der Volkszählung 2001 noch sprunghaft und ab 2009 mit der Umstellung auf die Bevölkerungsstatistik kontinuierlich. Über den gesamten Zeitraum 1997 bis 2015 haben sich die länderweisen Anteile bei den Ländern aufgrund der demografische Effekte um +/- 0,5 Prozentpunkte verändert. Gestiegen ist insbesondere der Anteil von Niederösterreich (0,5 Prozentpunkte) und Wien (als Land 0,4 Prozentpunkte). Gesunken ist demgegenüber der Anteil der Steiermark und von Oberösterreich um jeweils rund -0,5 Prozentpunkte.

Abbildung 5: Anteil der Länder an den Ländererstragsanteilen (inkl. Wien als Land), 1997-2017, in Prozent

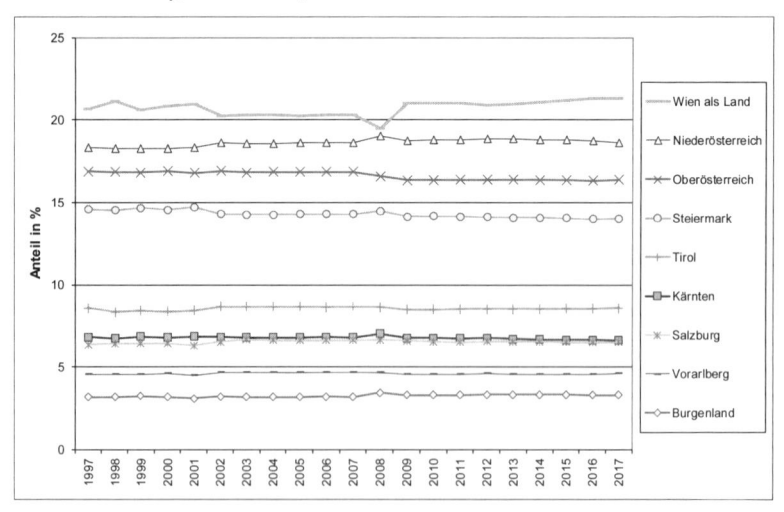

Quelle: Ifip: eigene Berechnung und Darstellung 2017 auf Basis Statistik Austria, Gebarungsübersichten 1997-2015, BMF 2017; SimFag 2017.

3.4 Länderweise Unterverteilung der Gemeindemittel

Die auf die Gemeinden entfallenden Ertragsanteile an den gemeinschaftlichen Bundesabgaben werden in einem ersten Schritt auf die Bundesländer aufgeteilt. Bei der Bildung dieser neun Ländertöpfe kommen die folgenden Kriterien (gemäß **FAG 2008**) zur Anwendung (Tabelle 6):

- **Abgestufter Bevölkerungsschlüssel:** Aufteilung nach der gewichteten Einwohnerzahl (Landessumme). Diese wird durch Multiplikation der Einwohnerzahl je Gemeinden mit dem Vervielfacher der entsprechenden Größenklasse des abgestuften Bevölkerungsschlüssels (siehe Tabelle 7) gebildet. Die Vervielfacher steigen mit der Einwohnerklasse an, wodurch größere Gemeinden pro Kopf mehr erhalten als kleinere.
- **Fixschlüssel:** historisch bedingte fixe Aufteilungsverhältnisse zwischen den Bundesländern;
- **Volkszahl:** Aufteilung nach dem länderweisen Anteil an der (einfachen) Einwohnerzahl;
- **Örtliches Aufkommen:** länderweises Aufkommen an Grunderwerbsteuer, Bodenwertabgabe und Spielbankabgabe;
- **Werbe- und Getränkesteuer** sowie Selbstträgerschaft: Ergänzende historisch bedingte länderweise Fixschlüssel.

Bei den Gemeinden wurden die Ertragsanteile im Jahr 2015 zu rund 16 Prozent nach der Volkszahl, zu 52 Prozent nach dem abgestuften Bevölkerungsschlüssel und zu rund 22 Prozent nach Fixschlüsseln länderweise verteilt. Das (nur mehr bei der Grunderwerbsteuer und Bodenwertabgabe anzuwendende) örtliche Aufkommen spielt bei den Gemeinden mit etwa 10 Prozent eine untergeordnete Rolle, weist jedoch im Zeitverlauf eine leicht zunehmende Bedeutung auf. Vielfach umstritten sind die (über mehrere FAG-Perioden paktierten) länderweisen Fixschlüssel, die zum Teil auf frühere Aufteilungsverhältnisse nach dem örtlichen (länderweisen) Abgabenaufkommen[10] zurückgehen. Es wird kritisiert, dass damit wirtschaftliche Verhältnisse zum damaligen Zeitpunkt sowie auch frühere Probleme bei der örtlichen Zuordnung der Steuern nach wie vor in die länderweise Mittelaufteilung einfließen.

Tabelle 6: Horizontale länderweise Verteilung der Ertragsanteile der Gemeinden – Gewicht der Aufteilungskriterien, 1997-2017, in Prozent

Kriterien der länderweisen Aufteilung (Anteil in %)	Gemeindeertragsanteile						
	1997	2001	2005	2008	2011	2015	2017
Volkszahl	13,7	13,0	13,6	15,0	15,9	15,7	15,6
Abgest. Bevölkerungsschlüssel	60,2	59,3	54,7	53,7	52,4	51,9	52,8
Örtliches Aufkommen	7,2	7,7	8,2	8,0	8,9	10,0	9,7
Fixschlüssel (sonst. Kriterien)	18,9	19,9	23,5	23,3	22,8	22,4	21,9
Gesamt in %	100	100	100	100	100	100	100
Gesamt in Mrd. Euro	5,16	6,41	6,40	7,88	8,22	9,82	9,7

Quelle: Ifip, eigene Berechnungen 2017 auf Basis FAG 1997-2017; Bröthaler 2008; BMF 2017; SimFag 2017.

---

10 Anteilige Aufteilung von Abgaben nach dem örtlichen Aufkommen an Gewerbesteuer nach Ertrag und Kapital (1989-1993 fixiert mit FAG 1993 ab 1995) und an KESt I und veranlagter Einkommensteuer (fixiert ab FAG 1997).

Abbildung 6: Länderweise Unterverteilung der Gemeindemittel, 2015 sowie Neuerungen gemäß FAG 2017

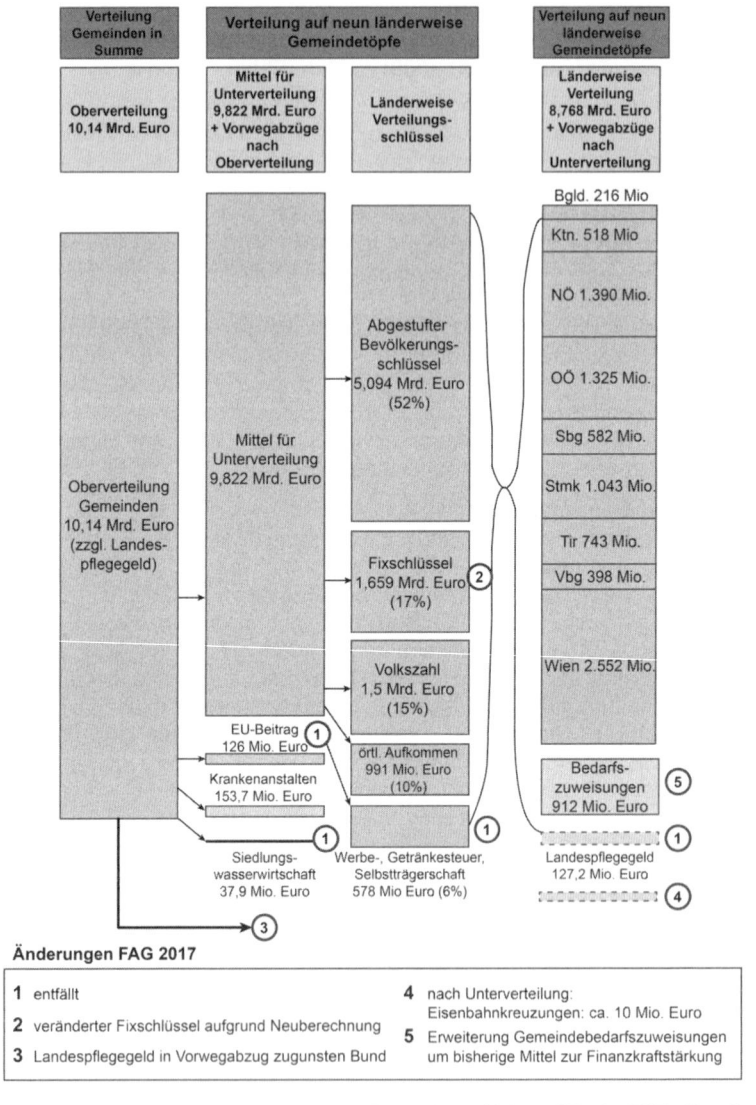

Verteilung Gemeinden in Summe	Verteilung auf neun länderweise Gemeindetöpfe	Verteilung auf neun länderweise Gemeindetöpfe
Oberverteilung 10,14 Mrd. Euro	Mittel für Unterverteilung 9,822 Mrd. Euro + Vorwegabzüge nach Oberverteilung	Länderweise Verteilung 8,768 Mrd. Euro + Vorwegabzüge nach Unterverteilung
	Länderweise Verteilungsschlüssel	

Länderweise Verteilung:
- Bgld. 216 Mio
- Ktn. 518 Mio
- NÖ 1.390 Mio.
- OÖ 1.325 Mio.
- Sbg 582 Mio.
- Stmk 1.043 Mio.
- Tir 743 Mio.
- Vbg 398 Mio.
- Wien 2.552 Mio.

Oberverteilung Gemeinden 10,14 Mrd. Euro (zzgl. Landespflegegeld)

Mittel für Unterverteilung 9,822 Mrd. Euro

Verteilungsschlüssel:
- Abgestufter Bevölkerungsschlüssel: 5,094 Mrd. Euro (52%)
- Fixschlüssel: 1,659 Mrd. Euro (17%) ②
- Volkszahl: 1,5 Mrd. Euro (15%)
- örtl. Aufkommen: 991 Mio. Euro (10%)
- Werbe-, Getränkesteuer, Selbstträgerschaft: 578 Mio Euro (6%)

Vorwegabzüge:
- EU-Beitrag 126 Mio. Euro ①
- Krankenanstalten 153,7 Mio. Euro
- Siedlungswasserwirtschaft 37,9 Mio. Euro
- Bedarfszuweisungen 912 Mio. Euro ⑤
- Landespflegegeld 127,2 Mio. Euro ①④

Änderungen FAG 2017

1. entfällt
2. veränderter Fixschlüssel aufgrund Neuberechnung
3. Landespflegegeld in Vorwegabzug zugunsten Bund
4. nach Unterverteilung: Eisenbahnkreuzungen: ca. 10 Mio. Euro
5. Erweiterung Gemeindebedarfszuweisungen um bisherige Mittel zur Finanzkraftstärkung

Quelle: KDZ: eigene Berechnungen und Darstellung 2017 auf Basis BMF: Unterlagen zum Finanzausgleich 2015.

Vor Verteilung der Ertragsanteile auf die Gemeinden sind 12,7 Prozent der ungekürzten Ertragsanteile (gemäß FAG 2008 abzüglich Spielbankabgabe, Werbeabgabe und Selbstträgerschaft) abzuziehen und an die Länder für die Gewährung von **Bedarfszuweisungen** an Gemeinden und Gemeindeverbände zu überweisen. Die Mittel können zur Aufrechterhal-

Teil 2: Funktionsweisen und finanzielle Entwicklungen im Finanzausgleichssystem

tung oder Wiederherstellung des Gleichgewichtes im Haushalt, zur Deckung außergewöhnlicher Erfordernisse oder zum Ausgleich von Härten gewährt werden, die sich bei der Verteilung von Abgabenertragsanteilen oder Schlüsselzuweisungen ergeben.

Durch das **FAG 2017** ist es zu mehreren Veränderungen bei der Aufteilung der länderweisen Gemeindemittel gekommen:

- Der Beitrag der Gemeinden zum **EU-Beitrag** wird als Vorwegabzug ertragsneutral gestrichen und in die Ertragsanteile eingerechnet.
- Der bisher bei mehreren Abgaben und mit unterschiedlichen Anteilen verstreute Abzug von den Ertragsanteilen für die Finanzierung der **Siedlungswasserwirtschaft** wird als ein Vorwegabzug bei der Umsatzsteuer gebündelt. Damit entfällt der bisherige Vorwegabzug im Bereich der länderweisen Unterverteilung.
- Mit dem **Getränkesteuerausgleich**, der **Werbeabgabe** und dem Ausgleich für die **Selbstträgerschaft** entfallen historische Fixschlüssel, welche jedoch teilweise in den generellen Fixschlüssel eingerechnet wurden, um das bisherige Verteilungsverhältnis zwischen den Ländern aufrechtzuerhalten.
- Die bisherigen Abzüge bei den einzelnen Ländertöpfen zugunsten des **Landespflegegeldes** werden in einen Vorwegabzug nach der Oberverteilung umgewandelt.
- Zusätzlich erfolgt ein Vorwegabzug bei den einzelnen Ländertöpfen zugunsten der länderweisen **Eisenbahnkreuzungsfonds**. Die Finanzierung der Fonds erfolgt zu je gleichen Teilen durch Bund und Gemeinden.
- Die Dotierung und Verwendung der **Gemeinde-Bedarfszuweisungsmittel** wird neu geregelt. Die Mittel werden um die bisherigen Mittel zur Finanzkraftstärkung gemäß § 21 FAG 2008 erweitert. Die Mittel sollen von den Ländern für folgende Zwecke verwendet werden: Bedarfszuweisungen an Gemeinden und Gemeindeverbände (wie bisher die BZ-Mittel), Förderung von Gemeindefusionen und -kooperationen und landesinterner Finanzkraftausgleich (wie bisher ein Teil der § 21-Mittel), Unterstützung strukturschwacher Gemeinden (wie schon bisher vereinzelt Töpfe bei der BZ-Vergabe nach länderweisen Richtlinien). Für die Förderung von Gemeindezusammenlegungen, interkommunale Zusammenarbeit und die Unterstützung strukturschwacher Gemeinden wurde im FAG 2017 ein Mindestprozentsatz der Mittelverwendung vorgegeben (ab 2017 zumindest 15 Prozent, ab 2020 zumindest 20 Prozent). Eine Annäherung der Vergaberichtlinien in den einzelnen Bundesländern wurde bislang nicht vorgesehen.[11]

Abbildung 7 zeigt die Anteile der Bundesländer an den Ertragsanteilen der Gemeinden (ohne Wien). Die anteiligen Verschiebungen sind wie bei den Länderertragsanteilen vor allem durch die demografischen Veränderungen bestimmt.

---

11 Die Vergabe der Gemeinde-Bedarfszuweisungen wird vom Rechnungshof kritisch gesehen. So weist er darauf hin, dass keine Evaluierungen hinsichtlich der Zielerreichung und der Verteilungswirkungen unter Einbeziehung sämtlicher Länder vorhanden sind. Siehe Rechnungshof: Zahlungsströme zwischen den Gebietskörperschaften, 2016/4, S. 194.

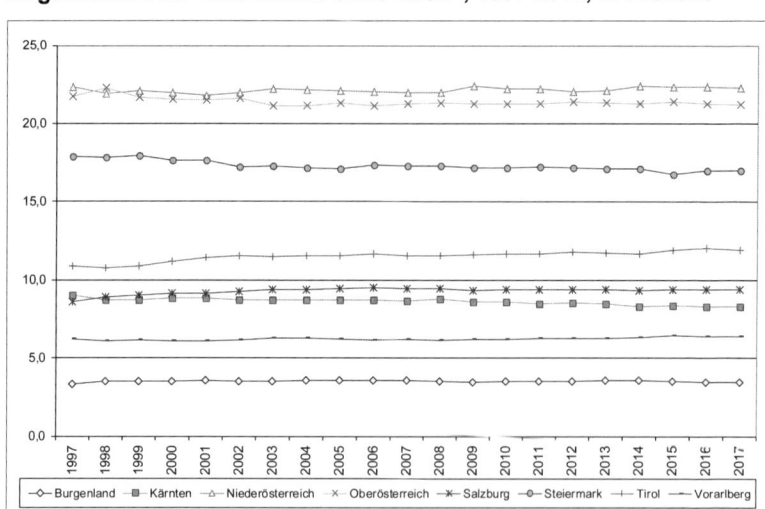

Abbildung 7: Anteil der Gemeinden nach Bundesländern an den Ertragsanteilen der Gemeinden ohne Wien[1], 1997-2017, in Prozent

[1] Bei Einbeziehung von Wien lag der Anteil von Wien als Gemeinde an den gesamten Ertragsanteilen der Gemeinden 1997-2017 durchgehend im Bereich von 28 bis 29,5 % (im Schnitt bei 28,6 %).

Quelle: Ifip: eigene Berechnung und Darstellung 2017 auf Basis Statistik Austria, Gebarungsstatistik 1997-2015; SimFag 2017; BMF 2017.

3.5 Gemeindeweise Unterverteilung der Gemeindemittel

Schließlich erfolgt die horizontale Verteilung der länderweisen Gemeindeertragsanteile auf die einzelnen Gemeinden. Hier ist darauf hinzuweisen, dass bei der gemeindeweisen Unterverteilung nicht dieselben Kriterien bzw. Gewichtungen der Kriterien gelten wie bei der länderweisen Verteilung der Gemeindeertragsanteile. Die Mittel wurden gemäß **FAG 2008** nach den folgenden Kriterien auf die einzelnen Gemeinden verteilt (Tabelle 7):

- **Abgestufter Bevölkerungsschlüssel:** Verteilung nach der gewichteten Volkszahl. Mit steigender Gemeindegröße steigen auch die Pro-Kopf-Beträge. Insbesondere die Vervielfacher von Gemeinden mit bis zu 10.000 Einwohnerinnen und Einwohnern wurden in der Vergangenheit in mehreren Schritten erhöht.
- **Finanzbedarf-Finanzkraft-Ausgleich:** Teilweiser Ausgleich des Unterschiedsbetrages zwischen eigener Finanzkraft und der durchschnittlichen Finanzkraft im Bundesland und der Einwohnerklasse.
- **Ausgleichsvorausanteile:** Gemeinden erhalten Vorausanteile als Ausgleich für die Abschaffung der Selbstträgerschaft sowie Umwandlungen von vorherigen Transfers in Ertragsanteile sowie ab 2011 als Ausgleich für Verluste durch Abflachung des abgestuften Bevölkerungsschlüssels.
- **Ausgleich Getränke-/Werbesteuern:** Der Getränkesteuerausgleich wird teilweise nach dem historischen Aufkommen, teilweise pro Kopf,

nach Nächtigungszahlen sowie nach dem abgestuften Bevölkerungsschlüssel verteilt. Der Werbesteuerausgleich wird zu 40 Prozent pro Kopf, zu 60 Prozent nach dem historischen Aufkommen verteilt.
- **Spielbankabgabe:** teilweise Verteilung nach örtlichem Aufkommen.
- **Landespflegegeld:** Das Landespflegegeld stellt einen Abzug bei den Gemeinde-Ertragsanteilen dar und soll die Minderausgaben durch den Wegfall der Umlagen für das Landespflegegeld abschöpfen.

Mit dem **FAG 2017** wurde die gemeindeweise Verteilung deutlich vereinfacht. So gelten hier in Zukunft nur mehr drei Verteilungsschlüssel (nach Abzug der Gemeinde-Bedarfszuweisungsmittel):

- **Vorausanteile:** Für Gemeinden über 10.000 Einwohnerinnen und Einwohnern bestehen zusätzlich Vorausanteile, welche teilweise aus den Ausgleichsvorausanteilen gemäß FAG 2008 abgeleitet sind. Teilweise wurden jedoch auch die Auswirkungen des Entfalls bisheriger Verteilungsregelungen berücksichtigt. Die Vorausanteile wurden daher je Bundesland und Einwohnerklasse so gestaltet, dass die Verluste gegenüber den bisherigen Regelungen möglichst gering sind.
- **Nächtigungen:** Gemeinden unter 10.000 Einwohnerinnen und Einwohnern erhalten einen Betrag pro Nächtigung.
- **Abgestufter Bevölkerungsschlüssel:** Der verbleibende (überwiegende) Teil der Gemeindeertragsanteile wird gemäß abgestuftem Bevölkerungsschlüssel verteilt.

Als Übergangsregelung vom FAG 2008 zum FAG 2017 besteht für Gemeinden eine Dynamikgarantie über die Finanzausgleichsperiode hinaus. Demnach soll die Steigerung der Ertragsanteile der einzelnen Gemeinden gegenüber dem Vorjahr zumindest die Hälfte des Landesdurchschnitts betragen.

Ab 2018 soll als Einstieg in die Aufgabenorientierung die Verteilung der Ertragsanteile auf die Gemeinden teilweise durch eine aufgabenorientierte Verteilung im Bereich der Elementarbildung, ab 2019 für den Bereich Pflichtschule ersetzt werden. Details der Umsetzung werden erst im Laufe des Jahres 2017 bzw. 2018 festgelegt.

Tabelle 7: Länderweise horizontale Verteilung der Ertragsanteile der Gemeinden – Aufteilungsschlüssel, 1997-2017

Horizontale Verteilung auf Gemeinden (Anteil in %)	1997	2001	2005	2008	2011	2015	2017
Abzug für (Gemeinde-) Bedarfszuweisungsmittel 1)	13,5	12,6	12,5	12,5	12,5	12,5	12,8
Vorausanteil (Finanzbedarf-Finanzkraft-Ausgleich) 2)	2,9	2,3	2,9	2,6	3,1	3,0	-
Ausgleichsvorausanteile 3)	-	-	-	1,8	2,8	2,9	3,7
Sockelbetrag 4)	1,4	5,3	-	-	-	-	-
Getränke- u. Werbesteuernausgl. 5)	-	6,0	6,6	6,1	6,1	3,4	-
Nächtigungen 5)	-	-	-	-	-	2,2	1,3
Abgest. Bevölkerungsschlüssel 6)	82,2	73,9	77,9	77,0	75,5	76,0	82,2
Vervielfacher von Gemeinden 7) mit höchstens 10.000 EW	1 1/3	1 1/3	1 1/2	1 1/2	1 41/67	1 41/67	1 41/67
10.001 bis 20.000 EW	1 2/3	1 2/3	1 2/3	1 2/3	1 2/3	1 2/3	1 2/3
20.001 bis 50.000 EW und Statutarstädte mit bis 50.000 EW	2	2	2	2	2	2	2
über 50.000 EW und Stadt Wien	2 1/3	2 1/3	2 1/3	2 1/3	2 1/3	2 1/3	2 1/3

1) Ertragsneutrale Anpassungen des anteiligen Abzugs für Gemeinde-Bedarfszuweisungsmittel (ab FAG 2001 12,7 %, ab FAG 2017 12,8 % der ungekürzten Ertragsanteile).
2) Vorausanteil bis 2016: Gemeinden, deren Finanzkraft, bestimmt durch Grundsteuer, Kommunalsteuer und Finanzzuweisungen gemäß § 21 FAG (2008), im Vorjahr den Finanzbedarf (= gewichteter Durchschnitt der Finanzkraft im Vorjahr) nicht erreicht hat, erhalten Vorausanteile in Höhe von 30 Prozent der Differenz zwischen Finanzbedarf und Finanzkraft; ab 2017 Neuregelung im länderweisen Finanzkraftausgleich.
3) Ausgleichsvorausanteile für Transferumwandlung, Selbstträgerschaft, aBS-Abflachung. Ab 2017 Zusammenfassung der Vorausanteile (Pro-Kopf-Beträge je Bundesland und Einwohnergrößenklasse).
4) Bis 2000: 7,43 Euro/EW, 2001-2004 von 43,75 auf 72,66 Euro/EW steigend (Anteil 2004: 10,2 Prozent).
5) Ab FAG 2001 wurden die Anteile für den Getränkesteuerausgleich nach Anteilen am ehemaligen Getränke- und Speiseeissteuerertrag (1993-1997) verteilt. Ab 2012 wird dieser sukzessive durch einen Betrag pro Nächtigung ersetzt (2017 0,9 Euro für Gem. <10.000 EW). Die Anteile aus dem Werbesteuernausgleich wurden im Verhältnis der früheren Erträge an der Anzeigen- und Ankündigungsabgabe (1996-1998), weitere Anteile an der Werbeabgabe nach der Volkszahl verteilt (ab 2017 Einrechnung in Vorausanteile).
6) Die Einwohnerzahl gemäß Bevölkerungsstatistik (bis 2009 Volkszählung) wird mit dem Vervielfacher der entsprechenden Gemeindegrößenklasse multipliziert. Die länderweise Zusammenfassung der so ermittelten Gemeindezahlen ergibt die abgestuften Bevölkerungszahlen der Länder.
7) Einschleifbereich bis 10 Prozent unter den Stufengrenzen: Zur veredelten Volkszahl (EW mal Vervielfacher) wird bei Gemeinden, deren Einwohnerzahl im Bereich von 9.000 bis 10.000, von 18.000 bis 20.000 oder von 45.000 bis 50.000 liegt, bei Städten mit eigenem Statut jedoch nur bei solchen, deren Einwohnerzahl im Bereich von 45.000 bis 50.000 liegt, ein weiterer Betrag dazugezählt. Dieser beträgt bei Gemeinden bis 10.000 Einwohner 1 2/3 (ab 2011 2/3), bei den anderen Gemeinden 3 1/3 vervielfacht mit der Zahl, mit der die Einwohnerzahl die untere Bereichsgrenze übersteigt.

Quelle: Ifip: eigene Zusammenstellung und Berechnung 2017 auf Basis FAG 1997–2017; SimFag 2017; Bröthaler 2008; eigene Zusammenstellung, 2017.

Abbildung 8 zeigt die Ertragsanteile der Gemeinden (inkl. Wien als Gemeinde) nach Gemeindegrößenklassen, wobei der Anteil je Größenklasse dargestellt wird und die Größenklassenzuordnung der Gemeinden (auf Basis der Einwohnerzahl 2016) für den gesamten Betrachtungszeitraum fixiert ist. Zum einen kommt es durch unterschiedliche demografische Effekte zu Verschiebungen zwischen den Größenklassen, die bei dieser Überblicksdarstellung jedoch kaum identifizierbar sind. Zum anderen ist der steigende Anteil der Größenklasse bis 10.000 Einwohnerinnen und Einwohner (von 40,6 auf 41,9 Prozent) vor allem durch die Abflachung des abgestuften Bevölkerungsschlüssels begründet. Zu beachten ist, dass die Verluste der größeren Gemeinden zum Teil durch sekundäre Finanzzuweisungen ausgeglichen wurden.[12]

In Abbildung 8 ist weiters das Verhältnis der eigenen Abgaben, Ertragsanteile und intragovernmentalen Transfers pro Kopf je Gemeindegrößenklassen zur untersten Größenklasse (bis 10.000 Einwohnerinnen und Einwohner) dargestellt. Es zeigt sich zum einen, dass Unterschiede bei eigenen Abgaben durch Ertragsanteile und Transfers vermindert werden, zum anderen, dass sich diese Umverteilung in den letzten 20 Jahren verstärkt hat. Beispielsweise wurde bei den Städten über 50.000 Einwohnerinnen und Einwohnern dieses Verhältnis im Jahr 1997 von 1 zu 1,97 bei den eigenen Abgaben durch den Finanzausgleich von 1 zu 1,76 vermindert, im Jahr 2015 von 1 zu 1,84 auf 1 zu 1,67.

Abbildung 8: Anteil der Ertragsanteile je Gemeindegrößenklasse an den gesamten Ertragsanteilen der Gemeinden inkl. Wien als Gemeinde[1] in Prozent und Verhältnis der FA-Einnahmen der Gemeinden, 1997-2015

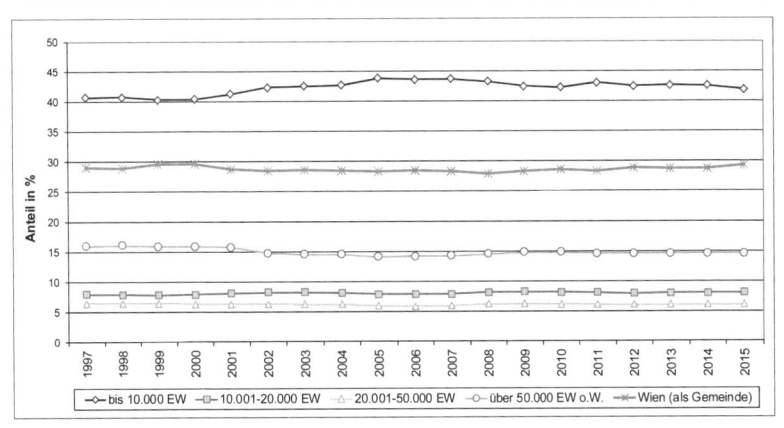

Gemeinden	Ertragsanteile, Anteil in %						Einwohnerzahl, Anteil in %					
Anteil an Gesamt	1997	2001	2005	2008	2011	2015	1997	2001	2005	2008	2011	2015
bis 10 000 EW	40,6	41,2	43,8	43,2	43,0	41,9	53,7	53,7	54,7	54,7	53,6	53,0
10 001-20 000 EW	7,9	8,1	7,9	8,1	8,1	8,1	8,7	8,7	8,9	8,9	9,0	9,0
20 001-50 000 EW	6,5	6,3	6,0	6,2	6,1	6,1	5,6	5,6	5,6	5,6	5,5	5,5
über 50 000 EW (o.W.)	15,9	15,7	14,0	14,5	14,5	14,6	12,2	12,2	11,4	11,4	11,7	11,8
Wien als Gemeinde	29,1	28,7	28,3	27,9	28,3	29,3	19,8	19,8	19,3	19,3	20,2	20,7
Gesamt	100	100	100	100	100	100	100	100	100	100	100	100

Verhältnis der eigenen Abgaben, Ertragsanteile und intragovernmentalen Transfers pro EW[1] je Größenklasse zur untersten Größenklasse (bis 10.000 EW)

---

12 Vergleiche hierzu das Unterkapitel 4.1 im vorliegenden Beitrag.

Verhältnis der Werte/EW zur untersten Größenkl.	Eigene Abgaben				Eig. Abg. + Ertragsant.				Eig. Abg. + Ertr. + igT			
	1997	2005	2008	2015	1997	2005	2008	2015	1997	2005	2008	2015
bis 10 000 EW	1,00	1,00	1,00	1,00	1,00	1,00	1,00	1,00	1,00	1,00	1,00	1,00
10 001-20 000 EW	1,53	1,49	1,50	1,40	1,33	1,24	1,27	1,23	1,28	1,09	1,12	1,04
20 001-50 000 EW	1,47	1,46	1,45	1,41	1,50	1,38	1,42	1,40	1,65	1,38	1,27	1,25
über 50 000 EW (o.W.)	1,97	2,02	1,99	1,84	1,82	1,70	1,73	1,65	1,76	1,75	1,68	1,67

1) Zuordnung der Gemeinden zu Größenklassen im Analysezeitraum einheitlich gemäß Einwohner 2016; kassenmäßige Ertragsanteile der Gemeinden (Anteil von Wien als Gemeinde auf Basis der rechnerischen Anteile). Pro-Kopfwerte 1997/2005 auf Basis VZ 1991/2001, ab 2009 gemäß Bevölkerungsstatistik.

Quelle: Ifip: eigene Berechnung und Darstellung 2017 auf Basis Statistik Austria, Gebarungsstatistik 1997-2015; SimFag 2017; BMF 2017.

4. Transfers

Der Finanzausgleich im engeren Sinn umfasst neben der Abgabenteilung im primären Finanzausgleich verschiedene im FAG geregelte Transfers des sekundären Finanzausgleichs in Verbindung mit Transfers des tertiären Finanzausgleichs.[13]

Der **sekundäre Finanzausgleich** regelt Finanzzuweisungen, Bedarfszuweisungen und Zweckzuschüsse vom Bund an Länder, vom Bund an Gemeinden sowie von Gemeinden an Länder. Letzteres betrifft nur die Obergrenze für die Landesumlage, weitere Transfers zwischen Ländern und Gemeinden werden im FAG nicht berücksichtigt. Die Transfers des sekundären Finanzausgleichs dienen zum Teil der Umverteilung zwischen Ländern bzw. Gemeinden (Finanzkraftausgleich), zum Teil sind sie für bestimmte Zwecke vorgesehen (Landeslehrerinnen und -lehrer, Personennahverkehr, Theater).

Einen Grenzfall stellen die Gemeinde-Bedarfszuweisungen dar, die im primären Finanzausgleich durch Abzug von den Gemeindeertragsanteilen dotiert werden. Sie wären als Transfers von Ländern an Gemeinden gemäß Finanzausgleichsgesetz insgesamt dem sekundären Finanzausgleich zuzurechnen. Da die Vergabe jedoch außerhalb des FAG geregelt ist, können sie demgemäß als tertiäre Transfers betrachtet werden. Ähnlich ist dies bei den Finanzzuweisungen zum Finanzkraftausgleich gemäß § 21 FAG 2008, die überwiegend nach länderspezifischen Bestimmungen auf Gemeinden verteilt wurden.

Im **tertiären Finanzausgleich** finden sich sämtliche intragovernmentalen Transfers, welche nicht im Rahmen des Finanzausgleichsgesetzes, sondern nach sonstigen Bundes- und Landesgesetzen geregelt werden. Zu nennen sind insbesondere zweckgebundene Transfers des Bundes an Länder, beispielsweise für den Krankenanstaltenbereich oder den Öffentlichen Personennahverkehr (ÖPNV). Weiters bestehen umfangreiche tertiäre Transferbeziehungen zwischen Ländern und Gemeinden (z. B. Kranken-

---

13 Die hier verwendete finanzwirtschaftliche Definition von Transfers unterscheidet sich von der Definition der volkswirtschaftlichen Gesamtrechnung, siehe Beitrag Bauer; Thöni: „Finanzausgleich im Überblick" im vorliegenden Band. Zur Systematik von Transfers siehe auch Bröthaler et al.: Österreichs Gemeinden im Netz der finanziellen Transfers, 2006, S. 50 ff.

anstalten- und Sozialhilfeumlage oder Landesförderungen). In Niederösterreich und z. B. auch in Vorarlberg bestehen zudem Finanzmittelflüsse zwischen Landesfonds (NÖ Schul- und Kindergartenfonds, NÖ Wasserwirtschaftsfonds, Vorarlberger Sozialfonds) und Gemeindeebene. Förderempfänger können neben den Gemeinden auch Gemeindeverbände sowie gemeindeeigene ausgegliederte Einheiten sein.[14] Weiters bestehen horizontale Transfers innerhalb der Gemeindeebene, auf die in diesem Beitrag jedoch nicht näher eingegangen wird (z. B. Transfers im Rahmen von Schulgemeindeverbänden).

Nachfolgend werden die sekundären Transfers des Bundes an Länder und Gemeinden, im Anschluss die sekundären und teils tertiären Transfers zwischen Ländern und Gemeinden dargestellt.

4.1 Transfers des Bundes an Länder und Gemeinden

Im Finanzausgleichsgesetz werden mehrere Finanzzuweisungen und Zuschüsse des Bundes an die Länder und Gemeinden geregelt (Abbildung 10). Dies betrifft im Jahr 2015 (gemäß FAG 2008):

- Zweckzuschüsse und Finanzzuweisungen an Länder: 1,5 Mrd. Euro für z. B. Krankenanstaltenfinanzierung, Pflegefonds, Kinderbetreuung, schulische Tagesbetreuung;
- Kostentragung von Länderaufgaben: 6,9 Mrd. Euro v. a. für Landeslehrerinnen sowie -lehrer und das Gesundheits- und Sozialbereich-Beihilfengesetz;
- Zweckzuschüsse und Finanzzuweisungen an Gemeinden: 132 Mio. Euro standen für die Finanzkraftstärkung der Gemeinden zur Verfügung (Gemeinde-Kopfquotenausgleich). Weitere 115 Mio. Euro sind Zweckzuschüsse für den Bereich ÖPNV, Theater etc.

Mit dem **FAG 2017** kam es zu folgenden Neuerungen.

- Es wurde eine Einmalzahlung in der Höhe von 125 Mio. Euro an Länder und Gemeinden zur Bewältigung von **Migration und Integration** vereinbart.
- Zur Sicherstellung einer **nachhaltigen Haushaltsführung** insbesondere in den Bereichen Gesundheit, Pflege und Soziales gewährt der Bund den Ländern und Gemeinden eine jährliche Finanzzuweisung in der Höhe von 300 Mio. Euro. Von diesen Mitteln sind 60 Mio. Euro für einen Strukturfonds auf Gemeindeebene zugunsten strukturschwacher Gemeinden reserviert. Weitere knapp 53 Mio. Euro werden der Ertragsanteilsverteilung der Gemeinden zugeführt.
- Mit den bisherigen Mitteln zur **Finanzkraftstärkung** werden die Gemeinde-Bedarfszuweisungsmittel aufgestockt, wodurch die Vergabe nun vollständig nach landesgesetzlichen Regelungen erfolgt.
- Schließlich wurde die Vergabe der Finanzzuweisungen für den **ÖPNV** neu organisiert. Nun werden Ländertöpfe gebildet und die Mittel an-

---

14 Nähere Ausführungen zur Bedeutung unterschiedlicher institutioneller Regelungen finden sich in der Studie Mitterer et al.: Länder-Gemeinde-Transferverflechtungen, 2016.

hand der finanziellen Belastung der Gemeinden verteilt. Die Städte Graz, Linz, Salzburg und Innsbruck erhalten einen fixen Anteil am Landestopf.

Abbildung 9 zeigt die Entwicklung der Einnahmen der Länder aus sekundären Transfers (Finanzzuweisungen, Bedarfszuweisungen und Zuschüsse des Bundes an die Länder sowie Kostenersätze). Erkennbar ist die Ausweitung des Transfervolumens im Zeitraum 1997 bis 2008. Mit dem FAG 2008 wurde der Großteil der sekundären Transfers des Bundes an die Länder sowie weitere Transfers nach Sondergesetzen (Wohnbauförderungs-Zweckzuschuss, Zweckzuschüsse für Straßen) in Ertragsanteile umgewandelt.

Eine detailliertere Übersicht über die Entwicklung der sekundären Transfers der Länder und der Gemeinden findet sich in Tabelle 8.

Abbildung 9: Sekundäre Transfereinnahmen[1) der Länder (inkl. Wien als Land), 1997-2017, in Mio. Euro

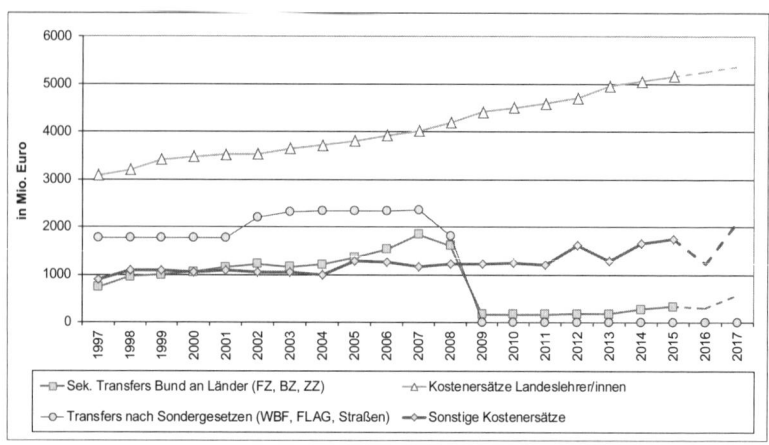

1) Finanzzuweisungen (FZ), Bedarfszuweisungen (BZ) und Zuschüsse (ZZ) vom Bund an die Länder und weitere Transfers nach Sondergesetzen, die 2008/09 in Ertragsanteile umgewandelt wurden, sowie Kostenersätze des Bundes an Länder (Landeslehrer/innen und sonstige, siehe Tabelle 8).

Quelle: Ifip: eigene Berechnung und Darstellung 2017 auf Basis Statistik Austria Gebarungsübersichten 1997-2017; Bröthaler 2008; BMF 2017; SimFag 2017.

Abbildung 10: Transfers des Bundes an Länder und Gemeinden, 2015 sowie Neuerungen gemäß FAG 2017

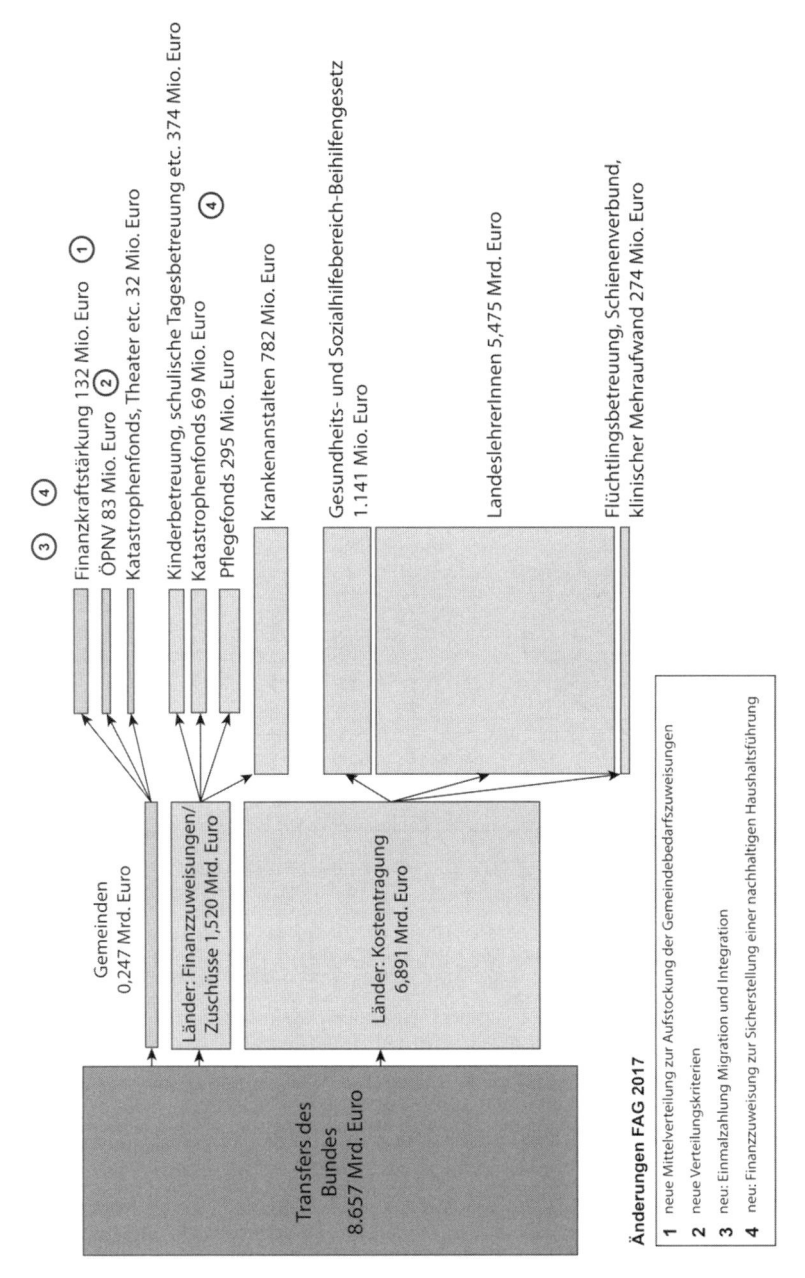

Transfers des Bundes 8.657 Mrd. Euro

Gemeinden 0,247 Mrd. Euro

Länder: Finanzzuweisungen/Zuschüsse 1,520 Mrd. Euro

Länder: Kostentragung 6,891 Mrd. Euro

Finanzkraftstärkung 132 Mio. Euro ①
ÖPNV 83 Mio. Euro ②
Katastrophenfonds, Theater etc. 32 Mio. Euro ③
Kinderbetreuung, schulische Tagesbetreuung etc. 374 Mio. Euro
Katastrophenfonds 69 Mio. Euro ④
Pflegefonds 295 Mio. Euro
Krankenanstalten 782 Mio. Euro
Gesundheits- und Sozialhilfebereich-Beihilfengesetz 1.141 Mio. Euro
LandeslehrerInnen 5,475 Mrd. Euro
Flüchtlingsbetreuung, Schienenverbund, klinischer Mehraufwand 274 Mio. Euro

Änderungen FAG 2017

1 neue Mittelverteilung zur Aufstockung der Gemeindebedarfszuweisungen
2 neue Verteilungskriterien
3 neu: Einmalzahlung Migration und Integration
4 neu: Finanzzuweisung zur Sicherstellung einer nachhaltigen Haushaltsführung

Quelle: KDZ: eigene Darstellung 2017 auf Basis BMF: Unterlagen zum Finanzausgleich 2015.

Tabelle 8: Finanzzuweisungen (FZ), Bedarfszuweisungen (BZ) und Zweckzuschüsse (ZZ) gemäß FAG, 1997-2017, in Mio. Euro

Transfers	1997	2001	2005	2008	2011	2015	2017
Sek. Transfers Bund an Länder							
FZ Kopfqu., Pers.verk, Landw, Umw. 1)	280	321	356	-	-	-	-
FZ Nachhaltige Haushaltsführung 2)	-	-	-	-	-	-	193
BZ Haushaltsausgleich 3)	353	704	875	1.449	0	12	12
ZZ Theater 4)	13	12	12	13	14	15	15
ZZ Krankenanstaltenfinanzierung 5)	82	102	115	128	138	154	166
Sonstige Zuweisungen u. Zuschüsse 6)	7	9	0	15	20	150	215
Sekundäre Transfers Bund an Länder gesamt	734	1.147	1.359	1.606	172	331	601
Transfers nach Sondergesetzen 7)	1.771	1.770	2.328	1.805	2	4	6
Gesamt	2.505	2.917	3.687	3.411	173	334	607
Kostentragung (Transfers Bund an Länder)	**1997**	**2001**	**2005**	**2008**	**2011**	**2015**	**2017**
Landeslehrer/innen	3.073	3.559	3.878	4.224	4.634	5.475	5.670
Ausgaben gemäß GSBG	337	597	722	919	988	1.161	1.225
Flüchtlingsbetreuung			136	77	68	127	452
Klinischer Mehraufwand	304	281	245	83	34	69	62
Schienenverbund	109	109	109	109	80	78	78
Auftragsverwaltung	149	56	-	-	-	-	-
Gesamt	3.971	4.602	5.090	5.413	5.804	6.910	7.487
Sek. Transfers Bund an Gemeinden	**1997**	**2001**	**2005**	**2008**	**2011**	**2015**	**2017**
FZ Förderung ÖPNV-Untern./-Invest. 8)	62	70	68	74	76	84	84
FZ Polizeikostenersatz 9)	5	2	2	2	2	2	2
FZ Gemeinde-Kopfquotenausgleich 10)	68	89	89	102	113	134	135
FZ Nachhaltige Haushaltsführung 2)	-	-	-	-	-	-	112
BZ Haushaltsausgleich, Schuldenred. 3)	-	15	119	-	-	-	-
ZZ Theater 4)	12	10	10	11	10	10	10
Gesamt (Bund an Gemeinden)	147	187	288	190	202	230	344
Gesamt (Bund an Gem. ohne Wien)	98	127	224	125	138	157	227
Gemeinde-BZ (Mittel der Gemeinden) 11)	511	591	596	737	764	910	914
Landesumlage (Gem. an Länder) 12)	-241	-275	-278	-334	-347	-415	-416
Gesamt Gemeinden ohne Wien	368	443	543	528	555	652	724

1) Bis 2007 Finanzzuweisungen des Bundes für Länderkopfquotenausgleich, Personennahverkehr, Landwirtschaft und für umweltschonende und energiesparende Maßnahmen sowie Zweckzuschuss zur Förderung des Umweltschutzes, insbes. der Errichtung und Verbesserung von Müllbeseitigungsanlagen, 2008 ertragsneutrale Umwandlung der Transfers in Länder-Ertragsanteile.
2) Ab 2017 Finanzzuweisung an Länder und Gemeinden (300 Mio. Euro) zur Sicherstellung einer nachhaltigen Haushaltsführung insb. im Bereich Gesundheit, Pflege, Soziales (davon Strukturfonds).
3) Bedarfszuweisungen des Bundes an Länder und Gemeinden Haushaltsgleichgewicht und im Zusammenhang mit Ausgliederungen und Schuldenreduzierungen; 2001/2005 BZ zur Milderung von Verlusten der Städte durch Anhebung des Sockelbetrages bzw. des Vervielfachers der untersten aBS-Stufe.
4) Zweckzuschuss des Bundes an Länder und Gemeinden für Theater zur teilweisen Deckung des Betriebsabgangs und für erforderlichen Investitionsaufwand.
5) Weiterleitung des Gemeinde-Anteils zur Krankenanstaltenfinanzierung (USt-Abzug) an Länder (zusätzliche Transfers des Bundes an Länder, 2015 641 Mio. Euro, sind hier nicht enthalten).
6) 1997-2000 Finanzzuweisung zur Errichtung und Förderung von Kinderbetreuungseinrichtungen. 2008 Zweckzuschuss für Ausbau des Kinderbetreuungsangebotes und für Frühkindpädagogik; 2017 Finanzzuweisung an gemeinnützige Krankenanstalten (Selbstträgerschaftsausgleich).
7) Transfers nach Sondergesetzen (Zuschuss für Bundesstraßen gem. § 4a Zweckzuschussgesetz 2001, sowie Investitionsbeitrag für Wohnbau, Umwelt und Infrastruktur gemäß § 1 WBF-ZG 2001), die ab 2008/09 in Ertragsanteile umgewandelt wurden.
8) Finanzzuweisungen des Bundes an Gemeinden zur Förderung von öffentlichen Personennahverkehrsunternehmen und -investitionen (ab 2017 geänderte Berechnung der Zuteilung).

9) Finanzzuweisung des Bundes an Statutarstädte für Mehraufwand dadurch, dass für ihr Gebiet die Landespolizeidirektion nicht zugleich Sicherheitsbehörde erster Instanz ist.
10) Gemeindekopfquotenausgleich (Finanzkraftausgleich), ab 2017 Bildung von Ländertöpfen mit Einrechnung in die Gemeinde-BZ und Aufteilung auf Gemeinden durch Länder.
11) Abzug von Ertragsanteilen der Gemeinden zur Gewährung von Bedarfszuweisungen an Gemeinden und Gemeindeverbände (Vergabe durch Länder), siehe oben länderweise horizontale Verteilung.
12) Max. Prozentsatz der ungekürzten rechnungsmäßigen Ertragsanteile der Gemeinden an gemeinschaftlichen Bundesabgaben; ertragsneutrale Anpassungen 2008 (7,6 Prozent) und 2017 (7,66 Prozent), Festlegung (NÖ aufgelassen, in OÖ, T reduziert) und Aufteilung auf Gem. durch Länder.

Quelle: Ifip: eigene Zusammenstellung auf Basis FAG 1997–2017; Bröthaler 2008; BMF 2017.

4.2 Transfers zwischen Ländern und Gemeinden

In Abbildung 11 wird die Entwicklung der im FAG geregelten **sekundären Netto-Transfers** der Gemeinden ohne Wien für den Zeitraum 1997-2015 dargestellt und den nach sonstigen Bestimmungen geregelten **tertiären Netto-Transfers** gegenübergestellt. In der Gesamtdarstellung für die Gemeinden ohne Wien werden die Gemeinde-Bedarfszuweisungen und die Landesumlage dem sekundären Finanzausgleich zugeordnet (die Aufteilung auf einzelne Gemeinden ist demgegenüber dem tertiären Finanzausgleich zuzurechnen).

Die sekundären Netto-Transfers stiegen im Betrachtungszeitraum von rund 400 Mio. Euro (1997) um durchschnittlich 3,2 Prozent pro Jahr auf knapp über 600 Mio. Euro (2015). Gleichzeitig stiegen die (negativen) tertiären Transferlasten von -600 Mio. Euro um 7,3 Prozent p. a. auf über -2.000 Mio. Euro. Per Saldo ergibt sich im Jahr 2015 für die Gemeinden ohne Wien ein Mittelabfluss aus intragovernmentalen Transfers in Höhe von 1.475 Mio. Euro. Maßgeblich verantwortlich hierfür sind die Transferverflechtungen zwischen den Gemeinden und der Landesebene.[15]

---

15 Weitere Ausführungen finden sich im Beitrag von Brückner; Haindl; Mitterer: „Tertiärer Finanzausgleich" im vorliegenden Band sowie in Mitterer et al.: Länder-Gemeinde-Transferverflechtungen, 2016.

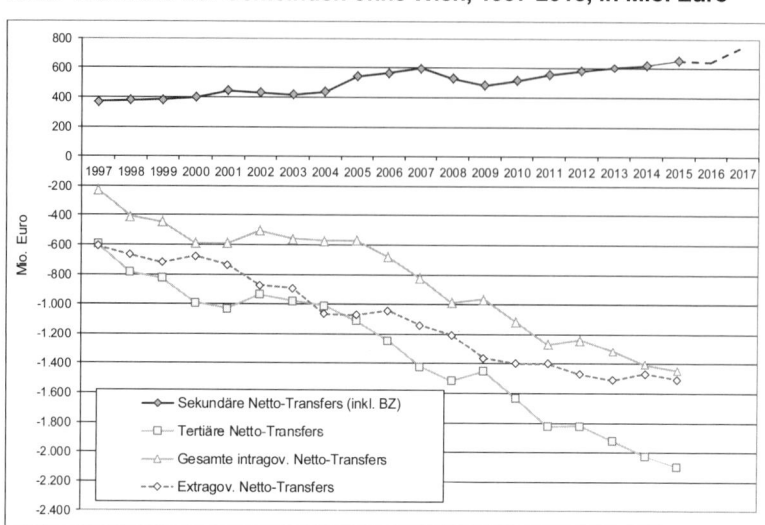

Abbildung 11: Sekundäre und tertiäre sowie extragovernmentale Netto-Transfers der Gemeinden ohne Wien, 1997-2015, in Mio. Euro

Anmerkung: Die sekundären Netto-Transfers umfassen Finanzzuweisungen und Zuschüsse inkl. Gemeinde-Bedarfszuweisungen und die Landesumlage, die tertiären Netto-Transfers aller sonstigen intragovernmentalen Transfereinnahmen und -ausgaben sowie die extragovernmentalen Netto-Transfers aller Transfers zu sonstigen (privaten) Rechtsträgern.

Quelle: Ifip: eigene Berechnung und Darstellung 2017 auf Basis Statistik Austria Gebarungsstatistik 1997-2015; SimFag 2017.

Im Folgenden wird auf die Transferverflechtungen zwischen den Gemeinden und den Ländern eingegangen. Abbildung 12 veranschaulicht die Bedeutung der Transferbeziehungen zwischen Ländern und Gemeinden im Verhältnis zu den Gemeindeertragsanteilen:

- Insgesamt standen im Jahr 2015 für die Gemeinden ohne Wien[16] rechnerische Gemeinde-Ertragsanteile in der Höhe von 7.270 Mio. Euro im Rahmen der länderweisen Unterverteilung zur Verfügung.
- Davon sind 912 Mio. Euro (12,7 Prozent der ungekürzten Ertragsanteile) als Vorwegabzug für Gemeinde-Bedarfszuweisungsmittel abzuziehen und für die Vergabe an Gemeinden und Gemeindeverbände an die Länder zu überweisen. Der restliche Betrag von 6.358 Mio. Euro ergibt die Ertragsanteile für das Jahr 2015. Tatsächlich verbucht wurden auf Grund der Überweisungsrhythmen (Vorschüsse und Endabrechnung des Vorjahres) im Jahr 2015 insgesamt 6.146 Mio. Euro (2).
- Die Gemeinden erhielten von den Ländern 736 Mio. Euro an laufenden Transferzahlungen, z. B. für Kinderbetreuung, aber auch für den Haus-

---

16 Wien wird aufgrund der Doppelfunktion als Land und Gemeinde nicht mit einbezogen.

haltsausgleich (3). Ein Teil dieser Mittel resultiert aus Gemeinde-Bedarfszuweisungsmitteln.[17]
- Gleichzeitig (4) gingen 3.212 Mio. Euro vor allem in Form von Umlagen (Krankenanstalten-, Sozialhilfe- und Landesumlage) von den Gemeinden an die Landesebene (in einzelnen Bundesländern auch an Sozialhilfeverbände bzw. Landesfonds[18]).
- Ergänzend wurden Kapitaltransfers – einmalige Transfers für beispielsweise Investitionszuschüsse – in Höhe von 1.001 Mio. Euro von den Ländern an die Gemeinden überwiesen (5). Auch diese Mittel werden teilweise aus den Gemeinde-Bedarfszuweisungsmitteln gespeist.
- Insgesamt ergab sich im Jahr 2015 ein negativer Transfersaldo für die Gemeinden in der Höhe von 1.475 Mio. Euro, wenn nicht berücksichtigt wird, dass ein Teil der Förderungen von den Ländern an die Gemeinden im Zuge der Gemeinde-Bedarfszuweisungsmittel originäre Gemeindemittel sind. Wird dies berücksichtigt, lag der negative Transfersaldo für die Gemeinden sogar bei 2.387 Mio. Euro, das waren immerhin 32,8 Prozent der Gemeinde-Ertragsanteile.

Die Transferbeziehungen zwischen Ländern und Gemeinden sind überwiegend dem tertiären Finanzausgleich zuzuordnen. Der sekundäre Finanzausgleich bestimmt lediglich die Landesumlage in Form einer Obergrenze, während die Höhe der Landesumlage und deren Aufteilung auf die Gemeinden nach landesgesetzlichen Bestimmungen festgelegt wird. Weiters wird im FAG die Dotierung der Gemeinde-Bedarfszuweisungsmittel geregelt. Diese sind vor der länderweisen Unterverteilung von den Gemeinde-Ertragsanteilen abzuziehen und an die Länder zur Gewährung von Bedarfszuweisungen an Gemeinden und Gemeindeverbände zu überweisen. Die Vergabe der Bedarfszuweisungsmittel erfolgt nach landesspezifischen Regelungen. Die weiteren nicht unwesentlichen Transfers sind dem länderinternen tertiären Finanzausgleich zuzuordnen. Zu nennen sind hier bei den Transferausgaben der Gemeinden an die Länder vor allem die Sozialhilfe- und Krankenanstaltenumlagen. Auf der anderen Seite bestehen Landesförderungen, wie beispielsweise laufende Förderungen im Kinderbetreuungsbereich. Die verschiedenen Regelungen weisen eine deutliche horizontale Umverteilungswirkung zwischen den Gemeinden auf.[19]

---

17 Daneben bestehen auch Transferflüsse an Finanzierungs- und Organisationseinheiten außerhalb der Gemeinde- und Länderhaushalte. Deren finanzielle Gebarung ist jedoch oftmals nicht öffentlich zugänglich und kann hier daher nicht dargestellt werden.
18 Bei gemeinsamen Trägerschaften kann die Finanzierungs- und Organisationseinheit jener Gebietskörperschaftsebene zugeordnet werden, bei welcher die verfassungsmäßige Kompetenz der Aufgabenerfüllung liegt. Bei einer Ko-Trägerschaft erfolgt die Zuordnung nach der überwiegenden Finanzierungsverantwortung. Dadurch werden hier Sozialhilfeverbände (auch wenn diese formal als Gemeindeverbände organisiert sind) der Länderebene zugeordnet.
19 Nähere Ausführungen finden sich in Brückner; Haindl; Mitterer: „Tertiärer Finanzausgleich" im vorliegenden Band.

Abbildung 12: Gemeindeertragsanteile und Transferbeziehungen zwischen Gemeinden und Ländern 2015, in Mio. Euro

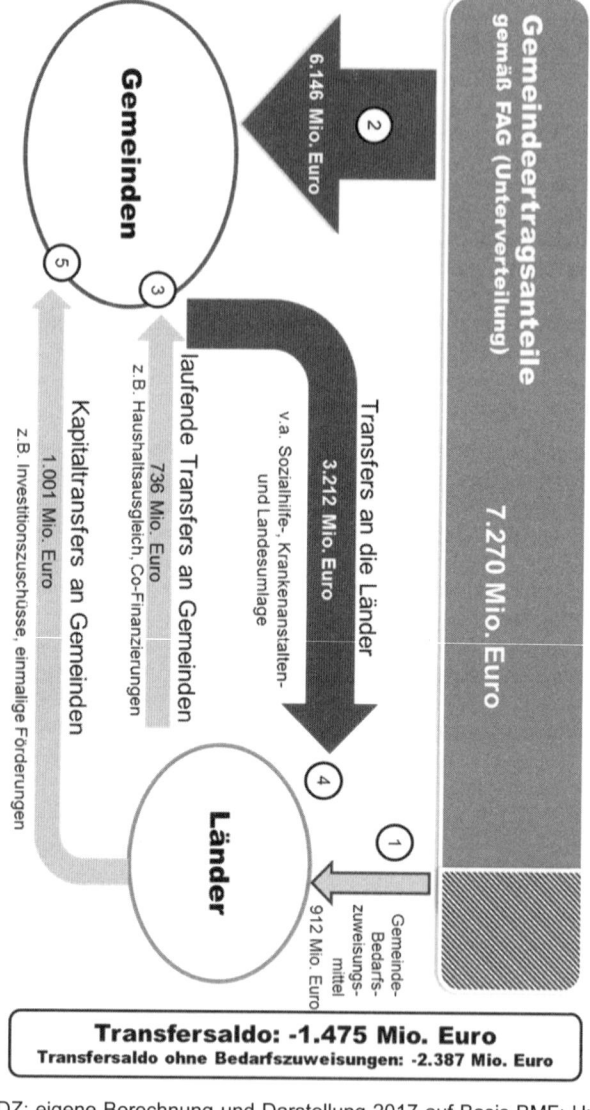

- Gemeindeertragsanteile gemäß FAG (Unterverteilung): 7.270 Mio. Euro
- ② 6.146 Mio. Euro an Gemeinden
- Transfers an die Länder: 3.212 Mio. Euro (v.a. Sozialhilfe-, Krankenanstalten- und Landesumlage)
- laufende Transfers an Gemeinden: 736 Mio. Euro (z.B. Haushaltsausgleich, Co-Finanzierungen)
- Kapitaltransfers an Gemeinden: 1.001 Mio. Euro (z.B. Investitionszuschüsse, einmalige Förderungen)
- ① Gemeinde-Bedarfszuweisungsmittel: 912 Mio. Euro

Transfersaldo: -1.475 Mio. Euro
Transfersaldo ohne Bedarfszuweisungen: -2.387 Mio. Euro

Quelle: KDZ: eigene Berechnung und Darstellung 2017 auf Basis BMF: Unterlagen zum Finanzausgleich 2015 sowie Statistik Austria: Gemeindefinanzdaten 2015. Anmerkung: Die Transferbeziehungen umfassen Transfers zwischen Gemeinden und Ländern bzw. anderen den Ländern zugeordneten Einheiten (insbesondere Sozialhilfeverbände und Landesfonds). Bei den Statutarstädten in Oberösterreich und der Steiermark wurde in ihrer Funktion als Sozialhilfeverband eine fiktive Transferzahlung berücksichtigt. Transfers von den Ländern an ausgegliederte Gesellschaften von Gemeinden sowie Gemeindeverbände sind nicht enthalten.

Die Transfereinnahmen und die Transferausgaben der Gemeinden haben sich seit 2002 unterschiedlich stark entwickelt (Tabelle 9). Während sich die Transferausgaben seit 2002 von 1.655 Mio. Euro bis 2015 auf 3.212 Mio. Euro fast verdoppelt haben, sind die Transfereinnahmen der Gemeinden von den Ländern im selben Zeitraum von 1.166 Mio. Euro auf 1.737 Mio. Euro um nur 49 Prozent gestiegen.

Bei den Transferausgaben ist der starke Anstieg vor allem auf die Sozialhilfe- sowie die Krankenanstaltenumlagen zurückzuführen. Diese beiden dynamischen Umlagen machen rund 80 Prozent der Transferausgaben der Gemeinden aus und haben sich seit 2002 mehr als verdoppelt.

Mit einem durchschnittlichen Anstieg von 3,1 Prozent p. a. entwickelten sich die Transfereinnahmen demgegenüber deutlich schwächer. Am stärksten haben die Transfereinnahmen im Bereich Kinderbetreuung und Bildung zugenommen. Seit 2002 haben sie sich von 292 Mio. Euro auf 590 Mio. Euro (2015) verdoppelt, wobei die Transfereinnahmen vor allem seit 2008 durch die zusätzlichen Mittel aufgrund der Vereinbarung gemäß Art. 15a B-VG über den Ausbau des institutionellen Kinderbetreuungsangebots deutlich angestiegen sind. Die Transfereinnahmen für den Bereich Soziale Sicherung und Gesundheit haben sich im selben Zeitraum leicht reduziert.

Tabelle 9: Entwicklung der Transferbeziehungen zwischen Ländern und Gemeinden, 2002-2015, in Mio. Euro

Transferausgaben der Gemeinden an die Länderebene (in Mio. Euro)						
	2002	2005	2008	2011	2015	% p.a.
Sozialhilfeumlagen	713	837	1.046	1.322	1.509	5,9
Krankenanstaltenumlagen	507	628	744	891	1.051	5,8
Landesumlage	272	280	336	345	410	3,2
sonstige Transferausgaben	164	168	208	223	242	3,0
Summe Transferausgaben	1.655	1.913	2.335	2.781	3.212	5,2

Transfereinnahmen der Gemeinden von der Länderebene nach Aufgabenbereichen (in Mio. Euro)						
	2002	2005	2008	2011	2015	% p.a.
Verwaltung	42	35	47	46	52	1,6
Feuerwehr und Rettung	54	58	63	53	80	2,9
Kinder und Bildung	292	304	396	475	590	5,6
Förderung	116	117	146	114	132	1,0
Soziale Sicherung/Gesundheit	76	106	55	88	67	-1,0
Dienstleistungen	221	223	213	187	237	0,6
Verkehr	190	188	226	212	291	3,3
Finanzwirtschaft	173	222	204	308	288	4,0
Summe Transfereinnahmen	1.166	1.252	1.349	1.484	1.737	3,1

Quelle: KDZ: eigene Berechnungen 2017 auf Basis Statistik Austria: Gemeindefinanzdaten 2002 bis 2015.

5. Resümee und Perspektiven

Der österreichische Finanzausgleich ist das Ergebnis einer Vielzahl an Regelungen, deren Wirkungen weit über das Finanzausgleichsgesetz hinausgehen. Das **Zusammenspiel** aus eigenen Abgaben, Ertragsanteilen an den gemeinschaftlichen Bundesabgaben und intragovernmentalen Transfers bestimmt dabei die Finanzmittelausstattung jeder einzelnen Gebietskörperschaft. Dabei sind insbesondere die folgenden Merkmale des österreichischen Finanzausgleichs erkennbar:

- Der **Steuerverbund** wurde in den letzten Jahrzehnten durch Umwandlung ausschließlicher in gemeinschaftliche Bundesabgaben und Einrechnung von Transfers in die Ertragsanteile kontinuierlich ausgeweitet.
- **Vorwegabzüge** von den Abgaben, die außerhalb des primären Finanzausgleichs auf empfangende Einheiten verteilt werden, spielen dabei eine bedeutende Rolle.
- Mit der Umwandlung des Wohnbauförderungsbeitrages in eine ausschließliche Landesabgabe wird erstmals ein kleiner Schritt zur Stärkung der **Abgabenautonomie** der Länder unternommen.
- Die Abgabenverteilung ist letztlich über mehrere Finanzausgleichsperioden hinweg durch **Kontinuität der Aufteilungsverhältnisse** auf die Gebietskörperschaftsebenen auf Grund durchwegs ertragsneutraler Umstellungen gekennzeichnet.
- **Intragovernmentale Transferbeziehungen** bestehen im umfangreichen Ausmaß, wobei insbesondere eine steigende Bedeutung des tertiären Finanzausgleichs festzustellen ist. Die originäre Finanzmittelausstattung der subnationalen Gebietskörperschaften im primären Finanzausgleich (eigene Abgaben, Ertragsanteile) wird durch die Transferverflechtungen im sekundären und tertiären Finanzausgleich deutlich verändert.
- Die **Transparenz** der finanziellen Beziehungen zwischen den Gebietskörperschaften ist insbesondere im tertiären Finanzausgleich auf Grund der Komplexität der Transferverflechtungen und fehlender, öffentlich bereitgestellter Daten unzureichend.

Sowohl im primären als auch im sekundären Finanzausgleich ist in den letzten Jahren eine Tendenz zur **Vereinfachung** der komplexen Verteilungskriterien erkennbar. So erfolgte mit dem FAG 2008 eine Reduzierung des sekundären Finanzausgleichs durch eine ertragsneutrale Umwandlung einzelner Finanzzuweisungen und Zuschüsse an die Länder und Gemeinden in Ertragsanteile an den gemeinschaftlichen Bundesabgaben. Mit dem FAG 2017 wurden insbesondere Vereinfachungen bei den Vorwegabzügen und bei der horizontalen Verteilung der Gemeinde-Ertragsanteile vorgenommen.

Diese Vereinfachungen im Finanzausgleichsgesetz beheben allerdings primär historisch entstandene Defizite. Eine Vereinfachung der gegebenen Aufgaben- und Finanzierungsverflechtungen resultiert dadurch nicht. Vor allem wurden auch Mittelaufteilungen vom primären und sekundären in den tertiären Finanzausgleich verschoben. Zu nennen sind hier insbesondere die Neuerungen im FAG 2017 hinsichtlich zusätzlicher Gemeinde-Bedarfszuweisungsmittel sowie zusätzliche Finanzzuweisungen an Länder und Gemeinden zur Aufrechterhaltung des Haushaltsgleichgewichtes.

Dadurch ergibt sich, dass vermehrt Mittelzuweisungen außerhalb des Finanzausgleichsgesetzes geregelt werden und eine gemeinsame Betrachtung des Finanzausgleichssystems – daher das Zusammenwirken der unterschiedlichen Instrumente des primären, sekundären und tertiären Finanzausgleichs – immer schwieriger wird.

Dies trifft in besonderem Maße auf die komplexen Transferverflechtungen zwischen Ländern und Gemeinden zu, welche eine deutliche Umverteilungswirkung zwischen den einzelnen Gemeinden sowie von den Gemeinden zugunsten der Länder aufweisen. Mit den Neuregelungen im FAG 2017 wird sich sowohl das Transfervolumen als auch die Komplexität hier noch weiter erhöhen.

In Bezug auf den tertiären Finanzausgleich ist auf die teils kritische Datenlage hinzuweisen. Insbesondere bei jenen Teilen der Finanzmittel, welche im Rahmen der Ertragsanteilsverteilung im Rahmen von Vorwegabzügen anderen Zwecken zugeführt werden (z. B. Siedlungswasserwirtschaftsfonds, Pflegefonds), fehlen teilweise entsprechende transparente Verwendungsnachweise – auch hinsichtlich ihrer Verteilungswirkungen auf die einzelnen Gebietskörperschaften. Auch Evaluierungsberichte, ob die mit den verschiedenen Instrumenten des Finanzausgleichs initiierten Wirkungen erreicht wurden, bestehen bislang nicht in ausreichendem Ausmaß.

Neben den in diesem Beitrag dargestellten Entwicklungen zur Struktur des Finanzausgleichs im engeren Sinn und finanzstatistischen Effekten sind für eine Gesamtbeurteilung des Finanzausgleichssystems eine Reihe weiterer Beurteilungsperspektiven und -kriterien maßgeblich. Eine Orientierungshilfe bietet der Beurteilungsrahmen von Bröthaler und Getzner (Beitrag „Evaluierungsrahmen" im vorliegenden Band), in dem systemische, strukturelle und technisch-administrative Kriterien zur Beurteilung des Finanzausgleichs im weiteren Sinn herangezogen werden.

Abschließend erfolgt eine zusammengefasste Einschätzung der Autorinnen und des Autors zu strukturellen Aspekten des Finanzausgleichs.[20] Im Zentrum der Betrachtung stehen hierbei das Zusammenspiel und die Ausgewogenheit der Instrumente des Finanzausgleichs sowie der erreichte Wirkungsbezug.

---

20 Die Einschätzungen der Autorinnen und des Autors stützen sich teilweise auf Ergebnisse von Studien der vergangenen Jahre zum FAG 2008. Siehe auch den Beitrag von Bauer; Biwald; Mitterer: „Kritische Analysen und Reformvorschläge".

Tabelle 10: Instrumente und Wirkungsbezug im Finanzausgleichssystem

Beurteilungskriterien	Einschätzung
Abgabenautonomie	Geringer subnationaler Gestaltungsspielraum bei eigenen Abgaben; Ausmaß eigener Abgaben bei Ländern sehr gering, bei Gemeinden wichtige Einnahmenquelle
Allokation, Distribution	Unzureichende Trennung allokativer und distributiver Wirkungen bei Abgabenteilung und insbesondere bei Transfers
Spillover, Skaleneffekte	Unzureichende Berücksichtigung räumlicher externer Effekte und der Kosteneffizienz unterschiedlicher Organisationsformen
Lokale/regionale Präferenzen	Berücksichtigung lokal oder regional unterschiedlicher Präferenzen bzw. Niveaus öffentlicher Güter und Dienstleistungen im Bereich der Transfers teilweise gegeben, oftmals fehlen jedoch regionale Strategien zu Wirkungszielen; Fehlende Abgrenzung Wahlbedarf (genauere Trennung der Finanzierungslasten aus Pflicht-, Ermessensaufgaben bzw. freiwilligen Aufgaben erforderlich)
Ressourcen-Ausgleich	Ausmaß des Finanzkraft-Ausgleichs ist abzuwägen (zum Teil geringe Effizienzanreize durch hohe - Kompensationseffekte); Geringe Ausprägung eines regionalpolitischen Ausgleichs (Verteilungsorientierung wiegt stärker als Kohärenz und Wachstumsziele)
Lasten-Ausgleich	Unzureichende Berücksichtigung von verschiedenen Sonderlasten bzw. von Ausmaß, Niveau und Qualität der Leistungserbringung
Finanzierungsmechanismen und -verflechtungen	Hohes Maß an Finanzierungsverflechtungen (hohe Anzahl an Transfers, hohes Volumen der intragovernmentalen Transfers – sowohl der Umlagen als auch Zuweisungen; Transparenzdefizite; kein Trend zur Aufgabenentflechtung erkennbar
Finanzpolitische Resilienz	Hohes Maß an Kontinuität, Stetigkeit und Rechtssicherheit im Bereich der Abgabenteilung und überwiegend auch bei den Transfers

Quelle: Eigene Darstellung, 2017.

In Summe zeigt sich, dass eine gesamthafte Strategie für die Weiterentwicklung des Finanzausgleichssystems fehlt, wie dies auch in mehreren Beiträgen zur grundlegenden Reform des Finanzausgleichs deutlich wird.[21] Eine ausreichende Abstimmung der einzelnen Elemente des Finanzausgleichs im engeren Sinn sowie klare Zielsetzungen hinsichtlich der Gesamtausrichtung des Finanzausgleichs im weiteren Sinn sind daher zentrale Reformbereiche.

---

21 Insbesondere beschäftigt sich der Teil 5 dieses Bandes mit Reformoptionen.

Helfried BAUER, Peter BIWALD, Karoline MITTERER

Kritische Analysen und Reformvorschläge zum Finanzausgleich 2008

Dem Finanzausgleichsgesetz 2008 folgte die Erkenntnis, dass die Zeit für grundlegende Reformen gekommen wäre. Dazu entwickelte sich eine vertiefende wissenschaftliche Auseinandersetzung mit dem Finanzausgleich und seinen zentralen Instrumenten, die sich auch in mehreren Studien und Beiträgen widerspiegelt. Diese umfassen sowohl kritische Analysen des Finanzausgleichs im engeren Sinn und seine jeweiligen Teilbereiche als auch Reformansätze in unterschiedlichem Konkretisierungsgrad.

Um einen Überblick über die zentralen Erkenntnisse aus diesen Publikationen sowie wissenschaftlichen Auseinandersetzungen zu geben, erfolgt eine kurze Darstellung ausgewählter Studien und Beiträge zu der Thematik aus finanzwissenschaftlicher und finanzpolitischer Sicht. Ebenso werden Ergänzungen zum FAG 2008 im Zeitraum bis 2016 am Beispiel der dynamischen Aufgabenbereiche Pflege, Gesundheit und Kinderbetreuung kritisch analysiert. Zusätzlich werden Ergebnisse von Prüfungen des Rechnungshofes, mit denen auch aufgabenbezogene und auf Finanzierung von Aufgaben gerichtete Gegebenheiten und Entwicklungen behandelt werden, vorgestellt. Der Beitrag wird mit einer Sammlung von Reformvorschlägen zur Abgabenhoheit, Aufgabenorientierung und den Transferbeziehungen ergänzt.

1. Kritische Analysen und Reformvorschläge aus finanzwissenschaftlicher Sicht

Um zu einer Einschätzung zu kommen, inwieweit sich Studien und Beiträge seit dem Jahr 2008 mit finanzwissenschaftlichen Fragestellungen auseinandergesetzt haben, erfolgt nachfolgend eine Übersicht anhand der folgenden Kriterien: Äquivalenzprinzip, Zielsetzungen im Finanzausgleichssystem, Reformprozess, Konstruktion des Finanzausgleichs, Distributions- und Allokationsziele sowie Transparenzziele.

Für Thöni ist der „österreichische Finanzausgleich eine systematische, gleichzeitig aber auch eine unsystematische Zusammenführung von Bundes- und Selbständigkeitsgedanken, die zu Asymmetrien zwischen Zuständigkeiten, Aufgabenerfüllungen und finanziellen Ressourcen (...) führen".[1] Der österreichische Finanzausgleich versteht sich jedoch auf einen solchen im engeren Sinn (nur Einnahmen- (und Ausgleichs-)verteilung) und nimmt damit nicht explizit Bezug auf die sich über die Zeit ändernde Aufgabenverteilung.

---
1 Siehe Thöni: Intergovermental fiscal relations, 2010, S. 103.

Stärkung des Äquivalenzprinzips

Das Äquivalenzprinzip ist ein wichtiges (ökonomisches) Konstruktionsprinzip und stellt im Finanzausgleich die Übereinstimmung von Aufgaben-, Ausgaben- und Einnahmenverantwortung in den Mittelpunkt.[2] Insbesondere im Rahmen der vielfältigen Transferverflechtungen wurde in verschiedenen Studien die **Verletzung** des Äquivalenzprinzips aufgezeigt. So formulieren Biwald et al. etwa zu den Umlagen, welche Gemeinden zur Mitfinanzierung an die Länder zu leisten haben: „Auf Seiten der Gemeinden besteht (...) grundsätzlich ausschließlich eine Ausgabenverantwortlichkeit, wodurch das Prinzip der fiskalischen Äquivalenz nicht gewahrt ist. Aus ökonomischer Sicht ist dies insbesondere für die Bereiche Sozialhilfe i.w.S. und Krankenanstalten kritisch zu sehen, da in dieser Konstellation die Anreize für eine kostenminimale Aufgabenerfüllung geringer sind als bei einem Zusammenfallen von Aufgaben-, Ausgaben und Finanzierungsverantwortung."[3] Denn „Träger der Sozialhilfe sowie der Krankenanstalten sind in beinahe allen Bundesländern ausschließlich die Länder."[4]

Thöni und Bonn halten dazu fest, „dass die aus den vielfachen **Verflechtungen** im Bereich der Kompetenzen bedingte Intransparenz der Finanzierungsströme innerhalb des österreichischen Finanzausgleichssystems zu Fiskalillusionen[5] und damit mangels Kostenbewusstsein zu übermäßiger Bereitstellung öffentlicher Leistungen führen kann."[6]

Auch die **geringe Abgabenautonomie** der subnationalen Gebietskörperschaften wird kritisch gesehen, da hier der Grundsatz der „institutionellen Kongruenz" verletzt wird, wie beispielsweise Pitlik et al.[7] ausführen. Entsprechend wird eine verstärkte Konnexität der Aufgaben-, Ausgaben- und Einnahmenverantwortung gefordert, indem „die Aufgaben- und Ausgabenverantwortung mit der Finanzierungsverantwortung auf jeder Ebene des Staatsaufbaus"[8] zusammengeführt wird. Es bedarf einer entsprechenden Bereinigung der Kompetenz- und Aufgabenverteilung: Gefordert wird eine „Reform der praktisch unverändert gebliebenen Kompetenzverteilung aufgrund des technischen und wirtschaftlichen Wandels, aber auch aus Sicht der vielfältigen internationalen Verflechtungen und Verpflichtungen."[9]

Die in den verschiedenen Studien vorgeschlagenen Reformen betreffen die Abgabenautonomie, die Transferzahlungen sowie eine aufgabenorientierte Mittelverteilung. Hierbei sollte darauf geachtet werden, dass ein „Dezentralisierungsbias" ebenso vermieden wird, wie eine weitere Ein-

---

2   Nähere Ausführungen finden sich im Beitrag Bauer; Thöni: „Finanzausgleich im Überblick" im vorliegenden Band.
3   Siehe Biwald et al.: Transfers und Kostentragung, 2010, S. 8.
4   Siehe Biwald et al.: Transfers und Kostentragung, 2010, S. 9.
5   „Von einer Fiskalillusion spricht man, wenn der Zusammenhang zwischen Leistungen und den durch sie verursachten Kosten für den Staatsbürger verloren geht." Siehe Thöni; Bonn: Fiskalische Autonomie, 2011, S. 70.
6   Siehe Thöni; Bonn: Fiskalische Autonomie, 2011, S. 70.
7   Vgl. Pitlik et al.: Umfassende Steuerhoheit, 2015, S. 177.
8   Siehe Bröthaler et al.: Reformoptionen und Reformstrategien, 2010, S. 3.
9   Ebd.

schränkung der Einnahmenautonomie der subnationalen Gebietskörperschaften.[10] Hinzu kommen auch Reformoptionen für eine stärkere **räumliche Kongruenz**.[11] Es gilt beispielsweise, die Leistungen innerhalb von Regionen besser zu definieren und Transfers stärker an eine regionale Grundversorgung zu binden. Es wird auch das Schaffen von Klein- und/oder Stadtregionsplanungsverbänden für zentralörtliche Aufgaben und/oder Aufgaben mit (klein)regionaler Wirkung vorgeschlagen.

Abstimmungsmängel bei Zielsetzungen im Finanzausgleichssystem

In den letzten Jahren ist eine verstärkte Diskussion hinsichtlich der Zielsetzungen im Finanzausgleich zu vermerken. So werden dem jetzigen Finanzausgleich **mangelnde Abstimmungen der Zielsetzungen** attestiert. Bauer weist eine einseitige Zielausrichtung im österreichischen Finanzausgleich nach, wobei das „Herstellen horizontaler Verteilungsgerechtigkeit zugunsten finanzschwacher Länder und Gemeinden" dominiert, dagegen „Wachstums- und Konsolidierungsziele sowie Aufgaben- und Effizienzorientierung (…) kaum oder nur geringe Berücksichtigung"[12] finden.

Das Zusammenspiel der verschiedenen Finanzausgleichselemente wird dabei kritisch gesehen. „Der sekundäre und tertiäre Finanzausgleich ist (…) überdimensioniert und in dieser Form nicht mehr steuerbar. Vielmehr bedarf es einer verbesserten Abstimmung insbesondere zwischen Bund und Ländern, welche die Transferbeziehungen im Wesentlichen bestimmen. Die Zielsetzungen des primären, sekundären und tertiären Finanzausgleichs müssen daher aufeinander abgestimmt sein."[13] Das resultierende „**Transferchaos**" im sekundären und tertiären Finanzausgleich ist eines der am meisten kritisierten Problemfelder des österreichischen Finanzausgleichssystems.[14] „Die Nicht-Verknüpfung der Verhandlungen zum Finanzausgleichsgesetz von Verhandlungen zu Transferregelungen zwischen Gemeinden und Ländern führt zu äußerst unterschiedlichen Regelungen in den Bundesländern, zu einer Umkehrung der bundesweiten Regelung und zu einer Einschränkung der Gemeindeautonomie."[15]

In der Studie von Bröthaler et al.[16] wird weiters die „Flexibilisierung des Finanzausgleichs im Hinblick auf operationale, zeitlich limitierte Festlegung politisch-strategischer Ziele im Finanzausgleich (z. B. Klimaschutz und nachhaltige Raumentwicklung) als zentrale Reformoption gesehen."[17]

---

10 Dazu Thöni et al.: Fiskalische Autonomie, 2011, S. 79 f.; zuvor bereits Thöni; Bauer: Erweiterte Abgabenhoheit, 2005 und Sutter: Mehr Abgabenautonomie für Länder und Gemeinden, 2010, S. 148 f.
11 Vgl. Mitterer et al.: Regionale Versorgungsfunktion, 2016.; Mitterer et al.: Aufgabenerfordernisse und Mittelverteilung, 2014, S. 80 f.; zuvor bereits Thöni und Bonn: Gemeinden 2011, 2012, S. 226 f.
12 Siehe Bauer: Verstärkte Zielorientierung, 2012, S. 254.
13 Siehe Mitterer et al.: Länder-Gemeinde-Transferverflechtungen, 2016, S. 116.
14 Siehe dazu Thöni et al.: Fiskalische Autonomie, 2011, S. 75.
15 Siehe Mitterer et al.: Aufgabenerfordernisse und Mittelverteilung, 2014, S. 86.
16 Bröthaler et al.: Reformoptionen und Reformstrategien, 2010, S. 4.
17 Siehe Bröthaler et al.: Reformoptionen und Reformstrategien, 2010, S. 4.

Art und Ausmaß der Mittelumverteilung im Finanzausgleichssystem – wenigstens hinsichtlich zentraler Rahmenvorgaben – wird dabei von der Zielfestlegung (mit)bestimmt. Im Zentrum steht dabei die **konkrete Konstruktion** des Finanzausgleichs. So kann darauf hingewiesen werden, dass bei der Gestaltung eines Finanzausgleichs auch die Aufgabennotwendigkeiten berücksichtigt werden müssen. Auf der Gemeindeebene betrifft dies beispielsweise auch die Fragestellung, wie die Beziehungen zwischen städtischem und ländlichem Raum in Zukunft aussehen sollen. „So wird (...) geklärt werden müssen, welches Aufgabenniveau in den Gemeinden erbracht werden soll und auch welche räumlichen Bezugsebenen hier gegeben sein sollen."[18]

Ziele zur Reform des Finanzausgleichs betreffen daher u. a. „die Forcierung der Wirkungsorientierung, (...) das bessere Eingehen auf mögliche Unterschiede in den Präferenzen von Bürgerinnen und Bürgern sowie der Wirtschaft."[19] Dies erfordert „Klarheit über die vorrangigen Ziele des öffentlichen Handelns, die Schaffung von Transparenz und Verantwortlichkeit der Entscheidungsträger (...), ebenso wie effektive Koordination und Kooperation der zahlreichen Gebietskörperschaften."[20]

Reformprozess und Neukonstruktion des Finanzausgleichs

Dass die Planung und Gestaltung des Reformprozesses selbst ein wesentlicher Faktor für eine erfolgreiche Reform ist, wird in der Studie Bröthaler et al.[21] betont. Hierbei wird auf die Bedeutung einer verbindlichen raschen Grundsatzentscheidung und einer angemessenen Vorlaufzeit losgelöst von Verhandlungen zur nächsten Finanzausgleichsperiode hingewiesen.

Als grundsätzlicher Reformansatz wird eine **völlige Neuordnung** oder inkrementelle zielgerichtete **Entwicklung** eines neuen Finanzausgleichs empfohlen. Zu klären wären insbesondere das anzustrebende Föderalismusmodell und die Positionierung der Finanzausgleichsreform gegenüber anderen Reformbereichen. Einer Einigung bedarf es auch hinsichtlich der grundsätzlichen Zielsetzung eines reformierten Finanzausgleichs sowie der Gesamtarchitektur eines neuen Finanzausgleichs.

In diesem Sinne wurde ein Modell einer neuen Gesamtarchitektur des Finanzausgleichs von Bröthaler et al. entwickelt (Abbildung 1). Eckpfeiler sind hier Module zu Abgabenautonomie, aufgabenorientierter Verteilung der Mittel des Steuerverbundes, Ressourcenausgleich (Bündelung aller bisherigen Transfers), Lastenausgleich (für Basisaufgaben und Sonderlasten) sowie einige wenige zeitlich und thematisch begrenzte allokative Transfers.

---

18   Siehe Mitterer et al.: Aufgabenerfordernisse und Mittelverteilung, 2014, S. 89.
19   Siehe Bauer: Verstärkte Zielorientierung, 2012, S. 262.
20   Ebd., S. 262.
21   Vgl. Bröthaler et al.: Reformoptionen und Reformstrategien, 2010, S. 5.

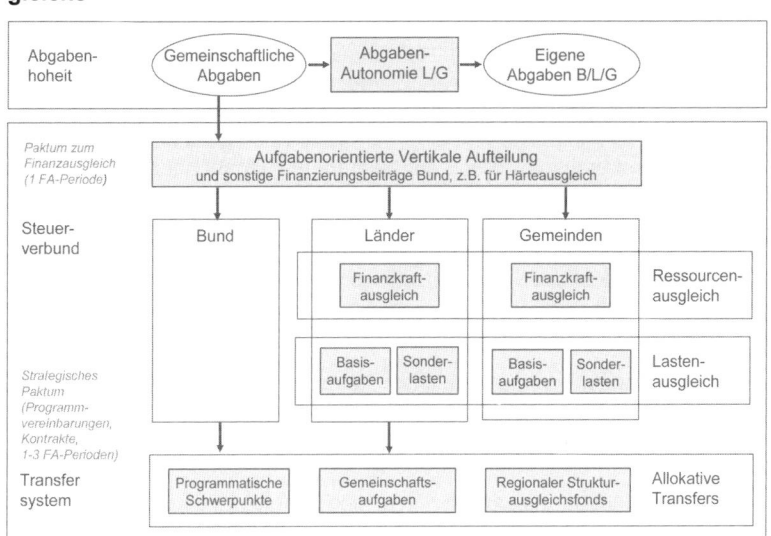

Abbildung 1: Modell einer neuen Gesamtarchitektur des Finanzausgleichs

Quelle: Bröthaler et al.: Reformoptionen und Reformstrategien, 2010, S. 46.

Thöni und Bonn sehen eine Reformbedürftigkeit des Finanzausgleichs auf mehreren Ebenen.[22] Ausgangspunkt für eine Reform ist eine **Neuordnung der Kompetenzen**, wofür es einer Entflechtung bedarf. Aufbauend auf der Neuordnung der Kompetenzen kann die Frage nach der bestmöglichen Finanzierung definiert werden. Dabei gilt es zu prüfen, welche Abgaben sich als eigene Abgaben auf den Ebenen der subnationalen Gebietskörperschaften eignen und welches Autonomiemaß Länder und Gemeinden bei der Ausgestaltung der Abgaben erhalten sollen. Mit der fiskalischen Äquivalenz eng verbunden ist der Wegfall der bestehenden Transferverflechtungen zwischen den Gebietskörperschaften. Für Thöni und Bonn besteht „kein Zweifel daran, dass das österreichische Finanzausgleichssystem genügend mögliche Ansatzpunkte für eine umfassende Reform bietet."[23]

In ihrem Beitrag Gemeinden 2011 konkretisieren Thöni und Bonn[24] die Reformerfordernisse. So wäre „eine Aufgabenreform bzw. -neugestaltung mit dezentraler Tendenz" zu prüfen. Das Prinzip der **Einheitlichkeit der Lebensverhältnisse** ist „im Sinne einer ‚Gleichwertigkeit', nicht jedoch ‚Gleichartigkeit' von Lebensverhältnissen zu sehen".[25] Im Rahmen der Aufgabenreform wären „insbesondere die Aufgabenerfüllungen in der Privatwirtschaftsverwaltung zu überprüfen und neu zu ordnen". Die Heterogenität in der Bevölkerungsstruktur, aber auch die „geografischen bzw. topo-

---

22 Vgl. Thöni; Bonn: Fiskalische Autonomie, 2011, S. 78 ff.
23 Ebd., S. 81.
24 Vgl. Thöni; Bonn: Gemeinden 2011, 2012, S. 205-234.
25 Ebd., S. 232.

grafischen Unterschiedlichkeiten der Gemeinden machen eine stärkere Differenzierung und Flexibilisierung der Schlüssel der (indikatorenbasierten) Mittelverteilungen notwendig".[26]

Ebenfalls ein ganzheitlicher Reformansatz – allerdings mit Fokus auf die Gemeindeebene – wurde von Mitterer et al.[27] eingebracht. Das vorgeschlagene Modell sieht eine Basisfinanzierung vor, womit eine grundsätzliche finanzielle Mindestausstattung der Gemeinden gesichert werden soll. Mit einem Lastenausgleich soll auf besondere Aufgabenbedarfe aufgrund unterschiedlicher externer Rahmenbedingungen (z. B. sozio-demografische oder geografisch-topografische Rahmenbedingungen, zentralörtliche Funktion) reagiert werden. Der Ressourcenausgleich soll finanzschwächere Gemeinden stärken und von finanzkräftigeren Gemeinden Mittel abschöpfen.

Distributions- versus Allokationsziele?

Im Rahmen eines Finanzausgleichssystems ist eine ausreichende Berücksichtigung von Distributions- und Allokationszielen zentral. Insbesondere das Zusammenspiel von **Ressourcen- und Lastenausgleich** wurde seit 2008 verstärkt analysiert und darauf aufbauend Reformansätze entwickelt.

Auf Gemeindeebene wird die Überrepräsentation des Ressourcenausgleichs – und im Gegenzug die Unterrepräsentation eines Lastenausgleichs – kritisiert. „Im Finanzausgleich ist zwar ein vielfältiges System an Ressourcenausgleichen erkennbar, es fehlen jedoch entsprechende Lastenausgleiche."[28]

So berücksichtigt die starke Orientierung an der Finanzkraft bei der Umlagenbemessung nicht die unterschiedlichen Aufgabenlasten, wie dies etwa durch Biwald et al. betont wird. „Umlagen orientieren sich mit der Finanzkraft ausschließlich bzw. vorwiegend an einer Inputgröße und verfolgen grundsätzlich distributive Ziele. Ein Lastenausgleich (aufgrund unterschiedlicher sozio-ökonomischer oder geografisch-topografischer Erfordernisse) erfolgt nicht."[29]

Dies gilt auch für das Zusammenspiel zwischen primärem, sekundärem und tertiärem Finanzausgleich, wo auf die vorwiegend ressourcenausgleichende Wirkung der Transferbeziehungen zwischen Ländern und Gemeinden verwiesen wird, wohingegen eine Berücksichtigung des unterschiedlichen Aufgabenspektrums der einzelnen Gemeinden unterbleibt, wie dies durch Mitterer et al. gefordert wird. „Die Verteilungswirkung des abgestuften Bevölkerungsschlüssels auf die Finanzausstattung zugunsten der großen Städte wird durch die Transferbeziehungen zwischen Ländern und Gemeinden weitgehend aufgehoben. Bei Berücksichtigung der Trans-

---

26 Vgl. Thöni; Bonn: Gemeinden 2011, 2012, S. 233.
27 Vgl. Mitterer et al.: Aufgabenerfordernisse und Mittelverteilung, 2014, S. 86 ff. Nähere Ausführungen auch im Beitrag von Mitterer: „Aufgabenorientierung" im vorliegenden Band.
28 Siehe Mitterer et al.: Aufgabenerfordernisse und Mittelverteilung, 2014, S. 85.
29 Siehe Biwald et al.: Transfers und Kostentragung, 2010, S. 9.

fers von und an Länder verfügen die Gemeinden bis 1.000 EW über höhere Mittel pro Kopf als die Gemeinden der folgenden EW-Klassen."[30]

Gleichzeitig führt die mannigfache Ausgestaltung der Umlagen je nach Bundesland zu unterschiedlichen Belastungen und distributiven Wirkungen. „Unterschiedliche Kostenbeitragssätze und Verteilungskriterien in den einzelnen Bundesländern führen zu sehr unterschiedlichen Rahmenbedingungen der Gemeinden. Es ist nicht nachvollziehbar, weshalb Gemeinden mit grundsätzlich ähnlichen Aufgabenbereichen je nach Bundesland unterschiedlich belastet bzw. gefördert werden."[31]

Sonderlasten, welche beispielsweise durch unterschiedliche regionale Versorgungsfunktionen entstehen, werden nicht ausreichend differenziert über den Finanzausgleich abgegolten. „Die unterschiedlichen Faktoren, die der abgestufte Bevölkerungsschlüssel je nach Einwohnerzahl zur Gewichtung vorsieht, lassen sich daher immer weniger durch unterschiedliche regionale Versorgungsfunktionen rechtfertigen. So nehmen etwa kleine Bezirkshauptorte oder regionale Zentren im ländlichen Raum zwar erhebliche zentralörtliche Funktionen für ihr Umland wahr (…), die sich aber nicht in der geringeren Einwohnerzahl ausdrücken. Im Gegensatz dazu gibt es vor allem im suburbanen Bereich der größeren Städte einwohnerstarke Gemeinden, die selbst kaum Versorgungsfunktionen übernehmen, weil diese Leistungen ohnehin in den größeren Zentren angeboten werden."[32]

Im Zentrum der Reformoptionen steht dabei eine Trennung von allokativen und distributiven Zielen und Wirkungen mittels „Herstellung von Transparenz und Wirkungssicherheit durch klare Trennung allokativer und distributiver Ziele bei der Mittelverteilung im Steuerverbund und Transfersystem."[33] In den Studien Bröthaler et al.[34] und Biwald et al.[35] werden folglich die drei eigentlichen Transferzwecke (Ressourcenausgleich, Lastenausgleich, Abgeltung regionaler Spill-overs) konkretisiert. Sie skizzieren eine idealtypische Ausgestaltung von Transfers.

So sollen allokative Transfers (Lastenausgleich) stark am grundsätzlichen Ziel der Förderung des effizienten Mitteleinsatzes geknüpft sein und entsprechend output-orientiert ausgestaltet sein. Dabei wird ein Lastenausgleich für Aufgaben mit räumlichen Spill-overs sowie für sonstige Lasten durch spezifische sozioökonomische oder geographische Rahmenbedingungen vorgeschlagen. Unerwünschte Finanzkraftunterschiede sollten in Zukunft nur mehr durch einen zusammengefassten Ressourcenausgleich im Rahmen eines horizontalen Ausgleichs zwischen Ländern bzw. zwischen Gemeinden verringert werden.

---

30 Siehe Mitterer et al.: Länder-Gemeinde-Transferverflechtungen, 2016, S. 105.
31 Siehe Biwald et al.: Transfers und Kostentragung, 2010, S. 9.
32 Siehe Mitterer et al.: Bestimmung der regionalen Versorgungsfunktion, 2016, S. 15.
33 Siehe Bröthaler et al.: Reformoptionen und Reformstrategien, 2010, S. 4.
34 Ebd., S. 4.
35 Vgl. Biwald et al.: Transfers und Kostentragung, 2010, S. 10 f.

Transparenzziele

Mehrere Reformansätze, die sich auf das Transfersystem beziehen, setzen auch am Ziel der Transparenzsteigerung an.

In einzelnen Studien wird dem Finanzausgleichssystem im Allgemeinen sowie dem Transfersystem im Speziellen mangelnde Transparenz attestiert. So heißt es etwa in einer Analyse zum Finanzausgleichsgesetz, dass dieses „äußerst komplex, vielfach historisch begründet und daher nicht mehr zeitgemäß"[36] ist. Vor allem die Transferbeziehungen werden kritisch gesehen. „Die Transparenz der Transferbeziehungen zwischen Ländern und Gemeinden kann insgesamt als mangelhaft bezeichnet werden."[37]

Dabei wird beispielsweise in Mitterer et al. auf eine eingeschränkte Nachvollziehbarkeit einzelner Transfers und eine fehlende Transparenz bei Finanzierungs- und Organisationseinheiten außerhalb der Gemeinde- und Länderbudgets hingewiesen. Thöni und Bonn bezeichnen den Bereich der Transferzahlungen als „Dschungel", „der nur mehr von wenigen durchblickt wird; eine Entflechtung tut not."[38]

Bezüglich der Gemeinde-Bedarfszuweisungen weisen Biwald et al. darauf hin, dass „im Bereich der Bedarfszuweisungen (…) in den meisten Bundesländern keine transparenten Verteilungskriterien oder Zielsetzungen (bestehen). Weiters sind hohe Transaktionskosten mit den Bedarfszuweisungen verbunden."[39]

2. FAG 2008: Finanzpolitische Einschätzungen und Ergänzungen

2.1 Finanzpolitische Einschätzungen zum FAG 2008

Der Finanzausgleich 2008 hat auch wichtige finanzpolitische Analysen ausgelöst. Sie sind teilweise bereits im Handbuch zum FAG 2008[40] publiziert worden. Rossmann hielt 2008 fest, „dass mit dieser Einigung die bestehenden Schwachstellen des Finanzausgleichs und seiner verfassungsrechtlichen Grundlagen nicht gelöst werden konnten".[41] Rossmann greift in seinem Beitrag die Frage der unzureichenden Zielorientierung auf und erhebt die Forderung, den Finanzausgleich flexibler anzulegen und „verstärkt auf wirtschafts- und gesellschaftspolitische Ziele"[42] auszulegen.

Seitens des Österreichischen Städtebundes wurde zum FAG-Paktum 2008 festgehalten, dass durchaus erste, positive Ansätze (Umwandlung

---

36 Siehe Mitterer et al.: Aufgabenerfordernisse und Mittelverteilung, 2014, S. 81; siehe auch Rechnungshof: Abgestufter Bevölkerungsschlüssel: Reihe Bund 2016/4.
37 Siehe Mitterer et al.: Länder-Gemeinde-Transferverflechtungen, 2016, S. 98.
38 Vgl. Thöni; Bonn: Gemeinden 2011, 2012, S. 226.
39 Siehe Biwald et al.: Transfers und Kostentragung, 2010, S. 9.
40 Bauer: Finanzausgleich 2008: Ein Handbuch, 2008.
41 Siehe Rossmann: Finanzausgleich, 2008, S. 307.
42 Ebd., S. 309.

einiger Transfers in Ertragsanteile, Berücksichtigung der Zusatzlasten durch 24-h-Betreuung und die bedarfsorientierte Mindestsicherung) zu erkennen sind.[43] Elementare Punkte wie die Steuerautonomie, das „Transferchaos" des sogenannten tertiären Finanzausgleichs sowie Kompetenzverflechtungen bedürfen weiterhin einer Lösung.

Für die Arbeiterkammer stellte das FAG 2008 trotz einiger positiver Aspekte (Mindestsicherung, 24-h-Pflege, Ausbau Kinderbetreuung) in struktureller Hinsicht eine Enttäuschung dar. „Die mangelnde Abstimmung auf die Verfassungs- und Verwaltungsreform war sicherlich der größte Fehler. Fortschritte in Richtung aufgabenorientierter Finanzausgleich oder eine Zusammenführung von Aufgaben-, Ausgaben- und Finanzierungsverantwortung wurden kaum erreicht."[44]

Für Schratzenstaller brachte der Finanzausgleich 2008 keine grundlegenden Veränderungen. „Zwar wurden durchaus Schritte in die richtige Richtung gesetzt, wie etwa die Entflechtung der intragovernmentalen Transfers. Maßnahmen zur Beseitigung von seit langem diskutierten Strukturdefiziten, insbesondere bezüglich der Aufgabenverteilung zwischen Bund, Ländern und Gemeinden sowie der Abgabenautonomie der nachgeordneten Gebietskörperschaften, wurden jedoch ein weiteres Mal aufgeschoben."[45]

Handler erschien es „angesichts der Herausforderungen an künftige staatliche Leistungen (Grundsicherung, Bildung, Gesundheit) (...) unabdingbar, die zuletzt auch beim FAG 2008 versäumte Chance einer Gesamtschau der Lastenverteilung für die nächsten Finanzausgleichsverhandlungen im Auge zu behalten."[46]

Bauer und Schratzenstaller hielten in einem WIFO-KDZ-Workshop im Jahr 2011 fest: „Die bisherige Finanzausgleichspolitik, nur die unbedingt erforderlichen Anpassungen sowie einzelne Detailreformen vorzunehmen, hat das seinerzeit ausbalancierte System (...) nach Jahrzehnten der punktuellen Retuschen in eine Schieflage gebracht, die durch weitere Korrekturen nicht behoben werden kann."[47] Sie sehen mittel- bis längerfristig erhebliche Vorteile in der Erneuerung des Finanzausgleichssystems und sprechen sich für eine Reform in zwei bis drei Phasen aus.

Matzinger sah bei dieser Tagung, dass die bisherigen evolutionären Reformschritte den bestehenden Finanzausgleich modifizieren und verbessern, sie ändern aber die Grundstrukturen nicht. Matzinger erkannte aus der nicht aufhörenden Diskussion um grundlegende Reformen ein Indiz dafür, dass „diese Grundstrukturen den geänderten Umweltanforderungen nicht mehr gerecht werden".[48]

---

43 Vgl. Puchner; Weninger: Finanzausgleich Sicht der Städte, 2008, S. 263-279.
44 Siehe Schweitzer: Finanzausgleich Sicht Arbeitnehmerinnen und Arbeitnehmer, 2008, S. 295.
45 Siehe Schratzenstaller: Der neue Finanzausgleich, 2008, S. 304.
46 Siehe Handler: Reformbereiche, 2008, S. 443.
47 Siehe Bauer; Schratzenstaller: Ausgewählte Reformerfordernisse, 2011, S. 130 f.
48 Siehe Matzinger: Kommentar, 2011, S. 134.

2.2 Neue finanzpolitische Initiativen

In der Finanzausgleichsperiode 2008 bis 2016 hat es trotz zweimaliger Verlängerung seiner Geltungsdauer zusätzliche finanzpolitische Festlegungen und institutionelle Neuregelungen gegeben, die außerhalb des Finanzausgleichsgesetzes und damit auch neben der formellen Paktierung des FAG verhandelt wurden. Sie betreffen v. a. die Finanzierung von Gesundheit, Pflege und Kinderbetreuung.

Pflegefonds

Im Jahr 2011 wurde ein Pflegefonds[49] eingerichtet, mit dessen Mitteln Aufbau, Ausbau und Sicherung von Pflegeleistungen (mobile Dienste, stationäre Pflege, Tageszentren, Kurzzeitpflege sowie Case- und Caremanagement) finanziert werden sollten. Dieser Pflegefonds sollte zur finanziellen Entlastung der Länder und Gemeinden beitragen, und sollte allerdings nur als Übergangslösung bis 2014 gelten. Für die Zeit nach 2014 (in der aus damaliger Sicht nächsten Finanzausgleichsperiode) sollte eine umfassende Reform der Organisation und Finanzierung der Pflege in Österreich erarbeitet werden.[50] Mittlerweile wurde der Pflegefonds bis 2021 verlängert.

Insgesamt standen im Pflegefonds bis 2014 685 Mio. Euro zur Verfügung. Davon wurden 100 Mio. im Jahr 2011, 150 Mio. im Jahr 2012, 200 Mio. im Jahr 2013 und 235 Mio. im Jahr 2014 ausgeschüttet. Die Finanzierung sollte zu 2/3 aus Mitteln des Bundes und zu 1/3 durch die Länder und Gemeinden finanziert werden. In der aktuellen Fassung werden die jährlichen Zweckzuschüsse bis 2021 auf 417 Mio. Euro steigen.[51]

Aus einer Übergangsvariante wurde somit ein mindestens 10-Jahres-Provisorium, die langfristige Pflegefinanzierung konnte auch im Finanzausgleich 2017 nicht gelöst werden und ist jedenfalls auf den Zeitpunkt 2021 vertagt. Mit dem Pflegefonds wurde ein zusätzlicher Transfer im ohnehin schon komplexen Transfersystem geschaffen.

Kinderbetreuung

Mit dem Ausbau der Kinderbetreuung und dem halbtägigen kostenlosen Besuch sowie der frühen sprachlichen Förderung wurden zwischen Bund und Ländern seit dem Jahr 2008 mehrere Art 15a B-VG-Vereinbarungen abgeschlossen.[52] Dabei handelt es sich um Transfers des Bundes und

---

49 Bundesgesetz, mit dem ein Pflegefonds eingerichtet und ein Zweckzuschuss an die Länder zur Sicherung und zum bedarfsgerechten Aus- und Aufbau des Betreuungs- und Pflegedienstleistungsangebotes in der Langzeitpflege für die Jahre 2011 bis 2021 gewährt wird (Pflegefondsgesetz – PFG), BGBl. I Nr. 57/2011 in der aktuellen Fassung Nr. 22/2017.
50 Siehe dazu Biwald et al.: Pflege, 2011, S. 74 ff.
51 § 2(2) PFG - BGBl. I Nr. 22/2017
52 Zuletzt die Vereinbarung über die frühe sprachliche Förderung in institutionellen Kinderbetreuungseinrichtungen für die Kindergartenjahre 2015/2016 bis 2017/2018 sowie über die halbtägig kostenlose und verpflichtende frühe Förderung in institutionellen Kinderbildungseinrichtungen und -betreuungseinrichtungen in den Kindergartenjahren 2015/2016, 2016/2017 und

somit um Zweckzuschüsse zum Ausbau des institutionellen Kinderbetreuungsangebotes, zur teilweisen Abdeckung der Mehrausgaben aufgrund des verpflichtenden letzten Kindergartenjahres und zur Sprachförderung bei Kindern mit mangelnden Deutschkenntnissen. Mit den Regelungen sind klare Ziele verbunden. So erfolgt eine zeitlich befristete Steuerung des Betreuungsangebotes in qualitativer und quantitativer Hinsicht.

Auch hier handelt es sich um zusätzliche Transfers in einem bereits sehr komplexen Finanzierungssystem zwischen Bund, Ländern und Gemeinden.

Gesundheit

Mit der Art. 15a B-VG-Vereinbarung zur **Zielsteuerung Gesundheit** wurde für das Jahr 2013 erstmals eine zielorientierte Steuerung für dieses Politikfeld geschaffen.[53] In dieser Vereinbarung werden von Bund und Ländern folgende Bereiche geregelt:

1. Die gesundheitspolitischen Grundsätze regeln die Rahmen-Gesundheitsziele, legen die Prinzipien der Zielsteuerung fest und definieren die Ziele und Handlungsfelder der Zielsteuerung.
2. Im Abschnitt Aufbau und Ablauf der Zielsteuerung im Gesundheitsbereich wird die Mehrstufigkeit des Zielsteuerungsprozesses festgehalten. Auf Basis eines vierjährigen Zielsteuerungsvertrags zwischen Bund, Ländern und Sozialversicherung werden diese auf Landesebene heruntergebrochen und verbindlich festgelegt. Was in den Zielsteuerungskommissionen auf Bundes- und Länderebene festzulegen ist, wird ebenfalls beschrieben.
3. Die Zielsteuerung Gesundheit ist in drei Steuerungsbereiche untergliedert. Die **Ergebnissteuerung** umfasst die ergebnisorientierten Versorgungsziele und die wirkungsorientierten Gesundheitsziele. Im Steuerungsbereich **Versorgungsstrukturen** steht die Entlastung des vollstationären Bereichs in den Akut-Krankenanstalten durch ambulante Primärversorgungseinheiten. Der Steuerungsbereich **Versorgungsprozesse** widmet sich insbesondere der Optimierung der intersektoralen Behandlungsprozesse sowie der Entwicklung einheitlicher Qualitätsstandards.
4. Bei der Finanzzielsteuerung werden die Kriterien für die Ausgabenobergrenzen beschrieben sowie die Grenzen selbst und deren Berechnung wertmäßig bestimmt.
5. Schließlich widmet sich ein Kapitel noch dem Monitoring, Berichtswesen und der Evaluierung sowie ein weiteres dem Sanktionsmechanismus.

Es sind zwar mit Bund, Ländern und den Sozialversicherungen zentrale Stakeholder integriert, die Gemeinden als Ko-Finanzierer fehlen jedoch. Es werden klare Ergebnis-, Wirkungs- und Finanzierungsziele formuliert – z. B. Annäherung bei den gesunden Lebensjahren an den EU-Durchschnitt.

2017/2018; in Summe werden mit diesen beiden Vereinbarungen rund 90 Mio. Euro p.a. an die Länder verteilt.

53 Siehe dazu Vereinbarung gemäß Art. 15a B-VG Zielsteuerung-Gesundheit, 2013, in der aktuellen Fassung 2017.

Es folgen dafür erforderliche Maßnahmen – auf allen Ebenen, nicht nur im Gesundheitsbereich selbst, sondern auch in der Prävention wie Schule, Sport und Ernährung. Die Finanzierungsziele sind klar – Kostendämpfung von plus 3,6 Prozent p.a. aktuell bzw. 3,2 Prozent in Zukunft. Die Umsetzungsstrukturen sind festgelegt, Berichtswesen und Monitoring vereinbart, es liegt somit primär an der Umsetzung. Hier zeigt sich jedoch auch das Problem der Außerachtlassung der Gemeinden.

Zusammenfassend kann festgehalten werden, dass aufgrund der langen Finanzausgleichsperiode in strategischen Politikfeldern Zwischen- bzw. zusätzliche Finanzierungslösungen geschaffen werden mussten. Im Bereich der Pflege und Kinderbetreuung sind das primär zusätzliche Transfers, die das bestehende Transfersystem noch komplizierter und intransparenter machen. Im Gesundheitsbereich wurde ein Zielfestlegungs- und Steuerungsansatz verfolgt, der von der Ausrichtung mehrdimensional Ergebnis- und Wirkungsziele wie auch Finanzziele umfasst. Die Lösungen zur Pflege und Kinderbetreuung sind dem traditionellen Finanzausgleichsmodell zuzurechnen, indem ein Problem mit einem zusätzlichen Transfer gelöst werden soll. Die Lösungen im Gesundheitsbereich folgen einem zeitgemäßen Public-Management- und Governance-Ansatz, allerdings wurde ein wichtiger Stakeholder „vergessen".

3. Sichtweisen und Prüfergebnisse des Rechnungshofes

3.1 Grundsätzliche Sichtweisen bezüglich des Finanzausgleichs im weiteren Sinn

Der Rechnungshof führt im Tätigkeitsbericht des Jahres 2006[54] die besondere Problematik der **verflochtenen öffentlichen Aufgaben** bezüglich Trägerschaft, Aufgabenvollzug und teilweise vermischter Finanzierung zwischen den staatlichen Ebenen und auch zwischen einzelnen Gebietskörperschaften an. Er versteht dies grundsätzlich als Ergebnis der **Finanzausgleichspolitik**, womit er eine weite Sicht des Finanzausgleichs mit den genannten Bezügen zu den öffentlichen Aufgaben und deren Finanzierung (unterschiedliche Ziele, Strategien und Instrumente) zugrunde legt. Dies bedeutet auch, die einzelnen Teile des Systems des Finanzausgleichs und ihre Zusammenhänge zu erfassen, zu analysieren und in die Empfehlungen einzubeziehen. Der Rechnungshof weist weiters auf finanzwissenschaftliche Erkenntnisse (z. B. Äquivalenzprinzip), die nicht oder nicht ausreichend beachtet werden sowie auf die teilweise nicht eingelösten Gebote der Finanzverfassung hin (z. B. auf § 2 F-VG 1948) und kritisiert damit das in der Praxis vorherrschende enge Begriffsverständnis des Finanzausgleichs.

Neben den vom Rechnungshof im Tätigkeitsbericht 2006 angesprochenen Verflechtungen der Trägerschaft und/oder der Finanzierung von

---

54 Rechnungshof: Tätigkeitsbericht 2006, Reihe Bund 2006/12; siehe auch die im Anhang enthaltenen Auszüge aus Berichten des Rechnungshofs verschiedener Jahre zwischen 2006 und 2016.

Aufgaben bekennt er sich auch zu Kompatibilität mit anerkannten Postulaten und Zielen von „Good Governance" sowie der Wirtschaftspolitik. Bezogen auf das öffentliche Finanzmanagement bieten „die fortgeschrittenen Konzepte von Public Governance und Management vielfältige Grundlagen für eine Modernisierung im Sinn erweiterter Inhalte und verbesserter Steuerung der öffentlichen Aufgabenerfüllung"[55]. Der Rechnungshof betont die damit verbundenen Transparenzdefizite, die mangelnde Abstimmung unterschiedlicher Interessenlagen und Ziele bei ‚Gemeinschaftsaufgaben' sowie die Effizienz- und Effektivitätsverluste durch unzureichende Planung und Steuerung der Aufgabenerfüllung durch Akteure der verschiedenen staatlichen Ebenen und Institutionen.

Er zieht daraus den Schluss, dass ihm eine umfassende Finanzkontrolle zukommen sollte, „die von den übergeordneten staatlichen Zielen und Verfassungsgrundprinzipien ausgeht und die davon berührten nachgeordneten Regelungs- und Prüfbereiche einschließt"[56].

Schließlich führt der RH verschiedene Herausforderungen für die eigene Prüfungstätigkeit an: Es sind dies
- die Überprüfung der vorliegenden finanzwissenschaftlichen Analysen,
- die Verknüpfung der bisherigen eigenen Prüfungsergebnisse mit jenen der in den letzten Jahren vorgelegten finanzwissenschaftlichen Studien,
- das Festhalten der Ziele, die mit den aufgabenbezogenen Festlegungen und den Finanzierungsregelungen verfolgt werden (sollen) und das Feststellen der tatsächlich erreichten Auswirkungen auf die einzelnen Gebietskörperschaften, wobei auch die Kohärenz zwischen Wirkungs- und Leistungszielen mitbedacht werden muss.

Die Prüfungstätigkeiten des RH und die daraus gewonnenen Einblicke und Urteile könnten insgesamt wesentliche Impulse zur Weiterentwicklung der gegebenen Systeme der Aufgaben-, der Ausgaben- und der Einnahmenverteilung setzen.

Im **Positionspapier** des RH aus dem Jahr 2007[57] spricht sich der Rechnungshof vehement für eine Neuverteilung der Aufgaben zwischen Bund, Ländern und Gemeinden sowie für die Zusammenführung von Finanzierungs- und Aufgabenverantwortung als Kernstück angestrebter Reformen der Bundesverfassung, der Finanzverfassung und des Finanzausgleichs aus. Weiters wird der verstärkte Einsatz moderner Steuerungsinstrumente zur Verwaltungsführung verlangt.[58]

---

55 Rechnungshof: Tätigkeitsbericht 2006, Reihe Bund 2006/12, S. 47.
56 Ebd., S. 46.
57 Positionspapier zu Verwaltungsreform und Bürokratieabbau; Reform Finanzverfassung und Finanzausgleich. In: Rechnungshof: Tätigkeitsbericht 2007, Reihe Bund 2007/16.
58 Dies betrifft die Instrumente des New Public Managements, wie den flächendeckenden Einsatz der Kosten- und Leistungsrechnung, das Heranziehen von Leistungskennzahlen (z. B. zur Steuerung des Personaleinsatzes), internes und externes Benchmarking der Verwaltungstätigkeit, die Führung über Leistungsvereinbarungen sowie das Verfolgen von Qualitätsmanagement in der öffentlichen Verwaltung. Vgl. Rechnungshof: Tätigkeitsbericht 2007, Reihe Bund 2007/16, S. 23.

Diese grundsätzlichen Sichtweisen greifen die weiter oben referierten kritischen Betrachtungen auf und bilden somit einen Ausgangspunkt[59] für die im Folgenden auszugsweise referierten Prüfberichte des Rechnungshofs. Sie betreffen Evaluierungen von Problemen der verflochtenen Aufgabenerfüllung und Finanzierung in Österreich seit den 2000er-Jahren, also in der Geltungszeit des FAG 2005 und vor allem des FAG 2008. Sie ergeben nur ein mosaikartiges, und in verschiedener Weise nicht vollständiges Bild der Stärken und Schwächen von Zielen, Organisation und Finanzierung öffentlicher Aufgaben, die wesentlich dem Bereich des Finanzausgleichs im weiteren Sinn zuzuordnen sind. Gleichzeitig bieten sie Beispiele für die empfohlenen Verbesserungen aus Sicht des Rechnungshofes, aber auch für öfters unterbliebene Empfehlungen nach ganzheitlichen Reformen des Systems der Ziele, der Planung und der Umsetzung von verflochtenen Aufgaben und ihrer Finanzierung, auf die annäherungsweise hingewiesen wird.

3.2 Ergebnisse ausgewählter Prüfungen mit Fokus auf Potenziale verbesserter Aufgaben- und Finanzierungsregelungen

3.2.1 Kinderbetreuungsbereich

a) **Ländervergleich zwischen Oberösterreich, Salzburg, Burgenland, Niederösterreich und Wien**[60]

- Die Kinderbetreuung war in den Ländern unterschiedlich und in einer Vielzahl von Gesetzen sowie Verordnungen geregelt. Dies führte auch organisatorisch zu einer Aufteilung der Agenden der Kinderbetreuung auf mehrere politische und administrative Verantwortungsbereiche. Dadurch wurde der Blick auf Gesamtheit und Nachhaltigkeit erschwert, was die Wirtschaftlichkeit und Zweckmäßigkeit beeinträchtigte. Der RH empfahl eine Durchforstung aller Rechtsgrundlagen für die Kinderbetreuung.
- Die Anzahl von Kinderbetreuungseinrichtungen stieg in den überprüften Ländern in den letzten fünf Jahren deutlich, insbesondere hinsichtlich der Betreuung von unter dreijährigen und schulpflichtigen Kindern bestand jedoch Verbesserungspotenzial.[61] Neben den Angeboten zur stationären Betreuung bildet die Betreuung durch Tageseltern (...) einen wesentlichen Bestandteil des Angebots. Vor allem in ländlichen Regionen sollten nach Ansicht des RH die Tageseltern verstärkt werden. Sie sind „für das Land kostengünstig und aufgrund ihrer flexibel

---

59 Andere Gesichtspunkte ergeben sich aus dem Beitrag von Bröthaler und Getzner über einen Evaluierungsrahmen für den Finanzausgleich im Beitrag „Evaluierungsrahmen" im vorliegenden Band sowie aus qualitativen Anforderungen für Evaluierungen, wie sie etwa von der DeGEval- Gesellschaft für Evaluierung in Mainz als Standards in der 4. Auflage (aus 2014) vorliegen. Siehe hierzu www.degeval/degeval-standards [Download: 02.03.2017].
60 Rechnungshof: Tätigkeitsbericht 2008, Reihe Bund 2008/13, S. 22 ff., NÖ Rechnungshof: Bericht Niederösterreich, Reihe Niederösterreich 2008/7.
61 Vgl. Rechnungshof: Tätigkeitsbericht 2008, Reihe Bund 2008/13, S. 28.

gestaltbaren Betreuungszeit besteht eine starke Nachfrage nach dieser Betreuungsform".[62]
- Wesentlich im Zusammenhang mit der Vereinbarkeit von Familie und Beruf sind die Schließtage sowie die Öffnungsstunden pro Tag/Woche. In manchen Regionen der überprüften Länder waren mehr als 40 Schließtage pro Jahr, davon mehr als 25 in den Sommerferien üblich. Bezüglich der Öffnungszeiten wiesen die Einrichtungen in ländlichen Regionen oftmals erheblich weniger Öffnungsstunden pro Tag und Woche auf als jene im städtischen Bereich[63]. Der RH empfahl eine Öffnungszeitenregelung (z. B. durch eine vorgeschriebene Kernzeit pro Tag), die eine Vereinbarkeit mit der Erwerbstätigkeit der Erziehungsberechtigten und gleichwertige Bedingungen im Land sichert.[64]

b) **Kinderbetreuung für 0- bis 6-Jährige**[65]

- Die Kinderbetreuungsquoten für unter 3-Jährige waren seit Beginn der Vereinbarung über den Ausbau im Jahr 2008 in Niederösterreich, in der Steiermark und österreichweit deutlich angestiegen. Die für das Jahr 2010 vorgesehene Betreuungsquote von 33 Prozent aller unter 3-Jährigen war bis 2011 jedoch weder in Niederösterreich (21,2 Prozent) noch in der Steiermark (10,0 Prozent) und österreichweit (19,7 Prozent) erreicht. Durch die Einführung des Gratispflichtkindergartens stieg die Betreuungsquote der 5-Jährigen österreichweit um rund 2,5 Prozentpunkte auf 96,4 Prozent. Der RH empfahl dem BMWFJ und dem BKA sowie den Ländern Niederösterreich und Steiermark, die Zielerreichung der Ausbauvereinbarungen 2008 und 2011 bis zum Auslaufen der Ausbauvereinbarung 2011 im Jahr 2014 kontinuierlich zu beobachten. Ein weiterer Ausbau des institutionellen Kinderbetreuungsangebots sollte sich nach Ansicht des RH aber primär am konkreten, regionalen Bedarf orientieren.[66]
- Sowohl die Ausbauvereinbarung 2008 als auch die Ausbauvereinbarung 2011 und die Gratispflichtkindergartenvereinbarung legten eine Evaluierung der eingesetzten Finanzmittel und der damit verbundenen Wirkung fest. Der RH vertrat die Ansicht, dass Evaluierungen ein unverzichtbares Instrument für die Prüfung der Zielerreichung, Effektivität und Effizienz von Förderungsmaßnahmen darstellen. Der RH kritisierte, dass für die Gratispflichtkindergärten weder die vereinbarte begleitende

---

62 Siehe Ebd., S. 29.
63 Ebd., S. 30. Es wurde auf eine Untersuchung zur „Kinderbetreuung in Österreich" der Arbeiterkammer Wien verwiesen, dass die Krippen und Horte in Wien weitgehend den beschriebenen Anforderungen des „Vereinbarkeits-Indikators" entsprechen. Außerhalb Wiens bzw. in den ländlichen Regionen Österreichs existieren solche Betreuungseinrichtungen jedoch nicht ausreichend. Bei den Einrichtungen für die Drei- bis Fünfjährigen, die in der Regel im Kindergarten betreut werden, entsprechen im österreichweiten Durchschnitt nur rd. 17 Prozent den Kriterien des Indikators.
64 Ebd., S. 30.
65 Rechnungshof: Kinderbetreuung für 0- bis 6-Jährige, Reihe Bund 2013/11, S. 151-256.
66 Ebd., S. 191.

noch die Halbzeitevaluierung realisiert wurde. Weiters kritisierte der RH, dass nähere Vorgaben zur Evaluierung (wie z. B. Ziele, Umfang, zeitliche Vorgaben und Methoden) fehlten und damit eine Evaluierung wesentlich erschwert war bzw. teilweise nicht stattfanden. Er empfahl dem BMWFJ und den Ländern Niederösterreich und Steiermark, eine Konkretisierung der Evaluierungsvorgaben sowie die Durchführung einer qualitativen Evaluierung der Ausbauvereinbarung 2011 und der Gratispflichtkindergartenvereinbarung.[67]

c) **Kinderbetreuung für 0- bis 6-Jährige; Follow-up-Überprüfung**[68]

- Ziel der Follow-up-Überprüfung war es, die Umsetzung von Empfehlungen zu beurteilen, die der RH bei der Prüfung im Jahr 2013 betreffend die Kinderbetreuung für 0- bis 6-Jährige gegenüber dem BMFJ (früher BMWFJ) und dem Land Niederösterreich abgegeben hatte.

- Das BMFJ setzte die Empfehlungen des RH aus dem Jahr 2013 zum Thema „Kinderbetreuung für 0- bis 6-Jährige" teilweise um. Es beobachtete insbesondere die Zielerreichung der Ausbauvereinbarungen 2008 und 2011, kontrollierte konsequent die Verrechnungsvorgaben der Ausbauvereinbarung 2011 und anerkannte nur noch vereinbarungskonforme Verwendungsnachweise. Das BMFJ übernahm neuerlich im Rahmen einer Art. 15a-Vereinbarung die Finanzierung von Landes- bzw. Gemeindeaufgaben, erhöhte den Bundesanteil für den Ausbau des Kinderbetreuungsangebots und erachtete die Berücksichtigung des regionalen Bedarfs weiterhin als Aufgabe der Länder und Gemeinden und nahm diese Verantwortung nicht selbst wahr.

- Das Land Niederösterreich setzte die Empfehlung des RH, einen weiteren Ausbau des institutionellen Kinderbetreuungsangebots primär am konkreten, regionalen Bedarf zu orientieren, um, indem es durch umfangreiche Bedarfserhebungen geeignete Grundlagen für den weiteren Ausbau sicherstellte. Die Betreuungsquote für unter 3-Jährige betrug im Jahr 2014 österreichweit 25,1 Prozent und im Land Niederösterreich 24,9 Prozent. Es konnte nach wie vor kein Einvernehmen zwischen dem Bund und den Ländern über eine qualitative Evaluierung erzielt werden. Das Land Niederösterreich setzte somit die Empfehlung des RH, eine qualitative Evaluierung der Ausbauvereinbarung und der Gratispflichtkindergartenvereinbarung durchzuführen, nicht um. Die Empfehlung des RH, die Datenerfassung für Öffnungszeiten von Kinderbetreuungseinrichtungen zu ändern, um die Qualität der daraus gezogenen Aussagen sicherstellen zu können, setzte das Land Niederösterreich ebenso nicht um. Es verfügte jedoch bereits über Daten, die den Zielsetzungen der Empfehlung entsprachen.

Dazu ist anzumerken, dass Verweise auf die Verflechtungen im rechtlichen und finanzwirtschaftlichen Bereich, auf die mehrfach verletzten Prinzipien der Äquivalenz und Kohärenz, auf die nicht funktional abge-

---

67 Rechnungshof: Kinderbetreuung für 0- bis 6-Jährige, Reihe Bund 2013/11, S. 220.
68 Rechnungshof: Kinderbetreuung für 0- bis 6-Jährige, Follow-up, Reihe Bund 2016/4, S. 441-476.

stimmten Teilbereiche des Finanzausgleichssystems, auf teilweise fehlende bzw. nicht abgestimmte frauen- und gleichstellungspolitische sowie bildungspolitische Ziele und die dadurch erschwerten Steuerungsbedingungen unterblieben sind. In diesen Berichten fehlen ebenso Empfehlungen bezüglich der teilweise fehlenden Bereitschaft bzw. ungenügenden Kapazitäten für das Anwenden moderner Steuerungsinstrumente. Die Follow-up-Überprüfung zeigt, dass das grundsätzlich vereinbarte Ausbauziel sowie die qualitative Evaluierung der Angebote nicht erfolgte, was offensichtlich auf Zielkonflikte zwischen Zielen des Bundes und der Länder und/oder der Einschätzung des Nutzens der Evaluierung als anerkanntes Führungsinstrument beruhte. Daraus folgt jedoch, dass dem Prozess der Zielbildung und Zielabstimmung bei den zeitlich aufeinanderfolgenden Art. 15a Vereinbarungen und bei den Prüfungen des Rechnungshofes zu wenig Aufmerksamkeit gewidmet wird und Sanktionen bei Nichterfüllung einer Verpflichtung nicht vereinbart worden sind. Der Rechnungshof – so scheint es – hat auch dem seinerzeitigen Ausbauziel bei den 0- bis 3-Jährigen nun verringerte Bedeutung beigemessen.

3.2.2 Zahlungsflüsse zwischen Ländern und Gemeinden am Beispiel der Sozialhilfe im engeren Sinn in Niederösterreich und Oberösterreich[69]

- Die Ausgaben für die Sozialhilfe im engeren Sinn stiegen in Niederösterreich von 2004 bis 2008 um etwa 41 Prozent, in Oberösterreich um rund 24 Prozent stark an. In Niederösterreich erhöhten sich die Ausgaben für Land und Gemeinden gleichmäßig, in Oberösterreich war die Kostensteigerung bei den Gemeindeverbänden (mit ihnen bei den Gemeinden) und den Städten mit eigenem Statut deutlich höher als bei den anderen Trägern. In Anbetracht der Prognosen über die Ausgabensteigerungen sollten umgehend Einsparungspotenziale bzw. ausgabendämpfende Maßnahmen im Bereich der Sozialhilfe realisiert werden. U. a. wurde empfohlen: Eine einheitliche Verbuchung von Zahlungen sollte sichergestellt werden, um aussagekräftige Auswertungsergebnisse zu ermöglichen; ein Erfahrungsaustausch hinsichtlich der Unterschiede der Personalausstattung sollte unter Ansatz von qualitativen und quantitativen Elementen, der Aufgabenerfüllung sowie der Zuständigkeiten intensiviert werden, um allfällige Verbesserungspotenziale zu heben.
- Die in Niederösterreich und Oberösterreich gewählten Systeme der Kostentragung, der Kostenaufteilung zwischen Ländern und Gemeinden sowie der Vorschreibung waren durch eine Vielzahl von Akteuren und Beteiligten insgesamt sehr komplex. Die konkrete Aufteilung der Kosten war einerseits von der Finanzkraft der Gemeinden, andererseits von der Einwohnerzahl oder der Anzahl der Leistungsbezieherinnen und -bezieher abhängig. Bei der Aufgaben-, der Ausgaben- bzw. der Finanzierungsverteilung zwischen Ländern und Gemeinden wäre der Anteil an Abgangsgemeinden verstärkt zu berücksichtigen und die Mitbestimmungsrechte wären zu evaluieren.

---

69 Rechnungshof: Zahlungsflüsse Sozialhilfe, Reihe Niederösterreich 2011/4, S. 11-96.

- Eine Empfehlung nur für Oberösterreich betrifft die Vorsorge für die Bereitstellung vollständiger und vergleichbarer Daten hinsichtlich der Ausgaben durch die regionalen Träger, diese der Steuerung zugrunde zu legen und Ursachen für Entwicklungen zu evaluieren.

  Dazu ist anzumerken, dass Analysen über die Auswirkungen der betragsmäßig bedeutenden Verflechtungen der Finanzierung im Bereich der Sozialhilfe (auch im weiteren Sinn, also einschließlich Behindertenhilfe und Jugendfürsorge) auf die gesamte durch das System des Finanzausgleichs bewirkte Finanzausstattung der Gemeinden sowie von begünstigten und benachteiligten Gemeindegruppen ebenso unterblieben sind wie Analysen und Empfehlungen bezüglich des nachhaltig verletzten Äquivalenzprinzips. Auf die vorliegenden finanzwissenschaftlichen Analyseergebnisse zu den finanziellen Verflechtungen im System des Finanzausgleichs und die daraus entstehenden Effizienz- und Effektivitätseinbußen wird nicht verwiesen.

3.2.3 Kanalsanierung in Gemeinden und Gemeindeverbänden der Länder Kärnten, Oberösterreich und Salzburg[70]

- Die Querschnittsprüfung galt der Finanzierung der Kanalsanierung. Reparaturen, Sanierungen und die Erneuerung einzelner Kanalabschnitte dienen der Werterhaltung des Kanalnetzes und sollen die gute Funktionsfähigkeit des Gesamtsystems dauerhaft erhalten. Die Erhaltung dieser Infrastruktur wird Gemeinden und Gemeindeverbände künftig vor allem hinsichtlich der Finanzierung und der Auswirkungen auf die Höhe der Gebühren vor Herausforderungen stellen.
- Bei allen überprüften Stellen[71] bestand die Möglichkeit, die Kanalsanierungsausgaben im Wesentlichen aus Überschüssen der laufenden Gebarung (Eigenfinanzierung) zu bedecken. Diese Form der Finanzierung war einer Dotierung von Rücklagen vorzuziehen. Vor dem Hintergrund der stark reduzierten Fördermittel verwies der RH auf die seiner Ansicht nach anzustrebende und bei den überprüften Stellen auch mögliche Finanzierung der vorliegenden Kanalsanierungsprogramme aus laufenden Einnahmen.[72]
- Abwasserentsorgungssysteme (Hausanschluss, Ortskanal, Sammelkanal, Abwasserreinigungsanlage) sind eine technisch nicht trennbare Einheit, unterlagen aber in jedem Bundesland bis zu drei unterschiedlichen Normen (Wasserrecht, Kanalgesetz, Baurecht), die von verschiedenen Behörden (mittelbare Bundesverwaltung, Gemeinden, Landesverwaltung) vollzogen wurden. Hinsichtlich der Behandlung und Kontrolle der Ortskanäle und der Hausanschlüsse bestand hoher Harmonisierungsbedarf.[73]

---

70 Rechnungshof: Kanalsanierung, Reihe Bund 2013/8, S. 145-226.
71 Diese sind die Stadtgemeinden Ansfelden und Feldkirchen, die Städte Salzburg und Villach sowie die Abwasserverbände Faaker See und Ossiacher See sowie der Wasserverband Großraum Ansfelden.
72 Rechnungshof: Kanalsanierung, Reihe Bund 2013/8, S. 223.
73 Ebd., S. 173.

Im Prüfbricht liegen keine Befunde zu den finanzierungs- und organisationsbezogenen Verflechtungen der Trägerkörperschaften mit den Fonds und anderen Trägern der Förderung der Siedlungswasserwirtschaft des Bundes und einzelner Länder sowie auf die damit verbundenen zahlreichen Transfers vor, ebenso keine diesbezüglichen Empfehlungen. Dies ist angesichts der zu Recht erfolgten Betonung der Finanzierung des Bereichs der Abwasserbeseitigung einschließlich der Sanierung durch Gemeindegebühren und damit der Stärkung des Äquivalenzprinzips durch den RH nicht konsequent. Auch Verweise auf das moderne Steuerungsinstrumentarium zur Verwaltungsführung und auf Lernen voneinander unterbleiben weitgehend.

3.2.4 Verländerung der Bundesstraßen[74]

- Ziele der Überprüfung waren die Beurteilung des Erfolgs und der Wirksamkeit der im Jahr 2002 erfolgten Übertragung der ehemaligen Bundesstraßen B in die Kompetenz der Länder (am Beispiel der Länder Burgenland und Steiermark). Zur Finanzierung der im Jahr 2002 übertragenen Bundesstraßen B gewährte der Bund den Ländern von 2002 bis 2007 einen jährlichen Zweckzuschuss. Die Herleitung des Zuschusses war nachvollziehbar, der letztendlich festgelegte Betrag lag aber rund 8 Prozent bzw. rund. 12 Prozent über dem Durchschnitt der bisherigen Ausgaben. Die gesetzliche Zweckbindung umfasste nicht nur die übertragenen Bundesstraßen B, sondern generell die „Finanzierung von Straßen". Somit erhielten die Länder erhöhte Handlungsspielräume.
- Der Bund hatte im Zuge der Verländerung keine Vorgaben bezüglich der Zustandserfassung der Straßen festgelegt bzw. keine Vorsorge für eine einheitliche Erfassungsmethodik und die Entwicklung eines einheitlichen Bewertungssystems in allen Ländern getroffen – eine Grundvoraussetzung für aussagekräftige Vergleiche der Straßenzustände und der Beobachtung der Entwicklung der Netzqualität.
- Die Ergebnisse hinsichtlich des Straßenzustands für die Länder Burgenland und Steiermark waren nur bedingt miteinander vergleichbar. Bei den Brücken lag eine bessere Vergleichbarkeit vor. Das Burgenland wies im Vergleich zur Steiermark einen besseren durchschnittlichen Brückenzustand bzw. auch einen höheren Anteil an sanierten Brückenflächen auf. Bei Schäden, die eine Einschränkung der Tragfähigkeit und Gebrauchstauglichkeit zur Folge hatten, kam die Steiermark dieser Problemstellung mehrfach nicht durch bauliche, sondern durch verkehrsrechtliche Maßnahmen wie Gewichtsbeschränkungen und Fahrverboten nach.
- Bund und Länder erwarteten sich von dieser Maßnahme insbesondere folgende Effekte (Ziele): Verkürzung von Kompetenz- und Genehmigungswegen, Vermeidung von Doppelgleisigkeiten und Abbau von Bürokratie, mehr Entscheidungsspielräume für die Länder sowie ein rascheres und flexibleres Reagieren auf regionale Bedürfnisse.
- Beurteilung: (1) Der RH wertete die Verländerung der Bundesstraßen positiv, konnten damit doch die genannten Ziele erreicht werden.

---

74 Rechnungshof: Verländerung der Bundesstraßen, Reihe Bund 2014/3, S. 5–86.

(2) Der RH wies darauf hin, dass im Zuge der Verländerung keine Vorgaben bezüglich der Zustandserfassung der Straßen und einer einheitlichen Erfassungsmethodik getroffen wurden.

Anzumerken ist, dass dieses – auch aus Sicht des Systems des Finanzausgleichs bedeutsame – Thema der Verländerung (Entflechtung, Abbau von Transaktionskosten) nur hinsichtlich eingeschränkter Ziele betrachtet wird. Wenn nur eingeschränkte Ziele (im Bericht auch ‚Effekte' genannt) vorliegen sowie nur eingeschränkte Vergleichsmöglichkeiten für Beurteilungen vor und nach der Verländerung gegeben waren, sind auch nur eingeschränkte Beurteilungen möglich. Betrachtungen bezüglich des Abbaues von Bürokratie, von Doppelgleisigkeiten und anderen Effekten fielen vordergründig aus (Personaleinsparungen vom Bund werden hervorgestrichen, die gegenüber dem Durchschnitt mehrere Jahre vor 2002 um 8 bis 12 Prozent höheren Zweckzuschüssen des Bundes an die Länder jedoch nicht in den Vergleich einbezogen). Verweise auf methodische Standards zur Steuerung des Verwaltungshandelns beschränkten sich auf fehlendes Projektmanagement im Burgenland und auf zu geringes Nutzen von Kooperationsmöglichkeiten zwischen den Ländern bezüglich der anzuwendenden Straßenstandards. Verweise auf die Wirkungen (Effekte) der Verländerung unter Heranziehung von Input-Größen (Ausgaben und Ausgabenanteile) sind methodisch ebenso fragwürdig wie fehlende Empfehlungen für Benchmarking, Monitoring in verschiedener Hinsicht. Das Ausblenden einer finanzausgleichsbezogenen Beurteilung der im Jahr 2008 erfolgten Umwandlung der Zweckzuschüsse in zusätzliche Anteile der Länder am Steuerverbund entspricht – weil Verstöße gegen das Äquivalenzprinzip, eine aufgabenorientierte Mittelverteilung von Teilen der Ertragsanteile sowie der Effizienz des Mitteleinsatzes – nicht den oben genannten Herausforderungen für die eigene Prüfungstätigkeit des RH.

3.2.5 Der abgestufte Bevölkerungsschlüssel im Finanzausgleich[75]

- Das Ziel der Querschnittsprüfung beim BMF und in allen Ländern (außer Wien) bestand darin, die Verteilung der Gemeindeertragsanteile zu analysieren und die Verteilungswirkungen des abgestuften Bevölkerungsschlüssels zu beurteilen. Die Aufteilung der Gemeindeertragsanteile an den gemeinschaftlichen Bundesabgaben (2013: 7,714 Mrd. Euro ohne Gemeinde-Bedarfszuweisungen) erfolgte zum überwiegenden Teil auf der Grundlage des abgestuften Bevölkerungsschlüssels. Dies führte im Ergebnis grundsätzlich zu höheren Pro-Kopf-Beträgen in großen Gemeinden. Durch die Reformen des Finanzausgleichsgesetzes seit dem Jahr 1948 wurde der abgestufte Bevölkerungsschlüssel sukzessive zu Gunsten kleinerer Gemeinden geändert. Insbesondere Gemeinden mit weniger als 9.000 Einwohnerinnen und Einwohner profitierten dadurch. Die aktuellen Zielsetzungen des abgestuften Bevölkerungsschlüssels waren aus den Gesetzesmaterialien und jeweiligen Finanzausgleichsgesetzen nicht ersichtlich. Der Finanzausgleich (FAG 2008)

---

75 Rechnungshof: Abgestufter Bevölkerungsschlüssel: Reihe Bund 2016/4, S. 5-126.

verfolgte auf mehreren Ebenen und durch mehrere vereinzelte Zahlungsströme das Ziel, die Finanzkraft auszugleichen.
- Zusätzliche Aufteilungskriterien waren Fixschlüssel (z. B. Getränkesteuerausgleich). Da diese vielfach auf historischen Bezugsgrößen beruhten, dienten sie vorrangig zur Wahrung eines in der Vergangenheit liegenden Besitzstandes. Die ungleiche Verteilung der Ertragsanteile in der Oberverteilung war in einem geringeren Ausmaß auf den abgestuften Bevölkerungsschlüssel als auf die Anwendung von Fixschlüsseln zurückzuführen.
- Ein strategisch konzeptives Grundgerüst im Rahmen des Finanzausgleichs fehlte ebenso wie klare Ziele für den abgestuften Bevölkerungsschlüssel. Eine Steuerung der regionalen Verteilungswirkung von Ertragsanteilen war im FAG 2008 nicht vorgesehen. Eine Aufgabenorientierung bei der Berechnung der Ertragsanteile war im FAG 2008 ebenfalls nicht vorgesehen. Bei Städten mit eigenem Statut fiel die Aufgaben-, Ausgaben- und Finanzierungsverantwortung auseinander. Sie übernahmen Aufgaben im Rahmen der Bezirksverwaltung, die ansonsten von der Länderverwaltung wahrzunehmen wären. Die dadurch entstehenden zusätzlichen Ausgaben wurden jedoch aus Mitteln der Gemeindeertragsanteile abgegolten, nicht – wie es der Aufgabenzugehörigkeit entsprechen würde – aus Landesmitteln.
- Die Berechnung der Gemeindeertragsanteile war hochkomplex. Dies machte die Zuteilung der Gemeindeertragsanteile durch die Länder nicht nur fehleranfällig, sondern auch intransparent und für einzelne Gemeinden schwer nachvollziehbar. So waren im Zeitraum 2009 bis 2013 die Berechnung und Zuteilung der Gemeindeertragsanteile in fünf von acht überprüften Ländern fehlerhaft.
- Zusammenfassend hob der RH folgende Empfehlungen hervor:
(1) Sämtliche Fixschlüssel wären im Zuge einer allfälligen Reform des Finanzausgleichs einer Evaluierung zu unterziehen und nach Möglichkeit durch Aufteilungsschlüssel zu ersetzen, die auf die aktuelle Situation der Gemeinden anstatt auf historische Werte Bezug nehmen.
(2) Sämtliche Vorausanteile wären im Zuge einer allfälligen Reform des Finanzausgleichs einer Evaluierung zu unterziehen.
(3) Der Getränkesteuerausgleich sollte im Zuge einer allfälligen Reform des Finanzausgleichs vereinfacht werden. Historische Bezugsgrößen wären nach Möglichkeit durch Verteilungsschlüssel zu ersetzen, die die aktuelle Situation der Gemeinden berücksichtigen.
(4) Der Werbesteuerausgleich wäre im Zuge einer allfälligen Reform des Finanzausgleichs einer Evaluierung zu unterziehen.
(5) Im Zuge einer allfälligen Reform des Finanzausgleichs wäre auf eine deutliche Verringerung der Verteilungskriterien und auf eine deutlich geringere Zahl erforderlicher Daten für die Berechnung der Gemeindeertragsanteile hinzuwirken.
(6) Die unterschiedlichen Teilaggregate, die die Höhe der Gemeindeertragsanteile bestimmen, sollten im Zuge einer allfälligen Reform des Finanzausgleichs auf ihre Zweckmäßigkeit und Konsistenz überprüft werden, indem ihre Wirkung der beabsichtigten Zielsetzung gegenübergestellt wird.

(7) Die Zielsetzungen des abgestuften Bevölkerungsschlüssels wären klar zu formulieren und seine Effektivität regelmäßigen Evaluierungen zu unterziehen.

Besonders zu unterstreichen ist der Umstand, dass mit dieser Prüfung erstmals ein zentrales Instrument des Gemeindefinanzausgleichs geprüft wurde. Es zeigte sich, dass ein Teil der Empfehlungen durch das FAG 2017 berücksichtigt worden ist und diese damit nützlich waren. Kritisch zu bemerken ist, dass in diesem Bericht keine Bezüge zu den differenzierten Aufgaben der Gemeinden und allfälligen Nachholbedarfen, aber auch zu anderen zentralen Teilen des Systems des Finanzausgleichs im engeren Sinn und dessen Auswirkungen auf die Gemeindefinanzen hergestellt werden. Es fehlt jeglicher Verweis auf die im Paktum zum FAG 2008 vorgesehene Arbeitsgruppe zur Reform des FAG, die bekanntlich zu keinem Ergebnis kam, obwohl ein dringender Reformbedarf beim FAG bestand. Auch auf die zu diesem Thema vorliegende finanzwissenschaftliche Literatur wird nicht verwiesen. Die Empfehlung auf regelmäßige Evaluierung der Effektivität des Instruments ist zu begrüßen und entspricht dem grundsätzlich vom Rechnungshof verlangten Einsatz moderner Steuerungsinstrumente zur Verwaltungsführung.

3.2.6 Zahlungsströme zwischen den Gebietskörperschaften mit dem Schwerpunkt Bedarfszuweisungen in den Ländern Niederösterreich und Steiermark[76]

- Ziel der Prüfung war es hauptsächlich, die Zahlungsströme aufgrund des Finanzausgleichs zwischen Bund, Ländern und Gemeinden zu erheben und zu analysieren sowie einen Teil dieser Zahlungsströme – die Bedarfszuweisungen für Gemeinden – in den Ländern Niederösterreich und Steiermark im Hinblick auf Verteilungswirkungen und Abwicklung zu beurteilen.
- Zu den Zielen von Bedarfszuweisungen bot § 12 F-VG 1948 lediglich einen Rahmen.[77] Das FAG 2008 und die Erläuterungen enthielten keine Informationen zu den mit den Bedarfszuweisungen verfolgten Zielen. Nach einem Kommentar zum FAG 2008[78] stellten die Bedarfszuweisungen

---

76 Rechnungshof: Zahlungsströme Bedarfszuweisungen, Reihe Bund 2016/4, S. 127-273.

77 Nach § 12 F-VG 1948 können Bedarfszuweisungen zur Aufrechterhaltung oder Wiederherstellung des Haushaltsgleichgewichts, zur Deckung außergewöhnlicher Erfordernisse oder zum Ausgleich von Härten gewährt werden, die sich bei der Verteilung von Abgabenertragsanteilen oder Schlüsselzuweisungen ergeben. Gemäß § 13 F-VG 1948 kann die Gewährung von Bedarfszuweisungen an Bedingungen geknüpft werden, die der Erhaltung oder Herstellung des Haushaltsgleichgewichts der empfangenden Gebietskörperschaft dienen oder mit dem mit der Zuschussleistung verfolgten Zweck zusammenhängen.

78 Siehe Hüttner; Griebler; Huemer: Das Finanzausgleichsgesetz 2008 – Gesetzestext mit Kommentar. In: Bauer: Finanzausgleich 2008, 2008, S. 146 f.: Bedarfszuweisungen stellen „schon wegen ihrer Größenordnung ein überaus wirkungsvolles Instrument der Feinsteuerung und zur Berücksichtigung besonderer Erfordernisse und Gegebenheiten dar, auf die im übergeordneten,

ein „wirkungsvolles Instrument der Feinsteuerung" der Finanzausstattung der Gemeinden dar. Eine Evaluierung, ob mit den Bedarfszuweisungen für Gemeinden die im F-VG 1948 genannten Zwecke erreicht wurden, lag weder im BMF noch auf Ebene der Finanzausgleichspartner vor. Die laut Paktum zum FAG 2008 vorgesehene Arbeitsgruppe zur Reform des FAG kam zu keinem abschließenden Ergebnis, obwohl ein dringender Reformbedarf beim FAG bestand.

- Die politische Zuständigkeit lag in Niederösterreich beim Landeshauptmann gemeinsam mit dem Landeshauptmann-Stellvertreter, in der Steiermark richtete sie sich nach der Zugehörigkeit der Bürgermeisterin oder des Bürgermeisters zu einer politischen Partei. In Niederösterreich waren mit der Administration fünf Abteilungen des Amtes der Landesregierung und zwei Landesfonds befasst; in der Steiermark war die Verteilung der Bedarfszuweisungsmittel in einer Abteilung konzentriert; in Niederösterreich wurden – im Gegensatz zur Steiermark – an Gemeinden vergebene Bedarfszuweisungen nicht in einer Datenbank erfasst und evident gehalten.
- Die Vergabe der Bedarfszuweisungen und die Förderschwerpunkte waren in den beiden Ländern unterschiedlich geregelt; beide Länder sahen Bedarfszuweisungen für die Abdeckung von Haushaltsabgängen, für Projektförderungen und für Härtefälle vor. Niederösterreich vergab darüber hinaus auch eine Strukturhilfe für finanzschwache Gemeinden ausschließlich auf Basis ihrer Finanzkraft. Die Landeshauptstadt Graz erhielt einen Pauschalbetrag. Die Finanzkraft der Gemeinden wurde in beiden Ländern bei der Vergabe der Bedarfszuweisungen berücksichtigt, allerdings mit unterschiedlichen Anknüpfungen – in Niederösterreich als Basis für die Berechnung der Strukturhilfe, in der Steiermark für die Ermittlung der Zu- und Abschläge bei der Projektförderung. Der Rechnungshof hob kritisch hervor, dass die Zuteilung von Bedarfszuweisungen nach der Finanzkraft einer Gemeinde nur die Einnahmenseite – und nicht auch die Struktur der Ausgaben, die Möglichkeit der Bedeckung neuer Vorhaben aus eigenen Mitteln und allfällige Einsparungspotenziale – berücksichtigte; die Finanzkraft war daher kein geeignetes Kriterium, um die finanzielle Gesamtsituation und den Förderbedarf zu beurteilen.
- Die Zahlungen des Bundes für Bedarfszuweisungen an Gemeinden betrugen im Zeitraum 2009 bis 2013 insgesamt 5,093 Mrd. Euro; davon standen 840,29 Mio. (16,50 Prozent) dem Land Niederösterreich und 653,75 Mio. (12,84 Prozent) dem Land Steiermark zur Verfügung. Förderberichte: Die Länder Niederösterreich und Steiermark veröffentlichten jährlich Berichte, aus denen Informationen über die verteilten Bedarfszuweisungen ersichtlich waren. Im „NÖ Gemeindeförderungsbericht" waren nicht sämtliche Bedarfszuweisungen ausgewiesen, im „Förderungsbericht" des Landes Steiermark waren die Bedarfszuweisungen in einer Gesamtsumme je politischem Referenten ausgewiesen.
- Mit dem bestehenden Verteilungsmechanismus schöpften die beiden überprüften Länder das Potenzial, welches ihnen die Bedarfszuwei-

auf eine österreichweite Durchschnittsbetrachtung ausgelegten System des Finanzausgleichs nicht Bedacht genommen werden kann."

sungen zur „Feinsteuerung" boten, nicht aus. Dieser Verteilungsmechanismus konnte vielmehr zu unerwünschten Folgewirkungen führen; so etwa bei Kleinstgemeinden, weil durch Bedarfszuweisungen Abgänge weitgehend ausgeglichen und Investitionen teilweise abgedeckt wurden.

- Der Rechnungshof formulierte grundsätzliche Empfehlungen:
  (1) Die in § 12 F-VG 1948 genannten Ziele für Bedarfszuweisungen wären zu evaluieren, ebenso die gewährten Bedarfszuweisungen selbst, um zu klären, ob die im F-VG vorgesehenen Ziele mit den bestehenden Bedarfszuweisungen tatsächlich erreicht wurden; die Ergebnisse sollten in eine allfällige Reform des Finanzausgleichs einfließen.
  (2) Gemeinsam mit den übrigen Finanzausgleichspartnern sollte eine Reform des Finanzausgleichs umgesetzt werden.
  (3) Für die Gemeinde-Bedarfszuweisungen sollte dabei die Abhängigkeit der Mittelzuweisung von der Finanzkraft eingeschränkt werden. Unter Einbindung der Gemeinden wäre festzulegen, welche Steuerungs- und Verteilungswirkungen mit den Bedarfszuweisungen, die letztlich Ertragsanteile der Gemeinden sind, erreicht werden sollen; daran anknüpfend wären die Parameter für eine möglichst einheitliche und transparente Aufteilung der Mittel festzulegen. Für die unterschiedlichen Anforderungen der Gemeinden sollten bundesweit akzeptierte Lösungen ausgearbeitet werden. Dabei sollte mitberücksichtigt werden, dass der Verwaltungsaufwand der Länder für die Abwicklung der Bedarfszuweisungen im Hinblick auf deren Steuerungswirkung angemessen ist.
- Weitere Empfehlungen richteten sich jeweils an das Land Niederösterreich und an das Land Steiermark.

Auch dieser Bericht ist zu begrüßen, da er sich vor allem mit einem bedeutenden Instrument des Finanzausgleichsgesetzes 2008 auseinandersetzt und – nicht zuletzt unter Verweis auf längst vorliegende Studien (die das BMF in Auftrag gegeben hatte) – grundsätzlich Reformen einfordert. Zu bedauern ist, dass Verweise auf das Gesamtsystem des Finanzausgleichs, insbesondere auf andere Bereiche des tertiären Finanzausgleichs fehlen.[79] Denn in diesen Bereichen erfolgen ebenfalls Maßnahmen, mit denen nicht nur die Finanzkraft der Gemeinden maßgeblich verändert, sondern auch Bedingungen mit der Vergabe von Förderungen gestellt werden. Mit der Vielzahl der Förderungen und der kritisierten administrativen Zersplitterung potenziert sich der Verwaltungsaufwand auf beiden Seiten (Fördergeber ebenso wie Fördernehmer) bei gleichzeitiger Abnahme der Steuerungswirkung.

---

79 Siehe jedoch die Ergebnisse von Prüfungen des OÖ Landesrechnungshofes zu den Transferlasten der Gemeinden im Beitrag von Brückner; Haindl; Mitterer: „Tertiärer Finanzausgleich" im vorliegenden Band.

Helmut BRÜCKNER, Anita HAINDL, Karoline MITTERER

Aufgabenfinanzierung und Transferbeziehungen im tertiären Finanzausgleich

Der tertiäre Finanzausgleich umfasst grundsätzlich jenen Regelungsbereich, welcher nicht im Finanzausgleichsgesetz festgelegt wird, sondern durch sonstige Bundes- und Landesgesetze und Richtlinien. Es handelt sich um einen Teil des Finanzausgleichssystems, welcher als Sammelbegriff für Maßnahmen aus einzelnen politischen Initiativen (z. B. Fonds zur Behebung von Missständen, zur speziellen Mittelverwendung) und aus landesgesetzlichen Bestimmungen zur Festlegung von Aufgaben mit Finanzierungsbezug bestimmt wird. Damit ist der tertiäre Finanzausgleich einer gemeinschaftlichen Ausgestaltung seitens aller Finanzausgleichspartner entzogen.[1]

Der tertiäre Finanzausgleich besteht neben dem primären und sekundären Finanzausgleich und kann dabei durchaus auch widersprüchliche Wirkungen zu diesen Systemteilen nach sich ziehen. Gleichzeitig ist eine steigende Bedeutung und Dynamik der Transferbeziehungen im tertiären Finanzausgleich erkennbar, sodass Regelungen außerhalb der Finanzausgleichsverhandlungen – und der dort initiierten Zielsetzungen – immer stärkere Folgen nach sich ziehen. Durch die tendenziell nicht kooperative Ausgestaltung über alle Gebietskörperschaftsebenen im tertiären Finanzausgleich kann dies auch zur Benachteiligung einzelner Gebietskörperschaften führen, wie dies beispielsweise bei der Ko-Finanzierung durch Gemeinden für Landesaufgaben der Fall ist.

Mit dem vorliegenden Beitrag wird ein Überblick zum tertiären Finanzausgleich[2] geboten. Dabei werden zuerst Begriffsdefinitionen zum tertiären Finanzausgleich gezeigt. Die Bedeutung der tertiären Transferbeziehungen wird exemplarisch am Beispiel von Verflechtungen zwischen Ländern und Gemeinden dargestellt. Es werden ausgewählte Handlungsfelder des tertiären Finanzausgleichs hinsichtlich Organisation und Finanzierung beschrieben und es erfolgt eine Einschätzung zu Teilbereichen des tertiären Finanzausgleichs aus Sicht des Oberösterreichischen Landesrechnungshofes. Der Beitrag schließt mit kritischen Aspekten zum tertiären Finanzausgleich. Nicht Inhalt dieses Beitrages ist das Herausarbeiten von Reformvorschlägen zum tertiären Finanzausgleich.[3]

---

1 Siehe den Beitrag von Bröthaler; Haindl; Mitterer: „Funktionsweisen und Entwicklungen" im vorliegenden Band.
2 Vgl. hierzu beispielsweise: Mitterer et al.: Länder-Gemeinde-Transferverflechtungen, 2016; Biwald et al.: Transferbeziehungen zwischen Ländern und Gemeinden, 2012; Biwald et al.: Grundlegende Reform des Finanzgleichs Transfers und Kostentragung, 2010; Bröthaler et al.: Österreichs Gemeinden im Netz der finanziellen Transfers, 2006.
3 Zu Transferreformen siehe die Beiträge von Bauer; Biwald; Mitterer: „Kritische Analysen und Reformvorschläge" sowie von Biwald; Haindl; Mitterer: „Transferreformen auf Länder- und Gemeinde-Ebene" im vorliegenden Band.

1. Zum Begriff des tertiären Finanzausgleichs

1.1 Tertiärer Finanzausgleich im engeren und weiteren Sinn

Der tertiäre Finanzausgleich **im weiteren Sinn** basiert auf einer gesamthaften Betrachtung hinsichtlich Aufgaben-, Ausgaben- und Einnahmenverteilung. Beispielsweise verfolgen einige Art. 15a-Vereinbarungen neben Finanzierungsregelungen auch aufgabenbezogene Zielsetzungen. Hingegen beschränkt sich der tertiäre Finanzausgleich **im engeren Sinn** auf die Ausgestaltung der Transferflüsse zwischen Gebietskörperschaften und sieht die jetzige Aufgabenverteilung als gegeben an.[4] Damit sind hier alle intragovernmentalen Transfers nach sonstigen Bundes- und Landesgesetzen subsumiert. Die Transferbeziehungen sind dabei nicht nur auf Bund, Länder und Gemeinden beschränkt, sondern bestehen auch mit sonstigen Einheiten, wie beispielsweise Fonds, Gemeindeverbänden oder ausgelagerten Einheiten.

Bereits die Evaluierung des tertiären Finanzausgleichs im engeren Sinn stellt sich als schwierig heraus. So ist beispielsweise die konkrete Beurteilung der Transferverflechtungen zwischen Ländern und Gemeinden nur eingeschränkt möglich, da je nach Bundesland verschiedene organisatorische und rechtliche **Rahmenbedingungen** und auch unterschiedliche Verbuchungspraktiken vorliegen. Generell gilt, dass im Rahmen des tertiären Finanzausgleichs verstärkt Organisationseinheiten außerhalb der Haushalte der Gebietskörperschaften bestehen, sodass diese Transfers im Rahmen einer Analyse der Rechnungsabschlüsse nicht oder nur erschwert erfasst werden können.

Komplexer ist eine Gesamtbeurteilung der Regelungen im weiteren Sinn, weshalb hier Evaluierungen weitgehend fehlen. Mit den im Paktum zum FAG 2017 vorgesehenen Spending Reviews – beispielsweise für den Bereich der Siedlungswasserwirtschaft – wird eine solche Evaluierung jedoch angestrebt. Weitere Bereiche – wie etwa auch der Gesundheitsbereich – sollten folgen.[5]

Die Transferbeziehungen des tertiären Finanzausgleichs im engeren Sinn können folgendermaßen untergliedert werden.

- Transfers des **Bundes an die Länder- und Gemeindeebene**: Es bestehen mehrere zweckgebundene Bundeszuschüsse an die Länder, beispielsweise für den Krankenanstaltenbereich (Mittel zur Finanzierung der Landesgesundheitsfonds) oder den Öffentlichen Personennahverkehr (z. B. Kostenbeiträge zur Finanzierung eines Grundangebotes).
- Transferbeziehungen **zwischen Länder- und Gemeindeebene**: Ko-Finanzierungen der Gemeinden an die Länderebene betreffen insbesondere die Krankenanstalten- und Sozialhilfeumlagen. Förderungen der Länder an die Gemeindeebene umfassen einerseits die Weitergabe

---

4   Zur Abgrenzung des Finanzausgleichs im weiteren und engeren Sinn siehe den Beitrag von Bauer; Thöni: „Finanzausgleich im Überblick" im vorliegenden Band.
5   Vgl. hierzu das Paktum zum FAG 2017, S. 18.

der Gemeinde-Bedarfszuweisungen, andererseits ergänzende Landesförderungen. Die bereits oben erwähnten institutionellen Besonderheiten nach Bundesländern erschweren eine Evaluierung dieses Bereiches.
- Horizontale Transfers **innerhalb der Gemeindeebene**: Zusätzlich bestehen auch Transfers zwischen den Gemeinden bzw. den zugehörigen Einheiten. Zu nennen sind hier beispielsweise Transfers im Rahmen von Schulgemeindeverbänden oder Kostenbeiträge und -ersätze für die Elementarpädagogik. Auch dieser Transferbereich wurde – nicht zuletzt aufgrund des erschwerten Zugangs zu den Daten – noch nicht ausreichend untersucht.

In diesem Beitrag wird ein Schwerpunkt auf die Transferbeziehungen des tertiären Finanzausgleichs im engeren Sinn zwischen Länder- und Gemeindeebene gelegt.

1.2 Abgrenzungsschwierigkeiten zum primären und sekundären Finanzausgleich

Generell ist eine Abgrenzung zwischen sekundärem und tertiärem Finanzausgleich nicht immer einfach, wie dies am Beispiel der Gemeinde-Bedarfszuweisungen deutlich wird. So handelt es sich hierbei um einen Vorwegabzug von den Gemeinde-Ertragsanteilen im Rahmen des primären Finanzausgleichs. Die Zuweisung der Mittel an die Länder wird überwiegend dem sekundären Finanzausgleich zugeordnet. Erst die gemeindeweise Verteilung nach landesspezifischen Regelungen mit ihren unterschiedlichen Zielsetzungen wird im tertiären Finanzausgleich angesiedelt.

Dies zeigt sich auch bei der Landesumlage. Während die Ermächtigung zur Einhebung und die Obergrenze der Landesumlage im Rahmen des sekundären Finanzausgleichs erfolgen, werden die landesgesetzliche Vorschreibung, die Einhebung der Landesumlage von der Gemeindeebene sowie die Festlegung der Höhe der zu zahlenden Landesumlage der einzelnen Gemeinden dem tertiären Finanzausgleich zugeordnet.

Ähnliches gilt für die jeweiligen Vorwegabzüge im Zuge des Verteilungsprozesses der Ertragsanteile an gemeinschaftlichen Bundesabgaben für diverse Aufgabenzwecke, wie beispielsweise die Krankenanstaltenfinanzierung, die Siedlungswasserwirtschaft, den Katastrophenfonds oder den Pflegefonds.[6] Auch hier handelt es sich um Vorwegabzüge im primären Finanzausgleich, die konkrete Ausgestaltung des Aufgabenbereichs sowie der Transferbeziehungen erfolgt hingegen im Rahmen des tertiären Finanzausgleichs.

---

6   Eine vollständige Übersicht zu den Vorwegabzügen findet sich im Beitrag Bröthaler; Haindl; Mitterer: „Funktionsweisen und Entwicklungen" im vorliegenden Band.

1.3 Transfermerkmale und -arten

Ein Finanztransfer stellt eine Finanzbeziehung zwischen mehreren Partnern dar, wobei verschiedene Transfers unterschieden werden können. In diesem Beitrag liegt der Schwerpunkt auf **intragovernmentalen Transfers**. Darunter werden diverse Transfers zwischen den Gebietskörperschaftsebenen verstanden.

Transfers können sehr unterschiedlich ausgestaltet sein, wie dies Tabelle 1 zeigt.[7] Die konkrete Ausgestaltung über **Merkmale** bestimmt dabei den Einfluss des Transfergebers, aber auch des Transfernehmers. So sind aus Sicht des Transferempfängers Schlüsselzuweisungen am vorteilhaftesten, da diese keine Zweckbindung oder Mitfinanzierungspflicht vorsehen. Der geringste Autonomiegrad auf Empfängerseite entsteht hingegen bei zweckgewidmeten Transfers auf Antragsbasis mit hoher Mifinanzierungsverpflichtung, wenn die Entscheidungsbefugnis alleine beim Transfergeber liegt.

Tabelle 1: Merkmale von intragovernmentalen Transfers

Merkmal	Ausprägung
(1) Zweckbindung	- ungebunden (Schlüsselzuweisung oder allgemeine Finanzzuweisung) - an weit definierte Verwendung gebunden (z. B. „für Investitionen") - an eng definierte Verwendung gebunden (Zweckzuweisung oder spezielle Finanzzuweisung; z. B. für Sportstättenbau)
(2) Mitfinanzierung	ohne oder mit (konstanter oder variabler) Mitfinanzierungspflicht der empfangenden Gebietskörperschaft
(3) Bestimmung der Höhe	absoluter Betrag oder prozentualer Anteil an den Bereitstellungskosten des geförderten öffentlichen Gutes
(4) Zuteilungsprinzip	mit oder ohne Berücksichtigung der Finanzkraft des Empfängers bzw. des Gebers, mit oder ohne Berücksichtigung des Finanzbedarfs des Empfängers, politische Kriterien
(5) Zuteilungsmodus	automatisch oder auf Antrag
(6) Periodizität	einmalig/befristet oder regelmäßig/unbefristet
(7) Evaluierung	keine Evaluierung der Wirkungen oder (regelmäßige) Evaluierung der Wirkungen/Wirkungscontrolling
(8) Harmonisierungsgrad	landeseinheitlich ausgestaltete Transfers nachgeordneter Gebietskörperschaften oder zwischen den Jurisdiktionen differierende Ausgestaltung

Quelle: Biwald et.al.: Transfers und Kostentragung, 2010, S. 13.

Die exakte Zuordnung zu einer **Transferart** stellt sich dabei in der Praxis als schwierig heraus. Insbesondere zu klären gilt, welcher Transfer als Zuschuss im Sinn der Finanzverfassung zu werten ist. Der horizontale Transfer

---

[7] Vgl. Biwald et.al.: Transfers und Kostentragung, 2010, S. 12 ff.

zwischen Gemeinde und Gemeindeverband durch Weiterleiten der Gebühren wird demnach kein Zuschuss sein. Hingegen kann ein Transfer vom Land an die Statutarstadt im Sozialhilfebereich, wenn diese auch Sozialhilfeträger ist, durchaus als Zuschuss gewertet werden, auch wenn dieser als Kostenbeitrag (und nicht als Transfer) verbucht ist.

Weiters kann die formale Transferart unterschiedliche Hintergründe haben. So etwa können Investitionszuschüsse der Länder an die Gemeinden (formal Kapitaltransfers) sowohl Mittel im Rahmen der Gemeinde-Bedarfszuweisungen (als Teil der Gemeinde-Ertragsanteile), Mittel aus dem Landesbudget (z. B. freiwilliger Zuschuss für eine Gemeindeeinrichtung) oder weitergeleitete Bundesmittel sein (z. B. Mittel aufgrund der Vereinbarung gemäß Art. 15a B-VG über den Ausbau des institutionellen Kinderbetreuungsangebots).

Folgende Transferarten können näher spezifiziert werden:[8]

Finanzzuweisungen und Zuschüsse sind nach § 12 F-VG 1948 die Abgabenverteilung ergänzende Transferzahlungen des Bundes an die Länder bzw. Gemeinden und der Länder an Gemeinden. Finanzzuweisungen können in Form von Schlüsselzuweisungen oder Bedarfszuweisungen gewährt werden.

Schlüsselzuweisungen dienen, auch wenn im Einzelfall ein Verwendungszweck angegeben ist, prinzipiell zur Deckung allgemeiner Haushaltserfordernisse. Sie können auch nicht an Bedingungen, wie etwa an das Erbringen einer Grundleistung oder an einen genauen Verwendungsnachweis, geknüpft werden.

Bedarfszuweisungen sind zur Aufrechterhaltung oder Wiederherstellung des Haushaltsgleichgewichtes, zur Deckung außergewöhnlicher Erfordernisse und zum Ausgleich von Härten bestimmt, die sich bei der Verteilung von Abgabenertragsanteilen oder Schlüsselzuweisungen ergeben.

Zweckzuschüsse werden ausdrücklich für bestimmte Zwecke gewährt. In der Regel werden eine Grundleistung und ein genauer Verwendungsnachweis verlangt.

Laufende Transfers sind Geldleistungen ohne unmittelbare Gegenleistung, die bei der Empfängerin und beim Empfänger als einkommenswirksam zu betrachten und insbesondere für Konsumzwecke oder sonstige laufende Verwendungszwecke bestimmt sind. Darunter fallen beispielsweise Finanzzuweisungen, regelmäßige Zuschüsse, Subventionen, Beihilfen, Umlagen.

Kapitaltransfers sind Zahlungen ohne Gegenleistung, die ausdrücklich für Investitionszwecke bestimmt sind und von der Empfängerin und vom Empfänger widmungsgemäß verwendet werden müssen; ferner Zahlungen, die nicht dem laufenden Einkommen zugerechnet, sondern als Vermögenszuwachs betrachtet werden. Im Mittelpunkt steht der einmalige Charakter.

Umlagen sind Zahlungen „von unten nach oben" oder auf gleicher Ebene, mit welchen Ausgaben des Trägers einer Einrichtung finanziert

---

8 Vgl. Schönbäck et al.: Netz der intragovernmentalen Transferbeziehungen, 2004, S. 15 f.

werden, die in der Regel nicht durch andere Einnahmen gedeckt sind (z. B. Sozialhilfeverbandsumlage). Die Unterscheidung von einem Kostenersatz ist manchmal nur schwer zu treffen.

Kostenbeiträge (-ersätze) der Gemeinden sind einnahmenseitig beispielsweise Zahlungen, die eine (beauftragende) Gemeinde einer (durchführenden) Gemeinde für tatsächlich erbrachte Leistungen (z. B. im Bereich Pflichtschulen) vorschreibt. Ausgabenseitig sind es Zahlungen einer Gemeinde für das Abgelten von Leistungen eigener und fremder Verwaltungsdienststellen, für die keine bestimmten Gebühren, Entgelte oder Tarife festgelegt sind. Kostenersätze werden vor allem im hoheitlichen bzw. nichtbetrieblichen Bereich anfallen.

1.4 Transferziele

Mit den Transferzahlungen werden spezifische Zielsetzungen verfolgt. Die angestrebten Ziele können regionalspezifisch und/oder gesamtwirtschaftlich, allokativ und/oder distributiv sein. Weiters können beispielsweise stabilitätspolitische Effekte, die wirtschaftliche Angleichung regionaler Gegebenheiten oder das langfristige Wirtschaftswachstum angestrebt werden. Im Fall der Ko-Finanzierung von Aufgaben einer Ebene, die eine andere staatliche Ebene erfüllt, kann hingegen von einer steuerähnlichen Leistung[9] ausgegangen werden, die per Gesetz vorgeschrieben wird.[10]

Gemäß der finanzwissenschaftlichen Theorie folgen die Ziele von intragovernmentalen Transfers den grundlegenden Steuerungsbereichen der öffentlichen Finanzwirtschaft, nämlich den Allokations-, Distributions- und Stabilitätszielen. Da die intragovernmentalen Transfers grundsätzlich der Feinsteuerung der Mittelverteilung in den Finanzausgleichssystemen der verschiedenen Staaten dienen, dominieren die Transfers mit allokativen und jene mit distributiven Wirkungen. Die stabilitätspolitischen Ziele werden dagegen in erster Linie über die Verteilung der Aufkommens- und Ertragshoheit und nicht mit Hilfe von Transfers angestrebt. Damit können die folgenden Ziele genannt werden:[11]

- **Allokative Ziele:** Transfers mit allokativen Zielen werden v. a. zum tendenziellen Ausgleich interregionaler Spillovers und Agglomerationseffekte, zur Sicherung einer angestrebten Produktivität der regional gebundenen Infrastruktur, zum Vermeiden unwirtschaftlicher Wanderungen und zum Ausgleich von vertikalen und horizontalen Mängeln des primären Finanzausgleichs verwendet.
- **Distributive Ziele:** Transfers mit distributiven Zielen dienen in erster Linie dem horizontalen Einnahmenausgleich (Ressourcenausgleich) und dem horizontalen Ausgleich von regionalen wirtschaftlichen und soziodemographischen Unterschieden (Lastenausgleich) zur tendenziellen Sicherung eines gewünschten Standards der Ausstattung der Gebietskörperschaften einer Ebene mit öffentlichen Gütern im Sinn der „Ein-

---

9 Dies trifft insbesondere auf die Landesumlage zu.
10 Vgl. Biwald et al.: Transfers und Kostentragung, 2010, S. 15 ff.
11 Vgl. Biwald et al.: Transfers und Kostentragung, 2010, S. 15 f.; sowie Zimmermann; Henke; Broer: Finanzwissenschaft, 2012, S. 209 ff.

heitlichkeit der Lebensverhältnisse".
- **Stabilisierungspolitische Ziele:** Transfers können auch zum Ausgleich von asymmetrischen Schocks für öffentliche Finanzen auf den subzentralen Ebenen dienen.

2. Transferbeziehungen zwischen Gemeinde- und Länderebene

Im Nachfolgenden wird exemplarisch der Bereich der Transferbeziehungen zwischen Gemeinde- und Länderebene als wesentlicher Teil des tertiären Finanzausgleichs herausgegriffen und näher betrachtet. Es erfolgt schwerpunktmäßig eine Darstellung der Transferbeziehungen des tertiären Finanzausgleichs im engeren Sinn. Dabei werden die einzelnen Transferströme insbesondere hinsichtlich ihrer bundeslandweise unterschiedlichen Ausgestaltung sowie der mit den Regelungen erzielten Verteilungswirkungen betrachtet.[12]

Die Transferbeziehungen zwischen Länder- und Gemeindeebene haben sich im Laufe der Jahre zu einem äußerst komplexen, wenig transparenten und bundesländerweise stark unterschiedlichen System entwickelt, das in der finanzpolitischen Diskussion treffend als „Transferchaos" oder „Transferdschungel" bezeichnet wird.[13]

Die vertikalen Transfers erfolgen sowohl
- **von der Länder- zur Gemeindeebene** als laufende Transferzahlungen (z. B. als Personalkostenzuschüsse in der Kinderbetreuung) oder als Bedarfszuweisungen und sonstige Kapitaltransfers von der Länder- an die Gemeindeebene als auch
- **von der Gemeinde- zur Länderebene** in Form von Umlagen (z. B. Landesumlagen, Sozialhilfe- oder Krankenanstaltenumlagen) der Gemeinden an die Landesebene.

Dabei spielen neben den Ländern und Gemeinden auch **weitere Einheiten** eine bedeutende Rolle, womit die Gesamtbeurteilung erschwert ist. In Abbildung 1 werden die Transfers der Länder- und Gemeindeebene dargestellt. Auf der einen Seite bestehen Transfers der Gemeinden an die Länderebene. Die Gemeindetransfers gehen daher nicht nur direkt an die Länder, sondern teilweise auch an weitere Landeseinheiten. Beispiele hierfür sind etwa der Sozialfonds in Vorarlberg oder die Landesgesundheitsfonds in einzelnen Bundesländern im Rahmen der Krankenanstaltenfinanzierung.

Auf der anderen Seite umfassen die Transfers von den Ländern an die Gemeindeebene nicht nur direkte Förderungen an die Gemeinden, sondern auch Förderungen an gemeindeeigene Einheiten, wie insbesondere Gemeindeverbände oder gemeindeeigene Gesellschaften. Es gibt auch

---
12   Eine detaillierte Darstellung der tertiären Transfers des Bundes sowie innerhalb der Gemeindeebene ist aufgrund der unzureichenden Datenlage nicht möglich.
13   Vgl. dazu Thöni et al.: Fiskalische Autonomie, 2011, S. 75; sowie Biwald et al.: Projekt Transfers und Kostentragung, 2010, S 10 und 22.

Förderungen an die Gemeinden über den Umweg von Landesfonds (z. B. Eisenbahnkreuzungsfonds, Bedarfszuweisungsfonds, Schulbaufonds). Für eine Gesamtbeurteilung wäre daher notwendig, die landeseigenen/-nahen Einheiten ebenfalls in die Betrachtung miteinzubeziehen. Das ist jedoch auf Basis der vorhandenen Datenlage oftmals nicht möglich.

Abbildung 1: Transferbeziehungen zwischen der Länder- und Gemeindeebene

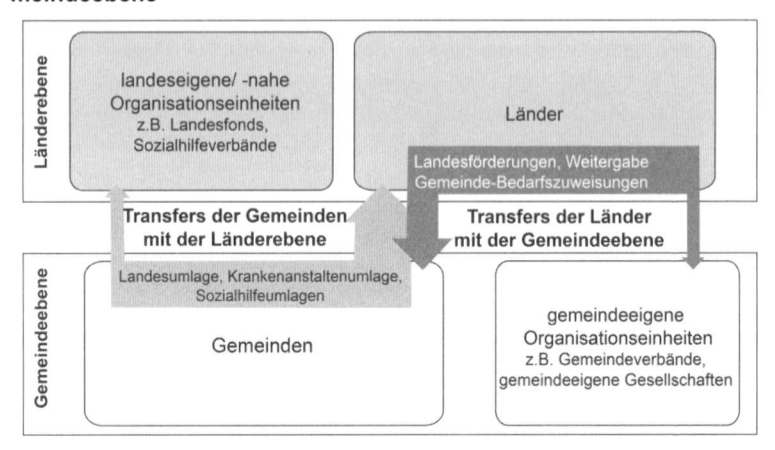

Quelle: Mitterer et al.: Länder-Gemeinden-Transferverflechtungen, 2016, S. 25.

Die Transfereinnahmen und -ausgaben stellen für Gemeinden eine wichtige Einnahmen- sowie Ausgabengröße dar.[14] Im Jahr 2015 zahlten die Gemeinden Transfers an die Länderebene in der Höhe von 3,21 Mrd. Euro, im Gegenzug erhielten sie 1,74 Mrd. Euro.[15] Der Anteil der Transferausgaben an die Länderebene an den Gesamtausgaben der Gemeinden[16] beträgt rund 16 Prozent, der Anteil der Transfereinnahmen an den Gesamteinnahmen rund 9 Prozent.[17] Aus Sicht der Finanzierung ist jedoch insbesondere die Saldierung von Bedeutung, nämlich, ob in Summe einer Ebene bzw. einer einzelnen Gemeinde Mittel entzogen oder zugeführt werden.

Die Bedeutung der Transferbeziehungen zwischen Länder- und Ge-

---

14 Hinsichtlich der finanzstatistischen Auswertungen in diesem Beitrag ist auf methodische Einschränkungen zu verweisen. Zu nennen sind insbesondere Abgrenzungsprobleme der einzelnen Transferströme auf Basis der bestehenden Ansatz- und Postengliederung der aktuellen Voranschlags- und Rechnungsabschlussverordnung (VRV), unterschiedliche Verbuchungspraktiken und Schwierigkeiten bei der Abgrenzung und Identifizierung von Transfers (beispielsweise Transfers vom Land für Kindergärten werden als Kostenbeitrag oder Transfereinnahme verbucht).
15 Die hier verwendete finanzwirtschaftliche Definition von Transfers unterscheidet sich von der Definition der volkswirtschaftlichen Gesamtrechnung, siehe Beitrag Bauer; Thöni: „Finanzausgleich im Überblick" im vorliegenden Band.
16 Wien bleibt aufgrund seiner Doppelfunktion als Stadt und Land in den Auswertungen unberücksichtigt.
17 Vgl. Mitterer et al.: Gemeindefinanzen 2017, 2017, S. 41.

meindeebene wird nachfolgend aus Sicht der Gemeinden erörtert.[18] Die Transferausgaben (Transferströme von den Gemeinden zur Länderebene), die Transfereinnahmen (Transferströme der Länder- zur Gemeindeebene) sowie der Transfersaldo der Gemeinden-Land-Beziehung werden differenziert nach Bundesländern dargestellt, um die unterschiedlichen Transferpolitiken zwischen den Ländern aufzuzeigen. Schließlich wird den Umverteilungswirkungen der Transferströme ein eigenes Unterkapitel gewidmet.

2.1 Transferströme von Gemeinden zur Länderebene

Zu den wesentlichen laufenden Transferausgaben der Gemeinden an die jeweiligen Bundesländer zählen die Umlagen, die zur Ko-Finanzierung von Landesaufgaben dienen, wie insbesondere für das Führen von Krankenanstalten oder das Erbringen von Leistungen im Rahmen der Sozialhilfe i.w.S. sowie die Landesumlage[19]. Dabei wird ein Auseinanderfallen der Aufgaben- und Ausgabenverantwortung deutlich, da in der Regel mit der Ko-Finanzierungsverpflichtung keine bzw. nur sehr eingeschränkte Mitsprache bei der Ausgestaltung der Rahmenbedingungen und Standards durch die Gemeinden möglich ist.

Aufgrund landesgesetzlicher Vorgaben ergeben sich deutliche Unterschiede (Abbildung 2). Diese werden insbesondere durch folgende Kriterien bestimmt:[20]

- Anzahl der Umlagen: Alle Bundesländer heben Krankenanstalten-, Sozialhilfe- und Landesumlagen ein; davon ausgenommen sind teilweise Niederösterreich (keine Landesumlage) und die Steiermark (keine Krankenanstaltenumlage);
- Höhe der Umlagen und Ko-Finanzierungsanteil: Die Landesumlage schwankt im Durchschnitt zwischen 0 und 7,6 Prozent der Ertragsanteile, der Anteil der Gemeinden an den Krankenanstalten-Betriebsabgängen zwischen 10 und 40 Prozent, der Anteil der Gemeinden an der Sozialhilfe zwischen 35 und 50 Prozent;[21]
- Unterschiedliche organisatorische Rahmenbedingungen: In Oberösterreich und in der Steiermark bestehen Sozialhilfeverbände. Diese sind formal zwar Gemeindeverbände, die überwiegende Finanzierung sowie die Ausgestaltung des Aufgabenbereiches erfolgt jedoch durch das Land.[22]

---

18 Eine solche Einschränkung auf die Gemeinden ist notwendig, da aufgrund der außerbudgetären Einheiten kein Abgleich der Transferbeziehungen zwischen Länder- und Gemeindeebene möglich ist. Bei der Interpretation ist daher zu berücksichtigen, dass hier nur ein Teilbereich – wenn auch der bei weitem überwiegende – dargestellt wird.
19 Landesumlagen werden in allen Bundesländern als nicht zweckgebundene Schlüsselzuweisungen bezeichnet.
20 Vgl. die aktuellen landesgesetzlichen Grundlagen zu den Sozialhilfe-, Krankenanstalten- sowie Landesumlagen (siehe Literaturverzeichnis).
21 Nähere Ausführungen zu den Ko-Finanzierungsverpflichtungen der Gemeinden im Krankenanstalten- und Sozialhilfebereich können dem Beitrag von Mohr „Gesundheit und Pflege" im vorliegenden Band entnommen werden.
22 In den vorliegenden Auswertungen wurden die Sozialhilfeverbände daher konsequenterweise der Landesebene zugeordnet.

Statutarstädte sind in diesen beiden Bundesländern selbst Sozialhilfeträger. In Vorarlberg wurde ein Sozialhilfefonds eingerichtet. In sämtlichen Bundesländern sind Landesgesundheitsfonds eingerichtet, an welche die Krankenanstaltenumlagen geleistet werden – teils über den Umweg über die Länder.

- Leistungsangebote im Bereich der Sozialhilfe und der Krankenanstalten sind unterschiedlich und damit verbunden bestehen höhere oder niedrigere Umlagen.

Neben den genannten Umlagen existieren noch weitere Transferströme von den Gemeinden an die Landesebene. Zu nennen sind hier beispielsweise Zahlungen der Gemeinden an Pensionsfonds der Länder[23] sowie Umlagen im Musik- sowie Berufsschulbereich.

Insgesamt ergeben sich je nach Bundesland unterschiedliche durchschnittliche Belastungen der Gemeinden. Die geringsten Transferausgaben ans Land wiesen im Jahr 2015 die burgenländischen Gemeinden mit 281 Euro pro Kopf aus, die höchsten Transferausgaben die oberösterreichischen (635 Euro pro Kopf) sowie Vorarlberger Gemeinden (548 Euro pro Kopf). Insbesondere bei der Krankenanstaltenumlage besteht eine deutlich differierende Ko-Finanzierung von 23 Euro pro Kopf im Burgenland bis hin zu 243 Euro pro Kopf in Kärnten. Die Spannbreite bei den Sozialhilfeumlagen ist mit 162 Euro pro Kopf in Tirol bis 292 Euro pro Kopf in Oberösterreich geringer. Die Landesumlage bewegt sich zwischen 66 Euro pro Kopf im Burgenland und 93 Euro pro Kopf in Salzburg.

Abbildung 2: Durchschnittliche Transferausgaben der Gemeinden an die Länderebene nach Bundesländern, in Euro pro Kopf, 2015

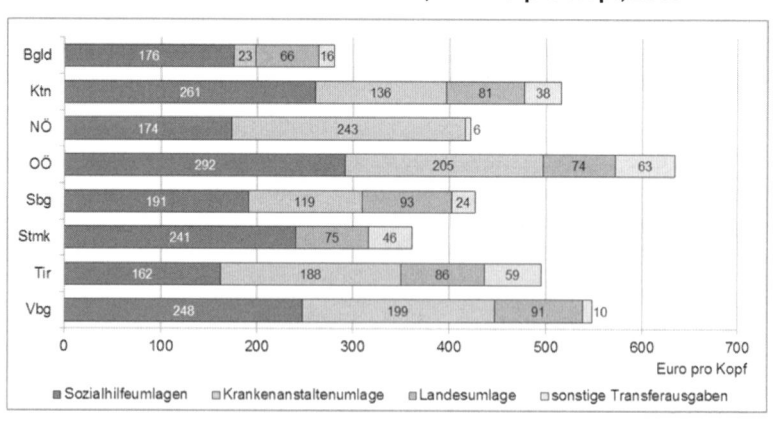

Bundesland	Sozialhilfeumlagen	Krankenanstaltenumlage	Landesumlage	sonstige Transferausgaben
Bgld	176	23	66	16
Ktn	261	136	81	38
NÖ	174	243		6
OÖ	292	205	74	63
Sbg	191	119	93	24
Stmk	241	75	46	
Tir	162	188	86	59
Vbg	248	199	91	10

Quelle: KDZ: eigene Berechnung 2017 auf Basis Statistik Austria: Gemeindefinanzdaten 2015.
Anmerkung: Beim Berechnen der Sozialhilfe- und Krankenanstaltenumlagen werden die laufenden und einmaligen Transferausgaben an Gemeinden, Gemeindeverbände und an Träger des öffentlichen Rechts (Posten 752, 754, 772, 774) als Transfers an die Länderebene definiert.

---

23 Vgl. beispielsweise Steiermärkisches Gemeindebedienstetengesetz, LGBl. Nr. 34/1957 idF 6/2015.

2.2 Transferströme der Länder- zur Gemeindeebene

Als wichtige Transferströme der Länder- an die Gemeindeebene gelten einerseits die Gemeinde-Bedarfszuweisungen[24], andererseits Landesförderungen wie beispielsweise laufende Transfers im Kinderbetreuungs- oder Schulbereich. Bei den Gemeinde-Bedarfszuweisungen ist an dieser Stelle darauf zu verweisen, dass es sich hier originär um Gemeindemittel handelt. In Abbildung 3 sind die Förderströme von den Ländern an die Gemeinden betragsmäßig exemplarisch für das Jahr 2013 ausgewiesen.[25] In den Länderbudgets werden (näherungsweise) insgesamt 2.232 Mio. Euro Förderungen an die Gemeindeebene ausgewiesen, in den Gemeindebudgets sind 1.504 Mio. Euro zuordenbare Förderungen verbucht.[26]

Während in den Länderhaushalten eine differenzierte Betrachtung der Gemeinde-Bedarfszuweisungen (814 Mio. Euro) und der Landesförderungen (1.418 Mio. Euro) möglich ist (letztere näherungsweise), kann diese Unterscheidung auf Gemeindeebene nicht getroffen werden. Das aktuelle Rechnungswesen sieht hier nur eine Differenzierung in laufende (626 Mio. Euro) und einmalige (878 Mio. Euro) Transfers vor. Es kann daher aufgrund der Verbuchungen nicht nachvollzogen werden, ob die Transfereinnahmen bei den Gemeinden aus dem Titel der Gemeinde-Bedarfszuweisungen oder aus dem Titel der Landesförderungen kommen, wodurch eine Evaluierung wesentlich erschwert ist. Hinzu kommt noch, dass ein Teil der Mittel von der Landesebene auch an weitere Gemeindeeinheiten (insbesondere Gemeindeverbände, gemeindeeigene Gesellschaften) ausgeschüttet wird, wodurch die Nachvollziehbarkeit weiter eingeschränkt wird.

Abbildung 3: Förderungen von den Ländern an die Gemeindeebene, 2013

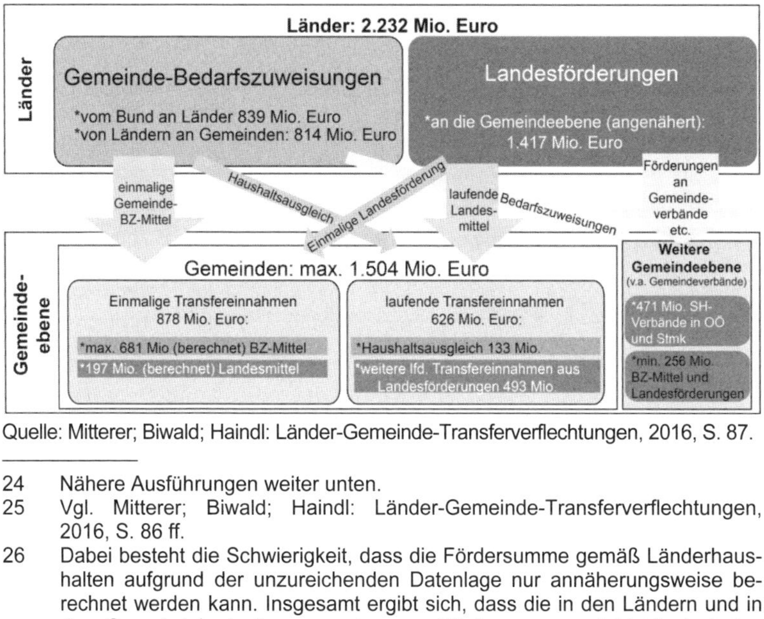

Länder: 2.232 Mio. Euro

Länder:
- Gemeinde-Bedarfszuweisungen
  - *vom Bund an Länder 839 Mio. Euro
  - *von Ländern an Gemeinden: 814 Mio. Euro
- Landesförderungen
  - *an die Gemeindeebene (angenähert): 1.417 Mio. Euro

einmalige Gemeinde-BZ-Mittel — Haushaltsausgleich — Einmalige Landesförderungen — laufende Bedarfszuweisungen — Landesmittel — Förderungen an Gemeindeverbände etc.

Gemeindeebene:
Gemeinden: max. 1.504 Mio. Euro
- Einmalige Transfereinnahmen 878 Mio. Euro:
  - *max. 681 Mio (berechnet) BZ-Mittel
  - *197 Mio. (berechnet) Landesmittel
- laufende Transfereinnahmen 626 Mio. Euro:
  - *Haushaltsausgleich 133 Mio.
  - *weitere lfd. Transfereinnahmen aus Landesförderungen 493 Mio
- Weitere Gemeindeebene (v.a. Gemeindeverbände)
  - *471 Mio. SH-Verbände in OÖ und Stmk
  - *min. 256 Mio. BZ-Mittel und Landesförderungen

Quelle: Mitterer; Biwald; Haindl: Länder-Gemeinde-Transferverflechtungen, 2016, S. 87.

---

24 Nähere Ausführungen weiter unten.
25 Vgl. Mitterer; Biwald; Haindl: Länder-Gemeinde-Transferverflechtungen, 2016, S. 86 ff.
26 Dabei besteht die Schwierigkeit, dass die Fördersumme gemäß Länderhaushalten aufgrund der unzureichenden Datenlage nur annäherungsweise berechnet werden kann. Insgesamt ergibt sich, dass die in den Ländern und in den Gemeindebudgets ausgewiesenen Fördersummen nicht ident sind – auch aufgrund außerbudgetärer Einheiten.

In Abbildung 4 werden die durchschnittlichen Transfereinnahmen der Gemeinden pro Kopf von der Länderebene des Jahres 2015 differenziert nach Aufgabenbereichen gezeigt. Kinder und Bildung ist der am höchsten subventionierte Aufgabenbereich. Die Bundeslandunterschiede ergeben sich aufgrund unterschiedlicher landesgesetzlicher Regelungen zu Leistungsumfang und Förderhöhe.

Die höchsten Transfereinnahmen weisen die Vorarlberger (366 Euro pro Kopf) und die oberösterreichischen Gemeinden (319 Euro pro Kopf) auf (siehe Abbildung 4). Die geringsten Transfereinnahmen bestehen aufgrund einer Sonderregelung zum pädagogischen Personal in Niederösterreich (179 Euro pro Kopf), weil das pädagogische Personal in Kinderbetreuungseinrichtungen vom Land und nicht von den Gemeinden beigestellt wird.

Abbildung 4: Durchschnittliche Transfereinnahmen der Gemeinden von der Länderebene nach Aufgabenbereichen nach Bundesländern, in Euro pro Kopf, 2015

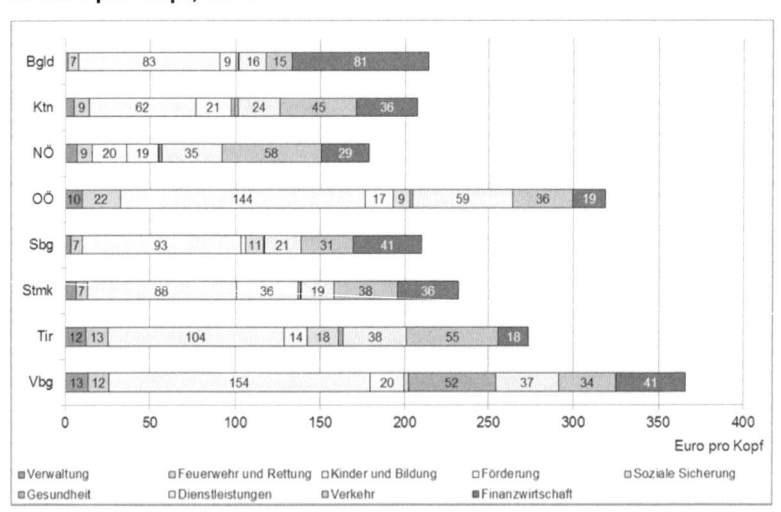

Quelle: KDZ: eigene Berechnung 2017 auf Basis Statistik Austria: Gemeindefinanzdaten 2015.
Anmerkung: Ohne Transfereinnahmen von den Ländern für Finanzzuweisungen (UAB 941 und 942), da es sich dabei um Transfers vom Bund handelt.

Gemeinde-Bedarfszuweisungen

Als ein betragsmäßig besonders relevanter Bereich wird nachfolgend auf die Gemeinde-Bedarfszuweisungen näher eingegangen. Im Jahr 2016 standen den Ländern rund 905 Mio. Euro an Gemeinde-Bedarfszuweisungsmitteln zur Verteilung an die Kommunen zur Verfügung.[27]

---

27 Nähere Ausführungen zur Bemessung der Gemeinde-Bedarfszuweisungen siehe die Beiträge von Bröthaler; Haindl; Mitterer: „Funktionsweisen und Entwicklungen" sowie Kremser; Maschek: „Kommentar zum FAG 2017" im vorliegenden Band.

Gemeinde-Bedarfszuweisungen konnten mit dem FAG 2008 zur Aufrechterhaltung oder Wiederherstellung des Gleichgewichtes im Haushalt, zur Deckung außergewöhnlicher Erfordernisse oder zum Ausgleich von Härten verwendet werden.[28] Das FAG 2017[29] sieht darüber hinaus folgende zusätzliche vier Zwecke vor:

- Förderung bestehender und zusätzlicher interkommunaler Zusammenarbeit einschließlich solcher in Form von Gemeindeverbänden;
- Unterstützung strukturschwacher Gemeinden;
- Förderung von Gemeindezusammenlegungen;
- landesinterner Finanzkraftausgleich zwischen den Gemeinden unter Bedachtnahme auf weitere landesrechtliche Finanzkraftregelungen.

Bei den Gemeinde-Bedarfszuweisungen existieren bereits vereinzelt transparente und nachvollziehbare Vergabemodelle. In Kärnten kam es zu einer Reform, in welcher sowohl ressourcen- als auch lastenausgleichende Elemente berücksichtigt wurden.[30] In Oberösterreich wird aktuell an einem transparenteren Vergabesystem der Gemeinde-Bedarfszuweisungsmittel gearbeitet.[31] Die höchste Transparenz bietet das nachfolgend beschriebene Salzburger Modell. Die Verteilungskriterien bewirken dabei nicht nur einen Ressourcenausgleich zwischen den Gemeinden, sondern es werden auch unterschiedliche Lasten berücksichtigt.

Vergabe Gemeinde-Bedarfszuweisungen am Beispiel Salzburg

Im Bundesland Salzburg werden seit dem Jahr 2015 Gemeinde-Bedarfszuweisungen über einen Gemeindeausgleichsfonds (GAF) an die Gemeinden vergeben. Grundsätzlich werden Fördermittel für drei Bereiche gewährt:[32]

- Ausgleich von Härten, die sich bei der Verteilung von Abgabenertragsanteilen oder Schlüsselzuweisungen ergeben (Strukturhilfe);
- Aufrechterhaltung oder Wiederherstellung des Haushaltsgleichgewichtes (Haushaltsausgleich);
- Deckung außergewöhnlicher Erfordernisse (Projektförderung).

Die Vergabe der Mittel erfolgt nach einer Prioritätenreihung unter Berücksichtigung objektiver Kriterien, wie z. B. Vorhabensart, Finanzlage der Gemeinde, Dringlichkeit, Einsparungseffekte etc. Das Förderungsausmaß bestimmt sich im Wesentlichen nach den Berechnungsergebnissen eines Sockelförderungssystems mit entsprechenden Zu- und Abschlägen.

---

28 Vgl. zu neuen Berechnungen und Verwendungszwecken im FAG 2017 den Beitrag Kremser; Maschek: „Kommentar zum FAG 2017" im vorliegenden Band.
29 § 12 Abs. 5 Finanzausgleichsgesetz 2017; BGBl. I Nr. 116/2016.
30 Biwald et al.: Transferbeziehungen zwischen Ländern und Gemeinden, Wien 2012, S. 57 f.
31 Vgl. Land Oberösterreich: Pressekonferenz Gemeindefinanzierung Neu, 16.3.2017.
32 Land Salzburg: Richtlinien zur Abwicklung der Förderungen aus dem Gemeindeausgleichsfonds, 2014.

Im Rahmen des Sockelförderungssystems gibt es unterschiedlich hohe Abschläge bei durchschnittlicher bis überdurchschnittlicher Finanzkraft. Zuschläge bestehen bei unterdurchschnittlicher Finanzkraft, besonders niedrigem Finanzkraftvolumen (absolut), bei überdurchschnittlichem Investitionsniveau (im Vergleich zur Finanzkraft), für interkommunale Projekte sowie energiepolitische Akzente. Je nach Projektart bestehen unterschiedlich hohe Sockelbeträge (z. B. Schulen 40 Prozent, Feuerwehrhäuser 30 Prozent, Straßen 30 Prozent).

2.3 Transfersaldo der Gemeinden

Bei einer Gesamtbetrachtung von Transfereinnahmen und Transferausgaben ergibt sich ein um die Gemeinde-Bedarfszuweisungsmittel konsolidierter negativer Transfersaldo für die Gemeinden von insgesamt 2,39 Mrd. Euro. Bei einer Zuordnung der Gemeinde-Bedarfszuweisungsmittel an die Landesebene läge der negative Transfersaldo immer noch bei 1,46 Mrd. Euro.[33] Dieser unterscheidet sich je nach Bundesland aufgrund der verschiedenen landesgesetzlichen Grundlagen deutlich (siehe Abbildung 5). Die Gemeinden im Burgenland werden mit durchschnittlich 47 Euro pro Kopf am geringsten belastet. Die höchsten negativen Transfersaldi zeigen sich für die Kärntner und oberösterreichischen Gemeinden mit 307 bzw. 300 Euro pro Kopf.

Abbildung 5: Durchschnittlicher Transfersaldo der Gemeinden nach Bundesländern, in Euro pro Kopf, 2015

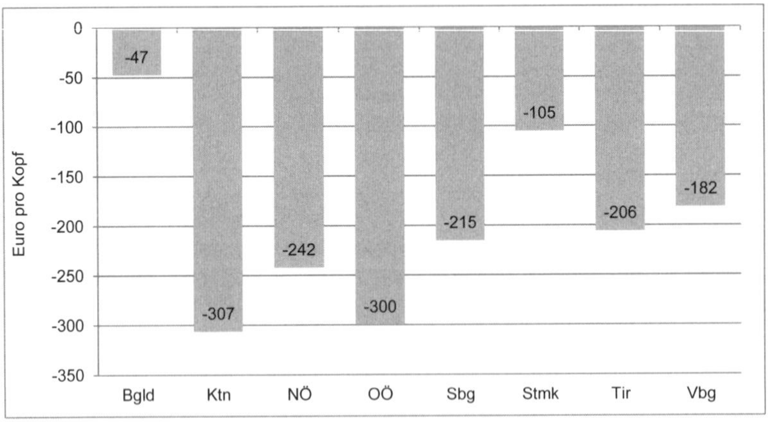

Bundesland	Euro pro Kopf
Bgld	-47
Ktn	-307
NÖ	-242
OÖ	-300
Sbg	-215
Stmk	-206
Tir	-182
Vbg	-105

Quelle: KDZ: eigene Berechnung 2017 auf Basis Statistik Austria: Gemeindefinanzdaten 2015.

Neben den unterschiedlichen Belastungen in den Bundesländern, besteht auch eine unterschiedliche Dynamik der Entwicklung des Transfersaldos im Zeitablauf (Tabelle 2).

---

33   Eine genauere Beschreibung findet sich im Beitrag Bröthaler; Haindl; Mitterer: „Funktionsweisen und Entwicklungen" im vorliegenden Band.

Insgesamt kam es von 2006 bis 2015 zu einem Anstieg des durchschnittlichen negativen Transfersaldos in sämtlichen Bundesländern. Die Finanzierungslast nahm am stärksten in Kärnten (+ 169 Euro pro Kopf), in Niederösterreich (+ 149 Euro pro Kopf) sowie in Vorarlberg (+ 116 Euro pro Kopf) zu. Im Bundesland Salzburg zeigten sich die Wirkungen einer teilweisen Neuordnung der Transferbeziehungen, sodass der Transfersaldo zwischen 2011 und 2013 deutlich gesunken ist. 2012 kam es in Folge der Neuorganisation des Landespflegegelds sowie des Pflegefonds zu einer kurzfristigen Reduzierung oder zumindest Dämpfung der Umlagendynamik in fast allen Bundesländern. Seit 2013 nimmt der negative Transfersaldo wieder um 5,5 Prozent pro Jahr zu.

Im Vergleich dazu war die Einnahmendynamik im Bereich der Ertragsanteile an gemeinschaftlichen Bundesabgaben im Zehnjahresvergleich mit 35 Prozent gegenüber 82 Prozent beim Transfersaldo geringer. Dies äußert sich auch an einem zunehmenden Anteil des Transfersaldos an den Ertragsanteilen. Lag der Anteil des durchschnittlichen Transfersaldos an den Ertragsanteilen im Jahr 2006 noch bei 20 Prozent, so stieg dieser bis zum Jahr 2015 auf 26 Prozent an. In den letzten fünf Jahren wurde jedoch kein weiterer Anstieg des Anteiles verzeichnet.

Tabelle 2: Entwicklung der Ertragsanteile und des Transfersaldos der Gemeinden vom/zum Land nach Bundesländern, 2006 bis 2015

Bundesländer	Transfersaldo der Gemeinden vom/zum Land							Index 2015	
	2006	2009	2011	2012	2013	2014	2015	2006 = 100	2011 = 100
	in Euro pro Kopf								
Burgenland	-9	-16	-32	-20	-36	-32	-47	547	149
Kärnten	-138	-205	-258	-249	-261	-306	-307	222	119
Niederösterreich	-123	-105	-179	-197	-222	-219	-242	198	135
Oberösterreich	-220	-279	-321	-311	-311	-328	-300	136	93
Salzburg	-192	-184	-204	-161	-160	-208	-215	112	105
Steiermark	-10	-38	-63	-69	-87	-66	-105	1.029	166
Tirol	-99	-143	-225	-187	-189	-209	-206	207	91
Vorarlberg	-66	-110	-161	-172	-140	-192	-182	276	113
Transfersaldo gesamt	**-119**	**-145**	**-194**	**-189**	**-199**	**-210**	**-217**	**182**	**112**
Ertragsanteile gesamt	606	654	723	745	777	803	820	135	114
Anteil Transfersaldo an Ertragsanteilen in %	20%	22%	27%	25%	26%	26%	26%		

Quelle: KDZ: eigene Berechnung 2017 auf Basis Statistik Austria: Gemeindefinanzdaten 2006 bis 2015.

2.4 Horizontale Verteilungswirkungen

Die horizontalen Verteilungswirkungen im tertiären Finanzausgleich auf Gemeindeebene ergeben sich aufgrund einer Vielzahl an einzelnen Regelungen, welche hinsichtlich der Zielsetzungen zumeist nicht aufeinander abgestimmt sind. Vielmehr bestehen Interdependenzen zwischen einzelnen Transfers, die sich teilweise auch konterkarieren oder in ihren intendierten Wirkungen abschwächen oder verstärken können. Ein gemeinsames Grundverständnis zur gewünschten gesamthaften Verteilungswirkung innerhalb der Länder-Gemeinde-Transfersysteme in den einzelnen Bundesländern fehlt.

Finanzstatistisch – daher im Durchschnitt einzelner Gruppen von Gemeinden – gut nachweisbar ist die stark ressourcenausgleichende Wirkung der verschiedenen Transferregelungen im tertiären Finanzausgleich. So kommt es zu deutlichen horizontalen Umverteilungseffekten im Rahmen des tertiären Finanzausgleichs gegenüber der bisherigen Finanzkraftausstattung der Gemeinden im Rahmen des primären Finanzausgleichs, wie dies in Abbildung 6 mithilfe von Finanzkraft-Quintilen[34] veranschaulicht wird.

Dabei zeigt sich, dass die durchschnittliche Finanzkraft gemäß primärem Finanzausgleich (Ertragsanteile + eigene Abgaben pro Kopf) der ersten vier Finanzkraft-Quintile von 921 bis 1.243 Euro pro Kopf leicht ansteigt und dass sich die finanzstärksten Gemeinden im Finanzkraft-Quintil 5 mit 1.752 Euro pro Kopf deutlich von den anderen abheben. Addiert man zur Finanzkraft die laufenden Transfereinnahmen, erhöht sich die Finanzkraft in allen Finanzkraft-Quintilen leicht, führt aber zu keiner Veränderung der Proportionen zwischen den Finanzkraft-Quintilen.

Erst die zusätzliche Berücksichtigung der laufenden Transferausgaben ergibt, dass die Finanzkraft nach laufenden Transfers der Finanzkraft-Quintile 1 bis 4 fast ausgeglichen wird oder gleich hoch ist. Die Kapitaltransfers ändern dieses Bild kaum und führen dazu, dass sich eine durchschnittliche Finanzkraft nach Berücksichtigung aller Transfers der Finanzkraft-Quintile 1 bis 4 von 939 bis 1.049 Euro pro Kopf ergibt und die finanzkräftigsten Gemeinden über eine Finanzkraft von 1.383 Euro pro Kopf verfügen. Insgesamt zeigt sich damit eine deutlich ressourcenausgleichende Wirkung der Summe an Transfers – insbesondere durch die Kapiteltransfers und Umlagen. Während die Gemeinden des Finanzkraft-Quintils 1 sogar einen positiven Transfersaldo von durchschnittlich 18 Euro pro Kopf erzielen, reduziert sich die Finanzkraft der Gemeinden im Finanzkraft-Quintil 5 um durchschnittlich 369 Euro pro Kopf.

---

34 Dies sind fünf Gruppen mit der gleichen Anzahl von Gemeinden – sortiert nach der Finanzkraft (eigene Steuern + Ertragsanteile). Im 1. Finanzkraft-Quintil befinden sich die Gemeinden mit der geringsten, im 5. Finanzkraft-Quintil die Gemeinden mit der höchsten Finanzkraft.

Teil 2: Aufgabenfinanzierung und Transferbeziehungen im tertiären Finanzausgleich

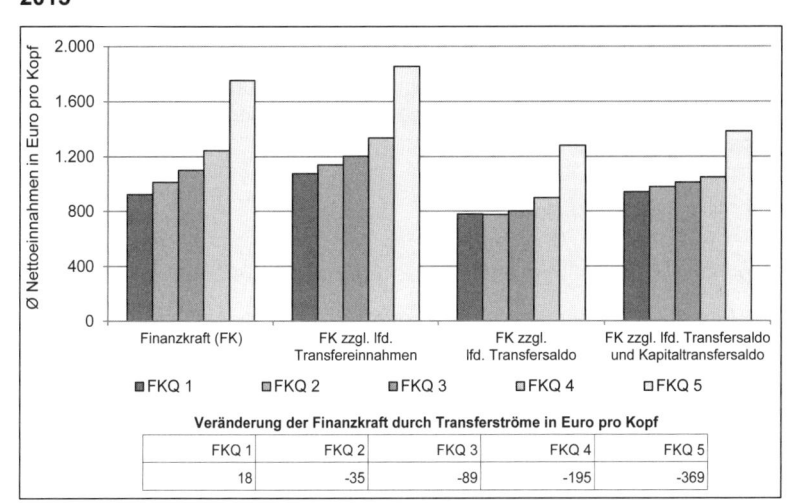

Abbildung 6: Auswirkungen des Finanzausgleichs auf die durchschnittliche Finanzkraft der Gemeinden nach Finanzkraft-Quintilen, 2015

Veränderung der Finanzkraft durch Transferströme in Euro pro Kopf				
FKQ 1	FKQ 2	FKQ 3	FKQ 4	FKQ 5
18	-35	-89	-195	-369

Quelle: KDZ: eigene Berechnung 2017 auf Basis Statistik Austria: Gemeindefinanzdaten 2015.

Insgesamt zeigt sich ein sehr hohes Umverteilungsvolumen. Neben der ressourcenausgleichenden Wirkung wären jedoch auch Einschätzungen zu – derzeit unterrepräsentierten – lastenausgleichenden Wirkungen oder Evaluierungen bei distributiven Zielsetzungen notwendig. Dies betont beispielsweise für den Bereich der Gemeinde-Bedarfszuweisungen auch der Rechnungshof, welcher auf fehlende Evaluierungen hinsichtlich der Zielerreichung und der Verteilungswirkungen unter Einbeziehung sämtlicher Länder hinweist.[35]

3. Ausgewählte Aufgabenbereiche im tertiären Finanzausgleich

Insbesondere im tertiären Finanzausgleich mit seinen zahlreichen intragovernmentalen Transfers wird das Prinzip der fiskalischen Äquivalenz verletzt, weil die Ausgaben- und Einnahmenverantwortung für einzelne Aufgabenbereiche auseinanderfällt.

Im Folgenden werden ausgewählte Aufgabenbereiche herausgegriffen, in welchen enge Finanzierungs- und Organisationsverflechtungen zwischen den Gebietskörperschaftsebenen bestehen und welche im hohen Maße im Rahmen des tertiären Finanzausgleichs finanziert werden. Dabei werden Aufgabenbereiche gewählt, die auch für die Gemeindeebene von besonderer Bedeutung sind. Dies sind auf der einen Seite die zwei Ko-Finan-

---

35 Vgl. Rechnungshof: Zahlungsströme zwischen Gebietskörperschaften, Bund 2016/4, S. 194.

zierungsbereiche Krankenanstalten und Soziales, auf der anderen Seite Bereiche, wo die Gemeindeebene zentrale Förderempfängerin ist. Hierfür wurden die Bereiche Kinderbetreuung, Siedlungswasserwirtschaft und Katastrophenfonds gewählt.

In den einzelnen Bereichen wird versucht, die Finanzierung des gesamten Bereiches darzustellen bzw. abzugrenzen und auch auf institutionelle Gegebenheiten hinzuweisen. Sofern möglich wird auf kritische Aspekte hingewiesen.[36]

3.1 Krankenanstalten

Organisation und Finanzierung des Aufgabenbereiches

Die Finanzierungsströme des Krankenanstaltenbereiches werden im Beitrag von E. Mohr[37] detailliert ausgeführt. Einen Gesamtüberblick über die Finanzierungsströme von Krankenanstalten der Landesgesundheitsfonds gibt Abbildung 7. Bund, Länder, Gemeinden sowie die Sozialversicherungsträger tragen gemeinsam die Hauptlast der Krankenanstaltenfinanzierung, indem Mittel über die Landesgesundheitsfonds an die Krankenanstalten bereitgestellt werden. Die diesbezüglichen rechtlichen Regelungen finden sich großteils in den jeweils zeitlich befristet abgeschlossenen Art. 15a B-VG-Vereinbarungen zur Krankenanstaltenfinanzierung (bzw. in den in Umsetzung derselben ergehenden Bundes- und Landesgesetzen, wie etwa dem ASVG oder dem Wiener KAG[38]) sowie im Finanzausgleichsgesetz.

Allerdings sind die Kosten, die mit dem Betrieb einer Krankenanstalt verbunden sind, nicht zur Gänze durch die o. a. Mittel abgedeckt. § 34 KAKuG[39] normiert daher hinsichtlich des verbleibenden Betriebsabganges der öffentlichen Krankenanstalten die gesetzliche Verpflichtung zur Deckung zumindest des halben Betriebsabganges durch Bundesländer und Gemeinden (bzw. bei Bildung von Beitragsbezirken und Krankenanstaltensprengeln auch von diesen). Dabei kann die Landesgesetzgebung vorsehen, wie die Mittel zur Deckung des Betriebsabganges durch den Landesgesundheitsfonds auf Bundesländer und Gemeinden verteilt werden.[40]

Bundesländer und Gemeinden sind daher in zweifacher Form in den Finanzierungsprozess der Krankenanstalten eingebunden: Einmal im Rahmen der Fondsdotierung nach Art. 15a B-VG und einmal nach landesgesetzlichen Regelungen zur Deckung des Betriebsabganges.

---

36 Eine umfassende Darstellung ist aufgrund fehlender Übersichten und Evaluierungen nicht möglich.
37 Siehe Beitrag Mohr: „Gesundheit und Soziales" im vorliegenden Band.
38 Wiener Krankenanstaltengesetz 1987, idF LGBl. 33/2014.
39 Bundesgesetz über Krankenanstalten und Kuranstalten 1957, idF BGBl. 26/2017.
40 Detaillierte Ausführungen der Transferbeziehungen zur Krankenanstaltenfinanzierung finden sich auch in Bröthaler et al.: Österreichs Gemeinden im Netz der finanziellen Transfers, 2006, S. 168 ff.

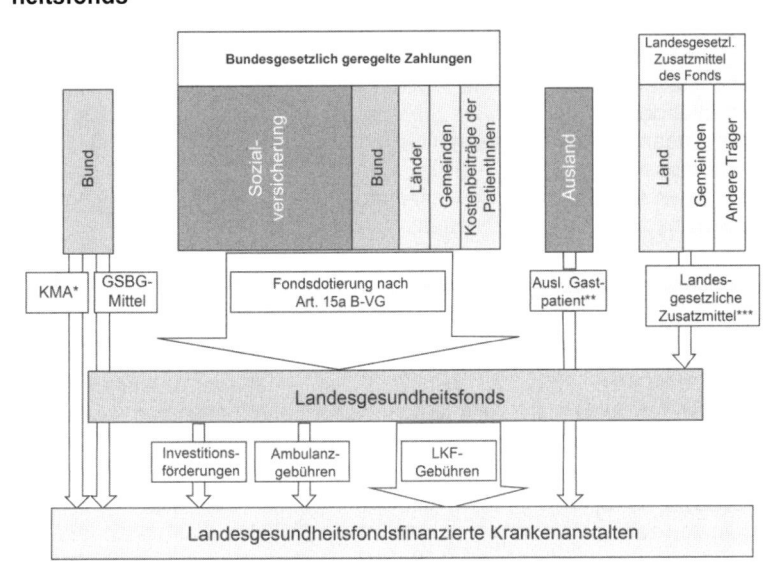

Teil 2: Aufgabenfinanzierung und Transferbeziehungen im tertiären Finanzausgleich

Abbildung 7: Finanzierung von Krankenanstalten des Landesgesundheitsfonds

Quelle: BMG: Das österreichische LKF-System, 2010, S. 10.
Anmerkungen:
* Klinischer Mehraufwand (KMA): Pauschaler Kostenersatz des Bundes an die betreffenden Krankenanstaltenträger für die Mehraufwendungen für Forschung und Lehre (AKH Wien, LKH Graz, LKH Innsbruck).
** Abwicklung der ausländischen GastpatientInnen: Mittel werden vom ausländischen Versicherer über den Hauptverband, dann über die Gebietskrankenkassen, dann über die Landesgesundheitsfonds an die Krankenanstaltenträger überwiesen.
*** In einigen Ländern wird auch die Betriebsabgangsdeckung ganz oder teilweise über die Fonds abgewickelt.
Abkürzung GSBG = Gesundheits- und Sozialbereich-Beihilfengesetz.

Die Landesgesundheitsfonds nehmen auf Landesebene Aufgaben zur übergreifenden Planung, Steuerung und Finanzierung des Gesundheitswesens wahr. Zu den Aufgaben zählen unter anderem die Darstellung des Budgetrahmens für die öffentlichen Aufgaben im Gesundheitsbereich, die Weiterentwicklung der regionalen Strukturpläne Gesundheit, die Mitwirkung an der Umsetzung von Qualitätsvorgaben für Gesundheitsleistungen oder die Entwicklung von Gesundheitsförderungs-Projekten. Weiters gewähren die Fonds Zahlungen an öffentliche und privat-gemeinnützige Krankenanstalten (gemäß Krankenanstalten- und Kuranstaltengesetz) auf Grundlage der leistungsorientierten Krankenanstaltenfinanzierung (LKF).[41]

Mit den regelmäßigen Auswertungen „Krankenanstalten in Zahlen"[42] erfolgt jährlich eine Übersicht über grundlegende Kenngrößen der öster-

---
41 Artikel 13 bis 15 der Vereinbarung gemäß Art. 15a B-VG Zielsteuerung-Gesundheit (BGBl. I Nr. 200/2013).
42 http://kaz.bmg.gv.at/startseite.html [Download 20.3.2017].

reichischen Krankenanstalten, wie insbesondere zu Ressourcen und Inanspruchnahme der Krankenanstalten, über deren Kosten sowie Daten aus der medizinischen Dokumentation (Diagnosen und Leistungen). Es ist noch darauf hinzuweisen, dass vereinzelt auch Gemeinden bzw. Gemeindeverbände Krankenanstaltenträger sind und hier zusätzlich zur Betriebsabgangsdeckung beitragen. Insgesamt ist eine Tendenz zur Übertragung des gesamten Krankenanstaltenbereiches von den Gemeinden an die Landesebene in den meisten Bundesländern zu verzeichnen, wie beispielsweise an den flächendeckenden Übertragungen der Gemeindekrankenanstalten in Niederösterreich an das Land deutlich wird.

Ko-Finanzierung durch Gemeinden

Mit Ausnahme der Steiermark nehmen sämtliche Bundesländer ihre Möglichkeit wahr, um die Gemeinden an der Deckung des Betriebsabgangs im Krankenanstaltenbereich zu beteiligen. Der Ko-Finanzierungsanteil der Gemeinden bewegt sich – wie bereits weiter oben ausgeführt – zwischen 10 und 40 Prozent des Betriebsabganges.

Die Krankenanstaltenumlage, welche die Gemeindehaushalte zu tragen haben, betrug im Jahr 2015 insgesamt 1,1 Mrd. Euro. Die Entwicklung der letzten zehn Jahre zeigt[43], dass sich die Belastung für die Kommunen mit +55 Prozent deutlich erhöht hat. Insgesamt ist darauf zu verweisen, dass die Gemeinden auf die Höhe der Krankenanstaltenumlage bzw. auf die angebotenen Qualitätsstandards der Krankenanstalten in der Regel keinen Einfluss haben. Die Rolle der Gemeinden konzentriert sich daher auf eine Finanzierungsrolle ohne entsprechende Mitspracherechte.

Als „horizontales" Verteilungskriterium der Krankenanstaltenumlage auf die Gemeinden werden je nach Bundesland die Finanzkraft, teilweise aber auch die Volkszahl oder Leistungsdaten herangezogen. In Salzburg und Tirol ist die Finanzkraft ausschlaggebend, im Burgenland hingegen die Volkszahl. In Kärnten, Niederösterreich und Oberösterreich wird zur Hälfte die Finanzkraft, zur Hälfte die Volkszahl herangezogen. In Vorarlberg sind die Anzahl der Patientinnen und Patienten sowie der Leistungstage die Berechnungsgrundlage.[44] Insgesamt zeigt sich mit den Verteilungskriterien meist eine ressourcenausgleichende Wirkung zwischen den Gemeinden, aufgabenbezogene Verteilungskriterien – wie die Leistungstage – stellen hingegen die Ausnahme dar.

Auf eine Besonderheit ist noch in Niederösterreich mit dem Standortbeitrag hinzuweisen. Neben den Beiträgen an den niederösterreichischen Krankenanstaltensprengel haben jene Gemeinden, in deren Gemeindegebiet sich eine NÖ Fondskrankenanstalt befindet, einen Standortbeitrag zu zahlen. Gemäß einem Urteil des Verfassungsgerichtshofes im Jahr 2014[45]

---

43 Vgl. Mitterer et al.: Österreichische Gemeindefinanzen 2017 – Entwicklungen 2006 bis 2020, 2017, S. 44.
44 Nähere Ausführungen zur Ausgestaltung der Ko-Finanzierungsregelungen der Gemeinden siehe den Beitrag im vorliegenden Band von Mohr „Gesundheit und Soziales".
45 Spruch Verfassungsgerichtshof, G 89/2013-13 vom 11. März 2014.

wurden von diesem Bedenken gegenüber dem Standortbeitrag geäußert, was schließlich zu einer teilweisen Refundierung des von der Stadt St. Pölten bezahlten Standortbeitrages durch das Land Niederösterreich führte. Es wurde darauf verwiesen, dass § 66a NÖ KAG nicht den verfassungsrechtlichen Anforderungen des § 4 F-VG und des Art. 7 B-VG entspräche, weil für die Festsetzung des „Standortvorteils" keine sachlichen Kriterien herangezogen worden seien. Der Gerichtshof war der Ansicht, dass die Ermittlung der Differenz zwischen der tatsächlichen Bevölkerungszahl und einer unter der Annahme, dass es kein Klinikum in St. Pölten gäbe, mit Hilfe statistischer Modelle berechneten Bevölkerungszahl, in Verbindung mit der Anknüpfung an die theoretischen finanzausgleichsrechtlichen Folgen dieser Berechnung, zu einem unsachlichen Ergebnis führe.

3.2 Soziales

Organisation und Finanzierung des Aufgabenbereiches

Träger der Sozialhilfe sind grundsätzlich die Bundesländer. In Oberösterreich, der Steiermark und in geringerem Ausmaß in Kärnten bestehen Sozialhilfeverbände (als Gemeindeverbände organisiert), welche meist als „Finanzierungsdrehscheibe" dienen. In Vorarlberg wurde ein Sozialfonds, in Wien der Fonds Soziales Wien und in Tirol ein Mindestsicherungsfonds eingerichtet. Daneben sind auch einzelne Gemeinden Betreiber von Sozialhilfeeinrichtungen oder übernehmen einen Teil der Sozialhilfeaufgaben von den Ländern, wie dies auf die Statutarstädte in Oberösterreich und der Steiermark zutrifft. Zusätzlich betreiben in einzelnen Bundesländern (z. B. Salzburg, Tirol und Vorarlberg) Gemeindeverbände Alten-, Wohn- und Pflegeheime.

Der Sozialhilfebereich umfasst verschiedene Aufgabenfelder: vor allem den Pflegebereich, die Behindertenhilfe, die Bedarfsorientierte Mindestsicherung und die Kinder- und Jugendhilfe (Jugendwohlfahrt). Bis 2011 zählte auch der Bereich des Landespflegegeldes dazu. Jeder dieser Aufgabenbereiche wird gesondert finanziert und teilweise unterschiedlich organisiert. Gesetzliche Grundlage bieten die jeweiligen Sozialhilfe-, Mindestsicherungs-, Behinderten- sowie Kinder- und Jugendhilfegesetze. Der betragsmäßig bedeutendste Bereich ist der Pflegebereich.

Insgesamt liegt die Aufgabenverantwortung bei den Ländern, die Finanzierungsverantwortung bei Ländern und Gemeinden und die Ausgabenverantwortung bei den Ländern bzw. Sozialhilfeverbänden. Seit 2011 leistet auch der Bund im Rahmen des Pflegefonds Zuschüsse. Daneben kommt er für das Pflegegeld auf.

Weiters übernehmen die Gemeinden einen bedeutenden Beitrag zur Finanzierung des Sozialhilfebereiches. Im Wesentlichen wird dabei von den Ländern eine Sozialhilfeumlage – in unterschiedlichem Ausmaß – eingehoben. In Oberösterreich und der Steiermark besteht zusätzlich die Besonderheit, dass die Statutarstädte sowie Sozialhilfeverbände auch Sozialhilfeträger sind. Diese erhalten einen Teil ihrer Ausgaben von den Ländern zurück.

Die Bedeutung der intragovernmentalen Transfers wird am Beispiel des Jahres 2015 dargestellt. In diesem Jahr wurden insgesamt von den

Gemeinden, den Gemeindeverbänden, den Ländern, von Wien und den Fonds sowie dem Bund Ausgaben von rund 13,4 Mrd. Euro im Sozialhilfebereich geleistet. Ein wesentlicher Teil davon – rund 2,1 Mrd. Euro – fließt jedoch als intragovernmentale Transfers zu anderen Gebietskörperschaften, Sozialhilfeverbänden oder Landesfonds. Die Länder (3,0 Mrd. Euro), die Stadt Wien (1,9 Mrd. Euro) und die Gemeinden (2,1 Mrd. Euro) teilen sich somit die Hauptlast der sozialen Ausgaben (63 Prozent). 9 Prozent der Ausgaben verbleiben nach Konsolidierung bei den Gemeindeverbänden (1,0 Mrd. Euro) und rund 2 Prozent beim Sozialfonds Vorarlberg. Die Leistungen des Bundes (27 Prozent der Ausgaben) betreffen im Wesentlichen die Auszahlung der Pflegegelder und den Bundeszuschuss zum Pflegefonds.

Abbildung 8: Ausgaben (brutto und konsolidiert) nach Gebietskörperschaft bzw. Trägern, 2015

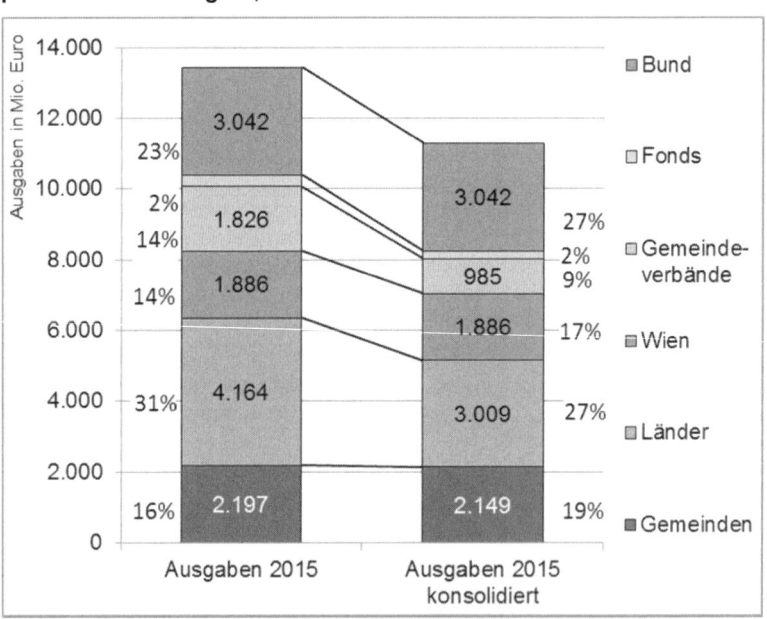

Quelle: KDZ: eigene Berechnung 2017 auf Basis Statistik Austria: Gemeindefinanzdaten und Länderfinanzdaten 2015, Bundesrechnungsabschluss 2015.
Anmerkung: Gemeindeverbände umfassen Sozialhilfeverbände und Verbände für Alten-, Wohn- und Pflegeheime (ohne Steiermark und Vorarlberg).

Pflegefonds

Um die Länder und Gemeinden bei der Finanzierung der sozialen Pflegedienstleistungen zu unterstützen, wurde im Jahr 2011 vom Bund ein Pflegefonds eingerichtet.[46] Hierbei werden Zweckzuschüsse zur Sicherung und

---

46 Die Bestimmungen zum Pflegefonds sind im Pflegefondsgesetz (PFG) festgelegt, siehe Pflegefondsgesetz, BGBl. I Nr. 57/2011 idF 22/2017.

zum bedarfsgerechten Aus- und Aufbau des Betreuungs- und Pflegedienstleistungsangebotes in der Langzeitpflege geleistet. Ziel ist die Gewährleistung der Verbesserung des Pflegeangebotes sowie der Finanzierung von qualitätssichernden Maßnahmen und innovativen Projekten. Die Mittel des Pflegefonds werden gemäß § 2 Abs. 1 PFG durch einen Vorwegabzug vor der Verteilung der gemeinschaftlichen Bundesabgaben aufgebracht, dies waren im Jahr 2015 rund 295 Mio. Euro.

Die Verteilung des Zweckzuschusses auf die Länder erfolgt nach dem im FAG ermittelten Schlüssel der Wohnbevölkerung. Die Länder sind verpflichtet, die Gemeinden mit Mitteln entsprechend dem Verhältnis zu ihren tatsächlich getragenen und nachgewiesenen Nettoausgaben für Pflegedienstleistungen in der Langzeitpflege je Kalenderjahr zu beteiligen (§ 2 Abs. 3 PFG).

Die Länder sind seit 2017 verpflichtet, jährlich sogenannte Sicherungs-, Aus- und Aufbaupläne für das Folgejahr dem Sozialministerium vorzulegen.[47]

Ko-Finanzierung durch Gemeinden

Die Sozialhilfeumlagen werden in den jeweiligen Sozialhilfe- und Mindestsicherungsgesetzen der Länder geregelt.[48] Die Kostentragung der Gemeinden variiert dabei in den einzelnen Bundesländern zwischen 35 und 50 Prozent der Landesausgaben für den Sozialbereich.

Als vorrangiges Kriterium dient auch bei den Sozialhilfeumlagen die Finanzkraft, wodurch insgesamt eine ressourcenausgleichende Wirkung zwischen den Gemeinden zu verzeichnen ist. Dies trifft auf die Gemeinden im Burgenland, in Niederösterreich, in der Steiermark sowie in Vorarlberg[49] zu. Für die Kärntner Gemeinden gilt die finanzkraftgewichtete Volkszahl als Kriterium. In Salzburg und Tirol erfolgt eine bezirksweise Verrechnung. Die gemeindesweise Verteilung basiert auf dem abgestuften Bevölkerungsschlüssel (Salzburg) bzw. der Finanzkraft (Tirol). Die Sozialhilfeumlagen der oberösterreichischen Gemeinden berechnen sich zu 50 Prozent nach der Volkszahl des politischen Bezirks und zu 50 Prozent nach der Finanzkraft. Für die Behindertenhilfe ändert sich das Verhältnis auf 40 zu 60 Prozent.[50]

Die Sozialhilfeumlagen betrugen im Jahr 2015 insgesamt 1,5 Mrd. Euro. Die Entwicklung der letzten zehn Jahre zeigt, dass sich die Belastung für die Kommunen um +68 Prozent erhöht hat.[51]

---

47 Gemäß der Novelle zum PFG vom 1.1.2017.
48 Siehe hierzu die Übersicht zu den landesgesetzlichen Regelungen im Literatur- und Quellenverzeichnis.
49 In Vorarlberg gilt die Finanzkraft als Hauptverteilungskriterium. Zusätzlich gibt es auch einzelfallbezogene Beiträge nach Maßgabe der den Gemeinden zuzurechnenden Hilfsbedürftigen. Zusätzlich werden bei der Berechnung der Finanzkraft Gemeinden mit mehr als 9.000 EW 3,9 Prozent der Ertragsanteile abgezogen. Dieser Prozentsatz erhöht sich auf bis zu 25 Prozent bei Gemeinden mit mehr als 50.000 EW.
50 Nähere Ausführungen zur Ausgestaltung der Ko-Finanzierungsregelungen und Verteilungskriterien der Gemeinden siehe den Beitrag von Mohr: „Gesundheit und Soziales" im vorliegenden Band.
51 Vgl. Mitterer et al.: Gemeindefinanzen 2017, 2017, S. 44.

Wie bei der Krankenanstaltenumlage ist auch bei den Sozialhilfeumlagen darauf zu verweisen, dass die Gemeinden zwar eine wichtige Ko-Finanzierungsrolle inne haben, aber nur in geringem Ausmaß in Entscheidungen hinsichtlich der Ausgestaltung der Transfers eingebunden sind oder Einfluss auf die Ausgabenentwicklung im Sozialhilfebereich haben. Auch der OÖ Landesrechnungshof sieht die Sozialhilfeumlage kritisch und spricht sich für eine Evaluierung der Mitbestimmungsrechte aus. Weiters empfiehlt er eine Berücksichtigung der finanziellen Situation der Gemeinden (Anteil an Abgangsgemeinden).[52]

3.3 Kinderbetreuung

Das Kindergartenwesen fällt in die ausschließliche Gesetzgebungs- und Vollziehungskompetenz der Bundesländer. In neun unterschiedlichen Landesgesetzen werden die Standards (z. B. Gruppengröße, Betreuungsschlüssel) festgelegt. Je nach Bundesland existieren unterschiedliche Unterstützungsleistungen und Vorgaben seitens der Länder für die Errichtung, den Betrieb und die Finanzierung der Kinderbetreuungseinrichtungen.

Die Trägerschaft der institutionalisierten Kinderbetreuungseinrichtungen verteilt sich in Österreich zu 40 Prozent auf private und zu 60 Prozent auf öffentliche Träger, wobei zwischen den Bundesländern starke Unterschiede bestehen. Bei den öffentlichen Trägern wird der weitaus überwiegende Teil der öffentlichen Kinderbetreuungseinrichtungen von den Gemeinden übernommen (98,8 Prozent).

Seit dem 1. Jänner 2008 trägt der Bund einen Finanzierungsbeitrag zur Kinderbetreuung, der in Art. 15a-Vereinbarungen rechtlich verankert ist. Im Bereich der Kinderbetreuung gibt es Art. 15a-Vereinbarungen
- zur Förderung des Ausbaus der Kinderbetreuung;
- zur Einführung der halbtägig kostenlosen und verpflichtenden frühen Förderung in institutionellen Kinderbetreuungseinrichtungen und
- für die frühe sprachliche Förderung.[53]

Vom Bund fließen die Mittel an die Länder und diese verteilen die Art. 15a-Mittel an die Gemeinden sowie an private Träger von Kinderbetreuungseinrichtungen. Im Jahr 2013 standen im Rahmen der Mittel aus den Art. 15a-Vereinbarungen insgesamt 90 Mio. Euro zur Verfügung. In den Jahren 2014 und 2015 beliefen sich die Mittel auf 190 Mio. Euro. Für 2016 und 2017 sind 142,5 Mio. Euro vorgesehen.

In den einzelnen Bundesländern bestehen spezifische Finanzierungsverflechtungen zwischen Land und Gemeinden. Zusätzlich zu den Mitteln aus

---

52 Vgl. Landesrechnungshof Oberösterreich: Zahlungsflüsse Sozialhilfe, 2011, S. 75.
53 Vereinbarung gemäß Art. 15a B-VG über den Ausbau des institutionellen Kinderbetreuungsangebots, BGBl. I Nr. 120/2011 idF 85/2014; Vereinbarung gemäß Art. 15a B-VG über die Einführung der halbtägig kostenlosen und verpflichtenden frühen Förderung in institutionellen Kinderbetreuungseinrichtungen, BGBl. I Nr. 99/2009 idF 203/2013; Vereinbarung zwischen dem Bund und den Ländern gemäß Art. 15a B-VG über die frühe sprachliche Förderung in institutionellen Kinderbetreuungseinrichtungen, BGBl. II Nr. 258/2012.

dem Art. 15a-Fördertopf erhalten die Gemeinden Zuschüsse für den anfallenden Personalaufwand für pädagogisches Personal in Kinderbetreuungseinrichtungen ersetzt.[54] Darüber hinaus erhalten die Standortgemeinden und privaten Träger der Kinderbetreuungseinrichtungen Transferzahlungen (i.d.R. Kostenbeiträge) von anderen Gemeinden, deren Kinder im jeweiligen Ort eine Kinderbetreuungseinrichtung besuchen. Zusätzlich bestehen Transfers von den Gemeinden an private Träger, um das Kinderbetreuungsangebot in den Gemeinden zu sichern.

Diese komplexen Förderverflechtungen zwischen den Gebietskörperschaften werden in Abbildung 9 schematisch am Beispiel des Jahres 2013 dargestellt.[55] In Summe wurden von den drei Gebietskörperschaftsebenen im Jahr 2013 insgesamt 2.074 Mio. Euro für die Kinderbetreuung verwendet. Davon entfielen:

- 90 Mio. Euro auf den Bund (rund 4 Prozent),
- 585 Mio. Euro auf die Länder (rund 28 Prozent) und
- 1.399 Mio. Euro auf die Gemeinden (67 Prozent).
- Hinzu kommen noch Finanzierungsbeiträge durch die Eltern, welche für die Kinderbetreuungseinrichtungen der Gemeinden bei 123 Mio. Euro liegen.

Abbildung 9: Finanzierung im Kinderbetreuungsbereich, 2013

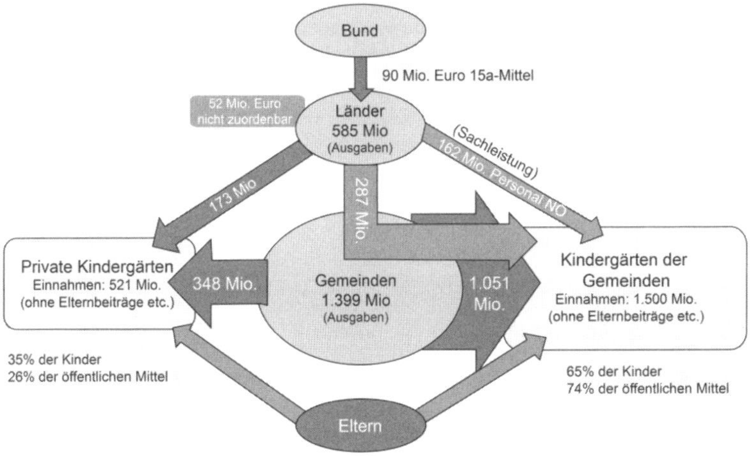

Quelle: Mitterer; Haindl: Aufgabenorientierter Finanzausgleich am Beispiel der Elementarbildung, 2016, S. 59.
Anmerkung: Werte sind konsolidiert: z. B. sind bei den Ausgaben der Gemeinden die Transfereinnahmen von den Ländern abgezogen.

---

54 Ausnahme Niederösterreich, da das pädagogische Personal vom Land getragen wird.
55 Vgl. Mitterer; Haindl: Aufgabenorientierter Finanzausgleich Elementarbildung, 2016, S. 57 ff.

3.4 Siedlungswasserwirtschaft

Die Wasserversorgung und Abwasserbeseitigung ist eine wichtige Gemeindeaufgabe, welche auf Basis von Benützungsgebühren finanziert wird. Der bereits vor mehreren Jahrzehnten gegründete Fonds zur Förderung der Siedlungswasserwirtschaft hat das Ziel, insbesondere die Errichtung und Sanierung der erforderlichen Infrastruktur für die Abwasserentsorgung und Trinkwasserversorgung zusätzlich zu fördern. Der Schwerpunkt der Förderungstätigkeit, der in den letzten Jahrzehnten im Bereich der Ersterrichtung der erforderlichen Infrastruktur lag, soll sich in Zukunft deutlich in Richtung Werterhalt und Sanierung verschieben.[56]

Von 1959 bis 1993 wurden Maßnahmen in der Siedlungswasserwirtschaft vom Bund im Rahmen des Wasserbautenförderungsgesetzes (WBFG) durch Gewährung kostengünstiger Darlehen aus Mitteln des Wasserwirtschaftsfonds gefördert. Dieses Förderungssystem war vor allem auf die Unterstützung der Ver- und Entsorgung in relativ dicht besiedelten Gebieten abgestimmt.

1993 erfolgte durch das Umweltförderungsgesetz (UFG) eine Neustrukturierung der Bundesförderung für die Siedlungswasserwirtschaft u. a. mit dem Ziel, den verstärkten Ausbau der Abwasserentsorgung im ländlichen Raum sicherzustellen. Die Förderung von Investitionen erfolgte seither im Wesentlichen in Form von Finanzierungs- und Investitionszuschüssen mit an die jeweiligen Rahmenbedingungen der Gemeinden angepassten Fördersätzen. Seit 1993 erfolgt die Abwicklung der Förderung durch die Kommunalkredit Austria AG, seit 2003 durch deren Tochtergesellschaft Kommunalkredit Public Consulting GmbH.[57]

Im Rahmen des primären Finanzausgleichs tragen sowohl Bund, Länder als auch Gemeinden zur Förderung der Siedlungswasserwirtschaft bei. Gemäß FAG 2017 besteht ein Vorwegabzug im Bereich der Umsatzsteuer vor der Oberverteilung.[58] Weitere Konkretisierungen finden sich im Paktum zum FAG 2017, mit Barwertzusicherungen im Zeitraum 2017 bis 2021 für die Siedlungswasserwirtschaft im Umfang von jährlich jeweils 80 Millionen Euro.[59]

Die Vergabe der Mittel der Siedlungswasserwirtschaft auf die Gemeindeebene ist dem tertiären Finanzausgleich zuordenbar. Die Förderungsrichtlinien für die kommunale Siedlungswasserwirtschaft sehen Förderungen für Wasserversorgungsanlagen sowie Abwasserentsorgungs- oder Schlammbehandlungsanlagen vor. Das Ausmaß der Förderung errechnet sich aus einem Basisförderungssatz und einem Aufschlagsfaktor. Der Basisfördersatz beträgt 10 Prozent der förderbaren Investitionskosten. Der

---

56 Dem wird auch durch eine Ende 2016 beschlossene Novelle zum Umweltförderungsgesetz Rechnung getragen.
57 Vgl. BMLFUW: Förderung kommunale Siedlungswasserwirtschaft, 2017.
58 Siehe hierzu die Beiträge Bröthaler; Haindl; Mitterer: „Funktionsweisen und Entwicklungen" sowie Kremser; Maschek: „Kommentar zum FAG 2017" im vorliegenden Band.
59 Siehe hierzu den Beitrag Kremser; Sturmlechner; Wolfsberger: „Paktum FAG 2017" im vorliegenden Band.

Aufschlagsfaktor für Wasserversorgungsanlagen beträgt maximal 2,5 und jener für Abwasserentsorgungs- oder Schlammbehandlungsanlagen maximal 4 Prozent. Die Berechnung des Aufschlagfaktors berücksichtigt sowohl einen einkommensabhängigen als auch kostenabhängigen Teilfaktor der Gemeinden. Die Förderungssätze werden für alle Gemeinden jährlich aktualisiert und vom Bundesministerium für Land- und Forstwirtschaft, Umwelt und Wasserwirtschaft veröffentlicht.[60]

Mit dem Paktum zum FAG 2017 wurde vereinbart, Spending Reviews durchzuführen, um sowohl die Aufgaben als auch die Ausgaben kritisch zu hinterfragen. Als mögliches Pilotprojekt wurde – unter anderen – die Siedlungswasserwirtschaft vorgeschlagen. Insbesondere eine Evaluierung der Zielsetzungen sowie des aktuellen Ausbaugrades wäre vorzunehmen. Beispielsweise kann davon ausgegangen werden, dass die intensive Förderungstätigkeit im Bereich der Siedlungswasserwirtschaft auch einen Beitrag zur Zersiedelung geleistet hat. Hierauf verweist beispielsweise Rossmann[61], der aufbauend auf Evaluierungen das Erarbeiten eines volkswirtschaftlichen, ökologischen und raumordnungspolitischen Planes für die Siedlungswasserwirtschaft empfiehlt.

3.5 Katastrophenfonds

Der Katastrophenfonds[62] wurde für die zusätzliche Finanzierung von Maßnahmen zur Vorbeugung gegen künftige und zur Beseitigung von eingetretenen Katastrophenschäden beim Bund eingerichtet. Der Fonds wird mit Abgabenanteilen in der Höhe von 1,1 Prozent des Aufkommens an Einkommensteuer und Körperschaftsteuer dotiert, und zwar ausschließlich aus Ertragsanteilen des Bundes. Im Jahr 2015 umfasste das Volumen des Katastrophenfonds 423,1 Mio. Euro, davon wurden insgesamt 358,2 Mio. Euro für Vorbeugungsmaßnahmen, Schäden und Feuerwehren ausbezahlt.

Das Katastrophenfondsgesetz sieht in § 3 Abs. 1 vor, dass die Mittel in folgendem Verhältnis aufgeteilt werden:[63]

- 1,23 Prozent für Bund;
- 3,31 Prozent für die Länder;
- 9,09 Prozent für Gemeinden;
- 4,21 Prozent für Private;
- 8,89 Prozent für Einsatzgeräte Feuerwehren;
- 73,72 Prozent für Vorbeugungsmaßnahmen.

Im Jahr 2015 standen den Gemeinden insgesamt 38,4 Mio. Euro aus dem Katastrophenfonds zur Verfügung. Knapp die Hälfte – 18,6 Mio. Euro, erhielten die Gemeinden für Schäden, der nicht verwendete Rest verbleibt als Rücklage im Katastrophenfonds.[64]

---

60 Vgl. BMLFUW: Förderungsrichtlinien für die kommunale Siedlungswasserwirtschaft 2016, 2016.
61 Vgl. Rossmann: Finanzierung Siedlungswasserwirtschaft, 2001, S. 239.
62 Katastrophenfondsgesetz 1996 idF BGBl 46/2016
63 § 3 Abs. 1 Katastrophenfondsgesetz 1996; idF BGBl. I Nr. 46/2016
64 In diesen Beträgen sind die Fördermittel für die Stadt Wien enthalten.

Die Fördergelder aus dem Katastrophenfonds sind zwar formal Bundesmittel, den Antrag auf Gewährung stellen die Gemeinden allerdings beim jeweiligen Land. Die Länder stellen die gesammelten Anträge beim Bund und die Fördermittel fließen über die Länder an die Gemeinden. Die detaillierten Regelungen zu den Anspruchsvoraussetzungen sowie die Förderhöhe werden nicht im Katastrophenfondsgesetz geregelt, sondern in Landesregelungen. Diese sind jedoch nicht öffentlich zugänglich und können daher hier nicht dargestellt werden.

Praktische Abwicklung der Hochwasserhilfe am Beispiel Oberösterreich

In den beiden Jahren 2010 und 2016 hat der oberösterreichische Landesrechnungshof die praktische Abwicklung von Katastrophenfondszahlungen für Hochwasserschäden geprüft und folgende – hier nur schlagwortartig zusammengefasste Mängel festgestellt:[65]

- Zweckgebundene Katastrophenfondsmittel des Bundes wurden zum Teil zur Abdeckung von Haushaltsdefiziten des Landes verwendet;
- die Bemessung/Feststellung der für Leistungen aus dem Katastrophenfonds anspruchsbegründenden Schadensfälle erfolgte sehr mangelhaft;
- es fehlten klare und transparente Förderziele/Anspruchsberechtigungen;
- unpräzise Schadensfeststellungen;
- nachvollziehbare Regeln zur objektiven Schadensfeststellung oder eindeutige Grundsätze zur Feststellung der Förderwürdigkeit und zur Bemessung der Beihilfenhöhe waren nicht vorhanden;
- diese unpräzisen Rahmenbedingungen ermöglichen willkürliche Entscheidungen und Ungleichbehandlungen (Fördermissbrauch);
- das interne Kontrollsystem vor allem im Bereich der vor Ort Kontrollen sowie der ex post Kontrolle war häufig mangelhaft;
- es wurden vielfach Schäden an Zweitwohnsitzen und Luxusgütern ohne Vorliegen einer besonderen Notlage gefördert;
- Gefahr der Überförderung durch mangelnde Koordination der verschiedenen Förderstellen beim Land.

Insgesamt vermisste der Landesrechnungshof bei der Abwicklung der Hochwasserhilfe auch im Hinblick auf die zweckgebundenen Katastrophenmittel des Bundes eine transparente, regelkonforme wirtschaftliche und sparsame Mittelverwendung.

---

65 Vgl. OÖ Landesrechnungshof: Bericht über die Initiativprüfung Hochwasserhilfe des Landes OÖ, 2010; und OÖ Landesrechnungshof: Bericht über die Initiativprüfung Hochwasserhilfe 2013, 2016.

4. Einschätzungen zu Teilbereichen des tertiären Finanzausgleichs aus Sicht des Oberösterreichischen Landesrechnungshofes

Einzelne Landesrechnungshöfe haben sich in der Vergangenheit wiederholt mit dem praktizierten Finanzausgleichssystem und den komplexen Transferverflechtungen zwischen Gemeinden und Bundesländern kritisch auseinandergesetzt.

Besonders ausführlich hat sich der oberösterreichische Landesrechnungshof (LRH) in mehreren Prüfungen beim Land und bei einzelnen Gemeinden mit der oberösterreichischen Praxis befasst und eine Reihe kritischer Feststellungen getroffen, welche im folgenden Text auszugsweise angeführt werden.[66]

Transferbelastungen der oberösterreichischen Gemeinden

Die oberösterreichischen Gemeinden verfügen zwar über eine durchschnittliche Finanzkraft, die jedoch nach Abzug der Transferleistungen deutlich unter den Bundesdurchschnitt sinkt. So wiesen sie gemeinsam mit den Kärntner Gemeinden 2015 den höchsten negativen Transfersaldo pro Kopf aus.

Eine der wesentlichen Ursachen dafür und für die im Bundesländervergleich hohe Zahl an Abgangsgemeinden liegt nach Auffassung des Landesrechnungshofes darin, dass die oberösterreichischen Gemeinden deutlich höhere Transferzahlungen leisten müssen als die Gemeinden anderer Bundesländer. Sie finanzieren einen im Bundesländervergleich überdurchschnittlich hohen Anteil an den Sozial- und Krankenanstaltenausgaben des Landes.

Wie aus Abbildung 2 ersichtlich, belasteten die Sozialhilfeumlagen die oberösterreichischen Gemeinden 2015 im Durchschnitt mit 292 Euro pro Kopf. Auch bei der Krankenanstaltenumlage liegen die oberösterreichischen Gemeinden nach Niederösterreich im bundesländerweiten Spitzenfeld (Abbildung 2), da sie 40 Prozent der Betriebsabgänge aller oberösterreichischen Fondskrankenanstalten mitfinanzieren müssen.

Durch diese landesrechtlich normierten – von den Gemeinden nicht beeinflussbaren – Transferbelastungen wird die kommunale Finanzkraft und damit die kommunale Handlungsfähigkeit nachhaltig gegenüber der ursprünglichen Verteilung nach dem Finanzausgleichsgesetz eingeschränkt.

Dies führt in weiterer Folge dazu, dass die Gemeinden vielfach auf Transfereinnahmen vom Land (Bedarfszuweisungen, Förderungen etc.) angewiesen sind, um ihren Haushalt auszugleichen und originäre Gemeindeaufgaben finanzieren zu können. Die dadurch erzeugte finanzielle Abhängigkeit der Gemeinden vom Land erachtete der Landesrechnungs-

---

66 Siehe beispielsweise OÖ Landesrechnungshof: Bericht über die Initiativprüfung der Gemeindeabteilung 2006; sowie OÖ Landesrechnungshof: Bericht über die Sonderprüfung Direktion Inneres und Kommunales, Gemeindeaufsicht und Bedarfszuweisungen 2012.

hof als nicht im Einklang mit der verfassungsgesetzlich gebotenen Gemeindeautonomie.

Ebenso problematisch findet es der Landesrechnungshof, dass die Gemeinden hohe Kostensteigerungen im Bereich des Landes (Soziales, Gesundheit, Gratiskindergarten etc.) mittragen müssen, ohne dass sie die Rahmenbedingungen und Standards direkt beeinflussen können.

Jedenfalls scheint die paradoxe Praxis, den Gemeinden zuerst im Wege von Umlagen Geld für die Ko-Finanzierung von Landesaufgaben wegzunehmen, um es ihnen danach wieder im Wege von Bedarfszuweisungen und Förderungen für den Haushaltsausgleich zurückzugeben, sachlich kaum argumentierbar.

Vergabepraxis von Bedarfszuweisungen in Oberösterreich

- Die Vergabe der BZ-Mittel in Oberösterreich war wenig transparent. Es war nicht erkennbar, auf welcher nachvollziehbaren strategischen oder sachlichen Grundlage Projekte ausgewählt wurden.
- Es fehlten klare Beurteilungskriterien für die Vergabe von BZ-Mitteln sowie sachliche Begründungen für Vergabeentscheidungen.
- Das Land Oberösterreich verfügte bei der Vergabe über keine zielorientierte Gesamtsteuerung und Strategie für die BZ-Verteilung.
- Die politischen Gemeindereferentinnen und -referenten treffen nach Vorsprache der jeweiligen Gemeindevertreter die weitaus überwiegende Anzahl der für die betreffende Gemeinde relevanten finanziellen Entscheidungen. Bei jedem einzelnen Investitionsvorhaben entscheidet die Referentin oder der Referent hinsichtlich der Finanzierung, ob Bedarfszuweisungen ausbezahlt oder ein Darlehen genehmigt wird.
- Diesen (politischen) Einzelentscheidungen liegen keine umfassende ressortübergreifende kommunale Gesamtplanung oder auch nur klare, nachvollziehbare Beurteilungskriterien zugrunde.

Zwangsläufig führte diese Praxis in Oberösterreich dazu, dass die Höhe der BZ-Mittel ohne erkennbare Systematik stark differiert. Der oberösterreichische Landesrechnungshof stellte immer wieder kritisch fest, dass Bedarfszuweisungen weit über die jeweilige FAG-Periode hinaus verplant und zugesagt wurden (Budgetvorgriffe), so dass kurz- bis mittelfristig kein Spielraum für weitere Akzente vorhanden war.

Bei den Prüfungen des Landesrechnungshofs zeigte sich auch, dass einzelne Gemeinden mit massiv steigenden Abgängen im ordentlichen Haushalt einige große (nicht für die Pflichtaufgaben notwendige) Investitionsprojekte in einem kurzen Zeitraum gefördert bekamen. Dies beweist, dass die Genehmigung von Investitionsprojekten in keinem kausalen Zusammenhang mit einem nachvollziehbaren Bedarf und der Finanzsituation der Gemeinde stand.

Für die Verteilung der Bedarfszuweisungen ist vorgesehen, dass zuerst die Abgangsdeckungen (Haushaltsausgleich) ausbezahlt und anschließend die verbleibenden Mittel für Investitionsprojekte in finanzschwachen Gemeinden verteilt werden. Folglich bedeutet dies, je mehr Abgangsgemeinden in einem Bundesland sind, desto weniger BZ-Mittel stehen für Investitionen zur Verfügung.

Praxis und Wirkung der Zuschüsse zur Abgangsdeckung

Das derzeit in Oberösterreich praktizierte System der Abgangsdeckung, wonach Gemeinden keine Konsequenzen fürchten müssen[67], trägt nicht dazu bei, das eigenverantwortliche Handeln der Gemeinden zu stärken. Ganz im Gegenteil: Je höher das Defizit, desto größer fällt die „Belohnung" in Form der Abgangsdeckung aus. Gemeinden können – ohne Rücksicht auf ihre finanzielle Leistbarkeit – Ausgaben tätigen und Haushaltsabgänge erzeugen, die vom Land durch BZ-Mittel gedeckt werden.

Die geübte Praxis führt vielfach dazu, dass Gemeinden deutlich mehr ausgeben, als es ihre finanzielle Situation zulassen würde. Das praktizierte Transfersystem behindert somit einen wirtschaftlichen öffentlichen Mitteleinsatz und verursacht hohe volkswirtschaftliche Kosten.

Durch die zuvor geschilderte Vergabepraxis der BZ-Mittel kommen die Gemeinden zwangsläufig in die Rolle von Bittstellern für BZ-Mittel, die rechtlich Gemeindemittel sind und den Ländern nur zur (zweckgebundenen) Verteilung an die Gemeinden überwiesen werden. Diese finanzielle Abhängigkeit vom Land – verbunden mit der zuvor beschriebenen „Abgangsdeckungspraxis" – behindert eine eigenverantwortliche Gemeindeführung und steht im Widerspruch einerseits zu dem gebotenen wirtschaftlichen und sparsamen öffentlichen Mitteleinsatz und andererseits zu der verfassungsgesetzlich normierten Gemeindeautonomie.

Der oberösterreichische Landesrechnungshof hält in seinen Berichten hierzu ausdrücklich fest, dass gelebte Gemeindeautonomie eine wirtschaftliche Selbstständigkeit und daher eine adäquate finanzielle Grundausstattung braucht. Dies würde den Gemeinden die Möglichkeit bieten, ihre Aufgaben nach eigener Priorität und Willensbildung zu erfüllen.

Gelebte Gemeindeautonomie bedeutet umgekehrt aber auch, dass Gemeinden mit ihren finanziellen Mitteln sorgsam und eigenverantwortlich umgehen und ihr Leistungsspektrum an den finanziellen Möglichkeiten ausrichten müssen.

5. Kritische Aspekte zum tertiären Finanzausgleich

Intragovernmentale Transfers stehen – nicht zuletzt aufgrund ihres immer stärker werdenden Gewichts – in zunehmender Kritik. Insbesondere zu nennen sind die folgenden Argumente:[68]

- Hohe Transaktionskosten: Zwischen 2,4 bis 4,5 Prozent der Transfersummen entfallen auf Transaktionskosten.
- Allokative Ineffizienzen: Intragovernmentale Transfers können zu Fehlallokationen von Ressourcen führen, insbesondere da das Prinzip der fiskalischen Äquivalenz – die Übereinstimmung von Einnahmen-, Ausgaben- und Aufgabenverantwortung – verletzt ist.

---

67   Gemeinden müssen keinen spürbaren Beitrag leisten, auch wenn sie wirtschaftlich nicht nachvollziehbare Entscheidungen treffen.
68   Vgl. Biwald et al.: Projekt Transfers und Kostentragung, 2010, S. 19 f.

- Eingeschränkte Stabilisierungswirkungen: Bei azyklischen Transfers oder politikbedingten „time lags" können Transfers den eigentlichen Stabilisierungszielen entgegenwirken. Auch ist eine Bail-Out-Problematik zu berücksichtigen, wenn subnationale Einheiten zu hohe Schulden anhäufen, da sie im Falle einer Überschuldung auf die Zentralebene als „lender of last resort" vertrauen.

- Erschwerte generelle Steuerung: Durch zahlreiche intragovernmentale Transfers entsteht eine erhebliche Komplexität und Intransparenz der finanziellen Beziehungen zwischen den einzelnen föderalen Ebenen, aber auch horizontal (z. B. zwischen den Gemeinden). Je komplexer ein Transfersystem ist, desto höher ist die Gefahr, dass die mit den einzelnen Transfers verfolgten Ziele nicht oder nur unzureichend erfüllt werden können.

- Demokratiepolitische Überlegungen: Durch ein intensives intragovernmentales Transfersystem wird die Autonomie der subnationalen Gebietskörperschaften eingeschränkt. Eine klare Aufteilung der Finanzierungsverantwortlichkeit auf Bund, Länder und Gemeinden würde die Transparenz der Prozesse und damit die Demokratiequalität erhöhen.

Eine lückenlose Beurteilung des gesamten tertiären Finanzausgleichs ist nur in groben Zügen möglich, da vielfach transparente Darstellungen und Evaluierungen fehlen. Im Nachfolgenden soll daher der Schwerpunkt einer kritischen Analyse auf die Transferbeziehungen zwischen Ländern und Gemeinden gelegt werden. Hierzu liegen bereits mehrere Studien vor, welche sowohl kritische Aspekte aufgreifen als auch Reformvorschläge erarbeiten.[69]

Schwierige Evaluierung aufgrund Transparenzdefizite

Die Vergleichbarkeit der Transfersysteme zwischen den Bundesländern wird aufgrund der bundeslandweise unterschiedlichen Trägerschaften, institutionellen Rahmenbedingungen sowie der landesgesetzlichen Regelungen bei einzelnen Aufgabenbereichen erschwert. Dies zeigt sich vor allem bei den Umlagen, deren Höhe im Bundesländer-Vergleich stark variiert. Weiters besteht eine eingeschränkte Transparenz aufgrund der Finanzierungs- und Organisationseinheiten außerhalb der Gemeinde- und Länderbudgets (z. B. Gemeindeverbände, Landesfonds), da die Rechnungslegungen dieser Körperschaften zumeist nicht öffentlich verfügbar sind.

Hinzu kommen noch finanzstatistische methodische Einschränkungen, wie insbesondere unklare Zuordnungen von Transfers oder eine unterschiedliche Verbuchungspraxis. So ist beispielsweise eine Auswertung der empfangenen Gemeinde-Bedarfszuweisungsmittel auf Gemeindeebene – auch wegen der bestehenden Vorschriften zur Rechnungslegung[70] – nicht möglich.

---

69 Zu den nachfolgenden Ausführungen siehe: Mitterer et al.: Länder-Gemeinde-Transferverflechtungen, 2016; Biwald et al.: Transferbeziehungen zwischen Ländern und Gemeinden, 2012; Biwald et al.: Grundlegende Reform des Finanzausgleichs Transfers und Kostentragung, 2010; Bröthaler et al.: Österreichs Gemeinden im Netz der finanziellen Transfers, 2006.

70 Gemäß der geltenden VRV Voranschlags- und Rechnungsabschlussverordnung des Bundesministeriums für Finanzen 1997 (VRV 1997).

Dies führt dazu, dass ein Nachvollziehen der Finanzierungsströme auf Basis der vorhandenen Datenlage nur eingeschränkt möglich ist.[71] Hierauf verwies auch der Rechnungshof, welcher die Nicht-Nachvollziehbarkeit der Gemeinde-Bedarfszuweisungen kritisierte und fehlende Evaluierungen hinsichtlich der Zielerreichung und der Verteilungswirkungen aufzeigte. In seinen Berichten wies er auch hin, dass die Gemeinde-Bedarfszuweisungsmittel etwa in Niederösterreich und der Steiermark nicht vollständig an die Gemeindeebene weitergegeben oder zweckentfremdet verwendet wurden.[72] So wurden im NÖ Wasserwirtschaftsfonds neben Gemeinden und Gemeindeverbänden auch Privatpersonen und Unternehmen gefördert.

Transfers schränken Gemeindeautonomie ein

Für Gemeinden gilt, dass diese kaum Mitsprachemöglichkeiten bei der Gestaltung der Transferbeziehungen haben. Da ein wesentlicher Teil der Einnahmen und Ausgaben der Gemeinden durch Transfers bestimmt ist, führt dies zur Einschränkung der Gemeindeautonomie. Auch ist nicht ausreichend nachvollziehbar, wie die Bemessungsgrundlage der Umlagen festgelegt wird, da entsprechende Nachweise von Seiten der Länder meist fehlen. So können Gemeinden v. a. weder die Höhe der Umlagen, die Steigerungsrate gegenüber dem Vorjahr, noch das Verhältnis gegenüber anderen Gemeinden überprüfen.

Nicht abgestimmte Zielsetzungen

Es gibt eine große Vielfalt an Verflechtungen zwischen den Gebietskörperschaften, sowohl bei der Trägerschaft und Erfüllung der Aufgaben als auch bei deren Finanzierung. Das Zusammenspiel zahlreicher Transfers generiert Umverteilungseffekte zwischen den Ländern und Gemeinden, die nicht mehr nachvollziehbar sind. Infolge kommt es zu einem überproportionalen Ressourcenausgleich sowie zu widersprüchlichen Wirkungen innerhalb des gesamten Finanzausgleichssystems. Ebenso kommt es zu Verstößen gegen Prinzipien der Autonomie sowie der Konnexität von Aufgaben- und Finanzierungsverantwortung.

Die häufig intransparente und nicht an objektiven Beurteilungskriterien orientierte Vergabepraxis von Bedarfszuweisungen ermöglicht kommunale Investitionsentscheidungen ohne nachgewiesenen prioritären Bedarf sowie ohne Rücksichtnahme auf die finanzielle Leistbarkeit. Das System lässt ein Handeln ohne Anreize zur Eigenverantwortung und Sparsamkeit zu – und damit eine tendenzielle Überschuldung der Gemeindeebene –, was eine Verletzung des Effizienzzieles nahe legt.

Die Verteilungswirkungen zwischen Gemeinden und Städten, die im primären Finanzausgleich im Rahmen der Ertragsanteilsverteilung verfolgt werden, werden durch die komplexen Transferströme des sekundären und

---

71 Beispielsweise werden im „NÖ Gemeindeförderungsbericht" nicht sämtliche Bedarfszuweisungen ausgewiesen. Im „Förderungsbericht" des Landes Steiermark erfolgt keine differenzierte Darstellung nach einzelnen Gemeinden.
72 Vgl. Rechnungshof: Zahlungsströme zwischen Gebietskörperschaften, Bund 2016/4, S. 194.

tertiären Finanzausgleichs stark abgeschwächt und teilweise sogar umgedreht. Konkret bedeutet dies, dass die Verteilungswirkung des abgestuften Bevölkerungsschlüssels auf die Finanzausstattung zugunsten der großen Städte durch die intragovernmentalen Transferbeziehungen wieder weitgehend aufgehoben wird. Die Verteilungswirkungen im Rahmen des sekundären und tertiären Finanzausgleichs nehmen eine immer stärker werdende Rolle ein.

Weiters ist zu berücksichtigen, dass aus finanzwissenschaftlicher Sicht vertikale Transfers nicht zur Basisfinanzierung ganzer Gemeindegruppen dienen sollten, sondern ein Instrument der Feinsteuerung sind. Der sekundäre und tertiäre Finanzausgleich ist daher überdimensioniert und in dieser Form nicht mehr steuerbar. Vielmehr bedarf es einer verbesserten Koordination insbesondere zwischen Bund und Ländern, welche die Transferbeziehungen im Wesentlichen bestimmen. Die Zielsetzungen des primären, sekundären und tertiären Finanzausgleichs müssen daher aufeinander abgestimmt sein.

Mangelnder Lastenausgleich

In der Praxis zeigt sich, dass die ressourcenausgleichende Wirkung gegenüber der lastenausgleichenden stärker zum Tragen kommt. Durch die mangelhafte Transparenz und die vielfältigen Transferverflechtungen zwischen und innerhalb der Bundesländer, kann es sogar zu ressourcenüberkompensierenden Wirkungen von Landesförderungen an Gemeinden kommen.

Diese Neuverteilung der Ressourcenausstattung erfolgt hierbei ohne Berücksichtigung des unterschiedlichen Aufgabenspektrums der einzelnen Gemeinden. Es fehlt daher die lastenausgleichende Perspektive, wie beispielsweise die gesonderte Berücksichtigung von regionalen Versorgungsfunktionen durch zentrale Orte.

Gut darstellbar ist in erster Linie eine ressourcenausgleichende Wirkung. Eine Beurteilung der lastenausgleichenden Wirkung ist ausschließlich durch Betrachtung von Finanzdaten nicht möglich, da auch die Entwicklung des Leistungsangebotes analysiert werden müsste. Die mit dem Paktum zum FAG 2017 geplanten Spending Reviews könnten hier Informationen liefern.

Aufgabenbezogene Steuerung außerhalb des FAG

Ein immer größeres Volumen wird der Verteilung der Ertragsanteile an gemeinschaftlichen Bundesabgaben im Rahmen von Vorwegabzügen entzogen und im tertiären Finanzausgleich ausgestaltet. Dies kann durchaus zu positiven Effekten führen, wenn dadurch eine aufgabenbezogene Steuerung mit entsprechenden Zielsetzungen entsteht. Die Befunde zu einzelnen Aufgabenbereichen – wie etwa Ko-Finanzierungsverpflichtungen ohne Mitspracherechte – lassen dies jedoch nur bedingt erkennen.

Egon MOHR

Finanzierungsverflechtungen bei Gesundheit und Pflege

1. Finanzierungsregelungen bei der Krankenanstaltenfinanzierung

1.1 Finanzierung der Landesgesundheitsfonds bis Ende des Jahres 2016

Die Kompetenzregelungen im Krankenanstaltenbereich führen dazu, dass auch die Finanzierungsregelungen in diesem Bereich zwischen dem Bund und den Ländern nicht einfach sind. Die Gemeinden sind in unterschiedlicher Form an der Finanzierung der Krankenanstalten beteiligt; mit Ausnahme jener in den Ländern Steiermark und Wien. Die wesentlichen Finanziers sind natürlich die Sozialversicherungen. Ein Mitspracherecht ohne Beteiligung an der Finanzierung hat die österreichische Ärztekammer.

Die Zweckzuschüsse des Bundes entsprechen erstens einem Anteil am Aufkommen an den Abgaben mit einheitlichem Schlüssel (ohne die vor der Teilung abgezogenen Beträge gemäß § 8 Abs. 2 FAG 2008), der dem alten Betrag von 1,416 Prozent des Aufkommens an der Umsatzsteuer im Jahre 2008 nach Abzug des im § 8 Abs. 2 Z 1 FAG 2008 genannten Betrages entspricht. Zweitens entsprechen sie einem Anteil am Aufkommen an den Abgaben mit einheitlichem Schlüssel (ohne die vor der Teilung abgezogenen Beträge gemäß § 8 Abs. 2 FAG 2008), der dem alten nicht valorisierten Betrag von 258.426.240,71 Euro im Jahre 2008 entspricht. Und drittens entsprechen sie dem weiteren Betrag von 83.573.759,20 Euro, der nicht valorisiert wurde und den alten 1.150 Mio. ATS entspricht und ab 2001 vom Bund auf die Sozialversicherungen abgewälzt wurde. Mit dem FAG 2008 sind zu dem bisherigen Zweckzuschuss in Höhe von 158.426.240,71 Euro jährlich 100 Mio. Euro dazugekommen und der Gesamtbetrag in Höhe von 258.426.240,71 Euro wird seither entsprechend der Entwicklung der Abgaben mit einheitlichem Schlüssel valorisiert.

Von diesem Zweckzuschuss erhalten verschiedene Landesgesundheitsfonds Vorweganteile, nämlich Oberösterreich insgesamt 5,63 Mio. Euro, Steiermark 4,36 Mio. Euro, Tirol insgesamt 17,63 Mio. Euro, Niederösterreich und Salzburg je 2 Mio. Euro. Bei der Mehrzahl der Länder dienen diese Vorweganteile dazu, die Mehrkosten abzudecken, die durch die Behandlung von Gastpatienten aus anderen Bundesländern entstehen, bei zwei Bundesländern war es der Preis für die Zustimmung zum FAG-Paktum.

Abbildung 1: Finanzierung der Landesgesundheitsfonds

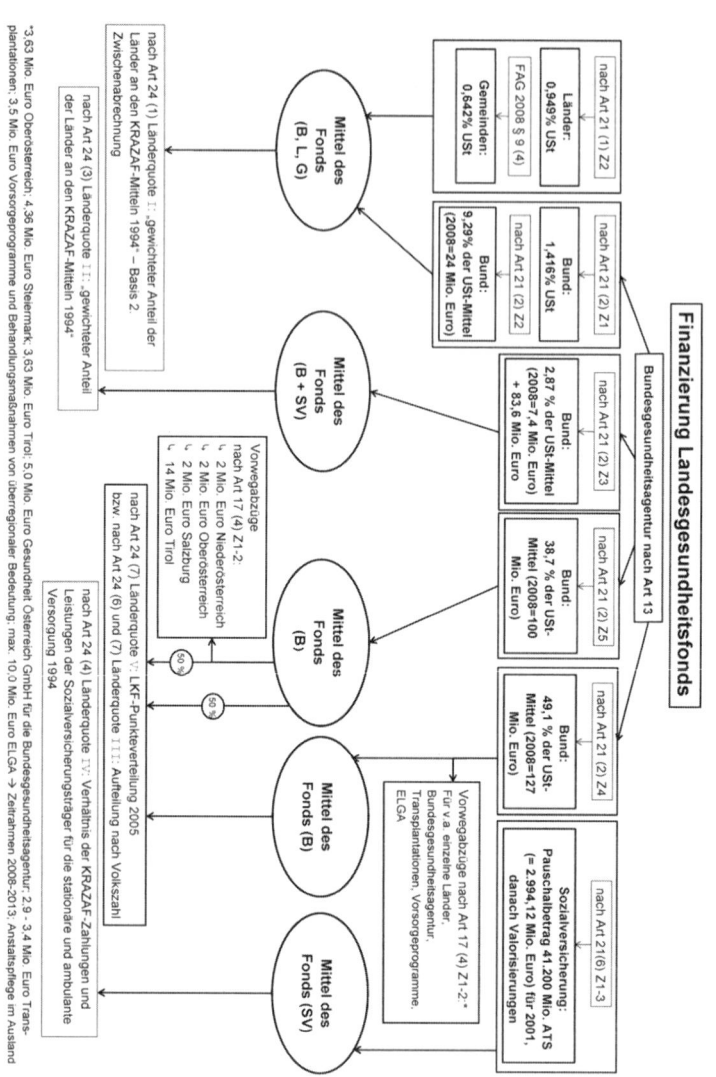

Quelle: KDZ: eigene Darstellung 2017 auf Basis Vereinbarung gemäß Art. 15a B-VG über die Organisation und Finanzierung des Gesundheitswesens für die Jahre 2008 bis einschließlich 2013 (BGBl. I Nr. 105/2008).

Anschließend sind weitere Mittel vom als zweitens erwähnten Zweckzuschuss abzuziehen und zweckgemäß zu verwenden, nämlich 5 Mio. Euro jährlich zur Finanzierung von Projekten und Planungen sowie zur Abgeltung von Leistungen, die von der Gesundheit Österreich GmbH für die

Bundesgesundheitsagentur erbracht werden, maximal 3,4 Mio. Euro zur Förderung des Transplantationswesens, 3,5 Mio. Euro für wesentliche Vorsorgeprogramme und Behandlungsmaßnahmen von überregionaler Bedeutung, maximal insgesamt 10 Mio. Euro für die Konzeption, Umsetzung und den Betrieb der Architekturkomponenten gemäß den Planungen für die erste Umsetzungsphase der elektronischen Gesundheitsakte ELGA (Zeitraum 2008 bis 2013) und maximal insgesamt 10 Mio. Euro für den Zeitraum 2014 bis 2016 zur Finanzierung der ELGA sowie allfällige für Anstaltspflege im Ausland aufzuwendende Mittel. Die danach verbleibenden Mittel werden an die neun Landesgesundheitsfonds verteilt.

Zusätzlich zu diesen Beiträgen der Bundesgesundheitsagentur erhalten die neun Landesgesundheitsfonds einen Beitrag in der Höhe von 0,949 Prozent des Aufkommens an der Umsatzsteuer im betreffenden Jahr nach Abzug des in § 8 Abs. 2 Z1 FAG 2008 genannten Betrages von den neun Ländern, Beiträge der Sozialversicherung, wobei der jeweilige endgültige Jahresbetrag des Vorjahres um jenen Prozentsatz zu erhöhen ist, um den die Beitragseinnahmen der Träger der Krankenversicherung gegenüber dem jeweils vorangegangenen Jahr prozentuell gestiegen sind, zusätzliche Mittel, die für die Gesundheitsreform aufgrund der Vereinbarung über den Finanzausgleich 2005 bis 2008 zur Verfügung gestellt werden, weiters Mittel nach dem Gesundheits- und Sozialbereich – Beihilfengesetz, Beiträge der Gemeinden (Umsatzsteueranteile) nach Maßgabe der Regelung im § 23 Abs. 2 FAG 2008, allenfalls die von den Ländern, Gemeinden und Rechtsträgern der Krankenanstalten zu Abdeckung des Betriebsabganges der Krankenanstalten zu leistenden Beträge und sonstige Mittel, die die Länder den Krankenanstalten zur Verfügung stellen sowie allfällige sonstige Mittel nach Maßgabe von landesrechtlichen Vorschriften, wobei die Einführung weiterer Selbstbehalte unzulässig ist.[1]

Weiters erhalten die neun Landesfonds aus dem beim Hauptverband errichteten Ausgleichsfonds für die Krankenanstaltenfinanzierung
- jährlich als Fixbeträge 15 Mio. Euro aus der Erhöhung der Höchstbeitragsgrundlagen auf Grund des Pensionsharmonisierungsgesetzes und
- 60 Mio. Euro aus den Beitragseinnahmen auf Grund der Erhöhung der Krankenversicherungsbeitragssätze um 0,1 Prozentpunkte zum 01.01.2015 (§ 447 Abs. 3 Z 3 ASVG) und zwei Drittel des für die Jahre ab 2008 aus Mitteln der Tabaksteuer überwiesenen Fixbetrages von 12.423.759,09 Euro, das sind 8.282.506 Euro (§ 447a Abs. 10 und 11 ASVG).

Aus diesen 75 Mio. Euro und 8.282.506 Euro erhalten jährlich die Landesgesundheitsfonds der Länder Niederösterreich (1,50 Mio. Euro), Oberösterreich und Salzburg (je 3,25 Mio. Euro) und Tirol (14 Mio. Euro) Vorweganteile (§ 447b Abs. 16 ASVG). Eine naheliegende Forderung der Länder war daher auch, dass die drei Fixbeträge (83.573.759,20 Euro, 75 Mio. Euro und 8.282.506 Euro) auch valorisiert werden sollten.

---

1   Art. 21 Abs. 1 der Vereinbarung gemäß Art. 15a B-VG über die Organisation und Finanzierung des Gesundheitswesens, BGBl I Nr. 105/2008.

Abbildung 2: Länderquoten

Länderquoten	
Aufteilung nach gewichteten Anteilen der Länder an den KRAZAF-Mitteln 1994 **Länderquote I** Mittel des Fonds (B, L, G) Verteilungsschlüssel | B 2,527% | K 6,897% | | NÖ 14,451% | OÖ 13,962% | | S 6,429% | St 12,884% | | T 7,982% | V 3,717% | | W 31,376% | | **Länderquote II** Mittel des Fonds (B 2,87% Ust+SV) Verteilungsschlüssel | B 2,559% | K 6,867% | | NÖ 14,406% | OÖ 13,677% | | S 6,443% | St 12,869% | | T 8,006% | V 3,708% | | W 31,465% | |	**Länderquote III** Aufteilung nach Volkszahl 1991 bzw. 2001 Mittel des Fonds (B 49,1% Ust) Vorwegabzüge: -50 Mio. ATS OÖ, -60 Mio. ATS Steiermark, -50 Mio. ATS Tirol, + weitere Vorwegabzüge (Transplantationen etc.) | Verteilungsschlüssel nach Volkszahl 1991 (1997-2002) || Verteilungsschlüssel nach Volkszahl 2001 (2003 bis heute) || | B 3,475% | K 7,027% | B 3,455% | K 6,963% | | NÖ 18,905% | OÖ 17,105% | NÖ 19,243% | OÖ 17,137% | | S 6,188% | St 15,197% | S 6,417% | St 14,730% | | T 8,099% | V 4,252% | T 8,385% | V 4,370% | | W 19,752% || W 19,299% || **Länderquote IV** **Verhältnis der KRAZAF-Zahlungen und Leistungen der Sozialversicherungsträger für die stationäre und ambulante Versorgung 1994** Mittel der Fonds (SV) | Verteilungsschlüssel || Anmerkung: 9-stelliger Verteilungsschlüssel wurde auf 3 Stellen gerundet | | B 2,426% | K 7,426% | | | NÖ 14,377% | OÖ 17,448% | | | S 6,442% | St 14,550% | | | T 7,696% | V 4,115% | | | W 25,520% | | |
Länderquote V Mittel des Fonds (B 38,7% Ust) LKF Punkteverteilung (2003 bzw.) 2005 (50%) Aktueller Verteilungsschlüssel | B 2,187% | K 7,544% | | NÖ 16,062% | OÖ 18,348 | | S 6,291% | St 13,663% | | T 9,371% | V 3,498% | | W 23,036% | |	Vorwegabzüge: 2 Mio. Euro NÖ, 2 Mio Euro OÖ, 2 Mio. Euro Salzburg, 14 Mio. Euro Tirol Volkszahl 2001 (50%) Verteilungsschlüssel | B 3,455% | K 6,963% | | NÖ 19,243% | OÖ 17,137% | | S 6,417% | St 14,730% | | T 8,385% | V 4,370% | | W 19,299% | |

Quelle: KDZ: eigene Darstellung 2017 auf Basis Vereinbarung gemäß Art. 15a B-VG über die Organisation und Finanzierung des Gesundheitswesens für die Jahre 2008 bis einschließlich 2013 (BGBl. I Nr. 105/2008).

Die Prozentsätze für die Aufteilung der verschiedenen Mittel in Landesquoten sind zum überwiegenden Teil historisch gewachsene Schlüssel und gehen zum Teil noch auf die Schlüssel des Krankenanstalten-Zusammenarbeitsfonds zurück[2]. Andererseits wird im Art. 24 in den Ab-

---

2 Art. 24 der Vereinbarung gemäß Art. 15a B-VG über die Organisation und Finanzierung des Gesundheitswesens, BGBl I Nr. 105/2008.

sätzen 6 und 7 das Volkszählungsergebnis 2001 als Aufteilungsschlüssel sowie die LKF³-Punkteverteilung als Parameter herangezogen.

Auch der Gesamtschlüssel im Absatz 4 mit neun Nachkommastellen ist nicht mehr aktuell. Dennoch ist das Gesamtergebnis der Aufteilung auf die neun Landesgesundheitsfonds abgesehen von der Gastpatientenproblematik nicht gravierend falsch. Auf eine Darstellung der einzelnen Beträge und die jeweils dazugehörenden Aufteilungsschlüssel möchte ich verzichten, weil dies sehr kompliziert ist und damit unverständlich wird. Allein der Betrag von den bisherigen 258.426.240,71 Euro wird mit unterschiedlich hohen Beträgen nach vier prozentuellen Aufteilungsschlüsseln auf die neun Landesgesundheitsfonds verteilt.

Auf eine Besonderheit bei den Landesgesundheitsfonds ist noch hinzuweisen. Gemäß Art. 23 der Vereinbarung gemäß Art. 15a B-VG Zielsteuerung-Gesundheit sind zur Stärkung der Gesundheitsförderung und Prävention in allen Landesgesundheitsfonds jeweils Sondervermögen mit eigenem Verrechnungskreis als sogenannte „Gesundheitsförderungsfonds" ohne Rechtspersönlichkeit einzurichten. Österreichweit erfolgt die Dotierung dieser Gesundheitsförderungsfonds für zehn Jahre (2013 bis 2022) mit insgesamt 150 Mio. Euro, wobei durch die Sozialversicherung 130 Mio. Euro und durch die Länder 20 Mio. Euro in gleichen Jahrestranchen einzubringen sind. Die Mittel der Sozialversicherung werden nach dem Versichertenschlüssel, die Mittel der Länder nach der Volkszahl aufgebracht und in dieser Form auf die Bundesländer verteilt. Damit stehen insgesamt sehr viel Mittel zur Stärkung der Gesundheitsförderung und der Prävention zur Verfügung. Zu bedenken ist, dass diese Mittel in den Landesgesundheitsfonds zur Finanzierung der Krankenanstalten fehlen und dadurch die Betriebsabgänge der Krankenanstalten steigen und die Länder und Gemeinden stärker belastet werden. Dies bedeutet, dass diese Maßnahmen bis zu 20 Mio. Euro durch die Länder und Gemeinden mitfinanziert werden. Es ist zu hoffen, dass diese Maßnahmen zur Gesundheitsförderung und Prävention auch zu Einsparungen in den Krankenanstalten von zumindest 20 Mio. Euro führen (§ 19 Gesundheits-Zielsteuerungsgesetz, BGBl I Nr. 81/2013). Gemäß Art. 30 Abs. 6 der Vereinbarung gemäß Art. 15a B-VG, mit der die Vereinbarung gemäß Art. 15a B-VG über die Organisation und Finanzierung des Gesundheitswesens geändert wird, BGBl I Nr. 199/2013, sind zur gemeinsamen Finanzierung der Konzeption, der Umsetzung und des Betriebs der Architekturkomponenten gemäß den Planungen für die erste Umsetzungsphase 2008 bis 2013 der ELGA insgesamt maximal 30 Mio. Euro und für die gemeinschaftlich zu finanzierenden Maßnahmen betreffend Errichtung, Wartung, Betrieb und Weiterentwicklung der ELGA in den Jahren 2014 bis 2016 insgesamt weitere maximal 30 Mio. Euro zur Verfügung zu stellen.

1.2 Änderungen durch das FAG 2017

Bei den Finanzausgleichsverhandlungen zur Gesundheitsfinanzierung ging es insbesondere um den Kostendämpfungspfad, zusätzliche Mittel für die Krankenanstaltenfinanzierung, die Mittelaufbringung für die Hospiz-

---

3   Leistungsorientierte Krankenanstaltenfinanzierung.

und Palliativversorgung, das Krankenanstalten-Arbeitszeitgesetz, die Entlastung durch Entbürokratisierung, die sektorübergreifende Medikamentenbewirtschaftung, die Finanzierung von sektorübergreifenden Vorhaben, den Innovationspool bzw. die Mittelreallokation und natürlich die Gastpatientenproblematik.

1.2.1 Finanzweisung zur Sicherstellung einer nachhaltigen Haushaltsführung

Zu den zusätzlichen Mitteln ist zu erwähnen, dass es unmittelbar für die Krankenanstaltenfinanzierung keine zusätzlichen Mittel gibt, allerdings ist im FAG-Paktum und im § 24 FAG 2017, BGBl. I Nr. 116/2016, eine Finanzzuweisung zur Sicherstellung einer nachhaltigen Haushaltsführung insbesondere in den Bereichen Gesundheit, Pflege und Soziales in Höhe von 300 Mio. Euro jährlich enthalten. Von dieser jährlichen Finanzzuweisung erhalten die Länder 193.137.000 Euro und die Gemeinden 112.863.000 Euro. Damit ist es den Ländern und Gemeinden freigestellt, wie viel von dieser Finanzzuweisung sie für die Krankenanstaltenfinanzierung verwenden.

1.2.2 Änderungen in der bisherigen Finanzierung

Weiters ist zu erwähnen, dass die alten 1,416 Prozent des Aufkommens an der Umsatzsteuer und der alte Betrag von 258.426.240,71 Euro im Jahre 2008 endgültig in einen prozentuellen Anteil am Nettoaufkommen an den Abgaben mit einheitlichem Schlüssel aufkommensneutral umgewandelt wurde, nämlich in erstens 0,453013 Prozent und in zweitens 0,411540 Prozent. Der Prozentsatz erhöhte sich geringfügig durch die Neutralisierung der Vereinfachungsvorschläge, die im FAG 2017 umgesetzt wurden.

Das Gastpatientenproblem und das Problem des Fixschlüssels bei der Verteilung der Ertragsanteile an den gemeinschaftlichen Bundesabgaben wurde bei der länderweisen Verteilung dieser 193.137.000 Euro gelöst, in dem die Länder Niederösterreich (8,5 Mio. Euro), Oberösterreich (22 Mio. Euro), Steiermark (7,5 Mio. Euro) und Tirol (22 Mio. Euro) Vorweganteile erhalten und der verbleibende Betrag von 133.137.000 Mio. Euro nach der Volkszahl auf alle neun Bundesländer verteilt wird. Bei den Vorweganteilen im Art. 27 Abs. 3 der Vereinbarung gemäß Art. 15a B-VG über die Organisation und Finanzierung des Gesundheitswesens ab 2017 sind neu 10 Mio. Euro jährlich zur Finanzierung von überregionalen Vorhaben und 13,667 Mio. Euro (für den Zeitraum 2017 bis 2020 insgesamt 41,0 Mio. Euro) zur Finanzierung von ELGA dazugekommen. Die bisherigen Vorwegabzüge sind auch in ihrer Höhe jährlich unverändert geblieben.

1.2.3 Zweckwidmung Primärversorgung und überregionale Versorgung

Neu ist im Art. 31 der Vereinbarung gemäß Art. 15a B-VG über die Organisation und Finanzierung des Gesundheitswesens ab 2017, dass finanzielle Mittel zur Finanzierung von sektorübergreifenden Vorhaben Zweckgewidmet sind, nämlich jene Mittel, die auf eine Stärkung der ambulanten Versorgung, insbesondere den Aufbau der Primärversorgung, die primär in die Zuständigkeit der Sozialversicherung fällt, sowie den Aufbau von multiprofessionellen und/oder interdisziplinären Versorgungsangeboten in der ambulanten Fachversorgung, abstellen. Es wird angestrebt, über die Laufzeit dieser Vereinbarung bis 2020 für diese Zwecke insgesamt 200 Mio. Euro zweckmäßig zu widmen. Die Vorhaben erfolgen entsprechend der Planungsentscheidungen im regionalen Strukturplan Gesundheit projektbezogen und haben zur Verbesserung der Versorgung und zur Spitalsentlastung beizutragen. Im Bereich der Primärversorgung wird als Ziel die Realisierung von zumindest 75 Primärversorgungseinheiten bis zum Ende dieser Vereinbarung angestrebt. Etwas überraschend ist für mich, dass hier bezüglich der Anzahl und der Höhe des Gesamtförderbetrages sehr klare Ziffern vorgegeben sind. Gegen diese neue Maßnahme richtet sich auch insbesondere der Widerstand der österreichischen Ärztekammer. Diese relativ hohen Fördermittel dienen der Zuzahlung zur Anschubfinanzierung bei neuen Vorhaben und der Zuzahlung zur Finanzierung des Mehraufwands gegenüber dem Status Quo. Die Krankenversicherungsträger und die Länder verpflichten sich auf Landesebene, Mittel für die gemeinsam festgelegten Vorhaben nachhaltig sicherzustellen. Dabei ist zu gewährleisten, dass in allen Bundesländern und von allen Krankenversicherungsträgern im Rahmen der vorhandenen Honorarvolumina für ärztliche Hilfe (dazu zählen auch Gesamtausgabenbegrenzungen, Gesamtvergütungen u. ä.) entsprechende Mittel für diese Vorhaben zur Verfügung gestellt werden können. Die Mehraufwendungen für Leistungen, die in die Zuständigkeit der Länder fallen, sind jedenfalls durch die Länder zu bedecken. Das Festlegen der konkreten Vorhaben sowie die Entscheidung über die Finanzierungsaufteilung erfolgt individuell, projektbezogen und einvernehmlich in der jeweiligen Landes-Zielsteuerungskommission und hat die Verbesserung der Versorgung und die Spitalsentlastung zu berücksichtigen. Um die Steuerungsmöglichkeit des Bundes sicherzustellen, legt die Bundes-Zielsteuerungskommission Richtlinien über die wesentlichen Eckpunkte für die Verwendung der Mittel fest.

Im Artikel 32 der Vereinbarung gemäß Art. 15a B-VG über die Organisation und Finanzierung des Gesundheitswesens ab 2017 ist aus dem Innovationspool bzw. der Mittelreallokation die Finanzierung von überregionalen Vorhaben mit einem Höchstausmaß von jährlich 10 Mio. Euro über die Laufzeit 2017 bis 2020 geworden. Diese Mittel sind zur Finanzierung von Vorhaben zum Aufbau von überregionalen Versorgungsangeboten zweckgewidmet und für im Artikel 32 aufgezählte Zwecke zu verwenden.

1.2.4 Ausgabenobergrenzen

Nicht neu sind die Ausgabenobergrenzen, allerdings werden sie während der Dauer der Vereinbarung verschärft. Die Ausgabenobergrenzen für die öffentlichen Gesundheitsausgaben ohne Langzeitpflege, die Ausgabenobergrenzen für die Länder und die Ausgabenobergrenzen für die Sozialversicherung sollen sich stufenweise an den prognostizierten BIP-Pfad annähern. Für das Jahr 2016 werden die Ausgabenobergrenzen genommen wie sie in den Artikeln 25, 26 und 27 der Vereinbarung gemäß Art. 15a B-VG Zielsteuerung-Gesundheit, BGBl. I Nr. 200/2013, festgelegt sind. Ausgehend von diesen Basiswerten steigen die Ausgabenobergrenzen im Jahre

2017 um 3,6 Prozent, im Jahre 2018 um 3,5 Prozent, im Jahre 2019 um 3,4 Prozent, im Jahre 2020 um 3,3 Prozent und im Jahre 2021 um 3,2 Prozent (Art. 17 der Vereinbarung gemäß Art. 15a B-VG Zielsteuerung-Gesundheit ab 2017). Mein Eindruck bei den Finanzausgleichsverhandlungen war, dass diese Ausgabenobergrenzen für die Sozialversicherung leichter einzuhalten sind als für die Länder. Für Tirol und Vorarlberg sind diese Ausgabenobergrenzen nicht erreichbar, der Grund dafür liegt insbesondere im Krankenanstalten-Arbeitszeitgesetz und der Gehaltsreform. Es wird daher bei der Festlegung der Ausgangsbasis für Vorarlberg ein Betrag von 28,8 Mio. Euro und für Tirol ein Betrag von 30,8 Mio. Euro additiv dazugeschlagen und bei den Ausgabenobergrenzen über die gesamte Laufzeit und bei der Verteilung der Ausgabenobergrenzen innerhalb der Länder als zusätzliche Beträge berücksichtigt.

1.2.5 Sanktionen

Für die Länder ist auch wichtig, dass es abgesehen von der Berichtspflicht keine gesonderten Sanktionen in der Vereinbarung gemäß Art. 15a B-VG Zielsteuerung-Gesundheit ab 2017 gibt, sondern nur Sanktionen im Rahmen des Österreichischen Stabilitätspaktes 2012. Den Ländern droht immer wieder die Gefahr, dass es durch rechtliche Vorgaben des Bundes zu erheblichen Kostensteigerungen in den Krankenanstalten kommt. Es wurde daher im Artikel 27 vereinbart, dass wesentliche Mehraufwendungen der Länder aufgrund rechtlicher Vorgaben seitens des Bundes gesondert erfasst werden und bei der Feststellung der Erfüllung der Ausgabenobergrenzen bei den betroffenen Ländern außer Betracht bleiben. Ein signifikantes Beispiel dafür ist das Krankenanstalten-Arbeitszeitgesetz. Die Vertreter des Bundes behaupteten, es handle sich lediglich um die Umsetzung von zwingendem EU-Recht (EU-Arbeitszeitrichtlinie). Die Länder Niederösterreich, Oberösterreich, Tirol und Vorarlberg gaben bei Univ.-Prof. Dr. Walter Obwexer und Univ.-Prof. Dr. Gert-Peter Reisner ein Rechtsgutachten in Auftrag, das zum Ergebnis kam, dass einzelne Regelungen überschießend sind und nicht alle Ausnahmemöglichkeiten ausgeschöpft wurden. Dazu wurde im Paktum zum Finanzausgleich ab dem Jahre 2017 vereinbart, dass das Krankenanstalten-Arbeitszeitgesetz vom Bundesministerium für Arbeit, Soziales und Konsumentenschutz (BMASK) und dem Bundesministerium für Finanzen (BMF) sowie den Ländern im ersten Halbjahr 2017 evaluiert und gegebenenfalls adaptiert wird.

1.2.6 Maßnahmen zur Kosteneinsparung

Weiters wurden auch Maßnahmen zur Kosteneinsparung vereinbart, insbesondere Entlastungen durch Entbürokratisierungen und Einsparungen durch sektorübergreifenden Medikamenteneinkauf und -bewirtschaftung. Weitere Details finden sich in den beiden Artikeln 50 (gesetzliche Regelungen auf Bundesebene) und Art. 51 (gesetzliche Regelungen auf Landesebene) der Vereinbarung gemäß Art. 15a B-VG über die Organisation und Finanzierung des Gesundheitswesens ab 2017.

1.2.7 Weitere Maßnahmen

Es wurden noch weitere Maßnahmen vereinbart, die Auswirkungen auf die Krankenanstalten-Finanzierung haben. Bund und Länder sind übereingekommen, für Kinder und Jugendliche bis zum vollendeten 18. Lebensjahr bei stationären Krankenhausaufenthalten die Verpflichtung zur Leistung von Selbstbehalten sowohl im Bundesgesetz über Krankenanstalten und Kuranstalten als auch im Sozialversicherungsrecht zu streichen. Der dadurch verursachte Einnahmenentfall beträgt etwa 15 Mio. Euro jährlich und soll durch eine Drittelfinanzierung Bund, Sozialversicherung und Länder ausgeglichen werden. Die bisherigen Selbstträgerschafts-Ausgleichszahlungen für gemeinnützige Krankenanstalten werden nach Anpassung an die Senkung des Dienstgeberbeitrages vom Bund weiterhin für die Finanzierung von Krankenanstalten zur Verfügung gestellt. Gemäß § 23 Abs. 4 FAG 2017 gewährt der Bund den Trägern von öffentlichen und privaten gemeinnützigen Krankenanstalten für die Finanzierung ihrer Aufgaben im Jahr 2017 einen Zuschuss in Höhe von 92,660 Mio. Euro und ab dem Jahr 2018 in Höhe von 83,511 Mio. Euro jährlich. Die Parameter für die Anteile der einzelnen Rechtsträger sind vom Bundesminister für Finanzen im Einvernehmen mit dem Bundesminister für Gesundheit und Frauen und nach Anhörung der Länder festzulegen. Laut Paktum zum Finanzausgleich ab dem Jahre 2017 wird die bestehende Beihilfenregelung für das Rettungswesen und Blutspende-Einrichtungen im Gesundheits- und Sozialbereich-Beihilfengesetz (GSBG) um zwei Jahre befristet verlängert, um Planungssicherheit für die Betroffenen zu erreichen und die erforderliche Zeit zu erhalten, um eine einvernehmliche Einigung für eine dauerhafte, zweifelsfrei unionsrechtlich unbedenkliche Regelung herbeizuführen. Dies wird mit einer Änderung des § 2 Abs. 2 des Gesundheits- und Sozialbereich-Beihilfengesetzes umgesetzt. Mit der Vereinbarung gemäß Art. 15a B-VG, mit der die Vereinbarung gemäß Art. 15a B-VG über die Abgeltung stationärer medizinischer Versorgungsleistungen von öffentlichen Krankenanstalten für Insassen von Justizanstalten geändert wird, wird die geltende Vereinbarung bis zum Ende der Finanzausgleichsperiode 2021 verlängert und gleichzeitig der von den Ländern jährlich zu leistende Beitrag um 4,2 Mio. Euro bzw. über die fünf Jahre um insgesamt 21 Mio. Euro erhöht.

Weiters wurde von den Finanzausgleichspartnern vereinbart, die Auswirkungen der Planungskompetenzen des Bundes auf die Finanzströme in den nächsten zwei Jahren unter Einbindung des BMF zu evaluieren und den Fonds „Gesundes Österreich" ebenfalls in den nächsten zwei Jahren zu evaluieren.

1.3 Finanzströme zwischen der Bundesebene und den neun Landesgesundheitsfonds

Vom Bund werden 2017 voraussichtlich 669,9 Mio. Euro fließen (0,453013 Prozent und 0,411540 Prozent des Nettoaufkommens an den Abgaben mit einheitlichem Schlüssel), dazu kommen die nicht valorisierten Mittel in Höhe von 83.573.759,29 Euro, die ab 2001 vom Bund auf den Hauptverband der Sozialversicherung abgewälzt wurden. Dazu kommt ein Beitrag der Länder in der Höhe von 0,949 Prozent des Aufkommens an der Umsatzsteuer im betreffenden Jahr, der 2017 voraussichtlich 256,1 Mio. Euro betragen wird und ein Beitrag der Gemeinden in der Höhe von 0,642 Prozent des Aufkommens an der Umsatzsteuer im betreffenden Jahr, der 2017 voraussichtlich 173,3 Mio. Euro betragen wird. Dazu kommen die Sozialversicherungsmittel 2017 in voraussichtlicher Höhe von 5.279,4 Mio. Euro, die sich aus dem entsprechend der Steigerung der Beitragseinnahmen valorisierten Pauschalbetrag in voraussichtlicher Höhe von 5.196,1 Mio. Euro und dem nicht valorisierten Fixbetrag von 75 Mio. Euro und dem nicht valorisierten Betrag aus der Erhöhung der Tabaksteuer von rund 8,3 Mio. Euro zusammensetzt. Damit stehen für die Krankenanstaltenfinanzierung im Jahre 2017 voraussichtlich 6.462,3 Mio. Euro zur Verfügung. Laut Ausgabenobergrenzen dürfen die Ausgaben der Länder für die Krankenanstalten im Jahre 2017 insgesamt 11.985 Mio. Euro betragen. Daraus ist ersichtlich, dass zwischen den Ausgaben und den Einnahmen eine große Lücke klafft. Gemäß Art. 28 Abs. 1 der Vereinbarung gemäß Art. 15a B-VG über die Organisation und Finanzierung des Gesundheitswesens ab 2017 sind die Landesgesundheitsfonds betragsmäßig so zu dotieren, dass sichergestellt ist, dass zumindest 51 Prozent der laufenden Kosten der Krankenanstalten (inklusive Abschreibungen) durch marktmäßige Umsätze (Erlöse) finanziert werden. Damit sollte sichergestellt werden, dass die Krankenanstalten als marktbestimmte Betriebe anerkannt werden und damit dem privaten Sektor zugerechnet werden. Da sie seit dem ESVG 2010 dem öffentlichen Sektor zugerechnet werden, könnte meines Erachtens auf diese Regelung verzichtet werden. Gemäß Art. 47 Abs. 1 verpflichten sich die Länder dafür zu sorgen, dass für die Vereinbarungsdauer keine über diese Vereinbarung hinausgehenden finanziellen Forderungen betreffend die Krankenanstalten, die im Jahr 1996 Zuschüsse des Krankenanstalten-Zusammenarbeitsfonds erhalten haben, an den Bund oder die Träger der Sozialversicherung gestellt werden.

1.4 Finanzströme zwischen den Landesgesundheitsfonds und den Leistungserbringern

Mit den Zahlungen der Träger der Sozialversicherung an die Landesgesundheitsfonds sind gemäß Art. 43 Abs. 1 alle Leistungen der ehemals vom Krankenanstalten-Zusammenarbeitsfonds bezuschussten Krankenanstalten, insbesondere im stationären, halbstationären, tagesklinischen und spitalsambulanten Bereich einschließlich der durch den medizinischen Fortschritt resultierenden Leistungen für Versicherte und anspruchsberechtigte Angehörige der Träger der Sozialversicherung zur Gänze abgegolten. Die Erfüllung der Sachleistungsverpflichtung durch die vertragsgegenständlichen Krankenanstalten wird inklusive des jeweiligen medizinischen Standards, der eine ausreichende Behandlung der Versicherten sicherstellt, gemäß Art. 43 Abs. 4 von den Landesgesundheitsfonds im Namen der Träger der Sozialversicherung übernommen. Damit wird die Finanzierungsaufgabe von den Trägern der Sozialversicherung auf die Landesgesundheitsfonds übertragen. Laut Art. 43 Abs. 7 verpflichtet sich der Bund gegenüber den Ländern, die bestehenden gesetzlichen

Regelungen beizubehalten, wonach mit den Zahlungen der Landesgesundheitsfonds an die Krankenanstalten sämtliche Ansprüche der Krankenanstalten gegenüber den Trägern der Sozialversicherung und gegenüber den Landesgesundheitsfonds abgegolten sind. Diese Bestimmung steht auch in einem kausalen Zusammenhang mit dem Abgang der Krankenanstalten, dessen Bedeckung im nächsten Punkt behandelt wird. Nach dieser Finanzierungsverpflichtung stellt sich die Frage nach dem wie bzw. nach welchen Kriterien. Gemäß Art. 14 Abs. 1 ist das für den spitalsambulanten Bereich einwickelte leistungsorientierte Krankenanstalten-Finanzierungssystem zu implementieren und das bestehende leistungsorientierte Krankenanstalten-Finanzierungssystem (LKF) für den stationären Bereich fortzuführen. Die Bepunktungsregelungen im LKF-Modell ambulant und stationär (LKF-Kernbereich) sind von der Bundesgesundheitsagentur bundesweit einheitlich festzusetzen und in regelmäßigen Abständen anzupassen. Die Länder haben sich verpflichtet, sicherzustellen, dass den über die Landesgesundheitsfonds finanzierten, nicht in der Rechtsträgerschaft von Gebietskörperschaften oder Sozialversicherungsträgern stehenden Krankenanstalten bei der Abrechnung von LKF-Punkten bezüglich des Punktewertes für diesen Teil gleiche Vergütungen von gleichartigen Leistungen gewährleistet wird.

Die leistungsorientierte Mittelzuteilung für den stationären Bereich aus den Landesgesundheitsfonds an die Träger der Krankenanstalten kann im Rahmen des LKF-Steuerungsbereiches auf besondere Versorgungsfunktionen bestimmter Krankenanstalten Rücksicht nehmen. Dies ist in Vorarlberg beim Landeskrankenhaus Feldkirch als einziger Schwerpunkt-Krankenanstalt in Vorarlberg und beim Krankenhaus der Stadt Dornbirn als Standard-Krankenanstalt mit speziellen fachlichen Versorgungsfunktionen, der Fall. Laut Art. 14 Abs. 10 ist eine schrittweise weitere Anhebung des Anteils der über LKF abgerechneten Mittel vorzunehmen. Ziel ist, dass 100 Prozent der Mittel für die Krankenanstaltenfinanzierung über das LKF-Modell abgerechnet werden. In Vorarlberg werden sämtliche Mittel, auch die Mittel zur Abgangsdeckung der Krankenanstalten, nach dem LKF-Modell verteilt. Dies schafft für die Krankenanstalten schon den Anreiz, möglichst effizient zu wirtschaften und nicht nur die Einnahmen zu optimieren.

1.5 Finanzströme zwischen der Landes- und der Gemeindeebene

In allen Bundesländern sind an der Finanzierung der Betriebsabgänge die Länder und die Gemeinden neben den Rechtsträgern der Krankenanstalten beteiligt. Nur in der Steiermark sind die Gemeinden an der Krankenanstaltenfinanzierung nicht beteiligt.

Tabelle 1: Landesgesetzliche Kostentragungspflichten der Gemeinden: Krankenanstaltenumlage

Bundesland	Gesetzliche Kostentragung durch Gemeinden
Burgenland	10% des Betriebsabganges der öffentlichen Krankenanstalten
Kärnten	30% des Betriebsabganges der Landes-Krankenanstalten, 50% des Betriebsabganges der weiteren öff. Krankenanstalten
Niederösterreich	monatliche Beiträge Mittel der nö. Krankenanstaltensprengel + jene Gemeinden, in deren Gemeindegebiet sich eine NÖ Fondskrankenanstalt befindet, leisten einen Standortbeitrag
Oberösterreich	40% der Betriebsabgänge aller Fondskrankenanstalten
Salzburg	25% des Betriebsabganges, je zur Hälfte von den Gemeinden des Beitragsbezirkes und des Krankenanstaltensprengels
Steiermark	es gibt keine Krankenanstaltenumlage
Tirol	jährlich valorisierte Fixbeträge
Vorarlberg	40% des Betriebsabganges

Quelle: KDZ: eigene Darstellung 2017 auf Basis der aktuellen landesgesetzlichen Grundlagen (siehe Literaturverzeichnis).

In Vorarlberg sind die gesetzlichen Regelungen im Spitalsbeitragsgesetz, LGBl. Nr. 8/1987 i.d.F. LGBl. Nr. 59/1997, 58/2001, 8/2006, 25/2012 und 52/2016, enthalten. Gemäß § 2 des Spitalsbeitragsgesetzes haben alle Vorarlberger Gemeinden gemeinsam zum Betriebsabgang der über den Vorarlberger Landesgesundheitsfonds finanzierten Krankenanstalten einen Beitrag in Höhe von 40 Prozent zu leisten. Das Land Vorarlberg gewährt zum Betriebsabgang dieser Krankenanstalten ebenfalls einen Beitrag in Höhe von 40 Prozent. Die Rechtsträger der Krankenanstalten haben einen Beitrag in Höhe von 20 Prozent des Betriebsabganges ihrer jeweiligen Krankenanstalt zu leisten. Das System ist in den meisten Bundesländern ähnlich, allerdings sind die Prozentsätze unterschiedlich und auf Seiten des Rechtsträgers kann es auch ein Spitalserhalterverband sein. Im Artikel 48 der Vereinbarung gemäß Art. 15a B-VG über die Organisation und Finanzierung des Gesundheitswesens ab 2017 ist die Schutzklausel für Städte und Gemeinden enthalten. Danach verpflichten sich die Länder, die im Zusammenhang mit der LKF-Finanzierung im jeweiligen Land angewendeten Finanzierungssysteme hinsichtlich ihrer Auswirkungen auf die Finanzierungsbeiträge der Gemeinden oder Städte derart zu gestalten, dass es zu keiner Verschiebung der Anteile an der Aufbringung der Fondsmittel kommt. Jene Betriebsergebnisse, die alleine durch die im Verantwortungsbereich des Krankenanstalten-Trägers liegenden Entscheidungen verursacht sind, sind dem jeweiligen Träger zuzurechnen.

2. Finanzierungsverflechtungen im Bereich Soziales und Pflege

2.1 Finanzierungsregelungen bis Ende des Jahres 2016 im Bereich Soziales und Pflege

2.1.1 Pflegefonds

Die Kompetenzregelungen sind im Bereich Soziales und Pflege etwas einfacher als bei der Krankenanstaltenfinanzierung und auch die Finanzierungsregelungen sind etwas einfacher, weil hier beispielsweise die Sozialversicherungen als Partner fehlen. Die Finanzierung ist zwischen den drei Gebietskörperschaftsebenen Bund, Länder und Gemeinden aufgeteilt. Eine wichtige Finanzierungsmaßnahme stellt seit 1.7.1993 das Pflegegeld gemäß dem Bundespflegegeldgesetz dar. Gemäß § 23 des Bundespflegegeldgesetzes hat der Bund den Trägern der gesetzlichen Pensionsversicherung, den Trägern der gesetzlichen Unfallversicherung, der Versicherungsanstalt für Eisenbahnen und Bergbau, der Pensionsversicherungsanstalt und der Versicherungsanstalt öffentlich Bediensteter die nachgewiesenen Aufwendungen für das Pflegegeld sowie die im Absatz 1 angeführten weiteren Aufwendungen zu ersetzen.

Da das Pflegegeld nicht jährlich zumindest entsprechend dem Lebenshaltungskostenindex valorisiert wurde, haben sich die Kosten zu Lasten der Länder und Gemeinden verschoben. Es wurde daher von den Ländern und Gemeinden eine weitere Finanzierungsmaßnahme gefordert. Mit dem Bundesgesetz, mit dem ein Pflegefonds eingerichtet und ein Zweckzuschuss an die Länder zur Sicherung und zum bedarfsgerechten Aus- und Aufbau des Betreuungs- und Pflegedienstleistungsangebotes in der Langzeitpflege für die Jahre 2011 bis 2016 gewährt wird (Pflegefondsgesetz – PFG) wurde vom Bund dieser Forderung entsprochen. Die Höhe dieses Zweckzuschusses hat im Jahre 2011 100 Mio. Euro, 2012 150 Mio. Euro, 2013 200 Mio. Euro, 2014 235 Mio. Euro, 2015 300 Mio. Euro und 2016 350 Mio. Euro betragen und wurde mit Ausnahme der 160 Mio. Euro reiner Bundesmittel am Beginn durch einen Vorwegabzug vor der Verteilung der gemeinschaftlichen Bundesabgaben aufgebracht. Das bedeutet, dass die Mittel des Pflegefonds in den letzten Jahren zu 67,417 Prozent vom Bund, zu 20,700 Prozent von den Ländern und zu 11,883 Prozent von den Gemeinden aufgebracht wurden.

2.1.2 15a-Vereinbarungen

Im Bereich Soziales und Pflege gibt es mehrere Vereinbarungen zwischen dem Bund und den Ländern gemäß Art. 15a B-VG. Für den Finanzierungsbereich sind zwei besonders hervorzuheben. Einerseits die Vereinbarung gemäß Art. 15a B-VG über die gemeinsame Förderung der 24-Stunden-Betreuung[4], mit der die gemeinsame Finanzierung geregelt wird. Laut Artikel 2 werden die Ausgaben zu 60 Prozent vom Bund und zu 40 Prozent von den Ländern bedeckt. Andererseits die Vereinbarung zwischen dem Bund und den Ländern gemäß Art. 15a B-VG über eine bundesweite Bedarfsorientierte Mindestsicherung[5], gemäß deren Artikel 9 für alle Personen, bei denen Bedarfe nach Artikel 3 durch Leistungen nach dem 2. Abschnitt dieser Vereinbarung nicht gedeckt sind, die Länder die erforderlichen Leistungen der Bedarfsorientierten Mindestsicherung nach Maßgabe der Bestimmungen des 3. Abschnittes gewährleisten. Diese beiden Vereinbarungen gelten nur bis zum Ende der laufenden Finanzierungsperiode und müssen daher verlängert werden.

---

4   BGBl. I Nr. 59/2009, zuletzt geändert durch BGBl. I Nr. 42/2015.
5   BGBl. I Nr. 96/2010.

Von beachtlichem finanziellem Interesse für die Länder ist auch der Art. 8 Abs. 1, wonach Personen, die nicht als Pflichtversicherte von der gesetzlichen Krankenversicherung erfasst sind, sowie die ihnen nach Artikel 4 Abs. 2 zugehörigen Personen für die Dauer des Bezuges von Leistungen der Bedarfsorientierten Mindestsicherung nach Art. 10 oder 11 Abs. 1 in die gesetzliche Krankenversicherung einbezogen werden. Für sie gelten dann die gleichen Begünstigungen wie für Ausgleichszulagen-Bezieherinnen und -Bezieher. Der vom jeweils zuständigen Land bzw. dem dort zuständigen Träger der Bedarfsorientierten Mindestsicherung zu entrichtende Krankenversicherungsbeitrag für Personen nach Abs. 1 entspricht in der Höhe, wie er von und für Ausgleichszulagen-Bezieherinnen und -Bezieher im ASVG vorgesehen ist, und muss an die jeweils zuständige Gebietskrankenkasse entrichtet werden.

2.1.3 Landesgesetzliche Regelungen

Da wir uns hier insbesondere im Kompetenzbereich der Länder befinden, sind auch landesrechtliche Bestimmungen zu beachten. In Vorarlberg sind dies das Mindestsicherungsgesetz, LGBl. Nr. 64/2010, i.d.F. LGBl. Nr. 34/2012, 44/2013 und 118/2015, das Chancengesetz, LGBl. Nr. 30/2006, i.d.F. LGBl. Nr. 63/2010, und das Kinder- und Jugendhilfegesetz – KJH-G, LGBl. Nr. 29/2013. Gemäß § 21 des Mindestsicherungsgesetzes wird zur gemeinschaftlichen Finanzierung der Kosten der Mindestsicherung durch das Land und die Gemeinden sowie zur Steuerung der Entwicklung dieser Kosten ein Fonds eingerichtet. Er führt die Bezeichnung „Sozialfonds" und besitzt Rechtspersönlichkeit. Der Sozialfonds erhält seine Mittel aus Beiträgen des Landes, Beiträgen der Gemeinden, Erträgnissen aus dem Fondsvermögen und sonstigen Einnahmen.

Gemäß § 25 des Mindestsicherungsgesetzes haben zu den vom Sozialfonds zu tragenden oder zu ersetzenden Kosten, die nicht durch andere Einnahmen gedeckt sind, jährlich das Land einen Beitrag in Höhe von 60 Prozent und die Gemeinden einen Beitrag in Höhe von 40 Prozent zu leisten. Der Beitrag der Gemeinden ist auf die einzelnen Gemeinden nach deren Finanzkraft aufzuteilen, soweit die Aufteilung nicht in Form von Einzelfallbeiträgen zu erfolgen hat.

Laut § 14 des Chancengesetzes gelten für die Tragung der Kosten der Integrationshilfe die Bestimmungen des Mindestsicherungsgesetzes insbesondere bezüglich Sozialfonds und Beiträgen des Landes und der Gemeinden. Damit gilt ebenfalls die Aufteilung Land 60 Prozent und Gemeinden 40 Prozent. Gemäß § 43 des Kinder- und Jugendhilfegesetzes gelten für die Tragung der Kosten der Kinder- und Jugendhilfe, die nicht nach den Abs. 1, 3 und 4 sowie nach den §§ 45 und 47 Abs. 3 oder aufgrund von Kostenersatzansprüchen gegenüber anderen Kinder- und Jugendhilfeträgern gedeckt sind, die Bestimmungen des Mindestsicherungsgesetzes insbesondere bezüglich Sozialfonds und Beiträgen des Landes und der Gemeinden. Damit gilt ebenfalls die Aufteilung Land 60 Prozent und Gemeinden 40 Prozent.

In allen Ländern mit Ausnahme von Wien gibt es eine Aufteilung der Kosten zwischen dem jeweiligen Land und seinen Gemeinden bzw. allenfalls

Sozialhilfeverbänden. Die Prozentsätze sind in den einzelnen Ländern unterschiedlich und auch was alles in die gemeinsame Kostentragung hinein gerechnet wird.

Die Konstruktion eines Sozialfonds mit eigener Rechtspersönlichkeit und eigenen Organen ist bisher in Vorarlberg einmalig. Hierfür gibt es mehrere Gründe. Einerseits haben die Vertreterinnen und Vertreter der Gemeinden immer geklagt, dass sie mitzahlen müssen, aber in keiner Weise mitbestimmen können. Nunmehr besteht das Kuratorium des Sozialfonds aus vier von der Landesregierung entsandten Mitgliedern und paritätisch aus vier über Vorschlag des Vorarlberger Gemeindeverbandes bestellten Mitgliedern. Andererseits wirken die Vertreterinnen und Vertreter der Gemeinden bei der Steuerung der Entwicklung der Kosten im gesamten Sozialbereich mit und tragen damit auch Mitverantwortung für die Kostenentwicklung. Verschiedene Kosten werden durch Entscheidungen der Gemeinden beeinflusst, z. B. durch den Bau und die Inbetriebnahme eines neuen Seniorenheimes oder einer Chronischkranken-Station, in der sich beinahe keine Selbstzahler befinden. Die Erfahrungen mit dem Sozialfonds und der Mitbestimmung der Gemeinden sind bisher sehr positiv.

2.2 Änderungen durch das FAG 2017

Wichtige Themen bei den Finanzausgleichsverhandlungen waren die Dotierung und Valorisierung des Pflegefonds, die Valorisierung des Pflegegeldes, ein Inklusionsfonds für Menschen mit Behinderung, ein Kostendämpfungspfad und gesetzliche Maßnahmen zur Einhaltung des Kostendämpfungspfades, teilweise Berücksichtigung des 13. und 14. Monatsbezuges, Abschaffung des Krankenhausruhens und des Differenzruhens bei stationärer Pflege, die Valorisierung des Kostenersatzes der Länder für die Übernahme der Landespflegegeldfälle und Landespflegekarenzgeldfälle in die Bundeskompetenz, mögliche Qualitätskriterien bei der Erbringung der Sachleistungen, Harmonisierung des Dienstleistungsangebotes im Bereich der Langzeitpflege und Erweiterung des abrechenbaren Pflege- und Betreuungsdienstleistungskataloges. Einen eigenen und sehr bedeutenden Punkt bildete die Übernahme der Kosten für die Asylwerberinnen und Asylwerber sowie Transitflüchtlinge durch den Bund, ein Zuschuss des Bundes zu den Kosten der Asylberechtigten und subsidiär Schutzberechtigten.

2.2.1 Einmaliger Transfer für Migration und Integration

Laut dem Paktum zum FAG 2017 gewährt der Bund einen pauschalen Kostenersatz an die Länder und Gemeinden für ihren Aufwand im Zusammenhang mit Migration und Integration von einmalig 125 Mio. Euro[6]. Der Anteil der Länder beträgt 87,5 Mio. Euro und wird nach der Volkszahl auf die einzelnen Länder verteilt. Der Anteil der Gemeinden beträgt 37,5 Mio. Euro. Davon erhält die Stadt Salzburg einen Vorausanteil von 1,5 Mio. Euro und die Stadt Wien von 3,0 Mio. Euro. Die weiteren Mittel in Höhe von 33 Mio. Euro werden auf die Gemeinden im Verhältnis der An-

---

6 § 5 FAG 2017.

zahl der Personen, die Grundversorgung im Sinne der Grundversorgungsvereinbarung, BGBl. I Nr. 80/2004, zu den Stichtagen 1. Jänner 2016, 1. April 2016, 1. Oktober 2016 und 8. November 2016 auf Basis der Daten des Betreuungsinformationssystems gemäß des Grundversorgungsgesetzes – Bund 2005, BGBl. I Nr. 405/1991, erhalten haben, aufgeteilt.

2.2.2 Finanzweisung zur Sicherstellung einer nachhaltigen Haushaltsführung

Von der Finanzzuweisung in Höhe von 300 Mio. Euro jährlich, die die Länder und die Gemeinden zur Sicherstellung einer nachhaltigen Haushaltsführung insbesondere in den Bereichen Gesundheit, Pflege und Soziales erhalten, kann ein nicht festgelegter Teil für Soziales und Pflege verwendet werden. Wie viel davon für Pflege und Soziales verwendet wird, entscheidet das jeweilige Land bzw. die Gemeinde. Von diesen 300 Mio. Euro erhalten die Länder insgesamt 193.137.000 Euro und die Gemeinden insgesamt 112.863.000 Euro. Die Aufteilung auf das einzelne Bundesland und länderweise auf die Gemeinden ist im § 24 FAG 2017 enthalten. Bei der Aufteilung auf die Länder wurde das Gastpatientenproblem und das Problem beim Fixschlüssel im FAG gelöst, indem Niederösterreich, Oberösterreich, Steiermark und Tirol einen Vorweganteil erhalten. Vom Gemeindeanteil sind vorweg 60 Mio. Euro jährlich für einen Strukturfonds bereit zu stellen, der vor allem Gemeinden, die von Bevölkerungsabwanderung betroffen sind, und finanzschwachen Gemeinden zugutekommt. Der Pflegefonds wird im Jahre 2017 gleich wie im Jahr 2016 mit 350 Mio. Euro weitergeführt und ab 2018 mit 4,5 Prozent valorisiert, das sind 2018 366 Mio. Euro, 2019 382 Mio. Euro, 2020 399 Mio. Euro und 2021 417 Mio. Euro[7].

Für die Erweiterung der Angebote der Hospiz- und Palliativbetreuung werden für die Dauer der Finanzausgleichsperiode 2017-2021 zusätzlich 18 Mio. Euro jährlich zweckgebunden zur Verfügung gestellt. Die Mittel hierfür werden zu gleichen Teilen vom Bund, den Ländern und den Trägern der Sozialversicherung aufgebracht.[8]

2.2.3 Ausgabenpfad

Völlig neu ist der Ausgabenpfad. Gemäß dem neuen § 1a des Pflegefondsgesetzes sind die Länder verpflichtet, einen Ausgabenpfad einzuhalten, der einen Höchstwert von 4,6 Prozent für die jährlichen prozentuellen Steigerungen der gesamten Bruttoausgaben aller Länder im Bereich der Sicherung sowie des Aus- und Aufbaus der Betreuungs- und Pflegedienstleistungen gemäß § 3 Abs. 1 und 2 vorschreibt. Laut dem Ergebnisbericht der Gesundheit Österreich GmbH[9] steigen die Bruttoausgaben österreichweit im Durchschnitt der FAG-Periode um 4,6 Prozent. Dies ist die Begründung für die 4,6 Prozent Steigerung beim Ausgabenpfad. Bei der

---

7   § 2 Abs. 2 Pflegefondsgesetz.
8   § 2 Abs. 2a Pflegefondsgesetz.
9   Gesundheit Österreich GmbH: Kostenschätzungen für Pflege und Betreuung, 2016.

Steigerung der Bruttoausgaben wurde der Mengeneffekt und der Preis- und Gehaltseffekt berücksichtigt. Die Steigerungen der Bruttoausgaben sind bei den Bundesländern sehr unterschiedlich. Unter dem österreichischen Durchschnitt von 4,6 Prozent liegen die Steiermark mit 3,0 Prozent und Wien mit 4,2 Prozent, über dem Durchschnitt das Burgenland mit 4,7 Prozent, Oberösterreich mit 4,8 Prozent, Niederösterreich mit 5,1 Prozent, Salzburg mit 5,3 Prozent, Tirol mit 5,5 Prozent, Vorarlberg mit 5,9 Prozent und Kärnten mit 6,9 Prozent. Die Zielerreichung wird vom BMF anhand der festgelegten Ausgabenhöchstwerte im Vergleich zu den Ergebnissen der Pflegedienstleistungsstatistik des jeweiligen Berichtsjahres überprüft. Eine allfällige Sanktionierung erfolgt nur im Rahmen des österreichischen Stabilitätspaktes 2012. Im Paktum zum FAG 2017 wurde noch vereinbart, dass Bund, Länder und Gemeinden erneut in Verhandlungen treten, wenn sich aufgrund der demografischen Entwicklung oder außerordentlicher Ereignisse zeigt, dass die paktierten 4,6 Prozent nicht eingehalten werden können.

Im Interesse der Einhaltung des Ausgabenpfades haben Länder und Gemeinden gefordert, dass es hinkünftig zu keinen kostensteigernden Maßnahmen (z. B. durch die Novelle des Pflegefondsgesetzes) kommt und schon bestehende kostenintensive Maßnahmen auf ihre Zweckmäßigkeit und Notwendigkeit überprüft werden. So wurden im Paktum zum FAG 2017 bei verschiedenen rechtlichen Bestimmungen zumindest Evaluierungen, Adaptierungen oder Erleichterungen vereinbart, die helfen sollen, den Ausgabenpfad einzuhalten, z. B. beim Bezug von Medikamenten in Pflegeheimen, bei Optimierungsmöglichkeiten von Medizinprodukten (Medizinproduktegesetz und Medizinproduktebetreiberverordnung), beim ArbeitnehmerInnenschutz[10], bei den Qualitätsleitlinien (Gesundheitsqualitätsgesetz), bei Ö-Normen, TRVB[11], HACCP[12] usw., OPCAT[13], bei Dokumentationspflichten in unterschiedlichen Gesetzen (z. B. Gesundheits- und Krankenpflegegesetz, Ärztegesetz, Krankenanstalten- und Kuranstaltengesetz, Heimaufenthaltsgesetz sowie allfällige Landesgesetze), bei freiheitsbeschränkenden Maßnahmen (Heimaufenthaltsgesetz) und beim Heimvertrag[14].

Beim Kostenersatz der Länder für die Übernahme der Landespflegegeldfälle und der Landespflegekarenzgeldfälle in die Bundeskompetenz kommt es zu keiner Änderung. Es bleibt also bei dem nicht valorisierten Kostenersatz in Höhe des Jahresaufwandes 2010 in Höhe von 371,814 Mio. Euro, der in Form einer Kürzung der Ertragsanteile der Länder an den Bund fließt[15].

---

10 §§ 14 und 77a Abs. 4 ArbeitnehmerInnenschutzgesetz.
11 Technische Richtlinien vorbeugender Brandschutz.
12 Hazard Analysis Critical Control Point.
13 UN-Fakultativprotokoll zum Übereinkommen gegen Folter und andere grausame, unmenschliche oder erniedrigende Behandlung oder Strafe
14 Heimvertragsgesetz und §§ 27 ff. Konsumentenschutzgesetz.
15 § 9 Abs. 7a FAG 2008.

2.3 Finanzströme zwischen der Bundes- und der Landesebene

2.3.1 Pflegegeld

Hier ist an erster Stelle das Pflegegeld gemäß dem Bundespflegegeldgesetz zu erwähnen. Gemäß § 23 des Bundespflegegeldgesetzes werden die Aufwendungen für das Pflegegeld vom Bund getragen. Hier gibt es keine unmittelbaren Belastungen der Länder. Wenn das Pflegegeld nicht erhöht oder gar verschlechtert wird, kommt es über Steigerungen bei der Mindestsicherung mittelbar zu zusätzlichen Belastungen der Länder und Gemeinden. Es ist daher eine naheliegende Forderung der Länder und Gemeinden, dass das Pflegegeld zumindest entsprechend der Inflation erhöht wird. Wie bereits erwähnt, kommt es beim Kostenersatz der Länder für die Übernahme der Landespflegegeldfälle zu keiner Veränderung. Höhere Ausgaben wegen Zunahme der Fälle und Erhöhung des Pflegegeldes hat der Bund zu tragen.

2.3.2 Pflegefonds

Als nächstes ist der Pflegefonds zu erwähnen. Forderung der Länder war, dass der Zweckzuschuss von 2016 auf 2017 um 50 Mio. Euro auf 400 Mio. Euro erhöht wird und dann jährlich um denselben Prozentsatz wie der Ausgabenpfad erhöht wird. Nunmehr ist es so, dass er von 2016 auf 2017 nicht erhöht wird und bei 350 Mio. Euro stehen bleibt und dann jährlich um 4,5 Prozent erhöht wird. Da die Dotierung durch einen Vorwegabzug bei den gemeinschaftlichen Bundesabgaben erfolgt, tragen die Länder im Jahr 2017 mit 20,487 Prozent (ab dem Jahr 2018 mit 20,219 Prozent) und die Gemeinden im Jahr 2017 mit 11,848 Prozent (ab dem Jahr 2018 mit 11,846 Prozent) zu dessen Finanzierung bei.

2.3.3 15a-Vereinbarungen

Hier sind von den Art. 15a B-VG Vereinbarungen insbesondere die Vereinbarung gemäß Art. 15a B-VG zwischen dem Bund und den Ländern über die gemeinsame Förderung der 24-Stunden-Betreuung zu erwähnen, wonach die Ausgaben zu 60 Prozent vom Bund und zu 40 Prozent von den Ländern getragen werden; und die Grundversorgungsvereinbarung, wonach die Gesamtkosten, die in Durchführung der Maßnahmen der Grundversorgungsvereinbarung entstehen, zwischen dem Bund und den Ländern im Verhältnis 60:40 aufgeteilt werden. Gemäß Artikel 9 der Vereinbarung zwischen dem Bund und den Ländern gemäß Art. 15a B-VG über eine bundesweite Bedarfsorientierte Mindestsicherung gewährleisten die Länder die erforderlichen Leistungen der Bedarfsorientierten Mindestsicherung für alle Personen, bei denen Bedarfe nach Artikel 3 durch Leistungen nach dem 2. Abschnitt dieser Vereinbarung nicht gedeckt sind.

2.3.4 Einmaliger Transfer für Migration und Integration

Zu den Kosten der Mindestsicherung gehören laut § 23 des Vorarlberger Mindestsicherungsgesetzes auch die Kosten, die aufgrund der Grundversorgungsvereinbarung zu tragen sind. Laut § 3 des Vorarlberger Mindestsicherungsgesetzes zählen zu den anspruchsberechtigten Personen auch subsidiär Schutzberechtigte und Asylberechtigte, weshalb diese Kosten in Vorarlberg vom Sozialfonds und in anderen Ländern vom Land und den Gemeinden (bzw. Sozialhilfeverbänden) zu tragen sind. Dies hat dazu geführt, dass die Gemeinden bei der großen Flüchtlingswelle nicht nur durch die direkt getragenen Kosten, sondern auch noch durch wesentlich höhere Beitrage zum Sozialfonds belastet wurden. Es kam daher auch von den Gemeinden mit Nachdruck die Forderung, einen Zuschuss des Bundes zu den besonders hohen Flüchtlingskosten zu erhalten. Mit der Einmalzahlung von 125 Mio. Euro können die besonderen Aufwendungen aus Migration und Integration bestimmt nicht abgedeckt werden. Die Vertreter des Bundes haben verlangt, dass im Paktum zum FAG 2017 ausdrücklich festhalten wird, dass mit dieser Einmalzahlung sämtliche Ansprüche aus diesem Zusammenhang abgegolten sind. Von den Vertretern des Bundes wird dies sicherlich so ausgelegt, dass damit Ansprüche aus der Vergangenheit und alle künftigen Ansprüche während der neuen Finanzausgleichsperiode umfasst sind.

2.3.5 Hospiz- und Palliativbetreuung

Für die Erweiterung der Angebote der Hospiz- und Palliativbetreuung werden für die Dauer der Finanzausgleichsperiode 2017 bis 2021 neu zusätzlich 18 Mio. Euro jährlich zweckgebunden zur Verfügung gestellt. Die Mittel hierfür werden zu gleichen Teilen von Bund, den Ländern und den Trägern der Sozialversicherung aufgebracht.

2.4 Finanzströme zwischen der Landes- und der Gemeindeebene

In allen Ländern (ausgenommen Wien) ist eine gemeinsame Finanzierung durch das betreffende Land und seine Gemeinden vorgesehen. Es kann sein, dass für die verschiedenen Bereiche (z. B. Mindestsicherung, Integrationshilfe für Menschen mit Behinderung, Kinder- und Jugendhilfe und Flüchtlingskosten) bei der Aufteilung unterschiedliche Prozentsätze bestehen.

In Vorarlberg ist die Aufteilung über den gesamten Bereich einheitlich und auch noch gleich wie die Aufteilung der Kosten der Krankenanstaltenfinanzierung. Dies hat den Vorteil, dass es bezüglich der Zuordnung von Kosten zu den einzelnen Bereichen weniger Meinungsverschiedenheiten gibt und eine zweifelhafte Zuordnung keine finanziellen Auswirkungen hat. Gerade bei den sehr hohen Kosten der Flüchtlingswelle hat sich deutlich gezeigt, dass die Vertreterinnen und Vertreter der Gemeinden fordern, dass gewisse Kosten nicht aus dem Sozialfonds, sondern ausschließlich vom Land finanziert werden sollten oder der Beitrag der Gemeinden zum Sozialfonds gedeckelt werden sollte, was eine sehr ähnliche finanzielle Wirkung für das Land hat. Wenn der Beitrag der Gemeinden bezüglich der Steigerung gedeckelt wird, so hat das Land nicht nur die Steigerung seiner 60 Prozent zu tragen, sondern auch noch den Großteil der Steigerung der 40 Prozent der Gemeinden. Wenn sich das über mehrere Jahre wiederholt, verschiebt sich die Kostentragung massiv zu Lasten des Landes. Nach

Tabelle 2: Finanzierungsregelungen zur Sozialhilfe nach Bundesländern: Sozialhilfeumlagen

Bundesland	Horizontales Verteilungskriterium	Kostentragung durch die Gemeinden
Burgenland	Finanzkraft	50% der Ausgaben
Kärnten		50% der Ausgaben; Maßnahmen Wohnungslosigkeit 100% der Ausgaben; Kinder- und Jugendhilfe 56% der Ausgaben
	finanzkraftgewichtete Volkszahl	
Niederösterreich	Finanzkraft	50% der Ausgaben
Oberösterreich	50% Einwohnerzahl der politischen Bezirke, 50% Finanzkraft; bei Behindertenhilfe: 40% Einwohnerzahl der politischen Bezirke, 60% Finanzkraft	40% der Ausgaben
Salzburg	politischer Bezirk je nach Aufwand, dann Verteilung nach dem abgestuften Bevölkerungsschlüssel (Ausnahme Stadt Salzburg)	50% der Ausgaben
Steiermark	Finanzkraft	40% der Ausgaben
Tirol	politischer Bezirk je nach Aufwand, dann Verteilung nach Finanzkraft	35% der Ausgaben
Vorarlberg	Finanzkraft, teils einzelfallbezogene Beiträge nach Maßgabe der den Gemeinden zuzurechnenden Hilfsbedürftigen; bei der Berechnung der Finanzkraft werden Gemeinden mit mehr als 9.000 EW 3,9% der Ertragsanteile abgezogen. Dieser Prozentsatz erhöht sich auf bis zu 25% bei Gemeinden mit mehr als 50.000 EW.	40% der Ausgaben

Quelle: KDZ: eigene Darstellung 2017 auf Basis der aktuellen landesgesetzlichen Grundlagen (siehe Literaturverzeichnis).

Ansicht der Vertreterinnen und Vertreter von Vorarlberg sind für die Einhaltung des Ausgabenpfades das Land und die Gemeinden gemeinsam verantwortlich. Umgekehrt auch für die Überschreitungen, weshalb diese auch gemeinsam zu tragen sind. Die entsprechende Formulierung im Paktum zum FAG 2017 lautet daher wörtlich: „Länder und Gemeinden verpflichten sich ausdrücklich, den Kostendämpfungspfad einzuhalten. Allfällige Überschreitungen, die dann gemeinsam zu tragen sind, können nur einvernehmlich zwischen Land, Städten und Gemeinden erfolgen."[16] Aus der Wortwahl ist auch ersichtlich, dass diese Formulierung im Einvernehmen zwischen Ländern, österreichischem Gemeindebund und österreichischem Städtebund erfolgte.

Es müssen auch noch Änderungen bei den landesrechtlichen Regelungen vorgenommen werden, insbesondere bei der Aufteilung des Beitrages der Gemeinden auf die einzelnen Gemeinden. Die geltende Regelung mit der Aufteilung auf die einzelnen Gemeinden nach deren Finanzkraft muss sicherlich geändert werden. Eventuell können dabei noch Verwerfungen, die sich bei der Verteilung der Ertragsanteile auf die einzelne Gemeinde ergeben, noch etwas abgefedert werden.

2.5 Finanzströme zu den Leistungsempfängerinnen und -empfängern (bzw. den Leistungserbringerinnen- und erbringern)

In sehr vielen Fällen im Bereich Soziales oder Pflege ist der Leistungsempfänger eine natürliche Person. Hier sind die Verhältnisse sehr klar und einfach. Ein kleines Problem ist in Vorarlberg dort, wo diese Leistungen durch örtliche Krankenpflegevereine erbracht werden, da bei der Vorschreibung der Kostenbeiträge im Bereich der mobilen Betreuungs- und

---

16   Paktum zum FAG 2017, S. 14.

Pflegedienste soziale Aspekte berücksichtigt werden müssen[17]. Dort wo der Leistungsempfänger eine Institution ist, ist dies auch der Leistungserbringer. Auch hier sind die Verhältnisse klar, solange nicht die Forderungen, die an den Leistungserbringer gestellt werden, überschießend sind.

Der Rücknahme solcher Forderungen sollen insbesondere die im Paktum zum FAG 2017 vereinbarten Evaluierungen, Adaptierungen und Vereinfachungen von rechtlichen Regelungen dienen. Auch bei der Anhebung von Qualitätsstandards soll sehr behutsam vorgegangen werden. Daher ist auch im Paktum zum FAG 2017 einvernehmlich festgehalten, dass es aufgrund der Novelle zum Pflegefondsgesetz zu keinen finanziellen Mehrbelastungen der Länder kommen darf.

Begrüßt wird, dass es zu einer Erweiterung des abrechenbaren Pflege- und Betreuungsdienstleistungskataloges durch die Einbeziehung der mehrstündigen Alltagsbegleitungen und Entlastungsdiensten kommt. Die Verpflichtung zur Vorlage von mittelfristigen Sicherungs-, Aus- und Aufbauplänen und die Berichtspflicht jedes zweite Jahr werden von den Ländern übernommen. Wesentliche Änderungen bei den Finanzströmen zu den Leistungsempfängerinnen und -empfängern bzw. den Leistungserbringerinnen und -erbringern gibt es nicht. Lediglich die Anforderungen, die damit verbunden sind, werden etwas angehoben. Den Empfängerinnen und Empfängern der Leistungen oder der Förderungen ist wichtig, dass es bei diesen keine Verschlechterungen gibt. Durch welche Gebietskörperschaftsebene und in welchem Anteilsverhältnis die Finanzierung erfolgt, ist für sie ohne Bedeutung.

3. Ausblick

In der Anfangsphase der Finanzausgleichsverhandlungen wurde vom Österreichischen Gemeindebund und dem Österreichischen Städtebund eine Kompetenzbereinigung gefordert. Die Vorstellung war, dass die Finanzierung der Krankenanstalten und der Pflege zu den Ländern kommt und im Gegenzug die Finanzierung der Betreuung von Kindern unter drei Jahren und der Kindergärten zu den Gemeinden. Wenn man die Gesamtausgaben für diese drei Bereiche und deren Dynamik sieht, so musste dieser Vorschlag von den Ländern abgelehnt werden. Da im Paktum zum Finanzausgleich 2017 eine Bundesstaatsreform auf Ebene der Gesetzgebung und auf Ebene der Vollziehung gefordert wird, sehen einzelne eine Chance zur Umsetzung dieses Vorschlages unter der Bedingung, dass Mehr- und Minderausgaben der Länder und Gemeinden bei den Ertragsanteilen der Länder und Gemeinden gesamthaft neutralisiert werden. Meines Erachtens wird dies noch nicht ausreichen, da es zu massiven Verwerfungen zwischen den Ländern und zwischen den Gemeinden des jeweiligen Bundeslandes kommt.

Gesundheit

Schlagworte hierbei, die schon viele Jahre verwendet werden sind einerseits „Finanzierung aus einer Hand" und andererseits „Geld folgt Leistung". Beide Ziele sind sinnvoll und können nach meiner Einschätzung nur

---

17 § 3a Abs. 2 Pflegefondsgesetz.

mit der Strategie der kleinen Schritte erreicht werden. Für die Finanzierung aus einer Hand bieten sich die Landesgesundheitsfonds an. Nach dem Vorbild der Gesundheitsförderung (Gesundheitsförderungsfonds) könnte dies in kleinen Schritten auf weitere Maßnahmen des niedergelassenen Bereiches ausgeweitet werden. Den gesamten niedergelassenen Bereich in einem Schritt den Landesgesundheitsfonds zu übertragen – bei gleichzeitiger Übertragung der hierfür aufzuwendenden Mittel zur Finanzierung – wird voraussichtlich nicht funktionieren. Ein gutes Beispiel, wie dies in kleinen Schritten funktionieren könnte, ist für mich auch die neue Finanzierung von überregionalen Vorhaben und die Anschubfinanzierung von Primärversorgungseinheiten.

Fallweise sollte der Bund bei der Umsetzung von kleinen Schritten als besonderen Anreiz auch etwas Geld in die Hand nehmen. Die Umstellung der Spitalsambulanzen mit den bisherigen Ambulanzpauschalen auf eine leistungsorientierte Abrechnung sollte die schleichende Umschichtung vom niedergelassenen Bereich zu den Spitalsambulanzen verhindern. Nach meiner Einschätzung sind sowohl auf Seiten der Länder als auch der Krankenversicherungen vertrauensbildende Maßnahmen notwendig, damit mit der Strategie der kleinen Schritte das große Ziel erreicht werden kann.

Soziales und Pflege

Beim Sozialbereich war die Forderung des Österreichischen Gemeindebundes und des Österreichischen Städtebundes die Deckelung der Beiträge der Gemeinden. Dem konnten die Länder nicht zustimmen, da dies eine schleichende Veränderung des Kostenaufteilungsschlüssels zu Lasten der Länder bedeutet hätte. Da es hier Bereiche gibt, die historisch eng mit der Gemeinde verbunden sind (z. B. Mindestsicherung), wird es in den nächsten Jahren wenig Veränderung geben.

Bei der Finanzierung der Pflege wurde von einem Vertreter des Bundes vorgebracht, dass dies die letzte Verlängerung des Pflegefonds sei. Wie die Finanzierung danach aussehen könnte, wurde allerdings offen gelassen. Ein Abgehen von der eher steuerfinanzierten Pflege zu einer eher durch Versicherung finanzierten Pflege nach dem Vorbild von Deutschland ist meines Erachtens schwer umsetzbar. Es müsste sich um eine Pflichtversicherung für jede in Österreich lebende Person handeln und um eine relativ lange Umstellungsphase, damit eine entsprechende Versicherungsleistung gewährleistet ist. Ohne Pflegefonds können die Länder und Gemeinden die Finanzierung der Pflege nicht sicherstellen. Sollte in Zukunft das Vermögen der zu pflegenden Person nicht zur Mitfinanzierung der Pflege herangezogen werden dürfen, so wäre für mich denkbar, dass eine neu einzuführende Erbschaftssteuer zur Mitfinanzierung der Pflege verwendet wird.

Insbesondere bei der Finanzierung der Pflege ist ein Ausblick besonders schwierig. Sollte der neu eingeführte Ausgabendämpfungspfad eingehalten werden können, liegt die Steigerung der Ausgaben für die Pflege nicht über der voraussichtlichen Steigerung der Steuereinnahmen und damit müsste auch die bisherige steuerbasierte Finanzierung der Pflege sichergestellt werden können und es dürfte kein größerer Änderungsbedarf gegeben sein.

Teil 3:
Kommentar zum FAG 2017

Zum Paktum des Finanzausgleichs 2017
Michael KREMSER, Christian STURMLECHNER, Thomas WOLFSBERGER

Das Finanzausgleichsgesetz 2017 – Gesetzestext mit Kommentar
Michael KREMSER, Christoph MASCHEK

Michael KREMSER, Christian STURMLECHNER, Thomas WOLFSBERGER

Zum Paktum des Finanzausgleichs 2017

Das Paktum zum FAG 2008 sah unter anderem die Einrichtung einer Arbeitsgruppe zur grundsätzlichen Reform des Finanzausgleichs vor. Das BMF hat hierzu zunächst insgesamt fünf Studien in Auftrag gegeben:
- IHS – Institut für Höhere Studien (u. a.): Verstärkte Aufgabenorientierung, 2010
- WIFO – Österreichisches Institut für Wirtschaftsforschung (u.a.): Gemeindestruktur und Gemeindekooperation, 2010
- KDZ – Zentrum für Verwaltungsforschung (u. a.): Transfers und Kostentragung, 2010
- Technische Universität Wien (u. a.): Reformoptionen und Reformstrategien, 2010
- Achatz: Zur Stärkung der Abgabenautonomie subnationaler Gebietskörperschaften (der Länder), 2012

In weiterer Folge hat das BMF das 2011 gegründete Institut „EcoAustria" mit den folgenden beiden zusätzlichen Studien beauftragt, die Ende April 2015 veröffentlicht wurden:
- EcoAustria: Förderung strukturschwacher Gemeinden im Rahmen des Finanzausgleichs
- EcoAustria: Abgabenhoheit auf Länder- und Gemeindeebene

Im Zuge der Gespräche zur Reform des Finanzausgleichs wurde auch noch die 2016 fertiggestellte Studie von KDZ – Zentrum für Verwaltungsforschung und Technischer Universität Wien: „Bestimmung der regionalen Versorgungsfunktion von Gemeinden" in Auftrag gegeben.

Nähere Ausführungen zu den genannten und auch weiteren Studien mit Finanzausgleichsbezug können dem Beitrag Bauer, Biwald, Mitterer „Analysen und Reformvorschläge" im vorliegenden Band entnommen werden.

Die in diesen Studien aufgezählten Reformoptionen bildeten eine wichtige Grundlage für die Reformgespräche, wobei die Vorschläge der Wissenschaft von den Praktikerinnen und Praktikern naturgemäß kontroversiell diskutiert und im letztendlich erzielten und im Paktum festgehaltenen Verhandlungsergebnis nur teilweise bzw. mit ersten Schritten umgesetzt wurden. Diese in der Öffentlichkeit als „Einstieg in den Umstieg" bezeichnete Reform ist nicht zuletzt auch der wissenschaftlichen Kritik am bisherigen Finanzausgleich zu verdanken, und eine derartige kritische Begleitung wird auch weiterhin als Ansporn für weitere Schritte und Reformen dringend erforderlich sein.

Im Nachfolgenden werden die wichtigsten Verhandlungsergebnisse vorgestellt.

1. Aufgabenorientierung

Am 27.04.2015 fand die Auftaktsitzung zu den Finanzausgleichsgesprächen statt, bei der Bundesminister Schelling die Aufgabenorientierung als eines von fünf Zielen aufzählte. In weiterer Folge wurde durch den politischen Lenkungsausschuss die „Aufgabenorientierung und Aufgabenkritik" als eine Unterarbeitsgruppe eingerichtet.

Im Laufe der Verhandlungen bzw. Beamtenrunden wurde unter diesem Thema schließlich eine Fülle von weiteren, damit zusammenhängenden Punkten subsumiert, während das Teilthema Aufgabenkritik als Voraussetzung zunächst in den Hintergrund rückte. Allfällige Erwartungen, die Finanzausgleichsverhandlungen für eine umfassende Aufgabenkritik nutzen zu können, mussten der Erkenntnis weichen, dass der Finanzausgleich die Aufgabenverteilung berücksichtigen kann und muss, aber umgekehrt der Finanzausgleich nicht unmittelbar als Hebel für Kompetenzänderungen funktioniert. Auf die Aufgabenkritik als Auftrag wurde aber mit den Vereinbarungen über Spending Reviews, Benchmarking und Bundesstaatsreform reagiert.

Zu den wesentlichen Themen der Gespräche in der Arbeitsgruppe zählten:

- Neue Verteilkriterien
- Regionale Versorgungsfunktion
- Transfers

1.1 Neue Verteilkriterien

Gesucht wurden Indikatoren, die die Einwohnerzahl ersetzen bzw. ergänzen und die spezifischen Aufgaben der Länder sowie unterschiedlicher Gemeinden inklusive ihrer regionalen Versorgungsfunktion besser abbilden können. Im Gegenzug wäre der abgestufte Bevölkerungsschlüssel und die damit einhergehende periodische Diskussion zwischen den Gemeindevertreterinnen und -vertretern entfallen. Weitergehende Überlegungen, wie etwa der Abtausch der Finanzierung der Kindergärten durch die Gemeinden einerseits und der Finanzierung von Pflege und Gesundheit durch die Länder andererseits, waren bei letzteren auf Ablehnung gestoßen, mit der Begründung, dass die hochdynamischen Bereiche Pflege und Gesundheit nicht alleine von den Ländern getragen werden können und sollen.

Vertreterinnen und Vertreter der Statistik Austria präsentierten eine Fülle verfügbarer Daten, die in der Arbeitsgruppe diskutiert wurden. Um die Diskussion weiterzuführen, erstellte das Bundesministerium für Finanzen ein neues Modell, das alle Reformpunkte für die Neuverteilung der Ertragsanteile auf Länder und Gemeinden beinhaltete und flexibel genug war, den FAG-Partnern Simulationen und deren Auswirkungen bis auf die einzelnen Gemeinden zu erlauben. Zentraler Teil der Berechnungen war ein Raster mit einer Fülle aufgabenorientierter Kriterien, die nach Kategorien wie etwa Kinderbetreuung, Bildung oder Gesundheit, Wohnbauförderung, Soziales, Pflege, regionale Versorgungsfunktion, Wirtschaftsförderung und Infrastruktur gegliedert waren. Basisaufgaben sollten zu einem frei zu definierenden Prozentsatz nach der Einwohnerzahl abgegolten werden, während aus den einzelnen Kategorien ein bis zwei Indikatoren zur Abbildung der Lasten der Länder und Gemeinden auszuwählen waren.

Die regionale Versorgungsfunktion sollte – nach dem Scheitern des umfassenden Modells (siehe Kapitel 1.2) – durch Stellvertreterindikatoren für Schul- und Universitätsstandorte, Verwaltungseinrichtungen, Gesundheitseinrichtungen und Arbeitsplätze für Einpendlerinnen und Einpendler abgebildet werden. Hier konnte auf die Untersuchungen der KDZ/TU-Studie[1] zurückgegriffen werden, die die wichtigsten überregionalen Aufgabenfelder identifiziert und entsprechende Faktoren erarbeitet hatte. Bei deren Auswahl wurde vor allem auf die Treffsicherheit für die abzubildende Aufgabe als auch die Datenverfügbarkeit und -qualität geachtet.

Da auch für die Verteilung auf die einzelnen Gemeinden eine aufgabenorientierte Verteilung nach diesem Modell – also Einwohnerzahl für Basisaufgaben und aufgabenorientierte Kriterien für Sonderlasten – vorgeschlagen wurde, mussten auch die Transfers zwischen Ländern und Gemeinden in die Überlegungen miteinbezogen werden, da durch diese die Verteilung der Ertragsanteile teilweise stark verändert oder sogar überkompensiert wird. Im Modell des Bundesministeriums für Finanzen wurde daher vorgeschlagen, in Verbindung mit einer Aufhebung des abgestuften Bevölkerungsschlüssels die Gemeinde-Bedarfszuweisungsmittel nur für Gemeinden bis 20.000 Einwohnerinnen und Einwohner an die Länder auszuschütten, umgekehrt aber die größeren Gemeinden nicht an deren Finanzierung zu beteiligen.

Zumindest die Landesumlagen und umlagenähnlichen Kostentragungsbestimmungen hätten in dieses aufgabenorientierte Modell ebenso miteinbezogen werden können, wie eine Fülle weiterer Regelungen.

Schon alleine mit dem Verweis auf die Reformdauer in der Schweiz konnten sich die Länder und der Gemeindebund mit dem Modell nicht anfreunden. Das Bundesministerium für Finanzen erwartete sich von den FAG-Partnern einen Konsens über die Auswahl der Indikatoren und deren Gewichtung, während andererseits diese einen konkreten Vorschlag des BMF forderten. Sorge bereitete manchem Gesprächspartner vor allem auch, dass eine Fülle durchaus unterschiedlicher landesrechtlicher Regelungen reformiert hätten werden müssen und die konkreten finanziellen Auswirkungen auf die einzelne Gemeinde bis zu einem Abschluss der Reform offen geblieben wären.

Das interessante, umfassende Reformmodell fand schließlich nicht die allgemeine Zustimmung, womit sich die Reform bei der Verteilung der Ertragsanteile auf eine realistischere Größenordnung reduzierte.

Bundesminister Hans Jörg Schelling konnte jedoch die Aufgabenorientierung als laufenden Reformprozess im FAG etablieren, was objektiv betrachtet das Maximum des Möglichen war und bei entsprechendem Willen aller Beteiligten tatsächlich einen „Einstieg zum Umstieg" bedeuten kann.

---

1 Mitterer et al.: Bestimmung der regionalen Versorgungsfunktion, 2016.

Aus den aufgezählten Hauptkategorien wurden somit die Kinderbetreuung (bis 6 Jahre) ab 2018 und die Bildung (bis 15 Jahre) ab 2019 festgelegt. In ähnlicher Art und Weise wie bisher sollen politische Lenkungsausschüsse die Eckpunkte vorgeben, die den Rahmen für die Beamten-Arbeitsgruppen bilden. Deren Vorschläge sollen wiederum politisch beschlossen und so rechtzeitig fertiggestellt werden, damit diese mit Beginn 2018 bzw. 2019 umgesetzt werden können.

Dass für die erste Etappe dieser Umstellung vereinbart wurde, dass die länderweisen Auswirkungen der neuen Verteilungsschlüssel beim Umstieg durch eine Anpassung des Fixschlüssels ausgeglichen werden, bringt den durchaus diskutierten, aber letztlich im Gesamtpaket miterledigten Effekt mit sich, dass – länderweise betrachtet – die Gemeinden jener Länder, die einen Aufholbedarf bei der Kinderbetreuung haben, durch den Umstieg keinen Verlust erleiden und sogar leichter als die der anderen Länder durch eine Verstärkung der Kinderbetreuung zusätzliche Ertragsanteile lukrieren können.

Dieser mögliche Effekt darf aber auch nicht überschätzt werden: Zum einen ist – auch wenn die konkreten Kriterien noch festzulegen sein werden – nicht davon auszugehen, dass die aufgabenorientiert verteilten Ertragsanteile kostendeckend sein werden, sodass ein derartiges Aufholen auch eigener finanzieller Anstrengungen bedarf. Zum anderen ist davon auszugehen, dass sich bei einer länderweisen Betrachtung die tatsächlichen Verhältnisse bei der Kinderbetreuung nicht in den wenigen Jahren bis zum Ende der FAG-Periode so deutlich verändern können, dass die Auswirkungen auf die länderweisen Ertragsanteile unverhältnismäßig groß wären.

1.2 Regionale Versorgungsfunktion

In dieser Unterarbeitsgruppe wurden Leistungen der Gemeinden untersucht, die als sogenannte Spill-Overs eine über die Gemeindegrenzen hinausgehende Versorgungsfunktion erfüllen. Das KDZ erarbeitete in Kooperation mit der TU (Finanzen und Raumplanung)[2] einen Raster, anhand dessen alle Aufgaben der Kommunen nach deren Reichweite und Relevanz untersucht werden konnten.

In einer Gesamtbewertung sollten diejenigen Spill-Overs gefiltert werden, deren Reichweiten genügend groß sind, wo keine (ausreichende) Nutzerfinanzierung gegeben und die gemeindefiskalische Relevanz entsprechend hoch ist.

Schon über die grundsätzliche Frage, ob die Spill-Overs in einem fairen Finanzausgleich überhaupt berücksichtigt werden sollten, war kein Konsens erzielbar. Zentralörtlichkeit wurde nicht nur als Nachteil, sondern auch als Vorteil gesehen und auf die relativ höheren Einnahmen aus Gemeindeabgaben hingewiesen. Dazu kam, dass für die Vielzahl von möglichen Spill-Overs gar keine ausreichenden Daten vorhanden sind.

---

2 Mitterer et al.: Bestimmung der regionalen Versorgungsfunktion, 2016.

2. Transfers

Diskutiert wurden die Effekte einerseits der Transfers von den Gemeinden zu den Ländern (dies sind vor allem die Landesumlage, Krankenhaus-, Sozialhilfe-, Jugendwohlfahrtumlage) und andererseits von den Ländern zu den Gemeinden (v. a. BZ-Mittel).

Eine Auswertung der von den Ländern zur Verfügung gestellten Daten brachte die Bestätigung, dass in den meisten Ländern die Finanzausstattung der Gemeinden (Ertragsanteile zzgl./abzgl. Transfers je Einwohnerin und Einwohner; Gemeinden nach Größenklassen) einer U-Kurve gleicht. Kleine Gemeinden erhalten somit je Einwohnerin und Einwohner ähnlich viel Geld wie die größten Gemeinden, während mittlere Gemeinden mit den geringsten finanziellen Mitteln auszukommen haben. Eine österreichweit allgemeine Aussage ist aufgrund der unterschiedlichen Regelungen vor allem der Umlagen (z. B. in Niederösterreich keine Landesumlage, pädagogisches Personal der Kindergärten sind Landesbedienstete, unterschiedliche Regelungen bei der Sozialhilfe etc.) zwar schwierig, aber nicht unmöglich.

Auch wies das Bundesministerium für Finanzen darauf hin, dass insbesondere die unterschiedlichen Finanzkraftregelungen in ihrer Gesamtheit in Einzelfällen durchaus ungewünschte Effekte, wie etwa Grenzsteuersätze von über 100 Prozent, bewirken können.

Aufgrund dieses Befundes kann konstatiert werden, dass die Transfers zwischen Land und Gemeinden jedenfalls in einem umfassenden aufgabenorientierten Finanzausgleich mitberücksichtigt werden müssen. Immerhin brachte die Diskussion über die Auswirkungen der Transfers insofern ein erstes Ergebnis, als der Finanzkraftausgleich zwischen den Gemeinden bei den Ländern konzentriert wurde. Damit ist der Auftrag verbunden, bei dessen Regelung auch die anderen landesrechtlichen Finanzkraftregelungen zu berücksichtigen.

3. Abgabenautonomie

Von den eingangs genannten Studien waren für das Thema Abgabenautonomie der Länder insbesondere die Inhalte der beiden Studien Achatz „Zur Stärkung der Abgabenautonomie subnationaler Gebietskörperschaften (der Länder)"[3] und EcoAustria „Abgabenhoheit auf Länder- und Gemeindeebene"[4] von Interesse.

Im Zuge der Finanzausgleichsverhandlungen wurden in einer eigenen Arbeitsgruppe „Abgabenautonomie" zwischen den Finanzausgleichspartnern die Möglichkeiten einer erhöhten Abgabenautonomie der nachgeordneten Gebietskörperschaften (Länder bzw. Gemeinden) erörtert. Ziel der Arbeitsgruppe war zum einen, die verfassungsrechtlichen Optionen bezüglich einer Abgabenautonomie von Ländern und Gemeinden aufzuzei-

---

3 Achatz: Stärkung der Abgabenautonomie, 2012.
4 Strohner et al.: Abgabenhoheit, 2015.

gen und zum anderen, die Optionen hinsichtlich einer allfälligen Reform der Grundsteuer zu diskutieren.

Den inhaltlichen Rahmen bildeten folgende Ansprüche an mehr Abgabenautonomie:

- Keine Erhöhung der Steuerquote (zumindest in der Umstellungsphase, spätere eigenständige Erhöhungen von Landes- oder Gemeindeabgaben sind von den Ländern bzw. Gemeinden zu verantworten).
- Ziel: gesunder Steuerwettbewerb und fiskalische Äquivalenz, also die Verantwortung der Entscheidungsträgerinnen und -träger gegenüber ihren Bürgerinnen und Bürgern auch in finanzieller Hinsicht, daher:
  - Keine – spürbaren – Abgaben, die leicht durch Wechsel des zuständigen Landes vermieden werden können (Problem umso geringer, je niedriger die Abgaben oder die Unterschiede zwischen den Tarifen sind).
  - Nur Autonomie bei Abgaben, die sich mit vertretbarem Aufwand für Steuerzahlerinnen und -zahler und Administration regional abgrenzen lassen.
- Kein Aufbau neuer Doppelgleisigkeiten: Vollziehung von akkordierten Landesabgaben bzw. Landeszuschlägen durch die Bundesfinanzverwaltung.

Aufgrund von u. a. unionsrechtlichen Restriktionen kommen die Umsatzsteuer sowie Verbrauchssteuern nicht für eine Abgabenautonomie in Betracht. Umgekehrt eignen sich aus Sicht der Administrierbarkeit, vor allem im Hinblick auf die regionale Abgrenzung der Besteuerungsgegenstände, grundbezogene Steuern, die Kommunalsteuer, die motorbezogene Versicherungssteuer und der Wohnbauförderungsbeitrag. Näher betrachtet wurden aber auch die Körperschaftsteuer sowie Einkommensteuer inkl. Lohnsteuer (aber ohne Kapitalertragsteuern), wobei bei diesen beiden Abgaben die Wahl der regionalen Anknüpfung den maßgeblichen Faktor für den zusätzlichen Verwaltungsaufwand darstellt und aus diesem Gesichtspunkt bei der Einkommen- und Lohnsteuer vor allem der Hauptwohnsitz als Abgrenzung in Betracht kommt.

Das Gesamtaufkommen der diskutierten Bundesabgaben ist beträchtlich:

Tabelle 1: **Gesamtaufkommen der diskutierten Bundesabgaben, in Mio. Euro**

Bundesabgabe	Erfolg 2016, in Mio. Euro
veranl. Einkommensteuer und Lohnsteuer	28.549
Körperschaftsteuer	7.432
Motorbezogene Versicherungssteuer	2.249
Wohnbauförderungsbeitrag	1.003
Summe	**39.233**

Quelle: vorläufiger Erfolg 2016.

Lediglich beim Wohnbauförderungsbeitrag erscheint eine Umwandlung in eine ausschließliche Landesabgabe realistisch, bei den anderen Abgaben – wenngleich es auch hier weitergehende Forderungen gibt – eignet sich hingegen das Modell einer Zuschlagsabgabe wohl besser. Die Umwandlung des derzeitigen Anteils der Länder und Gemeinden in einen landesgesetzlich zu regelnden Zuschlag würde bei diesen Abgaben immerhin ein Volumen von 12,3 Mrd. Euro mit sich bringen. Allerdings wurde die Diskussion, ob den Ländern auch die Höhe der Anteile ihrer Gemeinden mit überantwortet werden sollte, letztlich abschlägig beendet, sodass in der Arbeitsgruppe nur Zuschläge in Höhe der derzeitigen Ertragsanteile der Länder, also in Höhe von rund 7,7 Mrd. Euro, Thema sein werden.

Von den Ländern wurde zudem der Entfall des Einspruchsrechtes des Bundes betreffend Landes-(Gemeinde-)Abgaben gemäß § 9 F-VG 1948 und eine Stärkung des Abgabenfindungsrechts der Länder (§ 8 Abs. 3 F-VG 1948) gefordert.

Hinsichtlich der Grundsteuer stellt sich die Situation folgendermaßen dar:

Die Grundsteuer wird durch den Bundesgesetzgeber als ausschließliche Gemeindeabgabe eingeordnet. Es besteht eine bundesgesetzliche Ermächtigung der Gemeinden zur Ausschreibung bis zum Höchstausmaß von 500 Prozent des Hebesatzes auf Basis von Einheitswerten. Der Bund regelt die Grundsteuer materiellrechtlich, d. h. der Bund behält sich die Regelung vor (formuliert als Ausnahme: „der Landesgesetzgebung insoweit überlassen wird, als nicht bundesgesetzliche Vorschriften entgegenstehen"). Der Landesgesetzgeber ist nur zuständig für Regelungen zeitlicher Befreiungen auf Basis des Grundsatzgesetzes BGBl. Nr. 157/1951. Da die Einheitswerte seit Jahrzehnten nicht aktualisiert wurden und eine neue Hauptfeststellung durch den Bund in absehbarer Zeit nicht zu erwarten ist, wurde von den beiden Gemeindebünden dringend eine Reform der Grundsteuer eingefordert.

Im Paktum über den Finanzausgleich ab dem Jahr 2017 haben sich die Finanzausgleichspartner letztlich auf die folgenden Reformen im Bereich der Abgabenautonomie geeinigt:

3.1 Wohnbauförderungsbeitrag als ausschließliche Landesabgabe

Da der Wohnbauförderungsbeitrag bereits derzeit weitgehend regional über die Gebietskrankenkassen eingehoben wird, eignet sich diese Abgabe ganz besonders für einen ersten Schritt bei der Abgabenautonomie. In diesem Sinne wird daher der Wohnbauförderungsbeitrag mit Wirkung vom 01.01.2018 zu einer ausschließlichen Landesabgabe mit voller Autonomie für die Länder hinsichtlich des Tarifs. Um den Verwaltungsaufwand zu minimieren, wurde vereinbart, dass der Bundesgesetzgebung grundsätzlich die Gesetzgebung vorbehalten bleibt, die Landesgesetzgeber können hingegen die Höhe des Tarifs festlegen, und zwar ohne bundesgesetzliche Vorgabe einer Ober- oder Untergrenze.

Das Aufkommen an Wohnbauförderungsbeitrag beträgt rd. 1,0 Mrd. Euro, die derzeit im Verhältnis von Bund 19,45 Prozent zu Ländern 80,55 Prozent verteilt werden, wobei die Anteile der Länder nach der Volkszahl verteilt werden. Mit der Umwandlung des Wohnbauförderungsbeitrags ab 2018 verliert der Bund seine bisherigen Anteile an dieser Abgabe, allerdings werden diese neutral auf Basis des Jahres 2016 durch einen höheren Bundesanteil an den Abgaben mit einheitlichem Schlüssel ersetzt. Analog werden die Umstellungseffekte auf der horizontalen Ebene durch eine Anpassung des Fixschlüssels für die länderweise Verteilung der Ertragsanteile ausgeglichen, sodass sich durch die Umwandlung des Wohnbauförderungsbeitrags in eine ausschließliche Landesabgabe alleine keine Änderungen bei den Einnahmen der Länder ergeben. Erst in weiterer Folge werden sich unterschiedliche autonome Tarifgestaltungen und/oder unterschiedliche wirtschaftliche Entwicklungen auf die Einnahmen der Länder aus dem Wohnbauförderungsbeitrag auswirken.

Diese Verländerung des Wohnbauförderungsbeitrags wird in § 9 FAG 2017 (gemeinschaftliche Bundesabgabe nur mehr bis zum Ende des Jahres 2017), § 16 FAG 2017 (Einordnung als ausschließliche Landes(Gemeinde)abgaben ab dem Jahr 2018) und § 21 FAG 2017 (Vorbehalt bundesgesetzlicher Regelungen) umgesetzt. Die erforderlichen abgabenrechtlichen Bundes- und Landesgesetze werden im Laufe des Jahres 2017 zu beschließen sein.

3.2 Weitere Themen der Abgabenautonomie

Das Thema Abgabenautonomie wird mit der Verländerung des Wohnbauförderungsbeitrags nicht abgeschlossen. Es wurde vielmehr auch vereinbart, dass die Finanzausgleichspartner unter Beiziehung internationaler Expertinnen und Experten die Zweckmäßigkeit einer verstärkten Abgabenautonomie und Optionen dafür prüfen werden. Geprüft werden soll auch eine allfällige Abschaffung des allgemeinen Einspruchsrechtes der Bundesregierung gemäß § 9 FV-G 1948 sowie der Beschränkung bei der Findung neuer Abgaben gemäß § 8 Abs. 3 F-VG 1948, die steuerliche Behandlung von Ländern und Gemeinden sowie eine Einhebung der Kommunalsteuer durch die Sozialversicherung. Ausgearbeitet werden soll außerdem eine Stärkung der Abgabenautonomie der Gemeinden durch eine Reform der Grundsteuer: Eine gemeinsame Arbeitsgruppe „Grundsteuer" hat bis Mitte des Jahres 2017 eine mögliche Reform der Grundsteuer vorzubereiten.

4. Vereinfachung der Verteilung der Ertragsanteile und Transfers

Auch wenn die im Paktum vereinbarte Vereinfachung insbesondere der Verteilung der Ertragsanteile wohl nicht so öffentlichkeitswirksam ist wie andere Kapitel, so brachte sie doch eine längst überfällige Bereinigung des Finanzausgleichsgesetzes um historisch entstandene Details, Sonderregelungen und Sonderschlüssel. Ein guter Teil dieser historischen Altlasten resultierte aus Reformen, deren finanzausgleichsrechtliche Konsequenzen auf die Anteile der einzelnen Länder und Gemeinden, oft als „Verwerfungen" bezeichnet, möglichst neutralisiert werden sollten. Für eine Übergangsregelung kann dies akzeptiert werden, als Dauerlösung sind historische gemeindeweise Aufkommen oder Auswirkungen jedoch schon aus verfassungsrechtlichen Gründen nicht tauglich.

Aus diesem Grund hat der Verfassungsgerichtshof mit dem Erkenntnis vom 11. März 2010, G 276/09, den seinerzeitigen Getränkesteuerausgleich aufgehoben und es wurde in der Ersatzlösung im FAG 2008 ein Abbau des Anteils, der nach dem historischen Getränkesteueraufkommen verteilt wurde, in zehn Jahresschritten vorgesehen. Gleichzeitig wurden die weiteren Anteile nach einem ausgeklügelten System anhand der Nächtigungsstatistik, Einwohnerzahl, abgestuftem Bevölkerungsschlüssel und Aufstockungen bei außergewöhnlich hohen Mindereinnahmen verteilt. Die Verteilung nach dem seinerzeitigen Getränkesteueraufkommen wäre aufgrund dieser Übergangslösung erst ab dem Jahr 2020 Geschichte gewesen.

Es kann dahingestellt bleiben, ob der Gemeinde-Werbesteuernausgleich, bei dem auf das gemeindeweise Aufkommen an Anzeigen- und Ankündigungsabgabe in den Jahren 1996 bis 1998 abgestellt wurde, vor dem Verfassungsgerichtshof bestehen hätte können. Denn dieses und andere Andenken an überholte Instrumente, wie etwa die Selbstträgerschaft bei der Familienbeihilfe oder die Anteile der Gemeinden am Landespflegegeld, die in den Ertragsanteile-Schlüsseln als untote Ausgleichregelungen weiterbestanden, wurden mit dem großen Vereinfachungspaket allesamt aufgehoben.

Der Tenor für diese Reform lautete zwar wiederum, dass sich zumindest für die vertikale Verteilung zwischen Bund, Ländern und Gemeinden sowie für die länderweisen Anteile möglichst wenig ändern dürfe, und zwar auch in der längerfristigen Dynamik. Allerdings gelang die Vereinfachung trotz dieser Vorgabe, weil sich die Einrechnungen in die Ertragsanteile hinsichtlich ihrer dynamischen Auswirkungen grosso modo gegenseitig aufhoben. Um dieses für alle Seiten vertretbare Ergebnis erzielen zu können, musste aber auf die Abschaffung solcher Regelungen, bei denen die dynamischen Auswirkungen mittelfristig zu spürbaren Änderungen gegenüber der alten Rechtslage geführt hätten, verzichtet werden. Diese Aussage gilt für die Beibehaltung des fixen Abzugs von den Ertragsanteilen der Länder und Gemeinden als Ausgleich für das ehemalige Landespflegegeld (zusammen 371,8 Mio. Euro, siehe § 10 Abs. 2 Z 4 FAG 2017) und für die Umschichtung von rund 1,78 Mrd. Euro zwischen Volkszahl und Fixschlüssel bei der horizontalen Verteilung der Ertragsanteile der Länder (siehe § 10 Abs. 5 Z 3 FAG 2017).

Die Verteilung der Gemeinde-Ertragsanteile innerhalb der Länder kann zwar mit den verbliebenen drei Verteilungsschlüsseln (Einwohner, Nächtigungen, abgestufter Bevölkerungsschlüssel) nunmehr grundsätzlich als ausgesprochen einfach bezeichnet werden. Allerdings musste diese Reform aus Gründen des Vertrauensschutzes durch eine Übergangsregelung ergänzt werden, um die Auswirkungen auf diejenigen Gemeinden, die vom Entfall alter Schlüssel – insbesondere Getränkesteuerausgleich und Gemeinde-Werbesteuernausgleich – stark betroffen sind, in vertretbaren Grenzen zu halten. Aber selbst diese Übergangsregelung ist schnell erklärt: Jeder Gemeinde wird garantiert, dass ihre Ertragsanteile je Einwohnerin und Einwohner gegenüber dem Vorjahr zumindest im Ausmaß von 50 Prozent (im Jahr 2017 sogar um 80 Prozent und im Jahr 2018 um 65 Prozent) der durchschnittlichen Entwicklung des jeweiligen Landes steigen; bei

Steigerungen unter diesem Niveau werden die Ertragsanteile zu Lasten der Gemeinden mit überdurchschnittlich steigenden Ertragsanteilen aufgestockt.

Zwei Punkte sorgten bei dieser Dynamik-Garantie für Erklärungsbedarf: Erstens werden die negativen Auswirkungen, die sich aus einer unterdurchschnittlich wachsenden Einwohnerzahl ergeben, nicht ausgeglichen, weshalb die Dynamik-Garantie bei Abwanderungsgemeinden nicht greift. Zweitens werden die jahresweise berechneten Ertragsanteile für das laufende und das vergangene Jahr verglichen, nicht aber die Ertragsanteile, die in diesen Jahren aufgrund des Finanzausgleichsrhythmus mit Vorschüssen und Abrechnungen tatsächlich „kassamäßig" vereinnahmt wurden. Die Rechnungsabschlussdaten werden aufgrund dieser beiden Punkte daher durchaus von den bei der Dynamik-Garantie ermittelten Steigerungen abweichen können. Die konkrete Ausgestaltung dieser Dynamik-Garantie war auch deshalb bis zuletzt Gegenstand der Diskussion. Die endgültige Regelung wurde im Nationalrat erst durch eine Abänderung in zweiter Lesung festgelegt.

5. Weitere Vereinfachungen

Bevor die Ausgleichszahlungen für die Abschaffung der Selbstträgerschaft mit dem Vereinfachungspaket in die Ertragsanteile der Länder und Gemeinden eingerechnet wurden, wurden sie um die Auswirkungen der Senkung der Dienstgeberbeiträge – in zwei Etappen von 4,5 Prozent über 4,1 Prozent im Jahr 2017 auf 3,9 Prozent im Jahr 2018 – reduziert und es wurde nur die verringerte Ausgleichszahlung in die Ertragsanteile eingerechnet.

Für die der Höhe nach unveränderte Finanzzuweisung an die Gemeinden für Personennahverkehr konnte die neue Transparenzdatenstelle gemäß § 30a Abs. 1 ÖPNRV-G ausgenützt und die letztlich die Belastungen der einzelnen Gemeinden aus der Finanzierung des öffentlichen Personennahverkehrs nur unzureichend abbildende bisherige Regelung durch eine verwaltungseinfache Verteilung ersetzt werden. Auch bei dieser Änderung gab es aber den Wunsch, zumindest länderweise und für die größten Gemeinden die bisherigen Anteile nicht zu verändern. Bei der Finanzzuweisung für Personennahverkehrs-Investitionen gibt es als Änderung nur den Entfall des Anteils für die Finanzierung von Autobusbahnhöfen zu berichten, womit eine für ein Bundesministerium eher kuriose und besser auf lokaler Ebene angesiedelte Aufgabe entfallen ist, nämlich zu klären, was schon ein Busbahnhof und was nur eine bessere Haltestelle ist.

Mit der Aufhebung des Bedarfszuweisungsgesetzes des Bundes wurde eine klassische Doppelgleisigkeit beseitigt, wobei das vom Bund dafür reservierte Budget von zuletzt 0,1 Mio. Euro p.a. im Vergleich zu den Gemeinde-Bedarfszuweisungsmitteln der Länder von rund 900 Mio. Euro auf Basis 2016 (ohne Wien) ohnehin ausgesprochen bescheiden war.

Die Klarstellung, dass der Bund den Ländern keinen Ersatz für Sachverständigenkosten sowie Dolmetscher- und Zeugengebühren für Verfahren vor Landesverwaltungsgerichten leistet, die vor der Gerichtsanhängigkeit in mittelbarer Bundesverwaltung geführt wurden, vermeidet einen im

Verhältnis zu den betroffenen Beträgen relativ hohen Verwaltungsaufwand.

Aus Sicht der Liquidität der Gemeinden positiv ist die Vereinbarung, dass die Ertragsanteile der Gemeinden vom Land rascher, nämlich statt wie bisher bis zum 10. des Folgemonats bereits bis zum 23. eines Monats, sohin drei Tage nach der Überweisung durch den Bund, weiterzuleiten sind. Damit erledigt sich auch die Auslegungsfrage, in welchem Jahr die am 10. Jänner fälligen Dezember-Vorschüsse zu vereinnahmen waren.

Eine weitere, bei den Vereinfachungen aufgelistete Vereinbarung sieht den Entfall der Erhöhung der USt-Anteile der Länder von zuletzt 10 Mio. Euro p.a. für die Einrichtung der Landesverwaltungsgerichte und die Transparenzdatenbank vor. Aus Sicht der Länder ist dieser Betrag aber nicht ersatzlos entfallen, sondern wurde bei der Verteilung der zusätzlichen Finanzzuweisung in Höhe von 300 Mio. Euro – siehe dazu noch unten – als Vorweganteil für die Länder berücksichtigt.

6. Vereinfachung und Reform des bundesweiten Finanzkraftausgleichs

Die Finanzkraft der Gemeinden wird in unterschiedlichster Form bei einer Vielzahl von Transfers berücksichtigt. Neben den landesrechtlichen Regelungen (bei der Landesumlage, bei Kostentragungen in Umlagenform und zumindest teilweise auch bei der Verteilung der Gemeinde-Bedarfszuweisungsmittel) war die gemeindeweise Finanzkraft auch im FAG bisher bei der Verteilung der Ertragsanteile und bei der Finanzkraftstärkung gemäß § 21 FAG von Bedeutung. Das Ministerium legte in seinem Entwurf für eine gesamthafte Neuregelung auch ein Modell für eine umfassende Umgestaltung des Finanzkraftausgleichs vor, um die ungewünschten Effekte (s.o.) abzustellen.

Da das Gesamtmodell nicht konsensfähig war, blieb auch von diesem Punkt nur eine kleine Lösung übrig. Der bisher in § 21 FAG 2008 vorgesehene Finanzkraftausgleich wird neu gestaltet und zu einem Ausgleich von Unterschieden bei einer länderweisen Durchschnittsbetrachtung der Finanzkraft der Gemeinden umgestaltet. Diese Mittel werden zukünftig in die Gemeinde-Bedarfszuweisungsmittel eingebunden.

Gleichzeitig entfällt die Berücksichtigung der Finanzkraft bei der Verteilung der Ertragsanteile. Während das FAG sich somit bundesgesetzlich auf den länderübergreifenden Ausgleich beschränkt, wird der gemeindeweise Ausgleich innerhalb der Länder auf der Landesebene konzentriert. Damit gibt es eine klare Verantwortlichkeit für diese Aufgabe. Es besteht die Chance, dass die Länder eine konsistente Rechtslage schaffen, bei der die Wirkung der Summe der diversen Finanzkraftregelungen den jeweiligen Zielen entspricht. Dieser Vorstellung einer Gesamtschau entspringt auch die Vorgabe für den landesinternen Finanzkraftausgleich im Rahmen der Gemeinde-Bedarfszuweisungsmittel, auf weitere landesrechtliche Finanzkraftregelungen Bedacht zu nehmen.

Ganz erreicht wurde das Ziel, den gemeindeweisen Finanzkraftausgleich bei den Ländern zu konzentrieren, allerdings nicht. Dass die Verteilung von 16 Mio. Euro an die Städte im Rahmen der Finanzzuweisung zur Finanzkraftstärkung (§ 25 Abs. 3 FAG 2017) nicht grundlegend geändert wird, war bald Konsens, sodass ein – allerdings bescheidener – Betrag von 15 Prozent dieser Mittel, sohin 2,4 Mio. Euro, finanzkraftabhängig auf Gemeinden mit mehr als 10.000 Einwohnerinnen und Einwohner verteilt wird. Der „Grenzsteuersatz", also die Auswirkung von Änderungen der Finanzkraft der Gemeinde auf die Finanzzuweisung, ist hier ausgesprochen gering, auch weil die Ertragsanteile Teil der Bemessungsgrundlage sind. Bei einer Erhöhung der Einnahmen um 1.000 Euro verringert sich der Anteil einer Gemeinde, die von dieser Verteilung profitiert – bei der Vorgabe von unveränderten Einnahmen der anderen Gemeinden – nur um Beträge zwischen 15 und 28 Euro, der „Grenzsteuersatz" liegt also unter 3 Prozent.

Stärkere Auswirkungen hat die Verteilung des neuen Strukturfonds in Höhe von 60 Mio. Euro. Diese Mittel werden auch nach der Finanzkraft verteilt, wobei hier der Grenzsteuersatz bei den anspruchsberechtigten Gemeinden bei einer Größenordnung von etwas unter oder über 10 Prozent liegt.

7. Siedlungswasserwirtschaft

Zu Beginn der Verhandlungen stand ein kompletter Ausstieg des Bundes bei der Mitfinanzierung der Siedlungswasserwirtschaft im Raum. Im Grunde wäre damit die gesamte solidarische Finanzierung in Frage gestellt gewesen.

Schlussendlich konnte eine Einigung der Fortführung der gemeinsamen Finanzierung erreicht werden. Zudem wurde die bisherige, recht unübersichtliche Aufbringung der Mittel mit bisher unterschiedlichen Abzügen bei verschiedenen Steuern durch einen einzigen Abzug bei der Umsatzsteuer vereinfacht.

Die vereinbarte und in einer Novelle zum Umweltförderungsgesetz umgesetzte Ermächtigung des BMLFUW für Zusicherungen in Höhe eines Barwertes von 80 Mio. Euro p.a. führt zu höheren Annuitätenzuschüssen von rund 5,5 Mio. Euro im Jahr 2017 und in den weiteren Jahren von 9,2 Mio. Euro (2018), 12,8 Mio. Euro (2019), 17,2 Mio. Euro (2020) und 21,8 Mio. Euro (2021). Durch die bereits erwähnte Konzentration des Vorwegabzugs bei der Umsatzsteuer (USt) verteilt sich die Belastung aus diesen Mehrausgaben nunmehr im Verhältnis des USt-Schlüssels, also gerundet zu 68 Prozent auf den Bund, 20 Prozent auf die Länder und 12 Prozent auf die Gemeinden.

8. Eisenbahnkreuzungen

Auf Grund der Entscheidung des Verfassungsgerichtshofs (VfGH vom 12. März 2014, F 1/2013-20) über die Verletzung des Konsultationsmechanismus durch den Bund haben viele Gemeinden ihre Kosten beim BMVIT zur Übernahme eingereicht. Es ergaben sich in der Folge komplexe Rechtsstreitigkeiten, welche Kosten tatsächlich durch die Eisenbahnkreuzungsverordnung 2012 ausgelöst wurden und welche schon davor bestanden hätten. Umfangreiche, langwierige Einzelfallprüfungen standen im Raum.

Die Finanzausgleichspartner haben sich entschlossen, mit einem Fondsmodell das Thema einvernehmlich beizulegen. Die Finanzierung von Investitionen von Gemeinden in Eisenbahnkreuzungen wird in Form von Landestöpfen geregelt, die paritätisch von Bund und den Gemeinden finanziert werden. Die Höhe der Beträge ergibt sich aus den länderweisen Anteilen für die geschätzte Gesamtbelastung. Die Dotierung beträgt in Summe 125 Mio. Euro in den Jahren 2017 bis 2029.

Die Länder leisten keinen Finanzierungsanteil – können andererseits aber auch keine Mittel aus dem Fonds in Anspruch nehmen. Da die Schätzung der länderweisen Anteile an der Gesamtbelastung alle Kreuzungen umfasst, also auch diejenigen auf Landesstraßen, ergibt sich bei einer Gesamtbetrachtung von Land und seinen Gemeinden daraus aber keine Ungleichbehandlung zwischen den Ländern.

Nicht ausgeschöpfte Mittel werden in die nächste FAG-Periode vorgetragen bzw. verbleiben dem Land für Zwecke des öffentlichen Personen- und Regionalverkehrs.

9. Interkommunale Zusammenarbeit und strukturschwache Gebiete/Gemeinden

Die Thematik der strukturschwachen, von Abwanderung betroffenen Gebiete wurde intensiv erörtert. Erste Modellvorschläge seitens des Finanzministeriums, die sich auch auf Erkenntnisse der Österreichischen Raumordnungskonferenz (ÖROK) stützen, sahen eine Förderung für konkrete, gemeindeübergreifende Projekte vor. Ausgangspunkt war die Überlegung, dass zumeist eine ganze Region betroffen ist, und daher insbesondere die Vernetzung innerhalb der Region gefördert werden soll.

Über die Abgrenzung der Regionen konnte allerdings genau so wenig Einigkeit erzielt werden wie über die Frage, wer einen Fonds dotieren und verwalten soll. Die Extrempositionen waren, dass der Bund (mit)entscheidet, aber nicht mitdotiert und auf der anderen Seite, dass der Bund zwar mitzahlt, aber nicht mitreden kann. Aus diesem Grund wurde die Thematik mit zwei getrennten Instrumenten „gelöst".

Erstens werden, als Teil der zusätzlichen Finanzzuweisung des Bundes in Höhe von 300 Mio. Euro, 60 Mio. Euro jährlich an strukturschwache Gemeinden (Strukturfonds) über Indikatoren wie Abwanderung, Finanzkraft und Abhängigenquote ausgeschüttet. 52,9 Mio. Euro davon stellt der Bund neu zur Verfügung, 6 Mio. Euro die Stadt Wien, der Rest kommt von den anderen Ländern.

Zweitens wird die Förderung der interkommunalen Zusammenarbeit und von Gemeindezusammenlegungen sowie die Unterstützung strukturschwacher Gemeinden explizit als einer der Zwecke der Gemeinde-Bedarfszuweisungsmittel festgeschrieben. Für diese Aufgaben werden zunächst 15 Prozent, ab 2020 sogar 20 Prozent der Mittel zweckgebunden.

Die Gemeinde-Bedarfszuweisungen dienen somit nicht nur, wie bisher, für die Gewährung von Bedarfszuweisungen, sondern nunmehr ausdrücklich auch für die Förderung von interkommunaler Zusammenarbeit und von strukturschwachen Gemeinden sowie – wie bereits erwähnt – dem landesinternen Finanzkraftausgleich. Damit enthält das FAG erstmals inhaltliche Vorgaben an die Länder, wie sie diese Mittel zu verwenden haben. Neu ist auch, dass die Mittelverwendung auf Basis landesrechtlicher Regelungen erfolgen muss. Ein Berichtswesen wird für eine verstärkte Transparenz sorgen.

Durch die Einbindung des überwiegenden Teils der Finanzzuweisung gemäß § 25 FAG 2017 in die Gemeinde-Bedarfszuweisungsmittel stehen den Ländern ohne Wien nunmehr insgesamt rund 1,0 Mrd. Euro zur Verfügung, die sich wie folgt ergeben:

Tabelle 2 : Gemeinde-Bedarfszuweisungsmittel, in Mio. Euro

	aus Gemeinde-Ertragsanteilen	aus § 25	Gemeinde-Bedarfszuweisungen
Burgenland	32,1	5,3	37,4
Kärnten	76,7	7,6	84,3
Niederösterreich	206,1	22,4	228,4
Oberösterreich	195,9	19,6	215,6
Salzburg	86,6	7,4	94,0
Steiermark	157,0	16,7	173,6
Tirol	110,1	10,0	120,1
Vorarlberg	59,1	5,2	64,3
Summe	**923,6**	**94,0**	**1.017,7**

Quelle: eigene Berechnungen auf Basis des BVA 2017.

10. Wohnbauförderung

Im Paktum über den Finanzausgleich ab dem Jahr 2017 wurde Einvernehmen erzielt, dass die Länder über mindestens zwei Jahre Wohnbauprogramme mit einer verbindlichen Wohnbauleistung erstellen und dafür ausreichende Mittel binden. Die Länder und Gemeinden stellen jährlich ihre Leistungen im Bereich Wohnbau dar. Bis 2018 soll ein Paket zur Eindämmung der Kosten im sozialen Wohnbau geschnürt werden: Ziel ist dabei, eine bundesweit einheitliche Regelung der technischen Vorschriften der Bauordnungen und sonstiger technischer Vorschriften sowie die generelle Rücknahme von überhöhten Standards und Normen, dies insbesondere auch im sozialen Wohnbau.

Mit diesem Paket, insbesondere den Wohnbauprogrammen der Länder, wurde der Diskussion über eine „Zweckbindung der Wohnbauförderung" Rechnung getragen. Gemeint ist natürlich nicht die Zweckbindung der Förderung, sondern von bestimmten Einnahmen für die Wohnbauförderung, wobei aber bei derartigen Forderungen durchaus offen blieb, wie hoch diese Zweckbindung sein solle. Vielfach konzentrierten sich Forderungen vordergründig auf eine Zweckbindung der Erträge aus dem Wohnbauförderungsbeitrag, was aber angesichts dessen Aufkommens von rd. 1,0 Mrd. Euro und Ausgaben der Länder für die Wohnbauförderung von über 2,5 Mrd. Euro p.a. keinen Effekt hätte. Die Umsetzung von großzügigeren Forderungen nach Zweckbindungen, wie sie bis zum Jahr 2000 galt, also 1,8 Mrd. Euro p.a. inkl. aller Rückflüsse, hätten zwar in einigen wenigen – nicht in allen – Ländern in der Tat zusätzliche Mittel für die Wohnbauförderung zu Lasten anderer Aufgabenbereiche reserviert. Die Frage, wie derartige Umschichtungen bewältigt werden könnten, blieb aber offen – sieht man von den nicht unerwarteten Forderungen der Länder nach einem Ersatz zu Lasten des Bundes ab.

In einem Teilbereich gab es aber doch ein Einvernehmen über zusätzliche Bundesmittel. Um zum einen im Sinne der Wohnbauförderung allen Ländern die Ausschöpfung ihres Anteils am Sonder-Wohnbauförderungs-Zweckzuschuss des Bundes in Höhe von 180 Mio. Euro und zum anderen eine verwaltungseinfache Abwicklung zu ermöglichen, wurde bei der Neuregelung dieses Zweckzuschusses auf aufwändige Antragstellungen und Detailprüfungen verzichtet und die Regelung des Anspruches im FAG selbst getroffen.

11. Klimaschutz

Bereits im Frühjahr 2013 lag ein Entwurf für eine Art. 15a B-VG Vereinbarung über einen Klimaschutz-Verantwortlichkeitsmechanismus vor. Hinsichtlich des Kostenaufteilungsschlüssels für den Ankauf von Klimaschutz-Zertifikaten konnte aber damals zwischen Bund und Ländern kein Einvernehmen erzielt werden. Auf Betreiben des Bundes wurden daher die diesbezüglichen Gespräche im Rahmen der Finanzausgleichsverhandlungen wieder aufgenommen und es wurde folgendes einvernehmliches Ergebnis erzielt:

Im FAG 2017 werden bundesgesetzlich ein Klimaschutzkoordinationsmechanismus (§ 28 FAG 2017 – Erarbeitung und Umsetzung von Klimaschutz-Maßnahmen) und ein Klimaschutzverantwortlichkeitsmechanismus (§ 29 FAG 2017 – Tragung der Kosten für den Ankauf von Klimaschutz-Zertifikaten) normiert. Der Klimaschutzkoordinationsmechanismus soll sicherstellen, dass national entsprechende Maßnahmen gesetzt werden, um die für die Republik Österreich geltenden unionsrechtlich bzw. völkerrechtlich verpflichtenden Höchstmengen von Treibhausgasemissionen einzuhalten. Bund und Länder erarbeiten in regelmäßigen Abständen wirksame Maßnahmen und halten diese in gemeinsamen Maßnahmenprogrammen fest.

Für den Fall einer Überschreitung von unionsrechtlichen bzw. völkerrechtlichen Verpflichtungen der Republik Österreich gilt das Prinzip der gemeinsamen Kostentragung von Bund und Ländern für den Ankauf von Klimaschutz-Zertifikaten. Die Aufteilung der Kosten zwischen Bund und Ländern erfolgt pauschal nach einem vereinbarten Aufteilungsschlüssel. Dieser Schlüssel betrifft die Aufteilung der Gesamtsumme der Kosten des Ankaufs. Die Aufteilung der Kosten zwischen Bund und Ländern erfolgt im Verhältnis von 80 Prozent für den Bund und 20 Prozent für die Länder. Die Aufteilung der Kosten auf die Länder erfolgt nach der Volkszahl.

Mit dieser pauschalen Kostentragungsregelung konnte eine wohl letztlich fruchtlose Diskussion darüber vermieden werden, welche Gebietskörperschaft innerstaatlich auf Basis des § 2 F-VG 1948 den Aufwand für den

Ankauf von Klimaschutz-Zertifikaten zu tragen haben würde. Dass auch die Tragung des Aufwands, der durch internationale Verpflichtungen entsteht, sich innerstaatlich nach dem Grundsatz der eigenen Kostentragung richtet, lag auch dem Erkenntnis des Verfassungsgerichtshofs Slg. 10968/1986 zugrunde, gemäß dem der Ersatzanspruch aufgrund einer vom Europäischen Gerichtshof für Menschenrechte festgestellten Konventionsverletzung in einer Grundverkehrssache (Landeskompetenz gemäß Art. 15 B-VG) innerstaatlich das Land zu tragen hatte. Anders als bei diesem Erkenntnis wäre aber angesichts der Querschnittsmaterie Klimaschutz die Frage nach der innerstaatlichen Kostentragung deutlich schwieriger bis gar nicht zu beantworten.

Als weitere Maßnahme im Bereich Klimaschutz wurde festgelegt, die Vereinbarung gemäß Artikel 15a B-VG zwischen dem Bund und den Ländern über Maßnahmen im Gebäudesektor zum Zweck der Reduktion des Ausstoßes an Treibhausgasen in angepasster Form bis zum Ende der neuen Finanzausgleichsperiode zu verlängern.

12. Gesundheit

Auch bei den Verhandlungen zum Finanzausgleich 2017 nahmen die Gespräche über die Gesundheitsfinanzierung breiten Raum ein. Neben der Arbeitsgruppe Gesundheit wurden dabei auf Beamtenebene auch zwei Unterarbeitsgruppen (UAG), nämlich die UAG Steuerungspolitische Themen und die UAG Finanzzielsteuerung, eingesetzt. Unter anderem wurde dabei von Bund, Ländern und Sozialversicherungsträgern diskutiert, wie ein Abbau des akutstationären Bereichs bei gleichzeitigem Ausbau der ambulanten Versorgung unter Sicherstellung einer hochwertigen Qualität erfolgen kann. Ein allfälliger Novellierungsbedarf des Krankenanstalten-Arbeitszeitgesetzes wurde ebenfalls erörtert. Die Gastpatiententhematik wurde in länderinternen Sitzungen diskutiert.

Ein weiteres wesentliches Diskussionsthema war die Höhe des zukünftigen Kostendämpfungspfades im Gesundheitsbereich. Die bisherige Ausgabenobergrenze 2013 bis 2016 basierte auf einer schrittweisen Reduktion des prognostizierten nominellen Wachstums der öffentlichen Gesundheitsausgaben ohne Langzeitpflege an die zum Zeitpunkt der Vereinbarung aktuelle BIP-Wachstumsprognose für das Jahr 2016 (+3,6 Prozent). Der Kostendämpfungspfad in der Gesundheit wird fortgeführt, die zulässigen Steigerungsraten werden schrittweise von 3,6 Prozent im Jahr 2017 (2018 3,5 Prozent, 2019 3,4 Prozent, 2020 3,3 Prozent) auf 3,2 Prozent im Jahr 2021 verringert. Es werden begleitende gesetzliche Maßnahmen getroffen bzw. evaluiert, um die Kostendämpfungspfade einhalten zu können. Mehraufwendungen werden damit berücksichtigt. Für das Land Tirol, in welchem das Krankenanstalten-Arbeitszeitgesetz (KA-AZG) erst später wirksam wird, und für Vorarlberg wird eine Sonderregelung getroffen. Das Krankenanstalten-Arbeitszeitgesetz wird im ersten Halbjahr 2017 evaluiert und gegebenenfalls adaptiert.

Der Spitalskostenbeitrag für Kinder und Jugendliche wird abgeschafft, der Einnahmenausfall zu einem Drittel von Bund, Ländern und Sozialversicherung getragen. Die Vereinbarungen gem. Art. 15a „Zielsteuerung-Gesundheit" und „Organisation und Finanzierung des Gesundheitswesens" werden abgeschlossen. Die Umsetzung der bundesgesetzlichen Maßnahmen wird in den 15a-Vereinbarungen festgeschrieben. Eine sektorenübergreifende Medikamentenbewirtschaftung wird angestrebt.

Der Fonds Gesundes Österreich wird in den nächsten zwei Jahren evaluiert.

Die bisherigen Selbstträgerschafts-Ausgleichszahlungen für gemeinnützige Krankenanstalten werden – nach Anpassung an die Senkung des Dienstgeberbeitrags – vom Bund weiterhin für die Finanzierung von Krankenanstalten zur Verfügung gestellt. Die Details werden auf technischer Ebene geklärt, wobei die Kriterien für die Aufteilung der zur Verfügung stehenden Beträge von 92,66 Mio. Euro im Jahr 2017 bzw. von 83,51 Mio. Euro ab dem Jahr 2018 auf die einzelnen Rechtsträger in einer Verordnung festzulegen sein werden. Die genannten Beträge enthalten auch die bisher als Ertragsanteile geregelten Ausgleichszahlungen an solche Länder und Gemeinden, deren gemeinnützige Krankenanstalten nicht in Rechtsträger mit eigener Rechtspersönlichkeit ausgegliedert sind – die Aussage gilt vor allem für die Länder Niederösterreich und Wien.

Die bestehende Beihilfenregelung für das Rettungswesen und Blutspendeeinrichtungen im Gesundheits- und Sozialbereich-Beihilfengesetz (GSBG) wird um zwei Jahre befristet verlängert, um Planungssicherheit für die Betroffenen zu erreichen und die erforderliche Zeit zu erhalten, um eine einvernehmliche Einigung für eine dauerhafte, zweifelsfrei unionsrechtlich unbedenkliche Regelung herbeizuführen.

13. Pflege

Der Pflegefonds wird mit 350 Mio. Euro weitergeführt und ab dem Jahr 2018 mit 4,5 Prozent p.a. valorisiert. Damit steigt die Dotierung des Pflegefonds schrittweise auf 417,4 Mio. Euro im Jahr 2021, die Erhöhung gegenüber dem Ausgangswert trifft mit rd. 2/3 bzw. 45 Mio. Euro den Bund und zu rd. 1/3 bzw. 22 Mio. Euro die Länder und Gemeinden.

13.1 Kostendämpfungspfad

Die Kostendynamik im Pflegebereich wird unter Berücksichtigung der wirtschaftlichen und demografischen Entwicklung mit jährlich 4,6 Prozent begrenzt. Ausgangsbasis sind die Einmeldungen der Länder gemäß Pflegedienstleistungsstatistik für das Jahr 2016. Zeigt sich aufgrund der demografischen Entwicklung oder außerordentlicher Ereignisse, dass die paktierten 4,6 Prozent p.a. nicht eingehalten werden können, treten Bund, Länder und Gemeinden erneut in Verhandlungen ein. Eine allfällige Sanktionierung erfolgt im Rahmen des Stabilitätspakts, gesonderte Sanktionen sind nicht vorgesehen.

Für Hospiz- und Palliativversorgung wird im Rahmen des Pflegefondsgesetzes (PFG) eine Drittelfinanzierungslösung Bund, Länder und Sozialversicherung (SV) vorgesehen (3 mal 6 Mio. Euro jährlich und über die

FAG-Periode). Über die operative Abwicklung ist eine Vereinbarung zwischen Bund, SV und Ländern abzuschließen. Festgehalten wird, dass es aufgrund des novellierten PFG zu keinen finanziellen Mehrbelastungen der Länder kommen darf.

Um den Kostendämpfungspfad einzuhalten, wurde die Prüfung einer Reihe von gesetzlichen und sonstigen Maßnahmen vereinbart, die vom Bezug von Medikamenten in Pflegeheimen über Arbeitnehmerschutz bis zu Ö-Normen reichen.

Auch die Entwicklung der Kostenbeiträge der Gemeinden hängt letztlich von der Einhaltung des Kostendämpfungspfads ab. Eine konkrete Begrenzung der Steigerungsraten dieser Umlagen war nicht konsensfähig, aber immerhin bekannten sich Länder und Gemeinden ausdrücklich zur Einhaltung des Kostendämpfungspfads. Dass dabei zugleich ein einvernehmliches Überschreiten des Pfads angesprochen wird, steht in einem gewissen Widerspruch zur Paktierung dieses Pfads.

14. VRV

Wenngleich sich Bund und Länder schon früher zum Grundsatz der möglichst getreuen, vollständigen und einheitlichen Darstellung der finanziellen Lage (Liquiditäts-, Ressourcen- und Vermögenssicht) bekannten und die Regelungen eines neuen Haushaltsrechts inhaltlich abgestimmt wurden, konnte bei den seinerzeitigen Verhandlungen zur VRV 2015 keine Einigung dahingehend erzielt werden, welche Bestimmungen unter die Regelung des § 16 Abs. 1 F-VG fallen und somit mittels Verordnung des Bundesministers für Finanzen geregelt werden können und welche Teile nicht unter diese Bestimmung subsumiert werden können.

Als Ergebnis dieses kompetenzrechtlichen Dissenses wurden so gut wie inhaltsgleiche Regelungen sowohl mit der VRV 2015 (BGBl. II Nr. 313/2015) als auch in einer 15a-Vereinbarung zwischen den Ländern (Vereinbarung gemäß Art. 15a Abs. 2 B-VG zwischen den Ländern über gemeinsame Grundsätze der Haushaltsführung, z. B. Stmk. LGBl. 16/2017) normiert. Lediglich das Inkrafttreten wurde unterschiedlich geregelt, außerdem enthält die 15a-Vereinbarung keine Bestimmungen für Gemeinden.

Mit dem neuerlichen Bekenntnis zur Harmonisierung der Rechnungslegungsvorschriften aller öffentlichen Haushalte und zur einvernehmlichen Vorbereitung der Umstellung auf die neue VRV 2015 wurde aber nunmehr die letztlich fruchtlose kompetenzrechtliche Diskussion zu Gunsten der inhaltlichen Arbeit hintangestellt und es wurden die weiteren Arbeitsschritte vereinbart.

15. Haftungsobergrenzen und Spekulationsverbot

Haftungsobergrenzen und Spekulationsverbot sind an und für sich Thema des Österreichischen Stabilitätspakts (ÖStP) bzw. der Voranschlags- und Rechnungsabschlussverordnung (VRV) und nicht des FAG. Der Hintergrund der Einrichtung einer diesbezüglichen Arbeitsgruppe im Zuge der Finanzausgleichsverhandlungen war die Kritik des Rechnungshofes an der unterschiedlichen Ausgestaltung der Haftungsobergrenzen in den einzelnen Gebietskörperschaften. Bei den Haftungsobergrenzen handelt es sich somit um kein „klassisches" FAG-Thema.

Als Ergebnis dieser Arbeitsgruppe vereinbaren die Finanzausgleichspartner
- eine Haftungsobergrenze mit einer einheitlichen Berechnung je Gebietskörperschaftsebene und
- ein einheitliches Spekulationsverbot für Bund, Länder und Gemeinden.

15.1 Haftungsobergrenzen

Eine Umsetzung der einheitlichen Haftungsobergrenzen (HOG) erfolgt im Rahmen einer Art. 15a B-VG Vereinbarung. Der gebräuchliche Terminus „Haftungsobergrenzen" ist insofern missverständlich, als nicht das Einstehen für schlagend werdende Haftungen nach oben begrenzt wird, sondern nur das Eingehen von Haftungen.

Ein Mehrwert der vereinbarten einheitlichen Regelung liegt in der Transparenz darüber, wie hoch die Haftungen gesamtstaatlich maximal sein dürfen. Bei den derzeitigen länderweise unterschiedlichen Berechnungsformeln und Gewichtungen – bis hin zu Nullgewichtungen – konnte eine derartige Aussage nämlich nicht getroffen werden, was die derzeitige Rechtslage letztlich, wenn auch nur teilweise zu Recht, unglaubwürdig machte.

15.2 Spekulationsverbot

Die Länder haben bereits weitgehend das Spekulationsverbot umgesetzt. Jene Gebietskörperschaften, die noch kein Spekulationsverbot umgesetzt haben, verpflichten sich, bis Ende 2017 ein gebietskörperschaftsspezifisches Spekulationsverbot umzusetzen. Die Formulierung im Paktum, dass noch nicht alle Gebietskörperschaften ein Spekulationsverbot umgesetzt haben, bedeutet nicht, dass diese bisher weiterhin spekuliert haben, sondern nur, dass sie noch keine (vollständige) gesetzliche Regelung für sich getroffen haben. Das gilt nicht zuletzt auch für den Bund, der bereits alle Aspekte eines Spekulationsverbots zur Gänze umgesetzt hat, diese aber noch in einer Novelle zum BHG 2013 auch bundesgesetzlich festzulegen haben wird.

16. Vereinbarungen nach Art. 15a B-VG

Wie schon bei früheren Finanzausgleichsverhandlungen integriert das Paktum wiederum einige 15a-Vereinbarungen als Teil der Vereinbarung über den neuen Finanzausgleich. Neben den schon an anderer Stelle genannten Vereinbarungen „Zielsteuerung-Gesundheit" und „Organisation und Finanzierung des Gesundheitswesens", der Vereinbarung über einheitliche Haftungsobergrenzen sowie der Vereinbarung über Maßnahmen im Gebäudesektor zum Zweck der Reduktion des Ausstoßes an Treibhausgasen wurden folgende beide Vereinbarungen einbezogen:

Die in der „Vereinbarung über die Abgeltung stationärer medizinischer Versorgungsleistungen von öffentlichen Krankenanstalten für Insassen von Justizanstalten" vorgesehene Abgeltung durch die Länder wurde von bisher rd. 8,55 Mio. Euro auf rd. 12,75 Mio. Euro erhöht, sohin um 4,2 Mio. Euro p.a. bzw. um die im Paktum genannten 21 Mio. Euro für die FAG-Periode. Damit wurde die seit 2003 und somit seit Bestehen einer derartigen Vereinbarung unveränderte Abgeltung erstmals erhöht.

Die Vereinbarung gemäß Art. 15a B-VG zwischen dem Bund und den Ländern über die gemeinsame Förderung der 24-Stunden-Betreuung wurde demgegenüber völlig unverändert ebenfalls bis zum Ende der neuen Finanzausgleichsperiode verlängert.

Interessanter als diese beiden Änderungen ist aber wohl, dass die 15a-Vereinbarung über eine bundesweite Bedarfsorientierte Mindestsicherung, die noch einen Teil des Paktums zum FAG bildet, erst gar nicht mehr erwähnt wird. Nach dem Scheitern der Verhandlungen trat diese Vereinbarung mit Ablauf des Jahres 2016 außer Kraft. Es obliegt nun den Ländern, auf Landesebene unterschiedliche Regelungen vorzusehen; auch weil der Bundesgesetzgeber von seiner Grundsatzkompetenz für Angelegenheiten des Armenwesens (Art 12 Abs. 1 Z 1 B-VG) nicht Gebrauch macht. Durch die Änderung der Verordnung über die Durchführung der Krankenversicherung für die gemäß § 9 ASVG in die Krankenversicherung einbezogenen Personen, BGBl. II Nr. 439/2016, wurden vom Bund, ohne dazu vertraglich verpflichtet zu sein, die Bezieherinnen und Bezieher einer Leistung der Bedarfsorientierten Mindestsicherung bis zum Ende des Jahres 2018 in die Krankenversicherung einbezogen, sodass vom Bund weiterhin gemäß § 75a ASVG die Abgangsdeckung an die KV-Träger zu leisten ist. Den Ländern erwachsen somit aus dem Auslaufen der Vereinbarung zumindest in den nächsten beiden Jahren keine finanziellen Nachteile.

17. Bundesstaatsreform, Spending Reviews, Aufgabenkritik und Transparenzdatenbank

Einerseits sind Aufgabenkritik und generell eine Steigerung der Effizienz der Verwaltung unabdingbar Teil von Finanzausgleichsverhandlungen, andererseits sind kompetenzrechtliche Änderungen aufgrund der Zusammensetzung der Verhandlungsteams und auch aus Zeitgründen in diesem Rahmen nur schwer umzusetzen. Es darf daher nicht verwundern, dass größere Kompetenzbereinigungen nicht am Beginn, sondern regelmäßig während einer laufenden FAG-Periode erfolgten; siehe die Verländerung der Wohnbauförderung mit Wirkung vom 01.01.1988, die Verländerung der seinerzeitigen Bundesstraßen B im Jahr 2002, die Übertragung des Landespflegegelds an den Bund mit Wirkung vom 01.01.2012 oder die Reform der Verwaltungsgerichtsbarkeit mit 01.01.2014. Eine Ausnahme von dieser Regel bildet immerhin die im Finanzausgleich ab dem Jahr 2008 vereinbarte einheitliche Abgabenordnung.

Das Paktum zum Finanzausgleich ab dem Jahr 2017 setzt zwar einerseits die Tradition fort, dass nur finanzausgleichsrechtliche Änderungen unmittelbar wirksam werden, hat aber andererseits mit Vereinbarungen über gleich mehrere Instrumente den Weg für Verwaltungsreformen aufbereitet:

- Mit der Vereinbarung, bis zum Ende des Jahres 2018 unter Berücksichtigung der Arbeiten des Österreich-Konvents eine Bundesstaatsreform vorzubereiten, wird die Latte für eine Kompetenzbereinigung sowohl was den Inhalt als auch den Zeitplan betrifft recht hoch gelegt.
- Die vereinbarten Spending Reviews haben demgegenüber den Vorteil, dass Aufgaben und Ausgaben einzelner Bereiche der Reihe nach untersucht werden können.
- Das unter der Überschrift „Aufgabenkritik" vereinbarte Benchmarking soll ab dem Jahr 2019 durchgeführt werden, wobei Bund, Länder und SV sowohl untereinander als auch vertikal hinsichtlich ihrer Effizienz verglichen werden sollen.
- Mit der Vereinbarung, dass die Transparenzdatenbank nunmehr auch von den Ländern mit Leistungsmitteilungen, und zwar in den Bereichen Umwelt und Energie, befüllt wird und der gemeinsamen Evaluierung ab dem Jahr 2018 wird ein weiterer Schritt dieses Projekts mit dem Ziel einer effizienteren Vergabe von Förderungen sowie einer Verwaltungsvereinfachung gesetzt.

18. Finanzausgleich und Anhang zum Paktum

Im Paktum über den Finanzausgleich ab dem Jahr 2017 kamen die Finanzausgleichspartner überein, dass die Umsetzung der Reformen im FAG 2017 (in den Bereichen Aufgabenorientierung, Abgabenautonomie, Vereinfachungen, Reform des bundesweiten Finanzkraftausgleichs, Siedlungswasserwirtschaft, Eisenbahnkreuzungen, Interkommunale Zusammenarbeit und strukturschwache Gebiete/Gemeinden, Wohnbauförderung, Klimaschutz, Gesundheit, Pflege, VRV, Haftungsobergrenzen und Spekulationsverbot, Vereinbarungen nach Art. 15a B-VG, Bundesstaatsreform, Spending Reviews, Aufgabenkritik, Transparenzdatenbank sowie Kohäsionsfonds und Flüchtlingsbetreuung) Voraussetzung für die folgenden Leistungen des Bundes ist:

- Einmalzahlung von insgesamt 125 Mio. Euro an Länder und Gemeinden zur Bewältigung der besonderen Aufwendungen im Zusammenhang mit Migration und Integration.

- Zur Sicherstellung einer nachhaltigen Haushaltsführung insbesondere in den Bereichen Gesundheit, Pflege und Soziales gewährt der Bund den Ländern und Gemeinden eine Finanzzuweisung in Höhe von 300 Mio. Euro jährlich. Diese 300 Mio. Euro stehen auch für horizontale Ausgleichsbedürfnisse zur Verfügung, wobei die Aufteilung dieser Mittel zwischen den Vertreterinnen und Vertretern der Länder und Gemeinden vereinbart wurde.
- Der Pflegefonds wird mit 350 Mio. Euro weitergeführt und ab dem Jahr 2018 mit 4,5 Prozent p.a. valorisiert.

Mit dieser Vereinbarung sind alle sonstigen Forderungen der Gebietskörperschaften hinsichtlich der FAG 2008-Periode abgegolten.

Die Aufteilung der 300 Mio. Euro p.a. auf Länder und Gemeinden ergibt sich folgendermaßen:

Von den 300 Mio. Euro werden vor der Berechnung der Anteile 10 Mio. Euro aufgrund der Kosten der Länder für die Transparenzdatenbank (TDB) und die Landesverwaltungsgerichte (LVerG) für die Länder abgezogen. Die verbleibenden 290 Mio. Euro werden zunächst im Verhältnis gemäß allgemeinem FAG-Schlüssel für das Jahr 2016 (Länder 20,700/ Gemeinden 11,883) geteilt. Daraus ergibt sich ein vorläufiger Anteil der Gemeinden in Höhe von 105,763 Mio. Euro. Die Hälfte dieses den Gemeinden zukommenden Anteils fließt in einen Strukturfonds, der vor allem von Bevölkerungsabwanderung betroffenen und finanzschwachen Gemeinden und Städten zugutekommen soll. Dieser vorläufige Strukturfondsbetrag (52,9 Mio. Euro) wird zu Lasten des von der Gemeinde Wien zur Verfügung stehenden Anteils an der Finanzzuweisung gemäß § 25 FAG 2017 um 6 Mio. Euro erhöht. Die Länder ohne Wien stellen insgesamt weitere 1,1 Mio. Euro zur Verfügung, sodass insgesamt 60 Mio. Euro p.a. für den Strukturfonds zur Verfügung stehen. Insgesamt ergibt sich somit ein Anteil der Gemeinden an der Finanzzuweisung (inkl. 60 Mio. Euro p.a. für den Strukturfonds) in Höhe von 112,863 Mio. Euro p.a.

Der Anteil der Länder an der Finanzzuweisung lässt sich folgendermaßen herleiten: 290 Mio. * 20,700 / (20,7000 + 11,883) = 184,237 Mio. + 10 Mio. (TDB+LVerG) - 1,1 Mio. (Länder ohne Wien für Strukturfonds) = 193,137 Mio. Euro p.a.

Die Aufteilung des Länderbetrags von 193,137 Mio. Euro p.a. an der Finanzzuweisung gem. § 24 FAG 2017 folgt einer Einigung zwischen den Ländern. Die Länder haben mit dieser Regelung zugleich auch untereinander vereinbart, dass es während der Geltungsdauer des FAG 2017 keine Änderungen im Bereich der Verrechnung der Gastpatientinnen und -patienten gibt.

Unter Berücksichtigung des von Wien zur Verfügung gestellten Betrags von 6 Mio. Euro p.a. für den Strukturfonds ergibt sich somit ein Volumen der Finanzzuweisung (Länder + Gemeinden) von 306 Mio. Euro p.a. Der Anteil der Gemeinde Wien an der Finanzzuweisung gem. § 24 FAG 2017 wird gem. § 25 Abs. 2 Z 4 FAG 2017 um sechs Mio. Euro verringert, sodass man wieder auf ein Volumen der Finanzzuweisung an Länder und Gemeinden von insgesamt 300 Mio. Euro p.a. kommt.

Michael KREMSER, Christoph MASCHEK

Das Finanzausgleichsgesetz 2017 – Gesetzestext mit Kommentar

Vorbemerkungen

1. Bei der Regelung des Finanzausgleichs ist § 4 F-VG 1948 zu beachten, wonach die in den §§ 2 und 3 F-VG 1948 vorgesehene Regelung (das ist die Regelung der Kostentragung einerseits und die Verteilung der Besteuerungsrechte und Abgabenerträge, der Finanzzuweisungen, der Zweckzuschüsse und der Landesumlage andererseits) in Übereinstimmung mit der Verteilung der Lasten der öffentlichen Verwaltung zu erfolgen und darauf Bedacht zu nehmen hat, dass die Grenzen der Leistungsfähigkeiten der beteiligten Gebietskörperschaften nicht überschritten werden. Einzelne finanzausgleichsrechtliche Bestimmungen dürfen daher nicht isoliert betrachtet werden, sondern es ist der Finanzausgleich immer als Regelungskomplex in seiner Gesamtheit an § 4 F-VG 1948 zu messen.[1]

Grundlage für das Finanzausgleichsgesetz 2017 (FAG 2017) bildet die am 7. November 2016 zwischen den Vertretern der Gebietskörperschaften getroffene Einigung über den Finanzausgleich ab 2017.[2] Im Hinblick darauf, dass die befristeten Finanzausgleichsgesetze auf den jeweiligen Vorgängerregelungen aufbauen bzw. diese weiterentwickeln, beruht auch dieser Kommentar in wesentlichen Teilen auf dem Kommentar zum FAG 2008.[3]

2. Das für die Jahre 2017 bis 2021 in Geltung gesetzte FAG 2017 löst das ursprünglich bis 31. Dezember 2013 befristete und in weiterer Folge zweimal verlängerte FAG 2008 ab und bildet den Art. 1 des Bundesgesetzes, mit dem ein Finanzausgleichsgesetz 2017 erlassen wird sowie das Finanzausgleichsgesetz 1997, das Finanzausgleichsgesetz 2001, das Finanzausgleichsgesetz 2005, das Finanzausgleichsgesetz 2008, das Umweltförderungsgesetz, das Gesundheits- und Sozialbereich-Beihilfengesetz und das Bundespflegegeldgesetz geändert werden und das Bedarfszuweisungsgesetz aufgehoben wird, BGBl I Nr. 116/2016.

3. Als Kompetenzgrundlage für die Erlassung des FAG 2017 dienen die §§ 2, 3, 5 bis 8 und 11 bis 13 F-VG 1948 sowie, auf die Kostentragungsbestimmungen des § 1 Abs. 2 im Bereich der Auftragsverwaltung des Bundes bezogen, Art. 104 Abs. 2 B-VG.

---

1 Siehe hierzu auch den Beitrag von Bauer; Thöni: „Finanzausgleich im Überblick" im vorliegenden Band.
2 Vgl. hierzu den Beitrag Kremser; Sturmlechner; Wolfsberger: „Paktum zum FAG 2017" im vorliegenden Band.
3 Vgl. Hüttner et al.: Das Finanzausgleichsgesetz 2008 – Gesetzestext mit Kommentar, 2008.

4. In seiner Gliederung folgt das Finanzausgleichsgesetz zunächst der Systematik des F-VG 1948.
- Teil I, Finanzausgleich, umfasst die §§ 1 bis 7 und enthält im Wesentlichen Kostentragungsbestimmungen, Regelungen zur Landesumlage und die sogenannte Schutzklausel;
- Teil II, Abgabenwesen, regelt die Verteilung der Besteuerungsrechte in den durch § 6 F-VG 1984 vorgegebenen Kategorien (§§ 8, 9 und 14 bis 22) sowie die Verteilung der Erträge der gemeinschaftlichen Bundesabgaben (§§ 10 bis 13);
- Teil III ist den Finanzzuweisungen und Zuschüssen gewidmet (§§ 23 bis 27);
- Teil IV enthält in den §§ 28 und 29 Regelungen betreffend den Klimaschutzkoordinations- und Verantwortlichkeitsmechanismus;
- Teil V enthält schließlich in den §§ 30 und 31 Sonder- und Schlussbestimmungen, und zwar Sonderbestimmungen zur Verjährung vermögensrechtlicher Ansprüche aus dem Finanzausgleich, Bestimmungen über das In- und Außerkrafttreten sowie über das Finanzausgleichsprovisorium.

Bundesgesetz, mit dem der Finanzausgleich für die Jahre 2017 bis 2021 geregelt wird und sonstige finanzausgleichsrechtliche Bestimmungen getroffen werden (Finanzausgleichsgesetz 2017 – FAG 2017)

Artikel 1

I. Finanzausgleich
(§§ 2 bis 4 F-VG 1948)

Tragung der Kosten der mittelbaren Bundesverwaltung und bestimmter mit der Besorgung der Verwaltung von Bundesvermögen zusammenhängender Aufgaben

§ 1. (1) Im Bereich der mittelbaren Bundesverwaltung (Artikel 102 B-VG) tragen die Länder den Personal- und Sachaufwand und die Ruhe- und Versorgungsgenüsse der mit der Besorgung dieser Verwaltung betrauten Bediensteten nach Maßgabe der folgenden Bestimmungen:

1. Die Länder tragen den Aufwand für die Dienstbezüge der bei den Behörden der allgemeinen Verwaltung in den Ländern einschließlich der Agrarbehörden in Verwendung stehenden Bediensteten. Unter Dienstbezügen im Sinne dieser Bestimmung sind alle Bezüge und Zuwendungen zu verstehen, auf die solche Bedienstete auf Grund des Dienstverhältnisses Anspruch haben oder die im Zusammenhang mit dem Dienstverhältnis gewährt werden.

2. Die Länder tragen die Ruhegenüsse der unter Z 1 bezeichneten Bediensteten und die Versorgungsgenüsse nach solchen Bediensteten,
   a) wenn die Ruhe- oder Versorgungsgenüsse in der Zeit vom 1. Oktober 1925 bis 13. März 1938 angefallen sind,
   b) wenn sich die Bediensteten am 13. März 1938 im Dienststand befunden haben, aber in einen der nach den Bestimmungen des Beamten-Überleitungsgesetzes, StGBl. Nr. 134/1945, neu gebildeten Personalstände nicht übernommen worden sind,
   c) wenn die Bediensteten in den neu gebildeten Personalstand aus Anlass der Bildung nach § 7 des Beamten-Überleitungsgesetzes oder später übernommen worden sind.
3. Die Länder tragen den Sachaufwand der unter Z 1 angeführten Behörden in dem sich aus den jeweils geltenden Vorschriften ergebenden Ausmaß. Unter Sachaufwand im Sinne dieser Bestimmung ist der gesamte Amtssachaufwand einschließlich aller Reisekosten zu verstehen.

(2) Bei den nach Art. 104 Abs. 2 B-VG den Ländern bei der Verwaltung bundeseigener Liegenschaften übertragenen Aufgaben wird der damit verbundene Aufwand wie folgt getragen:
1. Das Land trägt den Personal- und Sachaufwand im Sinne des Abs. 1 sowie den Aufwand für Vermessungsarbeiten durch Dritte. Der Bund ersetzt dem Land allerdings den Aufwand für Vermessungsarbeiten durch Dritte, soweit diese Arbeiten vom zuständigen Bundesminister angeordnet wurden, sowie den Personal- und Sachaufwand im Sinne des Abs. 1 in der vom Land geleisteten Höhe für Bedienstete, die für Bau- und Erhaltungsarbeiten verwendet werden und entweder nach Kollektivvertrag zu entlohnen sind oder Dienste verrichten, die nach dem Entlohnungsschema II des Vertragsbedienstetengesetzes 1948, BGBl. Nr. 86/1948, zu entlohnen wären.
2. Der Bund trägt den sonstigen Aufwand unmittelbar. Darunter fällt insbesondere der Aufwand für Lieferungen und Leistungen Dritter für Betrieb und Erhaltung (einschließlich solcher für Baumschnitte), für Grunderwerb (einschließlich Grunderwerbsteuer, Gerichtskosten, Gebühren und Verwaltungsabgaben, Grundbesitz einschließlich Grundsteuer) und für Beiträge, Beihilfen und Förderungsmittel für Dritte.
3. Diese Kostentragungsbestimmungen gelten nicht für Bau- und Erhaltungsarbeiten, auf die das Wasserbautenförderungsgesetz 1985, BGBl. Nr. 148/1985, Anwendung findet.

Erläuterungen

zu Abs. 1:

1. Die mittelbare Bundesverwaltung ist ein Produkt der Bundesverfassungsnovelle 1925, durch welche in der Organisation der staatlichen Verwaltungen in den Ländern vor allem die Doppelgleisigkeit dieser Verwaltung – nämlich eigene Behörden für die Bundes- und für die Landesverwaltung – durch Schaffung eines einheitlichen Amtes der Landesregierung und Umwandlung der Bezirkshauptmannschaften in Landesbehörden beseitigt werden sollte.

2. Art. 10 B-VG enthält eine lange Liste von Angelegenheiten, in denen die Gesetzgebung und die Vollziehung Bundessache sind. Die Vollziehung des Bundes darf allerdings nur in den in Art. 102 Abs. 2 B-VG ausdrücklich genannten Teilbereichen – deren Zahl durch eine Reihe von Verfassungsbestimmungen in anderen Gesetzen ausgeweitet wurde – auch tatsächlich von Bundesbehörden versehen werden (unmittelbare Bundesverwaltung). Soweit nicht eigene Bundesbehörden bestehen, üben im Bereich der Länder die Vollziehung des Bundes der Landeshauptmann und die ihm unterstellten Behörden aus (mittelbare Bundesverwaltung). Zu diesen dem Landeshauptmann unterstellten Behörden gehören in erster Linie das Amt der Landesregierung und die Bezirkshauptmannschaften, in Ausnahmefällen auch Bundesbehörden, insbesondere die Landespolizeidirektionen bzw. die Bezirks-/Stadtpolizeikommanden. In Städten mit eigenem Statut werden die Agenden der Bezirkshauptmannschaft vom Magistrat dieser Städte wahrgenommen.

3. § 1 Abs. 1 legt fest, dass die Länder den ihnen aus der Besorgung der mittelbaren Bundesverwaltung entstehenden Personalaufwand einschließlich der Ruhe- und Versorgungsgenüsse sowie den Amtssachaufwand selbst zu tragen haben. Nach heutigem Verständnis bedeutet diese Regelung eine Wiederholung des schon in § 2 F-VG 1948 verankerten Grundsatzes, dass der Bund und die übrigen Gebietskörperschaften, sofern die zuständige Gesetzgebung nichts anderes bestimmt, den Aufwand tragen, der sich aus der Besorgung ihrer Aufgaben ergibt (Grundsatz der eigenen Kostentragung).[4]

zu Abs. 2:

1. In der Auftragsverwaltung gemäß Art. 104 Abs. 2 B-VG finden die für die mittelbare Bundesverwaltung geltenden Grundsätze keine Anwendung. In Art. 104 Abs. 2 B-VG heißt es: „Inwieweit in besonderen Ausnahmefällen für die bei Besorgung solcher Geschäfte auflaufenden Kosten vom Bund ein Ersatz geleistet wird, wird durch Bundesgesetz bestimmt." Diese Ausnahmebestimmung ist § 1 Abs. 2.

2. Die in früheren Finanzausgleichsgesetzen enthaltenen sehr ausführlichen Bestimmungen hinsichtlich der den Ländern in der Bundesstraßen-

---

[4] Vgl. dazu den Beitrag von Bauer; Thöni: „Finanzausgleich im Überblick" im vorliegenden Band.

verwaltung und im Bundeshochbau übertragenen Aufgaben sind in der Zwischenzeit obsolet geworden, weil diese Bereiche der Privatwirtschaftsverwaltung in die Bundesimmobiliengesellschaft (BIG) bzw. die ASFINAG ausgegliedert und die Bundesstraßen B an die Länder übertragen worden sind. Der Abs. 2 enthält daher nur mehr eine Regelung für die Verwaltung bundeseigener Liegenschaften im Rahmen der Verwaltung des öffentlichen Wassergutes.

3. Kosten für Vermessungsarbeiten ersetzt der Bund den Ländern nur insoweit, als diese Arbeiten vom zuständigen Bundesminister angeordnet wurden. Diese Anordnung kann entweder im Einzelfall oder auch in Form eines jährlichen Ausgabenrahmes erfolgen.

4. Für den Ersatz des Personal- und Sachaufwandes für Bedienstete, die für Bau- und Erhaltungsarbeiten verwendet werden und entweder nach Kollektivvertrag zu entlohnen sind oder Dienste verrichten, die nach dem Entlohnungsschema II des Vertragsbedienstetengesetzes 1948, BGBl. Nr. 86/1948, zu entlohnen wären, gibt es derzeit keinen praktischen Anwendungsfall.

Tragung des Aufwandes für die Ausgleichszulagen

§ 2. Der Bund trägt die nach dem Allgemeinen Sozialversicherungsgesetz, BGBl. Nr. 189/1955, nach dem Gewerblichen Sozialversicherungsgesetz, BGBl. Nr. 560/1978, nach dem Bauern-Sozialversicherungsgesetz, BGBl. Nr. 559/1978, und nach dem Freiberuflichen Sozialversicherungsgesetz, BGBl. Nr. 624/1978, ausgezahlten Ausgleichszulagen.

Erläuterungen

1. Pensionsberechtigte nach dem ASVG, GSVG, BSVG oder FSVG, deren Pension zuzüglich eines aus übrigen Einkünften erwachsenden Nettoeinkommens die Höhe des Richtsatzes nach § 293 ASVG nicht erreicht, erhalten im Ausmaß der Differenz eine Ausgleichszulage.

2. Die dem Bund durch die Tragung des Aufwandes für die Ausgleichszulagen erwachsende Belastung ist beträchtlich. Im Bundesvoranschlag (BVA) 2017 sind für die Ausgleichszulagen Mittel in der Höhe von 974,1 Mio. Euro veranschlagt.[5]

3. § 299 ASVG in seiner Stammfassung, BGBl 1955/189, sah vor, dass die Ausgleichszulage von dem Land zu ersetzen ist, in dem der Sitz des endgültig verpflichteten Fürsorgeverbandes liegt, der für die Empfängerin und den Empfänger der Ausgleichszulage zuständig ist oder wäre. Die Länder hatten die von ihnen ersetzten Beträge auf die Fürsorgeverbände im Verhältnis von deren Finanzkraft aufzuteilen, die wiederum aus der Finanzkraft gemäß § 23 Abs. 4 des Familienlastenausgleichsgesetzes, BGBl 1955/18, der verbandsangehörigen Gemeinden zu bestimmen war. In Abs. 2 heißt es auch: „In den Jahren 1956 bis 1960 trägt ein Viertel der

---
5 Vgl. hierzu BMF: Budgetbericht 2017, 2016, Seite 86 ff.

Ausgleichszulagen der Bund." Ähnlich stand es in § 97 GSPVG, des Vorläufers des heutigen GSVG, zu lesen. Da das Sozialversicherungswesen gemäß Art. 10 Abs. 1 Z 11 B-VG in Gesetzgebung und Vollziehung Bundessache ist und damit auch die Kostentragung beim Bund gelegen wäre, handelt es sich bei der Kostenersatzbestimmung um eine Ausnahmeregelung im Sinne des § 2 F-VG 1948, die von den Ländern und Gemeinden offenbar in Kauf genommen wurde in Hinblick darauf, dass ihr Fürsorgeaufwand dadurch eine entsprechende Minderung erfährt.

Bei den Verhandlungen über den Finanzausgleich 1959 kam es zu einem Abtausch: Der Bund übernahm die Tragung der Ausgleichszulagen zur Gänze und erhielt von den Gemeinden unter anderem auch als Ausgleich dafür 40 Prozent der Gewerbesteuer. Die abweichenden Kostentragungsbestimmungen im ASVG und GSPVG verloren dadurch ihren Inhalt, und es erschien naheliegend, sie zu eliminieren.

Dass es aus Zeitdruck nicht dazu gekommen ist und man sich mit der Feststellung in Art. IV Abs. 2 FAG 1959 begnügte, dass der Bund die durch § 299 ASVG bzw. § 97 GSPVG den Ländern, Bezirksfürsorgeverbänden und Gemeinden auferlegte Kostentragung übernimmt, sollte noch bittere Folgen zeitigen, weil die Länder und Gemeinden bald darauf nur gegen Verzicht auf 100 Mio. Schilling (7,27 Mio. Euro) vermeiden konnten, in die Mitfinanzierung einer kräftigen Richtsatzanhebung einbezogen zu werden.

Bei den Verhandlungen über den Finanzausgleich 1973 trieb das Problem der Ausgleichszulagen erneut an die Oberfläche, weil der Empfängerkreis durch die Schaffung des Bauern-Pensionsversicherungsgesetzes, BGBl 1970/28, stark ausgeweitet worden war. Schließlich übernahm der Bund die Kosten, und auch die provisorische Kostenübernahme für 1971 und 1972 wurde im FAG 1973 rückwirkend saniert.

4. Die heutige Rechtslage ist dergestalt, dass gemäß § 299 ASVG bzw. § 156 GSVG die Länder den Trägern der Pensionsversicherung gegenüber ersatzpflichtig sind und den Aufwand für die ersetzten Beträge auf die Träger der Sozialhilfe des Landes im Verhältnis der den Ausgleichszulagenbezieherinnen und -beziehern überwiesenen Beträge aufzuteilen haben. „Eine Beteiligung des Bundes richtet sich nach dem jeweiligen Finanzausgleichsgesetz." Gleiches ist in § 147 BSVG vorgesehen und gilt wegen der Anwendbarkeit des § 156 GSVG auch für den Bereich des FSVG. Obwohl zum Zeitpunkt von dessen Schaffung die Kostenübernahme durch den Bund bereits feststand, wurde dennoch die Kostenersatzpflicht der Länder konstituiert.

5. Der Abtausch wurde durch den Bund voll und ohne zeitliche Begrenzung konsumiert, die Entlastung der Länder und Gemeinden ist dagegen an die Geltung des FAG 2017 gebunden.

Kosten von Verfahren vor dem Gerichtshof der Europäischen Gemeinschaften

§ 3. (1) In den Fällen des Art. 10 der Vereinbarung zwischen dem Bund und den Ländern gemäß Art. 15a B-VG über die Mitwirkungsrechte der Länder und Gemeinden in Angelegenheiten der europäischen Integration, BGBl. Nr. 775/1992, sind die jeweils betroffenen Länder dem Bund zur ungeteilten Hand zum Ersatz der zur zweckentsprechenden Rechtsverfolgung notwendigen Kosten verpflichtet, die dem Bund im Zusammenhang mit Verfahren vor dem Gerichtshof der Europäischen Gemeinschaften erwachsen.

(2) Darüber hinaus sind die jeweils betroffenen Länder zur Tragung jener Kosten verpflichtet, die der Republik Österreich im Zusammenhang mit Verfahren vor dem Gerichtshof der Europäischen Gemeinschaften wegen eines EG-rechtswidrigen Verhaltens der Länder erwachsen.

(3) Die jeweils betroffenen Gemeinden sind zur Tragung jener Kosten verpflichtet, die der Republik Österreich im Zusammenhang mit Verfahren vor dem Gerichtshof der Europäischen Gemeinschaften wegen eines EG-rechtswidrigen Verhaltens von Gemeinden erwachsen.

Erläuterungen

1. § 3 Abs. 1 und 2 sind wortgleich mit Art. 12 der in Abs. 1 zitierten Vereinbarung.

2. Art. 10 der Vereinbarung sieht vor, dass der Bund auf Ersuchen eines Landes die nach dem Gemeinschaftsrecht hierfür in Betracht kommenden Rechtsbehelfe vor dem Gerichtshof der Europäischen Gemeinschaften ergreift, wenn – hier heißt es noch „im Falle einer EG-Mitgliedschaft Österreichs" – ein rechtswidriges Handeln oder Unterlassen von Organen der Europäischen Gemeinschaften eine Angelegenheit betrifft, in welcher die Gesetzgebung Landessache ist. Die zur „zweckentsprechenden" Rechtsverfolgung „notwendigen" Kosten sind dem Bund zu ersetzen.

3. Die Ersatzpflicht gemäß Abs. 2 kommt theoretisch auch zum Tragen, wenn das EU-rechtswidrige Verhalten eines Landes bundesrechtlich geboten ist.

4. Abs. 3 stellt eine nicht in der Vereinbarung enthaltene Ergänzung in Bezug auf die Gemeinden dar.

Ersatz von Besoldungskosten für die Landes- und Religionslehrer

§ 4. (1) Der Bund ersetzt den Ländern von den Kosten der Besoldung (Aktivitätsbezüge) der unter ihrer Diensthoheit stehenden Lehrer einschließlich der Landesvertragslehrer (im Folgenden Landeslehrer genannt)

1. an öffentlichen allgemein bildenden Pflichtschulen 100 % im Rahmen der vom Bundesminister für Bildung im Einverneh-

men mit dem Bundesminister für Finanzen genehmigten Stellenpläne,
2. an berufsbildenden Pflichtschulen im Sinne des Schulorganisationsgesetzes, BGBl. Nr. 242/1962, und an land- und forstwirtschaftlichen Berufs- und Fachschulen 50 %.

(2) Den Aufwand, der auf Grund des § 7 des Bundesgesetzes betreffend den Religionsunterricht in der Schule, BGBl. Nr. 190/1949, von den Ländern zu tragen ist, ersetzt der Bund in der gleichen Höhe, die für den Ersatz der Aktivitätsbezüge der Landeslehrer jener Schulen vorgesehen ist, an denen die Religionslehrer tätig sind.

(3) Weiters ersetzt der Bund den Aufwand an Dienstzulagen gemäß § 59a Abs. 4 und 5 und § 60 Abs. 6 bis 8 des Gehaltsgesetzes 1956, BGBl. Nr. 54/1956, sowie den Aufwand an Nebengebühren für Landeslehrer, die Bundesaufgaben im Bereich der Pädagogischen Hochschulen erfüllen, in voller Höhe.

(4) Die Bestimmungen über die Tragung der Kosten der Subventionierung von Privatschulen nach den §§ 17 bis 21 des Privatschulgesetzes, BGBl. Nr. 244/1962, bleiben unberührt.

(5) Der Bund ersetzt den Ländern den Pensionsaufwand für die im Abs. 1 genannten Lehrer sowie für die Angehörigen und Hinterbliebenen dieser Lehrer in der Höhe des Unterschiedsbetrages zwischen dem Pensionsaufwand für diese Personen und den für die im Abs. 1 genannten Lehrer von den Ländern vereinnahmten Pensionsbeiträgen, besonderen Pensionsbeiträgen und Überweisungsbeträgen.

(6) Zu den Kosten der Besoldung nach den Abs. 1 und 5 gehören alle Geldleistungen, die auf Grund der für die im Abs. 1 genannten Lehrer, ihre Angehörigen und Hinterbliebenen geltenden dienstrechtlichen und sozialversicherungsrechtlichen Vorschriften zu erbringen sind. Ferner gehören zu diesen Kosten die Dienstgeberbeiträge nach dem Familienlastenausgleichsgesetz 1967, BGBl. Nr. 376/1967. Der Aufwand, der durch die Gewährung von Vorschüssen entsteht, ist von den Ersätzen ausgenommen.

(7) Auf die Ersätze nach den Abs. 1, 2, 3 und 5 sind auf Grund monatlicher Anforderungen der Länder so rechtzeitig Teilbeträge bereitzustellen, dass die Auszahlung der Bezüge zum Fälligkeitstag gewährleistet ist. Zur Kontrolle der Einhaltung der genehmigten Stellenpläne sowie zur Information über die und Kontrolle der Personalausgaben für die Landeslehrer stellen die Länder dem Bund für jeden Monat spätestens bis zum zehnten Tag des zweitfolgenden Monats die erforderlichen Unterlagen zur Verfügung. Eine Endabrechnung durch den Bund erfolgt nach Vorlage der von den Ländern erstellten Schuljahresabrechnungen. Diese sind bis längstens 10. Oktober des Folgeschuljahres von den Ländern vorzulegen. Festgestellte Abweichungen werden bei der nächsten Mittelbereitstellung ausgeglichen. Die näheren Bestimmungen über die Kontrolle und Abrechnung können vom Bundesminister für Bildung

und dem Bundesminister für Land- und Forstwirtschaft, Umwelt und Wasserwirtschaft jeweils im Einvernehmen mit dem Bundesminister für Finanzen nach Anhörung der Länder durch Verordnung festgelegt werden.

(8) Zur Abgeltung des Mehraufwands aus Strukturproblemen, der den Ländern durch sinkende Schülerzahlen und im Bereich des Unterrichts für Kinder mit besonderen Förderungsbedürfnissen entsteht, leistet der Bund den Ländern zusätzlich zu den Ersätzen nach Abs. 1 Z 1 für Personalausgaben für Landeslehrer an allgemein bildenden Pflichtschulen in den Jahren 2017 bis 2021 einen Kostenersatz in Höhe 25 Millionen Euro jährlich. Dieser Kostenersatz ist auf die Länder nach der Volkszahl aufzuteilen und im Dezember eines jeden Jahres zu überweisen.

Erläuterungen

1. Die Schulverfassungsnovelle 1962, BGBl 1962/215, legt in Art. 4 Abs. 1 fest: „Bis zu einer anderweitigen Regelung durch Bundesgesetz trägt der Bund die Kosten der Besoldung (Aktivitäts- und Pensionsaufwand) der Lehrer für öffentliche Pflichtschulen (Art. 14 Abs. 2 des Bundes-Verfassungsgesetzes in der Fassung von 1929 und in der Fassung dieses Bundesverfassungsgesetzes) unbeschadet allfälliger gesetzlicher Beitragsleistungen der Länder zum Personalaufwand für diese Lehrer." Gleiches gilt gemäß Art. 4 Abs. 1 der Schulverfassungsnovelle 1995, BGBl 1975/316, für die öffentlichen land- und forstwirtschaftlichen Berufs- und landwirtschaftlichen Fachschulen.

2. Die Tragung der Besoldungskosten für die Landeslehrer ist ein Thema, das den gesamten Finanzausgleich der Zweiten Republik beherrscht hat und noch immer einer Lösung harrt. Seine Brisanz wird an den involvierten Größenordnungen deutlich. Im Bundesvoranschlag (BVA) 2017 sind Kostenersätze für Aktivausgaben und Pensionsausgaben der Landeslehrerinnen und -lehrer in der Höhe von 5.669,9 Mio. Euro veranschlagt.[6]

3. Die in der Ersten Republik von den Ländern besoldeten Pflichtschullehrer wurden nach der Besetzung Österreichs als „Reichsbeamte" übernommen, und auch nach 1945 blieben sie zunächst in der Dienst- und Besoldungshoheit des Bundes. Das Lehrerdienstrechts-Kompetenzgesetz 1948, BGBl 1948/88, hat dann die Kompetenzen neu geregelt. In der Tragung des Besoldungsaufwandes für die Lehrer an allgemein bildenden Pflichtschulen ist allerdings keine Änderung eingetreten. Mit der Finanzausgleichsnovelle 1951 wurde ein kleines Korrektiv eingebaut. Die Länder mussten bei den allgemein bildenden Pflichtschulen bei einem Lehrerüberstand einen Beitrag leisten, wobei die Grenzziehung für den Überstand aus heutiger Sicht fast unwirkliche Züge trägt. Ein Überstand war gegeben, wenn die Schülerzahlen pro Lehrer in der Volksschule weniger als 30, in der Hauptschule weniger als 20 und in der Sonderschule weni-

---

6 Vgl. hierzu BMF: Budgetbericht 2017, 2016, S. 84 ff.

ger als 15 betrugen. Diese Regelung hat sich bis 1966 gehalten, in der Überstandsberechnung trat allerdings schrittweise eine leichte Entspannung zugunsten der Länder ein.

Mit dem FAG 1967 wurde ein neuer Weg eingeschlagen. Der Länderbeitrag wurde generell mit 10 Prozent der Aktivbezüge der Lehrer an allgemein bildenden Pflichtschulen festgesetzt, und als Ausgleich erhielten die Länder eine höhere Beteiligung an der Umsatzsteuer, mit der zusätzlichen Einbahnregelung, dass der Bund, wenn die 10 Prozent in einem Land höher waren als die zusätzlich gewährten Ertragsanteile, die Differenz zu ersetzen hatte. Wie zu vermuten steht, war dieses System nicht von langer Dauer. Mit dem FAG 1973 übernahm der Bund wieder die vollen Kosten, allerdings in der Form, dass der Lehrerpersonalaufwand nunmehr von den Ländern zu tragen war und der Bund zu Lasten seines Sachaufwandes Ersatz leistete.

Die weiteren Bemühungen, Einsparungen beim Lehrerpersonalaufwand zu erzielen, führten zum Abschluss einer Vereinbarung gemäß Art. 15a B-VG, BGBl 1989/390, über Maßnahmen bei der Stellenplanbewirtschaftung, und in das FAG 1993 wurde die Bestimmung aufgenommen, dass der Kostenersatz nur mehr im Rahmen der von der Unterrichtsministerin bzw. vom -minister und auch von der Finanzministerin bzw. vom -minister genehmigten Stellenpläne erfolgt.

In das FAG 2001 hat schließlich die zusätzliche Absicherung Aufnahme gefunden, dass die Länder den Bund bei der Stabilisierung der Personalausgaben für die Landeslehrerinnen und Landeslehrer unterstützen (§ 4 Abs. 7 FAG 2001). In Ergänzung dazu wurde vereinbart, die Stellenplanrichtlinien dahingehend zu verändern, dass in schrittweiser Entwicklung bis zum Schuljahr 2004/2005 letztlich je Planstelle folgende Schülerzahlen nicht unterschritten werden sollen:

Bereich Volksschule	14,5
Bereich Hauptschule	10,0
Bereich Polytechnische Schule	9,0
Bereich Sonderpädagogik	3,2

Wegen der bundesländerweise sehr unterschiedlich gelagerten Verhältnisse und der damit weiterhin notwendigen Berücksichtigung regionaler Sonderfaktoren war davon auszugehen, dass diese Planzahlen auf den gesamtösterreichischen Durchschnitt abstellen.

Der Bund sah dies jedoch anders. Auch legte er einseitig fest, dass die im Schuljahr 2004/2005 zu erreichenden Schüler-Lehrer-Verhältniszahlen bereits im Schuljahr 2001/2002 zu 70 Prozent, im darauf folgenden Schuljahr zu 80 Prozent und im Schuljahr 2003/2004 zu 90 Prozent zu erfüllen sind. Verfehlte ein Land diese Vorgaben, so wurden Landeslehrerkostenersätze einbehalten. Art. 1 Abs. 1 Z 1 der Vereinbarung gemäß Art. 15a B-VG über gemeinsame Maßnahmen des Bundes und der Länder beim Personalaufwand für Lehrer an allgemein bildenden Pflichtschulen, bei der Förderung des Wohnbaus und der Wohnhaussanierung sowie bei der Dotierung des Umwelt- und Wasserwirtschaftsfonds, BGBl 1989/390 idgF, wonach die für die Erstellung des jeweiligen Landesstellenplans für allgemein bildende Pflichtschulen maßgeblichen Rundschreiben des Unterrichts-

Teil 3: Das FAG 2017 – Gesetzestext mit Kommentar; § 4

ministeriums unter Bedachtnahme auf die bestehenden gesetzlichen Grundlagen laufend überprüft und erforderlichenfalls im Einvernehmen mit den Ländern rechtzeitig angepasst werden, blieb dabei unbeachtet.

4. In den bisherigen Ausführungen ist bewusst immer nur von den allgemein bildenden Pflichtschulen die Rede. Für die berufsbildenden Pflichtschulen gilt nämlich schon seit dem FAG 1948 die noch heute vorgesehene Kostentragung zu je 50 Prozent.

5. Der Bund bringt für die von ihm immer wieder vertretene Forderung nach Tragung der Kosten der Lehrerinnen- und Lehrerbesoldung durch die Länder das Postulat der Übereinstimmung von Aufgaben- und Finanzierungsverantwortung ins Spiel und verweist darauf, dass die Behördenzuständigkeit zur Ausübung der Diensthoheit über die Landeslehrerinnen und -lehrer für öffentliche Pflichtschulen Landessache in Gesetzgebung und Vollziehung sei.

Von den Ländern wird dem entgegengehalten, dass alle maßgeblichen, die Stellenplanerfordernisse und den Personalaufwand der Landeslehrerinnen und -lehrer beeinflussenden Faktoren vom Bund gestaltet werden, denn nach Art. 14 B-VG sind Bundessache:
a. die Gesetzgebung in Angelegenheiten des Dienst- und Besoldungsrechts der Lehrer für öffentliche Pflichtschulen;
b. die Grundsatzgesetzgebung für die äußere Schulorganisation, so insbesondere für Aufbau, Organisationsform, Klassenschülerzahlen und Unterrichtszeit;
c. die Gesetzgebung für die innere Schulorganisation (Lehrpläne, Bildungsinhalte etc.).

Auch stehen einem Ausufern des Personalaufwandes durch Maßnahmen der Länder im Rahmen der ihnen zustehenden Kompetenzen eine strenge Stellenplanbewirtschaftung und die Beschränkung der Kostensatzpflicht auf den genehmigten Stellenplan entgegen.

Als besonders krasses Beispiel für die Kostenverursachung durch den Bund werden die Schulgesetze 1963 mit der Einführung des 9. Schuljahres, der Herabsetzung der Klassenschülerhöchstzahlen und einer Herabsetzung der Lehrverpflichtung genannt, die mittelfristig zu einem Zusatzbedarf von 4.800 Schulklassen und 9.200 Lehrerdienstposten geführt haben.

6. § 4 Abs. 2 normiert die Ersatzpflicht des Bundes für jene Religionslehrerinnen und -lehrer, die von einer gesetzlich anerkannten Religionsgemeinschaft bestellt werden. Für die unter der Diensthoheit der Länder stehenden Religionslehrerinnen und -lehrer bildet Abs. 1 die Grundlage für den Ersatz.

7. Zu den in § 4 Abs. 6 angeführten dienstrechtlichen Vorschriften zählen sowohl das Dienst- wie auch das Besoldungs- und Pensionsrecht. Ausgeklammert vom Ersatz sind aufgrund dieser Bestimmung insbesondere die Kosten der Bezugsliquidierung und die Ausgleichstaxen nach dem Behinderteneinstellungsgesetz.

8. Die in § 4 Abs. 7 angeführte Kontrolle der Einhaltung der genehmigten Stellenpläne und der Abrechnung erfolgt anhand der Verordnung betreffend Informationen über den Personalaufwand und das Controlling im

231

Bereich der Landeslehrerinnen und -lehrer (Landeslehrer-Controllingverordnung), BGBl Nr 390/2005 idgF.

9. Die Bestimmung des § 4 Abs. 8 war bereits im FAG 2005 enthalten und stellte eine Reaktion auf die Meinungsverschiedenheiten über die Einhaltung bzw. Nichteinhaltung der Stellenpläne durch einige Länder während der Finanzausgleichsperiode 2001 bis 2004 dar. Den erläuternden Bemerkungen zu § 4 FAG 2005, 702 BlgNR XXII. GP, kann entnommen werden, dass die Länder bereits im Rahmen der Gespräche zum Finanzausgleich 2005 die Forderung erhoben haben, unterschiedliche regionale Strukturen zu berücksichtigen. Insbesondere wurde darauf hingewiesen, dass sinkende Schülerzahlen im ländlichen Raum nicht immer eins zu eins zu einer Reduzierung der Klassenzahlen führen und die Sonderpädagogik (Unterricht für Kinder mit besonderen Förderungsbedürfnissen) einer besonderen Berücksichtigung bedürfe. Vor diesem Hintergrund erhielten die Länder im FAG 2005 jährlich 12 Mio. Euro als zusätzlichen Kostenersatz.

Im FAG 2008 wurden diese Mittel wesentlich erhöht. So erhielten die Länder in den Jahren 2008 bis 2010 jährlich 24 Mio. Euro und in den Jahren 2011 bis 2016 jeweils 25 Mio. Euro. Auch im Zuge der Verhandlungen zum FAG 2017 stellte die Landeslehrerproblematik (insbesondere die nach wie vor zur Anwendung gelangenden historischen Verhältniszahlen) einen zentralen Punkt dar. Schließlich wurden die Mittel des Jahres 2016 für die Jahre 2017 bis 2021 fortgeschrieben. Die Verteilung auf die Länder erfolgt wie bisher nach der Volkszahl.

Migration und Integration

§ 5. (1) Der Bund leistet an die Länder und Gemeinden einen pauschalen Kostenersatz für ihren Aufwand im Zusammenhang mit Migration und Integration in Höhe von einmalig 125 Millionen Euro.

(2) Der Anteil der Länder beträgt 87,5 Millionen Euro, die länderweisen Anteile richten sich nach der Volkszahl. Der Bund hat diesen Ersatz bis spätestens 30. Juni 2017 zu überweisen.

(3) Der Anteil der Gemeinden beträgt 37,5 Millionen Euro. Davon erhält die Gemeinde Salzburg einen Vorausanteil von 1,5 Millionen Euro und die Gemeinde Wien von 3,0 Millionen Euro. Die weiteren Mittel werden auf die Gemeinden im Verhältnis der Anzahl der Personen, die Grundversorgung im Sinne der Grundversorgungsvereinbarung, BGBl. I Nr. 80/2004, zu den Stichtagen 1. Jänner 2016, 1. April 2016, 1. Juli 2016, 1. Oktober 2016 und 8. November 2016 auf Basis der Daten des Betreuungsinformationssystems gemäß 8 des Grundversorgungsgesetzes – Bund 2005, BGBl. Nr. 405/1991, erhalten haben, aufgeteilt.

(4) Mit diesem Kostenersatz sind sämtliche Forderungen und Ansprüche der Länder und Gemeinden gegen den Bund im Zusammenhang mit Migration und Integration abgegolten.

Erläuterungen

1. Der Bund hat im Rahmen der Verhandlungen zum FAG 2017 die Länder gebeten, die in den Jahren 2014 und 2015 entstandenen Ausgaben für Flüchtlinge für die wesentlichen davon betroffenen Aufgabenbereiche mitzuteilen. Zweck dieser Erhebung war aus Sicht des Bundes, die angelaufenen Kosten im Zusammenhang mit der Flüchtlingskrise (bzw. der Kostenanstieg) gegenüber der Europäischen Kommission zu dokumentieren und auch plausibilisieren zu können. Konkret steht die Behandlung des Kostenanstiegs von 2014 auf 2015 als Einmalmaßnahme und damit defizitsenkend (struktureller Saldo) zur Disposition. Die Länder wurden vom Bund gebeten, bei Vorliegen von länderweisen Schätzungen über Mehrausgaben von Gemeinden diese ebenfalls bekannt zu geben.

2. Die Länder wiesen ausdrücklich darauf hin, dass aus ihrer Sicht der unter der Position „Transitflüchtlinge" bzw. „Meldung von Kosten an das BMI" angeführte und gegenüber dem BMI bereits geltend gemachte Betrag unabhängig davon, ob dieser Betrag für die Berechnung des strukturellen Defizits berücksichtigt wird, vom Bund dem jeweiligen Land zu ersetzen ist. Zwischen Bund und Ländern umstritten war insbesondere, ob zu den vom Bund zu ersetzenden Ausgaben auch die Kosten für die medizinische Versorgung der Flüchtlinge, insbesondere Spitalsleistungen, zählen. Gerade im Gesundheitsbereich gehen die Länder für die nächsten Jahre von enormen Integrationsfolgekosten aus.

3. In der Endphase der Verhandlungen zum neuen FAG 2017 einigten sich die Finanzausgleichspartner darauf, dass der Bund einen einmaligen pauschalen Kostenersatz an Länder und Gemeinden in Höhe von insgesamt 125 Mio. Euro für ihren Aufwand im Zusammenhang mit Migration und Integration leistet. Der Anteil der Länder beträgt 87,5 Mio. Euro, die Verteilung erfolgt nach der Volkszahl. Der Anteil der Gemeinden beträgt 37,5 Mio. Euro. Davon erhalten die Gemeinde Salzburg einen Vorausanteil von 1,5 Mio. Euro und die Gemeinde Wien von 3,0 Mio. Euro. Der Vorausanteil gebührt den Städten Wien und Salzburg in Anbetracht der außergewöhnlichen finanziellen Belastungen dieser beiden Städte aufgrund der Flüchtlingsströme im Jahr 2015. Die weiteren Mittel werden auf die Gemeinden im Verhältnis der Anzahl der Personen, die Grundversorgung im Sinne der Grundversorgungsvereinbarung, BGBl. I Nr. 80/2004, zu den Stichtagen 1. Jänner 2016, 1. April 2016, 1. Juli 2016, 1. Oktober 2016 und 8. November 2016 auf Basis der Daten des Betreuungsinformationssystems gemäß § 8 des Grundversorgungsgesetzes – Bund 2005, BGBl. Nr. 405/1991, erhalten haben, aufgeteilt.

Tabelle 1: Pauschaler Kostensatz an Gemeinden für Migration und Integration, länderweise Darstellung

Bundesland	Vorweganteil	Durchschnitt Grundversorgte	Länderweise Anteil an Grundversorgten	Einmalzahlung für Migration und Integration in Euro	Länderweise Anteil an der Einmalzahlung
Burgenland		1.076.811	3,2631%	1.076.811	2,8715%
Kärnten		1.919.267	5,8160%	1.919.267	5,1180%
Niederösterreich		6.109.936	18,5150%	6.109.936	16,2932%
Oberösterreich		5.309.820	16,0904%	5.309.820	14,1595%
Salzburg	1.500.000	1.862.064	5,6426%	3.362.064	8,9655%
Steiermark		4.579.439	13,8771%	4.579.439	12,2118%
Tirol		2.488.162	7,5399%	2.488.162	6,6351%
Vorarlberg		1.492.094	4,5215%	1.492.094	3,9789%
Wien	3.000.000	8.162.408	24,7346%	11.162.408	29,7664%
Gesamt	**4.500.000**	**33.000.000**	**100,0000%**	**37.500.000**	**100,0000%**

Quelle: Michael Kremser: eigene Darstellung, 2017.

4. Mit diesem Kostenersatz sind sämtliche Forderungen und Ansprüche der Länder und Gemeinden gegen den Bund im Zusammenhang mit Migration und Integration abgegolten. Mit dieser Leistung wurde auch die zwischen den Finanzausgleichspartnern geführte Diskussion, welche Ausgaben der Länder und Gemeinden eigentlich der Bund hätte tragen und daher ersetzen müssen, im Sinne eines Generalvergleichs erledigt. Bei einer Flüchtlingswelle, die mit der im Jahr 2015 vergleichbar ist, werden zwischen den Finanzausgleichspartnern wiederum Gespräche über die Auswirkungen auf den Finanzausgleich zu führen sein.

Landesumlage

§ 6. Die Landesumlage darf 7,66 % der ungekürzten rechnungsmäßigen Ertragsanteile der Gemeinden an den gemeinschaftlichen Bundesabgaben (§ 12 Abs. 1 erster Satz) nicht übersteigen.

Erläuterungen

1. Nach § 3 Abs. 2 F-VG 1948 sind die Länder berechtigt, durch Landesgesetze von den Gemeinden oder gegebenenfalls den Gemeindeverbänden eine Umlage zu erheben. Durch Bundesgesetz kann ein Höchstmaß der Landesumlage festgesetzt werden. Seit der Novelle zum F-VG 1948 im Jahr 2012, BGBl Nr. 51/2012, kann diese bedarfsunabhängig erhoben werden.

Die Einrichtung der Landesumlage stellt eine Reaktion darauf dar, dass den Ländern mit dem Anschluss Österreichs alle Besteuerungsrechte, insbesondere die Grundsteuer, die Gewerbesteuer einschließlich der Lohnsummensteuer und die Getränkesteuer, entzogen und nach dem Zweiten Weltkrieg nicht wieder zurückgegeben worden waren. Sie erhielten an ihrer Stelle eine höhere Ertragsbeteiligung an den gemeinschaftlichen Bundesabgaben und eben das Recht, eine Landesumlage einzuheben.

2. Die Finanzausgleichsgesetze seit 1948 sehen einerseits vor, dass die Landesumlage auf der Basis der Gemeindeertragsanteile berechnet wird – was langfristig eine sehr gute Dynamik gewährleistet –, und legen andererseits eine Obergrenze fest, ursprünglich 20 Prozent der ungekürzten

Gemeindeertragsanteile. Die stufenweise Reduktion auf nunmehr 7,66 Prozent bedeutet nicht, dass die Länder fast zwei Drittel ihrer Einnahmequelle verlustig gingen, sondern ist auf dreierlei Ursachen zurückzuführen:
a. einen Verzicht der Länder durch die freiwillige Reduzierung von 12,5 auf 10,5 Prozent beim FAG 1979;
b. die Absenkung beim FAG 1985 von 10,5 auf 8,3 Prozent mit Ersatz des Einnahmenentfalls durch höhere Ertragsanteile zu Lasten des Bundes;
c. eine Absenkung des Prozentsatzes, um den Gemeinden zusätzlich gewährte Ertragsanteile von der Schmälerung durch höhere Landesumlagen auszunehmen.

Letzteres stellt den Regelfall dar. Beispielsweise war die Rückführung von 8,3 auf 7,8 Prozent durch den Getränkesteuerausgleich[7] bedingt. Dieser bescherte den Gemeinden zum teilweisen Ausgleich für den Wegfall der Getränkesteuer eine Mehrbeteiligung von rund 330 Mio. Euro an der Umsatzsteuer, die ihnen ungeschmälert zufließen sollte. Auf diese Besonderheit wurde auch im Rahmen der Einführung des einheitlichen Schlüssels im FAG 2005 Rücksicht genommen und der Getränkesteuerausgleich fortgeschrieben.

Das FAG 2008 sah eine Senkung von 7,8 auf 7,6 Prozent vor, um die Erhöhung der Ertragsanteile der Gemeinden durch die Umwandlung von Transfers in Ertragsanteile zu neutralisieren. Der den Gemeinden gewährte Ersatz für die Anzeigen- und Ankündigungsabgabe wurde hingegen dadurch neutralisiert, dass die Ertragsanteile der Gemeinden an der mit Art. 10 des BGBl I 2000/29 neu eingeführten Werbeabgabe bei der Berechnung der Landesumlage von vornherein auszuscheiden waren. Die gleiche Vorgangsweise war bei der Abschaffung der Selbstträgerschaft nach dem Familienlastenausgleichsgesetz vorgesehen. Die als Ersatz für den Mehraufwand der Gemeinden gewährten zusätzlichen Ertragsanteile an der Umsatzsteuer blieben bei der Berechnung der Landesumlage außer Betracht.

3. Die mit dem FAG 2017 vorgenommene Vereinfachung der Verteilung der Ertragsanteile bewirkt in Summe eine Verringerung der Bemessungsgrundlage für das Höchstausmaß der Landesumlage und für die Höhe der Gemeindebedarfszuweisungsmittel. Das Höchstausmaß für die Landesumlage wurde daher auf 7,66 Prozent angepasst.

4. Da sich die prozentuelle Obergrenze auf die Gesamtheit der ungekürzten Ertragsanteile bezieht und nicht auf die Ertragsanteile der einzelnen Gemeinden, kann die Umlegung als Instrument des interkommunalen Ausgleichs genutzt werden, indem sie nicht einwohnerbezogen oder nur im Verhältnis der Ertragsanteile, sondern unter Verwendung eines Finanzkraftschlüssels vorgenommen wird. Mit dem FAG 2017 werden zudem die unterschiedlichen Finanzkraftbegriffe des FAG 2008 gebündelt (siehe hierzu § 25).

---

7   Vgl. BGBl I 2000/29, Art. 9, Z 5

5. Die Landesumlage wird nicht mehr in allen Bundesländern und nicht überall in voller Höhe eingehoben.

> **Voraussetzungen für die Aufnahme von Verhandlungen**
>
> **§ 7.** **(1) Der Bund hat mit den am Finanzausgleich beteiligten Gebietskörperschaften vor der Inangriffnahme steuerpolitischer Maßnahmen, die für die Gebietskörperschaften mit einem Ausfall an Steuern, an deren Ertrag sie beteiligt sind, verknüpft sein können, Verhandlungen zu führen. Das Gleiche gilt für Mehrbelastungen, die als Folge von Maßnahmen des Bundes am Zweckaufwand der Gebietskörperschaften zu erwarten sind.**
>
> **(2) Zur Teilnahme an diesen Verhandlungen sind für die Gemeinden deren Interessenvertretungen, das sind der Österreichische Städtebund und der Österreichische Gemeindebund, berechtigt.**

Erläuterungen

1. Die 1959 eingeführte „Schutzklausel" ist nur mehr ein Schatten der Bestimmung des § 6 Abs. 4 des Finanz-Verfassungsgesetzes vom Jahre 1931, der unter anderem vorsah, dass der Bund angemessenen Ersatz zu leisten hat, wenn durch ein Bundesgesetz im Rahmen des Finanzausgleichs Einnahmen der Länder oder Gemeinden eine Schmälerung erfahren und keine entsprechende Entlastung von Ausgaben eingetreten ist oder ihnen neue entsprechende Einnahmen erschlossen werden. Dennoch muss die mit dem FAG 1959 erfolgte Aufnahme der Schutzklausel als gewisser Erfolg gewertet werden, weil damit zumindest klargestellt ist, dass die Einschaltung in das Begutachtungsverfahren allein nicht ausreicht, sondern konkrete Verhandlungen zu führen sind. Ursprünglich hieß es noch, dass Verhandlungen „einzuleiten" sind, seit dem FAG 1967 sind sie „zu führen". Die Notwendigkeit eines Einvernehmens ist daraus jedoch nicht abzuleiten. Ferner sei darauf hingewiesen, dass die Schutzklausel letztendlich eine lex imperfecta darstellt, da aus ihrer Nichtbeachtung keine rechtlichen Sanktionen resultieren. Die von Ländern und Gemeinden auch im Österreich-Konvent eingebrachten Reformvorschläge (z. B. Einschaltung des Bundesrates) sind wie in der Vergangenheit am Widerstand des Bundes gescheitert.

2. Die Verhandlungspflicht bezieht sich auf zweierlei Tatbestände:
a. steuerpolitische Maßnahmen des Bundes, die für die Länder bzw. Gemeinden mit einem Ausfall an Steuereinnahmen verknüpft sind,
b. Maßnahmen des Bundes, die zu Mehrbelastungen am Zweckaufwand der Länder und Gemeinden führen.

Letzterer Tatbestand ist allerdings weitgehend durch die Vereinbarung zwischen dem Bund, den Ländern und den Gemeinden über einen Konsultationsmechanismus und einen künftigen Stabilitätspakt der Gebietskörperschaften, BGBl I 1999/35, überlagert, so dass auch die Einschränkung auf den Zweckaufwand an Schärfe verloren hat.

3. Dass zur Teilnahme an diesen Verhandlungen für die Gemeinden der Österreichische Städtebund und der Österreichische Gemeindebund berechtigt sind, entspricht der schon in Art. 115 Abs. 3 B-VG verankerten Befugnis der beiden Bünde zur Vertretung der Interessen der Gemeinden.

4. Im Verhältnis zwischen Ländern und Gemeinden gibt es keine Schutzklausel vergleichbarer Art, doch kommt steuerpolitischen Maßnahmen der Länder nur untergeordnete Bedeutung zu, und im übrigen Bereich findet gleichfalls der Konsultationsmechanismus Anwendung.

II. Abgabenwesen (§§ 5 bis 11 F-VG 1948)

Allgemeine Erläuterungen

1. Die Regelung der Verteilung der Besteuerungsrechte und Abgabenerträge zwischen dem Bund und den Ländern (Gemeinden) obliegt gemäß § 3 Abs. 1 F-VG 1948 dem einfachen Bundesgesetzgeber.

2. In § 8 ist festgelegt, welche Abgaben ausschließliche Bundesabgaben sind. § 9 bestimmt, welche Abgaben zu den gemeinschaftlichen Bundesabgaben gehören, und in den §§ 10 bis 13 ist geregelt, wie ihre Aufteilung im Einzelnen zu erfolgen hat. § 14 normiert eine Zuschlagsabgabe, und die §§ 16 bis 22 sind den ausschließlichen Landes- und Gemeindeabgaben gewidmet.

A. Ausschließliche Bundesabgaben

§ 8. Ausschließliche Bundesabgaben sind

1. die Abgabe von Zuwendungen, der Beitrag von land- und forstwirtschaftlichen Betrieben und der Dienstgeberbeitrag zum Ausgleichsfonds für Familienbeihilfen, die Abgabe von land- und forstwirtschaftlichen Betrieben, die Vermögensteuer und das Erbschaftssteueräquivalent;

2. die Stempel- und Rechtsgebühren, die Glücksspielabgabe mit Ausnahme der Bundesautomaten- und VLT-Abgabe, die Konsulargebühren, die Punzierungsgebühren, Eingabengebühren gemäß dem Verfassungsgerichtshofgesetz 1953 und dem Verwaltungsgerichtshofgesetz 1985, der Verwaltungskostenbeitrag gemäß § 118 der Bundesabgabenordnung, die Gerichts- und Justizverwaltungsgebühren sowie alle sonstigen Gebühren und gebührenartigen Einnahmen der einzelnen Zweige der unmittelbaren Bundesverwaltung, die Straßenbenützungsabgabe, der Altlastenbeitrag, die Sicherheitsabgabe, die Verkehrssicherheitsabgabe (§ 48a Abs. 3 des Kraftfahrgesetzes 1967, BGBl. Nr. 267/1967), der Straßenverkehrsbeitrag, die Sonderabgabe von Erdöl;

> 3. die EU-Quellensteuer, die Ein- und Ausfuhrzölle samt den zollgesetzlich vorgesehenen Ersatzforderungen und den im Zollverfahren auflaufenden Kosten.

Erläuterungen

1. Die Aufzählung der ausschließlichen Bundesabgaben ist nicht taxativ, es steht dem Bund frei, neue Abgaben zu schaffen und sie im Materiengesetz selbst als ausschließliche Bundesabgaben zu gestalten.

2. Nicht alle der in § 8 genannten Abgaben werden auch tatsächlich erhoben. Beispielsweise sind die Vermögensteuer, das Erbschaftssteueräquivalent und die Sonderabgabe von Kreditinstituten dem Steuerreformgesetz 1993 zum Opfer gefallen, der Straßenverkehrsbeitrag dem EU-Beitritt, und die Sonderabgabe von Erdöl ist längst in die Mineralölsteuer einbezogen. Dass sie weiterhin erwähnt werden, verfolgt hauptsächlich den Zweck, sie damit der Abgabenhoheit des Bundes vorzubehalten und dem Steuererfindungsrecht der Länder zu entziehen.

3. Durch das FAG 2005 hat sich die Liste der ausschließlichen Bundesabgaben wesentlich reduziert, da die Kapitalverkehrsteuern, die Tabaksteuer, die Energieabgaben, die Normverbrauchsabgabe, die Versicherungssteuer und die Konzessionsabgabe in gemeinschaftliche Bundesabgaben umgewandelt wurden. Im Rahmen des FAG 2008 wurde eine Reihe von Transfers in Ertragsanteile umgewandelt; darunter auch der Investitionsbeitrag für Wohnbau, Umwelt und Infrastruktur gemäß § 1 Abs. 1 Zweckzuschussgesetz 2001 (Wohnbauförderungs-Zweckzuschuss) und die Bedarfszuweisung zum Haushaltsausgleich an die Länder gemäß § 22 FAG 2005. Da bei beiden das Aufkommen am Wohnbauförderungsbeitrag einen wesentlichen Teil der Bemessungsgrundlage darstellt, wurde vereinbart, dass der Wohnbauförderungsbeitrag eine gemeinschaftliche Bundesabgabe werden soll. Die Umwandlung dieser beiden Transfers in Ertragsanteile wurde allerdings an den Abschluss einer Vereinbarung gemäß Art. 15a B-VG über die Erreichung der Klimaschutzziele geknüpft. Diese Vereinbarung trat zum 1. Jänner 2009 in Kraft, sodass auch die Umwandlung des Wohnbauförderungsbeitrages in eine gemeinschaftliche Bundesabgabe erst zum 1. Jänner 2009 erfolgte. Im Rahmen des FAG 2017 wird der Wohnbauförderungsbeitrag mit 1. Jänner 2018 von einer gemeinschaftlichen Bundesabgabe ertragsneutral in eine ausschließliche Landesabgabe umgewandelt.[8]

4. Die in der Untergliederung 16 „Öffentliche Abgaben" des Bundesvoranschlages (BVA) 2017 verrechneten ausschließlichen Bundesabgaben sind für 2017 mit folgenden Werten in Euro veranschlagt:

---

8 Vgl. dazu §§ 9, 10 und 16 FAG 2017

Tabelle 2: Ausschließliche Bundesabgaben, 2017

Ausschließliche Bundesabgaben	Abgabe in Euro
EU-Quellensteuer	25.000.000
Abgabe von Zuwendungen	1.000.000
Abgabe von land- und forstwirtschaftlichen Betrieben	30.000.000
Altlastenbeitrag	56.000.000
Gebühren und Bundesverwaltungsabgaben	540.000.000
Sonstige Abgaben	97.650.000
Ausschließliche Bundesabgaben	**749.650.000**

Quelle: Untergliederung (UG) 16 „Öffentliche Abgaben" des BVA 2017

Von den übrigen ausschließlichen Bundesabgaben ist finanziell insbesondere der in der Untergliederung (UG) 25 „Familien und Jugend" verrechnete Dienstgeberbeitrag zum Ausgleichsfonds für Familienbeihilfen von Bedeutung, der 2015 5.623 Mio. Euro an Einnahmen brachte. Ab dem Jahr 2017 wird der Familienlastenausgleichsfonds durch die schrittweise Senkung des Dienstgeberbeitrags Mindereinnahmen verzeichnen.[9]

B. Zwischen Bund und Ländern (Gemeinden) geteilte Abgaben

§ 9. (1) Gemeinschaftliche Bundesabgaben sind die Einkommensteuer, die Körperschaftsteuer, die Umsatzsteuer, die Einmalzahlungen gemäß dem Abkommen zwischen der Schweizerischen Eidgenossenschaft und der Republik Österreich über die Zusammenarbeit in den Bereichen Steuern und Finanzmarkt sowie gemäß dem Abkommen zwischen der Republik Österreich und dem Fürstentum Liechtenstein über die Zusammenarbeit im Bereich der Steuern, die Kapitalverkehrsteuern, die Tabaksteuer, die Elektrizitätsabgabe, die Erdgasabgabe, die Kohleabgabe, die Biersteuer, die Weinsteuer, die Schaumweinsteuer, die Zwischenerzeugnissteuer, die Alkoholsteuer, die Mineralölsteuer, die Erbschafts- und Schenkungssteuer, die Stiftungseingangssteuer, die Stabilitätsabgabe, die Flugabgabe, die Grunderwerbsteuer, die Bodenwertabgabe, die Kraftfahrzeugsteuer, die Versicherungssteuer, die Normverbrauchsabgabe, die motorbezogene Versicherungssteuer, die Werbeabgabe, die Konzessionsabgabe, die Spielbankabgabe und der Kunstförderungsbeitrag sowie bis zum Ablauf des Jahres 2017 der Wohnbauförderungsbeitrag.

(2) Der Teilung unterliegt der Reinertrag der Abgaben, der sich nach Abzug der Rückvergütungen und der für eine Mitwirkung bei der Abgabeneinhebung allenfalls gebührenden Vergütungen und bei der Einkommensteuer nach Abzug des im § 39 Abs. 2 lit. b des Familienlastenausgleichsgesetzes 1967 genannten Betrages, der dem Ausgleichsfonds für Familienbeihilfen zuzuweisen ist (Abgeltungsbetrag), ergibt. Nebenansprüche im Sinne der Bundesabga-

---

9 Vgl. hierzu BMF: Budgetbericht 2017, 2016, S. 39 ff.

> benordnung, BGBl. Nr. 194/1961, unterliegen nicht der Teilung. Vor der Teilung sind bei der Umsatzsteuer abzuziehen:
> 1. für den Bund ein Betrag in Höhe der Ausgaben des Bundes für die Beihilfen gemäß den §§ 1 bis 3 des Gesundheits- und Sozialbereich-Beihilfengesetzes, BGBl. Nr. 746/1996,
> 2. für Zwecke der Gesundheitsförderung, -aufklärung und -information ein Betrag in Höhe von 7 250 000 Euro jährlich,
> 3. ein Betrag in Höhe der Ausgaben gemäß dem Pflegefondsgesetz, BGBl. I Nr. 57/2011, mit Ausnahme der Mittel gemäß § 2 Abs. 2a des Pflegefondsgesetzes für die Erweiterung der Angebote der Hospiz- und Palliativbetreuung, zur Finanzierung dieser Ausgaben,
> 4. ein Betrag in Höhe der Ausgaben für die Förderung der Siedlungswasserwirtschaft gemäß § 17 des Umweltförderungsgesetzes, BGBl. I Nr. 185/1993, soweit diese Ausgaben nicht ohnehin aus dem Reinvermögen des Umwelt- und Wasserwirtschaftsfonds zu bedecken sind.
>
> Unter Nettoaufkommen ist der Abgabenertrag nach Abzug dieser Beträge zu verstehen.
>
> (3) Die Kosten der Einhebung der gemeinschaftlichen Bundesabgaben trägt der Bund.

Erläuterungen

1. Der Kreis der gemeinschaftlichen Bundesabgaben hat in den letzten Jahren eine starke Erweiterung erfahren. 1998 wurde als Konsequenz der Einigung über einen einheitlichen Aufteilungsschlüssel für die Ertragsteuern die Körperschaftsteuer von einer ausschließlichen Bundesabgabe zu einer gemeinschaftlichen, und mit 1. Juni 2000 hat die Werbeabgabe die bis dahin als Landes- bzw. Gemeindeabgaben ausgestalteten Anzeigen- und Ankündigungsabgaben abgelöst.

2. Mit dem FAG 2005 wurde ein entscheidender weiterer Schritt gesetzt. Auch die Kapitalverkehrsteuern, die Tabaksteuer, die Elektrizitäts-, die Erdgas- und die Kohleabgabe, die Versicherungssteuer, die Normverbrauchsabgabe und die Konzessionsabgabe gehören seither zu den gemeinschaftlichen Bundesabgaben, um den Steuerverbund möglichst umfassend zu gestalten und dem immer wieder erhobenen Vorwurf zu begegnen, dass sich der Bund im Rahmen von ausschließlichen Bundesabgaben einseitig steuerliche Mehreinnahmen verschaffe, während zu Einnahmenausfällen führende steuerliche Änderungen – in erster Linie bei den Ertragsteuern – auch die Erträge der Länder und Gemeinden schmälern.

3. Mit dem FAG 2008 wurde auch der Wohnbauförderungsbeitrag ab dem Jahr 2009 zu einer gemeinschaftlichen Bundesabgabe. Ab dem Jahr 2018 wird der Wohnbauförderungsbeitrag nunmehr zu einer ausschließlichen Landesabgabe mit voller Autonomie für die Länder hinsichtlich des Tarifs.[10]

---

10   Vgl. § 16 Abs. 1 Z 3

zu Abs. 1:

1. Einkommensteuer ist der Überbegriff für alle im Einkommensteuergesetz geregelten Erhebungsformen dieser Steuer, nämlich veranlagte Einkommensteuer und Lohnsteuer (Steuerabzug vom Arbeitslohn) mit einem einheitlichen, progressiv gestalteten Steuertarif einerseits und die beiden Kapitalertragsteuern [Kapitalertragsteuer I auf inländische Kapitalerträge aus Aktien und sonstige Gesellschaftsanteilen mit einem Steuersatz (seit 2016) von 27,5 Prozent, Kapitalertragsteuer II auf Zinsenerträge aus Geldeinlagen bei Kreditinstituten (Zinssatz nach wie vor 25 Prozent)] sowie Kapitalerträge aus Anleihen und sonstigen Forderungswertpapieren (Steuersatz seit 2016 von 27,5 Prozent) andererseits. Die „Abzugsteuer" ist eine mit 20 bzw. 35 Prozent pauschalierte Form der Einhebung der veranlagten Einkommensteuer bei beschränkt Steuerpflichtigen.

Für Einkommensteuer und Körperschaftsteuer wird häufig die Sammelbezeichnung „Ertragsteuern" verwendet.

2. Kapitalverkehrsteuern sind die Gesellschaftsteuer (seit 1.1.2016 nicht mehr erhoben), Wertpapiersteuer (seit 1.1.1995 nicht mehr erhoben) und die Börsenumsatzsteuer (seit 1.10.2000 nicht mehr erhoben). Seit 1.1.2016 wird somit keine Kapitalverkehrsteuer mehr erhoben.

3. Der mit 1. August 1992 eingeführten **Weinsteuer** war nur ein kurzes Leben beschieden. Schon mit 1995 wurde sie nicht mehr eingehoben. Für die Aufteilung von Resteingängen sah das FAG 2001 im § 26 vor, dass dafür weiterhin die für 2000 gültigen Schlüssel anzuwenden sind. Das bedeutete ein Teilungsverhältnis von 38,601 : 33,887 : 27,512 und eine länderweise Unterverteilung nach der Volkszahl. Seit dem FAG 2005 werden keine diesbezüglichen Regelungen mehr getroffen.

4. Die **Elektrizitätsabgabe**, die **Erdgasabgabe** und die **Kohleabgabe** sind im Bundesvoranschlag unter der Bezeichnung „Energieabgabe" in einer Summe dargestellt.

5. Die **Zwischenerzeugnissteuer** ist im Schaumweinsteuergesetz geregelt und betrifft alkoholische Getränke, die weder dem Wein noch dem Schaumwein noch dem Bier zugerechnet werden können, wie Likörweine und mit alkoholhaltigen Aromen versetzte Weine. Im Bundeshaushalt wird sie gemeinsam mit der Schaumweinsteuer verrechnet, und auch bei der Abgabenteilung findet keine getrennte Darstellung statt. Mit der Steuerreform 2005 (BGBl I 2004/57) wurde für die Schaumweinsteuer im Schaumweinsteuergesetz ein Steuersatz von Null festgelegt. Seit 1. März 2014 wird wieder eine Schaumweinsteuer eingehoben. Das Aufkommen an Schaumweinsteuer (inkl. Zwischenerzeugnissteuer) ist mit ca. 20 Mio. Euro p.a. überschaubar.

6. Mit dem Budgetbegleitgesetz 2011, BGBl. Nr. 111/2010, wurden die **Stabilitätsabgabe** und die **Flugabgabe** in den Katalog der gemeinschaftlichen Bundesabgaben aufgenommen. Die im Gefolge der weltweiten Wirtschaftskrise in den Jahren 2008/2009 aufgelegten Bankenhilfspakete haben nicht zuletzt auch den österreichischen Staatshaushalt massiv belastet. Mit der Stabilitätsabgabe werden die österreichischen Banken angehalten, einen Beitrag zur Stabilisierung des Bankensystems zu leisten. Zusätzlich wurde mit dem BGBl. Nr. 22/2012 ein Sonderbeitrag zur Stabilitätsabgabe für die Kalenderjahre 2012 bis 2017 in Form einer ausschließlichen Bundesabgabe eingeführt. Mit 31.12.2016 ist dieser Sonderbeitrag zugunsten einer Sonderzahlung ab 1.1.2017, die ebenfalls eine ausschließliche Bundesabgabe darstellt, außer Kraft getreten. Außerdem wurde die Stabilitätsabgabe durch eine Reduktion der Steuersätze mit 1. Jänner 2017 abgesenkt.[11] Das Aufkommen an der Stabilitätsabgabe betrug 2016 ca. 362 Mio. Euro.[12] Der Abflug einer Passagierin bzw. eines Passagiers von einem österreichischen Flughafen mit einem motorisierten Luftfahrzeug unterliegt seit 1.4.2011 der Flugabgabe.[13] Die Höhe des Steuersatzes ist nach Inlandsflug, sonstiger Kurzstrecke, Mittelstrecke und Langstrecke gestaffelt. Das Aufkommen an Flugabgabe betrug 2016 ca. 109 Mio. Euro.[14]

zu Abs. 2:

1. Eine **Vergütung** ist derzeit beim Kunstförderungsbeitrag vorgesehen, dessen Inkasso gemeinsam mit den Rundfunkgebühren der Gebühren Info Service GmbH (GIS) obliegt. Sie kann 3,25 Prozent für die Deckung der mit der Einbringung verbundenen Aufwendungen einbehalten.[15]

2. § 39 Abs. 2 lit. b des Familienlastenausgleichsgesetzes 1967, BGBl Nr 376/1967 idF BGBl Nr 144/2015 sieht vor, dass vom Aufkommen an Einkommensteuer jährlich 690,392 Mio. Euro vor Abzug aller im jeweiligen Finanzausgleichsgesetz vorgesehenen Ertragsanteile dem Ausgleichsfonds für Familienbeihilfen zuzuweisen sind (**Abgeltungsbetrag**), wobei die Zuweisung zu 25 Prozent zu Lasten des Aufkommens an veranlagter Einkommensteuer und zu 75 Prozent zu Lasten des Aufkommens an Lohnsteuer zu erfolgen hat. Die Zuweisung aus dem Aufkommen an veranlagter Einkommensteuer hat in Teilbeträgen von je 43.149.500 Euro in den Monaten Februar, Mai, August und November zu erfolgen – also in den Vorauszahlungsmonaten gemäß § 45 Abs. 2 EStG 1988 –, die Zuweisung aus dem Aufkommen an Lohnsteuer monatlich in Teilbeträgen von gleichfalls je 43.149.500 Euro.

Der Abgeltungsbetrag geht auf das 2. Abgabenänderungsgesetz 1977 zurück, das den Übergang von einer steuerlichen Familienförderung durch einen Kinderabsetzbetrag zu einer verstärkten Förderung durch Familienbeihilfen aus dem Familienlastenausgleichsfonds brachte.

3. **Nebenansprüche** im Sinne der Bundesabgabenordnung sind insbesondere Abgabenerhöhungen, Verspätungszuschläge, Beschwerdezinsen, Anspruchszinsen, Stundungszinsen, Aussetzungszinsen, Säumniszuschläge und Kosten des Vollstreckungs- und Sicherungsverfahrens.[16] Diese Nebengebühren fließen zur Gänze dem Bund zu. Umgekehrt wer-

---

11 Vgl. BGBl. Nr. 117/2016.
12 Vgl. BMF: Schreiben des BMF vom 18.1.2017.
13 BGBl. Nr. 111/2010 idgF.
14 BMF: Schreiben des BMF vom 18.1.2017.
15 § 5 Abs. 4 des Rundfunkgebührengesetzes, BGBl Nr. 159/1999 idF BGBl Nr. 70/2016.
16 § 3 Abs. 2 BAO BGBl Nr. 194/1961 idF BGBl Nr. 14/2013.

den vom Bund die Kosten der Einhebung der gemeinschaftlichen Bundesabgaben getragen.[17]

zu Abs. 2 Z 1 bis 4:

Im Unterschied zum FAG 2008 sind aufgrund der mit dem FAG 2017 vorgenommenen Vereinfachungen vor Teilung Vorwegabzüge ausschließlich bei der Umsatzsteuer vorgesehen.

zu Abs. 1 Z 1:

Die mit 1. Jänner 1997 in Kraft getretene unechte Steuerbefreiung des Gesundheits- und Sozialbereiches hat den Betroffenen durch den Wegfall des Vorsteuerabzugs enorme Einnahmenausfälle beschert, zu deren Egalisierung der Bund nach dem Gesundheits- und Sozialbereich-Beihilfengesetz, BGBl 1996/746 idgF, eine Beihilfe gewährt. Über das vom Bundesministerium für Finanzen in den Verhandlungen vorgeschlagene pauschalierte Abgeltungsmodell konnte keine Einigung erzielt werden (z. B. Kosten der Beihilfe für Krankanstalten werden mit einem fixen Prozentsatz der Umsatzsteuereinnahmen sowie Aufteilung auf die einzelnen Bundesländer und Krankenanstalten nach LKF-Punkten). Gemäß Paktum zum FAG 2017 wird auch die Beihilferegelung für das Rettungswesen und die Blutspendeeinrichtungen um zwei Jahre verlängert. Innerhalb dieser zwei Jahre soll eine einvernehmliche, unionsrechtlich unbedenkliche Regelung für das Rettungswesen und die Blutspendeeinrichtungen herbeigeführt werden.

zu Abs. 2 Z 2:

Aus den Umsatzsteuer-Mehreinnahmen im Gefolge einer Verordnung des Bundesministers für Finanzen über die Begrenzung der umsatzsteuerfreien Einfuhr von Tabakwaren, BGBl II 1997/326, die die Befreiung auf 25 Stück Zigaretten beschränkte, werden seit 1997 für den genannten Zweck 7,25 Mio. Euro durch Vorwegabzug reserviert.

zu Abs. 2 Z 3:

Der bisherige Vorwegabzug gemäß § 8 Abs. 2 Z 3 FAG 2008 bei der Tabaksteuer in Höhe von 12,42 Mio. Euro wurde im Zuge der mit dem im FAG 2017 vorgenommenen Vereinfachungen gestrichen und in die Ertragsanteile des Bundes eingerechnet. Dieser Betrag wird vom Bund jedoch weiterhin gemäß § 447a Abs. 10 ASVG an den Ausgleichsfonds der Krankenversicherungsträger überwiesen.

Der nunmehrige Vorwegabzug dient zur Dotierung des Pflegefonds. Im Paktum über den Finanzausgleich ab dem Jahre 2017 wurde vereinbart, dass der Pflegefonds 2017 mit 350 Mio. Euro weitergeführt und ab dem Jahr 2018 mit 4,5 Prozent p.a. valorisiert wird.

zu Abs. 2 Z 4:

Der bisher bei mehreren Abgaben und mit unterschiedlichen Anteilen verstreute Abzug für die Finanzierung der Siedlungswasserwirtschaft wird

---

[17] § 9 Abs. 3

als Vorwegabzug bei der Umsatzsteuer gebündelt. Die Finanzierung durch die Gebietskörperschaften erfolgt unter Berücksichtigung dieser Vereinfachungen im gleichen Verhältnis wie bisher. Die Höhe der Barwertzusicherungen in den Jahren 2017 ff. beträgt 80 Mio. Euro p.a. (zum Vergleich 2016: 100 Mio. Euro).

§ 10. (1) Die Erträge der im § 9 Abs. 1 angeführten gemeinschaftlichen Bundesabgaben mit Ausnahme der Spielbankabgabe werden zwischen dem Bund, den Ländern (Wien als Land) und den Gemeinden (Wien als Gemeinde) in folgendem Hundertsatzverhältnis geteilt:

	Bund	Länder	Gemeinden
Grunderwerbsteuer	5,730	0,564	93,706
Bodenwertabgabe	4,000	–	96,000
Wohnbauförderungsbeitrag im Jahr 2017	19,450	80,550	–
Abgaben mit einheitlichem Schlüssel im Jahr 2017	67,665	20,487	11,848
Abgaben mit einheitlichem Schlüssel ab dem Jahr 2018	67,935	20,219	11,846

Abgaben mit einheitlichem Schlüssel sind die Einkommensteuer, die Körperschaftsteuer, die Umsatzsteuer, die Einmalzahlungen gemäß dem Abkommen zwischen der Schweizerischen Eidgenossenschaft und der Republik Österreich über die Zusammenarbeit in den Bereichen Steuern und Finanzmarkt sowie gemäß dem Abkommen zwischen der Republik Österreich und dem Fürstentum Liechtenstein über die Zusammenarbeit im Bereich der Steuern, die Kapitalverkehrsteuern, die Tabaksteuer, die Elektrizitätsabgabe, die Erdgasabgabe, die Kohleabgabe, die Biersteuer, die Schaumweinsteuer, die Zwischenerzeugnisteuer, die Alkoholsteuer, die Mineralölsteuer, die Erbschafts- und Schenkungssteuer, die Stiftungseingangssteuer, die Stabilitätsabgabe, die Flugabgabe, die Kraftfahrzeugsteuer, die Versicherungssteuer, die Normverbrauchsabgabe, die motorbezogene Versicherungssteuer, die Werbeabgabe, die Konzessionsabgabe und der Kunstförderungsbeitrag.

(2) Abzuziehen sind

1. von den Ertragsanteilen des Bundes bei der Einkommensteuer und der Körperschaftsteuer 1,7% des jeweiligen Nettoaufkommens für Zwecke des Familienlastenausgleichs; der Abzug ist im Jahr 2017 um 148,4 Mio. Euro und ab dem Jahr 2018 um 126,6 Mio. Euro jährlich zu kürzen;

2. von den Ertragsanteilen des Bundes bei der Einkommensteuer und der Körperschaftsteuer 1,06% des jeweiligen Nettoaufkommens für Zwecke des Katastrophenfonds sowie von den Ertragsanteilen des Bundes an der Körperschaftsteuer weitere 10 Millionen Euro jährlich für Zwecke des Katastrophenfonds. Wenn die Rücklage des Katastrophenfonds er-

schöpft ist, kann der Abzug von den Ertragsanteilen des Bundes an der Körperschaftsteuer für Zwecke der Abgeltung von Schäden durch Naturkatastrophen im Sinne des § 3 des Katastrophenfondsgesetzes 1996, BGBl. Nr. 201/1996, durch Beschluss der Bundesregierung in dem Ausmaß erhöht werden, das zur Abgeltung dieser Schäden zusätzlich erforderlich ist, höchstens jedoch um 1,06 % des Nettoaufkommens an Einkommensteuer und an Körperschaftsteuer (Aufstockungsbetrag);

3. von den Ertragsanteilen des Bundes bei der Lohnsteuer ein Betrag von 33,7 Millionen Euro, der am 20. Mai eines jeden Jahres an den Österreich-Fonds gemäß dem FTE-Nationalstiftungsgesetz, BGBl. I Nr. 133/2003, zu überweisen ist;

4. vor der länderweisen Verteilung der Umsatzsteuer von den Ertragsanteilen der Länder 244,656 Millionen Euro und von den Ertragsanteilen der Gemeinden 127,158 Millionen Euro.

(3) Vor der länderweisen Verteilung sind von den Anteilen der Länder an der Umsatzsteuer für die teilweise Finanzierung der Beitragsleistungen Österreichs an die Europäische Union 16,835 % der Mehrwertsteuer-Eigenmittel und der Bruttonationaleinkommen-Eigenmittel abzuziehen; die Höhe dieser Eigenmittel ergibt sich aus den Gutschriften auf das Konto gemäß Art. 9 der Durchführungsverordnung Art. 2, Nr. 609/2014 (EU, Euratom) zum Eigenmittelbeschluss.

(4) Vor der länderweisen Verteilung sind von den Ertragsanteilen der Gemeinden bei der Umsatzsteuer 0,642 % des Aufkommens an der Umsatzsteuer nach Abzug des in § 9 Abs. 2 Z 1 genannten Betrages für die Finanzierung der Zuschüsse für Zwecke der Krankenanstaltenfinanzierung gemäß § 27 Abs. 2 abzuziehen.

(5) Die Teile der Erträge der gemeinschaftlichen Bundesabgaben, die gemäß Abs. 1 bis 4 auf die Länder und Gemeinden entfallen, werden auf die Länder und länderweise auf die Gemeinden nach den folgenden Schlüsseln aufgeteilt:

1. bei der Erbschafts- und Schenkungssteuer auf die Länder, bei der Grunderwerbsteuer auf die Länder und Gemeinden und bei der Bodenwertabgabe auf die Gemeinden nach dem örtlichen Aufkommen;

2. beim Wohnbauförderungsbeitrag auf die Länder nach der Volkszahl;

3. bei den Abgaben mit einheitlichem Schlüssel (Abs. 1) mit Ausnahme der Erbschafts- und Schenkungssteuer:

	a) Länder	b) Gemeinden
nach der Volkszahl	77,017 %	17,235 %
nach dem abgestuften Bevölkerungsschlüssel	-	58,515 %
nach Fixschlüsseln	22,983 %	24,250 %

Bei den Ertragsanteilen der Länder an der Umsatzsteuer werden 1 780 500 000 Euro von den nach der Volkszahl zu verteilenden

Mitteln abgezogen und den nach dem Fixschlüssel zu verteilenden Mitteln hinzugerechnet.

4. Von den gemäß Z 3 nach Fixschlüsseln zu verteilenden Mitteln wird bei den Ländern ein Betrag in Höhe von 0,949 % des Aufkommens an der Umsatzsteuer nach Abzug des in § 9 Abs. 2 Z 1 genannten Betrages als Anteile an der Umsatzsteuer in folgenden Verhältnissen verteilt:

	a) Länder
Burgenland	2,572 %
Kärnten	6,897 %
Niederösterreich	14,451 %
Oberösterreich	13,692 %
Salzburg	6,429 %
Steiermark	12,884 %
Tirol	7,982 %
Vorarlberg	3,717 %
Wien	31,376 %

und die verbleibenden Anteile im Jahr 2017 in folgendem Verhältnis:

	b) Länder	c) Gemeinden
Burgenland	3,276%	1,341%
Kärnten	7,004%	5,730%
Niederösterreich	18,038%	13,260%
Oberösterreich	15,798%	15,958%
Salzburg	7,081%	8,484%
Steiermark	13,707%	9,453%
Tirol	8,802%	10,050%
Vorarlberg	4,981%	5,642%
Wien	21,313%	30,082%

und ab dem Jahr 2018 in folgendem Verhältnis:

	d) Länder	e) Gemeinden
Burgenland	3,476%	1,341%
Kärnten	7,175%	5,727%
Niederösterreich	18,753%	13,257%
Oberösterreich	15,474%	15,952%
Salzburg	6,961%	8,481%
Steiermark	13,942%	9,450%
Tirol	8,804%	10,049%
Vorarlberg	4,926%	5,639%
Wien	20,489%	30,104%

5. Der Anteil des Landes Vorarlberg am Ertrag der Umsatzsteuer wird in acht gleichen Halbjahresraten um insgesamt 39,97 Millionen Euro zu Lasten aller anderen Länder erhöht. Dieser Vorweganteil verringert die Anteile der anderen Länder am Ertrag der Umsatzsteuer in folgendem Verhältnis:

Burgenland	5,43 %
Kärnten	10,80 %
Niederösterreich	23,07 %
Oberösterreich	14,90 %
Salzburg	9,72 %
Steiermark	16,39 %
Tirol	11,98 %
Wien	7,71 %

Die erste Halbjahresrate wird erstmals bei der auf den Baubeginn der Umfahrung Feldkirch-Süd folgenden Überweisung der Vorschüsse auf die Ertragsanteile überwiesen. Die restlichen sieben Halbjahresraten sind jeweils in Abständen von sechs Monaten zu überweisen. Durch einen späteren – auch nach 2021 gelegenen – Baubeginn wird der Anspruch des Landes Vorarlberg auf den Vorweganteil in Höhe von 39,97 Millionen Euro nicht berührt.

(6) Der Reinertrag der Spielbankabgabe ist auf den Bund, auf die Länder (Wien als Land) und auf die Gemeinden (Wien als Gemeinde) aufzuteilen. Die Aufteilung auf die Länder und Gemeinden hat hiebei nach dem örtlichen Aufkommen zu erfolgen, wobei die Aufteilung des Gemeindeanteiles an der Spielbankabgabe ausschließlich auf jene Gemeinden zu beschränken ist, in denen eine Spielbank betrieben wird. Es erhalten der Bund 49 %, die Länder 7 % und die Gemeinden 44 % bis zu einem jährlichen Aufkommen je Gemeinde von 725 000 Euro; von dem darüber liegenden Aufkommen erhalten der Bund 61 %, die Länder 20 % und die Gemeinden 19 %.

(7) Die Volkszahl (Wohnbevölkerung) bestimmt sich nach dem von der Bundesanstalt Statistik Österreich in der Statistik des Bevölkerungsstandes festgestellten Ergebnis zum Stichtag 31. Oktober, das auf der Internet-Homepage der Bundesanstalt Statistik Österreich bis zum November des dem Stichtag nächstfolgenden Kalenderjahres kundzumachen ist, und wirkt mit dem Beginn des dem Stichtag folgenden übernächsten Kalenderjahres. Die Statistik des Bevölkerungsstandes hat von den Ergebnissen der letzten Volkszählung gemäß den §§ 1 bis 9 des Registerzählungsgesetzes, BGBl. I Nr. 33/2006, auszugehen und bei der Erstellung die in § 3 Abs. 1, § 4 Abs. 1 Z 1 bis 5 und Abs. 2 des Registerzählungsgesetzes genannten Daten sowie nach Maßgabe der statistischen Qualitätserfordernisse auch die zugehörigen in § 5 Abs. 1 des Registerzählungsgesetzes genannten Daten zu verwenden, wobei die Bestimmungen des § 6 Abs. 1 bis 3 sowie 6 bis 8 sowie § 7 Abs. 2

und 3 des Registerzählungsgesetzes sinngemäß anzuwenden sind, mit der Maßgabe, dass, falls die Basisdaten im Verhältnis zu den Vergleichsdaten widersprüchlich sind, die Bundesanstalt Statistik Österreich die Basisdaten mittels geeigneter statistischer Verfahren auf Grundlage der bei der letzten Volkszählung bzw. Zählung gemäß § 9 des Registerzählungsgesetzes durchgeführten Ergänzungen und Berichtigungen zu berichten hat. Die Bundesanstalt Statistik Österreich hat die Daten des Zentralen Personenstandsregisters (ZPR) gemäß § 44 des Personenstandsgesetzes 2013, BGBl. I Nr. 16/2013, und die Daten des Zentralen Staatsbürgerschaftsregisters (ZSR) gemäß § 56a des Staatsbürgerschaftsgesetzes 1985, BGBl. Nr. 311/1985, als Vergleichsdaten gemäß § 5 Abs. 1 und Abs. 4 des Registerzählungsgesetzes heranzuziehen. Wenn zum Stichtag 31. Oktober eines Jahres eine Volkszählung gemäß § 1 Abs. 1 oder 2 des Registerzählungsgesetzes durchgeführt wird, dann ist von der Bundesanstalt Statistik Österreich für diesen Stichtag keine Statistik des Bevölkerungsstandes zu erstellen, sondern gilt das Ergebnis der Volkszählung für das dem Stichtag folgende übernächste Kalenderjahr.

(8) Der abgestufte Bevölkerungsschlüssel wird folgendermaßen gebildet:

Die ermittelte Volkszahl der Gemeinden wird

bei Gemeinden mit höchstens 10 000 Einwohnern mit	1 41/67,
bei Gemeinden mit 10 001 bis 20 000 Einwohnern mit	1 2/3,
bei Gemeinden mit 20 001 bis 50 000 Einwohnern und bei Städten mit eigenem Statut mit höchstens 50 000 Einwohnern mit	2
und bei Gemeinden mit über 50 000 Einwohnern und der Stadt Wien mit	2 1/3

vervielfacht. Zu diesen Beträgen wird bei Gemeinden, deren Einwohnerzahl im Bereich von 9 000 bis 10 000, von 18 000 bis 20 000 oder von 45 000 bis 50 000 liegt, bei Städten mit eigenem Statut jedoch nur bei solchen, deren Einwohnerzahl im Bereich von 45 000 bis 50 000 liegt, ein weiterer Betrag dazugezählt. Dieser beträgt bei Gemeinden bis 10 000 Einwohnern 110/201, bei den anderen Gemeinden 3 1/3 vervielfacht mit der Zahl, mit der die Einwohnerzahl die untere Bereichsgrenze übersteigt. Die länderweise Zusammenzählung der so ermittelten Gemeindezahlen ergibt die abgestuften Bevölkerungszahlen der Länder.

Erläuterungen

1. § 10 regelt die **Verteilung der Erträge der gemeinschaftlichen Bundesabgaben** und stellt für die Länder und Gemeinden das Kernstück des Finanzausgleichs dar. Im Mittelpunkt der Neuregelungen stehen die Neutralisierung der Auswirkungen der Veränderung des Wohnbauförderungsbeitrags und der Vereinfachungen bei der Verteilung der Ertragsanteile durch eine Anpassung der jeweiligen Anteile an den gemeinschaftlichen

Bundesabgaben. Die Schlüsselumrechnungen aufgrund dieser vereinbarten Neutralisierungen erfolgen auf Basis der Erträge des Jahres 2016. Die endgültigen Schlüssel werden daher auf Basis des Erfolgs 2016 ermittelt und in einer Novelle zum FAG 2017 normiert werden.

Bei den Verteilungsschlüsseln entfallen diejenigen, mit denen auf verschiedene historische Bezugsgrößen abgestellt wurde: Der Getränkesteuerausgleich bei der Umsatzsteuer, die besonderen Schlüssel für die Werbeabgabe inkl. Gemeinde-Werbesteuerausgleich und der länderweise Abzug bei der Umsatzsteuer für das ehemalige Landespflegegeld (bisher § 9 Abs. 7a FAG iVm. § 11 Abs. 7 Z 8 2008). Dieser Abzug für die Übernahme des Landespflegegelds durch den Bund wird allerdings nicht in die Ertragsanteile des Bundes eingerechnet und damit dynamisiert, sondern bleibt ein Fixbetrag. Dieser Fixbetrag wird allerdings zu jeweils nur einem einzigen Abzug bei den Ertragsanteilen der Länder und Gemeinden an der Umsatzsteuer zusammengefasst.[18]

Die Bemessungsgrundlagen für die Dotierung des Katastrophenfonds und des Familienlastenausgleichsfonds werden um die Kapitalertragsteuer auf Zinsen (KeSt II) erweitert und die Prozentsätze neutral angepasst.

Als Teil der Vereinfachungen entfallen auch die bisherigen, seit 2008 bestehenden, Ausgleichszahlungen aufgrund des seinerzeitigen Entfalls der Selbstträgerschaft von Familienbeihilfen. Diese Ausgleichszahlungen werden ebenfalls in die Ertragsanteile der Länder und Gemeinden eingerechnet. Eingerechnet werden allerdings nur die Beträge, die sich als Auswirkungen einschließlich der Senkung des Dienstgeberbeitrags in zwei Etappen (von 4,5 Prozent auf 4,1 Prozent im Jahr 2017 und auf 3,9 Prozent ab dem Jahr 2018) ergeben, wobei diese Senkung wiederum anhand der seinerzeit erhobenen Daten über die Auswirkungen im Jahr 2007 berechnet wurde. Diejenigen Ausgleichszahlungen, die einzelne Gebietskörperschaften (insbesondere Niederösterreich und Wien) als Rechtsträger von gemeinnützigen Krankenanstalten in Form von Ertragsanteilen bekommen haben, wurden nicht in die neuen Ertragsanteile eingerechnet, sondern in die neuen Zuschüsse für Rechtsträger gemeinnütziger Krankenanstalten einbezogen.[19]

Der Beitrag der Gemeinden zum EU-Beitrag wird aufkommensneutral gestrichen. Die Bemessungsgrundlage des EU-Beitrags der Länder wird auf die Bruttonationaleinkommen (BNE)-Eigenmittel und die Mehrwertsteuer-Eigenmittel verringert und nunmehr nicht mehr anhand der Beträge, die von der Europäischen Kommission (EK) in den einzelnen Jahren vom Art. 9-Konto abgerufen werden (Zahlungen), sondern verwaltungseinfacher anhand der Gutschriften Österreichs auf dieses Konto übermittelt. Zudem wird dieser Abzug nicht mehr auf (fast) alle Abgaben aufgeteilt, sondern bei der Umsatzsteuer zusammengefasst. Mit 1. Jänner 2018 wird der Wohnbauförderungsbeitrag zu einer ausschließlichen Landesabgabe mit voller Autonomie hinsichtlich des Tarifs, wobei die Neutralisierung über Schlüsseländerungen auf Basis der Erträge des Jahres 2016 in einer Novelle zum FAG 2017 erfolgt.

---

18 § 10 Abs. 2 Z 4
19 § 23 Abs. 4

2. Die Verteilung erfolgt in einem mehrstufigen Verfahren.[20]

a. In der ersten Stufe werden die einzelnen gemeinschaftlichen Bundesabgaben nach fixen Prozentsätzen zwischen dem Bund, der Summe der Länder und der Summe der Gemeinden geteilt (vertikale Aufteilung, „**Oberverteilung**").

b. In einer zweiten Stufe werden die Ertragsanteile der Länder und Gemeinden nach Vornahme gewisser Vorwegabzüge (Abs. 2 bis 4) nach den in den Abs. 5 und 6 bzw. § 12 Abs. 1 festgelegten Kriterien länderweise zugeteilt (horizontale Aufteilung, **länderweise Unterverteilung**).

c. Für die Gemeinden wird dann noch eine dritte Stufe benötigt, die gemeindeweise Aufteilung innerhalb des jeweiligen Landes (**gemeindeweise Unterverteilung**). Hierfür gelten wieder andere Gesetzmäßigkeiten, die getrennte Behandlung einzelner Abgaben wird aufgegeben. Das bedeutet beispielsweise, dass bei der Grunderwerbsteuer das örtliche Aufkommen in der länderweisen Unterverteilung der Gemeindeertragsanteile herangezogen wird, nicht mehr jedoch in der gemeindeweisen.

Die Spielbankabgabe folgt teilweise anderen Regeln, so dass sie üblicherweise gesondert behandelt wird. Auch in den folgenden Übersichten wird diesem Brauch gefolgt.

3. Der Aufteilungsmechanismus hat sowohl für die Oberverteilung als auch für die länderweise Unterverteilung durch das FAG 2005 eine durchgreifende Wandlung in Richtung Vereinheitlichung und Vereinfachung erfahren, die sich bewährt hat und im FAG 2017 verstärkt wurde.

Ein erster Schritt dahin wurde bereits mit der Novelle BGBl I 1999/32 zum FAG 1997 getan. Sie brachte rückwirkend per 1. Jänner 1998 die Umwandlung der Körperschaftsteuer in eine gemeinschaftliche Bundesabgabe und eine Vereinheitlichung der Aufteilungsschlüssel für die Ertragsteuern (allerdings ohne Einbeziehung der KESt II). Für die Oberverteilung galten einheitliche Prozentsätze, und in der länderweisen Unterverteilung kamen als variable Elemente nur mehr die Volkszahl und der abgestufte Bevölkerungsschlüssel zur Anwendung, die übrigen der ursprünglich sechs Kriterien wurden ertragsneutral in Fixschlüssel zusammengefasst.

Im FAG 2005 waren bei der Oberverteilung nur mehr für vier der 24 gemeinschaftlichen Bundesabgaben gesonderte Aufteilungsschlüssel vorgesehen, für den Rest, die sogenannten Abgaben mit einheitlichem Schlüssel, wurde ein für alle geltendes Hundertsatzverhältnis normiert. Ein Zwitterwesen stellte allerdings die Erbschafts- und Schenkungssteuer dar, weil sie in der länderweisen Verteilung doch wieder gesondert behandelt und nach dem örtlichen Aufkommen verteilt wurde. Die Vereinheitlichung bzw. Vereinfachung erfolgte also nicht mit voller Konsequenz, wozu noch kommt, dass sich die in § 9 Abs. 2 bis 5 FAG 2005 vorgesehenen Vorwegabzüge auf jeweils unterschiedliche Teilmengen der Abgaben mit einheitlichem Schlüssel bezogen haben, was die Berechnungen erschwert. In dieser Beziehung hatte das FAG 2008 keine Verbesserung gebracht.

Demgegenüber erfährt das FAG 2017 mit der Verteilung der Werbeab-

---

20 Siehe hierzu auch den Beitrag von Bröthaler; Haindl; Mitterer: „Funktionsweisen" im vorliegenden Band.

Teil 3: Das FAG 2017 – Gesetzestext mit Kommentar; § 10

gabe nach dem einheitlichen Schlüssel, der Einrechnung der Grunderwerbsteuer II in die Grunderwerbsteuer (ertragsneutraler Entfall des besonderen Verteilungsschlüssels für 30 Mio. Euro), der Bündelung des Vorwegabzugs für die Siedlungswasserwirtschaft bei der Umsatzsteuer, dem Entfall des Vorwegabzugs bei der Tabaksteuer und Einrechnung in die Ertragsanteile, dem Entfall des Vorwegabzugs für den Bund bei der Kfz-Steuer und Einrechnung in die Ertragsanteile, dem Entfall des Ausgleichs für die Abschaffung der Selbstträgerschaft (ohne gemeinnützige Krankenanstalten) und Einrechnung in die Ertragsanteile, der Bündelung des Abzugs beim EU-Beitrag der Länder bei der Umsatzsteuer und der Einrechnung der Restgröße bei den Ertragsanteilen des Bundes, dem Entfall des EU-Beitrags der Gemeinden und Einrechnung in die Ertragsanteile, dem Entfall des Abzugs von Gemeinde-Bedarfszuweisungsmitteln für § 21 FAG und Einrechnung in die Ertragsanteile, die Ausweitung der Bemessungsgrundlage für Zwecke des Katastrophenfonds um die KeSt II und nicht zuletzt durch den Entfall des besonderen Schlüssels für den Getränkesteuerausgleich eine maßgebliche Vereinfachung.

Tabelle 3: Auswirkungen der Vereinfachungen der Verteilung der Ertragsanteile und Transfers, 2017-2020, in Mio. Euro

Vereinfachungsmaßnahmen des BMF	Bund				Länder				Gemeinden			
	2017	2018	2019	2020	2017	2018	2019	2020	2017	2018	2019	2020
Verteilung der Werbeabgabe nach einheitlichem Schlüssel	-1,2	-2,9	-4,5	-6,4	-0,2	-0,6	-0,9	-1,3	+1,4	+3,4	+5,4	+7,7
Einrechnung GrunderwSt. II in GrunderwSt.	+0,0	+0,0	+0,0	+0,0	-0,0	-0,0	-0,0	-0,0	+0,0	+0,0	+0,0	+0,0
Siedlungswasserwirtschaft: Bündelung des Vorwegabzugs bei USt	-0,7	-1,6	-2,2	-3,1	+0,9	+2,0	+2,8	+3,9	-0,2	-0,4	-0,6	-0,8
Tabaksteuer: Abzug für HV: Entfall und Einrechnung in EA	+0,1	+0,3	+0,5	+0,7	-0,1	-0,2	-0,3	-0,4	-0,1	-0,1	-0,2	-0,2
Kfz-St: Abzug für Bund: Entfall und Einrechnung in EA	+0,2	+0,4	+0,6	+0,8	-0,1	-0,2	-0,4	-0,5	-0,1	-0,1	-0,2	-0,3
Selbstträgerschaft: Entfall und Einrechnung in EA *)	-2,0	-3,9	-6,0	-8,3	+1,0	+1,9	+3,0	+4,1	+0,9	+2,0	+3,0	+4,2
Ehem. Landespflegegeld: fix, nur 1 Abzug vor länderweiser Verteilung	-0,1	-0,1	-0,2	-0,3	-	-	-	-	+0,1	+0,1	+0,2	+0,3
EU-Beitrag Gemeinden: Entfall und Einrechnung in EA	-	-	-	-	-	-	-	-	-	-	-	-
BZ- für § 21: Entfall und Einrechnung in EA	-0,0	-0,0	-0,0	-0,0	-	-	-	-	+0,0	+0,0	+0,0	+0,0
KatF: KeSt II in Bemessungsrundlage	+0,0	+0,1	+0,1	+0,1	-0,0	-0,1	-0,1	-0,1	-	-	-	-
EU-Beitrag Länder: Einrechnung der Restgröße in EA	+0,9	+3,0	+4,8	+7,2	-0,9	-3,0	-4,8	-7,2	-	-	-	-
EU-Beitrag Länder: Abzug nur bei USt der Länder	-	-	-	-	-	-	-	-	-	-	-	-
Länderweise Anteile der Ertragsanteile der Länder: 0,949% des Ust-Aufk. Nach KA-Schlüssel: entfällt												
Länderweise Anteile der Ertraganteile der Gemeinden: Besonderer Schlüssel für Getränkesteuerausgleich: entfällt												
Summen	-2,7	-4,7	-7,0	-9,4	+0,5	-0,2	-0,7	-1,5	+2,1	+4,9	+7,7	+10,9

*) Selbstträgerschaft: ohne gemeinnützige Krankenanstalten

Quelle: Anhang zum Paktum über den Finanzausgleich ab dem Jahr 2017.

Die Sonderbehandlung der Erbschafts- und Schenkungssteuer erfuhr bereits im FAG 2008 eine Lösung, als diese Steuer aufgrund von Erkenntnissen des Verfassungsgerichtshofes[21] seit Ende 2008 nicht mehr eingehoben wurde, da der Bundesgesetzgeber die zur Sanierung der Verfassungswidrigkeit eingeräumte Frist bis 31. Juli 2008 ungenützt verstreichen ließ. Ihr Aufkommen betrug 2007 rund 155 Mio. Euro.

An dieser Stelle sei darauf verwiesen, dass das BMF dankenswerterweise umfangreiche Daten zum Finanzausgleich auf seiner Homepage zur Verfügung stellt.[22]

Die Oberverteilung

zu Abs. 1:

Abs. 1 regelt die Verteilung der gemeinschaftlichen Bundesabgaben mit Ausnahme der Spielbankabgabe zwischen dem Bund, den Ländern und den Gemeinden, wobei Wien in seiner Doppeleigenschaft als Land und Gemeinde bei beiden berücksichtigt wird. Für 2017 sind nur für drei Abgaben (Grunderwerbsteuer, Bodenwertabgabe und Wohnbauförderungsbeitrag) gesonderte Hundertsatzverhältnisse angeführt. Der Entfall des besonderen Verteilungsschlüssels bei der Grunderwerbsteuer betreffend das Aufkommen der ersten 30 Mio. Euro wird ertragsneutral in den neuen Verteilungsschlüssel bei der Grunderwerbsteuer eingerechnet. Ab dem Jahr 2018 entfällt das gesonderte Hundertsatzverhältnis beim Wohnbauförderungsbeitrag, weil der Wohnbauförderungsbeitrag ab 2018 zu einer ausschließlichen Landesabgabe mit voller Autonomie hinsichtlich des Tarifs wird. In der Oberverteilung wird diesem Umstand für die Jahre ab 2018 mit einer entsprechenden ertragsneutralen Abänderung des Hundertsatzverhältnisses bei den Abgaben mit einheitlichem Schlüssel Rechnung getragen.

zu Abs. 2:

1. Die Bemessungsgrundlagen für die Dotierung des Katastrophenfonds und des Familienlastenausgleichsfonds werden um die Kapitalertragsteuer auf Zinsen (KeSt II) erhöht und die Prozentsätze neutral angepasst.

2. Von den Ertragsanteilen des Bundes werden somit nunmehr gemäß Abs. 2 Z 1 1,7 Prozent der Ertragsanteile aus den Ertragsteuern für Zwecke des Familienlastenausgleichs abgezogen (Verbreiterung der Bemessungsgrundlage um die KeSt II und neutrale Anpassung des Prozentsatzes von 1,75 auf 1,7 Prozent). Dieser Abzug ist im Jahr 2017 um 148,4 Mio. Euro und ab dem Jahr 2018 um 126,6 Mio. Euro aufgrund der etappenweisen Senkung des Dienstgeberbeitrags zu kürzen.

---

21 Vgl. dazu: VfGH Zl. G 54/06 hinsichtlich des Erwerbs von Todes wegen und VfGH Zl. G 23/07 hinsichtlich der Schenkungen.

22 Siehe: https://www.bmf.gv.at/budget/finanzbeziehungen-zu-laendern-und-gemeinden/unterlagen-zum-finanzausgleich.html [Download: 24.02.2017].

Vor 1972 waren als zusätzliche Finanzierungsquelle für den Familienlastenausgleichsfonds und zur Aufbringung der Mittel für den Katastrophenfonds Zuschläge von je 3 Prozent zu den Einkommensteuern und der Körperschaftsteuer vorgesehen. Bei der Steuerreform 1972 wurden diese Zuschläge in den Steuertarif integriert, und die Finanzierung der beiden Fonds erfolgt über einen Vorwegabzug, ursprünglich betragsneutral im Ausmaß von je 2,29 Prozent.

3. In Abs. 2 Z 2 wird die Bemessungsgrundlage für die Dotierung des Katastrophenfonds um die KeSt II verbreitet und der Prozentsatz neutral von vormals 1,1 Prozent auf nunmehr 1,06 Prozent angepasst. Weiterhin vorgesehen ist ein Abzug von weiteren 10 Mio. Euro für den Katastrophenfonds aus den Ertragsanteilen des Bundes an der Körperschaftsteuer. Dieser zusätzliche Betrag soll, auf einer Forderung der Länder beruhend, zur teilweisen Abgeltung von Schäden an ehemaligen Bundesstraßen B dienen.

4. Wie bereits 2016 wird von den Ertragsanteilen des Bundes bei der Lohnsteuer ein Betrag von 33,7 Mio. Euro für den Österreich-Fonds in Abzug gebracht.

5. Die in § 10 Abs. 2 Z 4 angeführten Beträge werden vor der länderweisen Verteilung der Umsatzsteuer von den Ertragsanteilen der Länder mit einem Fixbetrag in Höhe von 244,656 Mio. Euro und von den Ertragsanteilen der Gemeinden mit einem Fixbetrag in Höhe von 127,158 Mio. Euro für die Übernahme des ehemaligen Landespflegegelds durch den Bund abgezogen.

6. Eine Wiedereinführung des Konsolidierungsbeitrages konnte im FAG 2017 von Ländern und Gemeinden abgewehrt werden. Der ehemalige Konsolidierungsbeitrag der Länder und Gemeinden geht auf das Jahr 1996 zurück, in welchem der Bund zur Konsolidierung des Bundeshaushalts steuerliche Maßnahmen durchgeführt hat, die mit Mehreinnahmen von fast 4 Mrd. Euro verbunden waren, an denen im Rahmen der Abgabenteilung auch die Länder und Gemeinden beteiligt waren. Ein Teil dieser zusätzlichen Mittel wurde durch den Bund als sogenannter Konsolidierungsbeitrag abgeschöpft, der bis einschließlich 2007 als Vorwegabzug bei den Ertragsanteilen der Länder und Gemeinden verrechnet wurde. Bei den Verhandlungen über den Finanzausgleich 2008 ist es den Ländern und Gemeinden gelungen, zumindest die etappenweise Abschaffung zu erreichen. Für die ersten drei Jahre reduzierte sich der Beitrag auf die Hälfte (Umwandlung in Ertragsanteile des Bundes), der Rest entfiel 2011.

zu Abs. 3:

1. Anlässlich des Beitritts Österreichs zur Europäischen Union wurde vereinbart, dass sich die Länder und Gemeinden an der Finanzierung der Beitragsleistung Österreichs mit ursprünglich 10 Mrd. Schilling beteiligen, wovon 5,25 Mrd. Schilling auf die Länder und 4,75 Mrd. Schilling auf die Gemeinden entfielen (**„EU-Beitrag"**). Der Länderbeitrag ist in Abs. 3 geregelt.

2. Um den Gemeinden die Aufbringung der Mittel zu erleichtern, wurde durch eine entsprechende Änderung der Aufteilungsschlüssel bewirkt, dass ihnen zur teilweisen Gegenfinanzierung der auf 3,8 Mrd. Schilling geschätzte Mehrertrag aus einer Senkung des Investitionsfreibetrages zugute kam. Die tatsächliche Belastung der Gemeinden sollte daher nur 950 Mio. Schilling betragen.

Nach dem FAG 2001 erfolgte der Vorwegabzug mit einem auf alle Ertragsteuern (ohne KESt II) bezogenen Vorwegabzug von 0,352 vH, der ursprünglich vorgesehenen Nettobelastung von 950 Mio. Schilling entsprechend. Mit der Einführung des einheitlichen Schlüssels durch das FAG 2005 wurde die Berechnungsbasis auf das Nettoaufkommen der Abgaben mit einheitlichem Schlüssel umgestellt. Der dafür errechnete Anteil belief sich auf 0,166 Prozent der Abgaben mit einheitlichem Schlüssel. 2016 betrug der EU-Beitrag der Gemeinden rund 130 Mio. Euro.

Mit dem FAG 2017 wird der EU-Beitrag der Gemeinden durch Einrechnung in die Ertragsanteile aufkommensneutral gestrichen.

3. Dass bis zum FAG 2017 der in Abs. 3 geregelte EU-Beitrag der Länder von den Ertragsanteilen mit Ausnahme der Spielbankabgabe abzuziehen war, erklärte sich aus der Besonderheit von deren Aufteilung. Dass bei den Anteilen der Länder aber auch noch der Kunstförderungsbeitrag ausgenommen war, erschwerte die Berechnungen.

Mit dem FAG 2017 ist der EU-Beitrag der Länder in Hinkunft ausschließlich von den Ertragsanteilen der Länder an der Umsatzsteuer abzuziehen.

Die Beteiligung der Länder an der Finanzierung der Beitragsleistung Österreichs an die Europäische Union wurde auf eine gegenüber dem Gemeindebeitrag völlig unterschiedliche Art geregelt. Berechnungsbasis für den Länderbeitrag sind die tatsächlichen Belastungen des Bundes aus den Mehrwertsteuer-Eigenmitteln und den Bruttosozialprodukt-Eigenmitteln und darüber hinaus ein ursprünglich mit 8 Mrd. Schilling bemessener und ab 1996 mit 3 Prozent dynamisierter Betrag, auf den damals die Mindereinnahmen des Bundes aus den durch den EU-Beitritt ausgelösten steuerlichen Anpassungen und insbesondere aus dem Wegfall der Zolleinnahmen geschätzt wurden. Der Aufwand für die Mehrwertsteuer-Eigenmittel wurde 1995 mit 15.338 Mio. Schilling angenommen, der Aufwand für die Bruttosozialprodukt-Eigenmittel mit 7.846 Mio. Schilling, was zusammen mit den genannten 8 Mrd. Schilling eine Bemessungsbasis für den Länderbeitrag von 31.184 Mio. Schilling ergab. Der mit 5,25 Mrd. Schilling fixierte Länderbeitrag entspricht den in Abs. 3 erster Satz fixierten 16,835 Prozent. Die Mehrwertsteuer-Eigenmittel und die Bruttonationaleinkommen-Eigenmittel sind eine variable Größe. 2016 betrug der Länderbeitrag rund 690 Mio. Euro.

Die Bemessungsgrundlage des EU-Beitrags der Länder wird mit dem FAG 2017 auf die BNE- und Mehrwertsteuereigenmittel verringert.[23] Als weitere Verwaltungsvereinfachung kommt hinzu, dass die Höhe dieser

---

23 Bis 1999 hieß das Bruttonationaleinkommen (BNE) Bruttosozialprodukt (BSP).

Eigenmittel nicht mehr anhand der Beträge, die von der Europäischen Kommission in den einzelnen Jahren vom Art. 9-Konto abgerufen werden (Zahlungen), ermittelt wird, sondern anhand der Gutschriften Österreichs auf dieses Konto.

4. Bei der Berechnung der monatlichen Vorschüsse der Länder und Gemeinden ist für den EU-Beitrag der Länder gemäß § 13 Abs. 1 von einem für das laufende Jahr geschätzten Jahreserfordernis auszugehen.

zu Abs. 4:

1. Der Beitrag der Gemeinden für die **Krankenanstaltenfinanzierung** ist als Prozentsatz des Gesamtaufkommens an der Umsatzsteuer abzüglich des Aufwandes für Gesundheits- und Sozialbereich-Beihilfen ausgedrückt. Der Bund gibt diese Mittel in Form eines Zweckzuschusses an die Länder weiter.[24] 2016 waren es rund 168 Mio. Euro.

2. Für den Beitrag der Länder ist in § 10 Abs. 5 Z 4 eine Regelung getroffen.

Die länderweise Unterverteilung

zu Abs. 5:

1. Für die länderweise Unterverteilung der Länder- und Gemeindeertragsanteile stehen die von den in der Oberverteilung ermittelten Werten nach Vornahme der Vorwegabzüge gemäß Abs. 2 bis 4 verbleibenden Beträge zur Verfügung, die sogenannten **Nettoertragsanteile**.

2. Abs. 5 enthält die Schlüssel für die länderweise Unterverteilung der Länder- und Gemeindeertragsanteile mit Ausnahme der Spielbankabgabe. Die gemeindeweise Unterverteilung der Gemeindeertragsanteile wird in § 12 geregelt.

3. Die Aufteilung von Erbschafts- und Schenkungssteuer, Grunderwerbsteuer und Bodenwertabgabe erfolgt nach dem örtlichen Aufkommen, und für den Wohnbauförderungsbeitrag im Jahr 2017 gilt die länderweise Volkszahl als Verteilungskriterium. Die Aufteilung der Spielbankabgabe ist in Abs. 6 geregelt. Für die übrigen Abgaben, nämlich für jene mit einheitlichem Schlüssel, gelten die Aufteilungsbestimmungen der Z 3, wobei bei den Ertragsanteilen der Länder an der Umsatzsteuer 1,785 Mrd. Euro[25] seit 2009 von den nach der Volkszahl zu verteilenden Mittel abgezogen und den nach dem Fixschlüssel zu verteilenden Mitteln hinzugerechnet werden.

---

24 § 27 Abs. 2
25 Näheres hierzu in den Ausführungen zu Abs. 5 Z 3, 4 und 5.

Tabelle 4: Länderweise Aufteilung der Nettoertragsanteile der Länder nach BVA 2017, in 1.000 Euro

Verteilungsschlüssel		Ö	Bgld	Knt	NÖ	OÖ	Sbg	Stmk	Tir	Vbg	W
Wohnbauförderungsbeitrag	Volkszahl	829.665	27.778	53.536	157.917	138.759	52.038	117.641	70.442	36.628	174.926
Grunderwerbsteuer	Aufkommen	5.640	117	292	871	675	480	607	622	333	1.642
Abgaben mit einheitlichem Schlüssel		15.135.908									
77,017%	Volkszahl	9.876.722	330.678	637.312	1.879.921	1.651.857	619.482	1.400.450	838.573	436.043	2.082.407
	Fixschlüssel- USt	252.671	6.499	17.427	36.514	34.596	16.244	32.554	20.168	9.392	79.278
	Fixschlüssel Rest	5.006.514	350.656	903.075		790.929	354.511	686.243	440.673	249.374	1.067.038
Summe		15.971.213	529.084	1.059.223	2.978.299	2.616.816	1.042.755	2.237.495	1.370.478	731.770	3.405.292
Spielbankabgabe I	Aufkommen	600	0	51	51	51	102	51	152	93	51
Spielbankabgabe II	Aufkommen	11.284	0	789	688	484	709	102	1.492	3.129	3.892
Summe Spielbankabgabe		11.885	0	840	739	535	810	153	1.644	3.222	3.943
Gesamtsumme		15.983.097	529.084	1.060.063	2.979.038	2.617.350	1.043.566	2.237.648	1.372.122	734.992	3.409.235
Aufteilungsschlüssel:											
Aufkommen Grunderwerbsteuer		100.000	2.077	5.184	15.449	11.965	8.512	10.767	11.025	5.908	29.113
Volkszahl		100.000	3.348	6.453	19.034	16.725	6.272	14.179	8.490	4.415	21.084
Fixschlüssel Ust		100.000	2.572	6.897	14.451	13.692	6.429	12.884	7.982	3.717	31.376
Fixschlüssel Abgaben mit einheitlichem Schlüssel, Rest		100.000	3.276	7.004	18.038	15.798	7.081	13.707	8.802	4.981	21.313
Aufkommen Spielbankabgabe I		100.000	0,000	8.451	8.451	8.451	16.903	8.451	25.354	15.487	8.451
Aufkommen Spielbankabgabe II		100.000	0,000	6.992	6.100	4.287	6.280	0,904	13.219	27.724	34.493

Quelle: BMF auf Basis BVA 2017 und länderweise Aufkommen bei Grunderwerbsteuer, Bodenwertabgabe und Spielbankabgabe 2016.

Teil 3: Das FAG 2017 – Gesetzestext mit Kommentar; § 10

Tabelle 5: Länderweise Aufteilung der Nettoertragsanteile der Gemeinden nach BVA 2017, in 1.000 Euro

Verteilungsschlüssel		Nettoertragsanteile der Gemeinden in 1.000 Euro								
		Ö	Bgld	Knt	NÖ	OÖ	Sbg	Stmk	Tir	Vbg	W
Grunderwerbsteuer	Aufkommen	937.060	19.462	48.580	144.768	112.118	79.764	100.891	103.307	55.366	272.805
Bodenwertabgabe	Aufkommen	6.720	160	613	1.092	1.355	548	900	724	171	1.157
Abgaben mit einheitlichem Schlüssel											
17,235%	Volkszahl	1.531.992	51.292	98.854	291.597	256.222	96.089	217.226	130.072	67.635	323.005
58,515%	abgestufter Bevölkerungsschlüssel	5.201.308	151.310	328.761	888.777	819.256	318.131	705.162	410.975	217.676	1.361.260
24,250%	Fixschlüssel	2.155.545	28.906	123.513	285.825	343.982	182.876	203.764	216.632	121.616	648.431
Summe		**9.832.625**	**251.130**	**600.321**	**1.612.060**	**1.532.933**	**677.408**	**1.227.942**	**861.711**	**462.464**	**2.606.658**
Spielbankabgabe I		3.775	0	0	319	319	638	319	957	585	319
Spielbankabgabe II		10.720	0	750	654	460	673	97	1.417	2.972	3.698
Summe Spielbankabgabe		14.495	0	1.069	973	779	1.311	416	2.374	3.557	4.017
Gesamtsumme		**9.847.120**	**251.130**	**601.389**	**1.613.033**	**1.533.712**	**678.719**	**1.228.358**	**864.085**	**466.021**	**2.610.674**
Aufteilungsschlüssel:											
Aufkommen Grunderwerbsteuer		100,000	2,077	5,184	15,449	11,965	8,512	10,767	11,025	5,908	29,113
Aufkommen Bodenwertabgabe		100,000	2,379	9,121	16,257	20,163	8,154	13,391	10,770	2,544	17,221
Volkszahl		100,000	3,348	6,453	19,034	16,725	6,272	14,179	8,490	4,415	21,084
Abgestufter Bevölkerungsschlüssel		100,000	2,909	6,321	17,088	15,751	6,116	13,557	7,901	4,185	26,171
Fixschlüssel Abgaben mit einheitlichem Schlüssel		100,000	1,341	5,730	13,260	15,958	8,484	9,453	10,050	5,642	30,082
Aufkommen Spielbankabgabe I		100,000	0,000	8,451	8,451	8,451	16,903	8,451	25,354	15,487	8,451
Aufkommen Spielbankabgabe II		100,000	0,000	6,992	6,100	4,287	6,280	0,904	13,219	27,724	34,493

Quelle: BMF auf Basis BVA 2017 und länderweise Aufkommen bei Grunderwerbsteuer, Bodenwertabgabe und Spielbankabgabe 2016.

Tabelle 6: Gewicht der Aufteilungsschlüssel bei den Abgaben mit einheitlichem Schlüssel im Jahr 2017

	Länder	Gemeinden
Volkszahl	77,017%	
Fixschlüssel	22,983%	
Volkszahl		17,235%
abgestufter Bevölkerungsschlüssel		58,515%
Fixschlüssel		24,250%
Summe	**100,000%**	**100,000%**

Quelle: § 10 Abs. 5 FAG 2017.

4. Bei den Ländern dominiert die Volkszahl, gefolgt vom Fixschlüssel für die Verteilung der Anteile an den Abgaben mit einheitlichem Schlüssel. Bei den Gemeinden steht der abgestufte Bevölkerungsschlüssel an erster Stelle, gefolgt vom Fixschlüssel und der Volkszahl. Das örtliche Aufkommen spielt derzeit nur eine untergeordnete Rolle. Es sei angeführt, dass 1960 der Anteil der Volkszahl bei den Ländern nur 65,3 Prozent betragen hat. 32,9 Prozent entfielen auf das örtliche Aufkommen, 1,8 Prozent auf sonstige Kriterien. Bei den Gemeinden entfielen auf sie 12,9 Prozent, das Gewicht des abgestuften Bevölkerungsschlüssels war mit 41,5 Prozent noch deutlich geringer als jetzt. Der Rest wurde fast ausschließlich nach dem örtlichen Aufkommen verteilt. Die seinerzeitige Verteilung nach dem örtlichen Aufkommen und nach sonstigen Schlüsseln findet sich auch heute noch, nämlich in eingefrorener Form in den Fixschlüsseln.[26]

Der Zuwachs in den Anteilen bevölkerungsbezogener Kriterien hat seine Ursache in erster Linie darin, dass die wesentlichsten und dynamischsten gemeinschaftlichen Bundesabgaben, nämlich die Lohnsteuer und die Umsatzsteuer, auf die 2001 noch rund 70 Prozent der Ertragsanteile der Länder und Gemeinden entfallen sind, während es 1960 erst 60 Prozent waren, fast ausschließlich nach bevölkerungsabhängigen Kriterien verteilt werden und einige neue, bevölkerungsorientiert verteilte gemeinschaftliche Bundesabgaben dazugekommen sind.

5. Mit dem FAG 2017 entfallen unter anderem die besonderen Schlüssel für die Werbeabgabe inkl. Gemeinde-Werbesteuernausgleich. Die diesbezüglichen Schlüssel werden in die Ertragsanteile eingerechnet. Der Entfall des Gemeinde-Werbesteuernausgleichs wird größenklassenweise neutralisiert.

Die Werbeabgabe hat die Nachfolge der Anzeigen- und der Ankündigungsabgabe angetreten, die als Landes- bzw. Gemeindeabgaben konstruiert waren, weshalb sich der nunmehr einhebende Bund mit einem Anteil von 4 Prozent als faktische Einhebungsvergütung begnügt hat. Die für ihre Aufteilung vorgesehen Fixschlüssel spiegelten das Aufkommen an

---

26 Nähere Ausführungen dazu können dem Kommentar zum FAG 2008 entnommen werden. In Hüttner et al.: Das Finanzausgleichsgesetz 2008, 2009, S. 134 ff.

Anzeigen- und Ankündigungsabgabe der Jahre 1996 bis 1998 wider. Daher kamen bei den Ländern auch nur jene drei Bundesländer zum Zug, die seinerzeit eine Anzeigenabgabe eingehoben haben. Dass bei den Gemeinden 40 Prozent nach der Volkszahl verteilt wurden, geht auf einen bei den Verhandlungen über den Finanzausgleich 2001 getroffenen Kompromiss zurück, um auch jenen Gemeinden einen Anteil zukommen zu lassen, die über keine Einnahmen aus der Ankündigungsabgabe verfügt haben. Sowohl für die länderweise nach der Volkszahl als auch für die nach dem seinerzeitigen Aufkommen verteilten Beträge (der sogenannte Gemeinde-Werbesteuerausgleich) galten in der gemeindeweisen Unterverteilung eigene Kriterien.

zu Abs. 5 Z 3, 4 und 5:

1. Die Verteilung der Abgaben mit einheitlichem Schlüssel erfolgt in einem mehrstufigen Prozess. Ein prozentuell fixierter Anteil wird länderweise nach der Volkszahl verteilt, bei den Gemeinden auch ein gleichfalls prozentuell fixierter Anteil nach dem abgestuften Bevölkerungsschlüssel. Ein für die Krankenanstaltenfinanzierung vorgesehener Betrag, der sich sowohl bei den Ländern als auch bei den Gemeinden aus dem Aufkommen an Umsatzsteuer errechnet, wird nach einem Fixschlüssel verteilt. Bei den Ländern bedeutet dies lediglich eine Umschichtung. Die Mittel, die ihnen für ihre Krankenanstaltenfonds zufließen, werden nicht nach der Volkszahl zugeteilt, sondern nach einem Schlüssel, der dem Verhältnis der Leistungen des ehemaligen Krankenanstalten-Zusammenarbeitsfonds des Jahres 1994 entspricht.

Der verbleibende Rest ist nach einem Fixschlüssel zu verteilen.

2. Wie oben bereits ausgeführt, werden in Z 3 bei den Ertragsanteilen der Länder an der Umsatzsteuer 1,785 Mrd. Euro abgezogen und bei den nach dem Fixschlüssel zugeteilten Anteilen wieder hinzugerechnet. Damit hat es folgende Bewandtnis: Mit 2009 wurden auch die Bedarfszuweisung zum Haushaltsausgleich und der sogenannte Wohnbauförderungs-Zweckzuschuss in Ertragsanteile umgewandelt: diese beiden Transfers standen in einer engen Beziehung. Bis 1996 gab es nur den Zweckzuschuss, der wegen der Anknüpfung an das Aufkommen an Ertragsteuern und Wohnbauförderungsbeitrag eine sehr dynamische Entwicklung aufzuweisen hatte und der nach einem bedarfsorientierten Schlüssel mit hohem Wiener Anteil auf die Länder aufgeteilt wurde. 1996 wurde er bei 1,785 Mrd. Euro eingefroren und der darüber hinaus gehende und als Differenzgröße relativ noch viel stärker wachsende Teil in eine Bedarfszuweisung umgewandelt, deren Aufteilung nach der Volkszahl erfolgte. Um diesen Konnex im Zuge der Umwandlung beizubehalten, wurde zunächst der gesamte Betrag dem Kriterium Volkszahl zugeordnet, dann aber der bisher eingefrorene Betrag zum Fixschlüssel umgeschichtet, so dass die volle Dynamik bei dem nach der Volkszahl verteilten Betrag verbleibt.

3. Bei den Gemeinden kommt hinzu, dass ein Teil der Abgaben mit einheitlichem Schlüssel nach dem abgestuften Bevölkerungsschlüssel verteilt wird. Die sonstige Vorgangsweise ist jedoch dieselbe wie bei den Ländern.

4. Ab dem Jahr 2017 wird der vormalige Getränkesteuerausgleich in die Fixschlüssel eingerechnet. Der Entfall des Getränkesteuerausgleichs wird anders als der Gemeinde-Werbesteuerausgleich nicht größenklassenweise neutralisiert; die besonderen Aufgaben von Fremdenverkehrsgemeinden bis 10.000 Einwohnerinnen und Einwohner werden aber nunmehr durch die Zahl der Nächtigungen berücksichtigt, wie es ja bereits in den Übergangsbestimmungen zum Abbau des Getränkesteuerausgleichs der Fall war.[27]

5. Ab dem Jahr 2018 erfahren die Fixschlüssel aufgrund der ertragsneutralen „Verländerung" des Wohnbauförderungsbeitrags mit voller Autonomie hinsichtlich des Tarifs eine weitere Veränderung.[28]

6. Die in Z 5 geregelte Erhöhung des Anteils des Landes Vorarlberg an der Umsatzsteuer ersetzt seit dem FAG 2008 den bisherigen gleich hohen Vorausanteil an den Zweckzuschüssen zur Finanzierung von Straßen gemäß § 4a Abs. 3 des Zweckzuschussgesetzes 2001 für die Errichtung der Umfahrung Feldkirch-Süd.

zu Abs. 6:

1. Für die **Spielbankabgabe** gelten eigene Regeln, weil bei der Unterverteilung nur jene Länder und Gemeinden zum Zug kommen, in denen eine Spielbank betrieben wird, was derzeit bei den Ländern nur den Ausschluss des Burgenlandes bedeutet. Als Grund für diese Sonderbehandlung wird angegeben, dass den betreffenden Gebietskörperschaften dadurch ein Anreiz „zur Schaffung attraktiver Voraussetzungen für einen ertragreichen Spielbankbetrieb" geboten werden soll.

2. Zur Umgestaltung bei der Spielbankabgabe: Der EuGH hat 2005 entschieden, dass Umsätze von Glücksspielen in einer konzessionierten Spielbank nicht anders behandelt werden dürfen als die Umsätze außerhalb einer solchen, also die Umsätze von sogenannten Geldspielautomaten. Verständlicherweise entschied man sich dafür, die bisher befreiten Umsätze in einer Spielbank, die dort allerdings auch der Spielbankabgabe unterliegen, in die Steuerpflicht einzubeziehen. Zur Vermeidung einer Doppelbelastung wurde im Rahmen des Ausspielungsbesteuerungsänderungsgesetzes der Steuersatz der Spielbankabgabe so weit reduziert, dass die Gesamtbelastung keine Änderung erfährt. Dadurch verringern sich die Erträge an der Spielbankabgabe um rund 20 Mio. Euro, wovon auch die Spielbankländer und Spielbankgemeinden betroffen sind. Mit einer Änderung des FAG 2005 wurde darauf reagiert. Die betroffenen Länder und Gemeinden erhielten eine Finanzzuweisung, die aus dem Mehraufkommen der Länder und Gemeinden im Wege eines Vorwegabzugs bedeckt wurde. Das FAG 2008 sah vor, dass die Ertragsbeteiligung der Länder und Gemeinden zu Lasten des Bundes um die Bedarfszuweisung erhöht wird, wofür dieser einen entsprechend erhöhten Anteil an den Abgaben mit einheitlichem Schlüssel erhält. Die Vorwegabzüge entfallen.

---

27 Vgl. § 12 Abs. 3 Z 2
28 Vgl. § 10 Abs. 5 Z 4

3. Gegenüber dem FAG 2008 ergeben sich – auch in Ermangelung eines diesbezüglichen konkreten Vereinfachungspotentials ohne Verwerfungen – keine Veränderungen.

zu Abs. 7:

1. In den Verhandlungen zum FAG 2008 wurde vereinbart, dass ab dem Jahr 2009 die Volkszahl aufgrund der Bevölkerungsstatistik auf Basis des Zentralen Melderegisters unter Berücksichtigung anderer Register (z. B. Fremdenregister) bestimmt wird. Dadurch entfiel die bis dahin gültige Anpassung der Volkszahl nach dem Zehnjahresrhythmus der Volkszählungen, die schlagartig zu signifikanten Gewinnen oder Verlusten geführt hatte. Diese Anpassung führte zu einer gerechteren Verteilung der Einnahmen, weil nunmehr jene Städte und Gemeinden, deren Bevölkerungszahl überdurchschnittlich wächst und denen daraus ein überproportionaler Mehraufwand erwächst, rascher entsprechend höhere Ertragsanteile erhalten.

2. Die Umstellung erfolgte in zwei Etappen. Für das Jahr 2008 galt noch das Ergebnis der Volkszählung 2001. In den Jahren 2009 und 2010 wurde die Bevölkerungsstatistik zum Stichtag 31. Oktober 2008 herangezogen. Ab dem Jahr 2011 dient die Bevölkerungsstatistik jährlich auf Basis des jeweils zweitvorangegangenen Jahres als Grundlage für die Ermittlung der Volkszahl. Das bedeutet etwa, dass für das Jahr 2017 die Bevölkerungsstatistik zum Stichtag 31. Oktober 2015 berücksichtigt wird.

Ferner konnte die Bevölkerungsstatistik mit Stichtag 31. Oktober 2011, die die Basis für 2013 darstellte, bereits aufgrund der Registerzählung 2010 ermittelt werden.

zu Abs. 8:

1. Ohne auf die Problematik des abgestuften Bevölkerungsschlüssels näher einzugehen, soll hier lediglich eine Darstellung des Systems und seiner Auswirkungen geboten werden.

2. Die abgestufte Bevölkerungszahl einer Gemeinde wird gebildet, indem man ihre Einwohnerzahl mit einer Zahl – dem **Vervielfacher** – multipliziert, die mit der Gemeindegrößenklasse von 1 41/67 bis zu 2 1/3 ansteigt. Das bewirkt, dass größere Gemeinden dort, wo die Mittelverteilung nach dem abgestuften Bevölkerungsschlüssel erfolgt, pro Einwohnerin bzw. Einwohner mehr erhalten als kleinere.

3. Die Gemeindegrößenklassen haben seit 1948 zweimal eine Änderung zu Gunsten der kleineren Gemeinden erfahren.

Tabelle 7: Veränderungen des abgestuften Bevölkerungsschlüssels seit 1948

Größenklasse	FAG 1948	FAG Novelle 1952	FAG 1953	FAG Novelle 1955	FAG 1985	FAG 1989	FAG 1993	FAG 2005	FAG 2008, 2008 bis 2010	FAG 2008, 2011 bis 2016
Anzahl EinwohnerInnen	Vervielfacher									
1-1.000				1 1/6						
1-2.500	3	1	1							
1.001-10.000				1 1/3						
2.501-10.000	4	1 1/3	1 1/3							
1-10.000					1 1/3	1 1/3	1 1/3	1 1/2	1 1/2	1 41/67
10.001-20.000	5	1 2/3	1 2/3	1 2/3	1 2/3	1 2/3	1 2/3	1 2/3	1 2/3	1 2/3
20.001-50.000[1]	6	2	2	2	2	2	2	2	2	2
ab 50.001	7	2 1/3	2 1/3	2 1/3	2 1/3	2 1/3	2 1/3	2 1/3	2 1/3	2 1/3
Sockelbetrag je EinwohnerIn							1993: 7,43 EUR 2004: 72,66 EUR			
Einschleifregelung: Bereichsgrenzen										
9.000-10.000[2]								3 1/3	1 2/3	1 2/3 110/201
18.000-20.000[2]								3 1/3	3 1/3	3 1/3
45.000-50.000								3 1/3	3 1/3	3 1/3

[1] inkl. Städte mit eigenem Statut mit höchstens 20.000 Einwohnerinnen und Einwohnern
[2] nicht bei Städten mit eigenem Statut

Quelle: Rechnungshof: Der abgestufte Bevölkerungsschlüssel im Finanzausgleich, Bund 2016/4, S. 71.

§ 4 Abs. 5 FAG 1948 kannte noch eine erste Größenklasse bis 2.500 EW mit einem Vervielfacher von 3, nach der späteren generellen Division durch 3 einem heutigen Vervielfacher von 1 entsprechend. Mit der Finanzausgleichsnovelle 1955 wurde die Stufengrenze auf 1.000 zurückgenommen und gleichzeitig der Vervielfacher der untersten Größenklasse auf 1 1/6 angehoben. Für die Gemeinden von 1.001 bis 2.500 EW erhöhte sich der Vervielfacher von 1 auf 1 1/3.

Diese Stufengrenze bei 1.000 EW hat im Übrigen viel dazu beigetragen, die Zahl der Kleingemeinden bis 1.000 EW, die 1960 noch 2.654 betragen hat, durch Gemeindezusammenlegungen um mehr als 2.000 zu reduzieren, weil die Überschreitung der 1.000-Einwohner-Grenze durch eine Zusammenlegung wegen des dann geltenden höheren Vervielfachers nicht unbeträchtliche finanzielle Vorteile nach sich zog.

Das FAG 1985 brachte die erste Stufe dann ganz zum Verschwinden – die Periode der Gemeindezusammenlegungen war zu Ende –, womit sich der Vervielfacher für die Gemeinden bis 1.000 EW von 1 1/6 auf 1 1/3 erhöhte.

4. Eine innere Aushöhlung erfuhr das System des abgestuften Bevölkerungsschlüssels durch die sogenannte Sockelbetragsregelung, die erstmals in das FAG 1993 mit ursprünglich 102,30 Schilling (7,43 Euro) Eingang gefunden hat. Sie bewirkte, dass Ertragsanteile im Ausmaß des mit der Volkszahl multiplizierten Sockelbetrages sowohl in der länderweisen als auch in der gemeindeweisen Unterverteilung nicht mehr nach dem abgestuften Bevölkerungsschlüssel, sondern nach der Volkszahl zur Verteilung gelangten. 2004 hat der Sockelbetrag bereits 72,66 Euro betragen.

5. Bei den Verhandlungen über den Finanzausgleich 2005 wurde paktiert, dass der Vervielfacher der untersten Stufe von 1 1/3 auf 1 1/2 angehoben wird und im Gegenzug die Sockelbetragsregelung entfällt. Das „Spannungsverhältnis" – die Relation zwischen dem niedrigsten und dem höchsten Vervielfacher – hat sich durch all diese Maßnahmen von 1 : 2,33 im Jahre 1948 auf derzeit (ab 2011) 1 : 1,4475 reduziert.

6. Der abgestufte Bevölkerungsschlüssel wurde vom Verfassungsgerichtshof schon mehrmals auf seine Verfassungsmäßigkeit geprüft. Im Erkenntnis des VfGH vom 12. Oktober 1990 (VfSlg 12.505/1990) wurde er, da auf einem Paktum beruhend, als verfassungskonform erkannt, allerdings mit kritischen Anmerkungen zu einigen Teilaspekten, die es beim nächsten Finanzausgleich zu berücksichtigen galt. Dies ist geschehen, und wie das Erkenntnis des VfGH vom 28. 9.2000, A 10/00, zum abgestuften Bevölkerungsschlüssel deutlich erkennen lässt, war der Verfassungsgerichtshof mit der Reaktion auf sein Erkenntnis zufrieden.[29]

7. Ein kritisierter Punkt betraf die Tatsache, dass an einer Stufengrenze eine einzige Einwohnerin bzw. ein einziger Einwohner das finanzielle Wohl der Gemeinde maßgeblich beeinflussen kann. Eine Gemeinde mit 10.000 EW hatte nach der damaligen Regelung eine abgestufte Bevölkerungszahl von 13.333, eine Gemeinde mit 10.001 EW dagegen eine von 16.667. Der Unterschied in den Ertragsanteilen lag, auf heutiger Basis berechnet, in der Größenordnung von 1 Mio. Euro, das theoretische Konstrukt des „wertvollen Grenzbürgers" verdient daher seinen Namen durchaus zu Recht.

Die Finanzausgleichspartner haben daher eine **Einschleifregelung** für jene Gemeinden geschaffen, die mit ihrer Einwohnerzahl um bis zu 10 Prozent unterhalb einer Stufengrenze liegen. Konkret wird die abgestufte Einwohnerzahl einer solchen Gemeinde derzeit um einen Betrag erhöht, der durch Multiplikation der über der unteren Bereichsgrenze liegenden Einwohnerzahl mit dem Faktor 110/201 (bei Gemeinden mit 9.000 bis 10.000 EW) bzw. 3 1/3 (bei Gemeinden mit 18.000 bis 20.000 und 45.000 bis 50.000 EW; bei Städten mit eigenem Statut jedoch nur bei solchen, deren Einwohnerzahl im Bereich von 45.000 bis 50.000 liegt) gewonnen wird.

Die abgestufte Bevölkerungszahl einer fiktiven Gemeinde mit 19.500 EW wird somit, da die untere Bereichsgrenze 18.000 beträgt, wie folgt ermittelt:

19.500 x 1 2/3 + 1.500 x 3 1/3 = 37.500

---

[29] Vgl. hierzu auch das jüngste Erkenntnis des VfGH zum abgestuften Bevölkerungsschlüssel vom 11.3.2014, G 89/13.

Ohne Einschleifregelung hätte sie nur 32.500 betragen. Der Einschleifregelung wohnt aber auch die Funktion eines Auffangnetzes inne. Wenn die Einwohnerzahl einer Gemeinde anlässlich einer aktualisierten Bevölkerungsstatistik unter die Stufengrenze absinkt, kann sie die negativen finanziellen Auswirkungen dieser Entwicklung sehr fühlbar dämpfen. Ein gutes Beispiel dafür war St. Pölten, das bei der Volkszählung 2001 mit 49.117 EW knapp unter die 50.000-EW-Grenze gesunken ist und ohne Sockelbetragsregelung seinerzeit eine um mehr als 4 Mio. Euro höhere Einbuße an Ertragsanteilen hätte hinnehmen müssen.

8. Wie sehr sich die abgestuften Bevölkerungszahlen der Länder durch die Neuregelung bereits durch das FAG 2005 im Vergleich zum FAG 2001 geändert haben, zeigt folgende Gegenüberstellung:

Tabelle 8: Änderung abgestufter Bevölkerungsschlüssel 2005 zu 2004

	Einwohnerinnen und Einwohner	abgestufte Bevölkerung 2005	abgestufte Bevölkerung 2004
Burgenland	277.558	422.860	378.775
Kärnten	559.346	985.533	931.965
Niederösterreich	1.545.794	2.466.055	2.270.579
Oberösterreich	1.376.607	2.325.666	2.168.590
Salzburg	515.454	905.956	856.289
Steiermark	1.183.246	1.997.878	1.856.840
Tirol	673.543	1.117.338	1.036.466
Vorarlberg	351.048	594.426	565.531
Wien	1.550.261	3.617.276	3.617.276
Österreich	8.032.857	14.432.986	13.682.310
davon Gemeinden bis 10.000 Einwohnerinnen und Einwohner	4.531.192	6.801.882	6.051.205

Quelle: Hüttner et al.: Das Finanzausgleichsgesetz 2008, S. 143.

9. Mit dem FAG 2008 erfuhr der abgestufte Bevölkerungsschlüssel eine weitere Abflachung. Ab dem Jahr 2011 gilt ein neuer Vervielfacher für die Gemeinden bis 10.000 EW, der – wie bereits zuvor erwähnt – 1 41/67 beträgt.

10. Der neue Vervielfacher für die Jahre ab 2011 war so zu berechnen, dass die Verluste für die Gemeinden über 10.000 EW dem Betrag von 100 Mio. Euro nicht übersteigen. Im FAG 2008 wurde vereinbart, dass die Mindereinnahmen für die betroffenen Städte und Gemeinden voll ausgeglichen werden. Die Relation zwischen dem niedrigsten und dem höchsten Vervielfacher hat sich durch die Abflachung des abgestuften Bevölkerungsschlüssels ab 2011 von 1 : 1,55 auf 1 : 1,4475 weiter verringert. Mit dem FAG 2017 wurde der abgestufte Bevölkerungsschlüssel nicht weiter verändert. Es gelten daher seit 2011 die folgenden Faktoren:
- Gemeinden mit höchstens 10.000 EW: 1 41/67
- Gemeinden mit 10.001 bis 20.000 EW: 1 2/3
- Gemeinden mit 20.001 bis 50.000 EW und bei Städten mit eigenem Statut mit höchstens 50.000 EW: 2
- Gemeinden mit über 50.000 EW und Stadt Wien: 2 1/3

Die Tabelle 9 und Tabelle 10 zeigt die Zahl der Gemeinden und ihrer Einwohnerinnen und Einwohner nach Größenklassen je Bundesland:

Tabelle 9: Anzahl der Gemeinden nach Bundesland und Größenklasse, 2015

Bundesland	bis 10.000 EW	10.001-20.000 EW	20.001-50.000 EW	über 50.000 EW	Summe
	Anzahl der Gemeinden				
Burgenland	170	1	0	0	171
Kärnten	124	5	1	2	132
Niederösterreich	548	18	6	1	573
Oberösterreich	429	8	3	2	442
Salzburg	112	5	1	1	119
Steiermark	272	12	2	1	287
Tirol	271	7	0	1	279
Vorarlberg	86	6	4	0	96
Wien	0	0	0	1	1
Österreich	2.012	62	17	9	2.100

Quelle: Michael Kremser; eigene Darstellung, 2017 nach Statistik Austria (30.6.2016).

Tabelle 10: Bevölkerungsstand nach Bundesland und Größenklasse, 2015[30]

Bundesland	bis 10.000 EW	10.001-20.000 EW	20.001-50.000 EW	über 50.000 EW	Summe	
	Bevölkerungsstand					Anteil
Burgenland	276.785	14.226	0	0	291.011	3%
Kärnten	311.808	63.280	25.051	160.343	560.482	6%
Niederösterreich	1.199.677	235.671	164.865	53.478	1.653.691	19%
Oberösterreich	994.509	108.403	89.798	261.238	1.453.948	17%
Salzburg	312.507	61.602	20.768	150.938	545.815	6%
Steiermark	760.940	142.397	48.417	280.258	1.232.012	14%
Tirol	511.451	96.679	0	131.009	739.139	8%
Vorarlberg	175.810	76.310	132.027	0	384.147	4%
Wien	0	0	0	1.840.226	1.840.226	21%
Österreich	4.543.487	798.568	480.926	2.877.490	8.700.471	100%

Quelle: Michael Kremser; eigene Darstellung, 2017 nach Statistik Austria (30.6.2016).

Tabelle 11 zeigt die länderweisen Einwohnerzahlen und den abgestuften Bevölkerungsschlüssel (aBS) auf Basis des Stichtages der Registerzählung zum 31.10.2015 (Basis für 2017):

---

[30] Diese Statistik der Statistik Austria ist von der für die Verteilung der Ertragsanteile maßgeblichen Registerzählung zum 31.10. des zweitvorangegangenen Jahres zu unterscheiden!

Tabelle 11: Bevölkerungsstatistik Stichtag 31.10.2015 (für Ertragsanteile 2017)

Bundesland	Bevölkerung 31.10.2015	Anteil Bevölkerung in %	gewichtete Bevölkerung gemäß aBS	Anteil gewichtete Bevölkerung in %
Burgenland	290.299	3,348050%	474.144	2,909076%
Kärnten	559.491	6,452670%	1.030.202	6,320737%
Niederösterreich	1.650.367	19,033860%	2.785.062	17,087565%
Oberösterreich	1.450.151	16,724747%	2.567.212	15,750962%
Salzburg	543.838	6,272142%	996.891	6,116361%
Steiermark	1.229.443	14,179298%	2.209.688	13,557396%
Tirol	736.176	8,490397%	1.287.828	7,901383%
Vorarlberg	382.798	4,414850%	682.108	4,185029%
Wien	1.828.127	21,083985%	4.265.630	26,171491%
Summe	**8.670.690**	**100,000000%**	**16.298.765**	**100,000000%**

Quelle: BMF: Schreiben vom 19.9.2016.

> § 11. Wenn die Summe der Ertragsanteile Wiens als Land und Gemeinde an den gemeinschaftlichen Bundesabgaben mit Ausnahme der Spielbankabgabe 33 % der entsprechenden Ertragsanteile der Länder und Gemeinden einschließlich Wiens übersteigt, fällt der Mehrbetrag je zur Hälfte den Ländern außer Wien und den Gemeinden außer Wien zu. Ein Betrag zwischen 30,4 und 33 % wird in jedem Fall zu einem Viertel auf die Länder außer Wien und zu einem Viertel auf die Gemeinden außer Wien aufgeteilt. Die Aufteilung erfolgt auf die Länder nach der Volkszahl, auf die Gemeinden nach dem abgestuften Bevölkerungsschlüssel.

Erläuterungen

Diese sogenannte „Plafondbestimmung" findet sich erstmals im § 6 FAG 1948 und stellt offenbar eine Reaktion auf den Umstand dar, dass auf Wien Mitte der 1920er-Jahre wegen des Überwiegens des Aufkommensprinzips und des damals noch sehr hohen Spannungsverhältnisses beim abgestuften Bevölkerungsschlüssel mehr als 50 Prozent der Ertragsanteile entfielen und auch 1931 noch 36,6 Prozent. In der Zweiten Republik ist die Bestimmung jedoch ohne Anwendung geblieben.

> § 12. (1) Zur Ermittlung der Ertragsanteile der Gemeinden an den gemeinschaftlichen Bundesabgaben mit Ausnahme der Spielbankabgabe werden zunächst die Ertragsanteile auf die Gemeinden länderweise unter Beachtung der im § 10 Abs. 5 angeführten Schlüssel rechnungsmäßig aufgeteilt (ungekürzte Ertragsanteile). Von den so länderweise errechneten Beträgen sind 12,8 % auszuscheiden und den Ländern (Wien als Land) zu überweisen; sie sind – außer in Wien – für die Gewährung von Bedarfszuweisungen an Gemeinden und Gemeindeverbände bestimmt (Gemeinde-Bedarfszuweisungsmittel, Abs. 5).

(2) Weiters sind vor der gemeindeweisen Verteilung von den Ländern (ohne Wien) Beträge in Höhe des Zweckzuschusses des Bundes gemäß § 27 Abs. 3 auszuscheiden und zur Mitfinanzierung der Kostenbeiträge an die Gemeinden für Eisenbahnkreuzungen zu verwenden.

(3) Die restlichen Anteile sind als Gemeindeertragsanteile an den gemeinschaftlichen Bundesabgaben an die Länder zu überweisen und von diesen – außer in Wien – an die einzelnen Gemeinden nach folgenden Schlüsseln aufzuteilen:

1. Die Gemeinden erhalten einen Betrag je Einwohner gemäß Abs. 6 und 7.
2. Die Gemeinden bis 10 000 Einwohner erhalten einen Betrag je Nächtigung gemäß Abs. 8.
3. Die restlichen Ertragsanteile sind nach dem abgestuften Bevölkerungsschlüssel auf alle Gemeinden des Landes zu verteilen.
4. Gemeinden mit einer Ertragsanteile-Entwicklung gegenüber dem Vorjahr unter einem Mindestniveau erhalten eine Aufstockung gemäß Abs. 9.

(4) Die gemäß Abs. 1 gebildeten Gemeinde-Bedarfszuweisungsmittel werden um die Ländertöpfe gemäß § 25 Abs. 2 erhöht.

(5) Die Gemeinde-Bedarfszuweisungsmittel sind von den Ländern auf Basis landesrechtlicher Regelungen für folgende Zwecke zu verwenden:

1. Förderung bestehender und zusätzlicher interkommunaler Zusammenarbeit einschließlich solcher in Form von Gemeindeverbänden,
2. Unterstützung strukturschwacher Gemeinden,
3. Förderung von Gemeindezusammenlegungen einschließlich solcher, die in den jeweils letzten zehn Jahren erfolgt sind,
4. landesinterner Finanzkraftausgleich zwischen den Gemeinden unter Bedachtnahme auf weitere landesrechtliche Finanzkraftregelungen,
5. Bedarfszuweisungen an Gemeinden.

In den Jahren bis 2019 sind zumindest 15 % und ab dem Jahr 2020 zumindest 20 % der Gemeinde-Bedarfszuweisungsmittel für die Zwecke gemäß den Z 1 bis 3 zu verwenden. In einzelnen Jahren nicht für diese Zwecke verwendete Mittel können für die weiteren Zwecke verwendet werden, allerdings sind die genannten Prozentsätze bei der Gesamtbetrachtung der Finanzausgleichsperiode zu erreichen. Die Länder informieren den Bundesminister für Finanzen zumindest alle zwei Jahre über die Verwendung der Gemeinde-Bedarfszuweisungsmittel.

(6) Die Gemeinden erhalten jährlich je Einwohner folgende Beträge in Euro, wobei hier Statutarstädte bis 20 000 Einwohner Gemein-

den von 20 001 bis 45 000 Einwohnern gleichgestellt sind:

Einwohnerzahl	bis 10.000	10.001 –20.000	20.001 –50.000	über 50.000
Burgenland	0,00	103,43	103,43	103,43
Kärnten	0,00	82,20	97,82	97,82
Niederösterreich	0,00	117,07	117,07	117,07
Oberösterreich	0,00	89,73	97,45	97,45
Salzburg	0,00	114,93	141,59	166,37
Steiermark	0,00	78,92	78,92	112,10
Tirol	0,00	129,93	129,93	171,35
Vorarlberg	0,00	111,13	133,20	133,20

Gemeinden, deren Einwohnerzahl im Bereich von 9 300 bis 10 000, von 18 000 bis 20 000 oder von 45 000 bis 50 000 liegt, bei Städten mit eigenem Statut jedoch nur bei solchen, deren Einwohnerzahl im Bereich von 45 000 bis 50 000 liegt, erhalten einen weiteren Betrag vervielfacht mit der Zahl, mit der die Einwohnerzahl die untere Bereichsgrenze übersteigt. Dieser weitere Betrag wird mit folgender Formel ermittelt: Differenz zum Vorausanteil der nächsthöheren Einwohnerklasse x Einwohnerzahl der oberen Bereichsgrenze / Differenz zwischen der Einwohnerzahl der oberen Bereichsgrenze und derjenigen der unteren Bereichsgrenze. Statutarstädte mit 20 001 bis 45 000 Einwohnern erhalten zusätzlich jährlich 45,99 Euro je Einwohner, Statutarstädte mit 45 001 bis 50 000 Einwohnern erhalten einen zusätzlichen jährlichen Betrag je Einwohner, der mit folgender Formel ermittelt wird: 45,99 / 5 000 * (50 000 – Einwohnerzahl der Gemeinde).

(7) Die Vorausanteile gemäß Abs. 6 werden jährlich entsprechend der Entwicklung der Nettoaufkommen an den Abgaben mit einheitlichem Schlüssel im Vorjahr gegenüber dem zweitvorangegangenen Jahr valorisiert. Die erste Valorisierung findet im Jahr 2017 entsprechend der Entwicklung dieser Nettoaufkommen im Jahr 2016 gegenüber dem Jahr 2015 statt. Die valorisierten Beträge werden kaufmännisch auf ganze Eurocent gerundet.

(8) Gemeinden bis 10 000 Einwohnern erhalten einen Betrag je Nächtigung gemäß der Nächtigungsstatistik für das jeweils zweitvorangegangene Jahr, wobei jedoch für die ersten 1 000 Nächtigungen pro Jahr kein Anteil zusteht. Der Betrag je Nächtigung beträgt in Gemeinden bis 9 300 Einwohner 0,90 Euro, in Gemeinden mit mehr als 9 300 Einwohnern wird der Betrag mit folgender Formel ermittelt: 0,90 * (10 000 – Einwohnerzahl der Gemeinde) / 700.

(9) Gemeinden, deren Ertragsanteile je Einwohner sich gegenüber dem Vorjahr um einen Wert unterhalb eines Mindestniveaus entwickeln, erhalten eine Aufstockung, die wie folgt ermittelt und finanziert wird:

1. Das Mindestniveau ist im Jahr 2017 80%, im Jahr 2018 65% und ab dem Jahr 2018 die Hälfte der prozentuellen Steigerung der nach den Abzügen gemäß Abs. 1 und 2 zu verteilenden Ertragsanteile der Gemeinden des Landes je Einwohner.

2. Wenn das gemäß Z 1 ermittelte Mindestniveau unter 0,5 % liegen würde, dann ist das Mindestniveau die prozentuelle Steigerung abzüglich 0,5 %-Punkte.

3. Gemeinden, deren Entwicklung der Ertragsanteile je Einwohner unter diesem Mindestniveau liegen, erhalten eine Aufstockung in Höhe der Differenz.

4. Diese Aufstockung wird durch einen Abzug von den Ertragsanteilen derjenigen Gemeinden des Landes finanziert, deren Ertragsanteile je Einwohner stärker als die nach den Abzügen gemäß Abs. 1 und 2 zu verteilenden Ertragsanteile der Gemeinden des Landes je Einwohner gestiegen sind, und zwar im Verhältnis der Beträge, mit denen die Ertragsanteile dieser Gemeinden über diesem Niveau liegen.

5. In die Berechnung der Ertragsanteile für das Jahr 2016 ist der Ausgleich gemäß § 11 Abs. 8 FAG 2008, BGBl. I Nr. 103/2007, für die Abschaffung der Selbstträgerschaft auf gemeinnützige Krankenanstalten nicht einzubeziehen.

Erläuterungen

§ 12 regelt die gemeindeweise Unterverteilung, greift allerdings in Abs. 1 und Abs. 2 noch auf die länderweise Unterverteilung zurück.

zu Abs. 1:

1. Von den länderweise errechneten Ertragsanteilen werden zunächst 12,8 Prozent ausgeschieden und den Ländern als Gemeinde-Bedarfszuweisungsmittel für die Gewährung von **Bedarfszuweisungen** an Gemeinden und Gemeindeverbände übermittelt. Diese Bezeichnung ersetzt seit dem FAG 2005 den früher viel kritisierten Begriff „zweckgebundene Landesmittel". Nähere Anweisungen für die Verwendung dieser Mittel gibt das Finanzausgleichsgesetz nicht, doch steckt § 12 Abs. 1 F-VG 1948 einen sehr weiten und groben Rahmen. Bedarfszuweisungsmittel können zur Aufrechterhaltung oder Wiederherstellung des Gleichgewichtes im Haushalt, zur Deckung außergewöhnlicher Erfordernisse oder zum Ausgleich von Härten gewährt werden, die sich bei der Verteilung von Abgabenertragsanteilen oder Schlüsselzuweisungen ergeben.

2. Diese Bedarfszuweisungsmittel stellen schon wegen ihrer Größenordnung ein überaus wirkungsvolles Instrument der Feinsteuerung und zur Berücksichtigung besonderer Erfordernisse und Gegebenheiten dar, auf die im übergeordneten, auf eine österreichweite Durchschnittsbetrachtung ausgelegten System des Finanzausgleichs nicht Bedacht genommen werden kann. Vor allem für kleinere Gemeinden sind diese Mittel von größter Bedeutung, weil ohne sie kostspieligere Investitionsvorhaben kaum zu realisieren wären.

Ihre Zuteilung erfolgt teils direkt durch das Land, teils über Landesfonds – Gemeindeinvestitionsfonds, Schul- und Kindergartenfonds u. ä. – und Gemeindeinstitutionen. Die Vergabe dieser eigentlichen Gemeindemittel obliegt ausschließlich den Ländern.

3. Bis 1958 waren es 25 Prozent der Ertragsanteile, die für Bedarfszuweisungen zur Verfügung standen. Die Neutralisierung des Abtausches von Gewerbesteuer gegen höhere Ertragsanteile und die Einrichtung der Vorausanteile brachten eine Absenkung auf zunächst 15 Prozent mit dem FAG 1959 und dann 13,5 Prozent mit dem FAG 1967. Die mit dem FAG 2001 vorgenommene weitere Absenkung auf 12,7 Prozent ist mit dem Getränkesteuerausgleich begründet, weil die den Gemeinden in teilweiser Abgeltung ihrer Verluste aus dem Wegfall der Getränkesteuer gewährten zusätzlichen Ertragsanteile nicht zu betragsmäßig höheren Vorwegabzügen führen sollten.

4. In den Verhandlungen zum Finanzausgleich 2008 wurde vereinbart, dass Gemeinden über 10.000 EW ab dem Jahr 2011 16 Mio. Euro im Wege einer Finanzzuweisung gemäß § 21 Abs. 11 FAG 2008 zur Verfügung gestellt werden. Die Finanzierung dieses Topfs erfolgt unter anderem dadurch, dass ab dem Jahr 2011 die Gemeinde-Bedarfszuweisungsmittel um 2 Mio. Euro jährlich im Verhältnis der Gemeinde-Bedarfszuweisungsmittel des jeweiligen Vorjahres gekürzt werden. Diese Bestimmung findet sich mit einigen Präzisierungen nun im § 25 Abs. 3 wieder.

5. Analog zur Anpassung des Höchstausmaßes für die Landesumlage (§ 6) wird mit dem FAG 2017 auch der Prozentsatz für die Ermittlung der Gemeinde-Bedarfszuweisungsmittel neutral an die Änderungen der Bemessungsgrundlage von 12,7 Prozent auf nunmehr 12,8 Prozent angepasst.

zu Abs. 2:

Neu ist die zusätzliche Kürzung der Gemeindeertragsanteile für die Ländertöpfe-Fonds für die Finanzierung von Investitionen von Gemeinden in Eisenbahnkreuzungen.[31]

Die gemeindeweise Unterverteilung

zu Abs. 3:

1. Die nach Abzug der Gemeinde-Bedarfszuweisungsmittel (Abs. 1) und nach Abzug der Mittel für Eisenbahnkreuzungen (Abs. 2) verbleibenden Beträge sind an die Länder zu überweisen und von diesen nach den in Z 1 bis 3 genannten Kriterien auf die einzelnen Gemeinden aufzuteilen. Die Verteilung der Ertragsanteile der Gemeinden innerhalb der Länder wird mit dem FAG 2017 auf drei Kriterien reduziert, nämlich auf den länder- und größenklassenmäßig differenzierten Vorausanteil je Einwohnerin bzw. Einwohner, auf einen Betrag je Nächtigung gemäß der Nächtigungsstatistik iHv. 0,90 Euro sowie auf den abgestuften Bevölkerungsschlüssel.

---

31 Siehe nähere Ausführungen dazu zu § 27 Abs. 3.

Diese drei Schlüssel werden durch eine „Dynamik-Garantie" ergänzt. Es entfällt somit bei der Berechnung der Gemeindeertragsanteile der Finanzbedarf-Finanzkraft-Ausgleich und der Getränkesteuerausgleich.

Tabelle 12: Verteilung der Ertragsanteile der Gemeinden gemäß § 12 Abs. 1 und 2

	Ertragsanteile der Gemeinden, länderweise in Tsd. Euro							
	Bgld	Knt	NÖ	OÖ	Sbg	Stmk	Tir	Vbg	Ö (ohne Wien)
rechnerische Ertragsanteile	251.130	600.321	1.612.060	1.532.933	677.408	1.227.942	861.711	462.464	7.225.967
abz. 12,7% Bedarfszuweisungsmittel	32.145	76.841	206.344	196.215	86.708	157.177	110.299	59.195	924.924
abz. Eisenbahnkreuzungsfonds	212	327	1.866	1.034	221	765	351	10	4.786
zur Überweisung	218.773	523.152	1.403.850	1.335.683	590.478	1.070.001	751.060	403.259	6.296.258

Quelle: BMF auf Basis BVA 2017 und länderweise Aufkommen bei Grunderwerbsteuer, Bodenwertabgabe und Spielbankabgabe 2016.

2. Der Weg der Gemeindeertragsanteile-Vorschüsse über das Land hat eine besondere Konsequenz, wenn eine Gemeinde gemäß Art. 137 B-VG beim Verfassungsgerichtshof Klage wegen vermögensrechtlicher Ansprüche aus dem Finanzausgleichsgesetz erhebt, beispielsweise wegen behaupteter Gleichheitswidrigkeit bei einem Aufteilungsschlüssel. Dieser Anspruch auf Zuteilung höherer Anteile an den gemeinschaftlichen Bundesabgaben ist dann nämlich, so die ständige Rechtsprechung des Verfassungsgerichtshofes[32], gegenüber dem jeweiligen Land geltend zu machen (passive Klagslegitimation des Landes), selbst wenn die behaupteten Rechtswidrigkeiten die dem Bund obliegenden Verteilungsvorgänge betreffen. Das Land kann sich nicht darauf berufen, lediglich als Rechnungsstelle tätig zu sein.

Gleiches gilt sinngemäß für vermögensrechtliche Ansprüche, die sich auf Finanzzuweisungen und Zweckzuschüsse beziehen, die der Bund den Ländern zur Weiterleitung an die Gemeinden überweist.

3. Bis 1958 lagen die Dinge bei der gemeindeweisen Unterverteilung einfach. Die nach dem Abzug von 25 Prozent für Bedarfszuweisungen verbleibenden Ertragsanteile wurden zur Gänze nach dem abgestuften Bevölkerungsschlüssel zugeteilt. Das FAG 1959 schaltete dieser Verteilung ein sehr bestimmendes Element des interkommunalen Finanzausgleichs und der Hilfe für finanzschwache Gemeinden vor, den sogenannten **Finanzbedarf-Finanzkraft-Ausgleich** in Form eines Vorweganteils in Höhe von 30 Prozent des Unterschiedsbetrages zwischen Finanzbedarf und Finanzkraft. Die Festlegung auf 30 Prozent ging nicht auf besondere theoretische Überlegungen zurück, sondern entsprach dem quantitativen Ausmaß der Umverteilung, das mit dieser Maßnahme erreicht werden sollte.

4. Etwas spezialisiertere Instrumente des interkommunalen Ausgleichs hatte es schon vorher gegeben:

---

32 Vgl. VfGH 28.09.2000, A 10/00

a. den aus dem Rechtsgut des Deutschen Reiches übernommenen Gewerbesteuernausgleich, in dessen Rahmen sogenannte Betriebsgemeinden einen bestimmten Betrag pro Jahr und nicht in der Gemeinde wohnhaften Arbeitnehmerinnen und Arbeitnehmer an deren Wohnort abzuführen hatten, und

b. den erst 1955 installierten Gewerbesteuerspitzenausgleich, durch den überdurchschnittlich hohe Gewerbesteuererträge zu Gunsten finanzschwacher Gemeinden abgeschöpft wurden.

Kennzeichnend für diese Ausgleichsmechanismen war also, dass sie eine Umverteilung des Ertrages einer ausschließlichen Gemeindeabgabe bewirkten, während das neu geschaffene Instrument des Vorweganteils die Umverteilung über die Ertragsanteile vornahm.

Diese neue Form des interkommunalen Ausgleichs gestattete es, die genannten, überaus verwaltungsaufwändigen Verfahren, deren Basis noch dazu durch die Abtretung von 40 Prozent der Gewerbesteuer unterhöhlt worden war, zu den Akten zu legen.

5. 1993 kamen ein – inzwischen wieder beseitigter – Sockelbetrag als weitere Maßnahme des interkommunalen Ausgleichs dazu, 2000 die Sonderregelung für die gemeindeweise Aufteilung der Anteile aus dem Getränkesteuerausgleich und für die Aufteilung der Werbeabgabe.

6. Vor dem Hintergrund der im Paktum zum FAG 2008 vereinbarten Reformen (Abschaffung der Selbstträgerschaft, Überführung wesentlicher Transfers in Ertragsanteile und erneute Abflachung des abgestuften Bevölkerungsschlüssels) war es erforderlich, § 11 Abs. 2 FAG 2008 um drei zusätzliche Vorausanteile bzw. Verteilungsschritte zu ergänzen.

Tabelle 13: Ertragsanteile der Gemeinden, gemeindeweise Unterverteilung

	Ertragsanteile der Gemeinden, gemeindeweise in Tsd. Euro							
	Bgld	Knt	NÖ	OÖ	Sbg	Stmk	Tir	Vbg	Ö (ohne Wien)
überwiesene Beträge	218.773	523.152	1.403.850	1.335.683	590.478	1.070.001	751.060	403.259	6.296.258
davon verteilt:									
Vorausanteil gem. § 12 Abs. 6 u 7	*1.615*	*22.741*	*55.326*	*45.761*	*34.788*	*45.424*	*33.982*	*25.393*	*265.031*
Vorausanteil gem. § 11 Abs. 8	*2.502*	*9.361*	*3.975*	*4.624*	*19.245*	*8.948*	*38.352*	*6.594*	*93.602*
nach abgestuften Bevölkerungsschlüssel (Rest)	*214.656*	*491.050*	*1.344.549*	*1.285.298*	*536.445*	*1.015.628*	*678.726*	*371.272*	*5.937.625*
Dynamik-Garantie	*1.545*	*1.120*	*11.951*	*6.620*	*2.905*	*4.509*	*4.954*	*3.312*	*36.915*
Finanzierung Dynamikgarantie	*-1.545*	*-1.120*	*-11.951*	*-6.620*	*-2.905*	*-4.509*	*-4.954*	*-3.312*	*-36.915*
Summe Ertragsanteile	**218.773**	**523.152**	**1.403.850**	**1.335.683**	**590.478**	**1.070.001**	**751.060**	**403.259**	**6.296.258**
in Euro je Einwohnerin bzw. Einwohner	754	935	851	921	1.086	870	1.020	1.053	920
anmerkungsweise:									
Volkszahl	290.299	559.491	1.650.367	1.450.151	543.838	1.229.443	736.176	382.798	6.842.563
abgestufte Bevölkerung	474.144	1.030.202	2.785.062	2.567.212	996.891	2.209.688	1.287.828	682.108	12.033.135

Quelle: BMF auf Basis BVA 2017 und länderweise Aufkommen bei Grunderwerbsteuer, Bodenwertabgabe und Spielbankabgabe 2016.

zu Abs. 4:

Die gemäß Abs. 1 gebildeten Gemeinde-Bedarfszuweisungsmittel werden um die Ländertöpfe gem. § 25 Abs. 2 (neu ausgestalteter Finanzkraftausgleich) erhöht.

zu Abs. 5:

1. Die Verwendung der Gemeinde-Bedarfszuweisungsmittel wird mit dem FAG 2017 neu geregelt. Diese Mittel werden einerseits um die bisherigen Mittel zur Finanzkraftstärkung gemäß § 21 FAG 2008 erweitert und andererseits werden Zwecke im FAG nun grundsätzlich definiert; die konkrete Umsetzung dieser Vorgaben wird auf Basis landesrechtlicher Regelungen zu erfolgen haben.

Die Gemeinde-Bedarfszuweisungsmittel sind von den Ländern für folgende Zwecke zu verwenden:
- interkommunale Zusammenarbeit,
- Unterstützung strukturschwacher Gemeinden,
- Förderung von Gemeindezusammenlegungen,
- landesinterner Finanzkraftausgleich,
- Bedarfszuweisungen an Gemeinden und Gemeindeverbände.

Die Länder werden ab dem Jahr 2017 zumindest 15 Prozent, ab dem Jahr 2020 zumindest 20 Prozent der Mittel für die ersten drei Zwecke verwenden, wobei für die Erreichung dieser Prozentsätze die Finanzausgleichsperiode als Ganzes betrachtet wird.

2. Mit der ausdrücklichen Berücksichtigung des landesinternen Finanzkraftausgleichs in diesen Mitteln werden die bisherigen, aufeinander nur unzureichend abgestimmten Finanzkraftbestimmungen im FAG gebündelt:

Es entfällt der bisherige Finanzkraftausgleich (vgl. die historischen Ausführungen zum Finanzbedarf-Finanzkraft-Ausgleich zu Abs. 3) bei der Verteilung der Ertragsanteile. Diese Bestimmung hatte aufgrund seiner konkreten Ausgestaltung den Effekt, dass fast alle, nämlich rd. 95 Prozent der Gemeinden, als finanzschwach eingestuft wurden und einen von allen Gemeinden finanzierten Vorausanteil erhielten, was im Ergebnis nur einen geringen Umverteilungseffekt mit sich brachte.

Die bisherige Finanzzuweisung gemäß § 21 FAG 2008 wird ebenfalls neu geregelt und großteils in die Gemeinde-Bedarfszuweisungsmittel einbezogen. Den Anspruch eines bundesweiten gemeindeweisen Finanzkraftausgleichs konnte diese Bestimmung von vornherein aufgrund seiner Konzeption mit Landestöpfen nicht erfüllen, vielmehr war der Effekt in der Praxis ein landesinterner Ausgleich, welcher trotz der detaillierten Regelungen im FAG letztlich von landesinternen Richtlinien abhing; die einzige Ausnahme bildete die Verteilung im Burgenland, weil hier kein zweiter Verteilungsdurchgang stattfand und die Verteilung im Burgenland ausschließlich auf Basis der Vorgaben des FAG erfolgte.[33]

---

33 Nähere Ausführungen dazu können dem Kommentar zum FAG 2008 entnommen werden. In: Bauer: Finanzausgleich 2008, 2008.

Ergänzend zu diesen beiden Finanzkraftregelungen konnten und wurden schon bisher die Gemeinde-Bedarfszuweisungsmittel für einen Finanzkraftausgleich verwendet, zumindest wurde die Finanzkraft der Gemeinde bei der Gewährung von Bedarfszuweisungen mit berücksichtigt. Mit der Bündelung dieser Finanzkraftregelungen in den Gemeinde-Bedarfszuweisungsmitteln wird es den Ländern ermöglicht, im Rahmen einer landesrechtlichen Regelung einen konsistenten Finanzkraftausgleich innerhalb des Landes zu regeln, der auch auf die weiteren landesrechtlichen Finanzkraftregelungen – das sind insbesondere Landesumlagen und Kostenbeiträge der Gemeinden – Bedacht nimmt. Mit einer derartig abgestimmten Regelung kann verhindert werden, dass die Summe der Finanzkraftregelungen in Summe nicht erwünschte Effekte erzielt.

3. Der Begriff der **Finanzkraft** war bei Schaffung des FAG 1959 nicht fremd. Schon die Finanzausgleichsnovelle 1951 sah die Umlegung einer dem Konsolidierungsbeitrag vergleichbaren Leistung an den Bund nach einer Finanzkraft vor, die im Wesentlichen durch Heranziehung der Grundsteuer mit einem fiktiven Hebesatz von 200 Prozent, der Gewerbesteuer mit einem fiktiven Hebesatz von 250 Prozent und – damals noch – von 50 Prozent der Ertragsanteile gebildet wurde. Damit war von vornherein klar, dass diese Finanzkraft nur eine Rechengröße darstellen sollte, die lediglich einen Teilaspekt der Finanzkraft im eigentlichen Sinne des Wortes umfasst.

Der Verfassungsgerichtshof, der sich in späteren Jahren einmal mit der Finanzkraft zu beschäftigen hatte, brachte klar zum Ausdruck, dass der Begriff durch das Gesetz definiert sei und es sich daher verbiete, ihn an der Bedeutung zu messen, die ihm allenfalls im allgemeinen Sprachgebrauch zukommt. Die Beschränkung auf Grundsteuer und Gewerbesteuer anerkannte er mit der Begründung, dass sich diese von den anderen Gemeindeabgaben dadurch unterscheiden, dass sie auf einer für alle Gemeinden gleichen Rechtsgrundlage beruhen und es sonst zu einer Begünstigung jener Gemeinden kommen könnte, in denen die Möglichkeiten der Abgabeneinhebung nicht in gleichem Maße wie in anderen Gemeinden ausgeschöpft sind. Dass jede Regelung zu Härten führen könne, sei offenkundig, doch gebe es mit dem Instrument der Bedarfszuweisungen ein mögliches Korrektiv.[34] Im Erkenntnis vom 11. Dezember 1987, VfSlg 11.577, urteilte der Verfassungsgerichtshof weiter, die Finanzkraft in der dargestellten Ausprägung sei jedenfalls ein Indikator für die finanzielle Leistungskraft, eine Korrelation zwischen der Finanzkraft und der tatsächlichen wirtschaftlichen Stärke der Gemeinden sei, wenn auch mit gewissen Unschärfen, gegeben. Tatsächlich wurde die Grundsteuer als die typische „Landgemeinde", die Gewerbesteuer als die typische „Industriegemeinde" repräsentierend angesehen.

4. Dass fiktive Hebesätze herangezogen wurden, hat seine Begründung darin, dass die 1951 möglichen Grundsteuerhebesätze von 200 bzw. 420 Prozent vor allem bei der Grundsteuer von den Grundstücken nicht voll ausgenützt wurden, so dass auf einen Durchschnittswert abgestellt wurde. Um die „Industriegemeinden" dadurch nicht zu benachteiligen, wurde

---

34 VfSlg 10.068/1984

auch die Gewerbesteuer nicht voll herangezogen, obwohl es bei dieser nur die Wahlmöglichkeit zwischen Einhebung und Nichteinhebung gab.

5. Die Finanzkraft des FAG 1959 war ähnlich konstruiert: Grundsteuer mit einem fiktiven Hebesatz von 300 Prozent – gegenüber möglichen 400 bzw. 420 Prozent –, Gewerbesteuer mit einem fiktiven Hebesatz von 150 Prozent, gegenüber einem tatsächlichen von 180 Prozent. Die Ertragsanteile-Komponente wurde naturgemäß nicht übernommen, weil es sonst zu einem Zirkelschluss gekommen wäre.

6. Die Finanzkraftregelung des FAG 2001 berücksichtigte, dass die Höchsthebesätze der Grundsteuer in der Zwischenzeit auf 500 Prozent angehoben wurden – der fiktive Hebesatz wurde auf 360 Prozent erhöht – und es die Gewerbesteuer nicht mehr gibt. An ihre Stelle trat die Kommunalsteuer, von der jedoch unter Beibehaltung der absoluten Größen nur 39 Prozent in die Berechnung Eingang fanden. Letzteres hat den Nebeneffekt, dass die Früchte aus Bemühungen der Gemeinden zur Ansiedlung von Betrieben nicht zu stark über den Kompensationseffekt einer durch Erhöhung der Finanzkraft bewirkten Reduzierung des Vorausanteils beeinträchtigt werden.

Das FAG 2005 und auch das FAG 2008 haben diese Regelung unverändert übernommen (vgl. hierzu auch die Ausführungen zu § 25 Abs. 2).

zu Abs. 6:

1. Die länder- und klassenweise unterschiedlichen Vorausanteile gemäß Abs. 6 entsprechen systematisch den bisherigen Vorausanteilen (vgl. § 11 Abs. 7a FAG 2008), allerdings wurden die Beträge zur Neutralisierung von Auswirkungen der Reformen zwischen den Einwohnerklassen genutzt und daher entsprechend angepasst. Bei dieser Neutralisierung wurden die bisherigen Beträge zwischen rund 3 Euro und 10 Euro für die Gemeinden der untersten Klasse einheitlich auf 0 Euro gesetzt mit dem Effekt, dass die für die Neutralisierung bei den oberen Klassen erforderlichen Beträgen sich ebenfalls um diese Beträge verringert haben. Finanzielle Nachteile durch diese Umstellung entstehen nicht.

Ein Vorausanteil wird seit dem FAG 2008 als Ersatz für die bisher gemäß § 23 FAG 2005 gewährten Bedarfszuweisungen ausbezahlt. In der länderweisen Verteilung wurden diese Bedarfszuweisungen im Rahmen der Einrechnung in die Ertragsanteile dem Verteilungskriterium Volkszahl zugeordnet. Im ehemaligen § 23 FAG 2005 waren zwei Bedarfszuweisungen unterschiedlicher Ausprägung zusammengefasst: Zum einen regelte diese Bestimmung eine Bedarfszuweisung als Ausgleich für Ausgaben im Zusammenhang mit Ausgliederungen und Schuldenreduzierungen im bescheidenen Ausmaß von 2,18 Mio. Euro und anderseits eine betraglich wesentlich gewichtigere Bedarfszuweisung zur Finanzierung der Auswirkungen der Reform des abgestuften Bevölkerungsschlüssels im FAG 2005. Für die Bedarfszuweisung an die Gemeinden zur Aufrechterhaltung des Gleichgewichts im Haushalt (§ 23 Abs. 1 FAG 2005) gibt es mehrere Ursachen. Zum einen sollten die Verluste gemildert werden, welche vor allem die Städte mit mehr als 20.000 EW durch die mit dem FAG 2001 vorgenommene Anhebung des Sockelbetrages bei der gemeindeweisen Unterverteilung (mit entsprechender Reduktion des nach dem abgestuften Bevölkerungsschlüssel verteilten Restes) erlitten haben. Ein Teilbetrag von rund 17 Mio. Euro sollte die Gemeinden dafür entschädigen, dass sie durch die mit 1. Jänner 2001 erfolgte Rücknahme der Anhebung des Umsatzsteuersatzes für verabreichte Speisen bei ihren Anteilen an der Umsatzsteuer Verluste hinnehmen mussten, und schließlich erhielten die Statutarstädte zwischen 20.000 und 50.000 EW eine kleine Abgeltung für ihre Ausgaben als Bezirksverwaltungsbehörde. In ihrem Kern ist diese Regelung auch im FAG 2008 und im FAG 2017 erhalten geblieben, weil den Gemeinden in der gemeindeweisen Unterverteilung ein Vorausanteil gewährt wird, welcher der bisherigen Zuteilung entspricht.[35]

1.1 Durch den § 23 Abs. 3 Z 1 FAG 2005 wurde die im Zuge der Anhebung des Sockelbetrages durch das FAG 2001 eingeführte Bedarfszuweisung für die Gemeinden mit mehr als 20.000 EW, mit Ausnahme Wiens, sowie die Statutarstädte Rust, Eisenstadt und Waidhofen an der Ybbs prolongiert. Sie sollte die Verluste mildern, die diesen Städten durch die Anhebung des nach der Volkszahl an Stelle des abgestuften Bevölkerungsschlüssels zugeteilten Sockelbetrages (§ 12 Abs. 2 FAG 2001) entstanden, und hat mit dazu beigetragen, dass überhaupt ein Kompromiss über den Finanzausgleich 2001 möglich war. 16,56 Mio. Euro waren dafür vorgesehen.

1.2 Durch § 23 Abs. 3 Z 2 und 3 FAG 2005 wurde die Aufteilung der im Paktum 2005 vereinbarten zusätzlichen 100 Mio. Euro auf Städte und Gemeinden geregelt. In Übereinstimmung mit dieser Vereinbarung war den entsprechenden erläuternden Bemerkungen, 702 BlgNR XXII. GP, zu entnehmen, dass von diesen zusätzlichen Mitteln 61 Mio. Euro zum Ausgleich der Verluste derjenigen Gemeinden verwendet werden sollen, die aus der Reform der Verteilung der Ertragsanteile (Anhebung des niedrigsten Vervielfachers des abgestuften Bevölkerungsschlüssels von 1 1/3 auf 1 1/2) Mindereinnahmen zu erwarten haben. Das waren zunächst alle Gemeinden mit einem Vervielfacher beim abgestuften Bevölkerungsschlüssel ab 1 2/3 (Gemeinden ab 10.000 EW und die Statutarstadt Rust), aufgrund der geänderten Einschleifregelung für die Gemeinden zwischen 9.000 und 10.000 EW aber auch Gemeinden zwischen rund 9.300 und 10.000 EW.

Die von den 100 Mio. Euro verbleibenden 39 Mio. Euro kamen je zur Hälfte den Gemeinden bis 9.300 EW und den übrigen (einschließlich Wien) zugute.

Statutarstädte zwischen 20.000 und 50.000 EW (es sind dies Krems an der Donau, Wiener Neustadt und Steyr) erhielten mit Zustimmung der übrigen Adressaten dieser Finanzzuweisung einen Anteil in der Höhe von 30 Euro pro Einwohnerin bzw. Einwohner als Beitrag zu den Kosten der Besorgung der Aufgaben als Bezirksverwaltungsbehörden. Für St. Pölten als einzige Gemeinde in der Einschleifzone von 45.000 und 50.000 EW wurde der Vorweganteil analog zur Regelung des abgestuften Bevölke-

---

35 § 11 Abs. 2 Z 4 FAG 2008 bzw. § 12 Abs. 6 FAG 2017

rungsschlüssels ebenfalls eingeschliffen. Dieser Vorweganteil ergänzte den Vorteil dieser Statutarstädte in der Höhe von rund 8 Euro pro Einwohnerin bzw. Einwohner aus der Regelung des Abs. 3 Z 1. Dass Rust, Eisenstadt und Waidhofen an der Ybbs nicht in den Empfängerkreis einbezogen waren, hat seine Erklärung darin, dass diesen schon bisher eine Abgeltung in Form eines erhöhten Vervielfachers beim abgestuften Bevölkerungsschlüssel gewährt wurde,[36] die in ihren Auswirkungen wesentlich höher liegt als die für die größeren Statutarstädte vorgesehenen rund 38 Euro.

1.3 Die unterschiedlichen Beträge für die einzelnen Bundesländer waren Folge der Auswirkungen der Reform aufgrund der unterschiedlichen Größenstruktur der Gemeinden der einzelnen Länder. In Ländern mit einem hohen Anteil von Gemeinden bis 10.000 EW führte die Reform zu höheren Mindereinnahmen der Städte bzw. umgekehrt zu höheren Mehreinnahmen der Gemeinden bis 9.300 EW.

1.4 Die namentliche Anführung von Gemeinden bezog sich auf solche, die in die Grenze für die Einschleifregelung fallen und die daher gesondert behandelt werden mussten.

1.5 Auch bei der Finanzzuweisung für Gemeinden bis 9.300 EW ergaben sich bundesländerweise unterschiedliche Beträge je Einwohnerin bzw. Einwohner, um den länderweise unterschiedlichen Auswirkungen der Strukturreform des abgestuften Bevölkerungsschlüssels Rechnung zu tragen.

2. Diese Überlegungen wurden im FAG 2008 bei der Regelung des Vorausanteils gemäß § 11 Abs. 5 berücksichtigt. Die in § 23 FAG 2005 auf mehrere Absätze verteilten Werte je Einwohnerin bzw. Einwohner wurden in § 11 Abs. 5 FAG 2008 allerdings zu einem Betrag zusammengefasst.

Ab dem Jahr 2011 kam mit § 11 Abs. 6 FAG 2008 ein neuer Vorausanteil zur Minderung der Verluste aufgrund der neuerlichen Abflachung des abgestuften Bevölkerungsschlüssels hinzu. Hintergrund für diesen Vorausanteil war die ab dem Jahr 2011 wirksame Änderung des abgestuften Bevölkerungsschlüssels gemäß § 9 Abs. 11 FAG 2008. Jene Gemeinden, die durch die seinerzeitige Änderung des abgestuften Bevölkerungsschlüssels Verluste erlitten, also in erster Linie jene mit mehr als 10.000 EW, erhielten zu deren Ausgleich Vorausanteile.

Mit der Novelle BGBl. 165/2013 erfolgte eine Zusammenfassung der beiden bisherigen Vorausanteile gemäß § 11 Abs. 5 und § 11 Abs. 6 in einen einzigen Vorausanteil[37] in Höhe der Summe der bisherigen Vorausanteile. Dabei hängte die Klassenzugehörigkeit nicht mehr von der historischen, sondern von der jeweils aktuellen Einwohnerzahl ab. Es wurde auch eine allgemeine Regelung für die Gemeinden in den Einschleifzonen vor den Stufenübergängen vorgesehen.

---

36 Sie sind, obwohl sie nur ca. 2.000 (Rust) bzw. knapp mehr als 11.000 EW aufweisen (Eisenstadt und Waidhofen/Ybbs), in die Kategorie der Gemeinden zwischen 20.001 und 50.000 EW eingereiht.
37 § 11 Abs. 7a FAG 2008

zu Abs. 7:

Diese Vorausanteile werden wie bereits im FAG 2008 auch im FAG 2017 valorisiert. Die erste Valorisierung findet im Jahr 2017 entsprechend der Entwicklung dieser Nettoaufkommen an den Abgaben mit einheitlichem Schlüssel im Jahr 2016 gegenüber dem Jahr 2015 statt. Aufgrund der Mindereinnahmen durch die Steuerreform 2016 war das Nettoaufkommen 2016 gegenüber 2015 rückläufig[38], sodass sich für 2017 eine Valorisierung von -2,247612 Prozent und damit entsprechend niedrigere Beträge für den Vorausanteil je Einwohnerin bzw. Einwohner gemäß Abs. 6 im Jahr 2017 ergeben.

zu Abs. 8:

Neu im FAG 2017 ist, dass die Gemeinden bis 9.300 EW insbesondere als Ausgleich für den Entfall des Getränkesteuerausgleichs 0,90 Euro je Nächtigung gemäß der Nächtigungsstatistik für das jeweils zweitvorangegangene Jahr erhalten, wobei jedoch für die ersten 1.000 Nächtigungen pro Jahr kein Anteil zusteht. Gemeinden mit 9.301 bis 10.000 EW erhalten einen Betrag je Nächtigung, der mit folgender Formel ermittelt wird: 0,90 * (10.000 − Einwohnerzahl der Gemeinde) / 700. De facto bedeutet das, dass der Betrag je Nächtigung mit steigender Einwohnerzahl zwischen 9.301 und 10.000 EW stetig absinkt.

zu Abs. 9:

Gemeinden, deren Entwicklung der Ertragsanteile je Einwohnerin bzw. Einwohner unter dem neu definierten Mindestniveau liegt, erhalten eine Aufstockung in Höhe der Differenz zum Mindestniveau (Z 1). Diese Aufstockung wird durch einen Abzug von den Ertragsanteilen aller Gemeinden des Landes im Verhältnis ihrer Ertragsanteile finanziert. Somit wird gewährleistet, dass die aufzustockenden Gemeinden ihre Aufstockungen nicht mitfinanzieren müssen. Die Veränderungen bei den Berechnungen der Ertragsanteile der Gemeinden wurden zwischen den Größenklassen ausgeglichen. Verschiebungen innerhalb der jeweiligen Größenklasse sollen durch diese „Mindestdynamikgarantie" minimiert werden.

Bei dieser „Dynamik-Garantie" wird auf die Ertragsanteile je Einwohnerin bzw. Einwohner abgestellt, sodass Ertragsanteile-Entwicklungen, die sich durch die Einwohnerzuwächse oder -abgänge ergeben, durch dieses Instrument nicht ausgeglichen werden. Die Aufstockung wird durch alle Gemeinden des Landes finanziert, und zwar auch durch die Gemeinden, deren Ertragsanteile aufgestockt werden. Damit werden zwar auch deren Ertragsanteile unter das durch die Aufstockung angestrebte Niveau gesenkt, dieser Effekt ist aber nur im ersten Jahr von – und auch hier nur vergleichsweise geringer – Bedeutung und in den weiteren Jahren vernachlässigbar.

Nach Simulationsberechnungen durch das Bundesministerium für Finanzen werden am Ende der Finanzausgleichsperiode nur mehr ein bis zwei Dutzend Gemeinden eine Aufstockung erhalten, wobei es sich ent-

---

38 Nettoaufkommen 2016 74,2 Mrd. Euro gegenüber 75,9 Mrd. Euro 2015.

weder um Gemeinden mit seinerzeit hohen Aufkommen an Getränkesteuern aus Einkaufszentren, um einige kleine bis kleinste Fremdenverkehrsgemeinden und um Gemeinden mit einem seinerzeit hohen Aufkommen an Anzeigenabgabe handelt. Aber auch bei diesen Gemeinden wird die Übergangsregelung Mitte der 2020er-Jahre ihre Notwendigkeit verlieren.

§ 13. (1) Den Ländern und Gemeinden gebühren monatliche Vorschüsse auf die ihnen nach den vorstehenden Bestimmungen zustehenden Ertragsanteile. Diese Vorschüsse sind nach dem Ertrag der gemeinschaftlichen Bundesabgaben, hinsichtlich der Abzüge gemäß § 9 Abs. 2 Z 1 nach den Ausgaben des Bundes im zweitvorangegangenen Monat zu bemessen. Abweichungen sind nur bei den Vorschüssen für die Monate Jänner und Februar zur Verhinderung von Übergenüssen oder Guthaben zulässig. Den Abzügen gemäß § 10 Abs. 3 sind die für das laufende Jahr geschätzten Zahlungserfordernisse zugrunde zu legen. Die endgültige Abrechnung hat auf Grund des Rechnungsabschlusses des Bundes zu erfolgen; doch muss, sobald die vorläufigen Ergebnisse des abgelaufenen Haushaltsjahres der Bundesfinanzverwaltung vorliegen, spätestens aber bis Ende März, eine Zwischenabrechnung durchgeführt werden und müssen hiebei – vorbehaltlich der endgültigen Abrechnung – den Ländern und Gemeinden allfällige Restguthaben flüssig gemacht sowie allfällige Übergenüsse im Wege der Einbehaltung von den Ertragsanteilevorschüssen hereingebracht werden.

(2) Die den Ländern und der Gesamtheit der Gemeinden jedes Landes gebührenden Vorschüsse auf die Ertragsanteile müssen den Ländern spätestens zum 20. des Monates, für den sie gebühren, überwiesen werden. Die Länder ihrerseits haben die den Gemeinden gebührenden Anteile gemäß § 12 Abs. 3 nach Abzug der Landesumlage an diese Gebietskörperschaften bis spätestens zum 23. desselben Monates zu überweisen.

(3) Zusätzlich zu den Vorschüssen gemäß Abs. 1 und Abs. 2 gebühren den Ländern und Gemeinden jährlich je 145 350 000 Euro als Vorschüsse auf die zu erwartenden Anteile an der Einkommensteuer. Der Bund hat diese Vorschüsse an die Länder und diese haben die den Gemeinden gebührenden Anteile nach Abzug der Landesumlage den Gemeinden nach dem abgestuften Bevölkerungsschlüssel jeweils bis Ende Dezember zu überweisen.

Erläuterungen

zu Abs. 1:

1. Den Ländern und Gemeinden gebühren monatliche Ertragsanteile-Vorschüsse, die – von einigen Ausnahmen abgesehen – nach dem Ertrag der gemeinschaftlichen Bundesabgaben im zweitvorangegangenen Monat berechnet werden. Bei den Anteilen der Länder am EU-Beitrag entfällt mit dem FAG 2017 die Vorgabe von monatlich gleichbleibenden Abzügen. Dadurch wird eine Anpassung dieser Abzüge bei neuen Prognosen über

die BNE- und MwSt-Eigenmittel auch während eines laufenden Jahres ermöglicht. Die Vorschüsse Jänner bis Dezember eines Jahres spiegeln daher das Aufkommen von November des Vorjahres bis Oktober des laufenden Jahres wider, während sich der Anspruch für ein bestimmtes Jahr aus dem Aufkommen Jänner bis Dezember ergibt.

Die Differenz – in aller Regel ein Guthaben der Länder und Gemeinden – wird anlässlich einer bis Ende März vorzunehmenden Zwischenabrechnung festgestellt und ausgeglichen. Eine endgültige Abrechnung, meist ohne Änderung gegenüber dem Ergebnis der Zwischenabrechnung, erfolgt nach Genehmigung des Rechnungsabschlusses des Bundes.

2. Eine folgenschwere Bestimmung ist, dass für die Berechnung der Vorschüsse für Jänner und Februar andere Modalitäten gelten können. Davon wird auch regelmäßig Gebrauch gemacht.

Bei der Kapitalertragsteuer II ist gemäß § 96 Abs. 1 Z 2 EStG 1994 am 15. Dezember eine Vorauszahlung zu entrichten. Die Länder und Gemeinden werden daran mit einem noch im Dezember überwiesenen und gegenüber dem FAG 2008 unverändert gebliebenen pauschalen Vorschuss von je 145,35 Mio. Euro beteiligt (Abs. 3); dafür wird jedoch bei der Berechnung der Februar-Vorschüsse ein zweites Mal auf das Aufkommen im November des Vorjahres zurückgegriffen. Das restliche Guthaben wird mit der Zwischenabrechnung ausbezahlt.

zu Abs. 2:

Abs. 2 regelt den Zahlungsfluss. Die Länder erhalten die Vorschüsse für sich und ihre Gemeinden bis zum 20. des Monats, für den sie gebühren, und die Länder haben dann bis zum 23. desselben Monats Zeit, die Anteile der einzelnen Gemeinden zu berechnen und zu überweisen. Mit dem FAG 2017 wird daher die Frist für die Länder für die Weiterleitung der Ertragsanteile der Gemeinden auf drei Tage verkürzt. Zuvor war den Ländern eine Überweisung bis zum 10. des Folgemonats möglich gewesen.

zu Abs. 3:

Siehe dazu die Erläuterungen zu Abs. 1, Punkt 2.

---

§ 14. (1) Zuschlagsabgaben sind die Bundesautomaten- und VLT-Abgabe und die Zuschläge zu diesen Abgaben.

(2) Das Ausmaß der Zuschläge darf 150 % zur Bundesautomaten- und VLT-Abgabe nicht übersteigen und ist durch den Landesgesetzgeber sowohl hinsichtlich der Höhe als auch allfälliger Anteile der Gemeinden für alle Steuertatbestände eines Landes einheitlich festzulegen.

(3) Die Erträge aus den Zuschlägen der Länder (Gemeinden) werden von der Finanzverwaltung des Bundes im jeweils darauf folgenden Monat überwiesen. Insoweit die Landesgesetzgebung eine Beteiligung der Gemeinden an den Zuschlägen vorsieht, werden diese Anteile vom Land an die Gemeinden weitergeleitet. Die Behörden der Bundesfinanzverwaltung sind verpflichtet, dem Land die

> für eine Aufteilung nach dem gemeindeweisen örtlichen Aufkommen erforderlichen Daten zur Verfügung zu stellen.

Erläuterungen

Mit der Glücksspiel-Novelle 2010 (GSpG-Novelle 2010), BGBl Nr. 73/2010, wurde die bis dahin im FAG 2008[39] enthaltene Möglichkeit, Zuschläge zu den Gebühren von Totalisateur- und Buchmacherwetten einzuheben, gestrichen. Gleichzeitig wurden die Länder jedoch ermächtigt, Zuschläge zu Bundesautomaten- und Video Lotterie Terminals (VLT)-Abgabe in Höhe von bis zu 150 Prozent der Stammabgabe auszuschreiben. Die Ermächtigung für die Landesgesetzgebung zur Ausschreibung der Zuschläge enthält, abgesehen vom Höchstausmaß, zwei Einschränkungen: Da der Zuschlag einheitlich festzulegen ist, sind erstens unterschiedliche Zuschläge für Video-Lotterie-Terminals und Glücksspielautomaten und zweitens eine Übertragung des Zuschlagsrechts in Form einer freien Beschlussrechtsabgabe an die Gemeinden nicht zulässig. Ob und in welchem Ausmaß auch Gemeinden am Zuschlag beteiligt werden, obliegt gemäß § 8 Abs. 2 F-VG 1948 dem Landesgesetzgeber.

Mangels abweichender Regelung obliegt gemäß § 11 Abs. 2 F-VG 1948 das gesamte Bemessungs- und Einhebungsverfahren einschließlich Vorschreibung und Abschreibung den Organen der Bundesfinanzverwaltung. Dem Bund stehen die erforderlichen Daten aufgrund der verpflichtenden Anbindung an die Bundesrechenzentrum GmbH sowohl für Video Lotterie Terminals als auch für die Glücksspielautomaten zur Verfügung. Gleiches gilt für Daten über die örtlichen Aufkommen, die an die Länder weiter zu leiten sind, um diesen allenfalls eine Verteilung von Anteilen der Gemeinden am Zuschlag nach dem gemeindeweisen Aufkommen zu ermöglichen.

> **Aufgabenorientierung**
>
> **§ 15.** (1) Ab dem 1. Jänner 2018 wird ein Teil der Ertragsanteile der Gemeinden in dem Verhältnis verteilt, in dem die Gemeinden die Aufgabe Elementarbildung für Kinder bis sechs Jahren wahrnehmen.
>
> (2) Für diesen Teil der Aufgabenorientierung sind die Ertragsanteile der Gemeinden anhand quantitativer und qualitativer Parameter, wie etwa anhand von Qualitätskriterien, zu verteilen.
>
> (3) Die Auswirkung der Parameter auf die länderweisen Anteile werden beim Umstieg durch eine Anpassung beim Fixschlüssel ausgeglichen.
>
> (4) Bis 1. September 2018 wird die Aufgabenorientierung im Bereich Pflichtschule (sechs bis fünfzehn Jahre) einvernehmlich vorbereitet und als weiteres Pilotprojekt ab 1.1.2019 umgesetzt.
>
> (5) Die näheren Vorschriften sind von der Bundesregierung mit Verordnung zu erlassen. Der Bund hat den Ländern sowie dem

---

39 Vgl. § 13 FAG 2008 idF BGBl Nr. 103/2007.

> Österreichischen Gemeindebund und dem Österreichischen Städtebund Gelegenheit zu geben, an der Vorbereitung der Verordnungen mitzuwirken.

Erläuterungen

Im Rahmen der Finanzausgleichsverhandlungen wurden insbesondere die Themen „Aufgabenorientierung" und „verstärkte Abgabenautonomie der Länder und Gemeinden" intensiv beraten.

Nach dem vom Bundesministerium für Finanzen entwickelten Modell wäre der überwiegende Anteil der Ertragsanteile der Länder und Gemeinden ausschließlich nach der Volkszahl (statt wie bisher nach Volkszahl, abgestuften Bevölkerungsschlüssel und Fixschlüssel) zur Bestreitung der Basisaufgaben und der verbleibende Anteil nach die Aufgabenverteilung abbildenden Indikatoren (mit entsprechender Gewichtung) verteilt worden. Die sogenannte Oberverteilung hätte jedoch weiterhin nach fixen Prozentsätzen auf Bund, Länder und Gemeinden erfolgen sollen.

Aus Sicht der Länder und Gemeinden hätte jedoch gerade in der Oberverteilung eine die tatsächliche Kompetenzverteilung zwischen Bund und Ländern (und Gemeinden) nach dem B-VG widerspiegelnde Verteilung vorgenommen werden müssen, damit das Ziel der Zusammenführung der Aufgaben-, Ausgaben- und Finanzierungsverantwortung als Teil einer Reform des Finanzausgleichs – wie seitens des Rechnungshofes gefordert – überhaupt erreicht werden kann.[40]

Aufgrund der zu erwartenden, teils erheblichen Verwerfungen wurde bald klar, dass über die Realisierung dieses Modells zwischen den Finanzausgleichspartnern kein Konsens zu finden sein wird.

Schließlich verständigten sich die Verhandlungspartner daher auf einen Einstieg in die Aufgabenorientierung über Pilotprojekte. In einem ersten Schritt wird die Verteilung der Ertragsanteile der Gemeinden teilweise durch eine aufgabenorientierte Verteilung ersetzt, und zwar im Bereich der Elementarbildung. Die Ertragsanteile der Gemeinden sollen innerhalb allfälliger Ländertöpfe anhand von im Vorhinein festzulegenden quantitativen und qualitativen Parametern verteilt werden. Qualitätskriterien könnten sich z. B. auf Öffnungszeiten, Anzahl der Kinder/Gruppen, Anzahl der Kinder mit nicht-deutscher Muttersprache usw. beziehen.

Sowohl die Höhe der nach diesen Parametern zu verteilenden Ertragsanteile als auch die konkreten Parameter selbst werden im Detail in einer Verordnung der Bundesregierung festgelegt. Die diesbezüglichen Beratungen der Finanzausgleichspartner finden im Jahr 2017 statt.

Aus Sicht jener Gemeinden, die bereits über einen hohen Ausbaugrad samt hohen Qualitätsstandards verfügen, wird jedoch entscheidend sein, dass auch der laufende Betrieb durch eine nachhaltige Finanzierung weiterhin sichergestellt ist. Auch dies gilt es im Umstellungszeitpunkt zu berücksichtigen.

---

40 Vgl. hierzu auch § 4 F-VG 1948.

C. Ausschließliche Landes(Gemeinde)abgaben

§ 16. (1) Ausschließliche Landes(Gemeinde)abgaben sind insbesondere:
1. die Grundsteuer;
2. die Kommunalsteuer;
3. ab dem Jahr 2018 der Wohnbauförderungsbeitrag;
4. Zweitwohnsitzabgaben;
5. die Feuerschutzsteuer;
6. Fremdenverkehrsabgaben;
7. Jagd- und Fischereiabgaben (Abgaben auf Besitz und Pachtung von Jagd- und Fischereirechten) sowie Jagd- und Fischereikartenabgaben;
8. Mautabgaben für die Benützung von Höhenstraßen von besonderer Bedeutung, die nicht vorwiegend der Verbindung von ganzjährig bewohnten Siedlungen mit dem übrigen Verkehrsnetz, sondern unter Überwindung größerer Höhenunterschiede der Zugänglichmachung von Naturschönheiten dienen;
9. Lustbarkeitsabgaben (Vergnügungssteuern) ohne Zweckwidmung des Ertrages;
10. Lustbarkeitsabgaben mit Zweckwidmung des Ertrages, insbesondere Abgaben für die Errichtung und den Betrieb von Rundfunkempfangseinrichtungen (zB Fernsehschilling), Kriegsopferabgaben, Sportförderungsabgaben (zB Kultur- und Sportschilling);
11. Abgaben für das Halten von Tieren;
12. Abgaben von freiwilligen Feilbietungen;
13. Abgaben für den Gebrauch von öffentlichem Grund in den Gemeinden und des darüber befindlichen Luftraumes;
14. Interessentenbeiträge von Grundstückseigentümern und Anrainern;
15. Gebühren für die Benützung von Gemeindeeinrichtungen und -anlagen;
16. die Landes- und Gemeindeverwaltungsabgaben;
17. Eingabengebühren für Anträge an die in Angelegenheiten der Nachprüfung im Rahmen der Vergabe von Aufträgen durch Auftraggeber im Sinne des Art. 14b Abs. 2 Z 2 B-VG betrauten Behörden der Länder;
18. Abgaben für das Abstellen mehrspuriger Kraftfahrzeuge in Kurzparkzonen gemäß § 25 der Straßenverkehrsordnung 1960 – StVO 1960, BGBl. Nr. 159/1960.

(2) Die im Abs. 1 unter Z 1, 2, 4, 9, 11, 12, 13, 15 und 18 angeführten Abgaben sowie die unter Abs. 1 Z 16 angeführten Gemeindeverwaltungsabgaben sind ausschließliche Gemeindeabgaben.

> (3) Ist eine ausschließliche Landes(Gemeinde)abgabe vom Entgelt zu bemessen, so gehört die Umsatzsteuer nicht zur Bemessungsgrundlage.

Erläuterungen

1.1 § 16 enthält eine demonstrative, also nicht abschließende Aufzählung, wie schon aus dem Wort „insbesondere" hervorgeht. Ein Steuererfindungsrecht, also das Recht, neue Steuern zu erfinden, kommt aber nur den mit Gesetzgebungskompetenz ausgestatteten Ländern zu, nicht jedoch den Gemeinden.

1.2 Die nachfolgende Tabelle zeigt das Aufkommen an Landesabgaben und Gemeindeabgaben in Mio. Euro für die Jahre 2005 bis 2013. Die Tabelle zeigt das verhältnismäßig kleine Volumen an Landesabgaben. Dieses Volumen an Landesabgaben wird aber mit der Ausgestaltung des Wohnbauförderungsbeitrags als Landesabgabe mit voller Autonomie hinsichtlich des Tarifs ab 2018 um ca. 1 Mrd. Euro zunehmen.

Tabelle 14: Aufkommen Landesabgaben und Gemeindeabgaben in Mio. Euro, 2005 bis 2013

Abgaben	Landes- und Gemeindeabgaben in Mio. Euro								
	2005	2006	2007	2008	2009	2010	2011	2012	2013
Summe Länder	300	313	335	348	361	370	383	416	417
Kommunalsteuer	2.010	2.097	2.236	2.357	2.340	2.399	2.533	2.650	2.742
Grundsteuer	539	544	555	579	594	609	621	633	651
Interessentenbeiträge	255	256	263	266	247	252	252	249	250
sonstige Abgaben	479	523	545	566	567	599	618	683	709
Summe Gemeinden ohne Benützungsgeb.	3.282	3.419	3.599	3.768	3.748	3.860	4.024	4.215	4.353
Benützungsgebühren	1.827	1.941	2.024	2.073	1.924	1.969	2.059	2.188	2.256
Summe Länder und Gemeinden	5.410	5.674	5.958	6.189	6.033	6.199	6.466	6.819	7.025

Quelle: Statistik Austria, Gebarungsübersichten; zitiert nach BMF: Zahlungsströme zwischen den Gebietskörperschaften. Übersicht gemäß § 42 Abs. 4 Z 3 BHG 2013 (Dezember 2015), S. 21.

2.1 Das Arsenal an Landes- und Gemeindeabgaben ist allerdings nicht, wie der Verfassungsgerichtshof formuliert hat[41], „beliebig erweiterungsfähig", denn das Steuererfindungsrecht ist vielfältigen Schranken unterworfen, die sich aus dem Unionsrecht, aus der Finanzverfassung und aus durch den einfachen Gesetzgeber vorgesehenen Restriktionen ergeben.

2.2 Aus dem Unionsrecht sind neben dem allgemeinen Verbot der steuerlichen Diskriminierung von Waren aus anderen Mitgliedstaaten (Art. 110 AEUV) vor allem die auf Art. 113 AEUV basierenden Bestimmungen des Rates zur Harmonisierung der Rechtsvorschriften über die Umsatzsteuer, die Verbrauchsabgaben und sonstige indirekte Steuern von Bedeutung. Die Verbrauchsteuerrichtlinie (92/12/EWG) hat ihre für die Finanzen der Gemeinden verderbliche Wirkung bereits entfaltet, weil der EuGH die Getränkesteuer auf alkoholische Getränke als dieser Richtlinie

---

41 Vgl. VfSlg 4398/1963

widersprechend erkannt hat. Die Verbrauchsteuerrichtlinie ist allerdings auf Mineralöle, Alkohol und alkoholische Getränke sowie Tabakwaren beschränkt.

Von Bedeutung ist auch die Richtlinie 2006/112/EG des Rates vom 28.11.2006 über das gemeinsame Mehrwertsteuersystem (MwStSyst-RL; nicht amtlicher Kurztitel: Mehrwertsteuerrichtlinie), deren Art. 401 unter anderem besagt, dass die Bestimmungen dieser Richtlinie einen Mitgliedstaat nicht daran hindern, Abgaben auf Versicherungsverträge, Abgaben auf Spiele und Wetten, Verbrauchsteuern, Grunderwerbsteuern sowie ganz allgemein alle Steuern, Abgaben und Gebühren, die – jetzt kommt der wichtigste Teil dieser Bestimmung – nicht den Charakter von Umsatzsteuern haben, beizubehalten oder einzuführen. Anders formuliert: Solche Abgaben dürfen nicht den Charakter von Umsatzsteuern haben.

An diesem Art. 401 der MwStSyst-RL bzw. des Art. 33 der 6. Mehrwertsteuerrichtlinie wurden bereits die Fremdenverkehrsabgabegesetze mehrerer Bundesländer gemessen, bei denen an den Jahresumsatz jener Unternehmer angeknüpft wird, die aus dem Fremdenverkehr Nutzen ziehen. Der EuGH hat jedoch – sehr im Gegensatz zu der sehr engen Auslegung, die der Verfassungsgerichtshof bisher bei der Beurteilung der Gleichartigkeit vertreten hat – klar zum Ausdruck gebracht[42], dass eine Steuer nur dann die Merkmale einer Umsatzsteuer aufweist, wenn sie:
a. ganz allgemein für alle sich auf Gegenstände und Dienstleistungen beziehende Geschäfte gilt, also nicht nur auf eine begrenzte Gruppe von Gegenständen und Dienstleistungen Anwendung findet,
b. auf jeder Stufe der Erzeugung und des Vertriebs erhoben wird und
c. sich auf den Mehrwert der Gegenstände und Dienstleistungen bezieht, also das Instrument des Vorsteuerabzugs kennt.

Die untersuchten Fremdenverkehrsabgaben wurden daher als unionskonform beurteilt.

2.3 Wesentlich enger sind die Grenzen durch § 8 F-VG 1948 gezogen. Dem in Abs. 4 formulierten Verbot, Abgaben zu erheben, welche die Einheit des Währungs-, Wirtschafts- und Zollgebietes verletzen oder in ihrer Wirkung Zwischenzöllen oder sonstigen Verkehrsbeschränkungen gleichkommen, ist eher nur theoretische Bedeutung beizumessen, eine sehr konkrete Schranke stellt jedoch die Bestimmung des Abs. 3 dar: Neben Bundesabgaben dürfen Zuschläge der Länder (Gemeinden) oder gleichartige Abgaben der Länder (Gemeinden) von demselben Besteuerungsgegenstand nur mit bundesgesetzlicher Ermächtigung erhoben werden. Als solche bundesgesetzliche Ermächtigung ist § 16 Abs. 1 anzusehen.

Eine Abgabe darf weder zu einem Versiegen der Steuerquelle führen („Erdrosselungssteuer"[43]) noch dazu verwendet werden, die Kompetenzverteilung zu unterlaufen. Dem Landesgesetzgeber ist es zwar unbenommen, mit einer Abgabe auch andere als fiskalische Zwecke zu verfolgen, doch darf die Abgabe nicht so umfassend in eine fremde Materie hinein-

---

42   z. B. EuGH 19.02.1998, Rs C-318/96, EuGH 8.6.1999, Rs C-388/97.
43   Vgl. dazu: VfSlg 9750/1983

wirken, dass sie ungeachtet ihrer Qualifikation als Abgabe zugleich auch als Regelung dieser (fremden) Materie selbst gewertet werden muss.[44]

2.4 Der Beschluss eines Landtags über ein Abgabengesetz kann schließlich wegen der Gefährdung von Bundesinteressen durch Einspruch der Bundesregierung gemäß § 9 F-VG 1948 zu Fall gebracht werden. Selbst wenn der Landtag im Falle eines solchen Einspruchs der Bundesregierung seinen Beschluss bei Anwesenheit von mindestens der Hälfte der Mitglieder wiederholt, ist damit noch nicht das Recht zur Kundmachung verbunden, sondern es entscheidet darüber, wenn die Bundesregierung ihren Einspruch nicht zurückzieht, ein Ausschuss von 26 Mitgliedern, der je zur Hälfte aus Abgeordneten des Nationalrates und Mitgliedern des Bundesrates besteht. Der Gesetzgebungsbeschluss darf in weiterer Folge nur kundgemacht werden, wenn der Ausschuss nicht innerhalb einer Frist von sechs Wochen entscheidet, dass der Einspruch der Bundesregierung aufrecht zu bleiben hat.

Im Paktum zum FAG 2017 wurde jedoch vereinbart, dass die von den Finanzausgleichspartnern eingesetzte Arbeitsgruppe „Abgabenautonomie" sich jedenfalls mit den von den Ländern in den Finanzausgleichsverhandlungen im Zuge der Diskussion der Stärkung der Abgabenautonomie erhobenen Forderung der Abschaffung des Einspruchsrechts der Bundesregierung gemäß § 9 F-VG und der Beschränkung des Abgabenerfindungsrecht gemäß § 8 Abs. 3 F-VG zu befassen hat.

2.5 Kein leeres Wort ist schließlich die in § 7 Abs. 4 F-VG 1948 vorgesehene Ermächtigung, dass die Bundesgesetzgebung Bestimmungen zur Verhinderung von Doppelbesteuerung, einer Schädigung von Bundesfinanzen oder einer verkehrserschwerenden Belastung der Benutzung öffentlicher Verkehrswege und Einrichtungen mit Abgaben treffen kann. Beispielsweise enthält § 12 Abs. 3 des ASFINAG-Gesetzes, BGBl 1982/591 idgF, die Grundsatzbestimmung, dass die aufgrund von bundesgesetzlichen Bestimmungen und aufgrund des Rechtes der Fruchtnießung eingehobenen Mauten, Benützungsgebühren oder Abgaben für die Benützung von Bundesstraßen nicht mit landesgesetzlich geregelten Abgaben belastet werden dürfen.

2.6 Aufgrund dieser Umstände hält sich die Zahl der auf dem Steuererfindungsrecht beruhenden Abgabengesetze der Länder in Grenzen. Für die Gemeinden hat der Landesgesetzgeber ursprünglich in erster Linie die Abgaben für das Abstellen von Kraftfahrzeugen „erfunden". Mit dem FAG 2005 wurden diese Abgaben mit Wirkung vom 1. Jänner 2006 als ausschließliche Gemeindeabgaben in das freie Beschlussrecht der Gemeinden übertragen.

3. Grundsteuer: Siehe die Anmerkungen zu § 17 Abs. 1.

4.1 Kommunalsteuer: Die mit 1. Jänner 1994 eingeführte Kommunalsteuer ist an die Stelle der mit Ende 1993 ausgelaufenen Gewerbesteuer

---

44 Vgl. dazu das Erkenntnis VfSlg 10.403/1985, mit dem das Wiener Gesetz über die Einhebung einer Abgabe auf unvermietete Wohnungen wegen Übergriffs auf das Gebiet der Wohnraumbewirtschaftung aufgehoben wurde.

in Form der Gewerbesteuer vom Gewerbeertrag und der Lohnsummensteuer getreten und stellt heute die wichtigste Gemeindeabgabe dar. Wegen ihrer Bedeutung sollte die Regelung trotz des Charakters als Gemeindeabgabe einheitlich durch Bundesgesetz erfolgen, was eine Änderung des F-VG 1948 erforderte, in dem die Kommunalsteuer nunmehr das Privileg genießt, als einzige Abgabe namentlich genannt zu sein (§ 7 Abs. 3 F-VG 1948).

4.2 Ergänzende Vorschriften zur Erhebung und Verwaltung enthält § 18. Die Möglichkeit der freiwilligen Teilung des Abgabenertrages mit anderen Gemeinden ist in § 19 Abs. 1 vorgesehen.

5.1 Die Zweitwohnsitzabgaben haben mit dem FAG 1993 in den Katalog der Landes- und Gemeindeabgaben Eingang gefunden. Zielsetzung war, jenen Gemeinden, die durch Zweitwohnsitze finanziell belastet sind, zusätzliche Einnahmemöglichkeiten zur Abdeckung dieser Kosten zu bieten. Man folgte damit auch einer sehr deutlich formulierten Aufforderung des Verfassungsgerichtshofes, Mehrbelastungen, die bestimmten Gemeinden oder Gruppen von Gemeinden aufgrund besonderer Umstände erwachsen, wie etwa dadurch, dass dort Personen einen Zweitwohnsitz begründet haben, insgesamt gebührend zu berücksichtigen.[45] Der Weg einer eigenen Abgabe wurde gewählt, weil eine Berücksichtigung etwa bei den Ertragsanteilen die Hauptwohnsitzgemeinden, deren finanzielle Lasten durch die Begründung eines anderswo gelegenen Zweitwohnsitzes keine Verminderung erfahren, unter Umständen aber auch alle übrigen Gemeinden ungebührlich belasten würde. Vielmehr sollte das Verursacherprinzip zum Tragen kommen. Um den Intentionen des Verfassungsgerichtshofes Rechnung zu tragen, war es auch notwendig, entgegen der Forderung einiger Bundesländer, die Zweitwohnsitzabgaben ausdrücklich zu Gemeindeabgaben zu erklären. Der entscheidende Schritt, die Zweitwohnsitzabgaben auch in den Katalog der Gemeindeabgaben aufgrund freien Beschlussrechtes aufzunehmen, ist bisher allerdings nicht geglückt.

5.2 Die Abgrenzung der Zweitwohnsitzabgaben von den Fremdenverkehrsabgaben ist allerdings nicht trennscharf, und in der Tat sind die derzeit bestehenden Regelungen zur Besteuerung von Zweitwohnsitzen bzw. Ferienwohnungen im Rahmen von Fremdenverkehrsabgabegesetzen getroffen.

5.3 In den Erläuterungen zur Regierungsvorlage zum FAG 1993 ist klargestellt, dass es sich beim Ausdruck „Zweitwohnsitzabgaben" um einen Gattungsbegriff handelt, der keine zahlenmäßige Beschränkung zum Ausdruck bringen soll, sondern auch Dritt- und weitere Wohnsitze umfasst.

6. Zur Feuerschutzsteuer siehe § 20 Abs. 2.

7. Für die Lustbarkeitsabgaben ohne Zweckwidmung des Ertrages ist, allerdings mit erheblichen Einschränkungen, das freie Beschlussrecht vorgesehen (§ 17 Abs. 3 Z 1).

---

45 VfSlg 12.505/1990

8. Zu den Abgaben für das Halten von Tieren siehe § 17 Abs. 3 Z 2.

9. Die Zuständigkeit zur Regelung der Gebrauchsabgaben obliegt dem Landesgesetzgeber; es handelt sich nicht um Abgaben auf Grund des freien Beschlussrechts der Gemeinden. Die vom Österreichischen Städtebund geforderte Übertragung in das freie Beschlussrecht, scheiterte bis dato am Widerstand sowohl der Länder als auch des Bundes.

10.1 Interessentenbeiträge sind definiert als „Beitragsleistung zu einem finanziellen Aufwand für öffentliche Anlagen und Einrichtungen, die den Interessenten von Nutzen sind".[46] Die Interessentenbeiträge sind nicht ausdrücklich zu ausschließlichen Gemeindeabgaben erklärt, so dass es eines Tätigwerdens des Landesgesetzgebers im Sinne des § 8 Abs. 2 F-VG 1948 bedarf, wenn diese Abgaben den Gemeinden überlassen werden sollen. Da die finanziell bedeutendsten Interessentenbeiträge mit dem Anschluss an Ver- und Entsorgungsanlagen in Zusammenhang stehen, ist eine Abgrenzung zu den einmaligen Benützungsgebühren notwendig, die von den Gemeinden aufgrund freien Beschlussrechtes erhoben werden dürfen. Diese Abgrenzung hat der Verfassungsgerichtshof in seinem Erkenntnis vom 27. Juni 1986, VfSlg 10947/1986, vorgenommen. Wesentliches Unterscheidungsmerkmal ist, ob die Abgabepflicht in einem förmlichen Benützungsverhältnis oder ohne ein solches entsteht. Ist die Abgabepflicht mit dem Beginn eines Benützungsverhältnisses bzw. dessen Weitergeltung verbunden (Anschlussgebühr, Ergänzungsbeitrag u. ä.), liegt eine einmalige Gebühr vor, die dem freien Beschlussrecht zugeordnet ist, während die Verpflichtung zur Entrichtung eines Interessentenbeitrages unabhängig davon ist, ob eine Liegenschaft an das Wasserversorgungs- bzw. Kanalnetz tatsächlich angeschlossen ist oder nicht.

10.2 Diese Unterscheidung hat die Konsequenz, dass ein Interessentenbeitrag jedenfalls der landesgesetzlichen Regelung bedarf und der Landesgesetzgeber dafür ein konkretes Höchstmaß zu bestimmen hat, das von der Gemeinde auch unter Berufung auf die Bestimmung des § 17 Abs. 3 Z 4 über das doppelte Jahreserfordernis nicht überschritten werden darf.[47]

11. Zu den Gebühren siehe die Erläuterungen zu § 17 Abs. 3 Z 4.

12. Obwohl die Verwaltungsabgaben nach überkommenem Verständnis eine Gegenleistung für die behördliche Amtshandlung darstellen, braucht ihre Höhe nicht auf die Deckung der Kosten der Amtshandlung beschränkt zu sein, die Verwaltungsabgabe darf auch Erträgnisse abwerfen, wie der Verfassungsgerichtshof im Erkenntnis vom 11. März 1987, VfSlg 11.296/1987, festgestellt hat, das sich auch sehr eingehend mit den Kriterien für die Bemessung auseinandersetzt.

13. Die Konsequenz des im vorigen Punkt dargelegten überkommenen Verständnisses für die Zulässigkeit der Vorschreibung von Verwaltungsabgaben führt dazu, dass für aufwändige Tätigkeiten von Behörden,

---

46   VfSlg 11.172/1986
47   VfGH 06.10.1999, V 33/99

die in keiner Berechtigung oder keinem Vorteil für den Antragsteller enden – dazu ist z. B. ein umfassend begründeter abweisender Bescheid nach Durchführung eines Ermittlungsverfahrens zu zählen – Verwaltungsabgaben nicht verrechnet werden dürfen. Die Behörde erhält derzeit für diese Dienstleistung, die in vielen Fällen die Interessen anderer Verfahrensparteien und den Rechtsfrieden wahrt, keinerlei Ersatz. Die Schaffung einer neuen ausschließlichen Landes-(Gemeinde-)abgabe „Eingabegebühren für Anträge an die in Angelegenheiten der Nachprüfung im Rahmen der Vergabe von Aufträgen durch Auftraggeber im Sinne des Art. 14b Abs. 2 Z 2 B-VG betrauten Behörden der Länder" ist daher als erster Schritt der Überwindung des veralteten Verwaltungsabgaben-Begriffes zu sehen.

14. Auf Wunsch der Städte und Gemeinden wurden in den § 16 Abs. 1 die Parkometerabgaben übernommen. Durch die Anführung in § 16 Abs. 2 und § 17 Abs. 3 Z 5 können die Gemeinden (seit 1. Jänner 2006) diese Abgaben unter Berücksichtigung der bundesgesetzlichen Ermächtigung sowie allfälliger noch hinzutretender landesgesetzlicher Ermächtigungen im Rahmen des sogenannten freien Beschlussrechtes durch eigene Verordnungen regeln.

zu Abs. 2:

1. Abs. 2 legt fest, welche der in Abs. 1 angeführten Abgaben jedenfalls ausschließliche Gemeindeabgaben sind. Damit sind diese Besteuerungsgegenstände dem Zugriff des Landes entzogen.

2. Das Schicksal der nicht als ausschließliche Gemeindeabgaben bezeichneten Steuern ist in das Ermessen des Landesgesetzgebers gelegt. Er kann sie dem Land vorbehalten, sie zwischen dem Land und den Gemeinden teilen – was sehr häufig bei den Fremdenverkehrsabgaben der Fall ist – oder den Gemeinden überlassen, wie besonders bei den Interessentenbeiträgen üblich. Die Landesgesetzgebung kann die Gemeinden auch ermächtigen, bestimmte Abgaben aufgrund eines Beschlusses der Gemeindevertretung zu erheben; solche Landesgesetze müssen die wesentlichen Merkmale dieser Abgaben, insbesondere auch ihr zulässiges Höchstausmaß bestimmen (§ 8 Abs. 5 F-VG 1948).

D. Gemeindeabgaben auf Grund freien Beschlussrechtes

§ 17. (1) Die Gemeinden werden ermächtigt, durch Beschluss der Gemeindevertretung die Hebesätze der Grundsteuer bis zum Ausmaß von 500 % festzusetzen.

(2) Die Festsetzung der Hebesätze durch die Gemeinden kann innerhalb des Kalenderjahres nur einmal, und zwar bis spätestens 30. Juni, geändert werden. Die Änderung der Hebesätze für die Grundsteuer wirkt auf den Beginn des Jahres zurück.

(3) Die Gemeinden werden ferner ermächtigt, durch Beschluss der Gemeindevertretung folgende Abgaben vorbehaltlich weiter gehender Ermächtigung durch die Landesgesetzgebung auszuschreiben:

1. Lustbarkeitsabgaben (Vergnügungssteuern) gemäß § 16 Abs. 1 Z 9, die in Hundertteilen des Eintrittsgeldes erhoben werden, allgemein bis zum Ausmaß von 25 %, bei Filmvorführungen bis zum Ausmaß von 10 % des Eintrittsgeldes mit Ausschluss der Abgabe. Ausgenommen sind Lustbarkeitsabgaben für Veranstaltungen von Theatern, die aus Mitteln des Bundes, eines Landes oder einer Gemeinde regelmäßige Zuschüsse erhalten, sowie für Ausspielungen gemäß § 2 des Glücksspielgesetzes (GSpG), BGBl. Nr. 620/1989, durch Konzessionäre und Bewilligungsinhaber nach den §§ 5, 14, 21 und 22 GSpG;
2. ohne Rücksicht auf ihre Höhe Abgaben für das Halten von Hunden, die nicht als Wachhunde, Blindenführhunde oder in Ausübung eines Berufes oder Erwerbes gehalten werden, und für das Halten von anderen Tieren, die nicht in Ausübung eines Berufes oder Erwerbes gehalten werden;
3. Abgaben von freiwilligen Feilbietungen gemäß § 16 Abs. 1 Z 12;
4. Gebühren für die Benützung von Gemeindeeinrichtungen und -anlagen, die für Zwecke der öffentlichen Verwaltung betrieben werden, mit Ausnahme von Weg- und Brückenmauten, bis zu einem Ausmaß, bei dem der mutmaßliche Jahresertrag der Gebühren das doppelte Jahreserfordernis für die Erhaltung und den Betrieb der Einrichtung oder Anlage sowie für die Verzinsung und Tilgung der Errichtungskosten unter Berücksichtigung einer der Art der Einrichtung oder Anlage entsprechenden Lebensdauer nicht übersteigt.
5. Abgaben für das Abstellen mehrspuriger Kraftfahrzeuge in Kurzparkzonen gemäß § 25 StVO 1960. Ausgenommen sind:
    a) Einsatzfahrzeuge und Fahrzeuge im öffentlichen Dienst gemäß §§ 26 und 26a StVO 1960;
    b) Fahrzeuge des Straßendienstes und der Müllabfuhr gemäß § 27 StVO 1960;
    c) Fahrzeuge, die von Ärzten bei einer Fahrt zur Leistung ärztlicher Hilfe gelenkt werden, sofern sie beim Abstellen mit einer Tafel gemäß § 24 Abs. 5 StVO 1960 gekennzeichnet sind;
    d) Fahrzeuge, die von Personen im diplomierten ambulanten Pflegedienst bei einer Fahrt zur Durchführung solcher Pflege gelenkt werden, sofern sie beim Abstellen mit einer Tafel gemäß § 24 Abs. 5a StVO 1960 gekennzeichnet sind;
    e) Fahrzeuge, die von Inhabern eines Parkausweises für Behinderte gemäß § 29b StVO 1960 abgestellt oder in denen solche Personen befördert werden, sofern die Fahrzeuge beim Abstellen mit diesem Ausweis gekennzeichnet sind;

> f) Fahrzeuge, die für den Bund, eine andere Gebietskörperschaft oder einen Gemeindeverband zugelassen sind, ausgenommen Personenkraftwagen;
> g) Fahrzeuge, die lediglich zum Zwecke des Aus- und Einsteigens von Personen oder für die Dauer der Durchführung einer Ladetätigkeit halten.
>
> (4) Verordnungen der Gemeinden auf Grund dieses Bundesgesetzes können bereits nach dessen Kundmachung erlassen werden, wobei diese Verordnungen frühestens mit dem Inkrafttreten dieses Gesetzes in Kraft gesetzt werden dürfen. Werden derartige Verordnungen erst nach Inkrafttreten dieses Gesetzes erlassen, können diese rückwirkend mit Inkrafttreten dieses Gesetzes in Kraft gesetzt werden.

Erläuterungen

1. Art. 116 Abs. 2 B-VG gibt den Gemeinden unter anderem das Recht, im Rahmen der Finanzverfassung Abgaben auszuschreiben. Diese Ausstattung mit eigenen Abgabenrechten („Abgabenhoheit") gilt als wesentliches Element der Gemeindeautonomie, auch wenn diese Abgabenrechte, wie noch zu zeigen sein wird, immer mehr an innerer Substanz verloren haben und oft nur mehr der äußere Schein geblieben ist.

Der Verweis „im Rahmen der Finanzverfassung" hat einen besonderen Grund. Die Ausschreibung von Abgaben ist schon von deren Definition her der hoheitsrechtlichen Sphäre zuzurechnen. Die gesamte staatliche Verwaltung darf aber nach dem Legalitätsprinzip des Art. 18 Abs. 1 B-VG nur aufgrund der Gesetze ausgeübt werden. Da es den Gemeinden an Gesetzgebungsbefugnis fehlt, wäre ihnen somit ohne entsprechende Ausnahme jegliche Möglichkeit zur Schaffung materiellen Abgabenrechts verwehrt. Eine solche Ausnahme sieht § 5 F-VG 1948 vor. Es heißt dort, dass öffentliche Abgaben vorbehaltlich der Bestimmungen der §§ 7 Abs. 5 und 8 Abs. 5 nur aufgrund von Gesetzen erhoben werden können, wobei das Schwergewicht dieser Bestimmung auf „vorbehaltlich" liegt.

Gemäß § 7 Abs. 5 F-VG 1948 kann die Bundesgesetzgebung Gemeinden ermächtigen, bestimmte Abgaben aufgrund eines Beschlusses der Gemeindevertretung auszuschreiben – daher der verkürzende Ausdruck „Beschlussrechtsabgaben" –, und zwar in Form selbstständiger Verordnungen. § 8 Abs. 5 F-VG 1948 sieht eine gleichartige Kompetenz der Landesgesetzgebung vor, allerdings mit der Maßgabe, dass solche Landesgesetze die wesentlichen Merkmale dieser Abgaben und insbesondere ihr zulässiges Höchstausmaß bestimmen müssen, während sich die bundesgesetzliche Ermächtigung auf die reine Nennung einer Abgabe ohne nähere Festlegung von Inhalt und Höhe beschränken kann.

2. Eine solche bundesgesetzliche Ermächtigung wird im § 17 erteilt, allerdings nicht für alle der in § 16 Abs. 2 genannten Gemeindeabgaben und in einigen Fällen auch mit deutlichen Einschränkungen. Die Gemeinden sind damit befugt, materielles Steuerrecht zu schaffen – Regelung des Abgabentatbestandes, Befreiungsbestimmungen, Entstehung der Abgabenschuld,

Bestimmung des Abgabenschuldners, Höhe der Abgabe etc. –, ohne dass es hierzu eines materiellen Landesgesetzes bedarf. D. h., die dem freien Beschlussrecht überantworteten Abgaben können auch erhoben werden, wenn der Landesgesetzgeber keine Regelung trifft. Der historisch belegbare Zweck dieser Regelung bestand auch gerade darin, den Gemeinden ein von der Landesgesetzgebung unabhängiges Mindestmaß an Steuerhoheit zu garantieren.[48]

3. Damit ist eine landesgesetzliche Regelung allerdings nicht ausgeschlossen, was auch der Verfassungsgerichtshof unter Hinweis auf § 8 Abs. 1 F-VG 1948 in ständiger Rechtsprechung zum Ausdruck bringt.[49]

Der Landesgesetzgeber darf die bundesgesetzliche Ermächtigung aber bloß konkretisieren, bei den in Abs. 3 genannten Abgaben auch erweitern, keinesfalls aber einschränken. So ist es dem Landesgesetzgeber z. B. verwehrt, durch die Ermächtigung nicht gedeckte und über den Rahmen des Üblichen hinaus gehende Ausnahmen zu dekretieren oder dort, wo die bundesgesetzliche Ermächtigung kein Höchstausmaß vorsieht, ein solches vorzugeben. Bewegt sich der Landesgesetzgeber hingegen bei der Konkretisierung der Ermächtigung, beispielsweise bei der detaillierten Regelung des Abgabentatbestandes, im vorgegebenen Rahmen, ist die Gemeinde an diese Vorgaben gebunden. Umgekehrt enthebt eine solche landesgesetzliche Regelung die Gemeinde der Notwendigkeit, selbst die für die Abgabeneinhebung erforderliche materiellrechtliche Regelung durch Gemeindeverordnung zu treffen, sie kann sich bei der Ausübung des freien Beschlussrechtes auf das *Ja* der Abgabeneinhebung beschränken. Dieses *Ja* muss allerdings den Charakter einer entsprechend kundgemachten Verordnung tragen.[50]

4. Hingegen dürfen Strafbestimmungen nur durch den Landesgesetzgeber erlassen werden.

5. Glaubt die Gemeindeaufsichtsbehörde des Landes in einer aufgrund des freien Beschlussrechtes der Gemeinde ergangenen Verordnung eine Gesetzwidrigkeit zu erkennen, ist sie nach Anhörung der Gemeinde durch Verordnung aufzuheben,[51] wogegen der Gemeinde ihrerseits wieder der Weg zum Verfassungsgerichtshof offen steht.[52] Darüber hinaus kann die Bundesministerin bzw. der Bundesminister für Finanzen die Aufhebung einer gesetzwidrigen Gemeindeverordnung von der Landesregierung verlangen (§ 10 F-VG 1948).

zu Abs. 1:

1. Die Grundsteuer ist durch Bundesgesetz geregelt,[53] die der Gemeinde erteilte Ermächtigung beschränkt sich daher darauf, die Hebesätze bis zum vorgegebenen Höchstausmaß von 500 Prozent des aus dem Einheitswert

---

48 AB 780 BlgNR I. GP
49 u. a. VfGH 29.06.2000, G 19, 20/00
50 VfGH 02.10.1999, B 1620/97
51 Art. 119a Abs. 6 B-VG
52 Art. 139 Abs. 1 Z 7 B-VG
53 Grundsteuergesetz 1955, BGBl 1955/149 idgF

durch Anwendung der Steuermesszahlen des § 19 des Grundsteuergesetzes 1955 ermittelten Steuermessbetrages festzusetzen.

2. Die Einnahmen der Gemeinden aus der Grundsteuer (B) leiden vehement darunter, dass die letzte Hauptfeststellung des Grundvermögens zum 1. Jänner 1973 durchgeführt wurde. Die heute der Besteuerung zugrunde liegenden Einheitswerte geben daher ein völlig verzerrtes Bild der tatsächlichen Wertverhältnisse.[54]

3. Aufgrund dieses Umstandes und nicht zuletzt aufgrund verfassungsrechtlicher Bedenken – so hat der VfGH in zwei Erkenntnissen zur Erbschaftssteuer[55] sowie zur Schenkungssteuer[56] verfassungsrechtliche Bedenken gegen die Heranziehung der Einheitswerte als Bemessungsgrundlage geäußert und die entsprechenden Steuertatbestände aufgehoben – wurde daher bereits zu Beginn der Finanzausgleichsverhandlungen von Gemeindeseite als vorrangiges Ziel eine Reform der Grundsteuer gefordert. Im Paktum zum FAG 2017 verständigten sich die Verhandlungspartner schließlich darauf, dass eine Arbeitsgruppe bis Mitte 2017 eine Reform der Grundsteuer vorbereiten soll, die jedoch keine neue Hauptfeststellung der Einheitswerte durch den Bund erfordert. Auch soll der Entfall noch bestehender Grundsteuerbefreiungen geprüft werden. Hinsichtlich der von Gemeindeseite übergangsweise geforderten Erhöhung der Hebesätze konnte kein Einvernehmen erzielt werden.

zu Abs. 3:

Die Aufzählung in § 17 Abs. 3 ist nicht abschließend, da die bundesgesetzliche Ermächtigung auch außerhalb des Finanzausgleichsgesetzes erteilt werden kann. Siehe z. B. die in § 32 Abs. 1 ÖPNRV-G 1999, BGBl I 1999/204 idgF, vorgesehene Ermächtigung an die Gemeinden, durch Beschluss der Gemeindevertretung eine flächenbezogene Abgabe zur Deckung der mit dem Anschluss von öffentlichen Verkehrsmitteln an Betriebsansiedlungen verbundenen Kosten auszuschreiben (Verkehrsanschlussabgabe).

zu Abs. 3 Z 1:

Bei den Vergnügungssteuern ist die bundesgesetzliche Ermächtigung durch Vorgabe eines Höchstausmaßes erheblich eingeschränkt.

Bereits mit der Glücksspielgesetz-Novelle 2010 (GSpG-Novelle 2010), BGBl Nr. 73/2010, ist die Kompetenz des Landesgesetzgebers, landesgesetzliche Abgaben – insbesondere auch Vergnügungssteuern – auf Ausspielungen gemäß § 2 des Glücksspielgesetzes durch Konzessionäre oder Bewilligungsinhaber nach den §§ 5, 14, 21, und 22 GSpG zu erheben, entfallen. Parallel dazu wurde daher auch die im FAG 2008 enthaltene bundesgesetzliche Ermächtigung an die Gemeinden, solche Vergnü-

---

54 Nähere Ausführungen zur historischen Entwicklung von Hauptfeststellung und Einheitswert können dem Kommentar zum FAG 2008 entnommen werden. In: Bauer: Finanzausgleich 2008, 2008.
55 VfGH 7.3.2007, G 54/06
56 VfGH 15.6.2007, G 23/07

gungssteuern auszuschreiben, gestrichen. Dies betrifft aber nur erlaubte Ausspielungen, die von Konzessionären des Bundes oder Bewilligungsinhabern der Länder nach § 5 GSpG vorgenommen werden. Vergnügungssteuern auf verbotene Ausspielungen können daher weiterhin erhoben werden.

zu Abs. 3 Z 2:

1. Die Abgaben für das Halten von Tieren – de facto nur als Hundeabgaben ausgebildet – wurden mit dem FAG 1985 über Forderung des Österreichischen Städtebundes in das freie Beschlussrecht übertragen, und zwar ohne Festlegung einer Obergrenze.

Im FAG 2005 erfolgte insofern eine Klarstellung, dass eine allfällige Ermächtigung der Gemeinden zur Ausschreibung von Abgaben für das Halten von Hunden, die in Ausübung eines Berufes oder Erwerbes gehalten werden, in die Kompetenz des Landesgesetzgebers fällt.

2. Zur Befreiung von Wachhunden hat der Verfassungsgerichtshof klargestellt,[57] dass sie dazu als solche gehalten, also eingesetzt werden müssen; bei Fehlen dieser Voraussetzung sind Hunde selbst mit objektiver Wachhundeeignung nicht abgabenbefreit.

zu Abs. 3 Z 3:

Die Abgaben von freiwilligen Feilbietungen finden sich gleichfalls seit dem FAG 1985 unter den Beschlussrechtsabgaben und auch ohne Festsetzung einer Obergrenze.

zu Abs. 3 Z 4:

1. Die Gebühren für die Benützung von Gemeindeeinrichtungen und -anlagen stellen für die Gemeinden eine außerordentlich wichtige und auch sehr dynamische Einnahmequelle dar.

2. Charakteristisch für die Gebühr ist das Vorhandensein einer individualisierten Leistungsbeziehung, das Vorliegen eines formalen Benützungsverhältnisses zu einer Gemeindeeinrichtung oder -anlage. Diese Leistungsbeziehung ist bereits mit der Schaffung der Möglichkeit der Benützung hergestellt, z. B. mit dem Anschluss an eine Ver- oder Entsorgungsanlage, und ist unabhängig davon, ob eine effektive Benützung vorliegt.

Bei den hier genannten Gebühren, dem eigentlichen Kern des freien Beschlussrechts, ist die Wortwahl ein wichtiges Kriterium.

3. „Benützung von Gemeindeeinrichtungen und -anlagen": Der Begriff der Gemeindeeinrichtung ist nach der Judikatur des Verfassungsgerichtshofes nicht dahingehend auszulegen, dass die Einrichtung im Eigentum der Gemeinde stehen oder von ihr selbst betrieben werden muss. Die Leistung kann durch einen Dritten erbracht werden, es muss nur das „unternehmerische Wagnis" bei der Gemeinde liegen. Auch bei der Besor-

---

[57] VfSlg 15.273/1998

gung durch einen Gemeindeverband geht die Gebührenfähigkeit nicht verloren, die Festsetzung der Gebühr muss jedoch durch den Gemeinderat erfolgen. Unter dem „Jahreserfordernis für die Erhaltung und den Betrieb der Einrichtung oder Anlage" ist im Falle der Besorgung durch einen beauftragten Dritten sinngemäß das an ihn zu entrichtende Entgelt zu verstehen, wobei die Unschärfe, dass dieses Entgelt auch eine Gewinnkomponente enthalten kann, der tatsächliche Kostendeckungsgrad daher im Extremfall über dem Doppelten liegen könnte, nicht ins Gewicht fallen dürfte.

In den Erläuterungen zum Abgabenteilungsgesetz 1922[58] sind vor allem Wasserleitungen, Kanäle, Vorkehrungen zur Abfuhr von Abfällen aller Art und Friedhöfe genannt; in der Praxis kommen noch die Märkte dazu. Eine genaue Abgrenzung ist schwierig. Keine gebührenfähige Gemeindeeinrichtung ist zweifellos die Hoheitsverwaltung im engeren Sinn, weil für deren Inanspruchnahme ausdrücklich die Verwaltungsabgaben vorgesehen sind, und andererseits dürfen Benützungsgebühren nicht allgemein für die Vorteile eingehoben werden, die durch Infrastrukturinvestitionen der Gemeinde bewirkt werden. Voraussetzung ist vielmehr ein formales, abgrenzbares, konkretes Benützungsverhältnis.[59]

4. „Für Zwecke der öffentlichen Verwaltung betrieben": Dazu sind jedenfalls Einrichtungen zu zählen, zu deren Führung die Gemeinde ausdrücklich ermächtigt oder sogar gesetzlich verpflichtet ist. Auch eine gesetzlich statuierte Anschluss- und Benützungspflicht wird als ausreichendes Indiz gesehen.

5. Unter Gebühren im Sinne der Ermächtigung sind nicht nur laufende Benützungsgebühren zu verstehen, sondern auch einmalige Gebühren (Anschlussgebühren, Ergänzungsbeiträge), sofern die Gebührenpflicht an ein formales Benützungsverhältnis geknüpft ist.

6. Das Gegenstück zur Gebühr ist das privatrechtliche Entgelt. Der Gemeinde steht das Wahlrecht zwischen diesen beiden auch dann zu, wenn für die kommunale Einrichtung ein gesetzlicher Anschluss- und Benützungszwang besteht.[60] Umgekehrt können auch für einen Leistungsbezug auf privatrechtlicher Basis Gebühren erhoben werden.

7. Die Bestimmung, dass der mutmaßliche Jahresertrag das Doppelte des Jahreserfordernisses für Erhaltung und Betrieb sowie für die Verzinsung und Tilgung der Errichtungskosten nicht übersteigen darf, ist erstmalig im FAG 1993 zu finden und hat das vor dieser Zeit durch den Verfassungsgerichtshof postulierte Verbot einer Kostenüberdeckung abgelöst. Motive für dieses Aufbrechen des sogenannten Äquivalenzprinzips, dass sich Leistung und Gegenleistung die Waage halten müssen, gab es mehrere. Es sollte gestattet sein, durch kostenüberdeckende Gebühren ökologische Lenkungseffekte in Form der Schaffung von Anreizen für eine sparsame Nutzung der Ressourcen herbeizuführen, es sollte eine stärkere

---

58 488 BlgNR I. GP
59 VfSlg 10.947/1986
60 VfSlg 4957/1975

Betonung des Verursacherprinzips ermöglicht werden, und es sollte auf dem Umweg über das Gesamtdeckungsprinzip gestattet sein, Einnahmenüberschüsse des einen Gebührenhaushalts zu nicht kostendeckenden Gebührenhaushalten zu transferieren. Nicht zuletzt sollte Rechtssicherheit geschaffen werden, weil die konkrete Gestaltung einzelner Kostenkomponenten, beispielsweise der Verzinsung der Errichtungskosten, in Zweifel gezogen werden konnte oder eine unerwartet günstige Entwicklung während des Jahres eine Durchbrechung des Äquivalenzprinzips zu bewirken vermochte. Der Verfassungsgerichtshof hat keine Bedenken in Hinblick auf die Verfassungskonformität dieser Bestimmung geäußert,[61] jedoch festgehalten, dass diese Ermächtigung so zu verstehen ist, dass „ihre Ausschöpfung nur aus Gründen in Betracht kommt, die mit der betreffenden Einrichtung in einem inneren Zusammenhang stehen, sei es, dass Folgekosten der Einrichtung finanziert werden, sei es, dass mit einer solchen Gebühr Lenkungsziele (z. B. ökologischer Art) verfolgt oder Rücklagen für eine Ausweitung der Einrichtung oder Anlage etc. gebildet werden sollen."

Nicht entbunden ist der Gebührenhaushalt deswegen von einer genauen Kostenkalkulation, wobei der Kostenbegriff betriebswirtschaftlich auszulegen ist. Nachdem die Gebührenkalkulation eine Prognose darstellt und die tatsächlich anfallenden Kosten von prognostizierten Kosten abweichen können, können Prognosefehler jedenfalls innerhalb eines Zehn-Jahres-Betrachtungszeitraumes korrigiert werden.[62]

8. Eine Pflicht zur Festlegung kostendeckender Gebühren besteht grundsätzlich nicht, wird allerdings vereinzelt in Gemeindeordnungen statuiert. Inhaltlich überholt und den im FAG 1993 klar zum Ausdruck gebrachten Intentionen zuwider laufend sind jedenfalls Vorschriften, die eine Zweckbindung der Gebühren vorsehen, denn bliebe das Gebot der Zweckwidmung aufrecht, würde die Ermächtigungsnorm jegliche Bedeutung verlieren.

zu Abs. 3 Z 5:

Die Abgaben für das Abstellen mehrspuriger Kraftfahrzeuge in Kurzparkzonen gemäß § 25 StVO 1960 sind bereits mit Wirkung vom 1. Jänner 2006 den freien Beschlussrechtsabgaben der Gemeinden zugeordnet.

Die in Z 5 lit. a) bis g) genannten Tatbestände können jedoch nicht Gegenstand der Gemeindeverordnung sein. Diesfalls sowie für die Normierung von Strafbestimmungen ist der Landesgesetzgeber zuständig.

zu Abs. 4:

1. Wichtig ist für die Gemeinden vor allem der zweite Satz, weil es keinen Ausnahmefall darstellt, dass ein Finanzausgleichsgesetz erst knapp vor oder aber erst nach Beginn seiner Geltungsdauer kundgemacht wird. In diesem Fall können darauf fußende Verordnungen rückwirkend auf den Beginn der Finanzausgleichsperiode in Kraft gesetzt werden. Bringt das Finanzausgleichsgesetz im freien Beschlussrecht keine Änderung gegenüber der vorher bestehenden Rechtslage, behalten Verordnungen, die

---

61 VfSlg 16.319/2001
62 VfSlg 19.859/2014

sich auf den Vorgänger stützen, im Sinne der Rechtskontinuität ihre Gültigkeit, brauchen also nicht neu erlassen zu werden.

2. Keine unmittelbare Anwendung findet die Ermächtigung zur rückwirkenden Inkraftsetzung auf Novellen zum Finanzausgleichsgesetz, die eine Anpassung von Gemeindeverordnungen erfordern, doch hat es der Verfassungsgerichtshof in einem konkreten Fall in Hinblick auf den ersichtlichen Zweck dieser Vorschrift, Rechtskontinuität zu wahren, als unbedenklich angesehen, sie auch auf Änderungen des Finanzausgleichsgesetzes zu beziehen.[63]

E. Vorbehalt bundesgesetzlicher Regelungen

§ 18. (1) Für die Regelung der Erhebung und der Verwaltung der Kommunalsteuer (§ 16 Abs. 1 Z 2) ist die Landesgesetzgebung zuständig, soweit nicht bundesgesetzliche Vorschriften entgegenstehen.

(2) Für die Erhebung und Verwaltung der Kommunalsteuer sind die Gemeinden zuständig, soweit nicht bundes- oder landesgesetzliche Vorschriften entgegenstehen.

Erläuterungen

zu Abs. 1:

„Erhebung" ist die Erschließung einer Einnahmequelle durch Einführung einer bestimmten Steuerart für Zwecke der Finanzverwaltung, unter „Verwaltung" ist die Bemessung, Einhebung und zwangsweise Einbringung zu verstehen. Die konkrete „Einhebung" ist Teil der Verwaltung.

Die Regelung der Erhebung der Kommunalsteuer hat bereits der Bundesgesetzgeber vorgenommen,[64] so dass für die Landesgesetzgebung in diesem Konnex kein Handlungsspielraum verbleibt.

Durch die mit BGBl Nr. 103/2007 erfolgte Änderung des F-VG 1948 liegt nunmehr auch die Kompetenz zur Regelung der allgemeinen Bestimmungen und des Verfahrens für die von den Abgabenbehörden der Länder und der Gemeinden verwalteten Abgaben seit 1. Jänner 2010 beim Bund.[65] Bei den nunmehr anzuwendenden Bestimmungen der Bundesabgabenordnung (BAO) auch für Landes- und Gemeindeabgaben kann es jedoch zu Abweichungen zu den Vorschriften betreffend Bundesabgaben kommen. Nicht umfasst von dieser Bundeskompetenz sind nämlich das Organisationsrecht bzw. Regelungen über die örtliche und sachliche Zuständigkeit für die Erhebung von Landes- und Gemeindeabgaben. Weiters bleibt die Gesetzgebungskompetenz der Länder für „besondere Bestimmungen" unberührt. Dazu gehören unter anderem die Regelungen über Abgabenschuldnerinnen bzw. Abgabenschuldner oder persönlich Haftungspflichtigen, Fälligkeiten und der Anmeldungs- und Abgaberklärungsfristen.

---

63 VfGH 02.10.1999, B 1620/97
64 Kommunalsteuergesetz 1993, BGBl 1993/819 idgF
65 Vgl. § 7 Abs. 6 F-VG 1948

Darüber hinaus wurde im Paktum zum FAG 2017 festgehalten, dass die Möglichkeit der Einhebung der Kommunalsteuer durch die Sozialversicherung von den Finanzausgleichspartnern im Rahmen der eingesetzten Arbeitsgruppe „Abgabenautonomie" zu prüfen ist.

zu Abs. 2:

§ 10 des Kommunalsteuergesetzes 1993 bestimmt damit im Zusammenhang, dass für die Zerlegungen und die Zuteilung einer Bemessungsgrundlage die Dienste des Finanzamtes in Anspruch genommen werden können.

§ 19. (1) Die zur Erhebung der Kommunalsteuer berechtigte Gemeinde (§ 7 des Kommunalsteuergesetzes 1993, BGBl. Nr. 819/1993) kann mit anderen Gemeinden im Zusammenhang mit gemeinsamen Investitionen in die Schaffung oder Erhaltung von Betriebsstätten Vereinbarungen über eine Teilung der Erträge aus der Kommunalsteuer treffen. Die Vereinbarung kann sich auf das gesamte Aufkommen in der Gemeinde oder auf die Aufkommen bestimmter Betriebsstätten beziehen.

(2) Zur Entscheidung von Streitigkeiten zwischen den Gemeinden aus derartigen Vereinbarungen sind die ordentlichen Gerichte berufen, wobei die für die Gerichtsbarkeit in bürgerlichen Rechtssachen geltenden Vorschriften anzuwenden sind.

(3) Die Bestimmungen des § 30 Abs. 2 über die Verjährung sind auch auf vermögensrechtliche Ansprüche aus Vereinbarungen gemäß Abs. 1 anzuwenden.

Erläuterungen

1. Ausgangspunkt für diese Regelung ist die Tatsache, dass zwar für Abgabenerträge aus „mehrgemeindlichen Betriebsstätten" im Kommunalsteuergesetz bzw. im Grundsteuergesetz Zerlegungsregeln bestehen, in dem Fall, wo ein Gewerbegebiet die Gemeindegrenze nicht überschreitet, aber in einer anderen Gemeinde Kosten – beispielsweise durch die Verkehrsanbindung – verursacht werden, derzeit kein Lastenausgleich zwischen den Gemeinden stattfindet. Durch die Schaffung einer rechtlichen Grundlage, die für die Berücksichtigung von Verträgen, die bereits im Vorfeld einer Betriebsansiedlung zwischen den involvierten Gemeinden abgeschlossen werden und deren Gegenstand die Abtretung von Erträgnissen ausschließlicher Gemeindeabgaben an eine andere Gemeinde ist, welche ihrerseits Aufwendungen aus der Aufschließung des Gewerbegebietes übernimmt, kann ein solcher Lastenausgleich Berücksichtigung finden.

2. Der Problematik, wonach Veränderungen beim Kommunalsteueraufkommen auch zu Veränderungen der Finanzkraft der involvierten Gemeinden führen, was wiederum auch diverse finanzkraftabhängige Umlagen und Kostenbeiträge steigen bzw. umgekehrt finanzkraftabhängige Zuweisungen sinken lassen kann, wurde nach den erläuternden Bemer-

kungen zu § 17 FAG 2005[66] dadurch begegnet, dass die Geldflüsse aus derartigen Vereinbarungen als Teil der Regelung über die Ertragshoheit behandelt werden. Dies hat zur Konsequenz, dass unmittelbar die (Kommunalsteuer-)Erträge der jeweiligen Gemeinden verringert bzw. erhöht werden, so dass im Rechnungsabschluss der Gemeinden die tatsächlichen Abgabeneinnahmen, d. h. unter Berücksichtigung der vereinbarten Ertragsteilungen, zu verbuchen sind und somit in weiterer Folge automatisch diese, den tatsächlichen Verhältnissen entsprechenden Beträge für die diversen Finanzkraftberechnungen herangezogen werden. Aus finanzverfassungsrechtlichen Gründen sind derartige Vereinbarungen nur hinsichtlich des Ertrages aus der Kommunalsteuer möglich.

zu Abs. 1:

Wesentlich ist das freiwillige Element dieser Bestimmung, das durch die Verwendung des Wortes „kann" zum Ausdruck kommt. Keine Gemeinde kann daher zum Abschluss einer derartigen Vereinbarung gezwungen werden. Unter diese Ermächtigung fallen nur Vereinbarungen, die nach dem 1. Jänner 2005 abgeschlossen werden. Den erläuternden Bemerkungen zum FAG 2005 zufolge[67] können derartige Verträge in jedem Fall nur Einnahmen der Gemeinden an Kommunalsteuer ab dem Inkrafttreten des § 17 FAG 2005 betreffen.

zu Abs. 2:

Gemäß Art. 137 B-VG erkennt der Verfassungsgerichtshof über vermögensrechtliche Ansprüche gegen den Bund, die Länder, die Gemeinden und Gemeindeverbände, die weder im ordentlichen Rechtsweg auszutragen, noch durch Bescheid einer Verwaltungsbehörde zu erledigen sind. In diesem Fall wird jedoch, um den Verfassungsgerichtshof nicht über Gebühr zu belasten, die Zuständigkeit der ordentlichen Gerichte festgelegt.

§ 20. (1) Die Regelung der Erhebung und Verwaltung der Grundsteuer (§ 16 Abs. 1 Z 1) und der Feuerschutzsteuer (§ 16 Abs. 1 Z 5) erfolgt durch die Bundesgesetzgebung mit der Maßgabe, dass hinsichtlich der Grundsteuer bis zum Inkrafttreten einer landesgesetzlichen Regelung auf Grund eines Grundsatzgesetzes des Bundes (Art. 12 und 15 B-VG) die Regelung

1. der zeitlichen Befreiung für Neu-, Zu-, Auf-, Um- und Einbauten (Bundesgesetz vom 11. Juli 1951, BGBl. Nr. 157/1951), und

2. der Erhebung und der Verwaltung

der Landesgesetzgebung insoweit überlassen wird, als nicht bundesgesetzliche Vorschriften entgegenstehen. Die Feststellung der Dauer und des Ausmaßes der zeitlichen Grundsteuerbefreiungen im Sinne der beiden vorstehend genannten Bundesgesetze

---

66 702 BlgNR XXII. GP
67 702 BlgNR XXII. GP

obliegt den Gemeinden. Die Bestimmungen der §§ 186 Abs. 1 und 194 Abs. 3 der Bundesabgabenordnung, BGBl. Nr. 194/1961, stehen dieser Sonderregelung nicht entgegen. Für die Berechnung und Festsetzung des Jahresbetrages der Grundsteuer sowie für die Einhebung und zwangsweise Einbringung sind die Gemeinden zuständig.

(2) Der Ertrag der Feuerschutzsteuer wird länderweise im folgenden Verhältnis aufgeteilt:

Burgenland	3,156 %
Kärnten	7,109 %
Niederösterreich	19,469 %
Oberösterreich	17,803 %
Salzburg	7,027 %
Steiermark	14,357 %
Tirol	8,854 %
Vorarlberg	5,181 %
Wien	17,044 %

(3) Die Überweisung des Ertrages der Feuerschutzsteuer erfolgt bis 31. März, 30. Juni, 30. September und 31. Dezember jeden Jahres in der Höhe des Erfolges des vorangegangenen Kalendervierteljahres. § 9 Abs. 2 ist anzuwenden. Die Behörden der Bundesfinanzverwaltung sind verpflichtet, den Ländern auf Verlangen alle Aufschlüsse über die Bemessung und Einhebung dieser Abgabe und deren voraussichtlichen Ertrag zu erteilen.

Erläuterungen

§ 7 Abs. 3 F-VG 1948 gibt dem Bund das Recht, sich auch bei bestimmten Landes- und Gemeindeabgaben die Regelung der Erhebung und Verwaltung zur Gänze oder hinsichtlich der Grundsätze vorzubehalten. Von dieser Bestimmung hat der Bund sowohl bei der Kommunalsteuer als auch bei der Grundsteuer, der Feuerschutzsteuer und den Fleischuntersuchungsgebühren Gebrauch gemacht.

zu Abs. 1:

1. Ein Grundsatzgesetz des Bundes ist bisher nicht ergangen, so dass die zeitlichen Grundsteuerbefreiungen der Landesgesetzgebung überlassen sind.

2. § 21 des Wohnhaus-Wiederaufbaugesetzes knüpfte Leistungen des Fonds an eine mindestens 20-jährige vollständige Befreiung von der Grundsteuer. Da die Förderung durch den Wohnhaus-Wiederaufbaufonds durch die Wohnbauförderung 1968 abgelöst wurde, spielt diese Befreiung von der Grundsteuer keine Rolle mehr und wird daher im FAG 2017 ersatzlos gestrichen.

3. Das Bundesgesetz BGBl 1951/157 ermächtigt die Landesgesetzgebung zu einer zeitlichen Befreiung der genannten Bauten von der Grundsteuer, allerdings mit der Maßgabe, dass der Befreiungszeitraum 20 Jahre nicht übersteigen darf. Der Klage einer niederösterreichischen Gemeinde beim Verfassungsgerichtshof gegen die im niederösterreichischen Wohnbauförderungsgesetz verankerte zeitliche Grundsteuerbefreiung blieb der Erfolg versagt. Dies mit der Begründung, dass damit das Recht zur Ausschreibung von Abgaben mittels freien Beschlusses der Gemeindevertretung eingeschränkt werde und es außerdem bedenklich sei, Maßnahmen der Wohnbauförderung, die als Teil der Privatwirtschaftsverwaltung anzusehen sei, mit Maßnahmen der Hoheitsverwaltung zu verknüpfen, weil die Gemeinden, so der Verfassungsgerichtshof, keinen Rechtsanspruch darauf haben, dass die Grundsteuer von dem für ihre Regelung zuständigen Gesetzgeber auf eine bestimmte Weise geregelt wird.[68]

Dessen ungeachtet bleibt das Faktum bestehen, dass damit die Gemeinden in die Landeswohnbauförderung, die von den Ländern schon weitgehend ohne Einsatz von eigenen Mitteln durchgeführt wird, eingebunden sind und dadurch nicht unbeträchtliche finanzielle Nachteile in Kauf nehmen müssen. Sowohl der Österreichische Gemeindebund als auch der Österreichische Städtebund haben daher verlangt, die Grundsteuerbefreiung zumindest zu straffen und auf den sozialen Wohnbau zu beschränken.

zu Abs. 2:

1. Die Feuerschutzsteuer ist bundesgesetzlich geregelt: Feuerschutzsteuergesetz 1952, BGBl 1952/198 idgF.

2. Da die Abgabe von den Bundesfinanzbehörden eingehoben wird, ist die Überweisung des Aufkommens an die Länder zu regeln. Bis 1992 wurde sie, wie es dem Charakter einer Landesabgabe entspricht, nach dem länderweisen Bruttoprämienaufkommen zugeteilt, dessen Feststellung aber schon immer problematisch war und mit der Liberalisierung des Versicherungsmarktes völlig unmöglich wurde. Man griff daher auf einen Fixschlüssel zurück, der dem arithmetischen Mittel der länderweisen Erträge der Jahre 1987 bis 1991 entspricht.

zu Abs. 3:

Mit dem 2. Budgetbegleitgesetz 1997, BGBl I 1997/130, wurde die Abfuhr der Feuerschutzsteuer von quartalsweiser auf monatliche Fälligkeit – jeweils bis 15. des zweitfolgenden Kalendermonats – umgestellt. Das FAG 2017 sieht allerdings weiterhin die für die Länder sehr nachteilige vierteljährliche Überweisung im Nachhinein und noch dazu am letzten Tag des Quartals vor.

> **§ 21. Für die Regelung der Erhebung und der Verwaltung des Wohnbauförderungsbeitrags (§ 16 Abs. 1 Z 3) ist die Landesgesetzgebung zuständig, soweit nicht bundesgesetzliche Vorschriften entgegenstehen.**

---

68 VfSlg 13.990/1994

Erläuterungen

Analog zu den vergleichbaren Vorbehalten der Gesetzgebung des Bundes bei der Grundsteuer, der Kommunalsteuer und der Feuerschutzsteuer wird dem Bundesgesetzgeber auch beim Wohnbauförderungsbeitrag die Gesetzgebungskompetenz vorbehalten.

> **§ 22. Die im § 17 Abs. 1 und 3, § 18 Abs. 2 und § 19 Abs. 1 sowie im § 20 Abs. 1 letzter Satz geregelten Aufgaben der Gemeinde sind mit Ausnahme der zwangsweisen Einbringung der Grundsteuer solche des eigenen Wirkungsbereiches.**

Erläuterungen

Nach Art. 118 Abs. 2 B-VG sind die Angelegenheiten des eigenen Wirkungsbereiches der Gemeinde in den Gesetzen ausdrücklich als solche zu bezeichnen. Dies geschieht in § 22 und hat unter anderem zur Konsequenz, dass es in den Landesgesetzen zur Regelung von Beschlussrechtsabgaben keiner neuerlichen besonderen Kennzeichnung bedarf.[69]

III. Finanzzuweisungen und Zuschüsse (§§ 12 und 13 F-VG 1948)

Allgemeine Erläuterungen

Mit dem FAG 2008 erfuhr das System der Transfers (sekundärer Finanzausgleich) insofern eine wesentliche Vereinfachung, als eine Vielzahl der bisher gewährten Zuweisungen und Zuschüsse aufgelassen und in Ertragsanteile umgewandelt wurden. Dadurch kam es einerseits zu einer wesentlichen Entflechtung der komplizierten Transferbeziehungen zwischen dem Bund und den Ländern bzw. Gemeinden, und anderseits entfiel auch der mit der Abwicklung der Transfers verbundene administrative Aufwand (Stichwort: Verwendungsnachweise). Ein weiterer Vorteil dieser Reform war, dass die bisher betraglich fixierten Zuweisungen nunmehr der Dynamik der Ertragsanteile unterliegen.

Mit dem FAG 2017 kam es auch für die Gemeinden zu merkbaren Veränderungen im Bereich der Finanzzuweisungen. Erstens wurden die Finanzzuweisungen für den Öffentlichen Personennahverkehr (ÖPNV) teilweise neu geregelt. Zweitens wurde der bisherige gemeindeweise Gemeindekopfquotenausgleich aufgelöst und die Mittel den Gemeinde-Bedarfszuweisungen zugeschlagen. Drittens werden Landesfonds für Eisenbahnkreuzungen eingerichtet.

Länder und Gemeinden erhalten eine zusätzliche Finanzzuweisung in Höhe von insgesamt 300 Mio. Euro jährlich zur Sicherstellung einer nachhaltigen Haushaltsführung insbesondere in den Bereichen Gesundheit, Pflege und Soziales. Ein Teil dieser Mittel (60 Mio. Euro) fließt im Rahmen

---

[69] VfGH 02.10.1999, B 1620/97

eines Strukturfonds vor allem an strukturschwache und von Abwanderung betroffene Gemeinden.

Finanzzuweisungen

§ 23. (1) Der Bund gewährt den Gemeinden zur Förderung von öffentlichen Personennahverkehrsunternehmen eine Finanzzuweisung im Ausmaß von insgesamt 15 600 000 Euro jährlich und 0,034 % des Nettoaufkommens an den Abgaben mit einheitlichem Schlüssel (§ 10 Abs. 1) des Zeitraums vom November des Vorjahres bis zum Oktober des jeweiligen Jahres. Dieser Betrag ist vom Bund an die Länder in folgendem Verhältnis zu überweisen:

Burgenland	0,37 %
Kärnten	1,92 %
Niederösterreich	2,62 %
Oberösterreich	6,84 %
Salzburg	9,16 %
Steiermark	8,85 %
Tirol	6,76 %
Vorarlberg	7,95 %
Wien	55,53 %

Die Länder überweisen aus diesen Mitteln folgenden Gemeinden einen Vorausanteil in folgender Höhe:

Graz	66,9 %
Innsbruck	50,3 %
Linz	78,4 %
Salzburg	36,2 %

und die weiteren Mittel an die Gemeinden entsprechend der finanziellen Belastung der Gemeinden auf Basis der Daten gemäß § 30a Abs. 1 des Bundesgesetzes über die Ordnung des öffentlichen Personennah- und Regionalverkehrs (Öffentlicher Personennah- und Regionalverkehrsgesetz 1999 – ÖPNRV-G 1999), BGBl. I Nr. 204/1999.

(2) Der Bund gewährt den Gemeinden für Investitionen für Straßenbahn- und Obuslinien eine Finanzzuweisung im Ausmaß von 16 500 000 Euro jährlich und 0,034 % des Nettoaufkommens an den Abgaben mit einheitlichem Schlüssel (§ 10 Abs. 1) des Zeitraums vom November des Vorjahres bis zum Oktober des jeweiligen Jahres. Diese Finanzzuweisung ist auf die Landeshauptstädte mit mehr als 100 000 Einwohnern mit solchen Linien wie folgt aufzuteilen:

Wien	64,7 %
Graz	11,1 %
Innsbruck	8,7 %
Linz	8,1 %
Salzburg	7,4 %

> Von dieser Finanzzuweisung sind den Gemeinden 16 000 000 Euro bis spätestens 31. Juli eines jeden Jahres und die weiteren Beträge bis spätestens 20. Dezember eines jeden Jahres zu überweisen. Die anspruchsberechtigten Gemeinden haben dem Bundesminister für Finanzen jeweils bis 31. Mai des Folgejahres über die Verwendung dieser Finanzzuweisung zu berichten. Der auf Wien entfallende Anteil berücksichtigt mit 4,1 % die Beteiligung an der Wiener Lokalbahnen AG.
>
> (3) Der Bund gewährt den Städten mit eigenem Statut Krems an der Donau und Waidhofen an der Ybbs als Abgeltung für den Mehraufwand, der diesen Gemeinden dadurch entsteht, dass für ihr Gebiet die Landespolizeidirektion nicht zugleich Sicherheitsbehörde erster Instanz ist, bis zum 30. Juni eines jeden Jahres eine Finanzzuweisung. Die Höhe dieser Finanzzuweisung ist vom Bundesminister für Finanzen als Pauschalbetrag mit Verordnung festzusetzen.
>
> (4) Der Bund gewährt den Trägern von öffentlichen und privaten gemeinnützigen Krankenanstalten (§ 16 Abs. 1 des Bundesgesetzes über Krankenanstalten und Kuranstalten – KAKuG, BGBl. Nr. 1/1957) für die Finanzierung ihrer Aufgaben im Jahr 2017 einen Zuschuss in Höhe von 92,660 Millionen Euro und ab dem Jahr 2018 in Höhe von 83,511 Millionen Euro jährlich. Die Parameter für die Anteile der einzelnen Rechtsträger sind vom Bundesminister für Finanzen im Einvernehmen mit dem Bundesminister für Gesundheit und Frauen und nach Anhörung der Länder festzulegen.

Erläuterungen

zu Abs. 1:

1. In einem anlässlich der Behandlung des öffentlichen Personennah- und Regionalverkehrsgesetzes 1999 am 16. Juni 1999 eingebrachten Entschließungsantrag[70], wird ausgeführt, dass die Städte und Gemeinden – ohne Wiener U-Bahn-Bau – jährlich 5,5 Mrd. Schilling für den Betrieb der innerstädtischen öffentlichen Verkehrsmittel aufwenden, seitens der Länder würden weitere 250 Mio. Schilling zur Verfügung gestellt. Angesichts der dringenden Notwendigkeit einer nachhaltigen Verbesserung und Sicherung des öffentlichen Personennah- und Regionalverkehrs seien jedoch weitere Überlegungen für eine entsprechende Mittelausstattung anzustellen. Eine konkrete Lösung konnte jedoch nicht erarbeitet werden.[71]

Das FAG 2008 sah genauso wie seinerzeit das FAG 2005 bzw. FAG 2001 nur eine Fortschreibung des bestehenden Zustandes vor. Mit dem FAG 2017 wird die Finanzzuweisung des Bundes an die Gemeinden für Personennahverkehr (§ 23 Abs. 1 FAG 2017) vereinfacht; mit Ausnahme der bereits im FAG 2017 festgelegten Anteile der (nach Wien) vier größten Gemeinden erfolgt die Verteilung der Mittel des ehemaligen § 20 Abs. 1

---

70 1119/A XX. GP
71 Nähere Ausführungen dazu können dem Kommentar zum FAG 2008 entnommen werden; in: Bauer: Finanzausgleich 2008, 2008.

Teil 3: Das FAG 2017 – Gesetzestext mit Kommentar; § 23

FAG 2008 künftig durch die Länder entsprechend der finanziellen Belastung der Gemeinden auf Basis der Daten der neuen Transparenzdatenstelle gemäß § 30a Abs. 1 ÖPNRV-G 1999.

2. Für das Jahr 2017 beträgt das Volumen der Finanzzuweisung für Personennahverkehr laut Bundesvoranschlag insgesamt rund 85,358 Mio. Euro. Davon entfallen ca. 42,229 Mio. Euro auf die Finanzzuweisung gem. § 23 Abs. 1 FAG 2017 und ca. 43,129 Mio. Euro auf die Finanzzuweisung gem. § 23 Abs. 2 FAG 2017.

3. Bei der Aufteilung des Gesamtbetrags gemäß § 23 Abs. 1 FAG 2017 ergeben sich fixe Ländertöpfe. Die länderweisen Töpfe wurden gemäß den Anteilen für die Jahre 2013 bis 2015 im Durchschnitt gebildet und frieren damit bisherige Verteilungsverhältnisse ein. Diese Verteilung beruhte auf einer Mischung aus Streckenlänge und Zahl der beförderten Personen, sodass das Verhältnis zwischen den Bundesländern bis zum FAG 2017 variabel war.

Wien erhält den größten Anteil. Die Fixierung des Wiener Anteils mit 55,53 Prozent [55,00 + 0,53 Prozent für die Beteiligung Wiens an der Wiener Lokalbahnen AG (Badner Bahn)] stellt keine Bevorzugung Wiens dar, sondern geht sogar zu Lasten Wiens, weil sich zur Zeit der Festlegung des Aufteilungsverfahrens auf die Schlüsselelemente Streckenlänge und Zahl der beförderten Personen eine Beteiligung Wiens von mehr als 70 Prozent ergeben hätte.

Die Berechnungsbasis für die Finanzzuweisung gemäß § 23 Abs. 1 FAG 2017 ist gegenüber § 20 Abs. 1 FAG 2008 gleich geblieben (inkl. der Dynamisierung durch Ertragsanteile). Die länderweisen Töpfe wurden gemäß den Anteilen für die Jahre 2013 bis 2015 im Durchschnitt gebildet. Die jeweiligen Länder überweisen aus diesen Mitteln Vorausanteile an Graz, Linz, Salzburg und Innsbruck in dem prozentuellen Ausmaß, das diese Städte für die Jahre 2013 bis 2015 im Durchschnitt bekommen haben. Für die restlichen Gemeinden erfolgt die Verteilung innerhalb der Ländertöpfe anhand der jeweiligen Finanzierungsbeiträge gem. § 30a Abs. 1 ÖPNRV-G 1999).

Das heißt für Wien, Graz, Linz, Salzburg und Innsbruck: Die bisherigen Anteile bleiben gleich, es besteht keine Gefahr der Verschlechterung zugunsten anderer Gemeinden, aber auch kein Potenzial zur Steigerung der Finanzzuweisung zulasten anderer Gemeinden. Die Auszahlung der Finanzzuweisung gem. § 23 Abs. 1 FAG 2017 durch den Bund erfolgt an die Länder, welche die Finanzzuweisung an die jeweiligen Gemeinden weiterleiten müssen.

zu Abs. 2:

1. Zum Unterschied von Abs. 1, der generell von einer Förderung von öffentlichen Personennahverkehrsunternehmen spricht und damit auch Betriebskostenzuschüsse inkludiert, ist Abs. 2 auf Personennahverkehrs-Investitionen beschränkt. Diese Finanzzuweisung ist auf die Landeshauptstädte mit mehr als 100.000 Einwohnerinnen bzw. Einwohnern und auf die Förderung von Investitionen für Straßenbahn- und O-Buslinien, nicht also

305

von Autobuslinien, beschränkt. Da die Stadt Klagenfurt am Wörthersee zwar demnächst in die Reihe der österreichischen Landeshauptstädte mit mehr als 100.000 EW vorstößt, jedoch nicht (mehr) Straßenbahn- oder O-Buslinien betreibt, bleibt die Finanzzuweisung gem. § 23 Abs. 2 FAG 2017 weiterhin den Städten Wien, Graz, Linz, Salzburg und Innsbruck vorbehalten.

2. Die Wurzeln dieser Finanzzuweisung reichen mehr als ein Vierteljahrhundert zurück. Die durch Art. I des Abgabenänderungsgesetzes 1976, BGBl 1976/143, im Rahmen des Schwerpunktprogramms der Bundesregierung zur Verbesserung der Verkehrsverhältnisse in den Ballungsräumen zum 1. Oktober 1976 eingeführte Bundeskraftfahrzeugsteuer hatte eine Zweckwidmung. Ihr Ertrag war für den Ausbau des öffentlichen Nahverkehrs zu verwenden. Dieser Ertrag war, auf ein volles Jahr bezogen, auf eine Milliarde Schilling geschätzt, was fast automatisch zum Ausdruck „Nahverkehrs-Milliarde" führte. Als Werkzeug für die Verbesserung des öffentlichen Nahverkehrs sah die Bundesregierung in erster Linie die Österreichischen Bundesbahnen, aber auch andere Verkehrsträger wurden berücksichtigt.

Konkret legte der Ministerrat am 25. Mai 1976 über Antrag des Bundesministers für Finanzen – Z. 41 1804/6-II/9/76 – fest, dass
- 60 Prozent für Personen-Nahverkehrsvorhaben der Österreichischen Bundesbahnen,
- 25 Prozent für den Wiener U-Bahn-Bau und
- 15 Prozent für Straßenbahn- und Autobuslinien

verwendet werden sollen, mit der weiteren Maßgabe, dass von den zuletzt genannten 15 Prozent höchstens ein Zehntel für die Gewährung von Zuschüssen in bescheidenem Ausmaß für publikumsbestimmte ortsfeste Einrichtungen an Knotenpunkten öffentlicher Kraftfahrlinien des Personennahverkehrs (z. B. Autobusbahnhöfe) herangezogen werden darf.

Zum 1. Oktober 1977 ist die Bundeskraftfahrzeugsteuer in die „normale" Kraftfahrzeugsteuer aufgegangen, und die Zweckbindung ging auf den Ertragsanteil der Kraftfahrzeugsteuer über, der auf den Bund entfiel. Das Abgabenänderungsgesetz 1983, BGBl 1983/587, brachte höhere Steuersätze und eine Reduktion des für den Ausbau des öffentlichen Nahverkehrs zweckgebundenen Teils auf 70 Prozent des Bundesanteils. Mit dem 1. Abgabenänderungsgesetz 1987, BGBl 1987/80, Abschnitt VI, Art. 1, wurde die Zweckbindung ausgeweitet. Das „Nah" verschwand aus dem „öffentlichen Nahverkehr", und ein Klammerausdruck dekretierte, dass unter „Ausbau" auch Fahrbetriebsmittel zu subsumieren sind. Diese Zweckwidmung gilt, wenn auch durch die Umgestaltung des Großteils der Kraftfahrzeugsteuer in eine im Versicherungssteuergesetz geregelte motorbezogene Versicherungssteuer völlig ausgehöhlt, auch heute noch und findet ihren Ausdruck darin, dass die Erträge an der verbliebenen Kraftfahrzeugsteuer im Bundesvoranschlag in zwei Teilbeträgen dargestellt werden, davon der eine mit dem Vermerk „zweckgebundene Einnahme", der nunmehr zur Teilfinanzierung des Bundesbeitrages zum Wiener U-Bahn-Bau herangezogen wird.

3. Der in Abs. 2 erwähnte Fixbetrag von 16,50 Mio. Euro geht auf eine Festlegung im FAG 1989 zurück. Mit der Einführung der Energiever-

Teil 3: Das FAG 2017 – Gesetzestext mit Kommentar; § 23

brauchsabgabe auf elektrischen Strom und Gas kam ein Anteil daran im Ausmaß von 2,5 Prozent des Aufkommens dazu, was den nunmehr festgelegten 0,034 Prozent des Aufkommens an den Abgaben mit einheitlichem Schlüssel entspricht.

4. Die Anteilsprozentsätze entsprechen der seinerzeitigen Beteiligung an der Nahverkehrs-Milliarde, die wiederum an den Schlüsseln des § 23 Abs. 1 orientiert war.

5. Im FAG 2017 entfallen die bisherigen Vorausanteile bei der Finanzzuweisung für Personennahverkehrs-Investitionen für die Errichtung von Autobusbahnhöfen.

zu Abs. 3:

Die Stadtgemeinde Krems an der Donau hat mit einer im Jahre 1983 beim Verfassungsgerichtshof eingebrachten Klage einen Prozess in Gang gebracht, der in einem Beben mündete, das den gesamten Finanzausgleich der Zweiten Republik erschüttert hat.

Es ging darum, dass die Stadtgemeinde Krems an der Donau als Stadt mit eigenem Statut auch die Aufgaben der Bezirksverwaltung besorgt. Da in Krems im Gegensatz zu den meisten anderen Städten mit eigenem Statut die Landespolizeidirektion nicht zugleich Sicherheitsbehörde erster Instanz ist, vollziehen ihre Organe auch dem Bund obliegende Aufgaben des öffentlichen Sicherheitswesens sowie die Angelegenheiten des Kraftfahrwesens. Die Stadtgemeinde Krems an der Donau begehrte den Ersatz der durch diese Tätigkeiten erwachsenen Aufwendungen rückwirkend für den Zeitraum vom 1. Jänner 1948 an. Gleichzeitig wurde angeregt, die Verfassungsmäßigkeit des den abgestuften Bevölkerungsschlüssel betreffenden § 8 Abs. 3 des FAG 1979 von Amts wegen zu prüfen.

Das Ergebnis des daraufhin eingeleiteten Gesetzesprüfungsverfahrens war sensationell. Die in den Finanzausgleichsgesetzen 1948 bis 1979 enthaltenen Bestimmungen zum abgestuften Bevölkerungsschlüssel und zu den Finanzzuweisungen und Zweckzuschüssen wurden als verfassungswidrig festgestellt, § 8 FAG 1985 wurde als verfassungswidrig aufgehoben.[72]

Begründung: Durch § 4 F-VG 1948 sei der Gesetzgeber verhalten, jedenfalls dann, wenn bestimmte Gemeinden bzw. Gruppen von Gemeinden aufgrund der positiven Rechtsordnung als mit besonderen Aufgaben betraut definierbar sind und sich deshalb von anderen Gemeinden bzw. Gruppen von Gemeinden typischerweise durch eine höhere Kostenbelastung unterscheiden, für sie eine Regelung zu treffen. D. h., er hat auf Sachverhalte, deren zu gedenken ihm ohne weiteres möglich ist, in Form einer unmittelbar anwendbaren, spezifischen gesetzlichen Regelung Bedacht zu nehmen. Dabei stehe es dem Finanzausgleichsgesetzgeber frei, ob er diese Regelung im Rahmen der Verteilung der gemeinschaftlichen Bundesabgaben oder bei den Finanzzuweisungen und Zweckzuschüssen trifft. So gesehen waren alle diese Bestimmungen in den Finanzaus-

---
[72] VfSlg 10.633/1985

gleichsgesetzen seit 1948 präjudiziell und wurden daher nachträglich als verfassungswidrig festgestellt. Beim FAG 1985 dagegen beschränkte er sich merkwürdigerweise auf die Aufhebung des den abgestuften Bevölkerungsschlüssel regelnden § 8.

Der Finanzausgleichsgesetzgeber reagierte gelassen. Aus der Feststellung der Verfassungswidrigkeit der Kernbestimmungen der Finanzausgleichsgesetze 1948 bis 1979 wurden keine Konsequenzen gezogen, der als verfassungswidrig aufgehobene § 8 FAG 1985 wurde unverändert neu beschlossen, dafür aber die Finanzzuweisung an die Statutarstädte Krems an der Donau und auch Waidhofen an der Ybbs, in der dieselbe Situation gegeben war, eingeführt.

Seit dem FAG 2005 ist vorgesehen, dass der Bundesminister für Finanzen mit Verordnung einen Pauschalbetrag festzusetzen hat. Dies ist mit BGBl II 2005/164 erfolgt. Nach dieser Verordnung erhielt Krems an der Donau für 2005 1.401.000 Euro, das hat rund 59 Euro je Einwohnerin bzw. Einwohner entsprochen, Waidhofen an der Ybbs 559.000 Euro oder rund 48 Euro je Einwohnerin bzw. Einwohner. In den Folgejahren sollten diese Beträge nach der Gehaltsstufe 2 der Dienstklasse V der Beamten der allgemeinen Verwaltung valorisiert werden. Im Bundesvoranschlag 2017 ist diese Finanzzuweisung mit 2,55 Mio. Euro veranschlagt.

zu Abs. 4:

Als Ausgleich für den Entfall der Selbstträgerschaft im Jahr 2008 gewährte der Bund den Ländern, den Gemeinden sowie den gemeinnützigen Krankenanstalten Ausgleichszahlungen in Höhe der Auswirkungen auf Basis des Jahres 2007. Mit dem FAG 2017 werden diese Ausgleichszahlungen an die Länder und Gemeinden in die Ertragsanteile eingerechnet. Die bisher an die Träger von gemeinnützigen Krankenanstalten geleisteten, aufgrund der Senkung der Dienstgeberbeiträge angepassten Beträge sollen aber vom Bund weiterhin zur Verfügung gestellt werden. Nachdem auf Länderebene kein Konsens über die Parameter für die Verteilung der Anteile der einzelnen Rechtsträger erzielt werden konnte, sind die Parameter für die Verteilung dieser Anteile vom Bundesminister für Finanzen im Einvernehmen mit dem Bundesminister für Gesundheit und Frauen und nach Anhörung der Länder festzulegen.

---

§ 24. Zur Sicherstellung einer nachhaltigen Haushaltsführung insbesondere in den Bereichen Gesundheit, Pflege und Soziales gewährt der Bund den Ländern und Gemeinden eine Finanzzuweisung in Höhe von 300 Millionen Euro jährlich. Dieser Betrag wird zu Lasten des Anteils der Gemeinde Wien an der Finanzzuweisung gemäß § 25 um sechs Millionen Euro erhöht (§ 25 Abs. 2 Z 4). Von diesen Mitteln erhalten die Länder 193 137 000 Euro und die Gemeinden 112 863 000 Euro jährlich.

1. Von der Finanzzuweisung an die Gemeinden werden vorweg 60 Millionen Euro jährlich für einen Strukturfonds bereit gestellt, der auf die Gemeinden wie folgt verteilt wird:

a) Einwohnerentwicklung: Maßstab sind 50% der bundesweiten Entwicklung der im laufenden Jahr anzuwendenden Volkszahl im Vergleich zu der vor vier Jahren anzuwendenden Volkszahl. Je Einwohner, mit der sich die Einwohnerzahl einer Gemeinde in diesem Zeitraum unter bzw. über diesem Niveau entwickelt hat, wird ein Betrag von 500,- Euro als positiver bzw. negativer Wert angerechnet.

b) Abhängigenquote: Maßstab sind 110% der bundesweiten Abhängigenquote, die als Anteil der Einwohner, die unter 15 oder über 64 Jahre alt sind, im Verhältnis zu den Einwohnern im Alter von 15 bis 64 ermittelt wird. Je Einwohner, mit der die Abhängigenquote der Gemeinde über bzw. unter diesem Niveau liegt, wird ein Betrag von 200,- Euro als positiver bzw. negativer Wert angerechnet.

c) Finanzkraft aus den Einnahmen aus Grundsteuer und Kommunalsteuer: Maßstab sind 75% der bundesweiten Finanzkraft je Einwohner im Sinne des § 25 Abs. 2 Z 2. 10% der Differenz zwischen der Finanzkraft der Gemeinde und diesem Niveau werden bei einer Finanzkraft unter diesem Niveau als positiver, sonst als negativer Wert angerechnet.

d) Ermittlung des landesweiten Anteils: Je Gemeinde werden die Beträge gemäß lit. a bis c zusammengezählt; die Summe der positiven Beträge bildet die Landesquote. Der Gesamtbetrag von 60 Millionen Euro wird landesweise im Verhältnis der Landesquoten verteilt.

e) Verteilung innerhalb der Länder: Bei diesem Verteilungsschritt werden nur diejenigen Gemeinden berücksichtigt, bei denen die Summe der Beträge gemäß lit. a bis c positiv ist. Berücksichtigt werden außerdem nur Gemeinden, die die Grundsteuer im höchstmöglichen Ausmaß erhoben haben. Die landesweiten Anteile werden innerhalb des Landes auf diejenigen Gemeinden verteilt, deren Summe aus den Beträgen für die Einwohnerentwicklung gemäß lit. a und für die Finanzkraft gemäß lit. c positiv und höher als drei Euro je Einwohner ist, und zwar im Verhältnis dieser Summen.

f) Die Mittel sind vom Bund bis 30. Juni eines jeden Jahres an die Länder zu überweisen und von diesen an die einzelnen Gemeinden bis spätestens 3. Juli weiterzuleiten.

2. Die weiteren Mittel werden länderweise wie folgt aufgeteilt (in Euro):

	Länder	Gemeinden
Burgenland	4 669 000	1 372 000
Kärnten	9 011 000	3 241 000
Niederösterreich	34 171 000	8 776 000

309

Oberösterreich	43 316 000	8 522 000
Salzburg	8 663 000	3 523 000
Steiermark	26 588 000	6 705 000
Tirol	31 894 000	4 361 000
Vorarlberg	6 078 000	2 460 000
Wien	28 747 000	13 903 000

Diese Mittel sind vom Bund bis 30. Juni eines jeden Jahres an die Länder zu überweisen und von diesen – außer in Wien – an die einzelnen Gemeinden im Verhältnis des abgestuften Bevölkerungsschlüssels bis spätestens 3. Juli weiterzuleiten.

Erläuterungen

1. Im Paktum über den Finanzausgleich ab dem Jahr 2017 kamen die Finanzausgleichspartner überein, dass die Umsetzung der Reformen im FAG 2017 (in den Bereichen Aufgabenorientierung, Abgabenautonomie, Vereinfachungen, Reform des bundesweiten Finanzkraftausgleichs, Siedlungswasserwirtschaft, Eisenbahnkreuzungen, Interkommunale Zusammenarbeit und strukturschwache Gebiete/Gemeinden, Wohnbauförderung, Klimaschutz, Gesundheit, Pflege, VRV, Haftungsobergrenzen und Spekulationsverbot, Vereinbarungen nach Art. 15a B-VG, Bundesstaatsreform, Spending Reviews, Aufgabenkritik, Transparenzdatenbank sowie Kohäsionsfonds und Flüchtlingsbetreuung) Voraussetzung für die folgenden Leistungen des Bundes ist:
- Einmalzahlung von insgesamt 125 Mio. Euro an Länder und Gemeinden zur Bewältigung der besonderen Aufwendungen im Zusammenhang mit Migration und Integration.[73]
- Zur Sicherstellung einer nachhaltigen Haushaltsführung insbesondere in den Bereichen Gesundheit, Pflege und Soziales gewährt der Bund den Ländern und Gemeinden eine Finanzzuweisung in Höhe von 300 Mio. Euro jährlich. Diese 300 Mio. Euro jährlich stehen auch für horizontale Ausgleichsbedürfnisse zur Verfügung. Länder und Gemeinden schließen eine eigene Vereinbarung über die Verteilung dieser Mittel.[74]
- Der Pflegefonds wird mit 350 Mio. Euro weitergeführt und ab dem Jahr 2018 mit 4,5 Prozent p.a. valorisiert.

2. Die Aufteilung der 300 Mio. Euro p.a. auf Länder und Gemeinden ergibt sich folgendermaßen: Von den 300 Mio. Euro werden vor der Berechnung der Anteile 10 Mio. Euro aufgrund der Kosten der Länder für die Transparenzdatenbank (TDB) und die Landesverwaltungsgerichte (LVerG) für die Länder abgezogen. Die verbleibenden 290 Mio. Euro werden zunächst im Verhältnis gemäß allgemeinem FAG-Schlüssel für das Jahr 2016 (Länder 20,700/Gemeinden 11,883) geteilt. Daraus ergibt sich ein vorläufiger Anteil der Gemeinden in Höhe von 105,763 Mio. Euro. Die Hälfte dieses den Gemeinden zufließenden Anteils wandert in einen Strukturfonds, der vor allem von Bevölkerungsabwanderung betroffenen und

---
73 Vgl. § 5
74 Vgl. § 25

Teil 3: Das FAG 2017 – Gesetzestext mit Kommentar; § 24

finanzschwachen Gemeinden und Städten zugute kommen soll. Dieser vorläufige Strukturfondsbetrag (52,9 Mio. Euro) wird zulasten des von der Gemeinde Wien zur Verfügung gestellten Anteils an der Finanzzuweisung gemäß § 25 um 6 Mio. Euro erhöht. Die Länder ohne Wien stellen insgesamt weitere 1,1 Mio. Euro zur Verfügung, sodass insgesamt 60 Mio. Euro p.a. für den Strukturfonds zur Verfügung stehen. Insgesamt ergibt sich somit ein Anteil der Gemeinden an der Finanzzuweisung (inkl. 60 Mio. Euro p.a. für den Strukturfonds) in Höhe von 112,863 Mio. Euro p.a. Der Anteil der Länder an der Finanzzuweisung lässt sich folgendermaßen herleiten: 290 Mio. Euro *20,700/(20,7000+11,883) = 184,237 Mio. Euro + 10 Mio. Euro (TDB + LVerG) - 1,1 Mio. Euro (Länder ohne Wien für Strukturfonds) = 193,137 Mio. Euro p.a. Unter Berücksichtigung des von Wien zur Verfügung gestellten Betrags von 6 Mio. Euro p.a. für den Strukturfonds ergibt sich somit ein Volumen der Finanzzuweisung (Länder + Gemeinden) von 306 Mio. Euro p.a. Der Anteil der Gemeinde Wien an der Finanzzuweisung gemäß § 24 wird gemäß § 25 Abs. 2 Z 4 um 6 Mio. Euro verringert, sodass man wieder auf ein Volumen der Finanzzuweisung an Länder und Gemeinden von insgesamt 300 Mio. Euro jährlich kommt.

3. Die Verteilung der Strukturfondsmittel im Ausmaß von 60 Mio. Euro p.a. erfolgt nach den Kriterien Einwohnerentwicklung, Abhängigenquote und Finanzkraft. Zur Ermittlung des landesweiten Anteils werden je Gemeinde die Beträge aufgrund dieser drei Kriterien zusammengezählt; die Summe der positiven Beträge bildet die Landesquote. Der Gesamtbetrag von 60 Mio. Euro wird landesweise im Verhältnis der Landesquoten verteilt. Bei der Verteilung innerhalb der Länder werden nur diejenigen Gemeinden berücksichtigt, bei denen die Summe der Beträge gemäß diesen drei Kriterien positiv ist. Außerdem werden nur Gemeinden berücksichtigt, die die Grundsteuer im höchstmöglichen Ausmaß erhoben haben. Die landesweiten Anteile werden innerhalb des Landes auf diejenigen Gemeinden verteilt, deren Summe aus den Beträgen für die beiden Kriterien Einwohnerentwicklung und Finanzkraft positiv und höher als drei Euro je Einwohnerin bzw. Einwohner ist. Die Verteilung erfolgt im Verhältnis dieser Summen. Die Kriterien für die Verteilung der Strukturfondsmittel wurden vom Österreichischen Gemeindebund mit Zustimmung des Österreichischen Städtebundes erarbeitet.

4. Die weiteren länderweisen Anteile der Gemeinden an der Finanzzuweisung gemäß § 24 im Ausmaß von 52,863 Mio. Euro p.a. werden gemäß den Verteilungsschlüsseln (abgestufter Bevölkerungsschlüssel, Fixschlüssel, Volkszahl) für die Gemeinde-Ertragsanteile für das Jahr 2016 verteilt. Die Verteilung innerhalb der Länder auf die einzelnen Gemeinden erfolgt nach dem abgestuften Bevölkerungsschlüssel.

5. Die Aufteilung des Länderbetrags von 193,137 Mio. Euro p.a. an der Finanzzuweisung gemäß § 24 folgt einer Einigung zwischen den Ländern. Die Länder haben mit dieser Regelung auch untereinander vereinbart, dass es während der Geltungsdauer des FAG 2017 keine Änderungen im Bereich der Verrechnung der Gastpatientinnen und -patienten gibt.

§ 25. (1) Der Bund stellt den Gemeinden (Wien als Gemeinde) jährlich einen Betrag in Höhe der Summe aus 0,164 % des Nettoaufkommens an den Abgaben mit einheitlichem Schlüssel (§ 10 Abs. 1) des Vorjahres und 11,07 Millionen Euro zur Verfügung. Der vom Bund zu überweisende Betrag reduziert sich jedoch aufgrund der Umschichtung zu Lasten des Anteils der Gemeinde Wien (Abs. 2 Z 4) um sechs Millionen Euro.

(2) Der vom Bund zur Verfügung gestellte Betrag abzüglich 14 Millionen Euro wird wie folgt auf Ländertöpfe aufgeteilt:

1. Länder, deren Finanzkraft je Einwohner unter 80 % der bundesweiten durchschnittlichen Finanzkraft liegen, erhalten einen Betrag in Höhe von 10 % der Differenz zwischen diesen beiden Werten.
2. Die Finanzkraft wird ermittelt aus dem Aufkommen an Grundsteuer unter Zugrundelegung eines Hebesatzes von 500 % und der Kommunalsteuer des zweitvorangegangenen Jahres. Die Einwohnerzahl richtet sich nach der im laufenden Jahr anzuwendenden Statistik des Bevölkerungsstandes (§ 10 Abs. 7).
3. Die weiteren Mittel werden länderweise nach der Volkszahl aufgeteilt.
4. Der Anteil der Gemeinde Wien wird um acht Millionen Euro verringert, wovon sechs Millionen Euro die für die Finanzzuweisung gemäß § 24 zur Verfügung stehenden Mittel erhöhen und zwei Millionen der Mitfinanzierung der Finanzzuweisung gemäß Abs. 3 dienen.

Der Anteil der Gemeinde Wien dient als Finanzzuweisung zur Finanzkraftstärkung, die Anteile der anderen Länder sind für die Erhöhung der Gemeinde-Bedarfszuweisungsmittel gemäß § 12 Abs. 5 bestimmt.

(3) Der weitere zur Verfügung stehende Betrag in Höhe von 16 Millionen Euro wird als Finanzzuweisung zur Finanzkraftstärkung auf die Gemeinden ohne Wien mit mehr als 10 000 Einwohnern wie folgt verteilt:

1. 55 % werden an die Städte mit eigenem Statut mit mehr als 10 000 Einwohnern im Verhältnis der Volkszahl verteilt.
2. 30 % werden an die Landeshauptstädte im Verhältnis der Volkszahl verteilt.
3. 15 % werden wie folgt verteilt:
   a) Anspruchsberechtigt sind alle Gemeinden mit mehr als 10 000 Einwohnern, deren Finanzkraft pro Kopf unter 95 % des jeweiligen Klassendurchschnitts liegt und die die Grundsteuer im höchstmöglichen Ausmaß erhoben haben.
   b) Die Finanzkraft wird ermittelt aus den Aufkommen an Grundsteuer und Kommunalsteuer im Sinne des Abs. 2

> Z 2 und den Ertragsanteilen für das zweitvorangegangene Jahr.
> c) Berechnungsgrundlage ist die Differenz zwischen 95 % des Klassendurchschnitts und der Finanzkraft der Gemeinde. Die Klassen umfassen die Gemeinden bis höchstens 2 500 Einwohnern, von 2 501 bis 10 000 Einwohnern, von 10 001 bis 20 000 Einwohnern, von 20 001 bis 50 000 Einwohnern und über 50 000 Einwohnern.
> d) Die Verteilung der Mittel erfolgt im Verhältnis der Berechnungsgrundlagen.
> 4. Die Einwohnerzahl richtet sich nach der im zweitvorangegangenen Jahr anzuwendenden Statistik des Bevölkerungsstandes (§ 10 Abs. 7).
> (4) Die Mittel sind vom Bund bis spätestens 15. Juli eines jeden Jahres an die Länder zu überweisen. Die auf die Finanzzuweisungen gemäß Abs. 3 entfallenden Beträge sind von den Ländern bis spätestens 15. August eines jeden Jahres den anspruchsberechtigten Gemeinden zu überweisen.

Erläuterungen

1. Der vom Österreichischen Gemeindebund schon 1977 geforderte Gemeindekopfquotenausgleich – so die inoffizielle Bezeichnung der Finanzzuweisung zur Stärkung der Finanzkraft der Gemeinden – wurde beim FAG 1985 gleichzeitig mit dem Wegfall der untersten Stufe beim abgestuften Bevölkerungsschlüssel realisiert und ist auch im Zusammenhang mit der damals vorgenommenen Reduzierung des Höchstsatzes der Landesumlage von 10,5 auf 8,3 Prozent zu sehen, von der in erster Linie die finanzstarken Gemeinden begünstigt wurden. Es dürfte daher auch nicht dem Zufall zuzuschreiben sein, dass die Ausgestaltung des Kopfquotenausgleichs so vorgenommen wurde, dass der für 1985 errechnete Betrag von rund 510 Mio. Schilling in der Größenordnung fast genau dem Betrag entsprach, um den die Landesumlage gesenkt wurde.

2. Seit 1992 gab es in Reaktion auf ein Erkenntnis des Verfassungsgerichtshofes eine Modifikation der länderweisen Oberverteilung dergestalt, dass jedes Land zumindest so viel zu erhalten hatte, dass der Bedarf gemäß dem seinerzeitigen Abs. 7 (zuletzt § 21 Abs. 7 FAG 2008) abgedeckt werden konnte.

Mit dem FAG 1993 wurde der Sockelbetrag des seinerzeitigen Abs. 7 von umgerechnet 21.800 auf 30.500 Euro angehoben und gleichzeitig der Gesamtbetrag von ursprünglich 1,4 Prozent der ungekürzten Ertragsanteile um 70 Mio. Schilling (5,09 Mio. Euro) aufgestockt, der betragsmäßig dem Mehraufwand in den Ländern Burgenland, Kärnten, Niederösterreich und der Steiermark aus der Anhebung des Sockelbetrages entsprach.

Mit dem FAG 2001 kamen jene 3,98 Mio. Euro dazu, die gemäß dem seinerzeitigen Abs. 8 für besonders finanzschwache Gemeinden vorgesehen waren.

3. Die ursprünglichen 1,4 Prozent der ungekürzten Ertragsanteile erfuhren durch die FAG-Novelle 1996 zur Neutralisierung der Beteiligung der Gemeinden an den Mehreinnahmen aus dem Sparpaket II eine Reduktion auf 1,34 Prozent und mit dem FAG 2001 zur Neutralisierung des Getränkesteuerausgleichs auf 1,26 Prozent. Durch das FAG 2008 wurde eine weitere Senkung auf 1,24 Prozent vorgenommen, um die Umwandlung von Transfers in Ertragsanteile auszugleichen.

4. Die aktuelle Regelung zum FAG 2017 hat ihre Wurzeln in § 21 Abs. 7 bis 10 FAG 2008. Dabei bestanden mehrere Verteilungsschritte:

- Erster Verteilungsdurchgang – Gemeindekopfquotenausgleich (§ 21 Abs. 7 und 8 FAG 2008): Gemeinden erhielten einen Ausgleich, wenn die Gemeindekopfquote unter 90 Prozent der Bundesdurchschnittskopfquote lag.[75] Weiters wurden zusätzliche Mittel an besonders finanzschwache Gemeinden verteilt.[76]
- Zweiter Verteilungsdurchgang – Gemeindefusionen und -kooperationen (§ 21 Abs. 9 FAG 2008): Diese Finanzzuweisung diente der Förderung von Gemeindefusionen und Gemeindekooperationen und wurde aus den verbleibenden Mitteln, welche nach dem ersten Verteilungsdurchgang übrigbleiben, finanziert.
- Dritter Verteilungsdurchgang – Verteilung nach Richtlinien der Bundesländer (§ 21 Abs. 10 FAG 2008): Die nach den ersten beiden Verteilungsdurchgängen in einigen Bundesländern noch verbliebenen Mittel wurden nach eigenen Richtlinien der Bundesländer auf die Gemeinden verteilt.

Den Anspruch eines bundesweiten gemeindeweisen Finanzkraftausgleichs konnte diese Bestimmung von vornherein aufgrund seiner Konzeption mit Landestöpfen nicht erfüllen, vielmehr war der Effekt in der Praxis ein landesinterner Ausgleich, welcher trotz der detaillierten Regelungen im FAG letztlich von landesinternen Richtlinien abhing; die einzige Ausnahme bildete die Verteilung im Burgenland, weil hier kein zweiter Verteilungsdurchgang stattfand und die Verteilung im Burgenland ausschließlich auf Basis der Vorgaben des FAG erfolgte.

5. Mit dem FAG 2017 wird die bisherige Finanzzuweisung gemäß § 21 FAG 2008 im § 25 neu geregelt und großteils in die Gemeinde-Bedarfszuweisungsmittel einbezogen.

zu Abs. 1:

Basis für die Berechnung der Finanzzuweisung an Gemeinden sind 0,164 Prozent des Nettoaufkommens an den Abgaben mit einheitlichem Schlüssel[77] des Vorjahres (2016 betrug das Nettoaufkommen an den Abgaben mit einheitlichem Schlüssel ca. 74 Mrd. Euro) und 11,07 Mio. Euro. Dieser vom Bund zu überweisende Betrag reduziert sich zu Lasten des Anteils der Gemeinde Wien gem. Abs. 2 Z 4 um 6 Mio. Euro. Im Bundesvoranschlag 2017 sind für diese Finanzzuweisung 136,076 Mio. Euro

---

75 Vgl. § 21 Abs. 7 FAG 2008
76 Vgl. § 21 Abs. 8 FAG 2008
77 Vgl. § 10 Abs. 1

vorgesehen. Im Jahr 2016 betrug die Finanzzuweisung gemäß § 21 FAG 2008 ca. 133,3 Mio. Euro.[78]

zu Abs. 2:

Der vom Bund zur Verfügung gestellte Betrag abzüglich 14 Mio. Euro wird folgendermaßen auf Ländertöpfe aufgeteilt:

1. Länder, deren Finanzkraft je Einwohnerin bzw. Einwohner unter 80 Prozent der bundesweiten durchschnittlichen Finanzkraft liegt, erhalten einen Betrag in Höhe von 10 Prozent der Differenz zwischen diesen beiden Werten. Diese Regelung kommt derzeit nur dem Burgenland zugute, da das Burgenland das einzige Bundesland mit einer Finanzkraft je Einwohner mit unter 80 Prozent der bundesweiten durchschnittlichen Finanzkraft ist.

2. Die Finanzkraft wird aus dem Aufkommen an Grundsteuer unter Zugrundelegung eines Hebesatzes von 500 Prozent und der Kommunalsteuer des zweitvorangegangenen Jahres (z. B. 2015 für 2017) ermittelt.[79] Die Einwohnerzahl richtet sich dabei nach der im laufenden Jahr anzuwendenden Statistik des Bevölkerungsstandes gemäß § 10 Abs. 7.

3. Die weiteren Mittel werden länderweise nach der Volkszahl aufgeteilt. Die länderweise Vorverteilung nach der Volkszahl wird einerseits vorgenommen, um im Sinne des bei der Einführung des Gemeindekopfquotenausgleichs ausgehandelten Kompromisses auch Wien und die westlichen Bundesländer dieser Finanzzuweisung teilhaftig werden zu lassen, berücksichtigt aber auch, dass die Heranziehung von der Volkszahl abweichender Schlüssel in der Verteilung der Ertragsanteile bewusste Disparitäten schafft, die durch den Gemeindekopfquotenausgleich nicht wieder rückgängig gemacht werden sollen, und letztlich, dass der tatsächliche Finanzbedarf auch durch unterschiedliche landesgesetzliche Abgabenvorschriften beeinflusst werden kann. Dem Sachlichkeitsgebot des § 4 F-VG 1948 wird aber dadurch Rechnung getragen, dass kein Bundesland weniger bekommt, als seinem Bedarf entspricht.

4. Der Anteil der Gemeinde Wien wird um 8 Mio. Euro verringert, wovon 6 Mio. Euro die Strukturfondsmittel für die Finanzzuweisung gemäß § 24 erhöhen und weitere 2 Mio. Euro der Mitfinanzierung der Finanzzuweisung gemäß Abs. 3 dienen. Bereits in den Jahren 2011 bis 2016 wurde der Anteil Wiens an der Finanzzuweisung gemäß § 21 FAG 2008 um 2 Mio. Euro jährlich gekürzt.[80]

Der Anteil der Gemeinde Wien an der Finanzzuweisung dient als Finanzzuweisung zur Finanzkraftstärkung, während die Anteile der anderen Länder für die Erhöhung der Gemeinde-Bedarfszuweisungsmittel gem. § 12 Abs. 5 bestimmt sind.

---

78 Vgl. Hochrechnung des BMF vom 10.10.2016.
79 Vgl. hierzu die historischen Ausführungen zum Finanzkraftbegriff bei § 12 Abs. 5).
80 Vgl. § 21 Abs. 1 FAG 2008.

zu Abs. 3:

1. Hintergrund für diese Finanzzuweisung ist die Tatsache, dass die finanzielle Situation der Gemeinden mit über 10.000 EW aufgrund der Erbringung zentralörtlicher bzw. ballungsraumspezifischer Aufgaben seit Jahren extrem angespannt ist. Ab dem Jahr 2011, in dem auch die in den Verhandlungen zum FAG 2008 vereinbarte Reform des abgestuften Bevölkerungsschlüssels wirksam wurde, erhalten daher die Gemeinden ohne Wien mit mehr als 10.000 EW eine weitere Finanzzuweisung in der Höhe von 16 Mio. Euro pro Jahr.

2. Die Verteilung erfolgt im Einvernehmen mit dem Österreichischen Städtebund wie folgt: 55 Prozent erhalten die Städte mit eigenem Statut mit mehr als 10.000 EW im Verhältnis der Volkszahl, 30 Prozent die Landeshauptstädte im Verhältnis der Volkszahl, und 15 Prozent werden an Gemeinden mit mehr als 10.000 EW verteilt, deren Finanzkraft pro Kopf unter 95 Prozent unter dem jeweiligen Klassendurchschnitt (Klassen: Gemeinden bis 2.500 EW, Gemeinden von 2.501 bis 10.000 EW, Gemeinden von 10.001 bis 20.000 EW, Gemeinden von 20.001 bis 50.000 EW, Gemeinden über 50.000 EW) liegt und die die Grundsteuer im höchstmöglichen Ausmaß erhoben haben.

3. Tabelle 15 zeigt die Auswirkungen der Änderungen zwischen der Finanzzuweisung gemäß § 21 FAG 2008 (alte Rechtslage) und der Finanzzuweisung gemäß § 25 FAG 2017 (neue Rechtslage) länderweise.

Tabelle 15: Veränderungen der Finanzzuweisungen FAG 2017 gegenüber 2008

Bundesland	länderweise Finanzkraft (Euro je EW)	Finanzkraft in Prozent des Schnitts	10% Ausgleich			restliche Mittel in Mio. €	Summe			Differenz gegenüber FAG 2008
			in %	€ je EW	in Mio. €		in Mio. €	€ je EW		
Burgenland	291,55	67,6%	1,2%	5,33	1,54	3,96	5,50	19,07		+0,30
Kärnten	371,96	86,3%	0,0%	0,00	0,00	7,66	7,66	13,74		-0,02
Niederösterreich	369,11	85,6%	0,0%	0,00	0,00	22,48	22,48	13,74		-0,06
Oberösterreich	457,45	106,1%	0,0%	0,00	0,00	19,72	19,72	13,74		-0,05
Salzburg	502,08	116,5%	0,0%	0,00	0,00	7,39	7,39	13,74		-0,02
Steiermark	403,06	93,5%	0,0%	0,00	0,00	16,77	16,77	13,74		-0,04
Tirol	435,15	100,9%	0,0%	0,00	0,00	10,00	10,00	13,74		-0,03
Vorarlberg	456,29	105,8%	0,0%	0,00	0,00	5,20	5,20	13,74		-0,01
Wien	498,36	115,6%	0,0%	0,00	0,00	24,63	24,63	13,74		-0,06
Österreich	431,13	100,0%			1,54	117,8	119,34	13,92		-

Quelle: BMF 2016: Finanzzuweisungen FAG 2017.

---

§ 26. Der Bund gewährt den Ländern Kärnten, Niederösterreich, Steiermark und Wien unter folgenden Voraussetzungen eine Bedarfszuweisung zur Aufrechterhaltung oder Wiederherstellung des Gleichgewichts im Haushalt:

1. Für Kärnten, Niederösterreich und Steiermark gilt Folgendes:
   a) Die jährlichen Einnahmen des Landes und der Gemeinden dieses Landes aus dem Zuschlag zur Bundesautomaten- und VLT-Abgabe (§ 14) sind geringer als der Garantiebetrag des Landes.

b) Die jährlichen Garantiebeträge betragen für
   Kärnten   8,4 Millionen Euro
   Niederösterreich   20,0 Millionen Euro
   Steiermark   18,1 Millionen Euro
c) Die Garantiebeträge werden aliquot gekürzt, wenn in einem Land das Höchstausmaß des Zuschlags nicht ausgeschöpft wird oder wenn die höchstzulässige Anzahl von Glücksspielautomaten gemäß § 5 GSpG nicht oder nicht ganzjährig erreicht wird oder wenn Glücksspielautomaten von den Konzessionären nicht ganzjährig betrieben werden oder wenn in den Bewilligungen die Bedingungen für den Spielverlauf unter den Grenzen des § 5 Abs. 5 GSpG bleiben.
d) Die Bedarfszuweisung beträgt in diesem Fall 100 % der Differenz zwischen dem Garantiebetrag und den Einnahmen der Länder und Gemeinden aus dem Zuschlag.

2. Für Wien gilt Folgendes:
   a) Die jährlichen Einnahmen Wiens (als Land und Gemeinde) aus dem Zuschlag zur Bundesautomaten- und VLT-Abgabe sind geringer als der Garantiebetrag des Landes.
   b) Der jährliche Garantiebetrag beträgt 55,0 Millionen Euro.
   c) Die Bedarfszuweisung beträgt in diesem Fall 100 % der Differenz zwischen dem Garantiebetrag und den Einnahmen Wiens aus dem Zuschlag. Dieser Prozentsatz wird aliquot gekürzt, wenn in Wien das Höchstausmaß des Zuschlags nicht ausgeschöpft wird oder wenn die höchstzulässige Anzahl von Glücksspielautomaten gemäß § 5 GSpG nicht oder nicht ganzjährig erreicht wird oder wenn Glücksspielautomaten von den Konzessionären nicht ganzjährig betrieben werden.
   d) Die Bedarfszuweisung ist mit den Einnahmen des Bundes aus der Bundesautomaten- und VLT-Abgabe aus Standorten in Wien begrenzt.

3. Für die zeitliche Abgrenzung der Einnahmen aus den Zuschlägen sind die Einnahmen aus Zuschlägen der Finanzbehörden des Bundes bestimmend.

4. Der Bund überweist bis 20. November eines jeden Jahres einen Vorschuss in Höhe von 90% der geschätzten Bedarfszuweisung, die Differenz zum endgültigen Jahresbetrag ist bis 28. Februar des folgenden Jahres zu überweisen. Ein Anteil der Bedarfszuweisung, der dem Anteil der Gemeinden am Zuschlag zur Bundesautomaten- und VLT-Abgabe entspricht, ist von den Ländern für Bedarfszuweisungen an Gemeinden zu verwenden.

Erläuterungen

Seit der Glücksspielgesetz-Novelle 2010, BGBl Nr. 73/2010, erhalten die bisherigen Erlaubnisländer Niederösterreich, Steiermark und Kärnten eine Bedarfszuweisung des Bundes, wenn ihre Einnahmen aus dem landesgesetzlich geregelten Zuschlag der Länder bestimmte Jahresbeträge, die aus den erwarteten Einnahmen aus der bisherigen Vergnügungssteuer abgleitet wurden, nicht erreichen. Damit werden die Länder auch dagegen abgesichert, dass die Einnahmen nicht den Erwartungen entsprechen. Diese Garantiebeträge sind jedoch unter bestimmten Voraussetzungen aliquot zu kürzen.

Der Anteil der Gemeinden an dieser Bedarfszuweisung ist an ihren Anteil am Zuschlag geknüpft; dieser Teil wird für Bedarfszuweisungen der Länder an Gemeinden vorgesehen. An welche Gemeinden diese Bedarfszuweisungen vergeben werden, ist von den Ländern selbst zu entscheiden, es gibt dafür jedenfalls keinen Zusammenhang zu Standorten von Glücksspielautomaten oder Video Lotterie Terminals.

Eine vergleichbare Regelung gilt auch für Wien, wobei die Aufstockung mit den Einnahmen des Bundes aus der Bundesautomaten- und der VLT-Abgabe in Wien gedeckelt ist.

Zuschüsse

§ 27. (1) Der Bund gewährt den Ländern und Gemeinden für die auf eigene Rechnung geführten Theater und jene Theater, zu deren Abgangsdeckung sie vertraglich verpflichtet sind, Zweckzuschüsse im Ausmaß von insgesamt 21,3 Millionen Euro jährlich, wenn die empfangenden Gebietskörperschaften eine Grundleistung mindestens in der Höhe des Zweckzuschusses erbringen: Dieser Zweckzuschuss ist zur teilweisen Deckung des laufenden Betriebsabganges oder eines darüber hinaus erforderlichen Investitionsaufwandes zu verwenden und aufzuteilen wie folgt:

1. **Länder und Gemeinden, die dem Theatererhalterverband österreichischer Bundesländer und Städte als ordentliche Mitglieder angehören, erhalten 18 713 000 Euro jährlich. Die Gewährung des Zweckzuschusses ist abhängig von der Vorlage eines Verteilungsvorschlages, den diese Länder und Gemeinden einvernehmlich zu erstellen und dem Bundesminister für Finanzen bis spätestens 31. Mai eines jeden Jahres zu übermitteln haben.**

2. **Länder und Gemeinden, die dem Theatererhalterverband österreichischer Bundesländer und Städte nicht als ordentliche Mitglieder angehören, erhalten für den gleichen Zweck sowie bei ansonsten gleichen Voraussetzungen 2 587 000 Euro jährlich. Anträge auf Gewährung eines Zweckzuschusses sind von diesen Ländern und Gemeinden bis spätestens 31. Mai eines jeden Jahres dem Bundesminister für Finanzen zu übermitteln.**

3. Die Höhe des Zweckzuschusses gemäß Z 1 oder Z 2 hat sich nach den im Jahre 2016 für die einzelnen Gebietskörperschaften maßgebenden Aufteilungsverhältnissen zu richten. Sofern sich jedoch bei den einen Zweckzuschuss empfangenden Gebietskörperschaften der Umfang des Theaterbetriebes erheblich ändert, ist dies bei der Aufteilung des Zweckzuschusses zu berücksichtigen. Eine auf Grund dieses Umstandes vorzunehmende Kürzung oder Erhöhung des Zweckzuschusses der betroffenen Gebietskörperschaft hat sich nach den im ersten Satz genannten Aufteilungsverhältnissen auf die anderen Gebietskörperschaften auszuwirken. Ein Übergreifen von den in Z 1 genannten auf die in Z 2 genannten Gebietskörperschaften oder umgekehrt hat jedoch nicht zu erfolgen.

4. Wenn eine Gebietskörperschaft, die bereits im Jahre 2016 einen Zweckzuschuss oder eine Förderung gemäß Z 3 erhalten hat, aus dem Theatererhalterverband österreichischer Bundesländer und Städte ausscheidet oder diesem beitritt, so sind die in Z 1 und 2 genannten Beträge in dem auf den Eintritt oder Austritt folgenden Jahr um jenen Betrag zu verändern, den die ein- oder austretende Gebietskörperschaft im letzten Jahr als Zweckzuschuss erhalten hat.

5. Der Bund kann den Gesamtzweckzuschuss von 21,3 Millionen Euro bis zu einem im jeweiligen Bundesfinanzgesetz festgesetzten Ausmaß aufstocken und diesen Betrag, je nach dem finanziellen Erfordernis, auf die unter Z 1 und 2 oder nur auf die unter Z 1 oder nur auf die unter Z 2 genannten Länder und Gemeinden aufteilen.

(2) Der Bund gewährt den Ländern zum Zwecke der Krankenanstaltenfinanzierung einen Zweckzuschuss in Höhe von 0,642 % des Aufkommens an der Umsatzsteuer nach Abzug des in § 9 Abs. 2 Z 1 genannten Betrages. Die Aufteilung erfolgt nach dem in § 10 Abs. 5 Z 4 lit. a genannten Verhältnis. Die Bestimmungen über die Vorschüsse auf die Ertragsanteile der Länder an den gemeinschaftlichen Bundesabgaben (§ 13 Abs. 1 und Abs. 2) sind anzuwenden.

(3) Der Bund gewährt den Ländern in den Jahren 2017 bis 2029 für Eisenbahnkreuzungen auf Gemeindestraßen Zweckzuschüsse in Höhe von 4,81 Millionen jährlich.

1. Diese Zweckzuschüsse werden wie folgt aufgeteilt:

Burgenland	4,4%
Kärnten	6,8%
Niederösterreich	38,8%
Oberösterreich	21,5%
Salzburg	4,6%
Steiermark	15,9%
Tirol	7,3%

Vorarlberg 0,2%
Wien 0,5%

2. Diese Bundesmittel sowie die gemäß § 12 Abs. 2 aus den Ertragsanteilen finanzierten Beiträge der Gemeinden sind von den Ländern (ohne Wien) für Kostenbeiträge an Gemeinden an Investitionen in Eisenbahnkreuzungen auf Gemeindestraßen seit dem Inkrafttreten der Eisenbahnkreuzungsverordnung 2012 – EisbKrV, BGBl. II Nr. 216/2012, zu verwenden, und zwar unabhängig davon, ob die Investition durch die Eisenbahnkreuzungsverordnung 2012 verursacht wurde.

3. Die Höhe des Kostenbeitrags ist von den Ländern (ohne Wien) auf Basis von Richtlinien festzulegen, wobei im Regelfall ein Eigenfinanzierungsanteil der Gemeinden vorzusehen ist.

4. Nicht verbrauchte Mittel sind einer Rücklage zuzuführen; endgültig nicht benötigte Mittel sind vom Land für Zwecke des öffentlichen Personen- und Regionalnahverkehrs zu verwenden.

5. Mit diesen Zweckzuschüssen sowie den sonstigen finanziellen Leistungen nach diesem Bundesgesetz sind alle Ansprüche der Länder und Gemeinden aus der Eisenbahnkreuzungsverordnung 2012 in ihrer Stammfassung in Verbindung mit der Vereinbarung zwischen dem Bund, den Ländern und den Gemeinden über einen Konsultationsmechanismus und einen künftigen Stabilitätspakt der Gebietskörperschaften, BGBl. I Nr. 53/1999, abgegolten.

(4) Der Bund stellt jenen Gemeinden, die als gesetzliche Schulerhalter gemäß dem Pflichtschulerhaltungs-Grundsatzgesetz, BGBl. Nr. 163/1955, den Sachaufwand als Voraussetzung für die auf Grund des Schulorganisationsgesetzes, BGBl. Nr. 242/1962, in Verbindung mit den Verordnungen BGBl. Nr. 134/1963 und BGBl. II Nr. 236/1997 jeweils in der derzeit geltenden Fassung, erfolgende Integration von informations- und kommunikationstechnischer Grundbildung in das Gesamtkonzept einer zeitgemäßen Allgemeinbildung zu tragen haben, die Erstausstattung an Software durch unentgeltliche Übereignung zur Verfügung.

(5) Der Bund gewährt den Ländern im Jahr 2017 für den Ausbau des Kinderbetreuungsangebots Zweckzuschüsse in Höhe von 52,5 Millionen Euro. Dieser Betrag wird wie folgt aufgeteilt:

Burgenland	2,904 %
Kärnten	5,884 %
Niederösterreich	18,188 %
Oberösterreich	17,393 %
Salzburg	6,404 %
Steiermark	13,059 %

Tirol	8,668 %
Vorarlberg	4,916 %
Wien	22,584 %

Voraussetzung für die Gewährung der Zweckzuschüsse ist das Bestehen einer Vereinbarung gemäß Art. 15a B-VG zwischen dem Bund und den Ländern über den Ausbau des institutionellen Kinderbetreuungsangebots, über die konkrete Verwendung der Zweckzuschüsse und über deren Abrechnung. Tritt diese Vereinbarung für ein Land oder mehrere Länder in einem Kalenderjahr nicht in Kraft, so erhöht sich für die übrigen Länder ihr Anteil am Zweckzuschuss des Bundes im Verhältnis ihrer Anteile am Verteilungsschlüssel.

(6) Der Bund gewährt den Ländern in den Kindergartenjahren 2015/2016 bis 2017/2018 für die Finanzierung von Maßnahmen zur Frühförderung Zweckzuschüsse in Höhe von 20 Millionen Euro je Kindergartenjahr. Voraussetzung für die Gewährung der Zweckzuschüsse ist das Bestehen einer Vereinbarung gemäß Art. 15a B-VG zwischen dem Bund und den Ländern über die verpflichtende frühe sprachliche Förderung sowie die Förderung des Entwicklungsstandes in institutionellen Kinderbetreuungseinrichtungen, über die Aufteilung der Mittel auf die Länder, über die konkrete Verwendung der Zweckzuschüsse und über deren Abrechnung.

(7) Der Bund gewährt den Ländern zum Zwecke der Finanzierung der Förderung des Wohnbaues einen einmaligen Zweckzuschuss von 180 Millionen Euro. Die Aufteilung erfolgt in folgendem Verhältnis (in Millionen Euro):

	für 2015	für 2016	für 2017	für 2018
Burgenland	0,000	1,948	1,796	1,440
Kärnten	0,000	4,349	4,010	3,215
Niederösterreich	0,000	11,389	10,503	8,420
Oberösterreich	0,000	10,848	10,004	8,020
Salzburg	0,000	4,274	3,942	3,160
Steiermark	0,000	9,049	8,345	6,690
Tirol	0,000	5,275	4,865	3,900
Vorarlberg	0,000	2,868	2,644	2,120
Wien	30,000	0,000	3,891	13,035
Summe	30,000	50,000	50,000	50,000

Der Bund überweist den Zweckzuschuss für die Jahre 2016 bis 2018 im Jänner des jeweiligen Folgejahres.

(8) Dem Bund ist es vorbehalten, die widmungsgemäße Verwendung seiner Zweckzuschüsse zu überprüfen und diese bei widmungswidriger Verwendung zurückzufordern.

Erläuterungen

1. Zweckgebundene Zuschüsse des Bundes werden, so § 12 Abs. 2 F-VG 1948, durch das Finanzausgleichsgesetz oder durch Bundesgesetze festgelegt, welche die Verwaltungsaufgaben regeln, zu deren Lasten die Zuschüsse zu leisten sind. Die gemäß § 27 geleisteten und mit dem Finanzausgleichsgesetz selbst zeitlich befristeten Zuschüsse stellen daher nur eine Auswahl dar, die im Laufe der Zeit mannigfachen Wandlungen unterlegen ist.

2. § 13 F-VG 1948 räumt der den Zuschuss gewährenden Gebietskörperschaft das Recht ein, diesen an Bedingungen zu knüpfen, die mit dem verfolgten Zweck zusammenhängen. Der Finanzausgleichsgesetzgeber sieht als Bedingung für die Gewährung des in Abs. 1 genannten Zuschusses die Erbringung einer Grundleistung mindestens in der Höhe des Zuschusses vor.

3. Gegenüber dem § 23 FAG 2008 kommen im § 27 FAG 2017 Zweckzuschüsse für Eisenbahnkreuzungen auf Gemeindestraßen hinzu und es werden die Modalitäten des Zweckzuschusses zur Finanzierung der Förderung des Wohnbaues modifiziert.

zu Abs. 1:

1. Der Theater-Zuschuss hat eine lange Tradition, wurde allerdings erst im FAG 1973 betraglich fixiert, während sich die früheren Finanzausgleichsgesetze mit der Formulierung begnügten, dass der Bund diesen Zweckzuschuss – nebst anderen – „bis zu einem im jeweiligen Bundesfinanzgesetz festgesetzten Ausmaß" gewähren kann.

2. Die jetzige Höhe hat der Zuschuss bereits seit 1994.

3. Der Zuschuss von insgesamt 21,3 Mio. Euro ist geteilt. Die dem Theatererhalterverband als ordentliche Mitglieder angehörenden Bundesländer und Städte erhalten 18,713 Mio. Euro – konkret für die Theater in Baden, Graz, Innsbruck, Klagenfurt, Linz, Salzburg und St. Pölten –, für die Nichtmitglieder (derzeit nur Wien) ist der Rest bestimmt. Grund für diese Unterscheidung ist, dass die Aufteilung auf die einzelnen Mitglieder des Theatererhalterverbandes nach einem vor langer Zeit von diesem erstellten Vorschlag erfolgt. Seit dem FAG 1979 findet sich regelmäßig die Bestimmung, dass sich die Aufteilung nach den Verhältnissen zu richten hat, wie sie vor dem Inkrafttreten des jeweiligen Finanzausgleichsgesetzes bestanden hatten.

4. Eine Besonderheit dieses Zweckzuschusses ist, dass der in Z 1 genannte Betrag durch entsprechende Dotierung im jeweiligen Bundesfinanzgesetz aufgestockt werden kann.

zu Abs. 2:

Dieser Zuschuss zum Zwecke der Krankenanstaltenfinanzierung stellt nur eine Weiterleitung der von den Gemeindeertragsanteilen gemäß § 10 Abs. 4 einbehaltenen Beträge an die Länder und über diese an die Landeskrankenanstaltenfonds dar. Es sind daher die Bestimmungen des § 13 Abs. 1 über die Ertragsanteile-Vorschüsse sinngemäß anzuwenden, was die Berechnung der Monatsbeträge, deren Überweisung und das Erfordernis einer Zwischen- und Endabrechnung betrifft. Die länderweise Aufteilung ist in § 10 Abs. 5 Z 4 geregelt. Für 2017 errechnet sich nach dem Bundesvoranschlag ein Betrag von rund 174 Mio. Euro.

zu Abs. 3:

1. Auslöser für diese Finanzzuweisung war das Erkenntnis des VfGH vom 12.3.2014, F1/2013, mit welchem festgestellt wurde, dass der Bund die aus der Vereinbarung über einen Konsultationsmechanismus folgende Verpflichtung zur Konstituierung und Einberufung eines Konsultationsgremiums betreffend den Rechtsetzungsakt der Eisenbahnkreuzungsverordnung 2012 nicht nachgekommen ist. Der Österreichische Gemeindebund hatte nämlich fristgemäß die Aufnahme von Verhandlungen in einem Konsultationsgremium über die durch die im Fall der Verwirklichung der Eisenbahnkreuzungsverordnung 2012 zusätzlich entstehenden Kosten verlangt. Von Seiten des BMVIT wurden die durch die Eisenbahnkreuzungsverordnung 2012 entstehenden Kosten auf 250 Mio. Euro geschätzt. Diese Kostenschätzung wurde jedoch von Ländern und Gemeinden stark bezweifelt. Dem Bund war daran gelegen, dieses Thema mit dem neuen Finanzausgleich für den Bund möglichst kostenschonend mit einem über 13 Jahre (2017 bis 2029) gedeckelten Betrag in Höhe von 4,81 Mio. Euro p.a. (daher in Summe max. 62,53 Mio. Euro) zu bereinigen.

2. Die Finanzierung der Eisenbahnkreuzungen wird durch die Einrichtung von Fonds auf Landesebene gelöst, aus denen die Gemeinden finanzielle Hilfe für Investitionen (d. h. nicht für laufende Instandhaltungs-, Instandsetzungs- und Betriebsausgaben) in Eisenbahnkreuzungen auf Gemeindestraßen erhalten. Diese finanzielle Hilfe erfolgt unabhängig davon, ob die Investition durch die EisbKrV verursacht wurde (derzeit 100 Prozent Kostentragung BMVIT für den Anteil der Gemeinde als Straßenerhalter) oder nicht (derzeit 100 Prozent Kostentragung durch die Gemeinde für den Anteil der Gemeinde als Straßenerhalter). Die Dotierung beträgt in Summe 125 Mio. Euro (9,62 Mio. Euro p.a.), die Finanzierung erfolgt in den Jahren 2017 bis 2029 im Verhältnis von 50 Prozent Bund und von 50 Prozent Gemeinden. Die Höhe der Beträge ergibt sich aus den länderweisen Anteilen für die geschätzte Gesamtbelastung.

Die Länder entscheiden über die Mittelvergabe an die Gemeinden, nicht verbrauchte Mittel sind einer Rücklage zuzuführen und in die nächste FAG-Periode vorzutragen. Allfällige endgültig nicht benötigte Mittel verbleiben dem Land für Zwecke des öffentlichen Personen- und Regionalnahverkehrs, umgekehrt erfolgt keine Aufstockung des Fonds durch den Bund bei höheren Investitionen.

3. Die Länder leisten keinen Finanzierungsanteil, im Gegenzug gilt das Thema Eisenbahnkreuzungsverordnung 2012 und Konsultationsmechanismus auch für die Länder als erledigt.

zu Abs. 4:

Mit den genannten Verordnungen wurde in den 3. und 4. Klassen der damaligen Hauptschulen und in den Polytechnischen Schulen der Informatikunterricht eingeführt. Aus diesem Anlass hat man vereinbart, dass der Bund die dafür notwendige Software in Form einer Generallizenz erwirbt, auch um österreichweite Einheitlichkeit zu gewährleisten und die Benutzungsrechte als Naturaltransfer unentgeltlich zur Verfügung stellt. Von besonderer praktischer Bedeutung dürfte diese Bestimmung nicht mehr sein.

zu Abs. 5:

Der Bund gewährt den Ländern im Jahr 2017 (wie bereits in § 23 Abs. 4a FAG 2008 vorgesehen) für den Ausbau des Kinderbetreuungsangebots Zweckzuschüsse in Höhe von 52,5 Mio. Euro. Voraussetzung für die Gewährung der Zweckzuschüsse ist auch weiterhin das Bestehen einer Art. 15a B-VG Vereinbarung über den Ausbau des institutionellen Kinderbetreuungsangebots, über die konkrete Verwendung der Zweckzuschüsse und über deren Abrechnung.

zu Abs. 6:

Der Bund gewährt den Ländern in den Kindergartenjahren 2015/2016 bis 2017/2018 (wie bereits in § 23 Abs. 4b FAG 2008 vorgesehen) für die Finanzierung von Maßnahmen zur Frühförderung Zweckzuschüsse in Höhe von 20 Mio. Euro je Kindergartenjahr. Voraussetzung für die Gewährung der Zweckzuschüsse ist auch weiterhin das Bestehen einer Art. 15a B-VG Vereinbarung über die verpflichtende frühe sprachliche Förderung sowie die Förderung des Entwicklungsstandes in institutionellen Kinderbetreuungseinrichtungen, über die Aufteilung der Mittel auf die Länder, über die konkrete Verwendung der Zweckzuschüsse und über deren Abrechnung.

zu Abs. 7:

§ 23 Abs. 4c FAG 2008 sah ursprünglich vor, dass der Bund den Ländern zum Zwecke der Finanzierung der Förderung des Wohnbaues unter den dort näher genannten Kriterien (Voraussetzungen) einen einmaligen Zweckzuschuss von bis zu 276 Mio. Euro gewährt. Mit dem Budgetbegleitgesetz 2014, BGBl Nr. 40/2014, hat der Bund § 23 Abs. 4c FAG 2008 so abgeändert, dass der Wohnbauförderungszweckzuschuss von 276 Mio. auf 180 Mio. Euro gekürzt sowie die Auszahlung auf die Jahre 2015 bis 2018 gestreckt wurden, wobei die Auszahlungen im Jahr 2015 höchstens 30 Mio. Euro und in den weiteren Jahren höchstens jeweils 50 Mio. Euro betragen.[81] Hätte ein Land die Voraussetzungen des Zweckzuschusses nicht erfüllt, hätte sich der Sonderzweckzuschuss für die anderen Länder aliquot auf maximal das 1,5-Fache erhöht.

Um zum einen im Sinne der Wohnbauförderung allen Ländern die Ausschöpfung ihres Anteils am Sonder-Wohnbauförderungs-Zweckzuschuss des Bundes von 180 Mio. Euro und zum anderen eine verwaltungseinfa-

---

81 Vorherige Rechtslage: Der Bund hat den Zweckzuschuss bis spätestens 31.12.2015 zu überweisen.

che Abwicklung zu ermöglichen, wird bei der Neuregelung dieses Zweckzuschusses auf aufwändige Antragstellungen und Detailprüfungen verzichtet, sondern die Regelung des Anspruches im FAG selbst getroffen. Die Zweckbindung wird auf die Finanzierung der Wohnbauförderung (= Neubau und Sanierung) erweitert. Die Aufteilung auf die Jahre 2015 bis 2018 bleibt gleich (2015 30 Mio. Euro, 2016 bis 2018 jeweils 50 Mio. Euro), die im Jahr 2015 bereits erfolgte Auszahlung von 30 Mio. Euro an das Land Wien verringert die nächsten Auszahlungsbeträge an Wien zugunsten der Anteile der anderen Länder. Die vereinbarte Neuregelung des Zweckzuschusses für Wohnbauförderung in der Höhe von 180 Mio. Euro für die Jahre 2015 bis 2018 wird parallel zum neuen § 27 Abs. 7 auch im FAG 2008 rückwirkend umgesetzt.

IV. Klimaschutzkoordinations- und Verantwortlichkeitsmechanismus

Erarbeitung und Umsetzung von Klimaschutz-Maßnahmen

§ 28. (1) Zur Einhaltung unionsrechtlicher und völkerrechtlicher Verpflichtungen im Klimaschutz erarbeiten Bund und Länder in regelmäßigen Abständen wirksame Maßnahmen und halten diese in gemeinsamen Maßnahmenprogrammen fest. Die Maßnahmen des Bundes und der Ländern ergeben sich aus der Besorgung ihrer jeweiligen kompetenzrechtlichen Aufgaben in den Sektoren Abfallwirtschaft, Energie und Industrie (Nicht-Emissionshandel), fluorierte Gase, Gebäude, Landwirtschaft und Verkehr. Alle erarbeiteten Maßnahmen sind unverzüglich umzusetzen.

(2) Maßnahmen können unter anderem Änderungen im Ordnungsrecht, Verbesserungen in der Vollziehung, Fördermaßnahmen sowie fiskalpolitische Maßnahmen sein.

(3) Für den Fall, dass die für die Republik Österreich unionsrechtlich oder völkerrechtlich geltenden Höchstmengen von Treibhausgasemissionen überschritten werden oder nur aufgrund von Ankäufen von Klimaschutz-Zertifikaten (§ 29) nicht überschritten werden, setzen Bund und Länder umgehend verstärkte Maßnahmen aus der Besorgung ihrer jeweiligen kompetenzrechtlichen Aufgaben, um die Einhaltung dieser Höchstmengen mit nationalen Maßnahmen sicherzustellen.

Erläuterungen

Um die Einhaltung von für die Republik Österreich geltenden unionsrechtlich bzw. völkerrechtlich verpflichtenden Höchstmengen von Treibhausgasemissionen sicher zu stellen, müssen national entsprechende Maßnahmen gesetzt und in einem Maßnahmenprogramm (Bund-Länder) festgehalten werden. Diese Regelung entspricht in ihrer Gesamtheit inhaltlich jener im Klimaschutzgesetz (KSG), BGBl Nr. 106/2011 idgF, und soll diese nicht ersetzen, sondern lediglich bekräftigen. Insbesondere kommt es dadurch nicht zu einer Verdoppelung von Verhandlungsprozessen.

Zu Beginn der Finanzausgleichsverhandlungen wurde seitens der Länder mit dem Hinweis, dass zwischen den vorgeschlagenen legistischen Maßnahmen und dem Finanzausgleich im engeren Sinn kein unmittelbarer Zusammenhang besteht, der Abschluss einer Art 15a B-VG, welcher der Geltungsdauer des FAG 2017 zu entsprechen habe, als zielführend erachtet. Von der Bundesseite wurde dies abgelehnt.

Entscheidend ist, dass die §§ 28 und 29 lediglich Teil des befristeten FAG 2017 sind, und daher in den folgenden Finanzausgleichsgesetzen neu zu verhandeln sind.

zu Abs. 1:

Wie aus den in den Verhandlungen zum FAG 2017 vorgelegten Unterlagen des BMF und des BMLFUW zu entnehmen ist, stellt die Wortfolge „unionsrechtlicher und völkerrechtlicher" darauf ab, dass sich die Verpflichtungen aus beiden Rechtsquellen ergeben können. Somit kann neben einer unionsrechtlichen Verpflichtung auch eine eigenständige völkerrechtliche bestehen, auch wenn diese ihrerseits aus einer EU-internen Vereinbarung zur gemeinsamen Erfüllung resultiert. Das Wort „wirksam" bedeutet, dass die Maßnahmen einen tatsächlich messbaren (quantifizierbaren), berichtbaren und überprüfbaren Einfluss auf die Reduktion von Treibhausgasemissionen haben müssen. Der Ankauf von Klimaschutz-Zertifikaten zählt dabei nicht als Maßnahme.

zu Abs. 2:

Es handelt sich um eine demonstrative Auflistung von möglichen Bereichen, in denen Maßnahmen gesetzt werden können. Die Auflistung bindet die Gebietskörperschaft in ihren jeweiligen kompetenzrechtlichen Zuständigkeiten nicht.

zu Abs. 3:

Diese Regelung stellt klar, dass der Ankauf von Klimaschutz-Zertifikaten bei Zielverfehlung nicht dazu führen soll, dass keine oder unzureichende Maßnahmen gesetzt werden. Vielmehr sind von Bund und Ländern umgehend verstärkte Maßnahmen zu setzen, welche eine Einhaltung der Höchstmengen ausschließlich mit nationalen Maßnahmen gewährleisten.

Tragung der Kosten für den Ankauf von Klimaschutz-Zertifikaten

§ 29. (1) Für den Fall, dass die Einhaltung von unionsrechtlichen und völkerrechtlichen Verpflichtungen im Klimaschutz mit den gesetzten Maßnahmen nicht möglich ist, tragen Bund und Länder die Kosten für den Ankauf von Klimaschutz-Zertifikaten gemeinsam.

(2) Die Aufteilung der Kosten zwischen Bund und Ländern erfolgt im Verhältnis von 80 % für den Bund und 20 % für die Länder. Die Aufteilung der Kosten auf die Länder erfolgt nach der Volkszahl.

> (3) Der Ankauf von Zertifikaten hat spätestens zu dem unionsrechtlich oder völkerrechtlich vorgeschriebenen Zeitpunkt zu erfolgen. Der Ankauf von Zertifikaten wird vom Bundesminister für Land- und Forstwirtschaft, Umwelt und Wasserwirtschaft abgewickelt. Der Bundesminister für Land- und Forstwirtschaft, Umwelt und Wasserwirtschaft kann sich bei der Abwicklung einer geeigneten Institution bedienen. Die Institution ist auf Vorschlag des Bundesministers für Land- und Forstwirtschaft, Umwelt und Wasserwirtschaft nach Befassung der Länder im Einvernehmen mit dem Bundesminister für Finanzen und dem Bundesminister für Verkehr, Innovation und Technologie zu bestimmen.

Erläuterungen

zu Abs. 1:

Im Fall einer Überschreitung von unionsrechtlichen bzw. völkerrechtlichen Verpflichtungen gilt das Prinzip der gemeinsamen Kostentragung von Bund und Ländern für den Ankauf von Klimaschutz-Zertifikaten.

Wenn die unionsrechtlichen bzw. völkerrechtlichen Verpflichtungen aus Zielen (Höchstmengen) für einzelne Jahre bestehen, folgt daraus, dass die Kostentragung für jedes Jahr einzeln besteht; gleiches gilt, wenn es unionsrechtliche bzw. völkerrechtliche Ziele für einzelne Sektoren geben sollte.

Wie aus den in den Verhandlungen zum FAG 2017 vorgelegten Unterlagen des BMF bzw. des BMLFUW zu entnehmen ist, ist der Begriff „Klimaschutz-Zertifikat" bewusst offen gehalten, um dynamisch auf jeweils gültige und verfügbare Zertifikatsarten abzustellen.

zu Abs. 2:

Die Aufteilung der Kosten zwischen Bund und Ländern erfolgt pauschal nach einem vereinbarten Aufteilungsschlüssel. Dieser Schlüssel betrifft die Aufteilung der Gesamtsumme der Kosten des Ankaufs. Dadurch wird die Möglichkeit eröffnet, dass – nach Maßgabe unionsrechtlicher bzw. völkerrechtlicher Bestimmungen – auch unterschiedliche Zertifikate zu unterschiedlichen Preisen angekauft werden können. Kostenwirksam ist der Gesamtpreis für alle angekauften Zertifikate einschließlich der Abwicklungskosten für den Ankauf.

zu Abs. 3:

Der Ankauf von Zertifikaten hat „spätestens zu dem unionsrechtlich oder völkerrechtlich vorgeschriebenen Zeitpunkt" zu erfolgen. Dieser Zeitpunkt bestimmt sich insbesondere nach internationalen Berichtspflichten.

Das Wort „spätestens" räumt die Möglichkeit ein, einen Ankauf bereits vor dem unionsrechtlich oder völkerrechtlich vorgegebenen Zeitpunkt vorzunehmen, wenn dies auf Basis der zu erwartenden Entwicklung am internationalen Zertifikatmarkt für die Republik Österreich insgesamt kostengünstiger wäre.

Ein unkoordinierter Ankauf von Zertifikaten durch zehn Gebietskörperschaften könnte dazu führen, dass sich diese am Markt gegenseitig Konkurrenz machen, was für die Republik Österreich insgesamt eine suboptimale Ankaufsstrategie wäre. Darum bestimmt Abs. 3 zweiter Satz, dass die Republik Österreich am internationalen Zertifikatemarkt als einheitlicher Käuferin auftritt. Die Abwicklung des Ankaufs obliegt dem Bundesminister für Land- und Forstwirtschaft, Umwelt und Wasserwirtschaft, der sich für die Abwicklung einer geeigneten Institution bedienen kann. Die Bestimmung dieser Institution erfolgt dabei nach entsprechender Befassung der Länder im Einvernehmen mit dem Bundesminister für Finanzen.

V. Sonder- und Schlussbestimmungen

Inkrafttreten, Sonderbestimmungen

§ 30. (1) Dieses Bundesgesetz tritt mit 1. Jänner 2017 in Kraft.

(2) Vermögensrechtliche Ansprüche, die sich auf dieses Bundesgesetz oder frühere Finanzausgleichsgesetze gründen, verjähren nach Ablauf von fünf Jahren. Die Frist beginnt mit dem Zeitpunkt, in dem der Anspruch erstmals hätte geltend gemacht werden können. Im Übrigen gelten für die Verjährung die Bestimmungen des ABGB.

(3) In der Zeit vom 1. Jänner 2017 bis zum Ablauf des 31. Dezember 2021 sind

1. § 107 des Landeslehrer-Dienstrechtsgesetzes 1984, BGBl. Nr. 302/1984, und

2. § 116 des Land- und forstwirtschaftlichen Landeslehrer-Dienstrechtsgesetzes 1985, BGBl. Nr. 296/1985,

nicht anzuwenden.

(4) Insoweit gemäß § 21 Abs. 9a FAG 2008 Mittel von den gemeinschaftlichen Bundesabgaben der Gemeinden zur Finanzzuweisung gemäß § 21 FAG 2008 umgeschichtet wurden, ist in den landesrechtlichen Regelungen gemäß § 12 Abs. 5 vorzusehen, dass diese Umschichtung unter Anrechnung auf die Mittelverwendung im Sinne des § 12 Abs. 5 Z 3 wieder zurückzuführen ist.

(5) Soweit in diesem Bundesgesetz auf Bestimmungen anderer Bundesgesetze verwiesen wird, sind diese in ihrer jeweils geltenden Fassung anzuwenden.

(6) Mit der Vollziehung dieses Bundesgesetzes sind betraut:

1. der Bundesminister für Finanzen, soweit sich nachstehend nicht anderes ergibt,

2. der Bundesminister für Finanzen im Einvernehmen mit dem Bundesminister für Bildung hinsichtlich des § 4, jedoch soweit sich diese Bestimmungen auf den Aktivitäts- und Pensionsaufwand der an den im § 4 Abs. 1 Z 2 genannten land- und forstwirtschaftlichen Berufs- und Fachschulen tätigen Lehrer und Religionslehrer sowie deren Angehörigen oder

Hinterbliebenen beziehen, im Einvernehmen mit dem Bundesminister für Land- und Forstwirtschaft, Umwelt und Wasserwirtschaft,

3. die Bundesregierung hinsichtlich des § 15 Abs. 5,
4. der Bundesminister für Gesundheit und Frauen hinsichtlich des § 23 Abs. 4, hinsichtlich der Erlassung der Verordnung jedoch der Bundesminister für Finanzen im Einvernehmen mit dem Bundesminister für Gesundheit und Frauen,
5. der Bundesminister für Verkehr, Innovation und Technologie hinsichtlich des § 27 Abs. 3,
6. der Bundesminister für Bildung hinsichtlich des Abs. 3 Z 1 dieses Paragrafen und des § 27 Abs. 4,
7. der Bundesminister für Finanzen im Einvernehmen mit dem Bundesminister für Familien und Jugend und dem Bundesminister für Bildung hinsichtlich der Abrechnung des Zweckzuschusses gemäß § 27 Abs. 5,
8. der Bundesminister für Europa, Integration und Äußeres hinsichtlich des § 27 Abs. 6,
9. der Bundesminister für Land- und Forstwirtschaft, Umwelt und Wasserwirtschaft hinsichtlich der §§ 28 und 29, hinsichtlich des § 29 Abs. 3 letzter Satz im Einvernehmen mit dem Bundesminister für Finanzen und dem Bundesminister für Verkehr, Innovation und Technologie,
10. der Bundesminister für Land- und Forstwirtschaft, Umwelt und Wasserwirtschaft hinsichtlich des Abs. 3 Z 2 dieses Paragrafen.

Erläuterungen

zu Abs. 2:

1. Die Verjährung vermögensrechtlicher Ansprüche wurde erstmals im FAG 1985 verankert. Offizielle Begründung für eine solche Bestimmung ist, die bei erfolgreicher Geltendmachung solcher Ansprüche allenfalls notwendige Rückverrechnung einzuschränken. Im öffentlichen Recht besteht nämlich die Institution der Verjährung nur dort, wo es das Gesetz ausdrücklich vorsieht.[82] Mit der ausdrücklichen Anordnung in § 19 Abs. 3 ist die Verjährungsregelung auch für Vereinbarungen zwischen Gemeinden über die allfällige Teilung des Kommunalsteuerertrages anwendbar.

2. Unabhängig von der Frage, inwieweit solche Rückverrechnungen rechtens sind, stellt es jedenfalls einen durchaus zu billigenden Schutz für die Bundes- und Länderfinanzen dar. Erinnert sei daran, dass Krems an der Donau in seiner Klage Ansprüche rückwirkend bis 1948 geltend gemacht hat.[83]

---
82 VfSlg 10.889/1986
83 Vgl. dazu die Anmerkung zu § 23 Abs. 3.

3. Der Verweis auf die Bestimmungen des ABGB bezieht sich auf jene über den Beginn der Verjährung sowie deren Hemmung, Unterbrechung oder Wirkung,[84] nicht jedoch auf die Dauer der Verjährung.[85]

4. Mit der mit dem FAG 2017 gegenüber dem FAG 2008 in Abs. 2 vorgenommenen Erweiterung „oder frühere Finanzausgleichsgesetze" können noch dem Rechtsbestand angehörige Bestimmungen älterer Finanzausgleichsgesetze nun endgültig aufgehoben werden.

zu Abs. 3:

Die genannten Paragraphen enthalten Bestimmungen über die Abfuhr von Pensionsbeiträgen.

Außerkrafttreten

§ 31. (1) Dieses Bundesgesetz tritt mit Ausnahme der Bestimmungen des Abs. 2 dieses Paragrafen und des § 30 Abs. 2 mit Ablauf des 31. Dezember 2021 außer Kraft.

(2) Wenn bei Beginn eines Jahres der Finanzausgleich für dieses Jahr noch nicht gesetzlich geregelt ist, werden die im letzten Jahr seiner Geltung in Kraft gestandenen Bestimmungen bis zu einer gesetzlichen Neuregelung vorläufig weiter angewandt. Inwieweit die demgemäß geleisteten Zahlungen rückwirkend neu geregelt werden, bleibt der gesetzlichen Neuregelung vorbehalten.

Erläuterungen

zu Abs. 1:

Nicht außer Kraft treten daher die Bestimmungen über die Verjährung vermögensrechtlicher Ansprüche und über das Finanzausgleichsprovisorium.

zu Abs. 2:

Da der Österreichische Stabilitätspakt 2012 nunmehr unbefristet gilt, hat sich der Bund im Gegenzug zur Einrichtung eines Finanzausgleichsprovisoriums verpflichtet. Die diesbezügliche legistische Umsetzung erfolgte bereits mit der Novelle BGBl Nr. 82/2012 zum FAG 2008. Dadurch werden im Unterschied zu bisherigen Regelungen in Finanzausgleichsgesetzen nunmehr sämtliche Bestimmungen des Finanzausgleichsgesetzes, die im letzten Jahr seiner Geltung in Kraft standen, weiterhin angewendet (somit auch Bestimmungen über Kostentragungen, Transfers usw.).

---

84 §§ 1451 ff. ABGB
85 Vgl. dazu die Erläuterungen zur Regierungsvorlage, 379 BlgNR XXI. GP.

Teil 4:
Stellungnahmen zum FAG 2017

Eckpunkte des FAG 2017: Von der Theorie auf den harten Boden der Praxis
Helga BERGER

Einschätzung zum Finanzausgleich 2017 aus der Sicht eines Vertreters der Bundesländer
Clemens MUNGENAST

Finanzausgleich 2017 – Das Glas ist eher halbvoll als halbleer
Thomas WENINGER, Oliver PUCHNER

Finanzausgleich 2017 bis 2021 – Insgesamt zufriedenstellendes Ergebnis
Walter LEISS, Konrad GSCHWANDTNER

Was bringt der neue Finanzausgleich aus Sicht der Arbeitnehmerinnen und Arbeitnehmer
Romana BRAIT, Tobias SCHWEITZER

Stellungnahme zum Finanzausgleich 2017 aus Sicht der gewerblichen Wirtschaft
Christoph SCHMID

Stellungnahme der Industriellenvereinigung zum FAG 2017
Alfred HEITER

FAG 2017. Nach der Reform ist vor der Reform?
Walpurga KÖHLER-TÖGLHOFER

Paktum Finanzausgleich 2017-2021 im Spiegel aktueller Empfehlungen des Fiskalrates
Bernhard GROSSMANN

Helga BERGER

Eckpunkte des FAG 2017: Von der Theorie auf den harten Boden der Praxis

1. Ausgangslage des FAG 2017

Es hat sich viel getan in den letzten eineinhalb Jahren: In sieben Arbeitsgruppen wurde intensiv an der Reform des Finanzausgleichs gearbeitet. Das Ziel des Bundesministeriums für Finanzen (BMF) wurde klar gesteckt: ein einfacher, transparenter und aufgabenorientierter Finanzausgleich sollte am Ende der Verhandlungen feststehen. Dies wollten wir erreichen, indem wir eine Entflechtung der Aufgaben, der Mischfinanzierungen und der Transfers anstrebten. Auch hatten wir eine aufgabenorientierte Mittelausstattung anstatt Kopfquoten vor Augen und wollten Effizienzsteigerungen durch die Beseitigung von Doppelgleisigkeiten erzielen. Generell war es das Bestreben des BMF, mit der Reform des Finanzausgleichs eine Grundlage für Strukturveränderungen zu schaffen.

2. Ergebnis des FAG 2017

Nach harten Verhandlungen, nach oftmaligem Gedankenaustausch und vielen Treffen auf Beamtinnen- und Beamtenebene, wie auch auf politischer Ebene konnten die Verhandlungen zum Finanzausgleichsgesetz 2017 (FAG 2017) am 7. November 2016 auf politischer Ebene abgeschlossen werden. Das Gesetz wurde am 15. November 2016 im Ministerrat, am 15. Dezember 2016 im Nationalrat und am 21. Dezember 2016 im Bundesrat beschlossen. Somit trat die neue gesetzliche Grundlage für den Finanzausgleich rechtzeitig mit 1. Jänner 2017 in Kraft.

2.1 Inhalte des Gesetzes

Das Ergebnis des FAG 2017 ist ein gutes Ergebnis: Zum einen wurde die gesetzliche Basis für die Aufgabenorientierung und die Abgabenautonomie geschaffen. Zum anderen kam es zu einer deutlichen Erhöhung der Transparenz und einer Vereinfachung der Zahlungsströme zwischen den Gebietskörperschaften. Auf dieser letztgenannten Detailebene konnte sehr viel erreicht werden. Es gilt, sich das bewusst zu machen: Das Finanzausgleichsgesetz wurde radikal vereinfacht und in vielen Beamtinnen- und Beamtenrunden konnte Konsens hinsichtlich des Entfalls der entbehrlichen Vorausanteile (beispielsweise des Beitrags der Gemeinden zum EU-Beitrag) und der historisch entstandenen Detailregelungen gefunden werden. Weiters einigte man sich darauf, den Getränkesteuerausgleich, den Gemeinde-Werbesteuerausgleich und den Ausgleich für den Entfall der Selbstträgerschaft abzuschaffen. Infolgedessen wird die Verteilung der Ertragsanteile der Gemeinden innerhalb der Länder nur mehr nach drei Schlüsseln durchgeführt – hierbei handelt es sich um die Zahl der Einwohnerinnen und Einwohner, um die Zahl der Nächtigungen (gemäß Nächtigungsstatistik) und um die Zahl der Einwohnerinnen und Einwohner nach dem abgestuften Bevölkerungsschlüssel, wobei diese Umstellung im Sinne einer Übergangsregelung um eine sogenannte Dynamik-Garantie ergänzt wurde.

Der bundesweite Finanzkraftausgleich erlebte nicht nur eine Vereinfachung, sondern eine umfassende Reform.

Die Finanzierungsströme für den Personennahverkehr im FAG, welche trotz hohem Verwaltungsaufwand den Aufwand der Gemeinden nur unzureichend berücksichtigten, wurden neu geregelt. Das Bedarfszuweisungsgesetz wurde gänzlich aufgehoben.

Die Finanzierung von Eisenbahnkreuzungen ist ein weiteres Thema, das für viel Unmut zwischen kommunaler Ebene und dem Bund sorgte. Mit dem FAG 2017 konnte nun eine gemeinsame Kostentragung bei den Eisenbahnkreuzungen vereinbart werden, die Effizienz und Effektivität sicherstellen soll.

Außerdem wurde ein zusätzlicher Fokus bei den Gemeinde-Bedarfszuweisungsmittel auf interkommunale Zusammenarbeit, auf Gemeindezusammenlegungen und auf strukturschwache Gebiete sowie auf ein Monitoring gelegt. Das neu eingeführte Monitoring hat zum Ziel transparent aufzuzeigen, wie die Mittel eingesetzt werden.

Zusätzlich wurden den Länder und Gemeinden 300 Mio. Euro jährlich zur Sicherstellung einer nachhaltigen Haushaltsführung zugesagt. Davon gehen 60 Mio. Euro an den Strukturfonds zur Unterstützung von finanzschwachen Gemeinden und Abwanderungsgemeinden, welcher als Ergebnis der Verhandlungen neu geschaffen wurde und ein klares Signal des Bundes an die Länder und Gemeinden darstellt.

Schließlich wurde den Ländern und Gemeinden eine einmalige Abgeltung der besonderen Aufwendungen aus Migration und Integration zugesprochen, dies insbesondere, um den im Zuge der Flüchtlingskrise 2015 entstandenen Mehraufwand aus diesem Titel zu kompensieren.

2.2 Inhalte der „Begleitgesetze"

Die Verhandlungsergebnisse haben nicht nur im FAG 2017 ihren Niederschlag gefunden, sondern auch in weiteren materiell-rechtlichen Regelungen. So einigte man sich im Zuge der Verhandlungen zum FAG 2017 auf die Weiterführung des Kostendämpfungspfades im Gesundheitsbereich – getragen vom gemeinsamen Verständnis, dass innerstaatliche und EU-Budgetvorgaben zu erreichen sind. Auch wurde der Pflegefonds verlängert und damit eine Finanzierung bis 2021 sichergestellt. Weiters konnte für die Pflege eine Ausgabenobergrenze etabliert werden.

Es gibt ein Bekenntnis aller Gebietskörperschaften hinsichtlich eines umfassenden Spekulationsverbots; die neue Bundesregelung im Rahmen einer Novelle zum BHG 2013 wurde am 29. März 2017 im Nationalrat beschlossen. Außerdem konnte zu den einheitlichen Obergrenzen für die Übernahme von Haftungen je Gebietskörperschaftsebene ein wiederkehrender Kritikpunkt des Rechnungshofs aufgegriffen und eine Art. 15a-Vereinbarung mit konkreten Regelungen abgeschlossen werden. Eine Verlängerung der Art. 15a-Vereinbarungen erfolgte für die Bereiche Klimaschutz im Wohnbau, 24-Stunden-Betreuung wie auch zur Kostentragung der medizinischen Versorgung von Häftlingen. Für die besonderen Herausforderungen im Querschnittsbereich Klimaschutz konnte mit der Schaffung eines Klimaschutzkoordinations- und Klimaschutzverantwortlichkeitsmechanismus eine zukunftsweisende Regelung gefunden werden.

2.3 Zwischenresümee

Wir sind der Überzeugung, das strategische Ziel eines einfachen, transparenteren und aufgabenorientierteren Finanzausgleich erreicht zu haben. Dieser Einstieg in den Umstieg legt die Basis für die weiteren Arbeiten. Die im Paktum zum Finanzausgleich 2017 enthaltene Punktation sieht umfassende Aufträge zum Abarbeiten vor, denn: nach dem Finanzausgleich ist vor dem Finanzausgleich.

3. Einstieg in den Umstieg – Chance oder Bürde?

Der Einstieg in den Umstieg ist geschafft, die gestellten Weichen sind als Chance wahrzunehmen. Als Chance, die in den vereinbarten Bereichen motiviert wahrgenommen wird und die nach erfolgreichen (Teil-)Umsetzungen auf weitere Bereiche ausgedehnt werden soll.

3.1 Abgabenautonomie

Im Bereich Abgabenautonomie wurde mit der Verländerung beim Wohnbauförderungsbeitrag der erste Schritt in die richtige Richtung gesetzt: So gilt der Wohnbauförderungsbeitrag ab 1.1.2018 als ausschließliche Landesabgabe mit voller Autonomie hinsichtlich des Tarifs. Dies führt zu deutlich mehr Autonomie für die Länder, da derzeit nur 323 Mio. Euro (ohne Wien), das sind 1,6 Prozent der Einnahmen aus dem Finanzausgleich, aus eigenen Abgaben stammen. Im Vergleich dazu beträgt das Aufkommen am Wohnbauförderungsbeitrag rund 1 Mrd. Euro jährlich.

Um weitere Schritte vorzubereiten, wurde eine Arbeitsgruppe eingesetzt, die unter Mitwirkung internationaler Expertinnen und Experten die Rahmenbedingungen einer verstärkten Autonomie in weiteren Bereichen erarbeiten wird.

Eine zusätzliche Arbeitsgruppe beschäftigt sich mit einer Reform der Grundsteuer, mit dem Ziel, auch auf kommunaler Ebene mehr Autonomie zu schaffen.

Außerdem wird das Einheben der Kommunalsteuer durch die Sozialversicherung geprüft, was eine sinnvolle Bündelung von Kompetenzen und somit eine massive Verwaltungsentlastung für Gemeinden bedeuten könnte.

3.2 Aufgabenorientierung

Bei der Aufgabenorientierung ist uns der so wichtige Schritt zum Einstieg gelungen. Die Verteilung der Ertragsanteile, im ersten Schritt jener der Gemeinden, wird sukzessive durch eine aufgabenorientierte Verteilung ersetzt. Gestartet wird mit der Aufgabenorientierung im Bereich der Elementarbildung. Hier sollen bis 1.9.2017 quantitative und qualitative Kriterien erstellt werden, anhand derer die Mittelverteilung erfolgt. Für die Elementarbildung existieren bereits viele Art. 15a-Vereinbarungen, deren Einbeziehung geprüft wird.

Der zweite Schritt der Aufgabenorientierung wird im Bereich der Pflichtschulen realisiert, die Umstellung erfolgt bis 1.9.2018.

3.3 Neue innovative Ansätze

Unter den neuen, innovativen Ansätzen, die im Rahmen der FAG-Verhandlungen diskutiert wurden, sind das Benchmarking und die Spending Reviews besonders hervorzuheben.

Mit dem Instrument des Benchmarkings werden nun erstmals bundes- und landesweit standardisierte transparente Vergleichsmechanismen eingeführt, mit dem Ziel die Effizienz in allen Ausgabenbereichen zu erhöhen. Dieser für die öffentliche Verwaltung in Österreich in dieser Form umfassende Zugang wird uns durchwegs vor Herausforderungen stellen. Der partnerschaftliche Zugang zu diesem Thema wird ein maßgeblicher Erfolgsfaktor sein.

Bei den Spending Reviews handelt es sich um eine Ausgaben- und Aufgabenanalyse, im Zuge derer zum einen analysiert wird, ob Mittel zielgerichtet, sinnvoll und zeitgemäß eingesetzt werden und die gewünschten Resultate bringen. Zum anderen wird beleuchtet, ob Ansatzpunkte für Einsparungen bzw. Kürzungen oder auch Umschichtungen vorhanden sind. Den kritischen Stimmen können wir diesbezüglich entgegenhalten, dass sich diese Spending Reviews international bewährt haben und auch in Österreich bereits auf Bundesebene pilotiert und sukzessive in weiteren Bundesbereichen zum Einsatz gelangen werden. Dieses Instrument soll nicht als Spielwiese oder Plattform für externe Beraterinnen und Berater dienen, die die Welt neu erfinden wollen. Nein, ganz im Gegenteil – es handelt sich dabei um ein partnerschaftliches Miteinander zwischen dem BMF und den Fachressorts. Aufgrund des Erfolgs aus den Pilotprojekten sind wir zuversichtlich, dass dieses Instrument auch auf der Ebene der Länder und Gemeinden Erfolge erzielen wird.

3.4 Bundesstaatsreform

Ein Finanzausgleichsgesetz kann nicht Aufgaben- und Strukturreformen ersetzen. Aus diesem Grund wurde das Bekenntnis zur Vorbereitung einer Bundesstaatsreform getätigt. Dies wird unter Berücksichtigung der Arbeiten des Österreich-Konvents (2003 bis 2005) durchgeführt. Ziel der Bundesstaatsreform ist die Reform der Kompetenzverteilung in Gesetzgebung und Vollziehung, diese neue Verteilung wird im Finanzausgleich einfließen.

3.5 Begleitung der Kostendämpfungspfade

Im Bereich der Gesundheit und Pflege haben wir uns zu bundesgesetzlichen Maßnahmen bekannt, es gilt zu vereinfachen und zu optimieren, um das Ziel der Kostendämpfungspfade zu erreichen. Auch konkrete Evaluierungen wurden vereinbart und eine Arbeitsgruppe zur Überarbeitung von Kostentreibern in Baunormen eingesetzt.

4. Fazit

Das Finanzausgleichsgesetz 2017 ist ein beachtliches Ergebnis, das von den Partnern gemeinsam erarbeitet wurde. Es gilt nun gemeinsam, alle Möglichkeiten und Chancen, die uns das FAG 2017 und das diesbezügliche Paktum bieten, zu ergreifen und den Einstieg in den Umstieg zu starten. Dies wird zum Erfolg führen, wenn alle Beteiligten konstruktiv mitwirken. Denn tragen wir alle dazu bei, dann kommen wir weiter!

Mein optimistischer Ausblick – ein Rückblick in drei Jahren wird uns zeigen: ja, das FAG 2017 war gut, wir haben Österreich auf dieser Basis weiterentwickelt und werden dies auch in Zukunft tun.

Clemens MUNGENAST

Einschätzung zum Finanzausgleich 2017 aus Sicht eines Vertreters der Bundesländer[1]

Mit dem Paktum zum Finanzausgleich (FAG), das am 7. November 2016 unterzeichnet wurde, ging ein intensiver Verhandlungsprozess zu Ende, der sich über eineinhalb Jahre streckte. Ich selbst durfte ein knappes Jahr mitwirken, seit Juli 2016 in der Funktion als Vorsitzender der beamteten Landesfinanzreferenten.

Zu Beginn möchte ich gleich die „Karten auf den Tisch legen": Ich halte den Finanzausgleich 2017 für ein gutes Ergebnis „normaler" Verwaltungsreform. Ich werde in Folge die wesentlichen Punkte anführen, wieso ich zu dieser Einschätzung komme.

Vorweg möchte ich jedoch erklären, was ich unter „normaler" Verwaltungsreform meine. Dabei beziehe ich mich auf eine Analogie zur klassischen Unterscheidung von Thomas Kuhn[2] von „normaler" Wissenschaft im Gegensatz zu „revolutionärer" Wissenschaft. Erstere arbeitet im Rahmen bestehender Paradigmen und versucht inkrementell Problemlösungen und kumulativ Fortschritte zu erzielen. Wissenschaftliche Revolutionen bringen dagegen neue Paradigmen hervor. An ihrem Ursprung stehen Krisen der bestehenden Paradigmen. Umgelegt auf Verwaltungsreformen sind „normale" Verwaltungsreformen solche, die auf Basis der bestehenden Zuständigkeiten, bekannter Lösungsmechanismen und/oder in kleinen Schritten durchgeführt werden. Demgegenüber stehen „revolutionäre" Verwaltungsreformen, die als Antworten auf externe Krisen die Grundfesten verändern und disruptive Veränderungen bewirken.

Meiner Meinung nach ist die Erwartung von Medien und interessierter Öffentlichkeit nach „revolutionären" Verwaltungsreformen ein Problem. Solange nicht das Staatsgefüge auf den Kopf gestellt und mit den Reformen Milliarden an Einsparungen gebracht werden, gelten diese als gescheitert oder jedenfalls als unzureichend. Das verstellt den Blick auf die tatsächlichen Reformen und auf die zahlreichen Grautöne zwischen gelungenen Reformen, echten Fortschritten und den ebenso vorkommenden Fehlschlägen und ihren Gründen.

1. Die „starken" Punkte des FAG 2017

Aus dem Gesamtpaket zum FAG 2017 ist aus meiner Sicht eine Reihe von Punkten hervorzuheben. In mehreren Fällen wurde mit dem Paktum zum FAG erst ein Prozess angestoßen. Dementsprechend kann das Glas

---

1   Die folgenden Ausführungen geben alleine die Meinung des Autors wieder.
2   Kuhn: The Structure of Scientific Revolutions, 1962.

als halbvoll oder halbleer gesehen werden, was jedenfalls stark davon abhängt, wie die kommende Entwicklung eingeschätzt wird.

1.1 Deutliche Vereinfachung des FAG

Das österreichische System des Finanzausgleichs ist über Jahrzehnte gewachsen. Entsprechend kompliziert waren die Regelungen im „alten" Finanzausgleichsgesetz. Eine Vielzahl von Vorwegabzügen und Detailregelungen machten das System sehr komplex. Die Vollziehung war zum Teil schwierig. Ein sehr anschauliches Beispiel dafür war die Berechnung der Gemeindeertragsanteile[3], die radikal vereinfacht wurde. Mit der sogenannten „Dynamikgarantie" wird ein Werkzeug angewandt, das pro futuro auch bei anderen Strukturveränderungen zum Einsatz kommen könnte. Neben den Gemeindeertragsanteilen konnte die Berechnung der Ertragsanteile der Länder und eine Reihe von Transfers sehr deutlich vereinfacht werden.

1.2 Entbürokratisierungs- & Verwaltungsreformprogramm für die nächsten Jahre

Mit dem Paktum zum FAG und den begleitenden Artikel 15a-Vereinbarungen wurde ein ganzes Entbürokratisierungs- und Verwaltungsreformprogramm für die nächsten Jahre auf den Weg gebracht. Dieses betrifft insbesondere den sozialen Wohnbau, den Gesundheits- und den Pflegebereich. Gesetze mit bürokratischen Druckpunkten wurden identifiziert, Dokumentationsverpflichtungen und Normvorgaben sollen hinterfragt werden. Im Bereich des sozialen Wohnbaus soll eine bundesweit einheitliche Regelung der technischen Vorschriften sowie eine generelle Rücknahme von überhöhten Standards und Normen angestrebt werden. Darüber weit hinausgehend wurde vereinbart, eine Bundesstaatsreform unter Berücksichtigung der Arbeiten des Österreich-Konvents vorzubereiten.

1.3 Einstieg in die Aufgabenorientierung ist gemacht

Der Einstieg in die Aufgabenorientierung wurde über die Pilotprojekte in den Bereichen Elementarbildung und Pflichtschule vereinbart. In den Verhandlungen wurde vom BMF – zu einem relativ späten Zeitpunkt – ein Modell mit über 60 Indikatoren vorgelegt, bei dem diese mit frei wählbaren Gewichten kombiniert werden können und je nach Zusammensetzung sehr unterschiedliche Verteilungsergebnisse erzielen. Auf Basis dieses Modells war ein weitergehender Umstieg nicht konsensfähig. Es macht Sinn in Pilotbereichen Erfahrungen mit der Aufgabenorientierung zu sammeln. Doch ist die Aufgabenorientierung ein Thema, das mittelfristig zu einer tatsächlich weitgehenden Strukturreform des FAG führen kann. Dafür erscheinen aber konzeptiv noch einige Entwicklungen notwendig zu sein. So würde es Sinn machen, die Aufgabenorientierung mit Elementen

---

3   Siehe dazu z. B.: Rechnungshof: Der abgestufte Bevölkerungsschlüssel, 2016, S. 5-126.

der Wirkungsorientierung zu verknüpfen. Weiters darf die Aufgabenorientierung nicht nur horizontal für die Aufteilung von Ertragsanteilen zwischen Ländern und Gemeinden herangezogen werden, sondern muss auch auf die vertikale Verteilung angewandt werden. Das hat insbesondere im Zusammenhang mit der Aufgaben- und Kompetenzbereinigung zwischen Bund, Ländern und Gemeinden ein großes verwaltungsreformerisches Potenzial.

Im Unterschied zur Aufgabenorientierung, erscheint der sogenannte Einstieg in die Abgabenautonomie mit der Verländerung des Wohnbauförderungsbeitrages, meiner Einschätzung nach, weniger vielversprechend. Das Modell der Verländerung ist nicht leicht erweiterbar. Dazu stellen sich politische Grundsatzfragen, wie z. B. inwieweit Steuerwettbewerb zwischen Gebietskörperschaften gewünscht wird. Es erscheint vernünftig das Thema politisch auf Basis der eingerichteten Arbeitsgruppe noch einmal zu diskutieren und dann endgültig zu entscheiden, ob weitere Schritte in diese Richtung sinnvoll erscheinen.

1.4 Benachteiligte Gebiete und Fokus auf die Dynamik der Ausgaben in Schwerpunktbereichen der Länder

Ein gerade aus steirischer Sicht wichtiges Thema ist die direkte Adressierung benachteiligter Gebiete im FAG. Mit dem Strukturfonds, der vor allem von Bevölkerungsabwanderungen betroffenen und finanzschwachen Gemeinden und Städten zugutekommen soll, ist ein erster Schritt gemacht.

Im Rahmen der FAG Verhandlungen traten die budgetären Herausforderungen der Länder in den Bereichen Krankenanstalten, Pflege und Soziales in den Vordergrund. Damit kann noch nicht gesagt werden, dass die in der Verteilung der FAG-Masse „zur Sicherstellung einer nachhaltigen Haushaltsführung wie unter anderem in den Bereichen Gesundheit, Pflege und Soziales"[4] festgelegten 300 Mio. Euro an zusätzlichen Mitteln bzw. die 125 Mio. Euro Einmalzahlung im Bereich Migration und Integration für Länder und Gemeinden die Dynamik in diesen Bereichen auch nur annähernd adäquat abbilden. Es wurde jedoch die besondere Belastung in diesen Bereichen einmal zur Kenntnis genommen und im finanziellen Ergebnis berücksichtigt. Aus meiner Sicht wird sich die Frage der Finanzierung dieser Bereiche in den kommenden Jahren mit einer deutlich stärkeren Vehemenz stellen als bei den Verhandlungen zum FAG 2017. Es ist aber ein Anfang gemacht. Gemessen an den niedrigen Erwartungen wurde aber auch das finanzielle Ergebnis, auf das sich in der Schlussphase der Fokus der medialen Aufmerksamkeit richtet, in den Ländern positiv aufgenommen.

Der Bereich der Gesundheit soll im vorliegenden Artikel nicht detailliert angesprochen werden. Doch ist mit den Grundsatzbeschlüssen zu den Primärversorgungszentren auch hier der Einstieg in eine potenziell sehr weitreichende Strukturreform gelungen. Ein weiteres wesentliches Element ist die Verankerung einer verbindlichen Planung. Aber auch im Bereich der Medikamentenbewirtschaftung soll die Möglichkeit geschaffen

---

4 § 24 FAG 2017

werden, sektorenübergreifend mit Ausschreibungen Einsparungen erzielen zu können. Es sind daher auch in diesem Bereich sehr wesentliche – „normale" Verwaltungsreformen – auf den Weg gebracht worden.

Zu erwähnen ist auch noch die Ergänzung des Instrumentenkastens, die mit dem FAG 2017 vorgenommen wurde: Benchmarking, Spending Reviews, einheitliche Regelung der Haftungsobergrenzen, Spekulationsverbot, Zusammenarbeit im Bereich der VRV etc.

2. Schlussbemerkungen

Mit dem Paktum zum FAG wurde ein umfangreiches Reformprogramm auf den Weg gebracht, das intensive weiterführende Arbeiten in den kommenden Jahren erfordert und in seiner Tragweite erst im Nachhinein einer abschließenden Bewertung unterzogen werden kann.

Die Vorstellung, dass die Reform des FAG eine temporäre Angelegenheit ist und sich in einem großen Wurf vollzieht, ist aus meiner Sicht vollkommen verfehlt. Im FAG wird vielmehr, wie auch generell in der Verwaltung, die Reform ein ständiger Begleiter bleiben. Im Rahmen der Verwaltung steht Reform eigentlich für Innovation und Produktivitätsfortschritt und hat daher keinen natürlichen Endpunkt. In diesem Sinne scheint der FAG in der Normalität des Mainstreams verwaltungsreformerischer Ansätze angekommen zu sein und das ist eine sehr positive Entwicklung.

Thomas WENINGER, Oliver PUCHNER

Finanzausgleich 2017 – Das Glas ist eher halbvoll als halbleer

Nach gut eineinhalb Jahren mit etlichen Besprechungen auf Beamtinnen- und Beamten-Ebene, zahllosen Papieren und einigen politischen Runden wurde das Paktum zum Finanzausgleich am 7.11.2016 unterfertigt. Von verschiedenster Seite wurde Enttäuschung über die scheinbar mageren Reformen artikuliert. Auch die Autoren dieses Beitrags sind mit größeren Ambitionen an die Arbeit gegangen. Warum das Glas aus Sicht des Österreichischen Städtebundes dennoch eher halbvoll als halbleer ist, soll im Folgenden an Hand einiger Punkte aus der Einigung dargelegt werden.

1. Aufgabenorientierung

Der große Wurf einer kompletten Umstellung der Ertragsanteile-Verteilung mittels aufgabenorientierten Indikatoren ist dieses Mal (noch?) nicht gelungen, da die zu erwartenden Verwerfungen schon auf Länderebene sehr groß waren und ein Konsens über die alternativen Verteilungskriterien sehr schwierig ist. Während beispielsweise das Kriterium „Seehöhe über 800m" für Tirol sehr attraktiv ist, würde Niederösterreich von der „Länge des Wegenetzes" und Wien von der „Anzahl der Pendler" besonders profitieren. Für und gegen jeden dieser Indikatoren kann man mannigfaltige Argumente finden, sodass schließlich doch eine politische Festlegung erfolgen, ein Kompromiss gefunden werden muss.

Aus diesem Grund war etwa auch eine Einigung über eine Abbildung der regionalen Versorgungsfunktion der zentralen Orte und Städte nicht möglich. Die sehr durchdachten Vorarbeiten der TU-Wien und des KDZ[1] sollten aber nicht in der Schublade verschwinden, da die Frage des Ausmaßes und der Abgeltung der Leistungserbringungen für das jeweilige Umland bzw. die Region weiterhin auf der Tagesordnung steht.

Statt der vom BMF intendierten ganzheitlichen Umstellung, die viele richtige Ansätze bereits enthielt, sollen nun mit zwei konkreten Pilotprojekten Erfahrungen gesammelt werden.

Als Einstieg in eine Aufgabenorientierung wird die Verteilung der Ertragsanteile der Gemeinden teilweise (Größe des Anteils ist noch zu definieren) durch eine aufgabenorientierte Verteilung im Bereich der Elementarbildung (Kinder von 0 bis 6 Jahren) ersetzt.

Für diesen Teil der Aufgabenorientierung werden die Ertragsanteile der Gemeinden anhand von noch festzulegenden quantitativen und qualitativen Parametern verteilt werden. Aus Sicht des Städtebundes bietet hierzu

---

1 Vgl. Mitterer et al.: Regionale Versorgungsfunktion, 2016.

die Studie im Auftrag der Arbeiterkammer[2] wichtige Anhaltspunkte.

Ein Modell, bei welchem jene Länder und Gemeinden verlieren, die bereits gut ausgebaute Kindergärten betreiben, wäre allerdings absurd, da es ja nicht nur um den Ausbau, sondern auch den dauerhaften Bestand der Kinderbetreuung geht. Insofern gilt es ernsthaft zu prüfen, auch die Mittelflüsse des Bundes und der Länder zu integrieren und sicherzustellen, dass mit einem Mehr an Plätzen auch ein Mehr an Mittel bereitgestellt wird; Mittel, die nicht ausschließlich von den Gemeinden selber kommen. Eine Finanzierung (zumindest des laufenden Betriebs) aus einer Hand käme der Zielvorstellung der Aufgabenorientierung am nächsten.

Bis 1.9.2018 soll die Aufgabenorientierung im Bereich der Pflichtschulen (Kinder von 6 bis 15 Jahren) einvernehmlich vorbereitet und als weiteres Pilotprojekt ab 1.1.2019 umgesetzt werden. Überlegungen des Bildungsministeriums zu einer indexbasierten Mittelausstattung[3] der Schulen bieten spannende Ausgangspunkte.

2. Abgabenautonomie

Das zweite große Schlagwort dieser Verhandlungen war jenes der Abgabenautonomie (insbesondere) für die Länder.[4] Dahinter steht das in der Theorie des Fiskalföderalismus verankerte Prinzip der „fiskalischen Äquivalenz", wonach eine Gebietskörperschaft sowohl über die Höhe der Ausgaben (etwa für Kindergärten) als auch über die dafür notwendigen Einnahmen (Steuern, Gebühren) entscheiden soll, um die Entscheidung in Abwägung der positiven wie negativen Effekte treffen zu können.[5]

Als erster Schritt für mehr Autonomie der Länder wird der Wohnbauförderungsbeitrag mit Wirkung vom 1.1.2018 zu einer ausschließlichen Landesabgabe mit voller Autonomie für die Länder hinsichtlich der Höhe des Tarifs, während die Gesetzgebung grundsätzlich beim Bund verbleibt. Weiters wird eine gemeinsame Arbeitsgruppe „Abgabenautonomie" der Finanzausgleichspartner unter Beiziehung internationaler Expertinnen und Experten die Zweckmäßigkeit einer verstärkten Abgabenautonomie und Optionen dafür prüfen.

Eine weitere gemeinsame Arbeitsgruppe hat bis Mitte des Jahres 2017 auch eine Stärkung der Abgabenautonomie der Gemeinden durch eine Reform der Grundsteuer vorzubereiten. Diese Gruppe hat auf Expertenebene bereits mehrfach getagt. Die Eckpunkte sind:

---

2   Mitterer; Haindl: Aufgabenorientierter Finanzausgleich Elementarpädagogik, 2015.
3   Kammer für Arbeiter und Angestellte für Wien: AK Chancen-Index Modell, 2016.
4   Während die Gemeinden (ohne Wien – Doppelfunktion!) 2015 immerhin fast ein Viertel der laufenden Einnahmen durch eigene Abgaben erzielen, liegt dieser Wert bei den Ländern (ohne Wien) bei lediglich knapp über 2 %. Dazu kommen bei den Kommunen noch 10 % an Einnahmen aus Gebühren bzw. Leistungen dazu. Vgl. dazu: Statistik Austria: Gebarungsübersichten 2015, 2016, S. 58 ff. und S. 112 ff. sowie eigene Berechnungen der Autoren.
5   Vgl. etwa Zimmermann: Kommunalfinanzen, 2009, S. 19 ff.

- Radikale Vereinfachung der Bewertung (wenige Gebäudekategorien, pauschale Bewertung nach regionalen Indizes, drei Stufen des Erhaltungszustandes).
- Heranziehen von vorhandenen Registerdaten (Gebäude- und Wohnungsregister – GWR etc.). Hier ist das Problem, dass insbesondere im mehrgeschossigen Mietwohnbau (also vor allem in den Städten) der Datenbestand unbefriedigend ist und erst von den Städten aufgearbeitet werden muss.
- Die Regelung soll bundeseinheitlich erfolgen, die Bewertung in Zukunft aber von den Gemeinden durchgeführt werden.

Für die Städte und Gemeinden wäre eine verfassungsmäßige Absicherung und Modernisierung der Grundsteuer ein großer Erfolg, schwebt doch das Damoklesschwert einer Aufhebung durch den Verfassungsgerichtshof ständig über dieser wichtigen kommunalen Finanzierungsquelle.

Im Bereich der Länderabgaben hat sich gezeigt, dass auf die relativ klaren Vorteile, die die Theorie sieht, die mühsamen Details der Praxis folgen. So verwies gerade auch die Steuersektion des Bundesministeriums für Finanzen auf die schon jetzt nicht unbeträchtliche Komplexität des Österreichischen Steuerrechts, die durch eine Verneunfachung nicht unbedingt geringer würde. Insbesondere bei den großen Steuern, wie der Einkommensteuer und der Körperschaftsteuer wären etwa Fragen der Zurechnung nach Wohnsitz- oder Arbeitsort zu klären.[6] Und generell muss von der Politik die Frage geklärt werden, wie viel Steuerwettbewerb man in einem doch sehr kleinen Land haben will. Welche Auswirkungen hätte ein hohes Maß an Autonomie für die wirtschaftlich schwächeren Bundesländer? Müssten diese ihre Tarife erhöhen, um die gleichen Einnahmen wie zuvor zu erlangen? Oder würden deren Verluste durch Ausgleichszahlungen der wirtschaftlich Stärkeren aufgefangen? Könnten Unternehmen bei der Betriebsansiedlung noch mehr Druck für Zugeständnisse der öffentlichen Hand machen?

3. Verteilung der Ertragsanteile und Transfers

Die größten Veränderungen im neuen Finanzausgleichsgesetz gibt es durch eine Vereinfachung der Verteilung der Ertragsanteile (EA) an gemeinschaftlichen Bundesabgaben und Transfers mit Neutralisierung der Verwerfungen zwischen den Ländern und Größenklassen. Hier werden zahlreiche besondere Schlüssel und Vorwegabzüge gegeneinander saldiert und dadurch eine erhebliche Steigerung der Übersichtlichkeit erreicht.[7] Dies ist nicht gering zu schätzen, als dadurch die Berechnung einfacher und weniger fehleranfällig werden sollte. Immerhin hatte der Rechnungshof in seinem Prüfbericht zum abgestuften Bevölkerungsschlüssel[8] festgestellt, dass in fünf von acht Bundesländern die Ertragsan-

---

6 Die Umsatzsteuer ist aufgrund EU-rechtlicher Vorgaben von Anfang an außer Betracht geblieben.
7 Der Gesetzestext der §§ 9-12 FAG 2017 konnte gegenüber den §§ 8-11 FAG 2008 um 2/5 reduziert werden.
8 Rechnungshof: Der abgestufte Bevölkerungsschlüssel, 2016, S. 12.

teile der Gemeinden nicht vollständig korrekt berechnet wurden und dass es der einzelnen Kommune unmöglich sei, die Berechnungen im Detail nachzuvollziehen.

4. Gesundheit

Auch wenn Städte und Gemeinden bei den großen Verhandlungsrunden zwischen Bund, Ländern und Sozialversicherung formal nur „Zuschauer" waren, sind sie doch über die landesgesetzlichen Umlagen in fast allen Bundesländern beträchtliche Mitzahler. Eine Drosselung der enormen Ausgabendynamik in diesem Bereich liegt also auch im Interesse der Kommunen. Die Verlängerung der Art. 15a-Vereinbarungen und des Kostendämpfungspfads soll ebenso dazu beitragen, wie die Überprüfung des Krankenanstalten-Arbeitszeitgesetzes und der Möglichkeit der sektorenübergreifenden Medikamentenbewirtschaftung.

Große Hoffnung setzt der Österreichische Städtebund in die Entwicklung der „Primary Health Care Zentren", um einerseits die Versorgungslage für die Bevölkerung – speziell in ländlicheren Bereichen – besser gewährleisten zu können und andererseits für die medizinischen Berufe attraktivere Arbeitsmöglichkeiten zu schaffen und gleichzeitig die Ambulanzen der Spitäler zu entlasten.

Der (wirklich) große Wurf eine Vereinigung der Finanzierung des ambulanten und stationären Bereichs in einer Hand liegt zwar noch in einiger Ferne, die Notwendigkeit der verbesserten Zusammenarbeit wird aber von allen Seiten gesehen.

5. Pflege

Die Etablierung eines Kostendämpfungspfads im Bereich der Pflege sollte auch hier dazu beitragen, das Anwachsen der Kosten zu bremsen, wenngleich man aufgrund der demografischen Entwicklung nicht dem Irrtum aufsitzen sollte, eine endgültige Lösung der Pflegefinanzierung gefunden zu haben.

Ebenso wichtig ist, dass darüber hinaus vereinbart wurde, eine Anzahl von gesetzlichen Maßnahmen zu prüfen, um das Einhalten des Kostendämpfungspfads zu erleichtern (z. B. Qualitätsleitlinien, Ö-Normen, Dokumentationspflichten etc.).

Auch für das Verhältnis zwischen Ländern und Gemeinden im Bereich der Ko-Finanzierung ist es gelungen, eine Formulierung in das Paktum aufzunehmen, wenn auch deren konkrete Umsetzung in der Praxis der landesgesetzlichen Regelungen nicht leicht werden wird. Sowohl Länder als auch Gemeinden werden von der Fortführung des Pflegefonds mit 350 Mio. Euro und vor allem der jährlichen Valorisierung mit 4,5 Prozent ab 2018 bis 2021 profitieren.

6. Strukturschwache Gemeinden und interkommunale Zusammenarbeit

Das Finanzministerium hat in seinem Entwurf zu einem Fonds für strukturschwache Gemeinden versucht, diesen Ansatz mit einem Mehr an interkommunaler Zusammenarbeit zu verknüpfen, was der Österreichische Städtebund durchaus mitgetragen hätte.[9] Aus unserer Sicht sollte ein solches Instrument immer auf eine ganze Region abgestellt werden, da insbesondere die Verknüpfung der Gemeinden untereinander und die Ausrichtung zum jeweiligen regionalen Zentrum wirklich neue Impulse bringen kann. Eine bloße Verteilung via „Gießkanne" ist da nicht die beste Antwort.

Dennoch ist letztlich eine Verteilung pro Gemeinde beschlossen worden; zwar an bestimmte Indikatoren, aber nicht an konkrete, zukunftsträchtige Projekte gebunden. 60 Mio. Euro (inkl. der 6 Mio. Euro, die von der Stadt Wien kommen) werden in Abhängigkeit der Bevölkerungsentwicklung (Abwanderung), der Finanzkraft und der Abhängigenquote (unter 14- und über 65-Jährige im Verhältnis zur Bevölkerung im Erwerbsalter) pro Jahr ausgeschüttet.[10]

Die Idee der Verstärkung der interkommunalen Zusammenarbeit findet sich nunmehr in einem klassischen Kompromiss wieder. So werden die bisherigen Mittel der Länder (ohne Wien) für Gemeinde-Bedarfszuweisungen um die Mittel aus § 21 FAG 2008 (Finanzkraftausgleich) ausgeweitet. Auf Basis landesrechtlicher Regelungen sollen ab 1.1.2017 zumindest 15 Prozent und ab dem 1.1.2020 zumindest 20 Prozent der Gemeinde-Bedarfszuweisungsmittel für interkommunale Zusammenarbeit (IKZ), Unterstützung von strukturschwachen Gemeinden und Förderung von Gemeindezusammenlegungen verwendet werden. Zudem soll der landesinterne Finanzkraftausgleich zwischen den Gemeinden unter Bedachtnahme auf weitere landesrechtliche Finanzkraftregelungen gestaltet werden, um unerwünschte Effekte (die Gemeinde gewinnt 1 Euro Kommunalsteuer und muss 2 Euro mehr an Umlagen zahlen) zu vermeiden.

Bei der konkreten Umsetzung in den Ländern soll auch auf die Ergebnisse der ÖROK im Zusammenhang mit regionalpolitischen Notwendigkeiten geachtet werden. So strebt das Österreichische Raumentwicklungskonzept 2011[11] als räumliche Ziele „kompakte Städte, leistungsfähige Achsen und vielfältige Regionen" an und verweist hier bereits auf die funktionellen Beziehungen zwischen Gemeinden. Insbesondere das immer stärker werdende Abweichen der funktionalen Grenzen von den administrativen Grenzen verlangt nach regionalen Kooperationsmodellen, gerade auch um die Funktionsfähigkeit der ländlichen Räume aufrecht zu erhalten.

---

9   Allerdings wollte das BMF zwar mitbestimmen, aber keinesfalls mitzahlen, was in der Logik der Österreichischen Finanzausgleiche nicht darstellbar ist.
10 Weitere 53 Mio. Euro werden über die normale Ertragsanteile-Verteilung an die Gemeinden ausgeschüttet.
11 ÖROK: Raumentwicklungskonzept 2011.

7. Gesamteinschätzung und Ausblick

Wie eingangs erwähnt, sind kaum Jubelchöre über das Endergebnis zu vernehmen gewesen. Bei Beachtung der inhärenten Logik des Verhandlungsprozesses dürfen die nur langsamen und vorsichtigen Reformschritte aber nicht verwundern. Ausgehend von einem realen Status quo gilt für alle Beteiligten, dass sie (zumindest) nicht verlieren dürfen, müssen sie sich doch insbesondere im eigenen Land, in der eigenen Gemeinde verantworten. Der Versuch des Bundes, die Verteilung zu ändern ohne neue Mittel zur Verfügung zu stellen, war deshalb von Anfang an zum Scheitern verurteilt, da letztlich alle das Paktum gemeinsam unterfertigen müssen. Aufgrund dieser Rahmenbedingung muss das Glas daher als durchaus halbvoll betrachtet werden.

Nur wenn die Mittel den Aufgaben folgen, können die zu finanzierenden Aufgaben effizienter und günstiger erbracht werden und eine Win-win-Situation für alle Beteiligten entstehen. Schon zum Anfang der Verhandlungen wurde beim geplanten Themenpaket Aufgabenkritik/Aufgabenreform schnell klar, dass der Finanzausgleich nicht eine Bundesstaatsreform quasi miterledigen kann. Es bleibt zu hoffen, dass die Bekenntnisse zu einer groß angelegten Reform nicht eine weitere Arbeitsgruppe unter vielen bringen wird, sondern durchaus unter Berücksichtigung der Beratungen des Österreich-Konvents mutige neue Wege gedacht und letztlich auch eingeschlagen werden.

Walter LEISS, Konrad GSCHWANDTNER

Finanzausgleich 2017 bis 2021 – Insgesamt zufriedenstellendes Ergebnis

Stellungnahme aus Sicht des Gemeindebundes

Dem beschlossenen Finanzausgleich 2017 bis 2021 gingen Verhandlungen voraus, die achtzehn Monate in Anspruch nahmen. Angesichts der schwierigen Ausgangslage, der teilweise deutlich überzogenen Erwartungen an die Reform und der nicht selten kontroversiellen Verhandlungen kann das Ergebnis aus kommunaler Sicht durchaus als zufriedenstellend bezeichnet werden. Auch der österreichische Gemeindebund konnte daher am 7. November 2016 seine Unterschrift unter das Paktum[1] setzen. Das Finanzausgleichsgesetz 2017[2] wurde am 15. Dezember 2016 im Sinne dieser politischen Einigung im Nationalrat beschlossen und ist seit 1. Jänner 2017 in Kraft.

1. Schwierige Ausgangslage und große Erwartungen an die Reform

Neben den Forderungen von Bund, Ländern und Gemeindebünden selbst meldeten sich immer wieder auch verschiedenste Einrichtungen und Institutionen mit guten und weniger guten Vorschlägen (medial) zu Wort. Neben einem großen Wurf oder gar einer Föderalismus- und Staatsreform, die der Finanzausgleich nicht leisten kann, wurden Abgabenautonomie, Aufgabenorientierung, Einfachheit und Transparenz eingefordert. Der Finanzausgleich sei zu komplex, zu intransparent und nicht nachvollziehbar. Das mag stimmen, dabei wird aber übersehen, dass sich der Finanzausgleich nicht an die Bürgerin und den Bürger richtet, sondern an die Verwaltung. Darüber hinaus gebietet § 4 der Finanzverfassung 1948, dass „die Grenzen der Leistungsfähigkeit der beteiligten Gebietskörperschaften nicht überschritten werden"[3], was auch eine gewisse Detailliertheit der finanzausgleichsrechtlichen Regelungen für 2.110 Gebietskörperschaften voraussetzt. Nachstehende Tabelle 1 verdeutlicht die heimische Gemeindestruktur und zeigt auch die Relationen des Volumens an Ertragsanteilen nach Gemeindegrößenklassen. So werden gemäß den aktuellen Prognosen des Bundesministerium für Finanzen (BMF) im Jahr 2017 weniger als 3 Prozent der Gemeindeertragsanteile an die 432 Gemeinden unter 1.000 Einwohnerinnen und Einwohner fließen, demgegenüber fließen fast 42 Prozent in die neun Städte mit über 50.000 Einwohnerinnen und Einwohnern.

---

1 Siehe Anhang.
2 BGBl. I Nr. 116/2016
3 BGBl. Nr. 45/1948 idF. BGBl. I Nr. 51/2012

Teil 4: Finanzausgleich 2017 bis 2021 – Insgesamt zufriedenstellendes Ergebnis

Tabelle 1: Gemeindestruktur und gekürzte Ertragsanteile im Jahr 2017

Größenklasse	Anzahl Gemeinden	Einwohnerinnen und Einwohner (31.10.2015)	Gekürzte Ertragsanteile im Jahr 2017		
			pro Kopf (in EUR)	je Größenklasse (in Mio. EUR)	(in %)
bis 500	109	36.842	875	32	0,4%
501- 1.000	323	247.545	840	208	2,4%
1.001- 2.500	958	1.576.500	805	1.269	14,9%
2.501- 5.000	459	1.582.185	810	1.282	15,1%
5.001- 10.000	163	1.090.591	797	869	10,2%
10.001- 20.000	62	796.667	932	742	8,7%
20.001- 50.000	17	479.442	1.132	542	6,4%
50.001- und mehr	9	2.860.918	1.243	3.556	41,8%
Österreich	2.100	8.670.690	980	8.501	100,0%

Quelle: Eigene Berechnung; Datenquelle: Statistik Austria und BMF-Prognose (Okt. 2016) gemäß FAG 2017.

Die finanzielle Ausgangslage für die Reform stellte sich angesichts der erst kürzlich erfolgten Steuerreform[4] (2016 sanken die Lohnsteuereinnahmen um über 2,6 Mrd. Euro), der aktuellen und künftig zu erwartenden Kostensteigerungen vor allem im Gesundheits-, Sozial- und Asylbereich sowie auch wegen der im Jahr 2017 eher verhaltenen Konjunkturentwicklung als überaus schwierig dar. Von Bundesseite wurden in den Verhandlungen immer wieder die Ausgaben für arbeitsmarkt- und wirtschaftspolitische Maßnahmen sowie die Bankenpakete als Argument gegen eine aufgrund des „grauen Finanzausgleichs"[5] aus Sicht der Länder und Gemeinden angebrachte Diskussion der vertikalen Verteilung der Ertragsanteile auf Bund, Länder und Gemeinden angeführt. Die über weite Strecken kompromisslosen Positionen des BMF trugen wohl auch dem Druck der Medien Rechnung, gegenüber den Ländern nicht nachzugeben. Darüber hinaus sorgten auch ein überbreites Feld an Arbeitsgruppen und FAG-fremden Reformthemen sowie radikalen Vorschlägen des Bundes[6] dafür,

---

4   Die Gemeinden verfügen über keine wirksame rechtliche Handhabe (die Verhandlungspflicht des § 7 FAG 2017 ist zahnlos) gegen einseitige steuerpolitische Maßnahmen des Bundes bei gemeinschaftlichen Bundesabgaben. Die aktuellen Reformvorhaben laut dem Arbeitsprogramm der Bundesregierung 2017/2018 würden somit auch die Ertragsanteile der Gemeinden schmälern.
5   Bundes- oder landesrechtliche Maßnahmen, die zu Mindereinnahmen (z. B. bei Abgaben) oder Mehrausgaben (z. B. durch erhöhte Qualitätsstandards oder Anschubfinanzierungen anstelle langfristiger Finanzierung) bei den Gemeinden führen.
6   Von Bundesseite wurde u. a. vorgeschlagen, die bisherige Verteilung der Gemeindeertragsanteile vollständig durch eine Verteilung über die Volkszahl ergänzt um statistische Indikatoren (zur Abgeltung von Sonderlasten) sowie einen bundes- und einen landesweisen Finanzkraftausgleich zu ersetzen, was zu massiven landes- und gemeindeweisen Verwerfungen geführt hätte. Der Gemeindebund hat sich klar gegen ein solches Modell und für eine allenfalls schrittweise Einführung von aufgabenorientierten Schlüsseln im Abtausch gegen aBS-Ertragsanteile bei gleichzeitiger Einführung eines Verlustdeckels ausgesprochen.

dass es bis Ende September 2016 noch kaum Einigungen gegeben hat, zumal sich auch die Länder schon sehr früh gegen Verschlechterungen bei der vertikalen Verteilung und horizontalen Verschiebungen ausgesprochen haben und durch die Frage der Abgabenautonomie[7] gespalten waren.

2. Zentrale Inhalte des Finanzausgleichs 2017 bis 2021

Zwei wesentliche Erfolgsfaktoren für die dann doch umfangreichen Ergebnisse der Finanzausgleichsverhandlungen waren die Zusagen des Bundes zu einer „Dynamik-Garantie" für die gemeindeweisen Ertragsanteile wenige Wochen vor Verhandlungsschluss sowie zur Bereitstellung frischer Mittel für Länder und Gemeinden (wie es im Paktum heißt: auch für horizontale Ausgleichsbedürfnisse) am Vorabend der Unterzeichnung.

2.1 Reduktion der Komplexität

Die umfangreichen Vereinfachungen bei der vertikalen, horizontalen und gemeindeweisen Ermittlung der Ertragsanteile werden insgesamt positiv gesehen, zumal das Finanzausgleichsgesetz nun auf Ebene der Einzelgemeinden die Dynamik-Garantie für die Ertragsanteile je Einwohnerin und Einwohner vorsieht. Nicht unwesentlich ist auch, dass das BMF bereits zugesagt hat, dass dieser Mechanismus auch Teil weiterer Finanzausgleichsperioden sein wird, was nicht zuletzt für Tourismusgemeinden sehr wichtig ist, da der 90 Cent-Vorweganteil je Nächtigung häufig nicht in der Lage ist, den Wegfall des Getränkesteuerausgleichs annähernd zu kompensieren. Für Nicht-Tourismusgemeinden mit ehemals hohem Getränkesteuerausgleich gilt freilich ähnliches. So werden etwa einzelne Wintersportzentren 10 bis 15 Jahre lang den Aufstockungsbetrag in Anspruch nehmen müssen, um mit ihren pro-Kopf-Ertragsanteilen zumindest auf den halben Zuwachs der landesweisen Ertragsanteile zu kommen. Nicht ganz zufriedenstellend ist auch, dass (im Gegensatz zum Werbesteuernausgleich) der Wegfall des Getränkesteuerausgleichs nicht größenklassenweise neutralisiert wurde und somit Ertragsanteile-Dynamik (vor allem in den Tourismusländern Tirol, Salzburg, Kärnten und Vorarlberg) aus der untersten Größenklasse abgezogen wird, obwohl die notwendige Aufstockung richtigerweise von den Gewinnern der Reform finanziert wird.

---

7 Der Gemeindebund sieht angesichts von schädlichem Steuerwettbewerb, hohem Verwaltungsaufwand und einem dann nötigen (ähnlich wie in der Schweiz) aufwändigen Ausgleichsmechanismus im FAG keine Sinnhaftigkeit für Abgabenautonomie der Länder, zumal für die These, dass mehr Einnahmenverantwortung auch zu mehr Ausgabenverantwortung führt, die empirischen Beweise fehlen. Vielmehr wurde in den FAG-Verhandlungen und im Paktum klar festgehalten, dass die Gemeinden im Fall von Länder-Abgabenautonomie (etwa durch Zuschlagsabgaben) weiterhin mit Ertragsanteilen an den (Stamm)Abgaben des Bundes beteiligt bleiben werden. Auch eine (teilweise) Freigabe des Steuersatzes bei der Kommunalsteuer wurde abgelehnt. Demgegenüber steht der Gemeindebund jedoch Überlegungen des BMF für eine zentrale Einhebung der Kommunalsteuer über die Sozialversicherungsträger gesprächsbereit gegenüber.

Insgesamt werden diese Reformen der Ermittlung der Ertragsanteile (vertikal und horizontal wird ja neutralisiert) in hohem Maße von jenen Gemeinden getragen, die einen Aufstockungsbetrag bei der Dynamik-Garantie benötigen oder knapp nicht benötigen. Dazu zählen auch jene finanzschwachen Gemeinden, die bisher auf einen hohen Unterschiedsbetrag aus dem ebenfalls weggefallenen Finanzkraft-Finanzbedarfsausgleich angewiesen waren.

2.2 Mehr Gerechtigkeit im Finanzausgleich

Die nachstehende Tabelle 2 zeigt das länderweise Ergebnis der zwischen Gemeindebund und Städtebund rund drei Wochen nach dem Paktum vereinbarten Verteilung des Gemeindeanteils (112,863 Mio. Euro) an den jährlichen, vom Bund zur Verfügung gestellten frischen Mitteln (300 Mio. Euro) für Länder und Gemeinden.[8] Die Schaffung eines Strukturfonds für finanzschwache Gemeinden und Abwanderungsgemeinden war eine der zentralen Forderungen des Gemeindebundes in den Finanzausgleichsverhandlungen. Sie konnte zwar nicht in der erhofften Höhe jedoch zur Gänze mit zusätzlichen Mitteln umgesetzt werden. Die länderweise Höhe der Strukturfondsmittel zeigt sehr deutlich, dass die Gemeinden in den Bundesländern Burgenland, Kärnten, Niederösterreich, Steiermark und teilweise auch Oberösterreich deutlich stärker von Abwanderung und Strukturschwäche betroffen sind als die anderen.

Tabelle 2: Finanzzuweisungen gemäß § 24 Z 1 und Z 2 FAG 2017 im Jahr 2017

	Finanzzuweisungen gem. § 24 Z 1 und Z 2 FAG, in Mio. Euro								
	Bgld	Ktn	NÖ	OÖ	Sbg	Stmk	Tir	Vbg	W	Gesamt
Strukturfonds	5,81	8,68	16,99	8,35	1,06	15,78	2,89	0,44	0,00	60,00
aBS-Mittel	1,37	3,24	8,78	8,52	3,52	6,71	4,36	2,46	13,90	52,86
Gesamt	7,19	11,92	25,76	16,87	4,58	22,48	7,25	2,90	13,90	112,86

Quelle: BMF II/3: Vorläufige Zahlen zu den Strukturfondsmitteln.

In den Finanzausgleichverhandlungen auf Bundesebene ebenso wie innerhalb der Gemeindebünde immer wieder Thema ist die unterschiedliche länder- und größenklassenweise Verteilung der Ertragsanteile pro Kopf, siehe dazu auch die obere Hälfte von Tabelle 3. Politisch umrahmt ist diese Forderung häufig durch „Jede/r Einwohner/in ist gleich viel wert", wobei dazuzusagen ist, dass diese Forderung um das jeweilige Lohn- und Preisniveau im Bundesland zu bereinigen wäre. Da eine Reform des abgestuften Bevölkerungsschlüssels durch den Widerstand des Städtebundes ausgeblieben ist und auch der Fix-Schlüssel bei der Bildung der landesweisen Gemeindeertragsanteile in den kritischen Punkten (KESt I und historische Gewerbesteuer) unverändert blieb, wird das FAG 2017 dieser Forderung nach mehr Verteilungsgerechtigkeit bei den Ertragsanteilen nur durch die Strukturfondsmittel gerecht – siehe untere Hälfte von Tabelle 3.

---

8   Das Paktum nennt hierbei die Kostensteigerungen der Länder und Gemeinden im Gesundheits-, Pflege- und Sozialbereich sowie horizontale Ausgleichsbedürfnisse.

Tabelle 3: Ertragsanteile pro Kopf im Jahr 2017

Ertragsanteile pro Kopf (exkl. 12,8% BZ-Mittel; Beträge in Euro)									
Größenklasse	Bgld	Ktn	NÖ	OÖ	Sbg	Stmk	Tir	Vbg	Wien	Gesamt
bis 500	744	-	780	808	1.103	786	931	1.003	-	875
501- 1.000	739	853	787	819	1.025	748	951	960	-	840
1.001- 2.500	744	793	778	809	927	749	923	941	-	805
2.501- 5.000	730	781	773	808	924	746	925	902	-	810
5.001- 10.000	723	791	775	805	891	738	869	869	-	797
10.001- 20.000	1.003	869	933	923	1.001	841	1.003	1.002	-	932
20.001- 50.000	-	1.038	1.099	1.108	1.198	987	-	1.249	-	1.132
50.001- und mehr	-	1.197	1.231	1.257	1.405	1.172	1.385	-	1.233	1.243
Österreich	750	926	846	916	1.074	863	1.010	1.045	1.233	980

Ertragsanteile pro Kopf zzgl. Finanzzuweisungen gem. § 24 FAG 2017									
Größenklasse	Bgld	Ktn	NÖ	OÖ	Sbg	Stmk	Tir	Vbg	Wien	Gesamt
bis 500	808	-	821	830	1.142	835	959	1.014	-	909
501- 1.000	780	897	824	841	1.040	802	976	981	-	871
1.001- 2.500	774	838	804	826	940	781	935	949	-	829
2.501- 5.000	746	802	788	820	932	770	934	908	-	825
5.001- 10.000	728	812	784	813	898	754	874	876	-	807
10.001- 20.000	1.009	883	940	929	1.007	853	1.009	1.008	-	940
20.001- 50.000	-	1.045	1.105	1.114	1.205	993	-	1.257	-	1.138
50.001- und mehr	-	1.205	1.238	1.264	1.413	1.179	1.393	-	1.240	1.251
Österreich	775	948	861	927	1.082	881	1.019	1.053	1.240	993

Quelle: Eigene Berechnung auf Basis Statistik Austria und BMF-Prognose (Okt. 2016) gemäß FAG 2017.

2.3 Landesinterner Finanzausgleich ausgebaut

Nach umfangreichen Beratungen verlagern das Paktum und das FAG 2017 die Transfer- und Finanzkraftdebatte nun dorthin, wo sie auch hingehört, nämlich auf Landesebene. Denn eine Bundesstaatsreform[9] ist auch in den nächsten Jahren nicht zu erwarten und Detailsteuerung greift nun einmal auf Landesebene besser Platz als zentral. Bis auf den Strukturfonds (die Finanzkraft findet hier jedoch eher als Stellvertreter-Indikator für Strukturschwäche, denn als eigener Ausgleich Anwendung) erfolgt über den primären und sekundären[10] (bundesgesetzlichen) Finanzausgleich kein Finanzkraftausgleich mehr. Die lokalen Verbände von Gemeindebund und Städtebund sind daher berufen, mit dem jeweiligen Land über allfällige Entflechtungen im Transfergefüge zu beraten (etwa über einen schrittweisen Abtausch von Umlagen und Transfers zwischen Gemeinden und Land) bzw. die notwendigen Anpassungen infolge des FAG 2017 vorzunehmen: Darunter fallen die Umsetzung der neuen Zweckbindung der Gemeinde-Bedarfszuweisungsmittel ebenso, wie ein zusätzlicher oder erweiterter Finanzkraftausgleich anstelle des weggefallenen Unterschiedsbetrags nach § 11 Abs. 2 Z 1 FAG 2008 sowie eine Nachfolgeregelung für die ehemaligen § 21 Finanzzuweisungen, die nun die BZ-Mittel-Töpfe der Länder verstärken.

---

9 Wiewohl die Finanzausgleichspartner im Paktum die politische Absicht dokumentiert haben, bis zum Ende des Jahres 2018 eine Bundesstaatsreform unter Berücksichtigung der Arbeiten des Österreich Konvents (2003-2005) vorzubereiten, ist ihre Umsetzung doch eher unwahrscheinlich.

10 Vgl. Bröthaler: Entwicklung, 2008, S. 215.

2.4 Kostendämpfung voranbringen

Mit Blick auf die Mitfinanzierungsverpflichtungen der Gemeinden im Gesundheitsbereich wird die Weiterführung des künftig noch strengeren Ausgabendämpfungspfads (3,6 Prozent im Jahr 2017 stufenweise absteigend auf 3,2 Prozent im Jahr 2021) begrüßt, ebenso die vereinbarte Schaffung von gesetzlichen Rahmenbedingungen (z. B. betreffend die Ärztearbeitszeit), um diese Ausgabenziele einzuhalten zu können. Auch im Bereich der Pflege gibt es mit dem neuen Finanzausgleich nun einen Kostendämpfungspfad, der gemäß dem Paktum zum FAG auch als Leitlinie für die betreffenden Umlagen der Gemeinden dienen soll. Ganz wichtig wäre aber auch, weitere Schritte gegen den grauen Finanzausgleich zu setzen (Schärfung der Konsultationsvereinbarung, Schaffung von mehr Kostenbewusstsein bei den gesetzgebenden Ebenen).

2.5 Weiterhin solidarische Finanzierung

Wichtige Einigungen konnten auch betreffend die solidarische Finanzierung von Aufgaben durch Bund, Länder und Gemeinden erreicht werden. So etwa bei der gemeinsamen Finanzierung der Kostensteigerungen in der Pflege über den Pflegefonds (hier stellt der Bund über die Finanzausgleichsperiode 111 Mio. Euro an zusätzlichen Mitteln zur Verfügung) oder auch die weiterhin gemeinsam dotierte Förderschiene der Siedlungswasserwirtschaft, wo das Umweltförderungsgesetz[11] in § 6 Abs. 2 Z 8 nun auch für 2017 bis 2021 einen Neuzusage-Rahmen von 80 Mio. Euro pro Jahr vorsieht. Weiters ist auch der pauschale Kostenersatz des Bundes nach § 5 FAG 2017 zur Abgeltung der Aufwendungen der Gemeinden im Zusammenhang mit der Flüchtlingskrise in Höhe von 37,5 Mio. Euro zu nennen. Die Mittel werden Anfang Juli 2017 an gut 1.500 Gemeinden, die im Jahr 2016 grundversorgte Personen untergebracht hatten, ausbezahlt. Im Paktum wurde auch vereinbart, dass im Fall einer mit 2015 vergleichbaren weiteren Flüchtlingskrise wieder in Verhandlungen über die finanziellen Auswirkungen eingetreten wird.

Nicht ganz passend unter dem Titel solidarische Finanzierung – aber dennoch an dieser Stelle angeführt – wird auch die Bereitstellung von Bundes- und Gemeindemitteln (50:50) in Höhe von jährlich rund 9,6 Mio. Euro (in den Jahren 2017 bis 2029 damit insgesamt 125 Mio. Euro) für Kostenersätze aufgrund von Investitionsmaßnahmen an Eisenbahnkreuzungen auf Gemeindestraßen. Die Vollziehung erfolgt durch die Länder, die Anfang 2017 entsprechende Richtlinien erarbeiten werden. Es ist jedoch darauf hinzuweisen, dass Gemeindebund und Städtebund dem Bund bei dieser Einigung sehr entgegen gekommen sind, da ja die Kosten vom Bund – in Verletzung des Konsultationsmechanismus – verursacht wurden.

---

11   BGBl. I Nr. 185/1993 idF. BGBl. I Nr. 21/2017

3. Weichenstellungen und Arbeitsaufträge

Wie bereits angesprochen, umfasst das Paktum auch eine Reihe weiterer Einigungen, etwa die Überarbeitung der Art. 15a-Vereinbarungen im Gesundheitswesen, die Inhalte der künftigen Art. 15a-Vereinbarung zu den Haftungsobergrenzen der Länder und Gemeinden oder auch noch zu verhandelnde Themen wie die schrittweise Einführung von aufgabenorientierten Ertragsanteilen und die Reform der Grundsteuer.

3.1 Aufgabenorientierung: schrittweise statt radikal

Sehr ausführlich wurde in den Verhandlungen zum FAG 2017 auch über aufgabenorientierte Mittelzuteilung anstelle der aktuell eher pauschalierenden diskutiert. Nicht so sehr in Form einer Aufgabenreformdiskussion und des Versuchs einer Klarstellung, welche Aufgaben bzw. welche Leistungsniveaus über den Finanzausgleich abgegolten werden sollen, sondern eher in finanzstatistischer Weise. Im Vordergrund stand die Frage, welche statistischen Indikatoren herangezogen werden könnten. Tabelle 4 zeigt exemplarisch einige solcher (Stellvertreter)Indikatoren im Zusammenhang mit Kinderbetreuung der 0- bis 6-Jährigen. Hier wird offenkundig, dass die Aufgabenerfüllung länderweise sehr unterschiedlich erbracht wird: So erfolgt Kinderbetreuung in Wien sehr stark in Krippen und altersgemischten Einrichtungen, während der klassische Kindergarten besonders stark in Niederösterreich vertreten ist (wo vom Land auch das pädagogische Kindergartenpersonal bezahlt wird). Aber auch die Trägerschaft ist länderweise sehr unterschiedlich. So wird die Betreuung der 0- bis 6-Jährigen im Burgenland fast ausschließlich von den Gemeinden getragen, während in Wien fast zwei Drittel der betreuten Kinder in privaten Kindertagesheimen untergebracht sind. Beträchtliche landesrechtliche Abweichungen finden sich aber auch bei den Gruppengrößen und Betreuungsschlüsseln, womit auch die Kostenstrukturen unabhängig vom Ausbaugrad stark divergieren.

Tabelle 4: Statistische Indikatoren zur Kinderbetreuung (0- bis 6-Jährige), 2014

Statistische Indikatoren zur Kinderbetreuung - länderweise Anteile									
	Bgld	Ktn	NÖ	OÖ	Sbg	Stmk	Tir	Vbg	Wien
Anteil EinwohnerInnen	3,4%	6,5%	19,1%	16,8%	6,3%	14,3%	8,5%	4,4%	20,7%
Anteil Ertragsanteile	2,6%	6,2%	16,5%	15,7%	6,9%	12,6%	8,7%	4,7%	26,1%
Fläche	4,7%	11,4%	22,9%	14,3%	8,5%	19,6%	15,1%	3,1%	0,5%
Anteil 0-3Jährige	2,9%	5,8%	18,2%	17,4%	6,4%	13,0%	8,7%	4,8%	22,8%
Anteil 3-6Jährige	3,1%	6,0%	18,7%	17,4%	6,4%	13,2%	8,6%	4,9%	21,7%
Anteil 0-6Jährige	3,0%	5,9%	18,4%	17,4%	6,4%	13,1%	8,6%	4,9%	22,3%
Krippen (Kinder)	3,5%	8,8%	3,5%	12,6%	6,0%	9,7%	16,1%	0,0%	39,7%
Kindergärten (Kinder)	3,4%	5,3%	24,1%	17,5%	6,3%	13,3%	9,2%	4,4%	16,6%
Altersgemischte Einricht.	3,4%	3,9%	5,7%	9,9%	7,5%	1,2%	0,0%	10,3%	58,0%
Anteil betreute Kinder gesamt	3,1%	5,8%	18,9%	16,8%	5,7%	10,0%	8,0%	5,5%	26,2%
Krippen (Gruppen)	3,4%	7,1%	3,9%	16,7%	9,3%	11,4%	13,0%	0,0%	35,2%
Kindergärten (Gruppen)	3,1%	4,5%	25,7%	19,8%	5,6%	12,2%	9,5%	4,8%	14,9%
Altersgemischte Einricht.	4,5%	3,5%	7,6%	0,0%	10,3%	0,8%	0,0%	10,1%	63,2%
Anteil Gruppen gesamt	3,1%	5,3%	19,4%	17,7%	6,1%	9,7%	8,1%	4,9%	25,8%

Quelle: Statistik Austria: Kindertagesheimstatistik 2014 (jeweils gemeindeweise verfügbare Daten), 2015.

All diese Eigenheiten werden es in den Verhandlungen sehr herausfordernd machen, einen bundesweiten Indikatoren-Mix (Basisbetrag je Gruppe und Woche um die Infrastruktur- und Personalkosten abzubilden, Zu- und Abschläge für Wochenöffnungszeiten und Schließtage etc.) zu entwickeln, nach welchem bereits ab 2018 ein der Höhe nach noch zu vereinbarender Teil der Gemeindeertragsanteile anstelle des abgestuften Bevölkerungsschlüssels (aBS) bzw. von Fix-Schlüsseln nach aufgabenorientierten Indikatoren der Elementarbildung (0- bis 6-Jährige) verteilt wird. Dieser Anteil sollte aber die Relation der Kinderbetreuung in den Gemeindehaushalten abbilden und kann daher maximal 10 Prozent der gekürzten Ertragsanteile ausmachen, wie der Österreichische Gemeindebund bereits in den FAG-Verhandlungen festgehalten hat. Nach der Elementarbildung sollen ab 2019 dann weitere aufgabenorientierte Ertragsanteile für den Bereich der Pflichtschulen folgen. Gerade dieser Bereich wäre auch prädestiniert, vorhandene Kompetenzzersplitterung (z. B. beim Lehr- und Freizeitpersonal in Ganztagsschulen) zu bereinigen.

Durch die im FAG 2017 eingeführte Dynamik-Garantie bei den Gemeindeertragsanteilen, würde es zwar (abseits von Konjunkturkrisen und Steuerreformen) durch die Einführung von Aufgabenorientierung keine absoluten Verluste an pro-Kopf-Ertragsanteilen geben, dennoch würden viele Gemeinden jahrelang einen Gutteil ihrer Ertragsanteile-Dynamik bei weiterhin steigenden Kosten verlieren. Es sollte daher überlegt werden, beim derzeitigen Mindestniveau der Dynamik-Garantie noch einmal nachzubessern.[12]

3.2 Benchmarking und Spending Reviews

Das Einrichten eines Benchmarking-Systems bis Ende 2018, mit dem sich Bund, Länder und Sozialversicherungen hinsichtlich der Erfüllung ihrer Aufgaben nach Effizienzkriterien vergleichen sollen (bei den Gemeinden soll dies innerhalb der Länder erfolgen), wird positiv gesehen, ebenso dass die Ergebnisse veröffentlicht werden sollen. Wichtig wird es sein, Vergleichbares zu vergleichen und auch die Datenlage für ein sinnvolles Benchmarking zu schaffen. So könnte nun das seit Jahren geforderte, bei Statistik Austria anzusiedelnde Zentrale Haushaltsregister (ZHR) endlich umgesetzt werden, in welches alle Gebietskörperschaften und ausgegliederten Einheiten ihre Gebarungsdaten auf Ebene der Einzelkonten direkt einmelden und somit ein vollständiger Datenbestand geschaffen wird. Der Gemeindebund unterstützt ebenfalls die unter dem Fachbegriff „Spending Reviews" geplanten Evaluierungen ausgewählter Aufgaben und Ausgaben (z. B. des öffentlichen Personennahverkehrs).

---

12 § 12 Abs. 9 Z 1 FAG 2017 sieht aktuell als Garantie-Prozentsätze 65 Prozent für 2018 vor und 50 Prozent ab 2019.

3.3 Reform der Grundsteuer

Ein bedeutender Schritt ist in den Finanzausgleichsverhandlungen auf dem Weg zur Reform der Grundsteuer gelungen: Das Paktum sieht vor, dass eine Arbeitsgruppe bis Mitte des Jahres 2017 eine Stärkung der Abgabenautonomie der Gemeinden durch eine Reform der Grundsteuer vorzubereiten hat. Da der Finanzminister keinerlei politische Verantwortung für eine mögliche Erhöhung der Grundsteuer übernehmen will, wurde den Gemeinden volle Autonomie bei der Festlegung des Steuersatzes zugesagt. Auch die Bemessungsgrundlage soll künftig von den Gemeinden ermittelt werden, sodass in der Arbeitsgruppe bereits seit Ende 2016 an einer einfachen, praktikablen und bundesgesetzlich geregelten Bewertungsmethode gearbeitet wird.

Nach dem FAG ist vor dem FAG: Nicht zuletzt wird der Erfolg des FAG 2017 auch daran gemessen werden, ob die in den Verhandlungen getroffenen Einigungen auch umgesetzt werden. Hierfür wurden im Februar 2017 bereits einige Arbeitsgruppen konstituiert und Zeitpläne vereinbart. Die Verhandlungen gehen also weiter.

Romana BRAIT, Tobias SCHWEITZER

Was bringt der neue Finanzausgleich aus Sicht der Arbeitnehmerinnen und Arbeitnehmer?

Mit dem Finanzausgleichsgesetz 2017 (FAG 2017) wurde erstmals seit 2008 ein neuer Finanzausgleich vorgelegt, der die Finanzen von Bund, Ländern und Gemeinden reformiert. Dabei geht es um nicht wenig Geld: Im Jahr 2014 wurden Abgaben in der Höhe von rund 90 Mrd. Euro über den Finanzausgleich verteilt.

Grundsätzlich geht es beim Finanzausgleich aus Sicht der Arbeitnehmerinnen und Arbeitnehmer darum, dass die öffentlichen Leistungen von den Gebietskörperschaften in guter Qualität erbracht werden. Die Aufteilung und Finanzierung der Aufgaben sollte möglichst effizient erfolgen und für die Bürgerinnen und Bürger nachvollziehbar und einsehbar sein.

Das FAG 2008 wurde seit seinem erstmaligen Auslaufen im Jahr 2013 zweimal um in Summe drei Jahre verlängert. Im Paktum zum FAG 2008 wurde vereinbart, dass zu strittigen Themen Studien vergeben werden. Diese liegen zwischenzeitlich vor und sind auf der Homepage des BMF[1] einsehbar und herunterzuladen. Seit Juni 2015 tagten nicht weniger als sieben verschiedene Arbeitsgruppen zu möglichen FAG-Reformen unter der Koordination von Finanzminister Schelling. Die in das FAG 2017 gesetzten Reformerwartungen waren entsprechend hoch. Doch wurden diese erfüllt? In diesem Beitrag werden die wichtigsten Reformvorhaben im Zuge des FAG 2017 dargelegt und analysiert.

1. Aufgabenorientierung: Pilotprojekte Elementare Bildung und Pflichtschulen

Erstmals wurde der Einstieg in die von Arbeiterkammer sowie Expertinnen und Experten seit langem geforderte Aufgabenorientierung als Pilotprojekt in der Elementaren Bildung (Betreuung der unter 6-jährigen Kinder) ab 2018 und in den Pflichtschulen ab 2019 beschlossen. Anstoß dazu gab unter anderem eine im Auftrag der Arbeiterkammer erstellte Studie des Zentrums für Verwaltungsforschung (KDZ), in der konkrete Modelle für eine aufgabenorientierte Finanzierung der Elementaren Bildung vorgelegt wurden.[2] Aufgabenorientierung im Finanzausgleich bedeutet die Geldflüsse zwischen Bund, Ländern und Gemeinden verstärkt an Leistungskriterien zu binden, anstatt sie von Verhandlungsergebnissen abhängig zu machen.

---

1 Siehe hierzu unter: https://www.bmf.gv.at/budget/finanzbeziehungen-zu-laendern-und-gemeinden/studien-zur-reform-des-finanzausgleichs.html.
2 Mitterer; Haindl: Aufgabenorientierter Finanzausgleich Elementarbildung, 2016, S. 96 ff. Online unter: https://media.arbeiterkammer.at/wien/MaterialienWuG151.pdf.

Sowohl die Elementare Bildung als auch die Pflichtschulen sind geeignete Felder für die beiden Pilotprojekte. In der Elementaren Bildung bietet sich die Möglichkeit, die Finanzierung der durch den Ausbau der Betreuungseinrichtungen erhöhten laufenden Kosten abzusichern, zusätzlich bietet sich sowohl bei der Kinderbetreuung als auch bei der Ausweitung der Aufgabenorientierung auf die Pflichtschulen die Möglichkeit zum Einstieg in den Chancenindex. Der Ausbau ganztägiger Schulen könnte auf langfristig abgesicherte Beine gestellt werden und die bisherigen Bund-Länder-Vereinbarungen ersetzen.

Der im FAG 2017 verankerte Einstieg in die Aufgabenorientierung enthält bislang wenig Information zur konkreten Umsetzung und lässt daher auch einige zentrale Fragen offen:

- **Bundeseinheitliche Festlegung der Kriterien**: mit länderspezifischen Festlegungen kann weder dem Prinzip der Leistungsgerechtigkeit noch der Vereinfachung entsprochen werden.
- **Mindestens 50 Prozent der Mittel aufgabenorientiert** verteilen: damit sich die Anreizwirkung entfalten kann, sollte jedenfalls die Hälfte der Mittel aufgabenorientiert verteilt werden.
- **Aufgabenerbringung aus einer Hand**: die Einführung der Aufgabenorientierung sollte mit einer Transferentflechtung zwischen Ländern und Gemeinden einhergehen.
- **Abgestimmte Vorgangsweise bei der Elementaren Bildung und den Pflichtschulen:** Im Sinne einer konsistenten und verwaltungstechnisch einfachen Abwicklung sollten die Kriterien in den beiden Bereichen so weit wie möglich aufeinander abgestimmt sein.
- **Einbeziehung der Rahmenbedingungen wie das sozioökonomische Umfeld:** Die Einrichtungen sehen sich mit unterschiedlichen Herausforderungen konfrontiert und müssen eine daran orientierte Finanzierung bekommen.
- **Aufgabenorientierung soll laufende Kosten finanzieren, für den Ausbau der Kinderbetreuung braucht es Zusatzmittel:** Die bestehende Art. 15a-Vereinbarung zum Kindergartenausbau soll erhalten werden. Dabei handelt es sich um eine zeitlich begrenzte Anstoßfinanzierung zur Schaffung von Betreuungsplätzen, während die Aufgabenorientierung die laufenden Kosten betrifft. Diese beiden Bereiche sollten klar getrennt bleiben.
- **Evaluierung nach drei Jahren:** Die beiden Pilotprojekte sollten nach spätestens drei Jahren evaluiert werden, um etwaigen Nachschärfungsbedarf sichtbar machen zu können.
- Die **Ausdehnung einer aufgabenorientierten Finanzierung** auf andere Bereiche sollte nicht ohne vorangehende Aufgabenkritik erfolgen.
- Im Sinne der Effektivität sollten die Zuschüsse vorrangig pro Kind – und nicht pro Gruppe – orientiert sein sowie gemeindeübergreifende Lösungen fördern.

2. Ausbau und Absicherung der Pflege durch Erbschaftssteuer

Die Weiterführung des Pflegefonds mit 350 Mio. Euro im Jahr 2017 sowie die Valorisierung mit 4,5 Prozent ab 2018 ist ein wesentlicher Beitrag für die verstärkten Anstrengungen zum Ausbau der öffentlichen Pflegeleistungen. Der Bedarf eines weiteren Ausbaus von Sachleistungen ist jedenfalls gegeben: Immer noch werden 50 Prozent der Pflegegeldbezieherinnen und Pflegegeldbezieher ausschließlich von Angehörigen – davon wiederum zu 80 Prozent Frauen – ohne Inanspruchnahme professioneller Dienste betreut. Für eine mittelfristige Absicherung der Finanzierung müsste der Pflegefonds dauerhaft eingerichtet und mit ausreichend Steuermitteln ausgestattet werden. Die hierfür benötigten Mittel sollten über eine Erbschafts- und Schenkungssteuer lukriert werden. Bisherige Berechnungen zeigen, dass über eine Erbschafts- und Schenkungssteuer je nach konkreter Ausgestaltung bis zu 1,5 Mrd. Euro an Steueraufkommen erzielt werden können.[3] Ein weiterer wichtiger Schritt wurde im Zusammenhang mit dem Finanzausgleich vereinbart und in einer Novelle zum Pflegefonds-Gesetz umgesetzt: Das Angebot an Sachleistungen soll vereinheitlicht werden – das entspricht einer langjährigen Forderung der Arbeiterkammer. Die gesetzliche Bestimmung bleibt allerdings vage und eine Nicht-Beachtung hat keine finanzielle Konsequenz.

3. Wohnbau: Keine Zweckwidmung, jedoch Abgabenautonomie

Das Ziel von Bundesseite wieder eine Zweckwidmung einzuführen, wurde von den Ländern erfolgreich verhindert. Als Ersatz kommt eine freiwillige Selbstbindung zur Vorlage eines Wohnbauprogramms für zumindest die nächsten beiden Jahre. Hierbei ist jedoch keine Bedarfserhebung vorgesehen. Das Wohnbauprogramm erhöht möglicherweise die Transparenz, ist aber keinesfalls ein adäquater Ersatz für die Zweckwidmung. Das Problem des knappen Wohnraums insbesondere in den Ballungsräumen wird dadurch nicht adäquat adressiert.

Des Weiteren soll mit 1.1.2018 der Wohnbauförderungsbeitrag in eine ausschließliche Landesabgabe umgewandelt werden. Die Länder können dann die Höhe des Tarifs selbst festlegen. Dabei soll es keine bundesweiten Vorgaben einer Ober- oder Untergrenze geben. Auch jene aus dem neuen Wohnbauförderungsbeitrag lukrierten Mittel müssen nicht verpflichtend für den Wohnbau verwendet werden. Diese Ausweitung der Abgabenautonomie birgt mittelfristig die Gefahr eines Steuerwettbewerbs zwischen den Bundesländern. Sollten die Länder beginnen sich gegenseitig mit unterschiedlich hohen Tarifen zu unterbieten, fehlen am Ende allen die Übersicht und die benötigten Einnahmen.

---

3   Altzinger; Humer: Erbschaftsbesteuerungen, 2003, S. 4.

4. Grundsteuer: Abgabenautonomie ohne Steuerwettbewerb

Die negativen Folgen des Steuerwettbewerbs würden jedoch noch stärker wirken, wenn im FAG länderautonome Zu- oder Abschläge auf eine der großen Steuern wie z. B. Einkommensteuer oder Körperschaftsteuer realisiert worden wären. Diese Optionen sollen jedoch im Rahmen einer Arbeitsgruppe geprüft werden. Anstatt die Abgabenautonomie unter dem Damoklesschwert eines nachteiligen Steuerwettbewerbs auszuweiten, bietet sich bei der Grundsteuer die Möglichkeit einer Ausweitung ohne diesen unerwünschten Nebeneffekt.

Ein höheres Grundsteueraufkommen wäre zudem ein Beitrag zu mehr Verteilungsgerechtigkeit im österreichischen Abgabensystem, in dem Vermögen derzeit unterdurchschnittlich besteuert wird. Dafür sollten die veralteten Einheitswerte durch ein modernes Bewertungssystem auf Grundlage der Verkehrswerte ersetzt werden und der Steuersatz entsprechend den neuen Anforderungen angepasst werden. Wichtig ist dabei, dass die Überwälzbarkeit der Grundsteuer auf die Betriebskosten abgeschafft wird, damit die Steuerlast bei vermieteten Objekten nicht zur Gänze den Mieterinnen und Mietern zugeschoben wird.

5. Keine wesentlichen Fortschritte bei der Transparenz

Trotz einiger Vereinfachungen bei Gemeinde-Bedarfszuweisungen und Vorwegabzügen, wurden neue Mischzuständigkeiten geschaffen. In Summe wurde weder das System wesentlich vereinfacht noch die Transparenz erhöht. Dem Ziel des Regierungsprogramms „Transparenz in den Finanzströmen: Entflechtung der Aufgaben, Mischfinanzierungen und Transfers" ist der Finanzminister nicht nähergekommen. Hilfreich hierfür wäre der Vorschlag des KDZ zur Einführung einer Transferdatenbank. In dieser wären die Transfers aller Gebietskörperschaften untereinander inklusive der gesetzlichen Grundlage bzw. der Kriterien für die Mittelzuteilung abzubilden. Dies wäre der erste Schritt, um eine faktenbasierte Debatte über die Entflechtung der Aufgaben, der Transfers und der Mischfinanzierungen führen zu können. Eindrucksvoll zeigt das Beispiel der neuen Regelung für die Eisenbahnkreuzungen im Paktum wie der gegenteilige Weg gegangen wurde. Der Konflikt zwischen Bund und Gemeinden, wer die Kosten für die Sicherung bei Eisenbahnkreuzungen aufgrund der Eisenbahnkreuzungsverordnung 2012 zu tragen hat, wird durch neun neue Fonds – einer für jedes Bundesland – geregelt. Die Länder entscheiden über die Mittelvergabe, erstellen jeweils eigene Richtlinien und erhalten allfällig nicht verbrauchte Mittel für den Personen- und Regionalnahverkehr für das Landesbudget. Finanziert wird der Fonds zu 50 Prozent durch den Bund und zu 50 Prozent durch die Gemeinden.

6. Gemeinden verstärkt von Landestransfers abhängig

Nicht nur am Beispiel der Eisenbahnkreuzungen zeigt sich, dass die Kompetenzen der Länder gegenüber den Gemeinden mit dem neuen Finanzausgleich gestärkt werden. Erhöht wurden außerdem die Mittel für Gemeinde-Bedarfszuweisungen, die von den Ländern im Wesentlichen nach eigenem Ermessen vergeben werden können. Dadurch steigt der Anteil an Landestransfers in den Gemeindebudgets und folglich auch die finanzielle Abhängigkeit der Gemeinden gegenüber den Ländern. Eine Möglichkeit dem entgegenzuwirken, ist die Aufwertung der Gemeinden zu mit den Ländern gleichberechtigten Finanzausgleichspartnern, z. B. über vermehrte Transfers direkt zwischen Bundes- und Gemeindeebene oder durch Schaffung einer äquivalenten Regelung zu den Art. 15a-Vereinbarungen für Gemeinden. Wohin das Geld fließt, also welche Gemeinden davon profitieren, wird nicht ausgewiesen. Die Stärkung der Transfers zwischen Ländern und Gemeinden ist daher auch insofern überraschend als die Finanzen von Ländern und Gemeinden aufgrund der vielen Finanzverflechtungen sowie mangelnden Transparenzregeln bereits jetzt ein undurchsichtiges Konvolut bilden.[4] Innerhalb der Gemeinden begünstigen die Ländertransfers vor allem kleine Gemeinden, während die Städte chronisch unterdotiert sind. Dieser Trend wird sich wohl mit dem neuen Finanzausgleich fortsetzen.

7. Gesamtbewertung des FAG 2017: Große Töne, kleine Schritte

Die oftmals im Vorfeld getätigten großen Ankündigungen einer „grundsätzlichen Erneuerung" bzw. „Gesamtreform" des Finanzausgleiches blieben vor allem eines – Ankündigungen. Dies verwundert angesichts der Komplexität der Finanzbeziehungen zwischen den Gebietskörperschaften wenig. Allerdings konnten die Finanzausgleichpartner für das Finanzausgleichsgesetz 2017 in einigen Bereichen konkrete Schritte vereinbaren. In wesentlichen Fragen wie der Einführung der Aufgabenorientierung in der Elementaren Bildung sowie den Pflichtschulen lässt die konkrete Umsetzung jedoch auf sich warten. Damit läuft das Projekt Gefahr, bis zur tatsächlichen Implementierung verwässert oder gänzlich abgesagt zu werden. Positiv ist insbesondere die Weiterführung des Pflegefonds hervorzuheben. Eine wichtige Herausforderung bleibt die Grundsteuer: anstatt sich in Diskussionen über etwaige länderautonome Steuerzuschläge zu verlaufen, braucht es eine Reform der Grundsteuer in Richtung Verkehrswerte. In Sachen Transparenz sowie der Aufwertung der Gemeinden im Finanzausgleich kam es hingegen kaum zu Fortschritten, sondern zu partiellen Rückschritten.

---

4 Mitterer; Haindl; Biwald: Länder-Gemeinde-Transferverflechtungen, 2016, S. 99 ff. Online unter: https://media.arbeiterkammer.at/wien/MaterialienWuG150.pdf.

Christoph SCHMID

Stellungnahme zum Finanzausgleich 2017 aus Sicht der gewerblichen Wirtschaft

Das im Regierungsprogramm 2013 bis 2018[1] festgesetzte Ziel eines „neuen, aufgabenorientierten Finanzausgleichsgesetzes" durch „eine umfassende Reform" konnte nach den Verhandlungsergebnissen der letzten drei Finanzausgleichsgesetze, welche im Wesentlichen bestehende Strukturen mit kleineren Anpassungen fortgeschrieben haben,[2] als positives Signal gewertet werden. Auch griffen weitere festgelegte Eckpunkte des neu zu verhandelnden Finanzausgleichsgesetzes bestehende Reformvorschläge des österreichischen Finanzausgleichssystems auf. Das ambitionierte Ziel der Bundesregierung konnte aus Sicht der gewerblichen Wirtschaft nicht erreicht werden. Erste Vereinbarungen, welche eine künftige strukturelle Reform des Systems positiv beeinflussen, konnten jedoch abgeschlossen werden.

1. Finanzausgleichspaktum 2017

1.1 Budgetwirksame Maßnahmen

Einerseits stehen den Ländern und Gemeinden ab 2017 – neben den ohnehin jährlich steigenden Einnahmen über die Ertragsanteile – zusätzliche finanzielle Mittel zur Verfügung.[3] Andererseits wird versucht, der Ausgabendynamik in den Aufgabengebieten Gesundheit und Pflege durch (strengere) Kostendämpfungspfade entgegenzuwirken.

Zwar muss den demografieabhängigen Kosten einer alternden Gesellschaft Rechnung getragen werden, die zusätzlichen jährlichen finanziellen Mittel für Länder und Gemeinden in Höhe von 300 Mio. Euro p.a. zulasten des Bundes – welche zur Sicherstellung einer nachhaltigen Haushaltsführung insbesondere in den Bereichen Gesundheit, Pflege und Soziales verwendet werden sollen – sind jedoch kritisch zu hinterfragen. So ist mit der pauschalierten Abgeltung keine Aufgabenkritik oder Effizienzsteigerung verbunden.[4] Auch wurden die Vorgaben des Österreichischen Stabilitätspaktes 2012 von den Ländern bis 2015 in jedem Jahr übererfüllt, wäh-

---

1 Bundeskanzleramt: Arbeitsprogramm, 2013, S. 112.
2 siehe z. B. Lehner: Finanzausgleich, 2001; Schratzenstaller: Finanzausgleich und Stabilitätspakt, 2005; Schratzenstaller: Finanzausgleich, 2008.
3 z. B. Einmalzahlung von 125 Mio. Euro zur Bewältigung der besonderen Aufwendungen aus Migration und Integration, 300 Mio. Euro p.a. zur Sicherstellung einer nachhaltigen Haushaltsführung, Valorisierung des Pflegefonds ab 2018, 15 Mio. Euro p.a. zur Erweiterung der Angebote der Hospiz- und Palliativbetreuung, Dotierung des Finanzierungsfonds für Investitionen in Eisenbahnkreuzungen auf Gemeindestraßen.
4 Budgetdienst: Finanzausgleich 2017-2021, 2016, S. 33.

rend der Bund durch entstandene Lasten als „insurer of last resort" seine Vorgaben nicht einhalten konnte.[5] Insgesamt scheint als Konsequenz des ausgabenzentrierten Föderalismus die Verhandlungsmacht der Länder groß zu sein, wodurch die Durchsetzung von erhöhter Ausgabeneffizienz erschwert wird.

Im Pflegebereich wird ab 2017 ein Kostendämpfungspfad eingeführt, jener im Gesundheitsbereich verschärft. Grundsätzlich sind Kostendämpfungspfade zu begrüßen, da diese Reformen den effizienten Mitteleinsatz begünstigen können. Zwei Grundvoraussetzungen müssen jedoch erfüllt sein: Die erlaubten Steigerungsraten müssen ambitioniert genug gesetzt und die Einsparungsmaßnahmen so ausgestaltet werden, dass die Qualität der Versorgung aufrechterhalten bleibt. Eine geeignete Maßnahme hierfür wäre z. B. die Finanzierung des Gesundheitssystems aus einer Hand anzustreben,[6] wodurch auch die komplexen Zahlungsströme zwischen den Gebietskörperschaften – welche unberührt blieben – maßgeblich eingeschränkt werden könnten. Betreffend den bisherigen Gesundheitskostendämpfungspfad ist hervorzuheben, dass die Vorgaben in der Vergangenheit immer übererfüllt wurden, obwohl die vereinbarten Maßnahmen nur zum Teil umgesetzt wurden.[7]

1.2 Aufgabenorientierung

Durch Pilotprojekte in den Bereichen Elementarbildung und Pflichtschulen werden Elemente der verstärkten Aufgabenorientierung eingeführt. Ein Teil der Gemeindeertragsanteile wird künftig durch noch festzulegende quantitative und qualitative Kriterien aufgabenorientiert verteilt. Das tatsächlich betroffene finanzielle Volumen ist noch nicht bekannt. Aus Sicht der gewerblichen Wirtschaft ist dies grundsätzlich ein begrüßenswerter Schritt, da die Bevölkerungszahl als Indikator oftmals nicht ausreicht, um regional- und ballungsraumspezifische (Sonder-)Ausgaben abzubilden.[8] Ein weiterer Vorteil eines verstärkten aufgabenorientierten Finanzausgleichs ist, dass sich bei Strukturveränderungen die Mittelzuteilungen auf die Gebietskörperschaften automatisch anpassen.[9] Grundvoraussetzungen eines aufgabenorientierten Finanzausgleichs sind jedoch eine konsequente Eliminierung gebietskörperschaftsübergreifender Zuständigkeiten sowie eine möglichst einfache und transparente Implementierung. Die eingeführten Pilotprojekte können genutzt werden, um dahingehend Erfahrungen zu erlangen.

---

5   Fiskalrat Austria: Paktum Finanzausgleich, 2016, S. 1.
6   Auf den Weg dorthin könnte man z. B. einen zentral gesteuerten Einkauf einführen, einen Kosten- und Qualitätswettbewerb zwischen den Krankenversicherungsträgern aufsetzen, die Gleichbehandlung aller Anbieter von Gesundheitsdienstleistungen garantieren und die Steuerung und Kontrolle durch Selbstbehalte erhöhen. Auch ist eine Zusammenlegung der Krankenversicherungsträger zu überlegen.
7   Rechnungshof: Steuerung der Krankenversicherung, Reihe Bund 2016/3, S. 120 ff.
8   Bauer et al.: Reform des Finanzausgleichs, 2010, S. 148.
9   Strohner; Schuh: Reform des fiskalischen Ausgleichs, 2012, S. 940.

1.3 Abgabenautonomie und Wohnbauförderung

Als erster Schritt in Richtung erhöhte Abgabenautonomie für Länder wird der Wohnbauförderungsbeitrag ab 2018 eine ausschließliche Landesabgabe. Änderungen der Länder bei der Höhe des Wohnbauförderungsbeitrages wirken sich somit auf die Lohnnebenkosten aus. Das betroffene Steuervolumen (rund 1 Mrd. Euro[10]) ist verhältnismäßig gering. Weiters wird die verländerte Abgabe an die Betriebsstätte und nicht an den Wohnsitz geknüpft, wodurch das angestrebte Ziel eines erhöhten Fiskalwettbewerbs zwischen den Ländern („Voting by feet"[11]) erschwert wird.[12]

Die Vorschläge zur Erhöhung der subnationalen Steuerautonomie sind zahlreich, die dadurch ausgelösten Effekte nicht immer eindeutig[13]: Einerseits kann eine Erhöhung der Autonomie zu Effizienzsteigerungen in der Bereitstellung öffentlicher Güter und im fiskalischen Wettbewerb führen. Auch dürfte der Abbau der komplexen vertikalen Transferbeziehungen erleichtert werden. Andererseits besteht die Gefahr eines schädlichen Steuerwettbewerbs zwischen den subnationalen Ebenen. Ebenso ist auf die unterschiedliche Wirtschafts- und Finanzkraft der Länder Bedacht zu nehmen, welche interregionale Ungleichheiten in der Versorgung mit öffentlichen Leistungen bewirken kann. Aus Sicht der gewerblichen Wirtschaft sollten in diesem Bereich erst dann weitere Schritte überlegt werden, wenn eine – dem Subsidiaritätsprinzip folgende – gebietskörperschaftsübergreifende Aufgabenentflechtung vollzogen wurde. Diese muss einen Zusammenhang zwischen der Bereitstellung (regionaler) öffentlicher Leistungen und der (regionalen) Abgabenquote garantieren.

Eine Regionalisierung der Steuern ist weiters gleichbedeutend mit einer Differenzierung, wodurch zusätzliche Befolgungskosten für Steuerzahlerinnen und Steuerzahler und hier insbesondere für Unternehmerinnen und Unternehmer selten vermieden werden können.[14] In Österreich liegt keine Schätzung über die administrativen Kosten der Unternehmen für die Erfüllung der Steuerschuld vor. Für die Schweiz – als hoch dezentral organisierter Staat – belaufen sich die administrativen Kosten für Unternehmen auf Bundesebene auf 0,4 Prozent des Steueraufkommens und jene auf Kantons- und Gemeindeebene auf 1,5 bis 2,5 Prozent der Steuereinnahmen, wobei der durchschnittliche administrative Aufwand für kleine und mittlere Unternehmen je nach Kanton stark schwankt.[15] Weiters weist ein dezentrales Steuersystem tendenziell eine höhere Anzahl an Steuerzahlungen auf. Während in Österreich ein beispielhaftes Klein- und Mittelunternehmen regelmäßig 12 unterschiedliche Steuerzahlungen tätigt, sind es in der Schweiz 19 Zahlungen.[16] Diese Beispiele zeigen, dass ein Steigen der administrativen Kosten – bei Ausbleiben von Vereinfachungen des Steuerbefolgungssystems – aufgrund einer erhöhten Steuerautonomie für

---

10 Bundesministerium für Finanzen: Bundesabgaben, 2016.
11 Tiebout: Local Expenditures, 1956, S. 416 ff.
12 Budgetdienst: Finanzausgleich 2017-2021, 2016, S. 15 ff.
13 siehe z. B. Pitlik; Klien; Schratzenstaller: Steuerautonomie, 2016, S. 409 f.
14 Thöne: Regionalisierung, 2014, S. 24.
15 Kronberger: Bewertung des Finanzausgleichs 2008 bis 2013, 2008, S. 285.
16 PwC: Paying Taxes, 2017, S. 136 ff.

Unternehmen sehr wahrscheinlich ist. Steuerregionalisierung soll jedoch keine großen zusätzlichen bürokratischen Belastungen für Steuerzahlerinnen und Steuerzahler und hier insbesondere für Unternehmerinnen und Unternehmer bringen.[17] Es gilt daher, die Belastungen der Unternehmerinnen und Unternehmer in diesem Zusammenhang nicht zu erhöhen.

Die Wohnbauförderungsmittel sind wie bisher nicht zweckgebunden. Aufgrund der Erfahrungen der letzten Jahre[18] wird dies unternehmensseitig kritisch gesehen. Die künftig von den Ländern zu erstellenden Wohnbauprogramme mit einer verbindlichen Wohnbauleistung und budgetären Vorsorge können die bisherige Situation jedoch verbessern. Die Kontrolle über die Effizienz der eingesetzten Mittel ist jedenfalls sicherzustellen und ein Teil der finanziellen Mittel für Gebäudesanierungen zu verwenden. Die Kosteneindämmung im sozialen Wohnbau durch eine bundesweit einheitliche Regelung technischer Vorschriften und die generelle Rücknahme überhöhter Standards kann als positiv erachtet werden.

1.4 Vereinfachungen bei Ertragsanteilen und Transfers

Positiv zu sehen ist die Streichung historisch entstandener Regelungen im Zusammenhang mit der Ertragsanteilberechnung. Mit der Reform der Gemeinde-Bedarfszuweisungen werden auch Elemente der Aufgabenorientierung in den Bereichen interkommunale Zusammenarbeit, Gemeindefusionen und strukturschwache Gemeinden eingeführt, was begrüßenswert ist. Inwiefern die interkommunale Zusammenarbeit dadurch erhöht wird, wird sich zeigen. Eine Neuverteilung des Kommunalsteueraufkommens, welche die Anreize zur interkommunalen Zusammenarbeit erhöht, hätte angedacht werden können. Die bisherigen Möglichkeiten im FAG 2008 hatten in der Praxis nur wenig Bedeutung. Bei den noch festzulegenden Kriterien, Methoden bzw. Konzepten im Zusammenhang mit Zahlungen an strukturschwache Gemeinden und den nunmehr landesweit geregelten Finanzkraftausgleich der Gemeinden sollte im Sinne der Transparenz und Effizienz auf eine bundesweite Vergleichbarkeit geachtet werden. Es ist hervorzuheben, dass die Vereinfachungen im bundesrechtlichen Teil des Finanzausgleiches stattgefunden haben, die Transferströme zwischen den Ländern und Gemeinden werden sich durch die gesetzten Maßnahmen tendenziell erhöhen.

1.5 Weitere Maßnahmen

Unter den weiteren Maßnahmen ist insbesondere die Vereinbarung hervorzuheben, die Vorschläge einer Bundesstaatsreform bis Ende 2018 vorzubereiten. Um die Realisierung des Projekts zu garantieren, sollte dieses von höchster politischer Ebene vorangetrieben werden. Auch die Einführung von Spending Reviews als laufenden Prozess zwischen Bund, Ländern und Gemeinden, die Erarbeitung eines Benchmarking-Systems so-

---

17 Thöne: Regionalisierung, 2014, S. 24.
18 z. B. Verwendung der zuvor zweckgebundenen Mittel für das allgemeine Budget, Verkauf der Wohnbaudarlehen.

wie die Befüllung der Transparenzdatenbank in den Bereichen Umwelt und Energie durch die Länder sind grundsätzlich zu begrüßen.

Aus Sicht der gewerblichen Wirtschaft ist eine kontinuierliche und institutionalisierte Aufgabenkritik unerlässlich, um das Finanzausgleichssystem weiterentwickeln zu können. Aktuell erfolgt die Aufgabenkritik nur anlassbezogen, unsystematisch und in der Regel auf die jeweilige Gebietskörperschaft bezogen.[19] Es ist sicherzustellen, dass die Spending Reviews sowie das Benchmarking-System so ausgestaltet werden, dass ein horizontaler und wo sinnvoll auch ein vertikaler Vergleich zwischen den Gebietskörperschaften möglich ist. Die Publikationen der Aufgabenkritik sind auch im Sinne des öffentlichen Drucks auf die Gebietskörperschaften dementsprechend zu positionieren. Die Transparenzdatenbank kann nur dann als effizienzförderndes Werkzeug genutzt werden, wenn sämtliche Förderungen und Transfers aller Gebietskörperschaften eingegeben werden. Die Einführung der einheitlichen Haftungsobergrenzen kann gegenüber der bisherigen Situation[20] als positiver Schritt gewertet werden. Ebenso wird die Implementierung des Klimaschutzverantwortlichkeitsmechanismus begrüßt, da dadurch die Anreize und die Umsetzung von Maßnahmen gemäß Klimaschutzkoordinationsmechanismus erhöht werden.

Nicht berücksichtigt wurde aus Sicht der gewerblichen Wirtschaft Maßnahmen zu setzen, um der Tendenz der abnehmenden Erhaltungs- und Investitionsausgaben für die Straßeninfrastruktur der Länder entgegenzuwirken.[21] Auch ein Commitment aller Finanzausgleichspartner zur Abschaffung von gemeinschaftlichen Bundesabgaben, welche als Bagatellsteuern gesehen werden können, wäre wünschenswert gewesen. So handelt es sich zum Beispiel bei der Werbeabgabe um eine im internationalen Vergleich ungewöhnliche Abgabe mit geringem Aufkommen.[22] Eine Reform der Mindestsicherung, um diese bundesweit zu vereinheitlichen, konnte nicht umgesetzt werden, wäre aber wichtig gewesen.

2 Schlussfolgerungen und Weiterentwicklungsnotwendigkeiten

Der neue Finanzausgleich weist eine beträchtliche Zahl an Änderungen – darunter auch administrative Vereinfachungen – auf, bleibt in seiner Grundstruktur jedoch identisch zum FAG 2008, wodurch weiterhin ein hohes Maß an Komplexität vorherrscht. Gleichzeitig wurden jedoch erste Schritte von strukturellen Änderungen insbesondere im Bereich der Aufgabenorientierung, der erhöhten Steuerautonomie sowie der systematischen Aufgabenkritik vereinbart bzw. sind geplant. Die jeweiligen Ausgestaltungen und Anwendungen bleiben abzuwarten. Die beschlossene Vorbereitung einer Bundesstaatsreform kann als Möglichkeit gesehen werden, um das Finanzausgleichssystem weiterzuentwickeln. Aus Sicht der gewerblichen Wirtschaft müssen die Ergebnisse des aktuellen Finanzausgleichspaktums

---

19   Biwald: Aufgaben- und Ausgabenkritik, 2015, S. 3.
20   siehe z. B. Fiskalrat Austria: Haftungen, 2013.
21   Statistik Austria: STATcube, 2016.
22   siehe z. B. Grohall et al.: Werbeabgabe, 2007.

genutzt werden, um das Finanzausgleichssystem grundlegend zu reformieren, da aufgrund hoher Interdependenzen zwischen den Teilbereichen des Finanzausgleichs isolierte Reformen in den einzelnen Teilbereichen weniger aussichtsreich sind.[23] Ziele müssen die Erhöhung der allokativen Effizienz, die Zusammenführung der Einnahmen-, Ausgaben- und Aufgabenverantwortung und Reduktion der Mischfinanzierung sowie des Transfergeflechts sein.

Da die dafür notwendigen Reformoptionen seit Jahren auf dem Tisch liegen, müssen als Startpunkte einer weitgehenden Reform insbesondere der Wille und ein bindendes politisches Commitment aller Verhandlungspartner stehen. In einem weiteren Schritt sollte eine Föderalismusreform mit dem Ziel der Aufgabenentflechtung – basierend auf einer zuvor getätigten Aufgabenkritik – umgesetzt werden. Wie Erfahrungen zeigen, spielt bei einer grundlegenden Reform der aufzusetzende Reformprozess eine zentrale Rolle.[24] Das Beispiel Schweiz legt nahe, dass eine konsequente Neuausrichtung der gesamten Finanzausgleichsstruktur in einem längerfristig geplanten Reformprozess unter einer starken Miteinbeziehung von Expertinnen und Experten und Feedbackschleifen durchgeführt werden sollte. Aus den Erfahrungen in Deutschland kann geschlossen werden, dass bei der Reformvorbereitung gegebenenfalls Bereiche – dies betraf in Deutschland insbesondere die Stärkung der subnationalen Abgabenautonomie – ausgespart bleiben sollten, um nicht die Gesamtreform zu gefährden. Eine erhöhte Steuerautonomie sollte in Österreich erst dann diskutiert werden, wenn die zuvor definierten räumlich abgegrenzten öffentlichen Aufgaben tatsächlich durch regionale Steuerpolitik an die jeweiligen Wünsche der Bürgerinnen und Bürger angepasst werden können. Hierbei ist jedoch insbesondere darauf zu achten, dass die administrativen Befolgungskosten für Unternehmerinnen und Unternehmer nicht steigen und es zu keiner generellen Steuer- und Abgabenerhöhung kommt.

---

23 Bröthaler et al.: Reform Finanzausgleich, 2011, S. 37.
24 Ebd., S. 37 ff.

Alfred HEITER

Stellungnahme der Industriellenvereinigung zum FAG 2017

Das Finanzausgleichsgesetz 2017 sowie einige begleitende Art. 15a-Vereinbarungen und Änderungen bei anderen in Zusammenhang stehenden Gesetzen wurden nach eineinhalb Jahre dauernden Verhandlungen schließlich am 15.12.2016 im Nationalrat beschlossen und konnten so – gerade noch rechtzeitig – mit 1.1.2017 in Kraft treten. Bei der Beurteilung des FAG 2017 insgesamt sowie einzelner darin enthaltenen Maßnahmen muss zuerst festgelegt werden, welcher Maßstab hier zur Anwendung kommen soll. Die Industriellenvereinigung (IV) hat zu Beginn der Finanzausgleichsverhandlungen ihre Vorschläge und Vorstellungen von notwendigen Reformmaßnahmen in der Publikation „Föderalismus & Finanzausgleich"[1] dargelegt.

Die Stellungnahme der Industriellenvereinigung zum FAG 2017 orientiert sich daher an diesen Vorschlägen.

1. Status quo des föderalen Systems in Österreich

Das föderale System in Österreich ist durch hohe Komplexität, Intransparenz und daraus folgend Ineffizienz gekennzeichnet. Die wesentlichen Problembereiche sind in diesem Abschnitt dargestellt.

1.1 Keine klare Verteilung der Kompetenzen und Aufgaben

Bei zahlreichen Aufgabenbereichen sind mehrere Ebenen der Gebietskörperschaften Bund, Länder und Gemeinden involviert, innerhalb dieser Ebenen ebenfalls mehrere voneinander unabhängige Stellen. Dabei folgt diese Aufgabenteilung selten zweckmäßigen Konzepten, sondern beruht auf lange gewachsenen und unterschiedlich motivierten Strukturen. Die Aufgaben- und Finanzierungsverantwortung liegt regelmäßig nicht in einer Hand, auch fehlen Leistungs- und Wirkungsziele. Für die übergeordnete Ebene ist es oft nicht möglich, den Ressourcenbedarf der nachgelagerten Ebene nachzuvollziehen. Beispiele dafür sind das Schulwesen, die Kinderbetreuung, Pflege und Gesundheit.

1.2 Fehlen von Anreizen zum effizienten Mitteleinsatz

Aus der unzureichenden Kompetenz- und Aufgabenverteilung ergibt sich auch, dass Anreizsysteme zum effizienten Mitteleinsatz fehlen. Was in Unternehmen selbstverständlich ist, ist in der Politik in der Regel nicht anzutreffen. Im Gegenteil: Politikerinnen und Politiker, die kurzfristig un-

---

1 Heiter et al.: Föderalismus & Finanzausgleich, 2015.

populäre, aber notwendige und langfristig nachhaltige Reformen durchsetzen, werden oft von den Wählenden nicht honoriert. Vor allem auf Landesebene verschärft sich diese Situation, da die Einnahmen in Form von Steuern und anderen Abgaben fast vollständig vom Bund eingehoben werden und daher die Bundespolitik gegenüber der Bevölkerung dafür verantwortlich ist. Die Länder erhalten die Finanzierung ihrer Ausgaben über den Finanzausgleich vom Bund, während Einsparungen bei den Ausgaben oft finanzielle Einschnitte bei den Betroffenen bedeuten, was sich wiederum im Wahlverhalten niederschlägt. In diesen Fällen ist es der einfachere Weg, beim nächsten Finanzausgleich mehr Geld vom Bund zu verlangen, als unpopuläre Reformen anzugehen oder bei den Landesleistungen zu sparen.

1.3 Komplexes und unübersichtliches Transfersystem

Der Finanzausgleich besteht aus einer Vielzahl von Vorwegabzügen, Zuschüssen, Zuweisungen, Kostenersätzen, Umlagen und sonstigen Transfers zwischen den Gebietskörperschaften. Dieses komplexe und unübersichtliche System von Transfers und Mischfinanzierungen gilt als zentrale Ursache von zahlreichen Ineffizienzen und Fehlentwicklungen.

1.4 Mangelnde Transparenz und Vergleichbarkeit

Durch die derzeit nicht einheitlichen und nicht vergleichbaren Regelungen für Länder und Gemeinden beim Haushalts- und Rechnungswesen fehlt eine transparente Datengrundlage. Die finanziellen Konsequenzen von Entscheidungen auf politischer Ebene und auf Verwaltungsebene können oftmals nicht nachvollzogen werden.

2 Ziele einer Reform des Finanzausgleichs aus Sicht der IV

Zur Lösung der dargestellten Probleme wurden in den vergangenen Jahren von zahlreichen Expertinnen und Experten Reformvorschläge erarbeitet, die Umsetzung dieser Vorschläge ist jedoch bisher ausgeblieben. Hauptziele bei der Reform des Finanzausgleichs sollten daher sein:

Klare Kompetenz- und Aufgabenverteilung auf die einzelnen Ebenen der Gebietskörperschaften, was auch eine Steigerung der Effizienz der Aufgabenerfüllung bedeutet. Dazu gehört eine umfassende Aufgabenreform nach den Fragen „Welche Aufgaben soll der Staat erfüllen?" und „Welche Ebene kann welche Aufgabe am effizientesten erfüllen?". Eine Aufgabenreform verlangt auch eine regelmäßig wiederkehrende, verpflichtende, strategische Aufgabenkritik auf allen staatlichen Ebenen, einen Abbau von Doppelkompetenzen und administrativen Doppelgleisigkeiten sowie eine konsequente Transferentflechtung.

Die Mittelzuweisung muss sich verstärkt an den **Aufgaben** der einzelnen Gebietskörperschaften **orientieren**, zusätzlich sollen Anreizstrukturen für effiziente Mittelverwendung eingeführt werden. In diesem Zusammenhang ist jedoch von einer Abgabenautonomie für Länder oder Gemeinden abzusehen (siehe Exkurs im Abschnitt 3.2).

Bei allen Gebietskörperschaften ist **Transparenz** sowohl für die Herkunft der Mittel als auch für deren Verwendung herzustellen. Mit der Voranschlags- und Rechnungsabschlussverordnung 2015 (VRV 2015) erfolgte ein wichtiger Schritt in diese Richtung.

Die Reform des Finanzausgleichs muss auch **Vereinfachungen für Unternehmen** erwirken, indem besonders verwaltungsaufwändige Gemeinde- und Landesabgaben abgeschafft werden (z. B. Beiträge von Tourismusinteressenten).

Die Staatsausgabenquote Österreichs ist eine der höchsten weltweit und muss gesenkt werden. Deshalb sollte im Finanzausgleichsgesetz ein **Einsparungspfad** verankert werden.

3 Beurteilung des Finanzausgleichsgesetzes 2017[2]

Zu Beginn der Verhandlungen zum Finanzausgleichsgesetz 2017 im Frühjahr 2015 wurde vom Finanzminister angekündigt, diesmal eine echte Reform des Finanzausgleichs durchführen zu wollen und nicht wie bei den letzten Verhandlungen das bestehende System schlicht zu verlängern.[3] Dadurch wurde einerseits die Erwartungshaltung an das Ergebnis hinauf geschraubt, aber andererseits auch der Druck auf die Verhandlerinnen und Verhandler selbst erhöht. Unter diesem Gesichtspunkt war das Gesamtergebnis sicher ernüchternd, verglichen mit früheren Verhandlungen wurden aber doch ein paar beachtliche Erfolge erzielt.

Aus Sicht der IV werden die Ergebnisse an den im vorhergehenden Abschnitt dargestellten und in der Publikation „Finanzausgleich & Föderalismus" dokumentierten Zielen gemessen.

3.1 Aufgabenorientierung

Aufgabenorientierung wird nur in einem kleinen Teilbereich, nämlich bei der Elementarbildung eingeführt. Hier sollen zukünftig die Mittel für die Gemeinden nach bestimmten Kriterien wie Anzahl der betreuten Kinder, Öffnungszeiten oder Anteil der Kinder mit Migrationshintergrund verteilt werden. Die Einführung von Aufgabenorientierung im Pflichtschulbereich soll in einem weiteren Schritt erfolgen.

Dies kann als ein erster, positiver Schritt hin zur aufgabenorientierten Finanzierung gesehen werden, wenngleich die konkrete Ausgestaltung noch offengelassen wurde. Die Aussicht auf weitere, nicht näher bestimmte Aufgabenbereiche, die nach 2020 aufgabenorientiert gestaltet werden sollen, ist eine sehr vage Ankündigung.

---

2   Regierungsvorlage zum Finanzausgleichsgesetz 2017 – FAG 2017, Erläuterungen, 2016.
3   vgl. Purger: Daten & Fakten, 2015, S. 3.

Bei der Wohnbauförderung wurde jedenfalls der falsche Weg eingeschlagen: Die Zweckbindung und damit ein Schritt in Richtung Aufgabenorientierung, die immer von der IV gefordert wurde und Voraussetzung für Steuerautonomie wäre, wurde nicht umgesetzt. Stattdessen wurde für den Wohnbauförderungsbeitrag Steuerautonomie hinsichtlich des Steuersatzes vereinbart. Damit können die Länder den Steuersatz beliebig erhöhen oder senken, der Ertrag fließt in das allgemeine Länderbudget.

3.2 Exkurs: Position der IV zur Steuerautonomie

Steuerautonomie ist in aller Munde und wird beinahe als Allheilmittel für den österreichischen Föderalismus gepriesen. Im ersten Moment klingt die Idee, dass jede Gebietskörperschaft ihre Einnahmen durch eigene Steuern bestreiten soll und dafür geradestehen muss, durchaus einleuchtend. Im Detail ist jedoch eine differenzierte Betrachtung von Nöten.

Das Ziel autonomer Steuern muss Wettbewerb[4] zwischen den Ländern (und ggf. Gemeinden) sein, jedenfalls im Endeffekt ein besseres Verhältnis von Steuern zu Leistungen.

Dazu müssen zu allererst die Aufgaben und Kompetenzen entflochten, klar geregelt und den jeweiligen Gebietskörperschaften zugeordnet werden. Erst dann kann im Sinne einer aufgabenorientierten Finanzierung überlegt werden, welche dieser Aufgaben durch autonome Steuern finanziert werden sollen.

Im nächsten Schritt stellt sich die Frage, welche Steuern überhaupt für eine Steuerautonomie der Länder oder Gemeinden in Frage kommen. Es kommen nur Steuern in Frage, die ein signifikantes Volumen aufweisen, sodass durch die autonome Festsetzung der Steuern tatsächlich spürbare Bewegungen möglich werden. Betrachtet man die Struktur des österreichischen Steuersystems, so kommen nur die Umsatzsteuer und die Ertragssteuern (Einkommensteuer und Körperschaftsteuer) in Frage.

Die Umsatzsteuer scheidet aus unionsrechtlichen Gründen aus, somit bleiben nur Einkommen- und Körperschaftsteuer. Sofern diese Steuern Unternehmen betreffen (Einzelunternehmen, Personengesellschaften und Kapitalgesellschaften), stellt sich sofort die Frage, welchem Land (oder welcher Gemeinde) die jeweiligen zu besteuernden Erträge zuzurechnen sind. Die Problematik der Doppelbesteuerung und der Verrechnungspreise, die derzeit im internationalen Kontext eine bedeutende Rolle spielt, wäre plötzlich auch auf nationaler Ebene präsent (und zwar gleich neunmal). Eine höhere administrative Belastung der Unternehmen und auch der Finanzverwaltung wäre die Folge und ob diese durch eine niedrigere Steuerbelastung ausgeglichen würde, scheint fraglich.

Dass Steuerautonomie in Österreich zu Steuerwettbewerb führen würde, scheint angesichts bisheriger Erfahrungen mehr als zweifelhaft: Bei der bisher einzigen autonomen Steuer von gewisser Bedeutung, der Grund-

---

4 Damit ist vor allem ein Leistungswettbewerb gemeint, d.h. es entsteht ein Wettbewerb zwischen den Ländern (oder auch Gemeinden) hinsichtlich der angebotenen Leistungen. Diese Leistungen werden dann durch Steuern finanziert, die autonom festgelegt werden und ebenfalls in den Wettbewerb einfließen.

steuer, bei der die Gemeinden in einer bestimmten Bandbreite den Hebesatz festlegen können, haben sich fast alle Gemeinden für das obere Ende der Bandbreite entschieden. Nachdem jetzt der Steuersatz für den Wohnbauförderungsbeitrag für die Länder freigegeben wurde, haben sich die Länder dem Vernehmen nach sofort darauf geeinigt, unisono den Steuersatz in bisheriger Höhe beibehalten zu wollen.

Aus Sicht der IV scheint Steuerautonomie in Österreich aus den dargelegten Gründen derzeit nicht zielführend und müsste vor einer allfälligen Einführung eingehend analysiert und diskutiert werden.

3.3 Transparenz

Die Grundlagen für Transparenz in den Haushalten wurden bereits mit der VRV 2015 geschaffen. Für den Finanzausgleich 2017 wurde vereinbart, dass die Transparenzdatenbank in den Bereichen Umwelt und Energie jetzt auch von den Ländern befüllt werden soll (der Bund hat die Transparenzdatenbank bereits seit 2013 befüllt).

Die Transparenzdatenbank besteht bereits seit 2013, die Länder waren bei der Befüllung jedoch bisher säumig. Die Befüllung im Rahmen des Finanzausgleichs 2017 ist positiv zu werten, sollte jedoch nicht nur auf einen Bereich beschränkt, sondern vollständig umgesetzt werden.

Mit dem Finanzausgleich 2017 werden „Spending Reviews" eingeführt. Diese sollen untersuchen, ob Aufgaben zeitgemäß sind und die gewünschten Resultate bringen sowie Einsparungspotenzial aufzeigen. Ebenso soll ein Benchmarking für alle Gebietskörperschaften, mit dem die Leistungen der öffentlichen Hand untereinander sowie vertikal hinsichtlich ihrer Effizient bei allen Aufgabenbereichen verglichen werden, etabliert werden.

Die Maßnahmen „Spending Reviews" sowie Benchmarking werden als langjährige Forderungen der IV (Aufgabenkritik und Benchmarking) positiv gesehen, wobei die konkrete Ausgestaltung dieser Maßnahmen noch abzuwarten bleibt.

Die eingeführte Haftungsobergrenze für Bund, Länder und Gemeinden sowie das Spekulationsverbot sind jedenfalls positiv zu werten.

3.4 Einsparungspfad

Im Bereich Gesundheit und Pflege wurde ein Kostendämpfungspfad eingeführt: Bei der Gesundheit soll der jährliche Zuwachs von 3,6 Prozent bis zum Ende der FAG-Periode auf 3,2 Prozent sinken. Bei der Pflege wurde eine Obergrenze von 4,6 Prozent festgelegt, diese kann aber nachverhandelt werden.

Weiters wurden zusätzliche Mittel für Länder und Gemeinden in der Höhe von 300 Mio. Euro (davon 106 Mio. für Gemeinden) zur freien Verfügung[5]

---

5   Dem Gesetzestext entsprechend dient dieser Betrag gem. § 24 FAG 2017 „Zur Sicherstellung einer nachhaltigen Haushaltsführung insbesondere in den Bereichen Gesundheit, Pflege und Soziales...". Eine verpflichtende Zweckwidmung kann aus diesem Wortlaut allerdings nicht abgeleitet werden.

und 125 Mio. Euro (davon 37 Mio. für Gemeinden) zweckgebunden für Aufwendungen aus der Flüchtlingsbewegung beschlossen.

Die Forderungen der IV sehen einen echten Einsparungspfad vor, also tatsächliche Einsparung (Ausgabenreduktion) von z. B. 500 Mio. Euro pro Jahr. Stattdessen sieht der Finanzausgleich 2017 lediglich vor, dass die Kosten nur mehr weniger stark steigen dürfen. Dabei liegen die vereinbarten Steigerungsraten deutlich über der (erwarteten) Inflation. Die zusätzlich zur Verfügung gestellten, nicht zweckgebundenen Mittel entbehren überhaupt jeglicher Begründung, da die Länder ohnehin automatisch am steigenden Aufkommen der gemeinschaftlichen Bundesabgaben anteilsmäßig profitieren.

4 Zusammenfassung

Insgesamt ist der Finanzausgleich 2017 aus Sicht der Industriellenvereinigung ambivalent zu beurteilen. Einigen positiven Punkten stehen ebenso viele negative Punkte gegenüber, eine umfassende Staats-, Verfassungs- und Aufgabenreform sowie eine tiefgreifende Föderalismus-, Struktur- und Verwaltungsreform ist noch ausständig.

Allerdings wurde der vorliegende Finanzausgleich vom Finanzministerium als „Einstieg zum Umstieg" tituliert, was optimistisch betrachtet hoffen lässt, dass diesen ersten Reformansätzen weitere folgen werden.

Walpurga KÖHLER-TÖGLHOFER

FAG 2017. Nach der Reform ist vor der Reform?

Die Probleme des österreichischen Finanzausgleichs und der unterliegenden Aufgaben-, Ausgaben- und Einnahmenhoheit sind Gegenstand jahrzehntelanger politischer Diskussionen und kritischer Beurteilung durch internationale Institutionen, wie IWF, OECD und Europäischer Kommission sowie nationaler Forschungsinstitutionen. Immer wieder wurde auf die Notwendigkeit der Beseitigung von Doppel- bzw. Mischkompetenzen bzw. auf Anreizprobleme infolge des Auseinanderklaffens von Aufgaben- und Ausgabenhoheit mit der Einnahmenhoheit und den damit einhergehenden opaken, intransparenten Finanzierungsströmen zwischen den Gebietskörperschaften verwiesen.

Aufgabendurchforstung und -neuordnung sollten die Aufgabenerfüllung der öffentlichen Hand sowohl effizienter und billiger sowie transparenter und bürgernäher als auch zeitgemäßer machen. Die Zuordnung der Aufgaben, die der österreichischen Bundesverfassung und damit grundsätzlich dem Aufgabenzuordnungsverständnis der 1920er Jahre des letzten Jahrhunderts folgt, sowie ihre Finanzierung sind äußerst komplex und teilweise kaum nachvollziehbar. Zum einen sind oft mehrere Gebietskörperschaften an der Bereitstellung bestimmter öffentlicher Leistungen beteiligt, zum anderen gibt es Mischfinanzierungen, wodurch Leistungsbereitstellung und Finanzierung auseinanderfallen. Das beeinträchtigt nicht nur die Effizienz der Erstellung/Bereitstellung der Leistungen,[1] sondern mitunter auch die Treffsicherheit bestimmter Maßnahmen und damit die Effektivität des Systems. Daher kreist die politische Diskussion nicht nur um ein zeitgemäßes Aufgaben- und Leistungsspektrum der öffentlichen Hand und dessen kompetenzmäßiger Neuordnung, sondern auch um die Fragen der zeitgemäßen Auslegung von gemeinsamer Finanzverantwortung in Richtung der Zusammenführung von Aufgabenerfüllung und Finanzierung.

Der jeweilige Finanzausgleich bildet die Basis der Finanzierung von Bund, Ländern und Gemeinden. Den verfassungsrechtlichen Rahmen hierfür bietet das Finanz-Verfassungsgesetz 1948, welches durch ein befristetes, einfaches Bundesgesetz, das jeweilige Finanzausgleichsgesetz (FAG), mit Detailregelungen ausgefüllt wird. Gemäß der österreichischen Finanzverfassung trägt der Bund die Verantwortung für die Finanzierung sowohl der eigenen Aufgaben als auch für die finanzielle Ausstattung der subnationalen Gebietskörperschaften. So bestimmt § 4 F-VG 1948, dass Steuerverteilung und Aufwandtragung der Lastenverteilung und der Leistungsfähigkeit der Gebietskörperschaften entsprechen müssen. Demgemäß ist bislang die Steuerpolitik in Österreich praktisch ausschließlich Aufgabe des Bundes. Selbst solche Steuern, deren Aufkommen zur Gänze den Ländern oder Gemeinden zufließen, sind bundesgesetzlich geregelt. Die

---
[1] Einhergehend mit überhöhten Kosten der Leistungsbereitstellung.

Länder verfügen zwar über ein Steuerfindungsrecht, der Bund besitzt aber ein Einspruchsrecht.[2] Der Bund bestimmt damit den Großteil des Steueraufkommens. Die Länder und Gemeinden partizipieren über Ertragsanteile an den gemeinschaftlichen Bundesabgaben.

Das vorliegende Paktum zum Finanzausgleich 2017-2021 stellt im Wesentlichen eine Fortführung des alten Finanzausgleichs mit kleinen Adaptierungen bzw. Vereinfachungen, die die Nachvollziehbarkeit teilweise verbessern können, dar. Das bedeutet, dass – vorerst – die finanziellen Verflechtungen zwischen den Gebietskörperschaften komplex und intransparent bleiben. Allerdings beinhaltet das vorliegende Paktum die Forderung nach der Einsetzung einer Arbeitsgruppe, die – aufbauend auf den Arbeiten des Österreich-Konvents – eine Bundesstaatsreform bis Ende 2018 vorbereiten soll. Dies ist positiv zu bewerten, da die generelle Neuordnung der Finanzbeziehungen und etwaige Änderungen im Bereich der Ausgaben- und Einnahmenverantwortung im Rahmen des nächsten FAG auf einer auf ihre Zeitgemäßheit und Effizienz durchforsteten neuen Aufgabenzuordnung aufbauen sollten.

Gemäß Paktum sollte eine zweite Arbeitsgruppe unter Einschluss der FAG-Partner und internationaler Expertinnen und Experten Optionen bzw. die Zweckmäßigkeit einer verstärkten Abgabenautonomie der Länder prüfen. Eine verstärkte Abgabenhoheit der Bundesländer ist aber nicht unumstritten. Ihre Gegner befürchten, dass es hierdurch zu einer Erosion der Steuerbasen kommen könnte und damit zu einer Unterversorgung mit öffentlichen Gütern. Unterschiedliche Abgabenregelungen – einhergehend mit einem höheren Verwaltungsaufwand für die öffentliche Hand und insbesondere für die Unternehmen – könnten darüber hinaus dem Standort Österreich insgesamt schaden. Auch könnte ein eventueller Steuerwettbewerb zur Entsolidarisierung führen. Ob und in welchem Ausmaß das Mehr an Steuerautonomie mit einem höheren administrativen Aufwand für die öffentliche Hand insgesamt und für die Unternehmen einhergeht, hängt allerdings von der Ausgestaltung dieser Steuerautonomie ab.

Die Föderalismustheorie liefert Erkenntnisse, die bei der Umsetzung einer verstärkten Steuerautonomie nicht außer Acht gelassen werden sollten. So sollten den sub-governmentalen Ebenen, denen keine stabilisierungs- und verteilungspolitische Funktion zukommt und die eher dem Ziel eines ausgeglichenen Budgets verpflichtet sind, keine konjunkturreagiblen Steuern, wie etwa Lohn- und Einkommensteuer bzw. Körperschaftsteuern übertragen werden.[3] Des Weiteren sollte ihnen keine Steuer zugeordnet werden, deren Steuerbasis vergleichsweise mobil ist und die daher besonders anfällig für steuerpolitischen Wettbewerb ist, wie etwa

---

2 Diese steuerhoheitliche Dominanz des Bundes bildet einen wesentlichen Unterschied zur Schweiz, wo die Kantone ein weitgehendes Steuerfindungsrecht haben, der Bund aber nur Steuern erheben darf, für die er verfassungsgesetzlich ermächtigt ist.
3 Eine Reagibilität auf den österreichischen Konjunkturzyklus ist auch im bisherigen System der Ertragsanteile implizit vorhanden, allerdings würden bei starker Abgabenautonomie basierend auf diesen Steuerbasen die regionalen Konjunkturzyklen durchschlagen.

die Körperschaftsteuer. Hier ist die ökonomische Sinnhaftigkeit auch deshalb fragwürdig, weil sie unter Umständen die Notwendigkeit spezifischer Regelungen für die Behandlung von grenz- (und damit bundesländer-)überschreitenden Tätigkeiten, d.h. Doppelbesteuerungsabkommen, begründen könnte. Der Aufwand für die Unterbindung von (regionaler) Steuerumgehung, Gewinnverschiebung oder steuerlich induzierter Wohnsitz-/Unternehmenssitzverlagerungen innerhalb Österreichs sollte nicht unterschätzt werden.[4]

Simulationen des WIFO[5] zeigen, dass mit einer verstärkten Steuerautonomie allein auf Basis eines Zuschlagssystems auf die Lohn- und Einkommensteuer oder die Körperschaftsteuer erhebliche regionale Aufkommensunterschiede verglichen mit dem Statusquo verbunden wären, die wiederum die Notwendigkeit von verstärkten regionalen Ausgleichsmechanismen begründen würden.[6] Diese regionalen Aufkommensunterschiede im Vergleich zum Statusquo sind bereits bei der im Paktum vereinbarten „Verländerung" des Wohnbauförderungsbeitrags mit Anknüpfung an die Betriebsstätten evident geworden und mussten durch Änderungen des Fixschlüssels im Länderfinanzausgleich kompensiert werden.

Des Weiteren wird durch eine eventuelle Verlagerung der Abgabenhoheit auf die Länderebene im Sinne der Substitution von Ertragsanteilen durch autonome Steuern das Problem der ineffizienten und mit Anreizproblemen behafteten Ko-Finanzierungen nicht gelöst.

Zu guter Letzt darf nicht unerwähnt bleiben, dass die Diskussion um die verstärkte Steuerautonomie in Österreich im steuerpolitischen Kontext der Europäischen Union sonderbar anmutet – dreht sich doch dort die Debatte gerade um das Gegenteil, nämlich die Möglichkeiten der Steuerharmonisierung zur Verringerung/Beseitigung eines schädlichen/ruinösen Steuerwettbewerbs zwischen den Mitgliedstaaten.

Die Verfechter eines stärkeren Steuerwettbewerbs in Österreich verweisen auf das Schweizer Modell und die Tatsache, dass die Schweizer Kantone beträchtliche Unterschiede in den Steuersätzen aufweisen.[7] Allerdings sind das schweizerische wie auch das österreichische Steuersystem historisch gewachsene Systeme, die in ihr jeweiliges demokratisches Modell

---

4   Es darf nicht übersehen werden, dass in Österreich trotz des Verbundsystems bereits jetzt ein beträchtliches Ausmaß an Standort- und auch an Steuerkonkurrenz existiert, nämlich über die Handhabung der Kommunalsteuer, die strategische Widmung von Gewerbeflächen oder über das Angebot öffentlicher Güter.

5   Pitlik; Klien; Schratzenstaller: Steuerautonomie, 2016, S. 409 ff.

6   In diesem Zusammenhang gewinnt ein wesentlicher Unterschied zwischen Österreich und der Schweiz an Bedeutung, nämlich das Faktum, dass Österreich einen sehr starken Zentralstaat aufweist, dessen Verwaltung sich auf Wien konzentriert. Zudem befindet sich auch ein weit überproportionaler Teil der vom Bund finanzierten Universitäten in Wien. D.h. eine Substitution von Ertragsanteilen durch auch nur ein Zuschlagssystem zur Lohn- und Einkommensteuer allein ist hierdurch mit erheblichen regionalen Umverteilungseffekten zugunsten Wiens verbunden.

7   Allerdings soll nicht übersehen werden, dass die Schweiz 1993 ein Steuerharmonisierungsgesetz eingeführt hat.

eingebettet sind; das Schweizer Steuersystem in das Modell der Direktdemokratie, das österreichische Verbundsteuersystem in das Modell der repräsentativen Demokratie. Zudem kann nicht geleugnet werden, dass durch die starke Fiskalkonkurrenz in der Schweiz zum einen mobile und wohlhabende Steuerpflichtige sowie Unternehmen bevorzugt werden und zum anderen eine Tendenz zur Segregation gegeben ist, d.h. sich arme und reiche Steuerpflichtige auf spezifische Kantone konzentrieren.

Als ökonomisch sinnvolle Option für Österreich verbleibt die grundsätzliche Beibehaltung des Steuerverbundsystems[8] bei gleichzeitiger Umwandlung einer Reihe von gemeinschaftlichen Bundesabgaben in Landes- bzw. Gemeindeabgaben (z. B. Steuern auf immobile Bemessungsgrundlagen, wenig konjunkturreagible Steuern oder solche Steuern, deren Bemessungsgrundlagen nicht zu ungleich verteilt sind).

---

8   Das durchaus system-kompatibel ist mit der im Paktum vereinbarten stärkeren Aufgabenorientierung. Eine starke Steuerautonomie für die subgovernmentalen Ebenen müsste hingegen mit der Hinterfragung einer etwaigen regionalen Ausgabenkonzentration des Bundesbudgets einhergehen.

Bernhard GROSSMANN

Paktum Finanzausgleich 2017-2021 im Spiegel aktueller Empfehlungen des Fiskalrates

Die Finanzausgleichspartner einigten sich im November 2016 auf einen neuen Finanzausgleich für die Jahre 2017 bis 2021 (FAG), der keine grundlegende Systemänderung darstellt, aber einige interessante Reformelemente enthält. Diese Einschätzung ergibt sich aus der Gegenüberstellung des FAG-Paktums 2017 bis 2021 mit den diesbezüglichen Empfehlungen des Fiskalrates (FISK).[1]

1. FISK attestiert Finanzausgleich weitreichenden Reformbedarf und begrüßt das Paktum zum FAG 2017-2021 als ersten Schritt in Richtung Föderalismusreform

Der FISK nahm mehrfach zum Thema Kompetenzverteilung und Finanzarchitektur zwischen den Gebietskörperschaften Stellung. Aus seiner Sicht sind insbesondere folgende grundlegende Aspekte anzustreben (Fiskalrat, 2015):

- Ein möglichst einfaches, aufgabenorientiertes Finanzausgleichssystem mit gestärkter Eigenverantwortung der jeweils zuständigen Gebietskörperschaften und Aufgabenentflechtung auf allen Ebenen;
- Die weitgehende Herstellung der fiskalischen Äquivalenz (Übereinstimmung von Nutznießer und Kostenträger) sowie Konnexität (Zusammenführung der Aufgaben-, Ausgaben- und Einnahmenverantwortung);
- Eine Beachtung der Leistungsfähigkeit der Gebietskörperschaften neben den Effizienzkriterien mit Ressourcenausgleich für strukturschwache Regionen.

Als Grundlage für die Gestaltung der neuen föderalen Finanzarchitektur in Österreich bietet sich die Durchführung vorgelagerter Ist- und Sollanalysen für gebietskörperschaftsübergreifende Aufgabenbereiche (z. B. Bildung, Förderungen, Nahverkehr, Gesundheitswesen, Pflege etc.) sowie die Nutzung von Studienergebnissen an, die bestehende Strukturen, Ziele und Finanzströme hinterfragen. Bei den Verhandlungen könnten Kompromisse durch einen Abgleich der unterschiedlichen Interessen in Form von „Paketlösungen" gesucht werden, die jeweils ein großes Reformfeld umfassen.

1　Die Ausführungen basieren auf Empfehlungen des Fiskalrates (Fiskalrat, 2015 und 2016) und einer Information des Büros des Fiskalrates zum Paktum Finanzausgleich 2017 bis 2021 (Büro des Fiskalrates, 2016).

Der FISK begrüßte die Neugestaltung des Paktums Finanzausgleich 2017 bis 2021 und die Vorbereitung einer Bundesstaatsreform bis Ende 2018 unter Berücksichtigung der Arbeiten des Österreich-Konvents.[2] Für die Realisierung dieses wichtigen und schwierigen Projekts einer Bundesstaatsreform sieht der FISK allerdings zunächst eine politische Einigung über die strategischen Ziele der Bundesstaatsreform insgesamt vor dem Hintergrund der einzelnen gebietskörperschaftsübergreifenden Agenden (u. a. Gesundheitswesen, Soziales, Bildungswesen, Förderungen, Dienst- und Pensionsrechte, kostentreibende Normsetzungen, Steuerrecht) als notwendig. Aufgaben- und Ausgabenanalysen („Spending Reviews"), die in Form eines „Benchmarking-Modells" im neuen Paktum Finanzausgleich vereinbart wurden, könnten ferner als Ausgangspunkt für die Ausgestaltung einer Bundesstaatsreform herangezogen werden. Darüber hinaus sollte aus der Sicht des FISK eine innerstaatliche Änderung der Verteilung der Budgetmittel immer auch die gesamtstaatliche Auswirkung beachten und offenlegen.

2. Wichtige Strukturreformen im FAG 2017 in Angriff genommen, aber Umsetzung vorerst nur in Pilotprojekten oder im Planungsstatus

Mit dem „Einstieg" zur Stärkung der Abgabenautonomie der Länder („Verländerung" des Wohnbauförderungsbeitrags) sowie der Aufgabenorientierung bei der Mittelzuteilung (Pilotprojekt „Elementarbildung" und „Pflichtschule") werden zwei wichtige föderaltheoretische Erkenntnisse beachtet: So trägt eine Stärkung der subsektoralen Steuerautonomie zur Herstellung der Konnexität bei, die den Gestaltungsspielraum der subsektoralen Ebenen erhöht, und gleichzeitig durch verstärkte Eigenverantwortung Anreize für eine effiziente Erbringung öffentlicher Leistungen stiftet. Eine Aufgabenorientierung berücksichtigt die Diversität der Gebietskörperschaften und bietet Möglichkeiten zur Entflechtung der komplexen Transferströme zwischen den Gebietskörperschaften. Mit den zwei gewählten Pilotprojekten, die zur Austestung von Vor- und Nachteilen genutzt werden können, wird das bestehende Potenzial aber nur wenig ausgeschöpft.

Positiv hervorzuheben ist das Vorhaben, das Instrument der Aufgabenkritik – im FAG-Paktum im Rahmen der „Spending Reviews" und des Benchmarkings vorgesehen – systematisch zu etablieren. In der geplanten Ausgestaltung mit regelmäßigen Intervallen und gebietskörperschaftsübergreifenden Vergleichen könnten die Ergebnisse wertvolle Inputs für den Reformprozess liefern.

Auch wurden die bisherigen FAG-Regelungen in Teilbereichen durch Reduktion der Verteilungsschlüssel, Vereinfachung der Bemessungsgrundlagen, Überführung von Transfers in die Ertragsanteile mit einheitlichem Verteilungsschlüssel etc. entscheidend vereinfacht, die Komplexität des Gesamtsystems konnte dadurch aber kaum entschärft werden.

---

2 Fiskalrat Austria, 2016.

Schließlich soll eine Staatsreform im Rahmen einer Arbeitsgruppe erst bis Ende 2018 vorbereitet werden.

3. Fazit: Kompetenzbereinigung und gestärkte Eigenverantwortung als wichtige nächste Schritte

Der neue Finanzausgleich ab dem Jahr 2017 bis 2021 enthält sowohl wichtige Strukturreformen, als auch Elemente zur Vereinfachung des Verteilungssystems und zur Entflechtung der Finanzierungsströme zwischen den Gebietskörperschaften. Die zeitliche Abfolge sowie die „Reichweite" der vereinbarten Strukturreformen erscheinen allerdings nicht ideal:

- Eine grundlegende Neuordnung der gebietskörperschaftlichen Kompetenzen, die aus föderaltheoretischer Sicht den Ausgangspunkt für die Gestaltung der Finanzierungsströme bilden und vom Ziel weitgehender Transparenz sowie einer zusammengeführten Aufgaben-, Ausgaben- und Finanzierungsverantwortung für öffentliche Leistungen geleitet sein sollte, soll erst in den nächsten zwei Jahren vorbereitet werden.
- Die strukturellen Neuerungen kommen nur im Rahmen von Pilotprojekten und die Vereinfachungen des Finanzausgleichs nur in Teilbereichen zur Anwendung.

Das Gesamtsystem wurde in seiner Grundstruktur beibehalten und um zusätzliche Elemente ergänzt, sodass die zusätzliche Komplexität, die mit der Implementierung der strukturellen Reformmaßnahmen einhergeht, nicht in ausreichendem Maße durch Reduktion der Komplexität in anderen Bereichen des Finanzausgleichssystems ausgeglichen oder durch den nur eingeschränkt entfaltbaren Zusatznutzen kompensiert werden dürfte.

Die im neuen FAG vereinbarten strukturellen Mehreinnahmen der Länder und Gemeinden zu Lasten des Bundes in Höhe von 300 Mio. Euro pro Jahr (2017 - 2021) im Sinne der verstärkten Aufgabenorientierung sind vor dem Hintergrund der subsektoralen Zielvorgaben des Österreichischen Stabilitätspakts 2012 (ÖStP) zu hinterfragen. So wurde im Jahr 2015 der ÖStP 2012 durch die Länder und Gemeinden in Summe übererfüllt, während der Bund insbesondere durch Sonderlasten (z. B. Bankenpaket) die Zielvorgaben verfehlte.[3]

Insgesamt dürften ohne Kompetenzbereinigung zwischen den staatlichen Einheiten (z. B. im Bereich Bildung und Gesundheit) die Komplexität der österreichischen Finanzierungsarchitektur der öffentlichen Haushalte und damit ein Kernproblem der föderalen Staatsarchitektur Österreichs bestehen bleiben. Die daraus folgende Intransparenz trägt zu Ineffizienzen und Steuerungsproblemen bei.

---

3 Der Rechnungshof stellte fest, dass die Verfehlung des Bundes im Jahr 2015 auf Maßnahmen zur Stabilisierung des österreichischen Finanzmarktes zurückzuführen war, die gemäß Art. 19 Abs 1 lit b ÖStP 2012 keine Sanktionen nach sich zieht.

Teil 5:
Herausforderungen zur Reform des Finanzausgleichssystems

Evaluierungsrahmen zum Finanzausgleich und Einschätzungen zum FAG 2017
Johann BRÖTHALER, Michael GETZNER

Vom Regieren zum Steuern – Wirkungsziele im Finanzausgleich
Helfried BAUER, Peter BIWALD

Finanzausgleichsreformen in kooperativen Bundesstaaten
Wolfgang RENZSCH

Kooperativer Fiskalföderalismus und Finanzausgleichsreform in Österreich aus finanzwissenschaftlicher Sicht
Reinhard NECK

Stärkung der Aufgabenorientierung
Karoline MITTERER

Einstieg in eine substantielle Stärkung der Abgabenautonomie?
Michael KLIEN, Hans PITLIK, Margit SCHRATZENSTALLER

Transferreformen auf Länder- und Gemeinde-Ebene
Peter BIWALD, Anita HAINDL, Karoline MITTERER

Zusammenfassung unter dem Aspekt der Reform der föderalen Politiken
Helfried BAUER, Peter BIWALD, Karoline MITTERER, Erich THÖNI

Johann BRÖTHALER, Michael GETZNER

Evaluierungsrahmen zum Finanzausgleich und Einschätzungen zum FAG 2017

1. Einleitung und Fragestellung

Seit der Implementierung der österreichischen Finanzverfassung und des Finanzausgleichs sowie des Finanzausgleichsgesetzes (FAG) wird sowohl auf politischer als auch administrativer und (finanz-)wissenschaftlicher Ebene über Reformen gesprochen, gestritten, geforscht und publiziert. Der Titel einer im Januar 2017 stattgefundenen Tagung, „FAG 2017: Nach der Reform ist vor der Reform?", ist eine zusammengefasste, sicherlich aber treffende Einschätzung über die Änderungen des FAG über die letzten Jahrzehnte – als „Reformen" im Sinne einer grundlegenden Überarbeitung oder Änderung sind die Änderungsbemühungen allerdings kaum zu bezeichnen. Als Beispiel mag ein Beitrag von Matzner[1] dienen, der in einem Manuskript Überlegungen zu einer Reform des Finanzausgleichs anstellte und vorschlug, eine „FAG-Datenbank" einzurichten, um die Auswirkungen der unterschiedlichen Regelungen des Finanzausgleichs schätzen zu können.[2] Die verschiedenen Entwicklungsstufen und Änderungsbemühungen fasst Bröthaler[3] zusammen, indem er zeigt, dass sich der österreichische Finanzausgleich (FA) immer weiter weg von einem in den ökonomischen Effizienz- und Verteilungswirkungen nachvollziehbaren Finanzausgleich entwickelt(e). Beispielsweise würde durch die Ausweitung des Steuerverbundes und durch die Zunahme der intragovernmentalen Transfers im Sinne der Anzahl an Transferbeziehungen als auch der darunter fallenden Mittelflüsse die Nachvollziehbarkeit der Wirkungen staatlicher Ausgaben verloren gehen. Bröthaler kommt auch zum Schluss, dass die „einzelnen, mehr oder minder komplizierten Regelungen des Finanzausgleichs […] kaum ökonomisch begründet, vielmehr nur historisch erklärt werden" können.

Ein wesentliches Element der Gestaltung des österreichischen Finanzausgleichs sind Verhandlungen zwischen den Finanzausgleichspartnern (Bund, Länder, Gemeinden). Durch die historisch bedingte und verfassungsmäßig festgelegte Kompetenzverteilung zwischen den Ebenen des Staates, verbunden mit der Finanzverfassung und den jeweiligen Steuergesetzen ergeben sich – abgesehen vom Kooperationsprinzip – aber auch durchaus unterschiedliche Interessen dieser Gebietskörperschaftsebenen. Ein zentrales Moment hierbei ist das fast durchgehende Auseinanderfallen der Aufgaben-, Ausgaben- und Einnahmenverantwortung vor allem auf

---
1 Matzner: Reform des Finanzausgleiches, 1971.
2 Eine „FAG-Datenbank" wurde am Fachbereich Finanzwissenschaft und Infrastrukturpolitik der Technischen Universität Wien ab dem Jahr 1992 in Form des Simulationsmodells des österreichischen Finanzausgleichs erstellt und wird bis heute auf Basis der jeweils aktuellen Rechtslage weiterentwickelt (Simfag, 2017).
3 Bröthaler: Wandel und Beständigkeit, 2008.

der Ebene der Bundesländer; als eine Voraussetzung für einen effizienten Finanzausgleich kann eine möglichst enge Übereinstimmung zwischen diesen Verantwortungen gelten.

Vor dem Hintergrund der Entwicklungen der letzten Jahrzehnte sowie des aktuellen Finanzausgleichsgesetzes (FAG 2017) versucht dieser Beitrag, folgende Fragen zu beantworten:

1. Welche operationalen Kriterien (Bewertungsdimensionen) können auf Basis theoretischer finanzwissenschaftlicher Konzepte entwickelt werden, um eine Reform des Finanzausgleichs im Sinne der Zielsetzungen der Effizienz der öffentlichen Aufgabenerfüllung – dies schließt eine wirksame gerechte Verteilung der Mittel als eventuell kontrastierende Zielsetzung ein – einschätzen zu können?
2. Welche Auswirkungen ergeben sich durch das FAG 2017 und wie sind diese Änderungen anhand dieses Evaluierungsrahmens zu beurteilen?

Eine Übersicht zu den verschiedenen wissenschaftlichen Untersuchungen und Reformvorschlägen zum österreichischen Finanzausgleich seit dem Jahr 2008 findet sich im Beitrag von Bauer; Biwald; Mitterer: „Kritische Analysen und Reformvorschläge zum bestehenden Finanzausgleich" im Teil 2 dieses Bandes. Deshalb geht es in diesem Beitrag nicht vordergründig um die Diskussion von Reformvorschlägen oder um die Feststellung, ob der österreichische Finanzausgleich **per se** effizient wirkt oder Ressourcen gerecht und wirksam verteilt werden, sondern um die erwähnten Fragestellungen hinsichtlich der **Richtung** der neuesten Reform durch das FAG 2017.

Nicht behandelt wird im vorliegenden Beitrag die möglicherweise ineffiziente Verteilung der Kompetenzen im Bundesstaat. Einerseits wird nur der aktive Finanzausgleich[4] betrachtet, und andererseits wird die Kompetenzverteilung als gegeben angenommen. Herausgearbeitet und beurteilt werden somit die Änderungen des österreichischen Finanzausgleichs durch das FAG 2017 aus finanzwissenschaftlicher Perspektive. Der Beitrag beginnt mit der Beschreibung der Methode, fügt sodann zentrale finanzwissenschaftliche Dimensionen der Beurteilung hinzu, beschreibt und beurteilt anhand einiger empirischer Befunde den neuen Finanzausgleich, und schließt mit einer Gesamteinschätzung der Reformbemühungen.

2. Beurteilung des FAG 2017: Methodische Grundlagen

Grundlegend kann zur Methode und zu den möglichen Ergebnissen und Schlussfolgerungen des vorliegenden Ansatzes festgehalten werden, dass es im Rahmen dieses Handbuchs nicht möglich ist, die Effizienz, Effektivität oder die Verteilungswirkungen des FAG 2017 **per se** zu beurteilen. Dazu müssten umfangreiche Untersuchungen beispielsweise über die derzeitige Effizienz des Finanzausgleichs im Vergleich zu einer „optimalen" Ausgestaltung zumindest eines Finanzausgleichs im Rahmen der derzeitigen

---

[4] Siehe hierzu Bauer; Thöni: „Finanzausgleich im Überblick" im Teil 1 des vorliegendes Bandes.

Kompetenz- und Aufgabenverteilung vorliegen. Einen Schritt weiter würde eine ökonomische Betrachtung des gesamten föderalen Systems in Österreich gehen. Für beide Ansätze mag es Hinweise geben (z. B. hinsichtlich einer übersichtlicheren und weniger zersplitterten Kompetenzverteilung auf Basis der Reformvorschläge des Österreich-Konvents), eine umfassende Beurteilung der Effizienz des Finanzausgleichs in seinen Teilen als primärer, sekundärer und tertiärer Finanzausgleich liegt jedoch nicht vor. Diese hätte beispielsweise das Ausmaß des Wohlfahrtsverlustes durch verzerrende Steuern, oder Anreizwirkungen durch eine geringe Erfüllung der Anforderungen an die eigene Kostentragung zu berücksichtigen, aber auch eine Betrachtung der Wohlfahrtswirkungen durch die Bereitstellung von öffentlichen Gütern und Dienstleistungen einzuschließen.

Aufgrund dieser grundlegenden Probleme kann somit eine Einschätzung der geänderten Regelungen im FAG 2017 nicht in vollem Umfang vorgenommen werden; jedoch kann es mit den weiter unten entwickelten Kriterien gelingen, zu beurteilen, ob sich der Finanzausgleich Österreichs durch das FAG 2017 in eine theoretisch effizientere (zumindest in eine nach verschiedenen Kriterien „bessere") Richtung entwickelt. Folgende methodische Einzelschritte werden hierbei verfolgt, um zu der entsprechenden Einschätzung des FAG 2017 zu kommen; diese Schritte werden vor allem aus einer ökonomischen Perspektive unternommen, ohne jedoch die Bedeutung politologischer oder gesellschaftswissenschaftlicher Dimensionen zu verneinen:

- Beschreibung, Klassifizierung und Ermittlung von Beurteilungskriterien auf Basis theoretischer Überlegungen (u.a. aus der Theorie des Föderalismus und des fiskalischen Föderalismus);
- Beschreibung der einzelnen Änderungen des Finanzausgleichs durch das FAG 2017 anhand der gewählten theoretischen Kriterien;
- Qualifizierung und Einschätzung der Entwicklung des Finanzausgleichs Österreichs infolge der Änderungen des FAG 2017;
- die getroffenen Einschätzungen sind daher einerseits institutionelle und regulatorische Beurteilungen; andererseits werden, soweit möglich, empirische Belege oder Entwicklungen erörtert.

Bevor im nächsten Abschnitt im vorliegenden Artikel auf die einzelnen theoretisch abgeleiteten Kriterien eingegangen wird, sind aus methodischer Sicht noch drei kurze Vorbemerkungen angebracht: Einerseits verstehen die Autoren den Begriff der „Reform" zunächst neutral. Reformen können – unter Zugrundelegung vieler verschiedener Beurteilungskriterien – sowohl positiv, neutral oder negativ sein. Des Weiteren ist zu betonen, dass eine Einschätzung einer Einzelmaßnahme keine Aussage über die Gesamtsituation beinhaltet, da die Wirkungen nur im Hinblick auf eine Gesamtbetrachtung der staatlichen Aufgaben, Ausgaben und Einnahmen sowie der Effizienz und Effektivität der Aufgabenerfüllung im Sinne der Erfüllung verschiedener Zielsetzungen (beispielsweise wirtschaftspolitische) und den damit einhergehenden Steuerungsproblemen umfassend beurteilt werden können. Schlussendlich ist die Einschätzung, die in diesem Beitrag vorgenommen wird, notwendigerweise subjektiv, wenn sie auch soweit wie möglich theoriegeleitet und empirisch nachvollziehbar dargestellt werden soll.

3. Konkrete Beurteilungskriterien der Veränderungen durch das FAG 2017

3.1 Evaluierungsstufen des Finanzausgleichs

Die Beurteilung von Veränderungen durch das FAG 2017 kann aus mehreren Blickwinkeln erfolgen. Vor einer inhaltlichen Diskussion von Beurteilungskriterien auf Basis finanzwissenschaftlicher oder föderalismustheoretischer Überlegungen (siehe Abschnitte 3.2 bis 3.4 im vorliegenden Beitrag) sind mögliche Beurteilungskriterien grundsätzlich danach zu differenzieren, ob sie auf die Architektur des Gesamtsystems des Finanzausgleichs (i.w.S.), auf die Strukturen der Abgabenteilung und Transferverflechtungen des Finanzausgleichs (i.e.S.) oder die praktische Umsetzung des Finanzausgleichs abzielen. Dieser Architektur entsprechend werden im Folgenden die systemischen, strukturellen und technischen Dimensionen des Finanzausgleichs erörtert. Diese Dimensionen können – auch in kombinierter Weise – finanzwissenschaftliche (d.h. v.a. ökonomische) Wirkungen entfalten. Diese sind in folgender Weise zu verstehen (Abbildung 1):

1. **Systemische** Beurteilungskriterien zielen ab auf die übergeordneten Rahmenbedingungen und Zielsetzungen des Finanzausgleichs; darunter fallen vor allem Kriterien und Dimensionen, die die Konnexität, institutionelle Kongruenz, fiskalische Äquivalenz (hierbei insbesondere Verantwortlichkeit/Accountability und Effizienz sowie Anreizkompatibilität), die Ziel-, Aufgaben-, Leistungs-, Wirkungsorientierung, und die finanz(ausgleichs)politische Nachhaltigkeit umfassen.
2. Die **strukturellen** Beurteilungskriterien stellen auf die konkrete Ausgestaltung der finanziellen Beziehungen zwischen den Gebietskörperschaften (Abgaben und Transfers) im Sinne der Abgabenautonomie, der erzielten Allokation und Distribution (z. B. Ressourcen- und Lastenausgleich), der Berücksichtigung von Spillovers und lokalen/regionalen Präferenzen sowie der Transparenz und Komplexität der Aufgaben- und Finanzierungsverflechtungen ab.
3. Schlussendlich zielen die **technisch-administrativen** Beurteilungskriterien auf die praktischen Detailregelungen und die rechtstechnische Umsetzung ab, beispielsweise hinsichtlich der Transparenz, Einfachheit, Kompatibilität, Reagibilität und Stetigkeit, weiters Vollständigkeit, Widerspruchsminimalität und schließlich auf die Kosteneffizienz der Regelungen (Transaktionskosten, Datenverfügbarkeit). Weiters sind darunter Elemente der politisch-administrativen Praxis zu verstehen, etwa hinsichtlich der Steuerungsfähigkeit oder der Flexibilität in Bezug auf demographische und wirtschaftliche Entwicklungen.

Abbildung 1 zeigt den Beurteilungsrahmen zur Evaluierung des Finanzausgleichs sowie die einzelnen Ebenen der beschriebenen Evaluierungsdimensionen. Deutlich wird, dass die systemischen Kriterien hauptsächlich den Aufgaben-Verteilungsteil des Finanzausgleichs im weiteren Sinn umfassen, während die strukturellen Kriterien den Finanzausgleich im engeren Sinn betreffen. Die praktische Umsetzung der Rechtsvorschriften wird mit den technisch-administrativen Kriterien erfasst. Gleichzeitig beschreibt die

Abbildung auch die möglichen empirischen Grundlagen für eine Befüllung der jeweiligen Kriterien: qualitative Methoden werden eher auf systemischer Ebene eingesetzt, während eine quantitative Evaluierung am leichtesten auf der Umsetzungsebene erfolgen kann. Zudem ist zu betonen, dass die Evaluierung aus vornehmlich ökonomischer Sicht erfolgt – die verschiedenen Evaluierungsperspektiven (etwa aus Sicht der Bürgerinnen und Bürger, politischen Entscheidungsträgerinnen und -träger, Interessenvertretungen oder Wissenschafterinnen und Wissenschafter anderer Disziplinen) können hier nicht eigens angeführt werden.

Abbildung 1: Beurteilungsrahmen zur Evaluierung des Finanzausgleichs

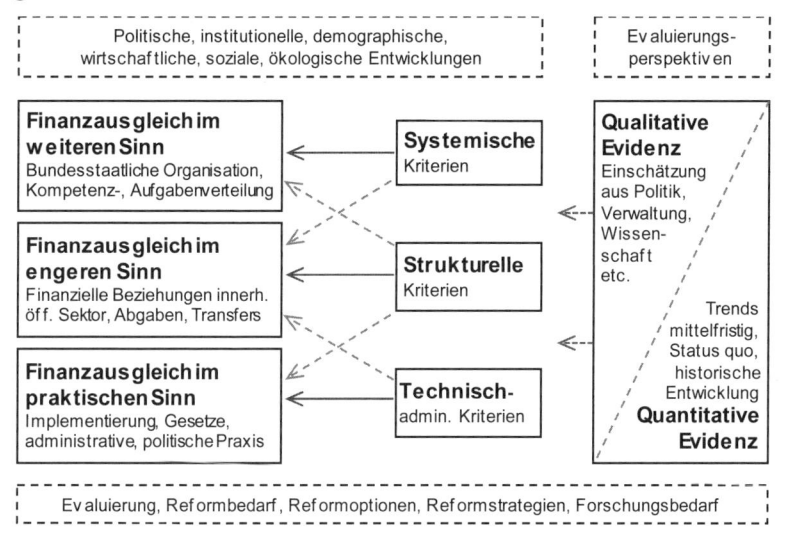

Quelle: eigene Darstellung, 2017.

In nachfolgendem Kapitel 4 im vorliegenden Beitrag sollen anhand der hier entwickelten Kriterien die aktuellen Änderungen des Finanzausgleichs 2017 bis 2021 (FAG 2017) auch auf Basis empirischer Entwicklungen sowie Modellierungen bewertet werden. Tabelle 1 zeigt im Überblick die gewählten Kriterien im Hinblick auf einen effizienteren und transparenteren Finanzausgleich sowie deren Beurteilungsmethoden. Zu betonen ist, dass diese Kriterien nicht widerspruchsfrei sind, d.h. dass die Erfüllung der einzelnen Kriterien auf Basis unterschiedlicher, auch konfligierender Zielsetzungen erfolgen kann und diese somit in unterschiedliche Richtungen, allenfalls auch sich im Endeffekt gegenseitig aufhebend, wirken können (zu den „Zielen" und der „Zielorientierung" im Finanzausgleich siehe den Beitrag Bauer, Biwald „Wirkungsziele im Finanzausgleich" im vorliegenden Band). Die Tabelle klassifiziert auch die gewählten Kriterien nach ihren systemischen, strukturellen und technisch-administrativen Dimensionen. Zu beachten ist grundsätzlich, dass die Beurteilungskriterien und -dimensionen auf den Finanzausgleich im weiteren Sinn ausgerichtet sind; unberücksichtigt bleiben andere eventuell notwendige (Reform-)Bereiche

(Finanzverfassung, Aufgabendiskussion, Steuer-, Gesundheits- und Bildungspolitik). Eine detaillierte Beschreibung einiger ausgewählter inhaltlicher Dimensionen findet sich in den Abschnitten 3.2, 3.3 und 3.4 im vorliegenden Beitrag.

Tabelle 1: Systemische, strukturelle und technisch-administrative Kriterien zur Beurteilung des (österreichischen) Finanzausgleichs

Beurteilungskriterien (Evaluierungsstufe)[1]	Beurteilungsmaßstäbe bezüglich FA (Ausgangsniveau, Richtung der Veränderung)	Methodik (emp. Evidenz)[2]
1. Systemische Kriterien		
1.1 Grundsätze und Rahmenbedingungen		
Bundesstaatliche Organisation, Föderalismus-Modell[3]	Akzentuierung demokratischer Entscheidungs- und Kontrollmechanismen, Föderalismuskompromiss (Verbund-/Trenn-Positionierung), klare Zuordnung von Kompetenzen und Aufgaben	Rechtsanalyse, Dokumenten-Analyse, Funktionsanalyse
Konnexität, fiskalische Äquivalenz, institutionelle Kongruenz	Übereinstimmung der Aufgaben-/Ausgaben- und Finanzierungsverantwortung im Sinne einer ökonomisch effizienten staatlichen Leistungserbringung	Rechtsanalyse, Transaktionsanalyse, Funktionsanalyse
Verantwortlichkeit	Ausmaß der subnationalen Entscheidungsautonomie, Eigenverantwortlichkeit (Grad der Dezentralisierung)	Rechtsanalyse, Aufgabenanalyse
Transparenz	Transparenz, Einfachheit der Aufgaben- und Finanzierungsverflechtungen	Aufgabenanalyse, Transaktionsanalyse
1.2 Prozess und Ausrichtung		
Ziel-, Aufgaben-, Leistungs-, Wirkungsorientierung	Explizite Ausrichtung an inhaltlichen, d.h. wirtschaftspolitischen, Zielen (z.B. Wachstum, Verteilungsgerechtigkeit), Berücksichtigung unterschiedlicher Grade der Aufgabenerfüllung/Leistungserbringung	Rechts-, Dokumentenanalyse
Reformprozess	Längerfristige Reformstrategien, Verhandlungsprinzip, Periodizität bei FA-Gestaltung, Abstimmung mit weiteren Reformbereichen	Dokumentenanalyse, Prozessanalyse
Institutionelle Kooperation	Intensität der Kooperation und Koordination zwischen Ebenen und Einheiten (als Element des FA iwS), Kompromissintensität	Prozessanalyse, Aufgabenanalyse
2. Strukturelle Kriterien		
2.1 Prinzipien, Regeln und finanzwirtschaftliche Ziele		
Effizienzorientierung, Anreizorientierung	Anreize zur effizienten Aufgabenerfüllung und zur Erzielung der gewünschten Wirkungen der Bereitstellung öffentlicher Güter und Dienstleistungen mit den geringst möglichen Kosten	Effizienzanalyse und Wohlfahrtsökonomische Beurteilung
Nachhaltigkeit	Berücksichtigung finanzpolitischer, ökonomischer, sozialer, ökologischer Nachhaltigkeitsperspektiven in FA-Bestimmungen	Finanzwiss. Nachhaltigkeitstests
Gerechtigkeit	Abwägung von Gerechtigkeitsprinzipien, Klarheit der Umsetzung in FA-Regelungen, Verbesserung der als gerecht angesehenen regionalen und/oder sozialen Verteilung (mittels horizontalem Ausgleich)	Verteilungsanalyse (regional, sozial), territoriale Inzidenzanalyse
Zweckbindung	Ausmaß der vertikalen Steuerung und zusätzlicher Anreize (bzw. Verpflichtungen) über Zweckwidmung (primär von Transfers)	Rechtsanalyse, Transaktionsanalyse
2.2 Instrumente und Wirkungsbezug		
Abgabenautonomie	Sub-nationaler Gestaltungsspielraum bei eigenen Abgaben (Bemessungsgrundlagen, Tarife); Ausmaß eigener Abgaben	Rechts-, Transaktionsanalyse
Allokation, Distribution	Trennung allokativer und distributiver Wirkungen bei Abgabenteilung und Transfers	Rechts-, Transaktionsanalyse

Beurteilungskriterien (Evaluierungsstufe)[1]	Beurteilungsmaßstäbe bezüglich FA (Ausgangsniveau, Richtung der Veränderung)	Methodik (emp. Evidenz)[2]
Spillover, Skaleneffekte	Berücksichtigung räumlicher externer Effekte und der Kosteneffizienz unterschiedlicher Organisationsformen	Territoriale Inzidenzanalyse
Lokale/regionale Präferenzen	Berücksichtigung lokal oder regional unterschiedlicher Präferenzen bzw. Niveaus öffentlicher Güter und Dienstleistungen, Abgrenzung Wahlbedarf (Pflicht-, Ermessensaufgaben, freiwillige Aufgaben)	Budgetanalyse, Transaktions- und Finanzierungsanalyse
Ressourcen-Ausgleich	Ausmaß des Finanzkraft-Ausgleichs (z.B. der Kompensationseffekte) und regionalpolitischen Ausgleichs (Kohärenz, Wachstums- gegenüber Verteilungsorientierung)	Transaktionsanalyse
Lasten-Ausgleich	Berücksichtigung von verschiedenen Sonderlasten bzw. von Ausmaß, Niveau und Qualität der Leistungserbringung	Transaktionsanalyse, Qualitätsevaluierung
Finanzierungsmechanismen und -verflechtungen	Transparenz durch Abbau der Finanzierungsverflechtungen (Anzahl und Volumen der intragovernmentalen Transfers, der Umlagen als auch Zuweisungen), Maßnahmen der Aufgabenentflechtung	Transaktionsanalyse
Finanzpolitische Resilienz	Kontinuität, Stetigkeit, Rechtssicherheit (durch längerfristige FA-Strategien, Dynamikgarantien, periodische Verhandlung, ertragsneutrale Änderungen, Übergangsbestimmungen)	Transaktionsanalyse, Zeitreihenanalyse
3. Technisch-administrative Kriterien		
3.1 Rechtstechnisch-empirische Implementierung		
Transparenz der Regelungen	Einfachheit, Verständlichkeit der gesetzlichen Regelungen und Verfahren der Mittelaufteilung	Rechtstextanalyse
Vollständigkeit, Widerspruchsfreiheit, Unabhängigkeit, Neutralität	Abstimmung der FAG-Regelungen mit weiteren Finanzierungsbestimmungen	Rechtsanalyse
Daten	Rechtsverbindlichkeit, Verfügbarkeit der erforderlichen Datengrundlagen (Aufteilungskriterien)	Datenanalyse
Verwaltungs- und Kosteneffizienz	Vollzug der Regelungen (Transaktionskosten), administrative Einfachheit, laufender Aufwand	Analyse der Transaktionskosten
3.2 Politisch-administrative Praxis		
Politische Steuerung, Transparenz	Möglichkeiten und Grenzen der politischen Steuerung und Schwerpunktsetzung (über Abgaben und Transfers); offenes, regelmäßiges Monitoring, Berichtswesen; Evaluierung	Rechtsanalyse
Flexibilität, Reagibilität	Anpassung an kurz- bis mittelfristige Entwicklungen (durch jährlich erhobene Aufteilungskriterien oder institutionalisierte Anpassungsmechanismen)	Rechts-, Zeitreihenanalyse

[1] Es handelt sich bei der Auswahl von Beurteilungskriterien grundsätzlich um eine begründete, notwendigerweise aber subjektive Entscheidung der Autoren zur Inklusion bzw. zur Nichtberücksichtigung von Kriterien.
[2] Methodik: Die hier angeführten Beurteilungsmethoden stellen eine mögliche Auswahl an Methoden ohne Anspruch auf Vollständigkeit dar.
[3] Aus Gründen der Übersichtlichkeit wird auf den für die Finanz- und Wirtschaftspolitik grundsätzlich ebenfalls wichtigen Bezug zur Ebene der Europäischen Union und deren föderalen Aufbau (Diskussion um Staatenbund oder Bundesstaat) in diesem Beitrag verzichtet.

Quelle: Eigene Zusammenstellung, 2017.

Auf Basis der verschiedenen Beurteilungsstufen und Kriterien werden in Kapitel 4 die Änderungen des Finanzausgleichs 2017 besprochen. Bevor jedoch darauf eingegangen wird, werden einige ausgewählte zentrale Bereiche der Evaluierung des FAG 2017 aus Sicht der Föderalismustheorie und der Finanzwissenschaft im Folgenden erörtert.

3.2 Konzeptionen des Föderalismus: Wettbewerb oder Kooperation?

Für die Einschätzung von Reformbemühungen ist es aus Sicht der Autoren notwendig, das zugrundeliegende Verständnis des Föderalismus und der Föderalismus-Konzeption zu analysieren. Die konkrete Ausgestaltung der föderalen Beziehungen fußt explizit oder implizit auf einem Verständnis des Zusammenwirkens der verschiedenen staatlichen Ebenen. In der wissenschaftlichen Literatur wird eine Reihe von grundsätzlichen Föderalismus-Konzeptionen entworfen; grundsätzlich kann u.a. zwischen Wettbewerbs- und kooperativem Föderalismus unterschieden werden[5]. Wichtig ist darüber hinaus, zu untersuchen, inwiefern es sich beim Föderalismus in einem Staatswesen um einen politischen Föderalismus handelt (und somit die unteren Ebenen tatsächlich Entscheidungsbefugnisse im Sinne autonomer Politikgestaltung haben), oder um einen administrativen Föderalismus, in welchem lediglich bestimmte Verwaltungsagenden dezentralisiert wurden – letzteres kann nichts desto weniger effizienzsteigernd sein, wenn dezentral vorhandene Informationen dadurch besser verarbeitet werden können.

Der Schweizer, aber auch der US-amerikanische Föderalismus enthalten einige Elemente des Wettbewerbsföderalismus, die sich u.a. darin äußern, dass die Kantone bzw. Bundesstaaten eine gewisse Steuerautonomie innehaben und zwischen den Gliedstaaten einer Ebene ein gewisser Wettbewerb (Standorte, Wettbewerbsfähigkeit) herrscht. Wettbewerb im Föderalismus ist hierbei nicht notwendigerweise nur im Hinblick auf einen Steuerwettbewerb zu verstehen. Wettbewerb kann auch im Vergleich mit der Aufgabenerfüllung eines Bundeslandes mit einem anderen entstehen (z. B. yardstick competition oder benchmarking). Der Grundgedanke eines ‚föderalen Wettbewerbs' ist, dass sowohl Bürgerinnen und Bürger als auch Unternehmen hinsichtlich ihrer Standortentscheidungen (Produktion, Konsum, Arbeitsplätze) mobil sind und sich die von ihnen jeweils präferierte Kombination an Quantität und Qualität öffentlicher Güter und Dienstleistungen einerseits und an Steuer- und Gebührenbelastung andererseits aussuchen – und somit in jener Region (Bundesland, Gemeinde) ansiedeln, in welcher diese Kombination aus ihrer Sicht optimal ist („voting by feet").

Der Wettbewerbsföderalismus unterstellt somit grundsätzlich eine gewisse Mobilität; ist diese nicht gegeben, reicht aber auch ein gewisses „Drohpotenzial" der regionalen Bevölkerung: Ist ein großes Missverhältnis zwischen der Qualität öffentlicher Leistungen und der Steuer- oder Gebührenzahlung im Vergleich zu anderen Regionen vorhanden, haben die Bürgerinnen und Bürger noch immer die Möglichkeiten, die politischen Entscheidungsträgerinnen und -träger auf Landes- oder Gemeindeebene abzuwählen. Empirische Studien zeigen, dass eine engere Verknüpfung zwischen Abstimmungen auch zu finanzpolitischen Themen (z. B. öffentlicher Schuldenstand, Höhe öffentlicher Ausgaben) und (direkt-)demokra-

---

[5] Siehe dazu u.a. die Beiträge von Thöni; Bauer: „Föderalismus und Bundesstaat" sowie Neck: „Kooperativer Föderalismus" im vorliegenden Band.

tischer Willensbildung zu einer sparsameren öffentlichen Leistungsbereitstellung führen kann.[6]

Eine wichtige Voraussetzung des ‚Wettbewerbsföderalismus' ist demgemäß folglich, dass die regionalen (lokalen) politischen Entscheidungsträgerinnen und Entscheidungsträger auch entsprechende Entscheidungen kongruent zum Niveau der Aufgabenerfüllung, der damit verbundenen Ausgaben und Einnahmen treffen können. In diesem Sinn ist ein System der Ko-Finanzierung einer Aufgabe aus unterschiedlichen Finanzierungsquellen (z. B. eigenen Steuern, Anteile am Steuerverbund, Transfers) im Wettbewerbsföderalismus nicht geeignet, die notwendige Verantwortlichkeit („Accountability") herzustellen. Damit entspricht der Wettbewerbsföderalismus am ehesten dem in Abschnitt 3.4 im vorliegenden Beitrag besprochenen Idealbild eines aus enger ökonomischer Sicht effizienten Finanzausgleichssystems.

Der eher im österreichischen System zum Ausdruck kommende Verhandlungsföderalismus (ähnlich aber nicht unbedingt vollständig deckungsgleich zum kooperativen Föderalismus), beispielsweise in Form der Verhandlungen zum Finanzausgleichsgesetz mit dem Abschluss eines Paktums, steht der Grundkonzeption des Wettbewerbsföderalismus entgegen, da hier der Aufgabenaufteilung, Ausgaben- und Einnahmenverantwortung – im Rahmen der Kompetenzen der Bundesverfassung und der Grundlegungen der Finanzverfassung – gemeinschaftlich und kooperativ nachgekommen wird.[7] Die politische Ökonomie der Verhandlungen ist hier jedoch nicht zu übersehen: Verhandlungen können im ökonomischen Sinn wohlfahrtssteigernd wirken, wenn eine unkooperative Vorgangsweise, z. B. das Verfolgen individueller, nicht abgestimmter Strategien und individueller Entscheidungen, zu Situationen führt, die nicht pareto-optimal[8] sind, und Verhandlungen das Gesamtergebnis verbessern. Damit Verhandlungslösungen in einem föderalen System somit wohlfahrtssteigernd wirken, müssen einige Voraussetzungen erfüllt sein, z. B. Verhandlungsführung und -ziele im Sinne des (gesamtwirtschaftlichen und/oder regionalen) Gemeinwohls sowie Transparenz und niedrige Transaktionskosten. Erschwert oder gar verunmöglicht werden Verhandlungslösungen bzw. Reformbemühungen insgesamt dann, wenn sich einzelne Verhandlungspartner in einer historisch begründeten Situation befinden, in welcher die Überwindung von rechtlichen, politischen oder institutionellen Barrieren im Vergleich zum Status quo überproportional hohe Kosten (z. B. Machtverlust, Verlust an Wähler/innen-Stimmen) verursacht. In einer solchen Situation der Pfadabhängigkeit[9] kann ein Verhandlungspartner Reformen behindern,

---

6   Für das Beispiel der Schweiz: Feld; Kirchgässner: Direct Democracy, 2001.
7   Vgl. Spahn: Contract federalism, 2006.
8   „Pareto-optimal" wären im vorliegenden Fall Verhandlungen dann, wenn ein besseres Gesamtergebnis (z. B. hinsichtlich der Effizienz der staatlichen Aufgabenerfüllung) nicht mehr erreicht werden könnte, also kein Akteur besser gestellt werden könnte, ohne dass ein anderer schlechter gestellt wird. Dieser Zustand ist im Lichte der Ausführungen dieses Beitrags und des vorliegenden Handbuchs wohl noch nicht eingetreten.
9   Regulatorischer oder auch finanzieller „lock-in": vgl. Vergne; Durand: Missing Link, 2010; Mashaw; Marmor: Federalism and Health, 1995, die dies am Beispiel

da seine aktuelle Situation eine Auslagerung (Externalisierung) von politischen oder ökonomischen Kosten ermöglicht. De facto ergibt sich daraus ein Veto-Recht gegenüber Reformen, die zu gesamtstaatlich effizienteren und/oder gerechteren öffentlichen Aufgabenerfüllungen führen würde. Eine Vergrößerung der Anzahl an Verhandlungspartnern kann somit zu höheren Transaktionskosten führen bis zu jenem Punkt, an dem eine Änderung der Regulatorien durch den lock-in-Effekt kaum mehr möglich ist, d. h. dass Reformbestrebungen selbst bei einer gesamthaften Verbesserung durch das Veto einzelner Verhandlungspartner scheitern.[10]

Wenn es den Verhandlungspartnern im Rahmen des kooperativen Föderalismus gelingt, individuelle Strategien und Entscheidungen zugunsten einer gesamtstaatlichen Pareto-Verbesserung zurückzustellen, kann eine Reform insgesamt – bei gegebenem und von den Bürgerinnen und Bürgern gewünschtem Niveau an öffentlichen Gütern und Dienstleistungen – zu einer Einsparung an Ressourcen für diese Aufgabenerfüllung führen. Allerdings ist dieser Effizienzgewinn nicht ohne Weiteres garantiert: Gelingt es den Verhandlungspartnern, gegenüber den Bürgerinnen und Bürgern die wahren Kosten der Entscheidungen zu verschleiern (z. B. durch ein intransparentes Abgabensystem, welches zu großen Informationsproblemen auf Seiten der Bürgerinnen und Bürger führt), wäre auch das Gegenteil denkbar: Die staatliche Aufgabenerfüllung wird ineffizienter und der Staat fordert von den Bürgerinnen und Bürgern in noch größerem Ausmaß finanzielle Ressourcen oder nimmt höhere Opportunitätskosten in Kauf. Ein transparenteres System der finanziellen Verflechtungen trägt somit zur Reduktion der Prinzipal-Agent-Probleme[11] bei. Allerdings unterstellt eine derartige Kollusion der politischen Entscheidungsträgerinnen und -träger gegenüber den Bürgerinnen und Bürgern eine bewusste Strategie, die darauf abzielt, beispielsweise die Finanzierungsverflechtungen intransparent zu gestalten.

Föderalismus kann neben den genannten Konzeptionen des Wettbewerbs und der Kooperation insbesondere auch noch im Sinne der Beschränkung staatlicher Macht aufgefasst werden.[12] Eine Konzentration

---

amerikanischer Gesundheitsreformen als wesentliches Problem erwähnen.

10 In Diskussionen rund um die Reform des Finanzausgleichs 2017 wurde auch der Begriff des „Kartellföderalismus" unter Expertinnen und Experten diskutiert: Hierunter wird verstanden, dass die Bundesländer bei Verhandlungen gegenüber den anderen Finanzausgleichspartnern ein Kartell bilden, um ihre Sichtweisen und Interessen durchzusetzen, wodurch die Überwindung der regulatorischen Pfadabhängigkeit noch schwieriger wird.

11 Prinzipal-Agent-Probleme beziehen sich auf die Verhaltensweisen von Akteuren bei ungleicher Verteilung des Wissens (asymmetrische Informationsverteilung) zwischen einem Auftraggeber (Prinzipal) und einem Ausführenden (Agent). Im Falle staatlicher Aufgabenerfüllung treten die politischen Entscheidungsträgerinnen und -träger den Bürgerinnen und Bürgern als Gruppe von Agenten gegenüber, die die Präferenzen und Aufträge der Prinzipalen erfüllen sollen. Durch die Ungleichverteilung der Informationen gelingt es den Politikerinnen und Politikern, eigene Ziele zu verfolgen und die wahren Kosten ihres Handelns zu verschleiern.

12 Der Staat als Leviathan, dessen Macht beschränkt werden soll: Salmon: Horizontal competition, 2006, S. 66.

staatlicher Macht in einer Zentralregierung ohne Kompetenzen anderer staatlicher (regionaler, lokaler) Ebenen wird durch eine föderale Verteilung der Verantwortung beschränkt: Der rechtlich normierte oder faktisch-politische Zwang zur Kooperation verbreitert die Basis von Entscheidungen und schützt die Bürgerinnen und Bürger vor (zu) großer Macht eines Zentralstaates, aber auch die gesamtstaatlichen Interessen vor lokalen oder regionalen Einzelinteressen. Wie oben erwähnt, muss daraus durch die Notwendigkeit zu Kompromissen nicht unbedingt ein effizientes Modell staatlicher Aufgabenerfüllung resultieren; dies einerseits aus Gründen größerer Kosten (Transaktionskosten) der Verhandlungen, andererseits aber auch wegen der Kosten von Kompromissen (Bedienung unterschiedlicher Klientele und damit höhere Staatsausgaben).

Auch in Bezug auf das zugrundliegende Föderalismus-Modell kann eine eindeutige Feststellung des Status quo des österreichischen Finanzausgleichs nicht erfolgen: Der österreichische Finanzausgleich beinhaltet – auch wenn kooperative Elemente überwiegen – Bestandteile verschiedener Föderalismus-Konzeptionen.

3.3 Elemente der Zielorientierung des Finanzausgleichs

Vor einigen Jahren wurde der österreichische Finanzausgleich daraufhin überprüft, ob verschiedene Dimensionen der Nachhaltigkeit im Finanzausgleich erfüllt werden bzw. wie dieser im Lichte dieser Dimensionen zu beurteilen ist.[13] Hinsichtlich einer inhaltlichen (d. h. wirtschaftspolitischen) Zielorientierung könnten im Finanzausgleich im Hinblick auf die vielfältigen zukünftigen Herausforderungen, z. B. Bevölkerungswachstum, Klimawandel und Klimaschutz, Bildungs- und Integrationspolitik, eine Reihe von Anreizmechanismen berücksichtigt werden. Während im Zuge der Aufgabenorientierung diskutiert wurde, anreizkompatible Zuweisungen auf Basis inhaltlicher Kriterien nicht so auszuweiten, dass ein Anreiz entsteht, über das ökonomisch optimale Niveau hinaus öffentliche Infrastrukturen (Güter, Dienstleistungen) zu produzieren, geht es bei der Zielorientierung gerade darum, dass derzeit ein als politisch wesentlich zu gering erachtetes Niveau an öffentlichen Leistungen erbracht wird. Transfers oder Bedarfszuweisungen könnten somit an die Zielerreichung in bestimmten inhaltlichen Politikfeldern gekoppelt werden.[14]

Ob die Zielorientierung im Gesamtbild des Finanzausgleichs und der vielfältigen und hinsichtlich der ökonomischen Wirkungen nur schwer beurteilbaren finanziellen Beziehungen einen Anreiz ausüben kann, wäre aber erst empirisch zu untersuchen. Es ist aber zweifelhaft, ob im Lichte der Fülle an unterschiedlichen Transfers eine Kopplung an inhaltliche (wirtschaftspolitische) Ziele überhaupt erreicht werden kann; einerseits,

---

13 Schönbäck; Bröthaler: Verteilungsgerechtigkeit, 2005.
14 Die „Zielorientierung des Finanzausgleichs" kann natürlich auch weiter gefasst werden; neben der politisch-inhaltlichen Zielorientierung kann es „Ziele des Reformprozesses" sowie „Ziele des Finanzausgleichs" (z. B. Balance zwischen Effizienz-, Wachstums- und Gleichheitszielen; vgl. dazu Bröthaler et al.: Reform des Finanzausgleichs, 2011, S. 11 ff. und 49) geben.

weil sich die derzeitigen Anreizwirkungen von Transfers überschneiden, überlagern oder entgegengesetzt sind, und andererseits, weil sich Empfängerinnen und Empfänger von Transfers häufig jene für sie selbst passenden aussuchen können.

Rossmann[15] hat sich mit der Zielorientierung des Finanzausgleichs befasst und eine Vielzahl an möglichen Ansatzpunkten aufgezeigt; diese können wirtschafts-, finanz-, sozial-, umwelt- und gesellschaftspolitische Ziele enthalten. Wichtig scheint auch bei der Frage der Zielorientierung des Finanzausgleichs zu sein, dass aus ökonomischer Sicht eine Verdeutlichung und Transparenz von inhaltlichen Zielen wünschenswert ist: Nur so ist eine Einschätzung der Effizienz, der Anreizmechanismen und der Wirkungen der eingesetzten Steuermittel möglich.

Inhaltliche Zielorientierung kann aufgabenunspezifisch (etwa Stärkung von Gemeindegruppen oder der finanzpolitischen Nachhaltigkeit) oder aufgabenspezifisch (mit sehr konkreten Zielen) abgebildet werden.

Darüber hinaus kann die Verteilung von Mitteln nach Kriterien in Bezug auf Aufgaben, Leistungen als auch Wirkungen erfolgen.

Die Aufgabenorientierung kann bei der derzeitigen Architektur des Finanzausgleichs an verschiedenen Stellen ansetzen:
- Vorwegabzüge: gemeinschaftliche Aufgabenfinanzierung;
- Ausschließliche Abgaben: Bemessungsgrundlagen und Tarife;
- Ertragsanteile: Aufteilungskriterien bei der Mittelverteilung;
- Transfers: Mittelzuweisungen mit Zweckbindung;
- weitere Instrumente: etwa programmatische Vereinbarungen mit periodischer Verhandlungspflicht, Prinzipien der zeitlichen Limitierung (Zero-Base-Budgeting, Sunset-Legislation), Ex-post-Evaluierungen.

Zu beachten ist, dass die Einnahmen aus (eigenen und gemeinschaftlichen) Abgaben als allgemeine Haushaltsmittel zweckfrei für die verschiedenen Aufgaben zu verwenden sind. Eine aufgabenorientierte Mittelverteilung ist demnach ebenfalls als Teil einer pauschalen finanziellen Dotierung von Gemeinden zu verstehen, die für aufgabenspezifische Sonderlasten oder Anreize als Teil verschiedener (un)beeinflussbarer Lasten oder Ziele der Aufgabenerfüllung zu verwenden ist. Dabei ist abzuwägen, in welchem Ausmaß Unterschiede bei einzelnen Aufgabenbereichen spezifisch im Vergleich zu anderen pauschalen Mittelzuweisungen ausgeglichen werden (z. B. dass mit Einführung der Aufgabenorientierung bei Elementarbildung auch der abgestufte Bevölkerungsschlüssel anzupassen ist).

Die Leistungsorientierung ist im Vergleich zur Aufgabenorientierung enger an Ausmaß und Qualität der öffentlichen Dienstleistungen ausgerichtet.

Die Wirkungsorientierung ist hingegen auf die Zielerreichung (öffentliches Interesse) ausgerichtet, allerdings ist deren Berücksichtigung in der Mittelverteilung und die Messung der Wirkungen aus Sicht der Autoren mit erheblichen methodischen Herausforderungen verbunden und nur im Zusammenhang mit anderen finanzwirtschaftlichen Instrumenten (wirkungs-

---

15 Rossmann: Paradigmenwechsel, 2008.

orientierte Haushaltsführung, Monitoring, periodische Evaluierungen) umsetzbar.[16]

3.4 Effiziente Aufgabenerfüllung und Instrumenteneinsatz

Die staatliche Aufgabenerfüllung soll sich nach gängiger rechts- und wirtschaftswissenschaftlicher Meinung grundsätzlich nach den drei Grundsätzen der Sparsamkeit, Wirtschaftlichkeit und Zweckmäßigkeit richten. Aus Sicht der Finanzwissenschaft wird unter Sparsamkeit die möglichst geringe Inanspruchnahme von Ressourcen für die staatliche Aufgabenerfüllung verstanden. Unter Wirtschaftlichkeit fällt der ökonomische Begriff der Effizienz, d. h. die unter den Gesichtspunkten der ökonomischen Kosten und Nutzeffekte optimale Allokation der Ressourcen, verbunden mit dem optimalen Niveau der Bereitstellung öffentlicher Güter und Dienstleistungen. Zweckmäßigkeit kann aus ökonomischer Sicht mit der Wirksamkeit staatlichen Handelns definiert werden. Bei diesen drei Begriffen wird insoferne von der finanzwissenschaftlichen Erkenntnis abstrahiert, dass die Sparsamkeit und Effizienz im Widerspruch zu der Wirksamkeit stehen kann: Während erstere auf eine Beschränkung bzw. Reduktion staatlicher Ausgaben abzielt, kann die „Zweckmäßigkeit" auch darin liegen, Verteilungswirkungen (regionale, soziale) zu erzielen – diese sollen dann wiederum effizient und kostengünstig erreicht werden.

Die „Effizienz" eines Finanzausgleichs stellt sich somit zunächst anhand des in der Finanzverfassung normierten Prinzips der Kostentragung durch die die öffentlichen Aufgaben besorgenden Gebietskörperschaften dar. Abgegangen könnte von diesem Prinzip aus Sicht finanzwissenschaftlicher Effizienzgründe dann werden, wenn eine Gebietskörperschaft besondere Lasten zu tragen hat und die entsprechenden Mittel fehlen, oder wenn über die territorialen Grenzen der Gebietskörperschaft hinausgehende öffentliche Güter oder positive externe Effekte produziert werden, die im Finanzausgleich abgegolten werden sollen (etwa im Sinne einer Pigou-Subvention).

Effizient ist somit im ökonomischen Sinn[17] ein Finanzausgleich dann, wenn Aufgaben, Ausgaben und Einnahmen gemeinsam betrachtet und die drei Voraussetzungen für Effizienz, d.s. Konnexität, fiskalische Äquivalenz und institutionelle Kongruenz, erfüllt sind.[18] Eine vollständige Realisierung dieser Voraussetzungen ist weder in „optimalen" Modellen des Finanzausgleichs (aufgrund z. B. räumlicher externer Effekte), noch in der Praxis zu beobachten. Selbst bei der Finanzierung einzelner lokaler Aufgaben (z. B. netzgebundene Ver- und Entsorgung) durch Gebühren sind diese Voraussetzungen häufig nicht gegeben (z. B. unvollständige Kostendeckung, Mischfinanzierung durch Subventionen oder Bedarfszuweisungen).

---

16 Siehe den Beitrag von Bauer; Biwald: „Wirkungsziele im Finanzausgleich" im vorliegenden Band.
17 „Ökonomisch" meint hier im Sinn der Theorie des fiskalischen Föderalismus (fiscal federalism).
18 Siehe z. B. für Österreich Bröthaler et al.: Reform des Finanzausgleichs, 2011.

Effizienz setzt aber auch voraus, dass die staatlichen Aufgaben „effizient" im Sinne der Subsidiarität auf die einzelnen Ebenen des Staates aufgeteilt werden. Die klassische ökonomische Begründung der vertikalen Aufgabenverteilung liegt dabei im Dezentralisierungstheorem[19], wonach entsprechend den territorial unterschiedlichen Präferenzen der Bürgerinnen und Bürger unterschiedliche Versorgungsniveaus mit öffentlichen Gütern und Dienstleistungen effizienter sind als eine zentralstaatliche Bereitstellung eines einheitlichen Niveaus. Darüber hinaus sind Argumente aus Sicht der ökonomischen Effizienz unter anderen das Vorhandensein dezentral verfügbarer Informationen (entsprechend etwa dem Paradigma des New Public Management) und Skaleneffekte der Bereitstellung von (häufig netzgebundenen) Infrastrukturen im Sinne der kostenoptimalen Versorgung.[20] [21]

Für die Frage der Gestaltung eines effizienten Finanzausgleichs ist darüber hinaus relevant, welche Aufgaben von den Gebietskörperschaften, z. B. den Gemeinden, im Rahmen von Pflichtaufgaben erledigt werden, welche Aufgaben hinsichtlich ihrer Standards normiert sind, oder welche Aufgaben auf lokalen Entscheidungen (auf Basis der Präferenzen) erfüllt werden. Während die Mittelzuteilung zur Erfüllung von Pflichtaufgaben bzw. standardisierten Aufgaben für eine effizienzorientierte Aufgabenorientierung besser geeignet ist, ist die Zuteilung von Mitteln für den Wahlbedarf eher nach pauschalen Kriterien (ohne zentralen Steuerungsanspruch) erforderlich (beide unterliegen aber selbstverständlich den oben beschriebenen Geboten der Effizienz). Für Pflichtaufgaben bzw. für Aufgaben, die als Mindestausstattung für Gemeinden angesehen werden, ist eine Mittelzuweisung aus dem Finanzausgleich auch auf Basis eines Ressourcenausgleichs notwendig – dies schließt den Finanzkraftausgleich mit ein.

Die bisherigen Überlegungen zeigen, dass es in der Praxis kaum ein System staatlicher Aufgaben-, Ausgaben- und Einnahmenverantwortung geben kann, welches auch nur ein Effizienzelement vollständig abdecken kann. Zu vielfältig sind allein aus Sicht der ökonomischen Effizienz die zu erfüllenden Bedingungen; hinzukommen aus empirischer Sicht vielfältige methodische Probleme beispielsweise der Erhebung der notwendigen Daten (z. B. Niveau und räumliche Verteilung des Nutzens öffentlicher Infrastrukturen im Rahmen einer territorialen Inzidenzanalyse). Institutionell-rechtlich ergibt sich, dass ein effizientes System eine größere Anzahl staatlicher Ebenen bräuchte: Versorgungsfunktionen haben sehr unterschiedliche Einzugsbereiche (räumliche Spillover-Effekte) als auch „optimale" Größen aus Sicht der Kosten.[22] Neben diesen Funktionen haben manche Gemeinden oder Regionen lokale Sonderlasten zu tragen, die abgegolten werden sollen – andernfalls eine politisch unerwünschte Ab-

---

19 Siehe einordnend z. B. Oates: Toward a Second-Generation, 2005.
20 Siehe den Beitrag von Bauer; Biwald: „Vom Regieren zum Steuern" im vorliegenden Band.
21 Nicht näher erörtert wird aus Platzgründen die Effizienz der Aufgabenerfüllung durch staatliche Institutionen und Mitarbeiterinnen und Mitarbeiter an sich (Effizienz des öffentlichen Sektors) sowie die Effizienz der Einnahmenerzielung (ineffiziente Verzerrungen des Steuersystems).
22 Mitterer et al.: Versorgungsfunktionen, 2016.

wanderung verstärkt werden könnte.[23] Darüber hinaus ist zu beachten, dass die Ausrichtung eines Finanzausgleichs ausschließlich auf Basis der Effizienz die vielfältigen Transaktionskosten eines komplexen Systems (z. B. Verhandlungs- und Informationskosten) außer Acht lässt, d.h. dass ein per se kostenineffizienteres System in Kauf genommen werden kann, wenn die Transaktionskosten zur Herstellung eines effizienten Systems zu hoch sind.

Somit muss sich ein System eines Finanzausgleichs aus dem Gesichtspunkt der Effizienz allenfalls mit zweit- oder drittbesten Lösungen zufrieden geben. Der bisherige österreichische Finanzausgleich erfüllt – dies ist auch mit der gebotenen wissenschaftlichen Vorsicht festzuhalten – kaum die hier knapp skizzierten Bedingungen, was in der Vergangenheit zu vielfältigen Reformvorschlägen geführt hat (siehe hierzu den Beitrag von Bauer, Biwald und Mitterer „Kritische Analysen und Reformvorschläge zum bestehenden Finanzausgleich" im vorliegenden Band).

Von der Effizienz zu trennen ist, wie bereits oben erwähnt, die Frage der Verteilungswirkungen sowohl in regionaler als auch sozialer Hinsicht.[24] Wie der Anteil der eigenen Abgaben am gesamten Abgabenaufkommen zeigt, wird vom Prinzip der Effizienz, insbesondere der Kostentragung, abgegangen. Räumlich bedeutet dies, dass insbesondere die Aufgabenerfüllung der österreichischen Bundesländer und in etwas geringerem Ausmaß der österreichischen Gemeinden nicht durch eigene Abgaben (Einnahmen) finanziert wird, sondern durch vielfältige Transfers. In diesem Zusammenhang belegt eine Reihe von Studien die durchaus ausgleichenden Wirkungen dieser intragovernmentalen Transfers beispielsweise zugunsten wirtschaftlich schwächerer Gemeinden und Regionen[25], wobei unterstellt wird, dass die ausgleichende Wirkung erwünscht ist und auch gerechtfertigt sein kann. Pitlik[26] stellt die Frage der Effizienz und von Ausgleichsmechanismen darüber hinaus in Zusammenhang mit der konkreten Gestaltung des Steuer- und Verteilungssystems, nämlich inwiefern es sich beim Finanzausgleich um ein Trenn- oder Verbund-, bzw. ein Umlagen-, Zuschlags- und Transfersystem handelt. In der Realität sind im österreichischen Finanzausgleich Elemente aller Systeme (ausschließliche Abgaben, gemeinschaftliche Bundesabgaben, Zuweisungen, Zuschüsse, Umlagen) enthalten, deren Verhältnis zueinander maßgeblich ist.

---

23 Aus Sicht der ökonomischen Effizienz könnte es jedoch auch wünschenswert sein, Mobilität und Abwanderung aus peripheren Regionen zu fördern, beispielsweise wenn der Erhalt der Infrastrukturen in dünn besiedelten Gebieten zu teuer erscheint. Hieraus kann sich auch ein Widerspruch zu politischen Überlegungen (z. B. gleichwertige Lebensbedingungen; Abfederung des gesellschaftlichen und wirtschaftlichen Wandels) ergeben.
24 Natürlich ist auch die Frage der Verteilungswirkungen eine äußerst komplexe: Schönbäck; Bröthaler: Zur horizontalen Verteilungsgerechtigkeit, 2005 haben Gerechtigkeitsaspekte im Kontext des Finanzausgleichs z. B. in exogene Gerechtigkeit (Aufkommens-, Utilitarismus- oder Gleichheitsprinzip) und endogene Gerechtigkeit (Explizitregeln, Metaregeln, Mehrheitsbeschluss) untergliedert.
25 Bröthaler et al.: Österreichs Gemeinden im Netz der finanziellen Transfers, 2006.
26 Pitlik: Reform des aktiven Finanzausgleichs, 2008.

4. Einschätzung der Reformbemühungen im FAG 2017: Beurteilung und empirische Fundierung

4.1 Übersicht über zentrale Änderungen des FAG 2017 im Kontext der Bewertungsdimensionen

Die wesentlichen Neuerungen des FAG 2017 und des im Herbst 2016 abgeschlossenen Paktums (Vorhaben für Aktivitäten in den kommenden Jahren) sind in Tabelle 2 zusammenfassend dargestellt. Die Tabelle enthält die systemischen, strukturellen und technisch-administrativen Kriterien (zusammengefasst zu jeweils zwei Untergruppen), mit denen die Neuerungen qualifiziert werden können.

Die Einschätzungen der Autoren bezüglich einer Bewertung der vorliegenden Änderungen des FAG 2017 sind in den sechs rechten Spalten der Tabelle 2 enthalten. Einerseits werden jene Beurteilungskriterien schattiert unterlegt, die für die jeweilige Änderung im Besonderen relevant sind. Kennzeichnend für die Änderungen des FAG 2017 ist nach dieser Einschätzung, dass die systemischen Beurteilungskriterien nur in Randbereichen angesprochen werden und überwiegend strukturelle und technisch-administrative Beurteilungskriterien durch die Neuerungen betroffen sind.

Andererseits enthält die Tabelle zu jeder Änderung eine Bewertung im Sinne einer neutralen („o'), positiven („+') oder negativen („-') Richtung. Deutlich wird, dass eine Reihe von Änderungen in eine positive Richtung gehen (einige davon sind aber nur von geringer quantitativer Bedeutung). Insgesamt wird deutlich, dass die beurteilten Änderungen in Summe neutrale bis leicht positive Effekte haben können, eine tiefer gehende Reform jedoch nicht erreicht wurde; hervorzuheben ist, dass aus Sicht der Autoren die unveränderte Aufgaben- und Kompetenzverteilung sowie Grundstruktur des Finanzausgleichs i.e.S. eine deutlich negative Bewertung erfahren. Eine Gesamtbewertung im Sinne der Aggregation der Einzelbewertungen wird nicht vorgenommen, vor allem auch deshalb, weil die einzelnen Reformschritte für sich genommen zwar positiv oder negativ zu beurteilen sind, sich in Summe aber widersprechen können. Zum Beispiel trägt die in Aussicht genommene Wirkungsorientierung bei sonst gleich bleibender Grundstruktur zu einer weiteren Verringerung der Transparenz des Gesamtsystems (im Sinne der erzielten Effizienz und der Anreize) bei.

Tabelle 2: Beurteilung ausgewählter Neuerungen im Finanzausgleichsgesetz (FAG 2017)

Änderungen im Finanzausgleich für die Jahre 2017-2021 (Paktum und FAG 2017)	Beurteilungskriterien					
	1 Syst.		2 Strukt		3 Techn.	
	1.1	1.2	2.1	2.2	3.1	3.2
Maßnahmen im FA i.w.S. (tw. paktiert, noch umzusetzen)						
Aufgaben-, Kompetenzverteilung: Keine Änderung	-					
Vorbereitung der Bundesstaatsreform (bis Ende 2018)	o					
Spending Reviews und Benchmarking (ab 2019)	+	+				
Ausgabenobergrenzenpfad für Pflege, Gesundheit				+		
Sonstige Vereinbarungen: Vereinheitlichung, Harmonisierung betreffend Haftungsobergrenzen, Spekulationsverbot, Rechnungslegung, Transparenzdatenbank (als Voraussetzung für einzelne FA-Leistungen des Bundes)				+		
Architektur des FA i.e.S.						
Grundstruktur des FA i.e.S.: keine Änderung	-			-		
Primärer FA: Abgaben- und Ertragshoheit						
Umwandlung des Wohnbauförderungsbeitrags (2009–2017 gemeinschaftliche BA) in eine ausschließliche Landesabgabe mit voller Tarifautonomie ab 2018				+		
Arbeitsgruppe zur Abgabenautonomie der Länder (Prüfung ESt, LSt, KStG, motorbez. VersSt) und Gemeinden (Grundsteuerreform, Vorbereitung 2017)				o		
Vorwegabzüge (gemeinschaftliche Finanzierung)						
Vereinfachung (Lnd-EU, Bündelung SWW-Abzug bei USt), Einrechnung historisch begründeter Vorwegabzüge in EA (TabakSt, KfzSt, Gem-EU)					o	
Fortführung Pflegefonds (FLAF, GSBG): keine Änderung						+
Vertikale Verteilung						
Werbeabgabe nach einheitlichem Schlüssel (Einrechnung GrunderwSt II in GrunderwSt)					o	
Zusammenfassung von Fixschlüsseln					o	
Horizontale Verteilung Länder						
Keine Änderung (geringe Fixschlüsselanpassung)						
Horizontale Verteilung Gemeinden						
Vereinfachung der Verteilung der Ertragsanteile nach drei Indikatoren (Vorausanteil, Nächtigung, ABS)				+	o	
Wegfall Finanzkraft-, Getränke-, Werbesteuern-Ausgleich, Bündelung historischer Vorausanteile					o	
Dynamikgarantie bei Ertragsanteilen der Gemeinden				o		
Aufgabenorientierte Mittelzuweisung für die Bereiche Elementarbildung (ab 2018) und Pflichtschulen (ab 2019) (Ausgestaltung und Ausmaß noch offen).				o		
Sekundärer (und tertiärer) FA: Transfers						
Aufstockung und erweiterte Zweckwidmung der Gemeinde-Bedarfszuweisungen (Finanzkraftausgleich mit adaptierter Berechnung der Ländertöpfe und wie bisher Gem.-fusion, IKZ, Projekt-/Strukturförderung, Haushaltsausgleich), länderinterne Regelungen noch offen (tertiärer FA)			-	o		
Vereinfachung der Finanzzuweisung für den Personennahverkehr					o	
Neue Finanzzuweisungen des Bundes an Länder und Gemeinden für Eisenbahnkreuzungen, Migration und Integration, Sicherstellung einer nachhaltigen Haushaltsführung (Gesundheit, Pflege, Soziales, Strukturfonds)			+	o		
Zweckzuschuss für Wohnbauförderung				o		

Beurteilungskriterien (im Detail siehe Tabelle 1)

1. Systemische Kriterien
1.1 *Grundsätze und Rahmenbedingungen*: Bundesstaatliche Organisation, Föderalismus-Modell; Konnexität, fiskalische Äquivalenz, institutionelle Kongruenz; Verantwortlichkeit; Transparenz
1.2 *Prozess und Ausrichtung*: Ziel-, Aufgaben-, Leistungs-, Wirkungsorientierung; Reformprozess; Kooperation
2. Strukturelle Kriterien
2.1 *Prinzipien, Regeln und finanzwirtschaftliche Ziele*: Effizienzorientierung, Anreizorientierung; Nachhaltigkeit; Gerechtigkeit; Zweckbindung
2.2 *Instrumente und Wirkungsbezug*: Abgabenautonomie; Allokation, Distribution; Spillover, Skaleneffekte; Lokale/regionale Präferenzen; Ressourcen-Ausgleich; Lasten-Ausgleich; Finanzierungsmechanismen und -verflechtungen; Finanzpolitische Resilienz
3. Technisch-administrative Kriterien
3.1 *Rechtstechnisch-empirische Implementierung*: Transparenz der Regelungen; Vollständigkeit, Widerspruchsfreiheit, Unabhängigkeit, Neutralität; Datenverfügbarkeit; Verwaltungs- und Kosteneffizienz im Vollzug
3.2 *Politisch-administrative Praxis*: Politische Steuerung und Schwerpunktsetzung; Flexibilität, Reagibilität

Legende:
Schattierte Felder zeigen jene Beurteilungskriterien, die für die jeweilige Einzelmaßnahme hauptsächlich zur Beurteilung heranzuziehen sind. „+" bedeutet positiv im Sinne des jeweiligen Beurteilungskriteriums, „o" neutrale, nicht relevante oder noch nicht bekannte Wirkungen, und „–" eine negative Einschätzung (aus Sicht der Autoren).

Quelle: Eigene Übersicht, Konzeption und Beurteilung durch die Autoren auf Basis FAG 2017, BMF (2016).

4.2 Ausgewählte empirische Einschätzungen hinsichtlich der Auswirkungen des FAG 2017

Auf Basis der in Tabelle 2 zusammengefassten Maßnahmen des FAG 2017 sowie der dort enthaltenen Beurteilungskriterien werden im Folgenden ausgewählte empirische Befunde zur Entwicklung der letzten 40 Jahre erörtert, um die Auswirkungen auch hinsichtlich ihrer quantitativen Bedeutung für wichtige Kenngrößen des Finanzausgleichs darzustellen.[27]

Eine zentrale Größe der Beschreibung jedes Finanzausgleichssystems und des föderalen Staatsaufbaus ist der Anteil der gemeinschaftlichen Abgaben, somit des Steuerverbundes, im Vergleich zu den eigenen Abgaben der einzelnen Gebietskörperschaften.

Abbildung 2 zeigt den Anteil der gemeinschaftlichen Bundesabgaben und der eigenen Abgaben am gesamten Abgabenaufkommen der Gebietskörperschaften. Die Zeitreihe 1976 bis 2015 beruht auf eigenen Berechnungen aus Daten der Gebarungsstatistik der Statistik Austria sowie ab 2002 aus Unterlagen des Bundesministeriums für Finanzen (BMF) zum Finanzausgleich. Für 2017 bis 2018 wurden die Änderungen des FAG 2017, soweit bereits bekannt und betragsmäßig konkretisiert, mit einem Simulationsmodell des Finanzausgleichs ermittelt; die weitere Entwicklung der Zeitreihe bis 2021 beruht auf einer Einschätzung der Autoren.

---

[27] Eine detaillierte Darstellung der Entwicklung des Finanzausgleichs der letzten 20 Jahre findet sich im Beitrag von Bröthaler; Haindl; Mitterer: „Funktionsweisen" im vorliegenden Band.

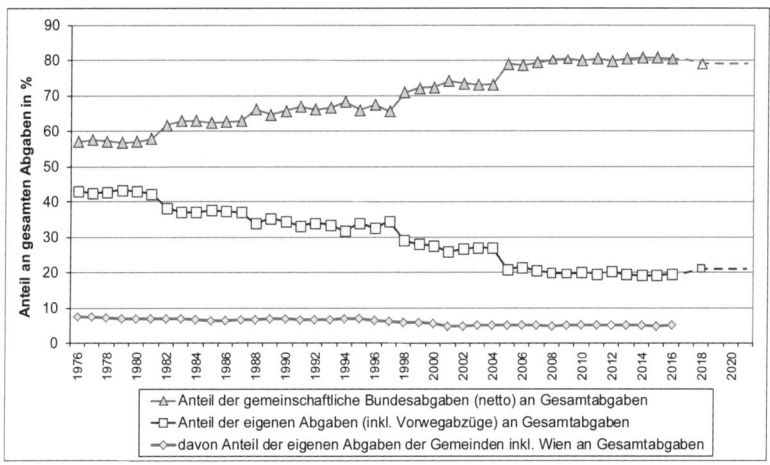

Abbildung 2: Anteil der gemeinschaftlichen Bundesabgaben (netto) und eigenen Abgaben (inkl. Vorwegabzüge) am gesamten Abgabenaufkommen, 1976-2016 (2018[1]), in Prozent

[1] Umwandlung des Wohnbauförderungsbeitrags in eine ausschließliche Landesabgabe ab dem Jahr 2018 (anteilige Änderung auf Basis des Aufkommens 2016)

Quelle: Eigene Berechnungen, Darstellung und Einschätzungen, 2017, auf Basis Statistik Austria 1978–2016; Bröthaler, 2008; BMF, 2017; FAG 2017.

Wie Abbildung 2 zeigt, ist der Anteil gemeinschaftlicher Abgaben am gesamten Abgabenaufkommen seit 1976 durch Umwandlung ausschließlicher in gemeinschaftliche Bundesabgaben sowie Einrechnung von Transfers in die Ertragsanteile von 57 Prozent auf rund 80 Prozent ab dem Jahr 2009 gestiegen. Mit dem FAG 2017 erfolgt erstmals seit 40 Jahren eine, gleichwohl geringfügige, Trendumkehr. Durch die Umwandlung des Wohnbauförderungsbeitrags in eine ausschließliche Landesabgabe verringert sich der Anteil gemeinschaftlicher Abgaben am gesamten Abgabenaufkommen (rund 95 Mrd. Euro) von 80 Prozent um 1 Prozentpunkt auf 79 Prozent. Allerdings steht diese Maßnahme zur Steigerung der subnationalen Abgabenautonomie (noch) isoliert da. Sie ist weder Bestandteil einer offengelegten Gesamtstrategie zur Reform des Finanzausgleichs im weiteren und engeren Sinn, noch sind die weiteren, in Aussicht genommenen Reformschritte zur Abgabenautonomie (Grundsteuerreform, Ergebnisse der Arbeitsgruppe zur Abgabenautonomie) im Hinblick auf eine Umsetzung im Finanzausgleich konkret abzusehen.

In den folgenden Abbildungen wird die längerfristige Entwicklung (ab 1976) der Aufgabenfinanzierung auf sub-nationaler Ebene (Länder ohne Wien, Wien als Land und Gemeinde, Gemeinden ohne Wien; ohne ausgegliederte Einheiten) im Überblick dargestellt. Auf einzelne Aufgaben und auf Unterschiede zwischen Gemeindegruppen wird hier nicht eingegangen. Die Finanzierung der Aufgaben (gemessen an den Gesamtausgaben ohne Finanztransaktionen) der Länder bzw. der Gemeinden wird in vier Stufen dargestellt:

- **Eigene funktionsspezifische Einnahmen** (Selbstfinanzierung aus Gebühren, Leistungsentgelten, sonstigen laufenden funktionsspezifischen Einnahmen, Vermögensveräußerungen; ohne Abgaben und intragovernmentale Transfers): Diese im Regelfall zweckgewidmeten Einnahmen bringen das Niveau der Konnexität und (hier eher pauschal) der fiskalischen Äquivalenz zum Ausdruck.
- **Eigene Abgaben:** Die anteilige Finanzierung aus eigenen Abgaben veranschaulicht insbesondere den sub-nationalen Autonomiegrad (gleichwohl derzeit mit geringem Gestaltungsspielraum).
- **Ertragsanteile** an gemeinschaftlichen Bundesabgaben: Der Finanzierungsanteil aus Ertragsanteilen zeigt das Ausmaß der Abhängigkeit von der Mittelverteilung im Finanzausgleich sowie auch der Anreizproblematik (Anreize für eigene Mittelausstattung).
- **Intragovernmentale Transfereinnahmen:** Das Transfervolumen des sekundären und tertiären Finanzausgleichs vermittelt das Ausmaß der vertikalen Steuerung und der Abhängigkeit von (vielfach diskretionären) Entscheidungen sowie den potenziellen Verflechtungsgrad und allenfalls die Intransparenz bezüglich der ökonomischen Wirkungen (z. B. Mitnahmeeffekte, Fiskalillusion der Entscheidungsträger).

Der Finanzierungsanteil aus eigenen funktionsspezifischen Einnahmen an den Gesamtausgaben ohne Finanztransaktionen (Abbildung 3) ist in den letzten 40 Jahren bei den Gemeinden ohne Wien von 25 Prozent (1976) auf 32 Prozent (2015), insbesondere durch Erhöhung der Gebühren und Leistungsentgelte, gestiegen (Schwankungen in einzelnen Jahren ergeben sich vor allem durch Einnahmen aus Sachvermögensverkäufen).

Bei den Ländern ohne Wien zeigt sich eine ähnliche Entwicklung auf niedrigerem Niveau: Der Anstieg von 17 Prozent auf 25 Prozent ist zu einem geringen Teil auf etwas höhere Leistungsentgelte im Bereich der Allgemeinen Sozialhilfe (mit geringer Dynamik), jedoch vor allem auf zusätzliche Leistungsentgelte im Bereich der Landeskrankenanstalten durch die Übernahme von Gemeindekrankenanstalten, insbesondere im Zeitraum 2003 bis 2008 zurückzuführen. Bei Wien ist über den Betrachtungszeitraum ein anteiliger Rückgang von rund 33 Prozent auf 25 Prozent festzustellen, der allerdings auch mit dem demografiebedingt starken Anstieg der Ertragsanteile und auch der Transfers zusammenhängt (siehe unten; der Niveausprung bei Wien im Jahr 2001 ist auf Ausgliederung und geänderte Verbuchung der Benützungsgebühren bzw. Leistungsentgelte zurückzuführen).

Die Ausweitung der Gebühren und Leistungsentgelte kann auch zum Teil darauf zurückgeführt werden, dass die eigenen Abgaben stagnieren und bei den Abgaben für die Länder und Gemeinden kein Gestaltungsspielraum besteht und somit eine Anpassung bei den eigenen funktionsspezifischen Einnahmen indirekt erzwungen wird. Durch das FAG 2017 ergeben sich in diesem Einnahmenbereich keine spezifischen Auswirkungen.

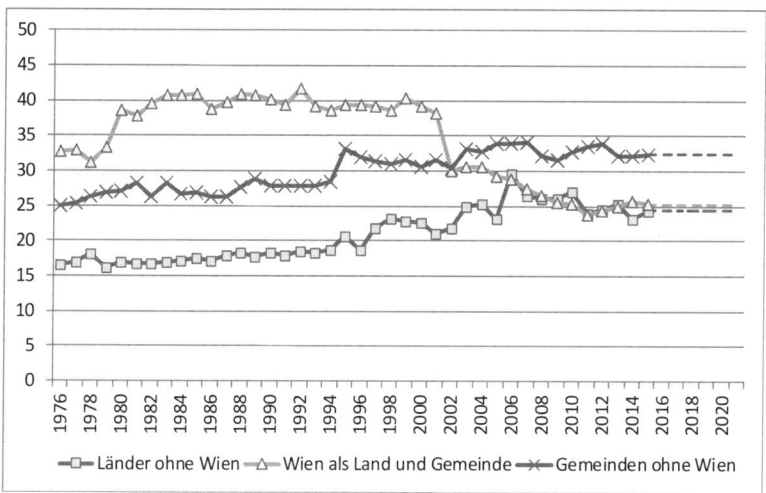

Abbildung 3: Anteil eigener Einnahmen (ohne Abgaben und Transfers)[1] der Länder und Gemeinden an ihren Gesamtausgaben ohne Finanztransaktionen, 1976-2015, in Prozent

[1] Gesamteinnahmen ohne Einnahmen aus Abgaben, intragovernmentalen Transfers und Finanztransaktionen: Gebühren, Leistungsentgelte, sonstige Einkünfte aus Besitz und Unternehmertätigkeit, Sachvermögensverkäufe (1976-2015, danach keine finanzausgleichsbedingte Änderung zu erwarten).

Quelle: Eigene Berechnungen, Darstellung und Einschätzungen, 2017, auf Basis Statistik Austria 1978-2016; FAG 2017.

Der Finanzierungsanteil aus eigenen Abgaben (Abbildung 4) der Länder lag in den letzten 40 Jahren bei rund 1 Prozent. Bei den Gemeinden ist der Anteil insgesamt um 5 Prozentpunkte gesunken (vor allem durch Wegfall der Getränkesteuer und der Anzeigen- und Ankündigungsabgabe), bei Wien als Land und Gemeinde von 15 Prozent auf 10 Prozent, bei den Gemeinden von 25 Prozent auf 20 Prozent.

Mit dem FAG 2017 (Umwandlung des Wohnbauförderungsbeitrags in eine ausschließliche Landesabgabe) wird der Finanzierungsanteil aus eigenen Abgaben bei den Ländern um rund 2-3 Prozentpunkte steigen, bei den Ländern ohne Wien von 1 Prozent auf 4 Prozent, bei Wien von 11 Prozent auf 13 Prozent. Für einen föderalen Staatsaufbau mit eigenen Verantwortlichkeiten der Gebietskörperschaften mag dies jedoch nach wie vor ein sehr geringer Wert sein. Der Anteil eigener Abgaben an den laufenden Einnahmen der Gemeinden wird bei etwa 20 Prozent stagnieren – vermutlich kann nur eine deutliche Reform der Grundsteuer, die durch die FA-Partner in Aussicht genommen wurde, diesen Anteil erhöhen (sofern auch ein Anstieg des Grundsteueraufkommens in Betracht gezogen wird).

Abbildung 4: Anteil der eigenen Abgaben der Länder und Gemeinden an ihren Gesamtausgaben ohne Finanztransaktionen, 1976-2015 (2018[1]), in Prozent

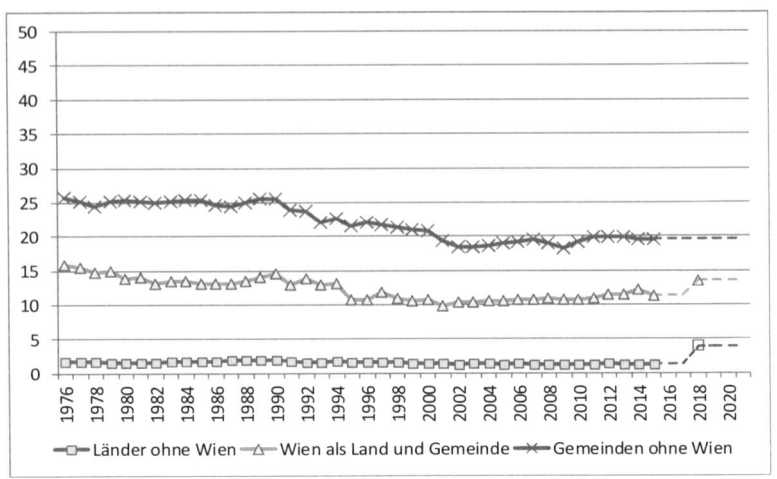

[1] Umwandlung des Wohnbauförderungsbeitrags in eine ausschließliche Landesabgabe ab dem Jahr 2018 (anteilige Änderung 2018 auf Basis der Einnahmen 2015).

Quelle: Eigene Berechnungen, Darstellung und Einschätzungen, 2017, auf Basis Statistik Austria 1978-2016; Budgetdienst, 2016; BMF, 2017; FAG 2017.

Abbildung 5 zeigt den Finanzierungsanteil der Ertragsanteile an den gemeinschaftlichen Bundesabgaben der Länder und Gemeinden. Der Anteil lag in den Jahren 1976-2008 im Bereich von 30-40 Prozent im Verhältnis zu den Gesamtausgaben ohne Finanztransaktionen. Der Anstieg auf 40-50 Prozent in den Folgejahren ist mit dem FAG 2008 vor allem durch die Umwandlung von (teils fixierten, teils zweckgebundenen) Transfers in die Ertragsanteile (ohne Zweckbindung, mit Dynamisierung) begründet. Insgesamt ist damit ein hohes Niveau der Abhängigkeit vom Steuerverbund in der Finanzierung sub-nationaler Gebietskörperschaften festzuhalten. Mit dem FAG 2017 ergibt sich eine geringfügige Trendumkehr bei den Ländern durch die Umwandlung des Wohnbauförderungsbeitrags, wobei die Ertragsanteile der Länder am Wohnbauförderungsbeitrag schon bisher 80 Prozent betrugen.

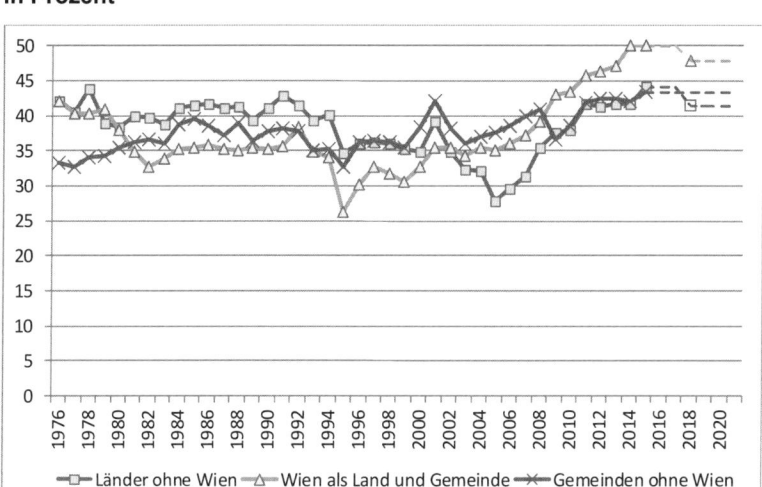

Abbildung 5: Anteil der Ertragsanteile der Länder und Gemeinden an ihren Gesamtausgaben ohne Finanztransaktionen, 1976-2015 (2018[1]), in Prozent

[Diagramm: Länder ohne Wien — Wien als Land und Gemeinde — Gemeinden ohne Wien, 1976–2020, Werte zwischen ca. 25 und 50 Prozent]

[1] Ab dem Jahr 2018 ohne Anteile am Wohnbauförderungsbeitrag wegen Umwandlung in eine ausschließliche Landesabgabe (anteilige Änderung 2018 auf Basis der Einnahmen 2015).

Quelle: Eigene Berechnungen, Darstellung und Einschätzungen, 2017, auf Basis Statistik Austria 1978-2016; SimFag, 2017; BMF, 2017; FAG 2017.

In Abbildung 6 wird schließlich der Finanzierungsanteil aus intragovernmentalen (sekundären und tertiären) Transfereinnahmen dargestellt. Der Anteil betrug bei den Gemeinden durchgehend im Bereich von 10-15 Prozent. Bei Wien lag der Anteil in den Jahren bis 1990 leicht steigend bei 15 Prozent, bei den Ländern bei 35 Prozent. In den Jahren bis 2008 ist eine erhebliche Ausweitung des Transfervolumens mit einem um 10 Prozentpunkte steigenden Finanzierungsanteil festzustellen, der danach durch Einrechnung von Transfers in die Ertragsanteile der Länder wieder deutlich reduziert wurde, bei den Ländern ohne Wien auf 25-30 Prozent, bei Wien auf 10 Prozent. Mit dem FAG 2017 wird es wieder zu einer geringfügigen Erhöhung durch neue Zuweisungen und Zuschüsse kommen.[28]

---

28 Siehe Beitrag von Bröthaler; Haindl; Mitterer: „Funktionsweisen" sowie von Kremser; Maschek: „Kommentar zum FAG 2017" im vorliegenden Band.

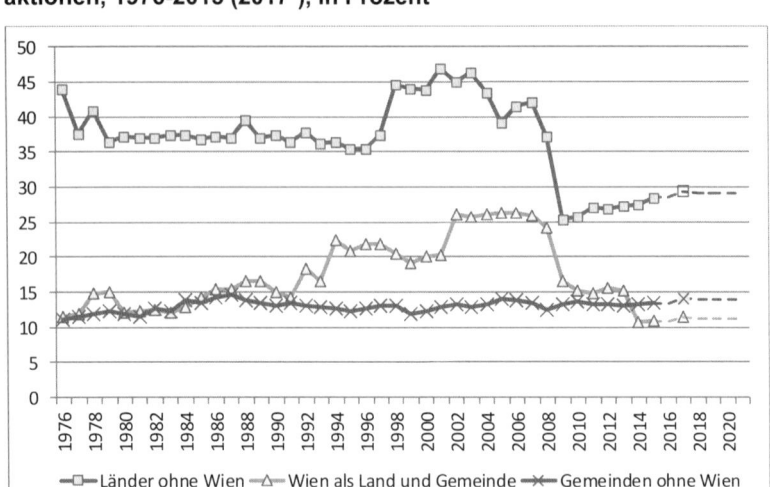

Abbildung 6: Anteil der intragovernmentalen Transfereinnahmen der Länder und Gemeinden an ihren Gesamtausgaben ohne Finanztransaktionen, 1976-2015 (2017[1]), in Prozent

[1] Ab dem Jahr 2017 zusätzliche Finanzzuweisung an Länder und Gemeinden (300 Mio. Euro jährlich, anteilige Änderung auf Basis der Einnahmen 2015).

Quelle: Eigene Berechnungen, Darstellung und Einschätzungen, 2017, auf Basis Statistik Austria 1978-2016; SimFag, 2017; BMF, 2017; FAG 2017.

Insgesamt zeigen sich ein hohes Niveau vertikaler finanzieller Verflechtungen und eine starke Abhängigkeit der sub-nationalen Gebietskörperschaften von sekundären und tertiären Transfers. Die Bedeutung der tertiären Transfers für die Gemeinden (ohne Wien) vermittelt Abbildung 7, die die längerfristige Entwicklung der sekundären und tertiären Netto-Transfers der Gemeinden (ohne Wien) darstellt. Deutlich wird, dass parallel zu den leicht steigenden sekundären Netto-Transfers die stark negative Entwicklung der tertiären Transfers aus Sicht der Gemeinden insgesamt einen in den letzten Jahren stark sinkenden Transfersaldo erbrachte; 2015 verbuchten die österreichischen Gemeinden (ohne Wien) einen negativen Transfer-Saldo von über 1,4 Mrd. Euro.

Auf die komplexen tertiären Transferverflechtungen der Länder und Gemeinden auf der Ausgabenseite und zu anderen öffentlichen Rechtsträgern (Volumen, Anzahl und Unterschiedlichkeit der länderweisen Regelungen) wird in diesem Beitrag nicht näher eingegangen. Mit dem FAG 2017 wurden vorerst keine Änderungen des tertiären Finanzausgleichs initiiert. Eine Ausnahme bilden Finanzkraft-Regelungen (Mittelverteilung nach Finanzkraft/Finanzbedarf und Finanzzuweisungen zur Finanzkraftstärkung), bei denen die Aufteilung auf die Gemeinden nunmehr zur Gänze durch die Länder erfolgt. Ob die Länder diese „Bündelung" des Finanzkraftausgleichs zur Entflechtung nützen und inwiefern die Gemeinden bei der Neugestaltung des länderinternen Transfersystems eingebunden werden, bleibt abzuwarten.

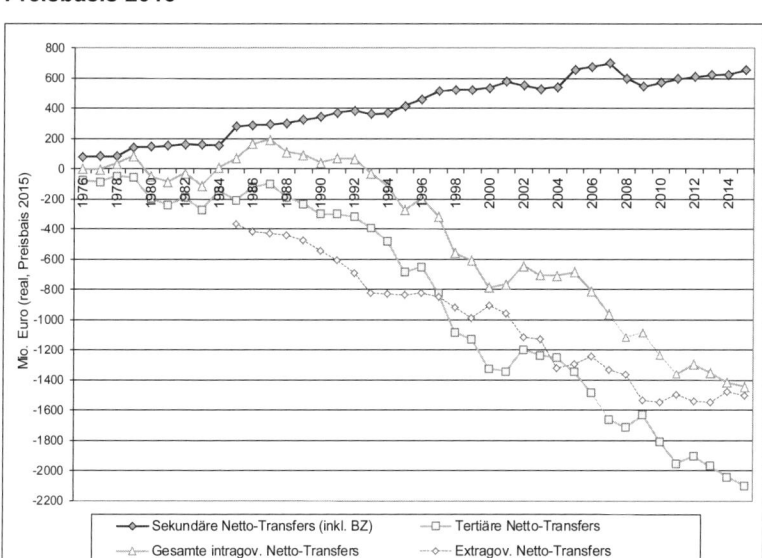

Abbildung 7: Sekundäre und tertiäre Transfers sowie der Transfersaldo der Gemeinden (ohne Wien), 1976-2015, in Mio. Euro, real Preisbasis 2015

Quelle: Eigene Berechnungen und Darstellung, 2017, auf Basis Statistik Austria 1978-2016; SimFag, 2017.

Abbildung 8 gibt abschließend einen Überblick über die Entwicklung des Anteils der Gebietskörperschaften am gesamten Abgabenertrag inkl. sekundärer Transfers (sozusagen das „Netto-Ergebnis" für die Gebietskörperschaften nach Einrechnung aller Transfers, soweit diese im Betrachtungszeitraum gemäß FAG geregelt wurden). Abbildung 8 zeigt die beachtliche finanzpolitische Resilienz des österreichischen Finanzausgleichs: die vielfältigen Veränderungen durch die seit 1976 verabschiedeten Gesetze zum Finanzausgleich mit erheblichen Verschiebungen zwischen ausschließlichen Abgaben, gemeinschaftlichen Abgaben und Transfers hatten in Summe kaum Auswirkungen auf den Anteil der Gebietskörperschaften. Der Anteil des Bundes lag durchgehend im Bereich von rund 61 bis 63 Prozent am gesamten Abgabenertrag; die Länder ohne Wien erreichten im langjährigen Vergleich knapp 20 Prozent, die Gemeinden knapp über 10 Prozent und Wien als Land und Gemeinde knapp unter 10 Prozent.

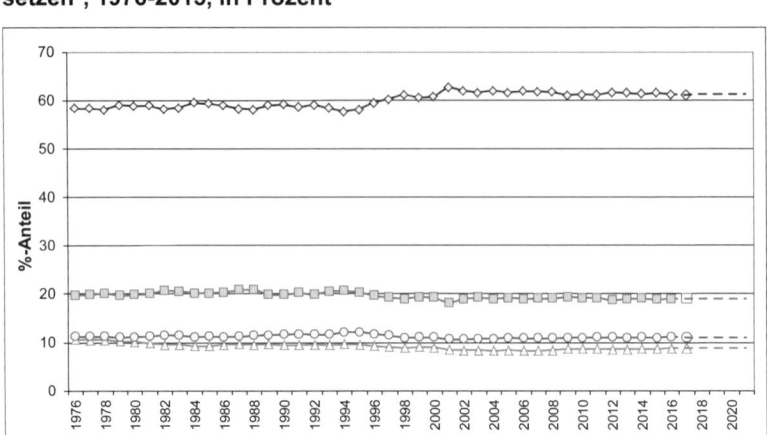

Abbildung 8: Anteil der Gebietskörperschaften am gesamten Abgabenertrag inkl. sekundäre Transfers und Transfers nach Sondergesetzen[1], 1976-2015, in Prozent

[1] Anteil am gesamten Abgabenertrag (eigene Abgaben, Ertragsanteile an den gemeinschaftlichen Bundesabgaben, Bund inkl. Vorwegabzüge gemäß FAG) zuzüglich sekundäre Netto-Transfers gemäß FAG und Transfers nach Sondergesetzen (soweit im FA-Paktum geregelt).

Quelle: Eigene Berechnungen, Darstellung und Einschätzungen, 2017, auf Basis Statistik Austria 1978-2016; SimFag, 2017; BMF, 2017; FAG 2017.

5. Zusammenfassung und Ausblick

Wie die qualitative als auch empirische Analyse und Einschätzung der Autoren gezeigt hat, sind die Änderungen des FAG 2017 grundsätzlich relativ gering. In der Simulation der Veränderungen im Finanzausgleich ab 2017 sind beispielsweise hinsichtlich der Steuer- oder Abgabenautonomie, der Vereinfachung von Transferbeziehungen, der Aufgabenentflechtung, kaum wesentliche quantitative Schritte feststellbar. Immerhin wurden einzelne Vorwegabzüge gebündelt und teils in Ertragsanteile eingerechnet, wodurch eine gewisse Reduktion der Komplexität der finanziellen Beziehungen besteht. Der Aufwärtstrend des Anteils gemeinschaftlicher Bundesabgaben im Sinne eines Verbundsystems wird auf hohem Niveau stabilisiert (auf etwa 78 Prozent der gesamten Abgaben, von vormals etwa 80 Prozent).

Manche Reformschritte sind zum jetzigen Zeitpunkt in ihren konkreten Wirkungen noch nicht einschätzbar, da erst nach Erscheinen des vorliegenden Handbuchs eine Konkretisierung der in Aussicht genommenen Einzelvorhaben (bis voraussichtlich 2019) vorgenommen wird. Die Änderungen des Finanzausgleichs betreffen hierbei einerseits Regelungen zur Steuerautonomie (z. B. Grundsteuerreform), andererseits die Aufgabenorientierung und die länderweisen Regelungen zum Finanzkraftausgleich.

Die Veränderungen des Finanzausgleichs 2017 gehen jedoch bei einer Gesamtbetrachtung teilweise in konträre Richtungen. Der vorliegende Beitrag argumentiert, dass eine Verdeutlichung der Entwicklungsperspektive notwendig ist – und zwar unabhängig von der politisch gewünschten Richtung. Mit einer Reform sollte ein deutliches Signal zumindest in eine bestimmte Richtung gehen, z. B. entweder mehr Wettbewerb oder mehr Kooperation im Sinne der Überwindung des regulatorischen „lock-in"; höhere Effizienz und Transparenz, bzw. bessere Messbarkeit der Wirksamkeit allokativer bzw. distributiver Transfers; Verbesserung der grundsätzlichen Möglichkeiten, die ökonomischen Wirkungen des Bündels aus Aufgaben, Ausgaben und Einnahmen beurteilen zu können.

Die im geänderten Finanzausgleich enthaltenen Reformschritte deuten – entgegen diesen Signalen und Entwicklungsperspektiven – aus finanzwissenschaftlicher Sicht in unterschiedliche und sich widersprechende Richtungen. Zielkonflikte zwischen den Einzelmaßnahmen und Instrumenten werden dadurch nicht beseitigt. Anhand der ausgewählten Beurteilungskriterien wird diese Nichtlösung von Zielkonflikten deutlich:

Effizienz: Die Erhöhung der Abgabenautonomie (Wohnbauförderungsbeitrag, Grundsteuer) kann – wie im Beitrag oben argumentiert – als Schritt in Richtung einer Verbesserung der Effizienz des Finanzausgleichs und als Schaffung einer Grundlage für eine effektivere wirtschaftspolitische Zielerreichung interpretiert werden. Gleichzeitig aber kann eine Aufgabenorientierung zu einer Verringerung der Effizienz des Gesamtsystems führen, wenn etwa die Transaktionskosten, der Anteil der Mischfinanzierungen und ineffiziente oder intransparente Anreize erhöht werden.

Vereinfachung: Einerseits wird im neuen FAG 2017 vorgesehen, dass historisch gewachsene Vorwegabzüge und Transfers in Ertragsanteile eingerechnet werden (Transferentflechtung); dies hat eine durchaus spürbare Vereinfachung des Systems zur Folge. Auf der anderen Seite wird aber der Finanzkraftausgleich auf die Länder übertragen, was zu einer Erhöhung der Komplexität, eventuell auch des tertiären Finanzausgleichs (mögliche zusätzliche Transferverflechtungen) beitragen kann, mit der Folge, dass acht verschiedene Regelungen für den Finanzkraftausgleich implementiert werden.

Föderalismus-Konzeption: Während die (wenn auch nur kleine) Erhöhung eigener Abgaben eher einem Modell des Wettbewerbsföderalismus entgegenkommt, kann die Erhöhung der Komplexität und die Notwendigkeit weiterer Abstimmungen und gemeinsamer Beschlüsse in Arbeitsgruppen eher dem Status quo (kooperativer und administrativer Föderalismus) entsprechend beschrieben werden. Auch wenn geringfügige und keineswegs systemändernde Elemente des Wettbewerbsföderalismus erkennbar sind, bleiben die Reformbemühungen auch ohne Bezug zu weiteren Elementen dieses Föderalismus-Modells: institutionelle Änderungen, beispielsweise auch die Verbesserung des öffentlichen finanzpolitischen Diskurses und der eventuellen Berücksichtigung (direkt-)demokratischer Instrumente, unterbleiben.

Insgesamt ergeben sich somit – optimistisch betrachtet – in einzelnen Teilbereichen eine durchaus erkennbare Verbesserung der Transparenz, der Verantwortlichkeit sowie ein weiterer Pfad zu Abstimmungen, Arbeitsgruppen und Diskussionen über Reformprozesse und -vorhaben. Eine auch nur annähernde Gesamtänderung des Finanzausgleichs wird aber selbst bei Umsetzung aller Maßnahmen nicht geleistet, insbesondere unterbleibt eine klare Festlegung zur Bundesstaatsreform (Aufgaben- und Kompetenzverteilung), aber auch der Konnex zu Grundfragen des Föderalismus sowie anderer institutioneller Änderungen (Verantwortlichkeit, Demokratisierung der Finanzpolitik).

Helfried BAUER, Peter BIWALD

Vom Regieren zum Steuern – Wirkungsziele im Finanzausgleich

Ausgehend von traditionellen finanzwirtschaftlichen Zielen und deren Bedeutung im Finanzausgleich werden die mit zeitgemäßem Public Management verbundene Steuerungslogik und die neue, wirkungsorientierte Budgetsteuerung, die erstmals systematisch Verknüpfungen mit Aufgaben anstrebt, dargestellt.[1] Wie weit die seit 2012 erarbeitete Zielsteuerung im Gesundheitsbereich als Muster einer wirkungsorientierten Mehrebenen-Steuerung über Ziele im Finanzausgleich entsprechen könnte, bildet einen Schwerpunkt der Ausführungen, ein anderer Schwerpunkt betrifft einen Vorschlag eines Zielekataloges. Die dafür erforderlichen Innovationen werden erläutert – von den instrumentellen über die strukturellen bis zu den organisationskulturellen Voraussetzungen und Konsequenzen.

1. Traditionelle Ziele und Zielsteuerung im Bereich der Finanzwirtschaft

Die Ziele der staatlichen Aufgabenerfüllung aus finanzwissenschaftlicher Sicht umfassen allokative, distributive und stabilitätsorientierte Aspekte; sie gelten auch für den Bereich des Finanzausgleichs[2]. Beim Allokationsziel geht es um die effiziente Aufgabenerfüllung durch Zuweisen von Mitteln auf die politisch festgelegten einzelnen Aufgaben- und Investitionsbereiche des staatlichen Handelns. Die distributive Funktion betrifft generell die primäre Einkommensverteilung, welche sich aus den Prozessen des Wirtschaftens und der Verteilung von Einkommen und Vermögen ergeben. Sie wird durch staatliche Maßnahmen – z. B. durch Mindesteinkommen und bestimmte soziale Versorgungsstandards – nach politischen Zielvorstellungen korrigiert.[3] Verteilungspolitische Ziele im Finanzausgleich betreffen insbesondere die vertikale (zwischen Bund, Ländern und Gemeinden) und horizontale (auf der Länder- bzw. Gemeindeebene) Mittelausstattung in Verbindung mit den zu erbringenden Aufgaben sowie die Ausgestaltung von Lasten- und Ressourcenausgleichen. Stabilitäts- sowie gesamtwirtschaftliche Wachstumsziele gelten einer gleichgewichtigen wirtschaftlichen Entwicklung bei möglichst voller Auslastung der Produktionskapazitäten und einer Reduzierung der Konjunkturzyklen bei stabilen Preisen.

---

1 Der Rechnungshof unterstreicht im Tätigkeitsbericht 2006 (Reihe Bund 2006/12, S. 46) folgende Herausforderung für seine Prüftätigkeit: „Herausforderung für die Finanzkontrolle (ist es), die Regelungsbereiche des Finanzausgleichs im weiteren Sinn auf Kompatibilität mit Zielen und Grundsätzen von „Good Governance" im Allgemeinen und mit anerkannten Postulaten und Zielen der Wirtschaftspolitik im Besonderen zu prüfen."
2 Siehe dazu Zimmermann; Henke, Broer: Finanzwissenschaft, 2012, S. 6 ff.
3 Siehe dazu Zimmermann; Henke, Broer: Finanzwissenschaft, 2012, S. 7.

Nach Döring[4] sind diese Ziele grundsätzlich auch für die Ausgestaltung der Finanzausgleichsbeziehungen maßgeblich. Diverse Analysen belegen jedoch, dass dem österreichischen Finanzausgleich sowohl unter Allokations- wie auch unter Wachstumsaspekten schwerwiegende Defizite zugeschrieben werden müssen.[5]

Traditionelle **Verfassungs- und Verwaltungsziele** – und damit auch für die konkrete Ausgestaltung von Finanzausgleichssystemen von besonderer Relevanz – sind die Sparsamkeit, Wirtschaftlichkeit und Zweckmäßigkeit. Diese betreffen nicht nur das Handeln der Akteure auf den einzelnen Gebietskörperschaftsebenen, sondern auch die Normensysteme, die dieses regeln. Für den Finanzausgleich ist dabei insbesondere der Grundsatz der Zweckmäßigkeit relevant, was voraussetzt, dass im Finanzausgleich klare sachpolitische Ziele definiert sind. Wie bereits ausgeführt, ist dies jedoch kaum der Fall. Doch auch die beiden anderen Grundsätze sind aus Sicht des Finanzausgleichs von Bedeutung, wonach das primäre, sekundäre und tertiäre Finanzausgleichssystem sparsam und wirtschaftlich zu gestalten sind. Dies kann beispielsweise für das Transfersystem nicht behauptet werden.[6]

Bezüglich der Steuerungslogik gilt auch im Finanzausgleich Art 13 B-VG. Demzufolge haben „Bund, Länder und Gemeinden bei ihrer Haushaltsführung die Sicherstellung des gesamtwirtschaftlichen Gleichgewichtes und nachhaltig geordnete Haushalte anzustreben. Sie haben ihre Haushaltsführung in Hinblick auf diese Ziele zu koordinieren" (Art. 13 Abs. 2 B-VG). Dies erfolgt auch weitgehend im Rahmen des Stabilitätspaktes. Weiters haben sie „bei der Haushaltsführung die tatsächliche Gleichstellung von Frauen und Männern anzustreben" (Art. 13 Abs. 3 B-VG). Folglich wurde im Zuge der Bundeshaushaltsreform mit der 2. Etappe des BHG im Jahr 2013 auch die Genderorientierung auf der Ebene des Bundes verankert.[7]

Die Verknüpfung von Zielen und Maßnahmen in einzelnen Aufgabenbereichen mit Zielen und Maßnahmen im Bereich der Finanzwirtschaft wurde in der Vergangenheit jedoch meist nicht im Sinn des Art. 13 explizit geregelt, da die finanzausgleichspolitischen Zielsetzungen auch einen anderen Zielbereich, nämlich die Steuerung der Aufgabenerfüllung im föderalen Kontext und unter Bezugnahme auf Gegebenheiten und funktionale Ziele in einzelnen Sachbereichen betreffen. Jedoch sind im Weg von Bund-Länder-Vereinbarungen in einigen Sachbereichen zeitlich beschränkte Regelungen getroffen worden. Grundsätzlich schließen diese Vereinbarungen jedoch die Gemeinden aus. Die gesamtstaatliche Steuerung ist nicht nur damit lückenhaft, sondern auch wegen der nicht ausreichenden

---

4   Siehe dazu Döring: Fiskalföderalismus, 2014, S. 111.
5   Siehe dazu insbesondere Bröthaler et al.: Reformoptionen und Reformstrategien, 2011 sowie im Teil 2 den Beitrag Bauer; Biwald; Mitterer: „Kritische Analysen" und im Teil 5 den Beitrag Bröthaler; Getzner: „Evaluierungsrahmen" im vorliegenden Band.
6   Siehe dazu in Teil 2 die Beiträge Brückner, Haindl, Mitterer „Tertiärer Finanzausgleich" und Mohr „Gesundheit und Pflege" sowie in Teil 5 den Beitrag Biwald, Haindl, Mitterer „Transferreformen" im vorliegenden Band.
7   So sind beispielsweise für jede Untergliederung jedenfalls ein Genderziel und die damit verbundenen Maßnahmen zu definieren.

Abstimmung von Stabilitätsprogrammen und Maßnahmen des Bundes und seiner Organisationseinheiten mit Programmen der Länder und Gemeinden in mittelfristiger Sicht.[8]

2. Ziele und Steuerungslogik im Public Management

Mit dem Konzept des New Public Management wurde vor mehr als 25 Jahren ein managementorientierter Ansatz der Verwaltungsreform auch in Österreich zum zentralen Reformkonzept.[9] Im Public-Management-Konzept stehen folgende vier strategische Ziele im Mittelpunkt[10]:

Mit dem Ziel der **Bürger- und Kundenorientierung** geht es um die Übertragung des Kundenbegriffs auf den öffentlichen Bereich. Für Schedler/Proeller ist dies „eine Metapher für die geforderte Öffnung der Verwaltung gegenüber den Anliegen der Bürgerinnen und Bürger."[11] Damit sind in der Praxis Reformmaßnahmen verbunden, wie die Einrichtung von Bürgerservicestellen im Sinne von One-Stop-Shops, die regelmäßige Durchführung von Bürger- und Kundenbefragungen sowie der Ausbau des elektronischen Serviceangebots. Auch das Schaffen von Bürgerhaushalten, bei denen Bürgergruppen Teile des Budgets der Gebietskörperschaft direkt mitgestalten können, fällt unter dieses Public Management Ziel, wobei es keine nennenswerten Beispiele für die Umsetzung gibt.

Mit dem Ziel der **Leistungs- und Wirkungsorientierung** ist die Abkehr von der ausschließlichen Input-Steuerung verbunden. Nicht mehr der Mitteleinsatz (Personal- und Sachressourcen), sondern die erbrachten Leistungen (auch Produkte bzw. Output genannt) sowie die damit erreichten Wirkungen (d. h. gesellschaftliche Zustände bzw. Verhalten von Gruppen, auch Outcome sowie bei Zurechnung auf Personen Impact genannt) sollen der Maßstab des Verwaltungshandelns sein. Die Leistungs- und Wirkungsorientierung setzt direkt im Steuerungssystem an und betrifft die Planung (Ziele setzen, Maßnahmen entwickeln), die Umsetzung (Zielerreichung messen) und die Weiterentwicklung (Anpassungsbedarfe festlegen). Auch in der Praxis ist die Leistungs- und Wirkungsorientierung ein bedeutender Ansatz für die Steuerung von Effizienz (Output-Input-Verhältnis) auf allen staatlichen Ebenen, weniger jedoch für die Effektivität (erreichte

---

8 Siehe die grundsätzliche Studie Biwald et al.: Transfers und Kostentragung, 2010 sowie diverse Prüfberichte des Rechnungshofs. So wurden bei der Übertragung der Zuständigkeit für die Bundesstraßen auf die Länder keine Vorgaben bezüglich eines Zielwerts des Straßenzustands sowie zur Zustandserfassung und der Bewertungsmethodik festgelegt; die Länder führten teilweise unterschiedliche Bewertungssysteme ein (Bericht Reihe Bund 2014/3). Auch im Bereich der familienpolitischen Maßnahmen erfolgte keine Abstimmung zwischen Bund und Ländern (Reihe Bund 2011/6, Kärnten 2011/3, Oberösterreich 2011/6 und Salzburg 2011/3 sowie Follow-up-Prüfung im Bericht Bund 2014/3).
9 Siehe dazu Bauer; Biwald; Dearing: Öffentliches Management in Österreich, 2003, mit einer breiten Palette an Umsetzungsbeispielen von Bund, Länder und Gemeinden.
10 Siehe dazu Schedler; Proeller: New Public Management, 2009, S. 66 ff.
11 Schedler; Proeller: New Public Management, 2009, S. 67.

und angestrebte Wirkung). Damit verbundene Reformmaßnahmen sind Produkt- und Kennzahlenkataloge, Zielvereinbarungssysteme (z. B. in Form von Kontrakten), die auch mit dem Budget verknüpft werden (dies trifft aktuell insbesondere auf den Bund und das Land Steiermark zu).

Die Diskussion über Ergebnisse, Produkte und Ziele wurde in weiterer Folge durch Betrachtungen der Qualität öffentlicher Leistungen bereichert. Mit der Stärkung der **Qualitätsorientierung** ist die Einführung „eines umfassenden Qualitätsmanagements und -bewusstseins in der öffentlichen Verwaltung"[12] verbunden. Mit dem Common Assessment Framework (CAF)[13] wurde von der Europäischen Union ein entsprechendes Qualitätsmanagement-System für den öffentlichen Sektor geschaffen und seit mittlerweile bald 20 Jahren verbreitet.

Mit dem Ziel der **Wettbewerbsorientierung** im System des Public Management soll „ein systematischer Einbezug des Wettbewerbsgedankens in alle Bereiche staatlicher Tätigkeit"[14] gefördert werden. Damit verbundene Reformansätze sind beispielsweise die Einrichtung von systematischen Benchmarking-Prozessen bzw. kennzahlenbasierte Vergleiche, die jedoch in der Praxis vor allem auf der Ebene der Gemeinden gepflegt worden sind. Ebenso ist der Gewährleistungsansatz in Form der Trennung von öffentlichen Auftraggebern und öffentlichen oder privaten Leistungserbringern ein damit verbundener Reformansatz.

Die Ergebnis- und Wirkungsorientierung bildete somit ein zentrales Ziel und wurde auch auf verschiedenen Gebietskörperschaftsebenen umgesetzt. Auf Länderebene wurde Anfang der 2000er-Jahre in Oberösterreich mit der **Wirkungsorientierten Verwaltungsführung** (WOV 2015, Folgeprojekt WOV 2021) ein umfassendes Projekt eingeleitet und auch in vielen Bereichen umgesetzt.[15] In der Stadt Wien wurde ab 1997 das Projekt **Kontraktmanagement** gestartet und flächendeckend ausgerollt. Das Land Burgenland verfügt seit vielen Jahren über einen **Produktkatalog**. Das Land Steiermark hat im Jahr 2015 die Wirkungsorientierung verknüpft mit dem Budget eingeführt. Weiters wurden auf der Ebene von Städten integrierte Ansätze einer ganzheitlichen Steuerung auf Basis der **Balanced Scorecard** umgesetzt.[16] Die Gemeinsamkeit dieser Projekte war und ist, dass die Ziele primär Struktur-, Prozess- Ergebnis- und Effizienzdimensionen umfassen, wobei jedoch keine direkte Verknüpfung der Ziele mit dem Budget gegeben ist.

---

12 Schedler; Proeller: New Public Management, 2009, S. 77.
13 Beim CAF handelt es sich um ein Selbstbewertungssystem bei dem Befähigerkriterien (z. B. Führung, Planung und Strategie, Personalmanagement) und Ergebniskriterien (z. B. kunden-, mitarbeiter- und gesellschaftsbezogene Ergebnisse) im Mittelpunkt stehen. Eine ausführliche Beschreibung findet sich auf www.caf-zentrum.at.
14 Schedler; Proeller: New Public Management, 2009, S. 81.
15 Eine nähere Beschreibung dazu findet sich bei Gruber; Kaltenbrunner; Pesendorfer: WOV 2021, 2011.
16 Hier ist Innsbruck mit der Balanced Scorecard (siehe Platzgummer, Balanced Scorecard, 2005) sowie Kapfenberg mit einem ähnlichen Ansatz zu erwähnen.

Grundsätzlich wäre mit diesen Reformmodellen ein **Ausbau des Managementkreislaufs** mit den Elementen Planen, Durchsetzen, Umsetzen, Evaluieren verbunden. Ebenso intendiert sind auch das Einführen von Globalbudgets, mit denen die im herkömmlichen Verwaltungsmanagement getrennte Fach- und Ressourcenverantwortung überwunden werden kann, sowie Messungen der Zielerreichung, wofür aussagekräftige Indikatoren zu entwickeln und verwenden sind.

Alle genannten Steuerungsansätze sind jedoch nur in wenigen Fällen flächendeckend und nachhaltig praktiziert worden; sie erwiesen sich auch in der großen Wirtschaftskrise der vergangenen Jahre als nicht ausreichend verankert – so z. B. die Balanced Scorecard, das Qualitätsmanagement und/oder systematische aufgabenkritische Prozesse.

3. Wirkungsorientierte Budgetsteuerung ab 2013 als weiterer Paradigmenwechsel

Die genannten Reformansätze der 1990er- und 2000er-Jahre wurden vielfach unabhängig vom Budget aufgesetzt. Mit der **Bundeshaushaltsreform** (insbesondere mit der 2. Etappe ab 2013) fand eine – wenn auch nicht stringente – Verknüpfung der Steuerungsphilosophie der Wirkungsorientierung mit dem Budget und der mittelfristigen Finanzplanung statt. Mit dem Bundesvoranschlag 2013 werden seitens des Bundes für seine fast 50 Untergliederungen (=Politikfelder) 3 bis 5 Wirkungsziele definiert, die mit Indikatoren messbar und mit Maßnahmen konkret umsetzbar gemacht werden. Diese Steuerungslogik wird vom Politikfeld über die Globalbudgets und Ressourcen-Ziel-Leistungspläne (RZLP) bis auf die ausführende Verwaltungsebene hinuntergetragen – soweit der konzeptive Anspruch. Ebenso ist für jedes Politikfeld ein Genderziel inkl. Indikatoren und Maßnahmen festzulegen. Weiters war mit der Bundeshaushaltsreform die Umsetzung der integrierten Ergebnis-, Finanzierungs- und Vermögensrechnung des Bundes (Drei-Komponenten-Rechnung) verknüpft. Wenn sich bei der Anwendung auf Bundesebene die Fragen stellen, ob mit den Zielen tatsächlich Wirkungen (bzw. gesellschaftlicher Nutzen) abgebildet werden sowie die Indikatoren das Richtige differenziert und aussagekräftig wiedergeben, ist der ganzheitliche und durchgehende Ansatz (alle Politikfelder und Top-down von der obersten bis zu den ausführenden Ebenen) hervorzuheben.

Eine erste **Evaluierung** der Umsetzung des BHG im Jahr 2014 zeigte die zentralen Herausforderungen für eine weitere erfolgreiche Umsetzung[17]: So wird eine stärkere Verknüpfung von Wirkungsorientierung und Verantwortlichkeitsstrukturen als erforderlich gesehen. Die Wirkungsorientierung sollte stärker als Instrument der politischen Führung genutzt sowie weiters zur ressortinternen Steuerung eingesetzt werden. Zu den Wirkungszielen und -indikatoren wird ein qualitativer Weiterentwicklungsbedarf konstatiert, ebenso wäre die Wirkungsorientierung als integraler Bestandteil des Budgeterstellungsprozesses zu stärken. Schließlich sollte die

---

17 Siehe Hammerschmid; Grünwald: Fokusstudie, 2014, S. 9 f.

Wirkungsorientierung im parlamentarischen Diskurs einen höheren Stellenwert bekommen und die „Watchdog"-Funktion von Budgetdienst und Rechnungshof ausgebaut werden.

Mit der VRV 2015[18] wurden Teile der Haushaltsreform des Bundes auch auf die Länder- und Gemeindeebene ausgedehnt, umzusetzen im Zeitraum 2019 bis 2020. Hierbei ist nur die integrierte Drei-Komponenten-Rechnung umzusetzen, die **Wirkungsorientierung wie auch Genderorientierung ist nicht verpflichtender Teil der VRV 2015**.[19] Folglich wird auf der Länderebene die Wirkungsorientierung voraussichtlich nur von einem Teil der Länder umgesetzt werden. Das Land Steiermark ist seit dem Jahr 2015 Vorreiter und nutzt ein um die Wirkungs-Landkarten erweitertes System der Wirkungsorientierung.[20] In einigen wenigen Ländern ist das Realisieren der Wirkungsorientierung beabsichtigt. Auf der Gemeindeebene wird die Wirkungsorientierung nach derzeitigem Ermessen nur in einem geringen Teil der Städte und Gemeinden umgesetzt werden.

Zusammenfassend kann folgende Einschätzung geboten werden:

1. Der Planungs- und Steuerungsansatz der Ergebnis- und Wirkungsorientierung ist derzeit auf der Bundesebene am umfassendsten implementiert. Dort ist sie mit dem Budget verknüpft und von der Konzeption durchgehend geplant und auch umgesetzt, auch wenn es in einigen Bereichen noch Mängel und somit Weiterentwicklungsbedarf gibt.
2. Auf Länderebene ist die Wirkungsorientierung derzeit nur in der Steiermark flächendeckend im Einsatz und mit dem Budget verknüpft. In anderen Bundesländern finden sich Ansätze zur wirkungsorientierten Steuerung, jedoch noch keine Verknüpfung zum Budget und keine durchgehende vertikale Integration in der Organisation.
3. Dies trifft auch für die Gemeinden zu, wo die Wirkungsorientierung kein verpflichtendes Element der VRV 2015 ist, die derzeit umgesetzt wird.
4. Mit der Haushaltsreform auf Länder- und Gemeindeebene wird der Wirkungsorientierung kein weiterer Schub gegeben, im Gegenteil, man kann davon sprechen, dass eine Chance vergeben wird, da künftig Ziele, Maßnahmen und Indikatoren nicht systematisch mit dem Budget (Voranschlag) und dem Ergebnis (Rechnungsabschluss) verknüpft werden.

---

18 Verordnung des Bundesministers für Finanzen: Voranschlags- und Rechnungsabschlussverordnung 2015 – VRV 2015, 19. Oktober 2015.

19 So wird im § 6 Ab. 8 VRV 2015 folgendes festgehalten: „Ein Detailnachweis auf Kontenebene ist nicht verpflichtend auszuweisen, sofern die Gebietskörperschaft bei der Haushaltsführung und der Rechnungslegung den Grundsatz der Wirkungsorientierung nach der Vereinbarung gemäß Art. 15a B-VG über gemeinsame Grundsätze der Haushaltsführung anwendet." (Anmerkung: Die Art. 15a-Vereinbarung gibt es mit Stand 5.4.2017 noch nicht). Die Umsetzung der Wirkungsorientierung erspart somit eine kontenmäßige Darstellung des Gesamthaushalts (= Detailnachweis). Die verfassungsmäßig gebotene Genderorientierung findet in der VRV 2015 keine Erwähnung.

20 Land Steiermark: Verwaltungsreform – Wirkungscontrolling im Rahmen der Haushaltsreform, Graz, März 2014. Die Wirkungs-Landkarten bieten den zusammenfassenden Überblick über die Wirkungsziele auf Bereichs- und Globalbudgetebene.

5. Dies erschwert künftig eine horizontale und vertikale Steuerung der Aufgaben- und Zielerfüllung sowie der wachstums- und stabilitätspolitischen Initiativen auf den drei Ebenen im Bundesstaat. Die Alternative der Art. 15a-Vereinbarungen ist unzureichend, da sie jeweils nur einzelne Aufgabenbereiche (z. B. Gesundheit) bzw. nur einen Teilbereich davon abdeckt (z. B. Kinderbetreuung oder Nachmittagsbetreuung als Teil der Bildung).
6. Für den föderalen Bundesstaat ist eine Verknüpfung der Wirkungsorientierung mit dem Finanzausgleichssystem von Bedeutung, da dies die Abstimmung der sachpolitischen Ziele der Gebietskörperschaften (z. B. in den Bereichen der elementaren und schulischen Bildung, der Pflege und Gesundheit) mit der finanziellen Ausstattung fördert und ermöglicht. Von großer Bedeutung ist sie auch deshalb, da die ressourcenbezogenen Entscheidungsprozesse unter Einbeziehung der drei Ebenen erfolgen müssen.

4. Was bedeuten diese Paradigmenwechsel für eine Wirkungsorientierung im Finanzausgleichssystem?

4.1 Bisherige Ziele im Finanzausgleichssystem

Mit der öffentlichen Finanzwirtschaft besteht ein Politikbereich, „für den Zielsetzungen nur ungenügend entwickelt zu sein scheinen".[21] Bauer und Rossmann haben bereits anlässlich des Finanzausgleichssystems 2001 eine stärkere Zielorientierung des Finanzausausgleichs thematisiert. Sie haben damals darauf hingewiesen, dass die Finanzausgleichsgesetze des Bundes vor allem drei Schwerpunkte verfolgen[22]: Es geht um die Zuweisung von Steuerquellen auf die einzelnen staatlichen Ebenen und damit verbunden um das Ausmaß der Abgabenautonomie auf den einzelnen Gebietskörperschaftsebenen sowie um die Finanzmasse des Steuerverbundes einschließlich dessen Aufteilung; weiters werden ergänzende Zuschüsse und Zweckzuweisungen vorgesehen, insbesondere in Hinblick auf die horizontale Umverteilung der finanziellen Ressourcen.

Diese Einschätzung aus 2001 kann auch für den Finanzausgleich 2008 gezogen werden.[23] Im Zuge des erfolgten Paradigmenwechsels sieht Rossmann eine **Reihe von Zielen als relevant für den österreichischen Finanzausgleich**, die in einem inneren Zusammenhang stehen:

- „Die **Sicherung eines angemessenen Wirtschaftswachstums**, das der steigenden Bevölkerungszahl, aber auch den zunehmenden Ansprüchen der Menschen an die Qualität der öffentlichen Aufgabenerfüllung und der ökologischen Nachhaltigkeit gerecht wird;
- das Herbeiführen einer als **gerecht empfundenen Zuweisung von Mitteln** an die einzelnen staatlichen Ebenen und an die einzelnen Länder und Gemeinden, um damit die Grundlage zu einer möglichst

---

21 Bauer: Verstärkte Zielorientierung, 2012, S. 235 ff.
22 Bauer; Rossmann: Reformpotenzial, 2001, S. 302 f.
23 Siehe Rossmann: Finanzausgleich, 2008, S. 307 ff.

gleichmäßigen Versorgung von Bevölkerung und Wirtschaft mit Einrichtungen und Diensten bilden zu können;
- das Berücksichtigen weitgehend vollzogener Ausbauprogramme (etwa der Infrastrukturausbau in der Siedlungswasserwirtschaft) und das **rechtzeitige Übergehen auf neue Schwerpunkte** (wie z. B. Pflege und Altenbetreuung, Erreichung des Kyoto-Ziels durch Ausbau des regionalen und interregionalen Infrastrukturangebots, Neuausrichtung der Wohnbauförderung an Klimaschutzzielen);
- **Ökologisierung des Finanzausgleichssystems** (etwa durch einen radikalen Umbau des Steuersystems in Richtung Ökologisierung: aufkommensneutrale Erhöhung von Steuern im Energie- und Verkehrsbereich bis hin zur Einführung einer CO_2-Abgabe bei gleichzeitiger Entlastung des Faktors Arbeit) und Berücksichtigung ökologierelevanter Nebenwirkungen des Finanzausgleichssystems, etwa im Zusammenhang mit der Betriebsansiedelungspolitik oder der Raumordnungspolitik (Streusiedelungen, Zweitwohnsitze) oder bei überregionalen Infrastruktureinrichtungen (Abgeltung von externen Kosten bei überregionalen Entsorgungsanlagen);
- Anreize, den **wirtschaftlich optimalen Einsatz der knappen Ressourcen sichern zu helfen**."[24]

Bauer[25] hat zu diesen inhaltlichen Zielen noch Steuerungsziele hinzugestellt. So bedarf es einer ausreichenden Transparenz der finanziellen Beziehungen zwischen den Finanzausgleichspartnerinnen und -partnern, was der aktuelle Finanzausgleich und insbesondere der tertiäre Finanzausgleich nicht erfüllen. Ebenso ist die Verantwortlichkeit der politischen Entscheidungsträgerinnen und -träger (Accountability) gegenüber Bürgerschaft und Wirtschaft bezüglich des Verhältnisses zwischen gebotenen Nutzen und erforderlichen Kosten/Lasten sowie die Einfachheit und sparsame Administrierbarkeit des Finanzausgleichssystems von Bedeutung. Auch in dieser Hinsicht entspricht das aktuelle System nicht den Erfordernissen.

Für das Finanzausgleichssystem sind somit nicht nur inhaltliche Ziele, sondern auch abgeleitete Governance- und Effizienzziele von Relevanz, die als Orientierung und gemeinsame Ausrichtung der FAG-Partner jedoch im bisherigen wie auch im aktuellen Finanzausgleichsgesetz zu kurz kommen. Damit fehlt auch der Orientierungsrahmen für den tertiären Finanzausgleich.

4.2 Zielsteuerung Gesundheit – ein Referenzmodell?

Mit der Art. 15a B-VG-Vereinbarung zur Zielsteuerung Gesundheit wurde im Jahr 2013 erstmals eine zielorientierte Steuerung für dieses Politikfeld geschaffen.[26] Damit wurde auch ein Rahmen für die Steuerung der Finan-

---

24 Rossmann: Finanzausgleich, 2008; S. 309.
25 Bauer: Verstärkte Zielorientierung, 2012, S. 237.
26 Siehe dazu Vereinbarung gemäß Art. 15a B-VG Zielsteuerung-Gesundheit, 2013, aktuell in der Fassung 2017, (Vereinbarung gemäß Art. 15a B-VG Zielsteuerung-Gesundheit (395/BNR - Beschluss des Nationalrates vom 14. Dezember 2016).

zen mit Ausgabenobergrenzen eingezogen. In dieser Vereinbarung werden von Bund und Ländern folgende Bereiche geregelt:

1. Die **Gesundheitspolitischen Grundsätze** regeln die Rahmen-Gesundheitsziele, legen die Prinzipien der Zielsteuerung fest und definieren die Ziele und Handlungsfelder der Zielsteuerung.
2. Im Abschnitt **Aufbau und Ablauf der Zielsteuerung** im Gesundheitsbereich wird die Mehrstufigkeit des Zielsteuerungsprozesses festgehalten. Auf Basis eines vierjährigen Zielsteuerungsvertrags zwischen Bund, Ländern und Sozialversicherung werden diese auf Landesebene heruntergebrochen und verbindlich festgelegt. Was in den Zielsteuerungskommissionen auf Bundes- und Länderebene festzulegen ist, wird ebenfalls beschrieben. Die Gemeinden als wesentliche Mitfinanziers und Träger von Aufgaben fehlen dabei jedoch – ein Systemfehler.
3. Die Zielsteuerung Gesundheit ist in drei **Steuerungsbereiche** untergliedert. Die Ergebnissteuerung umfasst die ergebnisorientierten Versorgungsziele sowie die wirkungsorientierten Gesundheitsziele. Im Steuerungsbereich „Versorgungsstruktur" steht die Entlastung des vollstationären Bereichs in den Akut-Krankenanstalten durch ambulante Primärversorgungseinheiten. Der Steuerungsbereich „Versorgungsprozesse" widmet sich insbesondere der Optimierung der intersektoralen Behandlungsprozesse sowie der Entwicklung einheitlicher Qualitätsstandards.
4. Bei der **Finanzzielsteuerung** werden die Kriterien zur Festlegung der Ausgabenobergrenzen beschrieben sowie die Grenzen selbst und deren wertmäßige Berechnung bestimmt.
5. Schließlich ist ein Kapitel dem **Monitoring, Berichtswesen und der Evaluierung** gewidmet sowie ein weiteres dem **Sanktionsmechanismus**.

Als **Prinzipien** (und damit Meta-Ziele bzw. Visionen) wurde folgendes festgehalten[27]: An der Spitze steht die Forcierung der Gesundheitsförderung und Prävention, gefolgt von einer kurativen Versorgung am „best point of service" im Krankheitsfall (damit auch durch Privatärztinnen und -ärzte). Dies erfordert eine aktive Zusammenarbeit und Unterstützung von Bund, Ländern und Sozialversicherungen bei der Umsetzung der gemeinsam vereinbarten Ziele. Eine patientenorientierte Qualität dient der Steigerung von Effektivität und Effizienz. Die Einrichtung von multiprofessionellen und integrativen Versorgungsformen hat Vorrang gegenüber dem Bereitstellen von Einzelleistungen.

Die Zielsteuerung Gesundheit erfüllt vom Modell und der Konzeption **zentrale Anforderungen** und könnte als **Beispiel für ein zielorientiertes Finanzausgleichssystem** dienen, wenn es die bestehenden Mängel behebt. Es sind die wichtigsten Stakeholder integriert – Bund, Länder, Sozialversicherungen (wobei wie erwähnt die Gemeinden fehlen – einer der zentralen Mängel). Es werden klare Ergebnis-, Wirkungs- und Finanzierungsziele formuliert – z. B. mehr gesunde Lebensjahre von derzeit 60 Jahren auf den EU-Durchschnitt von 62 Lebensjahren bis zum Jahr 2024.

---

27 Art. 5 der Vereinbarung 2017.

Es folgen dafür erforderliche Maßnahmen – auf allen Ebenen, nicht nur im Gesundheitsbereich selbst, sondern auch in der Prävention, wofür z. B. Schule, Sport und Ernährung eine Rolle spielen. Die Finanzierungsziele sind klar definiert – Kostendämpfung von plus 3,6 Prozent p.a. aktuell bzw. 3,2 Prozent bis 2021. Die Umsetzungsstrukturen sind festgelegt, Berichtswesen und Monitoring vereinbart, es liegt somit primär an der Umsetzung.

Die Zielsteuerung Gesundheit könnte somit einen strukturellen **Modell-Benchmark** für ein ergebnis- und wirkungsorientiertes Finanzausgleichssystem darstellen, jedoch **mit drei Einschränkungen**:

a) Die Gemeinden als zentrale Ko-Finanziers des Systems sind nicht in die Vereinbarung eingebunden. Schließlich beläuft sich der Beitrag der Gemeinden zum Gesundheitssystem mit den Krankenanstaltenumlagen am Beispiel des Jahres 2015 auf rund 1,1 Mrd. Euro.[28]
b) Die Pflege als Teil des Gesundheitssystems ist nicht Teil der Zielsteuerung, sondern wird über den Pflegefonds – aktuell nicht ganzheitlich – verhandelt.
c) Weiters sind die Gemeinden mit einem Teil der Präventionsverantwortung – Kinderbetreuung, Schule, Sport, Ärzteversorgung in der Region – nicht im Zielvereinbarungssystem integriert. In eine effektive Zielsteuerung sollten jedoch nicht nur alle Akteure in die Aufgaben-, Ausgaben- und Finanzierungsverantwortung einbezogen werden, sondern auch in die Umsetzungsprozesse.

Zusammenfassend zeigt sich, dass eine politikfeld-, ergebnis- und wirkungsorientierte Steuerung machbar ist, für sich durchaus einen potenziellen Nutzen hat und Fortschritt bedeuten kann. Wie weit der Nutzen schließlich auch lukriert werden wird, hängt von der tatsächlichen Umsetzung der Zielsteuerung ab. Ähnliche Ziel- und Umsetzungsregelungen scheinen auch für andere Aufgabenbereiche und – last but not least – auch für zentrale Teile des Finanzausgleichssystems erstrebenswert. Dabei ist nicht zu übersehen, dass die sachbezogenen und die Föderalismus- und Demokratiebezüge hohe Anforderungen an die politischen und administrativen Akteurinnen und Akteure hinsichtlich der Koordination stellen.

4.3 Ziele im FAG 2017 und mögliche Alternativen

Die nun mit dem Paktum vom 7. November 2016 und dem Beschluss des FAG 2017 sowie der Begleitgesetze vereinbarten (Reform-)Ziele des Finanzausgleichs 2017 lauten wie folgt[29]:

- Einstieg in den Umstieg zur Aufgabenorientierung im Finanzausgleich,
- Verwirklichung erster Schritte zu einer Abgabenautonomie der Länder,
- Vereinfachung der Verteilung der Ertragsanteile und Transfers,
- Sicherstellung einer nachhaltigen Finanzierungsbasis für Maßnahmen gem. Eisenbahnkreuzungs-VO 2012,

---

28 Mitterer: Gemeindefinanzen 2017, S. 44; dies entspricht mehr als 10 Prozent der Gemeindeertragsanteile.
29 Finanzausgleichsgesetz 2017 – Vorblatt, S. 1.

- nachhaltige Haushaltsführung und gemeinsame Bewältigung der finanziellen Herausforderung im Bereich Migration/Integration.

Die Ziele weisen in den Bereichen Aufgabenorientierung und Abgabenautonomie in die richtige Richtung, wenn auch mit bescheidenem Umfang, der bei der Aufgabenorientierung auch vom Volumen noch nicht klar ist. Die Vereinfachung des Systems betrifft den primären und teilweise den sekundären Finanzausgleich, der tertiäre – insbesondere hinsichtlich der Transfers – wurde ausgespart. Faktisch wird vom primären zum tertiären Finanzausgleich umgeschichtet, das entspricht jedenfalls keiner Vereinfachung und könnte bestimmte Gemeindegruppen in weitere Bedrängnis bringen. Das Ziel zur Eisenbahnkreuzungs-VO ist ein Mikro-Ziel, das im generellen Ziel-Katalog des FAG 2017 als zu detailliert wirkt. Das Verknüpfen von gesellschaftlich notwendigen Aufgaben (im Sinn strategischer Reformbedarfe bei einzelnen Aufgaben) mit der Finanzierung (im Sinn der Kohärenz der Finanzausgleichsinstrumente, im Sinn der Effizienz und des Transparenzgebots) wird durch das FAG 2017 unzureichend abgebildet. Wie weit dies durch die geplante Aufgabenorientierung im Kinderbetreuungsbereich wenigstens teilweise erfüllt werden kann, wird die konkrete Ausgestaltung dieses Pilotbereiches ab 2018 zeigen.

Das österreichische Finanzausgleichssystem bedarf – so lautet unser Verständnis heutiger Anforderungen – aufeinander abgestimmter Ziele, die folgende Zielkategorien berücksichtigen:

- wirtschafts- und regionalpolitische, wie z. B. beschäftigungs- und wachstumsfördernde Wirkungsziele;
- Ziele in Hinblick auf die Realisierung von vorrangigen aufgabenbezogenen Ergebnissen (Leistungen, Wirkungen) und Maßnahmen sowie diesbezüglich erforderliche Änderungen der Ressourcenverteilung auf die drei staatlichen Ebenen, einschließlich Maßnahmen zum Ressourcen- und Lastenausgleich von strukturell unterfinanzierten Ländern und Gemeindegruppen;
- demokratiepolitische Wirkungsziele bezüglich ausreichender Partizipations- und Autonomiebedarfe, Entsprechung subnationaler Präferenzlagen, Decken von Nachholbedarfen;
- formale Ziele, wie z. B. Nachvollziehbarkeit der Finanzierungströme, Effizienz des Systems.

Für eine diesen Kategorien entsprechende Zielorientierung des Finanzausgleichssystems sind jedoch Innovationen verschiedener Art im Prozess der Zielfindung und Abstimmung erforderlich und/oder wünschenswert, die im folgenden Kapitel näher dargestellt werden.

5. Innovationen für verstärkte Zielorientierung des Finanzausgleichssystems

Grundsätzlich verlangt die Zielorientierung des Finanzausgleichssystems veränderte Einstellungen der Akteurinnen und Akteure in Politik und Verwaltung bezüglich des ganzheitlichen Systems, das Wirkungsziele, allokationspolitische Strategien, darauf abgestimmte Maßnahmen in räumlicher, zeitlicher und sachlicher Hinsicht sowie Finanzierungsziele umfasst. Es geht um mehr Bereitschaft in Hinblick auf Accountability, Nachhaltigkeit, Ressourcen- und Lastenausgleich sowie um Anreize für Innovationen im institutionellen Gefüge. Zusätzlich sind auch neue Verfahren zur Erreichung der erweiterten politischen Finanzausgleichs-Pakte – als Ergebnis des Integrierens von Aufgaben und Finanzierung im kooperativen Bundesstaat – erforderlich.

5.1 Konsequenzen verstärkter Zielorientierung

Einige Konsequenzen sollen zunächst überblicksartig erläutert werden.

1. Hinsichtlich des Verständnisses von Finanzausgleich gilt es, die bisher weitgehend vernachlässigten Bezüge zu den Aufgaben der Gebietskörperschaften explizit herzustellen. Dies bedeutet, sich zunächst auf die **weite Definition des Finanzausgleichsbegriffs** zu einigen. Dementsprechend würden die Verhandlungen zur Finanzierung erst nach Klären der jeweils angestrebten Wirkungsziele der in Frage stehenden Aufgaben und der darauf abgestimmten Ziele der jeweiligen Träger der (Teil-)Aufgaben sowie der Organisationseinheiten, welche die Leistungserstellung organisieren, zu führen sein. Bei der **Klärung und Abstimmung** der allokations-, distributions- und stabilitätspolitischen Ziele sind auch die formalen Effektivitäts- und Effizienzziele, die Autonomie- und Verantwortlichkeitsgebote (z. B. Transparenz bzw. Rechenschaftslegung bezüglich der erreichten Performance) zu berücksichtigen. Weiters ist die Wahl der geeigneten Instrumente des Finanzausgleichs erforderlich, wie z. B. eigene Steuereinnahmen, Zuschüsse oder Mittel des Steuerverbundes, die nach Kriterien der Qualität und/oder der Leistungsmengen zugeteilt werden, Kostendämpfungs- bzw. Kostendeckelungspfade, spezielle Fonds u. a. m. Dabei gilt es beispielsweise zu überlegen, ob die jeweiligen Instrumente die Kohäsion und Kooperation der Gebietskörperschaften begünstigen oder beeinträchtigen. Solcherart wird sich ein auf abgestimmte Ziele bezogenes Finanzausgleichssystem schrittweise entwickeln müssen, um zentrale Steuerungsfunktionen im föderalen Staat übernehmen zu können.
2. Es liegt auf der Hand, dass die Ziele insbesondere bei umfassenden Aufgaben, die aus guten Gründen von mehreren Gebietskörperschaften zu erbringen sind, hinsichtlich der jeweiligen Teilaufgaben und ihrer Finanzierung sorgsam abgestimmt werden müssen. Denn jede Gebietskörperschaft hat ihre Interessen und Autonomiebereiche zu wahren sowie politische, administrative und wirtschaftliche Ergebnisverantwortung zu übernehmen. Ähnlich wie es für den Nationalen Reformplan im Rahmen der Vorgaben des Europäischen Semesters

gefordert wird, wären ganzheitliche, bei den Aufgaben ansetzende nationale und/oder regionale politische Strategien über prioritäre Wirkungs- und Leistungsziele und deren Finanzierung in mittelfristiger Sicht zu erarbeiten und parlamentarisch zu behandeln. Das bedeutet in der Praxis, dass man sich im Bereich von ‚Gemeinschaftsaufgaben'[30] auf strategisch bedeutsame (Teil-)Aufgaben der einzelnen staatlichen Ebenen, Wirkungs- und Leistungsziele und Maßnahmen sowie auf Beurteilungskriterien, Ergebnismessungen, Evaluierungen und andere Kontrollverfahren einigen muss. Letztlich wird dies im Zeitablauf und je nach Problemlagen und/oder neuen Erfordernissen zu verschiedenen strategisch angelegten finanzausgleichspolitischen Ziel-, Maßnahmen- und Finanzierungspaketen führen.[31]
3. Die strategische Ausrichtung verlangt auch jeweils einen **mehrjährigen Aktionszeitraum** innerhalb dessen, die Ziele und Maßnahmen verfolgt werden. Einigt man sich auf die Strategien, folgt daraus, dass operative Regelungen in die Verantwortung der jeweils festgelegten Gebietskörperschaften fallen (können). Damit wird eine gewisse Vereinfachung erreicht. Sind die jeweils festgelegten strategischen Ziele (Wirkungen, Leistungen, sonstige Maßnahmen) erfüllt, wird für eine neue Periode geplant. Konnten sie nicht erfüllt werden, müssen Änderungen der Ziele, der Verfahren und/oder der Maßnahmen vorgenommen werden. Beispielsweise wären Anreizprogramme und Anschubfinanzierungen für Gemeinden oder Länder flexibel über Zuschüsse des Bundes zu finanzieren. Solche Zuschüsse oder andere Maßnahmen, die über mehrere Finanzausgleichsperioden laufen, wären dagegen kontraproduktiv. Das Beispiel der Förderung der Siedlungswasserwirtschaft zeigt dagegen **neben der primären Verantwortung der Gemeinden und Gemeindeverbände** seit Jahrzehnten Steuerungsleistungen und Ressourcenzuführung von Bundes- und Landesfonds, wobei der ursprüngliche Anlass für das Agieren von Bund und Ländern längst nicht mehr aktuell ist. Sind die jeweiligen Ziele erreicht, erübrigen sich klarerweise die Zuschüsse, wenn nicht, müssen geänderte Strategien verfolgt werden. Permanente Unterfinanzierung von Gemeindegruppen oder von Aufgabenbereichen, denen strategische Priorität zukommt, wären im vorgeschlagenen System der Zielorientierung des Finanzausgleichs nicht zulässig.
4. Die strategischen Aufgaben- und Finanzierungsvereinbarungen werden jeweils auf Basis des Status quo zu entwickeln sein. Hierfür sind nicht nur die **empirischen Evidenzen** aufzubereiten, sondern auch kritisch zu bewerten, was das Durchführen **aufgabenkritischer Analysen**[32] erfordert. Je nach Aufgabenbereich können dabei unterschiedliche Präfe-

---

30 Dazu zählen etwa Kinderbetreuung, Bildungswesen und -reformen, familienpolitische Maßnahmen, Klimaschutz, Sicherung der Standortqualität von Regionen, öffentlicher Verkehr.
31 Der Verwaltungsexperte Cratz spricht in Bezug auf hartnäckige Problembereiche wie föderale Beziehungen, Finanzausgleich und fehlende institutionelle Innovationen in Österreich von „strategischer Untersteuerung und operativer Übersteuerung" (Wiener Zeitung vom 01.02.2017, S. 12).
32 Siehe hierzu verschiedene Beiträge im Band: Seyfried (Hrsg.): Interne Revision und Aufgabenkritik, 2014.

renzen sowie Rahmenbedingungen und Erfordernisse für das Erbringen der öffentlichen Leistungen gegeben sein. Ebenso werden verschiedene Leistungsqualitäten, Fördereffekte und Versorgungsgrade mit öffentlichen Gütern oder politisch gewollten Leistungen sowie mehr oder weniger effiziente Verfahren feststellbar sein. Dies bedeutet auch unterschiedliche Nutzen für die Leistungsbezieherinnen und -bezieher. Daraus resultiert, dass die strategischen Ziele, die Maßnahmen und der Mitteleinsatz je nach Region oder Bundesland verschieden sein können. Sind die Unterschiede signifikant, werden auch strategische Ausgleichsmaßnahmen (Kompensationen) zu vereinbaren sein. Mit anderen Worten wird man sich noch weniger als bisher auf das Schaffen einheitlicher Lebensbedingungen für die Bürgerinnen und Bürger festlegen können bzw. müssen. Ähnlich flexibel wird man bei wechselnden strategischen Zielen die jeweiligen Aufgaben- und Finanzierungsvereinbarungen handhaben müssen. Das heute oft dominierende Ziel der finanziellen Besitzstandswahrung, also v. a. die Sicherung des bisherigen Anteils am gesamten Steueraufkommen, wird damit obsolet.

5. Auch bedeutende **Änderungen des Verfahrens**, um zielorientierte Finanzausgleiche zu entwickeln, sind zu berücksichtigen. Sie betreffen zunächst die – bereits genannte – strategische Zielplanung des Finanzausgleichssystems, als Teil von entwicklungspolitischen Arbeitsprogrammen der Regierungen der jeweiligen Ebenen. Bei ‚Gemeinschaftsaufgaben' werden Bund und/oder Länder und/oder Gemeinden als Partner gemeinsame Ziel- und Maßnahmenplanungen vornehmen und abstimmen müssen. Dies erfordert einen erheblichen inhaltlichen und zeitlichen Vorbereitungs- und Abstimmungsbedarf, was mit dem bisher gewohnten Ablauf von Finanzausgleichsverhandlungen nicht vereinbar erscheint. Vielmehr wird entsprechender zeitlicher Vorlauf für die **politische Festlegung** der strategisch erforderlichen und/oder gewünschten (Teil-)Aufgaben gegeben sein müssen. Die Bearbeitung der Themen sollte sodann von Teams (interne und externe Experten) erfolgen, welche sachpolitische und finanzierungspolitische Kompetenz vereinen und ebenfalls für ihre Planungsleistung Zeit brauchen. Es ist klar, dass in einer mehrjährigen Periode nur einige wenige Aufgabenbereiche gemeinsam bearbeitet werden können oder müssen. Das politische Bewerten der erarbeiteten Kompromisse durch die Regierungen wird den Verhandlungsprozess vorläufig abschließen. Die Vereinbarungen der Regierung(en) werden dann – ähnlich wie bei Bund-Länder-Vereinbarungen gemäß Art. 15a B-VG – den Parlamenten zur Diskussion und Beschlussfassung vorzulegen sein.

6. Von besonderer Bedeutung für Verfahren zur Erarbeitung strategisch angelegter zielorientierter Aufgaben- und Finanzierungsregelungen erscheint schließlich ein Angleichen des **Verständnisses** von Strategien, Verfahren und Instrumenten der Aufgabenerfüllung und finanzwirtschaftlicher/budgetärer Steuerung bei den österreichischen Gebietskörperschaften. Es geht um ein einheitliches Verständnis von Performance-Management, von Wirkungs- und Leistungszielen, von aussagekräftigen Indikatoren der Erfolgsmessung, von Inhalten und Verfahren von Wirkungsfolgenabschätzungen, von aufgabenkritischen Analysen, von

Spending Reviews und ähnlichen Evaluierungen, für das Erarbeiten verlässlicher empirischer Evidenzen in den prioritären Aufgabenbereichen und nicht zuletzt um das Lernen voneinander. Die Sozial- und Wirtschaftswissenschaften haben hierfür in den letzten Jahren durchaus nützliche und in der Praxis bewährte Vorgangsweisen bzw. Instrumente entwickelt, die es anzuwenden gilt. Im folgenden Abschnitt sollen beispielhaft solche Denkweisen und Instrumente erläutert werden.

5.2 Voraussetzungen für Zielorientierung – Ausbau der Mehrebenen-Steuerung

Der seit Jahren entwickelte instrumentelle Rahmen der Mehrebenen-Steuerung[33] bezieht sich auf die Differenzierung von organisierten Systemen auf den verschiedenen (staatlichen) Ebenen, wobei besonders die „aus dieser Differenzierung resultierenden Interaktionsmuster und Koordinationsmechanismen"[34] zum Gegenstand von Analysen und von praktischen Maßnahmen werden. Es geht dabei um eine Abstimmung von Politikformulierung und -umsetzung sowohl vertikal zwischen der Europäischen Union und dem jeweiligen Mitgliedsstaat als auch innerhalb eines Staates (zwischen den staatlichen Ebenen und auch horizontal auf der jeweiligen Ebene).

Für die Abstimmung und Umsetzung von aufgaben- und finanzierungsbezogenen Zielen im föderalen Staat bietet die Mehrebenen-Steuerung brauchbare Ansätze. Schwerpunkte der Mehrebenen-Steuerung sind

- die Darstellung der institutionellen Gegebenheiten in den einzelnen zu betrachtenden Aufgabengebieten (Organisationseinheiten, Koordinationsverfahren, Einbeziehen von Stakeholdern, Analysen und Berichte zum Wirkungscontrolling, zu Evaluierungen, Versorgungsqualität) sowie der Prozesse der Planung, der Leistungserstellung und der Kontrolle;
- in Problembereichen das Durchführen von Stärken-/Schwächenanalysen (,gap analyses') zur Identifizierung von Verbesserungsansätzen sowie
- die Diskussion der Potenziale für institutionelle und verfahrensbezogene Innovationen (z. B. für strategische Planungsaktivitäten) und das Treffen der jeweiligen Entscheidungen.

Das Instrument der ,**Lückenanalyse**' (,gap-analysis', siehe Tab. 1), wie es z. B. von der OECD eingesetzt wird, bietet konkrete Unterstützung, um die verschiedenen Arten der Informations-, Koordinierungs- und Steuerungsdefizite bei den einzelnen Organisationseinheiten offenkundig und sie damit auch bearbeitbar zu machen.

---

33 Charbit definiert dies wie folgt: „Multi-level governance (MLG) ... is the term used to characterise the relationship between public actors situated at different territorial levels. MLG therefore refers to the explicit or implicit sharing of policy-making authority, responsibility, development and implementation at different administrative and territorial levels...". (Charbit: Governance of public policies in decentralised contexts – the multi-level approach, 2011, S. 589 f.)
34 Benz: Multilevel Governance, 2007, S. 297.

Tabelle 1: "Mind the gaps" – Lückenanalysen zur Identifizierung von Schwachstellen

Information gap	Asymmetries of information (quantity, quality, type) between different stakeholders, either voluntary or not » **Need for instruments for revealing & sharing information**
Capacity gap	Insufficient scientific, technical, infrastructural capacity of local actors » **Need for instruments to build local capacity**
Funding gap	Unstable or insufficient revenues undermining effective implementation of responsibilities at sub-national level or for crossing policies » **Need for shared financing mechanisms**
Policy gap	Sectoral fragmentation across ministries and agencies » **Need for mechanisms to create multidimensional/systemic approaches at the sub national level, and to exercise political leadership and commitment**
Administrative gap	"Mismatch" between functional areas and administrative boundaries » **Need for instruments for reaching "effective size"**
Objective gap	Different rationalities creating obstacles for adopting convergent targets » **Need for instruments to align objectives**
Accountability gap	Difficult to ensure the transparency of practices across the different constituencies » **Need for institutional quality measurement** » **Need for instruments to strengthen the integrity framework at the local level** » **Need for instruments to enhance citizen's involvment**

Quelle: Charbit: Governance of public policies, 2011, S. 593.

Neben den hier mehrfach erwähnten Koordinierungsdefiziten bei den Zielen der drei staatlichen Ebenen („policy gap') sowie bezüglich der Informationslücken („information gap') zur quantitativen und qualitativen Versorgung mit öffentlichen Einrichtungen sind auch die fiskalischen Lücken („funding' bzw. „fiscal gap'), die durch das reformbedürftige System des subnationalen (tertiären) Finanzausgleichs in Österreich bestehen, die „administrativen Lücken'[35], welche die Problematik der bestehenden räumlichen Verflechtungen, die über administrative Grenzen hinausgehen betreffen und die „Verantwortlichkeitslücken'[36] beachtlich.

---

35 Mit „administrativer Lücke' wird die mangelnde Übereinstimmung von Gebieten, für die eine einheitliche strategische Entwicklung und Steuerung zweckmäßig wäre, mit den bestehenden Grenzen von Gemeinden, Bezirkshauptmannschaften und Bundesländern bezeichnet. Dies führt zu suboptimaler Planung sowie zu vergleichsweise ineffizienten Investitionen und anderen öffentlichen Aktivitäten. Dabei werden die Potenziale der „economies of scale", ebenso auch einer funktionsgerechten Raumordnung und einer auf den dichtbebauten Raum ausgerichteten Entwicklungspolitik, der Flächenvorsorge und etwa auch der Infrastrukturversorgung nicht oder zu wenig genutzt.

36 Die „Verantwortlichkeitslücke' („accountability gap') hat besondere Bedeutung für die Rechtfertigung der erzielten Performance sowie die politische Verantwortung für den zweckmäßigen Mitteleinsatz und/oder für die Beteiligung von

Je nach den Defiziten auf den einzelnen staatlichen Ebenen sind verschiedene Maßnahmen möglich – etwa hinsichtlich erforderlicher Instrumente, der Weiterentwicklung der herrschenden Organisationskulturen, oder das Einwirken auf vorrangige Werte/Haltungen der Akteurinnen und Akteure. Beispiele für institutionelle und verfahrensbezogene Innovationen im Bereich der Mehrebenen-Steuerung sind die vielfach zu wenig genützten Möglichkeiten des **Benchmarking und Benchlearning** auf den subnationalen Ebenen, die im Paktum zum FAG 2017 erstmals angeführt werden. Andere Beispiele wären im Fall von Informationsdefiziten das Erstellen einer ausreichenden Datenbasis sowie von aufgabenkritischen Befunden, die von allen Beteiligten akzeptiert werden oder im Fall administrativer Schwachstellen das Einrichten spezieller Innovations- und Planungsagenturen für die Koordinierung und/oder Implementierung von Maßnahmen in den dicht besiedelten Regionen oder in Abwanderungsgebieten, für die institutionelle Stärkung des ländlichen Raums durch Anbindung an Wachstumspole u. a. m.[37] Eine in Österreich dringend benötigte institutionelle Innovation wäre etwa eine öffentliche Planungs- und Koordinationsstelle – getragen von Bund, Ländern und Gemeinden, jedoch mit entsprechendem Zugang zu Daten und Fakten und zu Zukunftsbezügen, die sich mit abgestimmten nationalen Wirkungszielen und nationalen Fortschrittsindikatoren, mit Fragen verbesserter Föderalismusmodelle, mit Organisation, Mitwirkung und Dokumentation von Benchmarking und Spending Reviews befasst.[38]

5.3 Weiterentwicklung der Organisationskultur für intergovernmentale strategische Aufgaben- und Finanzierungsvereinbarungen

Eine weitere Voraussetzung betrifft den Bereich der Organisationskultur und besteht darin, Bereitschaft für (selbst)kritische Analysen, für Evaluierungen und Lernprozesse sowie Aufgeschlossenheit für Innovation, Wandel und Transparenz zu erzeugen. Es gilt kurz gesagt, nicht nur bessere Instrumente bereit zu stellen, sondern auch die erforderliche Bereitschaft

---

Bürgerinnen und Bürgern; sie bietet auch Hinweise, dass die Verantwortlichkeit der politisch-administrativen Führung zu den öffentlichen Leistungen oft nicht entsprechend zugeordnet werden kann.

37 Siehe etwa die Verweise auf Strategien der auf Regionen ausgerichteten Entwicklungspolitik durch nationale und subnationale öffentliche Akteure im OECD-Bereich bei Alter; Bauer: Regionale Entwicklungspolitik, 2015, S. 54 ff.

38 Gratz hat dazu folgende Anregung formuliert: „Die österreichische Verwaltung bräuchte ein Zentrum des gemeinsamen Erkundens, Nachdenkens und Entwickelns, in dem man jenseits der Hektik des Tagesbetriebs neugierig einen Diskurs führt zu Fragen... Was kommt auf Österreich zu?, Was wissen wir über Zukunftsszenarien?, Welche Antworten haben wir darauf?, Was muss die Verwaltung lernen? ... Während wirtschaftsnahe Thinktanks (Eco-Austria, Agenda Austria) im öffentlichen Meinungsbildungsprozess eine wirksame Rolle spielen, verfügt der öffentliche Sektor über kein gemeinsames Gefäß des Nachdenkens und der Strategieentwicklung..." (Gratz, in: Wiener Zeitung, 01.02.2017, S. 12).

und/oder Akzeptanz hierfür zu erzeugen. Es betrifft also den Bereich der **Organisationskultur** und geht dabei hauptsächlich um
- das Erzeugen von Lernbereitschaft bei Führungskräften sowie Mitarbeiterinnen und Mitarbeitern in Regierungen und Parlamenten;
- Akzeptanz für veränderte Vorgangsweisen etwa hinsichtlich der Abstimmung von Zielen und der indirekten Steuerung von Reformen über Vergleichen und Lernen voneinander bzw. von Best Practices;
- das Aufbauen von mehr gegenseitigem Vertrauen zwischen den Gebietskörperschaften[39] und/oder zwischen den öffentlichen Organisationen und den Institutionen der Zivilgesellschaft sowie der Bürgerschaft – als mentale Voraussetzung für Kooperation und Koordination.

Neben den hier genannten Faktoren der Bereitschaft für strategiebetonte Planungs- und Steuerungsarbeit ist die **strategische Agilität** ein entscheidender organisationskultureller Faktor. Mit strategischer Agilität bezeichnet man das Engagement für und den Willen zur Erzeugung von erwünschten Wirkungen in Wirtschaft und Gesellschaft. Dies bedeutet etwa Visionen für die Zukunft zu entwerfen, wofür empirische Evidenzen, Evaluierungen und Kreativität benötigt werden. Auch die Aktivierung von Politik- und Verwaltungsführung sowie der Stakeholder sich mit Visionen und Strategien auseinander zu setzen, sie zu prüfen, zu konkretisieren und schließlich durch entsprechende organisatorische Maßnahmen umzusetzen, ist erforderlich. Die OECD unterstreicht drei praktische Komponenten für den Aufbau strategischer Agilität, nämlich strategisches Verständnis, kollektive Bindung an strategische Vereinbarungen und Vertragstreue sowie Bereitschaft und Möglichkeiten für einen flexibleren Einsatz der Ressourcen, um das Erreichen veränderter Ziele bzw. das Verfolgen innovativer Ideen zu sichern.[40]

Was ist der **Nutzen von strategischer Agilität**? Er besteht zum einen im Erzeugen von Bereitschaft, gemeinsam und daher möglicherweise mit besserer Aussicht auf Erfolg die komplizierten Probleme aufzugreifen, zum anderen im frühzeitigen Handeln der Gebietskörperschaften, wodurch auch Zeit für das Abstimmen der Politiken gewonnen werden kann. Daraus kann in weiterer Folge auch mehr Vertrauen der Bürgerinnen und Bürger in die Handlungsfähigkeit von Politik und Verwaltung erwartet werden. Strategische Agilität kann weiters kollektive Lernprozesse initiieren und/oder die Prüfziele von Rechnungshöfen und Innenrevisionen auf we-

---

39 Siehe den Beitrag Thöni; Bauer: „Föderalismus und Bundesstaat", Teil 1 des vorliegenden Bandes.

40 „Strategic insight is the ability to understand and balance government values, societal preferences, current and future costs and benefits, and expert knowledge and analysis, and to use this understanding coherently for planning, objective-setting, decision-making and prioritisation.
Collective commitment is adherence and commitment to a common vision and set of overall objectives, and their use to guide one's individual work, as well as the co-ordination and collaboration with other actors (both inside and outside of government and across levels of government)...
Resource flexibility is the ability to move resources (personnel and financial) to changing priorities if and as needed; to identify and promote innovative ways ..." (OECD: Public Governance Reviews – Finland. Paris 2010, S. 20).

sentliche neue Fragen – so z. B. bezüglich der Qualität der Kooperation und der Koordinierung von Wirkungszielen und Indikatoren – lenken sowie die politischen Machtspiele[41], administrative Verzögerungspraktiken und andere Rituale in die Schranken weisen.

Ein anderer Ansatzpunkt zur Realisierung intergovernmentaler strategischer Aufgaben- und Finanzierungsvereinbarungen betrifft die Verbesserung der Funktionsweisen föderaler Systeme, insbesondere die **Realverfassung des Föderalismus in Österreich**. Von Politik- und Verwaltungswissenschafterinnen und -wissenschaftern werden verschiedene Steuerungsdefizite im System des österreichischen Föderalismus angeführt und Bemühungen um verbesserte föderale Abstimmungsprozesse gefordert.[42] Die Kritik umfasst u. a.
- unzureichender Informationsaustausch, wenig Transparenz über soziale Problemlagen, über infrastrukturelle Defizite und teils auch Überversorgungen;
- ungenügendes Entwickeln und Abstimmen von strategischen Zielen vor allem in Bereichen verflochtener Trägerschaft und/oder Finanzierung von ‚Gemeinschaftsaufgaben';
- ausbleibende grundsätzliche Reform des antiquierten Finanzausgleichssystems der Republik;
- ungenügender Nutzen der Konzepte von wirkungsorientierter und standortbezogener Regionalpolitik, von Förderung (funktioneller) Stadtregionen, zentraler Orte und deren „Hinterland" sowie hinsichtlich der politischen Kultur sowie nicht zuletzt
- die etwa von H. Neisser[43] betonte mangelnde Kommunikationskultur und die fehlende Kooperationsbereitschaft, die zur konstruktiven Verständigung erforderlich wären.

Wenn die hierarchische Steuerung abgebaut und kooperatives Vorgehen gestärkt werden sollen und wenn nachhaltige Problemlösungen und mehr als Minimalkompromisse gesucht werden, sind die „weichen" Schlüsselfaktoren des öffentlichen Handelns aufzuwerten. Diese sind v. a. die Bereitschaft zu empathischem, solidarischem und demokratischem Agieren der Vertreterinnen und Vertreter des öffentlichen Sektors sowie vermehrtes Augenmerk auf Transparenz für alle Beteiligten und auf Einbeziehen auch der Opposition.[44] „Notwendig ist" – so ein Landespolitiker,

---

41 Gegenseitige Blockaden und Vetopositionen sind Charakteristika der Realverfassung des Föderalismus in Österreich. Pelinka hat dazu folgende Aussage formuliert: „Wer immer eine Reformintention artikuliert, stößt auf eine solide Phalanx von Vetomächten. Die Diagnose, von der auszugehen ist, ist die Dominanz der Veto- über die Innovationsinteressen" (Pelinka: Föderalismus für das 21. Jahrhundert, 2007, S. 119).
42 Siehe hierzu den Beitrag von Thöni; Bauer: „Föderalismus und Bundesstaat" im vorliegenden Band sowie Bauer: Effektiver Föderalismus, 2015, S. 79-86 und die dort angeführte Literatur.
43 Neisser; Bundesstaatsreform, 2011, S. 30.
44 Attali, Berater französischer Staatspräsidenten, unterstreicht folgende gemeinsame Schlüsselfaktoren, die maßgeblich für die durchaus unterschiedlichen Reformpolitiken in Staaten wie Deutschland, Kanada, Polen, Schweden nachweisbar sind: „une conscience du danger, une vision claire de l'action à

nämlich Präsident Van Staa[45] – „eine Verbesserung der Kooperation zwischen den Gemeinden, Bezirken und Bundesländern. Das gegenseitige Vertrauen ist dabei der wichtigste Teil der Kooperation." Was in internationalen Beziehungen mühsam angestrebt wird, sollte im nationalen Kontext doch ein wenig leichter fallen.[46]

6. Ausblick

Eine Weiterentwicklung des Finanzausgleichssystems in Richtung einer wirkungsorientierten Planung und Steuerung im föderalen Staat kann nur schrittweise geleistet und in mittelfristiger Hinsicht auch umgesetzt werden. Für strategisch wichtige Politikfelder, die z. B. als Gemeinschaftsaufgaben definiert sind, werden auf Basis des beschriebenen Prozederes Wirkungsziele und Maßnahmen auf den einzelnen Ebenen abgestimmt und die erforderliche (zusätzliche) Finanzierung festgelegt. Dies betrifft in einer ersten Phase vielleicht nur zwei bis drei Politikfelder und kann schrittweise auf andere Politikfelder erweitert werden. Die jeweils autonom wahrgenommenen Aufgaben der einzelnen Gebietskörperschaften werden über eine Basisfinanzierung im Finanzausgleich abzudecken sein. Es obliegt dann der jeweiligen Ebene ihre inhaltlichen Schwerpunkte und die Finanzierung aus ausreichenden eigenen Steuerquellen festzulegen. Die strategischen, wirkungsorientierten Vereinbarungen zu Politikfeldern, wie Gesundheit, Bildung, ÖPNRV, die aktuell nur punktuell über Art. 15a-Vereinbarungen ablaufen, werden in den Finanzausgleichsprozess integriert. Entsprechende Weiterentwicklungen in organisationskulturellen Bereichen, wie Kooperations- und Kompromissbereitschaft im föderalen System, erweiterte Transparenz, Bereitschaft zu aufgabenkritischen Analysen sowie das Lernen voneinander sind Voraussetzungen, die entsprechend gepflegt werden müssen.

---

mener, une opposition et des partenaires sociaux constamment associées à la réflection, une opinion publique sans cesse informée ..." (Attali: Urgences francaises, 2013, S. 65 f.).
45 Aussage von Van Staa siehe unter http://www.eu-infothek.com/article/foederalismus-oesterreich-zu-viel-oder-zu-wenig; 20.05.2011 [Download: 24.01.2017].
46 Siehe bezüglich Kooperation zwischen Gemeinden wie auch Vertrauen zwischen Gebietskörperschaften Thöni: Gemeindezusammenarbeit, 2012.

Wolfgang RENZSCH

Finanzausgleichsreformen in kooperativen Bundesstaaten

Bei der Annäherung an das Thema „Finanzausgleichsreformen in kooperativen Bundesstaaten" stellt sich zuerst die Frage, was wir unter einem „kooperativen Bundesstaat" verstehen. Der Begriff „Bundesstaat" oder „bundesstaatliches politisches System", was die Europäische Union mit einschließen würde, dürfte unproblematisch sein. Auch wenn es an einer eindeutigen Definition des Bundesstaates fehlt, wissen wir, was damit gemeint ist. Etwas anders sieht es mit dem Begriff „kooperativ" aus.

1. Kooperativer und kompetitiver Föderalismus – zwei eigenständige Typen

Zuerst ist festzustellen, dass der Begriff „kooperativ" vergleichsweise unscharf ist und für verschiedene Bundesstaatsmodelle verwendet wird. Er stammt aus den 60er Jahren des vergangenen Jahrhunderts und wurde sowohl in Amerika als auch in Europa benutzt. Präsident Johnson umschrieb sein Konzept der „Great Society" als „cooperative federalism". In Deutschland ist er auf das Troeger-Gutachten von 1965[1] zurückzuführen, in dem die Grundlagen für die Finanzverfassungsreform von 1969 gelegt worden sind: Ziel waren bessere Politikergebnisse durch eine verbesserte Zusammenarbeit zwischen Bund und Ländern, wozu die damals neu eingeführten Gemeinschaftsaufgaben in besonderer Weise beitragen sollten. Die Zusammenarbeit, die Kooperation der Ebenen und der Glieder eines Bundesstaates wurde quasi zum Leitmotiv der weiteren bundesstaatlichen Entwicklung erklärt[2], nicht hingegen die in der heutigen Diskussion wiederholt apostrophierte Entflechtung von Aufgaben und Finanzen.

Da der Begriff „kooperativer Föderalismus" sowohl in den Vereinigten Staaten als auch in europäischen Bundesstaaten wie in Österreich und Deutschland Verwendung fand, besteht die Gefahr, dass er institutionelle Unterschiede verschleiert. Die vielfach gebrauchte Gegenüberstellung von einerseits „kooperativen" und andererseits „kompetitiven" oder „dualem" Föderalismus definiert eher Verfahren als institutionelle Differenzen oder gar Ergebnisse. Da Bundesstaaten immer Elemente der Kooperation wie auch des Wettbewerbs verbinden, wenn auch in unterschiedlichen Gemengelagen, sollte versucht werden, sich von einer anderen Seite dem Thema „kooperativer Bundesstaat" zu nähern. Aus der Perspektive der Verfassung wäre nach dem Zweck des Bundesstaates, seiner Ratio zu fragen: Warum wurde ein Bundesstaat geschaffen, was sollte erreicht

---

1 Kommission für die Finanzreform: Gutachten über die Finanzreform, 1966.
2 Oerter: Bundesstaatsrecht, 1998, S. 266 f.

werden? Und – damit zusammenhängend – welche Konsequenzen hat das für die Finanzverfassung.

Geht man von dem Vorrang der Verfassung aus, folgt daraus, dass die Aufgaben- und damit auch die Lastenteilung im Bundesstaat Priorität vor der Finanzverteilung hat. In diesem Sinne ist die Finanzverfassung als eine Folgeverfassung der Aufgabenverfassung zu verstehen.[3]

Hinsichtlich des Zweckes eines Bundesstaates, seiner Rationalität, lassen sich grundsätzlich zwei zentrale Motive unterscheiden: Das eine wäre, größere Einheiten aus wirtschaftlichen oder sicherheitspolitischen Erwägungen zu schaffen, was dann mehr Einheitlichkeit, mehr Gemeinsamkeiten unter Wahrung begrenzter regionaler Eigenständigkeit implizierte. Tatsächlich sind historisch gesehen Föderalisierungsprozesse fast immer Zentralisierungsprozesse gewesen. Mehrere Gebietskörperschaften schlossen sich aus sicherheits- und/oder wirtschaftspolitischen Gründen zu einem Bund zusammen: So die dreizehn nordamerikanischen Kolonien, die 1776 die Vereinigten Staaten von Amerika gründeten, oder die deutschen Staaten, die 1871 das Deutsche Reich entstehen ließen.

Das andere Motiv wäre, bestehende regionale, insbesondere kulturell oder ethnisch begründete Unterschiede zu bewahren und damit verschiedenen Eigenständigkeiten Raum in einem Staat zu geben. Diese Entwicklung ist insbesondere in jüngerer Zeit bei sich transformierenden Zentralstaaten wie Belgien, Spanien oder dem Vereinigten Königreich[4] zu beobachten. Insofern ist der Bundesstaat auch immer der Versuch, die konträren Ziele wie Einheitlichkeit und Vielfalt mit einander zu verbinden. Die Gewichtungen von Einheitlichkeit und Vielfalt sind je nach Staat und Gesellschaft unterschiedlich.

2. Funktionale Aufgabenteilung im kooperativen Bundesstaat

Das erste Motiv war leitend für den Prozess der Gründung des Deutschen Reiches. Es wurde zuerst eine Zollunion geschaffen, ein gemeinsames Gewerberecht, eine gemeinsame Währung, ein gemeinsames Bürgerliches Gesetzbuch, die Anfänge des Sozialstaates und weiteres. Strukturell ist der Entwicklungsprozess der Europäischen Union seit der Gründung der EGKS 1951 dem des Entstehens des Deutschen Reiches im 19. Jahrhundert ähnlich. Die damals neu geschaffene Bundesebene war in erster Linie für regulative Aufgaben zuständig, die Implementierung der gemeinsamen Regeln verbleibt sehr weitgehend in der Zuständigkeit der Gliedstaaten. Dieses Grundprinzip des deutschen Bundesstaates hat sich über alle Brüche der deutschen Geschichte bis heute erhalten. Abstrakt ließe sich dieses Modell mit „gemeinsame Entscheidung durch Bund und Gliedstaaten unter Beibehaltung dezentraler Implementation durch die Gliedstaaten" oder mit „joint decision making" beschreiben. Den heutigen deutschen

---

3   Korioth: Finanzausgleich, 1997, S. 92 ff
4   Das Vereinigte Königreich wird man (noch) nicht als Bundesstaat bezeichnen dürfen, wohl aber als regionalisierten Staat.

Bundesstaat kann man daher nicht ohne Art. 83 GG, „Die Länder führen die Bundesgesetze als eigene Angelegenheit aus ...", verstehen.

Die österreichische Bundesverfassung kennt zwar keine vergleichbare Generalklausel, aber Art. 102 Abs. 1 schafft die Konstruktion der „mittelbaren Bundesverwaltung", nach der die Landesbehörden für den Vollzug von Bundesrecht zuständig sind. Die Zuständigkeit wird durch Bundesgesetz festgelegt. Im Unterschied zur Bundesrepublik Deutschland sind die Landesbehörden an die Weisungen der Bundesregierung gebunden (Art. 103 Abs. 1 B-VG). Damit ähnelt das österreichische Modell eher der Bundesauftragsverwaltung nach Art. 85 GG, bei der die Landesverwaltungen den Weisungen der Bundesregierung unterliegen, als der Ausführung als „eigene Abgelegenheit" (Art. 83 GG). Auch der Katalog der Angelegenheiten, die in Österreich durch die „unmittelbare Bundesverwaltung", also vom Bund selbst, vollzogen werden (Art. 102 Abs. 2 B-VG), ist deutlich umfangreicher als die Angelegenheiten, die das GG dem Bund zur Ausführung zuweist (Art. 87 – 90 GG).

Das Prinzip der funktionalen Aufgabenteilung – Gesetzgebung beim Bund, Ausführung bei den Ländern – schließt aber nicht aus, dass bestimmte Bereiche staatlicher Aufgabenwahrnehmung dem Bund oder den Gliedern vollständig, d.h. zur Regelung, Ausführung und Finanzierung, zugewiesen sind. Beispiele wären in Deutschland einerseits das Bildungswesen, die Polizei und das Kommunalwesen, für die allein die Länder zuständig sind, und andererseits Außen- und Sicherheitspolitik, Bundeswasserstraßen und Schifffahrt, Bundesautobahnen, Luftverkehr, Nachrichtenwesen, Post und Telekommunikation, die in der alleinigen Zuständigkeit des Bundes liegen. Aber auch in diesen Bereichen gibt es teilweise überlappende Zuständigkeiten.

3. Kompetitive Bundesstaaten

Das andere Motiv, nämlich Bewahrung von Unterschiedlichkeit, ist in verschiedenen Bundesstaaten unterschiedlich ausgeprägt. In Österreich und Deutschland, in denen es keine sprachliche Vielfalt gibt und die bestehenden kulturellen Unterschiede zwischen Ost und West resp. Nord und Süd vergleichsweise überschaubar sind, spielt die Bewahrung von Diversität eine geringere Rolle als beispielsweise in Kanada, wo die föderale Ordnung ganz wesentlich aus dem Gegensatz zwischen Quebec und dem „Rest of Canada" zu verstehen ist. Ähnliches ist insbesondere in den „neuen" Föderationen oder Quasi-Föderationen zu beobachten, z. B. in Belgien mit drei Sprachgruppen und Spanien mit seinen autonomen Regionen. Zu nennen wäre hier auch das Vereinigte Königreich, in dem die historischen Regionen Schottland, Wales und Nord-Irland durch die „devolution" eigenständige Rechte bekommen haben, die mit denen von Gliedstaaten eines Bundes vergleichbar sind. Historisch begründet könnte man hier auch die Schweiz und die USA einbeziehen.

Bei den beiden letztgenannten Bundesstaaten spielt, wie auch in Kanada, eine Rolle, dass der Bundesstaat vor der Entwicklung moderner Staatlichkeit entstand. Dieses Modell tendiert zu einer Teilung nach Politikfeldern, nicht nach Funktionen. Das autonome Entscheiden steht im Zentrum der Rationalität dieses Bundesstaatsmodells. Statt mit „joint decision making" haben wir es hier mit dem Ideal der „watertight compartments" zu tun, in denen die Aufgaben des Staates nach Politikfeldern getrennt und entweder dem Bund oder den Gliedstaaten zugeordnet sind. Gesetzgebung oder Veranlassung, Ausführung und Finanzierung einer Aufgabe liegen in einer Hand. Diese „institutionelle Kongruenz" oder „fiskalische Äquivalenz" gilt aus Sicht der ökonomischen Föderalismustheorie als optimal.[5] Eine vertikale Zusammenarbeit über die Ebenen des Bundesstaates hinweg oder horizontal zwischen den Gliedstaaten ist im Grundsatz in diesem Modell des dualen Föderalismus nicht vorgesehen. Die amerikanische Verfassung kennt entsprechend weder die Verpflichtung zu einem bundesstaatlichen Finanzausgleich noch den Grundsatz des Vorrangs des Bundesrechtes vor dem Recht der Gliedstaaten.

Diese typologischen Unterschiede zwischen Bundesstaaten sollten beachtet werden, denn unterschiedliche föderale Strukturen, kompetitive oder kooperative, haben naheliegender Weise auch Folgewirkungen für die Finanzverfassung. Im dualen Föderalismus, bei „watertight compartments", reicht es eigentlich, wenn der Bund und die Gliedstaaten jeweils für sich die Art und Weise der Wahrnehmung ihrer verfassungsmäßigen Aufgaben bestimmen und diese ausführen, sowie dafür bei den Steuerpflichtigen ihrer Jurisdiktion die dafür erforderlichen Steuern erheben. Das entspräche dem Ideal der ökonomischen Föderalismustheorie. Veranlasser, Nutzer und Kostenträger wären identisch, die Verantwortlichkeiten wären klar geregelt und zurechenbar, die Verfahren wären transparent, Spill-Overs gäbe es ebenso wenig wie einen „goldenen Zügel" des Bundes, und die Bürgerin/der Bürger könnte sich je nach ihren/seinen Präferenzen für unterschiedliche Gliedstaaten durch eine Abstimmung mit den Füßen entscheiden.

Soweit das Modell. Tatsächlich entspricht dem keiner der real existierenden Föderalstaaten. Zwar sind bestimmte Grundprinzipien wie institutionelle Kongruenz und fiskalische Äquivalenz in den nordamerikanischen Bundesstaaten in hohem Maß verwirklicht, jedoch haben beide ausgleichende Formen bundesstaatlicher Finanzbeziehungen zwischen den Ebenen entwickelt. In den USA[6] handelt es sich um einen verfassungsrechtlich nicht geregelten Finanzausgleich durch Bundeszuweisungen. Laut der Website des Catalog of Federal Domestic Assistance[7] gibt es derzeit in den USA 2.306 verschiedene „grants", die der Bund an die Gliedstaaten, Kommunen, öffentliche oder quasi-öffentliche, private Organisationen und Institutionen sowie Einzelpersonen zahlt. In Kanada verlangt die Verfassung, Art. 36, von Bund und Provinzen *„reasonably comparable levels of public services at reasonably comparable levels of taxation"*, was durch einen hoch intensiven Finanzausgleich gewährleistet wird.[8]

---

5   Blankart: Öffentliche Finanzen, 2011, Kapitel 27; Zimmermann; Henke; Broer: Finanzwissenschaft, 2012, S. 208 ff.
6   Fox: United States of America, 2007, S. 344-369.
7   Catalog of Federal Domotic Assistance (CFDA): https://www.cfda.gov/: 22.02.2017.
8   Boadway: Canada, 2007, S. 98-124.

4. Maßstäbe für bundesstaatliche Finanzbeziehungen im kooperativen Bundesstaat

Im kooperativen Föderalismus, in dem das Veranlassen, Ausführen und Finanzieren einer Aufgabe regelmäßig auseinanderfallen[9], sind die Kriterien der ökonomischen Föderalismustheorie nicht ohne weiteres anwendbar. Es ist schwer denkbar, dass weite Teile der öffentlichen Aufgabenwahrnehmung durch die Gliedstaaten gemeinschaftlich durch Bund und Gliedstaaten einheitlich definiert werden, dann aber die Verantwortung für die Finanzierung den Gliedstaaten übertragen wird, die sich durch eine autonome Steuergesetzgebung die erforderlichen Mittel beschaffen müssten. Vorschläge mancher Ökonomen gehen in diese Richtung.[10] Angesichts heterogener wirtschaftlicher Strukturen könnte das in einem Fall zu einer Überlastung der Steuerbürgerinnen und -bürger oder zu einer erheblichen Verschuldung, in einem anderen zu geringer Besteuerung führen. Insofern bedarf es einer bundesstaatlichen Regelung, die alle Gebietskörperschaften des Bundes in die Lage versetzt, ihren Aufgaben in hinreichender Weise nachzukommen.

Im Hinblick auf die Glieder des Bundes heißt das, dass die ihnen zur Verfügung stehenden Finanzmittel letztlich nicht (allein) von der regionalen Steuerkraft abhängen dürfen, sondern dass durch einen effektiven Finanzausgleich die Handlungsfähigkeit der Gliedstaaten gewährleistet sein muss. Daraus folgt, dass Steuerautonomie der Gliedstaaten und kooperativer Föderalismus nur begrenzt zusammenpassen, nämlich nur dann, wenn – das „wenn" ist wichtig – die Steuerautonomie den Finanzausgleich nicht ersetzen, sondern ergänzen soll. Sinnvoll könnte beispielsweise eine begrenzte Steuerautonomie quasi „on top" des Finanzausgleichs sein, die es den Gliedstaaten erlauben würde, eigenständige Leistungen über Steuerzuschläge statt durch Gebühren zu finanzieren.[11]

Aus der Logik des kooperativen Bundesstaates heraus ist es zwingend geboten, Glieder des Bundes in die Lage zu versetzen, ihren Aufgaben angemessen nachzukommen und diese zu finanzieren. Ohne eine Finanzordnung, die dieses leistet, kann ein kooperatives Föderalismusmodell nicht funktionieren. Aus dem Modell des gemeinsamen Entscheidens und dezentralen Ausführens einer Aufgabe folgt logisch auch der Grundsatz der „Gleichwertigkeit der Lebensverhältnisse", wie es in Art. 72 Abs. 2 des

---

9   Zimmermann; Henke; Broer: Finanzwissenschaft, 2012, S. 218.
10 Beispielhaft zu nennen wäre hier: Feld; Schnellenbach: Autonomie für die Bundesländer, 2014, S. 32-36; Feld; Baskaran: Schweizer Modell des fiskalischen Föderalismus, 2007, S. 105-134; Blankart: Steuerautonomie mit Finanzausgleich, 2000, S. 96-103; Boss: Wettbewerb der Regionen, 1993, S. 79-98; und weitere. Zur Kritik siehe: Renzsch: Bundesstaatlicher Finanzausgleich, 2015, S. 353-368.
11 Der frühere Finanzminister von Rheinland-Pfalz, Ingolf Deubel, hatte während seiner Amtszeit vorgeschlagen, den Ländern die Möglichkeit zu geben, bestimmte, bisher gebührenfinanzierte Aufgaben durch eigene Landessteuern zu finanzieren.

deutschen Grundgesetzes heißt.[12] Mindere Standards in zentralen Bereichen öffentlicher Aufgabenwahrnehmung aufgrund unzureichender finanzieller Mittel der ausführenden Gebietskörperschaft sind nicht hinzunehmen. Grundsätzlich gilt dieses auch für Bereiche, die nicht bundesgesetzlich geregelt sind, wie in der Bundesrepublik das Schulwesen oder die innere Sicherheit. Es wäre im Hinblick auf den Gleichheitsgrundsatz verfassungsrechtlich problematisch, wenn in einzelnen Ländern die Qualität der Schulen oder die Standards der inneren Sicherheit deutlich voneinander abwichen.

5. Gestaltung des Finanzausgleichs im kooperativen Bundesstaat

Wie ein Finanzausgleich in einem kooperativen Modell gestaltet wird, ist eine andere Frage. Grundsätzlich sind verschiedene Verfahren denkbar: Steuerverbünde, an denen die Gliedstaaten mit aufgabenbezogenen abstrakten Schlüsseln, z.B. für unterschiedliche demografische Strukturen, teilhaben. Des weiteren ein Ausgleich im Rahmen der vertikalen Steuerverteilung oder – wie bisher in der Bundesrepublik – ein horizontaler Ausgleich unter den Ländern. Möglich wäre auch ein aufgabenbezogener Lastenausgleich, z.B. für unterschiedliche Belastungen bei der Ausführung von bundesgesetzlich geregelten Geldleistungsgesetzen, der sich an konkreten Lasten der Gliedstaaten orientiert. Wenn das Ziel des Finanzausgleichs eine den Aufgaben beider Ebenen und denen der Gliedstaaten – also vertikal und horizontal – angemessene Finanzausstattung ist, dann gibt es im Grundsatz zwei Maßstäbe für den Ausgleich: abstrakte und konkrete Bedarfe der Gebietskörperschaften.

Abstrakte Bedarfe gründen auf typisierenden Annahmen eines im Grundsatz gleichen Bedarfs je Einwohnerin und Einwohner oder einer anderen Maßeinheit. Konkrete Bedarfe begründen sich durch bestimmte Aufgaben, für die Finanzausgleichszahlungen gewährt werden.

Abstrakte Bedarfe, z. B. die Bereitstellung einer bestimmten Finanzkraft je Einwohnerin und Einwohner, eröffnen den Gebietskörperschaften große Spielräume bei der Aufgabenwahrnehmung, bieten Anreize für einen möglichst effizienten Umgang mit Geldern und sichern damit die föderale Substanz. Sie fördern auch einen „best-practice"-Wettbewerb unter den Ländern. Zudem sind abstrakte Bedarfe einfacher zu definieren, weniger streitanfällig und transparenter. Aber die mit abstrakten Bedarfen notwendig verbundene Pauschalierung von Zuweisungen ist aber weitgehend blind gegenüber regionalen Spezifika, insbesondere wenn sie sich verändern.

Die Orientierung an konkreten Bedarfen nimmt solche konkreten Belastungsunterschiede auf. Dies ist sicherlich ein Vorteil. Es besteht dann aber auch weniger Interesse, Gelder effizient einzusetzen. Zudem sind die Spielräume der Gebietskörperschaften in diesem Modell gering. Darüber

---

12 Der Begriff „Gleichwertigkeit der Lebensverhältnisse" ist ein unbestimmter Rechtsbegriff, der unterschiedliche Verfahrensweisen bei dem Vollzug von Bundesgesetzen durch die Länder erlaubt, siehe: Schnappauf: Art. 72 GG, 2010, S. 433.

hinaus sind konkrete Bedarfe stets politisch definiert. Potentiell sind Bedarfe unendlich und eignen sich daher nur sehr begrenzt als Maßstab für einen Finanzausgleich. Gleichwohl wird man nicht gänzlich auf sie verzichten können, insbesondere wenn die Gebietskörperschaften durch bestimmte Aufgaben in erheblichem Maße ungleich belastet werden. In der Praxis wird man wohl immer zu einer Mischung von beidem kommen.

Finanzwissenschaftliche Berechnungen an der Universität Leipzig[13] haben gezeigt, dass die Ergebnisse des Ausgleichs vielfach unabhängig von dem jeweiligen Verfahren sind. Gewollte politische Ergebnisse können durchaus auf verschiedenen Wegen erreicht werden. Unverkennbar ist dann aber, dass die politische Brisanz weniger vom Ergebnis des Ausgleichs, sondern vielmehr von seiner Gestaltung abhängt. So hoffen die politischen Akteure in der Bundesrepublik, dass die Abschaffung des bisherigen Länderfinanzausgleichs zum Ende des Jahres 2019, in dem die ausgleichspflichtigen Länder aus dem „Eigenen" abgeben müssen, die hoch kontroverse Debatte um ihn politisch entschärft. Der geplante neue „Finanzkraftausgleich" durch Zu- und Abschläge bei der Umsatzsteuerteilung unter den Ländern vermeidet diesen symbolisch aufgeladenen Umstand, weil ab dem Jahr 2020 eben nicht mehr aus dem „Eigenen" abgegeben wird. Es bleibt abzuwarten, ob sich diese Hoffnung erfüllt oder ob sich der Streit nur in den Bereich der Zu- und Abschläge verlagert.

Die Kritiken an dem kooperativen Modell[14], vor allem aus der Perspektive der ökonomischen Föderalismustheorie sind bekannt:

- Es handle sich hier um keinen Gestaltungsföderalismus, sondern lediglich um einen Beteiligungsföderalismus, um einen Verwaltungs-, Vollzugs- oder Exekutivföderalismus, in dem insbesondere die Parlamente ihre Funktionen einbüßen, weil die Entscheidungen quasi in Ebenen übergreifende All-Parteien-Koalitionen fallen.
- Die Strukturen seien intransparent, die Entscheidungsfindung auf dem Verhandlungswege zwischen den Ebenen erlaube nicht, die Verantwortlichkeiten zu benennen und zur Rechenschaft heranzuziehen, so dass das Prinzip der demokratischen Wahlen der politisch verantwortlichen Akteure ausgehöhlt werde. Zumindest der deutsche Bundesstaat ist in diesem Zusammenhang auch als „Organisierte Unverantwortlichkeit"[15] tituliert worden.
- Das Trennen von Veranlassung und Ausführung einer Aufgabe führe zu Fehlsteuerungen und ineffizienten Ausgaben. Fehlallokationen öffentlicher Mittel resultierten daraus, dass man sich staatliche Leistungen – „Wohltaten" – nur leistet, weil andere Ebenen resp. Gliedstaaten über den Finanzausgleich diese mitfinanzieren. Auch Zuweisungen des

---

13　Lenk; Glinka; Rottmann: Neuer bundesstaatlicher Finanzausgleich ab 2020, 2017.
14　Die Kritiken sind zahlreich, u.a. Scharpf; Reissert; Schnabel: Politikverflechtung, 1976; Benz; Scharpf; Zintl: Horizontale Politikverflechtung, 1992; Sturm: Föderalismus, 2010; Zimmermann; Henke; Broer: Finanzwissenschaft, 2012.
15　Unter diesem Titel fand 2004 eine Tagung statt: Herbert von Arnim (Hrsg.), Die deutsche Krankheit: Organisierte Unverantwortlichkeit?, 2005.

Bundes oder Mischfinanzierungen führten zu Verzerrungen der Prioritätensetzungen und ineffizientem Einsatz öffentlicher Mittel.
- Der Finanzausgleich lasse das Interesse an den eigenen Steuerquellen erlahmen, wenn die eigene Finanzausstattung losgelöst ist von der eigenen Steuerbasis.

6. Und weiteres mehr

Tatsächlich sind einige dieser Kritiken wohl zutreffend, aber sie sind es nicht durchgängig. Die Gliedstaaten, die je nach Verfassung in unterschiedlicher Weise an der bundesstaatlichen Willensbildung beteiligt sind, sind im kooperativen Föderalismus die ausführenden Organe. Ihre eigene Entscheidungskompetenz ist sehr weitgehend auf den administrativen Bereich und – wie es in Deutschland heißt – die „gesetzesfreie Verwaltung", in der einer Landesregierung aufgrund von Haushaltsermächtigungen agiert, begrenzt. Damit sind ihre politischen Entscheidungsräume eingeschränkt. Aber das ist die gewollte Logik dieses Modells, in dem man nicht beides haben kann, relative Einheitlichkeit der Regulierung und Gestaltungsautonomie der gliedstaatlichen Ebene. Das richtige Maß ist ein politisch schwieriges Unterfangen.

Es ist auch richtig, dass es Transparenzverluste bei den Verhandlungen zwischen den Vertreterinnen und Vertretern der verschiedenen Ebenen gibt, zumal die Entscheidungen selten im öffentlichen Diskurs, sondern eher in vertraulichen Runden hinter verschlossenen Türen fallen. Zudem werden die Verhandlungsprozesse zwischen den Vertretern von Gebietskörperschaften durch Verhandlungen innerhalb und zwischen den politischen Parteien überlagert. Für die Bundesrepublik lässt sich aufzeigen, dass föderale Konflikte oftmals zuerst innerhalb der Parteien debattiert und gelöst werden, dann erst in den bundesstaatlichen Institutionen. Das ist der Preis für einen Parteienwettbewerb, in dem die nationale Ebene dominiert.[16]

Die oft vorgetragenen Behauptungen über angebliche Fehlanreize im Finanzausgleich haben sich meist als nicht stichhaltig erwiesen. Es ist kein Fall bekannt, in dem eine regionale Gebietskörperschaft auf eine wirtschaftsfördernde Maßnahme vor Ort verzichtet hätte, weil positive steuerliche Effekte durch den Finanzausgleich abgeschöpft worden wären. Die in Modellrechnungen dargestellten Abschöpfungsquoten von bis zu über 90 Prozent haben wenig mit der Realität gemein. Die empirischen Daten zeigen, dass die steuerlichen Zuwächse in den Jahren 2005 bis 2012 in der Spitze mit nicht mehr als 12 Prozent abgeschöpft worden sind.[17] Auch lässt sich feststellen, dass handelnde Politikerinnen und Politiker in Deutschland i.d.R. keine Finanzausgleichsmaximierer sind.[18] Im Gegenteil,

---

16 Renzsch: Bundesstaat oder Parteienstaat, 2000, S. 53-78.
17 Schulte: Anreize im bundesstaatlichen Finanzsystem, 2013, S. 387-403.
18 Feld und Schnellenbach (2014) halten die Orientierung am Einwohner für problematisch und plädieren für eine Orientierung an Arbeitsplätzen. Im Unterschied zu Österreich kennen die Bund-Länder-Finanzbeziehungen der Bundesrepublik keine Schwellenwerte bei Einwohnerzahlen, die zu überproportionalen Veränderungen führen.

in dem einwohnerbezogenen Finanzausgleichssystem der Bundesrepublik ist die Einwohnerin/der Einwohner, dessen Gewinn oder Verlust, der entscheidende Anreiz. Und Einwohnerinnen und Einwohner gewinnt die Region, in der attraktive Arbeitsplätze zu finden sind. Kurz gesagt – auch unter wirtschaftspolitischen Gesichtspunkten – erscheint ein gut geregelter Finanzausgleich sinnvoll.

Verhandlungssysteme, wie sie in Modellen des kooperativen Föderalismus angelegt sind, werden nicht das Maß an Optimalität erreichen, wie es die Theorie des Fiskalföderalismus formuliert. Grundsätzlich stellt sich damit aber auch die Frage nach dem Verhältnis von demokratischer Legitimation und ökonomischer Effizienz. Wenn die Verfassung ein anderes Modell der Aufgabenteilung konstituiert als die Theorie empfiehlt, berührt das nicht den Vorrang der Verfassung.

7. Finanzausgleichsreformen

Das Thema enthält zentral den Begriff „Finanzausgleichsreform". Föderale Systeme sind dynamisch.[19] Neben der verfassungsrechtlichen Fixierung von Zuständigkeiten, die allerdings unter Problemdruck auch verändert werden, muss ein Staat regelmäßig auf neue Herausforderungen reagieren. In einem Bundesstaat ist dabei naheliegender Weise auch das Verhältnis zwischen Bund und Gliedstaaten betroffen. Die Balance zwischen beiden Ebenen ist selten dauerhaft stabil. Im Gegenteil, zentralisierende und dezentralisierende Dynamiken wirken ständig auf ihn ein. Es geht um langfristige wirtschaftliche Strukturveränderungen, Lasten, die ungleichmäßig verteilt sind, gesellschaftliche Verwerfungen wie wachsende Ungleichheit, sicherheitspolitische oder bildungspolitische Herausforderungen und weiteres. Darauf muss ein Bundesstaat reagieren. Föderalstaaten befinden sich daher in einem permanenten Anpassungsprozess an diese sich verändernden Umstände. Daraus erwachsen Ungleichgewichte zwischen den Ebenen wie auch zwischen den Gliedern. Sie sind von sich aus nur in unterschiedlicher Weise in der Lage, ihren Aufgaben gerecht zu werden. Bei dem Ausgleich der Ungleichgewichte geht es meist allerdings um „inkrementelle Anpassungsleistungen", selten um „echte" Reformen – was immer man auch unter einer echten Reform verstehen mag.

Ein fundamentales Problem von kooperativen Bundesstaaten besteht in der mangelnden Homogenität der Gliedstaaten nach Größe und Leistungsfähigkeit. Johannes Popitz, der Nestor der deutschen Finanzwissenschaft, schrieb dazu bereits 1927: „Wo ein großer Gliedstaat, z. B. Preußen, sich noch selbst helfen kann, versagen kleine Gliedstaaten, und auch hier wieder entsteht der Ruf nach dem Reich."[20] Tatsächlich ist so etwas wie eine natürliche Koalition zwischen Bund und schwachen Gliedstaaten zu beobachten. Nicht nur rufen die schwachen Länder nach dem Bund, auch seitens des Bundes besteht ein Interesse daran, dass auch die schwachen Gliedstaaten ihren Aufgaben, seien sie bundesgesetzlich definiert oder ergeben sie sich aus der Verfassung, in angemessener Weise

---

19 Benz: Föderalismus als dynamisches System, 1985.
20 Popitz: Finanzausgleich, 1927, S. 338-375, 348.

gerecht werden. Der Bund ist aufgrund seiner Finanzstärke in der Lage, einzuspringen, und damit gewinnt er auch Einfluss in Bereiche, die von verfassungswegen nicht „seine" sind. Die starken Länder stehen Unterstützungen der schwachen eher ablehnend gegenüber, weil ihnen der Preis des Zugewinns des Bundes zu hoch ist. Allerdings zeigt die Einigung von Bund und Ländern über die Neuordnung der Bund-Länder-Finanzbeziehungen ab 2020[21] erstmals, dass auch starke Länder bereit sind, für Geld des Bundes ihre Eigenständigkeit zu reduzieren. Es ist zu befürchten, dass die anstehende Neuordnung die Statik des Bundesstaates zu Lasten der Länder verändern wird.

In dem angelaufenen Gesetzgebungsprozess zur Neuordnung der Bund-Länder-Finanzbeziehungen ab dem Jahr 2020 soll in einem neuen Art. 104c dem Bund das Recht eingeräumt werden, den Ländern Zuweisungen für steuerschwache Gemeinden für bedeutsame Investitionen in die Bildungsinfrastruktur zu gewähren. In Erläuterungen dazu heißt es, es gehe darum – abweichend von dem Grundsatz, der Bund dürfe nur in den Bereichen Investitionen der Länder fördern, soweit er für die Aufgabe die Gesetzgebungsbefugnis habe (Art. 104b GG) –, es „dem Bund zu ermöglichen, die aus gesamtstaatlicher Sicht dringend notwendige Sanierung und Modernisierung der schulischen Gebäudeinfrastruktur in finanzschwachen Kommunen gezielt mit Bundesmitteln zu unterstützen." Damit beteiligt sich der Bund erstmals an der Finanzierung kommunaler Aufgaben im Bildungsbereich. Bemerkenswerterweise bekommen alle Länder, arme und reiche, diese Investitionszuweisungen[22]. Ein föderales Grundprinzip wird dabei über Bord geworfen: der Bund ist nicht für den Bildungsbereich, insbesondere nicht für Schulen zuständig. Schulgebäude und die Sachausstattung der Schulen ist kommunale Angelegenheit. Die Finanzierung wäre über den kommunalen Finanzausgleich, der in Deutschland allein in der Hand der Länder liegt, zu regeln.

Das ist ein geradezu lehrbuchmäßiger Fall: Die Länder resp. Gemeinden haben den Bau und die Sanierung von Schulen jahrzehntelang vernachlässigt, so dass die baulichen Zustände und die technische Ausstattung vielfach als nicht hinnehmbar empfunden werden. Jetzt entstand der Ruf zwar nicht mehr nach dem Reich, aber nach dem Bund. Die Praxis bestätigt die „Anziehungskraft des größeren Etats", wie Popitz sagte. Die Länder sind bereit, für Geld den Bund in einem originären Bereich der Landespolitik einwirken zu lassen. Dieses Beispiel zeigt sehr deutlich, in welchem Ausmaß unterschiedliche Leistungsfähigkeit unter den Gliedstaaten dazu führt, dass der Bund zur Problemlösung einspringen muss und damit auch an Einfluss gewinnt.

Schaut man nicht nur auf diesen aktuellen Einzelfall, sondern auf die längeren historischen Linien, so zeigt sich, dass das aktuelle Beispiel durchaus typisch ist, zumindest für die Bundesrepublik Deutschland. Bereits in den fünfziger Jahren des vergangenen Jahrhunderts begann der Bund, abseits seiner verfassungsmäßigen Zuständigkeiten, Aufgaben der Länder zu finanzieren. Der erste „Sündenfall" dieser Art fand bereits im

---

21   Bundestags-Drucksache 18/11131, 18/11135, 18/11185, 18/11186.
22   Gesetzentwurf Art. 7 Kap. 2, §§ 10f., S. 26.

ersten Haushaltsjahr der Bundesrepublik 1950/1951 statt: Der Bund finanzierte die schwere Ausrüstung der Polizei. Polizei und innere Sicherheit sind nach dem Grundgesetz Angelegenheit der Länder. Im östlichen Niedersachsen wurden damals aber Unruhen wegen hoher Arbeitslosigkeit, Demontagen (Reichswerke Hermann Göring, heute Salzgitter AG) und politischer Infiltration aus der Sowjetischen Besatzungszone befürchtet. Da das strukturschwache Niedersachsen damit überfordert schien, sprang der Bund bei der Finanzierung der schweren Polizeiausrüstung ein. Dieses dann aber nicht nur in Niedersachsen, sondern in allen Ländern.[23] Und das ist bis heute so.

Ähnliches geschah auch in etlichen anderen Bereichen wie der Förderung des Wohnungsbaus, der Krankenhäuser, des Sports – Bundesjugendspiele – und in etlichen anderen Bereichen. Kritiker sprachen vom „Finanzieren im fremden Haushalt".

Mit der Finanzverfassungsreform von 1969, die im Wesentlichen noch heute gilt, versuchte man diesen Wildwuchs zu ordnen und zu begrenzen, zugleich aber auch auf eine verfassungsrechtlich saubere Grundlage zu stellen. In diesem Fall ist es gerechtfertigt, von einer Reform zu sprechen, 1969 war mehr als eine inkrementelle Anpassung.

Aber mit dieser Finanzreform und der Begrenzung der quasi „freihändigen" Finanzierung von Landesaufgaben durch den Bund setzte auch eine Tendenz zur Vertikalisierung des Finanzausgleichs ein, die in den Vorschlägen von Bund und Ländern zur Neuordnung der Bund-Länder-Finanzbeziehungen ab 2020 einen neuen Höhepunkt findet.

Der Ausgleich der Finanzkraft der Länder war in der Bundesrepublik seit der Besatzungszeit im Wesentlichen horizontal organisiert.[24] Im Kern basierte er auf politischen Einigungen unter den Ländern, bei denen der Bund idealerweise nur die Rolle eines Staatsnotars innehatte. Diese Konstruktion geht auf die Zeit vor der Gründung der Bundesrepublik zurück; sie wurde nach 1949 mangels konsensfähiger Alternativen weiter geführt. Infolge der Finanzreform von 1969 übernahm der Bund auch in diesem Bereich Verantwortung, indem er durch Bundesergänzungszuweisungen die Finanzkraft der leistungsschwachen Länder aufbesserte. Anfangs ging es um sehr überschaubare Beträge: 100 Millionen DM, dann 200 Millionen DM, zahlbar aus dem Umsatzsteueranteil des Bundes. Dann wurden die Leistungen durch Umsatzsteuerprozentpunkte bestimmt, schließlich richteten sie sich nach der unterdurchschnittlichen Finanzkraft der Länder. Entsprechend stieg das Volumen: Im Jahr 2005 erreichten die Bundesergänzungszuweisungen einschließlich der lastenbedingten Sonder-Bundesergänzungszuweisungen ein Volumen von knapp 15 Mrd. Euro, bis 2015 sanken sie auf ca. 10 Mrd. Euro. Dieser Abbau ist eine Folge der degressiven Gestaltung der Zuweisungen an die ostdeutschen Länder. Das horizontale Ausgleichsvolumen belief sich 2015 auf 9,6 Mrd. Euro. Nicht enthalten darin sind weitere aufgabenbezogene Leistungen des Bundes,

---

23   Renzsch: Aufgabenschwerpunkte und -verschiebungen, 1999, S. 363-384, 374f.
24   Renzsch: Finanzverfassung und Finanzausgleich, 1991; Renzsch: 1919 – 1969 – 2019?, 2015, S. 49-72.

beispielsweise für Investitionen der Länder und Kommunen. Die erwähnten Investitionshilfen des Bundes für die Sanierung von Schulgebäuden werden hier nicht erfasst, weil es bei den Bundesergänzungszuweisungen um allgemeine Haushaltsmittel, nicht um zweckgebundene investive Zuweisungen geht.

Ab 2020 soll nun der horizontale Ausgleich ganz entfallen und dafür im Rahmen der Umsatzsteuerverteilung unter den Ländern durch Zu- und Abschläge stattfinden. Ob das eine erfolgreiche Reform werden wird oder nur eine Verschiebung der Konflikte aus der horizontalen Verteilung in die vertikale, bleibt abzuwarten. Zumindest setzt diese Entwicklung die Tendenzen der vergangenen Jahrzehnte fort. Allerdings einfacher wäre es gewesen, dem kanadischen Modell zu folgen. Es sieht vor, dass die „have-not"-Provinzen durch Zahlungen des Bundes auf den Durchschnitt aller Provinzen angehoben werden. Das wäre auch transparenter gewesen.

8. Perspektiven

Fragt man nach den Bedingungen von Reformen, so zeigt die historische Erfahrung: Grundsätzlich darf es bei den Reformbemühungen in Deutschland am Ende keine Verlierer geben, sondern nur Gewinner, zumindest unter den Ländern. Dies kann nur sichergestellt werden, wenn der Bund die Rolle des Zahlmeisters übernimmt. Das ist zwar nicht seine Lieblingsbeschäftigung, aber am Ende – siehe die letzten Verhandlungen – wird er sie akzeptieren, weil er – erstens – gegenüber der geschlossenen Länderfront in der schwächeren Verhandlungsposition ist und – zweitens – weil er Einfluss und Zuständigkeiten gewinnt. Im jüngsten Fall hat sich die Bundeskanzlerin im Interesse einer Einigung über die Bedenken des Bundesfinanzministers hinweggesetzt.

Ein weiterer Aspekt für Reformen ist die Beachtung von Symbolen. In der jüngsten deutschen Diskussion spielte eine entscheidende Rolle, dass Nordrhein-Westfalen wieder ein finanzstarkes Land werden wollte. Dazu musste der dem Länderfinanzausgleich vorgeschaltete Umsatzsteuerausgleich abgeschafft werden. Das war aber nicht mit der bayerischen Forderung nach einer Reduzierung der Zahlungen im Länderfinanzausgleich („Abgeben aus Eigenem") zu vereinbaren. Im Ergebnis schaffte man beides ab und ersetzte die bisherigen Mechanismen durch einen Finanzkraftausgleich im Rahmen der Umsatzsteuerverteilung unter den Ländern.[25] Es standen hier weniger monetäre Fragen im Mittelpunkt, vielmehr ging es in hohem Maße auch um Symbolpolitik.

Mit dieser neuen Entwicklung hin zu vertikalen Strukturen stellt sich die Frage nach der föderalen Substanz eines Bundesstaates. Wahrscheinlich ist die Tendenz zum „unitarischen Bundesstaat", von dem Konrad Hesse[26] bereits in den 60er Jahren des vergangenen Jahrhunderts sprach, eine systemlogische Folge auch von überregionalen Herausforderungen und Erwartungen. Durch die Globalisierung wird diese Tendenz eher gestärkt.

---

25 Klingen; Renzsch: Finanzausgleich, 2016, S. 147-156.
26 Hesse: Der unitarische Bundesstaat, 1962.

Maßnahmen, die dazu führen sollten, Aufgaben zu entflechten und die Länder zu stärken, sind hingegen nicht besonders erfolgreich verlaufen. Von einer durchgreifenden Entflechtung der Aufgabenbereiche von Bund und Ländern kann nicht die Rede sein. Im Rahmen der ersten Föderalismusreform von 2006 erhielten die Länder zwar einige neue Zuständigkeiten wie das Gaststättenrecht und die Regelung des Strafvollzuges, sowie in bestimmten Fällen das Recht, von der Bundesgesetzgebung abzuweichen, aber zusammengefasst ging es eher um Randbereiche der öffentlichen Aufgabenwahrnehmung. Die abstrakte Forderung nach Entflechtung erweist sich vielfach als wohlfeil, wenn es um konkrete Tatbestände geht. In der Regel gab es gute Gründe, dem Bund die Regulierung einer bestimmten Aufgabe zuzuweisen, die meist weitergelten. Deshalb sind durchgreifende Aufgabenentflechtungen auch in der Zukunft wenig wahrscheinlich.

Die zweite Föderalismusreform von 2009 regelte Finanzfragen, z. B. Haftungsfragen bei Verstößen gegen EU-Recht, und führte die Schuldenbremse ein. Die Schuldenbremse, so wie sie gestaltet ist, schränkt die Handlungsspielräume der Länder eher ein, als dass es sie verbessert. Bemerkenswerterweise waren es die Länder selbst, die eine rigide Ausgestaltung der Schuldenbremse verlangten. Dadurch verschlossen sie sich ihre einzige autonome Finanzierungsmöglichkeit, nämlich die Schuldenaufnahme. Die Möglichkeit, die Sätze der Grunderwerbsteuer selbst regulieren zu können (Art. 105 Abs. 2a GG), ist kein Ersatz mit hinreichender finanzieller Bedeutung.

Wenn man versuchte, eine Logik der Entwicklung zu analysieren, käme man wohl dahin, einen Unitarisierungsprozess aufgrund nicht mehr regional zu lösender Herausforderungen zu beschreiben. Vielleicht müssen wir uns unter den Bedingungen der Globalisierung und zunehmender internationaler Herausforderungen darauf einrichten, dass diese Entwicklung unumkehrbar ist.

Was den Ländern bleibt, ist dann primär die Verwaltung – Verwaltungsföderalismus nennt man das dann. Aber das ist nicht wenig. Dazu gehören beispielsweise die regionale Entwicklung, große Teile der Infrastruktur, Wirtschaftsförderung, Kultur und Freizeit und weiteres mehr, was nicht notwendigerweise gesetzlicher Regelungen bedarf oder innerhalb bestehenden Regulierungen erfolgen kann. Eine Stärke des kooperativen Föderalismus liegt dann darin, dass er einheitliche Regelungen mit dezentraler und an den örtlichen Bedingungen orientierter Implementation verbinden kann. Ansprechpartner der Bürgerin/des Bürgers, wenn es um staatliche Leistungen geht, bleibt die dezentrale Verwaltung, in der Regel das „örtliche Rathaus", das wegen des Auseinanderfallens von Regulierung und Ausführung für die konkreten Belange der Bürgerinnen und Bürger umfassend zuständig ist.

Im Unterschied zu manchen Kritikern, insbesondere aus den Wirtschaftswissenschaften, halte ich das Modell des kooperativen Föderalismus im Sinne einer funktionalen Aufgabenteilung – Gesetzgebung im Schwerpunkt beim Bund, Ausführung bei den Gliedstaaten – in relativ homogenen Staaten ohne signifikant unterschiedliche regionale Präferenzen für sinnvoll und für ein durchaus erfolgreiches Modell. Es hat seine

Leistungsfähigkeit bei der Versorgung peripherer Regionen im Bundesstaat mit öffentlichen Gütern wie Bildung und Gesundheit sowie bei der Implementierung bundesgesetzlich geregelter sozialpolitischer Maßnahmen durch dezentrale Einrichtungen bewiesen. Es bedarf aber der ständigen Anpassung an veränderte Herausforderungen und gelegentlich auch einer Generalüberholung.

Reinhard NECK

Kooperativer Fiskalföderalismus und Finanzausgleichsreform in Österreich aus finanzwissenschaftlicher Sicht[1]

1. Einleitung

Angesichts der aktuellen Diskussion in Österreich bedarf es kaum einer weiteren Begründung, warum man die Fragen des fiskalischen Föderalismus und allgemein des Föderalismus sowie insbesondere die Fragen der Reform des österreichischen Finanzausgleichs detailliert untersuchen soll. Über mehrere Perioden hinweg wurde eine umfassende Reform des österreichischen Finanzausgleichs angesagt, aber immer wieder wurden nur kleine, häufig den Finanzausgleich komplizierende Veränderungen vorgenommen, bis – mit Beginn des Jahres 2017 – endlich etwas substanziellere Reformen im aktuellen Finanzausgleich in Kraft treten konnten. Die öffentliche Diskussion konzentriert sich vielfach – weitgehend zu Recht – auf Ineffizienzen und Funktionsprobleme des österreichischen Systems des Fiskalföderalismus und plädiert teilweise für eine Aufhebung der Autonomie der Länder, in geringerem Ausmaß für die Zusammenlegung von Bundesländern, in jedem Fall für eine grundlegende Reform der österreichischen Finanzverfassung und des System des österreichischen Finanzausgleichs. In diesem Beitrag sollen diese Fragen aus der Sicht der Finanzwissenschaft untersucht werden, wobei hier nur einige elementare Aspekte des fiskalischen Föderalismus erörtert werden können. Die internationale Literatur zu dem Thema ist sehr umfangreich und hat gerade in den letzten Jahrzehnten wesentliche Beiträge hervorgebracht, die hier in einer einführenden und politikorientierten Darstellung nicht im Detail behandelt werden können.[2]

Im Einzelnen ist der Beitrag folgendermaßen gegliedert: In Abschnitt 2 werden einige Begriffe kurz erklärt. Abschnitt 3 hat das für die Finanzverfassung und den Finanzausgleich zentrale Prinzip der Subsidiarität zum Gegenstand. Abschnitt 4 beinhaltet eine kurze Darstellung der wichtigsten Aussagen der finanzwissenschaftlichen Theorie des fiskalischen Föderalismus, soweit sie für eine Beurteilung der österreichischen Situation von Bedeutung sind. Dabei konzentrieren wir uns auf normative Aspekte, d.h. auf Überlegungen, wie nach bestimmten Kriterien eine Finanzverfassung gestaltet werden soll, damit sie die grundlegenden Ziele, denen sie in einer Demokratie dienen soll, erfüllen kann. Abschnitt 5 skizziert einige

---

1 Diese Arbeit ist Teil des Forschungsprojekts Nr. 14093 des Jubiläumsfonds der Oesterreichischen Nationalbank (OeNB). Die hier vertretenen Auffassungen müssen nicht mit jenen der OeNB übereinstimmen.

2 Für weitere Literaturangaben und grundlegende Beiträge vgl. z. B. Ahmad und Brosio (2008, 2011, 2015); siehe dazu auch die einleitenden Beiträge in diesem Handbuch.

Folgerungen für den österreichischen Finanzausgleich und versucht eine Evaluierung des „neuen" Finanzausgleichs. Dabei wird auch die Frage erörtert, ob und wie Finanzausgleichsreformen gelingen können.

2. Begriffliche Klärungen

Unter **Föderalismus** versteht man generell ein verfassungsmäßig festgelegtes System, in dem zumindest zwei Ebenen der Regierung vorhanden sind, von denen jede eine gewisse echte Autonomie von der anderen hat. Das heißt, dass die Regierungen auf jeder Ebene in erster Linie ihren entsprechenden Wählerinnen und Wählern verantwortlich sind.[3] Diese Definition ist weniger scharf, als sie zunächst erscheinen möchte, da die Frage offen bleibt, in welchem Ausmaß die „untere" Ebene jeweils von der „oberen" Ebene unabhängig ist beziehungsweise wie die beiden Ebenen miteinander verschränkt sind. Wenn man diese Definition des (politischen) Föderalismus auf jene des fiskalischen Föderalismus spezialisiert, so behandelt der **fiskalische Föderalismus** die Interaktion der verschiedenen Ebenen innerhalb eines föderalen Systems, wobei insbesondere die Finanzbeziehungen, d. h. die Einhebung der Steuern, die Tätigung der Staatsausgaben sowie die Gestaltung der Verschuldung im Mittelpunkt des Interesses stehen.[4] Im Prinzip versucht diese Theorie des fiskalischen Föderalismus, allgemeine Prinzipien zu entwickeln und die konkreten föderalen Systeme anhand dieser Prinzipien zu evaluieren. **Föderative Finanzverfassungen** werden in der finanzwissenschaftlichen Literatur von sogenannten **unitarischen** unterschieden, in denen die gesamte Entscheidungsgewalt über Staatsausgaben und Staatseinnahmen in den Händen einer zentralen Regierungseinheit liegt.

Innerhalb des Föderalismus kann man wieder verschiedene Formen unterscheiden. Insbesondere kann man den sogenannten **dualen Föderalismus** oder Wettbewerbsföderalismus vom **kooperativen Föderalismus** unterscheiden. Dabei bezeichnet der **duale Föderalismus** föderale Systeme, in denen eine klare Aufgabentrennung zwischen den verschiedenen Regierungsebenen vorliegt und parallele Institutionen auf zwei oder mehr Regierungsebenen vorhanden sind. Die Vereinigten Staaten von Amerika können in diesem Sinn als Beispiel eines dualen Föderalismus genannt werden, aber auch die Schweiz, in der die einzelnen Ebenen jeweils eine beträchtliche Autonomie haben. Im Gegensatz dazu ist der **kooperative Föderalismus** gekennzeichnet durch eine Kooperation zwischen den verschiedenen Regierungsebenen beziehungsweise verschiedenen Regierungen auf einer (der unteren) Ebene. Österreich und die Bundesrepublik Deutschland sind Beispiele für den kooperativen Föderalismus.

Allerdings wird in der politikwissenschaftlichen Literatur[5] betont, dass sich der kooperative Föderalismus in Deutschland immer stärker in Richtung Politikverflechtung entwickelt hat. **Politikverflechtung** bedeutet eine besonders starke Form der Kooperation, in der gemeinsame Verantwor-

---

3 Anderson: Föderalismus, 2000, S. 15 ff.
4 Anderson: Fiscal Federalism, 2010, S. 2 f.
5 Sturm: Föderalismus, 2010, S. 23 ff.

tung der beiden oder mehrerer Regierungsebenen für einen beträchtlichen oder für den größten Teil der Staatseinnahmen und Staatsausgaben verfassungsrechtlich abgesichert sind. Fritz Scharpf[6], der den Begriff Politikverflechtung geprägt hat, betont, dass hier ein gemeinsames Entscheidungsverfahren erforderlich ist, das wegen der Vielzahl beteiligter Interessen schwerfällig, ineffizient und intransparent ist und zu Entscheidungen führt, die allen beteiligten Interessen, aber nicht notwendigerweise einem (wie auch immer umschriebenen) Gesamtwohl entsprechen. Scharpf spricht auch von der sogenannten **Politikverflechtungsfalle**, die die Unreformierbarkeit eines durch Politikverflechtung charakterisierten kooperativen Föderalismus bedingt.

Dies ergibt sich aus den Interessen der jeweiligen Regierungen auf allen Ebenen. Insbesondere führt dieses System dazu, dass die oberste Regierungsebene bestrebt und meist dabei auch erfolgreich ist, Kompetenzen der unteren Ebenen an sich zu ziehen, um die eigenen Interessen durchsetzen zu können, wogegen die unteren Ebenen bei Angelegenheiten der oberen Ebene Mitwirkungsrechte einfordern. Die politikwissenschaftliche Literatur, insbesondere in der Bundesrepublik Deutschland, ist also durchaus kritisch gegenüber dem kooperativen Föderalismus eingestellt und skizziert ähnliche Entwicklungen in Richtung auf einen „unitarischen Bundesstaat"[7], wie sie von der Finanzwissenschaft unter dem Namen Popitz'sches Gesetz als Gesetz der Anziehungskraft des zentralstaatlichen Etats schon vor langer Zeit festgestellt wurden.[8]

Sowohl Föderalismus wie Unitarismus können im Sinn von Max Weber als Idealtypen ausformuliert werden, wobei im ersteren Fall nahezu sämtliche Kompetenzen bei den Gliedstaaten liegen, während im letzteren Fall eine völlige Zentralisierung insbesondere der für die öffentlichen Finanzen maßgeblichen Entscheidungen vorliegt. In der Realität sind diese Idealtypen in dieser Form nie eindeutig feststellbar, doch kann man die einzelnen realen föderalen Systeme entsprechend in einer vergleichenden Untersuchung diesen beiden Idealtypen zuordnen. Ähnliches gilt für die Unterscheidung zwischen kooperativem Föderalismus und Wettbewerbsföderalismus. Wenn die Bundesrepublik Deutschland in der Literatur als ein Beispiel eines kooperativen Föderalismus genannt wird, so gilt dies noch viel mehr für Österreich, in dem die einzelnen Bundesländer als Gliedstaaten kaum die Minimalbedingungen für eine staatliche Existenz aufweisen können. Der österreichische Finanzföderalismus und allgemein der österreichische Föderalismus verdient daher nur in eingeschränktem Sinn diese Bezeichnung. In jedem Fall handelt es sich dabei um einen Fall eines kooperativen Föderalismus mit Politikverflechtung.

---

6 Scharpf; Reissert; Schnabel: Politikverflechtung, 1976.
7 Hesse: Der unitarische Bundesstaat, 1962.
8 Popitz: Der Finanzausgleich, 1927.

3. Das Subsidiaritätsprinzip

Wenn man eine normative Behandlung und Bewertung realer Institutionen versucht, ist immer die Frage entscheidend, von welchen Prinzipien man dabei ausgeht. Eine sehr nützliche und in der aktuellen Diskussion immer wieder vorgebrachte Grundlage dafür ist das sogenannte **Subsidiaritätsprinzip**. Obwohl das Prinzip selbst wesentlich älter ist[9], wurde es in der modernen Form als Element der Katholischen Soziallehre in der Enzyklika *Quadragesimo anno* von Papst Pius XI. 1931 formuliert. Die klassische Stelle lautet: „Wenn es nämlich auch zutrifft, was ja die Geschichte deutlich bestätigt, dass unter den veränderten Verhältnissen manche Aufgaben, die früher leicht von kleineren Gemeinwesen geleistet wurden, nur mehr von großen bewältigt werden können, so muss doch allzeit unverrückbar jener höchst gewichtige sozialphilosophische Grundsatz fest gehalten werden, an dem nicht zu rütteln noch zu deuten ist: Wie dasjenige, was der Einzelmensch aus eigener Initiative und mit seinen eigenen Kräften leisten kann, ihm nicht entzogen und der Gesellschaftstätigkeit zugewiesen werden darf, so verstößt es gegen die Gerechtigkeit, das, was die kleineren und untergeordneten Gemeinwesen leisten und zum guten Ende führen können, für die weitere und übergeordnete Gemeinschaft in Anspruch zu nehmen; zugleich ist es überaus nachteilig und verwirrt die ganze Gesellschaftsordnung. Jedwede Gesellschaftstätigkeit ist ja ihrem Wesen und Begriff nach subsidiär; sie soll die Glieder des Sozialkörpers unterstützen, darf sie aber niemals zerschlagen oder aufsaugen"[10].

Hier handelt es sich um eine fundamentale sozialphilosophische Maxime, die im Rahmen der **Katholischen Soziallehre** zusammen mit den Prinzipien der Personalität und der Solidarität eine Grundlage für die Organisation staatlicher Institutionen bildet. Das Subsidiaritätsprinzip normiert gewissermaßen einen Vorrang nicht nur der einzelnen Person vor dem Gemeinwesen, sondern auch innerhalb der Gemeinwesen einen Vorrang der kleineren vor den größeren und damit (in der Terminologie des Föderalismus) der unteren vor den oberen Ebenen. Man kann das Subsidiaritätsprinzip als Begründung für einen grundsätzlich föderalistischen Staatsaufbau verwenden, allerdings besteht keine a-priori-Begründung für eine bestimmte Form des Föderalismus, sodass sowohl ein Wettbewerbsföderalismus wie ein kooperativer Föderalismus den Bedingungen des Subsidiaritätsprinzips genügen können.

Es ist darauf hinzuweisen, dass die Grundaussage des Subsidiaritätsprinzips nicht nur in der Katholischen Soziallehre, dort allerdings explizit, aufgetreten ist, sondern auch in anderen, insbesondere protestantischen Soziallehren, eine beträchtliche Rolle spielt. Beispielsweise sind die Arbeiten von Johannes Althusius[11] durchaus im Sinne der Betonung föderalistischen Denkens anzusehen. Dieser protestantische Gelehrte und Praktiker der Rechtsphilosophie hat bereits zu Beginn des 17. Jahrhunderts die Vorzüge eines föderal geordneten Gemeinwesens im Detail analysiert.

---

9   Vgl. z. B. Waschkuhn: Was ist Subsidiarität?, 1995.
10 Enzyklika *Quadragesimo anno* von Papst Pius XI. 1931, QA 79.
11 Althusius: Politica, 1981.

Das Subsidiaritätsprinzip findet sich nicht in der österreichischen Bundesverfassung (im Gegensatz zur Bundesrepublik Deutschland, wo es indirekt im Grundgesetz vorkommt), wohl aber im Vertrag über die **Europäische Union**. Insbesondere heißt es in Art. 5 EUV:

(1) [...] Für die Ausübung der Zuständigkeiten der Union gelten die Grundsätze der Subsidiarität und der Verhältnismäßigkeit.

(3) Nach dem Subsidiaritätsprinzip wird die Union in den Bereichen, die nicht in ihre ausschließliche Zuständigkeit fallen, nur tätig, sofern und soweit die Ziele der in Betracht gezogenen Maßnahmen von den Mitgliedstaaten weder auf zentraler noch auf regionaler oder lokaler Ebene ausreichend verwirklicht werden können, sondern vielmehr wegen ihres Umfangs oder ihrer Wirkungen auf Unionsebene besser zu verwirklichen sind.

Die Organe der Union wenden das Subsidiaritätsprinzip nach dem Protokoll über die Anwendung der Grundsätze der Subsidiarität und der Verhältnismäßigkeit an. Die nationalen Parlamente achten auf die Einhaltung des Subsidiaritätsprinzips nach dem in jenem Protokoll vorgesehenen Verfahren.

Diese Verankerung des Subsidiaritätsprinzips klingt zunächst einmal sehr vielversprechend, ist jedoch in zweierlei Hinsicht eingeschränkt. Einerseits handelt es sich nur um Kompetenzen, in denen nicht die ausschließliche Zuständigkeit der EU normiert ist. Bereiche mit ausschließlicher Zuständigkeit der EU sind relativ zahlreich und wurden im Laufe der Entwicklung der Europäischen Gemeinschaften und der Europäischen Union immer zahlreicher. Andererseits liegt eine Einschränkung darin, dass die Rechtsprechung des Europäischen Gerichtshofs dem Subsidiaritätsprinzip relativ geringen Stellenwert einräumt und vielmehr die Zielsetzung einer immer stärkeren Vertiefung der Europäischen Union als Richtschnur ihrer Entscheidungen heranzieht. Immerhin ist aber ein Test nach dem Subsidiaritätsprinzip in der EU vorgesehen und müsste bei einer Reform der Kompetenzverteilung zwischen der EU und den Nationalstaaten vorgenommen werden (die allerdings in absehbarer Zeit nicht zu erwarten ist). Der grundsätzliche Vorrang der jeweils unteren Einheiten bezieht sich übrigens nicht nur auf die Nationalstaaten, sondern auch gegenüber diesen auf deren Teilstaaten, Bezirke und Gemeinden. Die gegenwärtig weit verbreitete Unzufriedenheit mit der Funktionsweise der EU, die sich an der Wahlurne in dem Erfolg rechtspopulistischer und europafeindlicher Parteien manifestiert, sollte die Entscheidungsträger der EU in ihrem eigenen Interesse dazu bringen, Schritte in Richtung auf eine Reform mit stärkerer Berücksichtigung des Subsidiaritätsprinzips zu unternehmen. Ein vielversprechender Ansatz in diese Richtung war ein von der Kommissarin für Budget in Auftrag gegebenes Forschungsprojekt mit anschließender öffentlicher Diskussion, die allerdings von ihren Nachfolgern nicht substantiell weitergeführt wurde.[12]

---

12 Der Verfasser dieses Beitrags hat daran mitgearbeitet: ECORYS; CPB; IFO: A Study on EU Spending, 2008.

4. Finanzwissenschaftliche Theorie des fiskalischen Föderalismus

4.1 Die Theorie demokratischer Wirtschaftspolitik

Die Finanzwissenschaft als Teildisziplin der Volkswirtschaftslehre beschäftigt sich mit den finanziellen (und anderen) Aspekten des öffentlichen Sektors. Ebenso wie allgemein in der Volkswirtschaftslehre ist die normative Grundlage der Finanzwissenschaft das Prinzip der Konsumentensouveränität: Die Präferenzen und Interessen der Konsumenten sind maßgeblich für die Bewertung von wirtschaftlichen und politisch-ökonomischen Systemen. Im Bereich des öffentlichen Sektors handelt es sich darum, die Präferenzen der Staatsbürgerinnen und -bürger bestmöglich zu erfüllen. Dabei wird im Allgemeinen davon ausgegangen, dass Präferenzen zwar nicht unveränderbar, aber doch weniger veränderlich sind als Beschränkungen, denen die Wirtschaftssubjekte unterliegen. Insbesondere ist unter normativen Gesichtspunkten nicht von vornherein einzusehen, warum bestimmte Präferenzen nicht berücksichtigt werden sollen. George Stigler und Gary Becker haben das in der berühmten lateinischen Formel **„De gustibus non est disputandum"** zusammengefasst und ein entsprechendes methodisches Gerüst dazu entwickelt.[13]

Bezüglich der positiven Grundlage der Ökonomik, also bezüglich der Annahmen und Theorien über das Verhalten der einzelnen Wirtschaftssubjekte und ihrer Interaktionen im Rahmen eines ökonomischen Systems und (politisch gesprochen) im Rahmen eines Staatswesens, wird üblicherweise die Annahme des **Homo oeconomicus** als verhaltenstheoretische Grundlage gewählt. Dieses Konzept, das oft im Sinne einer rein egoistischen Orientierung oder einer vollständig rationalen Berechnung der optimalen Handlungsmöglichkeiten missverstanden wird, kann viel allgemeiner interpretiert werden.[14] Wesentlich für dieses Konzept ist vielmehr die Annahme, dass einzelne Individuen entsprechend ihren Präferenzen unter gegebenen Beschränkungen handeln. Das heißt, die einzelnen Staatsbürgerinnen und Staatsbürger, Konsumentinnen und Konsumenten, Produzentinnen und Produzenten etc. erfüllen ihre Rollen in dem Sinn, dass sie bei ihren Entscheidungen die bei gegebenem Informationsstand für sie beste Alternative allen anderen vorziehen. Dabei kann die Zielfunktion beziehungsweise können die Präferenzen der Individuen durchaus auch andere Argumente enthalten als die jeweilige Güterversorgung. Beispielsweise kann man altruistische, aber auch missgünstige Präferenzen in die Analyse einbeziehen, auch in die Wohlfahrtsanalyse.[15] Eine große Fülle von empirischen, insbesondere experimentellen Ergebnissen zeigt auch tatsächlich, dass bestimmte altruistische Verhaltensweisen in Hinblick auf Entscheidungen von Individuen in sozialen Situationen einschließlich wirtschaftlicher Entscheidungen durchaus vorkommen.[16]

---

13   Stigler; Becker: De Gustibus Non Est Disputandum, 1977.
14   7 R Kirchgäoner: Homo oeconomicus, 2013.
15   Z. B. Hochman; Rodgers: Pareto Optimal Redistribution, 1969.
16   Vgl. Kolm; Ythier: Handbook of the Economics of Giving, 2006.

Wenn man Institutionen evaluieren will, wie das im Fall der Finanzverfassung oder des Finanzausgleichs der Fall ist, bietet sich die von Frey und Kirchgässner entwickelte **Theorie demokratischer Wirtschaftspolitik** an.[17] In dieser Theorie, die auf der Ökonomischen Theorie der Politik (Politischen Ökonomie, Public Choice) beruht, wird angenommen, dass sich die einzelnen Akteure eines politisch-ökonomischen Systems gemäß ihren eigenen Interessen verhalten. Diese Interessen können, müssen aber nicht auch gemeinwohlrelevante Überlegungen beinhalten; in jedem Fall sind die Interessen, die die jeweiligen Akteure als für sie maßgeblich ansehen, handlungsleitend. Aus dieser Tatsache, die vielfach empirisch belegt ist,[18] folgt, dass der sogenannte **laufende politische Prozess**, in dem etwa Entscheidungen prozesspolitischer Art getroffen werden (wie die Budgetentscheidungen), nur schwer von außen beeinflusst werden kann, weil hier jeweils eigene Interessen der Akteure, einschließlich der Vertreterinnen und Vertreter der Regierung, der Verwaltung und anderer staatlicher und nichtstaatlicher Institutionen, das Ergebnis mehr oder minder determinieren.

Deswegen unterscheiden die Verfasser dieser Theorie der demokratischen Wirtschaftspolitik eine Ebene des **gesellschaftlichen Grundkonsenses** von jener des laufenden politischen Prozesses. Diese Vorstellung beruht auf philosophischen Theorien vom Gesellschaftsvertrag, wie sie in der Neuzeit u. a. von Thomas Hobbes, John Locke, Jean-Jacques Rousseau, Immanuel Kant, John Rawls, Robert Nozick und James Buchanan entwickelt wurden. Ein gesellschaftlicher Grundkonsens ist ein gedankliches Konstrukt, bei dem die einzelnen Akteure ihre eigenen Interessen nicht oder nicht gut kennen und daher bereit sind, von ihnen zu abstrahieren und sich auf ein Ergebnis zu einigen, das ihnen später im laufenden politischen Prozess möglicherweise auch suboptimale Ergebnisse liefert, die aber zugunsten der damit implizierten Gemeinwohlorientierung in Kauf genommen werden. Man mag diese gedankliche Konstruktion des gesellschaftlichen Grundkonsenses als überzogen und für praktische Entscheidungen nicht unbedingt sehr relevant bezeichnen; Tatsache ist jedoch, dass die Vorstellung, dass einzelne Akteure ihre Interessen zurückstellen mögen, durchaus eine moralisch relevante Idee ist. Sie kann zumindest ansatzweise in Situationen zum Tragen kommen, in denen eine grundlegende Änderung einer Verfassung, und hier besonders einer Finanzverfassung, thematisiert wird. Der Hauptkritikpunkt richtet sich dagegen, dass diese Theorie keine Aussagen darüber trifft, wie die Akteure, die tatsächliche Entscheidungen über die Verfassung zu treffen haben, dazu gebracht werden können, von ihren eigenen Interessen zu abstrahieren, die ihnen ja in der Realität zwar unvollkommen, aber doch im Wesentlichen bekannt sind.

---

17 Frey; Kirchgässner: Demokratische Wirtschaftspolitik, 2002.
18 Mueller: Public Choice III, 2003.

4.2 Das Dezentralisierungstheorem

Der Finanzwissenschafter und Umweltökonom Oates[19] hat in seinem grundlegenden Werk über fiskalischen Föderalismus[20] einen Satz formuliert, der inhaltlich im Wesentlichen dem Subsidiaritätsprinzip entspricht und dieses auf eine räumliche Untergliederung eines Gemeinwesens anwendet. Er zeigt in diesem Buch folgendes Ergebnis, das sogenannte **Dezentralisierungstheorem**:[21] Wenn ein öffentliches Gut in abgeschlossenen geographischen Teilräumen angeboten werden kann und wenn dessen Erzeugungsgrenzkosten und Durchschnittskosten bei jedem Produktionsniveau in jedem Teilraum die gleichen sind, unabhängig davon, ob die Leistung zentral oder dezentral erzeugt wird, dann ist es immer effizienter oder wenigstens gleich effizient, wenn lokale Regierungen die an die jeweilige Nachfrage angepassten Outputs bereitstellen, als wenn die Zentralregierung einen einheitlichen Output (wie groß er auch immer sei) bereitstellt. Dies bedeutet, dass eine Gliederung eines Gemeinwesens in Teilgebiete immer dann besonders nützlich und den entsprechenden Zielen der Bürgerinnen und Bürger entsprechend ist, wenn diese Teilbereiche unterschiedliche Präferenzen aufweisen. Man spricht in diesem Zusammenhang von statischen Vorteilen, die insbesondere gewährleisten können, dass Bürgerpräferenzen besser erfüllt werden als in einer zentralisierten geographischen Einheit.

Mehrere kleine Gebietskörperschaften sind, wie man leicht zeigen kann, wenigen großen überlegen, wenn Entscheidungen mit einfacher Mehrheit getroffen werden. Betrachten wir beispielsweise folgende Situation: Eine geographische Einheit (ein Staat) bestehe aus zwei Teilgebieten A und B, in denen die Einwohnerinnen und Einwohner jeweils unterschiedliche Präferenzen bezüglich zweier Schulsysteme X und Y haben, also beispielsweise Gesamtschule oder gegliederte Schule. Die Verteilung der Präferenzen sei so gestaltet, wie in der Tabelle 1 dargestellt ist.[22]

Meinung der Einwohnerinnen und Einwohner	Optionen	
	Schulsystem X	Schulsystem Y
Einwohnerinnen und Einwohner in A	20.000	30.000
Einwohnerinnen und Einwohner in B	35.000	15.000
Einwohnerinnen und Einwohner insgesamt	55.000	45.000

In diesem Fall ist es offensichtlich, dass bei Geltung der einfachen Mehrheitsregel eine zentralisierte Entscheidung für das Schulsystem X getroffen wird und 45.000 Befürworter des Schulsystems Y ihre Präferenzen nicht erfüllt sehen und daher enttäuscht werden. Wird dagegen dezentral entschieden, so wird in A das Schulsystem Y und in B das Schulsystem Y eingeführt, wobei die Summe der enttäuschten Wählerinnen und Wähler mit 35.000 um 10.000 geringer ist.

---

19 Wallace Oates: * 1937, † 2015.
20 Oates: Fiscal Federalism, 1972.
21 Die Formulierung folgt Blankart: Öffentliche Finanzen in der Demokratie, 2011, S. 617 f.
22 Blankart: Öffentliche Finanzen in der Demokratie, 2011, S. 616 f.

Wenn man also das Kriterium der Erfüllung der Präferenzen der Staatsbürgerinnen und -bürger, das ja für eine Demokratie konstitutiv sein sollte, heranzieht, so zeigt sich, dass in diesem Fall eine dezentrale Entscheidungsstruktur einer zentralen vorzuziehen ist. Dagegen wird vielfach das Argument von der „Einheitlichkeit der Lebensverhältnisse" angeführt, das dafür spricht, dass man eine zentrale Lösung vorzieht. Aus der Sicht der Theorie der demokratischen Wirtschaftspolitik kann dieses Argument nur dann normativen Gehalt haben, wenn eine entsprechende Mehrheit der Einwohnerinnen und Einwohner des gesamten Gebietes eine Präferenz für ein einheitliches Schulsystem hat. Dies müsste aber jedenfalls gezeigt werden, weil dies eine weitere Alternative und damit eine Veränderung der entsprechenden Präferenzen im Vergleich zu der dargestellten Situation bedingen würde. Besteht eine solche Präferenz nicht oder nur bei einer Minderheit der Einwohnerinnen und Einwohner des gesamten Gebiets, so ist dieses Argument aus der Sicht der Theorie der demokratischen Wirtschaftspolitik nicht entscheidungsrelevant.

Aus dem Dezentralisierungstheorem folgt direkt für den kooperativen Föderalismus, dass eine politische Kompromisslösung das Problem der Präferenzerfüllung in der Regel nicht verbessert und keinen Ersatz für einen Föderalismus darstellt, in dem tatsächlich auf der jeweils unteren Ebene entschieden wird. Autonomie erweist sich im Allgemeinen einer Kompromisslösung als überlegen. Das hier dargestellte Ergebnis ist natürlich an einem sehr vereinfachten Beispiel gezeigt worden; wenn etwa Transaktionskosten für den Wechsel zwischen Schulsystemen berücksichtigt werden oder Skaleneffekte vorliegen, die eine zentralisierte Lösung billiger machen als eine dezentralisierte, ist das entsprechend zu relativieren.

Neben den sogenannten statischen Vorteilen gibt es allerdings auch noch dynamische Vorteile der Dezentralisierung, die sich insbesondere aufgrund eines Wettbewerbsföderalismus ergeben. So wie in der Wirtschaft Wettbewerb als Lernverfahren angesehen werden kann, in dem durch den Vergleich (etwa das bekannte Benchmarking) mit den Mitbewerbern bessere Lösungen wie in einem Laboratorium erprobt und nachgeahmt werden können, kann dies auch in einem gewissen Ausmaß im sogenannten Systemwettbewerb erfolgen. Diese Annäherung an eine bessere und vielleicht sogar optimale Lösung im Sinne von Trial-and-Error-Prozessen kann dazu führen, dass sich das Bessere durchsetzt, indem es mehr Nachahmer findet und bessere Systeme auch rascher wachsen. Natürlich ist der Wettbewerb zwischen Gebietskörperschaften nicht ohne Weiteres einem Wettbewerb zwischen Unternehmungen gleichzusetzen, noch dazu dem idealisierten Wettbewerb der vollkommenen Konkurrenz, der in der Wirtschaftstheorie oft vorausgesetzt wird.[23] Aber ebenso wie auch in oligopolistischen Marktstrukturen scharfer Wettbewerb Innovationsdynamik erzeugt, kann dies auch durch Wettbewerb zwischen Gebietskörperschaften ermöglicht werden.

---

23 In diesem Sinn sind die Einschränkungen, die Sinn in The New Systems Competition, 2003 analysiert, zu beachten.

4.3 Institutionelle Kongruenz und fiskalische Äquivalenz

Für die Ausgestaltung der jeweiligen fiskalischen Institutionen im Rahmen einer föderalen Struktur ist die Frage der institutionellen Kongruenz oder Inkongruenz von großer Bedeutung. **Institutionelle Kongruenz** bedeutet, dass Entscheidungsträgerinnen bzw. -träger, Nutznießerinnen bzw. Nutznießer und Steuerzahlerinnen bzw. -zahler weitestgehend zusammenfallen, während sie bei **institutioneller Inkongruenz** auseinanderfallen. Im ersteren Fall ist jede Gebietskörperschaft im Wesentlichen für ihr eigenes Budget verantwortlich und das Prinzip „Steuern entsprechen Preisen" ist weitgehend erfüllt. Bei institutioneller Inkongruenz dagegen sind die Kreise der Steuerzahler, der Entscheidungsträger und der Nutznießer insofern verschieden, als eine nicht unbeträchtliche Anzahl von Personen jeweils nur einem oder zwei, aber nicht allen drei Kreisen angehört. Dies verursacht in der Terminologie der Wirtschaftswissenschaften sogenannte externe Effekte oder Spill-Over-Effekte, d. h. die Steuerzahlerinnen und -zahler werden für Entscheidungen zur Kasse gebeten, die sie nicht beeinflussen können und/oder die ihnen keinen direkten Nutzen bringen, oder die Entscheidungsträger gehören einer anderen Gebietskörperschaft an als die Nutznießerinnen bzw. Nutznießer usw.

Wenn der Nutzerkreis gleich dem Kostenträgerkreis ist, also der räumliche Kreis der Nutznießer dem räumlichen Kreis der Kosten- und Entscheidungsträger, dann spricht man von **fiskalischer Äquivalenz**. Diese ist nicht gegeben, wenn entweder Nutzen externalisiert werden, d. h. dass die Kosten- und Entscheidungsträger nur ein Teil der Nutznießer sind und auch Trittbrettfahrer, d. h. Staatsbürgerinnen und Staatsbürger in anderen räumlichen Einheiten, mitfinanzieren. Ebenso ist bei einer Externalisierung von Kosten diese fiskalische Äquivalenz nicht gegeben. In diesem Fall ist der räumliche Kreis der Nutznießer kleiner und die Kosten- und Entscheidungsträger zahlen und entscheiden nur für einen Teil ihrer Staatsbürgerinnen und Staatsbürger. In Österreich ist ein typisches Beispiel für die institutionelle Inkongruenz die Situation bei den Landeslehrerinnen und -lehrern, wobei der Bund die Kosten trägt, das Bundesland aber über die Einstellung entscheidet und auch die Nutznießer weitgehend nur die Staatsbürgerinnen und Staatsbürger des Bundeslandes sind. Dieses Beispiel ist so krass, dass es in deutschsprachigen Lehrbüchern sogar als Musterbeispiel einer institutionellen Inkongruenz und fehlender fiskalischer Äquivalenz genannt wird.[24] Es ist aber nur eines von vielen Beispielen für die inadäquate Situation des gegenwärtigen österreichischen Finanzausgleichs, in dem die Verantwortung für Entscheidungen und die Konsequenzen dieser Entscheidungen vielfach auseinanderfallen.

Eine vollständige Deckung der drei Kreise von Nutznießern, Entscheidungsträgern und Steuerzahlern wird kaum herbeiführbar sein, eine Annäherung an diese Situation sollte jedoch als Ziel einer verantwortungsbewussten Wirtschafts- und Finanzpolitik Vorrang haben. Man möge die dadurch bewirkte Kosteneinsparung nicht geringschätzen; im Sinne einer Opportunitätskostenbetrachtung sollte man vielmehr immer die möglichen

---

24 Z. B. bei Blankart: Öffentliche Finanzen in der Demokratie, 2011, S. 631.

Nutzen der durch diese Ineffizienzen verlorenen alternativen Verwendungen von Geldmitteln in den Entscheidungskalkül einbeziehen.

5. Folgerungen für den österreichischen Finanzausgleich

Die österreichische Verfassung ist in Grundzügen im Bundes-Verfassungsgesetz aus 1920 i.d.F. der großen Novelle 1929 und zahlloser weiterer Novellierungen und zusätzlicher Verfassungsbestimmungen im Grundsatz festgelegt und für den Bereich der öffentlichen Finanzen im Finanz-Verfassungsgesetz aus 1948 näher bestimmt. Auf diesem wieder beruhen die Finanzausgleichsgesetze, die in mehr oder minder periodischen Abständen beschlossen werden. In der Bundesverfassung ist die **Kompetenzverteilung** so geregelt, dass die Kompetenzen des Bundes taxativ aufgezählt werden, einschließlich gemeinsamer Kompetenzen von Bund und Bundesländern, während die nicht genannten Kompetenzen gemäß der Generalklausel des Art. 15 (1) den Ländern überlassen bleiben.

Das würde zunächst auf den ersten Blick dem Subsidiaritätsprinzip scheinbar entsprechen; tatsächlich jedoch ist die den Ländern belassene Materie, zumindest was die Gesetzgebung der Länder betrifft, äußerst beschränkt, und selbst in diesem Bereich ist seit dem Beschluss der Bundesverfassung eine Tendenz zur Zentralisierung eingetreten, die die Kompetenzen der Länder weiter ausgehöhlt hat. Dazu gehören nicht nur Verfassungsgesetze, die bestimmte Materien wie landwirtschaftliche Regulierungen der Ebene des Bundes zuweisen, sondern auch die Regelungen über 15a-Verträge, die typisch für die österreichische Version des kooperativen Föderalismus sind.

Andererseits entspricht dieser Zentralisierungstendenz bei den Kompetenzen keine entsprechende Machtzusammenballung auf der Bundesebene. Tatsächlich ist eine Institution, die verfassungsmäßig überhaupt nicht legitimiert ist, die Landeshauptleutekonferenz, ein Machtzentrum, das die Bundespolitik entscheidend beeinflusst. Der Grund dafür liegt darin, dass die politischen Parteien in Österreich regional dezentralisiert sind und durch nicht synchronisierte Wahlen zu den gesetzgebenden Körperschaften der Bundesländer immer wieder Druck auf die Parteizentralen ausgeübt wird, im Sinne von Bundesländerinteressen (oder was von Seiten der Landeshauptleute als solches identifiziert wird) zu entscheiden.

Diese Situation ist seit langem Gegenstand heftiger Diskussionen und wird immer mehr als unbefriedigend angesehen. Für eine mögliche Reform gibt es zwei grundsätzliche Möglichkeiten: Man kann entweder einen unitarischen Einheitsstaat anstreben, in dem es keine Bundesländer mehr gibt, als extreme Lösung, oder in dem Bundesländer zusammengelegt werden oder die Landesgesetzgebung abgeschafft wird oder ähnliche Maßnahmen, die zu einer weiteren Zentralisierung führen und die letztlich das föderale Prinzip des österreichischen Staates völlig abschaffen würden. Vermutlich wären solche Änderungen, wenn sie hinreichend konsequent eingeführt würden, einer Volksabstimmung zu unterziehen, da es sich dabei um Gesamtänderungen der österreichischen Bundesverfassung handeln würde, die das föderale Prinzip aushebeln.

Die andere Alternative wäre die Bewegung in Richtung auf einen „echten" Föderalismus. Diese Alternative wird in der österreichischen Diskussion weniger oft vorgebracht und gefordert. Dies ist seltsam, denn ein Nachbarland Österreichs, die Schweiz, kann hier durchaus als Vorbild dienen. Wenn immer gesagt wird, Österreich sei zu klein dafür, dass neun Bundesländer Entscheidungskompetenzen haben, so ist die Schweiz ein schlagendes Argument dagegen. Die Schweiz hat 26 Kantone (einschließlich der Halbkantone), und die Schweizer Kantone haben wesentlich mehr Entscheidungskompetenzen über die Finanzen, sowohl auf der Einnahmen- wie auf der Ausgabenseite, als es die österreichischen Bundesländer formell haben. Zwar wird auch in der Schweiz eine Tendenz zu einer Zentralisierung beklagt, aber die Widerstände der Bevölkerung gegen die Zentralisierungstendenzen erschweren diese und die direkte Demokratie erlaubt es den Staatsbürgerinnen und Staatsbürgern, durch Abstimmungen solche Zentralisierungsbestrebungen zu konterkarieren, wenn sie nicht ihren Präferenzen entsprechen.

Eine Kombination von stärker wettbewerblich orientiertem Föderalismus und direkter Demokratie wäre eine Möglichkeit, der sich Österreich durchaus öffnen sollte. Dabei ist das Argument, dass diese Dezentralisierung mit Kosten verbunden ist, beispielsweise mit Kosten von parallelen Administrationen etwa bei der Steuereinhebung, nicht zutreffend, da die Schweiz im Vergleich zu Österreich einen deutlich geringeren öffentlichen Sektor und insbesondere geringere Verwaltungskosten aufweist als Österreich. Sieht man sich bestimmte wirtschaftlich und politisch relevante Indikatoren an, so fällt ein Vergleich zwischen Österreich und der Schweiz in vieler Hinsicht zugunsten der Schweiz aus.[25] Beispielsweise ist die Schweiz ein führendes Land in Hinblick auf Innovation und Kreativität, Schweizer Universitäten und Fachhochschulen liefern ausgezeichnete Ergebnisse in Forschung und Lehre, die schweizerische Ausbildung der Lehrlinge ist jener in Österreich zumindest nicht unterlegen, wichtige wirtschaftspolitische Ziele wie Arbeitslosigkeit, Inflation und Wirtschaftswachstum werden in der Schweiz besser erfüllt als in Österreich, die Staatsverschuldung der Schweiz (im Verhältnis zur Wirtschaftsleistung des Landes) ist deutlich geringer als in Österreich, die Steuerbelastung ist geringer usw.

Natürlich sind für diese Ergebnisse nicht nur die unterschiedlichen Regelungen des fiskalischen Föderalismus verantwortlich, sondern auch die historische Entwicklung der Schweiz, die als eines der wenigen Länder Europas seit langer Zeit (seit dem Sonderbundskrieg in der Mitte des 19. Jahrhunderts) nicht direkt von einem Krieg betroffen war. Diese Pfadabhängigkeit der Entwicklung ist jedoch mehr als siebzig Jahre nach dem Zweiten Weltkrieg nicht mehr so stark, dass sie die Unterschiede in Hinblick auf die genannten Indikatoren zwischen der Schweiz und Österreich (und übrigens teilweise auch zwischen der Schweiz und Deutschland) erklären könnte. Eine Reform des österreichischen Finanzausgleichs, die

---

25 Zuletzt wieder – als ein Beispiel von vielen – in der Presse: (DPA, In: Die Presse, 17.1.2017, S. 18): Schweiz bleibt global der Talentemagnet. Studie: Österreich liegt im globalen Wettbewerb um kluge Köpfe an 18. Stelle.

mit einer Reform der österreichischen Finanzverfassung einhergeht und in die Richtung einer Annäherung an institutionelle Strukturen, wie sie in der Schweiz vorherrschen, mit sich bringt, sollte durchaus eine Alternative sein, die in der wirtschaftspolitischen Diskussion als reale Möglichkeit zu sehen ist.

Wie kann man in Hinblick auf diese Überlegungen, den sogenannten „neuen" Finanzausgleich bewerten? Wenn man das **Paktum** durchliest, so gewinnt man zunächst den Eindruck, der am besten mit dem bekannten Spruch von Horaz charakterisiert werden kann: „parturient montes, nascetur ridiculus mus".[26] Tatsächlich ist die lange Zeit hindurch vorbereitete und immer wieder verschobene Reform des Finanzausgleichs kein großer Wurf in dem Sinn, dass eine Richtungsentscheidung in Hinblick auf eine deutliche Verbesserung der institutionellen Struktur der finanziellen Beziehungen zwischen Bund und Ländern in Österreich erreicht worden wäre. Auf der anderen Seite ist es sicher richtig, dass einzelne Maßnahmen, die beschlossen wurden, in die richtige Richtung weisen. Das gilt etwa für den an prominenter Stelle genannten Einstieg in die Aufgabenorientierung oder die Umwandlung des Wohnbauförderungsbeitrags in eine ausschließliche Landesabgabe – wobei sich Vertreterinnen und Vertreter der Bundesländer allerdings bereits beeilten zu versichern, sie würden ohnedies einheitliche Regelungen beschließen und nicht in einen Wettbewerb eintreten. Auch die Übertragung des Ausgleichs zwischen finanzschwachen und finanzstarken Gemeinden vom Bund an die Länder ist tendenziell eine Reform, die föderalistische Elemente stärken kann. Die meisten anderen Maßnahmen betreffen technische Änderungen oder zusätzliche Mittel für bestimmte Zwecke, die in Hinblick auf die in unserem Beitrag ausgeführten Zielsetzungen als neutral zu qualifizieren sind. Eine ausführlichere Evaluierung der mit 1.1.2017 in Kraft getretenen Neuerungen wird an anderer Stelle in diesem Buch[27] gegeben.

Eine Gesamtbewertung würde daher das berühmte Bild vom teilweise vollen, teilweise leeren Glas naheleg. Allerdings sind selbst die in Aussicht genommenen Maßnahmen vielfach nur Absichtsbekundungen. Wenn man den Text des Paktums durchliest, sieht man, dass die häufigsten Begriffe, die darin vorkommen, sich auf solche Absichten beschränken: es ist geplant, es ist vorgesehen, es soll ein Arbeitskreis gebildet werden etc. In diesem Sinn kann man wirklich sagen, dass nach der Reform des Finanzausgleichs der Schritt zu einer nächsten Reform sofort unternommen werden muss. Personelle Änderungen im Bereich der Landeshauptleutekonferenz, die mit einer entsprechenden Generationenablöse einhergehen, könnten die Chance bieten, hier einer Situation etwas näher zu kommen, die dem gesellschaftlichen Grundkonsens der Theorie der demokratischen Wirtschaftspolitik entspricht, weil neue Akteure weniger stark an bisherige Interessen gebunden sind als langjährige Vertreter des bestehenden Systems.

---

26 Die Berge kreißen und geboren wird eine lächerliche Maus.
27 Siehe hierzu insbesondere die Beiträge von Kremser; Sturmlechner; Wolfsberger: „Paktum" sowie Kremser; Maschek: „Finanzausgleichsgesetz 2017" im vorliegenden Band.

Damit ergibt sich zuletzt die Frage, ob und wie Finanzausgleichsreformen überhaupt gelingen können. Es ist unrealistisch, einen wirklich großen Entwurf in der gegenwärtigen Situation zu erwarten, in der der Druck in Richtung auf Reformen nicht so groß ist, dass er die politischen Entscheidungsträgerinnen und -träger dazu veranlasst, sich auf solche Änderungen zu einigen. Bestimmte Vorstellungen diesbezüglich leiden an der Dysfunktionalität utopischen Denkens. Verschiedene Ansätze der Wirtschaftswissenschaften zeigen auch, dass grundlegende Änderungen in „normalen" Zeiten schwer möglich sind und hier die **vested interests** jeglichen großen Änderungen entgegenstehen. Es sollte aber möglich sein, im Sinne eines **piecemeal engineering** an einzelnen Schrauben der gesetzlichen und finanzverfassungsrechtlichen Regelungen zu drehen, um in Richtung eines besseren Föderalismus für Österreich zu kommen. Wenig spricht dagegen, sich hier die Schweiz als Vorbild zu nehmen, die auch tatsächlich in den letzten Jahrzehnten entsprechende institutionelle Regelungen verändert hat. Wenn derartige Institutionenänderungen stattfinden, sollte dabei nicht auf die Möglichkeit der Verstärkung direktdemokratischer Elemente in den Entscheidungsstrukturen vergessen werden. Auch das muss letztlich ein gradueller Prozess sein, in dem auch die entsprechenden Akteure (nicht nur die Politikerinnen und Politiker, sondern auch die Staatsbürgerinnen und Staatsbürger) lernen, verantwortungsbewusste politische Entscheidungen zu treffen. Entscheidend für das Zustandekommen und Gelingen solcher Veränderungen wird jedoch primär das zivilgesellschaftliche Engagement der Staatsbürgerinnen und Staatsbürger sein.

Karoline MITTERER

Stärkung der Aufgabenorientierung

1. Einleitung

Die Stärkung der Aufgabenorientierung ist eine der am häufigsten genannten Reformoptionen zum Finanzausgleich. Bei näherer Betrachtung wird jedoch deutlich, dass der Begriff der Aufgabenorientierung sehr unterschiedlich ausgelegt werden kann und dementsprechend auch die Reformvorschläge auf unterschiedlichen Ebenen des Finanzausgleichssystems ansetzen.

Einerseits ist eine weite Auslegung möglich, welche stark auf eine gesamthafte Steuerung von einzelnen Aufgabenbereichen abzielt. Hier stehen etwa Wirkungsziele sowie eine optimale Abstimmung der Aufgaben-, Ausgaben- und Einnahmenverantwortung im Mittelpunkt.[1] Andererseits ist eine engere Sichtweise möglich, indem vor allem die Mittelverteilung verstärkt aufgabenorientierten Prinzipien folgen soll. In diesem Zusammenhang gilt es, den im bestehenden Finanzausgleichssystem unzureichend repräsentierten Lastenausgleich zu stärken.

Die nun im FAG 2017 verankerte Aufgabenorientierung für die Bereiche Elementarbildung und Pflichtschule ist in dieser engeren Auslegung zu verstehen. Es bestehen jedoch durchaus auch weitergehende Ansätze (etwa die Kostendämpfungspfade für Gesundheit und Soziales). Insgesamt ist im Rahmen der Finanzausgleichsverhandlungen jedoch keine gesamthafte Auseinandersetzung mit dem Thema der Aufgabenorientierung zu verzeichnen.

Im Nachfolgenden erfolgt eine nähere Auseinandersetzung mit dem Begriff der Aufgabenorientierung. Dies ist notwendig, da Aufgabenorientierung sehr unterschiedlichen Konzepten folgen kann und dementsprechend auch die konkrete Zielsetzung und Ausgestaltung der Aufgabenorientierung differieren.

Im Anschluss daran werden Reformansätze zur Aufgabenorientierung im engeren Sinn der letzten Jahre vorgestellt. Hierbei spannt sich der Bogen von ganzheitlichen Reformansätzen bis hin zu Überlegungen zu Indikatoren für spezifische Aufgabenbereiche. Schließlich werden die Regelungen zum FAG 2017 einer kritischen Beurteilung unterzogen und es erfolgen Vorschläge zur weiteren Vorgehensweise.

---

1 Näheres zur wirkungsorientierten Steuerung siehe den Beitrag Bauer; Biwald: „Wirkungsziele im Finanzausgleich" im vorliegenden Band.

2. Begriffsbestimmung und Konzepte der Aufgabenorientierung

2.1 Aufgabenorientierung im weiteren Sinn

Im weiteren Sinne hat die Aufgabenorientierung den Zweck, die konkrete Zuordnung von Entscheidungsgewalt für öffentliche Leistungen auf die unterschiedlichen staatlichen Ebenen anhand rationaler Kriterien zu regeln. Hier geht es um grundsätzliche Fragestellungen des Föderalismus, wie beispielsweise die Zuordnung der Aufgaben auf die jeweilige staatliche Ebene.[2]

Darüber hinaus gilt es, eine stärkere Wirkungsorientierung im Steuerungsprozess einzelner Aufgabenfelder zu verankern und die damit verbundenen Maßnahmen auf den einzelnen Ebenen abzustimmen. Zukünftige Prioritäten der öffentlichen Aufgabenerfüllung sollten demgemäß auch Niederschlag in politischen Programmen finden und bei konkreten finanz-, wirtschafts- und gesellschaftspolitischen Zielen berücksichtigt werden.[3]

2.2 Aufgabenorientierung im engeren Sinn

Im engeren Sinn ist eine Verankerung der Aufgabenorientierung im Finanzausgleich sowohl im vertikalen als auch im horizontalen Finanzausgleich möglich. Die Ansätze der Aufgabenorientierung im vertikalen Finanzausgleich umfassen Transfers bzw. Finanzierungsströme zwischen den Gebietskörperschaftsebenen in mehr oder weniger starker Zweckwidmung und stellen einen projektorientierten Mitteleinsatz dar. Aktuell finden sich vergleichsweise „globale" Zweckwidmungen im Bereich der Gesundheitsfinanzierung, welche mit keinen konkreten Maßnahmen verknüpft sind. Dem gegenüber finden sich auch detaillierte Regelungen, wie dies insbesondere auch bei der Kinderbetreuung im Rahmen der Art. 15a-Vereinbarungen der Fall ist.

Im horizontalen Finanzausgleich bedeutet eine Aufgabenorientierung, dass der Einsatz von Finanzmitteln anhand von aufgabenorientierten Kriterien erfolgt und damit Rücksicht auf unterschiedlich hohe Aufgabenniveaus zwischen den Ländern bzw. Gemeinden nimmt. Zu nennen sind hier insbesondere demografiebezogene Kriterien (z. B. Altersstruktur, Anzahl der Schülerinnen und Schüler), sozialpolitisch relevante Kriterien (z. B. Zahl der Alleinerzieherinnen und -erzieher, Personen mit Migrationshintergrund), geografische Kriterien (z. B. Siedlungsdichte, Zentralitätsgrad der Gemeinde), Kriterien der technischen Infrastruktur (z. B. Ausbaustand der lokalen/regionalen Infrastruktureinrichtungen) und sozio-ökonomische Kriterien (z. B. Erwerbsquote, durchschnittliches Einkommen).

In einem Finanzausgleichssystem sollten sich mehrere dieser Indikatoren wiederfinden, um eine ausreichende Aufgabenorientierung zu gewährleisten. Dies gilt besonders dann, wenn die Unterschiede zwischen den

---

2 Vgl. Bauer et al.: Aufgabenorientierung im Finanzausgleich, 2008, S. 323 f.
3 Vgl. Mitterer; Haindl: Aufgabenorientierter Finanzausgleich, 2015, S. 19.

Gebietskörperschaften hinsichtlich zentraler – etwa soziodemografischer oder geotopografischer – Rahmenbedingungen hoch sind. In Österreich wurde bisher auf eine aufgabenorientierte Mittelverteilung der Ertragsanteile verzichtet. Auch im Bereich der Transfers ist der Lastenausgleich unterrepräsentiert.[4] Damit wurden insbesondere die in Österreich bestehenden deutlichen Unterschiede im Aufgabenniveau auf Gemeindeebene nicht ausreichend bei der Mittelverteilung berücksichtigt (z. B. Zuzugsgemeinde versus Abwanderungsgemeinde oder kleinregionales Zentrum).

2.3 Abgrenzung Lasten- und Ressourcenausgleich

Ein fiskalischer Ausgleich im Rahmen des Finanzausgleichs im engeren Sinn umfasst die Zuteilung von Transfers bzw. Mitteln des Steuerverbundes an Gebietskörperschaften, um Unterschiede zumindest teilweise auszugleichen – z. B. im Umfang der Bereitstellung von öffentlichen Gütern und Dienstleistungen. Dieser kann grundsätzlich einerseits mit dem Lastenausgleich, andererseits mit einem Ressourcenausgleich erfolgen. Mit dem Lastenausgleich sollen dabei besondere Risikofaktoren bzw. strukturelle Komponenten ausgeglichen werden, mit dem Ressourcenausgleich unterschiedliche Einnahmenkapazitäten.[5]

Eine stärkere Aufgabenorientierung (**Lastenausgleich**) bei der Grundausstattung der Gebietskörperschaftsebenen[6] hat das Ziel, unterschiedliche Rahmenbedingungen auf der Ausgabenseite (teilweise) auszugleichen. Lastenausgleichende Regelungen setzen daher an spezifischen Leistungen und Wirkungen bzw. konkreten Bedarfen an.

Im Gegensatz dazu setzt der **Ressourcenausgleich** an den Einnahmen an und versucht, zu hoch empfundene „Finanzkraft"-Unterschiede auszugleichen. Während der österreichische Finanzausgleich genügend Instrumente zur Korrektur einer durch die Steuereinnahmen bewirkten unterschiedlichen Finanzausstattung („Finanzkraft") der subzentralen Gebietskörperschaften kennt, wird die Orientierung an maßgeblichen Kriterien, welche etwa aufgabenspezifische Umstände und strukturell bedingte Ausgabenunterschiede widerspiegeln, vernachlässigt.

Es ist zu betonen, dass sich Lasten- und Ressourcenausgleich idealerweise ergänzen. Es handelt es sich dabei jedoch um voneinander unabhängige Instrumente, welche nicht vermischt werden sollten.

2.4 Verschiedene Konzepte der Aufgabenorientierung

Im Kontext des Finanzausgleichs im engeren Sinn kann zwischen zwei grundsätzlich verschiedenen Konzepten unterschieden werden, nämlich ein auf die Rahmenbedingungen abstellendes Konzept (hier „Stellvertreter-Konzept" genannt) und ein analytisches auf Standardkosten basierendes Konzept („Standardkosten-Konzept").

---

4   Vgl. Mitterer et al.: Aufgabenerfordernisse und Mittelverteilung, 2014, S. 85.
5   Vgl. Bauer et al.: Verstärkte Aufgabenorientierung, 2010, S. 6.
6   umfasst vor allem die Ertragsanteile, aber auch laufende Transfers.

Das **Stellvertreter-Konzept** ermöglicht eine umfassende Implementierung der Aufgabenorientierung insbesondere bei der Basisausstattung der Gebietskörperschaften (daher vor allem bei den Ertragsanteilen). Hier dienen „Stellvertretergrößen" als Indikatoren für die Mittelverteilung – wie beispielsweise die Anzahl von Kindern einer gewissen Altersgruppe oder die Siedlungsdichte. Dabei werden Indikatoren nicht pro Aufgabenbereich gezielt gewählt, sondern es werden mit den Indikatoren die Rahmenbedingungen der Aufgabenerfüllung abgebildet. So ist beispielsweise bei starken Bevölkerungszuwächsen auch mit einem erhöhten Investitionsbedarf im Bereich der Infrastruktur – quer über alle Aufgabenbereiche – zu rechnen. Eine niedrige Siedlungsdichte impliziert etwa den Erhalt eines ausgedehnten Wegenetzes.

Kennzeichen dieses Konzeptes ist, dass kein direkter Zusammenhang zwischen den Indikatoren und der konkreten Aufgabenerfüllung besteht. Der damit verbundene Vorteil ist die niedrigere Komplexität aufgrund einer geringeren Anzahl an notwendigen Indikatoren. Auch können die Indikatoren von den Gemeinden weniger stark beeinflusst werden.

Internationale Entwicklungen zeigen einen klaren Trend zu Stellvertreter-Konzepten. Hier zu nennen ist beispielsweise der kantonale Finanzausgleich in der Schweiz.[7] Dort wurde der Lastenausgleich in zwei verschiedene Instrumente geteilt. Mithilfe des geografisch-topografischen Lastenausgleichs sollen Gebirgskantone sowie dünnbesiedelte Kantone entschädigt werden. Im Rahmen des sozio-demografischen Lastenausgleichs werden verstärkt die höheren Aufwendungen für städtische Kantone berücksichtigt. Mit dem jeweiligen Lastenausgleich in der **Schweiz** sind die folgenden Indikatoren verbunden:

- Geografisch-topografischer Lastenausgleich: Bevölkerung, die über 800 Meter über der Seehöhe wohnt; Siedlungen mit weniger als 200 Einwohnerinnen und Einwohnern bzw. mit geringer Bevölkerungsdichte; Höhenmedian der produktiven Fläche des Kantons;
- Sozio-demografischer Lastenausgleich: wie z. B. Armut (Sozialhilfebezieherinnen und -bezieher), Altersstruktur (hochbetagte Personen) und Ausländerintegration (Anzahl Ausländerinnen und Ausländer);
- Ebenfalls Teil des sozio-demografischen Lastenausgleichs ist die Abgeltung zentralörtlicher Lasten: z. B. Größe der Gemeinde, Siedlungsdichte, Beschäftigungsquote.[8]

Dem gegenüber orientiert sich das **Standardkosten-Konzept** verstärkt an konkreten, einzelnen Aufgabenstellungen und den damit zusammenhängenden unterschiedlichen Ausgaben zur Leistungserstellung. Konkrete Leistungen werden mittels Kostensätzen abgegolten. Zwischen Indikator und Finanzmittelfluss besteht daher ein direkter Zusammenhang. Beispiele

---

7 Zu nennen sind jedoch auch zahlreiche andere Beispiele wie z. B. in Sachsen-Anhalt, Italien, Dänemark, Niederlanden, Spanien oder Schweden. Eine Übersicht findet sich in Bauer; Mitterer: Gemeinde-Finanzausgleich, 2009, S. 31 ff.
8 Vgl. Schweizerische Eidgenossenschaft: Wirksamkeitsbericht, 2014, S. 30 ff.; EFD: Lastenausgleich, 2004, S. 4 ff.

hierfür sind eine pauschale (teilweise) Abgeltung der durchschnittlichen Ausgaben pro betreutem Kind oder pro Straßenkilometer.

Nachteil dieses Konzeptes ist, dass es nicht auf sämtliche Aufgabenbereiche anwendbar ist. Einerseits würde die Vielzahl an notwendigen Indikatoren eine hohe Komplexität nach sich ziehen, da die einzelnen Aufgabenbereiche in direktem Zusammenhang abgedeckt werden müssten. Andererseits fehlen in mehreren Aufgabenbereichen die empirischen Daten oder geeignete Indikatoren. Vorteil dieses Konzeptes ist der unmittelbare Zusammenhang mit der konkreten Aufgabe und eine damit verbundene bessere Steuerungsfähigkeit.

In der Praxis wird man auch Mischformen zwischen den Konzepten finden. Die neueren Entwicklungen im FAG 2017 legen den Schluss nahe, dass in Österreich vorerst das Standardkosten-Konzept verfolgt wird. So soll die Aufgabenorientierung speziell die Aufgabenbereiche Kinderbetreuung und Pflichtschulen bestmöglich abdecken.

3. Bisherige Reformvorschläge zur Aufgabenorientierung

Im Nachfolgenden erfolgt ein Überblick über konkrete Vorschläge für Reformen zum Aufgabenorientierten Finanzausgleich im engeren Sinn, welche in der letzten FAG-Periode diskutiert wurden. Es handelt sich hierbei um einen Mix an verschiedenen Schwerpunkten:

- Aufgabenorientierter Gemeinde-Finanzausgleich (Bauer; Mitterer 2009): Dieser Ansatz umfasst einen umfassenden Vorschlag für eine aufgabenorientierte Neuverteilung der Gemeinde-Ertragsanteile. Auf das Transfersystem wird nicht eingegangen.
- Verstärkte Aufgabenorientierung (Bauer et al. 2010): Der Fokus dieser Studie liegt in der Identifizierung möglicher aufgabenorientierter Indikatoren auf Länder- und Gemeindeebene.
- Reform des Gemeinde-Finanzausgleichs (Mitterer et al. 2014): Dieser Ansatz stellt ein Beispiel für die Integration des Lastenausgleichs in das Finanzausgleichssystem dar – hier am Beispiel des Gemeinde-Finanzausgleichs (Ertragsanteile und Transfers).
- Aufgabenorientierter Finanzausgleich am Beispiel der Elementarbildung (Mitterer; Haindl 2015): Am Beispiel der Elementarbildung wird aufgezeigt, wie eine aufgabenorientierte Ertragsanteilsverteilung – gebündelt mit bisherigen Transfers im Kinderbetreuungsbereich – erfolgen kann.
- Bestimmung der regionalen Versorgungsfunktion von Gemeinden (Mitterer et al. 2016): Hier erfolgt eine Abgrenzung der für den Finanzausgleich relevanten Aufgabenbereiche im Zusammenhang mit der regionalen Versorgungsfunktion sowie die Identifizierung von möglichen Indikatoren.

3.1 Ertragsanteileverteilung neu: Aufgabenorientierter Gemeinde-Finanzausgleich (2009)[9]

Im Rahmen dieser Studie erfolgte ein Vorschlag zu einer stärker aufgabenorientierten Verteilung der Finanzmittel im Finanzausgleich im engeren Sinn. Im Mittelpunkt stand dabei eine neue Verteilung der Ertragsanteile nach verstärkt aufgabenorientierten Kriterien.

Der Vorschlag geht davon aus, dass keine detaillierte Bezugnahme auf einzelne Leistungen (Produkte) einer Gemeinde erfolgen kann, da einer gesamthaften aufgabenorientierten Mittelverteilung der Vorzug zu geben ist. Weiters soll im Sinn einer effizienten Verwaltung der Vollzug eines stärker aufgabenorientierten Finanzausgleichs möglichst wenige Transaktionskosten verursachen. Daher wird nur ein vereinfachter und generalisierender Aufgabenbezug, der leicht ermittelbar und verständlich ist, angestrebt.

Fokus des Modells liegt dabei auf der aufgabenorientierten horizontalen Ertragsanteilsverteilung auf Gemeindeebene. Andere Elemente der Gemeindefinanzierung und damit verbundene Reformerfordernisse bleiben in diesem Vorschlag ausgeklammert (insbesondere eine Transferentflechtung mit den Ländern, eine Stärkung der eigenen Steuern sowie ein Ressourcenausgleich).

Insgesamt schlagen Bauer und Mitterer die Konzipierung eines aufgabenorientierten Finanzausgleichs nach drei „Töpfen" vor. Ein Großteil der Finanzmittel wird über die Töpfe 1 und 2 mit einem Anteil von je 40 Prozent verteilt. Der Topf 3 wird mit 20 Prozent angesetzt.

- **Topf 1 – Basisaufgaben:**
  Dieser Topf stellt eine Basisfinanzierung und damit einen Großteil der grundsätzlichen finanziellen Ausstattung einer Gemeinde sicher. Aus diesem Topf wird ein Pauschalbetrag pro Kopf auf die Gemeinden verteilt.
- **Topf 2 – Sozio-ökonomische und geografisch-topografische Faktoren:**
  Auch dieser Topf trägt zur Basisfinanzierung bei, wobei jedoch ein Lastenausgleich zwischen den Gemeinden erfolgt. Der Topf 2 setzt sich aus verschiedenen Kriterien zusammen, welche wiederum mit mehreren Indikatoren gebildet werden. Die hier verwendeten Kriterien sind die Kinderbetreuungs- und Integrationslasten, die Soziallasten, die Bevölkerungsentwicklung sowie die geografisch-topografischen Lasten. Konkret: Jene Gemeinden erhalten mehr Mittel, welche beispielsweise eine überdurchschnittliche Kinderbetreuungsquote oder einen erhöhten Anteil an betreuten Kindern mit nicht-deutscher Erstsprache aufweisen.
- **Topf 3 – Zentralörtliche Funktion:**
  Mittel aus diesem Topf kommen nur jenen Gemeinden zugute, welche auch zentralörtliche Funktionen erbringen (etwa regionale Versorgungsleistungen im Bildungs-, Gesundheits- oder Freizeitbereich).

---

9   Bauer; Mitterer: Gemeinde-Finanzausgleich, 2009.

Die Finanzmittel innerhalb der Töpfe werden überwiegend anhand von Pauschalbeträgen (im Topf 1) sowie nach aufgabenorientierten Indikatoren (im Topf 2) verteilt.

Nachfolgende Tabelle gibt eine Übersicht über die verwendeten Indikatoren.

Tabelle 1: Gewichtung der Töpfe und aufgabenorientierte Indikatoren

Kriterium	Indikatoren	Verteilungsgrundlage	Gewichtung Töpfe
Topf 1 Basisaufgaben			
1A Basisaufgaben		pro EinwohnerIn	40%
Topf 2 sozio-demografische und geografisch-topografische Aufgabenlasten			
2A Kinderbetreuungs- und Integrationslasten	2Aa Anzahl 5-19-Jährige	pro Person	40%
	2Ab betreute Kinder mit nicht-deutscher Muttersprache	pro betreutem Kind	
	2Ac betreute Kinder 0-5 Jahre	pro betreutem Kind	
2B Soziallasten	2Ba Anzahl Mindestsicherung-BezieherInnen	pro Mindestsicherung-BezieherIn	
	2Bb Anzahl über 75-Jährige	pro über 75-Jährigem	
2C Bevölkerungsentwicklung	2Ca Bev. Entwicklung	5 Pauschalwerte pro EinwohnerIn - je nach Quintil	
2D geografisch-topografische Lasten	2Da Siedlungsdichte	5 Pauschalwerte pro EinwohnerIn - je nach Quintil	
	2Db Seehöhe	pro EinwohnerIn im 5. Quintil	
Topf 3 Lasten aus der zentralörtlichen Funktion			
3A Zentralörtliche Funktion	alternative Varianten: .) Stufe der Zentralörtlichkeit .) Bundes-, Landes- und Bezirkshauptstadtfunktion sowie Statutarstädte .) Indikator auf Basis der entgangenen Kommunalsteuer	alternativ: .) pro EinwohnerIn .) gemäß Schlüssel entgangener Kommunalsteuer	20%

Quelle: Bauer; Mitterer: Kriterien für einen aufgabenorientierten Gemeinde-Finanzausgleich, 2009, S. 46.

3.2 Mögliche Indikatoren: Verstärkte Aufgabenorientierung (2010)[10]

Im Jahr 2010 beauftragte das Bundesministerium für Finanzen die Institutionen IHS, KDZ und die TU Wien mit der Studie „Verstärkte Aufgabenorientierung". Ziel war es insbesondere, geeignete aufgabenorientierte Indikatoren auf Länder- und Gemeindeebene zu identifizieren.

Grundprämisse dieser Studie war, dass eine verstärkte Aufgabenorientierung nur einen Teil der finanziellen Ausstattung bei Berücksichtigung der Aufgaben von Ländern und Gemeinden zueinander ausgleichen kann. Unterschiede auf der Einnahmenseite müssten dementsprechend durch einen ergänzenden Ressourcenausgleich verringert werden.

Auf Gemeindeebene wurde untersucht, inwiefern sich die Pro-Kopf-Ausgaben einzelner Gemeinden nach Größenklassen voneinander unterscheiden und inwieweit eigene Verursachungsgrößen für die Ausgabenentwicklung verantwortlich sind. Es wurden zahlreiche Aufgabenbereiche identifiziert, in welchen eine aufgabenorientierte Verteilung möglich wäre

---

10 Bauer et al.: Verstärkte Aufgabenorientierung, 2010.

(in den Bereichen Hoheitsverwaltung/allgemeine Verwaltung, Bildung, Kultur, Soziale Sicherung, Kinderbetreuung, Gesundheit, technische Infrastruktur sowie Betriebe/Unternehmungen).

Die Aufgaben wurden in Basisaufgaben, für welche die finanziellen Mittel auf Basis der Volkszahl zugeteilt werden, und Sonderlasten unterteilt.

Die nachfolgenden Übersichten geben einen Überblick über die vorgeschlagenen Indikatoren für die einzelnen Aufgabenbereiche – jeweils differenziert für die Länder- und Gemeindeebene sowie differenziert nach Basisaufgaben und Sonderlasten. Neben der Volkszahl (bei den **Basisaufgaben**) wurde damit eine Vielzahl an möglichen Indikatoren (bei den **Sonderlasten**) identifiziert, die im Rahmen einer aufgabenorientierten Mittelverteilung eingesetzt werden können. Bei der Wahl der Indikatoren wurde darauf geachtet, dass deren Verwendung keine unerwünschten Reaktionen der Gebietskörperschaften auslösen.

Tabelle 2: Indikatoren zur Verteilung der Mittel auf Länderebene, 2008

Länderebene (ohne Wien)		Nettoausgaben (in Mio. Euro)	Indikatoren
A1 – Hoheitsverwaltung / allgemeine	Basisaufgabe	2.221	Volkszahl
	Sonderlast	0	-
A2 – Bildung	Basisaufgabe	277	Volkszahl
	Sonderlast	371	Anzahl der SchülerInnen in berufsbildenden Länderschulen (Aufgabenentflechtung: Berufsbildende Schulen der Gemeinden auf Länderebene)
A3 – Kultur	Basisaufgabe	111	Volkszahl
	Sonderlast	353	Gemeindegrößenklassen
A4 – Soziale Sicherung	Basisaufgabe	468	Volkszahl
	Sonderlast	1.075	Soziale Sicherung: SozialhilfeempfängerInnen (Umschichtung der Mittel der Gemeinden für Ko-finanzierung der Länderausgaben), eventuelle zusätzliche Berücksichtigung zusätzlicher Indikatoren für freie Wohlfahrt bzw. Jugendwohlfahrt
A4 – Kinderbetreuung	Basisaufgabe	0	-
	Sonderlast	370	Kinderbetreuung: Umschichtung der Mittel für Kinderbetreuung auf Gemeindeebene – Zahl der betreuten Kinder in Kinderbetreuungseinrichtungen (unterschieden nach halbtägig und ganztägig sowie die beiden Altersgruppen 0- bis 2-Jährige sowie 3- bis 5-Jährige)
A5 – Gesundheit	Basisaufgabe	1.756	Volkszahl
	Sonderlast	116	Risikoausgleich in der Krankenanstaltenfinanzierung nach Alter und Geschlecht
A6 – Technische Infrastruktur und (öffentliche) Betriebe/Unternehmungen	Basisaufgabe	61	Volkszahl
	Sonderlast	749	Straßenbau und Straßenverkehr: Siedlungsdichte, Länge des Straßennetzes in km pro Flächeneinheit im ständig bewohnten Siedlungsgebiet; Öffentlicher Verkehr: Gesonderte Erfassung der Nettolasten aller drei staatlichen Ebenen
A7 – Wohnbauförderung/ Wirtschaftsförderung	Basisaufgabe	1.234	Volkszahl
	Sonderlast	222	Ko-finanzierung der Förderung der Land- und Forstwirtschaft (Gemeinsame Agrarpolitik 2. Säule) nach Anzahl der Land- und Forstwirtschaftlichen Unternehmen Wohnbauförderung: Bevölkerungszuwachs, eventuell Indikatoren für sozial- bzw. umweltpolitische Kriterien
Summe	Basisaufgabe	6.129	Volkszahl
	Sonderlast	3.256	Andere Indikatoren
Gesamtsumme		**9.386**	

Quelle: Bauer et al.: Verstärkte Aufgabenorientierung, 2010, S. 149.

Tabelle 3: Indikatoren zur Verteilung der Mittel auf Gemeindeebene, 2008

Gemeindeebene (ohne Wien)		Nettoausgaben (in Mio. Euro)	Indikatoren
A1 – Hoheitsverwaltung/	Basisaufgabe	1.510	Volkszahl
	Sonderlast	402	Gemeindegrößenklassen, Anzahl PensionistInnen
A2 – Bildung	Basisaufgabe	0	Volkszahl
	Sonderlast	1.009	Bevölkerung der 6- bis 14-Jährigen, Bevölkerungsdichte, Höhe (Aufgabenentflechtung: Allgemeinbildende Schulen auf Länderebene zur Gemeindeebene), Gemeindegrößenklassen
A3 – Kultur	Basisaufgabe	129	Volkszahl
	Sonderlast	226	Gemeindegrößenklassen
A4 – Soziale Sicherung	Basisaufgabe	0	Volkszahl
	Sonderlast	1.216	Umschichtung der Mittel der Gemeinden für Ko-Finanzierung der Länderausgaben, restliche Gemeindemittel nach EmpfängerInnen spezifisch kommunaler Sozialhilfe
A4 – Kinderbetreuung	Basisaufgabe	0	Volkszahl
	Sonderlast	386	Zahl der betreuten Kinder in Kinderbetreuungseinrichtungen (unterschieden nach halbtägig und ganztägig sowie die beiden Altersgruppen 0- bis 2-Jährige sowie 3- bis 5-Jährige)
A5 – Gesundheit	Basisaufgabe	823	Aufgabenentflechtung in der Krankenanstaltenfinanzierung und Umverteilung der entsprechenden Mittel
	Sonderlast	46	Gemeindegrößenklassen
A6 – Technische Infrastruktur und (öffentliche) Betriebe/ Unternehmungen	Basisaufgabe	204	Volkszahl
	Sonderlast	1.045	Straßenbau und Straßenverkehr: Mischung aus Bevölkerungszahl und Siedlungsdichte, eventuell Zuschläge für oberes und unteres Quintil der Siedlungsdichte; Öffentlicher Verkehr: Gesonderte Erfassung der Nettolasten aller drei staatlichen Ebenen; Öffentliche und betriebsähnliche Einrichtungen: Zwei mögliche Indikatoren: 1) Pro-Kopf-Betrag je Empfänger städtischer Sozialleistungen, 2) Pro-Kopf-Betrag pro Begünstigten von öffentlichen Einrichtungen und Sozialwohnungen
A7 – Wohnbauförderung /	Basisaufgabe	220	Volkszahl
	Sonderlast	0	-
Summe	Basisaufgabe	2.887	Volkszahl
	Sonderlast	4.330	Andere Indikatoren
Gesamtsumme		7.217	

Quelle: Bauer et al.: Grundsätzliche Reform des Finanzausgleichs: Verstärkte Aufgabenorientierung, 2010, S. 150.

Die genannten Vorschläge für Indikatoren wurden um Vorschläge zur Aufgabenentflechtung ergänzt. Demgemäß sollen Ko-Finanzierungen aufgelöst und eine Deckung der Aufgaben- und Finanzierungsverantwortung erreicht werden. So sollen die folgenden Ko-Finanzierungen entfallen:

- Länder: Allgemeinbildende Schulen und Kinderbetreuung (sollte auf der Gemeindeebene gebündelt werden),
- Gemeinden: Berufsbildende Schulen, Sozialhilfe und Krankenanstalten (sollte auf der Länderebene gebündelt werden).

Weiters wird darauf verwiesen, dass neben dem fiskalischen Ausgleich auf der Ausgabenseite auch der Ausgleich auf der Einnahmenseite von Bedeutung ist. Das trifft in erster Linie nur auf die Gemeindeebene zu, da die Länder kaum eigene Steuern einheben. Nur mit einer Kombination der beiden Elemente Ressourcenausgleich und Lastenausgleich kann dem teils erheblichen Unterschied auf der Kommunalebene begegnet werden.

3.3 Lastenausgleich als Teil einer Reform des Gemeinde-Finanzausgleichs (2014)[11]

Die Studie „Reform des Gemeinde-Finanzausgleichs" beschäftigte sich nicht nur mit der Aufgabenorientierung, sondern skizziert einen ganzheitlichen Reformansatz für den Gemeinde-Finanzausgleich, in welchem die Aufgabenorientierung einen wesentlichen Platz einnimmt. Sie gibt darüber Auskunft, wie Aufgabenorientierung auf Gemeindeebene in ein reformiertes Finanzausgleichsmodell eingebunden werden kann. Grundprämisse des Reformmodells war, den unterschiedlichen Aufgabennotwendigkeiten und verschiedenen Rahmenbedingungen der einzelnen Gemeinden gerecht zu werden.

Das Modell (Abbildung 1) sieht eine **Basisfinanzierung** vor, womit eine grundsätzliche finanzielle Mindestausstattung der Gemeinden gesichert werden soll. Mit dem **Lastenausgleich** soll auf verschiedene besondere Aufgabenbedarfe aufgrund unterschiedlicher externer Rahmenbedingungen (z. B. sozio-demografische oder geografisch-topografische Rahmenbedingungen, zentralörtliche Funktion) reagiert werden. Der **Ressourcenausgleich** soll finanzschwächere Gemeinden stärken und von finanzkräftigeren Gemeinden Mittel abschöpfen. Der Bereich der weiteren Aspekte ist als offene Kategorie zu sehen, deren Ausgestaltung in hohem Maße auch von der definierten **Zielsetzung** des Finanzausgleichs abhängen wird.

Abbildung 1: Elemente eines reformierten Gemeinde-Finanzausgleichs

Gemeinsame und transparente Zielsetzung		
	Bundesweite Regelung	**Bundesländerinterne Finanzausgleiche**
Basis-finanzierung	Ertragsanteile pro Kopf, Stärkung eigene Steuern, Reform Gebühren/Entgelte	-
Lasten-ausgleich	Aufgabenorientierte Ertragsanteile	Förderwesen mit verstärktem Aufgabenbezug – nicht zur Dauerfinanzierung
Ressourcen-ausgleich	Reformierter Ressourcenausgleich	Entfall Umlagen (Abtausch mit Bedarfszuweisungsmitteln bzw. Ertragsanteilen)
Weitere Aspekte	Einheitliche Zielvorgabe für sekundären und tertiären Finanzausgleich	Förderwesen mit z.B. Anreizsystem, Einbezug regionale Perspektive, Konsolidierungsziele

Quelle: Mitterer et al.: Aufgabenerfordernisse und Mittelverteilung im Gemeinde-Finanzausgleich, 2014, S. 13.

---

11 Mitterer et al.: Aufgabenerfordernisse, 2014.

Damit stellt die Aufgabenorientierung v. a. über den Lastenausgleich ein wesentliches Element des Gemeinde-Finanzausgleichs dar. Es sollte einerseits eine aufgabenorientierte Mittelverteilung der Ertragsanteile erfolgen (beispielsweise nach dem oben ausgeführten Vorschlag zum Aufgabenorientierten Gemeinde-Finanzausgleich nach Bauer; Mitterer 2009). Andererseits sollten auch in den bundesländerinternen Finanzausgleichen aufgabenorientierte Elemente zu finden sein, indem das Förderwesen einen verstärkten Aufgabenbezug aufweisen sollte – insbesondere im Rahmen einer Anschubfinanzierung.

3.4 Aufgabenorientierter Finanzausgleich am Beispiel der Elementarbildung (2015)[12]

Im Gegensatz zum vorherigen Ansatz bezieht sich diese Studie auf die Aufgabenorientierung in einem speziellen Aufgabenbereich. Hierbei wird über die Verteilung der Ertragsanteile im primären Finanzausgleich hinausgegangen, indem eine gesamtheitliche Betrachtung inkl. Transferbeziehungen berücksichtigt wird.

Zentral ist eine Auflösung der Aufgaben- und Finanzierungsverflechtungen. Dies bedeutet, dass die laufenden Transferzahlungen der Länder an die Gemeinden im Kinderbetreuungsbereich in diesem Vorschlag entfallen würden. Im Gegenzug wäre ein Abtausch von Ertragsanteilen zwischen Ländern und Gemeinden – im Rahmen der Oberverteilung der Ertragsanteilsverteilung – notwendig.

Das Modell sieht grundsätzlich getrennte Instrumente für die laufende Finanzierung sowie programmatische Förderungen des Kinderbetreuungsbereiches vor. Zur **laufenden Finanzierung** ist eine aufgabenorientierte Mittelverteilung über bundesweit einheitliche Regelungen im Rahmen der Ertragsanteilsverteilung vorgesehen, wobei eine Kostendeckung der laufenden Ausgaben von rund 50 Prozent angenommen wird. Hierzu wurden verschiedene Indikatoren definiert, näher analysiert und darauf basierend ein Modell für eine aufgabenorientierte Mittelverteilung konzipiert. Der verbleibende Zuschussbedarf ist über eigene Steuern und sonstige Ertragsanteile zu decken.

Ergänzend zur laufenden Finanzierung sind **programmatische Förderungen** seitens des Bundes und/oder des Landes vorgesehen. Diese sollten einen klaren Aufgaben- bzw. Wirkungsbezug (z. B. Ausbauprogramm) aufweisen. Dementsprechend bedarf es einer Zielformulierung und -evaluierung.

Zur Verteilung der laufenden aufgabenorientierten Mittel wurden **fünf Varianten** mit unterschiedlichem Komplexitätsgrad erstellt. In der Variante 1 erfolgt die Mittelverteilung nach der Anzahl der betreuten Kinder in zwei Altersstufen. In den weiteren Varianten wird zusätzlich auch berücksichtigt, ob die Kinder ganztags oder halbtags betreut werden. Ab der Variante 3 werden auch weitere Leistungsaspekte berücksichtigt, wie Öffnungsstunden, Schließtage und Kinder mit nicht-deutscher Erstsprache.

---

12 Mitterer; Haindl: Aufgabenorientierter Finanzausgleich, 2015.

Tabelle 4: Überblick über die Varianten

Varianten	Beschreibung
Variante 1	Diese Basisvariante umfasst zwei Indikatoren: Betreute Kinder differenziert nach Alter (0 bis 2 Jahre, 3 bis 5 Jahre).
Variante 2	Über die Variante 1 hinausgehend wird auch die Betreuungsdauer (halbtags, ganztags) berücksichtigt.
Variante 3	Ergänzend zur Variante 2 werden auch die Öffnungsstunden und Schließtage integriert.
Variante 4	Diese Variante entspricht der Variante 3. Es besteht jedoch ein geändertes Gewichtungsverhältnis, da den Indikatoren Öffnungsstunden und Schließtage ein stärkeres Gewicht gegeben wird.
Variante 5	Hier wird die Variante 4 um den Indikator nicht-deutsche Erstsprache erweitert.

Quelle: Mitterer; Haindl: Aufgabenorientierter Finanzausgleich am Beispiel der Elementarbildung, 2015, S. 89.

Zur Verknüpfung der laufenden aufgabenorientierten Mittelverteilung mit dem aktuellen Finanzausgleichssystem wurden **drei Versionen** berechnet. In den Versionen A und B erfolgt ein Abtausch der laufenden Förderungen der Länder an die Gemeinden im elementaren Bildungs- und Betreuungsbereich gegen Ertragsanteile. Während in der Version A neben den abgetauschten zusätzlichen Ertragsanteilen Mittel aus der Verteilungsmasse nach dem abgestuften Bevölkerungsschlüssel (aBS) abgezogen werden, wird in der Version B zusätzlich der Getränke- und Werbesteuerausgleich[13] für die aufgabenorientierte Mittelverteilung verwendet. In der Version C erfolgt keine Aufgabenentflechtung, wodurch sich auch der Zuschussbedarf gegenüber den Versionen A und B reduziert. Die aufgabenorientierten Mittel verringern in der Version C den ABS.

Tabelle 5: Versionen gemäß Modellrechnung – Integration in das aktuelle Finanzausgleichssystem

Versionen	Beziehung zwischen Ländern und Gemeinden	Verwendete Mittel	Volumen
Version A	Auflösen der Finanzierungsverflechtungen durch Entfall der lfd. Zuschüsse der Länder an die Gemeinden;	Abgetauschte Ertragsanteilsmittel (ehemalige lfd. Transfers der Länder an die Gemeinden) sowie abgestufter Bevölkerungsschlüssel	1 Mrd. Euro
Version B	Abtausch der Ertragsanteile zwischen Ländern und Gemeinden	Abgetauschte Ertragsanteilsmittel (ehemalige lfd. Transfers der Länder an die Gemeinden) sowie Getränke- und Werbesteuerausgleich	914 Mio. Euro
Version C	keine Änderung	Abgestufter Bevölkerungsschlüssel	580 Mio. Euro

Quelle: Mitterer; Haindl: Aufgabenorientierter Finanzausgleich am Beispiel der Elementarbildung, 2015, S. 105.

Damit würde dieses Modell auch zu grundsätzlichen Veränderungen in der Finanzierung des Kinderbetreuungsbereiches und veränderten Rollenverteilungen führen (Abbildung 2). Konsequenterweise sind dann die Gemeinden überwiegend für die laufende Finanzierung verantwortlich. Die

---

13 Ein Abtausch mit dem Getränke- und Werbesteuerausgleich wurde vorgeschlagen, da es sich hierbei um historischen Regelungen – und damit um Übergangsregelungen – handelt.

Länder hingegen würden sich aus der laufenden Finanzierung großteils zurückziehen (Entfall der laufenden Zuschüsse vom Land an die Gemeinden).

Es wird jedoch vorgeschlagen, dass die Feinsteuerung der laufenden Finanzierung bei den Ländern verbleibt. So sind ergänzende Förderungen der Länder möglich und sinnvoll, beispielsweise für Kleinstgruppen in stark peripheren Gebieten oder für Gemeinden mit besonders starken Bevölkerungszuwächsen oder -rückgängen. Weiters verbleiben wesentliche Aufgaben der Länder hinsichtlich Gesetzgebung und der Planungs- und Steuerungsfunktion durch die Änderung im Finanzausgleich unberührt. Der Bund stellt die Mittel im Rahmen der Ertragsanteilsverteilung zur Verfügung.

Bei den programmatischen Förderungen treten die Gemeinden als Fördernehmer, der Bund (oder alternativ die Länder) als Fördergeber auf. Sowohl die laufende Finanzierung als auch die programmatische Förderung basieren idealerweise auf gemeinsamen und transparenten Zielsetzungen.

Abbildung 2: Mögliche zukünftige Rollen der Gebietskörperschaften in der Finanzierung der vorschulischen Kinderbetreuung

	Gemeinsame und transparente Zielsetzung	
	Laufende Finanzierung	Programmatische Förderung
Gemeinden	❖ Verantwortung für die lfd. Finanzierung (höhere Ertragsanteile bei gleichzeitigem Entfall der laufenden Zuschüsse vom Land)	❖ Fördernehmer ❖ Mitgestaltung der gemeinsamen Zielsetzung
Länder	❖ Förderung gesonderter Schwerpunkte z.B. Interkommunale Zusammenarbeit, Kleinstgruppen in stark peripheren Gebieten, Gemeinden mit Bevölkerungszuwächsen oder -rückgängen ❖ Planung und Steuerung z.B. Bedarfserhebung, Koordination	❖ Fördergeber (alternativ oder gemeinsam Bund/Länder) ❖ Zeitlich befristete Zielsetzungen (z.B. Ausbau Plätze 0-2 Jahre, Ausbau Ganztagsplätze 3-5 Jahre, Anschubfinanzierung Interkommunale Zusammenarbeit);
Bund	❖ Aufgabenorientierte Verteilung der Ertragsanteile	

Quelle: Mitterer; Haindl: Aufgabenorientierter Finanzausgleich am Beispiel der Elementarbildung, 2015, S. 157.

3.5 Bestimmung der regionalen Versorgungsfunktion von Gemeinden (2016)[14]

Die regionale Versorgungsfunktion von zentralen Orten besteht in der Erfüllung gewisser Leistungen und der Bereitstellung bestimmter Angebote für umliegende Gemeinden oder Regionen, die in vielen Fällen nicht oder nur unvollständig durch die Nutzerinnen und Nutzer finanziert sind, was zu einer fehlenden fiskalischen Äquivalenz führt (räumliche **Spillover**-Effekte).

Um eine Abgeltung der regionalen Versorgungsfunktion über den Finanzausgleich zu ermöglichen, erfolgte im Rahmen dieser Studie die Entwicklung der Grundlagen für ein Schema zur Bewertung der regionalen Versorgungsfunktion von Gemeinden und Städten. Hierzu wurden jene Aufgabenfelder identifiziert, in welchen eine Verletzung des **Äquivalenzprinzips** aufgrund der regionalen Versorgungsfunktion am ehesten zu erwarten ist und es wurden mögliche Indikatoren zur Abgeltung im (primären) Finanzausgleich vorgeschlagen.

Das gesamte Aufgabenspektrum der Gemeinden wurde zu 45 möglichst homogenen Aufgabenfeldern zusammengefasst und mithilfe einer Reihe von Kriterien hinsichtlich ihrer Bedeutung als „regionale Versorgungsfunktion" bewertet. Hierbei wurden insbesondere institutionelle Rahmenbedingungen (z. B. Gesetzgebungskompetenz, Finanzierungsverantwortung, Ausmaß der öffentlichen bzw. privaten Leistungserbringung), räumliche Effekte (vor allem Reichweite des Leistungsangebotes) sowie die finanzielle Relevanz für Gemeinden berücksichtigt (u. a. Ausmaß der Nutzer- und Ko-Finanzierung, Relevanz und Diversität der Brutto- bzw. Nettoausgabenlasten der kommunalen Aufgabenerfüllung).

Die Bewertung wurde in weiterer Folge auf Aufgaben mit zumindest überörtlicher Reichweite, einer zumindest anteiligen Finanzierungsverantwortung der Gemeinden und einer nicht ausschließlich privaten Leistungserbringung beschränkt. Die Aufgabenfelder wurden mithilfe eines Punkteschemas umso höher bewertet, je stärker der zusätzliche Finanzierungsdarf aus allgemeinen Haushaltsmitteln aufgrund von Spillover-Effekten einzuschätzen ist (unter den derzeitigen rechtlichen und institutionellen Rahmenbedingungen). Auf diese Weise wurden rund zwanzig Aufgabenbereiche bestimmt, bei welchen eine Abgeltung regionaler Spillovers über den Finanzausgleich notwendig erscheint.

---

14 Mitterer et al.: Versorgungsfunktion von Gemeinden, 2016.

Tabelle 6: Gesamtbewertung und Reihung relevanter Aufgabenfelder nach der Eignung für eine aufgabenorientierte Abgeltung von Spillover-Effekten im Finanzausgleich

Aufgabenfelder	Hauptkriterien hinsichtlich Verletzung fiskalischer Äquivalenz			Gesamtbewertung I
	I. Reichweite des Angebotes	II. Direkte Nutzer- und Ko-Finanzierung	III. gemeindefiskalische Relevanz	
Krankenanstalten	4,0	3,5	3,8	3,8
Tourismus	5,0	2,5	3,5	3,7
Feuerwehrwesen, Katastrophen- und Zivilschutz	2,0	4,0	4,8	3,6
Umwelt- und Naturschutz	4,0	3,5	3,3	3,6
Erholungsflächen	3,0	4,5	3,0	3,5
Tertiäre Bildung und Forschungseinrichtungen	5,0	3,5	2,0	3,5
Innerörtlicher öffentlicher Verkehr	3,0	4,0	3,5	3,5
Straßenverkehrsinfrastruktur	3,0	3,0	4,3	3,4
Grundversorgende Kunst-, Kultur- und Kultuseinrichtungen	2,0	4,5	3,5	3,3
Soziale Einrichtungen	2,0	4,0	4,0	3,3
Allgemeine Sport- und Freizeiteinrichtungen	2,0	4,0	4,0	3,3
öffentlicher Regional- und	5,0	2,5	2,3	3,3
Pflege und Betreuung	2,0	3,5	4,3	3,3
Sonstiger Pflichtschulbereich	2,0	3,0	4,3	3,1
Kulturelle Einrichtungen und Veranstaltungen mit nationaler oder internationaler Bedeutung	5,0	2,5	1,8	3,1
Sonstige außerschulische Bildung	3,0	3,0	3,0	3,0
Spezialisierte Sport- und Freizeiteinrichtungen	3,0	3,0	3,0	3,0
Übergeordnete Kunst- und Kultureinrichtungen	4,0	3,0	2,0	3,0
Rettungswesen und Krankentransport	3,0	4,0	2,0	3,0
Information und (Tele-) Kommunikation	4,0	2,0	1,8	2,6

Anmerkung: Die Punktebewertung der „Gesamtbewertung I" stellt die Durchschnittspunkte aus einer Vielzahl von Einzelindikatoren, die in der Tabelle in drei Gruppen (I. bis III.) als wesentliche Elemente der „fiskalischen Äquivalenz" bewertet werden, dar, wobei der Wert 5 eine vollständige Verletzung der fiskalischen Äquivalenz, und der Wert 1 eine vollständige Berücksichtigung der fiskalischen Äquivalenz ausdrückt.
Quelle: Mitterer et al.: Bestimmung der regionalen Versorgungsfunktion von Gemeinden, 2016, S. 45.

Darauf basierend wurden auf Grundlage verfügbarer statistischer Daten mögliche Indikatoren für die Abgeltung der regionalen Versorgungsfunktion im Finanzausgleich erörtert. Da nicht alle möglichen bzw. notwendigen Indikatoren sämtliche Anforderungen (z. B. sofortige Verfügbarkeit, Aussagekraft) im Hinblick auf eine rechtlich und organisatorisch gesicherte Umsetzung im Finanzausgleichsgesetz erfüllen können, bedarf es einer entsprechenden Priorisierung. Daher wurden zwei alternative Ansätze entwickelt:

- **Aufgabenspezifische Indikatoren**: Für einzelne Aufgabenfelder werden unabhängig von der aktuellen Datenverfügbarkeit mögliche Indikatoren definiert. Für die Auswahl von aufgabenspezifischen Indikatoren

ist hier in erster Linie die Anreizkompatibilität und die Aussagekraft ausschlaggebend.
- **Zeitnah umsetzbare Stellvertreter-Indikatoren**: Bei diesem Indikatoren-Vorschlag steht die zeitlich mittelfristige Umsetzbarkeit im Fokus. Es wird dabei auf leicht verfügbare Indikatoren abgestellt, die jeweils für mehrere Aufgabenfelder gelten.

Während der erste Ansatz verstärkt auf einzelne Aufgabenfelder eingeht und daher eine ausreichende Differenzierung der Gemeinden ermöglicht, wird beim zweiten Ansatz für die „pragmatischen" Stellvertreter-Indikatoren nur eine Auswahl bestehender statistischer Daten mit geringerem Aufgabenbezug herangezogen. Der erste Ansatz mit aufgabenspezifischen Indikatoren ist nur mittel- bis langfristig umsetzbar, da hier noch zahlreiche Datenerhebungen notwendig wären. Hingegen wurden mit den Stellvertreter-Indikatoren grundsätzlich Indikatoren ausgewählt, die sofort verfügbar sind.

Die Bewertung der einzelnen Aufgabenfelder und die Empfehlungen für mögliche Indikatoren bilden die Basis für ein noch zu erarbeitendes Modell zur Abgeltung der regionalen Versorgungsfunktion im Rahmen des horizontalen Finanzausgleichs. Dafür bedarf es jedoch noch zahlreicher weiterer Konkretisierungen, beispielsweise hinsichtlich der Positionierung des Moduls zur regionalen Versorgungsfunktion im gesamten Finanzausgleichssystem und zu anderen geplanten Verteilungsschritten.

In weiterer Folge wurden zwei Ausgestaltungsmöglichkeiten eines Modells zur Abgeltung der regionalen Versorgungsfunktion näher ausgeführt. Das Modell der Gemeindetypisierung weist mithilfe von Indikatoren jeder Gemeinde einen bestimmten Grad an regionaler Versorgungsfunktion zu. Je höher der Versorgungsgrad ist, desto umfangreicher sollte die finanzielle Abgeltung sein. Beim Modell mit Stellvertreter-Indikatoren erfolgt die Mittelverteilung anhand einzelner ausgewählter Stellvertreter-Indikatoren. Die Mittel sollten nach dem entsprechenden Indikatorwert (z. B. Betrag je Leistungseinheit) vergeben werden.

4. Entwicklungsperspektiven

In weiterer Folge stellt sich die Frage, inwieweit die mit dem FAG 2017 gesetzten ersten Schritte zur Aufgabenorientierung tatsächlich einen Reformschub in Richtung Aufgabenorientierung setzen können. Neben einer kritischen Betrachtung der Neuerungen zum FAG 2017 werden nachfolgend insbesondere auch Handlungsperspektiven diskutiert.

4.1 Aufgabenorientierung im FAG 2017

Mit dem FAG 2017 wurde erstmals der Begriff der Aufgabenorientierung im Finanzausgleichsgesetz integriert. Es wird festgelegt, dass ein Teil der Gemeinde-Ertragsanteile in den Pilotbereichen Elementarbildung und Pflichtschule aufgabenorientiert verteilt werden soll. Sowohl die Höhe der aufgabenorientierten Ertragsanteile als auch die konkreten Parameter selbst werden jedoch erst 2018 bzw. 2019 festgelegt sein. Ab dem Jahr 2020 könnten weitere Aufgabenbereiche folgen.[15]

Die Neuerungen zur Aufgabenorientierung beschränken sich damit auf die Gemeindeebene. Auf Länderebene wurde keine aufgabenorientierte Mittelverteilung vorgesehen. Es sei an dieser Stelle jedoch auf mehrere Maßnahmen mit aufgabenorientierter Wirkung in Zusammenhang mit dem Paktum zum Finanzausgleichsgesetz hingewiesen. Wie bereits in den Vorperioden ist auch mit den zuletzt abgeschlossenen Finanzausgleichsverhandlungen eine Tendenz zur Herauslösung einzelner Aufgaben aus der allgemeinen Ertragsanteilsverteilung erkennbar. Zu nennen sind hier bereits seit vielen Perioden die Verhandlungen zur Finanzierung und Organisation des Krankenanstaltenbereichs. Weitere Beispiele sind der Pflegefonds oder die Ausbauprogramme im Kinderbetreuungsbereich.

Mit dem **Paktum** zum FAG 2017 wurden insbesondere die folgenden Aufgabenbereiche herausgegriffen:[16]

- Knüpfung der Wohnbauförderung an die Erstellung von Wohnbauprogrammen mit einer verbindlichen Wohnbauleistung;
- Weiterführung der Siedlungswasserwirtschaft;
- Einrichtung von Eisenbahnkreuzungsfonds zwecks Ko-Finanzierung von Investitionen von Gemeinden in Eisenbahnkreuzungen;
- Schaffen eines Strukturfonds zur Stärkung strukturschwacher, von Abwanderung betroffener Gebiete;
- Normierung eines Klimaschutzkoordinations- und Klimaschutzverantwortlichkeitsmechanismus;
- Einrichten von Kostendämpfungspfaden in den Bereichen Gesundheit und Soziales zur Reduzierung der Ausgabendynamik;
- Einführung von Spending Reviews zur näheren Analyse einzelner Aufgabenbereiche.

Hingegen blieb eine aufgabenorientierte Mittelverteilung im Bereich der horizontalen Verteilung im Rahmen der Ertragsanteile in den Vorperioden noch unberücksichtigt. So kommt es seit mehreren Finanzausgleichsperioden zu einer Abflachung des abgestuften Bevölkerungsschlüssels, welchem zumindest ein gewisser aufgabenorientierte Bezug zugeordnet werden kann. Damit verlor die Mittelzuteilung jedoch kontinuierlich an Differenzierung. Diese Entwicklung dürfte nun mit dem FAG 2017 gestoppt worden sein, da keine weitere Abflachung erfolgte.

Stattdessen wurde im Rahmen der Abgeltung der regionalen Versorgungsfunktion[17] über einen treffsicheren aufgabenorientierten Ersatz des abgestuften Bevölkerungsschlüssels diskutiert. Noch offen ist, ein Modell zum Ausgleich der regionalen Versorgungsleistungen von Gemeinden konkret auszugestalten, Umsetzungsmöglichkeiten zu diskutieren und mit anderen Reformelementen des Finanzausgleichs abzustimmen.

---

15 Siehe hierzu den Beitrag von Kremser; Sturmlechner; Wolfsberger: „Paktum zum FAG 2017" im vorliegenden Band.
16 Siehe Anhang.
17 Siehe hierzu das Kapitel 2.4 im vorliegenden Beitrag bzw. vgl. Mitterer et al.: Versorgungsfunktion von Gemeinden, 2016.

Mit dem FAG 2017 erfolgte auch eine massive Reduzierung der Verteilungskriterien bei der Ertragsanteilsverteilung. So entfielen bisherige Regelungen, wie beispielsweise der Getränkesteuerausgleich oder der Ressourcenausgleich. So sehr der Entfall dieser historischen Regelungen auch notwendig war[18], sinkt dennoch die Differenzierung zwischen den Gemeinden weiter. Die nun erfolgte radikale Vereinfachung der Gemeinde-Ertragsanteilsverteilung ist dennoch im Lichte der Transparenz und Nachvollziehbarkeit der Mittelverteilung positiv einzuschätzen und ist damit als Ausgangsbasis für einen neu aufzubauenden Finanzausgleich geeignet. Nun gilt es schrittweise die Differenzierung im Sinne eines klaren Aufgabenbezuges zu erhöhen.

4.2 Grundkonzept der Aufgabenorientierung

Für eine erfolgreiche Umsetzung wäre nun zu klären, welches Ziel mit der stärkeren Aufgabenorientierung verfolgt werden soll. Die genannten Pilotprojekte zur Aufgabenorientierung sind ein wichtiger Schritt und ein starkes **politisches Bekenntnis**. Dennoch sollte vorab geklärt werden, welche politische Zielrichtung in weiterer Folge verfolgt werden soll. Das bisherige Pilotprojekt lässt eine nur punktuelle Maßnahme erkennen. Eine **Gesamtkonzeption** der Aufgabenorientierung hingegen unterbleibt. Grundsätzliche Fragen zum Finanzausgleich, wie beispielsweise das Ausmaß des Ausgleiches zwischen den Gemeinden oder zum Verhältnis zwischen Ressourcen- und Lastenausgleich, bleiben offen.

Es wurde nicht geklärt, wie die Aufgabenorientierung mittelfristig in den Finanzausgleich integriert werden soll. Der mit den Pilotprojekten gestartete grundsätzlich analytische Zugang lässt sich nicht beliebig weiterführen. Der Bereich der Elementarbildung ermöglicht aufgrund der bestehenden guten Datenbasis eine vergleichsweise gute Verknüpfung von Aufgabe und Mittelbedarf. Auch im Bereich der Pflichtschule sollte dies noch möglich sein. Das Aufgabenspektrum der Gemeinden ist jedoch deutlich weiter gefasst. Eine direkte Zuordnung von Indikatoren ist in mehreren Aufgabenbereichen nicht möglich und wohl auch nicht sinnvoll – man denke hier beispielsweise an den Freizeit- oder Kulturbereich. Auch muss bedacht werden, dass die Komplexität der Mittelverteilung mit jedem zusätzlichen Aufgabenbereich – und damit verbundenen neuen Indikatoren – weiter ansteigt.

Insofern sollte verstärkt auf verschiedene Rahmenbedingungen abgestellt und ein „**Stellvertreter-Konzept**" entwickelt werden.[19] Bei diesem Konzept – im Vergleich zum Standardkosten-Konzept – wird schwerpunktmäßig auf die unterschiedlichen Rahmenbedingungen der Gemeinden abgestellt (z. B. sozio-demografisch, topo-geografisch[20]). Ziel dieses Konzeptes ist nicht eine direkte Verknüpfung der erbrachten Leistungen und der zugewiesenen Mittel, sondern die Bereitstellung einer Basisfinan-

---

18 Vgl. Sturmlechner: Vereinfachungen im Finanzausgleich, RFG 2014/4, S. 13 ff; vgl. Mitterer; Haindl: Finanzausgleichsgesetz, 2014, S. 75 ff.
19 Siehe hierzu das Unterkapitel 1 im vorliegenden Beitrag.
20 Vergleiche Unterkapitel 2.1 im vorliegenden Beitrag.

zierung in Abhängigkeit der Rahmenbedingungen. Die Komplexität wäre bei diesen Ansätzen überschaubar und die Mittel wären auf Bedarfe und nicht auf konkrete geleistete Angebote ausgerichtet.

4.3 Aufgabenorientierung im Finanzausgleichssystem

Die Ertragsanteileverteilung stellt nur einen Teil des gesamten Finanzausgleichssystems dar. Schließlich bestimmt das Zusammenspiel von Ertragsanteilen, Transfers und eigenen Abgaben die tatsächliche Mittelausstattung einer Gebietskörperschaft. Aufgabenorientierung sollte damit nicht nur ein Thema bei der Ertragsanteileverteilung sein, sondern auch bei der Ausgestaltung des gesamten Finanzausgleichssystems.

Eine ganzheitliche Betrachtung bedeutet auch die Berücksichtigung aller Gebietskörperschaftsebenen. Aufgabenorientierung im weiteren Sinne umfasst hierbei die Frage der zweckmäßigen **Aufgabenverteilung und Kompetenzzuteilung**. Ein umfassend durchgeführter Reformdiskurs zur Aufgabenorientierung sollte dabei eine stärkere Zusammenführung der Finanzierungs- und Aufgabenverantwortung als Ziel verfolgen. Ein Auflösen der vielfältigen Kompetenz- und Finanzierungsverflechtungen muss die Folge sein. Im Rahmen des vereinbarten Bundesstaatsreformprozesses wäre dies zu diskutieren.

Darüber hinaus erscheint eine Verknüpfung mit **wirkungsorientierten Zielen** notwendig. Wirkungsziele sollten zur Orientierung für alle Gebietskörperschaften dienen. Entsprechend wäre ein Entwicklungsplan zur Erreichung der Wirkungsziele notwendig, um auch die Zielerreichung überprüfen zu können. Dementsprechend bedarf es jedenfalls in Bereichen mit engen Kompetenzverflechtungen einer gemeinsam von Bund, Ländern und Gemeinden erarbeiteten Zielvereinbarung, welche den strategischen Rahmen vorgibt. In den Bundesländern sollte dann eine weitere Differenzierung in Abhängigkeit der regionalen Gegebenheiten und Zielsetzungen erfolgen.

Ohne grundlegende Aufgabenreform bewegt sich der Reformprozess auf einer anderen Ebene. Dann gilt es, vor dem Hintergrund der bestehenden Rahmenbedingungen verstärkt das bisher unterrepräsentierte Element der Aufgabenorientierung im Finanzausgleich zu integrieren. Der Ansatz über die Ertragsanteile kann dabei nur ein erster Schritt sein. In weiterer Folge bedarf es einer besseren Verschränkung im Sinne einer systemischen Reform des primären, sekundären und tertiären Finanzausgleichs. Die bundesweit einheitliche Ertragsanteileverteilung und die je nach Bundesland unterschiedlichen Transfersysteme zwischen Ländern und Gemeinden müssen daher aufeinander abgestimmt werden. Insgesamt ist dabei von allen Beteiligten auf ein Gleichgewicht zwischen Lasten- und Ressourcenausgleich zu achten.

Dementsprechend bedarf es der Skizzierung und Einigung auf einen weiteren Entwicklungspfad. Dabei sind ein ausgewogener Ausgleich der unterschiedlichen Lasten und damit eine gute Abstimmung der einzelnen aufgabenorientierten Elemente anzustreben. Hinzu kommt die Abstimmung mit anderen Finanzausgleichselementen wie etwa den Ressourcenausgleich. Die Zielsetzungen für einen aufgabenorientierten Finanzausgleich müssen ausreichend konkret sein und in weiterer Folge auch evaluiert werden.

4.4 Nächster operativer Schritt: Elementarbildung

Ungeachtet der notwendigen Festlegungen zu Zielsetzung und Ausgestaltung eines aufgabenorientierten Finanzausgleichs wird kurzfristig an der Umsetzung der Aufgabenorientierung im Bereich der Elementarbildung im Rahmen der Gemeinde-Ertragsanteile gearbeitet. Nachfolgend werden Fragestellungen ausgeführt, welche im Rahmen des Diskussionsprozesses jedenfalls geklärt werden sollten.

4.4.1 Grundsätzliche Ausrichtung des Reformprozesses

Im Zuge des Reformprozesses gilt es noch zahlreiche Fragen zu klären und es bedarf einer Einigung auf einen **Entwicklungspfad der Aufgabenorientierung**. In einem ersten Schritt muss diskutiert werden, auf welcher Ebene der Reformprozess ansetzen soll. Ein umfassender Prozess berücksichtigt dabei das Zusammenwirken verschiedener Kompetenz- und Finanzierungsverflechtungen auf allen Gebietskörperschaftsebenen. Am Beispiel der Kinderbetreuung bedeutet dies, dass insbesondere auch die Art. 15a-Vereinbarungen zum Ausbau der Kinderbetreuung sowie die Landesförderungen im Kinderbetreuungsbereich in einen Gesamtreformprozess einzubeziehen wären. Dabei sind die Zielsetzungen und die damit verfolgten Wirkungsziele der einzelnen Gebietskörperschaften aufeinander abzustimmen und die Finanzierungsströme entsprechend auszurichten.

Damit könnte ein Teil der Mittel für die laufende Finanzierung von den Ländern (dies wären die Ko-Finanzierungsregelungen der Länder) und des Bundes (Mittel der Art. 15a-Vereinbarungen) in die Ertragsanteilsverteilung der Gemeinden verschoben werden. Infolge wären die Gemeinden überwiegend für die laufende Finanzierung verantwortlich. Zweckmäßig wäre dennoch, wenn die Feinsteuerung der laufenden Finanzierung bei den Ländern verbleibt. So sind ergänzende Förderungen der Länder möglich und sinnvoll, beispielsweise für Kleinstgruppen in peripheren Gebieten oder für Gemeinden mit Bevölkerungszuwächsen oder -rückgängen.

Ergänzend zur laufenden Finanzierung bedarf es programmatischer Förderungen mit klaren Wirkungszielen. Dabei würden die Gemeinden als Fördernehmer, der Bund (oder alternativ die Länder) als Fördergeber auftreten. Sowohl die laufende Finanzierung als auch die programmatische Förderung basieren idealerweise auf gemeinsamen und transparenten Zielsetzungen.[21]

Dabei sind insbesondere politische Grundsatzentscheidungen hinsichtlich des Versorgungsgrades in der Kinderbetreuung zu treffen. Dies betrifft einerseits die Festlegung eines Mindestversorgungsgrades, andererseits

---

21 Eine konkretere Ausführung zu diesen grundlegenden Vereinfachungen können der Studie Mitterer; Haindl: Aufgabenorientierter Finanzausgleich, 2015 entnommen werden.

aber auch den Umgang mit regionalen Disparitäten. Es gilt daher, einen gesellschaftspolitischen Diskurs zu führen, welcher als Grundlage für Wirkungsziele – quer über alle Gebietskörperschaftsebenen – dienen kann.

Weiters unterscheiden sich die derzeitigen finanziellen und organisatorischen Rahmenbedingungen für die Gemeinden je nach Bundesland deutlich. Um tatsächlich in das Leistungsangebot über eine laufende aufgabenorientierte Mittelverteilung steuernd einzugreifen, bedarf es einer Annäherung der gesetzlichen Rahmenbedingungen und Förderbedingungen in den Bundesländern – selbstverständlich bei ausreichender Berücksichtigung regionaler Gestaltungsspielräume.

4.4.2 Höhe der Finanzmittel

Eine weitere wichtige Frage ist, in welcher Höhe der Zuschussbedarf im Bereich der elementaren Bildung und Betreuung über eine aufgabenorientierte Mittelverteilung ausgeglichen werden soll, und wieviel über andere Ertragsanteile und eigene Steuern. Berechnungen des KDZ[22] ergeben – unter der Annahme einer **pauschalen 50-prozentigen Abgeltung** – eine Höhe von rund 600 Mio. Euro ohne Transferreform bzw. 1 Mrd. Euro bei erfolgter Transferreform.

Es ist zu erwarten, dass es in den folgenden Jahren zu einem Fortsetzen des äußerst dynamischen Ausbaus der elementaren Bildung und Betreuung kommt und damit auch der Finanzierungsbedarf im Rahmen einer aufgabenorientierten Mittelverteilung im Rahmen der Ertragsanteileverteilung steigen wird. Hier wäre auf eine entsprechende Dynamisierung zu achten.

Die Mittel sollten in erster Linie zur finanziellen Absicherung des bestehenden Leistungsangebotes dienen und gleichzeitig auch Anreizwirkungen für einen weiteren Ausbau ermöglichen. Dies bedingt, dass auch Verschiebungen zwischen den Ländertöpfen möglich sein müssen. Mit Beginn der aufgabenorientierten Mittelverteilung sollten die Ländertöpfe im Ausmaß des tatsächlichen Leistungsangebotes gebildet werden. Länder mit höherem Leistungsangebot erhalten dann auch vergleichsweise mehr Mittel. Wird nun das Leistungsangebot in einem Bundesland mit bisher unterdurchschnittlichem Leistungsangebot verstärkt ausgebaut, muss es dann entsprechend zu Mittelverschiebungen zwischen den Ländertöpfen kommen.

4.4.3 Indikatoren

Im Rahmen einer aufgabenorientierten Finanzierung sollten die verfolgten **Wirkungsziele** im Mittelpunkt stehen (z. B. gewünschte Qualitätsparameter, Betreuungsquoten). Die gewählten Indikatoren sollten dementsprechend auch geeignet sein, diese zu fördern. Die konkrete Auswahl der Indikatoren sowie die dahinter liegende Gewichtung hängen dabei von den politischen Zielsetzungen ab.

---

22 Vgl. Mitterer; Haindl: Aufgabenorientierter Finanzausgleich, 2015.

Ein wesentliches Kriterium bei der Indikatorenauswahl ist die **Komplexität**. Mit steigender Komplexität erfolgt zwar eine exakte Aufgabenorientierung, gleichzeitig steigt jedoch der damit verbundene laufende Verwaltungsaufwand und die Transparenz der Mittelvergabe sinkt. Die Mittelausstattung über Ertragsanteile hat jedoch nicht das Ziel, bestehende Ausgabennotwendigkeiten bestmöglich abzugelten, sondern soll in erster Linie einer Basisfinanzierung der Gemeinden dienen. Ob die einzelne Gemeinde die Mittel tatsächlich für die elementare Bildung und Betreuung einsetzt oder nicht, bleibt schlussendlich in der Entscheidung der Gemeinde.

Ein weiteres Kriterium ist die **Datenverfügbarkeit**. Diese ist im Kinderbetreuungsbereich in vergleichsweise hohem Maße gegeben. So stehen verschiedene Indikatoren zur Verfügung, wie beispielsweise Anzahl der betreuten Kinder nach Alter, Öffnungszeiten oder Schließtage. Zusätzlich bestehen noch weitere Indikatoren wie VIF-Indikatoren, Betreuungsschlüssel, Gruppengröße, Ausbildung der Pädagoginnen und Pädagogen oder Kinder mit besonderem Förderbedarf.

Ebenfalls berücksichtigt werden sollte die Anreizwirkung von Indikatoren, um einen weiteren Ausbau der Kinderbetreuung – im Sinne der angestrebten Wirkungsziele – zu erreichen.

Im Zuge der Diskussionen zum Finanzausgleich hat sich die Frage gestellt, ob eine pauschalierte Mittelzuteilung pro Gruppe oder pro betreutem Kind erfolgen soll. Hierzu ist darauf zu verweisen, dass mit den Landesförderungen bereits eine Gruppenförderung besteht und damit ein wesentlicher Teil der Personalausgaben (als wesentliche Fixgröße pro Gruppe) gedeckt ist. Wenn die Ertragsanteile pro Kopf und die Landesförderungen pro Gruppe bestehen, könnte damit ein sinnvoller Mix entstehen.

Insbesondere das Effizienzargument spricht für eine stärkere Förderung pro betreutem Kind. Durch die bestehende Förderung durch die Länder je Gruppe ergibt sich, dass die Gruppengrößen zwischen den Gemeinden stark variieren und vor allem in kleineren Gemeinden auch Gruppen mit vergleichsweise wenig Kindern existieren können. Ein Umstieg der Förderung pro Gruppe auf die Förderung pro betreutem Kind würde die Effizienz insgesamt erhöhen, da die Gruppen besser ausgelastet werden (auch im Rahmen von interkommunalen Kooperationen).

4.4.4 Abgrenzung

In den Kinderbetreuungsbereich spielen auch andere Problembereiche hinein. Dies betrifft beispielsweise Gemeinden mit starken Bevölkerungsveränderungen (Infrastrukturausbau bei wachsenden Gemeinden bzw. geringere Gruppenauslastung bei schrumpfenden Gemeinden) oder Gemeinden in peripherer Lage (z. B. geringere Auslastung aufgrund unzumutbarer Anfahrtswege für Eltern und Kinder).

Eine entsprechende Berücksichtigung der hier genannten erschwerten Rahmenbedingungen ist jedoch über ein generelles aufgabenorientiertes Modell der Elementarbildung nicht machbar, da dies die Komplexität zu stark erhöhen würde. Vielmehr soll hier auf gesonderte aufgabenorientierte

Schlüssel verwiesen werden, welche beispielsweise Gemeinden mit besonders starken Bevölkerungszuwächsen oder -rückgängen oder auch Gemeinden in stark peripheren Gebieten mit Strukturproblemen im Rahmen der Ertragsanteilsverteilung berücksichtigen. Mit dem neu eingerichteten Strukturfonds wurde hier ein erster Schritt gesetzt.

5. Ausblick

Zur Umsetzung eines aufgabenorientierten Finanzausgleichs sind noch viele Aspekte zu konkretisieren. Der nun startende Pilotprozess sollte in eine Diskussion zur grundlegenden Ausrichtung eines aufgabenorientierten Finanzausgleichs eingebettet sein. Parallel bedarf es der Klärung zahlreicher Detailfragen zu einer konkreten Ausgestaltung einer aufgabenorientierten Mittelvergabe der Gemeinde-Ertragsanteile im Bereich der Elementarbildung. Zu nennen ist hier beispielsweise der Umgang mit nicht-institutionellen Betreuungsangeboten, wie beispielsweise Tageseltern. Auch das Zusammenwirken der Art. 15a-Vereinbarungen mit neuen Finanzierungsströmen im Rahmen der Ertragsanteile muss geklärt werden.

Für die Gemeindeebene ist ein möglichst einfaches und dennoch treffsicheres Gesamtkonzept zu entwickeln, welches ein ausgewogenes Verhältnis der verschiedenen Aufgabenbedarfe garantiert. Insbesondere das Thema der regionalen Versorgungsfunktion muss hierbei in nächster Zeit konkretisiert werden. Insbesondere zu klären sind weiters die bezweckten Verteilungswirkungen auf Gemeindeebene, wie beispielsweise die gewünschten Versorgungsniveaus im regionalen Bezug.

In weiterer Folge ist festzulegen, wie sich die Aufgabenorientierung im Finanzausgleichssystem weiterentwickeln soll. Aufgabenorientierung darf nicht nur auf Gemeindeebene verharren, sondern muss auch auf die anderen Gebietskörperschaftsebenen getragen werden.

Michael KLIEN, Hans PITLIK,
Margit SCHRATZENSTALLER

Einstieg in eine substantielle Stärkung der Abgabenautonomie?

1. Problemstellung

Wenn in Österreich Verhandlungen über den neuen Finanzausgleich stattfinden, so wird regelmäßig von Seiten der Wissenschaft – und bisweilen auch von der Politik selbst – die Forderung nach einer Stärkung der Abgabenautonomie der Bundesländer und Gemeinden erhoben, da bislang weder die Bundesländer noch die Gemeinden über nennenswerte steuerpolitische Entscheidungskompetenzen verfügen.[1] Im November 2016 haben sich die Finanzausgleichspartner auf einen neuen Finanzausgleich für einen Zeitraum von fünf Jahren ab dem Jahr 2017 geeinigt.[2] Neben einer Reihe von Änderungen in unterschiedlichen Bereichen des Finanzausgleichsrechts (und auch darüber hinaus) haben die Verhandlerinnen und Verhandler im neuen Pakt auch einen vorsichtigen „Einstieg in den Umstieg" bei der Steuerautonomie der Länder und Gemeinden vereinbart.

(1) Der Wohnbauförderungsbeitrag wird ab 2018 eine ausschließliche Landesabgabe mit voller Autonomie der Länder hinsichtlich des Tarifs, bei einer verbleibenden Kompetenz des Bundes bezüglich der Gestaltung der Steuerbemessungsgrundlage. Es ist allerdings keine Zweckbindung der Mittel für den Wohnbau vorgesehen.

Während dieser erste Schritt bereits eine konkrete gesetzliche Festlegung auf ein Mehr an Abgabenautonomie der Länder bedeutet, sind alle weiteren angedachten Maßnahmen bislang lediglich als Absichtserklärungen formuliert:

(2) Unter Beiziehung internationaler Expertinnen und Experten soll die Zweckmäßigkeit einer verstärkten Abgabenautonomie geprüft und eine Erweiterung der Abgabenautonomie der Länder auf weitere Steuern untersucht werden, wobei im Paktum keine Angabe gemacht wird, bis wann dies geschehen soll. Explizit genannt werden die Einkommensteuer (inklusive der Lohnsteuer), die Körperschaftsteuer und die Motorbezogene Versicherungssteuer als zu untersuchende Kandidaten. Darüber hinaus soll sich die Arbeitsgruppe mit der bestehenden Beschränkung des Abgabenfindungsrechts der Länder befassen.

(3) Von einer anderen Arbeitsgruppe soll bis Mitte 2017 die Option einer Stärkung der Abgabenautonomie der Gemeinden durch Reform der Grundsteuer diskutiert werden. Die Ertragsanteile der Gemeinden sind ebenso wie weitere bestehende Gemeindeabgaben (insbesondere Kom-

---

1   Z. B. Thöni: Steuerautonomie, 2006; Zimmermann: Steuerautonomie, 2007; Pitlik et al.: Abgabenautonomie, 2012.
2   Bundesministerium für Finanzen: Finanzausgleich, 2016.

munalsteuer) oder mögliche alternative Optionen bzw. eine Gesamtreform des kommunalen Finanzsystems hingegen nicht Gegenstand der Diskussion um eine Stärkung der kommunalen Abgabenautonomie.

(4) Zusätzlich wurden weitere Maßnahmen vereinbart, die beträchtliche Auswirkungen auf die Wirkungsweise einer verstärkten Abgabenautonomie der Länder und Gemeinden haben könnten. So könnte eine im Finanzausgleichspakt avisierte ambitionierte Bundesstaatsreform, die bis Ende 2018 auf Basis von Vorarbeiten des Österreich-Konvents vorbereitet werden soll, eine signifikante Änderung der Rahmenbedingungen einer höheren fiskalischen Autonomie von Ländern und Gemeinden mit sich bringen. Insbesondere ist von Relevanz, ob und inwieweit eine Aufgabenentflechtung und eine ökonomisch rationalere Neuordnung der Kompetenzen im Bundesstaat gelingen. Darüber hinaus wurde festgelegt, dass in Hinkunft die relative Qualität der bereitgestellten Leistungen der Gebietskörperschaften mittels verpflichtender und öffentlich zu publizierender Benchmarkings transparenter gemacht werden soll.

Die angestrebte Neugestaltung des Finanzausgleichs eröffnet mithin eine weitere politische Chance auf eine grundlegende Reform, die eine substantielle Stärkung der Steuerautonomie von Ländern und Gemeinden einschließt. Allerdings sind die wesentlichen Entscheidungen darüber, ob die subnationalen Gebietskörperschaften in Zukunft mehr abgabenpolitische Eigenverantwortung übernehmen, noch nicht endgültig getroffen.

Neben dem politischen Willen zu einem signifikanten Umbau des fiskalischen Föderalismus[3] in Österreich wird Vieles auch von den Einschätzungen der Expertinnen und Experten abhängen. Vor diesem Hintergrund werden im vorliegenden Beitrag einige grundlegende Aspekte des Ausbaus der subnationalen Steuerautonomie in Österreich diskutiert und entsprechende Optionen kurz dargestellt.

2. Zur Begründung einer Steuerautonomie der Länder und Gemeinden

2.1 Steuerautonomie, institutionelle Kongruenz und Steuerwettbewerb

Der Begriff Steuerautonomie wird in der finanz- und rechtswissenschaftlichen Literatur uneinheitlich verwendet.[4] Steuerautonomie reflektiert dabei verschiedenste Aspekte der finanzpolitischen Gestaltungsfreiheit mit Blick auf „eigene Steuern". Die Gesetzgebungshoheit umfasst zum einen die Objektkompetenz, also das Recht einer Gebietskörperschaft, ein Steuerobjekt (z. B. Einkommen, Vermögen, Konsum) mit Abgaben zu belegen. Zum anderen gehört dazu auch die Tarifkompetenz, also das Recht auf die Festsetzung der Steuersätze. Die Ertragshoheit regelt das Recht am

---

3 Nähere Ausführungen zu den Grundlagen und Problemstellungen zum Föderalismus siehe den Beitrag von Thöni; Bauer: „Föderalismus und Bundesstaat" im vorliegenden Band.
4 Z. B. OECD: Taxing Powers, 1999; Blöchliger: Measuring Decentralisation, 2013.

Aufkommen der eingehobenen Abgaben. Die Verwaltungshoheit regelt das Recht, unter Beachtung der steuerrechtlichen Vorschriften (Objekt, Tarif etc.) eine Abgabe einzuziehen. In Theorie und Praxis gibt es zahlreiche Kombinationsmöglichkeiten der Aufteilung der Steuerhoheiten auf die gebietskörperschaftlichen Ebenen. Für die ökonomischen Wirkungen erweisen sich aber Gesetzgebungskompetenzen in Kombination mit der Ertragshoheit als entscheidend. Der Umstand, dass weder die Länder noch die Gemeinden in Österreich über nennenswerte steuerpolitische Verantwortlichkeiten verfügen, wird dabei im wissenschaftlichen und zunehmend auch im politischen Diskurs problematisiert.[5]

Staaten benötigen ein Regelwerk, nach dem Aufgaben, Ausgaben und Einnahmen auf die bestehenden gebietskörperschaftlichen Ebenen aufgeteilt werden. Für eine Zentralisierung von Aufgaben spricht, dass bestimmte öffentliche Güter in großen Einheiten kostengünstiger bereitgestellt oder produziert werden können als in kleineren; man spricht in diesem Kontext von Skalenvorteilen. Außerdem wird vorgebracht, dass bei zentralisierten Kompetenzen räumliche externe Effekte der Ausgaben (Spillovers) von geringerer Relevanz seien und damit verbundene Ineffizienzen vermieden werden könnten. Der wesentliche Vorzug dezentraler Kompetenzen wird darin gesehen, dass die Politik besser an regionale Präferenzunterschiede angepasst werden kann, da auf den unteren Ebenen mehr Informationen über die konkreten Wünsche der Bevölkerung vorliegen („Bürgernähe"). Hauptsächlich wird aber vermutet, dass die Konkurrenz der Gemeinden und Länder stärkere Anreize für effizientes Wirtschaften und innovative Politiklösungen schafft. Dabei führt nach Tiebout[6] ein mobilitätsgetriebener Wettbewerb zwischen lokalen Gemeinwesen zur optimalen Kombination aus bereitgestellten öffentlichen Gütern und Steuerbelastung.

Die Zusammenführung von Ausgaben-, Finanzierungs- und Entscheidungsverantwortung in einer Hand („institutionelle Kongruenz") ist dabei eine notwendige Voraussetzung für effiziente Bereitstellungsentscheidungen und liefert gleichzeitig eine Begründung für einen föderativen Staatsaufbau. Dem Prinzip fiskalischer Äquivalenz folgend, sollten regionale und lokale Aufgaben (und Ausgaben) auf regionaler und lokaler Ebene beschlossen, finanziert und verantwortet werden, während für die Angelegenheiten nationaler Reichweite der Bund verantwortlich sein sollte. Fiskalische Äquivalenz bedeutet aber nicht nur, dass die Einheiten über eine adäquate finanzielle Ausstattung zur Erfüllung ihrer Leistungen verfügen sollen. Wesentliche Voraussetzung für die fiskalische Äquivalenz ist, dass die Gebietskörperschaften die Zuständigkeit haben, autonom über ihre Ausgaben (und damit über Art und Qualität der Aufgabenerfüllung) und ihre Einnahmen zu bestimmen.

Steuerautonomie auf der subnationalen Ebene impliziert freilich auch die Entstehung eines Wettbewerbs zwischen den lokalen/regionalen Einheiten. Das theoretische Wesensmerkmal der Steuerkonkurrenz ist die strategische Interaktion zwischen den steuerpolitischen Entscheidungsträgern: Auf Steuersenkungen einer konkurrierenden Gebietskörperschaft

---

5 Vgl. zum Folgenden etwa Pitlik et al.: Steuerhoheit, 2015, insbes. Kap. 2.
6 Tiebout: Local Expenditures, 1956, S. 416-424.

wird mit einer gleichgerichteten Steueränderung reagiert, um die Abwanderung mobiler Steuerbasen in die andere Region/Gemeinde zu verhindern.

Inwieweit ein solcher Wettbewerb wünschenswert ist, ist theoretisch umstritten.[7] Auf der einen Seite wird der Wettbewerb begrüßt, da man sich davon effizienzfördernde Wirkungen erwartet. Politik und Bürokratie auf Länder- und Gemeindeebene haben einen stärkeren Anreiz, öffentliche Leistungen zu geringen Kosten bereitzustellen, da sie zusätzliche Ausgaben durch Abgabenerhöhungen für die Bürgerinnen und Bürger finanzieren müssten. Werden die gewünschten Leistungen zu geringeren Kosten erbracht, könnten die lokalen und regionalen Entscheidungsträgerinnen und Entscheidungsträger freie Budgetmittel in Form von Abgabensenkungen an die Steuerzahlerinnen und Steuerzahler ‚zurückgeben'. Subnationale Steuerautonomie wird auf der anderen Seite kritisch gesehen, da sie die Einheitlichkeit des Wirtschaftsraumes gefährden könnte. Vor allem könnte die Konkurrenz der Länder und Gemeinden um mobile Steuerquellen zu einem ruinösen Unterbietungswettbewerb führen, der das Angebot subnationaler öffentlicher Leistungen gefährden könnte.

Die international verfügbare empirische Evidenz zeigt zwar relativ klar, dass die Politik ihre steuerpolitischen Parameter strategisch in der Konkurrenz um eine interregional mobile Besteuerungsbasis einsetzt. Die Intensität des Steuerwettbewerbs wird vor allem von der Mobilität der Steuerbasis bestimmt. Dabei scheint die Mobilität von Unternehmen generell höher als jene der privaten Haushalte zu sein, sodass verschärfte Konkurrenz vor allem im Rahmen der Unternehmenssteuern zu erwarten ist, weniger bei haushaltsbezogenen Lohn- und Einkommensteuern. Grundsteuern sind infolge der fehlenden Mobilität der Steuerbasis tendenziell weniger von einer Konkurrenz betroffen. Allerdings ist für den Steuerwettbewerb vor allem die Mobilität der (potentiellen) Nutzerinnen und Nutzer und Grundeigentümerinnen und Grundeigentümer relevant.

Ein ruinöser Steuersenkungswettlauf auf regionaler oder lokaler Ebene ist nach vorliegenden empirischen Erkenntnissen jedoch nicht zu befürchten.[8] Es gibt kaum Indizien dafür, dass in Staaten mit ausgeprägter subnationaler Steuerautonomie die regionalen oder lokalen Gemeinwesen automatisch in einen ruinösen Wettlauf der Steuersätze nach unten eintreten. Ursächlich hierfür dürfte vor allem sein, dass die lokalen und regionalen Einheiten nicht nur mit ihren Abgabensätzen um mobile Faktoren konkurrieren, sondern als Wettbewerbsparameter das Gesamtpaket von Qualität der angebotenen Leistungen und der Steuerbelastung einsetzen. Allerdings zeigt die Forschung auch, dass in Einheiten mit höherer Finanzkraft – etwa aufgrund natürlicher Standortvorteile oder einer größeren Zahl wohlhabender Bürgerinnen und Bürger – eine Tendenz zu niedrigeren Steuersätzen zu beobachten ist. Speziell urbane Regionen und Agglomerationen scheinen höhere Steuern zu erheben, ohne mit der Abwanderung mobiler Faktoren rechnen zu müssen.[9]

---

7   Vgl. auch den Beitrag von Thöni; Bauer: „Föderalismus und Bundesstaat" im vorliegenden Band.
8   Überblick bei Pitlik et al.: Steuerhoheit, 2015.
9   Luthi; Schmidheiny: Agglomeration Size, 2014.

Mit Blick auf die Ausgestaltung föderaler Finanzverfassungen gibt es einen grundsätzlichen Zielkonflikt: Auf der einen Seite ist eine höhere Steuerautonomie der Bundesländer und Gemeinden notwendige Voraussetzung für die Herstellung institutioneller Kongruenz; außerdem wird damit ein fiskalischer Wettbewerb forciert, der Anreize für die politischen Entscheidungsträger zu einem effizienteren Umgang mit Steuermitteln und zur präferenzadäquaten Bereitstellung öffentlicher Leistungen verstärkt. Auf der anderen Seite ist dies oft mit größerer interregionaler Uneinheitlichkeit der Lebensverhältnisse verbunden, die aus Gründen der horizontalen Gerechtigkeit zu hinterfragen wäre. Wenngleich das Risiko eines ruinösen Steuerunterbietungswettlaufs aufgrund aller empirischen Erfahrungen gering ist, setzt ein Wettbewerb der Länder und Gemeinden bei „echter" Steuerautonomie speziell die subnationale Umverteilungs- und Sozialpolitik unter Druck.

Die letztendliche „Auflösung" dieses trade-offs ist eine politische Entscheidung darüber, welches Föderalismusmodell angestrebt wird. Es gibt in diesem Kontext keine a priori definierte „Ideallösung", wie mit den Verteilungswirkungen aus der unterschiedlichen Mobilität von Kapital und Arbeit (insbesondere wohlhabender Personen) oder den unterschiedlichen Startbedingungen der regionalen und lokalen Einheiten umzugehen wäre. So könnte der Wettbewerb der Gebietskörperschaften durch die konkrete Zuordnung von interregional mobilen oder weniger mobilen Steuerbemessungsgrundlagen auf die Jurisdiktionen oder durch „Steuerkorridore" mit vereinbarten Höchst- und/oder Mindeststeuersätzen kanalisiert werden. Umgekehrt könnte ein System horizontaler Ausgleichszahlungen zwischen den Einheiten der gleichen gebietskörperschaftlichen Ebene mögliche unerwünschte Nebenwirkungen von höherer Steuerautonomie und Steuerwettbewerb abmildern.

2.2 Mangelnde Steuerautonomie der Länder und Gemeinden in Österreich

Im OECD-Vergleich haben Länder und Gemeinden in Österreich eine sehr geringe Steuerautonomie, gemessen anhand des Anteils „eigener" subnationaler Steuern am Gesamtabgabenaufkommen.[10] Im Jahr 2013 waren lediglich 4,8 Prozent der Einnahmen eigene Abgaben der Länder und Gemeinden; davon entfallen ein Drittel (1,6 Prozent) auf die Bundesländer und zwei Drittel (3,2 Prozent) auf die Gemeinden. In der Gruppe der Föderalstaaten weist Österreich den mit Abstand niedrigsten Anteil eigener Abgabeneinnahmen subnationaler Einheiten aus. Selbst unter den nicht föderativ organisierten Ländern haben nur sechs einen noch geringeren Anteil eigener Steuern der subnationalen Einheiten. Im ungewichteten Mittel der föderativen Staaten ohne Österreich (Australien, Belgien, Kanada, Schweiz, Deutschland, Spanien, USA) belief sich der Anteil der Zentralebene an den gesamten Abgabeneinnahmen auf 69,6 Prozent; in Österreich waren es 2013 über 95 Prozent.

---

10 Der Abgabenbegriff der OECD inkludiert auch die Sozialbeiträge, die jeweils der Zentralebene zugerechnet werden.

Berücksichtigt man nur die Erträge jener Abgaben, bei denen Länder und Gemeinden über eigene Gestaltungshoheiten hinsichtlich Steuersatz und/oder Steuerbasis verfügen, verdeutlicht Abbildung 1 den im internationalen Vergleich sehr geringen Grad an steuerpolitischer Gestaltungsautonomie subnationaler Einheiten in Österreich. Im Jahr 2011[11] verfügten Länder und Gemeinden nur bei knapp 1,4 Prozent des Aufkommens über Kompetenzen, die die Fixierung von Steuersätzen und/oder von Steuerbefreiungen beinhalten. In Deutschland beliefen sich die Steueranteile der Länder und Gemeinden, bezüglich derer sie über ein gewisses Maß an Gesetzgebungshoheit verfügen, auf 5,4 Prozent des gesamtstaatlichen Aufkommens. In anderen föderativen Staaten war der Anteil eigener Steuereinnahmen, bei denen die Gliedstaaten und Gemeinden Objekt- und/oder Tarifkompetenzen haben, zumeist weitaus größer. Er betrug in Australien 15,3 Prozent, in Belgien 5,3 Prozent, in der Schweiz 24,2 Prozent, in den USA 20,9 Prozent und in Kanada sogar 35,3 Prozent.

Abbildung 1: Anteil subnationaler Steuern mit Steuerautonomie am Gesamtabgabenaufkommen, 2011

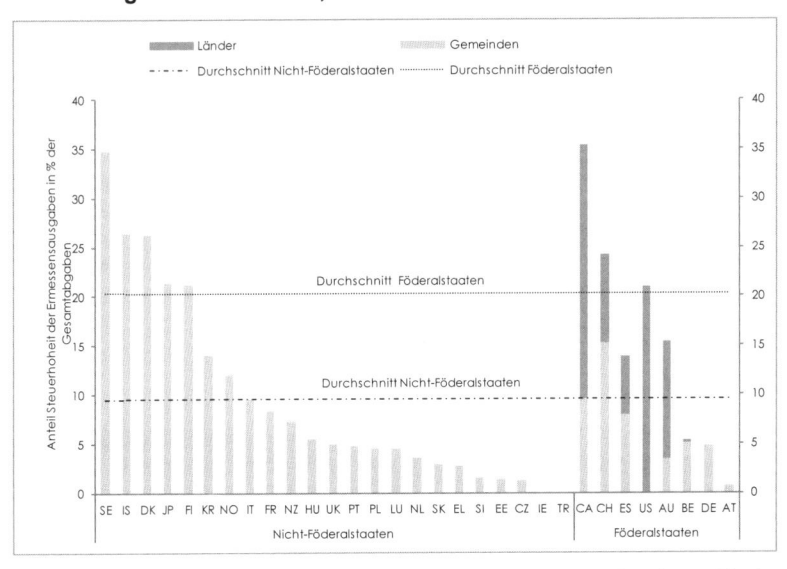

Quelle: WIFO-Berechnungen nach OECD Fiscal Decentralisation Database, Blöchliger; Nettely: Tax Autonomy, 2015.

Die Übertragung der Steuersatzrechte beim Wohnbauförderungsbeitrag auf die Länder ab 2018 wird an dieser deutlich unterdurchschnittlichen Abgabenautonomie kaum etwas ändern. Das Aufkommen des Wohnbauförderungsbeitrags belief sich im Jahr 2015 auf 0,96 Mrd. Euro; das sind lediglich 0,6 Prozent des gesamten Abgabenaufkommens (lt. VGR) in Österreich. Für die Grundsteuer besteht bereits ein eigenes Hebesatzrecht der Gemeinden, das jedoch auf einen Maximalsatz von 500 Prozent

---

11 Neuere Vergleichsdaten sind gegenwärtig leider nicht verfügbar.

begrenzt ist. Im Jahr 2015 haben weniger als 1 Prozent der 2.100 österreichischen Gemeinden nicht den Höchstsatz bei Grundsteuer A und B angewendet. Die Erträge beliefen sich auf 0,68 Mrd. Euro, etwa 0,5 Prozent des Gesamtaufkommens.

Entsprechend könnten Überlegungen zu einer Ausweitung der Steuerautonomie (der Länder) für die Einkommensteuer, die Körperschaftsteuer und für die Motorbezogene Versicherungssteuer einen bedeutenden Schritt in Richtung subnationale Abgabenautonomie darstellen. Vor diesem Hintergrund wird im folgenden Abschnitt ein knapper Überblick der theoretischen Diskussion zur Eignung verschiedener Abgaben als Länder- und Gemeindesteuern mit (partieller) Gesetzgebungshoheit gegeben.

3. Kriterien und Optionen für gemeinde- und ländereigene Steuern

3.1 Regionale Radizierbarkeit

Geeignete regionale und lokale Steuern zeichnen sich durch örtliche Radizierbarkeit aus:[12] Die Steuer betrifft jene in einer Region angesiedelten Steuerpflichtigen, die die regionalen Leistungen in Anspruch nehmen. Hintergrund ist das Äquivalenzprinzip, das Steuern als Gegenleistung der Steuerpflichtigen für die Bereitstellung öffentlicher Leistungen sieht, wobei eher eine gruppenmäßige regionale als eine individuelle Äquivalenz hergestellt werden soll. Regionale Radizierbarkeit bedingt auch, dass ein Steuerexport vermieden wird, dass also Steuerpflichtige außerhalb der Region nicht durch die Abgabe belastet werden, sonst wäre ein Anreiz für eine ineffizient hohe Finanzierung und damit Bereitstellung regionaler öffentlicher Leistungen gegeben.

3.2 Spürbare Aufkommenswirkungen im Budget

Als regionale oder lokale Steuern, die fiskalische Autonomie herstellen oder verbessern können, eignen sich vor allem Abgaben, die ein substantielles Aufkommen erzielen und somit spürbar zu den Gesamteinnahmen beitragen können.[13] Mit der Zuweisung von Bagatellsteuern an die Länder oder Gemeinden kann substantielle Abgabenautonomie nicht erreicht werden.

3.3 Merklichkeit und Spürbarkeit für die Steuerpflichtigen

Eine Voraussetzung dafür, dass eine regionale oder lokale Abgabe die Bindung zwischen Steuerpflichtigen und Region (bzw. Gemeinde) offensichtlich macht und die Verantwortlichkeit der politischen Entscheidungsträger stärkt, ist ihre Merklichkeit bzw. Spürbarkeit für die Steuerpflichtigen.[14]

---

12 Thöne: Regionalisierung von Steuern, 2014.
13 Thöne: Regionalisierung von Steuern, 2014.
14 Thöne: Regionalisierung von Steuern, 2014 und Junkernheinrich: Reform des Gemeindefinanzsystems, 2003, S. 423-443, für die Gemeinden.

Dies setzt einerseits eine gewisse quantitative Belastung und die möglichst breite und auch regelmäßige Betroffenheit der Gruppe der Steuerpflichtigen voraus.[15] Andererseits muss auch Transparenz gegeben sein, sodass die Belastung durch die betreffende Steuer interregional vergleichbar ist: als Voraussetzung für einen effektiven Vergleichs- bzw. Steuerwettbewerb zwischen den Bundesländern.

3.4 Regionale Streuung der Bemessungsgrundlage

Das Ausmaß der regionalen Streuung der Bemessungsgrundlage ist ein weiteres Beurteilungskriterium: Erstens erfordert ein Vergleichswettbewerb, dass bei identischer Steuersatzerhöhung eine ähnliche (prozentuale) Erhöhung der Steuereinnahmen der Bundesländer resultiert, was eine gleichmäßige regionale Verteilung der Bemessungsgrundlage voraussetzt.[16] Zweitens soll eine allzu ungleiche regionale Finanzausstattung vermieden werden.[17] Es kann zwar durch horizontale Ausgleichsmechanismen ein gewisser Ausgleich hergestellt werden.[18] Allerdings müssen Ausgleichsmechanismen sowohl für Zahlerländer (also solche, auf die ein überdurchschnittlicher Anteil der Bemessungsgrundlage und damit der Steuereinnahmen entfällt) als auch für Empfänger-Länder (mit unterdurchschnittlichem Anteil an der Bemessungsgrundlage und damit den Steuereinnahmen) die Anreize aufrechterhalten, ihre eigene Bemessungsgrundlage angemessen auszuschöpfen.[19] Zugleich können solche Steuerkraftunterschiede, die das Ergebnis unterschiedlich erfolgreicher regionaler Anstrengungen sind, die regionale Entwicklung zu fördern, sogar erwünscht sein, um Anreize zu setzen, die regionale oder lokale Wirtschafts- und Steuerkraft zu stärken.[20]

3.5 Anfälligkeit für Steuerwettbewerb

Die Immobilität der Bemessungsgrundlage, die räumliche Ausweichreaktionen zur Vermeidung der Steuerzahlung verhindert, ist ein traditionelles Kriterium für eine geeignete subnationale Steuer, um einen im theoretischen Extremfall sogar ruinösen Steuerwettbewerb zu unterbinden, der die Durchsetzung des Äquivalenzprinzips unmöglich macht.[21] Gleichzeitig soll jedoch der nützliche politische Vergleichswettbewerb (Benchmarking) wirken können.[22] Letztlich wird die Entscheidung, den Bundesländern mobile Steuerbasen zuzuweisen, auch von den Einschätzungen der Wirkungen des Steuerwettbewerbs abhängen. Wie Thöne betont, ist generell umso größere Zurückhaltung bei der Ausgestaltung der regionalen Steuerautonomie geboten, je höher die Mobilität der Bemessungsgrundlage ist.

---

15 Thöne: Regionalisierung von Steuern, 2014.
16 Thöne: Regionalisierung von Steuern, 2014.
17 Blöchliger; Petzold: Taxes or Grants, 2009.
18 Fedelino: Fiscal Decentralization, 2010.
19 Pitlik et al.: Steuerhoheit, 2015.
20 Donges et al.: Gemeindesteuern, 2003.
21 Blöchliger; Petzold: Taxes or Grants, 2009.
22 Thöne: Regionalisierung von Steuern, 2014.

Daher wird die Grundsteuer oft als „geborene" Gemeindesteuer bezeichnet und in der Regel auch auf lokaler Ebene erhoben. Ein gleichzeitiger Anspruch der Länderebene würde eine direkte vertikale Konkurrenzsituation herstellen, die zur Überausnutzung der Steuerbasis führen kann.[23]

3.6 Verteilungspolitische Effektivität

Als regionale Abgaben sind Steuern ohne Umverteilungsfunktion eher geeignet. Bei ungleicher personeller oder regionaler Einkommensverteilung kann die Zuweisung insbesondere der Einkommensteuer und von vermögensbezogenen Steuern an die regionale Ebene deren Effektivität als Umverteilungsinstrument erodieren.[24] Steuerpflichtige mit höherem Einkommen und/oder Vermögen würden sich in „reicheren" Bundesländern konzentrieren, die niedrigere Steuersätze als „ärmere" Bundesländer anbieten könnten: Zum einen wäre der Bedarf der Steuerpflichtigen mit höherem Einkommen oder Vermögen an öffentlichen Leistungen dank privater Alternativen (Betreuungs- und Pflegeeinrichtungen, Schulen, Sport- und Freizeiteinrichtungen usw.) oder mangels Bedürftigkeit (z. B. Sozialleistungen und -einrichtungen) geringer. Zum anderen würde die überdurchschnittliche Bemessungsgrundlage (Einkommen, Vermögen usw.) der Steuerpflichtigen auch bei niedrigeren Steuersätzen hohe Einnahmen sicherstellen. Ein Steuerwettbewerb auf der Grundlage niedriger umverteilender Steuern und Sozialtransfers um wohlhabende Steuerpflichtige, der das Umverteilungspotential über das Steuer-Transfer-System schwächt, ist im Extremfall nicht auszuschließen.

3.7 Stabile Aufkommensentwicklung

Die kurzfristige Konjunktursensibilität ist aus zwei Gründen relevant: Den lokalen und regionalen Einheiten sollten erstens nur relativ konjunkturunempfindliche Steuern zugewiesen werden, um ein stetiges Steueraufkommen zu sichern,[25] das eine ausreichende und stetige Aufgabenerfüllung ermöglicht, zumal wenn die subnationale Ebene mit Kreditbeschränkungen konfrontiert ist. Zweitens sollte wegen Spillovers die Stabilisierungsaufgabe ohnehin von der zentralen Ebene übernommen werden.[26] Wie schließlich Blöchliger und Petzold[27] zeigen, beeinträchtigt die Konjunkturempfindlichkeit regionaler Abgaben die Umsetzung des Äquivalenzprinzips.

3.8 Regionalspezifisches Lenkungspotential

Der Einsatz von Steuern als Lenkungsinstrument kann auch auf der regionalen Ebene sinnvoll sein, wenn es um regional begrenzte Externalitäten geht – etwa in Form umweltschädlicher Produktions- oder Konsumaktivitä-

---

23 Pitlik et al.: Steuerhoheit, 2015.
24 Wildasin: Income redistribution, 1991 und Zimmermann: Steuerautonomie, 1999.
25 Donges et al.: Gemeindesteuern, 2003, für die Gemeinden.
26 Broer: Gewerbesteuer, 2001.
27 Blöchlinger; Petzold: Taxes or Grants, 2009.

ten. Junkernheinrich[28] betont die Beachtung ökologischer Aspekte und Ziele für die Zukunftsfähigkeit eines Gemeindesteuersystems; dies gilt analog für regionale Steuern, sofern regionale Externalitäten vorliegen.

3.9 Vereinbarkeit mit EU-Recht

EU-rechtliche Vorgaben bezüglich Bemessungsgrundlage, Mindeststeuersätze oder Zahl der Steuersätze, die in einem EU-Land innerhalb einer Einzelsteuer angewendet werden dürfen, schränken die Möglichkeiten zur Übertragung von Gesetzgebungshoheit (nicht aber der Ertragshoheit) an die Länder und Gemeinden ein. Vorgaben bestehen für die Umsatzsteuer, spezielle Verbrauchsteuern (Alkohol, Tabak, Energieprodukte) und Kapitalverkehrssteuern.[29]

3.10 Verwaltungskosten

Für die Frage nach der Dezentralisierung des Abgabensystems ist natürlich auch der administrative Aufwand relevant. Regionale Abgabenautonomie wird prinzipiell immer etwas höhere Verwaltungskosten verursachen.[30] Zusätzliche administrative Kosten für Steuerbehörden bzw. Steuerpflichtige durch die Regionalisierung von Steuern entstehen durch Maßnahmen zur Vermeidung von Doppel- oder Nullbesteuerung, wenn steuerpflichtige Sachverhalte/Aktivitäten die Grenzen der Gemeinde oder des besteuernden Bundeslandes überschreiten, oder weil Steuerpflichtige regional verschiedene Regelungen berücksichtigen müssen.[31]

Oft wird gegen eine Stärkung der subnationalen Abgabenautonomie argumentiert, dass die Dezentralisierung der Steuerverwaltung kostenineffizient sei. Der administrative Zusatzaufwand durch stärkere Abgabenautonomie kann aber dadurch in Grenzen gehalten werden, dass nur die Gesetzgebungskompetenz dezentralisiert wird, nicht aber die Steuerverwaltung bzw. -einhebung, sodass Größenvorteile realisiert werden können.

3.11 Fazit

Ohne auf jedes einzelne Kriterium ausführlich eingehen zu können, zeigt sich, dass von den drei aufkommensstärksten Steuern lediglich die Lohn-/Einkommensteuer grundsätzlich geeignet für eine gewisse Dezentralisierung scheint; wobei die tatsächliche Eignung auch von der konkreten Ausgestaltung einer Dezentralisierung abhängt, auf die an dieser Stelle allerdings nicht weiter eingegangen werden kann. Sowohl die Körperschaftsteuer als auch die Umsatzsteuer stellen sich als wenig geeignete Kandidaten für ländereigene Steuern dar: beide wegen ihrer Anfälligkeit für einen horizontalen Unterbietungswettbewerb, die Umsatzsteuer darüber hinaus, weil ihre Regionalisierung aufgrund von unionsrechtlichen Vorgaben nicht

---

28 Junkernheinrich: Reform des Gemeindefinanzsystems, 2003.
29 Achatz: Abgabenautonomie, 2012.
30 Thöne: Regionalisierung von Steuern, 2014.
31 Fedelino: Fiscal Decentralization, 2010.

möglich ist. Ebenfalls aufgrund von EU-rechtlichen Beschränkungen scheiden Energieabgaben, Mineralöl- und Tabaksteuer aus. Die Grundsteuer wird gemeinsam mit der Grunderwerbssteuer als zentraler Baustein einer Erweiterung der Abgabenautonomie auf Gemeindeebene gesehen.[32]

4. Simulation zu Optionen für eine Ausweitung der Steuerautonomie der Bundesländer

4.1 Vorüberlegungen und technische Annahmen

Regionale Unterschiede in der Finanzausstattung der Bundesländer und ihr Ausgleich sind zentrale Bestandteile im österreichischen Finanzausgleich. Verhandlungsergebnisse sind oft davon gekennzeichnet, dass Effekte von Reformen durch Kompensationsmaßnahmen abgefedert werden. Eine potentielle Ausweitung der Steuerautonomie der Bundesländer muss folglich immer im Kontext ihrer regionalen Verteilungswirkungen gesehen werden.

Als Entscheidungsgrundlage für Verhandlungen über eine mögliche Ausweitung der Steuerautonomie führte das WIFO bereits 2015 eine ex-ante-Schätzung von potentiellen Reformmaßnahmen durch.[33] Vor diesem Hintergrund werden nachfolgend Ergebnisse für die drei im Finanzausgleichspakt 2017 genannten zu prüfenden Optionen für ländereigene Steuern präsentiert.

(1) Die Lohnsteuer/veranlagte Einkommensteuer
(2) Die Körperschaftsteuer
(3) Die Motorbezogene Versicherungssteuer

Im Mittelpunkt steht die von einer Ausweitung der Abgabenautonomie zu erwartende Veränderung der regionalen Verteilung des Steueraufkommens gegenüber der ursprünglichen Verteilung der Ertragsanteile aus dem Finanzausgleich (FAG). Die Verteilung der Ertragsanteile berechnet sich aus dem Verteilungsschema der gemeinschaftlichen Bundesabgaben. Nach Rechtslage gemäß FAG 2008 wird das Gesamtaufkommen ohne Vorweganteilsabzug auf Bund, Länder und Gemeinden im Verhältnis 67,42 Prozent zu 20,7 Prozent zu 11,88 Prozent aufgeteilt. Vor der Aufschlüsselung auf die Bundesländer sind Länderanteile zum EU-Beitrag abzuziehen. Das verbliebene Steueraufkommen wird anhand der Volkszahl (77,02 Prozent) und des ländereinheitlichen Abgaben-Fixschlüssels (22,98 Prozent) auf die Bundesländer aufgeteilt. Die jeweilige Verteilungsänderung wird auf Basis der regionalen Verteilung der Bemessungsgrundlagen geschätzt. Alternativ können die Simulationsergebnisse als Indikator für die horizontale Umverteilung im Rahmen des geltenden Finanzausgleichs interpretiert werden.

Die Vorgehensweise der Analyse ist für die drei betrachteten Steuern identisch. Es werden folgende technische Annahmen getroffen:

---

32   Pitlik et al.: Abgabenautonomie, 2012.
33   Pitlik et al.: Steuerhoheit, 2015.

- Die Definition der Steuerbemessungsgrundlage verbleibt beim Bund. Die Länder haben das Recht, einen eigenen Zuschlagssatz auf die jeweilige Steuerbasis zu erheben.
- Die bisher einheitlichen Tarife werden so weit gesenkt, dass das Gesamtaufkommen um den Länderanteil aus der Ertragsanteilsverteilung niedriger ist. Dadurch wird Raum geschaffen für einen (fiktiven) eigenen Landessteuersatz.
- Unter der Annahme eines gleichbleibenden Gesamtsteueraufkommens werden die Auswirkungen der Einführung eines eigenen Landessteuersatzes ermittelt. Die Länder setzen einen einheitlichen Landessteuersatz so fest, dass das Aufkommen jenem vor Steuerautonomie entspricht, sodass die Gesamtbelastung der Steuerzahlerinnen und Steuerzahler unverändert bleibt. In diesem Szenario[34] erzielen Bundesländer mit überdurchschnittlicher Bemessungsgrundlage höhere Steuereinnahmen als in der Ausgangssituation, jene mit unterproportionaler Bemessungsgrundlage verzeichnen Einbußen.
- Berechnet wurden rein statische „Erstrundeneffekte". Bei der Steuerautonomie der Länder ist offen, wie sich die Sätze in den Ländern tatsächlich entwickeln. Darüber hinaus sind die Bemessungsgrundlagen zum Teil mobil und können bei unterschiedlicher Besteuerung zwischen den Bundesländern verlagert werden. Anstelle einer Prognose dynamischer Wirkungen auf Bemessungsgrundlagen und Steuersätze wird zur Orientierung geschätzt, mit welcher Aufkommenssituation die Bundesländer beim Start der Steuerautonomie konfrontiert wären.

Die Daten stammen im Wesentlichen aus den Steuerstatistiken von Statistik Austria und der vom Bundesministerium für Finanzen publizierten Verteilung der Ertragsanteile. Wenn nötig, wurden zusätzliche Datenquellen wie der Mikrozensus[35] oder die Pkw-Bestandsstatistik[36] herangezogen.

4.2 Lohn- und Einkommensteuer

Die Simulation der Effekte einer Ausweitung der Steuerautonomie der Bundesländer im Bereich der Lohn- und Einkommensteuer bezieht sich auf drei Ausgestaltungsoptionen:

- Lohnsteuereinnahmen bei Zuordnung der Bemessungsgrundlage nach dem Wohnort der Steuerpflichtigen;
- integrierte Lohn- und Einkommensteuereinnahmen bei Zuordnung der Bemessungsgrundlage nach dem Wohnort der Steuerpflichtigen;

---

34 In der Studie (Pitlik et al.: Steuerhoheit, 2015) wird dies als „Kompensationsszenario A" bezeichnet. Eine alternative Modellrechnung wurde als „Kompensationsszenario B" angestellt: Die Länder setzen individuelle Landessteuersätze fest, um dasselbe Landesaufkommen zu generieren, das sie zuvor aus der Ertragsanteilsverteilung erreichten. Die beiden Betrachtungsweisen unterscheiden sich grundsätzlich dahingehend, ob das ursprüngliche Gesamtaufkommen durch einen einheitlichen Steuersatz erreicht wird oder ob landesspezifische Sätze verwendet werden.
35 Statistik Austria, 2015A, Mikrozensus 2013, 2015.
36 Statistik Austria, 2015B, Kraftfahrzeuge, 2015.

- Lohnsteuereinnahmen bei Zuordnung der Bemessungsgrundlage je zur Hälfte nach Wohn- und Arbeitsort der Steuerpflichtigen.

In den ersten zwei Fällen erfolgt die regionale Zuordnung der Bemessungsgrundlage ausschließlich auf Basis des Wohnortes der Steuerpflichtigen, wobei im zweiten Fall die veranlagte Einkommensteuer mit berücksichtigt wird. In diesem Kontext ist insbesondere die regionale Zuteilung der Bemessungsgrundlage von Bedeutung. Während nach dem Wohnortprinzip die Besteuerungsrechte dem Wohnsitzbundesland zufallen, wird das Einkommen nach dem Quellenprinzip am Arbeitsort besteuert. Sofern Wohnsitzbundesland und Arbeitsortbundesland zusammenfallen, ergibt sich nach beiden Prinzipien dieselbe Zuordnung der Bemessungsgrundlage und der Steuererträge. Pendelströme bewirken jedoch markante Unterschiede zwischen den Reinformen einer ausschließlichen Wohnortzuordnung und einer ausschließlichen Arbeitsortzuordnung.

Die Szenarien basieren auf Daten für Bemessungsgrundlage und Ertragsanteile aus den Jahren 2012 und 2013, die auf 2016 hochgerechnet wurden, um der seit 1. Jänner 2016 gültigen neuen Tarifstruktur in der Lohn- und Einkommensteuer Rechnung zu tragen. In die Schätzung der regionalen Bemessungsgrundlage fließen prognostizierte Lohnsteigerungen aus dem WIFO-Makromodell[37] und die prognostizierte Veränderung der Erwerbsbevölkerung (laut Statistik Austria Hauptvariante) ein.

In allen drei Ausgestaltungsoptionen verzeichnet Wien zweistellige Zuwachsraten gegenüber den Steuereinnahmen aufgrund der aktuellen Ertragsanteilsverteilung (Abbildung 2). Das Burgenland, Kärnten, Tirol und die Steiermark haben dagegen in allen drei Fällen deutliche Einbußen. Oberösterreich und Salzburg verlieren je nach Option wenig bis mäßig. In der Regionalisierung der Bemessungsgrundlage nach dem Wohnort weist auch Niederösterreich einen zweistelligen Zuwachs aus.

Bei hälftiger Berücksichtigung von Wohnort und Arbeitsort ist nur Wien Gewinner einer Ausweitung der Steuerautonomie. Die Einnahmen aus der Lohn- und Einkommensteuer sind in Vorarlberg höher als in der aktuellen Situation, während die Schätzung für die Lohnsteuer allein einen Verlust ausweist. Von einer Einbeziehung der Einkommensteuer in eine erweiterte Steuerautonomie profitieren auch Wien, Tirol und Salzburg, wobei Tirol und Salzburg dennoch geringere Steuereinnahmen erzielen würden als nach der aktuellen Ertragsanteilsverteilung.

---

37 Baumgartner; Kaniovski: Steuerreform 2015/16, 2015.

Abbildung 2: Abweichung des Einkommensteueraufkommens von der Ausgangssituation

Regionalisierung der Bemessungsgrundlage nach dem Wohn- und Arbeitsortprinzip, 2009/10

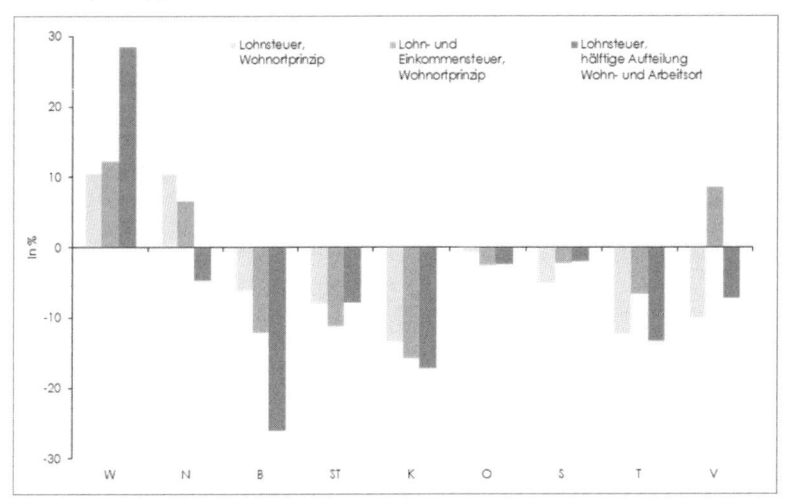

Quelle: Statistik Austria, WIFO-Berechnungen 2017.

4.3 Körperschaftsteuer

Für die Schätzung der Effekte einer Steuerautonomie der Bundesländer auf die Körperschaftsteuer wird die Bemessungsgrundlage auf Basis der Beschäftigtenzahlen und Branchen nach dem Unternehmenssitz zugeordnet. Da der Unternehmenssitz nicht immer mit dem Ort bzw. den Orten der wirtschaftlichen Tätigkeit zusammenfällt, sind auch alternative Zerlegungen vorstellbar, insbesondere wenn ein Unternehmen in mehreren Bundesländern Arbeitsstätten betreibt.[38]

Erschwert werden die Simulationsrechnungen durch die relativ hohe Volatilität des Körperschaftsteueraufkommens. Wegen der ausgeprägten Konjunkturreagibilität der Steuer können die regionalen Anteile am Gesamtaufkommen über die Zeit deutlich schwanken. Aus diesem Grund werden die Simulationen jeweils für die zwei zuletzt verfügbaren Jahre der Körperschaftsteuerstatistik, 2009 und 2010 (Statistik Austria, 2014), durchgeführt. Die beträchtliche Volatilität des Gewinnsteueraufkommens ist per se ein Argument gegen die Regionalisierung der Steuer.

Gemäß der aktuellen Ertragsanteilsregelung erhalten die Bundesländer ihren Anteil am Körperschaftsteueraufkommen entsprechend dem Vertei-

---

38 Da keine Mikrodaten auf Unternehmens- oder Arbeitsstättenebene vorliegen, wird die Steuerbasis zunächst nach Branchen und dann anhand des Anteils jedes Bundeslandes an der Beschäftigtenzahl der Branche aufgeteilt. Vor- und Nachteile dieser Regionalisierung sowie weitere alternative Vorgangsweisen diskutieren Pitlik et al.: Steuerhoheit, 2015.

lungsschlüssel der gemeinschaftlichen Bundesabgaben. Die daraus berechneten Länderanteile sind der Vergleichsmaßstab für jede Simulation einer Ausweitung der Körperschaftsteuerautonomie. Sie weichen zum Teil erheblich vom Anteil der Länder am Körperschaftsteueraufkommen in der Zuordnung der Bemessungsgrundlage nach dem Unternehmenssitz ab (Tabelle 1).

Tabelle 1: Vergleich des regionalen Körperschaftsteueraufkommens mit den Ertragsanteilen gemäß Finanzausgleich, 2010

	Zahl der körperschaftsteuerpflichtigen Unternehmen	Körperschaftsteueraufkommen[1]	Ertragsanteile gemäß Finanzausgleich
	Anteil in %		
Burgenland	2,5	1,0	3,4
Kärnten	5,8	3,7	6,8
Niederösterreich	15,1	10,1	18,9
Oberösterreich	14,7	18,8	16,7
Salzburg	8,6	8,5	6,5
Steiermark	11,2	5,7	14,3
Tirol	8,6	5,4	8,5
Vorarlberg	4,8	5,3	4,5
Wien	28,6	41,5	20,5
Österreich	**100,0**	**100,0**	**100,0**

Quelle: Statistik Austria, WIFO-Berechnungen 2017. - [1]) Laut Körperschaftsteuerstatistik.

Neben der ungleichmäßigen Verteilung der körperschaftsteuerpflichtigen Unternehmen über die Bundesländer streut auch das Aufkommen je steuerpflichtiger Kapitalgesellschaft regional stark. Der Anteil des Burgenlandes an der gesamten Bemessungsgrundlage (1,0 Prozent) beträgt weniger als ein Drittel des Ertragsanteils am Körperschaftsteueraufkommen (3,4 Prozent). Auf Wien würden zusätzlich 21 Prozent des Gesamtaufkommens entfallen, Niederösterreich würde rund 9 Prozent des Gesamtaufkommens verlieren.

Im Simulationsszenario wird ein einheitlicher Landeszuschlagssatz auf den verringerten Körperschaftsteuersatz erhoben, um insgesamt die ursprüngliche Gesamtsteuerbelastung zu erreichen. Der Gesamtzufluss an die Länder beträgt 982 Mio. Euro im Jahr 2009 und 1.231 Mio. Euro im Jahr 2010. Die Verteilung zwischen den Ländern bestimmt sich jedoch nicht auf Basis der Ertragsanteile, sondern auf Grundlage der regionalisierten Steuerbasis (Abbildung 3).

Das Aufkommen weicht vor allem bei Regionalisierung der Bemessungsgrundlage anhand des Unternehmenssitzes erheblich von der Ausgangssituation ab: In Wien wäre es in beiden Jahren etwa doppelt so hoch, aber auch in Salzburg, Vorarlberg und Oberösterreich ergäben sich Zuwächse zwischen 3 Prozent und 31 Prozent. Große Einbußen ergeben sich für das Burgenland mit knapp 70 Prozent 2009 und 2010, aber auch für die Steiermark mit 50 Prozent bis 60 Prozent, ähnlich für Kärnten, Niederösterreich und Tirol (zwischen 23 Prozent und 47 Prozent). Bei einer Zerlegung der Bemessungsgrundlage auf Basis der Beschäftigtenzahlen nach Branchen ergeben sich wesentlich geringere Unterschiede. Wien würde zwar ebenfalls merklich höhere Anteile erhalten als nach dem aktuellen Finanzausgleich, jedoch beträgt die Differenz zur Ausgangssituation nur rund 30 Prozent. Auch für die anderen Bundesländer fallen die Gewinne oder Verluste erheblich kleiner aus.

Abbildung 3: Abweichung des Körperschaftsteueraufkommens von der Ausgangssituation
Regionalisierung nach dem Unternehmenssitz und der Zahl der Beschäftigungsverhältnisse nach Branchen

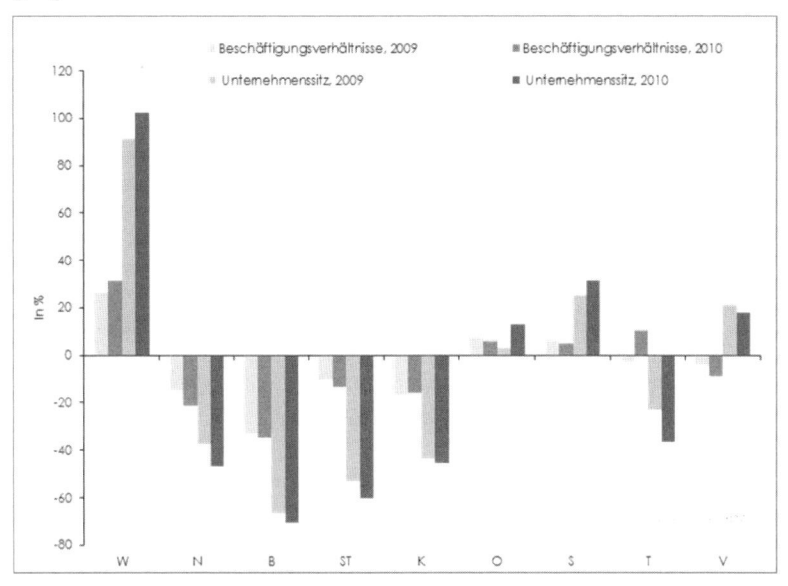

Quelle: Statistik Austria, WIFO-Berechnungen 2017.

Bei einer Zerlegung der Steuerbasis für Unternehmen, die in mehreren Bundesländern tätig sind, ergeben sich weniger starke Verwerfungen im regionalen Steueraufkommen. Im Endeffekt bleiben die Aufkommensdisparitäten jedoch beträchtlich größer als im Falle der Lohn- und Einkommensteuer. Auch die monetären Anreize für Unternehmen, ihre wirtschaftlichen Aktivitäten von „Hochsteuerbundesländern" in „Niedrigsteuerbundesländer" zu verlagern, wären nicht unbedeutend. Weitere Modellrechnungen zeigen, wie stark der Anreiz zur Verlagerung des Unternehmensstandortes wäre. Dazu werden jene Landessteuersätze ermittelt, die die Bundesländer benötigen, um das gleiche Aufkommen zu erzielen wie gemäß Finanzausgleich 2008. Da die Steuerbelastung proportional zum körperschaftsteuerpflichtigen Einkommen verläuft, bleiben die Abweichungen von der Ausgangssituation relativ zum Einkommen konstant. Die Steuerersparnis eines Unternehmens, das vom Burgenland nach Wien verlagert würde, beträgt in den simulierten Fällen im Jahr 2010 – je nach Art der Regionalisierung der Bemessungsgrundlage – zwischen 4 Prozent und 15 Prozent der ursprünglichen Steuerschuld.

4.4 Motorbezogene Versicherungssteuer

Mit einem Aufkommen von 2,18 Mrd. Euro im Jahr 2015 ist die Motorbezogene Versicherungssteuer nach der Mineralölsteuer die zweitgrößte verkehrsbezogene Steuer. Vom Volumen her relevant für das Aufkommen ist die Steuerpflicht aller Pkw mit einem Gesamtgewicht bis 3,5 t. Die Steuer für Pkw ist nach der Leistung des Verbrennungsmotors gestaffelt und weist einen progressiven Tarif auf. Verkehrsbezogene Steuern wie die motorbezogene Versicherungssteuer können Lenkungseffekte intendieren. Da bei einer Ausweitung der regionalen Steuerautonomie auf die Motorbezogene Versicherungssteuer eine gewisse Ausdifferenzierung der Steuersätze zu erwarten ist, könnten diese Lenkungsziele unterstützt oder beeinträchtigt werden.[39]

Die Aufteilung der Bemessungsgrundlage auf die Bundesländer erfolgt auf Basis des Fahrzeugbestandes laut Statistik Austria nach Zulassungsbezirken. Da die Pkw-Zulassung im Bezirk des Hauptwohnsitzes bzw. des Unternehmenssitzes erfolgt, kann der Besteuerung (z. B. durch örtlichen Versicherungswechsel) nur begrenzt ausgewichen werden. In der Simulation nicht berücksichtigt werden kann, dass der Einsatzort von Firmen-Pkw nicht unbedingt dem Unternehmenssitz entspricht; mit einem Anteil von 14 Prozent bzw. 652.000 Fahrzeugen bilden Firmen-Pkw ein relevantes und dazu stark wachsendes Segment des gesamten Fahrzeugbestandes.[40] Der Pkw-Bestand eignet sich zwar als grobes Maß für das zu erwartende Steueraufkommen, die Motorleistung (in kW) variiert aber zwischen den Bundesländern. So weist Wien eine relativ zur Zahl der Pkw hohe Bemessungsgrundlage aus (Tabelle 2).

Tabelle 2: Vergleich des regionalen Aufkommens an motorbezogener Versicherungssteuer mit den Ertragsanteilen gemäß Finanzausgleich, 2014

	PKW Bestand	Motorbezogene Versicherungssteuer	
		Aufkommen	Finanzausgleich
		Anteile in %	
Burgenland	3,9	3,8	3,4
Kärnten	7,3	6,9	6,6
Niederösterreich	21,8	21,3	18,9
Oberösterreich	18,6	18,2	16,6
Salzburg	6,3	6,4	6,5
Steiermark	15,2	14,8	14,2
Tirol	8,1	8,1	8,5
Vorarlberg	4,2	4,3	4,5
Wien	14,6	16,1	20,8
Österreich	**100,0**	**100,0**	**100,0**

Quelle: Statistik Austria, WIFO-Berechnungen 2017.

Als Vergleichsmaßstab für die Aufkommenswirkungen einer Steuerautonomie der Bundesländer bei der Motorbezogenen Versicherungssteuer

---

39 Schratzenstaller: Steuerautonomie, 2016.
40 Statistik Austria, 2015B, Kraftfahrzeuge, 2015.

sind die Ertragsanteile an der Motorbezogenen Versicherungssteuer laut FAG 2008 heranzuziehen.

Bei unveränderter Gesamtbelastung und (fiktivem) uniformen Landessteuersatz[41] verzeichnen Wien (-23,2 Prozent), Vorarlberg (-5,2 Prozent), Tirol (-4,8 Prozent) und geringfügig Salzburg (-0,6 Prozent) Einbußen an Einnahmen gegenüber der Ausgangssituation. Hohe Gewinne ergeben sich für das Burgenland (+13,3 Prozent), für Niederösterreich (+12,9 Prozent) und Oberösterreich (+10,2 Prozent). Kärnten und die Steiermark würden um knapp 5 Prozent höhere Steuermittel erhalten.

Abbildung 4: Abweichung des Aufkommens an motorbezogener Versicherungssteuer von der Ausgangssituation, 2014

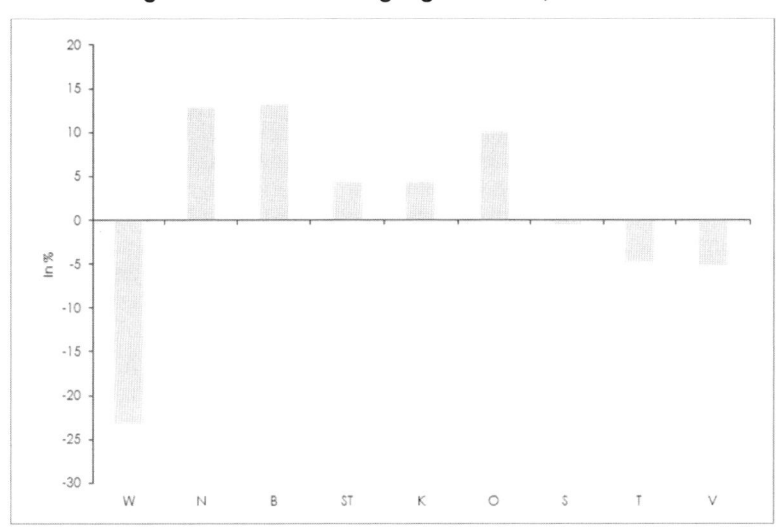

Quelle: Statistik Austria, WIFO-Berechnungen 2017.

4.5 Fazit

Die Simulation der Effekte einer Ausweitung der Steuerautonomie der Bundesländer auf Lohn- und Einkommensteuer, Körperschaftsteuer und Motorbezogene Versicherungssteuer zeigt die Bandbreite der Wirkungen unterschiedlicher Gestaltungsoptionen. Die Ergebnisse werden erheblich vom Zerlegungsschema der Steuerbemessungsgrundlage beeinflusst. Grundsätzlich kann das Auseinanderfallen von Wohnort und Ort der wirtschaftlichen Aktivität große Auswirkungen auf die regionale Verteilung der Bemessungsgrundlage sowie auch des Steueraufkommens haben. In der

---

41 Auf die Darstellung einer alternativen Kompensationsmöglichkeit – alle Bundesländer setzten individuelle Steuersätze, welche ein Aufkommen in Höhe der ursprünglichen Ertragsanteile generieren – wurde aus Platzgründen verzichtet. Die entsprechenden Ergebnisse sind jedoch klarerweise spiegelbildlich zu den hier dargestellten Ergebnissen (vgl. Pitlik et al.: Steuerhoheit, 2015).

aktuellen Verteilung der Ertragsanteile, die auf der Bevölkerungszahl basiert, spielt die Verteilung der Steuerbasis keine Rolle.

5 Führt Ländersteuerautonomie zum „race to the bottom"? Ein Ausblick

Die Forderung nach höherer Steuerautonomie der Bundesländer wird mit dem aus der Theorie des Fiskalföderalismus abgeleiteten Grundsatz der „institutionellen Kongruenz„ begründet. Dieses Prinzip stellt auf den direkten Zusammenhang zwischen politischen Verantwortlichkeiten zur Finanzierung öffentlicher Leistungen und dem Ausgabenverhalten der politischen Entscheidungsträger ab. Mangelnde institutionelle Kongruenz resultiert in Fehlanreizen zu einer weniger sparsamen und effektiven Mittelverwendung. Gesetzgebung, Vollzug und Finanzierungsverantwortung sollten aus Effizienzgründen in einer Hand bleiben.

Eine zentrale Implikation von Steuerautonomie bei Ländern und Gemeinden ist die Entstehung eines Steuerwettbewerbs. Theoretische Studien kommen nicht zu eindeutigen Ergebnissen, was die ökonomischen Konsequenzen der Steuerkonkurrenz betrifft. Für eine steuerliche Unterbietungskonkurrenz bei Unternehmens- und Einkommensteuern sind die Mobilität der Unternehmen und privaten Haushalte zwischen den Bundesländern ebenso relevant wie die Qualität der genutzten unternehmens- und haushaltsnahen Infrastruktur.

Unternehmerische Betriebsstätten sind zwar in aller Regel nur begrenzt interregional mobil, und lokale Standortfaktoren dämpfen ebenfalls eine potentielle steuerlich bedingte Abwanderung der Realinvestitionen. Bei Unternehmen mit mehreren Standorten in verschiedenen Jurisdiktionen gibt es allerdings Zurechnungsprobleme bezüglich der zu versteuernden Gewinne. Durch buchtechnische Gewinnverlagerungen können Unternehmen Standortfaktoren in einer Gemeinde oder Region nutzen und gleichzeitig ihre Steuerlast verringern. Das Auseinanderfallen der Inanspruchnahme öffentlicher (Infrastruktur-) Leistungen und der Steuerleistung steht im Widerspruch zu den Vorstellungen institutioneller Kongruenz und könnte ein race to the bottom induzieren. Der Fiskalwettbewerb kann nur funktionieren, wenn Mechanismen gefunden werden, die die Separierung von Steuerzahlung und Nutzung der regionalen Infrastruktur verhindern.

Im Hinblick auf Besteuerung als Determinante von Migration und Wohnort- bzw. Arbeitsortentscheidung gibt es eine breite empirische Literatur.[42] Dabei zeigt sich eine relativ große Bandbreite bei den gefundenen Reaktionselastizitäten der Steuerpflichtigen auf Änderungen in der Besteuerung. Spitzenverdienerinnen und -verdiener und Hochqualifizierte scheinen sehr hohe Elastizitäten aufzuweisen, wogegen die überwiegende Mehrheit der Steuerpflichtigen eher immobil ist. Besonders stark scheint der Einfluss von lokalen (öffentlichen) Gütern wie Schulqualität zu sein. Daneben stellen demografische und sozioökonomische Charakteristika der Haushalte wichtige Determinanten für Standortentscheidungen dar.

---

42   Saez et al.: Taxable Income, 2012.

Ein ruinöser Steuersenkungswettlauf ist nach vorliegenden empirischen Erkenntnissen nicht zu befürchten. Jedoch kann es im Gleichgewicht zu einer Koexistenz von Gemeinden (Bundesländern) mit höheren Abgaben und erstklassiger Infrastrukturausstattung und solchen mit geringeren Abgaben, aber weniger gutem öffentlichen Leistungsniveau kommen. Eine denkbare Option könnte in diesem Falle die konsensuale Fixierung von Mindestsätzen oder Bandbreiten von Steuersätzen auf Länderebene sein.

Ein horizontaler Finanzausgleich kann Unterschiede bis zu einem gewissen Grad durch Umverteilung einebnen: Weitgehende Steuerautonomie bedingt einen wirksamen horizontalen Ausgleich aus Fairnessgründen, um für Bürgerinnen und Bürger und Unternehmen eine ähnliche Versorgung mit öffentlichen Leistungen zu gewährleisten. Ein Ausgleich kann auch so begründet werden, dass ein wettbewerblicher Föderalismus gleiche Startchancen voraussetzt. Mit zunehmender Einebnung der Unterschiede verschwinden aber auch jene positiven Anreizeffekte, die mit der höheren Steuerautonomie verbunden werden. Die letztendliche „Auflösung" dieses trade-offs ist eine grundsätzliche politische Entscheidung darüber, welches Föderalismusmodell angestrebt wird.

Peter BIWALD, Anita HAINDL, Karoline MITTERER

Transferreformen auf Länder- und Gemeinde-Ebene

Dieser Beitrag widmet sich den Transfers auf Ebene der Länder, Gemeinden und Gemeindeverbände und den dabei erforderlichen Reformen. Im Jahr 2015 umfassten diese Transfers ein Volumen von rund 5 Mrd. Euro[1], 3,2 Mrd. Euro von den Gemeinden an die Länder, 1,7 Mrd. Euro von den Ländern an die Gemeinden[2], das waren etwas mehr als 70 Prozent der Gemeindeertragsanteile. Mit dem FAG 2017 wurde das Transfervolumen sogar noch erhöht.

Nach einer einleitenden kurzen Darstellung der zentralen Merkmale und der Reformerfordernisse des Transfersystems werden im Anschluss drei Reformansätze skizziert sowie die Voraussetzungen für eine ganzheitliche Reform der Transfers auf Länder- und Gemeindeebene herausgearbeitet. Zusätzlich werden die aktuellen Maßnahmen im FAG 2017 für eine Transferreform kritisch betrachtet. Nähere Informationen zu Funktion und Zielsetzungen von Transfers können dem Beitrag Brückner, Haindl, Mitterer „Tertiärer Finanzausgleich" im vorliegenden Band entnommen werden. Die Transferreformen werden primär aus finanzwissenschaftlicher Sicht auf Basis von Governance-Aspekten entwickelt.

1. Zentrale Merkmale des Transfersystems

Die nachfolgenden Ausführungen zu den zentralen Merkmalen der Länder-Gemeinden-Transferbeziehungen veranschaulichen sehr gut die zentralen Merkmale des äußerst komplexen Transfersystems.

1.1 Komplexes, intransparentes System

Das System ist von einer Vielzahl an Transferbeziehungen und Verflechtungen gekennzeichnet. Transfers reichen von den Umlagen der Gemeinden an die Länder (insbesondere Krankenanstalten-, Sozialhilfe- sowie Landesumlage) über Förderungen der Länder an die Gemeinden aus Landesmitteln (z. B. Feuerwehrwesen, Nachmittagsbetreuung, Kinderbetreuung, Musikschule usw.) bis hin zu den Gemeinde-Bedarfszuweisungsmitteln (für Infrastrukturprojekte wie auch den Haushaltsausgleich), die ebenfalls von den Ländern vergeben werden. Für das Jahr 2008 wurden 52.000 Transferbeziehungen zwischen Ländern und Gemeinden ermittelt.[3]

---

[1] Die hier verwendete finanzwirtschaftliche Definition von Transfers unterscheidet sich von der Definition der volkswirtschaftlichen Gesamtrechnung, siehe Beitrag Bauer; Thöni: „Finanzausgleich im Überblick" im vorliegenden Band.
[2] Mitterer et al.: Österreichische Gemeindefinanzen 2017, 2017, S. 33.
[3] Biwald et al.: Transfers und Kostentragung, 2010, S. 37 f.

Weiters sind die Transferbeziehungen in den einzelnen Bundesländern unterschiedlich gestaltet. Das bedeutet, dass es u. a. acht unterschiedliche Umlagensysteme gibt. Sie variieren vor allem in Bezug auf die Höhe und die Bemessungsgrundlage, aber auch hinsichtlich der grundsätzlichen Verpflichtung (so gibt es beispielsweise in der Steiermark keine Krankenanstaltenumlage und in Niederösterreich keine Landesumlage).

Die unzureichende Transparenz ist vielschichtig: Die Transferberichte sind – falls vorhanden – aufzählend und wenig analytisch, es fehlen in einigen Bundesländern nachvollziehbare Kriterien zur Verteilung der Gemeinde-Bedarfszuweisungsmittel sowie Nachweise über die Mittelverwendung. Bei den Umlagen fehlen transparente Nachweise zur Berechnung des Ko-Finanzierungsanteils der Gemeinden. Die Verteilungswirkungen der einzelnen Transfers – wie auch des Transfersystems insgesamt – sind in der Regel nicht nachvollziehbar (mit Ausnahme von Auswertungen, die seitens des KDZ in den letzten Jahren angestellt wurden[4]).

Eine weitere Ausprägung der Intransparenz ist das Vermischen von Ko-Finanzierungen zugunsten der Länder und Ressourcenausgleich zwischen den Gemeinden. So erfolgt beispielsweise mit der Landesumlage seitens der Gemeinden ein Mittelentzug zugunsten der Länder. Gleichzeitig erfolgt aufgrund der Bemessung der Höhe der Landesumlage auf Basis der Finanzkraft ein Ressourcenausgleich zwischen den Gemeinden. Wieviel eine finanzkräftige Gemeinde mit der Landesumlage an das Land und wieviel diese Gemeinde an Ressourcenausgleich indirekt an finanzschwache Gemeinden leistet, bleibt nicht nachvollziehbar. Dies trifft in der Regel auch auf die Krankenanstalten- und Sozialhilfeumlage iwS. zu. Grundsätzlich weisen die Gemeinden einen negativen Transfersaldo gegenüber den Ländern aus.

1.2 Unklare Zielsetzungen und Verteilungswirkungen

Die Zielsetzungen des gesamten Transfersystems wie auch einzelner Transfers sind unklar. Die Umlagen dienen primär der Finanzierung der Länder sowie dem Finanzkraftausgleich zwischen den Gemeinden. Warum in einem Bundesland die Gemeinden 10 Prozent der nicht gedeckten Abgänge der Länder im Krankenanstaltenbereich tragen müssen, in anderen Bundesländern jedoch 40 Prozent, ist – mit Ausnahme scheinbar unterschiedlicher Finanzierungsbedarfe der Länder – nicht nachvollziehbar.

Ähnliches gilt für den Förderbereich. Gemeinde-Bedarfszuweisungen und Landesförderungen dienen in der Regel einer Mitfinanzierung von Infrastrukturmaßnahmen auf Gemeindeebene sowie des laufenden Betriebes in den jeweiligen Bereichen. Teilweise sind auch Anreize für das Erreichen bestimmter, höherer Qualitätsstandards erkennbar (z. B. Öffnungszeiten in der Kinderbetreuung).

Das Erreichen von Effizienzzielen (z. B. das Abgelten von Spill-overs, die Reduktion von Transaktionskosten) hat bei den Landesförderungen

---

4   Zu nennen sind hier beispielsweise Mitterer et al.: Länder-Gemeinde-Transferverflechtungen, 2016; Biwald et al.: Gemeinde-Transferbericht, 2013; Biwald et al.: Transfers und Kostentragung, 2010.

geringen bis keinen Stellenwert. In der Regel erfolgt auch keine Verknüpfung der Umlagen und Förderungen mit konkreten Zielsetzungen hinsichtlich gewünschter Verteilungswirkung bzw. im weiteren Sinn mit Wirkungszielen. Die einzelnen Regelungen werden hinsichtlich ihrer Ziele nicht aufeinander abgestimmt.

1.3 Nicht abgestimmter primärer, sekundärer und tertiärer Finanzausgleich

Die Finanzausstattung der Gemeinden aus dem primären Finanzausgleich (Ertragsanteile und gemeindeeigene Steuern) wird durch den sekundären (Gemeinde-Bedarfszuweisungsmittel[5], Landesumlage) sowie den tertiären Finanzausgleich (Krankenanstalten- und Sozialhilfeumlage, Landesförderungen) massiv verändert.

Die Auswirkungen der Transfers sind auf die Finanzausstattung der Gemeinden je Einwohnerklasse substanziell. So ist sowohl bei den Transfereinnahmen als auch bei den Transferausgaben eine deutlich ressourcenausgleichende Wirkung erkennbar. Dies führt dazu, dass die Finanzkraft pro Kopf nach den diversen Transferverflechtungen bei den Kleinstgemeinden in etwa gleich hoch ist wie bei den größten Gemeinden. Damit verbleiben den größeren Gemeinden weniger Mittel zur Finanzierung ihrer Aufgaben, wie auch der zentralörtlichen Aufgaben. Trotz unterschiedlichem Aufgabenumfang ist die Finanzausstattung nach den diversen Verteilungsprozessen im Transfersystem bei den kleinsten und größten Gemeinden daher ähnlich hoch.

Der sekundäre und tertiäre Finanzausgleich hat im Zeitverlauf an Bedeutung gewonnen, sodass die Mittelausstattung im primären Finanzausgleich immer stärker beeinflusst wird. Insgesamt ist festzuhalten, dass jedoch keine abgestimmte Zielsetzung der einzelnen Finanzausgleichsteile besteht und daher ein koordiniertes Vorgehen der mit dem FAG geregelten Mitteln (Ertragsanteile und Bundestransfers) sowie der Transferbeziehungen zwischen Ländern und Gemeinden fehlt.

1.4 Transaktionskosten des Transfersystems

Die Transaktionskosten sind substanziell. Im Zuge der Evaluierung zum FAG 2008 wurde festgestellt, dass die Transaktionskosten des Transfersystems zwischen Ländern und Gemeinden „rund 33 Mio. Euro p.a. (betragen), wobei dabei Such-, Informations- und Lobbyingaufwendungen nur ansatzweise berücksichtigt sind. In Summe sind 330 Vollbeschäftigtenäquivalente (VBÄ) (ohne sonstige Aufgabenbereiche) bis 390 VBÄ (alle Aufgabenbereiche) im Transfersystem zwischen Ländern und Gemeinden gebunden. Das Verhältnis zwischen Transaktionskosten und Transfersummen bewegt sich in einer Bandbreite von 2,4 bis 4,5 Prozent."[6]

---

5   Siehe dazu auch Rechnungshof, Reihe Bund 2016/4.
6   Biwald et al.: Transfers und Kostentragung, 2010, S. 9.

2. Reformerfordernisse

Das beschriebene intransparente, ohne klare Verteilungswirkungen bestehende komplexe Transfersystem, das den Zielsetzungen des primären Finanzausgleichs hinsichtlich der Finanzmittelausstattung entgegenwirkt, bedarf einer Neugestaltung. In der Reform-Debatte der letzten Jahre[7] haben sich insbesondere folgende Reformerfordernisse herauskristallisiert:

Klare Zielsetzungen

Der Finanzausgleich und insbesondere auch das Transfersystem bedürfen klarer Zielsetzungen. Zu berücksichtigen sind dabei unterschiedliche Themenstellungen, wie der Beitrag des Finanzausgleichssystems zur Balance zwischen Wachstums-, Effizienz- und Gleichheitszielen. Weiters sollten befristete politische Prioritäten integriert werden. Zu klären wäre auch die Rolle der einzelnen Teile des Finanzausgleichssystems – und damit auch des Transfersystems. Notwendig wäre auch eine Debatte und schließlich politische Entscheidung zu angestrebten Verteilungswirkungen auf die finanzielle Situation der Gemeinden bzw. nach einzelnen Gemeindetypen.

Reduktion des Transfervolumens

Wie bereits einleitend dargestellt, beläuft sich das Transfervolumen zwischen Ländern und Gemeinden im Jahr 2015 auf 5 Mrd. Euro. Seit 2006[8] ist dieser Wert um 1,7 Mrd. Euro bzw. 49 Prozent gestiegen. Die Gemeinde-Ertragsanteile haben im Zeitraum 2006 bis 2015 um 1,8 Mrd. Euro zugenommen. Damit gewinnt der sekundäre und tertiäre Finanzausgleich aufgrund der dynamischeren Entwicklung im Vergleich zum primären Finanzausgleich kontinuierlich an Bedeutung.

Folglich sind die Reduktion der Anzahl und des Volumens der Transfers und ein besseres Zusammenspiel der Finanzausgleichselemente zentrale Reformerfordernisse.

Entflechten der Transfers zwischen Ländern und Gemeinden

Ein zentraler Aspekt der Entflechtung ist ein schrittweises Zusammenführen der Aufgaben-, Ausgaben- und Finanzierungsverantwortung. Damit verbunden ist ein Abtausch verschiedener Umlagen zwischen Ländern und Gemeinden. Beispielsweise würde ein Abtausch der Krankenanstaltenumlage mit den Förderungen für Kinderbetreuung bedeuten, dass die Gemeinden die Krankenanstalten nicht mehr mitfinanzieren und seitens der Länder keine Zuschüsse mehr zur Kinderbetreuung erfolgen. Realisiert wurde diesbezüglich bisher nichts.

---

7   Siehe dazu insbesondere Bauer; Mitterer: Zum Abbau von Transferverflechtungen, 2009; Biwald et al.: Transfers und Kostentragung, 2010; Mitterer et al.: Länder-Gemeinde-Transferverflechtungen, 2016.
8   Siehe dazu Mitterer et al.: Gemeindefinanzen 2017, Abbildung 28, S. 34.

Vereinfachter, transparenter Ressourcenausgleich

In den letzten Jahren erfolgt der Ressourcenausgleich zwischen den Gemeinden über mehrere Transfers. Konkret sind dies die Landesumlage, die Krankenanstaltenumlagen, die Sozialhilfeumlagen, die Bedarfszuweisungsmittel sowie Mittel zum Haushaltsausgleich. Hinzu kamen mit dem FAG 2008 noch der Finanzkraft-Finanzbedarf-Ausgleich im Rahmen der Ertragsanteilsverteilung sowie der Gemeindekopfquotenausgleich im Rahmen der Finanzzuweisungen des Bundes.

Mit dem FAG 2017 wurde der gesamte Ressourcenausgleich auf der Gemeindeebene – ohne inhaltlichen Rahmen – in die Verantwortung der Länder gelegt, ein Monitoring ist vorgesehen. Damit würde die Möglichkeit bestehen, den Ressourcenausgleich auf einen gebündelten und objektiven Transfer mit gezielter Ausgleichswirkung zu reduzieren. Jedenfalls besteht das Erfordernis, den Ressourcenausgleich transparent und nachvollziehbar zu gestalten. Dabei ist insbesondere zu klären, wie weit ein Finanzkraftausgleich erfolgen soll, sowie welche Transfers dafür wie eingesetzt werden. Der Lasten- ist vom Ressourcenausgleich zu trennen und daher einerseits Transfers mit klar lastenausgleichender, andererseits Transfers mit ressourcenausgleichender Wirkung zu implementieren.

Verstärkter, transparenter Lastenausgleich

Die Aufgabenorientierung hat im derzeitigen Finanzausgleichsystem im Allgemeinen und im Transfersystem im Speziellen einen geringen Stellenwert. Insbesondere zu nennen ist hier die Abgeltung von besonderen Lasten aufgrund von sozio-ökonomischen, geografischen oder zentralörtlichen Faktoren. Gerade Landesförderungen und Gemeinde-Bedarfszuweisungen sollten daher verstärkt an tatsächlichen Aufgaben oder an Wirkungszielen ausgerichtet sein.

In diesem Zusammenhang ist auch die Entwicklung eines Modells zur Bestimmung der regionalen Versorgungsfunktion von Gemeinden (z. B. in den Bereichen Gesundheit, Bildung, öffentlicher Verkehr, technische Infrastrukturnetze, Verwaltung, Kultur, Sport- und Freizeit) zu nennen, um den möglichen finanziellen Ausgleich für die angebotenen Leistungen unter bestimmten Annahmen abschätzen und festlegen zu können.[9] Die Berücksichtigung unterschiedlicher Aufgabenbedarfe der Gemeinden aufgrund verschiedener regionaler Versorgungsfunktionen könnte auch zu einer stärkeren Aufgabenorientierung der Transfers zwischen Ländern und Gemeinden führen.

---

9   Ein erstes Konzept findet sich in Mitterer et al.: Bestimmung der regionalen Versorgungsfunktion, 2016.

Annäherung der länderweise unterschiedlichen Transfersysteme

Wie bereits angeführt, gibt es acht unterschiedlich ausgestaltete Länder-Transfersysteme, die sich teils deutlich voneinander unterscheiden.[10] Eine Annäherung der Transfersysteme wäre hier sinnvoll, beispielsweise hinsichtlich Transferumfang, Transferanzahl oder gewünschter Verteilungswirkungen.

Alternativ wäre ein bundesweit einheitlicher Rahmen auf Basis eines im Finanzausgleich verankerten Transferrahmens mit Bandbreiten zur länderspezifischen Ausgestaltung, um auch regionale Besonderheiten berücksichtigen zu können. Nähere Ausführungen hierzu finden sich in den folgenden Reformoptionen.

Transferreform auch ohne Gesamtreform des Finanzausgleichsystems

Grundsätzlich sollte eine Reform des sekundären und tertiären Finanzausgleichs – und damit auch der Transfers – Teil einer Gesamtreform sein. Da solche Gesamtreformen jedoch nur unter bestimmten Konstellationen realisierbar sind, ist es durchaus sinnvoll, Transferreformen auch entkoppelt von einer Gesamtreform des Finanzausgleichs näher ins Auge zu fassen. Dies ist grundsätzlich auf gesamtstaatlicher Ebene wie auch auf der Ebene einzelner Länder möglich.

3. Reformgrundsätze und -ansätze

Kritik am bestehenden Transfersystem wird aufgrund der zahlreichen zuvor angeführten Schwächen sowohl von vielen politischen Interessenvertretungen als auch im finanzwissenschaftlichen Diskurs geübt. Eine Einigung auf einheitliche, bundesweit gültige Ziele einer Transferreform ist aufgrund der diversen konträren Grundhaltungen der Verhandlungspartner bisher gescheitert.

Unabhängig von den Interessengegensätzen, sollte sich eine Transferreform an folgenden finanzwissenschaftlichen Grundsätzen orientieren:

1. Vertikale – z. B. zwischen Ländern und Gemeinden – zweckgebundene Transfers dienen nicht der permanenten Aufgabenfinanzierung für maßgebliche Gruppen subnationaler Gebietskörperschaften, sondern vielmehr der finanzwirtschaftlichen Feinsteuerung. Damit sollen etwa ein zeitweiliger oder partieller Ausgleich von besonderen Lasten unterstützt werden (Nachholbedarf, Schuldenkonsolidierung, Katastrophenvorsorge oder -nachsorge) oder auch Programme zur Effektivitäts- und Effizienzsteigerungen oder für institutionelle Innovationen zur Planung und Steuerung realisiert werden (z. B. Einrichten von Stadtregionen, von „Wiederbelebungsregionen" in Abwanderungsgebieten). Es sollten jedoch nicht permanent das Gesundheits- und Sozialwesen von einer

---

10 Die Regelungen in den Ländern ergeben acht unterschiedliche Länder-Transfersysteme. Nähere Ausführungen dazu finden sich im Beitrag Brückner; Haindl; Mitterer: „Tertiärer Finanzausgleich" im vorliegenden Band.

Gebietskörperschaften mitfinanziert werden – ohne Aufgaben- und Ausgabenverantwortung.
2. Horizontale Transfers – d. h. zwischen den Gemeinden – sind im Vergleich zu vertikalen Transfers mit der Autonomie der jeweiligen Ebene verträglicher. Sie dienen einerseits der Abgeltung von externen Effekten im Kontext gemeinsamer Standortpolitik sowie andererseits dem Ausgleich bei geplanter regionaler „Arbeitsteilung" (= Lastenausgleich) sowie bei Differenzen der Steuereinnahmen pro Kopf (= Ressourcenausgleich).
3. Pro Transfer ist möglichst nur ein Ziel zu formulieren. Dies ist periodisch zu überprüfen, bei Bedarf weiterzuentwickeln. Bei abschließender Zielerreichung ist der Transfer auch wieder aufzuheben.
4. Starkes Reduzieren der Zahl der Transfers führt zu mehr Transparenz, zu konsistenten Zielen und zu geringeren Transaktionskosten. Anstelle zahlreicher Maßnahmen könnte beispielsweise ein einziger Transfer zum Ressourcenausgleich dienen.

Das KDZ beschäftigt sich bereits seit vielen Jahren intensiv mit der Analyse der Transferverflechtungen und den daraus ableitbaren Reformansätzen. Im Jahr 2016 erfolgte eine umfassende Studie zu den Transferbeziehungen zwischen Ländern und Gemeinden.[11] Dabei wurden auch ein Zusammenführen bestehender Reformansätze vorgeschlagen, welche zu verschiedenen Reformvarianten weiterentwickelt wurden. Im Nachfolgenden erfolgt ein Überblick über die Ergebnisse dieser Studie.

Grundsätzlich haben sich in der Diskussion zur Transferreform drei optionale Ansätze[12] herauskristallisiert:

- Bundesweit einheitlicher Rahmen für Länder-Gemeinde-Transferbeziehungen – Stärken von bundesweit einheitlichen Rahmenbedingungen in der Finanzverfassung und/oder im Finanzausgleichsgesetz.
- Punktuelle Reformansätze in den Länder-Gemeinde-Transferbeziehungen erfolgen – hier besteht eine Palette an umsetzbaren Maßnahmen.
- Neuordnung von bundesweit einheitlichem Finanzausgleich und Länder-Gemeinde-Transferbeziehungen – dieser umfangreiche Reformansatz zeigt die Möglichkeiten einer Neuordnung der Transferbeziehungen bei einer ganzheitlichen Reform des Transfersystems auf.

Die einzelnen Ansätze werden nachfolgend näher ausgeführt.

---

11 Mitterer et al.: Länder-Gemeinde-Transferverflechtungen, 2016 – im Auftrag der Arbeiterkammer.
12 Zuletzt zusammengefasst und konkretisiert ebd. S. 115 ff.

Abbildung 1: Reformvarianten Länder-Gemeinde-Transferverflechtungen

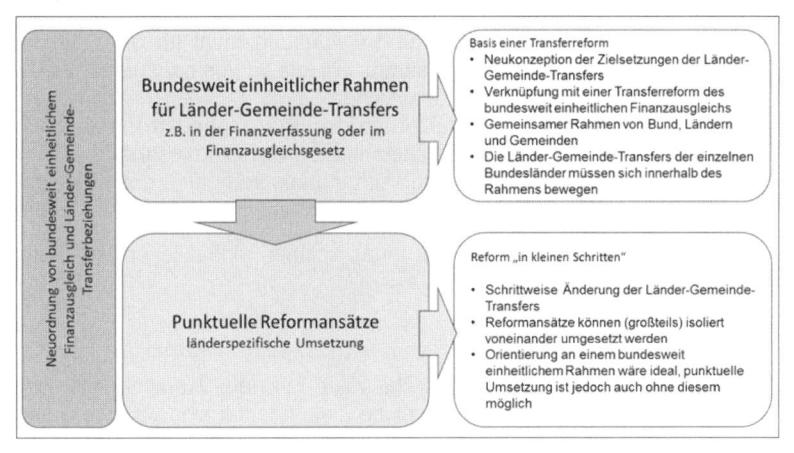

```
┌─────────────────────────────────────────────────────────────────┐
│                    Bundesweit einheitlicher Rahmen              │
│                    für Länder-Gemeinde-Transfers                │
│                    z.B. in der Finanzverfassung oder im         │
│                    Finanzausgleichsgesetz                       │
└─────────────────────────────────────────────────────────────────┘
```

- Basis einer Transferreform
- Neukonzeption der Zielsetzungen der Länder-Gemeinde-Transfers
- Verknüpfung mit einer Transferreform des bundesweit einheitlichen Finanzausgleichs
- Gemeinsamer Rahmen von Bund, Ländern und Gemeinden
- Die Länder-Gemeinde-Transfers der einzelnen Bundesländer müssen sich innerhalb des Rahmens bewegen

Punktuelle Reformansätze – länderspezifische Umsetzung

Reform „in kleinen Schritten"
- Schrittweise Änderung der Länder-Gemeinde-Transfers
- Reformansätze können (großteils) isoliert voneinander umgesetzt werden
- Orientierung an einem bundesweit einheitlichem Rahmen wäre ideal, punktuelle Umsetzung ist jedoch auch ohne diesem möglich

(Neuordnung von bundesweit einheitlichem Finanzausgleich und Länder-Gemeinde-Transferbeziehungen)

Quelle: Mitterer et al.: Länder-Gemeinde-Transferverflechtungen, 2016, S. 119.

3.1 Schaffen eines bundesweit einheitlichen Rahmens für Länder-Gemeinde-Transferbeziehungen

Mit einem bundesweit einheitlichen Rahmen könnten die Transferbeziehungen zwischen Ländern und Gemeinden neu ausgerichtet sowie ein wichtiger Beitrag zur Vereinfachung und Transparenz der Systems geschaffen werden.

Der Nutzen eines solchen Reformansatzes liegt insbesondere in nachfolgenden Punkten begründet:

- Der Fokus der Reform liegt auf der Gesamtarchitektur des Transfersystems und schließlich des gesamten Finanzausgleichs.
- Allokative, distributive als auch effizienzfördernde Ziele und Elemente des Transfersystems können besser aufeinander abgestimmt werden.
- Damit verbunden ist auch eine bessere Abstimmung des primären, sekundären und tertiären Finanzausgleichs.
- Mit dem Reformprozess wird eine grundsätzliche Debatte über verfolgte Ziele und die damit verbundenen Verteilungswirkungen gefördert.
- Ein einheitlicher Rahmen kann die Vereinfachung des Transfersystems bundesweit umsetzbar machen und leistet einen wichtigen Beitrag zur Transparenz.

Für eine erfolgreiche Umsetzung eines bundesweit einheitlichen Rahmens für das Transfersystem sind einige wichtige Voraussetzungen zu beachten:

- Es bedarf einer gemeinsamen Zielsetzung von Bund, Ländern und Gemeinden.
- Die Ziele sind ausreichend zu konkretisieren und verpflichtend zu evaluieren. Die Gesamtheit der Transfers ist dabei entscheidend, die negativen Transfersalden aus Gemeindesicht sind zu reduzieren.

- Folglich kann ein solcher Rahmen nur in einem Diskussions- und Entscheidungsprozess von Bund, Ländern und Gemeinden geschaffen werden.
- Dies erfordert ein Mitsprache- und Gestaltungsrecht für die Gemeinden. Dies ist ein wichtiger Beitrag, um die Gemeindeautonomie zu stärken bzw. in ihrem Bestand zu sichern.
- Ebenso bedarf es einer Verankerung des grundlegenden Verständnisses zu den Wirkungen der Transfers in der Finanzverfassung.
- Schließlich ist eine gemeinsame Verhandlung von primärem, sekundärem und tertiärem Finanzausgleich erforderlich.

Die zentralen Regelungsinhalte eines solchen einheitlichen Rahmens können die folgenden Themen umfassen:[13]

Ziele festsetzen

Zu klären wäre insbesondere, welche Ziele mit dem Transfersystem im Finanzausgleich verfolgt werden, welche Ziele prioritär sind, welche weiteren politischen, temporären Prioritäten zu berücksichtigen sind sowie welche Verteilungswirkungen angestrebt werden.

Transferreduzierung

Im Mittelpunkt sollte das Zusammenführen der Aufgaben-, Ausgaben- und Finanzierungsverantwortung stehen. Dies könnte zum Beispiel konkret bedeuten, dass die Länder für die Sozialhilfe- und Krankenanstaltenfinanzierung verantwortlich sind, während die Finanzierung von Kinderbetreuung, Pflichtschulen und Musikschulen vollständig an die Gemeinden gehen. Die bestehenden Transfers aus den genannten Titeln würden damit künftig entfallen. Dabei entstehende Finanzierungssaldi müssten über die Ertragsanteile aus dem primären Finanzausgleich abgegolten werden. Der mit diesen Transfers derzeit auch verfolgte Ressourcenausgleich müsste künftig durch einen eigenständigen Finanzkraft-Ausgleich – und nicht über mehrere Ländertransfers, die noch mit einer Mittelverschiebung zugunsten der Länder vermischt sind – erfolgen.

Transparente Fördervergabe

Die Gemeinde-Bedarfszuweisungen sollten transparent und bedarfsgerecht auf Basis eines österreichweit einheitlichen Vergabesystems mit regionalen Priorisierungen in einer vereinbarten Bandbreite vergeben werden. Die Grundlage sollten Vergaberichtlinien bilden, die von einem Beirat, bestehend aus dem jeweiligen Land sowie Gemeindebund und Städtebund, festgelegt werden. Die Bedarfszuweisungsmittel-Vergaben sind in einem Landes-Transfer-Bericht transparent zu machen.

---

13 Siehe auch Mitterer et al.: Länder-Gemeinde-Transferverflechtungen, 2016, S. 124 ff., wo ein detaillierteres Konzept vorgestellt wird.

Rahmenbedingungen zu Umlagen

Im bundesweit einheitlichen Rahmen sollte eine Bandbreite betreffend der Umlagenbelastung und -dynamik festgelegt werden. Die Eckpunkte einer solchen Regelung könnten beispielsweise sein, dass die Umlagenbelastung eine maximale Höhe der Ertragsanteile nicht überschreitet oder sich die Umlagenentwicklung an die Dynamik der Ertragsanteile anpasst.

Transparenz zu den Transfersalden schaffen

Die Transferdaten sollten bundesländerweise in einem Transfer-Informationssystem veröffentlicht werden.[14] Dabei sollten nicht nur die Daten und Zahlen dargestellt, sondern auch über das Ausmaß der Zielerreichung und der Verteilungswirkungen berichtet werden. Wichtig im Zuge der Transparenz ist auch, dass künftig die Krankenanstalten- und Sozialhilfeumlage länderweise transparent hinsichtlich Höhe, Entwicklung und Abrechnung dargestellt werden.

Stärkung der regionalen Ebene

Durch eine Verankerung regionaler Einheiten im Finanzausgleich als Planungs- und Finanzierungseinheit sollte künftig berücksichtigt werden, dass zahlreiche Funktionsverflechtungen innerhalb einer Region bestehen. So könnte beispielsweise ein Teil der Bedarfszuweisungsmittel ausschließlich für regionale Finanzierungsbedarfe zum Lastenausgleich verwendet werden. Voraussetzung wäre die Verankerung von Stadtregionen und ländlichen Regionen im Finanzausgleich.

3.2 Schrittweises Umsetzen einzelner, punktueller Reformansätze

Punktuelle Reformansätze können grundsätzlich unabhängig voneinander umgesetzt werden, wenngleich die Auswirkung in einzelnen Systemteilen des Finanzausgleichs sowie auch die Finanzmittelausstattung der Gemeinden und Länder zu beachten sind. Sie können auch in Form einer schrittweisen Umsetzung mittel- bis langfristig zu einer grundlegenderen Systemreform beitragen. Als Vorteil von punktuellen Reform wird „die vergleichsweise einfache Umsetzung, da keine grundsätzliche Diskussion und Einigung zwischen Bund, Ländern und Gemeindeebene notwendig ist"[15], gesehen. Ein möglicher Nachteil ist, dass mit punktuellen Reformen die Komplexität des Transfersystems und seine Schwächen nicht grundlegend reduziert, im schlechtesten Fall sogar noch erhöht werden, aber auch verzerrend wirken. Jedoch können sie in einem abgestimmten, schrittweisen Konzept eine grundlegende Reform einleiten.

---

14 Wie eine solche Veröffentlichung erfolgen kann, zeigt die für Gemeindefinanzen vom KDZ betriebene Plattform „www.offenerhaushalt.at". Hier findet sich auch der sogenannte „Subventions-Checker", mit dem die Förderungen der Gemeinden differenziert sowie nachvollziehbar dargestellt werden können.
15 Mitterer et al.: Länder-Gemeinde-Transferverflechtungen, 2016, S. 125.

Im Folgenden wird ein Überblick über einzelne, punktuelle Reformansätze gegeben. Die Eckpunkte der Reform sind auch hier eine Transferreduzierung und ein Transferabtausch, Transparenz durch Transferberichte, Transparenz bei der Abrechnung von Umlagen sowie bei der Fördervergabe sowie Mitsprache der Gemeinden bei Umlagenhöhe, -dynamik und Verteilungswirkungen:

Tabelle 1: Punktuelle Reformansätze

Reformbereich	Reformansätze
Transferreduzierung / Transferabtausch	* Schritt 1: Entfall Landesumlage, Abtausch gegen Landesförderungen Schritt 2: Entfall Krankenanstalten- und Sozialhilfeumlagen, Abtausch gegen Ertragsanteile bzw. Teil der Gemeinde-Bedarfszuweisungen * vor Abtausch: Evaluierung der Landesförderungen und Gemeinde-Bedarfszuweisungen ist notwendig
Jährliche Transferberichte	* Jährlicher Transferbericht in den einzelnen Bundesländern zu Transferbeziehungen und Wirkungen
Umlagen von den Gemeinden an die Länder	* Stärken der Rolle der Gemeinden: gemeinsame Bestimmung der Verteilungswirkungen, Umlagenhöhe und -dynamik, transparente Abrechnungen, Stärkung des Mitspracherechtes * Alternative Verteilungskriterien: Berücksichtigen von lastenausgleichenden Elementen
Förderungen von den Ländern an die Gemeinden	* Transparente Fördervergabe: Fördervergabe muss transparent, nachvollziehbar und bedarfsgerecht sein * Verstärkte Berücksichtigung aufgabenorientierter Kriterien bei der Fördervergabe: - Kopplung an konkrete Leistungen - Berücksichtigung von sozio-demografischen oder geografisch-topografischen Faktoren - Verstärkt für Ausgleich besonderer Lasten - Berücksichtigen unterschiedlicher regionaler Versorgungsfunktionen * Förderung von Gemeindekooperation * Förderungen an effizienzsteigernde Maßnahmen knüpfen

Quelle: Mitterer et al.: Länder-Gemeinde-Transferverflechtungen, 2016, S. 128.

Die punktuellen Reformansätze können in mehreren Schritten in unterschiedlicher Abfolge miteinander kombiniert werden, wobei der Transferabtausch dabei zentral ist.

In einer ersten Reformetappe könnte beispielsweise die Landesumlage gegen einen großen Teil der Landesförderungen abgetauscht werden. Der damit wegfallende Finanzkraftausgleich könnte durch einen eigenständigen Ausgleich zwischen den Gemeinden ersetzt werden. Auch die finanzkraft-ausgleichenden Komponenten der Krankenanstalten- und Sozialhilfeumlage könnten in den neuen Finanzkraftausgleich integriert werden. Die Höhe von Krankenanstalten- und Sozialhilfeumlage würde dann primär nach verursachungsgerechten Parametern bestimmt sowie an die Entwicklung von Einnahmenparametern (z. B. Ertragsanteile) gebunden werden. In der ersten Reformetappe könnte auch ein jährlicher Transferbericht umgesetzt werden.

In der zweiten Etappe könnten die Krankenanstalten- und Sozialhilfeumlage gegen Ertragsanteile bzw. einen Teil der Bedarfszuweisungsmittel abgetauscht werden. Weiters sollten die verbleibenden Bedarfszuweisungsmittel transparent verteilt werden.

3.3 Neuordnung von bundesweit einheitlichem Finanzausgleich und Länder-Gemeinde-Transferbeziehungen

Die Notwendigkeit einer Neuordnung der Transfers über alle Gebietskörperschaften hinweg kann wie folgt begründet werden: Der primäre, sekundäre und tertiäre Finanzausgleich sind miteinander verknüpft und sollte dementsprechend auch gemeinsam neu konzipiert und somit hinsichtlich der Ziele und Wirkungen auch aufeinander abgestimmt werden. Regionale Gestaltungsmöglichkeiten können damit in einem bestimmten Rahmen weiterhin sichergestellt werden. Die Transaktionskosten würden sich wesentlich reduzieren – statt einem Finanzausgleichsgesetz plus dutzende Regelungen in Landesgesetzen und Art. 15a-Vereinbarungen, würde die primäre Regelung auf Basis einer Vereinbarung von Bund, Ländern und Gemeinden im Finanzausgleichsgesetz erfolgen. Ebenso könnten durch Entflechten und Reduktion der Transfers eine weitere Entlastung bei den Transaktionskosten erzielt werden.

Eine solche ganzheitliche Reformoption hätte folgende inhaltliche Schwerpunkte[16]:

Ressourcenausgleich

Ein einziger bundesweit einheitlicher, gebündelter Ressourcenausgleich ersetzt die bestehenden verschiedenen Instrumente mit ressourcenausgleichender Wirkung (vor allem Umlagen oder bisherige finanzkraftausgleichende Elemente bei den Ertragsanteilen). Der Ressourcenausgleich sollte dabei neu konstruiert werden. Überdurchschnittlich hohe Finanzkraft soll reduziert, unterdurchschnittliche Finanzkraft erhöht werden, Finanzkraftunterschiede sollen nicht vollständig, sondern nur bis zu einer bestimmten, festzulegenden Grenze ausgeglichen werden. Bei Bedarf kann eine Bandbreite des Ressourcenausgleichs festgelegt werden, welche länderweise unterschiedlich genutzt werden können. Über Bedarfszuweisungsmittel sollte kein Ressourcenausgleich mehr erfolgen. Vielmehr sollte er sich auf die eigentlichen allokativen Zwecke der Investitionsförderungen beschränken.

Selektiver Lastenausgleich

Grundsätzlich sollte der Lastenausgleich im Rahmen der Ertragsanteilsverteilung erfolgen. Dabei sollte nicht das Abgelten anhand von Kostensätzen im Mittelpunkt stehen, sondern jenes mithilfe von Stellvertretergrößen. So könnten hier die Bevölkerungsentwicklung, die Kinderbetreuungs- und Integrationslasten, die Soziallasten sowie geografisch-topografische Lasten (z. B. Siedlungsdichte, Seehöhe) berücksichtigt werden.

Darüber hinausgehend ist ein besonderer Ausgleich bei „schwieriger räumlicher oder sozio-ökonomischer Rahmenbedingungen, die zur Schwächung der regionalen Finanzkraft und zu Sonderlasten führen, durch Ko-Finanzierung von Entwicklungsprojekten zu bieten. Solche Bedingungen

---

16 Siehe auch Mitterer et al.: Länder-Gemeinde-Transferverflechtungen, 2016, S. 130 ff.

wären etwa sozio-ökonomische Umstände des wirtschaftlichen Strukturwandels, wie Rückgang der landwirtschaftlichen Produktion in Rand- und Berggebieten, Gebiete mit einem starken Strukturwandel der sekundären Güterproduktion, Gebiete mit überdurchschnittlichen Bevölkerungsverlusten durch Abwanderung".[17]

Dies trifft auch bei zeitlich befristeten übermäßigen Belastungen zu, z. B. bei starkem Bevölkerungswachstum oder bei überdurchschnittlich hohen Belastungen im Sozialsystem. Dieser besondere Lastenausgleich kann durch zeitlich befristete Strukturausgleichstransfers für ausgewählte regionale Projekte erfolgen. Die Mittel können Bundes- oder Landesmittel sein oder aus einem bundesweiten Solidarbeitrag aller Gemeinden gespeist werden.

Abgelten regionaler Spill-Overs

Jene Leistungen der Gemeinden, von denen auch die Bürgerinnen und Bürger der umliegenden Gemeinden profitieren, sollten im Ausmaß der Nutzung durch die Umlandgemeinden mit der Verteilung der Ertragsanteile den zentralen Orten abgegolten werden. Dies erfordert eine aufgabenorientierte Verteilung, in dem beispielweise für den Kultur-, Sport- und ÖPNV-Bereich die Mittel nach klaren Indikatoren verteilt werden. Alternativ bzw. ergänzend kann die Schaffung von Klein- bzw. Stadtregionsfonds eine Finanzierung für regionale Versorgungsleistungen und/oder Aufgaben mit regionaler Wirkung bereitstellen. Basis wäre eine Umlage der einzelnen Gemeinden einer Klein- bzw. Stadtregion an einen gemeinsamen Fonds, aus dem zentralörtliche Aufgaben und/oder Aufgaben mit regionaler Wirkung finanziert werden. Damit würden auch jene Gemeinden, welche von der Leistung anderer Gemeinden und Städte profitieren, einen Finanzierungsbeitrag für diese Leistungen erbringen.

4. Transferreformen im FAG 2017

4.1 Einschätzungen der Neuerungen

Mit dem FAG 2017 finden mehrere Änderungen im Transfersystem statt, wobei diese in erster Linie die Gemeindeebene betreffen. Zu nennen sind hier insbesondere die Verschiebung der bisherigen Mittel aus dem Gemeindekopfquotenausgleich (gemäß § 21 FAG 2008) in die Gemeinde-Bedarfszuweisungsmittel inkl. zusätzlicher Verwendungszwecke oder die zusätzlichen Mittel im Strukturfonds. Genaue Ausführungen zu den verschiedenen neuen Transfers können dem Teil 3 dieses Bandes entnommen werden.

Zur Einschätzung, inwieweit die im FAG 2017 gesetzten Maßnahmen tatsächlich eine Transferreform herbeiführen, soll an die im Kapitel 2 dargelegten wichtigsten Reformerfordernisse erinnert werden. In Zusammenhang mit der Transferreform wäre es insbesondere notwendig, klare Ziele

---

17 Siehe Biwald et al.: Transfers und Kostentragung, 2010, S. 107.

zu setzen und dementsprechend auch das Transfersystem in sich stimmig aufzusetzen. Im Rahmen der FAG-Verhandlungen konnte diese Zieldebatte nur bedingt geführt werden. Zentrale Diskussionen – wie insbesondere hinsichtlich der verfolgten Wirkungen – blieben offen.

Immerhin erfolgte eine Einigung, dass der Ressourcenausgleich an einer Stelle – und zwar bei den Ländern – zusammengeführt wird und damit die bisher bestandenen sehr vielfältigen Regelungen zum Ressourcenausgleich im primären, sekundären und tertiären Finanzausgleich deutlich reduziert werden. So entfallen die Finanzkraftausgleichsregelungen im Bereich der Ertragsanteile sowie bei den Bundestransfers bei der gemeindeweisen Unterverteilung zur Gänze. Es besteht nun eine klare Verantwortlichkeit der Länder, einen gerechten Ressourcenausgleich zwischen den Gemeinden zu schaffen, welcher auf bestehende landesrechtliche Finanzkraftregelungen Bedacht nimmt. Inwieweit die Länder ihre Verantwortung wahrnehmen und ob es damit zu veränderten Verteilungswirkungen zwischen den Gemeinden kommt, ist noch offen. Dies ist partnerschaftlich zwischen Ländern und Gemeinden abzustimmen.

Mit den neuen Mitteln aus dem Strukturfonds und den zusätzlichen Volumina in den Gemeinde-Bedarfszuweisungsmitteln wird es tendenziell zu keiner Abschwächung des derzeit sehr stark ausgeprägten Ressourcenausgleichs kommen. Vielmehr ist zu erwarten, dass die ressourcenausgleichenden Effekte in Zukunft noch weiter zunehmen.

Mit der Übertragung des Ressourcenausgleichs an die Länder wurde die Chance vergeben, eine bundesweit einheitliche Lösung für den Ressourcenausgleich zu finden. Dadurch werden die bereits jetzt stark differierenden Transfers nach Bundesländern noch weiter an Bedeutung gewinnen. Es ist zu erwarten, dass das Ungleichgewicht der Gemeinden je nach Bundesland weiter zunehmen wird.

Nicht gelungen sind weiters eine Reduktion des Transfervolumens sowie ein Entflechten der Transfers zwischen Ländern und Gemeinden. Insgesamt hat das Transfervolumen durch zusätzliche Mitteltöpfe zugenommen. Hier seien insbesondere die laufende Finanzzuweisung von 300 Mio. Euro für Länder und Gemeinden (davon 60 Mio. Euro für Gemeinden im Rahmen des Strukturfonds) sowie die Einmalzahlung für Migration und Integration für Gemeinden in der Höhe von knapp 40 Mio. Euro zu nennen.

Insbesondere bei der Beziehung zwischen Ländern und Gemeinden ist es zu einer weiteren Intensivierung der Transferbeziehungen gekommen. So wurden die Bedarfszuweisungsmittel um etwa 115 Mio. Euro aufgestockt (das ist der Großteil der bisherigen § 21-Mittel gemäß FAG 2008). Zusätzlich zu den bisherigen Verwendungszwecken für Investitionsförderungen und Haushaltsausgleich wurden nun auch neue Zwecke festgelegt: Interkommunale Zusammenarbeit, Gemeindezusammenlegungen, Unterstützung strukturschwacher Gebiete und ein landesinterner Finanzkraftausgleich. Dies bedeutet eine zusätzliche Zahl an Transferströmen und eine Zunahme der damit verbundenen Transaktionskosten.

Ebenfalls vereinbart sind Verwendungsnachweise für die zusätzlichen Bedarfszuweisungsmittel, sodass hier eine steigende Transparenz zu erwarten ist. Dass den landeseigenen Regelungen auch Zielsetzungen zugrunde gelegt werden, welche auch einer Evaluierung unterzogen werden können – insbesondere mit allokativen Wirkungen –, bleibt zu hoffen.

Hinzu kommt der Eisenbahnkreuzungsfonds von knapp 10 Mio. Euro im Jahr, dessen Mittel ebenfalls nach landesspezifischen Regelungen vergeben werden. Dies führt dazu, dass die Gemeinden noch stärker von Förderungen der Länder abhängig sein werden, womit nicht nur die Transfers an Bedeutung gewinnen, sondern auch die Gemeindeautonomie geschwächt wird.

Zu nennen ist weiters, dass sich eine gemeinsame Betrachtung von Bundes- und Landesregelungen im Rahmen der Finanzausgleichsverhandlungen aufgrund unterschiedlicher Interessenlagen als sehr schwierig erwiesen hat. Dies zeigt sich beispielsweise im Kinderbetreuungsbereich, welcher aus mehreren Finanztöpfen finanziert wird. Neben allgemeinen Mitteln wie Ertragsanteilen und eigenen Steuern bestehen noch Landesförderungen sowie die 15a-Mittel vom Bund. Im Rahmen der Verhandlungen ist es nicht gelungen, die verschiedenen Transferströme zu bündeln oder diese auch nur auf ein gemeinsames Ziel auszurichten.

In Summe ist erkennbar, dass den Ländern mit dem FAG 2017 deutlich mehr Entscheidungsbefugnisse bei der Ausgestaltung der Transferbeziehungen zwischen Ländern und Gemeinden eingeräumt wurden und das Transfersystem weiter gestärkt wurde. Ob dies der geeignete Weg ist, ist zu hinterfragen. Das anfängliche Ziel einer Transferreduzierung und -entflechtung wurde von Seiten der Länder erfolgreich abgewendet. Vielmehr sind das Transfervolumen und die Zahl an Transfers sogar gestiegen. Grundlegende Reformdiskussionen sind gerade im Transferbereich ausgeblieben.

4.2 Die nächsten erforderlichen Reformschritte

Die bisherigen Ausführungen haben gezeigt, dass eine bundesweit einheitliche Reform des Transfersystems in absehbarer Zeit nicht zu erwarten ist. Umso wichtiger ist es nun, das Augenmerk auf die landesinternen Regelungen zu legen und zumindest punktuelle Reformansätze innerhalb der Länder anzustreben.[18]

Da die Transfers sowohl die Länder- als auch Gemeindeebene betreffen, sollten auch die Gemeinden ein entsprechendes Mitgestaltungsrecht bei der Ausgestaltung des zukünftigen Transfersystems erhalten. Dies kann ein gemeinsames Bestimmen der Verteilungswirkungen der Transfers bedeuten, aber auch ein gemeinsames Festlegen der Regelungen zu Umlagenhöhe und -dynamik. Auch transparente Abrechnungen im Umlagenbereich sowie transparente Förderberichte bei Landesförderungen und Gemeindebedarfszuweisungsmitteln stärken ein Miteinander.

Im Rahmen eines gemeinsamen Reformprozesses sollten in sich konsistente länderweise Regelungen angestrebt werden, welche eine klar formulierte Zielsetzung verfolgen. Die Erreichung der angestrebten Ziele

---

18 Hierzu sei insbesondere auf die Ausführungen in Kapitel 3.2 im vorliegenden Beitrag verwiesen.

und Wirkungen ist regelmäßig zu überprüfen bzw. die gesetzten Zielsetzungen zu evaluieren. Bei der Neuordnung der Transferbeziehungen wären insbesondere die folgenden Aspekte zu berücksichtigen:

- Trennen von Ressourcen- und Lastenausgleich, um tatsächlich beabsichtigte Wirkungen besser verfolgen zu können;
- Zusammenfassen des Ressourcenausgleichs in einem gebündelten Transfer;
- Reduzieren des Transfervolumens und der Anzahl an Transfers, um Wechselwirkungen zu vermeiden;
- Kostendämpfungspfade in den Bereichen Gesundheit und Soziales sollten auch für die Umlagenentwicklung (Krankenanstaltenumlage, Sozialhilfeumlage) gelten – das ist derzeit nicht gesichert;
- Besseres Abstimmen der landesinternen Regeln mit der Ertragsanteileverteilung sowie den Bundestransfers;
- Verringern der Unterschiede bei den länderweisen teils sehr unterschiedlichen Transferregelungen.

Inwieweit das FAG 2017 tatsächlich einen Impuls zu einer Neustrukturierung der Transfers zwischen Ländern und Gemeinden gibt, wird sich noch zeigen. Es besteht jedenfalls die Chance, dass die Länder gemeinsam mit den Gemeinden und ihren Interessenvertretungen eine konsistente Rechtslage schaffen, welche auf bestehende landesrechtliche Regelungen Bedacht nimmt und auch mit der Ertragsanteileverteilung abgestimmt ist.

Helfried BAUER, Peter BIWALD,
Karoline MITTERER, Erich THÖNI

Zusammenfassung unter dem Aspekt der Reform der föderalen Politiken

1. Ausgewählte Ergebnisse

Im Teil 1 **Grundsätze der Verteilung von Aufgaben und Ressourcen im föderalen Bundesstaat** wird einleitend eine **Einführung zum Föderalismus und seinen bisherigen Reformansätzen** gegeben. Nach einer Begriffsklärung und -abgrenzung zu Unitarismus, Regionalismus und Bundesstaat werden verschiedene Föderalismustypen reflektiert. Ausgehend vom Trenn- und Verbundmodell werden die Konzepte des kooperativen Föderalismus und des Wettbewerbsföderalismus diskutiert. Bei ersterem Modell werden Aufgaben nicht einer Ebene, sondern zwei oder drei Ebenen zugeordnet und gemeinschaftlich erfüllt, es kommt zur Verflechtung der Ebenen. Im zweiten Modell verfügen die subnationalen Ebenen über einen relativ großen Grad an Gestaltungs- und Finanzierungsautonomie. Neben dem Trenn- oder Verbundansatz wird auch das Streben nach Übereinstimmung von Aufgaben-, Ausgaben- und Einnahmenverantwortung als zentrales Konstruktionsprinzip für den Föderalismus und den Finanzausgleich gesehen. Schließlich werden die bisherigen Reformansätze dargestellt. Die vorangegangenen Finanzausgleichsreformen werden weitgehend als Einnahmenreformen eingeschätzt, mit dem Finanzausgleich 2017 werden erste Ansätze zu einer Aufgabenorientierung gesehen. Angesichts der gesellschaftlichen, demografischen, wirtschaftlichen und politischen Rahmenbedingungen erhöht sich aus Sicht der Autoren in Österreich die Veränderungsnotwendigkeit der Organisation des Bundesstaates wie auch des Finanzausgleichs.

Im folgenden Beitrag wird auf einen **Überblick zum Finanzausgleich** allgemein und **zum österreichischen System im Speziellen** abgestellt. Nach einleitender Darstellung von System und Zielen aus finanzwissenschaftlicher Sicht wird der Finanzausgleich prinzipiell als ein dynamisches, zentral auf Aufgaben bezogenes Steuerungssystem der Finanzwirtschaft in föderal organisierten Staaten gesehen und vermittelt. Die Ziele dieses Steuerungssystems sind die Essenz guten Regierens, d.h. des transparenten und nachhaltigen Förderns und Schaffens von gesellschaftlichem Nutzen. Darauf aufbauend werden die Konstruktionsprinzipien und Instrumente des Finanzausgleichs beschrieben: das Verteilen von Aufgaben sowie das Aufbringen und Verteilen von Finanzmitteln. Schließlich steht das System des Finanzausgleichs, seine Teilbereiche (primärer, sekundärer und tertiärer Finanzausgleich) sowie Kritik und Reformbedarf im Mittelpunkt. Einen weiteren Schwerpunkt bilden die Strukturen der öffentlichen Finanzwirtschaft in Österreich. Ausgehend von den Finanzierungsstrukturen im OECD-Bereich erfolgt ein Überblick zur Entwicklung der Abgabenerträge für die Gebietskörperschaften in Österreich. Abschließend findet sich ein Überblick zur Finanzausgleichspolitik in Österreich seit den 1970er-Jahren sowie zu den neuen Regelungen des FAG 2017.

Im Teil 2 **Funktionsweisen und Evaluierungen des Finanzausgleichssystems seit 2008** werden zunächst unter dem Titel **Funktionsweisen und finanzielle Entwicklungen im Finanzausgleichssystem** ein Überblick über die Struktur und den Prozess der Mittelverteilung im Finanzausgleich sowie über die empirische Entwicklung der letzten 20 Jahre gegeben. Im ersten Kapitel des Beitrags erfolgt eine Gesamtsicht über die Elemente des Finanzausgleichs und deren Zusammenwirken. In den folgenden Kapiteln werden die Struktur und die längerfristige empirische Entwicklung für die einzelnen Elemente (eigene Abgaben, Ertragsanteile, Transfers) dargestellt. In der Zusammenfassung werden das stark ausgeprägte Verbundsystem (überwiegend gemeinschaftliche Bundesabgaben) und dessen Ausweitung in den letzten Jahren, die wachsende Bedeutung des tertiären Finanzausgleichs, die substanzielle Veränderung der Finanzausmittelausstattung im Zusammenspiel von primärem und tertiärem Finanzausgleich sowie die unzureichende Datentransparenz kritisch festgehalten.

Die **Kritischen Analysen und Reformvorschläge zum bestehenden Finanzausgleich** geben einen Überblick über die zentralen Erkenntnisse aus Studien und Beiträgen zum Finanzausgleich im Zeitraum 2008 bis 2016. Dies erfolgt anhand kurzer Auszüge aus ausgewählten Studien und Beiträgen zu den zentralen Inhalten aus finanzwissenschaftlicher sowie finanzpolitischer Sicht. Ebenso werden Ergänzungen zum FAG 2008 im Zeitraum bis 2016 am Beispiel der dynamischen Ausgabenbereiche Pflege, Gesundheit und Kinderbetreuung analysiert. Weiters werden Ergebnisse der Prüfungen des Rechnungshofes zu finanzausgleichsrelevanten Themen auszugsweise dargestellt sowie bestehende Reformvorschläge zur Abgabenhoheit, Aufgabenorientierung und den Transfers herausgearbeitet. Ausgewählte Studien, Beiträge und Rechnungshofberichte sind abschließend im Anhang unter **Materialien zu Evaluierungen des Finanzausgleichs** angeführt.

Ein Überblick zu nicht im FAG geregelten intragovernmentalen Transferbeziehungen folgt im Beitrag **Finanzierung und Transferbeziehungen im tertiären Finanzausgleich**. Ausgehend von den Merkmalen solcher Transfers werden die verschiedenen Zielsetzungen der Finanzflüsse reflektiert. Anschließend werden die Transferbeziehungen zwischen Gemeinden und Ländern analysiert. Darauf aufbauend werden die Wirkungen auf die Finanzausstattung, u.a. durch die Betrachtung der Transfersalden bei Gemeindegruppen verschiedener Finanzkraft herausgearbeitet. Weiters werden Finanzierungsbeiträge in ausgewählten Bereichen – Krankenanstalten, Soziales, Kinderbetreuung, Siedlungswasserwirtschaft sowie Katastrophenfonds – hinsichtlich der Ziele und der Organisation dargestellt. Ein Kapitel widmet sich der Einschätzung des tertiären Finanzausgleichs aus Sicht des Oberösterreichischen Landesrechnungshofs.

Der Beitrag über **Finanzierungsverflechtungen bei Gesundheit und Pflege** gibt einen Einblick in die teils komplizierten Regelungen und Finanzströme in diesen Bereichen. Ausgehend von der Finanzierung der Landesgesundheitsfonds bis Ende 2016 und den damit verbundenen

Länderquoten skizziert der Autor die Änderungen durch das FAG 2017 im Gesundheitsbereich. Schwerpunkte bilden dabei die Zweckwidmung für die Primärversorgung und überregionale Versorgung, die Ausgabenobergrenzen sowie mögliche Sanktionen. Die Finanzströme im Gesundheitsbereich zwischen den Gebietskörperschaftsebenen werden herausgearbeitet. Im Bereich Soziales stehen der Pflegefonds, die Art. 15a-Vereinbarungen sowie die landesgesetzlichen Regelungen im Mittelpunkt der Analyse. Mit dem FAG 2017 erfolgen einmalige Transfers für Migration und Integration sowie eine Finanzzuweisung zur Sicherstellung einer nachhaltigen Haushaltsführung an Länder und Gemeinden.

Der Teil 3 **Kommentar zum FAG 2017** wird mit einem Überblick **Zum Paktum des Finanzausgleichs 2017** eingeleitet. Dabei werden die zentralen Änderungen sowie die damit verbundenen Inhalte dargestellt und auch Aussagen zum Prozess der Finanzausgleichsverhandlungen geboten. Drei Schwerpunkte stehen im Mittelpunkt: Aufgabenorientierung, Abgabenautonomie sowie die Vereinfachung der Verteilung der Ertragsanteile und Transfers. Zusätzlich werden u.a. Regelungen zur Siedlungswasserwirtschaft, zum Klimaschutz (z.B. Klimaschutzkoordinationsmechanismus) sowie zur Förderung interkommunaler Zusammenarbeit und für strukturschwache Gebiete behandelt.

Im Anschluss daran folgt **Das Finanzausgleichsgesetz 2017 – Gesetzestext mit Kommentar**. In diesem werden die Regelungsinhalte, Mechanismen und Hintergründe zum FAG 2017 ausführlich erläutert, um das Verständnis für die neuen Regelungen zu unterstützen.

Im Teil 4 folgen **Stellungnahmen der FAG-Partner und Interessenvertreter** zum FAG 2017.

Die Vertreterin des **Bundes** eröffnet den Reigen mit ihrem Beitrag **Eckpunkte des FAG 2017 – von der Theorie auf den harten Boden der Praxis**. Als „Einstieg in den Umstieg" werden die Reformen zur Abgabenautonomie, Aufgabenorientierung sowie Benchmarking und Spending Reviews beschrieben.

Sodann wird aus Sicht eines **Vertreters der Bundesländer** Resümee gezogen. Als positive Punkte des FAG 2017 sieht er die deutliche Vereinfachung, den Einstieg in die Aufgabenorientierung sowie den Fokus auf die Ausgabendynamik in den Kernbereichen Gesundheit und Soziales.

Vertreter des **Österreichischen Städtebundes** sehen das „**Glas der Reforminhalte" eher halbvoll als halbleer**. Mit Pilotprojekten einer aufgabenorientierten Verteilung von Mitteln der Gemeinde-Ertragsanteile im Bereich der Elementarbildung sowie der Pflichtschulen, mit einer Kostendämpfung im Gesundheits- und Sozialbereich sowie mit vereinfachten Verteilungen der Ertragsanteile und von Transfers wurde das Glas gefüllt. Die große Reform blieb jedoch aus.

Aus Sicht des **Österreichischen Gemeindebundes** ist der **Finanzausgleich 2017-2021 ein insgesamt zufriedenstellendes Ergebnis**. Es gelang, nicht nur eine Reduktion der Komplexität, sondern auch mehr Gerechtigkeit zu erzielen. Weiters wird der Ausbau des landesinternen Finanzausgleichs positiv gesehen.

Diesem Beitrag folgt die Frage der Arbeiterkammer: **Was bringt der neue Finanzausgleich aus Sicht der Arbeiternehmerinnen und Arbeitnehmer?** Mit den Pilotprojekten Elementare Bildung und Pflichtschulen wird die Aufgabenorientierung in zwei wichtigen Bereichen verankert. Kritisch wird gesehen, dass die Gemeinden jedoch verstärkt von Landestransfers abhängig sind. Bei der Transparenz gibt es keine wesentlichen Fortschritte. Größe Töne, kleine Schritte lautet das Resümee.

Aus **Sicht der gewerblichen Wirtschaft** weist der neue Finanzausgleich eine große Zahl an Änderungen auf, bleibt in seiner Gesamtstruktur jedoch nahezu gleich, wodurch weiterhin ein hohes Maß an Komplexität gegeben ist. Jedoch wurden erste Schritte von strukturellen Änderungen im Bereich der Aufgabenorientierung, der erhöhten Abgabenautonomie sowie der systematischen Aufgabenkritik vereinbart.

Ausgehend vom Status quo des föderalen Systems werden in der **Stellungnahme der Industriellenvereinigung zum FAG 2017** die Ziele einer Reform des Finanzausgleichs dargestellt: Klare Kompetenz- und Aufgabenverteilung, aufgabenorientierte Mittelzuweisung, Transparenz sowie Vereinfachungen für Unternehmen im Bereich der Gemeinde- und Landesabgaben. Das Ergebnis des FAG 2017 wird ambivalent beurteilt. Eine umfassende Staats-, Verfassungs- und Aufgabenreform sowie eine tiefgreifende Föderalismus-, Struktur- und Verwaltungsreform sind noch ausständig.

Für die Vertreterin **der Österreichischen Nationalbank** verbleibt die grundsätzliche Beibehaltung des Steuerverbundsystems bei gleichzeitiger Umwandlung einiger gemeinschaftlicher Bundesabgaben in Landes- bzw. Gemeindeabgaben als ökonomisch sinnvolle Zukunftsoption für Österreich.

Der Vertreter des **Fiskalrates** analysiert das **Paktum zum FAG 2017 im Spiegel aktueller Empfehlungen des Fiskalrates**. Das Paktum wird als erster Schritt in Richtung Föderalismusreform begrüßt. Wichtige Strukturreformen werden in Angriff genommen, auch wenn die Umsetzung vorerst in Pilotprojekten erfolgt bzw. im Planungsstatus ist. Eine Kompetenzbereinigung und eine gestärkte Eigenverantwortung sollten wichtige nächste Schritte sein.

Der Teil 5 **Herausforderungen zur Reform des Finanzausgleichs** beginnt mit dem Beitrag **Evaluierungsrahmen zum Finanzausgleich und Einschätzungen zum FAG 2017**. Der Evaluierungsrahmen enthält systemische, strukturelle und technisch-administrative Kriterien. Die Beurteilung dieser Kriterien erfolgt aus qualitativer (Politik, Verwaltung, Wissenschaft) und quantitativer Evidenz (historische Entwicklung und künftige Prognose). Die rund 25 Kriterien werden dargestellt und hinsichtlich der Beurteilungsmaßstäbe und -methodik beschrieben. Schließlich wird eine Einschätzung der Neuerungen zum FAG 2017 auf Basis ausgewählter Kriterien geboten. Sie werden insgesamt als geringfügig beurteilt. Eine Systemänderung des Finanzausgleichs wird auch bei Umsetzung der noch offenen Maßnahmen nicht erwartet.

Im Beitrag **Vom Regieren zum Steuern – Wirkungsziele im Finanzausgleich** werden ausgehend von traditionellen finanzwirtschaftlichen Zielen und deren Bedeutung im Finanzausgleich die mit zeitgemäßem

Public Management verbundene Steuerungslogik und die neue, wirkungsorientierte Budgetsteuerung, die erstmals systematisch Verknüpfungen mit Aufgaben anstrebt, abgebildet. Wie weit die seit 2012 erarbeitete Zielsteuerung im Gesundheitsbereich als Muster einer wirkungsorientierten Mehrebenen-Steuerung über Ziele im Finanzausgleich entsprechen könnte, bildet einen Schwerpunkt der Ausführungen. Ein anderer Schwerpunkt betrifft einen Vorschlag eines Zielekataloges. Die dafür erforderlichen Innovationen werden erläutert – von den instrumentellen über die strukturellen bis zu den organisationskulturellen Voraussetzungen.

Der Beitrag **Finanzausgleichsreformen in kooperativen Bundesstaaten** wiederum stellt aus politikwissenschaftlicher Sicht, ausgehend von der Abgrenzung kooperativer und kompetitiver Föderalismus, die damit verbundene Aufgabenverteilung sowie die Maßstäbe für den Finanzausgleich in einem kooperativen Bundesstaat dar. Der Autor bringt einen Einblick in die aktuellen Föderalismus- und Finanzausgleichsreform in Deutschland und damit verbundene Perspektiven. Zentrale Muster des Reformprozesses werden skizziert und hinsichtlich seiner Erfolgsfaktoren sowie der Hindernisse und in Bezug auf kooperative Vorgehensweisen reflektiert.

Gemäß dem Beitrag **Kooperativer Fiskalföderalismus und Finanzausgleichsreform in Österreich aus finanzwissenschaftlicher Sicht** ist die angepeilte Reform des Finanzausgleichs kein großer Wurf in dem Sinn, dass eine Richtungsentscheidung in Hinblick auf eine deutliche Verbesserung der institutionellen Struktur der finanziellen Beziehungen zwischen Bund, Ländern und Gemeinden erreicht wurde – auch wenn die einzelnen Maßnahmen in die richtige Richtung weisen. Im Sinne einer Reformpolitik der kleinen Schritte sollte es jedoch möglich sein, an einzelnen Schrauben der bestehenden Regelungen zu drehen.

Im Beitrag **Stärkung der Aufgabenorientierung** werden die damit verbundenen Konzepte sowie die bisherigen Reformansätze beschrieben. Beispielhaft wird ein Modell mit den Eckpunkten Basisaufgaben, sozioökonomische, geografische-topografische und zentralörtliche Faktoren dargestellt und die damit verbundenen Indikatoren beschrieben. Am Beispiel der Elementarbildung werden vier Varianten einer Aufgabenorientierung erläutert und eine kritische Einschätzung zum FAG 2017 gegeben. Als Entwicklungsperspektiven werden eine Grundkonzeption zur Aufgabenorientierung sowie Vorschläge für den weiteren Reformprozess – insbesondere im Bereich der Elementarbildung – diskutiert.

Ist der Finanzausgleich 2017 ein **Einstieg in eine substantielle Stärkung der Abgabenautonomie**? Ausgehend von den Eckpunkten zur Stärkung der Abgabenautonomie von Ländern und Gemeinden im aktuellen Finanzausgleich, wird eine Begründung zur Sinnhaftigkeit und Notwendigkeit eines Ausbaus der Abgabenautonomie geboten. Kriterien und Optionen für gemeinde- und ländereigene Steuern werden beschrieben und für einzelne Abgaben – Lohn- und Einkommensteuer, Körperschaftsteuer, motorbezogene Versicherungssteuer – auch simuliert, hinsichtlich ihrer Eignung evaluiert und entsprechende Schlussfolgerungen für vermehrte Autonomie gezogen. Abschließend wird eingeschätzt, wie weit eine Länderabgabenautonomie zum Steuersenkungs-Wettlauf führen kann.

Der Beitrag **Transferreformen auf Länder- und Gemeinde-Ebene** wiederum erarbeitet, nach einer einleitenden Darstellung der zentralen Merkmale und der Reformerfordernisse des Transfersystems, drei Reformansätze sowie die Voraussetzungen für eine ganzheitliche Reform der Transfers auf Länder- und Gemeindeebene. Zusätzlich werden die aktuellen Maßnahmen im FAG 2017 für eine Transferreform kritisch betrachtet. Die Transferreformen werden primär aus finanzwissenschaftlicher Sicht und Governance-Aspekten entwickelt.

2. Zentrale Reformerfordernisse

2.1 Übergang zu einer weiten Begriffsdefinition von Finanzausgleich

Bisher versteht die große Mehrzahl der Vertreterinnen und Vertreter des öffentlichen Sektors unter Finanzausgleich hauptsächlich eine enge Fassung des Begriffs, womit grundsätzlich keine Bezugnahme auf Aufgaben erfolgt (**Finanzausgleich im engen Sinn**). So definiert etwa das BMF Finanzausgleich als „die Regelung der finanziellen Beziehung zwischen den Gebietskörperschaften. Er wird zwischen den Finanzausgleichspartnern (Bund, Länder, Gemeinden) im Verhandlungsweg vereinbart und findet seinen Niederschlag in den auf einige Jahre befristeten Finanzausgleichsgesetzen"[1]. Auch die verschiedenen Teile des Finanzausgleichssystems – so etwa der in der Literatur seit Jahren aufgearbeitete tertiäre Finanzausgleich – bleiben bei dieser Sicht außer Betracht.

Politik und Verwaltung beziehen sich jedoch durchaus auf öffentliche Aufgaben, vor allem in den zuletzt vergangenen Jahren – siehe die Art. 15a-Verträge zwischen Bund und Ländern hinsichtlich des Ausbaus der Kinderbetreuung und der Pflege. Auch in den – teilweise schon in früheren Jahren getroffenen – Vereinbarungen zu einzelnen Finanzausgleichsgesetzen und Finanzausgleichs-Pakten werden Finanzierungsregelungen in Hinblick auf spezifische Aufgaben (z. B. Gesundheitssicherung, Eisenbahnkreuzungen) getroffen sowie als Begründungen für Transferzahlungen (Verländerung der Bundesstraßen, Zuschüsse für die Siedlungswasserwirtschaft) verwendet.

Es wäre an der Zeit, dass sich Politik und Verwaltung das **finanzwissenschaftliche Verständnis** von einem **Finanzausgleich im weiteren Sinn** zu Eigen machten.[2] Dabei würde es nicht nur um die Bezugnahme auf die öffentlichen Aufgaben (ihre Entwicklung, Nachholbedarfe, neue Impulse, Kriterien der Aufgabenorientierung zur Mittelverteilung), sondern auch um den Systembezug gehen. Es ist doch nicht schlüssig, unter Finanzausgleich nur das FAG zu verstehen, wenn etwa im FAG 2017 Teile der Regelung zur Verteilung der Anteile der Gemeinden am Steuerver-

---

1 Siehe www.bmf.gv.at/Glossar [Download am 15.03.2017].
2 Vgl. dazu die Beiträge im vorliegenden Band im Teil 1.

bund nun den Ländern überantwortet werden und wenn selbst das F-VG 1948 den Ländern die Möglichkeit eröffnet, zur Finanzierung von Länderaufgaben auch den Gemeinden Umlagezahlungen aufzuerlegen. Folglich ist zu empfehlen, die Reformen und Weiterentwicklungen des Finanzausgleichs ganzheitlich im Sinn der Integration der einzelnen Elemente des Finanzausgleichssystems und der Kohärenz der Finanzierungsmodi zu sehen. Damit würden sowohl bestehende als auch neue Aufgaben und ihre Wirkungen und/oder zu erbringende Leistungen, ebenso die dafür erforderlichen Ausgaben und Einnahmen, erfasst sein.

2.2 Finanzausgleich im weiteren Sinn nicht nur ökonomisch denken

Grundsätzlich erscheint es angebracht, die Regelung des Finanzausgleichs im weiteren Sinn nicht nur als ökonomisch (volks-, regional- und finanzwirtschaftlich) relevantes Thema zu verstehen und zu verhandeln. Vielmehr sollten auch verschiedene föderalismuspolitische Interessen bei einzelnen Aufgaben (z. B. hinsichtlich der Trägerschaft und bezüglich zentralem oder dezentralem Vollzug, bezüglich institutioneller Innovationen) berücksichtigt werden, ebenso demokratiepolitische Gesichtspunkte (finanzielle Sicherung des Autonomiebedarfs der subnationalen Gebietskörperschaften, Partizipation von Bürgerinnen und Bürgern) sowie steuerungsbezogene Umstände (Qualität der Daten, Verfahren von Aufgabenkritik, Standards für Vergleichen und Lernen voneinander).

Das bedeutet weiters, dass die politische Verantwortung für den Finanzausgleich nicht bei der Finanzministerin oder beim Finanzminister oder den Finanzreferentinnen und -referenten von Ländern, Städten und Gemeinden allein zu liegen hat, sondern ein strategisches Querschnittsthema für die Regierungen auf Bundes-, Länder- und Gemeindeebene bildet. Zusätzlich sollten die aufgabenpolitischen und finanzwirtschaftlichen Strategien den Parlamenten, Landtagen, Gemeindevertretungen vorgelegt und von diesen entschieden werden.

Es ist geradezu grotesk, dass Maßnahmen zum Ausbau der Kinderbetreuung in Art. 15a-Verträgen nur zwischen Bund und Ländern geregelt werden, obwohl die Gemeinden – als Finanzausgleichspartner längst anerkannt – überwiegend die Träger und Financiers der institutionellen Kinderbetreuung sind. Dies trifft auch auf die Zielsteuerung im Bereich der Gesundheit zu, wo die Gemeinden wichtige Mit-Financiers, jedoch nicht Partner der Art. 15a-Vereinbarung waren und sind.

2.3 Einführung von Wirkungs- und Leistungszielen in der Finanzausgleichspolitik und deren Abstimmung

Die Wirkungs- und Leistungsorientierung des öffentlichen Handelns hat mit dem Paradigmenwechsel des New Public Management seit den 1990er-Jahren und mit der Haushaltsrechtsreform des Bundes im Jahr 2013 und des Landes Steiermark im Jahr 2015 bei den Gebietskörperschaften wenigstens teilweise Einzug gehalten. Dieses gebietet, auch für den Finanzausgleich im weiteren Sinn wirkungsbezogene, kohärente und faire Zielvereinbarungen zwischen den ‚Parlamenten' und den ‚Regierungen' der drei staatlichen Ebenen zu treffen. Hier sind bereits Fortschritte festzustellen: Wirkungsziele der Gesundheitsreform 2013 wurden beschlossen, ebenso Art. 15a-Vereinbarungen zwischen Bund und Ländern für mehr Kinderbetreuung sowie der Pflegefonds. Gesellschaftliche und sachpolitische Überlegungen und Diskussionen zu Wirkungszielen und Wirkungsfolgenabschätzungen sind zu verstärken und bei verflochtenen Aufgaben auch sorgfältig abzustimmen.

Solche Abstimmungen von gemeinsam verfolgten Wirkungszielen und der zur Steuerung erforderlichen Indikatoren stehen derzeit für mehrere öffentliche Aufgaben aus. Ebenso fehlen Verpflichtungen, bei Zielsetzungen auch die Zielerreichung zu evaluieren. Solche Regelungen könnten etwa in der Finanzverfassung erfolgen. So versteht es sich zwar in der Managementlogik von selbst, bei ‚Führen mit Zielen' auch Evaluierungen durchzuführen, um daraus resultierende Konsequenzen für die nächsten Ziele zu gewinnen. Aber Verwaltungshandeln braucht aus seiner gewaltenspezifischen Stellung diesbezüglich zusätzlich Normen, z. B. auch über ein Mindestmaß an eigenen Abgaben, über die Abstimmung der verschiedenen Teilbereiche des Finanzausgleichssystems und eventuell sogar eine Abschaffung von § 3 Abs. 2 F-VG[3].

Regelungen im Interesse eines weiten Verständnisses von Finanzausgleich im Verfassungsrang hätten auch den Vorzug, dass sie für die öffentlichen Akteure bindend sind, also etwa für die Parlamente der Länder, für die Gemeinderäte, für die Höchstgerichte und für die Rechnungshöfe aller staatlichen Ebenen.

2.4 Differenzieren von Finanzierungsregelungen für den laufenden Aufgabenvollzug und von strategischen Reformpakten für ‚Gemeinschaftsaufgaben'

Für die Finanzierung des laufenden Vollzugs von Aufgaben von Bund, Ländern und Gemeinden sollten – auf Basis vorhergehender Evaluierungen und von abgestimmten Wirkungs- und Leistungszielen – pauschale Regelungen einer ausgewogenen Finanzierung aus eigenen Abgaben und aus Verbundmitteln, unter Beachtung von entsprechenden Ressourcen- und Lastenausgleichen entwickelt werden (Verwirklichung der Übereinstimmung von Aufgaben, Ausgaben und Einnahmen/Finanzierung). Dies soll entsprechende Sicherheit der grundsätzlich gleichberechtigten Partner im föderalen Gefüge bieten, im Interesse der Stärkung der Verantwortlichkeit der einzelnen Regierungsebenen erfolgen und – nicht zuletzt – der weitgehenden Reduzierung von Transaktionskosten dienen.

Davon getrennt empfiehlt es sich, für wenige strategisch wichtige Politikfelder, die als ‚Gemeinschaftsaufgaben' verstanden werden, zwischen Bund, Ländern und Gemeinden abgestimmte Aufgaben- und Finanzierungsstrategien für Reformvorhaben mit Laufzeiten von ein bis zwei Finanzausgleichs-

---

3   § 3 Abs. 2 lautet auszugsweise: (2) Die Länder sind berechtigt, durch Landesgesetz von den Gemeinden oder gegebenenfalls den Gemeindeverbänden eine Umlage zu erheben....

perioden zu erarbeiten. Ansätze für solche allokations- und stabilitätspolitische Maßnahmenprogramme bieten z. B. der derzeit laufende Ausbau der Kinderbetreuung, die Gesundheitsprävention; auch für den Klimaschutz, für die Integration zugewanderter Bürgerinnen und Bürger, im Bereich der Bildungsreform wären solche Programme nützlich. Sie sollen eine bestmögliche Kooperation unter Berücksichtigung vorhandener oder fehlender Kapazitäten[4], institutioneller Innovationen (z. B. Planungsverbünde in Stadtregionen, Absicherungsprogramme für Abwanderungsgebiete, Einbeziehen verschiedener stakeholder in übergeordnete Planungen) ermöglichen. Auch der Einsatz koordinierender Instrumente, wie z. B. öffentliches Besprechen von empirischen Evidenzen und Prüfberichten, Benchmarking bzw. Lernen voneinander, Abhalten von Enqueten und Hearings kann – wie anderswo längst erwiesen – hilfreich sein.

Eine Weiterentwicklung des Finanzausgleichssystems in Richtung einer wirkungsorientierten Planung und Steuerung im föderalen Staat kann nur schrittweise geleistet und in mittelfristiger Hinsicht auch umgesetzt werden. So können in einer ersten Phase vielleicht nur zwei bis drei Politikfelder aufgegriffen und erst in weiterer Folge neue Querschnittsaufgaben bearbeitet werden.

2.5 Handlungsrahmen für Performance Management

Für die Akteurinnen und Akteure in Politik und Verwaltung könnte darüber hinaus eine Sammlung von Grundsätzen und Regeln für die neuen Anliegen im Bereich der Ziele im Bundesstaat und im Interesse einer verbesserten Steuerung von Planung und Vollzug der Leistungserbringung (öfters mit dem Begriff Performance Management bezeichnet) nützlich sein. Es geht nicht nur um das geänderte Verständnis eines Finanzausgleichs im weiteren Sinn, um (Teil-) Pläne, sondern auch um die Qualität der Ziele, Indikatoren und Maßnahmen, um Standards für Verhandlungen (z. B. Außer-Streit-Stellen der empirischen Evidenzen), um den Einsatz der teilweise neuen Instrumente (Benchmarking, Spending Reviews) oder von zu wenig genützten bekannten Instrumenten wie Strategie-Konferenzen, der ‚Balanced score card'.

Folgende inhaltliche Teilbereiche für Performance Management könnten sein:

a) Inhalte und Vorgangsweisen zu einem tatsächlich zwischen den staatlichen Ebenen **abgestimmten Nationalen Reformprogramm**, analog dem bereits praktizierten Reformprogramm für das Europäische Semester, jedoch mit deutlichem Bezug zu Verantwortlichkeiten, Terminen und Finanzierung,

b) Programme einer **ebenen-übergreifenden öffentlichen Investitionspolitik**, wie sie die OECD 2014[5] propagiert hat. Die OECD hat dafür

---

4   Fehlende institutionelle, personelle und/oder infrastrukturelle Kapazitäten sind explizit zu berücksichtigen, wobei auch zwischen Bundesländern oder Regionen unterschiedliche Varianten erprobt werden könnten.
5   Siehe OECD: Recommendation of the Council on Effective Public Investment across levels of government, 2014.

mehrere Elemente vorgeschlagen; z. B. empfiehlt sie als ersten Denkansatz den **Standortbezug** für Investitionen zu beachten, weil für einzelne „ländliche Räume" andere Erfordernisse bestehen als für einzelne Abwanderungsgebiete und/oder für verstädterte Regionen, wofür differenzierte Betrachtungen angestellt werden müssen. Ein weiterer Teilbereich betrifft die Bereitschaft voneinander zu lernen und für gleichberechtigtes Kooperieren in Regionen („kooperativer Föderalismus"), wofür fallweise auch verbesserte Kapazitäten der Planung und Steuerung von Leistungen und Wirkungen notwendig erscheinen.

c) Elemente für **„Intergovernmental Performance Accountability"**, die anderswo diskutiert oder praktiziert werden: Im Kanadischen Management Accountability Framework[6] wird z. B. Denkarbeit für Haltungen und Werte des öffentlichen Sektors vorgesehen. Weiters werden die Beteiligung von Stakeholdern an Planung, an Leistungserbringung (,Co-Production') und an der Evaluierung (,Co-Evaluation') forciert sowie Grundsätze für öffentliche Dienstleistungen verlangt. Weitere Ansätze betreffen etwa Hinweise zur Auswahl von Instrumenten, z. B. hinsichtlich qualitativer Standards für Evaluierungen[7] oder hinsichtlich des Risikomanagements[8]. Bezüglich der Verträglichkeit von Instrumenten untereinander (verstärkt das Erarbeiten von Public Values, auch Benchmarking?) werden Instrumente wie Evaluierungen in verschiedenen, sich ergänzenden Formen (z. B. Fremd- und Selbstbewertungen) bevorzugt eingesetzt. Auch Grundsätze für das Einbeziehen von Organisationen der Zivilgesellschaft, für das Sichern von Freiwilligenarbeit, für Transparenz und Accountability (etwa als Rechenschaftsverpflichtung) sowie Maßnahmen zur Korruptionsprävention könnten in diesem Kontext zu konkretisieren sein.

2.6 Föderalismuspolitische Voraussetzungen für eine erfolgreiche Finanzausgleichs-Reform

Die bisherige Entwicklung im Finanzausgleich zeigt, dass ‚rationale finanzwissenschaftliche Vorschläge' für Verbesserungen des Systems die politische Entscheidungsfindung nicht im erforderlichen Maße voranbringen können. Die Ursachen liegen in einem Interessengegensatz bei der Verteilung der Steuermittel, der darüber hinaus bis in ein latentes Misstrauen zwischen den föderalen Ebenen hineingeht. Am Beispiel des Transfersystems ist es auch Ausdruck eines unzureichenden Respektierens eines (beschränkten) Autonomiegrades im Verhältnis zwischen Bund, Ländern und Gemeinden, z. B. ist die politische Feinsteuerung der Gemeinden durch die Länder im Wege des bestehenden Transfersystems umfassend und autonomiebeschränkend.

Eine Finanzausgleichsreform, insbesondere eine Transferreform ist Teil eines modernisierten Finanzausgleichssystems, das grundsätzlich

---

6   Siehe Treasury Board of Canada, Secretariat, vers. 2015.
7   Siehe www.degeval/degeval-standards, Version 2014.
8   Siehe Intosai, Richtlinien zum Risikomanagement im Rahmen der internen Kontrolle. www.issai.org.

unter gleichwertigen Partnerinnen und Partnern zu diskutieren ist und das auf einem zeitgemäßen Verständnis föderaler Strukturen mit gleichberechtigten Partnerinnen und Partnern fußt. Folglich sind ein offener Reformdialog von Bund, Ländern und Gemeinden sowie ein stärker kooperatives Agieren aller Gebietskörperschaften Vorbedingungen.

Ein zeitgemäßes Finanzausgleichssystem erfordert Klarheit über die Aufgabenentwicklung im Bundesstaat, also auf den einzelnen Ebenen, sowie Transparenz über gesamtstaatliche und subnationale Strategien. Dies bildet die Grundlage, um über die Effektivität (und damit Wirkungsorientierung) der bereitgestellten Ressourcen ausreichend befinden zu können. Die bisherigen Reformerfahrungen aus anderen Ländern (z. B. der Schweiz[9]) zeigen jedenfalls oder besser auch, dass nur eine in mehreren Etappen erfolgende und eine jeweils sachlich begrenzte Aufgaben- und Finanzierungsreform umsetzbar sein dürfte.

Eine Gesamtreform des Finanzausgleichssystems ist somit wegen der Komplexität des Reformprozesses in mehreren Schritten anzulegen. Zuerst sollten bestehende Defizite einvernehmlich festgehalten und zentrale empirische Evidenzen anerkannt werden. Darauf aufbauend sollte ein Reformkonzept zum Finanzausgleich – auch in Varianten – entwickelt werden. Dabei ist auf den Zusammenhang und auf Interdependenzen zwischen den hauptsächlichen Zielen und Instrumenten entsprechend einem Finanzausgleich im weiteren Sinn Bezug zu nehmen. Hilfreich ist hierfür eine weitere Gliederung der Reform nach Teil- und/oder Aufgabenbereichen, um eine Verschränkung von Wirkungszielen, Steuerungsinstrumenten und Mittelflüssen zu ermöglichen.

Voraussetzung bleibt aber eine zunächst aufgegriffene, klare Aufgaben- bzw. Kompetenzverteilung. Ihr folgt erst die Diskussion um den Finanzausgleich im engeren Sinn. Entscheidungen hinsichtlich der eigenen Abgaben der subnationalen Körperschaften bedingen beispielsweise auch einzelne Festlegungen bezüglich der intragovernmentalen Transfers. Schließlich ist jeweils nach der Umsetzung von „Meilensteinen" das Erreichte zu evaluieren und eventuell der Reformkurs zu adaptieren.

Die Finanzausgleichsreform erfordert in der Regel einen politischen Konsens über die zu verfolgenden Prinzipien und Schwerpunkte der Reform und über den längerfristigen zeitlichen Horizont von Maßnahmen, die allen Partnerinnen und Partnern Vorteile bringen sollten. Betrachtet man lediglich kurzfristige Auswirkungen, ist kein Konsens über substanzielle Verbesserungen möglich. Ebenso gilt es, Einvernehmen über den speziellen Reformprozess herzustellen. Schließlich wird das „gegenseitige Vertrauen" ein zentraler Erfolgsfaktor für einen Reformprozess sein. Wenn kooperatives Vorgehen gestärkt werden soll und wenn nachhaltige Problemlösungen und mehr als Minimalkompromisse gesucht werden, sind die „weichen" Schlüsselfaktoren des öffentlichen Handelns aufzuwerten. Diese betreffen nicht nur die Bereitschaft zu empathischem, solidarischem und demokratischem Agieren der Vertreterinnen und Vertreter des öffentlichen

---

9 Siehe dazu Schaltegger; Weder: Finanzausgleichsreform in der Schweiz aus Prozesssicht. In: Biwald et al.: Koordinierung der Finanzpolitik im Bundesstaat, 2011, S. 75 ff.

Sektors, sondern auch gegenseitiges Vertrauen zwischen den öffentlichen Akteuren. Dieses Vertrauen ist kein Selbstzweck, sondern dient der Treue zu den Grundwerten und Zielen der EU, der Republik, ihrer Länder und Gemeinden.

Teil 6:
Anhänge

Anhang 1
Paktum über den Finanzausgleich ab dem Jahr 2017

Anhang 2
Materialien zur Evaluierung des Finanzausgleichs 2008

ANHANG 1

Paktum über den Finanzausgleich ab dem Jahr 2017[1]

Der neue Finanzausgleich gilt ab dem 1. Jänner 2017 für den Zeitraum von fünf Jahren.

Aufgabenorientierung

- Die Finanzausgleichspartner bekennen sich zum Einstieg in die Aufgabenorientierung im Wege von Pilotprojekten. Dadurch wird der Einstieg in den Umstieg vollzogen.
Als Einstieg in eine Aufgabenorientierung wird die Verteilung der Ertragsanteile der Gemeinden teilweise durch eine aufgabenorientierte Verteilung wie etwa die Finanzierung der Elementarbildung (0-6 Jahre) ersetzt.
- Für diesen Teil der Aufgabenorientierung werden die Ertragsanteile der Gemeinden (innerhalb allfälliger Ländertöpfe) anhand von einvernehmlich festgelegten quantitativen und qualitativen Parametern (wie z.B. Qualitätskriterien) verteilt werden.
- Die Auswirkung der Parameter auf die länderweisen Anteile werden beim Umstieg durch eine Anpassung beim Fixschlüssel ausgeglichen.
- Die Aufgabenorientierung im Bereich **Elementarbildung** (0-6 Jahre) wird bis 1.9.2017 einvernehmlich vorbereitet (Verordnung) und als Pilotprojekt ab dem 1.1.2018 umgesetzt.
- Bis 1.9.2018 wird die Aufgabenorientierung im Bereich Pflichtschule (6-15 Jahre) einvernehmlich vorbereitet und als weiteres Pilotprojekt ab 1.1.2019 umgesetzt.
- Die Integration der 15a-Vereinbarungen wird geprüft.
- Die gesetzliche Regelung im FAG erfolgt in Form einer Verordnungsermächtigung.

Abgabenautonomie

- Als erster Schritt für mehr Autonomie der Länder wird der **Wohnbauförderungsbeitrag** mit Wirkung vom 1.1.2018 zu einer ausschließlichen Landesabgabe mit voller Autonomie für die Länder hinsichtlich des Tarifs:
  - Um den Verwaltungsaufwand zu minimieren, bleibt der Bundesgesetzgebung grundsätzlich die Gesetzgebung vorbehalten. Die Landesgesetzgeber regeln hingegen die Höhe des Tarifs, ohne bundesgesetzliche Vorgabe einer Ober- oder Untergrenze.

---

1 Abdruck des Originals.

- Der bisherige Anteil des Bundes am Wohnbauförderungsbeitrag wird neutral auf Basis des Jahres 2016 durch einen höheren Bundesanteil an den Abgaben mit einheitlichem Schlüssel ersetzt.
- Zu den zusätzlichen Maßnahmen siehe unter Wohnbauförderung.
- Eine gemeinsame **Arbeitsgruppe „Abgabenautonomie"** der Finanzausgleichspartner wird unter Beiziehung internationaler Experten die Zweckmäßigkeit einer verstärkten Abgabenautonomie und Optionen dafür prüfen. Geprüft werden sollen:
  - Einkommenssteuer inkl. Lohnsteuer
  - Körperschaftssteuer
  - Motorbezogene Versicherungssteuer

  Die Arbeitsgruppe befasst sich weiters mit der Forderung der Länder auf Abschaffung des allgemeinen Einspruchsrechtes gem. § 9 FV-G sowie der Beschränkung bei der Findung neuer Abgaben gem. § 8 Abs. 3 FV-G und die steuerliche Behandlung von Ländern und Gemeinden.
- Die Einhebung der Kommunalsteuer durch die SV wird geprüft.
- AG soll sich nur mit Abgabenautonomie der Länder befassen (nicht mit KommSt, keine Einbeziehung der Gmde-Ertragsanteile in Zuschläge der Länder). Die Abgabenautonomie der Länder umfasst nicht den Anteil der Gemeinden an den gemeinschaftlichen Bundesabgaben.
- Eine weitere gemeinsame Arbeitsgruppe „Grundsteuer" der Arbeitsgruppe hat bis Mitte des Jahres 2017 auch eine Stärkung der Abgabenautonomie der Gemeinden durch eine **Reform der Grundsteuer** vorzubereiten.

Verteilung der Ertragsanteile und Transfers:

1. **Vereinfachung der Verteilung der Ertragsanteile (EA) und Transfers mit Neutralisierung der Verwerfungen zwischen den Ländern:**

- Verteilung der Werbeabgabe nach einh. Schlüssel
- Einrechnung GrunderwSt. II in GrunderwSt.
- Siedlungswasserwirtschaft: Bündelung des Vorwegabzugs bei USt
- TabakSt: Abzug für HV: Entfall und Einrechnung in EA
- Kfz-St: Abzug für Bund: Entfall u Einrechnung in EA
- Selbstträgerschaft: Entfall und Einrechnung in EA
- Ausgleich für das ehem. Landespflegegeld: weiter fix, Abzug vor länderw Vert bei USt-Anteilen der L u G
- EU Beitrag Gemeinden: Entfall und Einrechnung in EA
- 2 Mio.-Umschichtung von BZ für § 21: Entfall und Einrechnung in EA
- Katastrophenfonds: KeSt II in Bemessungsgrundlage
- EU-Beitrag Ldr: Einrechnung der Restgröße in EA und Abzug nur bei USt der Länder
- Besonderer länderweiser Schlüssel für Getränkesteuerausgleich: entfällt
- Verteilung innerhalb der Länder auf die Gemeinden:

- Gemeinde-Bedarfszuweisungsmittel und Höchstgrenze für Landesumlage: Anpassung des Prozentsatzes an neue Bemessungsgrundlage.
- Für die Verteilung der Ertragsanteile (nach Abzug der Gmde-BZ-Mittel) innerhalb der Länder gelten nur mehr drei Schlüssel:
- länder- und klassenweise unterschiedliche Vorweganteile je Einwohner
- Nächtigungsstatistik bei Gemeinden bis 10.000 Einw. (Einschleifung ab 9.000 Einw.)
- Verteilung des Rests nach dem abgestuften Bevölkerungsschlüssel
- Mit einer Übergangsregelung wird jeder Gemeinde eine Mindestdynamik ihrer Ertragsanteile gewährleistet.

Zu den Auswirkungen der neutralen Einrechnung in die Ertragsanteile siehe die Beilage.

2. Weitere Vereinfachungen:

- Selbstträgerschaftsausgleich: Anpassung an Senkung des Dienstgeberbeitrags – neutrale Anpassung entsprechend den gesetzlichen Reduzierung des Dienstgeberbeitrags.
- Neuregelung der Finanzierungsströme gemäß § 20 Abs. 1 FAG für Personennahverkehr als Zweckzuschuss an die Länder:
  - Der vom Bund zur Verfügung gestellte Betrag bleibt unverändert und wird als Zweckzuschüsse an die Länder zur Verfügung gestellt, wobei die Bildung der Ländertöpfe anhand des Durchschnitts der länderweisen Anteile der Finanzzuweisung für die Jahre 2013 bis 2015 erfolgt.
  - Die Gmden Graz, Linz, Salzburg und Innsbruck erhalten aus dem jeweiligen Landestopf einen fixen prozentuellen Anteil, der ebenfalls anhand der Durchschnitte der Jahre 2013 bis 2015 berechnet wird.
  - Die weiteren Mittel werden von den Ländern entsprechend der finanziellen Belastung der Gemeinden auf Basis der Daten gemäß § 30a Abs. 1 ÖPNRV-G 1999 verteilt.
  - Die Verteilung dieser Mittel wird evaluiert.
  - Die Finanzzuweisung gemäß § 20 Abs. 2 FAG (Personennahverkehrs-Investitionen) an Gemeinden bleibt grundsätzlich unverändert, der Vorausanteil für Autobusbahnhöfe entfällt jedoch und wird ebenfalls an die fünf anspruchsberechtigten Gemeinden verteilt.
- Aufhebung des Bundesbedarfszuweisungsgesetzes. etwaige Verluste werden durch BZ-Mittel aufgefangen.
- Landesverwaltungsgerichte: Klarstellung zu Kostentragung für Sachverständigen, Dolmetscher- und Zeugengebühren; zur Vermeidung eines unverhältnismäßigen Verwaltungsaufwands auf beiden Seiten erfolgt die Klarstellung rückwirkend.
- Administration der Ertragsanteile: raschere Weiterleitung an die Gemeinden.
- USt-Erhöhung (dzt. 10 Mio. Euro p.a.) als Abgeltung der TDB und Verwaltungsgerichte (§ 9 Abs. 6a FAG 2008) entfällt

3. Vereinfachung und Reform des bundesweiten Finanzkraftausgleichs

- Basis für die Berechnung der Bundesmittel gemäß § 21 FAG sind die Nettoaufkommen an den Abgaben mit einheitlichem Schlüssel im Vorjahr (neutrale Umrechnung von der bisherigen Basis Gmde-Ertragsanteile lt. Bundesbudget).
- Die 16 Mio. Euro für Städte (bisheriger § 21 Abs. 11 FAG 2008) werden wie bisher verteilt.
- Für die weiteren Mittel werden Ländertöpfe wie folgt gebildet:
- In einem ersten Schritt erhalten diejenigen Länder, deren Landesschnitt je Einwohner unterhalb von 80 % der bundesweiten durchschnittlichen Finanzkraft liegen, einen Ausgleich iHv. 10 % der Differenz zu dieser Benchmark. Die Finanzkraft wird ermittelt aus dem Aufkommen an Grundsteuer (bei maximaler Ausnutzung des Hebesatzes) und der Kommunalsteuer des zweitvorangegangenen Jahres.
- Die weiteren Mittel werden nach der Einwohnerzahl verteilt.
- Die Ländertöpfe werden den neu gestalteten Gemeinde-Bedarfszuweisungsmitteln zugeschlagen.

4. Siedlungswasserwirtschaft

- Siedlungswasserwirtschaft: Höhe der Barwertzusicherungen in den Jahren 2017ff 80 Mio. Euro p.a., die Finanzierung erfolgt im gleichen Verhältnis (unter Berücksichtigung der Vereinfachungen oben Pkt. 1) wie bisher.

5. Eisenbahnkreuzungen

- Es werden „Fonds" auf Landesebene (Zweckzuschüsse des Bundes an die Länder) eingerichtet, aus denen die Gemeinden finanzielle Hilfe für Investitionen (d.h.: nicht für laufende Instandhaltungs-, Instandsetzungs- und Betriebsausgaben) in Eisenbahnkreuzungen auf Gemeindestraßen erhalten.
- Diese Hilfe erfolgt unabhängig davon, ob die Investition durch die Eisenbahnkreuzungs-VO 2012 verursacht wurde (dzt. 100% Kostentragung BMVIT für Anteil der Gemeinde als Straßenerhalter) oder nicht (dzt. 100% Kostentragung durch Gmde für Anteil der Gemeinde als Straßenerhalter). Im Gegenzug werden die Fonds auch von den Gemeinden mitfinanziert.
- Der Fonds finanziert Investitionen seit dem Inkrafttreten der Eisenbahnkreuzungs-VO 2012. Die Höhe der Mitfinanzierung durch die Fonds pro Projekt wird von den Ländern auf Basis ihrer eigenen Richtlinien festgelegt, im Regelfall wird ein Eigenfinanzierungsanteil der einzelnen Gemeinde vorgesehen.
- Die Dotierung der neun Fonds beträgt in Summe **125 Mio. Euro**, die Dotierung erfolgt **in den Jahren 2017 bis 2029** mit gleich bleibenden Tranchen (= 9,62 Mio. Euro p.a.).

- Die Dotierung erfolgt im Verhältnis von 50 % durch den Bund und von 50 % durch die Gemeinden.
- Die länderweisen Anteile ergeben sich aus den länderweisen Anteilen für die geschätzte Gesamtbelastung.
- Die Länder entscheiden über die Mittelvergabe an die Gmden, nicht verbrauchte Mittel sind einer Rücklage zuzuführen; nicht verbrauchte Mittel sind in die nächste FAG-Periode vorzutragen. Nicht benötigte Mittel verbleiben dem Land für Zwecke des öffentlichen Personen- und Regionalnahverkehrs, umgekehrt erfolgt keine Aufstockung des Fonds durch den Bund bei höheren Investitionen.
- Die Länder leisten keinen Finanzierungsanteil, dafür gilt aber das Thema Eisenbahnkreuzungs-VO und Konsultationsmechanismus für die Länder als erledigt.
- Bund verwendet sich für eine Parteistellung der Gemeinden auch in amtswegigen Verfahren.

Interkommunale Zusammenarbeit und strukturschwache Gebiete/Gemeinden:

- Die bisherigen Mittel der Länder (ohne Wien) für Gemeinde-Bedarfszuweisungen werden um die derzeitigen § 21 FAG-Mittel (Finanzkraftausgleich) ausgeweitet.
- Die länderweisen Anteile an den § 21-Mitteln werden diesen Mitteln zugeschlagen.
- Diese ausgeweiteten Gemeinde-Bedarfszuweisungsmittel (ohne 16 Mio. für Städte) werden auf Basis landesrechtlicher Regelungen verwendet für
  a) Förderung interkommunaler Zusammenarbeit (neue und bestehende Zusammenarbeit inkl. Gemeindeverbände)
  b) Unterstützung strukturschwacher Gemeinden (u.a. zur Förderung des Breitbandausbaus)
  c) Förderung von Gemeindezusammenlegungen (inkl. solcher, die in den letzten zehn Jahren erfolgt sind)
  d) Bedarfszuweisungen an Gemeinden und Gemeindeverbände
  e) landesinternen Finanzkraftausgleich zw. den Gemeinden unter Bedachtnahme auf weitere landesrechtliche Finanzkraftregelungen.
- Im FAG wird geregelt, dass ab 1.1.2017 zumindest 15 % und ab dem 1.1.2020 zumindest 20 % der Gemeinde-Bedarfszuweisungsmittel für IKZ, Unterstützung von strukturschwachen Gemeinden und Förderung von Gemeindezusammenlegungen verwendet werden. Nicht für diese Zwecke verwendet Mittel werden für allgemeine Bedarfszuweisungen verwendet, über die FAG-Periode werden aber die obigen Prozentsätze erreicht.
- Monitoring: Dem BMF wird alle zwei Jahre über die Verwendung der Mittel berichtet.
- Bei der interkommunalen Zusammenarbeit sind auch die Ergebnisse und die Empfehlungen der ÖROK in Betracht zu ziehen.

Wohnbauförderung:

- Die Länder erstellen Wohnbauprogramme über zumindest zwei Jahre mit einer verbindlichen Wohnbauleistung und binden dafür ausreichend Mittel. Länder und Gemeinden stellen jährlich ihre Leistungen im Bereich Wohnbau dar.
- Bis 2018 Paket zur Eindämmung der Kosten im sozialen Wohnbau:
  - bundesweit einheitliche Regelung der technischen Vorschriften der Bauordnungen und sonstiger technischer Vorschriften (Bauordnungen),
  - generelle Rücknahme von überhöhten Standards und Normen, dies insb. auch im sozialen Wohnbau.
- Der Sonder-Zweckzuschuss iHv. 180 Mio. Euro wird nach dem fixen WBF-Schlüssel, sohin verwaltungseinfach ohne Antragstellung, zweckgebunden für Finanzierung der Förderung des Wohnbaues (Neubau + Sanierung) verteilt. Die Aufteilung auf die Jahre 2015 bis 2018 bleibt gleich (2015 30 Mio. Euro, 2016 bis 2018 je 50 Mio. Euro), die im Jahr 2015 bereits erfolgte Auszahlung an Wien in Höhe von 30 Millionen Euro verringert die nächsten Auszahlungsbeträge an Wien zu Gunsten der Anteile der anderen Länder. Der Aufteilungsschlüssel lautet:

Burgenland	2,88%
Kärnten	6,43%
Niederösterreich	16,84%
Oberösterreich	16,04%
Salzburg	6,32%
Steiermark	13,38%
Tirol	7,80%
Vorarlberg	4,24%
Wien	26,07%

Klimaschutz

Es werden bundesgesetzlich im FAG normiert:

- ein **Klimaschutzkoordinationsmechanismus** zur Erarbeitung und Umsetzung von Klimaschutz-Maßnahmen, um die Verpflichtungen Österreichs zu erfüllen,
- eine pauschale Kostentragungsregelung für den allfälligen Ankauf von Klimaschutz-Zertifikaten im Verhältnis von Bund: 80 % und Ländern 20 % (keine Teilung der Erlöse aus Emissionszertifikaten) länderweise nach Einwohnerzahl (**Klimaschutzverantwortlichkeitsmechanismus**).

Maßnahmen im Gebäudesektor zum Zweck der Reduktion des Ausstoßes an Treibhausgasen:

Die FA-Partner kommen überein, die bestehende Art. 15a Vereinbarung zum Klimaschutz im Wohnbau entsprechend dem vorliegenden Entwurf anzupassen.

Gesundheit

Die Vereinbarungen gem. Art. 15a „Zielsteuerung-Gesundheit" und „Organisation und Finanzierung des Gesundheitswesens" werden in der in der Beilage ersichtlichen Form abgeschlossen.

Die Umsetzung der bundesgesetzlichen Maßnahmen wird in der 15a Vereinbarung vereinbart.

Kostendämpfungspfad

Ausgangswert 2016 und Wachstumsrate von 2017 3,6 %, 2018 3,5 %, 2019 3,4 %, 2020 3,3 % und 2021 3,2 % als Obergrenze. Mehraufwendungen wie unter anderem aufgrund des KA-AZG werden damit berücksichtigt. Für das Land Tirol, in welchem das KA-AZG erst später wirksam wird, und für Vorarlberg wird eine Sonderregelung in Art. 17 Abs. 2 Z 6a und 6b der 15a-Vereinbarung getroffen.

Die Auswirkungen der Planungskompetenzen auf die Finanzströme werden in den nächsten zwei Jahren unter Einbindung des BMF evaluiert.

Krankenanstalten-Arbeitszeitgesetz

Das Krankenanstalten-Arbeitszeitgesetz wird vom BMASK/BMF und den Ländern im ersten Halbjahr 2017 evaluiert und gegebenenfalls adaptiert.

Sektorenübergreifende Medikamentenbewirtschaftung

Eine sektorenübergreifende Medikamentenbewirtschaftung wird angestrebt, siehe dazu die 15a-Vereinbarung.

Abschaffung des Spitalskostenbeitrages für Kinder- und Jugendliche:

Drittelfinanzierung Bund, SV und Länder.

Der Fonds Gesundes Österreich wird in den nächsten zwei Jahren evaluiert.

Die bisherigen Selbstträgerschafts-Ausgleichszahlungen für gemeinnützige Krankenanstalten werden – nach Anpassung an die Senkung des Dienstgeberbeitrags – vom Bund weiterhin für die Finanzierung von Krankenanstalten zur Verfügung gestellt. Die Details werden auf technischer Ebene geklärt.

Die bestehende Beihilfenregelung für das Rettungswesen und Blutspendeeinrichtungen im GSBG wird um zwei Jahre befristet verlängert, um Planungssicherheit für die Betroffenen zu erreichen und die erforderliche Zeit zu erhalten, um eine einvernehmliche Einigung für eine dauerhafte, zweifelsfrei unionsrechtlich unbedenkliche Regelung herbeizuführen.

ANHANG 1

Pflege

Kostendämpfungspfad

Die Kostendynamik im Pflegebereich wird unter Berücksichtigung der wirtschaftlichen und demografischen Entwicklung mit jährlich 4,6% begrenzt. Ausgangsbasis sind die Einmeldungen der Länder gemäß Pflegedienstleistungsstatistik für das Jahr 2016. Zeigen sich aufgrund der demografischen Entwicklung oder außerordentlicher Ereignisse, dass die paktierten 4,6% p.a. nicht eingehalten werden können, treten Bund, Länder und Gemeinden erneut in Verhandlungen ein.

Eine allfällige Sanktionierung erfolgt im Rahmen des Stabilitätspakts.

Für Hospiz- und Palliativversorgung wird im Rahmen des Pflegefondsgesetzes eine Drittelfinanzierungslösung Bund, Länder und SV vorgesehen (3x 6 Mio EUR jährlich und über die FAG-Periode). Über die operative Abwicklung ist eine Vereinbarung zw. Bund, SV und Ländern abzuschließen.

Festgehalten wird, dass es aufgrund des novellierten PFG zu keinen finanziellen Mehrbelastungen der Länder kommen darf.

Folgende Vereinbarungen im Zusammenhang mit gesetzlichen Maßnahmen werden vereinbart, um den Kostendämpfungspfad einzuhalten:

Bezug von Medikamenten in Pflegeheimen:

Die kostendämpfenden Maßnahmen werden unter Verweis auf das Regierungsprogramm sinnvoll gesehen. Konkrete Vorschläge für eine legistische Umsetzung auf Bundes- und/oder Landesebene sollen in einer technischen Gruppe (BMGF, BMF, Länder, Sozialversicherung) im 1. Halbjahr 2017 erarbeitet. Einigkeit besteht, dass die Patienten- und Versorgungssicherheit gewahrt bleiben muss.

Medizinprodukte (MedizinprodukteG und MedizinproduktebetreiberVO):

Dieser Regelungsbereich ist weitgehend gemeinschaftsrechtlich geregelt. In einer gemeinsamen Gruppe von Vertretern des Bundes und der Länder werden die neuen EU-Regelungen diskutiert und Optimierungsmöglichkeiten besprochen. Dabei sollen auch Fragen der Haltbarkeit und der Kompatibilität Verbrauchsmaterialien und medizinischen Geräten besprochen werden.

Darüberhinaus wird sich das BMGF auf europäischer Ebene im Sinne der Länder einsetzen.

ArbeitnehmerInnenschutz (§ 14 AschG § 77a Abs. 4):

Arbeitnehmerschutzbestimmungen werden vom BMASK und den Ländern bis Jänner 2017 evaluiert und gegebenenfalls im Laufe des ersten Halbjahres gegebenenfalls adaptiert.

Qualitätsleitlinien (Gesundheitsqualitätsgesetz – GQG):

Das BMGF sagt zu, in die jetzt schon eingerichteten Expertenrunden zwischen GÖG und Ländern bei Betroffenheit auch Experten aus dem Bereich Pflege (inkl. Vertreter aus dem Bereich der Kostentragung) einzubeziehen, um Fragen der Kostenfolgen in diesem Bereich im Zusammenhang mit Qualitätsleitlinien verstärkt Augenmerk zu widmen. Bei der Erstellung von Qualitätsleitlinien soll künftig eine Abschätzung der Folgekosten erfolgen, die bei der Entscheidung über die Umsetzung der Leitlinie mitberücksichtigt werden muss.

Ö-Normen, TRVB, HACCP, etc.:

Im Bereich Wohnbauförderung wurde die Einsetzung einer Arbeitsgruppe Ö-Normen vereinbart. Eine Unterarbeitsgruppe wird sich mit dem Normenthema im Bereich Pflege und Krankenanstalten befassen, wobei neben den einschlägigen ExpertInnen der Länder auch das BMGF, das BMASK und das BMF eingebunden werden. Ebenfalls festgelegt wird die Einbeziehung des Bereiches Gewerbe. Ziel ist die Erarbeitung von konkreten Vorschlägen zur Regelung kostensparender Maßnahmen mit Gültigkeit auch für den Sachverständigenbereich bis Ende des ersten Halbjahres 2017, wobei der Vereinbarkeit von Normen unterschiedlicher Bereiche besonderes Augenmerk zu schenken ist.

OPCAT (UN-Fakultativprotokoll zum Übereinkommen gegen Folter und andere grausame, unmenschliche oder erniedrigende Behandlung oder Strafe (OPCAT)):

Die dzt. ruhenden Gespräche zwischen Volksanwaltschaft und Ländern werden unter Einbeziehung des BMJ wieder aufgenommen werden. Das BMJ übernimmt die Koordination.

Dokumentationspflichten:

Die Dokumentationsverpflichtungen in unterschiedlichen Gesetzen (zB GuKG, ÄrzteG, KaKuG, HeimAufG sowie allfällige Landesgesetze) führen im Gesundheitsbereich zu einem sachlich nicht gerechtfertigten und im Pflegebereich zu einem überschießenden Dokumentationsaufwand. Diese sollen von einer Arbeitsgruppe systematisch auf ihre Notwendigkeit, Zielgerichtetheit und finanziellen Auswirkungen geprüft werden.

Freiheitsbeschränkende Maßnahmen (HeimaufenthaltsG):

Eine Evaluierung mit der Zielsetzung, die dzt. Regelungen zu vereinfachen und kosteneffizienter zu gestalten und den Nutzen und die Wirkung zu überprüfen, soll durchgeführt werden und ein Ergebnis zum Ende des 1. Halbjahres 2017 vorliegen.

Heimvertrag (Heimvertragsgesetz – HverG in KSchG § 27b ff)

Eine Evaluierung mit der Zielsetzung, die dzt. Regelungen zu vereinfachen und kosteneffizienter zu gestalten und den Nutzen und die Wirkung zu überprüfen, soll durchgeführt werden und ein Ergebnis zum Ende des 1. Halbjahres 2017 vorliegen.

Umlagen der Gemeinden an die Länder für Pflege:

Länder und Gemeinden verpflichten sich ausdrücklich den Kostendämpfungspfad einzuhalten. Allfällige Überschreitungen, die dann gemeinsam zu tragen sind, können nur einvernehmlich zwischen Land, Städten und Gemeinden erfolgen.

VRV

Bund, Länder und Gemeinden bekräftigen die Notwendigkeit, die **Rechnungslegungsvorschriften** aller öffentlichen Haushalte zu harmonisieren und durch Vorschriften, wie sie in der VRV 2015 vorgesehen sind, eine möglichst getreue, vollständige und einheitliche Darstellung der finanziellen Lage (Liquiditäts-, Ressourcen- und Vermögenssicht) aller Gebietskörperschaften sicherzustellen. Aufgrund der bestehenden Kompetenzlage[2] können weitere Schritte nur einvernehmlich zwischen Bund, Ländern und Gemeinden in Angriff genommen werden. Leitfäden etc. haben daher ausschließlich Empfehlungscharakter.

Folgende weitere Punkte bei der Vorbereitung und Umsetzung der Harmonisierung der Rechnungslegungsvorschriften werden vereinbart:

- Um die Umsetzung der VRV 2015 und der damit verbundenen Ziele zu erleichtern, werden Bund, Länder und Gemeinden ab Mitte 2017 einvernehmlich ein online Buchhaltungs- und Bilanzierungshandbuch erarbeiten, das nur Empfehlungscharakter hat, erarbeitet.
- Länder und Gemeinden werden ihre mittelfristige Finanzplanung in der bisherigen Form bei den Budgetdokumenten ausweisen.
Die Länder verpflichten ab 1.1.2020 die Gemeindeverbände zur Einhaltung der VRV.
Für kleine Gemeindeverbände mit einem Budgetvolumen bis zum aktuellen Schwellenwert des § 189 UGB (EUR 700.000,--) ist es hierbei ausreichend, eine Finanzierungsrechnung sowie die damit in Verbindung stehenden Anlagen vorzulegen.
- BMF unterstützt die Erstellung von Mustervoranschlägen und Rechnungsabschlüssen der Länder und Gemeinden auf Basis der Drei-Komponenten-Rechnung.

---

2   Anmerkung Länder: Grundsätzlich ist nach dem Konzept des B-VG das Haushaltsrecht in die Autonomie der jeweiligen Gebietskörperschaft gelegt, und zwar für den Bund in Art 10 Abs 1 Z 4 B-VG, für die Länder in Art 15 Abs 1 B-VG und für die Gemeinden in Art 116 Abs 2 B-VG. [vgl hiezu *Haber; Kofler* in „Kompetenzrechtliche Überlegungen zum Entwurf der Voranschlags- und Rechnungsabschlussverordnung 2015 (VRV 2015)", Seite 3]

Haftungsobergrenzen und Spekulationsverbot

Vereinbart werden
- eine **Haftungsobergrenze** mit einer einheitlichen Berechnung je Gebietskörperschaftsebene und
- ein einheitliches Spekulationsverbot für Bund, Länder und Gemeinden

Spekulationsverbot: Die Länder haben bereits weitgehend das Spekulationsverbot umgesetzt. Jene Gebietskörperschaften, die noch kein Spekulationsverbot umgesetzt haben, verpflichten sich bis Ende 2017 ein gebietskörperschaftsspezifisches Spekulationsverbot umzusetzen.

Eine Umsetzung der einheitlichen Haftungsobergrenzen erfolgt im Rahmen einer 15a-Vereinbarung.
- Haftungen werden mit dem Nominalwert transparent im Rechnungsabschluss ausgewiesen.
- Die Obergrenzen der Haftungen werden nach einer einheitlichen Formel berechnet:

> HOG (t) = Einnahmen nach Abschnitt 92 und 93 der Gebietskörperschaft (t-2)^3 x Faktor
> HOG (t) = Öffentliche Abgaben netto (Bundesanteil) nach UG 16 (t-2)^4 x Faktor

- Berechnung mit nach Gebietskörperschaftsebene differenziertem Faktor. Der Faktor für die Haftungsobergrenze wird vereinbart:
  - für den Bund mit 175 % der Bemessungsgrundlage,
  - für Länder (inkl. Wien) mit 175 % der Bemessungsgrundlage,
  - für Gemeinden mit 75 % der Bemessungsgrundlage.
- Die relevanten Haftungsstände werden – insb. zur Vermeidung von Doppelanrechnungen - nach wirtschaftlicher Betrachtungsweise gem. Sixpack, RL 2011/85/EU, ermittelt. Überschreiten der Obergrenzen durch Umklassifizierungen sind keine Überschreitungen.
- Innerhalb der einheitlich berechneten Haftungsobergrenze sind Untergruppen zu bilden.
  - Position 1: Bankenhaftungen
  - Position 2: Grundbücherlich besicherte Haftungen respektive Wohnbau-Darlehen
  - Position 3: Sonstige Wirtschaftshaftungen
- Die Anrechnung von Haftungen auf die Obergrenze erfolgt zum Nominalbetrag des Haftungsstandes und ohne Gewichtung.
- Solidarhaftungen werden anteilig und nicht mit dem jeweils vollen Nominale in die HOG eingerechnet.
- Risikogruppen werden nur zur Risikovorsorge nach den Kriterien des ÖStP gebildet.

---

3   Gemeinden länderweise und für den Bund in Analogie zu den Einnahmen nach Abschnitt 92 wird auf die Nettosteuereinnahmen der UG 16 abgestellt. Gemeinden ohne Landesumlage.

4   gemäß BFRG; siehe Strategiebericht zum BFRG 2017-2020 Tabelle 5 auf Seite 90 Position „Öffentliche Abgaben, netto": https://www.bmf.gv.at/budget/das-budget/Strategiebericht_2017-2020.pdf?5i7z3x

- Für Gemeinden werden landesweise einheitliche Haftungsobergrenzen geregelt.
- Ausgliederungen (=außerbudgetäre Einheiten, welche gemäß ESVG im Sektor Staat klassifiziert werden) werden nach den gleichen Regeln erfasst.
- Die Gebietskörperschaften werden sich im ÖKK regelmäßig zum Risikomanagement austauschen.
- Ursachen allfälliger Überschreitungen der Haftungsobergrenzen werden im ÖKK thematisiert. Überschreitungen sind ohne unnötigen Verzug wieder auf einen Wert unter der Haftungsobergrenze zu reduzieren. Dazu sind Verringerungen der Haftungsstände bis zum Erreichen der vereinbarten HOG nur zu 20% neuerlich zu vergeben.
- Das neue System einheitlicher Haftungsobergrenzen wird ab 1.1.2019 – gemeinsam mit der VRV 2015 – in Kraft treten.
- Übergangsregel bis 2019: Verringerungen der Haftungsstände werden bis zum Erreichen der vereinbarten HOG nur zu 20% neuerlich vergeben.

Vereinbarungen nach Art. 15a B-VG

- Vereinbarung über die Abgeltung stationärer medizinischer Versorgungsleistungen von öffentlichen Krankenanstalten für Insassen von Justizanstalten: Verlängerung und Anpassung des Kostenersatzes (Erhöhung um 21 Mio. Euro für die FAG-Periode).
- Grundsätzlich unveränderte Verlängerung der Vereinbarung über die gemeinsame Förderung der 24-Stunden-Betreuung
- Vereinbarung über Maßnahmen im Gebäudesektor zum Zweck der Reduktion des Ausstoßes an Treibhausgasen (siehe oben)

Bundesstaatsreform

Bund, Länder und Gemeinden kommen überein, bis zum Ende des Jahres 2018 eine Bundesstaatsreform unter Berücksichtigung der Arbeiten des Österreich-Konvents vorzubereiten.

A) Reform der Kompetenzverteilung in der Gesetzgebung
   – Entflechtung der Kompetenzfelder
B) Reform der Kompetenzverteilung in der Vollziehung
C) Ausgabenverschiebungen durch Kompetenzänderungen sind im Finanzausgleich zu berücksichtigen.

- **Spending Reviews** werden als laufender Prozess zwischen den FAG-Partnern eingeführt. Sowohl die Aufgaben als auch die Ausgaben der einzelnen Bereiche werden daraufhin untersucht,
  – ob sie zeitgemäß sind,
  – ob sie die gewünschten Resultate bringen,
  – wo es sinnvolle Ansatzpunkte für Kürzungen und Einsparungen gibt,
  – wo Aufgaben umverteilt und Ausgaben umgeschichtet werden müssen.

Die daraus resultierenden Empfehlungen werden dann in den Budgetprozess einfließen. Themen könnten sein:
- Schutz vor Naturgefahren
- Siedlungswasserwirtschaft
- UVP (teilkonzentrierte Verfahren)
- Schulgesundheit
- Die von den Ländern dem Bund im Jahr 2010 (Beschluss LH – Konferenz vom 06.09.2010) übermittelten 335 gesetzlichen Regelungen Vorschläge zur Verwaltungsvereinfachung und Kosteneinsparung übermittelt werden in die Beratungen über Verwaltungsreform miteinbezogen.

Aufgabenkritik

- Bund, Länder und SV vergleichen sich untereinander, soweit zweckmäßig auch vertikal, hinsichtlich ihrer Effizienz anhand eines **Benchmarkings** bei allen Aufgabenbereichen (für den Bund z.B. die Bundesministerien und Universitäten, für die Länder z.B. Verwaltung, Krankenanstalten, Pflege, Pflichtschulen). Für die Gemeinden erfolgt das Benchmarking wie bisher landesintern.
- Die Ergebnisse des Benchmarkings werden veröffentlicht.
- Die Abwicklung des Benchmarkings erfolgt u.a. auf Basis von Daten der Statistik Österreich im Rahmen des Österr. Koordinationskomitees.
- Das konkrete Modell ist einvernehmlich bis Ende 2018 auszuarbeiten und tritt mit 1.1.2019 in Kraft.

Transparenzdatenbank:

- Es wurde vereinbart, dass in den Bereichen Umwelt und Energie und unabhängig von der internen Organisation der auszahlenden Stelle die **Transparenzdatenbank** von den Ländern mit Leistungsmitteilungen befüllt und sodann gemeinsam mit dem Bund analysiert wird. Die Einmeldungen beziehen sich auf Daten der Länder ab 1.1.2017 und nur aus den Pilotbereichen; die Daten des Bundes liegen ab 2013 vor. Die Arbeiten an diesem Pilotprojekt beginnen mit 1.1.2017 und werden ab Ende 2017 evaluiert.

Kohäsionsfonds und Flüchtlingsbetreuung:

Österreich setzt sich bei der Europäischen Union dafür ein, dass nicht abgerufene Mittel des Kohäsionsfonds für die Kosten der Flüchtlingsbetreuung in jenen Ländern, die dafür besondere Leistungen erbracht haben, bereitgestellt werden.

FINANZAUSGLEICH

- Die Umsetzung der oben genannten Reformen ist Voraussetzung für folgende Leistungen des Bundes:

ANHANG 1

- Einmalig 125 Mio. Euro (Ldr. 70% Gmden 30%) zur Bewältigung der besonderen Aufwendungen aus Migration und Integration. Damit sind sämtliche Ansprüche aus diesem Zusammenhang abgegolten.
- Zur Sicherstellung einer nachhaltigen Haushaltsführung wie unter anderem in den Bereichen Gesundheit, Pflege und Soziales erhalten die Länder und Gemeinden 300 Mio. Euro jährlich. Der Pflegefonds wird mit 350 Mio. Euro weitergeführt und ab 2018 mit 4,5 % valorisiert.
- Die 300 Mio. Euro stehen auch für die horizontalen Ausgleichsbedürfnisse zur Verfügung.
- Länder und Gemeinden schließen eine eigene Vereinbarung über die Verteilung dieser Mittel.

Mit dieser Vereinbarung sind alle sonstigen Forderungen der Gebietskörperschaften der noch laufenden Finanzausgleichsperiode abgegolten.

Anhang zum Paktum

Die 300 Mio. Euro werden zw. Ländern und Gemeinden wie folgt geteilt: Festgehalten wird, dass vor der Berechnung dieses Anteile 10 Mio. wg. TDB u LVerG für Länder abgezogen werden, die Teilung der 290 Mio. Euro erfolgt im Verhältnis gemäß FAG-Anteil 20,700/11,883 zw. Ländern und Gemeinden im Jahr 2016.

Gemeindebund und Städtebund kommen überein, dass der den Gemeinden zufließende Anteil an den 300 Mio. Euro (105,8 Mio. Euro) zur Hälfte in einen Strukturfonds kommt, der vor allem bevölkerungsabwanderungsbetroffenen und finanzschwachen Gemeinden und Städten zugute kommen soll. Die Kriterien dafür erarbeitet der Österr. Gemeindebund mit Zustimmung des Städtebundes.

Für das Land Wien erklärt sich die Finanzstadträtin Brauner bereit, 6 Mio. Euro p.a. für den Strukturfonds zur Verfügung zu stellen. Darüber erklären sich die Länder (ohne Wien) bereit, 1,1 Mio. Euro p.a. für den Strukturfonds bereit zu stellen. Somit stehen insg. 60 Mio. Euro p.a. für diesen Fonds zur Verfügung.

Die weiteren Anteile der Gemeinden werden gemäß den Schlüsseln (Einwohnerzahl, aBS und Fixschlüssel) 2016 verteilt.

ANHANG 2

Materialien zur Evaluierung des Finanzausgleichs 2008

Zuerst erfolgt eine Übersicht zu Studien und Beiträgen zum Finanzausgleich, nachfolgend Auszüge aus ausgewählten Rechnungshofberichten zur Thematik.

1. Ausgewählte Studien und Beiträge 2008 bis 2016

Nachfolgend erfolgt eine Übersicht über ausgewählte Studien und Beiträge der Jahre 2008 bis 2016 zu Reformen des Finanzausgleichs.

1.1 Reformvorschläge im Überblick

Die nachfolgend dargestellten Studien und Beiträge widmen sich insbesondere den Schwerpunkten der Abgabenhoheit auf subnationaler Ebene, der Transferreform und der Aufgabenorientierung im Finanzausgleich. Nachfolgend wird ein kurzer Überblick über die Inhalte der Studien und Beiträge zu diesen Themen gegeben. Eine nähere Ausführung zu diesen Schwerpunktthemen findet sich in den Beiträgen im Teil 5 des vorliegenden Bandes.

Schwerpunkt Abgabenautonomie

Die Steuerautonomie auf Länderebene ist äußerst gering und jene der Gemeinden ist zahlreichen Restriktionen unterworfen. Zur Stärkung der institutionellen Kongruenz wird daher durchwegs eine Stärkung der Steuerautonomie auf Länder- und Gemeindeebene vorgeschlagen. Damit soll auf einen „direkten Zusammenhang zwischen politischen Verantwortlichkeiten zur Finanzierung öffentlicher Leistungen und dem Ausgabenverhalten der politischen Entscheidungsträger"[1] abgestellt werden.

Eine Stärkung der Abgabenautonomie der subnationalen Gebietskörperschaften könnte so mit einer Verminderung des Steuerverbundes einhergehen. Ein angemessener Wettbewerb zwischen Regionen und Gemeinden könnte durch verstärkte dezentrale Aufgaben- und Finanzierungsverantwortung und erhöhte Transparenz der Standortvorteile und -nachteile gestärkt werden.[2]

Mehrere Studien beschäftigten sich mit dem Thema der Abgabenautonomie, aufbauend auf früheren Beiträgen wie Ruppe (1991), Bauer und Thöni (2005) oder Thöni (2006)[3]. Im Fokus stand dabei die Eignung von

---

1 Siehe Pitlik et al.: Umfassende Steuerhoheit, 2015, S. 177.
2 Vgl. Bröthaler et al.: Reformoptionen und Reformstrategien. 2010, S. 3 f.
3 Ruppe: Bundesstaatliche Kompetenzverteilung, 1991; Bauer; Thöni: Erweiterte Steuerhoheit, 2005; Thöni: Mehr Steuerautonomie, 2006.

Abgaben zur Erhöhung der Abgabenautonomie in den Ländern. Diese Fragen wurden aus rechtswissenschaftlicher und rechtstechnischer Sicht durch Achatz (2012)[4] und aus finanzwirtschaftlicher und ökonomischer Sicht in den Studien Strohner et al. (2015)[5], Keuschnigg und Loretz (2015)[6] sowie Pitlik et al. (2015)[7] behandelt. Ergebnis dieser Studien war, dass einzelne Abgaben geeignet wären (insbesondere die Motorbezogene Versicherungssteuer oder die Lohn- und Einkommensteuer), eine stärkere Steuerautonomie der Länder umzusetzen.

Eine schwerpunktmäßige Beschäftigung mit Gemeindeabgaben erfolgte in der Studie Pitlik et al. (2012)[8]. Verschiedene Optionen zu einem Ausbau der Abgabenautonomie werden formuliert, welche über die Reform der Grundsteuer hinausgehen und zum Beispiel auch kommunale Zuschlagsrechte auf die Einkommensteuer umfassen.

Schwerpunkt Aufgabenorientierung

Ein Teil der Studientätigkeit widmete sich dem Thema der stärkeren Aufgabenorientierung im Finanzausgleich.[9] Diese soll dazu beitragen, eine bessere Deckung von Aufgaben- und Finanzierungsverantwortung zu schaffen.

Startpunkt gab hier die Studie von Bauer und Mitterer (2009)[10], welche eine ganzheitliche Neugestaltung der Ertragsanteile nach aufgabenorientierten Kriterien vorschlagen. Das Modell basiert auf Basisaufgaben (40 Prozent), sozio-demografisch und geografisch-topografisch bestimmten Aufgabenlasten (40 Prozent) und Lasten aus der zentralörtlichen Funktion (20 Prozent).

2010 folgte mit der Studie Bauer et al. (2010)[11] eine Analyse möglicher aufgabenorientierter Indikatoren auf Länder- und Gemeindeebene. Insbesondere wurde auch auf die Bedeutung von Aufgabenentflechtungen und auf die damit verbundene Verbesserung des Äquivalenzprinzips hingewiesen. Zusätzliche Analysen bieten die beiden Studien von Promberger et al.[12] in den Jahren 2015 bzw. 2016, welche sich verstärkt mit der Kostenstruktur nach Gemeindegrößenklassen beschäftigen.

Ein Vorschlag zur Ausgestaltung eines aufgabenorientierten Finanzausgleichs am Beispiel der Kinderbetreuung folgte von Mitterer und Haindl

---

4   Achatz: Stärkung der Abgabenautonomie, 2012.
5   Strohner et al.: Abgabenhoheit, 2015.
6   Keuschnigg; Loretz: Finanzautonomie, 2015.
7   Pitlik et al.: Umfassende Steuerhoheit, 2015.
8   Pitlik et al.: Abgabenautonomie der österreichischen Gemeinden, 2012.
9   Genauere Ausführungen hierzu befinden sich im Beitrag von Mitterer: „Aufgabenorientierung" im vorliegenden Band.
10 Bauer; Mitterer: Kriterien aufgabenorientierter Gemeinde-Finanzausgleich, 2009.
11 Bauer et al.: Verstärkte Aufgabenorientierung, 2010.
12 Promberger et al.: Analyse der Gemeindefinanzen, 2015 sowie Promberger et al.: Aufgabenorientierter Finanzausgleich, 2016.

(2015)[13]. Hierbei wurden konkrete Varianten für eine aufgabenorientierte Mittelverteilung definiert und Modellrechnungen durchgeführt. Dabei wurden auch Abtauschvarianten im Rahmen des bestehenden Finanzausgleichs (mit Ertragsanteilen sowie Transfers) berechnet. Es wurden weiters die Auswirkungen auf die Ausgestaltung des Finanzausgleichssystems erläutert und bei der Modellausgestaltung miteinbezogen.

Letztlich entwickelte eine Studie von Mitterer et al. (2016)[14] die Grundlagen für ein Bewertungsschema zur Bestimmung der regionalen Versorgungsfunktion von Gemeinden. Dabei erfolgte eine umfassende Diskussion zur Einordnung dieses Modells in das Finanzausgleichssystem. Darauf basierend wäre ein Modell zu entwickeln, um regionale Spill-overs auf der Gemeindeebene im Rahmen des Finanzausgleichs abzudecken.

Schwerpunkt Transfers

Intensive Studientätigkeit bestand auch im Bereich der Transferbeziehungen, wobei der Schwerpunkt auf Transfers zwischen Ländern und Gemeinden gelegt wurde. Wesentliche Kritikpunkte lagen in der mangelnden fiskalischen Äquivalenz, den nicht mehr nachvollziehbaren Verteilungswirkungen und dem hohen Administrationsaufwand. In Biwald et al. (2013) heißt es beispielsweise dazu: „Durch die vielfältigen Transferbeziehungen zwischen den Ländern und Gemeinden entstehen nicht mehr nachvollziehbare Umverteilungseffekte (Intransparenz der Transferbeziehungen), sowie kommt es auch zu Verstößen gegen Prinzipien der Autonomie sowie der Konnexität von Aufgaben- und Finanzierungsverantwortung."[15]

Weitere Reformansätze[16] verfolgen dabei das Ziel, die Verantwortlichkeit der fiskalischen Entscheidungsträgerinnen und -träger zu stärken und durch eine radikale Vereinfachung und Entflechtung der Transfers die Transparenz zu erhöhen.[17] Ein Transferabtausch – und die damit verbundene Zusammenführung von Aufgaben- und Finanzierungsverantwortung – soll dazu beitragen, die fiskalische Äquivalenz zu verbessern.

Konkrete Abtauschvarianten zwischen Gemeinde- und Länderebene wurden von Bauer und Mitterer (2009)[18] definiert und modellhaft berechnet. In einer Studie von Biwald et al. (2010)[19] erfolgte eine umfassende Analyse des österreichischen Transfersystems und es wurden Rahmenbedingungen eines Reformmodells für Transfers und Zuschüsse für den vertikalen sowie für den horizontalen Finanzausgleich formuliert.

Umfangreiche Statusanalysen liefern auch die Studien Biwald et al. (2013)[20] sowie Mitterer et al. (2016)[21]. In letztgenannter Studie wurden die

---

13 Mitterer; Haindl: Aufgabenorientierter Finanzausgleich am Beispiel Elementarbildung, 2015.
14 Mitterer et al.: Bestimmung der regionalen Versorgungsfunktion, 2016.
15 Siehe Biwald et al.: Gemeinde-Transferbericht, 2013, S. 85.
16 Siehe hierzu auch den Beitrag Biwald; Haindl; Mitterer: „Transferreformen" im vorliegenden Band.
17 Siehe Bröthaler et al.: Reformoptionen und Reformstrategien, 2010, S. 4.
18 Bauer; Mitterer: Abbau von Transferverflechtungen, 2009.
19 Biwald et al.: Transfers und Kostentragung, 2010.
20 Biwald et al.: Gemeinde-Transferbericht, 2013.

Reformansätze früherer Untersuchungen zusammen- und weitergeführt. Dabei erfolgten konkrete Vorschläge innerhalb eines bundesweit einheitlichen Rahmens für Länder-Gemeinde-Transferbeziehungen, mithilfe von punktuellen Reformansätzen sowie mithilfe einer Neuordnung von bundesweit einheitlichem Finanzausgleich und Länder-Gemeinde-Transferbeziehungen.

1.2 Ganzheitliche Ansätze

Intergovernmental fiscal relations: Die Verteilung der finanziellen Mittel in Österreich (2010)

Erschienen in: Bußjäger Peter (Hrsg.): Kooperativer Föderalismus in Österreich – Beiträge zur Verflechtung von Bund und Ländern, Wien 2010, S. 103-120.

Autor: Erich Thöni (Universität Innsbruck)

Im Mittelpunkt des Beitrages steht die Neuorientierung des fiskalischen und Finanzausgleich-Entscheidungsprozesses durch Selbstbestimmung, Autonomie und geordnetem Wettbewerbsföderalismus. Zentrale Inhalte sind der Finanzausgleich im weiteren Sinne und Österreichs Finanzausgleichsverhandlungen, dominierende Prinzipien in der Finanzverfassung, Finanzausgleich im engeren Sinne, Komplexität, Priorisierung der Distributionszielsetzung, aktive Selbstbestimmung/Autonomie, Wettbewerbsföderalismus und sein Ordnungsrahmen, Diskussion der Finanzausgleich-Reformansätze im Regierungsprogramm, kritische Diskussion des vorgeschlagenen Reformprozesses.

Reformoptionen und Reformstrategien (2011)

Auftraggeber: Bundesministerium für Finanzen

Autorinnen und Autoren: Johann Bröthaler und Michael Getzner (TU Wien); Hans Pitlik und Margit Schratzenstaller (WIFO); Peter Biwald und Helfried Bauer (KDZ); Ulrich Schuh und Ludwig Strohner (IHS)

Diese Studie analysiert und begründet in einem ersten Schritt den Reformbedarf zum Finanzausgleich im weiteren Sinn. Darauf aufbauend werden Reformgrundlagen formuliert, daher das Zusammenstellen der möglichen Ziele, Schwerpunkte, Voraussetzungen und Rahmenbedingungen einer Reform des Finanzausgleichs. Schließlich werden verschiedene Reformoptionen dargestellt und eine Diskussion im Sinne einer Gesamtstrategie für eine grundlegende Reform des österreichischen Finanzausgleichs geführt.

---

21 Mitterer et al.: Länder-Gemeinde-Transferverflechtungen, 2016.

Fiskalische Autonomie und fiskalische Verantwortung in Österreich (2011)

Erschienen in: Hrbek Rudolf und Bußjäger Peter (Hrsg.): Finanzkrise, Staatsschulden und Föderalismus – Wege der Krisenbewältigung, EZFF, Tübingen 2011, S. 70-85.

Autorinnen und Autoren: Erich Thöni; Caroline Bonn (Universität Innsbruck)

Ziel dieses Beitrages ist es, den Zusammenhang zwischen fiskalischer Autonomie und fiskalischer Verantwortung im Kontext des österreichischen Finanzausgleichs aufzuzeigen. Anknüpfend an eine kurze Diskussion der Begrifflichkeiten werden zunächst Charakteristika des österreichischen Finanzausgleichssystems beschrieben. Die bestehenden Mängel hinsichtlich der Zusammenführung der Einnahmen-, Ausgaben- und Aufgabenverantwortung werden analysiert. Durch diese Mängel wird das Prinzip der fiskalischen Äquivalenz häufig durchbrochen. Die Gründe für diese aus volkswirtschaftlicher Sicht wenig wünschenswerten Verflechtungen werden in diesem Beitrag ausgeführt. Eine Reform bedarf einer Neuordnung der Kompetenzaufteilung bzw. Kompetenzentflechtung, eine stärkere Berücksichtigung des Prinzips der fiskalischen Äquivalenz sowie eine Erhöhung der Transparenz im Finanzausgleichssystem.

Verstärkte Zielorientierung des Finanzausgleichs – ein Plädoyer (2012)

Erschienen in: Kahl Arno (Hrsg.): Offen in eine gemeinsame Zukunft, Wien 2012, S. 235-262.

Autor: Helfried Bauer

In diesem Beitrag werden die grundsätzlichen Ziele für ein Finanzausgleichssystem im erforderlichen Zustand wie im österreichischen Status quo beschrieben. Dem österreichischen System wird eine einseitige Zielausrichtung zugeschrieben, mit einer Dominanz des Finanzkraftausgleichs, einer unzureichenden Aufgabenorientierung sowie einer geringen Effizienz- und Effektivitätsorientierung. Eine Konkretisierung der Ziele für den Gesamtstaat wie auch die einzelnen Ebenen bildet die Grundlage für einen effektiven Finanzausgleich.

1.3 Schwerpunkt Abgabenautonomie

Abgabenautonomie subnationaler Gebietskörperschaften (2012)

Auftraggeber: Bundesministerium für Finanzen

Autor: Markus Achatz (Kepler Universität Linz)

Hier wurde untersucht, welche Abgaben (bestehende oder neue) für eine verstärkte Abgabenautonomie subnationaler Gebietskörperschaften (Länder, Gemeinden) unter besonderer Berücksichtigung von Praxisrelevanz und Operationalität in Betracht kommen.

ANHANG 2

Optionen zur Stärkung der Abgabenautonomie der österreichischen Gemeinden (2012)

Auftraggeber: Österreichischer Städtebund

Autorinnen und Autoren: Hans Pitlik und Margit Schratzenstaller (WIFO); Helfried Bauer, Peter Biwald und Anita Haindl (KDZ)

Die Studie stellt die Grundlagen der ökonomischen und politökonomischen Diskussion über das Pro und Contra einer Stärkung der Abgabenautonomie der Gemeinden vor und diskutiert längerfristige Trends der kommunalen Abgabenautonomie in Österreich und in ausgewählten europäischen Ländern. Auf der Grundlage eines Kriterienkatalogs für ein gutes kommunales Abgabensystem werden sieben Optionen zur Stärkung der kommunalen Abgabenautonomie in Österreich evaluiert.

Abgabenhoheit auf Länder- und Gemeindeebene (2015)

Auftraggeber: Bundesministerium für Finanzen

Autoren: Ludwig Strohner, Johannes Berger, Nikolaus Graf und Ulrich Schuh (EcoAustria)

Im Zentrum dieser Studie steht eine Auseinandersetzung mit der Dezentralisierung der Abgabenautonomie. Dabei werden internationale Beispiele aufgearbeitet und Vorschläge diskutiert, die die Abgabenautonomie in Österreich stärken.

Finanzautonomie der Bundesländer (2015)

Auftraggeber: Agenda Austria

Autoren: Christian Keuschnigg (Universität St. Gallen); Simon Loretz (IHS)

Die Studie beschäftigt sich mit den Auswirkungen einer Stärkung der Finanzautonomie für die Bundesländer. Konkret werden mögliche Auswirkungen einer verstärkten Steuerautonomie im Bereich der Lohn- und Einkommensteuer sowie bei der Körperschaftsteuer im Rahmen eines Zuschlagsystems beschrieben.

Umfassende Steuerhoheit der österreichischen Bundesländer (2015)

Auftraggeber: Österreichische Bundesländer

Autorinnen und Autoren: Hans Pitlik, Michael Klien, Margit Schratzenstaller und Christina Seyfried (WIFO)

Die Studie untersucht die Vor- und Nachteile einer umfassenden Steuerautonomie der Bundesländer und diskutiert Reformoptionen. Neben einer weitreichenden theoretischen Aufarbeitung des Themas erfolgt eine Simulation von statischen Aufkommenseffekten einer Ausweitung der Steuerautonomie im Bereich der Lohn- und Einkommenssteuer, der Körperschaftsteuer und der Motorbezogenen Versicherungssteuer.

1.4 Schwerpunkt Ertragsanteile und Aufgabenorientierung

Kriterien für einen aufgabenorientierten Gemeinde-Finanzausgleich (2009)

Auftraggeber: Österreichischer Städtebund

Autorinnen und Autoren: Helfried Bauer und Karoline Mitterer (KDZ)

Im Rahmen dieser Studie erfolgte einerseits eine grundsätzliche Auseinandersetzung mit einer Aufgabenorientierung – unter anderem im internationalen Kontext. Andererseits wurde ein Vorschlag – inkl. Modellrechnung – für einen aufgabenorientierten Gemeinde-Finanzausgleich entwickelt. Das Modell basiert auf Basisaufgaben (40 Prozent), sozio-demografisch und geografisch-topografisch bestimmten Aufgabenlasten (40 Prozent) und Lasten aus der zentralörtlichen Funktion (20 Prozent).

Verstärkte Aufgabenorientierung (2010)

Auftraggeber: Bundesministerium für Finanzen

Autorinnen und Autoren: Helfried Bauer, Peter Biwald und Nikola Hochholdinger (KDZ); Johann Bröthaler und Michael Getzner (TU Wien); Sebastian Reis, Ulrich Schuh und Ludwig Strohner (IHS)

In dieser Studie wurde der Frage nachgegangen, ob neben der dominanten Bevölkerungszahl zusätzliche Indikatoren für die Verteilung der Finanzmittel sowohl auf Länder- als auch auf Gemeindeebene Berücksichtigung finden sollen. Dazu wurden Aufgaben in Basisaufgaben, für welche die finanziellen Mittel auf Basis der Volkszahl zugeteilt werden und Sonderlasten, für die andere Indikatoren herangezogen werden, unterteilt.

Gemeinden 2011 – Gegenwärtige und zukünftige Probleme der Finanzstruktur (2012)

Erschienen in: Kahl Arno (Hrsg.): Offen in eine gemeinsame Zukunft, Wien 2012, S. 205-234.

Autorinnen und Autoren: Erich Thöni; Caroline Bonn (Universität Innsbruck)

Der Beitrag widmet sich der Evaluierung des und Reformvorschlägen für das Gesamtkonzept. Er folgt einer ganzheitlichen Analyse der Gemeindeselbstverwaltung und der Gemeindefinanzierung. Zentrale Themen sind Gemeindeautonomie im europäischen Kontext, Zentralisierungstendenzen gegenläufig zum europäischen Trend, Mindeststandard der Aufgabenbesorgung, aktive Gemeindeselbstverwaltung, starke Betonung des Prinzips der Einheitlichkeit der Lebensverhältnisse, Wachstum der städtische Umlandgemeinden, österreichische Privatwirtschaftsdilemma, Transferdschungel zwischen Land und Gemeinden, Problematik des abgestuften Bevölkerungsschlüssels, Problematik der Kostenüberwälzungen und Gemeinschaftsfinanzierungen sowie fehlende Vertrauensbasis zwischen den Gebietskörperschaftsvertretern.

Aufgabenerfordernisse der Gemeinden und Mittelverteilung im Gemeinde-Finanzausgleich (2014)

Auftraggeber: Österreichischer Städtebund

Autorinnen und Autoren: Karoline Mitterer, Anita Haindl, Clemens Hödl (KDZ)

Diese Analyse beschäftigt sich mit den Auswirkungen der einzelnen Regelungen im Finanzausgleichsgesetz, der Regelungen im gesamten Gemeinde-Finanzausgleich sowie der aufgabenbezogenen und finanzwirtschaftlichen Verflechtungen zwischen Ländern und Gemeinden auf die Gemeindefinanzen. Schließlich wird ein reformierter Gemeinde-Finanzausgleich konstruiert, wobei verstärkt der Fokus auf die Beziehungen zwischen bundeseinheitlichen Regelungen und bundesländerinternen Finanzausgleichen gelegt wurde.

Gemeinderelevante Aspekte im Finanzausgleichsgesetz (2014)

Auftraggeber: Österreichischer Städtebund

Autorinnen: Karoline Mitterer und Anita Haindl (KDZ)

Im Mittelpunkt dieser Studie steht eine kritische Betrachtung des Prozesses und der Verteilungswirkungen der Unterverteilung der Gemeindeertragsanteile sowie Finanzzuweisungen/Zuschüsse. Es erfolgt eine kritische Gesamteinschätzung zu den Regelungen des Finanzausgleichsgesetzes.

Analyse der Gemeindefinanzen vor dem Hintergrund eines aufgabenorientierten Finanzausgleichs (2015)

Auftraggeber: Österreichischer Gemeindebund

Autorin und Autoren: Kurt Promberger und Christian Mayr (Universität Innsbruck); Yvonne Ohnewas (IVM)

Die Autorin und die Autoren setzen sich mit den Netto-Ausgaben für kommunale Basisaufgaben in Österreich auseinander. Hierbei wird – im Gegensatz zu bisherigen Studien – ein Großteil der Ausgaben als Basisaufgaben definiert und eine finanzstatische Analyse nach Gemeindegröße durchgeführt.

Förderung strukturschwacher Gemeinden (2015)

Auftraggeber: Bundesministerium für Finanzen

Autoren: Johannes Berger, Nikolaus Graf, Ulrich Schuh und Ludwig Strohner (Eco Austria)

Die Studie durchleuchtet, inwieweit die derzeitigen Regelungen im Finanzausgleich dazu geeignet sind, die besonderen Problemlagen in strukturschwachen ländlich-peripheren Gemeinden zu lösen und bietet mehrere Modelloptionen für eine Optimierung des Finanzausgleichs in diesem Zusammenhang. Die Transferbeziehungen zwischen Ländern und Gemeinden werden dabei nicht betrachtet.

Aufgabenorientierter Finanzausgleich am Beispiel der Elementarbildung (2015)

Auftraggeber: Arbeiterkammer Wien

Autorinnen: Karoline Mitterer und Anita Haindl (KDZ)

Im Mittelpunkt steht die Entwicklung eines Modells für eine aufgabenorientierte Mittelverteilung im Finanzausgleich für den Bereich der elementaren Bildungs- und Betreuungseinrichtungen. Hierzu wurden die aktuelle Aufgabenverteilung und Finanzierung des Kinderbetreuungsbereichs dargestellt sowie bisherige Reformoptionen zu einer aufgabenorientierten Ausgestaltung des Finanzausgleichs in Österreich diskutiert. Schließlich wurde ein Modell in mehreren Varianten entwickelt, um aufgabenorientierte Elemente in den bestehenden Finanzausgleich zu integrieren.

Aufgabenorientierter Finanzausgleich (2016)

Auftraggeber: Österreichischer Gemeindebund

Autorinnen und Autoren: Kurt Promberger und Christian Mayr (Universität Innsbruck); Yvonne Ohnewas (IVM)

Schwerpunkt dieser Studie liegt in der finanzwirtschaftlichen Analyse der Entwicklung der Ausgaben bzw. Netto-Ausgaben nach Gemeindegrößen im Zeitraum 1990 bis 2014. Zusätzlich wird exemplarisch das Thema der zentralörtlichen Standortvorteile diskutiert.

Bestimmung der regionalen Versorgungsfunktion von Gemeinden (2016)

Auftraggeber: Bundesministerium für Finanzen

Autorinnen und Autoren: Karoline Mitterer, Anita Haindl und Nikola Hochholdinger (KDZ); Johann Bröthaler, Michael Getzner, Hans Kramar und Florian Strohmayer (TU Wien)

Diese Studie stellt die Grundlagen und aktuellen Ansätze zur regionalen Versorgungsfunktion von Gemeinden und Städten dar. In weiterer Folge wurde ein Schema zur Bewertung der regionalen Versorgungsfunktion von Gemeinden und Städten entwickelt und mögliche, für ein Abgeltungsmodell geeignete Indikatoren diskutiert.

1.5 Schwerpunkt Transfers

Zum Abbau von Transferverflechtungen (2009)

Auftraggeber: Österreichischer Städtebund

Autorinnen und Autoren: Helfried Bauer und Karoline Mitterer (KDZ)

Neben einer Statusanalyse der Transferbeziehungen zwischen Land und Gemeinden erfolgten konkrete Vorschläge zur Entflechtung der Transferbeziehungen im Finanzausgleich im weiteren Sinn. Hierzu wurden verschiedene Abtauschvarianten zur Reduzierung der Transferverflechtungen definiert und deren Verteilungswirkungen auf die Gemeindeebene berechnet und interpretiert.

Transfers und Kostentragung (2010)

Auftraggeber: Bundesministerium für Finanzen

Autorinnen und Autoren: Peter Biwald, Helfried Bauer und Karoline Mitterer (KDZ); Johann Bröthaler und Michael Getzner (TU Wien); Margit Schratzenstaller (WIFO)

Im Zentrum stehen die Grundlagen, das Volumen und die Struktur des Transfersystems im österreichischen Finanzausgleich. Ergänzend wird auf die Abwicklung der Transfers und die damit verbundenen Transaktionskosten näher eingegangen. Schließlich werden Rahmenbedingungen eines Reformmodells für Transfers und Zuschüsse im vertikalen sowie für den horizontalen Finanzausgleich formuliert.

Gemeinde-Transferbericht (2013)

Auftraggeber: Österreichischer Städtebund

Autorinnen und Autoren: Peter Biwald, Anita Haindl, Clemens Hödl (KDZ)

Hier erfolgt eine umfassende Betrachtung der Auswirkungen der Transferbeziehungen zwischen Ländern und Gemeinden auf die finanzielle Situation der Gemeinden. Es wird die Entwicklung der Transfers im Zeitraum 2002 bis 2011 analysiert und die Verteilungswirkungen der Förder- und Transferpolitik nach Bundesländern näher betrachtet. Schließlich wird auf Reformoptionen eingegangen.

Länder-Gemeinde-Transferverflechtungen (2016)

Auftraggeber: Arbeiterkammer Wien

Autorinnen und Autoren: Karoline Mitterer, Peter Biwald und Anita Haindl (KDZ)

Diese Studie hat eine gesamthafte Sicht auf die Transferverflechtungen zwischen Gemeinden und Ländern zum Ziel. Hierbei wurden auch Finanzierungs- und Organisationseinheiten außerhalb der Länder- und Gemeindehaushalte berücksichtigt. Es erfolgte eine kritische Analyse der Förder- und Transferpolitik und deren Auswirkungen auf die Finanzmittelausstattung von Ländern und Gemeinden. Die Studie schließt mit einem Vorschlag zu Reformmaßnahmen der Förder- und Transferpraxis im Rahmen der Länder-Gemeinde-Transferbeziehungen.

1.6 Weitere Studien und Beiträge

Gemeindestruktur und Gemeindekooperation (2010)

Auftraggeber: Bundesministerium für Finanzen

Autorinnen und Autoren: Hans Pitlik (WIFO); Klaus Wirth und Barbara Lehner (KDZ)

Im Mittelpunkt dieser Studie steht die Frage nach der Vorteilhaftigkeit von Kooperationen und Zusammenschlüssen auf der kommunalen Ebene zur Optimierung der Gemeindestrukturen. Hierbei werden Vorschläge zur Reform des institutionellen Rahmens von Kooperationen und Strukturreformen in Österreich diskutiert.

Gemeindezusammenarbeit – immer Kostendegression und damit Größenvorteil? (2012)

Erschienen in: Bußjäger Peter und Niklas Sonntag (Hrsg.): Gemeindekooperationen Chancen nutzen – Potenziale erschließen, Ifö, Wien 2012, S. 57-77.

Autor: Erich Thöni (Universität Innsbruck)

Im Mittelpunkt des Beitrages steht eine differenzierte Diskussion möglicher Kostenentwicklungen (Degression-Progression, Neutralität und damit indirekte Wirkungen auf Finanzausgleich) auf Gemeinde- bzw. Bürgerseite bei Gemeindefusion bzw. Gemeindezusammenarbeit. Zentrale Themen sind Probleme des Finanzföderalismusverständnisses, Gemeindeaufgaben – Daseinsvorsorge, Transfers und Konsequenzen, Ansätze der Gemeindefusion bzw. Gemeindezusammenarbeit, Gemeindeverbände, Produktionskosten vs. Bürokratie- bzw. Bürgerkosten und mögliche Ersparnisse.

Gemeindezusammenlegungen und Gemeindekooperationen aus (polit-)ökonomischer Sicht (2013)

Erschienen in: Karlhofer Ferdinand, Günther Pallaver (Hrsg.): Politik in Tirol – Jahrbuch 2013, Innsbruck/Wien/Bozen 2013, S. 179-198.

Autor: Erich Thöni (Universität Innsbruck)

Im Mittelpunkt des Beitrages stehen Gemeindefusionen und ihre schwache Argumentationsbasis, sowie ein Plädoyer für freiwillige Gemeindekooperationen. Zentrale Themen bilden die Diskussion der optimalen Gemeindegröße, Kriterien optimaler Aufgabenerfüllung, zeitgeistige bzw. finanzausgleichsorientierte letzte Gemeindezusammenlegungen in der Steiermark, in Kärnten und im Burgenland, Priorisierung der Gemeindezusammenarbeit gegenüber der Gemeindefusion in Tirol, Begründungen der Gemeindekooperationen sowie manipulative Berechnungen der Vorteile von Zusammenlegungen.

ANHANG 2

Mehrbelastungen der Städte im Grauen Finanzausgleich (2015)

Auftraggeber: Österreichischer Städtebund

Autorinnen und Autoren: Karoline Mitterer, Anita Haindl und Clemens Hödl (KDZ)

In einem ersten Teil werden Maßnahmen im Rahmen des Finanzausgleichssystems aufgezeigt, welche dem Grauen Finanzausgleich zugeordnet werden können (z. B. Steuerreformen). Weiters werden konkrete Maßnahmen des Grauen Finanzausgleichs auf der Ausgabenseite (z. B. Kinderbetreuung, Immobilienertragssteuer) ausgeführt. Schließlich folgt eine kritische Betrachtung des Konsultationsmechanismus.

2. Auszüge aus einigen Berichten des Rechnungshofes der Jahre 2006 bis 2016

Nachfolgend werden zentrale Ergebnisse ausgewählter Rechnungshofberichte zusammengefasst.

2.1 Stärkung der öffentlichen Finanzkontrolle

Tätigkeitsbericht 2006 des RH 2006 (Reihe Bund 2006/12)

Stärkung einer umfassenden Finanzkontrolle[22]

Die ständig stärker werdende Verflechtung der Aufgaben- und Finanzierungsverteilung zwischen den einzelnen Gebietskörperschaftsebenen, die vielfach damit verbundenen intransparenten Verfahren, die widerstreitenden Interessen und die nicht mehr klar erkennbaren bzw. zurechenbaren Verantwortlichkeiten können in zunehmendem Maße auch zu unwirtschaftlichen und/oder unzweckmäßigen Gebarungen bei den betroffenen Haushalten führen. Nur eine alle Gebietskörperschaftsebenen umfassende Finanzkontrolle ist aber in der Lage, solche Fehlentwicklungen zu erkennen, sie aufzuzeigen und darüber allen zuständigen Vertretungskörpern zu berichten.

Erkenntnisse aus Analysen des RH seit 1995 zum Finanzausgleich im engeren Sinn[23]

Der **Steuerverbund** wurde ausgeweitet, das Transfersystem wurde nicht abgebaut, sondern im Gegenteil komplexer und ausgeweitet. Das in der Finanzverfassung verankerte Konnexitätsprinzip wurde dadurch weiter geschwächt. Das **Ausgleichsprinzip bei der Verteilung der Gemeindeeinnahmen** aus Ertragsanteilen wurde über die Jahre weiter verstärkt. Ebenso findet bei den Transfers eine starke Umverteilung von größeren, finanzstarken Gemeinden zu kleineren, finanzschwachen Gemeinden

---

22 Vgl. Rechnungshof: Stärkung der öffentlichen Finanzkontrolle, Reihe Bund 2006/12, S. 24.
23 Ebd., S. 44 f.

statt. Das **Äquivalenzprinzip**, das den eigenen Gemeindeabgaben entspricht, wird dadurch möglicherweise verzerrt. Die Förderung der kleinen, finanzschwachen, ländlichen Gemeinden ist eine wesentliche landespolitische Zielsetzung. Die Belastung der Gemeinden durch Transferausgaben (der Gemeinden an das jeweilige Land, Anm. Bauer) stieg insgesamt stärker als die Förderung durch Transfereinnahmen. Transaktionskosten, Lenkungseffekte, Sickereffekte und gesamte Netto-Wohlfahrtseffekte finden zu wenig Beachtung. Dies bedeutet zunächst, dass die gewünschten/erwarteten **allokativen Steuerungswirkungen** tendenziell ausbleiben; weiters ist mit der Vielfalt der Transferzahlungen auch ein beachtlicher Verwaltungsaufwand (steigende Transaktionskosten) verbunden.

Herausforderungen für die öffentliche Finanzkontrolle[24]

Aus den dargestellten Erkenntnissen resultieren für die öffentliche Finanzkontrolle durch den RH vielfältige und umfassende Herausforderungen. Sie betreffen vor allem folgende Punkte:

- Überprüfung der vorliegenden finanzwissenschaftlichen Analysen ebenso wie die Verknüpfung der bisherigen eigenen Prüfungsergebnisse des RH mit jenen der in den letzten Jahren vorgelegten finanzwissenschaftlichen Studien.
- Festhalten der Ziele, die mit den Finanzierungsregelungen verfolgt werden (sollen); Feststellen der tatsächlich erreichten Auswirkungen der Finanzierungsregelungen auf die einzelnen Gebietskörperschaften.
- Es sollte auch die Konsistenz zwischen Wirkungs- und Leistungszielen einerseits und den Finanzierungsregelungen andererseits überprüft werden. Dies verlangt Prüfungskompetenzen für den RH, die sich auf alle Träger und Financiers in den verschiedenen öffentlichen Aufgabenbereichen und somit beispielsweise auch auf alle Gemeinden erstrecken müssen.
- Weiters sollte auch der Verbesserung der öffentlichen Finanzstatistik besondere Beachtung geschenkt werden. Denn hier scheint – zumindest derzeit – ein größerer Handlungsbedarf gegeben zu sein. Dieser betrifft unter anderem die zweckmäßige Abgrenzung der unterschiedlichen Finanzierungsströme sowie die Abstimmung der Finanzierungsströme, die derzeit nicht lückenlos und konsistent zwischen Zahlern und Empfängern dargestellt werden können.

Schlussfolgerungen[25]

Aufgrund der gewonnenen Einblicke und Urteile könnte eine zeitgemäße Finanzkontrolle auch wesentliche Impulse zur Weiterentwicklung der gegebenen Systeme der Aufgaben-, der Ausgaben- und der Einnahmenverteilung setzen. Sie könnte Handlungsempfehlungen an die Entscheidungsträger aller staatlichen Ebenen richten und sicher auch im Dialog mit Wissenschaft und Interessenvertretungen Vorschläge zur schrittweisen Entflechtung der Finanzierung im öffentlichen Bereich, zur Verstärkung

---

24   Ebd., S. 46.
25   Ebd., S. 46 f.

der zeitgemäßen Prinzipien der öffentlichen Finanzierung und damit eine nachhaltige Steigerung von Effizienz und Effektivität erstatten. Daraus ergibt sich die weitere Herausforderung für die Finanzkontrolle, die Regelungsbereiche des Finanzausgleichs im weiteren Sinn auf Kompatibilität mit Zielen und Grundsätzen von „Good Governance" im Allgemeinen und mit anerkannten Postulaten und Zielen der Wirtschaftspolitik im Besonderen zu prüfen. Bezogen auf das öffentliche Finanzmanagement bieten die fortgeschrittenen Konzepte von Public Governance und Management vielfältige Grundlagen für eine Modernisierung im Sinn erweiterter Inhalte und verbesserter Steuerung der öffentlichen Aufgabenerfüllung. Gleichzeitig bilden diese Konzepte auch Anlass, sich mit einer Erweiterung der Finanzkontrolle im Bereich des öffentlichen Rechnungswesens zu befassen. Aus ökonomischer Sicht sprechen somit verschiedene Argumente für den Ausbau der Finanzkontrolle durch den RH. Es sind dies die Erfordernisse der System- und der Querschnittsprüfung: Die hier angesprochenen Bereiche des Finanzausgleichs im umfassenden Sinn sowie der Politik- und Verwaltungsmodernisierung einschließlich eines reformierten Haushaltswesens erfordern eine Finanzkontrolle, die von den übergeordneten staatlichen Zielen und Verfassungsgrundprinzipien ausgeht und die davon berührten nachgeordneten Regelungs- und Prüfbereiche einschließt.

2.2 Positionspapier des RH zur Verwaltungsreform 2006: Verwaltungsreform und Bürokratieabbau; Reform Finanzverfassung und Finanzausgleich

Tätigkeitsbericht 2007 (Reihe Bund 2007/16)

Entsprechend seiner strategischen Ausrichtung als Wegbereiter für Innovationen und Reformen veröffentlichte der RH im August 2007 ein **Positionspapier zur Verwaltungsreform** und zum Bürokratieabbau, um seinen Sachverstand und seine Erfahrungen als föderatives Bund-Länder-Organ den politischen Entscheidungsträgern zur Verfügung zu stellen und sich aktiv in den laufenden Verfassungs- und Verwaltungsreformprozess einzubringen.[26]

Aus den Berichten des RH ergeben sich verschiedene **Schwerpunkte und Handlungsfelder künftiger Verwaltungsreformmaßnahmen,** wobei die Umsetzung der vom RH aufgezeigten Verbesserungs- und Rationalisierungspotenziale eine politische Willensbildung zu notwendigen Reformschritten, klare politische Vorgaben über den Umfang und die Zielrichtung und die nötige Bewusstseinsbildung erfordert[27]:

(1) Eine **umfassende Aufgaben- und Prozesskritik** in den einzelnen Bundesministerien, Ländern und Gemeinden, eine von der **Politik vorgegebene strategische Ausrichtung** der einzelnen staatlichen Ebenen und eine systematische Durchforstung aller Rechtsvorschrif-

---

26 Vgl. Rechnungshof: Verwaltungsreform und Bürokratieabbau, Reihe Bund 2007/16, S. 19.
27 Ebd., S. 21-23.

ten auf Bundes- und Landesebene stellen die Kernelemente einer Staats- und Verwaltungsreform dar.

(2) An den **Gesetzgebungsprozess und die Gesetzesfolgenabschätzung** werden zunehmend höhere Anforderungen gestellt[28]

(3) Eine **Neuverteilung der Aufgaben zwischen Bund, Ländern und Gemeinden** ist das **Kernstück der angestrebten Verfassungsreform**. Der RH tritt für die Weiterverfolgung des vom Österreich-Konvent erarbeiteten Dreisäulenmodells mit großflächigen Kompetenzfeldern, zwei jeweils exklusiven Kompetenzbereichen von Bund und Ländern sowie einem Bereich mit einer gemeinsamen Gesetzgebung ein.

(4) **Finanzierungs-, Ausgaben- und Aufgabenverantwortung sollten in einer Hand liegen**, weil eine solche Zusammenführung nach den Erfahrungen des RH in einer sparsameren Gebarung resultiert. Vermischte und verflochtene Kompetenzbereiche hinsichtlich der Aufgabenträgerschaft und der Finanzierung bestehen beispielsweise im Bereich der Landeslehrerinnen und -lehrer, der Krankenanstalten, der Wohnbauförderung oder beim Personennahverkehr.

(5) Die Zusammenführung von Finanzierungs- und Aufgabenverantwortung setzt eine Reform der Finanzverfassung und des Finanzausgleichs voraus. Diese sollte insbesondere zu einer Reduzierung der vielfältigen und intransparenten Transferströme (z. B. Länderkopfquotenausgleich, Gemeindekopfquotenausgleich, Bedarfszuweisungen an die Gemeinden, Zweckzuschüsse) zwischen den öffentlichen Haushalten führen, weil 55 Prozent der Abgabeneinnahmen der Gebietskörperschaften durch Transfers verteilt werden und allein auf Gemeindeebene rd. 210.000 Transferströme bestehen.

(7) Eine **stärkere Orientierung an der Wirkung und den Ergebnissen** der Verwaltungstätigkeit setzt einerseits klare und operationale politische Zielsetzungen, andererseits neue Instrumente zur Rechenschaftspflicht voraus. Dem Nationalrat sollte von jedem Bundesministerium oder von der Bundesregierung für jedes Politikfeld jährlich ein Leistungsbericht mit steuerungsrelevanten Daten und Zielsetzungen vorgelegt werden.

(8) Der verstärkte **Einsatz moderner Steuerungsinstrumente zur Verwaltungsführung** (Instrumente des New Public Managements) zur Steuerung der Verwaltungstätigkeit ist zweckmäßig. Der RH empfiehlt u. a. den flächendeckenden Einsatz der Kosten- und Leistungsrechnung, die Heranziehung von Leistungskennzahlen (z. B. zur Steuerung des Personaleinsatzes), ein internes und externes Benchmarking der Verwaltungstätigkeit, die Führung über Leistungsvereinbarungen und Initiativen zum Einsatz von Qualitätsmanagement in der öffentlichen Verwaltung.

(11) Eine intensivere **Zusammenarbeit zwischen Behörden und öffentlichen Stellen** ermöglicht in den verschiedensten Bereichen eine effizientere und kostengünstigere Wahrnehmung öffentlicher Aufgaben.

---

28 Vgl. Better Regulation Initiative der EU.

2.3 Kinderbetreuungseinrichtungen im Ländervergleich

Tätigkeitsbericht 2008 (Reihe Bund 2008/13)

Die Kinderbetreuung war in den überprüften Ländern unterschiedlich und in einer Vielzahl von Gesetzen sowie Verordnungen geregelt. Dies führte auch organisatorisch zu einer Aufteilung der Agenden der Kinderbetreuung auf mehrere politische Regierungs- und Verantwortungsbereiche sowie Verwaltungsabteilungen. Dadurch wurde der Blick auf die Gesamtheit und Nachhaltigkeit erschwert, was letztlich auch die Zweckmäßigkeit und Wirtschaftlichkeit beeinträchtigte. Exemplarisch sei hier die Aufteilung der Kinderbetreuung in der Landesverwaltung nach dem Alter der Kinder (unter 3-Jährige und ältere Kinder) sowie in weiterer Folge nach der Art der Einrichtung (Krippe, Kindergarten und Hort) genannt. Es waren demnach zwei oder mehrere Abteilungen für die Kinderbetreuung zuständig. Die verschiedenen Abteilungen unterlagen dabei oft auch der Verantwortung verschiedener Landesräte. Auch die Aufspaltung der Regelungen der Kinderbetreuung auf mehrere Landesgesetze erwies sich als unübersichtlich und unzweckmäßig. Durch die damit verbundene Aufteilung der Verantwortung auf mehrere Abteilungen wurde auch der Blick auf die Gesamtheit und Nachhaltigkeit erschwert, was letztlich auch die Zweckmäßigkeit und Wirtschaftlichkeit beeinträchtigte. Zum Teil haben die Landesverwaltungen diesen Umstand bereits erkannt und einheitliche Kinderbetreuungsgesetze erarbeitet. Der RH empfahl eine kritische Durchforstung aller Rechtsgrundlagen für die Kinderbetreuung sowie deren rechtliche und organisatorische Zusammenfassung.[29]

Österreichweit und auf europäischer Ebene besteht ein übereinstimmendes öffentliches Interesse an einer Förderung der Kinderbetreuung, um die Vereinbarkeit von Familie und Beruf zu verbessern. (S. 26) Die höchste **Betreuungsquote bei Kindern** von 0 bis unter 3 Jahren (23,1 Prozent) und zwischen 6 und 9 Jahren (29,3 Prozent) wies Wien auf. Die Betreuungsquoten der anderen Länder in diesen Altersgruppen waren zu gering, um eine ausreichende Unterstützung für erwerbstätige Eltern sicherzustellen. In der Altersgruppe der 3- bis unter 6-jährigen Kinder war die Betreuungsquote im Burgenland am höchsten.[30]

Die Anzahl von Kinderbetreuungseinrichtungen stieg in den überprüften Ländern in den letzten fünf Jahren deutlich. Dennoch bestand insbesondere hinsichtlich der **Betreuung von unter 3-Jährigen und schulpflichtigen Kindern Verbesserungspotenzial**.[31] Neben den stationären Betreuungsangeboten bildet die **Betreuung durch Tageseltern** – insbesondere bei individuellem, flexiblem Bedarf, in Randtageszeiten und in Schließzeiten der Gruppeneinrichtungen – einen wesentlichen Bestandteil des Kinderbetreuungsangebots. Aufgrund ihrer Kostenstruktur (keine Bau- und Betriebskosten, keine Fixkosten) stellen sie eine kostengünstige Ergänzung zu den institutionellen Einrichtungen für das Land dar. Vor allem in den ländli-

---

29 Vgl. Rechnungshof: Kinderbetreuungseinrichtungen im Ländervergleich, Reihe Bund 2008/13, S. 23.
30 Ebd.; S. 25.
31 Ebd.; S. 28.

chen Regionen sollten nach Ansicht des RH die Tageseltern in Zukunft eine wichtigere Rolle spielen. Sie sind für das Land kostengünstig und aufgrund ihrer flexibel gestaltbaren Betreuungszeit besteht bereits jetzt eine starke Nachfrage nach dieser Betreuungsform. Durch eine stärkere Einbindung in ein ganzheitlich koordiniertes Betreuungssystem würde die Nachfrage mit bereits vorhandenen Ressourcen besser befriedigt werden können.[32]

Der RH empfahl daher eine Öffnungszeitenregelung, die eine Vereinbarkeit mit der Erwerbstätigkeit der Erziehungsberechtigten sicherstellt und gleichwertige Bedingungen im Land gewährleistet. Dies könnte etwa durch eine vorgeschriebene Kernzeit pro Tag erfolgen, die sich mit den Öffnungszeiten an einer Vollbeschäftigung orientieren sollte.[33]

2.4 Kinderbetreuung für 0- bis 6-Jährige

Bericht (Reihe Bund 2013/11, S. 151-256)

Gemäß den sogenannten Barcelona-Zielen sollten die Mitgliedstaaten der EU bis zum Jahr 2010 entsprechend der Nachfrage Kinderbetreuungsplätze für 33 Prozent der unter 3-Jährigen und für 90 Prozent der 3- bis 6-Jährigen anbieten. **Ziel der Ausbauvereinbarung 2008 bzw. 2011** war es, das Erreichen dieser Zielvorgaben durch **Bereitstellung von Bundesmitteln** von 45 Mio. Euro (für 2008 bis 2010) und 55 Mio. Euro (für 2011 bis 2014) zu unterstützen.

Die Kinderbetreuungsquoten für unter 3-Jährige waren von 2008 bis 2011 und damit seit Beginn der Ausbauvereinbarung 2008 in Niederösterreich (+ 53,6 Prozent), in der Steiermark (+ 53,8 Prozent) und österreichweit (+ 40,7 Prozent) deutlich angestiegen. Die für das Jahr 2010 vorgesehene Betreuungsquote von 33 Prozent aller unter 3-Jährigen war bis 2011 weder in Niederösterreich (21,2 Prozent) noch in der Steiermark (10,0 Prozent) und österreichweit (19,7 Prozent) erreicht.

Die gemäß Barcelona-Ziel für 2010 vorgesehene Betreuungsquote für 3- bis 6-Jährige von 90 Prozent war bis 2011 österreichweit (90,3 Prozent) und in Niederösterreich (95,6 Prozent) erreicht bzw. übertroffen, in der Steiermark mit 83,9 Prozent noch untererfüllt.

Angesichts der im Jahr 2010 noch nicht erreichten Barcelona-Ziele für unter 3-Jährige einigten sich der Bund und die Länder auf eine Fortsetzung der 2010 ausgelaufenen Ausbauförderungen für den Zeitraum 2011 bis 2014 (Ausbauvereinbarung 2011). Der Bund stellte dafür 55,00 Mio. Euro in den Jahren 2011 bis 2014 zur Verfügung. Zur Ko-Finanzierung hatten die Länder ebenso 55,00 Mio. Euro bereitzustellen.

Weiters wies der RH darauf hin, dass das **Ko-Finanzierungsvolumen** der Länder bzw. Gemeinden durch die Ausbauvereinbarung 2011 von 133 Prozent auf 100 Prozent und damit um 25 Prozent gekürzt wurde. Der RH vermerkte kritisch dazu, dass damit eine Erhöhung der Finanzmittelaufbringung durch den Bund, aber eine verringerte Finanzmittelaufbringung für Länder bzw. Gemeinden verbunden war.

---

32 Ebd.; S. 29.
33 Ebd.; S. 30.

ANHANG 2

Evaluierung der Ausbauvereinbarung 2008

Die Ausbauvereinbarung 2008 legte fest, dass der Einsatz der Finanzmittel sowie die Auswirkung der Förderung zu evaluieren waren. Weiters sollte bis 30. Juni 2009 die Wirksamkeit der geförderten Ausbildungsmaßnahmen für Tagesmütter oder -väter evaluiert werden. Details zur Evaluierung (insbesondere Ziele, Umfang, Methodik und zeitliche Vorgaben) waren nicht vereinbart. Außerdem blieb offen, ob diese nur die Zweckzuschüsse des Bundes oder auch weitere (Ko-Finanzierungs)Mittel der Länder und Gemeinden für den Ausbau des Kinderbetreuungsangebots umfasste. Die Ausbauvereinbarung 2011 enthielt dieselbe Evaluierungsvereinbarung. Allerdings war eine Evaluierung der Ausbildungsmaßnahmen für Tagesmütter und -väter nicht mehr vorgesehen.

Der RH kritisierte aber, dass – entgegen den ursprünglichen Plänen – für die Gratispflichtkindergartenvereinbarung weder die begleitende noch die Halbzeitevaluierung realisiert wurde. Er vertrat die Ansicht, dass die ausschließlich quantitative Evaluierung der Kinderbetreuung durch die Bundesanstalt Statistik Austria nur eine Minimalvariante darstellte, die lediglich eine Basisinformation für eine weitere Analyse zur Fortführung, Anpassung oder Einstellung der Maßnahmen abdecken kann. Weiters kritisierte der RH, dass nähere Vorgaben zur Evaluierung (wie z. B. Ziele, Umfang, zeitliche Vorgaben und Methoden) fehlten und damit eine Evaluierung wesentlich erschwert war. Schließlich bemängelte er, dass die bis Juni 2009 vereinbarte Evaluierung der Tagesmütter und -väterausbildung nicht stattfand. Er empfahl dem BMWFJ und den Ländern Niederösterreich und Steiermark, eine qualitative Evaluierung der Ausbauvereinbarung 2011 und der Gratispflichtkindergartenvereinbarung sowie eine Konkretisierung der Evaluierungsvorgaben durchzuführen. Der RH entgegnete dem BMWFJ, dass durch die Ausbauvereinbarungen 2008 und 2011 auch eine bessere Vereinbarkeit von Familie und Beruf und durch die Ausbauvereinbarung 2011 Anreize für eine qualifizierte Ganztagsbetreuung für 3- bis 6-jährige Kinder geschaffen werden sollen. Damit beinhalteten diese Vereinbarungen auch qualitative Ziele.

Mid-term-Reviews des FAG

Das Regierungsprogramm 2008 bis 2013 sah vor, dass der Bund für die Einführung eines kostenfreien verpflichtenden letzten Kindergartenjahres in den Jahren 2009 und 2010 jährlich 70,00 Mio. Euro aus den Mitteln des Konjunkturpaketes zur Verfügung stellt. Danach sollte das kostenfreie Pflichtkindergartenjahr im Rahmen der Mid-term-Reviews des Finanzausgleichsgesetzes evaluiert werden. Die im Regierungsprogramm vorgesehenen Mid-term-Reviews fanden nicht statt, da dies nicht Gegenstand des Anfang 2008 in Kraft getretenen Finanzausgleichsgesetzes 2008 war. Stattdessen verwies das BMF auf Studien zur Reform des Finanzausgleiches.

Der RH bedauerte, dass auch die im Regierungsprogramm verankerte Halbzeitevaluierung des Gratispflichtkindergartens nicht umgesetzt wurde. Die ursprünglich überlegte Bereitstellung der Bundeszuschüsse für den Gratispflichtkindergarten im Wege von Zweckzuschüssen im Finanzausgleichsgesetz 2008 wäre nach Ansicht des RH aufgrund der bisher im

Prüfungsergebnis aufgezeigten Feststellungen und Mängel zweckmäßig und im Sinne einer Verwaltungsvereinfachung gewesen, da
- die Vorgaben der Gratispflichtkindergartenvereinbarung für die Verwendungsnachweise unklar waren,
- das BMWFJ von den Ländern Niederösterreich und Steiermark vorgelegte Verwendungsnachweise anerkannte, diese aber nur äußerst oberflächlich und nicht den Vorgaben der Gratispflichtkindergartenvereinbarung entsprechend prüfte,
- die ohnehin schon sehr komplexen Transferbeziehungen zwischen Bund, Ländern und Gemeinden durch einen weiteren Bundesmittelzuschuss verschärft wurden und
- nach Auslaufen der Bund-Länder-Vereinbarung die Weiterführung und Finanzierung des Gratispflichtkindergartens offen ist.

Schlussempfehlungen (Auszüge)

(1) Die frauen- und gleichstellungspolitische Koordinationsfunktion wäre wahrzunehmen und die Umsetzung der Ausbauvereinbarung 2011 dahingehend zu analysieren (Empfehlung an BKA).
(3) Künftig wären klare, verbindliche Vorgaben für die Verwendungsnachweise der Gratispflichtkindergartenvereinbarung sicherzustellen und nur vereinbarungskonforme Verwendungsnachweise anzuerkennen (Empfehlung an BMWFJ).
(7) Die Zielerreichung der Ausbauvereinbarungen 2008 und 2011 wäre bis zu ihrem Auslaufen im Jahr 2014 kontinuierlich zu beobachten. Ein weiterer Ausbau des institutionellen Kinderbetreuungsangebots sollte sich nach Ansicht des RH primär am konkreten, regionalen Bedarf orientieren (Empfehlung an BMWFJ und BKA sowie Länder Niederösterreich und Steiermark).
(8) Auf einheitliche, verbindliche und für Auswertungen geeignete Datenerfassungen für Öffnungszeiten wäre hinzuwirken, um die Qualität der daraus gezogenen Aussagen sicherstellen zu können (Empfehlung wie bei Pkt. 7).
(9) Eine qualitative Evaluierung der Ausbauvereinbarung 2011 und der Gratispflichtkindergartenvereinbarung sowie eine Konkretisierung der Evaluierungsvorgaben wäre durchzuführen (Empfehlung wie bei Punkt 7).

2.5 Zahlungsflüsse zwischen Ländern und Gemeinden am Beispiel der Sozialhilfe im engeren Sinn in Niederösterreich und Oberösterreich

Bericht (Reihe Niederösterreich 2011/4, S. 11-96)

Organisation: In Niederösterreich war das Land Träger der Sozialhilfe. Der Vollzug lag weitgehend bei den Bezirksverwaltungsbehörden bzw. bei den Magistraten der Städte mit eigenem Statut. In Oberösterreich waren Land und Sozialhilfeverbände sowie Städte mit eigenem Statut (= regionale Träger) Träger der Sozialhilfe. (TZ 5) Mit der Abwicklung der Sozialhilfe im Land waren die Abteilung Soziales des Amtes der Oberösterreichischen Landesregierung sowie die Bezirksverwaltungsbehörden betraut. Überdies bediente man sich in Oberösterreich zur Aufgabenerfüllung auch Trägern der freien Wohlfahrt.

Finanzierung: Die in Niederösterreich und Oberösterreich gewählten Systeme der Kostentragung, der Kostenaufteilung und der Vorschreibung waren durch eine Vielzahl von Akteuren und Beteiligten insgesamt sehr komplex. Die konkrete Aufteilung der Kosten war einerseits von der Finanzkraft der Gemeinden, andererseits von der Einwohnerzahl oder der Anzahl der Leistungsbezieher abhängig.

Die Ausgaben für die Sozialhilfe im engeren Sinn stiegen in Niederösterreich von 2004 bis 2008 um rd. 41 Prozent, in Oberösterreich um rd. 24 Prozent stark an. In Niederösterreich erhöhten sich die Ausgaben für Land und Gemeinden gleichmäßig, in Oberösterreich war die Kostensteigerung bei den Gemeindeverbänden (mit ihnen bei den Gemeinden) und den Städten mit eigenem Statut deutlich höher.

Die gewählten Systeme der Kostentragung, Kostenaufteilung und Vorschreibung waren durch eine Vielzahl von Akteuren und Beteiligten insgesamt sehr komplex. Die Aufgaben-, die Ausgaben- und die Finanzierungsverantwortung fiel insbesondere in Niederösterreich auseinander, was eine Gesamtsicht erschwerte. In Oberösterreich lagen teilweise keine landesweiten Daten vor, teilweise existierten Daten nur über monatliche Beobachtungszeiträume.

Das Niederösterreichische Modell der Kostentragung für die Sozialhilfe i. e. S. war insgesamt weniger komplex gestaltet als das oberösterreichische Modell. Die Finanzierungsverantwortung der Gemeinden lag in Niederösterreich allerdings deutlich über ihrer Ausgaben- und Aufgabenverantwortung. Die Gemeinden trugen grundsätzlich 50 Prozent der Kosten, ohne jedoch maßgeblich in den Vollzug eingebunden zu sein.

In Oberösterreich trugen Land und regionale Träger (mit ihnen die Gemeinden) nach unterschiedlichen Schlüsseln zur Tragung der Kosten bei. Bei der Aufteilung der Kostenanteile auf die Gemeinden kamen mehrere Abrechnungsmodelle zur Anwendung.

Der RH stellte fest, dass es in Niederösterreich zwei Arten der Kostentragung und in Oberösterreich vier Arten der Kostentragung für die Sozialhilfe i. e. S. gab. Das niederösterreichische Modell der Kostentragung für die Sozialhilfe i. e. S. war daher insgesamt weniger komplex gestaltet als das Oberösterreichische Modell. Die Finanzierungsverantwortung der Gemeinden in Niederösterreich überstieg ihre Ausgaben- bzw. Aufgabenverantwortung deutlich. Sie trugen grundsätzlich mit 50 Prozent zur Kostentragung bei, ohne jedoch maßgeblich in den Vollzug eingebunden zu sein. Durch die gemäß Oö Sozialhilfegesetz 1998 zulässigen gemischten Kostentragungsmodelle wurde das Grundprinzip, wonach jeder Träger sozialer Hilfe die nicht gedeckten Kosten für die von ihm geleistete soziale Hilfe zu tragen hatte, relativiert.

Weiters empfahl er dem Land Oberösterreich, eine Evaluierung der Anzahl der Kostentragungsmodelle hinsichtlich der Sozialhilfe i. e. S. in Bezug zum zugehörigen Gebarungsvolumen durchzuführen.

Zusammenfassend hob der RH nachfolgende **Empfehlungen an die Länder Niederösterreich und Oberösterreich** hervor:

(1) In Anbetracht der Prognosen über die Ausgabensteigerungen sollten umgehend Einsparungspotenziale bzw. ausgabendämpfende Maßnahmen im Bereich der Sozialhilfe realisiert werden.
(2) Bei der Aufgaben-, der Ausgaben- bzw. der Finanzierungsverteilung zwischen Ländern und Gemeinden wäre der Anteil an Abgangsgemeinden verstärkt zu berücksichtigen und die Mitbestimmungsrechte wären zu evaluieren.
(3) Eine einheitliche Verbuchung von Zahlungen sollte sichergestellt werden, um aussagekräftige Auswertungsergebnisse zu ermöglichen.
(4) Der Erfahrungsaustausch hinsichtlich der Unterschiede der Personalausstattung sollte unter Ansatz von qualitativen und quantitativen Elementen, der Aufgabenerfüllung sowie der Zuständigkeiten intensiviert werden, um allfällige Verbesserungspotenziale zu heben.
(5) Der RH empfahl, die Mitbestimmungsrechte der finanzierenden Rechtsträger in Bezug auf ihre Finanzierungsverantwortung zu evaluieren.

Weitere **Empfehlungen an das Land Oberösterreich** betreffen die Vorsorge für die Bereitstellung vollständiger und vergleichbarer Daten hinsichtlich der Ausgaben durch die regionalen Träger, diese der Steuerung zugrunde zu legen und Ursachen für Entwicklungen zu evaluieren. Die Anzahl der Kostentragungsmodelle sollte hinsichtlich der Sozialhilfe i. e. S. in Bezug zum zugehörigen Gebarungsvolumen evaluiert werden, ebenso war die Komplexität der Kostenaufteilung und im Sinne des Transparenzgebots das Finanzierungssystem zu hinterfragen.

2.6 Kanalsanierung in Gemeinden und Gemeindeverbänden der Länder Kärnten, Oberösterreich und Salzburg

Bericht (Reihe Bund 2013/8, S. 145–226)

Ziel der Querschnittsüberprüfung war u. a. die Beurteilung, ob und in welchem Umfang Kenntnisse über den Zustand der Kanäle bestanden haben und welcher Sanierungsbedarf sich daraus ergab. Außerdem sollten der für die Sanierung notwendige Mittelbedarf, die Möglichkeiten der Finanzierung und die möglichen Auswirkungen auf die Gebührenhaushalte erarbeitet werden.

Sanierung und Finanzierung: Wie eingangs dargestellt, waren bei Kanalanlagen zwei Finanzierungsbedarfe zu unterscheiden: jener zur Herstellung und jener zur Sanierung der Kanalanlage. Eine mit Beginn der Nutzung einer Anlage einsetzende Rücklagenbildung für Sanierungen, die wertmäßig meist einer Anlagenerneuerung nahe kommen, stellte nach Ansicht des RH eine Doppelbelastung der Nutzer der Anlagen dar: Sie trugen mit ihren Gebühren sowohl die Anschaffungskosten als auch die Sanierungskosten für die folgende Generation (fehlende Generationengerechtigkeit). Rücklagenbildungen größeren Ausmaßes bedeuteten zudem die Kumulierung finanzieller Mittel, die über einen langen Zeitraum veranlagt werden müssen, verbunden mit den Risiken, die damit einhergehen. Eine Rücklage sollte nach Meinung des RH nur zum Ausgleich schwankender Jahresergebnisse und zur Vorsorge für unvorhergesehenen Mittelbedarf dienen und in der Höhe diesem Ziel angemessen sein. Reparaturen, Sanierungen und die Erneuerung einzelner Kanalabschnitte dienten der Werterhaltung des Kanalnetzes und sollten die gute Funktionsfähigkeit des Gesamtsystems dauerhaft erhalten. Dies setzte nach Ansicht des RH eine entsprechende Dotierung der Mittel für Reparatur- und Sanierungsmaßnahmen voraus. Der RH wies darauf hin, dass die Erhaltung dieser Infrastruktur die Betreiber in Zukunft vor allem hinsichtlich der Finanzierung vor entsprechende Herausforderungen stellen wird. Direkte Auswirkungen auf die Höhe der Gebühren schienen damit unvermeidlich.

Finanzierung der Sanierungsausgaben: Bei allen überprüften Stellen bestand die Möglichkeit, die Kanalsanierungsausgaben im Wesentlichen aus Überschüssen der laufenden Gebarung (Eigenfinanzierung) zu bedecken. Diese Form der Finanzierung war nach Ansicht des RH einer Dotierung von Rücklagen vorzuziehen. Der RH wies darauf hin, dass selbst bei Ausnutzung der höchsten angenommenen Lebensdauer der Kanäle auf die Betreiber, das waren Gemeinden und Gemeindeverbände, und in weiterer Folge auf die Gebührenzahler ein hoher Aufwand für die Erhaltung dieser Infrastruktur zukam. Zudem war ab 2013 nur mehr mit reduzierten Förderungen für die Siedlungswasserwirtschaft zu rechnen.

2.7 Verländerung der Bundesstraßen

Bericht (Reihe Bund 2014/3, S. 5-86)

Zur **Finanzierung der übertragenen Bundesstraßen B gewährte der Bund den Ländern** nach entsprechender Änderung des Zweckzuschussgesetzes von 2002 bis 2007 einen jährlichen **Zuschuss** zwischen 522,50 Mio. Euro und 545,00 Mio. Euro, davon dem Land Burgenland zwischen 23,93 Mio. Euro und 27,96 Mio. Euro sowie dem Land Steiermark zwischen 59,17 Mio. Euro. und 84,42 Mio. Euro. Die **gesetzliche Zweckbindung umfasste nicht nur die übertragenen Bundesstraßen B, sondern generell die „Finanzierung von Straßen"**. Somit kam den Ländern ein erhöhter Handlungsspielraum für die bauliche und betriebliche Erhaltung sowie den Neubau der übertragenen Straßen zu. Die Herleitung des Zweckzuschusses war nachvollziehbar, der letztendlich festgelegte Betrag lag aber rd. 8 Prozent bzw. rd. 12 Prozent über den bisherigen Ausgaben. Die Gewährung der Zweckzuschüsse endete im Jahr 2007. Mit dem Finanzausgleichsgesetz 2008 wurden zahlreiche Finanzzuweisungen, darunter auch die Zweckzuschüsse für Straßen, in **Ertragsanteile ohne Zweckbindung umgewandelt.** (TZ 5)

Straßenzustand, Erhaltungsmaßnahmen

Vor der Verländerung der Bundesstraßen B führten die Länder im Auftrag des BMVIT im Jahr 2000 eine visuelle Zustandserfassung durch. Zusätzlich ließ das BMVIT in den Jahren 2001/2002 eine messtechnische Erfassung mit einem Spezialmessfahrzeug durchführen. Diese Messkampagne diente primär zur Protokollierung des Straßenzustands vor Übergabe des Straßennetzes an die Länder.

Der Bund hatte im Zuge der Verländerung **keine Vorgaben bezüglich der Zustandserfassung der Straßen festgelegt bzw. keine Vorsorge für eine einheitliche Erfassungsmethodik und die Entwicklung eines einheitlichen Bewertungssystems** in allen Ländern getroffen. Dies war jedoch eine Grundvoraussetzung für aussagekräftige Vergleiche der Straßenzustände und der **Beobachtung der Entwicklung der Netzqualität.** Die Möglichkeiten des § 13 des Finanz-Verfassungsgesetzes 1948 (F-VG 1948), Bedingungen an die Gewährung von Zweckzuschüssen zu knüpfen, wurden nicht genutzt. Länderübergreifend war nicht feststellbar, wie sich der Zustand der verländerten Bundesstraßen seit dem Jahr 2002 entwickelt hatte.

Bewertung des Straßenzustands

Die vorliegenden Ergebnisse hinsichtlich des Straßenzustands für die Länder Burgenland und Steiermark waren nur bedingt miteinander vergleichbar. Das Burgenland untersuchte die Qualität des Straßenzustands in den Messkampagnen 2000/2002 bzw. 2009. Die Bewertung der Zustandsmerkmale erfolgte in fünf Zustandsklassen. Aktuell lag im Burgenland für rund die Hälfte des Netzes ein vergleichsweise guter Gesamtzustand vor. Die Zustandserfassung in der Steiermark aus dem Jahr 2010 zeigte auf, dass rd. 33 Prozent der Landesstraßen B bezüglich des Straßenoberbaus in die Zustandsklasse 5 (sehr schlecht) eingereiht werden mussten. Dem Burgenland gelang es, die Zustandsklassen 4 (schlecht) und 5 (sehr schlecht) der Landesstraßen B seit der Verländerung zu verringern. In der Steiermark blieb der Anteil der Landesstraßen B in diesen Zustandsklassen unverändert.

Bewertung des Brückenzustands

Während der Straßenzustand zwischen den Ländern Burgenland und Steiermark nur bedingt vergleichbar war, lag bei den Brücken eine bessere Vergleichbarkeit vor.

Das Burgenland wies im Vergleich zur Steiermark einen besseren durchschnittlichen Brückenzustand bzw. auch einen höheren Anteil an sanierten Brückenflächen auf. Bei Schäden, die eine Einschränkung der Tragfähigkeit und Gebrauchstauglichkeit zur Folge hatten, kam die Steiermark dieser Problemstellung mehrfach nicht durch bauliche, sondern durch verkehrsrechtliche Maßnahmen wie Gewichtsbeschränkungen und Fahrverbote nach.

Eine Studie über den **baulichen Erhaltungsbedarf** für die Landesstraßen Österreichs vom April 2011 kam zu dem Schluss, dass die Investitionen der Länder in die Erhaltung des Oberbaus nicht ausreichen werden, um eine Verschlechterung des Zustands zu verhindern. Der Erhaltungsrückstand (Summe der Straßenanteile in der Zustandsklasse 4 (schlecht) und 5 (sehr schlecht)) betrug laut der Studie im Burgenland 19 Prozent und in der Steiermark 48 Prozent der jeweiligen Netzlänge. (3) Bund und

Länder erwarteten sich von dieser Maßnahme insbesondere folgende Effekte, die auch als Beweggründe der jahrelangen Bemühungen um die Verländerung der Bundesstraßen B anzusehen waren:

- die Verkürzung von Kompetenz- und Genehmigungswegen (TZ 9, 10),
- die Vermeidung von Doppelgleisigkeiten (TZ 9, 10),
- den Abbau von Bürokratie (TZ 9, 10),
- dadurch mehr Entscheidungsspielräume für die Länder (TZ 20, 21) sowie
- ein rascheres und flexibleres Reagieren auf regionale Bedürfnisse (TZ 20, 21).

Zusammenfassende Beurteilung durch den RH

(1) Insgesamt wertete der RH die Verländerung der Bundesstraßen positiv, konnten damit doch die angestrebten Ziele, wie die Verkürzung von Kompetenz- und Genehmigungswegen, die Vermeidung von Doppelgleisigkeiten, mehr Entscheidungsspielräume für die Länder sowie rascheres und flexibleres Reagieren auf regionale Bedürfnisse erreicht werden.

(2) Der RH wies darauf hin, dass – trotz der im § 13 F-VG 1948 gebotenen Möglichkeit, Bedingungen an die Gewährung von Zweckzuschüssen zu knüpfen – im Zuge der Verländerung keine Vorgaben bezüglich der Zustandserfassung der Straßen festgelegt bzw. keine Vorsorge für eine einheitliche Erfassungsmethodik und die Entwicklung eines einheitlichen Bewertungssystems in allen Ländern getroffen wurden. Aus der Sicht des RH wäre dies jedoch eine Grundvoraussetzung für aussagekräftige Vergleiche der Straßenzustände und die Beobachtung der Entwicklung der Netzqualität gewesen.

2.7 Der abgestufte Bevölkerungsschlüssel im Finanzausgleich

Bericht (Reihe Bund 2016/4, S. 5-126)

- Die **Aufteilung der Gemeindeertragsanteile** an den gemeinschaftlichen Bundesabgaben (2013: 7,714 Mrd. Euro ohne Bedarfszuweisungen) erfolgte zum überwiegenden Teil auf der **Grundlage des abgestuften Bevölkerungsschlüssels und der Volkszahl**. Große Gemeinden erhielten pro Einwohner/in grundsätzlich mehr Ertragsanteile aus dem abgestuften Bevölkerungsschlüssel als kleine. Zusätzliche Aufteilungskriterien waren Fixschlüssel (z. B. Getränkesteuerausgleich). Da diese vielfach auf historischen Bezugsgrößen beruhten, dienten sie vorrangig zur Wahrung eines in der Vergangenheit liegenden Besitzstandes und berücksichtigten aktuelle Entwicklungen nicht ausreichend.
- Verteilungskriterien, die sich am Ausgleich regionaler Unterschiede oder an den tatsächlichen Aufgaben und Leistungen der Gemeinden orientierten, wurden gar nicht oder nur unzureichend berücksichtigt. Ein strategisch **konzeptives Grundgerüst im Rahmen des Finanzausgleichs fehlte ebenso wie klare Ziele für den abgestuften Bevölkerungsschlüssel.**

- Jener Teil der Ertragsanteile, der sich aus dem sogenannten „30prozentigen Unterschiedsbetrag zwischen **Finanzbedarf und Finanzkraft**" errechnete, berücksichtigte nur die Finanzkraftunterschiede innerhalb eines Landes. Er wirkte dadurch gesamtstaatlich nicht finanzkraftausgleichend, sondern verstärkte die Finanzkraftunterschiede.
- Durch die Reformen des Finanzausgleichsgesetzes seit dem Jahr 1948 wurde der abgestufte Bevölkerungsschlüssel sukzessive zu Gunsten kleinerer Gemeinden geändert. Insbesondere Gemeinden mit weniger als 9.000 Einwohnerinnen und Einwohnern profitierten dadurch.
- Die durchschnittlichen Ertragsanteile je Einwohnerin und Einwohner (ohne Wien) betrugen im Jahr 2013 871 Euro (ohne Abzug des ehemaligen Landespflegegeldes). Rund zwei Drittel der Bevölkerung Österreichs (ohne Wien), die in 2.106 Gemeinden (89,5 Prozent aller Gemeinden) lebten, erhielten weniger. 22 Gemeinden erhielten mehr als 1.157 Euro je EW.

Kurz- und mittelfristige Verteilungswirkungen der Ertragsanteile:
Die Ertragsanteile stellten im überprüften Zeitraum 2009 bis 2013 mit durchschnittlich 32,3 Prozent (2013) der Gesamteinnahmen die Haupteinnahmequelle der Gemeinden dar. Die Gemeindeertragsanteile je EW schwankten in der **Oberverteilung** zwischen 697 Euro im Burgenland und 1.175 Euro in Wien. Der gesamtösterreichische Durchschnitt betrug 918 Euro je EW. Die ungleiche Verteilung der Ertragsanteile in der Oberverteilung war in einem geringeren Ausmaß auf den abgestuften Bevölkerungsschlüssel als auf die Anwendung von Fixschlüsseln zurückzuführen. Wiederholt war hier zu kritisieren, dass diese Fixschlüssel überwiegend auf historischen Bezugswerten basierten, die vorrangig zur Wahrung eines bestimmten Aufteilungsmodus in der Vergangenheit dienten und aktuelle Entwicklungen nicht ausreichend berücksichtigten (TZ 10 bis 12). 85,9 Prozent der gesamten Gemeindeertragsanteile in der **Unterverteilung** wurden anhand des abgestuften Bevölkerungsschlüssels verteilt (sogenannte aBS-Ertragsanteile). Aus diesem Grund waren die Verteilungswirkungen auch stark von den Auswirkungen des abgestuften Bevölkerungsschlüssels geprägt. Dies führte im Ergebnis grundsätzlich zu höheren Pro-Kopf-Beträgen in großen Gemeinden.

- **Ziele des abgestuften Bevölkerungsschlüssels:** Die aktuellen Zielsetzungen des abgestuften Bevölkerungsschlüssels waren aus den Finanzausgleichsgesetzen und den jeweiligen Gesetzesmaterialien nicht ersichtlich. Der aktuell gültige Finanzausgleich (FAG 2008) verfolgte auf mehreren Ebenen und durch mehrere vereinzelte Zahlungsströme das Ziel, die Finanzkraft auszugleichen. Der 30prozentige Unterschiedsbetrag zwischen Finanzbedarf und Finanzkraft nahm dabei im Vergleich zu Bedarfszuweisungen und laufenden Transfers eine untergeordnete Rolle ein. Er errechnete sich aus einem fiktiven Finanzbedarf, der lediglich die Finanzkraftunterschiede innerhalb eines Landes berücksichtigte. Dadurch wirkte der 30 prozentige Unterschiedsbetrag nicht finanzkraftausgleichend, sondern erhöhte aus gesamtstaatlicher Sicht sogar Finanzkraftunterschiede. Die Regelung des FAG 2008 verhinderte eine bundesweit effektive Allokation der dafür vorgesehenen Ertragsanteilsmittel, weil die Mittel in „Länder-Töpfen" gebunden waren (= Be-

sitzstandswahrung/Bestandsschutz).
Eine Steuerung der **regionalen Verteilungswirkung** von Ertragsanteilen war im FAG 2008 nicht vorgesehen, d. h. die Berechnung der Ertragsanteile sah keine direkte Berücksichtigung des Umstandes vor, wo die Gemeinde gelegen war (Stadt oder ländliche Region). Eine vorhandene regional unterschiedliche Verteilungswirkung ging ausschließlich auf Unterschiede in der Bevölkerungszahl und in der Finanzkraft zurück. Eine **Aufgabenorientierung** bei der Berechnung der Ertragsanteile war im FAG 2008 ebenfalls nicht vorgesehen. Mit der Anwendung des abgestuften Bevölkerungsschlüssels ging das FAG 2008 davon aus, dass einwohnerstärkere Gemeinden mehr Mittel für ihre Aufgabenerfüllung benötigten. Die Verwendung des abgestuften Bevölkerungsschlüssels als Ersatz zur Abgeltung zentralörtlicher Aufgaben wies allerdings insbesondere bei einwohnerstarken Gemeinden an der Grenze zu größeren Städten sowie bei einwohnerschwachen regionalen Zentren mit zentralörtlichem Potenzial Schwächen auf. Zum Beispiel erhielt die Gemeinde Melk – als Bezirkshauptstadt und als lokales Zentrum mit kleineren umliegenden Gemeinden – mit 751,78 Euro je EW in etwa gleich viel Ertragsanteile wie die Gemeinde Katzelsdorf, die als deutlich kleinere Gemeinde an Wiener Neustadt angrenzte (754,62 Euro je EW).
Bei **Städten mit eigenem Statut fiel die Aufgaben-, Ausgaben- und Finanzierungsverantwortung auseinander**. Sie übernahmen Aufgaben im Rahmen der Bezirksverwaltung, die ansonsten von der Länderverwaltung wahrzunehmen wären. Die dadurch entstehenden zusätzlichen Ausgaben wurden jedoch aus Mitteln der Gemeindeertragsanteile abgegolten, nicht – wie es der Aufgabenzugehörigkeit entsprechen würde – aus Landesmitteln.
Der RH wies kritisch darauf hin, dass die seit dem Jahr 1985 in Anwendung befindliche Ausgestaltung des abgestuften Bevölkerungsschlüssels mit einem undifferenzierten Vervielfacher für alle Gemeinden bis 10.000 Einwohnerinnen und Einwohner keine ausreichenden Anreize zum Zusammenschluss von Klein- und Kleinstgemeinden bot.
- Zusammenfassend war festzuhalten, dass die vom BMF in Form einer Auftragsstudie[34] veröffentlichten Verteilungsziele (Finanzkraftausgleich, regionaler Ausgleich und ausreichende Mittelausstattung/Aufgabenorientierung) in der im Jahr 2013 angewendeten Verteilung der Ertragsanteile kaum Berücksichtigung fanden.
- Die Berechnung der Gemeindeertragsanteile war hochkomplex. Dies machte die Zuteilung der Gemeindeertragsanteile durch die Länder nicht nur fehleranfällig, sondern auch intransparent und für einzelne Gemeinden schwer nachvollziehbar. So waren im Zeitraum 2009 bis 2013 die Berechnung und Zuteilung der Gemeindeertragsanteile in fünf von acht überprüften Ländern fehlerhaft.
- Die Verbuchung der Ertragsanteile im Rechnungswesen der Gemeinden wies in vier Ländern zahlreiche Fehler auf. Dies hatte zudem nega-

---

34   Bröthaler et al., Grundlegende Reform des Finanzausgleichs: Reformoptionen und Reformstrategien, 2011.

tive Auswirkungen auf die Aussagekraft der auf Rechnungsabschlussdaten basierenden Statistiken und Finanzplanungen.
- Zusammenfassend hob der RH folgende **Empfehlungen** hervor:
  (1) Sämtliche Fixschlüssel wären im Zuge einer allfälligen Reform des Finanzausgleichs einer Evaluierung zu unterziehen und nach Möglichkeit durch Aufteilungsschlüssel zu ersetzen, die auf die aktuelle Situation der Gemeinden anstatt auf historische Werte Bezug nehmen.
  (2) Sämtliche Vorausanteile wären im Zuge einer allfälligen Reform des Finanzausgleichs einer Evaluierung zu unterziehen und nach Möglichkeit durch einen Modus der Mittelzuweisung zu ersetzen, der auf die aktuelle Situation der Gemeinden anstatt auf historische Werte Bezug nimmt.
  (3) Der Getränkesteuerausgleich sollte im Zuge einer allfälligen Reform des Finanzausgleichs vereinfacht werden. Historische Bezugsgrößen wären nach Möglichkeit durch Verteilungsschlüssel zu ersetzen, die die aktuelle Situation der Gemeinden berücksichtigen.
  (4) Der Werbesteuernausgleich wäre im Zuge einer allfälligen Reform des Finanzausgleichs einer Evaluierung zu unterziehen und nach Möglichkeit durch einen Modus der Mittelzuweisung zu ersetzen, der auf die aktuelle Situation der Gemeinden anstatt auf historische Werte Bezug nimmt.
  (5) Im Zuge einer allfälligen Reform des Finanzausgleichs wäre auf eine deutliche Verringerung der Verteilungskriterien und auf eine deutlich geringere Zahl erforderlicher Daten für die Berechnung der Gemeindeertragsanteile hinzuwirken.
  (6) Die unterschiedlichen Teilaggregate, die die Höhe der Gemeindeertragsanteile bestimmen, sollten im Zuge einer allfälligen Reform des Finanzausgleichs auf ihre Zweckmäßigkeit und Konsistenz überprüft werden, indem ihre Wirkung der beabsichtigten Zielsetzung gegenübergestellt wird.
  (7) Die Zielsetzungen des abgestuften Bevölkerungsschlüssels wären klar zu formulieren und seine Effektivität regelmäßigen Evaluierungen zu unterziehen.

2.8 Zahlungsströme zwischen den Gebietskörperschaften mit dem Schwerpunkt Bedarfszuweisungen in den Ländern Niederösterreich und Steiermark

Bericht (Reihe Bund 2016/4, S.127-273)

- Das FAG 2008 und die Erläuterungen enthielten keine Informationen zu den mit den Bedarfszuweisungen verfolgten Zielen. Nach § 12 F–VG 1948 können Bedarfszuweisungen zur Aufrechterhaltung oder Wiederherstellung des Haushaltsgleichgewichts, zur Deckung außergewöhnlicher Erfordernisse oder zum Ausgleich von Härten gewährt werden. (TZ 18)
- Das BMF beauftragte im Jahr 2010 mehrere wissenschaftliche Einrichtungen mit der Erstellung von Studien im Hinblick auf eine Reform des Finanzausgleichs. Diese Studien wurden Ende 2010 vorgestellt. Weite-

re Maßnahmen knüpften daran nicht an. Eine Evaluierung, ob mit den Bedarfszuweisungen für Gemeinden die im F–VG genannten Zwecke erreicht wurden, lag weder im BMF noch auf Ebene der Finanzausgleichspartner vor. (TZ 18, 19)
- Die laut Paktum zum FAG 2008 vorgesehene Arbeitsgruppe zur Reform des FAG kam zu keinem abschließenden Ergebnis, obwohl ein dringender Reformbedarf beim FAG bestand. (TZ 20)
- Die **Vergabe der Bedarfszuweisungen und die Förderschwerpunkte** waren in den beiden Ländern unterschiedlich geregelt:
  - Beide Länder sahen Bedarfszuweisungen für die Abdeckung von Haushaltsabgängen, für Projektförderungen und für Härtefälle vor, Niederösterreich vergab darüber hinaus auch eine Strukturhilfe für den Bedarf der Gemeinden ausschließlich auf Basis ihrer Finanzkraft.
  - In Niederösterreich erfolgte die Auszahlung der Bedarfszuweisungsmittel nach Genehmigung der fristgerecht eingebrachten Anträge. Damit erhielten die niederösterreichischen Gemeinden die Projektförderung in der Regel vor Projektbeginn. In der Steiermark war die Auszahlung an eine Verwendungszusage des politischen Referenten und an die Vorlage von Rechnungen bzw. Verwendungsnachweisen geknüpft. Dies machte de facto eine Vorfinanzierung der geförderten Projekte durch die Gemeinden erforderlich. Die Landeshauptstadt Graz erhielt einen Pauschalbetrag.
  - In den beiden Ländern waren unterschiedliche Steuerungsmöglichkeiten vorgesehen: Das Land Niederösterreich hatte bspw. die Möglichkeit, unter bestimmten Voraussetzungen eine Auszahlungssperre über eine Gemeinde zu verhängen, auch konnten maximal drei Projekte pro Jahr gefördert werden. Die Steiermark hatte Steuerungsmöglichkeiten bei der Festlegung von Förderrichtsätzen für Projekte.
  - Die Finanzkraft der Gemeinden fand in beiden Ländern bei Vergabe der Bedarfszuweisungen Berücksichtigung, allerdings mit unterschiedlichen Anknüpfungspunkten: In Niederösterreich war sie die Basis für die Berechnung der Strukturhilfe, in der Steiermark für die Ermittlung der Zu- und Abschläge bei den Richtsätzen für die Projektförderung.
- Die unterschiedlichen **Vergabevoraussetzungen** brachten unterschiedliche Verteilungswirkungen mit sich.
Niederösterreich: Die „Richtlinien der Niederösterreichischen Landesregierung für Bedarfszuweisungen an Gemeinden" (Richtlinien 2011) sahen vier Förderschwerpunkte vor, für die Bedarfszuweisungen herangezogen werden konnten: Bedarfszuweisung I (Strukturhilfe), Bedarfszuweisung II (für Sanierungsgemeinden), Bedarfszuweisung III (kommunale Projektförderung), Bedarfszuweisung IV (Härteausgleich). Daneben bestanden **weitere Förderungsmaßnahmen und -programme** unter Heranziehung von Bedarfszuweisungen für Energie-Spar-Gemeinden, Konsolidierungsgemeinden und das Investitionsprogramm zum Hochwasserschutz für finanzschwache Gemeinden. Diese Bedarfszuweisungsmittel waren allerdings ohne eine explizite Regelung in den Richtlinien über Ziele, Förderzweck und Förderkriterien dotiert. Durch

die Vergabe von Bedarfszuweisungsmitteln außerhalb von Richtlinien waren nicht alle Gemeinden auf gleichem Niveau über die möglichen Förderungen informiert.
Der RH wies darauf hin, dass es bei Vergabe der **Bedarfszuweisungen I** durch das Land Niederösterreich zu einer gänzlichen Entkoppelung der Einnahmenseite von sämtlichen anderen Faktoren, wie bspw. der wirtschaftlichen Lage einer Gemeinde, und zu einer Außerachtlassung von bspw. regionalen oder sozialpolitischen Herausforderungen der jeweiligen Gemeinden kam. Dies entsprach nach Ansicht des RH nicht den Anforderungen einer „Feinsteuerung".
Mittel der Bedarfszuweisung II: Zuschüsse zum Haushaltsausgleich waren für Sanierungsgemeinden vorgesehen. Darunter waren jene Gemeinden zu verstehen, die langfristig nicht in der Lage waren, den ordentlichen Haushalt auszugleichen und sich u. a. durch Gemeinderatsbeschluss zur Umsetzung eines Sanierungskonzepts verpflichteten. Zwölf der insgesamt 31 Sanierungsgemeinden hatten im Jahr 2013 weniger als 1.000 EW. 11,32 Prozent aller niederösterreichischen Gemeinden mit weniger als 1.000 EW erhielten Mittel aus der Bedarfszuweisung II. Von den 23 Gemeinden mit mehr als 10.000 EW bezog nur eine Gemeinde (Neunkirchen) Zuschüsse zum Ausgleich des Haushaltsabgangs.
Doppelförderungen: Obwohl für Vorhaben, die aus Mitteln des NÖ Wasserwirtschaftsfonds oder des NÖ Schul- und Kindergartenfonds gefördert wurden, zusätzlich keine Bedarfszuweisungen der Gemeindeabteilung gewährt werden durften, waren Doppelförderungen nicht auszuschließen. Dazu konnte es etwa dann kommen, wenn durch ein gefördertes Projekt ein Haushaltsabgang entstand oder sich erhöhte, der in der Folge durch Bedarfszuweisungen der Gemeindeabteilung abgedeckt werden musste.

- **Steiermark:** Nach den „Richtlinien der Steiermärkischen Landesregierung für die Gewährung von Bedarfszuweisungen, Infrastrukturmitteln und Beihilfen aus dem Landesschulbaufonds" (Richtlinien 2009) konnten Bedarfszuweisungen in Form von nicht rückzahlbaren Zuschüssen zum Ausgleich von Härten, zur Aufrechterhaltung oder Wiederherstellung des Gleichgewichts im Haushalt (Haushaltsabgänge) oder zur Deckung außergewöhnlicher Erfordernisse (Projektförderung) gewährt werden. Das Land konnte die drei Arten von Bedarfszuweisungen einer Gemeinde auch gleichzeitig gewähren.
Der überwiegende Teil der Bedarfszuweisungen (60,33 Prozent) floss in die Förderung von Projekten, gefolgt von der Förderung zur Abdeckung von Haushaltsabgängen (16,46 Prozent) und dem Härteausgleich (11,18 Prozent). Die Landeshauptstadt Graz erhielt einen Pauschalbetrag im Ausmaß von 11 Prozent der gesamten Bedarfszuweisungen. Durch Vorschüsse und Abrechnungen des Vorjahres ergab sich 2013 ein Anteil von rd. 12,03 Prozent. Zu der pauschalen Bedarfszuweisung für die Landeshauptstadt Graz verwies der RH auf seinen Bericht „Teilgebiete der Gebarung des Landes Steiermark" (Reihe Steiermark 2004/3). Er hatte darin empfohlen, diese pauschalierten Beträge „von Zeit zu Zeit auf ihre Angemessenheit zu überprüfen".
Rund 39 Prozent aller Gemeinden unter 1.000 EW benötigten im Jahr

2013 Hilfe in finanziellen Notlagen, während nur eine der einwohnerstärksten Gemeinden (Einwohnergrößenklasse über 10.000 EW) um Härteausgleich ansuchte.

Im Zusammenhang mit dem aufgezeigten hohen Förderbedarf insbesondere bei Klein- und Kleinstgemeinden verwies der RH auf die in der Zwischenzeit stattgefundene Gemeindestrukturreform in der Steiermark; diese zielte durch die Schaffung größerer Einheiten auch auf die Verbesserung der finanziellen Leistungsfähigkeit von Gemeinden ab.

Bedarfszuweisungen. Ob eine Gemeinde Hilfe zum Haushaltsausgleich benötigte, hing auch von regionalen Gegebenheiten ab. Im Jahr 2013 erhielt z. B. die Hälfte der 38 Gemeinden des Bezirks Murtal Zuschüsse zur Abdeckung eines Haushaltsabgangs, aber nur eine der 57 Gemeinden im Bezirk Graz-Umgebung. Insgesamt 39 Gemeinden erhielten während des gesamten überprüften Zeitraums (2009 bis 2013) Bedarfszuweisungen zur Abgangsdeckung.

Im Zeitraum 2009 bis 2013 lag der **Förderschwerpunkt bei Schulen und Kindergärten** mit insgesamt 20,64 Prozent (74,37 Mio. Euro) der Auszahlungen. Weitere 17,53 Prozent der Mittel (63,16 Mio. Euro) flossen in die Instandhaltung und den Bau von Gemeindestraßen. Jeweils über 5 Prozent der Gesamtmittel zahlte das Land für Sportanlagen und Sportförderung (8,76 Prozent bzw. 31,58 Mio. Euro), Museen und Kultur (8,31 Prozent bzw. 29,95 Mio. Euro) sowie Amtsgebäude (7,47 Prozent bzw. 26,93 Mio. Euro) aus.

Der RH stellte kritisch fest, dass bei **Abwicklung der Bedarfszuweisungen** in der Praxis, abhängig vom zuständigen politischen Referenten, zum Teil erhebliche Abweichungen zum vorgesehenen Soll-Prozess bestanden und Bedarfszuweisungen teilweise entgegen den Richtlinien 2009 auch ohne entsprechende Ansuchen der Gemeinden gewährt wurden. Weiters hielt er fest, dass die Vergabe eines Sockelbetrags an Gemeinden weder bedarfsgerecht war noch den geltenden Richtlinien entsprach. Die Möglichkeit für bestimmte Gemeinden, bereits im Voranschlag Bedarfszuweisungsmittel ausweisen zu können, bewirkte insoweit eine Ungleichbehandlung, als diese Gemeinden bei Beurteilung ihrer finanziellen Lage (z. B. für die Aufnahme von Darlehen, Eingehen von Haftungen usw.) besser gestellt waren.

- Vermeidung von Doppel- und Mehrfachförderungen: Die Abhaltung von Finanzierungsgesprächen unter Beiziehung aller betroffenen Abteilungen lediglich bei größeren Projekten in Niederösterreich war nicht ausreichend, um Mehrfach- oder Überförderungen zu vermeiden. Hingegen war die Erfassung der Bedarfszuweisungen in einer landesweiten Förderdatenbank, wie dies in der Steiermark gehandhabt wurde, ein geeignetes Instrument dazu. Beim Amt der Niederösterreichischen Landesregierung war eine Förderdatenbank, in der abteilungsübergreifend sämtliche Förderungen aus Landes- oder Bundesmitteln sowie die Bedarfszuweisungen für Gemeinden zu erfassen waren, nicht eingerichtet.

- Der RH hob kritisch hervor, dass die Zuteilung von Bedarfszuweisungen nach der Finanzkraft einer Gemeinde nur die Einnahmenseite berücksichtigte; die Finanzkraft war daher kein geeignetes Kriterium, um die finanzielle Gesamtsituation und den Förderbedarf einer Gemeinde zu beurteilen. Weiters kritisierte der RH, dass bei dieser ausschließlich einnahmenseitigen Betrachtung vor allem die Struktur der Ausgaben, die Möglichkeit der Bedeckung neuer Vorhaben aus eigenen Mitteln und allfällige Einsparungspotenziale in der Gemeindegebarung unberücksichtigt blieben. Zudem konnte es vor allem bei kleineren Gemeinden bereits durch einen geringen Rückgang der Einwohnerzahlen zu einer Erhöhung der Finanzkraft pro Kopf kommen und in der Folge, trotz gleichbleibenden Aufgabenspektrums, zu Einbußen bei den Bedarfszuweisungen und anderen Ertragsanteilen.

- Mit dem bestehenden Verteilungsmechanismus schöpften die beiden überprüften Länder das Potenzial, welches ihnen die Bedarfszuweisungen zur „Feinsteuerung" boten, nicht aus. Dieser Verteilungsmechanismus konnte vielmehr zu unerwünschten Folgewirkungen führen; so etwa bei Kleinstgemeinden, weil durch Bedarfszuweisungen Abgänge weitgehend ausgeglichen und Investitionen teilweise abgedeckt wurden. Überdies bot die derzeitige Verteilung der Bedarfszuweisungen nur in Ausnahmefällen (bspw. Steiermark: Kleinregionen) Anreize für Gemeindefusionen und Kooperationen, da kleine Strukturen im Verhältnis mehr gefördert wurden. Förderberichte: Die Länder Niederösterreich und Steiermark veröffentlichten jährlich Berichte, aus denen Informationen über die verteilten Bedarfszuweisungen ersichtlich waren. Im „NÖ Gemeindeförderungsbericht" waren nicht sämtliche Bedarfszuweisungen ausgewiesen, bei Förderungen durch den NÖ Wasserwirtschaftsfonds und den NÖ Schul- und Kindergartenfonds waren Bedarfszuweisungen und Landesmittel in einer Summe dargestellt. Im „Förderungsbericht" des Landes Steiermark waren die Bedarfszuweisungen in einer Gesamtsumme je politischen Referenten ausgewiesen. Eine Darstellung der Höhe der Bedarfszuweisungen auf Gemeindeebene enthielt er nicht.
- Zusammenfassend hob der RH folgende Empfehlungen hervor:
  (3) Die in § 12 Finanz-Verfassungsgesetz (F-VG) 1948 allgemein formulierten Zielsetzungen für Bedarfszuweisungen wären zu evaluieren; die Ergebnisse sollten in eine allfällige Reform des Finanzausgleichs einfließen.
  (4) Eine Evaluierung der Bedarfszuweisungen für Gemeinden sollte durchgeführt werden, um zu klären, ob die im F-VG vorgesehenen Ziele mit den bestehenden Bedarfszuweisungen tatsächlich erreicht wurden. Die Ergebnisse einer solchen Evaluierung sollten in die Reformüberlegungen zum Finanzausgleich einfließen.
  (5) Die Ergebnisse der vom BMF in Auftrag gegebenen und nunmehr vorliegenden wissenschaftlichen Studien sollten in die Reformüberlegungen zum Finanzausgleich einfließen.
  (7) Gemeinsam mit den übrigen Finanzausgleichspartnern sollte eine Reform des Finanzausgleichs umgesetzt werden. Für die Gemeinde-Bedarfszuweisungen sollte dabei die Abhängigkeit der Mittelzuweisung von der Finanzkraft eingeschränkt werden. Unter Einbindung der Gemeinden wäre festzulegen, welche Steuerungs- und Verteilungswirkungen mit den Bedarfszuweisungen, die letztlich

Ertragsanteile der Gemeinden sind, erreicht werden sollen; daran anknüpfend wären die Parameter für eine möglichst einheitliche und transparente Aufteilung der Mittel festzulegen.
(8) Gemeinsam mit den übrigen Finanzausgleichspartnern sollten im Zuge einer Reform des Finanzausgleichs die länderweise höchst unterschiedlichen Vorgaben für Bedarfszuweisungen und die daraus resultierenden unterschiedlichen Verteilungswirkungen – entsprechend den Bedürfnissen der Gemeinden – vereinheitlicht werden. Für die unterschiedlichen Anforderungen der Gemeinden sollten bundesweit akzeptierte Lösungen ausgearbeitet werden. Dabei sollte mitberücksichtigt werden, dass der Verwaltungsaufwand der Länder für die Abwicklung der Bedarfszuweisungen im Hinblick auf deren Steuerungswirkung angemessen ist.

Empfehlungen an Land Niederösterreich:
(10) Die Aufteilung der Zuständigkeiten für Bedarfszuweisungen auf insgesamt fünf Abteilungen sollte evaluiert und gegebenenfalls die Anzahl der mit der Vergabe von Bedarfszuweisungen befassten Stellen verringert werden. Alle sachdienlichen Informationen sollten bei einer Stelle konzentriert werden, um sicherzustellen, dass alle entscheidungswesentlichen Aspekte bei der Gewährung von Bedarfszuweisungen bekannt sind und berücksichtigt werden können.
(11) Für einen optimalen Einsatz der Bedarfszuweisungen sollte standardmäßig eine Abstimmung aller mit Bedarfszuweisungen befassten Stellen stattfinden.
(12) Für die Dotierung des NÖ Wasserwirtschaftsfonds aus Bedarfszuweisungsmitteln sollte eine Obergrenze festgelegt und sichergestellt werden, dass beim NÖ Wasserwirtschaftsfonds die Bedarfszuweisungsmittel ausschließlich an Gemeinden und Gemeindeverbände ausbezahlt werden.
(16) Bei Gemeinden, die Strukturhilfe (Bedarfszuweisung I) erhalten, sollte diese bei der Zumessung von weiteren Bedarfszuweisungsmitteln berücksichtigt werden. Zudem sollte die Strukturhilfe, bei der es sich um eine Vergabe von Bedarfszuweisungen ausschließlich nach der Finanzkraft von Gemeinden handelte, evaluiert werden.
(17) Es wäre darauf Bedacht zu nehmen, dass die Zuschüsse zum Haushaltsabgang (Bedarfszuweisung II) bei Zuerkennung einer Projektförderung (Bedarfszuweisung III) berücksichtigt werden.
(18) Die Projektförderung (Bedarfszuweisungen III) sollte in den Richtlinien klar geregelt werden. Dabei sollte eine Konkretisierung und Gewichtung der für die Vergabe maßgebenden Kriterien erfolgen und die Möglichkeit der Zusammenfassung mehrerer Projekte zu einem förderbaren Vorhaben zweifelsfrei festgelegt werden.
(19) Die Vergabe von Bedarfszuweisungen an Konsolidierungsgemeinden wäre klar zu regeln.
(20) Alle Förderungen aus Bedarfszuweisungsmitteln sollten im Hinblick auf die erforderliche Transparenz und die Verteilungsgerechtigkeit in Richtlinien geregelt werden.
(21) Zur Sicherstellung der Gleichbehandlung aller Gemeinden sollten konkrete Regelungen für die Ermittlung der Höhe jenes Haus-

haltsabgangs, der für die Gewährung von Bedarfszuweisungen II an Sanierungsgemeinden und von Bedarfszuweisungen III an Konsolidierungsgemeinden maßgebend ist, erlassen werden.
(25) Für die Berechnung der Finanzkraft von Gemeinden soll es einheitliche Vorgaben geben.
(26) Sämtliche Förderungen sowie die Gemeinde-Bedarfszuweisungen wären abteilungsübergreifend in einer Datenbank zu erfassen.
(27) Die im Wege des NÖ Wasserwirtschaftsfonds und des NÖ Kindergartenfonds vergebenen Bedarfszuweisungen sollten im Gemeindeförderungsbericht als solche ersichtlich gemacht werden. Zudem sollten darin sämtliche Bedarfszuweisungsmittel ausgewiesen sein.

Der RH empfahl dem Land Niederösterreich weiters, die Zielsetzungen und Verteilungswirkungen, die mit der Vergabe von Bedarfszuweisungsmitteln erreicht werden sollen, in Abstimmung mit den Gemeinden festzulegen. An diesen festgelegten Zielsetzungen und Verteilungswirkungen wären die einzelnen Fördertöpfe im Hinblick auf Förderhöhe und -umfang auszurichten.

Empfehlungen an das Land Steiermark:
(28) Nach Umsetzung der Gemeindestrukturreform sollte in Zusammenarbeit mit den betroffenen Gemeinden der allenfalls noch bestehende oder aufgrund der Reform geänderte Bedarf bei den rückgestellten Projekten erhoben und gegebenenfalls die bereits zugesagten Mittel umgewidmet werden.
(29) Die Zielsetzungen und die Verteilungswirkungen, die mit der Vergabe von Bedarfszuweisungsmitteln erreicht werden sollen, wären in Abstimmung mit den Gemeinden festzulegen. An diesen festgelegten Zielsetzungen und Verteilungswirkungen wären die einzelnen Fördertöpfe im Hinblick auf Förderhöhe und -umfang auszurichten.
(30) Es sollte durchgängig eine richtlinienkonforme Vergabe der Bedarfszuweisungen in Übereinstimmung mit dem festgelegten Soll-Prozess sichergestellt werden.
(31) Die pauschale Festlegung der Bedarfszuweisungen für die Landeshauptstadt Graz sollte auf ihre Angemessenheit hin überprüft werden.
(32) Die Praxis, Projektförderungen aus Bedarfszuweisungsmitteln in der Landesförderdatenbank (LDF) zu erfassen, sollte erlassmäßig abgesichert werden.
(33) Im Förderungsbericht sollten die gewährten Bedarfszuweisungen je Gemeinde veröffentlicht werden.
(35) Das Modell zur Typisierung von Gemeinden im Hinblick auf die Beurteilung der finanziellen Lage sollte für eine Verwendung bei Vergabe der Bedarfszuweisungen weiterentwickelt werden, um eine bedarfsorientierte Zuweisung dieser Mittel sicherzustellen.

Autorenverzeichnis

Hon.-Prof. Dr. Helfried Bauer leitete bis 2008 das KDZ und arbeitet nun freiberuflich an Projekten zu Fragen von Public Governance und Management sowie zu Finanzausgleich und anderen finanzwissenschaftlichen Themen.
Kontakt: helfried.bauer@gmx.at

SC Mag. Helga Berger steht seit 1.1.2016 der Budgetsektion im Bundesministerium für Finanzen vor. Die Juristin arbeitete nach dem Studium drei Jahre im Europäischen Parlament und ein Jahr im Büro des Kärntner Landeshauptmannes, danach als Kabinettschefin im Büro der Vizekanzlerin und Ministerin für öffentliche Leistung und Sport. Im Anschluss wechselte sie in die Justiz und war Strafrichterin am BG Hernals. Ab 2006 war sie im Rechnungshof tätig, zuletzt als Leiterin der Präsidialsektion.
Kontakt: helga.berger@bmf.gv.at

Mag. Peter Biwald, Geschäftsführer des KDZ – Zentrum für Verwaltungsforschung, beschäftigt sich seit mehr als 20 Jahren mit Grundlagenarbeit zu Public Management und Governance. Ergebnis- und Wirkungsorientierung, integrierten Steuerungssystem sowie mit der Finanzierung öffentlicher Leistungen und dem Finanzausgleich. Der studierte Betriebswirt ist ebenso federführend in der Einführung betriebswirtschaftlicher Steuerungsinstrumente und Konsolidierungsstrategien im öffentlichen Sektor. Biwald ist als Vortragender in Managementlehrgängen für die Bundes- und Landesverwaltungen tätig, sowie Lektor an der Donauuniversität Krems, der FH des bfi Wien und der FH Campus Wien.
Kontakt: biwald@kdz.or.at

MMag. Romana Brait ist Referentin für Budgetangelegenheiten & Finanzausgleich in der Abteilung Wirtschaftswissenschaft und Statistik der AK Wien und Mitglied im Vorstand des BEIGEWUM (Beirat für gesellschafts-, wirtschafts- und umweltpolitische Alternativen). Zum Forschungsinteresse der Volkswirtin zählen Budget & Budgetpolitik, Finanzausgleich, Arbeitsbeziehungen in Europa sowie Medienökonomie im Kontext der Wirtschafts- und Finanzkrise.
Kontakt: romana.brait@akwien.at

Ass.-Prof. DI Dr. Johann Bröthaler ist Leiter des Fachbereichs Finanzwissenschaft und Infrastrukturpolitik im Department für Raumplanung der Technischen Universität Wien. Seine Schwerpunkte in Forschung und Lehre sind öffentliche Haushalte, Finanzstatistik, Finanzausgleich, ökonomische Bewertungsverfahren, Modelle, Software- und Informationssysteme im Bereich Finanzwissenschaft und Infrastrukturplanung sowie Wirtschaftsinformatik im öffentlichen Sektor und E-Government.
Kontakt: johann.broethaler@tuwien.ac.at

Dr. Helmut Brückner absolvierte das Studium der Rechtswissenschaften an der Universität Wien. Seine beruflichen Anfänge startete er in der Bauindustrie und wechselte für 22 Jahre in den Rechnungshof Wien, wo er zuletzt als stv. Sektionsleiter (Kontrolle von Ländern, Gemeinden und Krankenanstalten) tätig war. Parallel gehörte er dem „Board of Auditors" der Europäischen Patentorganisation in München und Den Haag an. Im Jahr 2000 wurde er zum Direktor des neu gegründeten OÖ Landesrechnungshofes bestellt, dem er bis 2012 treu blieb. Seit 2010 ist er wissenschaftlicher Leiter der postgradualen Lehrgänge „MSc Governance Audit" der Fachhochschule des bfi.
Kontakt: helmut.brueckner@kabsi.at

Univ.-Prof. Dr. Michael Getzner ist Leiter des Departments für Raumplanung an der Technischen Universität Wien und Universitätsprofessor am Fachbereich Finanzwissenschaft und Infrastrukturpolitik. Der habilitierte Volkswirt war bis 2010 als a. o. Univ.-Prof. am Institut für Volkswirtschaftslehre der Universität Klagenfurt tätig. Seine Forschungsgebiete sind u. a. Finanzwissenschaft, Infrastrukturökonomie und ökologische Ökonomik.
Kontakt: michael.getzner@tuwien.ac.at

Mag. Bernhard Grossmann ist Senior Economist im Büro des Fiskalrates der Oesterreichischen Nationalbank (OeNB). Zu seinen Arbeitsschwerpunkten zählen regelgebundene Fiskalpolitik, Föderalismus sowie Budgetanalysen der Bundesländer und Gemeinden.
Kontakt: bernhard.grossmann@oenb.at

Konrad Gschwandtner, Bakk. BA wechselte nach einem einjährigen Verwaltungspraktikum in der Abteilung Finanzverfassung und Finanzausgleich des BMF im Jahr 2010 zum Österreichischen Gemeindebund. Als Referent im Generalsekretariat ist er schwerpunktmäßig mit Wirtschafts-, Steuer- und Finanzthemen befasst.
Kontakt: konrad.gschwandtner@gemeindebund.gv.at

Mag. Anita Haindl, ist seit 2010 als wissenschaftliche Mitarbeiterin im KDZ beschäftigt. Die studierte Volkswirtin beschäftigt sich vorrangig mit öffentlicher Finanzwirtschaft und deren Reformen, Finanzausgleich, der Finanzierung öffentlicher Aufgaben sowie Finanzanalysen im Allgemeinen. Einen weiteren Schwerpunkt legt sie auf Gender Studies.
Kontakt: haindl@kdz.or.at

Mag. Alfred Heiter ist Bereichsleiter für Finanzpolitik und Recht bei der Industriellenvereinigung. Sein Aufgabengebiet umfasst Steuerpolitik, Unternehmensfinanzierung und rechtspolitische Themen, insbesondere Unternehmensrecht und Gesellschaftsrecht. Davor war er als Wirtschaftsprüfer und Steuerberater bei Ernst & Young sowie in einem Industrieunternehmen tätig. Heiter ist Autor mehrerer Fachartikel in einschlägigen Fachpublikationen sowie regelmäßig als Vortragender tätig.
Kontakt: alfred.heiter@iv.at

Dr. Michael Klien ist seit 2014 wissenschaftlicher Mitarbeiter am Österreichischen Institut für Wirtschaftsforschung (WIFO). Zu seinen Arbeitsschwerpunkten gehören Finanzausgleich und regionale Budgets, das öffentliche Beschaffungswesen, die Bereitstellung und Effizienz öffentlicher Dienstleistungen sowie Wohnbau und Bauwirtschaft. Der promovierte Volkswirt studierte und lehrte an der Wirtschaftsuniversität Wien und Sorbonne Graduate Business School (IAE de Paris).
Kontakt: Michael.Klien@wifo.ac.at

Mag. Dr. Walpurga Köhler-Töglhofer studierte Volkswirtschaft der Wirtschaftsuniversität Wien. Nach Abschluss ihres Studiums sie als Forschungsassistentin am Institut für Höhere Studien tätig. 1993 wurde sie Universitätsassistentin am Institut für Volkswirtschaftstheorie und -politik (Univ. Prof. Ewald Nowotny) der Wirtschaftsuniversität Wien. 1998 wechselte sie in die Abteilung für volkswirtschaftliche Analysen der OeNB, wo sie 1999 zur Leiterin der realwirtschaftlichen Gruppe und 2009 zur Stellvertretenden Leiterin der Abteilung für volkswirtschaftliche Analysen der OeNB ernannt wurde. Von 1998 bis 2008 war sie Lektorin an der Wirtschaftsuniversität Wien. Ihre Forschungsgebiete umfassen vor allem Budget- und Steuerpolitik, sowie Wachstums-, Struktur- und Wettbewerbspolitik.
Kontakt: walpurga.koehler-toeglhofer@oenb.at

MMag. Michael Kremser ist seit 2003 in der Finanzverwaltung der Stadt Wien tätig. Seit März 2012 ist er Leiter des Dezernats Allgemeine Finanz- und Steuerangelegenheiten in der MA 5 – Finanzwesen. Zu seinen Hauptaufgaben zählen Angelegenheiten des Finanzausgleiches, Angelegenheiten alternativer Finanzierungsformen unter besonderer Berücksichtigung der Maastricht-Konformität sowie die finanzielle Projektbegleitung.
Kontakt: michael.kremser@wien.gv.at

HR Dr. Walter Leiss wechselte nach Absolvierung seines Gerichtsjahrs von der BH St. Pölten in die Abteilung Gemeinden des Landes Niederösterreich, wo er von 1983 bis 1993 beschäftigt war. Ab 1993 war er als Klubsekretär und ab 2000 als Klubdirektor des Landtagsklubs der Volkspartei Niederösterreich tätig, bis er 2011 die Funktion des Generalsekretärs des Österreichischen Gemeindebundes übernahm.
Kontakt: walter.leiss@gemeindebund.gv.at

Mag. Christoph Maschek ist seit Jänner 2011 in der Finanzverwaltung der Stadt Wien tätig. Seit Juni 2014 ist er Leiter des Referats „Allgemeine Finanz- und Wirtschaftsangelegenheiten" in der MA 5 – Finanzwesen. Zu seinen Hauptaufgaben zählen Angelegenheiten des Finanzausgleichs, der Finanzverfassung, des Österreichischen Stabilitätspaktes und des Haushaltsrechts.
Kontakt: christoph.maschek@wien.gv.at.

Dr. Karoline Mitterer ist seit 2005 wissenschaftliche Mitarbeiterin beim KDZ - Zentrum für Verwaltungsforschung. Sie studierte Public Management an der FH Kärnten und dissertierte an der Wirtschaftsuniversität Wien. Zu ihren Arbeits- und Forschungsschwerpunkten zählen Finanzausgleich,

Gemeindefinanzen, Finanzierung öffentlicher Leistungen und Demografie.
Kontakt: mitterer@kdz.or.at

Dr. Egon Mohr war von 1990 bis 2015 Vorstand der Abteilung Finanzangelegenheiten beim Amt der Vorarlberger Landesregierung. Während dieser Zeit hat der promovierte Jurist an den Verhandlungen zu fünf Finanzausgleichen und zu mehreren Steuerreformen mitgewirkt. An den Verhandlungen zum Finanzausgleich 2017 hat Mohr als Konsulent der Vorarlberger Landesregierung teilgenommen. Er war Mitglied des Staatsschuldenausschusses und ist derzeit Mitglied des Fiskalrates.

Mag. Clemens Mungenast studierte Volkswirtschaftslehre an der Universität Wien und trat 1998 in die Budgetsektion des Bundesministeriums für Finanzen ein, ab 2002 war er als Assistent des Leiters der Budgetsektion tätig, und baute ab 2006 die Abteilung „Verwaltungskosten senken für Unternehmen" auf. Seit 2011 fungiert er als externer Experte des Internationalen Währungsfonds. 2013 war er für acht Monate im Amt der Salzburger Landesregierung nach dem sogenannten Finanzskandal tätig und leitet seit 2016 die Finanzabteilung im Amt der Steiermärkischen Landesregierung.
Kontakt: clemens.mungenast@stmk.gv.at

o. Univ.-Prof. Dr. Reinhard Neck, lehrt seit 1997 am Institut für Volkswirtschaftslehre der Alpen-Adria-Universität Klagenfurt. Er studierte Volkswirtschaft und Sozial- und Wirtschaftsstatistik an der Universität Wien, wo er 1975 sub auspiciis praesidentis promoviert wurde. Er war Universitätsassistent an der Universität Fribourg/Schweiz und an der Wirtschaftsuniversität Wien, an der er 1991 habilitiert wurde. Es folgte ein Jahr Joseph Schumpeter Research Fellow an der Harvard University, Cambridge und eine Austrian Visiting Professur an der Stanford University, ebenso ein Visiting Research Fellowship an der University of California at Berkeley (USA) 2006. Von 1992 bis 1995 war er Professor für Volkswirtschaftslehre/quantitative Wirtschaftspolitik an der Universität Bielefeld, danach für zwei Jahre Professor für Volkswirtschaftslehre/Finanzwissenschaft an der Universität Osnabrück (BRD). Seit 1999 Gastprofessor an der Universität Ljubljana (Slowenien).
Kontakt: Reinhard.Neck@aau.at

apl. Prof. Dr. Hans Pitlik arbeitet seit 2006 als Referent für Öffentliche Finanzen am Österreichischen Institut für Wirtschaftsforschung (WIFO). Nach Abschluss seines Doktorats in Wirtschaftswissenschaften 1996 wurde er an der Universität Stuttgart-Hohenheim habilitiert (2004). Seit 2009 hat er eine außerplanmäßige Professur an der Universität Stuttgart-Hohenheim inne. Der Hauptfokus seiner wissenschaftlichen Forschung liegt in der Analyse von individuellen Einstellungen gegenüber Wirtschaftspolitik und Institutionen sowie dem Zusammenhang zwischen ökonomischer Freiheit, Vertrauen und individueller Lebenszufriedenheit. Weitere Forschungsinteressen sind die Untersuchung der Determinanten von institutionellen Reformen sowie die Analyse von Finanzpolitik und Budgetinstitutionen.
Kontakt: Hans.Pitlik@wifo.ac.at

Mag. Oliver Puchner ist Mitarbeiter des Österreichischen Städtebundes. Zu seinen Aufgaben- und Arbeitsschwerpunkten zählen die Bereiche: Finanzen der Städte und Gemeinden, insbesondere Angelegenheiten des Finanzausgleichs sowie Wirtschaftsangelegenheiten. Er betreut die Finanzkommission, den Fachausschuss für Statistik und Registeranwendungen und den Fachausschuss für Kontrollamtsangelegenheiten.
Kontakt: oliver.puchner@staedtebund.gv.at

Prof. Dr. Wolfgang Renzsch studierte Politikwissenschaft und Germanistik an den Universitäten Hannover und Göttingen sowie der London School of Economics and Political Science. Er wurde an der Universität Göttingen promoviert. Von 1979 bis 1992 war er als wissenschaftlicher Referent im Forschungsinstitut der Friedrich-Ebert-Stiftung tätig und wurde an der Universität Göttingen habilitiert. Danach war er im Ministerium der Finanzen des Landes Brandenburg beschäftigt und übernahm 1994 die Lehrstuhlvertretung an der Europa-Universität Viadrina Frankfurt/Oder. Im September 1994 wurde er zum Universitätsprofessor an der Otto-von-Guericke Universität Magdeburg ernannt, der er bis dato treu blieb. Im September 2005 wurde ihm der Jean-Monnet-Lehrstuhl von der EU verliehen.
Kontakt: renzsch@ovgu.de

Mag. Christoph Schmid ist seit 2012 in der Finanz- und Handelspolitischen Abteilung der Wirtschaftskammer Österreich tätig. Seine Arbeitsschwerpunkte sind öffentliche Finanzen, Budgetpolitik, Finanzausgleich und Globalisierung. Er ist Lektor an der Fachhochschule Wiener Neustadt.
Kontakt: christoph.schmid@wko.at

Dr. Margit Schratzenstaller arbeitet seit April 2003 als Referentin für Öffentliche Finanzen am Österreichischen Institut für Wirtschaftsforschung (WIFO). Seit Januar 2016 ist sie stellvertretende Leiterin des WIFO. Sie studierte Wirtschaftswissenschaften an den Universitäten Gießen/Deutschland und Milwaukee/USA. Schratzenstaller ist Expertin im Österreichischen Fiskalrat und Lehrbeauftragte an der Universität Wien sowie Mitglied im Kuratorium des Europäischen Forum Alpbach. Ihre Arbeitsschwerpunkte sind (Europäische) Steuer- und Budgetpolitik, Steuerwettbewerb und -harmonisierung, Fiskalföderalismus und Gender Budgeting. Sie war Vizekoordinatorin des 7. EU-Rahmenprogramm-Projektes WWWforEurope und ist aktuell Partnerin im H2020-Projekt FairTax.
Kontakt: Margit.Schratzenstaller@wifo.ac.at

Mag. Tobias Schweitzer ist stellvertretender Abteilungsleiter der Abteilung Wirtschaftswissenschaft und Statistik der AK Wien. Schweitzer war drei Jahre im BMF, als Referent für Budget und Wirtschaftspolitik im Büro von Staatssekretär Andreas Schieder tätig. Seine Arbeitsschwerpunkte sind Budgetpolitik, Finanzausgleich und Wirtschaftspolitik. Weiters ist er Mitglied des Fiskalrates.
Tobias.Schweitzer@akwien.at

Mag. Christian Sturmlechner ist Abteilungsleiter-Stv der Abt. II/3 Finanz-Verfassung und Finanzausgleich im Bundesministerium für Finanzen.
Kontakt: christian.sturmlechner@bmf.gv.at

Univ.-Prof. Mag. Dr. Erich Thöni ist Prof. für Finanzwissenschaft und Sportökonomik i.r., Leopold-Franzens-Universität Innsbruck. Thöni studierte Volkswirtschaft sowie Sozial- und Wirtschaftswissenschaften an der Universität Innsbruck. Seine Forschungs- und Studienaufenthalte führten ihn an die London School of Economics (LSE) und University of York (GB). Dazu war er langjähriger Lecturer im Innsbruck-Program der University of Notre Dame, South Bend (USA). Er wurde 1982 habilitiert, war 1985 Fulbright-Prof. an der University of New Orleans (USA), später Gastprofessor an der Université R. Schuman (IME), Strasbourg (F), an der Università di Trento (I) und am CEMAS – Marseille (F). Von 1987 bis 2012 hatte er die Professur für Volkswirtschaftslehre unter besonderer Berücksichtigung der Finanzwissenschaft und Sportökonomik an der Universität Innsbruck inne. Er forschte und lehrte insbesondere in den Fachbereichen ‚Kommunale und regionale Finanzpolitik, Finanzausgleich' und ‚Großsportevents'.
Kontakt: erich.thoeni@uibk.ac.at

Obersenatsrat Mag. Dr. Thomas Weninger, MLS leitet seit Ende 2006 das Generalsekretariat des Österreichischen Städtebundes. Er studierte Politikwissenschaften an der Universität Wien und startete seine berufliche Laufbahn am Institut für Höhere Studien (IHS). Seine weiteren Karriere-Stationen waren die wissenschaftliche Mitarbeit beim Institut für Konfliktforschung (IKF) und dem Kommunalwissenschaftlichen Dokumentationszentrum (KDZ). Zwischen 1993 und 1994 war Weninger Generalsekretär der Österreichischen Gesellschaft für Politikwissenschaft (ÖGPW). Darauf folgend wechselte er in die Magistratsdirektion der Stadt Wien in das Koordinationsbüro, wo er im Bereich Europäische Integration und Internationales tätig war. Zwischen 2003 und 2004 war Weninger Magistratsdirektions-Leiter des Referats „Wissensmanagement und Koordination", bis er Ende 2004 an die Spitze der Magistratsabteilung 27 wechselte, wo er für die EU-Strategie und Wirtschaftsentwicklung in der Geschäftsgruppe Finanzen, Wirtschaftspolitik und Wiener Stadtwerke verantwortlich zeichnete. Er absolvierte berufsbegleitend den Master of Legal Studies an der Donauuniversität Krems.
Kontakt: post@staedtebund.gv.at

Mag. Thomas Wolfsberger, leitet die Stabsabteilung Finanzen in St. Pölten. Der Betriebswirt ist seit 2000 im Magistrat St. Pölten tätig und wurde 2014 zum Leiter der Finanzverwaltung bestellt. Er beschäftigt sich mit Fragen des Finanzausgleichs i.w.S. mit Fragen der Wirtschaftsentwicklung und Wirtschaftspolitik, sowie dem Öffentlichen Haushalts- und Rechnungswesen allgemein.
Kontakt: thomas.wolfsberger@st-poelten.gv.at

Literatur- und Quellenverzeichnis

Achatz, Markus: Zur Stärkung der Abgabenautonomie subnationaler Gebietskörperschaften (der Länder); Rechtswissenschaftliche Analyse unter Berücksichtigung von Praxisrelevanz und Operationalität. Linz 2012.

Ahmad, Ehtisham; Brosio, Giorgio (Hrsg.): Handbook of Multilevel Finance. Cheltenham 2015.

Ahmad, Ehtisham; Brosio, Giorgio (Hrsg.): Effective Federalism and Local Finance (=International Library of Critical Writings in Economics, Bd. 249). Cheltenham 2011.

Ahmad, Ehtisham; Brosio, Giorgio (Hrsg.): Handbook of Fiscal Federalism. Cheltenham 2008.

Akademie für Raumforschung und Landesplanung (ARL): Daseinsvorsorge und gleichwertige Lebensverhältnisse neu denken – Perspektiven und Handlungsfelder. Positionspapier 108. Hannover 2016. In: http://shop.arl-net.de/daseinsvorsorg-und-gleichwertige-lebensverhaeltnisse-neu-denken.html [Download: 15.09.2016].

Alter, Rolf; Bauer, Helfried: Regionale Entwicklungspolitik im Kontext der Globalisierung. In: Standort Österreich und öffentliche Verwaltung, Herausforderungen-Strategien-Instrumente (=Öffentliches Management und Finanzwirtschaft, Bd. 18), hrsg. von Helfried Bauer, Peter Biwald, Hans Pitlik, Wien, Graz 2015, S. 54-70.

Althusius, Johannes: Politica. Methodice digesta atque exemplis sacris et profanis illustrata. Aalen 1981 (Original 1603).

Altzinger, Wilfried; Humer, Stefan: Simulation des Aufkommens verschiedener Erbschaftsbesteuerungen. Wien 2003.

Anderson, George: Fiscal Federalism: A Comparative Introduction. Oxford 2010.

Anderson, George: Föderalismus. Eine Einführung (=UTB Nr. 3170). Opladen 2008.

Arnim, Hans Herbert von (Hrsg.): Die deutsche Krankheit: Organisierte Unverantwortlichkeit? Berlin 2005.

Attali, Jacques: Urgences francaises. Paris 2013.

BAK Basel Economics (Hrsg.): Durch Subsidiarität zum Erfolg: Der Einfluss von Dezentralisierung auf wirtschaftliches Wachstum. Basel 2009.

Bauer, Helfried: Effektiver Föderalismus gesucht - Ökonomische Perspektiven. In: Der öffentliche Sektor, 41(2015), 2, S. 79-86.

Bauer, Helfried: Finanzausgleichsreform im Kontext zu entwickelnder föderaler Beziehungen. In: Perspektiven der staatlichen Aufgabenerfüllung: zwischen budgetärer Knappheit und integrativem Anspruch; für Wilfried Schönbäck zum 70. Geburtstag, hrsg. von Wolfgang Blaas, Wien 2014, S. 139-168.

Bauer, Helfried: Verstärkte Zielorientierung des Finanzausgleichs – ein Plädoyer. In: Offen in eine gemeinsame Zukunft – Festschrift 50 Jahre Gemeindeverfassungsnovelle, hrsg. von Arno Kahl, Wien 2012, S. 235-263.

Bauer, Helfried (Hrsg.): Finanzausgleich 2008: Ein Handbuch – mit Kommentar zum FAG 2008 (=Öffentliches Management und Finanzwirtschaft, Bd. 8). Wien, Graz 2008.

Bauer, Helfried; Biwald, Peter; Bröthaler, Johann; Getzner, Michael; Hochholdinger, Nikola; Reis, Sebastian; Schuh, Ulrich; Strohner, Ludwig: Grundsätzliche Reform des Finanzausgleichs: Verstärkte Aufgabenorientierung. Projektendbericht, hrsg. von IHS, KDZ, TU Wien, Wien 2010.

Bauer, Helfried; Biwald, Peter; Dearing, Elisabeth (Hrsg.): Gutes Regieren – Konzepte, Realisierungen, Perspektiven (=Öffentliches Management und Finanzwirtschaft, Bd. 13). Wien, Graz 2011.

Bauer, Helfried; Biwald, Peter; Dearing, Elisabeth (Hrsg.): Public Governance – Öffentliche Aufgaben gemeinsam erfüllen und effektiv steuern (=Öffentliches Management und Finanzwirtschaft, Bd. 2). Wien, Graz 2005.

Bauer, Helfried; Biwald, Peter; Dearing, Elisabeth (Hrsg.): Öffentliches Management in Österreich – Realisierungen und Perspektiven (=Arbeitshilfen für Gemeinden, Bd. 41). Wien 2003.

Bauer, Helfried; Biwald, Peter; Pitlik, Hans (Hrsg.): Standort Österreich und öffentliche Verwaltung, Herausforderungen-Strategien-Instrumente (=Öffentliches Management und Finanzwirtschaft, Bd. 18). Wien, Graz 2015.

Bauer, Helfried; Dearing, Elisabeth: Bürgernaher Aktiver Staat: Public Management und Governance. Wien 2013.

Bauer, Helfried; Handler, Heinz; Schratzenstaller, Margit (Hrsg.): Finanzmanagement im föderalen Staat (=Öffentliches Management und Finanzwirtschaft, Bd. 5). Wien, Graz 2006.

Bauer, Helfried; Mitterer, Karoline: Kriterien für einen aufgabenorientierten Gemeinde-Finanzausgleich; Auswirkungen eines weiteren „Abflachens" des abgestuften Bevölkerungsschlüssels; Aufgabenorientierung im internationalen Kontext; Modellrechnung für Österreichs Gemeinden. KDZ-Studie, Wien 2009.

Bauer, Helfried; Mitterer, Karoline: Zum Abbau von Transferverflechtungen. Übersicht über die aktuellen Transferbeziehungen zwischen Land und Gemeinden und Verbesserungsvorschläge. KDZ-Studie, Wien 2009.

Bauer, Helfried; Mitterer, Karoline: Aufgabenorientierung im Finanzausgleich. In: Finanzausgleich 2008: Ein Handbuch – mit Kommentar zum FAG 2008 (=Öffentliches Management und Finanzwirtschaft, Bd. 8), hrsg. von Helfried Bauer, Wien, Graz 2008, S. 323-340.

Bauer, Helfried; Rossmann, Bruno: Wirtschafts- und finanzpolitische Reformpotenziale des Finanzausgleichs. In: Finanzausgleich 2001. Das Handbuch für die Praxis, hrsg. von Österreichischer Gemeindebund und Österreichischer Städtebund in Zusammenarbeit mit dem Österreichischen Sparkassenverband und dem KDZ, Wien 2001, S. 302-317.

Bauer, Helfried; Schratzenstaller, Margit: Ausgewählte Reformerfordernisse im Österreichischen Finanzausgleich. In: Koordinierung der Finanzpolitik im Bundesstaat, Stabilität – Finanzausgleich – Verschuldungsgrenze (=Öffentliches Management und Finanzwirtschaft, Bd. 14), hrsg. von Peter Biwald, Peter Bußjäger, Hans Pitlik, Margit Schratzenstaller, Wien, Graz 2011, S. 114-131.

Bauer, Helfried; Schratzenstaller, Margit (Hrsg.): Stärkung der subnationalen Steuerautonomie und intragovernmentale Transfers (=Öffentliches Management und Finanzwirtschaft, Bd. 7). Wien, Graz 2007.

Bauer, Helfried; Thöni, Erich: Begriffe, Prinzipien und Spannungsfelder des Finanzausgleichs in Österreich – eine Einleitung. In: Finanzausgleich 2005. Ein Handbuch – mit Kommentar zum FAG 2005 (=Öffentliches Management und Finanzwirtschaft, Bd. 1), hrsg. von KDZ in Zusammenarbeit mit dem Österreichischen Städtebund, Wien, Graz 2005, S. 15-28.

Bauer, Helfried; Thöni, Erich: Erweiterte Steuerhoheit der Bundesländer und Gemeinden – Grundsätze und Ansätze zur Realisierung. In: Finanzausgleich 2005. Ein Handbuch – mit Kommentar zum FAG 2005 (=Öffentliches Management und Finanzwirtschaft, Bd. 1), hrsg. von KDZ in Zusammenarbeit mit dem Österreichischen Städtebund, Wien, Graz 2005, S. 215-232.

Baumgartner, Gerhard (Hrsg.): Öffentliches Recht – Jahrbuch 2010. Wien 2010.

Baumgartner, Josef; Kaniovski, Serguei: „Steuerreform 2015/16 – Gesamtwirtschaftliche Wirkungen bis 2019". In: WIFO-Monatsberichte, (88)2015, 5, S. 399-416.

Beirat für Wirtschafts- und Sozialfragen: Finanzverfassung und Finanzausgleich – Herausforderungen (=Publikationen des Beirates für Wirtschafts- und Sozialfragen, Bd. 65). Wien 1992.

Benz, Arthur (Hrsg.): Handbuch Governance. Wiesbaden 2007.

Benz, Arthur: Multilevel Governance. In: Handbuch Governance, hrsg. von Arthur Benz, Wiesbaden 2007, S. 297-310.

Benz, Arthur: Föderalismus und Demokratie. Eine Untersuchung zum Zusammenwirken zweier Verfassungsprinzipien. In: Polis 2003, 57.

Benz, Arthur: Der moderne Staat: Grundlagen der politologischen Analyse. München, Wien 2001.

Benz, Arthur: Föderalismus als dynamisches System: Zentralisierung und Dezentralisierung im föderativen Staat (=Beiträge zur sozialwissenschaftlichen Forschung, 73). Opladen 1985.

Benz, Arthur; Scharpf, Fritz W.; Zintl, Reinhard: Horizontale Politikverflechtung. Zur Theorie von Verhandlungssystemen. Frankfurt am Main 1992.

Berger, Johannes; Graf, Nikolaus; Schuh, Ulrich; Strohner, Ludwig: Förderung strukturschwacher Gemeinden im Rahmen des Finanzausgleichs. Studie der Eco Austria im Auftrag des Bundesministeriums für Finanzen. Wien 2015.

Biehl, Dieter: Die EG-Finanzverfassung: Struktur, Mängel und Reformmöglichkeiten. In: Staatswerdung Europas?: Optionen für eine Europäische Union (=Studien zur gesellschaftlichen Entwicklung, Bd. 9), hrsg. von Rudolf Wildenmann, Baden-Baden 1991, S. 355-392.

Bischoff, Ivo; Bergholz, Christian; Blaeschke, Frédéric: Kooperationsfähigkeit regionaler Verwaltungen. In: Standort Österreich und öffentliche Verwaltung. Herausforderungen, Strategien, Instrumente (=Öffentliches Management und Finanzwirtschaft, Bd.18), hrsg. von Helfried Bauer, Peter Biwald, Hans Pitlik, Wien, Graz 2015, S. 73-92.

Biwald, Peter: Aufgaben- und Ausgabenkritik aus dem Blickwinkel der Länder und Gemeinden. FISK-Workshop, 24. März 2015. In: https://www.fiskalrat.at/dam/jcr:815aa86c-8732-4d27-9dd2-d34c41ed2983/Block%201_3_Biwald.pdf [Download: 26.01.2017].

Biwald, Peter; Bauer, Helfried; Mitterer, Karoline; Bröthaler, Johann; Getzner, Michael; Schratzenstaller, Margit: Grundlegende Reform des Finanzausgleichs – Projekt „Transfers und Kostentragung", Projektbericht. Studie von KDZ, TU Wien und WIFO, Wien 2010.

Biwald, Peter; Bußjäger, Peter; Pitlik, Hans; Schratzenstaller, Margit (Hrsg.): Koordinierung der Finanzpolitik im Bundesstaat – Stabilitätspolitik, Finanzausgleich, Verschuldungsgrenze (=Öffentliches Management und Finanzwirtschaft, Bd. 14). Wien, Graz 2011.

Biwald, Peter; Haindl, Anita; Hödl, Clemens: Gemeinde-Transferbericht; Analyse 2002-2011 und Handlungserfordernisse. KDZ-Studie, Wien 2013.

Biwald, Peter; Hochholdinger, Nikola; Hödl, Clemens; Köfel, Manuel: Transferbeziehungen zwischen Ländern und Gemeinden. Status Quo. Wien 2012.

Biwald, Peter; Hochholdinger, Nikola; Köfel, Manuel; Gencgel, Marcel; Haindl, Anita: Pflege und Betreuung in Österreichs Städten. KDZ-Studie, Wien 2011.

Biwald, Peter; Hochholdinger, Nikola; Schantl, Alexandra; Fian, Tabea: Der Public Value des Wiener Gemeindebaus. Der Beitrag des Wiener Gemeindebaus zum gesellschaftlichen und sozialen Zusammenhalt in Wien. KDZ-Studie, Wien 2014.

Biwald, Peter; Hochholdinger, Nikola; Schantl, Alexandra; Haindl, Anita: Schaffung von Public Value. Zentrale Aspekte und strategische Konsequenzen am Beispiel der gemeinnützigen Wohnungswirtschaft. KDZ-Studie, Wien 2011.

Biwald, Peter; Mitterer, Karoline; Haindl, Anita: Länder-Gemeinde-Transferverflechtungen. Status und Reformoptionen der Transferbeziehungen zwischen Ländern und Gemeinden. In: Materialien zu Wirtschaft und Gesellschaft 150, hrsg. Kammer für Arbeiter und Angestellte für Wien, Wien 2016.

Blaas, Wolfgang (Hrsg.): Perspektiven der staatlichen Aufgabenerfüllung: zwischen budgetärer Knappheit und integrativem Anspruch; für Wilfried Schönbäck zum 70. Geburtstag. Wien 2014.

Blankart, Charles B.: Öffentliche Finanzen in der Demokratie. Eine Einführung in die Finanzwissenschaft. 8. Aufl., München 2011.

Blankart, Charles B.: Steuerautonomie mit Finanzausgleich. In: Bürgerföderalismus, hrsg. von Hans-Jörg Schmidt-Trenz, Matthias Fonger, Baden-Baden 2000, S. 96-103.

Blöchliger, Hansjörg: „Measuring Decentralisation: The OECD Fiscal Decentralisation Database". In: Measuring Fiscal Decentralisation: concepts and policies (=OECD fiscal federalism studies), hrsg. von Kim Junghun, OECD Publishing, 2013, S. 15-30.

Blöchliger, Hansjörg; Kantorowicz, Jaroslaw: Fiscal constitutions: An empirical assessment. In: OECD Economics Department Working Papers, No. 1248, hrsg. von OECD Publishing, Paris 2015.

Blöchliger, Hansjörg; Nettley, Maurice: Sub-Central Tax Autonomy: 2011 Update. In: OECD Working Papers on Fiscal Federalism, 2015, S. 20.

Blöchliger, Hansjörg; Petzold, Oliver: Taxes or Grants: What Revenue Source for Subcentral Governments? In: OECD Economic Department Working Paper, 2009, S. 706.

Boadway, Robin: Canada. In: The Practice of Fiscal Federalism: Comparative Perspectives, hrsg. von Anwar Shah, Montreal, Kingston 2007, S. 98-124.

Bösinger, Rolf: Auf dem Weg zur Neuordnung der bundesstaatlichen Finanzbeziehungen. In: Verhandlungen zum Finanzausgleich, Jahrbuch für öffentliche Finanzen 1-2016 (=Schriften zur öffentlichen Verwaltung und öffentlichen Wirtschaft, Bd. 233), hrsg. von Martin Junkernheinrich, Stefan Korith, Thomas Lenk, Henrik Scheller, Berlin 2016, S. 11-18.

Boss, Alfred: Wettbewerb der Regionen und Finanzverfassung. Prinzipien einer Reform des Finanzausgleichs in der Bundesrepublik Deutschland. In: Probleme des Finanzausgleichs in nationaler und internationaler Sicht (=Beihefte der Konjunkturpolitik, Bd. 41), Herbert Wilkens (Red.), Berlin 1993, S. 79-98.

Brennan, Geoffrey; Buchanan, James M.: The Power to Tax: analytical foundations of a fiscal constitution. Cambridge 1980.

Broer, Michael: „Ersatzvorschläge für die Gewerbesteuer". In: Wirtschaftsdienst, 81(2001), 12, S. 713-721.

Bröthaler, Johann: Entwicklung des österreichischen Finanzausgleichs 1948-2008 und finanzielle Auswirkungen 1976-2011. In: Finanzausgleich 2008: Ein Handbuch – mit Kommentar zum FAG 2008 (=Öffentliches Management und Finanzwirtschaft, Bd. 8), hrsg. von Helfried Bauer, Wien, Graz 2008, S. 213-244.

Bröthaler, Johann: Wandel und Beständigkeit: Eine Retrospektive des österreichischen Finanzausgleichs. In: Sozioökonomie als multidisziplinärer Forschungsansatz, hrsg. von Wilfried Schönbäck, Wien, New York 2008, S. 171-190.

Bröthaler, Johann: Einnahmenautonomie der regionalen und kommunalen Ebene in Österreich – langfristige Entwicklungstrends. Stärkung der subnationalen Steuerautonomie und intragovernmentale Transfers (=Öffentliches Management und Finanzwirtschaft, Bd. 7), hrsg. von Helfried Bauer, Margit Schratzenstaller, Wien, Graz, 2007, S. 32-61.

Bröthaler, Johann; Bauer, Helfried; Schönbäck, Wilfried: Österreichs Gemeinden im Netz der finanziellen Transfers: Steuerung, Förderung, Belastung. Wien, New York 2006.

Bröthaler, Johann; Getzner, Michael; Pitlik, Hans; Schratzenstaller, Margit; Biwald, Peter; Bauer, Helfried; Schuh, Ulrich; Strohner, Ludwig: Grundlegende Reform des Finanzausgleichs: Reformoptionen und Reformstrategien. Endbericht, hrsg. von TU Wien, WIFO, KDZ, IHS, Wien 2011.

Bröthaler, Johann; Getzner, Michael; Schratzenstaller, Margit; Biwald, Peter; Bauer, Helfried: Optionen und Strategien einer grundlegenden Reform des österreichischen Finanzausgleichs. In: WIFO-Monatsberichte 85(2012), 12, S. 905-918.

Bude, Heinz: Die Metamorphose des Staatsglaubens nach 1945. In: Der Staat: Wie viel Herrschaft braucht der Mensch? (=Philosophicum Lech, 14), hrsg. von Konrad Paul Liessmann, Wien 2011, S. 172-179.

Budgetdienst: Analyse des Budgetdienstes, Finanzausgleich 2017 bis 2021. In: https://www.parlament.gv.at/ZUSD/BUDGET/BD_-_Finanzausgleich_ 2017_bis_2021.pdf [Download: 09.03.2017].

Bundeskanzleramt: Arbeitsprogramm der österreichischen Bundesregierung 2013 bis 2018. Erfolgreich. Österreich. In: https://www.bka.gv.at/DocView.axd? CobId=53264 [Download: 03.03.2017].

Bundeskanzleramt-Verfassungsdienst: Neuordnung der Kompetenzverteilung in Österreich. Grundlagen und Ergebnisse der Arbeitsgruppe für Fragen der Neuordnung der Kompetenzverteilung (Strukturreformkommission). Wien 1991.

Bundesministerium für Finanzen: Budget – Finanzbeziehung zu Länder und Gemeinden, Unterlagen zum Finanzausgleich 2002-2015. In: www.bmf.gv.at/ budget/ [Download: Februar 2017].

Bundesministerium für Finanzen: Glossar. In: www.bmf.gv.at/Glossar [Download: 15.03.2017].

Bundesministerium für Finanzen: Hochrechnung des BMF vom 10.10.2016. In: https://www.bmf.gv.at/budget/finanzbeziehungen-zu-laendern-und-gemeinden/ unterlagen-zum-finanzausgleich.html [Download: 24.02.2017].

Bundesministerium für Finanzen: Unterlagen/Fachinhalte zum Finanzausgleich. In: www.bmf.gv.at/budget/finanzbeziehungen-zu-laendern-und-gemeinden [Download: Februar 2017].

Bundesministerien für Finanzen: Schreiben des BMF vom 18.1.2017 (GZ. BMF-111112/0011-II/3/2017).

Bundesministerium für Finanzen: Budgetbericht 2017 der Bundesregierung gemäß § 42 BHG 2013, Wien 2016.

Bundesministerium für Finanzen: Paktum über den Finanzausgleich ab dem Jahr 2017. In: https://www.bmf.gv.at/budget/finanzbeziehungen-zu-laendern-und-gemeinden/Paktum_FAG_2017.pdf?5omwtq [Download: 28.12.2016].

Bundesministerium für Finanzen: Pressekonferenz 07.11.2016. In: https://www.bmf.gv.at [Download 10.11.2016].

Bundesministerium für Finanzen: Sonderauswertung zu Finanzzuweisungen gem. FAG 2017, Wien 2016.

Bundesministerium für Finanzen: Strategiebericht 2016.

Bundesministerium für Finanzen: Zahlungsströme zwischen den Gebietskörperschaften. Übersicht gemäß § 42 Abs. 4 Z 3 BHG 2013. Wien 2015, S. 21.

Bundesministerium für Gesundheit: Krankenanstalten in Zahlen. In: http://kaz.bmg.gv.at/startseite.html [Download 20.3.2017].

Bundesministerium für Land- und Forstwirtschaft, Umwelt und Wasserwirtschaft: Förderung kommunale Siedlungswasserwirtschaft, 2017. In: https://www.bmlfuw.gv.at/ wasser/wasser-oesterreich/foerderungen/trinkwasser_abwasser/ neueFRL.html [Download 30.3.2017].

Bundesministerium für Land- und Forstwirtschaft, Umwelt und Wasserwirtschaft: Förderungsrichtlinien für die kommunale Siedlungswasserwirtschaft 2016. Wien 2016.

Busek, Erhard (Hrsg.): Was haben wir falsch gemacht? Eine Generation nimmt Stellung. Wien 2010.

Bußjäger, Peter (Hrsg.): Kooperativer Föderalismus in Österreich: Beiträge zur Verflechtung von Bund und Ländern (=Schriftenreihe / Institut für Föderalismus, Bd. 111). Wien 2010.

Bußjäger, Peter; Keuschnigg, Georg; Radosavljevic, Marija: Der Bund und seine Dienststellen (=Föderalismusdokumente, Bd. 35). Innsbruck 2015.

Bußjäger, Peter; Lütgenau, Stefan August; Thöni, Erich: Föderalismus im 21. Jahrhundert: Effizienz und Verantwortung im modernen föderalistischen Staat (=Föderalismusdokumente, Bd. 34). Innsbruck 2012, S. 2.

Bußjäger, Peter; Sonntag, Niklas (Hrsg.): Gemeindekooperationen: Chancen nutzen – Potenziale erschließen (=Schriftenreihe/ Institut für Föderalismus, Bd. 115). Wien 2012.

Cameron, David; Simeon, Richard: Intergovernmental relations in Canada: The emergence of collaborative federalism. Publius, The Journal of Federalism 32(2), 2002, S. 49-72.

Charbit, Claire: Governance of public policies in decentralised contexts – the multilevel approach. In: Gutes Regieren – Konzepte, Realisierungen, Perspektiven (=Öffentliches Management und Finanzwirtschaft, Bd. 13), hrsg. von Helfried Bauer, Peter Biwald, Elisabeth Dearing, Wien, Graz 2011, S. 580-599.

Commission of the European Communities: European Governance – A White Paper. In: http://eur-lex.europa.eu/LexUriServ/site/en/com/2001/com2001_0428en01.pdf [Download: 20.12.2010].

Curtin University (AUS): Collaborative / Cooperative Federalism In: http://www.curtin.edu.au/research/jcipp/local/docs/Collaborative_ Federalism.pdf [Download 29.12.2016].

DeGEval (Gesellschaft für Evaluation e.V.) (Hrsg.): Standards für Evaluation. In: www.degeval.at/degeval-standards [Download: 02.03.2017].

Deutscher Bundestag: Bundestags-Drucksache 18/11131, 18/11135, 18/11185, 18/11186.

Donges, Jürgen B.; Eekhoff, Johann; Franz, Wolfgang; Möschel, Wernhard; Neumann, Manfred J.M.; Siever, Olaf: Gute Gemeindesteuern. Berlin 2003.

Döring, Thomas: Fiskalföderalismus, gesamtwirtschaftliche Entwicklung und grundlegender Reformbedarf des Finanzausgleichs in Österreich. In: Föderalismus und Wirtschaft (=Wirtschaftspolitische Blätter 2014/1), Wien 2014.

Eco Austria: Abgabenhoheit auf Länder- und Gemeindeebene. Endbericht, hrsg. von BMF, Wien 2015.

Eco Austria: Förderung strukturschwacher Gemeinden im Rahmen des Finanzausgleichs. Endbericht, hrsg. von BMF, Wien 2014.

ECORYS; CPB; IFO (Hrsg.): A Study on EU Spending. Final Report. Rotterdam 2008.

Ederer, Stefan: Österreich 2025 – Einkommensverteilung und privater Konsum in Österreich. In: WIFO-Monatsberichte 90(2017), 1, S. 67-81.

Eidgenössische Finanzverwaltung (EFD): NFA Faktenblatt 7, Lastenausgleich des Bundes. September 2004.

Ellwein, Thomas; Holtmann, Everhard (Hrsg.): 50 Jahre Bundesrepublik Deutschland (=Politische Vierteljahresschrift Sonderheft 30). Opladen 1999.

Esterbauer, Fried; Thöni, Erich: Föderalismus und Regionalismus in Theorie und Praxis: grundlegende Erwägungen zur österreichischen Föderalismusdiskussion aus politik- und finanzwissenschaftlicher Sicht. Wien 1981.

Europäische Kommission (Hrsg.): Europäisches Regieren – ein Weißbuch (= KOM(2001) 428), Brüssel 2001.

Europäische Kommission (Hrsg.): Europäisches System Volkswirtschaftlicher Gesamtrechnungen 2010. Luxemburg 2014.

Europäisches Zentrum für Föderalismus-Forschung Tübingen (Hrsg.): Finanzkrise, Staatsschulden und Föderalismus – Wege der Krisenbewältigung (=Occasional papers, Nr. 38). Tübingen 2011.

EVTZ/Europaregion. Tirol, Südtirol, Trentino. In: http://www.europaregion.info/de/evtz-europaregion.asp [Download 27.12.2016].

Fallend, Franz: Vom Konsens zum Konflikt? Treibende Kräfte, Entscheidungsmuster und aktuelle Entwicklungen der Bund-Länder-Beziehungen in Österreich. In: Kooperativer Föderalismus in Österreich: Beiträge zur Verflechtung von Bund und Ländern (=Schriftenreihe/ Institut für Föderalismus, Bd. 111), hrsg. von Peter Bußjäger, Wien 2010, S. 1-17.

Färber, Gisela (Hrsg.): Das föderative System in Deutschland. Hannover 2005.

Fedelino, Annalisa: Making Fiscal Decentralization Work: Cross-country Experiences (=Occasional Papers, No. 271). Washington D.C 2010.

Feld, Lars P.; Baskaran, Thushyyanthan: Das Scheizer Modell des fiskalischen Föderalismus – Lehren für die deutsche Reformdiskussion. In: Der Föderalstaat nach dem Berlin-Urteil, hrsg. von Kai A. Konrad; Beate Joachimsen, Frankfurt am Main 2007, S. 105-134.

Feld, Lars P.; Kirchgässner, Gerhard: Does Direct Democracy Reduce Public Debt? Evidence from Swiss Municipalities. In: Public Choice 109(2001), 3-4, S. 347-370.

Feld, Lars P.; Schnellenbach, Jan : Mehr Autonomie für die Bundesländer: Ansatzpunkte zu einer grundlegenden Reform der Bund-Länder-Finanzbeziehungen. In: ifo Schnelldienst, 67(2014), 1, S. 32-36.

Fiskalrat Austria: Information des Büros des Fiskalrates: Zusammenfassung des FISK-Workshops vom 24. März 2015: „Föderalismusreform in Österreich: Steuerautonomie als Kernelement?". In: https://www.fiskalrat.at/workshops/foederalismus-in-oesterreich.html [Download: 28.12.2016].

Fiskalrat Austria: Empfehlung des Fiskalrates zur Budgetpolitik und deren Finanzierung 2016. In: https://www.fiskalrat.at/Publikationen/empfehlungen-und-standpunkte.html [Download: 28.12.2016].

Fiskalrat Austria: Studien des Büros: Paktum Finanzausgleich 2017 bis 2021: Viele Änderungen ohne grundlegenden Regimewechsel. In: https://fiskalrat.at/Publikationen/Sonstige.html [Download: 28.12.2016].

Fiskalrat Austria: Haftungen der Gebietskörperschaften für Dritte: Inwieweit limitieren die neuen Obergrenzenbestimmungen deren Haftungsrisiko?, Mai 2013.

Fox, William F: United States of America. In: The Practice of Fiscal Federalism: Comparative Perspectives, hrsg. von Anwar Shah, Montreal, Kingston 2007, S. 344-369.

Franz, Wolfgang: Gute Gemeindesteuern (=Schriftenreihe/ Stiftung Marktwirtschaft - Frankfurter Institut, Kronberger Kreis, Bd. 40). Berlin 2003.

Frey, Bruno S.; Kirchgässner, Gebhard: Demokratische Wirtschaftspolitik. Theorie und Anwendung. 3. Aufl., München 2002.

Gamper, Anna: Die Regionen mit Gesetzgebungshoheit in Europa: eine rechtsvergleichende Untersuchung zu Föderalismus und Regionalismus in Europa. Frankfurt am Main, Wien u.a. 2004.

Gamper, Anna: Staat und Verfassung. Einführung in die Allgemeine Staatslehre. 2. Aufl., Wien 2010.

Geißler, René; Knüpling, Felix; Knopp, Sabine; Wieland, Joachim (Hrsg.): Das Teilen beherrschen. Analysen zur Reform des Finanzausgleichs 2019. Baden-Baden 2015.

Gerloff, Wilhelm; Meisel, Franz (Hrsg.): Handbuch der Finanzwissenschaft. 2. Bd., Tübingen 1927.

Gesundheit Österreich GmbH: Ergebnisbericht. Evaluierung der Kostenschätzungen für Pflege und Betreuung in den Bundesländern für den Zeitraum 2017-2021. Wien 2016.

Getzner, Michael; Bröthaler, Johann: Finanzwissenschaftliche Reflexion des FAG 2017, Vortrag zum Symposium FAG 2017: Nach der Reform ist vor der Reform? Tagung von KDZ, TU Wien und WIFO, Wien 2017.

Gotthard, Kerstin (Hrsg.): Kooperation und Koordination als Rechtsentwicklungstrends. Graz 2013.

Grohall, Günther; Gstrein, Michaela; Mateeva, Liliana; Schuh, Ulrich; Strohner, Ludwig; Yegorov, Yuri: Eine ökonomische Analyse der Werbeabgabe: Endbericht. Studie im Auftrag der Fachgruppe Werbung und Marktkommunikation, IHS, Wien 2007.

Gruber, Paul; Kaltenbrunner, Gerold; Pesendorfer, Eduard: WOV 2021 – Konzept, Erreichtes, Ausblick. In: Gutes Regieren – Konzepte, Realisierungen, Perspektiven (=Öffentliches Management und Finanzwirtschaft, Bd. 13), hrsg. Helfried Bauer, Peter Biwald, Elisabeth Dearing, Wien, Graz 2011, S. 183-194.

Hammerschmid, Gerhard; Grünwald, Alexander: Fokusstudie – Einführung der wirkungsorientierten Verwaltungssteuerung: Erfolge – Potentiale – Perspektiven. Wien 2014.

Handler, Heinz: Reformbereiche des Gemeinde-Finanzausgleichs. In: Finanzausgleich 2008: Ein Handbuch – mit Kommentar zum FAG 2008 (=Öffentliches Management und Finanzwirtschaft, Bd. 8), hrsg. von Helfried Bauer, Wien, Graz 2008, S. 429-443.

Haslauer, Wilfried: Föderalismus statt Entfremdung! Rede vor dem Bundesrat. In: Wilfried Haslauer zum Sechziger: 3. Mai 2016 (=Veröffentlichungen der Dr. Hans Lechner-Forschungsgesellschaft, Bd. 18), hrsg. von Michael Neureiter, Salzburg 2016, S. 72-79.

Häupl, Michael: Städte brauchen mehr Autonomie. Vorwort. In: Österreichische-Gemeindezeitung (ÖGZ) 2014, 10, S. 3.

Heiter, Alfred; Hödl, Philipp; Oliver, Michael; Raab, Stefan: Föderalismus & Finanzausgleich, Effizientere Aufgabenerfüllung jetzt starten. Wien 2015. In: https://www.iv-net.at//media/filer_public/2e/0f/2e0f6d09-7baf-4a95-9165-e7b9fe490b00/file_680.pdf [Download: 10.03.2017].

Hesse , Konrad: Der unitarische Bundesstaat. Karlsruhe 1962.

Hochman, Harold M.; Rodgers, James D.: Pareto Optimal Redistribution. In: American Economic Review 59(1969), 4, S. 542-557.

Holtmann, Everhard (Hrsg.): Zwischen Wettbewerbs- und Verhandlungsdemokratie. Wiesbaden 2000.

Hömig, Dieter: Grundgesetz für die Bundesrepublik Deutschland. Baden-Baden 2010.

Hüttner, Bertram; Griebler, Dietmar: Kommentar zum FAG 2005. In: Finanzausgleich 2005. Ein Handbuch – mit Kommentar zum FAG 2005 (=Öffentliches Management und Finanzwirtschaft, Bd. 1), hrsg. von KDZ in Zusammenarbeit mit dem Österreichischen Städtebund, Wien, Graz 2005, S. 32ff.

Hüttner, Bertram; Griebler, Dietmar; Huemer, Ulrike: Das Finanzausgleichsgesetz 2008 – Gesetzestext mit Kommentar. In: Finanzausgleich 2008: Ein Handbuch – mit Kommentar zum FAG 2008 (=Öffentliches Management und Finanzwirtschaft, Bd. 8), hrsg. von Helfried Bauer, Wien, Graz 2008, S. 89-212.

Jacobs, Michael; Mazzucato, Mariana (Hrsg.): Rethinking Capitalism – Economics and Policy for sustainable and inclusive growth. Chichester, West Sussex 2016.

Junghun, Kim (Hrsg.): Measuring Fiscal Decentralisation: concepts and policies (=OECD fiscal federalism studies). OECD Publishing, 2013.

Junkernheinrich, Martin: Vorwort der Herausgeber. In: Verhandlungen zum Finanzausgleich, Jahrbuch für öffentliche Finanzen 1-2016 (Schriften zur öffentlichen Verwaltung und öffentlichen Wirtschaft, Bd. 233), hrsg. von Martin Junkernheinrich, Stefan Korith, Thomas Lenk, Henrik Scheller, Berlin 2016, S. 9.

Junkernheinrich, Martin (Hrsg.): Jahrbuch der öffentlichen Finanzen 2015 (=Schriften zur öffentlichen Verwaltung und öffentlichen Wirtschaft, Bd. 232). Berlin 2015.

Junkernheinrich, Martin (Hrsg.): Jahrbuch der öffentlichen Finanzen 2013 (=Schriften zur öffentlichen Verwaltung und öffentlichen Wirtschaft, Bd. 228), Berlin 2013.

Junkernheinrich, Martin: Reform des Gemeindefinanzsystems: Mission Impossible?. In: Vierteljahreshefte zur Wirtschaftsforschung, 72(2003), 3, S. 423-443.

Junkernheinrich, Martin; Korioth, Stefan; Lenk, Thomas; Scheller, Henrik (Hrsg.): Verhandlungen zum Finanzausgleich, Jahrbuch für öffentliche Finanzen 1-2016 (=Schriften zur öffentlichen Verwaltung und öffentlichen Wirtschaft, Bd. 233). Berlin 2016.

Kahl, Arno (Hrsg.): Offen in eine gemeinsame Zukunft – Festschrift 50 Jahre Gemeindeverfassungsnovelle. Wien 2012.

Karlhofer, Ferdinand: Finanzausgleich und Bundesstaatsreform. Akteure – Interessen – Handlungslogik. In: Koordinierung der Finanzpolitik im Bundesstaat, Stabilität – Finanzausgleich – Verschuldungsgrenze (=Öffentliches Management und Finanzwirtschaft, Bd. 14), hrsg. von Peter Biwald, Peter Bußjäger, Hans Pitlik, Margit Schratzenstaller, Wien, Graz 2011, S. 100-113.

Karlhofer, Ferdinand; Pallaver, Günther (Hrsg.): Politik in Tirol – Jahrbuch 2013. Wien Bozen 2013.

KDZ in Zusammenarbeit mit dem Österreichischen Städtebund (Hrsg.): Finanzausgleich 2005: Ein Handbuch – mit Kommentar zum FAG 2005 (=Öffentliches Management und Finanzwirtschaft, Bd. 1). Wien, Graz 2005.

KDZ (Hrsg.): Offener Haushalt – Plattform Gemeindefinanzen 2001 bis 2017. In: https://www.offenerhaushalt.at [Download: 15.03.2017].

Keuschnigg, Christian; Loretz, Simon: Finanzautonomie der Bundesländer. Eine Finanzpolitik näher am Bürger. WPZ-Studie, St. Gallen. 2015.

Keuschnigg, Christian; Loretz, Simon: Finanzautonomie der Bundesländer. Ein Kurzbericht. In: WPZ Politikanalyse 2005, 5.

Kirchgässner, Gebhard: Homo oeconomicus: Das ökonomische Modell individuellen Verhaltens und seine Anwendung in den Wirtschafts- und Sozialwissenschaften (=Einheit der Gesellschaftswissenschaften, Bd. 74). 4. Aufl., Tübingen 2013.

Kirsch, Guy (Hrsg.): Föderalismus. Stuttgart, New York 1977.

Klingen, Karin; Renzsch, Wolfgang: Finanzausgleich vor einer Neuregelung? Vorschlag der Ministerpräsidenten zu Lasten des Bundes. In: Verhandlungen zum Finanzausgleich, Jahrbuch für öffentliche Finanzen 1-2016 (=Schriften zur öffentlichen Verwaltung und öffentlichen Wirtschaft, Bd. 233), hrsg. von Martin Junkernheinrich, Stefan Korith, Thomas Lenk, Henrik Scheller, Berlin 2016, S. 147-156.

Knoll, Bodo: Minimalstaat, Tübingen 2008.

Kolm, Serge-Christophe; Ythier, Jean Mercier (Hrsg.): Handbook of the Economics of Giving, Altruism and Reciprocity. 2 Bde., Amsterdam 2006.

Kommission für die Finanzreform (Hrsg.): Gutachten über die Finanzreform in der Bundesrepublik Deutschland. Stuttgart u.a. 1966.

Kommunalkredit: Gemeindefinanzbericht 2016. Wien 2016.

Konrad, Kai A.; Joachims, Beate (Hrsg.): Der Föderalstaat nach dem Berlin-Urteil. Frankfurt am Main 2007.

Korioth, Stefan: Der Finanzausgleich zwischen Bund und Ländern (=Jus publicum, 23). Tübingen 1997, S. 92ff.

Kramer, Helmut: Ökonomische Aspekte der Bundesstaatsreform. Wien 2004.

Kronberger, Ralf: Eine vorläufige Bewertung des Finanzausgleichs 2008 bis 2013 – die Sicht der gewerblichen Wirtschaft. In: Finanzausgleich 2008: Ein Handbuch – mit Kommentar zum FAG 2008 (=Öffentliches Management und Finanzwirtschaft, Bd. 8), hrsg. von Helfried Bauer, Wien, Graz 2008, S. 280-286.

Kuhn, Thomas: The Structure of Scientific Revolutions. 1. Aufl., Chicago 1962.

Land Niederösterreich: Gemeindeförderungsbericht 2015. LAD1-SE-3072/018-2016. In: www.landtag-noe.at

Land Oberösterreich: Information zur Pressekonferenz mit Landesrat Max Hiegelsberger, Landesrätin Birgit Gerstorfer, Landesrat Elmar Podgorschek am 16.02.2017 zum Thema Gemeindefinanzierung neu – Autonomie und Transparenz für unsere Gemeinden. Landeskorrespondenz Medien Info, 2017.

Land Salzburg: Richtlinien zur Abwicklung der Förderungen aus dem Gemeindeausgleichsfonds. 2014.

Land Steiermark: Verwaltungsreform – Wirkungscontrolling im Rahmen der Haushaltsreform, Graz, März 2014.

Lehner, Gerhard: Aufgabenorientierter Finanzausgleich. WIFO-Studie, Wien 2003.

Lehner, Gerhard: Finanzausgleich als Instrument der Budgetpolitik. In: WIFO-Monatsberichte 74(2001), 8, S. 497-511.

Lenk, Thomas; Glinka, Philipp; Rottmann, Oliver: Schwarz, Rot, Geld. Neuer bundesstaatlicher Finanzausgleich ab 2020. Analyse des Kompetenzzentrums Öffentliche Wirtschaft, Infrastruktur und Daseinsvorsorge an der Universität Leipzig. hrsg. KPMG AG, Berlin 2017.

Liessmann, Konrad Paul (Hrsg.): Der Staat: Wie viel Herrschaft braucht der Mensch? (=Philosophicum Lech; 14). Wien 2011.

Liessmann, Konrad Paul: Der Staat – Wie viel Herrschaft braucht der Mensch? In: Der Staat: Wie viel Herrschaft braucht der Mensch? (=Philosophicum Lech; 14), hrsg. Konrad Paul Liessmann, Wien 2011, S. 7-25.

Lopatka, Andreas: Kooperation in der Verwaltung: Effizienzsteigerung oder Beschäftigungstherapie? In: Kooperation und Koordination als Rechtsentwicklungstrends, hrsg. von Kerstin Gotthard, Graz 2013, S. 239-254.

Lütgenau, Stefan August (Hrsg.): Die Zukunft des österreichischen Bundesstaates in Europa. Perspektiven und Positionen (=Foster Europe - working papers, Bd. 1). Innsbruck, Wien 2011.

Luthi, Eva; Schmidheiny, Kurt: The Effect of Agglomeration Size on Local Taxes. In: Journal of Economic Geography, 14(2014), 2, S. 265-287.

Mashaw, Jerry. L.; Marmor, Theodore R.: The Case for Federalism and Health Care Reform. In: Yale Law School Faculty Scholarship Series, Paper 1188, Yale 1995.

Matzinger, Anton: Österreichs Fiskalföderalismus und der Finanzausgleich. IFIP-Jahrestagung 2015, 7. Mai 2015 Technische Universität Wien. In: http://www.ifip.tuwien.ac.at/veranstaltungen/jahrestagung_2015_unterlagen/ [Download: 26.01.2017].

Matzinger, Anton: Kommentar zu den Beiträgen. In: Koordinierung der Finanzpolitik im Bundesstaat, Stabilität – Finanzausgleich – Verschuldungsgrenze (= Öffentliches Management und Finanzwirtschaft, Bd. 14), hrsg. von Peter Biwald, Peter Bußjäger, Hans Pitlik, Margit Schratzenstaller, Wien, Graz 2011, S. 132-136.

Matzner, Egon (Hrsg.): Öffentliche Aufgaben und Finanzausgleich, Wien 1977.

Matzner, Egon: Überlegungen zur Reform des Finanzausgleiches. Manuskript, Wien 1971.

Mitterer, Karoline: Finanzausgleich 2017: Eine Sammlung der wichtigsten Neuerungen für Gemeinden. In: Forum Public Management 2016, 2, S. 7-9.

Mitterer, Karoline; Biwald, Peter; Haindl, Anita: Fact Sheets zum Finanzausgleich. Die Elemente des Finanzausgleichs. Wien 2017.

Mitterer, Karoline; Biwald, Peter; Haindl, Anita: Länder-Gemeinde-Transferverflechtungen; Status und Reformoptionen der Transferbeziehungen zwischen Ländern und Gemeinden. KDZ-Studie, Wien 2016.

Mitterer, Karoline; Bröthaler, Johann; Getzner, Michael; Kramar, Hans: Zur Berücksichtigung regionaler Versorgungsfunktionen von Gemeinden in einem aufgabenorientierten Finanzausgleich Österreichs. In: Das öffentliche Haushaltswesen, 58(2016), 4, S. 45-65.

Mitterer, Karoline; Haindl, Anita: Aufgabenorientierter Finanzausgleich am Beispiel der Elementarbildung; Modellentwürfe einer aufgabenorientierten Mittelverteilung für die vorschulische Kinderbetreuung. KDZ-Studie, Wien 2015.

Mitterer, Karoline; Haindl, Anita: Gemeinderelevante Aspekte im Finanzausgleichsgesetz. Kritische Betrachtung der Unterverteilung der Gemeindeertragsanteile sowie Finanzzuweisungen/Zuschüsse. KDZ-Studie, Wien 2014.

Mitterer, Karoline; Haindl, Anita; Hochholdinger, Nikola; Biwald, Peter: Österreichische Gemeindefinanzen 2017 – Entwicklungen 2006 bis 2020 (=Stadtdialog – Schriftenreihe des Österreichischen Städtebundes, Februar 2017), hrsg. von Österreichischer Städtebund, Wien 2017.

Mitterer, Karoline; Haindl, Anita; Hochholdinger, Nikola; Bröthaler, Johann; Getzner, Michael; Kramar, Hans; Strohmayer, Florian: Bestimmung der regionalen Versorgungsfunktion von Gemeinden. Projektendbericht, hrsg. von TU Wien, KDZ, Wien 2016.

Mitterer, Karoline; Haindl, Anita; Hödl, Clemens: Mehrbelastungen der Städte im Grauen Finanzausgleich. Veränderungen im Finanzausgleichssystem, Mehrausgaben aufgrund von Aufgabenübertragungen. KDZ-Studie, Wien 2015.

Mitterer, Karoline; Haindl, Anita; Hödl, Clemens: Aufgabenerfordernisse der Gemeinden und Mittelverteilung im Gemeinde-Finanzausgleich. Österreichischer Städtetag 2014. KDZ-Studie, Wien 2014.

Mueller, Dennis C.: Public Choice III. Cambridge 2003.

Münch, Ursula: Rolle und Zukunft des Föderalismus in Österreich. Ifö, Föderalismus-Blog. In: http://www.foederalismus.at/blog/rolle-und-zukunft-des-foederalismus-in-Oesterreich [Download 21.06.2016].

Münkler, Herfried: Die Territorialisierung des Politischen. In: Der Staat: Wie viel Herrschaft braucht der Mensch? (=Philosophicum Lech; 14), hrsg. von Konrad Paul Liessmann, Wien 2011, S. 50-68.

Neisser, Heinrich: Perspektiven der österreichischen Bundesstaatsreform. In: Die Zukunft des österreichischen Bundesstaates in Europa. Perspektiven und Positionen (=Foster Europe - working papers, Bd. 1), hrsg. von Stefan August Lütgenau, Innsbruck, u.a. 2011, S. 28-36.

Neisser, Heinrich: Föderalismus in Österreich – Illusion und Wirklichkeit. In: Was haben wir falsch gemacht?, hrsg. von Erhard Busek, Wien 2010, S. 85-94.

Neureiter, Michael (Hrsg.): Wilfried Haslauer zum Sechziger: 3. Mai 2016 (=Veröffentlichungen der Dr. Hans Lechner-Forschungsgesellschaft, Bd. 18). Salzburg 2016.

Nohlen, Dieter; Schultze, Rainer-Olaf (Hrsg.): Lexikon der Politikwissenschaft. Band 1, München 2002.

Nohlen, Dieter; Schultze, Rainer-Olaf: Politikwissenschaft. München 1992.

Nowotny, Ewald; Zagler, Martin: Der öffentliche Sektor: Einführung in die Finanzwissenschaft. 5. Aufl., Berlin, Heidelberg 2009.

Oates, Wallace E.: Fiscal Federalism. New York u.a. 1972.

Oates, Wallace E.: Toward a Second-Generation Theory of Fiscal Federalism. In: International Tax and Public Finance 2005, 13, S. 349-373.

Oberösterreichischer Landesrechnungshof: Bericht über die Initiativprüfung Hochwasserhilfe 2013. Linz 2016.

Oberösterreichischer Landesrechnungshof: Bericht über die Sonderprüfung Direktion Inneres und Kommunales, Gemeindeaufsicht und Bedarfszuweisungen 2012. Linz 2012.

Oberösterreichischer Landesrechnungshof: Bericht über die Initiativprüfung Hochwasserhilfe des Landes OÖ. Linz 2010.

Oberösterreichischer Landesrechnungshof: Bericht über die Initiativprüfung der Gemeindeabteilung 2006. Linz 2006.

OECD (Hrsg.): Regions at a Glance 2016. OECD Publishing, Paris 2016.

OECD (Hrsg.): Economic Surveys, Austria 2015. Paris 2015.

OECD (Hrsg.): Recommendation of the Council on Effective Public Investment Across Levels of Government. 2014.

OECD (Hrsg.): OECD Public Governance Reviews – Finland: Working Together to Sustain Success. Paris 2010.

OECD (Hrsg.): Regional well-being Database. In: www.oecdregionalwellbeing.org [Download 04.12.2016].

OECD (Hrsg.): Taxing Powers of State and Local Governments (=OECD tax policy studies, Bd. 1). Paris 1999.

Oeter, Stefan: Integration und Subsidiarität im deutschen Bundesstaatsrecht: Untersuchungen zu Bundesstaatstheorie unter dem Grundgesetz (=Jus publicum, 33). Tübingen 1998, S. 266f.

Olson, Mancur jr: The Principle of „Fiscal Equivalence": The Division of Responsibilities among Different Levels of Government. In: American Economic Review 59(1969), 2, S. 479-487.

ÖROK (Hrsg.): Österreichisches Raumentwicklungskonzept, 2011. In: http://www.oerok.gv.at/raum-region/oesterreichisches-raumentwicklungskonzept/oerek-2011.html [Download: 21.02.2017].

Österreichischer Gemeindebund: Resolution des 61. Gemeindetages in Oberwart. In: http://gemeindebund.at/images/uploads/downloads/2014/Resolution/ [Download 10.11.2016].

Österreichischer Gemeindebund, Österreichischer Städtebund [in Zusammenarbeit mit dem Österreichischen Sparkassenverband und dem KDZ] (Hrsg.): Finanzausgleich 2001: Das Handbuch für die Praxis. Wien 2001.

Österreichischer Städtebund: Resolution einstimmig beschlossen. In: Österreichischer Gemeinde-Zeitung (ÖGZ) 2014, 7-8, S. 23-25.

Österreich-Konvent (Hrsg.): Bericht des Österreich-Konvents (31.01.2005). In: http://www.konvent.gv.at [Download: 24.11.2016].

Österreich-Konvent (Hrsg.): Beratungen über den Bericht des Ausschusses 5 des Österreich-Konvent, 10. Sitzung v. 29.3.2004 (Tonbandabschrift).

Parlamentsdirektion: Parlamentskorrespondenz Nr. 234 (08.04.2005).

Pelinka, Anton: Föderalismus für das 21. Jahrhundert – Perspektiven der Weiterentwicklung. In: Baustelle Bundesstaat, hrsg. von Friedrich M. Steger, Wien 2007, S. 119-153.

Pernthaler, Peter: Österreichisches Bundesstaatsrecht: Lehr- und Handbuch. Wien 2004.

Pernthaler, Peter: Föderalismus – Bundesstaat – Europäische Union – 25 Grundsätze (=Schriftenreihe Politische Bildung, 1). Wien 2000.

Pernthaler, Peter: Kompetenzverteilung in der Krise (=Schriftenreihe des Instituts für Föderalismusforschung, 46). Wien 1989.

Pitlik, Hans: Theoretische Eckpunkte einer grundlegenden Reform des aktiven Finanzausgleichs. In: Finanzausgleich 2008: Ein Handbuch – mit Kommentar zum FAG 2008 (=Öffentliches Management und Finanzwirtschaft, Bd. 8), hrsg. von Helfried Bauer, Wien, Graz 2008, S. 411-428.

Pitlik, Hans; Klien, Michael; Schratzenstaller, Margit: Steuerautonomie der österreichischen Bundesländer. Editorial. In: WIFO-Monatsberichte 89(2016), 6, S. 409-410.

Pitlik, Hans; Klien, Michael; Schratzenstaller, Margit: Umfassende Steuerhoheit der österreichischen Bundesländer. WIFO-Studie, Wien 2015.

Pitlik, Hans; Schratzenstaller, Margit; Bauer, Helfried; Biwald, Peter; Haindl, Anita: Optionen zur Stärkung der Abgabenautonomie der österreichischen Gemeinden, Projektendbericht, hrsg. von WIFO, KDZ, Wien 2012.

Pitlik, Hans; Wirth, Klaus; Lehner, Barbara: Gemeindestruktur und Gemeindekooperation. Studie von WIFO und KDZ, Wien 2010.

Pius, XI., Papst: Enzyklika Quadragesimo anno. 1931.

Platzgummer, Christoph: Die Balanced Scorecard im Stadtmagistrat Innsbruck. In: Public Governance – Öffentliche Aufgaben gemeinsam erfüllen und effektiv steuern (=Öffentliches Management und Finanzwirtschaft, Bd. 2), hrsg. von Helfried Bauer, Peter Biwald, Elisabeth Dearing, Wien, Graz 2005, S. 194-205.

Popitz, Johannes: Der Finanzausgleich. In: Handbuch der Finanzwissenschaft, 2. Bd., hrsg. von Wilhelm Gerloff, Franz Meisel, Tübingen 1927, S. 338-375, 348.

Promberger, Kurt; Mayr, Christian; Ohnewas, Yvonne: Aufgabenorientierter Finanzausgleich. Analyse der Gemeindefinanzen 1990 bis 2014 auf Grundlage der gleichnamigen WIFO-Studie. (=RFG-Schriftenreihe 4), Wien 2016.

Promberger, Kurt; Mayr, Christian; Ohnewas, Yvonne: Analyse der Gemeindefinanzen vor dem Hintergrund eines aufgabenorientierten Finanzausgleichs. (=RFG-Schriftenreihe 3), Wien 2015.

Puchner, Oliver; Weninger, Thomas: Der Finanzausgleich 2008 aus Sicht der Städte. In: Finanzausgleich 2008: Ein Handbuch – mit Kommentar zum FAG 2008 (=Öffentliches Management und Finanzwirtschaft, Bd. 8), hrsg. von Helfried Bauer, Wien, Graz 2008, S. 263-279.

PwC (Hrsg.): Paying Taxes 2017. In: http://www.pwc.com/gx/en/services/tax/paying-taxes-2017.html [Download: 26.01.2017].

Rechnungshof: Der abgestufte Bevölkerungsschlüssel im Finanzausgleich. Reihe Bund 2016/4; Reihe Oberösterreich 2016/2, Wien 2016.

Rechnungshof: Kinderbetreuung für 0- bis 6-Jährige; Follow-up-Überprüfung. Reihe Bund 2016/4, Wien 2016.

Rechnungshof: Zahlungsströme zwischen den Gebietskörperschaften mit dem Schwerpunkt Bedarfszuweisungen in den Ländern Niederösterreich und Steiermark. Reihe Bund 2016/4; Reihe Niederösterreich 2016/2, Wien 2016.

Rechnungshof: Instrumente zur finanziellen Steuerung der Krankenversicherung. Reihe Bund 2016/3, Wien 2016.

Rechnungshof: Positionen für eine nachhaltige Entwicklung Österreichs. Reihe Bund 2016/2, Wien 2016.

Rechnungshof: Verländerung der Bundesstraßen. Reihe Bund 2014/3, Wien 2014.

Rechnungshof: Kinderbetreuung für 0- bis 6-Jährige. Reihe Bund 2013/11, Wien 2013.

Rechnungshof: Kanalsanierung in Gemeinden und Gemeindeverbänden der Länder Kärnten, Oberösterreich und Salzburg. Reihe Bund 2013/8, Wien 2013.

Rechnungshof: Zahlungsflüsse zwischen Ländern und Gemeinden am Beispiel der Sozialhilfe im engeren Sinn in Niederösterreich und Oberösterreich. Reihe Niederösterreich 2011/4; Reihe Oberösterreich 2011/2, Wien 2011.

Rechnungshof: Die Tätigkeit des Rechnungshofes. Reihe Bund 2008/13, Wien 2008.

Rechnungshof: Kinderbetreuung. Reihe Niederösterreich 2008/7, Wien 2008.

Rechnungshof: Die Tätigkeit des Rechnungshofes. Reihe Bund 2007/16, Wien 2007.

Rechnungshof: Die Tätigkeit des Rechnungshofes. Reihe Bund 2006/12, Wien 2006.

Reissert, Bernd: Föderalismus. In: Politikwissenschaft, hrsg. Dieter Nohlen, Rainer-Olaf Schultze, München 1992, S. 238-244.

Renzsch, Wolfgang: 1919 – 1969 – 2019? Zu den „langen Linien" der bundesstaatlichen Finanzbeziehungen in Deutschland. In: Das Teilen beherrschen. Analysen zur Reform des Finanzausgleichs 2019, hrsg. von René Geißler, Felix Knüpling, Sabien Knopp, Joachim Wiland, Baden-Baden 2015, S. 49-72.

Renzsch, Wolfgang: Bundesstaatlicher Finanzausgleich: Fiskalischer Föderalismus oder funktionale Aufgabenteilung des Grundgesetzes? In: Jahrbuch der öffentlichen Finanzen 2015 (= Schriften zur öffentlichen Verwaltung und öffentlichen Wirtschaft, 232), hrsg. von Martin Junkernheinrich, Berlin 2015, S. 353-368.

Renzsch, Wolfgang: Bundesstaat oder Parteienstaat: Überlegungen zu Entscheidungsprozessen im Spannungsfeld von föderaler Konsensbildung und parlamentarischem Wettbewerb in Deutschland. In: Zwischen Wettbewerbs- und Verhandlungsdemokratie, hrsg. von Everhard Holtmann, Helmut Voelzkow, Wiesbaden 2000, S. 53-78.

Renzsch, Wolfgang: Aufgabenschwerpunkte und -verschiebungen im Bund. In: 50 Jahre Bundesrepublik Deutschland (=Politische Vierteljahresschrift Sonderheft 30), hrsg. von Thomas Ellwein und Everhard Holtmann, Opladen 1999, S. 363-384, 374ff.

Renzsch, Wolfgang: Finanzverfassung und Finanzausgleich. Die Auseinandersetzungen um ihre politische Gestaltung in der Bundesrepublik Deutschland zwischen Währungsreform und deutscher Vereinigung (1948 bis 1990). Bonn 1991.

Rossmann, Bruno: Der Finanzausgleich braucht einen Paradigmenwechsel – Stärkere Zielorientierung erforderlich. In: Finanzausgleich 2008: Ein Handbuch – mit Kommentar zum FAG 2008 (=Öffentliches Management und Finanzwirtschaft, Bd. 8), hrsg. von Helfried Bauer, Wien, Graz 2008, S. 307-322.

Rossmann, Bruno (Hrsg.): Finanzausgleich – Herausforderungen und Reformperspektiven. Wien 2002.

Rossmann, Bruno: Finanzierung der Investitionen in der Siedlungswasserwirtschaft. In: Finanzausgleich 2001: das Handbuch für die Praxis, hrsg. von Österreichischer Gemeindebund, Österreichischer Städtebund in Zusammenarbeit mit dem Österreichischen Sparkassenverband und dem KDZ (Hrsg.), Wien 2001.

Ruppe, Hans Georg: Neuordnung der bundesstaatlichen Kompetenzverteilung, Gutachten. Teilbereich Finanzverfassung. In: Neuordnung der Kompetenzverteilung in Österreich. Grundlagen und Ergebnisse der Arbeitsgruppe für Fragen der Neuordnung der Kompetenzverteilung (Strukturreformkommission), hrsg. von Bundeskanzleramt-Verfassungsdienst, Wien 1991, S. 289-392.

Ruppe, Hans Georg: Finanzverfassung im Bundesstaat (=Schriftenreihe / Institut für Angewandte Sozial- und Wirtschaftsforschung, 28). Wien 1977.

Saez, Emmanuel; Slemrod, Joel B.; Giertz, Seth H.: The Elasticity of Taxable Income with Respect to Marginal Tax Rates: A Critical Review. In: Journal of Economic Literature, 50(2012), 1, S. 3-50.

Salmon, Pierre: Horizontal competition among governments. In: Handbook of Fiscal Federalism, hrsg. von Ehtisham Ahmad, Giorgio Brosio, Cheltenham 2006, S. 61-85.

Schaltegger, Christoph; Weder, Martin: Finanzausgleichsreform in der Schweiz aus Prozesssicht. In: Koordinierung der Finanzpolitik im Bundesstaat, Stabilität – Finanzausgleich – Verschuldungsgrenze (=Öffentliches Management und Finanzwirtschaft, Bd. 14), hrsg. von Peter Biwald, Peter Bußjäger, Hans Pitlik, Margit Schratzenstaller, Wien, Graz 2011, S. 75-99.

Scharpf, Fritz W.; Reissert, Bernd; Schnabel, Fritz: Politikverflechtung: Theorie und Empirie des kooperativen Föderalismus in der Bundesrepublik. Königstein im Taunus 1976.

Schedler, Kuno; Proeller, Isabella: New Public Management. 4. Aufl., Bern, Stuttgart, Wien 2009.

Schmidt-Trenz, Hans-Jörg; Fonger, Matthias: Bürgerföderalismus: zukunftsfähige Maßstäbe für den bundesdeutschen Finanzausgleich; Ergebnisse eines von den Handelskammern Hamburg und Bremen veranstalteten Symposiums. Baden-Baden 2000.

Schnappauf, Dieter: Kommentar zu Art. 72 GG. In: Grundgesetz für die Bundesrepublik Deutschland, hrsg. von Dieter Hömig, Baden-Baden 2010, S. 433.

Schneider, Hans-Peter: Finanzautonomie von föderalen Gliedstaaten und Kommunen. Ein internationaler Vergleich. Gütersloh 2006.

Schönbäck, Wilfried (Hrsg.): Sozioökonomie als multidisziplinärer Forschungsansatz. Wien, New York 2008.

Schönbäck, Wilfried; Bauer, Helfried; Bröthaler, Johann; Sieber, Lena; Ninaus, Alexander: Die Gemeinden im Netz der intragovernmentalen Transferbeziehungen. Studie von IFIP, TU, KDZ, Wien 2004.

Schönbäck, Wilfried; Bröthaler, Johann: Zur horizontalen Verteilungsgerechtigkeit im kommunalen Finanzausgleich Österreichs. In: RFG 3(2005), 1, S. 4-13.

Schönbäck, Wilfried; Fröschl, Lena; Gutheil, Gerlinde; Bröthaler, Johann; Schratzenstaller, Margit; Klezan, D.: Nachhaltigkeit des österreichischen Finanzausgleichs – Status quo und Optionen. Studie IFIP, TU WIFO, Wien 2005.

Schratzenstaller, Margit: Technik und Kriterien für eine Stärkung der Steuerautonomie der österreichischen Bundesländer. In: WIFO-Monatsberichte, 89(2016), 6, S. 411-422.

Schratzenstaller, Margit: Der neue Finanzausgleich 2008 bis 2013: Grundsätzliche Reformen wieder verschoben. In: WIFO-Monatsberichte 81(2008), 1, S. 35-42.

Schratzenstaller, Margit: Der neue Finanzausgleich 2008 bis 2013: Grundsätzliche Reform wieder verschoben. In: Finanzausgleich 2008: Ein Handbuch – mit Kommentar zum FAG 2008 (=Öffentliches Management und Finanzwirtschaft, Bd. 8), hrsg. von Helfried Bauer, Wien, Graz 2008, S. 296-304.

Schratzenstaller, Margit: Neuer Finanzausgleich und Stabilitätspakt – keine grundlegenden Änderungen. In: WIFO-Monatsberichte 75(2005), 1, S. 49-60.

Schüchner, Vucko; Schnell, Philipp: Schulen gerecht finanzieren: AK Chancen-Index Modell. hrsg. von Kammer für Arbeiter und Angestellte für Wien. In: https://wien.arbeiterkammer.at/service/studien/Bildung [Download: 19.01.2017].

Schulte, Hubert: Anreize im bundesstaatlichen Finanzsystem – Wirklich ein Schlüsselthema für die Neuordnung ab 2010? In: Jahrbuch der öffentlichen Finanzen 2013 (=Schriften zur öffentlichen Verwaltung und öffentlichen Wirtschaft, 228), hrsg. von Martin Junkernheinrich, 2013, S. 387-403.

Schultze, Rainer-Olaf: Föderalismus, Stichwort. In: Lexikon der Politikwissenschaft, Band 1, hrsg. von Dieter Nohlen, Rainer-Olaf Schultze, München 2002, S. 252-253.

Schweitzer, Tobias: Der Finanzausgleich 2008 aus Sicht der Arbeitnehmerinnen und Arbeitnehmer. In: Finanzausgleich 2008: Ein Handbuch – mit Kommentar zum FAG 2008 (=Öffentliches Management, Bd. 8), hrsg. von Helfried Bauer, Wien, Graz 2008, S. 287-295.

Schweizerische Eidgenossenschaft: Wirksamkeitsbericht 2012–2015 des Finanzausgleichs zwischen Bund und Kantonen 2014, März 2014.

Seyfried, Karl (Hrsg.): Interne Revision und Aufgabenkritik: Entbehrliches versus Unentbehrliches. Wien 2014.

Shah, Anwar (Hrsg.): The Practice of Fiscal Federalism: Comparative Perspectives. Montreal, Kingston 2007.

Sinn, Hans-Werner: The New Systems Competition. Oxford 2003.

Smekal, Christian; Thöni, Erich: Österreichs Föderalismus zu teuer? (=Föderalismus-Dokumente, 8), Innsbruck 2000.

Spahn, Paul Bernd: Contract federalism. In: Handbook of Fiscal Federalism, hrsg. von Ehtisham Ahmad, Giorgio Brosio, Cheltenham 2006, S. 182-197.

Stahl, Dieter: Aufgabenverteilung zwischen Bund und Ländern. Marburg 2000.

Statistik Austria: Gebarungsübersichten 2015. Wien 2016.

Statistik Austria: Kindertagesheimstatistik 2014. Wien 2015.

Statistik Austria: Statistik der Kraftfahrzeuge, Bestand am 31. 12. 2014. Wien 2015.

Statistik Austria: Mikrozensus 2013. Wien 2015.

Statistik Austria: Gebarungsübersichten 2013. Wien 2014.

Statistik Austria: Statistik der Körperschaftsteuer 2010. Wien 2014.

Statistik Austria: Gemeindefinanzdaten 1999-2015. Wien 1999 bis 2015.

Steger, Friedrich M. (Hrsg.): Baustelle Bundesstaat. Wien 2007.

Stigler, George J.; Becker, Gary S.: De Gustibus Non Est Disputandum. In: American Economic Review 67(1977), 2, S. 76-90.

Strohner, Ludwig; Berger, Johannes; Graf, Nikolaus; Schuh, Ulrich: Abgabenhoheit auf Länder- und Gemeindeebene. Studie der EcoAustria, Wien 2015.

Strohner, Ludwig; Schuh, Ulrich: Reform des fiskalischen Ausgleichs in Österreich: Stärkere Bezugnahme auf die Aufgaben von Ländern und Gemeinden. In: WIFO-Monatsberichte 85(2012), 12, S. 931-941.

Sturm, Roland: Föderalismus. Eine Einführung. 2. Aufl., Baden-Baden 2010.

Sturmlechner, Christian: Überlegungen für Vereinfachungen im Finanzausgleich. In: RFG 12(2014), 4, S. 13-17.

Sutter, Franz Philipp: Mehr Abgabenautonomie für Länder und Gemeinden? Aktuelle Fragen des öffentlichen Rechts im Jahr 2009. In: Öffentliches Recht – Jahrbuch 2010, hrsg. von Gerhard Baumgartner, Wien 2010, 145ff.

Thöne, Michael: Regionalisierung von Steuern. Eine vbw Studie, Köln 2014.

Thöni, Erich: Gemeindezusammenlegungen und Gemeindekooperationen aus (polit-) ökonomischer Sicht. In: Politik in Tirol – Jahrbuch 2013, hrsg. von Ferdinand Karlhofer, Günther Pallaver, Wien Bozen 2013, S. 179-198.

Thöni, Erich: Gemeindezusammenarbeit – immer Kostendegression und damit Größenvorteil? In: Gemeindekooperationen. Ifö, 115. Schriftenreihe, hrsg. von Peter Bußjäger, Niklas Sonntag, Wien 2012, S. 57-77.

Thöni, Erich: Die Zukunft des österreichischen Bundesstaates in Europa – einige subjektiv ausgewählte schwerpunktmäßige Reflexionen zu den Finanzen. In:

Die Zukunft des österreichischen Bundesstaates in Europa. Perspektiven und Positionen (=Foster Europe - working papers, Bd. 1), hrsg. von Stefan August Lütgenau, Innsbruck Wien 2011, S. 122-136.

Thöni, Erich: Intergovernmental fiscal relations: Die Verteilung der finanziellen Mittel in Österreich. In: Kooperativer Föderalismus in Österreich: Beiträge zur Verflechtung von Bund und Ländern (=Schriftenreihe/ Institut für Föderalismus, Bd. 111), hrsg. von Peter Bußjäger, Wien 2010, S. 103-117.

Thöni, Erich: Mehr Steuerautonomie für Länder und Gemeinden: Ein Review und ein Vorschlag zur neuen Priorisierung einiger Grundprinzipien der österreichischen Finanzverfassung. In: Finanzmanagement im föderalen Staat (=Öffentliches Management und Finanzwirtschaft, Bd. 5), hrsg. von Helfried Bauer, Heinz Handler, Margit Schratzenstaller, Wien Graz 2006, S. 99-111.

Thöni, Erich: Das Verhältnis von Wettbewerb und Kooperation in föderativen Staaten vor dem Hintergrund unterschiedlicher Konzepte der Bestimmung eines regionalen und lokalen öffentlichen Güter- und Leistungsangebots. In: Das föderative System in Deutschland, hrsg. von Gisela Färber, Hannover 2005, S. 10-41.

Thöni, Erich: Der Stellenwert des Finanzausgleichs: Reformdruck, Problemdarstellung und internationale Perspektiven. In: Finanzausgleich – Herausforderungen und Reformperspektiven, hrsg. von Bruno Rossmann, Wien 2002, S. 9-20.

Thöni, Erich: Politökonomische Theorie des Föderalismus. Baden-Baden 1986.

Thöni, Erich: Privatwirtschaftsverwaltung und Finanzausgleich. Wien 1978.

Thöni, Erich: Finanzielle Autonomie und Transferzahlungen zwischen Gebietskörperschaften – Einige Bemerkungen zum österreichischen Finanzausgleichssystem. In: Das öffentliche Haushaltswesen in Österreich 15(1974), 1, S. 31-47.

Thöni, Erich; Bauer, Helfried: Reform der österreichischen Stabilitätspolitik im europäischen Kontext. In: Koordinierung der Finanzpolitik im Bundesstaat, Stabilität – Finanzausgleich – Verschuldungsgrenze (= Öffentliches Management und Finanzwirtschaft, Bd. 14), hrsg. von Peter Biwald, Peter Bußjäger, Hans Pitlik, Margit Schratzenstaller, Wien Graz 2011, S. 40-72.

Thöni, Erich; Bauer, Helfried: Erweiterte Steuerhoheit der Länder - Mehr Partnerschaft im Staat, Endbericht, hrsg. von KDZ, Wien 2005.

Thöni, Erich; Bonn, Caroline: Gemeinden 2011 - Gegenwärtige und zukünftige Probleme der Finanzstruktur. In: Offen in eine gemeinsame Zukunft – Festschrift 50 Jahre Gemeindeverfassungsnovelle, hrsg. von Arno Kahl, Wien 2012, S. 205-234.

Thöni, Erich; Bonn, Caroline: Fiskalische Autonomie und Fiskalische Verantwortung in Österreich. In: Finanzkrise, Staatsschulden und Föderalismus – Wege der Krisenbewältigung (=Occasional papers, Nr. 38), hrsg. von Europäisches Zentrum für Föderalismus-Forschung Tübingen, Tübingen 2011, S. 70-85.

Tiebout, Charles M.; A Pure Theory of Local Expenditures. In: Journal of Political Economy, (64)1956, 5, S. 416-424.

TU Wien: SimFAG 2017. Simulationsmodell des österreichischen Finanzausgleichs 1997–2017, Modellsoftware des Fachbereichs Finanzwissenschaft und Infrastrukturpolitik der TU Wien.

Vergne, Jean-Philippe; Durand, Rodolphe: The Missing Link Between the Theory and Empirics of Path Dependence: Conceptual Clarification, Testability Issue, and Methodological Implications. In: Journal of Management Studies 47(2010), 4, S. 736-759.

Waldhauser, Herbert: Asyl und Finanzen dominierten Gemeindetag 2015. In: Kommunal 2015, 10c, S. 9-13.

Waldhauser, Herbert: Natürlich ging's um die Finanzen. Bericht zum 63. Österreichischen Gemeindetag. In: Kommunal 2016, 11c, S. 16-20.

Waschkuhn, Arno: Was ist Subsidiarität? Ein sozialphilosophisches Ordnungsprinzip: Von Thomas von Aquin bis zur „Civil Society". Opladen 1995.

Wildasin, David E.: Income redistribution in a Common Labor Market. In: American Economic Review, 81(1991), 4, S. 757-774.

Wildenmann, Rudolf (Hrsg.): Staatswerdung Europas?: Optionen für eine Europäische Union (=Studien zur gesellschaftlichen Entwicklung, Bd. 9). Baden-Baden 1991.

Wilford, Gregory: Deferential Federalism: The Politics and Policy Implications of, Collaborative' Federalism Since 1994. In: FEDERALISM-E 2015, 16, S. 22-29.

Wilkens, Herbert (Red.): Probleme des Finanzausgleichs in nationaler und internationaler Sicht: Tagungsband zur Jahresversammlung der Arbeitsgemeinschaft Deutscher Wirtschaftswissenschaftlicher Forschungsinstitute e. V. im Mai 1993 in Bonn (=Beihefte der Konjunkturpolitik, Bd. 41). Berlin 1993.

Zenghelis, Dimitri: Decarbonisation: Innovation and the Economics of Climate Change. In: Rethinking Capitalism – Economics and Policy for sustainable and inclusive growth, hrsg. von Michael Jacobs, Mariana Mazzucato, Chichester, West Sussex 2016, S. 172-199.

Zimmermann, Horst: Kommunalfinanzen: Eine Einführung in die finanzwissenschaftliche Analyse der kommunalen Finanzwirtschaft (=Schriften zur öffentlichen Verwaltung und öffentlichen Wirtschaft, Bd. 211). Berlin 2009.

Zimmermann, Horst: Stärkung der regionalen und kommunalen Steuerautonomie - Kriterien und Ansatzpunkte. In: Stärkung der subnationalen Steuerautonomie und intragovernmentale Transfers (=Öffentliches Management und Finanzwirtschaft, Bd. 7), hrsg. von Helfried Bauer, Margit Schratzenstaller, Wien, Graz 2007, S. 21-31.

Zimmermann, Horst: Kommunalfinanzen: eine Einführung in die finanzwissenschaftliche Analyse der kommunalen Finanzwirtschaft (=Schriften zur öffentlichen Verwaltung und öffentlichen Wirtschaft, Bd. 163). Baden-Baden 1999.

Zimmermann, Horst; Henke, Klaus-Dirk; Broer, Michael: Finanzwissenschaft. Eine Einführung in die Lehre der öffentlichen Finanzwirtschaft, 9. Aufl., München 2012.

Zeitungen

DPA: Schweiz bleibt global der Talentemagnet - Österreich liegt im globalen Wettbewerb um kluge Köpfe an 18. Stelle. In: Die Presse vom 17.01.2017, S. 18.

Gratz, Wolfgang: Wenn's denn nur der Föderalismus wäre. In: Wiener Zeitung vom 01.02.2017, S. 12.

Hirschmann, Gerhard: Länder sind teuerste Folklore, Interview. In: Die Presse vom 11.11. 2009, S. 2.

Hösele, Herwig: Wider den „Rank Xerox"-Föderalismus. In: Salzburger Nachrichten vom 02.09.2016, S. 22.

Menzel, Christian; Schernthanner, Hans: In einige Bereiche der Verwaltung muss der Blitz einschlagen. In: Salzburger Nachrichten vom 25.06.2016, S. 28.

ÖGB: Alle Macht dem Bund. In: Die Presse am Sonntag vom 21.09.2014, S. 17.

Purger, Alexander: Daten & Fakten - Auch Finanzminister Schelling zeigt sich reformwütig: „Wer nicht kämpft, hat schon verloren". In Salzburger Nachrichten vom 30.04.2015, S. 3.

Raidl, Claus: Interview von Daniela Kittner. In: Kurier vom 23.01.2014, S. 3.

Rohrer, Anneliese: Presseartikel. In: Die Presse vom 14.05.2016, S. 26.

Rohrer, Anneliese: Presseartikel. In: Die Presse vom 14.05.2016, S. 29.

Schnauder, Andreas: Ratingträume. In: Der Standard vom 29./30.03.2014, S. 36.

Urschitz, Josef: Bilanz. In: Die Presse vom 13.11.2015, S. 12.

Rechtliche Grundlagen

Bundesgesetz über Krankenanstalten und Kuranstalten 1957, idF BGBl. 26/2017. In: http://kaz.bmg.gv.at/startseite.html [Download 20.3.2017].

Bundestags-Drucksache 18/11131, 18/11135, 18/11185, 18/11186.

FAG 2017, Finanzausgleichsgesetz 2017, Bundesgesetz, mit dem der Finanzausgleich für die Jahre 2017 bis 2021 geregelt wird und sonstige finanzausgleichsrechtliche Bestimmungen getroffen werden, BGBl. I Nr. 116/2016.

FAG 2008, Finanzausgleichsgesetz 2008, Bundesgesetz, mit dem ein Finanzausgleichsgesetz 2008 erlassen wird sowie das Zweckzuschussgesetz 2001, das Katastrophenfondsgesetz 1996, das Finanzausgleichsgesetz 2005, das Finanz-Verfassungsgesetz 1948, das Bundesgesetz BGBl. Nr. 301/1989, das Familienlastenausgleichsgesetz 1967 und das Umweltförderungsgesetz geändert werden, BGBl. I Nr. 103/2007 idF BGBl. I Nr. 66/2008, BGBl. I Nr. 85/2008, 17/2010, 26/2010, 34/2010, 54/2010, 73/2010, 111/2010, 56/2011, 151/2011, 4/2012, 50/2012, 82/2012, 49/2013, 165/2013, 208/2013, 40/2014, 17/2015, 118/2015, 116/2016.

FAG 2005, Finanzausgleichsgesetz 2005, Bundesgesetz, mit dem der Finanzausgleich für die Jahre 2005 bis 2008 geregelt wird und sonstige finanzausgleichsrechtliche Bestimmungen getroffen werden, BGBl. I Nr. 156/2004, Art. 1 idF BGBl. I Nr. 34/2005, BGBl. I Nr. 105/2005, BGBl. I Nr. 2/2007, BGBl. I Nr. 103/2007; Prozentsätze für die Verteilung der Ertragsanteile und für die Höhe von Finanzzuweisungen im Finanzausgleichsgesetz 2005, BGBl. I Nr. 301/2005.

FAG 2001, Finanzausgleichsgesetz 2001, Bundesgesetz, mit dem der Finanzausgleich für die Jahre 2001-2004 geregelt wird und sonstige finanzausgleichsrechtliche Bestimmungen getroffen werden und das FAG 1997 und das Wohnbauförderungs-Zweckzuschussgesetz 1989 geändert werden, BGBl. I Nr. 3/2001 idF BGBl. I Nr. 27/2002, BGBl. I Nr. 50/2002, BGBl. I Nr. 114/2002 (DFB), BGBl. I Nr. 115/2002, BGBl. I Nr. 71/2003.

FAG 1997, Finanzausgleichsgesetz 1997, Bundesgesetz, mit dem der Finanzausgleich für die Jahre 1997-2000 geregelt wird und sonstige finanzausgleichsrechtl. Bestimmungen getroffen werden, BGBl. Nr. 201/1996 idF BGBl. Nr. 746/1996, BGBl. I Nr. 130/1997, BGBl. II Nr. 60/1997, BGBl. I Nr. 79/1998, BGBl. I Nr. 32/1999, BGBl. I Nr. 106/1999, BGBl. I Nr. 26/2000 Art. 9, BGBl. I Nr. 29/2000, BGBl. I Nr. 30/2000, BGBl. I Nr. 3/2001 Art. 2.

Katastrophenfondsgesetz idF BGBl. Nr. 201/1996; Nr. 46/2016.

Pflegefondsgesetz – PFG, BGBl. I Nr. 57/2011 idF BGBl. Nr. 22/2017.

Regierungsvorlage zum Finanzausgleichsgesetz 2017 – FAG 2017, Erläuterungen, 2016. In: https://www.parlament.gv.at/PAKT/VHG/XXV/I/I_01332/fname_571661.pdf [Download: 06.03.2017].

Steiermärkisches Gemeindebedienstetengesetz LGBl. Nr. 34/1957 idF LGBl. Nr. 6/2015.

Vereinbarung gemäß Art. 15a B-VG über den Ausbau des institutionellen Kinderbetreuungsangebots, BGBl. I Nr. 120/2011 idF BGBl. Nr. 85/2014.

Vereinbarung gemäß Art. 15a B-VG über die Einführung der halbtägig kostenlosen und verpflichtenden frühen Förderung in institutionellen Kinderbetreuungseinrichtungen, BGBl. I Nr. 99/2009 idF BGBl. Nr. 203/2013.

Vereinbarung gemäß Art. 15a B-VG Zielsteuerung-Gesundheit, BGBl. I Nr. 200/2013.

Vereinbarung zwischen dem Bund und den Ländern gemäß Art. 15a B-VG über die frühe sprachliche Förderung in institutionellen Kinderbetreuungseinrichtungen, BGBl. II Nr. 258/2012.

Vereinbarung gemäß Art. 15a B-VG über die Organisation und Finanzierung des Gesundheitswesens für die Jahre 2008 bis einschließlich 2013 vom 14. Juli 2008, BGBl. I Nr. 105/2008.

Verordnung (EG) Nr. 1082/2006 des Europ. Parlaments und des Rates v. 05.07.2006 und der Änderung durch Verordnung (EG) Nr. 1302/2013 des Europ. Parlaments und des Rates vom 17.12.2013.

Verfassungsgerichtshof, Prüfung der Verfassungsmäßigkeit des § 66a NÖ Krankenanstaltengesetz (NÖ KAG), G 89/2013-13 vom 11. März 2014.

Landesgesetzliche Regelungen zu den Umlagen

Sozialhilfe i.e.S.

Burgenländisches Sozialhilfegesetz, LGBl. Nr. 5/2000, idF LGBl. Nr. 38/2015.

Kärntner Mindestsicherungsgesetz, LGBl. Nr. 15/2007, idF LGBl. Nr. 14/2015.

Kärntner Kinder- und Jugendhilfegesetz, LGBl. Nr. 83/2013, idF LGBl. Nr. 6/2017.

NÖ Sozialhilfegesetz, LGBl. Nr. 15/2000, idF LGBl. Nr. 96/2015.

OÖ Mindestsicherungsgesetz, LGBl. Nr. 74/2011 idF LGBl. 36/2016.

Salzburger Sozialhilfegesetz, LGBl. Nr. 19/1975, idF LGBl. Nr. 47/2015.

Steiermärkisches Sozialhilfegesetz, LGBl. Nr. 29/1998, idF LGBl. Nr. 20/2017.

Tiroler Mindestsicherungsgesetz, LGBl. Nr. 99/2010, idF LGBl. Nr. 130/2013.

Vorarlberger Mindestsicherungsgesetz, LGBl. Nr. 64/2010, idF LGBl. Nr. 44/2013.

Krankenanstalten

Burgenländisches Krankenanstaltengesetz, LGBl. Nr. 52/2000, idF 27/2016.

Kärntner Krankenanstaltenordnung, LGBl. Nr. 26/1999, idF LGBl. Nr. 46/2015.

NÖ Krankenanstaltengesetz, LGBl. Nr. 170/1974, idF LGBl. Nr. 86/2016.

OÖ Krankenanstaltengesetz, LGBl. Nr. 132/1997, idF LGBl. Nr. 85/2016.

Salzburger Krankenanstaltengesetz, LGBl. Nr. 24/2000, idF LGBl. Nr. 16/2016.

Stmk Krankenanstaltengesetz, LGBl. Nr. 111/2012, idF LGBl. Nr. 51/2016.

Tiroler Krankenanstaltengesetz, LGBl. Nr. 5/1958, idF LGBl. Nr. 152/2016.

Vorarlberg: Spitalbeitragsgesetz, LGBl. Nr. 8/1987, idF LGBl. 52/2016.

Wiener Krankenanstaltengesetz, LGBl. Nr. 23/2087, LGBl. Nr. 33/2014.

Landesumlage

Burgenland: Landesumlagegesetz, LGBl. Nr. 73/1993, idF LGBl. Nr. 60/2015.

Kärnten: Gesetz über eine Landesumlage, LGBl. Nr. 22/1967, idF LGBl. Nr. 8/2015.

Oberösterreich: Landesumlagegesetz, LGBl. Nr. 4/2008, idF LGBl. Nr. 86/2016.

Salzburg: Allgemeines Landeshaushaltsgesetz, LGBl. Nr. 7/2015, idF LGBl. 24/2016.

Steiermark: Gesetz über die Landesumlage LGBl. Nr. 67/2001, idF LGBl. Nr. 28/2008; Verordnung zur Festsetzung der Höhe der Landesumlage LGBl. Nr. 92/2012.

Tirol: Gesetz über die Einhebung der Landesumlage LGBl. Nr. 5/2008.

Vorarlberg: Gesetz über die Einhebung einer Landesumlage LGBl. Nr. 39/1998 idF LGBl. Nr. 25/2008; Verordnung der Landesregierung über das Ausmaß der Landesumlage LGBl. Nr. 131/2015.

Download

Catalog of Federal Domestic Assistance (CFDA) https://www.cfda.gov/: [Download: 22.02.2017].

EU-Infothek: Stärkung der Regionen. Föderalismus in Österreich - zu viel oder zu wenig? In: http://www.eu-infothek.com/article/foederalismus-oesterreich-zu-viel-oder-zu-wenig [Download: 24.01.2017].

Government of Canada: Treasury Board of Canada Secretariat https://www.canada.ca/en/treasury-board-secretariat.html [Download: 23.03.2017].

Presseaussendungen zu „Landeshauptleutekonferenz". In: http://www.ots.at/t/landeshauptleutekonferenz [Download 27.12.2016].

Statistik Austria: Gemeindegrößenklassen mit Einwohnerzahl 2016, erstellt am 30.6.2016. In: http://www.statistik-oesterreich.at/web_de/klassifikationen/regionale_gliederungen/gemeinden/index.html [Download 10.11.2016].

Statistik Austria: STATcube – Statistische Datenbank. In: http://www.statistik.at/web_de/services/statcube/index.html [Download: 26.06.2016].

Statistik Austria: Volkswirtschaftliche Gesamtrechnungen. In: http://www.statistik.at/web_de/statistiken/wirtschaft/volkswirtschaftliche_gesamtrechnungen/index.html [Download 5.2.2017].

The University of New Mexico: Coercive, Cooperative, and Collaborative Federalism in Context of Intergovernmental Relations. In: http://www.unm.edu/~marivera/524%20class%20lecture%20PPTs%201%20/524%20lecture%203%20Forms%20of%20Federalism%202013.pdf [Download: 23.03.2017].

Versicherungen.at: Prognose: Pensionsaspiranten ab 2022 in der Überzahl, 09.02.2016. In: http://www.versicherungen.at [Download 23.11.2016].

Stichwortverzeichnis

24-Stunden-Betreuung 187, 192, 218

A

Abgaben 65, 83, 370
- Bund 240
- eigene 27, 67, 81, 83, 85, 103, 400, 403, 483, 486
- Gemeinden 284, 289
- Kurzparkzonen 296
- Länder 284
- mit einheitlichem Schlüssel 91, 93, 250, 252, 258, 259
- örtliches Aufkommen 255

Abgabenänderungsgesetz 1977 242
Abgabenautonomie 118, 120, 203, 205, 333, 335, 340, 343, 364, 370, 371, 374, 379, 386, 401, 421, 435, 482, 547, 551
- - Arbeitsgruppe 203, 482

Abgabengesetz 286
Abgabenhoheit 80, 291
Abgabenwesen 237
Abgangsdeckung 171
Abgeltungsbetrag 242
Abgestufter Bevölkerungsschlüssel 27, 97, 100, 122, 136, 200, 207, 258, 261, 270, 277, 311, 344, 351, 475, 570
Abhängigenquote 311
Agilität, stategische 428
Allokation 26, 395, 411, 509
Allokative Ineffizienzen 171
Ankündigungsabgabe 235
Ansprüche, vermögensrechtliche 329
Anzeigenabgabe 235
Äquivalenzprinzip 39, 118, 295, 472, 488
ASFINAG 225
Aufgaben- und Finanzierungsvereinbarungen 427
Aufgabenkritik 200, 219, 366, 379
Aufgabenorientierung 26, 45, 74, 101, 120, 200, 282, 333, 336, 339, 342, 354, 357, 363, 370, 378, 379, 394, 421, 436, 457, 459, 548, 553
- Definition 460
- Elementarbildung 281
- Grundkonzeption 476, 478
- im engeren Sinn 460
- im weiteren Sinn 460, 477
- Indikatoren 460, 466, 473, 479
- Kinderbetreuung 469, 474

- Konzepte 462, 476
- Pflichtschule 281, 474
- Pilotprojekt 282
- Schweiz 462
- Reformvorschläge 463

Aufgabenreform 27, 44, 121, 129, 369, 477
Aufgabenverflechtung 128
Aufgabenverteilung 37, 52, 117, 125
- Trennansatz 38
- Verbundansatz 38

Aufteilungsschlüssel 137
Aufteilungsverhältnisse 114
Ausgleich, interkommunaler 235
Ausgleichsvorausanteile 100
Ausgleichszulage 225
Außerbudgetäre Einheiten 124, 147
Autobusbahnhöfe 307

B

Balanced Scorecard 414
Basisaufgaben 120, 122, 201, 464, 466
Basisfinanzierung 468
Bedarfsorientierte Mindestsicherung 161, 187, 192, 218
Bedarfszuweisung, Haushaltsausgleich 259
Bedarfszuweisungen 145
Bedarfszuweisungsgesetz 208
Behinderteneinstellungsgesetz 231
Behindertenhilfe 161
Beihilfenregelung Rettungswesen 183, 215
Bemessungsgrundlage 489
Benchmarking 200, 219, 336, 355, 366, 427
Berufsschulen 150
Beschlussrecht, freies
- Gemeinde 286
Beschlussrechtsabgaben 291
Betriebsabgangsdeckung 160
Bevölkerungsstruktur 121
Bildung 202
Bodenwertabgabe 97, 252
Budgetsteuerung 415
Bundesabgaben
- ausschließliche 237
- gemeinschaftliche 83, 239, 250
Bundesabgabenordnung 297
- Nebenansprüche 242

613

Stichwortverzeichnis

Bundesautomaten 281, 318
Bundesgesundheitsagentur 177
Bundeshaushaltsreform 415
Bundeshochbau 225
Bundesimmobiliengesellschaft 225
Bundesstaat 24, 26, 30, 439, 442
– funktionale Aufgabenteilung 432
Bundesstaaten 49
– kompetitive 433
– kooperativ 431
Bundesstaatsreform 195, 200, 219, 336, 365, 375, 379, 483
Bundesstraßen 135, 568
Bundesstraßenverwaltung 224
Bundesverwaltung
– mittelbare 224
– unmittelbare 224
Bürger- und Kundenorientierung 413

D

Datenlage 115
Demografie 96, 460
Demokratiepolitische Überlegungen 172, 174
Demokratische Legitimation 439
Dezentralisierungstheorem 396, 452
Distribution 26, 411, 509
Doppelbesteuerung 286
Dynamik-Garantie 101, 208, 271, 278, 334, 339, 350

E

Effizienz 41, 54, 368, 374, 383, 385, 395, 409, 413, 436, 503, 509
Einheitlichkeit der Lebensverhältnisse 121, 453, 486
Einheitswert 292
Einkommensteuer 241, 493
Einschleifregelung 263, 276
Einsparungspfad 373
Einspruchsrecht des Bundes 205
Einwohnerentwicklung 311
Einwohnerzahl 207, 261, 265
Eisenbahnkreuzungsfonds 90, 99, 210, 270, 302, 323, 334, 353, 360, 516
Elektrizitätsabgabe 241
ELGA 177
Energieabgaben 86
Energieverbrauchsabgabe 307
Entbürokratisierung 339
Entgelt, privatrechtliches 295
Erbschaftssteuer 93, 250, 252, 255, 293
Erbschaftssteueräquivalent 238

Erdgasabgabe 241
Ermächtigung, bundesgesetzliche 291
Ertragsanteile 87, 103, 137, 404, 553
– Nettoertragsanteile 255
– Überweisung 209
– Verteilkriterien 200
– Vorschüsse 271, 279
Ertragsanteile-Komponente 275
Ertragsanteilsverteilung 74
– Vereinfachung 206, 248, 333, 339, 344, 350, 365
Ertragshoheit 80, 84
EU-Beitrag 90
– Gemeinden 99, 249, 251, 253
– Länder 94, 249, 251, 254
Europäische Union 27, 71, 90, 449
Evaluierung 132, 138, 525
Externe Effekte 39, 395

F

Familienlastenausgleichsfonds 89, 239, 242, 249
Familienlastenausgleichsgesetz 235, 242
Feilbietungen, freiwillige 294
Feuerschutzsteuer 287, 301
Finanzausgleich 37, 271
– Allokation 70, 123
– Bewertungsdimensionen 384
– Definition 49, 422
– Distribution 71, 123
– Fehlanreize 438
– formale Struktur 56
– horizontaler 50, 460
– im engeren Sinn 37, 50, 80, 142, 386, 523
– im praktischen Sinn 386
– im weiteren Sinn 37, 82, 130, 142, 386, 523
– Instrumente 54, 80, 422
– Konstruktion 120, 125, 550
– Kritik 59
– primärer 57, 80, 143
– Reformen 120, 383, 439, 445, 458, 527
– sekundärer 58, 80, 104, 109, 143, 302, 504
– still, grau 50, 558
– Struktur 62
– tertiärer 59, 81, 104, 141, 406, 504
– vertikaler 50, 460
– Ziele 51, 119, 124, 173, 417, 468, 524, 551
Finanzausgleichgesetz 1973 226

Stichwortverzeichnis

Finanzausgleichsgesetz
- Veränderungen 72
Finanzausgleichspolitik 128
Finanzausgleichsprovisorium 330
Finanzbedarf-Finanzkraft-Ausgleich 100
Finanzkontrolle 129, 558
Finanzkraft 122, 156, 163, 235, 274, 275, 311, 315
Finanzkraftausgleich 74, 99, 203, 209, 271, 273, 314, 334, 346, 352, 365, 396, 406, 436, 441, 457, 503, 512, 515
Finanzkraftstärkung 105
Finanzverfassung 56, 221, 348, 374, 383, 432, 445, 446, 455, 524
Finanzwirtschaft
- Ziele 411, 417
Finanzwissenschaft 386
Finanzzuweisung 80, 145
- 16 Mio. Euro Städte 210, 270, 316
- an Länder 105
- Berechnung 314
- Nachhaltige Haushaltsführung 105, 180, 190, 220, 302, 310, 334, 340, 362
- ÖPNV 105, 208, 302, 305, 334
Fiskalillusion 118
Fiskalische Äquivalenz 38, 47, 54, 132, 157, 171, 204, 374, 378, 383, 386, 434, 454, 472, 484
Fiskalische Autonomie 81, 551
Fiskalischer Föderalismus 483
Fiskalrat 378
Fixschlüssel 93, 95, 97, 137, 202, 250, 258, 311
Fleischuntersuchungsgebühren 300
Flüchtlinge 233
Flugabgabe 241
Föderalisierungsprozesse 432
Föderalismus 23, 30, 363, 368, 386, 446, 524
- dualer 446
- Fiskalföderalismus 25, 445, 446
- Konzeption 409
- kooperativer 34, 390, 431, 446, 447
- Realverfassung 429
- Trennmodell 32
- Verbundmodell 32
- Verhandlungsföderalismus 391
- Verwaltungsföderalismus 390, 443
- Vollzugsföderalismus 35
- Wettbewerbsföderalismus 27, 34, 39, 390, 447, 456
Föderalismusmodell 486

Föderalismusreform 26, 443
Föderalismustheorie
- ökonomische 434, 437
Föderalismustypen 32, 447
Fonds Gesundes Österreich 183
Förderungen 110
Förderungsbericht 139
Fremdenverkehrsabgabe 285, 287

G

Gastpatienten 180, 311
Gebrauchsabgabe 288
Gebühren
- für die Benützung von Gemeindeeinrichtungen und -anlagen 294
Gemeindeautonomie 27, 119, 170, 173, 291, 527
Gemeinde-Bedarfszuweisungen 74, 90, 98, 104, 110, 124, 138, 143, 151, 152, 170, 201, 208, 209, 212, 251, 269, 273, 302, 314, 334, 346, 352, 361, 365, 503, 514, 573
Gemeindegrößenklassen 102, 261
Gemeindekopfquotenausgleich 105, 302, 313, 514
Gemeindestruktur 46, 265, 348, 557
Gemeindezusammenlegungen 99, 273
Gemeinschaftliche Bundesabgaben 65, 81, 84, 85, 87, 366, 401
Gemeinschaftsaufgaben 423
Gesellschaftlicher Grundkonsens 451
Gestaltungsautonomie 438
Gesundheit 127, 158, 214, 310, 345
- 15a-Vereinbarungen 218
- Justizanstalten 183, 218
- Primärversorgung 180
- Sanktionen 182
- überregionale Versorgung 180
Gesundheits- und Sozialbereich-Beihilfengesetz 89, 177, 243
Gesundheitsbereich 340
Gesundheitsförderung 89
Gesundheits-Zielsteuerung 127, 179, 411, 418
Getränkesteuer 71, 86, 97, 270
Getränkesteuerausgleich 99, 100, 137, 207, 235, 249, 251, 260, 271, 272, 278, 333, 350
Gewaltenteilung 28, 39, 42
Gewerbesteuer 226, 270
Gleichstellung von Frauen und Männern 412
Gleichwertigkeit der Lebensverhältnisse 435
Gliedstaaten, Homogenität 439

615

Globalisierung 24
Glücksspielgesetz-Novelle 281, 293, 318
Good Governance 129
Gratiskindergarten 131
Grunderwerbsteuer 84, 95, 97, 251, 252, 255
Grundsatz der eigenen Kostentragung 80
Grundsteuer 75, 205, 274, 286, 292, 300, 343, 356, 360, 487
– Arbeitsgruppe 482

H

Haftungsobergrenzen 217, 334
Hauptschulen 324
Haushaltsausgleich 170
Hochwasserschäden 168
Homo oeconomicus 450
Hospiz- und Palliativversorgung 193, 215
Hundeabgabe 288, 294
Hundertsatzverhältnis 250

I

Informatikunterricht 324
Infrastrukturfonds 27
institutionelle Kongruenz 118
Institutionelle Kongruenz 386, 454, 484, 500
Interessentenbeitrag 288
Interkommunale Zusammenarbeit 99, 211, 273, 365
Investitionspolitik 526

J

Jugendwohlfahrt 161

K

Kanalsanierung 134, 567
Kapitalertragsteuer 84
Kapitalertragsteuer I 241
Kapitalertragsteuer II 241, 250, 252, 280
Kapitaltransfers 145
Kapitalverkehrssteuern 86, 241
Katastrophenfonds 90, 167, 249, 251, 252, 253
Kfz-Steuer 251
Kinderbetreuung 126, 130, 164, 202, 324, 555, 562
Klimaschutz 213, 238, 310, 325, 327
Kohleabgabe 241
Kommunalsteuer 85, 275, 286, 297
Kompetenzbereinigung 380

Kompetenzen
– Entflechtung 27
– Neuordnung 121
– Verflechtungen 368
Kompetenz-Kompetenz 62
Kompetenzverteilung 25, 455
Komplexität 115
Konnexität 386
Konsolidierungsbeitrag 90, 253
Konsultationsmechanismus 237
Kontraktmanagement 414
Konzessionsabgabe 86
Koordination 37, 48, 55
Körperschaftsteuer 84, 86, 250, 495
Kostenbeiträge 146
Kostendämpfungspfad 75, 353, 362, 363, 372
– Gesundheit 181, 214, 334, 345
– Pflege 190, 194, 215, 337, 345
Kostenersatzpflicht, Länder 226
Kostentragung, eigene 224, 397
Kraftfahrzeugsteuer 89, 91, 306
Krankenanstalten-Arbeitszeitgesetz 182, 214
Krankenanstaltenfinanzierung 90, 93, 158, 175, 255, 259, 322
Krankenanstalten-Zusammenarbeitsfonds 178
Krankenversicherung, Ausgleichsfonds 90
Krems an der Donau 276, 307
Kunstförderungsbeitrag 242

L

Länderautonomie 445
Landes- und Religionslehrer 227
Landesförderungen 151
Landesgesundheitsfonds 158, 177, 183, 196
Landeslehrerinnen und -lehrer 82, 105
– Besoldungskosten 229
– Stellenplanrichtlinien 230
Landespflegegeld 90, 93, 95, 99, 101, 155, 161, 249, 253
Landesquoten 178
Landesstraßen 135, 568
Landesverwaltungsgerichte 209, 310
Ländlicher Raum 120, 130
Lastenausgleich 120, 174, 298, 386, 436, 459, 468, 513, 525
Lebensverhältnisse
– Einheitlichkeit 41
Lehrerdienstrechts-Kompetenzgesetz 1948 229

Leistungs- und Wirkungsorientierung 413
Leistungsorientierung 524
LKF 179
Lohnsteuer 84, 241, 493
Lückenanalyse 425
Lustbarkeitsabgabe 287

M

Management-Kreislauf 415
Mehrebenen-Steuerung 425
Mehrwertsteuerrichtlinie 285
Migration und Integration 74, 105, 189, 192, 232, 310, 334, 340, 353
Mindestsicherung 366
Mineralölsteuer 238
Mittelbare Bundesverwaltung 224, 433
Motorbezogene Versicherungssteuer 84, 498
Musikschulen 150

N

Nachhaltigkeit, finanzausgleichspolitische 386
Nächtigungsstatistik 334
Nächtigungszahl 101, 207, 270, 278, 350
Nahverkehrs-Milliarde 306
Nationales Reformprogramm 526
Normverbrauchsabgabe 86

O

Oberverteilung 82, 91, 250, 252
OECD 35, 62
Organisationskultur 427
Örtliches Aufkommen 93, 95, 97
Österreich-Fonds 90, 253
Österreichischer Stabilitätspakt 217, 330, 362, 380
Österreich-Konvent 25, 44, 72, 379, 483

P

Paktum zum FAG 2017 138, 199, 398, 457, 475
Parkometerabgabe 289
Parteienwettbewerb 438
Pensionsberechtigte 225
Perchtoldsdorfer Pakt 45, 72
Performance Accountability 527
Performance Management 526
Pflege 161, 215, 310, 345
Pflegefonds 90, 126, 162, 186, 192, 196, 215, 243, 310, 334, 345, 353, 359

Pflegegeld 192
Pflichtaufgaben 396
Pflichtkindergarten 131
Plafondbestimmung 266
Politikverflechtung 446
Politische Ökonomie 451
Polizei 441
Polytechnische Schulen 324
Prinzip der Kostentragung 395
Prinzipal-Agent-Probleme 392
Public Choice 451
Public Management 172, 411, 413

Q

Qualitätsorientierung 414

R

Radizierbarkeit, regionale 488
Räumliche Kongruenz 119
Rechnungshof 129, 169, 558
Reform
– Bundesstaatsreform 44, 46
– Verwaltungsreform 44
Reformdialog 528
Regionale Versorgungsfunktion 123, 201, 202, 342, 472, 475, 555
Regionalismus 30
Regionen 35
Registerzählung 261
Ressourcenausgleich 120, 122, 156, 174, 386, 461, 468, 504, 506, 513, 525

S

Sachverständigenkosten 208
Schaumweinsteuer 241
Schenkungssteuer 93, 250, 252, 255, 293
Schlüsselanpassung 91
Schlüsselzuweisungen 145
Schulinfrastruktur 440
Schulverfassungsnovelle 229
Schutzklausel 236
Selbstträgerschaft 93, 97, 99, 183, 208, 215, 249, 251, 308, 333
Sicherstellung gesamtwirtschaftliches Gleichgewicht 412
Siedlungswasserwirtschaft 90, 91, 94, 99, 134, 166, 210, 243, 251, 353
Skaleneffekte 39
Sockelbetrag 263, 276, 313
Sockelförderungssystem 154
Sonderlasten 120, 123, 201, 396, 464, 466
Soziales 310

Sozialfonds 161
Sozialhilfe 133, 161
Sozialhilfeverbände 161, 189
Sozialstaat 28
Sozialversicherung 175
Spekulationsverbot 217, 334
Spending Reviews 75, 142, 167, 200, 219, 336, 355, 365, 372
Spielbankabgabe 93, 97, 101, 255, 260
Spillover 123, 202, 386, 396, 454, 472, 484, 490, 514
Spitalskostenbeitrag 214
Sprachliche Frühförderung 324
Stabilisierungswirkung 172
Stabilitätsabgabe 241
Stabilitätsfunktion 71
Stabilitätsorientierung 411
Stabilitätspakt 412
Stabilitätsprogramme des Bundes 413
Stadtregion 120
Standortbeitrag 161
Statutarstädte 137, 161, 276
Stellvertreterindikatoren 462
Steuerautonomie
– Definition 483
– Eignung 488
– Gesetzgebungshoheit 483
– OECD-Vergleich 486
– Simulation 492
Steuererfindungsrecht 284
Steuerhoheit, Ausbau 45
Steuerquote 204
Steuerreform 349
Steuerverbund 26, 67, 114, 377, 383, 400, 436
Steuerwettbewerb 204, 364, 375, 484, 489, 500
Steyr 276
Straßenverkehrsbeitrag 238
Strukturfonds 74, 105, 210, 211, 220, 303, 311, 315, 334, 340, 346, 351, 515
Strukturschwache Gemeinden 99, 273
Subsidiaritätsprinzip 41, 54, 364, 396, 448

T

Tabaksteuer 86, 90, 91, 251
Tabakwaren, Einfuhr 89, 243
Theater-Zuschuss 322
Transaktionskosten 39, 124, 171, 386, 397, 453, 504
Transferchaos 119, 147

Transferreform 121, 421, 502, 508, 516
Transfers 104, 203, 302, 502, 549, 555
– allokative 120
– Arten 142
– Begriff 144
– des Bundes 82
– Entflechtung 27, 125
– horizontale 143, 508
– intragovernmentale 68, 103, 104, 109, 114, 144, 162, 383, 397, 405
– Komplexität 369
– Kritik 171
– laufende 145
– Reduktion 505, 510, 515
– Verflechtungen 75
– vertikale 142, 147, 507
– Ziele 146
– Zielsetzung 503, 505, 508, 510
– zwischen Ländern und Gemeinden 82, 110, 149, 151
Transfersaldo 111, 154
Transferverflechtungen 110, 502
Transparenz 114, 360, 369, 372, 386, 503, 510
– Transparenzdatenbank 209, 219, 310, 360, 366
– Transparenzverluste 438
Transparenzdefizite 129, 172
Transparenzsteigerung 124
Treibhausgase 218

U

U-Bahn 304
Umlagen 111, 122, 145, 149, 203, 216, 511, 512
– Krankenanstalten 113, 160, 185
– Landesumlage 104, 143, 234
– Soziales 113, 133, 163, 193, 565
Umsatzsteuer 84
Umverteilungseffekte 173
Umweltförderungsgesetz 166
Unitarismus 30, 447
Unterverteilung 82
– Gemeinden 97, 100, 250, 270
– Länder 93, 250, 255

V

Verbrauchsteuerrichtlinie 284
Verbuchungspraxis 142
Verbundsystem 81
Verfahren vor dem Gerichtshof der Europäischen Gemeinschaften 227
Verflechtungen 406

Vergnügungssteuer 293, 318
Verhaltenstheorie 450
Verjährung 329
Verkehrsanschlussabgabe 293
Verländerung 136
Vermögenssteuer 238
Versicherungssteuer 86
Verteilungskriterien 134, 137
Verteilungsschlüssel 91, 207
Verteilungswirkungen 115, 155, 383, 395, 490
Vervielfacher 97, 261, 264, 276
Verwaltungsabgabe 288
Verwaltungsreform 338, 560
Video Lotterie Terminals 281
Volkszahl 93, 95, 97, 258, 311, 315
Volkszählung 2001 96
Vorausanteile 101, 137, 270, 275, 277
Vorwegabzüge 87, 114, 143, 174
- bei Gemeinden nach länderweiser Oberverteilung 90
- nach Oberverteilung 90
- vor der Oberverteilung 89
VRV 216, 217, 370, 416

W

Waidhofen an der Ybbs 277, 308
Wassergut, öffentliches 225
Weinsteuer 241
Werbeabgabe 86, 97, 99, 235, 249, 251, 258
Werbesteuernausgleich 101, 137, 207, 258, 260, 333, 350
Wettbewerbsorientierung 414
Wiener Neustadt 276
Wirkungen 137, 384, 408, 413
Wirkungsbereich, eigener 302
Wirkungsorientierte Verwaltungsführung 414

Wirkungsorientierung 120, 386, 411, 430, 477, 524
Wirkungsziele 368
Wirtschaftspolitik 129
- Theorie demokratischer Wirtschaftspolitik 450
Wohnbauförderung 212, 324
- Zweckzuschuss 259
Wohnbauförderungsbeitrag 46, 74, 86, 91, 95, 204, 205, 238, 240, 248, 249, 252, 260, 302, 335, 340, 343, 359, 364, 371, 401, 457, 482, 487

Z

Zentrales Melderegister 261
Zentralisierungstendenzen 432, 456
Zentralörtliche Funktion 119, 123, 504
Zentralörtlichkeit 472
Ziele
- Sparsamkeit, Wirtschaftlichkeit, Zweckmäßigkeit 395, 412
- Verfassungs- und Verwaltungsziele 412
Zielkonflikte 133, 409
Zielorientierung 393
- Konsequenzen 422
- Voraussetzungen 425
Zielplanung, strategische 424
Zuschlagsabgaben Bundesautomaten 280
Zuschüsse, zweckgebundene
- Bund 322
Zweckmäßigkeit 137
Zweckzuschüsse 80, 105, 145
Zweckzuschüsse des Bundes 175
Zweitwohnsitzabgabe 287
Zwischenerzeugnissteuer 241